李良明／主编
孙泽学／编

湖北英烈文存

李求实卷

（上册）

華中師範大學出版社

新出图证(鄂)字 10 号

图书在版编目(CIP)数据

湖北英烈文存·李求实卷/李良明主编；孙泽学编；李求实著. —武汉：华中师范大学出版社，2018.11

ISBN 978-7-5622-8445-1

Ⅰ.①湖…　Ⅱ.①李…　②李…　Ⅲ.①李求实(1903—1931)—文集　Ⅳ.①C53

中国版本图书馆 CIP 数据核字(2018)第 263281 号

湖北英烈文存·李求实卷

© 孙泽学　编

责任编辑：熊　然　　**责任校对：**肖绪旭

封面设计：胡　灿

编 辑 室：学术出版中心　　**电　　话：**027－67863220

出版发行：华中师范大学出版社

社址：湖北省武汉市珞喻路 152 号

电话：027－67863426/3280(发行部)　　027－67861321(邮购)

传真：027－67863291　　**网址：**http://www.ccnupress.com

电子信箱：press@mail.ccnu.edu.cn

印刷：湖北恒泰印务有限公司　　**督印：**王兴平

字数：1120 千字

开本：787mm×1092mm　1/16　　**印张：**63.25(总印张)

版次：2018 年 12 月第 1 版　　**印次：**2018 年 12 月第 1 次印刷

定价：254.00 元(总定价)

欢迎上网查询、购书

“中国共产党早期领导人遗著的收集、整理与研究”(11&ZD079)课题组名单

（排名不分先后）

顾　　问	马　敏　李国祥　恽铭庆
首席专家	李良明
子课题负责人	曾成贵　田子渝　刘志青　孙泽学 李天华　张明金　付义朝
主要成员	李良明　曾成贵　田子渝　钟德涛 蔡　丽　徐方平　李天华　申富强 刘志青　张明金　储　峰　付义朝 孙泽学　黄明彦　丁言模　李敏昌 李腊生　宋姝月　黄家猛　刘源泉 黄　飞

编辑说明

李求实是中共早期工运与青年运动的领导者。1903 年 8 月生于江夏县金口(今武汉市江夏区金口街)一个破落的书香门第家庭，早年追随恽代英并协助其从事革命活动。1922 年春加入中国共产党，参加中共武汉区委工作，10 月当选湖北省工团联合会教育副主任委员。1923 年参与领导京汉铁路工人大罢工，后赴安源煤矿，任路矿工人俱乐部文书股长、社会主义青年团安源地委宣传委员，同年 8 月参加社会主义青年团第二次全国代表大会，当选为团中央候补委员，年底调上海团中央工作。1924 年仲夏，赴苏联东方共产主义劳动大学学习，次年回国，担任中共豫陕区委委员和豫陕团委书记，在上海团中央参加编辑《中国青年》杂志。1926 年春赴广东，担任共青团广东区委宣传部部长，是年秋创办并主编机关刊物《少年先锋》杂志。1927 年奉调长沙，任共青团湖南省委书记，出席在武汉召开的中共五大及共青团第四次全国代表大会，当选团中央委员并任宣传部部长。大革命失败后奔赴上海，10 月奉调广州，任共青团中央南方局书记兼广东团委省委书记，参加广州起义后转赴上海。1929 年调中共中央宣传部任职，主编上海地区中共党组织机关报《上海报》，并协助创办上海总工会的《工人日报》。他还是左联的发起人之一。1931 年 1 月因对中共六届四中全会所通过的决议提出反对意见，遭到王明等人的排挤打击，同月 17 日被国民党当局逮捕，关押于上海龙华淞沪警备司令部，2 月 7 日被秘密杀害于龙华。

李求实作为中共早期的理论工作者和“左翼”作家，在其才华横溢的短暂一生中，曾撰写过许多文章，翻译了很多外国作家的作品，主要发表在《湖南》、《妇女杂志》、《新建设》、《东方杂志》、《民国日报》副刊《觉悟》、《晨报副刊》、《学生杂志》、《中国青年》、《少年先锋》、《北新》半月刊、《飞沙》等报刊，编译作品由上海乐山书店、上海亚洲艺学社、上海北新书局、上海泰东图书局等出版；作为一名报人，编辑过《日日新闻》，曾三度担任过《中国青年》的编务工作，一手创办并主编《少年先锋》第一卷，主编上海地区党报《上海报》。本文集收录了他发表的绝大部分作品，反映了他在不同时期对革命、青年、时代、社会等一系列问题的关注，是他留给这个社会的一份宝贵的精神遗产。

本文集是李良明教授主持的2011年度国家社科基金重大招标项目“中国共产党早期领导人遗著的收集、整理与研究”的重要成果，收集了李求实1919年至1931年撰写的论文、编著、翻译作品，按时间顺序编辑，有明确写作时间的以写作时间为序，没有注明写作时间的则以报刊发表或出版时间为准。文集吸收了李海文编的《李求实文集》(中国文史出版社1991年版)的部分成果，全书分著述和译作两部分，收录时一律保持原貌。为便于读者阅读，对文稿中的错别字以〈〉订正，缺漏字以[ ]订正，衍文以【】订正，无法识别的字以□订正，有的地方作了简要注释。

需要说明的是，李求实的著述离现在已经很久远了，文集收录的第一首诗距今已99年，语言环境变化很大，书稿中有些文字、标点的使用与现在的语言文字规范及出版规范出入较大，并存在不统一的情况。例如，按照现在的规范，很多该使用逗号、句号的地方，原稿中均使用的是分号。“底”、“的”、“地”未加以区分，相互通用。另有一些用词的特殊性，如“士兵”写作“兵士”，“劳动力”写作“劳力”，“一般”写作“一班”等，这也与现在的用语习惯不符。底稿中还有若干圆括号()和(?)，可能是当时的文字整理者对原文进行说明和表示疑问的符号，我们也一并保留。总之，在处理稿件时，我们的原则是尊重历史文献原貌，只要不影响对文意的理解，均按照底稿录入，不予改动。

编者

二〇一六年二月

目　录

著　述

译　作

著　述

重登留云亭[①]

（一九一九年，武昌）

涂川久系古城色[②]，雄踞金江盛一时[③]。
史册犹存千秋墨，留云还诵渊明诗[④]。
□□□□□□□，□□□□□□□[⑤]。
归来不是锦衣客[⑥]，甘作阴霾掘墓儿[⑦]。

（据中共武昌县党史办公室藏件）

① 五四运动后，作者回到故乡武昌县金口镇，看到故乡山水，面对黑暗的现实，爱国爱乡之情油然而生，故写了这首决心作埋葬旧社会掘墓儿的诗歌。留云亭位于武昌县金口镇槐山顶部东侧，始建于明代，造型古朴，结构别致，是一座别具风格的两层六角形塔式亭。

② 涂：指涂口，以金水河入长江之口得名。金水古名涂水，故金口古称涂口。清同治八年（1869年）设金口镇至今。

③ 金江：此处指长江。

④ 渊明：指晋代诗人陶潜（渊明）。陶潜有《辛丑岁七月赴假还江陵夜行涂口》诗。辛丑为晋隆安五年（401年）。

⑤ 此处原缺。

⑥ 锦衣：华美彩色的服装，旧时显贵者所服。

⑦ 阴霾：空气中因悬浮着大量的烟、尘而形成的混浊现象，通称阴霾。这里借喻中外反动势力和旧制度。

水口山铅矿调查记

（一九一九年九月二十日）

组织：水口山矿分六科，即总务科、会计科、运输科、采矿科、选矿科、机械科是也。总务科掌文书、庶务、采办、警察、医院、炼矿厂等事。会计科掌收支、统计等事。运输科掌铁道运输、铅砂煤米物品材料运输等事。采矿科掌本山及龙王山、新冲、老虎岩各矿区窿内采矿探矿等事。选矿科掌选矿场、洗砂厂、敲砂厂及西法压砂厂洗台等事。机械科掌机器厂、木工厂、翻砂厂、铁工厂、电机厂及窿外起砂机、窿内抽水机等事。

历史：水口山工区居常宁县之北。在山之左阜原名铜鼓塘，又名锡坑，前清咸、道年间，常有商人就坑开采。然因水大，皆于秋冬兴工，春即停止，获利无多。光绪丙午，湘抚陈宝箴委会廖树蘅收归官办，系用土法。迨至光绪三十二年，改用机器，每年所出砂数，较前更巨。而获利最多者，以民国二、三、四年，查每年所获达六百余万两云。

近况：往年经费不虞，工程日进，不无可观。自去年军事发生，砂价跌落，所有一切工程，类多停顿。如炼磺厂、龙王山、新冲老虎岩洗砂台，于去夏已完全停工。选矿场工人减少，机械方面，仅剩几个修理工人，以致机器时虞缺乏。且本年经费仅发至阳历三月。欠款至十万元之多，而以工人工资为大多数（查采矿科欠工资三万余元，机械科欠工资三万余元，选矿科欠工资近二万元，而各科欠款及员薪共二万余元）。现煤油米物，均已告罄，工人方面，时起冲突。若长此不筹接济之法，恐巧妇难为无米之炊。全山停顿，恐在目前矣。但抽水机一项，不容刻停，盖窿内开采，垂数十年，架木多时，腐败而废，矿场颇大，一经水淹，非数万元不能修整，且非数月不能采矿。

收支：水口山全体开支，每月约计三万元。兹据该山最近报告，每月出黑铅净砂约六百三十吨，白铅砂约千四百吨。兹黑铅砂以每吨三十八元，白铅砂以每吨十四元计算，每月收入应为四万三千六百元，尚有每月万余元之利息。现在经费支绌，诸事敷衍。

（原载《湖南》月刊第1卷第3号）

湖南学潮之前因后果

（一九二〇年二月二十日）

湖南省城男女大小各学校全体学生，均于去年12月8日自行解散，共举代表数10人，分赴上海、北京、广州、衡州、常德，向各处长官陈诉实情，并将联络本省各界人士向北京总统请愿，大有张敬尧不去，学生即永不归校之势。兹事关系重大，特将其前因后果分述于下。

（一）起因

（甲）学生扣留火车运来之大宗日货

11月26日下午，广益中校学生在小吴门外大通、复盛两转运公司，查获同仁裕绸店（八角亭）、同丰裕绸店（药王街），广利生、乾益两南货店，德茂祥、新泰裕两布店，三祝庆、利生祥两颜料店等所购日货计14件，当即飞告学生会。该会遂派学生百余人，会同国货会调查多人于昨日上午5点钟前往小吴门外大通等栈起货。到栈之初，该栈人等不服检查，幸去者人众，该栈始肯将货搬出，交该会调查等运解到会。现在学生等愤激异常。拟于日内会集该会人员开会讨论，将该货全数焚毁，以为偷运日货者戒。并将县立联合中校、爱国会来函录后：敬启者，本日同仁裕发现大宗日货，诸君已一一运至贵部，明断如此，实堪佩服。（中略）希即严重办理，除登报声明当众烧毁外，并须检查该店货物，如有日货，一并烧毁，以示重惩而杜后患云。

（乙）国货维持会之议决

自青岛问题发生，湖南即由省议会、商会、教育会、农会各法团组织国货维持会。兹因广益学生在小吴门外火车站查出大批日货，特于30日下午在总会会议处决办法，当时议论颇不一致，有主张没收变卖者，有主张没收后即行焚毁者。后说学生主张尤力。评议员中如陈新悟、杨树谷、李文瀚数君，亦极力赞成焚毁，以示决心。当经议决，所有查出之日货，由学生部轮流看守，定于1号付之一炬。

(丙) 奸商之作梗

学生在火车站起出同仁裕等之劣货，业经国货维持会评议部开会评议，以过半数之通过，议决烧毁，即致函干事部，谓其执行。当会议时有以厘金及种种费用无从出者，学生调查即声言完全担任，可谓得良好结果。不料竟有人运动会长，请交评议部复议，冀打消烧毁原案。而1号贩卖劣货各家，齐至该会，大肆声威，谓所拿之货，并非劣货，反责学生调查不应将其货箱打开，其商标明白之货，则藏于该会楼上，不令复验，竟在该会喧闹一天。探闻交复议之故，一则出于各贩劣货者之运动，一则由于各调查之运动，盖货如不烧，或罚金、或拍卖，调查均有利可图。惟学生等仍坚持原议，不稍迁就，不问阻力如何，劣货定要烧毁，贩卖劣货各家知不可屈，竟有私将货物搬运回去者。学生大为愤慨，声言欲于2号上午将所有劣货，运至教育会坪烧毁，国货会遂又于1号晚发布传单，定于2号下午1时再开评议会讨论此事云。

(丁) 学生之游街与被辱

同仁裕等贩运劣货，原经国货维持会评议部议决没收烧毁，以表示维持国货之决心。自10点钟时由国货维持会出发，游行街市，悲壮激昂，观者感奋。经过同仁裕门首时，当将其所张挂之放盘洗货旗帜撤除。直至午后，全队始抵教育会坪。合计在坪先期守候之学生与旁观人数，约近万人。学生将各项劣货抛置坪内时，欢呼之声雷动，莫不鼓掌称快不置。惟商会会长张先赞甘心媚外，请张敬尧遣弟敬汤带领军警千余人，包围会场。张因受外人运动，反骂称“你们这般东西……怎么敢当外人，不怕惹起交涉么？在此瞎闹！你们要知道我们张氏兄弟拿钱给你们读书，还要我们怎么样？我们兄弟是军人，只知道杀人放火，你们再不解散，我就把你们做土匪办，一个个拿来枪毙。我从前只知道湖南有男土匪，今天才知道湖南还有土匪婆（指女学生）云云”。旋有学生联合会会长、湘雅医学学生等5人发言：谓今天的事，须我们自决。语未毕，即被军警拘缚至教育会内，张敬汤亲以手枪相拟，谓之曰：你们怕死否？随各拍一照，声将骈戮。又有长郡中学庶务向张敬汤发言，谓今天学生出于爱国至诚，焚毁日货，并无不法，张即手批其颊，立呼笞责，卫兵攒殴。并令员殴杀，枪柄、刺刀、拳足四向纷飞。可怜弱学生，披靡狭借，身受重伤者数10人。即数龄小［学］生，亦同遭毒打。驱逐解散者不下数千名。哭声载途，为学界未有之惨剧。

(二) 结果

(甲) 学生之解散

学生归校，因焚货目的未达，且受土匪之嫌疑，偶一出校，即被军警盘诘，且动遭殴辱，遂连日开会，佥以爱国运动，受此莫大打击，宁死不辱，只得全体解散。议决男女大小公私各校学生，一律自8号（星期一）起自行解散；并举代表联合各界，分向各地请愿。

……

(丙) 校长会议之召集

10号省公署教育科致函各校校长于11号到教育会开会。11号下午3时，各校职员齐集后，军警各界人员到者甚多，会场军警林立，备极森严。张敬尧、张敬汤两兄弟相继出席演说。张敬尧略谓此次学生风潮……是新思潮的结果。学生闹新思潮，诸位职员是否亦有所闻见？听说陈夙荒提倡新思潮不遗余力，这真是岂有此理。兄弟到湖南来，已有年余，对于教育行政，亦颇认真，……此次学生因焚日货问题，全体解散。虽有人借此加我以摧残教育名义，但是我不承认。因为我得信后，派人向各校接洽数次，而各校学生均已解散，已无转弯之余地。此事虽由商会长主持不当，他已承认向学生道歉。在学生方面，亦可以休矣。至此次风潮究竟系出于自动或被动，我现在亦不根究云云。……又谓各位应仍照常开课。旧学生愿来者听，否则另招新生。注重读经，教忠教孝（这种办法是否摧残教育，请阅者注意）。至张敬汤的演说词，尤为可笑。略谓湖南治安，就是我们的治安。我只知尽军人天职，维持湖南秩序。况湖南百姓，都是督军子民。督军在湖南一日，总要维持一日。日前学生在教育会焚毁劣货，督军派我到会维持秩序，我对付学生亦甚“文明”，盖恐惹起外人交涉也。督军来湘时，知人民痛苦，极力想将湖南弄好。据我看来，我们姓张的在湖南，也没有对不起湖南人民的地方，且问心亦无愧。至若军队恪守纪律，想人人都知，无须我说。……

(丁) 省署之布告

为剀切布告事：案照闽案发生，学生举动过于激烈，轶出常轨。本兼省长为维持治安秩序，派员多方开导，犹鉴其爱国热忱，业经专电代告在案。乃顷据报称，近有奸人借端煽惑，鼓动罢课。有谓政府将派军警逮捕学生者，有谓主张罢课之学生，对于不同意之学生将加以危害者，以至全体恐怖，相率离校等语，闻之不胜诧异。本兼省长爱护学生出于至诚，两年以来，对于教育事宜竭力维持，原为达今日诸生向学之苦心，副异日国家育才之盛意。在政府方殷期望，而诸生转误步趋，未免自甘暴弃。至谓将派军警逮捕，此种谬说，虽妇孺亦知其诬。又谓主张罢课者威挟同学，更属不生问题，况军警林立，亦万不能听其横行。显系不逞之徒利用时机，捏造谣言，借以施其破坏学校扰乱治安之诡计，致令诸生牺牲学业而不顾，抛弃光阴而不惜，贻误青年，实堪痛恨。除令警察拿究造谣生事之人，并加意保护学生外（既是土匪，何劳保护），为此剀切布告。仰各学校学生，安心求学，无为所惑。其误信谣言离校者，亦迅速回校肄业，以免荒废。切切此布。

(戊) 教职员之态度

省垣全体学生解散后，各校教职员均束手无策。惟稍有人格之教员，则以旧学生不到，决不可另招多数新生即行开课，否则旧学生永远失学，责任须归咎于教职员。俟接到省署催促开课之通令，即行发表宣言书。惟闻少数败类，拟另招新生开课。如某法政学校校长即明目张胆对人言："吾校将从速开课，外间唾骂，不过骂我校长一人。将来张督军走，我亦回安徽去，其奈我何。"其无心肝如此。并闻某校长对于此次风潮，主张杀学生，幸张敬尧因范静生弹劾案出，暂不敢冒昧杀人。不然，学生危矣。

（原载《湖南》月刊第1卷第4号）

湖南善后问题

（一九二〇年七月二十五日）

湖南自民国成立以来，三次为武人辈所蹂躏，其最伤元气之处，为大肆虏掠。其目的无非为搜刮民财以充个人的欲望，其手段则滥发纸币，强勒捐款。至最近，张敬尧且想出一两种奇异方法以为发财地步。第一、则将湖南最大工厂之纺纱厂，名义上以一百七十万元卖与天津高庶熙，实则据为己有（见本年六月二十六日《时事新报》）。第二、则以无值纸币收买民间之米，送之日本，以博厚利（见《字林西报》，原文译在六月十三日《时事新报》、《申报》等）。是以湖南经此数年之朘削，真可谓民穷财尽者矣。今张敬尧虽已漏网而逃，后继者尚不能定。总而言之，湖南之未来统治者，无论为湖南人，为陆荣廷之部下，或为北方政府之委任。而善后问题，乃焦眉之急，不可一日缓者也。

将欲整理湖南，非从财政入手不可。因为湖南之受病，以经济破坏为最甚。整理财政，无非开源节流。今日第一急务，在裁减军队。湖南在满清时代，仅置陆军一旅，民国初年不过一师。今宜仍以一师为最高限度。盖今日兵多无用，有训练之师一万余人，尽可防御外来之侵略。至于开源之法，更属多种。湖南出产大宗为农与矿，矿产出自中路、南路，而长沙为之出口。农产出自西路，以常德为之出口。今宜裁并厘金关卡，只就大都会如常德、津市、岳州、长沙、洪江数处征收，则设官少而贸易可望发达，而收入亦可望增加。其次为整理湖南银行以巩固金融之基础。最好将该银行划归商办，省政府随时监督之。如此，则可使全省金融机关与民间接近，而又可限制省政府之无理要求。再其次为着手整理田赋。湖南为农产殷实之省分，将来大宗收入即在乎此。现在征收制度非常杂乱无章，欲实行改革，确非易事。然当局者若真有心，亦不难试办。前政治顾问韦罗贝有地租改革意见书，关于改革所应行之方法，陈述甚详，可为参考。该意见书已译成日文登在六年八月十五日以后之《支那》杂志，原文似可觅之于《远东时报》。惟以上种种开源节流之方法，苟无适当之人以执行之，则仍然纸上谈兵，无裨实事。然湖南人民近年之遭劫，可谓至矣尽矣。虏掠者之欲壑虽无底，亦已填满一部矣。各方面关系人苟尚有人心，亦可以饶放二千万穷苦小百姓矣。然数年来，湖南之罪恶，实湖南人自造之。今后之解放，亦在湖南人自身耳！

（原载《东方杂志》1920年第17卷第14号）

署名：求实

争自由

（一九二〇年八月二十五日）

北京大学教授胡蒋陶王张李高诸君①在北京某报上表发争自由之宣言，分两层办法。(一) 消极的争废治安警察条例、出版法、报纸条例、管理印刷业条例、预戒条例及戒严令第十四条等。(二) 积极的争言论、出版、集会结社及书信秘密四种自由，不得在宪法外更设制限的法律。又争得人身保障法及由无党派关系的公民组织选举监督团。同时北京学生亦有对时局之宣言，争废种种妨害自由之条例并确立人身保护法及司法官保障条例。吾人对于北大此举，中心赞同，无有异议。自民国成立以来，转瞬将十载矣。此十载中人民所受之痛苦，较之满清末年高出千百倍。武人弄权，政客捣乱，吾民之生命财产日在危险之中而莫之敢抗。以言自由，殆丝毫不存矣。然自他方面视之，则彼凭藉政权，假借武力，以执法祸民者，乃反得为所欲为，未闻有加以法律上之制裁者。以言自由，则诚自由矣。吾人今日所急，在剥夺妨害他人之自由，而助长有益公众之自由。北大所发起之争自由议，果足以达此目的乎？然而言论为事实之母，北大所争者为言论上之自由，则得其所争之本。一也。言论虽足以养奸，然元恶大憝之所为，终不能暴之于光天化日之下。故开放言论，结局足使君子道长小人道消。二也。今日之中国虽陷于道德陵夷之极域，而智足以庇奸才足以乱众者终为少数，故失其应有之自由者实居多数。开放言论机关以树立大多数共同之目的，于国民运动必有裨益。三也。当今上无道揆，下无法守。善法固不足以存，即恶法亦不足以行。争废恶法，乃表示吾人对于法律尚有重视之意，于国家将来之组织不无影响。四也。吾愿有志之士群起赞助北大之行动，使之实现，国家前途幸甚。

（原载《东方杂志》1920 年第 17 卷第 16 号）

署名：求实

---

① 这七人分别是胡适、蒋梦麟、陶孟和、王文伯、张慰慈、李大钊和高一涵。《争自由的宣言》发表在 1920 年 8 月 1 日《晨报》上。——编者注

自治乎人治乎

（一九二〇年九月十日）

我国国势颓败一至今日，其结果不独我国自罹其殃，即世界各国亦并受其累，此识者所深忧也。如我国而犹瓜地马拉、洪都拉斯诸小国也，则国之治否不成为一大问题矣。今既拥世界人口四分之一，占陆地面积十二分之一，则一治一乱，皆足以影响全球。故吾人虽欲其不治，不可得也。惟兹有一问题焉：我国自治之权，自操之乎，抑他人代握之乎？前中国顾问韦罗贝博士顷在上海美国大学俱乐部演说（见八月七日《密勒氏评论报》），历述中国政治现状，最后亦发此问。韦罗贝博士深通东方事情，其言足发吾人深省。彼始述中国九年来政治运动之失败，不仅不能树立代议机关以宣达民意，且宪政太紊，文人绝不能统治武人。其原因有二：一、外人干涉，就中尤以日本干涉为最，使吾人不能有从容改革之余地。二、临时约法不能使立法与行政两机关处于适当之关系，致一方面无责任行政部，一方面无监督机关，使庶政公诸舆论，实行其责任政治。博士进论补救之方，略谓如非银行团或国际联盟出掌中国之行政，则须有开通之民意以为之后援。博士固深愿吾国之治由于第二法者也。然而开通之民意何自而来乎？此二十年来果能如博士所云大有进步乎？吾愿国人一深长思也。今日之中国，正在十字路上，何去何从，是在有制造舆论之责任者。濮兰德谓中国政治之纷扰，新闻记者当与武人政客分其谤。吾愿当世新闻记者三复斯言。

（原载《东方杂志》1920 年第 17 卷第 17 号）

署名：求实

学生暑假游山证道谈

求实学生讲　汇文女生记

（一九二一年夏）

南京秣陵关美以美会，在这暑假期内，开了一个夏令义务学校，收了学生五十六人，其中有甲乙丙三个学生，很是聪明，又很和睦的。他们不但天天入学，总是携着手同来，就是每礼拜六出外游行，也是早早的约好了。说也奇怪，这三个学生：甲生是江宁人，乙生是清江人，丙生是六合人，都不是一块儿的人，却这样志同道合的，实有种潜势力在里面；因为这三个学生，是三个小基督徒，同事一个主，所以有这样亲热。一天，三个学生，坐在一起聚谈。丙生说："我们六合县的东边，有一座方山，故此齐周的时候，即置了方山县。"甲生说："奇呀！我们江宁县的东南边三十里底地方，也有一座方山。"于是相约在一个礼拜六的早晨，甲生引着二人，一路去游方山。到了方山，登山四望，果然山形四面都是方的，大家呼作方山，实在名不虚传；却说方山，在历史上，是一个战地，明朝初年，打败元将陈埜先，就是在这个地方。丙生又说道："我们六合县的东北边，有一座牛头山，但不知你们南京也有牛头山没有？"甲生说："我们江宁县的南边三十里底地方，也有一座牛头山，听说宋朝岳飞埋伏大兵，打败金兀术，是在这个地方，在历史上也是有战绩可考的。"乙生说："牛头山的方丈，名叫道明，他是清江人，不但与我父亲是同乡，并且十分交好，我们不妨请我父亲，带我们去游游牛头山。"于是又约在一个礼拜六，乙生请了父亲，引领二人，同去游牛头山。上了牛头山，大家登高远望，四面尽是平原，树木极多，颜色苍翠可爱，而且遥望江中来往的船只，一一可数，煞是好看，如同一幅江山的美画，挂在眼前。行至山上宏觉寺，该寺方丈道明，招待入座，烹茶煮饭，饮洽极欢，因得整日游山，乐而不倦。目测此山的高度，约有一百四十丈，步量山之周围，约有四十七里。寺后山巅突出，石含铁质，形似牛头，上有二孔，泉涌出如线，四时倾注不绝，至东西二峰之间，活水长流，相传为昭明太子饮马池地；东峰有锡杖泉，山南有雪梅岭，寺下有地涌泉，从石坎中流出，深有二尺许，四时常满，挹之靡竭。游毕，乙生之父，就对道明方丈说："我人最好离去世俗，入名山，做和尚，譬比你是本山的方丈，真是享尽人间清福呀！"道明方丈便点头说："善哉！善哉！"乙生在旁高声说道："大和尚，我十分相信基督教牧师讲的话，他说，'做个和尚，不如做个基督徒'，因为基督教是救世主义，信基督救主耶稣的人，做了基督徒，本基督教的宗旨，济人救世，行善不倦，有谁比得上呢？比如去岁北五省的旱灾，基督徒就发起全国捐款赈灾大会，因此感动了中外人士，捐了千千万万的金钱，救了千千万万的生命；再如，基督徒捐款开男女学校，教育贫民，基督徒又捐款开设医院，为人看病，种种善行，不可枚举，这样世界最宝贵的人，没有胜过基督徒了。现在我们三个学生，已经做了基督徒，并且要求方丈大和尚和我父亲，都明白上天爱人救世的大旨，即是使天下人都要代天宣化，济世救人；所以我们不要做和尚，独自快乐，我们要做基督徒，牺牲服务。方丈是要坐守方丈内的清规，基督徒可以去到天下十方万国，去救人济世的。"此时道明方丈，同乙生的父亲二人，四只眼像电光似的，直对着乙生的面说道："我们明早礼拜，都到某基督教堂里面，与牧师去谈道，大家都做基督徒，同作济人救世的好工夫罢。"

（原载《青年友》1921 年第 1 卷第 10 期）

奋　飞[1]

——川南师范学校附小校歌

（一九二一年，泸县）

今日少年，
断粥身穷，
将来东亚主人翁，
前程万里，
一旦奋飞何其雄！

① 这是作者随恽代英到四川泸县川南师范学校附小教书时创作的一首校歌。它激励青少年树立国家主人翁思想，为改变祖国面貌，实现中华腾飞的远大理想而奋发读书。

小儿底怨语

——为“恋爱的一对”而作

（一九二二年二月十七日）

一

一个粉红的胖脸小儿，
在软茵的草场上躺着；
睁着一对活溜溜的漆黑眼睛，
望着天空底明月，
口中不住地响着。

二

“我亲爱的天，
我感激你给我这可爱的皎洁的明月，
使我心灵中感着莫名其妙的愉快；
我情愿伴着伊终夜呵！

三

“但是我要诅咒你了，
你这可爱又可恨的天！
你既把伊给我看见了，
我什么又时而缺了，隐着不现？

四

“你不愿么？
不给我看见好了；
又何必骗我一个小孩；
在这不做美的天，
你真是何苦？
你真无赖！

五

远从草场之外，
他底父亲来了；
听着小儿底怨语，
他不禁笑了。

六

他说：“你感激天么？
其实又何必！
伊，本是你自己来寻着的，
天何曾有意把伊给你？

七

“月圆月缺，
是宇宙底法则；
你恨天公不做美，
这法则何曾是为你而设？

八

“你要想愉快，
你只有遵守着宇宙底法则，
虽然明月不能常圆，
几见伊是永缺？”

于官埠桥

（原载《民国日报》副刊《觉悟》1922年2月17日）

署名：求实

在汉冶萍总工会成立大会上的演说词

（一九二二年十二月十日）

在近一百多年中，资本主义发达到了极顶，因而劳工所受的压迫亦到了无以复加的地步，劳工为受不住这种压迫，曾经与资本家作过了多次的争斗，结果多半是失败。然而在这些失败之中，却得着了一种教训，即劳工与资本家争斗，其唯一的武器，便是“联合”。在汉冶萍总工会开成立会的今天，我谨贺汉冶萍诸工友得着了这种有效的武器，并预祝总工会前途如春天花放样的发展，如秋天果熟样的成功，汉冶萍总工会万岁！全国工人万岁！全世界人类万岁！

在这个光阴可贵的开会期中，尚能容我在这里讲几句话，这实在使我于能“躬逢胜会”的幸慰以外，更得着一种不可名状的欣喜。我现在且在极短的时期中，讲两句极紧要的话。我今日进会场，有一位工友送我一个徽章，上面印的“劳动神圣”四个字；同时我在会场中又看见了几方匾额，都写的“劳动神圣”，这可以表示“劳动神圣”这四个字已经深印入工友们脑中。我看着这种情形，多么高兴！大家都知道了劳动是神圣样的尊贵，大家都起来努力争自己的地位，我们可以预料大家的成功，这岂不应该高兴？不过同时使我记起一件事，这件事于工人解放运动前途大有关系，所以我不得不大声呼出来。诸君！我的眼睛，在中国工人解放运动发生以后，实在看见了有少数的工人，少数知道了“劳动神圣”的工人，少数自己说是努力于工人解放运动的人，他们做了一些与他们的言论相反的事，做了些违反工人解放运动的事！他们口里说“劳动神圣”，但是自己并不知劳动神圣的意义，他们对于劳动并不神圣其事，他们毫无阶级觉悟，并不努力为工人阶级谋幸福，甚至有时候做出反动的事来，用以讨好上司，接近官厅，奉承军阀，他们的目的便是想把自己的位置升高。因为要求自己所谋的成功，所以有时不惜欺骗全体工友！阻碍或甚至破坏工人解放运动，工友们，这是怎么样的一回事！

我们为什么痛恶资本家，痛恶军阀与官僚？是不是因为掠夺我们工人，压制我们工人，防阻我们工人解放运动的进行？但是上面我说的那少数工界败类，与这种资本家、这种军阀、这种官僚有什么区别？资本家、军阀、官僚掠夺我们，压迫我们，防阻我们，我们看得见，我们还有法抵抗；这种工界蟊贼他们也是工人，他们自己又说他们是努力于工人解放运动的，谁会想他们要害我们呢？所以他们掠夺我们、压迫我们、防阻我们，我们是不容易看得见，我们是难有法抵抗的。工友们，这是多危险呵！

现在我有两件事情请君注意：

第一，工人解放运动，不是说把资本家、军阀、官僚推倒，工人自己起来做资本家、做军阀、做官僚，来掠夺、压迫、防阻其他人。世界是劳动力做成的，凡是世界上的人都应从事劳动，工人解放运动是要谋全世界的每一个人都要有益于人类的工作！

第二，我上面所说的那种不忠实于阶级的工人，诸君或者还没有发现，但是的的确确是有的，的的确确他们是比资本家、比军阀、比官僚对于我们工人更危险。我盼望大家留心考查，遇着了这种工人，应该不饶他，应该把他驱逐出工界，不承认他是神圣的劳工，至少应该不许他参加我们工人的解放运动。工友们，这是我们工人的生死关头，这是不可轻易放过的！

（原载《安源路矿工人俱乐部罢工胜利纪念册》）

署名：求实

施洋底死

（一九二三年二月二十二日）

施洋已被吴佩孚命萧耀南枪毙了的消息，迅雷急风似的传到我底耳朵里来了！我于万分悲悼之余，不禁发出了一种意外的希望。

施洋在五四运动中是中坚分子，在湘鄂自治军驱王时也曾效力军前，在一年来的湖北劳动运动中，老实说，却也很尽了一番心力。他对于为民众争自由去蟊贼的种种运动中，真算得“鞠躬尽瘁”！他一生事业底价值，我此地无暇详述；而且我认定他底死实在比他底生还有更大的价值，所以我舍其生而谈其死。

因为军阀强力的压迫，与先觉热心的指导，一般民众近来都已深切地觉得自己所受的痛苦，且已明白地知道得解放的路径。年来各地工人罢工运动、学生罢课运动、市民请愿示威运动，都是上述情形底表现。施洋是一位先觉者，他曾不顾性命地为各界民众运动作指导。他现在竟为指导民众争自由、争人权的运动而牺牲了性命，而杀死他的，又是素来压迫民众的军阀吴佩孚与萧耀南！一般民众——包括商人、工人、学生等等——若不是已经死得一人不存，必然会有一种极严重的表示！下面这种酝酿已久的讨伐声，我敢断言，必定会即日从全国民众中风起云从似的高呼出来！

“同胞们！万恶的军阀今天愈加猖獗了！他们对于我们民众，已经由横加压迫而进于乱肆屠戮了！他们先后在北京各处杀死了我们学生数十，在汉口、郑州、长辛店等处杀死了我们工人数百，现在且又把我们景仰的指导者施洋杀了！照这种情形下去，恐怕我们各界同胞都会要被他们枪杀，我们千百指导者都会要被他们屠戮；这样，我们还有命么？同胞们！我们决不能坐以待毙！我们惟有全体联合起来，努力打倒军阀，建设我们新的国家，谋我们大家的幸福！同胞们！是时候了！再不能迟了！快快大家联合起来打倒军阀啊！”

中国是全国民众底中国，民众既一致抱打倒军阀的决心，怀建设新国家的雄志，则军阀焉得不倒？新国家焉得不成？萧耀南曾说：“杀了施洋，湖北可无工潮!”有眼无珠的萧耀南,却哪里知道:杀了施洋,不仅工潮不能平,一切风潮且均将从此而起,彼一己的地位亦将难保啊!

所以我笃定:“施洋底死,乃是全国民众合力打倒军阀建设新国家的导火线。”□□种死底价值何等伟大啊!

(原载《民国日报》)

署名:求实

劳动介绍所报告

（一九二三年七月）

工人每天靠所得的工资吃饭，已经是很苦的，倘使把他吃饭的职业一失掉，自然是更苦了，所以“失业者问题”是社会问题中最重的一个问题。本部成立之初，即注意于此点，因设立劳动介绍所，以便为失业者谋生活之路，徒以方法未尽完备，外界情形又实困难，加之工人对于劳动介绍所之作用多不明，失业后多不来报名，以致虽设立将及十月，而成效殊鲜，这是本部最为遗憾的地方！兹将民国十一年十一月至本年七月间到劳动介绍所报名之失业工人作统计表如下。今后对此，本部自当特别注意，努力改进，用副初心。

失业工人统计表

十一年十一月至十二年七月

工作处	大工	小工	杂工	共计	已介绍工作	现尚失业
车务处			三	三		三
修车房		一	二	三	一	二
行车房	一			一	一	
电机房	三	十四		十七		十七
修理下厂	一	二	六	九	二	七
修理上厂			十	十		十
制造处	八	十四	十二	三十四	十四	二十
食宿处			二	二		二
公事房	一	二	二	五	一	四
送洗煤处		一		一		一
洗煤台		四	十三	十七		十七

续表

工作处	大工	小工	杂工	共计	已介绍工作	现尚失业
土炉炼焦处	十九			十九	一	十八
洋炉炼焦处		一	一	二		二
材料所	十	二		十二		十二
总平甲段	一	四	十四	十九	三	十六
总平一段			一	一	一	
总平二段	一		四	五	二	三
总平三段	一		三	四	一	三
总平四段	二	一	二	五		五
总平五段	二	六		八		八
总平七段		一		一		一
总平八段	一			一		一
总平九段			一	一	一	
总平推广段	一		四	五		五
直井推广段		二	一	三	三	
直井三段	一	一		二	二	
直井五段	一			一	一	
直井六段			一	一		一
直井七段		一	三	四		四
直井八段			一	一	一	
总计	五四	五七	八六	一九七	三五	一六二

(附) 安源路矿工人俱乐部劳动介绍所章程

(一) 本部为预防工人失业起见，特设劳动介绍所。

(二) 本部与路矿两局协定，以后增加工人，尽先由本所介绍。

(三) 本部部员因下列事项失业，经该处总代表证明者，得在本所报名。

(甲) 因停工失业者。

(乙) 因病失业者。

(丙) 因其他正当事项失业者。

(四) 本部部员有下列情况之一者，无在本所报名权。

(甲) 因被路矿两局开除后，经本部认可者。

(乙) 已由本部开除部籍者。

(丙) 有破坏本部之行动者。

(五) 本所介绍工人，以报名之先后为次序。

(六) 路矿两局若无工作时，本所得酌量介绍于外部各工厂。

(七) 本章程有不合时，得由本部最高代表会修改之。

(原载《安源路矿工人俱乐部周年纪念册》)

署名：求实

"朋友，歇歇脚力，预备爬山吧！"

——怎样培养我们的能力呢

（一九二三年八月十八日）

（一）

民国十年，我同几个朋友到安徽黄山去旅行，起初走的时候，路很平坦，我们一路走，一路唱，谈谈讲讲，说说笑笑，好不快活！不要两点钟，走了二十多里路。后来路渐渐陡起来了，很不容易走，我们便只得慢慢地、很谨慎地一步一步往上爬，不敢随便说笑了。走到后来，竟遇着了一座大石岩，塞住去路，无路可走，我便提议说："朋友们，歇歇脚力，预备爬山吧！"大家应允了，我们便在岩石旁边坐下。一个姓刘的朋友，他是最性急的，便不顾什么，向上爬去；我们劝他歇歇脚力，他不肯听。我们歇了五分钟，便找着了一条小路慢慢扶藤攀葛地爬上去，到了岩的半中间，只听得"嗳哟！""来呀！"的声音，在我们的脚下，过细一寻，发现了一条溪沟，声音便从那里发出来的。在溪中的左旁有一堆黄布被草掩着，原来就是那位性急的刘朋友，他因为没有看得清楚，腿也爬软了，所以跌下溪里去了。我们费了很大的气力把他曳〈拽〉了出来，满脸的血，是刺树刺了的；腰痛得不能伸直，是岩石拼〈碰〉了的；腿也折了，衣也破了。无法，只好找两个人把他抬着，我们便护送他下山，找了个医院给他住着诊治。

虽然受了这个打击，我们游山的兴致仍然没有减少，便约了其余的原伴，在第二天的凌晨，即动身上山。这次当然更谨慎了。一路时有阻碍，不是岩石，便是溪沟，不是刺树，便是丛林。我们每遇着了这种阻碍，便歇一会脚力再爬，歇呀！爬呀！爬呀！歇呀！歇歇爬爬，爬爬歇歇，竟爬了一天半才到山顶上。山顶上的胜景，我此时无暇说了。

我们曾经预计了一下，倘使我们不爬爬歇歇，只顾往上面冲去，且不说我们的脚力来不及，恐怕我们的头早在岩石上撞破了，我们的腰早在溪沟里折断了，或者迷失在丛林刺树中，早被毒虫猛兽吞食了。总说一句，我们几条性命，恐怕一个也救不回！慢说游览天下的名胜，且先去见见阎罗老子（?）着！

（二）

现在想起来，我们工人的解放运动也和到黄山去旅行是一样的。资本家的阴谋破坏和军阀的武力压迫，都是我们运动前途的阻碍，团体内部的倾轧和伙伴行动的不适当，都足以证明我们的能力不足。我们运动前途的阻碍既然很多，我们自己的能力又实在不足，则在我们的运动中，我们自然一面要防备前途的阻碍，一面要培养自己的能力。我们若是不顾一切阻碍，不培养自己的能力，只是往前乱撞，慢说我们的目的不能达到，我们的运动不能成功，我们的团体，我们自身，便会先受危险了！

在过去一年的运动中，我们的俱乐部——我们一万多工友——颇得了些须胜利，也颇干了一二件可观的事业——合作社与学校——并没有遇着多大的阻碍，也并没有显出我们工友的无能，这本来是事实，是的确的。不过我们应该晓得，这过去一年的运动，只是黄山旅行中最初一两点钟走的平坦的路，自然没有什么大的阻碍，换句话说，即是资本家和军阀当时还不知道我们的利害，所以没有出来大阻碍我们。既然没有大的阻碍，自然不要很大的力量就可以做得下的，而且凡是第一次动手做事的，兴趣也高些，气概也盛些，所以，若不是过细观察，很不容易看出我们的能力的不足。

在最近时期中，据我的观察，我们安源的工友有一种很不好的习气，这不好的习气就是自满！换句话说，就是自己以为自己的能力很足了！实在，我们安源的工友多半是有勇少谋的。就是：做事的勇气是有余的，能力实在不足！有勇少谋的人在我们的运动中——并且在一切的事业中——都是极危险的！说到这里，我记起一个汽车撞祸的故事来了。旧年有一次，我走汉口马路上过，忽然后面呼呼的响起来，我知道是汽车来了，便往旁边一闪，汽车便飞也似的冲向前去了。我很奇怪那开车人何以不按警笛；再过细一看，车上并没有人驾着，原来是一辆空车，大约是哪一位流氓干的把戏！这辆车既没有人驾着，自然朝直向前冲去。那时有两个行人和一辆人力车让不及，便被撞倒了！街尽头了，危险啊！呀！扑通！化利化拉！对面横街上一家银楼的大玻璃窗被这空汽车撞得粉碎。那汽车反撞转来，又把一个站街的印度巡捕打倒了！朋友们，有勇少谋的人便像这无人驾着的汽车一样，他在外面做事，也是不顾一切的撞行人，碎玻璃，倒巡捕，你们看多危险呵！

朋友们，我们安源的工人都是负着很大的责任的；今天以后，还有许多事都要我们去做的。所以我们每一个工友不仅要是一个肯做事的人，并且要变成一个能做事的人，一个做事做得好的人！我们若是不鄙弃自己，不看轻自己的责任，我们应该注意培养自己的能力，除去骄傲自大的坏习气！而且，到了现在，国际资本家帝国主义的侵略一天利害一天，国内军阀的压迫一天加紧一天；半年以来，国内许多弟兄的团体都被封闭了，我们许多的伙伴都遭戮了！我们，在我们工人解放运动中，已经遇着了岩石，遇着了溪沟，遇着了刺树，遇着了丛林，遇着了极大的阻碍！并且，因为自己不审慎的原故，在遇着这阻碍的时候，已经死了我们许多亲爱的同胞，伤了我们许多亲爱的伙伴！现在外面种种的情形和一年以前的已经大大的不同了！

对于这种惨痛的情形，我们自然不能容忍，我们自然要更坚定我们复仇的意志，更振刷我们反抗的精神；但同时我们自然也要更精密的计划作战的方略，更努力培养我们奋斗的力量。我们这一年中不能像过去的一年一样，遇事都不顾一切的干去；我们要防备撞破头，跌断腰，防备遇着毒蛇猛兽，我们应该坐下来休息一下，歇歇脚力——培养自己奋斗的力量——以便上岩，过沟，穿过刺树丛林，想法打倒国际资本帝国主义的侵略与国内军阀的压迫这两种势力，恢复我们全国弟兄的团体，为我们惨死的伙伴复仇，引导我们被压迫的无产阶级向解放的路上前进！

总而言之，发生阻碍是外部的事，能力不足是内部的事；阻碍的发生是难得免除的，能力的不足是可以补救的。所以我们今后一年，最重要的使命是去培养自己的能力，以便排除当前的阻碍，迳向我们的目标前进！

（三）

我们知道要吃饭，但也要知道怎样吃饭；我们知道要穿衣，但也要知道怎样穿衣；同样，我们知道要培养自己的能力，也要知道怎样去培养。

俱乐部为供应各工友的这种需要——培养能力——起见，在这下一年中，决定设施如下：

（一）补习学校：凡是我们的部员，都可以到这学校里面去读书。许多工友必要的知识，都在这个学校里面讲授。现在聘请了很多有学识、有经验并深知我们工友的需要的老师，将来我们就学的工友不仅是能得着很多必要的知识，并且还能得着很多有益身心的乐趣。在这下一年中，已经决定在安源、紫家冲、醴陵、湘东、株洲，共设七处；除星期日外，每晚有两点钟的课。

（二）十代表会议：在这下一年中，俱乐部仍然预备规定各工作处十代表每月轮流开会一次。在这种会议里面，有一位最会演说的朋友为我们大家演说，他所说的自然是我们工友所急需的一些知识。我们到这种会，与在补习学校里上课是一样有益处的。并且在这种会议中可以学得许多开会的规则——我们知道：开会的规则，对于我们工友，尤其是代表，是一种最紧要的知识。

（三）各工作处部员大会：俱乐部预备在新会所建筑好了以后，各工作处的部员每一月或两月轮流开会一次，开会的办法与目的和十代表会是一样的。

（四）普通定期讲演：俱乐部预备在这下一年中，举行一种普通定期讲演，先从安源做起，大半分两处——子弟学校第一校与第三校——每星期一次或两次。这是为那没有时间到补习学校里读书并且没机会参预十代表会议的工友们而设的。这里所讲的话自然也与补习学校和十代表会议的相同。

（五）房子里讲演：俱乐部的讲演股长或其他最会讲演的人，如若有好机会，便到各工友住房里去讲演，以便各工友在休息的时候，也可以得些益处。

（六）工人图书馆：俱乐部预备这下一年中在安源开办三个工人图书馆。这完全是为我们的工友办的，所有的书报都是于我们工友有益处的。凡是俱乐部的部员，都可以到那里去看书报，或者依着图书馆规则借出来看。

（七）游艺会：俱乐部预备在新会所建筑好了以后，每两星期或一月开游艺会一次，奏演各种使工友能得益处极有兴趣的游艺，如：电影、幻灯、音乐、新剧、科学讲演之类。

（八）各种临时讲演会：这一年中，倘若遇着有特别事情发生，俱乐部当举行各种临时讲演会，为各工友讲演解释。

凡是我们的部员，对于上面所述的学校和各种集会，都应该设法参加。我们工友因为境遇的逼迫，所以多半没有求知识的机会，都不注意培养自己的能力，现在情形既然叫我们不得不注意培养能力，而同时又有这许多好机会供给我们，我们还不特别注意多多设法参加么？工友们！注意呀！

阻碍是难于免的，
阻碍是不必怕的，
我们应该设法把他打倒，
不然，阻碍便终会阻碍——甚至打倒我们了！

不要自满！
不要虚骄！
能力不足，
培养为要。
可丑的不是能力不足，
不去努力培养不足的能力便真可丑了！

培养我们的能力，
打倒一切的阻碍，
为我们的弟兄泄冤愤，
为我们的运动谋进展！
朋友们，努力干起来！
快！快！

（原载《安源路矿工人俱乐部罢工胜利纪念册》）

署名：李求实

姊姊的屈服

（一九二三年八月）

妇女解放的声浪，虽然高叫了两三年，实际的效果还不见有什么，这实在是我们负有运动责任的人应该深自惭愧的地方。我细想，所以如此，多半是由于大家都不明了实际的情形，一方是讳莫如深，一方是绝对不睬。像这样纸上谈兵，如何能有效果呢？因此我征得了我的同学卓如君的同意，把她平日给我的信中关于她不幸的姊姊桂英的事实，在此地发表出来。我想，现在与桂英同一境遇的女子不知有几何；除了少数有大魄力能冲出重围的而外，她们多半只有两条路可走：(1) 自杀；(2) 屈服。我们对于这些不幸的姐妹，应该如何拯救呢？——芸芳附记。

芸芳姊：

我前几天就预备写信给你的，时间实在忙不过来。你知道，我家正在忙我桂姊的喜事，我有三天没有上学了。无论如何，明天再不能旷课，所以这时抽空写封信给你。

我来把三朝“双回门”的把戏写给你看的。早十点钟，两乘大轿进了门：头乘坐的是吴家姊夫，二乘是桂姊。桂姊开了脸，相貌大变了；她似乎很乐意，行了礼，便屋前跑到屋后，高谈阔论地，比在家时态度更活泼了。我心里很安慰，想是姊夫和吴家定然还好，不然怎能使得我们这位桂姊这样高兴呢？

我很奇怪，前天桂姊上轿时，跑到我母灵前伏着哭了半点钟；今天回来竟没有一点伤心的样子，在灵前叩了三个头便跑开了。

吴家姊夫比桂姊矮一点，跨着粉底官靴，戴着乌纱礼帽，长袍大套的，那种样子颇令人失笑；但是我恐怕桂姊发脾气，极力忍转去了。闹了大半天才又双双地回去。

晚饭时，荷弟笑说：“吴家哥哥把‘蔡黄追悼大会’的‘悼’字念做‘卓’字，‘卓’了好半天，我竟忍不住笑了。”我父瞅了他一眼，吼着：“胡说，你能干！你认识几个字，就笑人？还不快点吃饭！”我也正笑着，看见了父亲发脾气，便只好低着头吃饭。

我父叫我过两天到桂姊家去过门，我想候礼拜日去；到那里当又有许多新鲜话儿，回来再告诉你吧。

祝你健康！

妹 卓如

九月十七日晚（民国七年）

芸芳姊：

今天到桂姊家过门，把我累得要死；这时又要写信给你，明早还要上课，你想我忙不忙？

早十一点多钟，我带着刘妈乘车一路去的。到了她家里，只有她公公（翁）在堂屋里——他曾到我家去过，我是认得的，他似乎不认识我。刘妈说了，他才说了一个“哦”；我对他行了个鞠躬礼，他一面向我打躬还礼，一面向屋里喊着：“新（音向）姑娘的三姨妹来了。”一会，出来了一位白发苍苍的老婆婆，刘妈说是老太太，我知道是桂姊的祖母，便向她鞠了三个躬。一会又出来了几位太太，刘妈一一指给我说：“这是大姑太，这是二姑太、这是太太。”我一一行了礼。她们似乎都很奇怪我这种洋礼，还礼的时候，都有点“不知所措”，我几乎笑了。接着有两个人都问我：“三妹在洋学堂里念书吧？书是念的很好的！”我勉强同她们敷衍了几句。桂姊出来了，我也向她行了个礼。她们又闹了一会，桂姊便请我到她房里去坐。到房里谈了几句客气话，问了几句家常，我便问她家里的情形，她略为告诉了我一些。吃了饭，我便说要预备功课，抽身跑回了。

她家里的一些人物颇有趣，我现在把我所知道的告诉你。她那位祖母八十一岁了，精神还很好，性情很刁，并且老而不糊涂，家还是她管着。她的公公五十岁的样子，不士不商，不理家务，每天就和左近一些失了业的幕友们在一处混，他似乎以此为“雅”；但性情很和平，而且很讲孝道。她的婆婆是庶母，是她祖母的丫头收起来的，嫡母没有儿女早已死了，姊夫以下弟兄四个，都是这庶母生的。桂姊对于这一点似乎很抱憾，觉得丈夫是丫头生的。

那位大姑母是居孀。我看她说话都说不清楚，桂姊说她从前是患过狂病的。她有一个七八岁的女儿。那位二姑母，据说有四十几岁了，我看她的打扮，的确只看得二十三四岁，和桂姊站在一处，活像姊妹样。这太太，一看就知道是一位了不得的角色，说话以及举动，都漂亮得很，大和贻姊的派头相似。她有一个女儿三个儿子了，女儿且已出嫁，大儿已经二十岁了。他们的父亲是在一个什么局里办事吧。

我冷眼看桂姊对于各方面的应酬，似乎都还过得去；她们待她似乎也还好。……

妹　卓如

九月二十三　星期日

芸姊：

我很后悔不该把那些事情告诉你的，此时又劳你问起什么定婚的情形来了。“斫树定要挖根”，还是那个爱管闲事的老毛病儿；你这个人真讨厌！

好，请静听着。我桂姊的定婚，是旧年春季的事，经过只有四天。你想来又很奇怪“怎么这样快呢”？告诉你不得，这里面实在有些怪原因呢。

自从我们那位胡嫂来我家以后，桂姊与她不和，常有吵闹的事。我母因[胡]嫂老实，便总是压住桂姊。桂姊的性情，你是知道的，能够容忍下去么？有一次本来是胡嫂理屈，我母故抑桂姊；晚间桂姊竟悄悄地叫荷弟买了一包红矾，谋自尽，被刘妈察觉了。我母和我父商量，说桂姊年纪也大了，这样在家里吵吵闹闹不成话，只有快点给她找一个婆家遣出去。言谈间颇有说桂姊“不安于家”的意思。芸姊，你不要笑我女儿家不怕丑，本来女子到了十八九岁自然会有些知觉；不过若说桂姊的吵闹是为着要出嫁，这实在是冤枉话。芸姊，你不知道我们那位胡嫂有时真气得死人；我好在学堂里功课忙，和她碰头的时候少；桂姊和她一分钟也要碰几回，怎会不发生冲突呢？我母是喜欢老实人，恨刁滑人的；桂姊固有些近于刁滑，我母实在不知道我们这位胡嫂却也太老实了一点。我真不肖，我母死了，我还要说她的坏话，姊姊，你也要骂我吧？——话扯远了。本来有两家托媒人来说过的，我父那时便去找那位黄守礼来谈。黄说的是一家姓郭的，是书香人家，稍有资产。我父随后又托人打听，说那男人相貌不整，便又放下了。这还是前年九月的事。

此后胡嫂桂姊间的吵闹自然还是不断。旧年二月，有一天晚上，因为一双鞋料的事，又大闹起来。其中细情也不必说，结果自然又是桂姊挨骂啦。她怄得两天没有起床，也不进饮食。我母说她装死，还是快点给她说婆家，我父便又去找人。有一位刘胖子，是我们的同乡。他正月来我家拜年的时候，大约和我父提过桂姊的亲事的，我父便去找他。他说是一家开米店的人家，姓吴，开着三家米店，家财约有万金，男子是老大，在米店里主持。我父同我母商议了一下，便即刻答应了。那时我姨还说：“总要打听一下，孩子到底是怎样哪！”我父说：“一打听又会说不成功，你看桂丫头还候得吗？只要家里有饭吃就算了，横竖是命定了的事。”姊姊，这还是话吗？我当时真怄极了，但我又不好出来争论。这一切的情形，头两天都瞒着桂姊，她也没有起床；我跑到她房里告诉她，她也不理。我父抱的速成主义，所以答应了的第三天就“过礼”。所谓“终身大事”便就这样定了。

可怜，桂姊只我们在私塾的时候读了半年书，你或者还记得那时的情景。这几年来，她简直没有拿书本；偶尔看看的，也不过是《秦雪梅吊孝》、《孟姜女寻夫》……几种唱本罢了。自从她订婚以后，我想着这事一定不妥，很为她害怕；我只恨自己年纪小了，能力薄弱，不能想法子帮助她。近来看她似乎很快活；我那时的“害怕”或者真是“杞人之见”了。

卓如

十月初六夜

芸芳姊：

……

今天桂姊回家来，很有点不快活的神气；我同她慢慢地谈着，才知道她家里渐现出不安的状态来了。芸姊，我的“害怕”不幸渐渐成为事实了。

她家庭间的关系，我先告诉你，原来因为她那位后母无能，所以她家里的家务还是她祖母掌着；那位二姑太既然住在一处，对于娘家的事自然要常常管一管，所以她的地位俨然是一个参谋。桂姊去后，因为她（桂姊）的精明干练，她祖母便有意把家务交给她掌管，许多事都来同她商量，那位二姑太的差使显然保不住了，这样一位好角色，能够吃得下这种亏么？于是迁怒到桂姊身上：虽不敢明争，然而暗枪冷箭，大约总时常在射击。你想桂姐又是好惹的么？她便也不时加以反攻，渐渐闹得言和意不和了。据桂姊的口气，她祖母似乎还卫着她，颇不直她二姑母所为。

很好笑，桂姊神情间似很不愿把她家里不安的状态告诉我，大约抱的“家丑不可外扬”的主义。我不懂二十年的姊妹，怎的才离了三四个月便这样生分了？岂真是“女生外向”么？

又说了一大篇闲话，大考明天就开始了。顺祝健康！

妹　卓如

十二月一日

芸芳姊：

六十天的暑假，竟完全为桂姊耗去了。听说你到我家里找了我两次，失迎得很。我有一大脑子话要告诉你；昨天，我跑到你家里去，你家里那个黄婆说：

"我们小姐昨天进京去了。"真叫我失望。此时你或者还在京汉道上，我此时也在扬子江中，只好还是用笔来谈了。

我自从上季在校住宿以后，家里的事便不大知道；偶尔家去走走，或到桂姊家去走走，也不见得有什么事，似乎都还安静：这不是我那天告诉你的么？

就是从你家回去的那天，夜里两点钟了，桂姊家里的一个仆人跑到我家里去，慌慌张张地说："您府上二小姐陡发急痧，我们老爷请您府上那位少爷去一下。"我们骇得都跑起来，我大哥便跟着他去了。我一晚没有好睡。第二天早晨，我大哥回了，说是转来了，不过症还是很险；他又叫我去看护，说桂姊要我去。我便即刻乘车前去。到了她房里，她还躺在床上；见了我也不说话，不住地淌眼泪。其时只有吴家姊夫——他号明卿，以后便称明卿好了——在房里，她瞅了他几眼，说："这里不要你招呼，请你出去！"明卿便出去了。接着她祖母进房来了，向我谈桂姊的病状，其时明卿又跑到房里来，问桂姊吃不吃粥；她望也不望，要理不理地答应："你不管我吃不吃，饿死了不与你相干！"说时，气愤的了不得。明卿走开了，她祖母便说："问你吃不吃，也生气！"又回头对我说："三妹，你的姐姐都好，就是脾气太躁一点。我常说，脾气躁的人总是自己吃亏，她总不相信。三妹，你们读书的人是明白的，我的话对不对？而且，居家，长天无了日，那有件件事都能如心如意的？不自己宽解点怎样行，况且各人都有一个'命'，命定了，就是你吵上天，闹下海，还不是没有法子想？终竟是自己吃亏！不晓得怎样的，人也很聪明，这些地方偏见不到！"我也不好怎样答应，回头看见桂姊在床上似乎十分不耐烦的样子。她祖母又说了些闲活，又嘱我劝劝桂姊，便起身去了。

我听了她祖母这番话，看看刚才这种情形，便知道桂姊的病不是无因而至的了。我正预备问问桂姊到底是怎样一回事，我父亲又去了。我听见她祖母在外面又把刚对我说的话对我父亲说了一遍。我父亲进房来，开口便说："脾气放好一点啦！奶奶（即祖母）公公都这样疼你，又不愁吃，又不愁穿，还要这样呢？便是明卿有些不好，你也只能劝劝，怎样时常吵吵闹闹呢？人家开口便说你们是书香人家的女儿，怎样这么不晓得一点道理？你叫我做老子的把脸放在哪里呢？"接着还有一大篇道理话，桂姊只是掩面哭着。一会父亲便去了。

下午我趁没有人的时候，问她到底这几个月来是怎样的情形，她很苦楚地告诉了我许多，末了一句是："这种日子不能过了！"唉！芸姊，此时提起来，我心还在痛，我现在实在写不下去了。

* * * *

笔一放下来，两天没有写了。心情实在烦乱得很，昨天天晴，在舱面上顽了一天。今天且提着精神写下去，到岸又没有时间写了。

原来还是她那位二姑母在那儿作祟。她那位丫头出身的庶母实在太不成形。平日姑太们自然不把她放在眼角里，她却也很知趣，处处仍以丫头自居。现在那二姑太因为要同桂姊捣蛋，便一面把她怂恿出来做幌子，叫她拿出做婆婆的样儿来治桂姊；一面便在她祖母面前进谗言，她祖母虽然精明，究竟是自己的女儿，说的话那有不信的呢？那位庶母得了后援，便滥作威福，颇有使桂姊难堪的地方；同时祖母对待桂姊也不如从前了。桂姊那样高傲的人，如何受得起这种打击？然而毕竟因为是多方面的压力，也实在无法抵抗；她便只得向明卿诉苦了。说起来气坏人：这位明卿也居然被二姑太那一方面网罗去了；他居然也用起他素日未用，或者是不会用的夫权来了。他也帮着他的母亲来治桂姊了。桂姊此时已是呼吁无门，便只有向娘家阿父诉苦。她有一次回家，把这种种情形哭诉给父亲听，父亲虽然没有骂她，却说这是由于她自己不会处置，叫她只有“顺受”，“安命”。嫂嫂更是不必说了，我又在学校里——她的病便是这样起的。

她家里虽然也在请医生，开药方，我看来都是很冷淡的。她也不肯吃药，只是求早死。过了四五天，她的病好了一点，我便回家去了。那知第二天又加剧了，我只得再去。打听起来，又是那位后娘和明卿闹出来的。这次便一天厉害一天，饮食很少进，到了十天的光景，病已十分危急，医生已经不肯开药方了。病人像得了狂症一样，嬉笑怒骂，坐卧奔走，终日嚣嚣攘攘，没有停止。她家人便也慌了，都说遇着了鬼，于是请些什么仙姑、和尚，画符，捉鬼，又闹了一个多星期，毫无应验。大家都以为没有指望了，只为她办后事。不知怎的，下了一次雨，天气凉了下来，她的狂态竟渐渐收敛了，渐渐知道饥渴疼痛了。过了五六天，便完全恢复了病人的常态，于是又请医生诊治，过了一个星期，便一天好似一天，直到她能下床了，我才回家。经这样一闹，我对她暂不敢提起以前的事；她对于前事似乎也忘了一样，脾气居然也和平了一些，对于明卿也不像以前那样嫌恶了。

我动身的前天，还去看她的，她已完全恢复了原状，她祖母待她似乎好了一些，那位二姑太外面还是很好——桂姊病时，在我眼睛看得见的，她（二姑太）也很关心，很献殷勤似的。那位庶母也好像不像先前那样了。

卓如书于江新船中

八月十七号（民国八年）

芸芳姊：

关于桂姊的事，我们的通信中，将近两年没有提及了。我在沪两年中，她家似乎没有发生什么大事。她去年六月生了一个小孩，三天便夭折了，她们俩——桂姊与明卿——的感情，听说也还融洽。

我前星期回家后，便到她家去。那时是下午两点钟，屋子里静悄悄的，若不是从窗外看见桂姊房中的旧对联，我几乎以为她们搬家了。我到她房中，她正在窗下看一本《再生缘》。我和她两年没有会见了。她见着我自然很高兴，但是在谈话当中，她仍是有些长吁短叹地。我问她的祖母和家人都到哪里去了，她说："都上工去了。"我听了不懂，便问到哪里上工，她一笑说："多半在对门黄公馆里吧！"我这才悟过来。芸姊，你恐怕还闷在葫芦里哩。现在我补一段话，这是前两年忘记了告诉你的：她家里虽然是商人，可是她那位祖母和公公，却终年不曾管生意的事。他们主要的事情是"打牌"。虽然七八十岁的老人，抹起"点子"(一种纸牌）来，总是六八十牌起码，抹通夜是常事。她公公便打"麻将"，每天通常是十二圈十六圈，高兴了，连日夜打起来。

我又问明卿，她说有好几天没有回家；我问他到哪里去了，她说："不晓得。"说着，叹了一口气。我不好追问。接着我问她一向在家里做些什么事。她说早上做家务——烧火，洗衣……下午做些活计，或者看看书，写写字。她说："倘使能够让我长远过这种日子我也很快活。"我看她有意看书写字，心中也着实欢喜。我告诉她，我现在在本地就了事，可以常常来同她谈，并且愿意帮助她看书写字。她也很欢喜。

回家后，我问我父："明卿哥近来怎样？"我父淡淡地答应我："没有怎样，还不是那样。"我听了，又好气，又好笑。回头又去问我大哥，他才告诉我。

原来明卿早已不在米店里了，因为他实在照顾不来，但是在家里又坐不惯；正二月的光景，不知被什么人引诱去干乱党的玩意儿，险些儿捉去了。跑回家来，衣履都不完全。他父亲和祖母也不管他，他母亲还以为他可以由此做官，怎肯说他呢？桂姊说了他几句，他反寻着桂姊横吵，说什么"老子是你丈夫，有你管的！"桂姊只好气在一边哭。

现在阴历七月，鬼世界来了，他又忙他的什么"做斋"、"做会"、"讲圣谕"、"念皇经"这类的事去了；因为他曾经学过"道士"的。我这才明白。

妹 卓如

八月十二日晚八时（民国十年）

芸芳姊：

我学校里的事本来很忙；但我每星期总得抽一个时候到桂姊家去走走。“亡羊补牢”，我觉得这是我应尽的责任。

她近来似大有进步；明卿虽然还是在外面胡闹，她已不十分在意了。我总是把“自立”的话去鼓励她。我说：“我们女子所以受男子压迫，完全是由于我们自己不能谋生活；倘使我们自己有一种手艺，能够自己赚钱养活自己，那我们便可以不受男子的压迫，可以自由行动，要怎样就怎样了。”她很相信这话；她说，她很想学一种手艺，如织袜织毛巾之类；不过她祖母不许，说：“我们家里又不愁饭吃，要学那些小家小户讨饭的手艺做什么？给人家看见了也不像话！”她也知道她祖母这种话的错误，她说：“‘坐吃山也空’，何况家里没有几个钱，而且还有兄弟四个；不早点打算，将来只好挨饿。”说虽这样说，然而她究竟不敢不听她祖母的话。芸姊，软弱的女性呵，不过我想只要她明白这一点，以后再渐渐设法鼓励她，总不至于没有办法。

前天我到她那儿去，谈起明卿来了，我想探听她对于他的态度究竟是怎样，便说：“明哥这样闹法，真是没有法想。你劝他的话，自然是没有效力的了！”她说：“我现在也懒得劝他了。我想他既是这个样子，他的奶奶他的爹（父亲）都不管他，我又为什么一定要向他讨麻烦呢？我眼前只想将来自己怎样讨饭，什么我也顾不得了。”她又叹了一口气，接着说：“倘使这样叫作夫妻，我便奉劝世间上的人都不要嫁人了！”我听了又惊又喜：但我尚不敢拿出“离婚”两个字来对她说，因为我觉得她还是一时气头上的话。我只说：“到了这种地步，当然只有顾自己的了。依着旧道理说，丈夫应该养活妻子的；若是丈夫不能养活妻子，则妻子自己顾自己，不去麻烦男子，便是极合道理的了，未必还要妻子养活丈夫么……”

妹　卓如

九月六日（民国十年）

芸姊：

我很高兴报告一个消息给你听：我桂姊现在居然能够写信了。下面便是她给我的第一封信：

我的亲爱的卓如妹妹：

我没有想得我今生还能拿笔写信的。我现在能够拿笔写信，妹妹，你想我高兴不高兴呵！

你对我说的一些话，我都明白，我好像也常常那样想过的，不过你叫我说，我又说不出来就是。

妹妹，我现在也不像以前那样作〈着〉急了。我现在每天除了弄饭洗衣服以外，就做鞋子，看你给我的信书和杂志，写一张大字，一百个小字。我着〈觉〉得狠快活！

你的明卿哥哥又有几天没回来，我也不管他。我现在只管我自己，好到了要紧的时候，不至于饿饭。

妹妹，你学校里事情很忙吗？我很想常接你一封信。

祝你进步！

你的可怜的姊姊桂英

初八日

芸姊，我自己不敢夸口，桂姊会有这样的进步，真是出我意料之外。你过细把“我现在只管我自己，好到了要紧的时候不至于饿饭”这句话想想，这不是显然有离婚的意思吗？

我这一向也写了几封很浅的信给她。但信上说的恐怕她还是懂不清楚，我预备一两天就到她家里去。我想现在有两点很重要：(1) 不要有“生育”的事发生，以免日后拖累；(2) 赶快学一种能谋生活的手艺，以解决面包问题。姊姊，你以为如何呢？

……

卓如

三十节后一日

芸芳姊：

我离开家里才三个月，竟至发生了万分不幸的事，说来真是叫人气煞痛煞！我此时手正颤着，心正跳着，不知能不能继续写下去。但无论如何，这件事应该要让你知道；而且我想也应该让天下人都知道，我预备稍迟心里宁静了，把这事做一篇小说发表出来，我且把这事的原委先告诉你。

不用说，自然还是关于桂姊的事啦！

三个多月前，我赴沪的前一个星期，那一天我到桂姊家里去，这是我同她会面的最末一次。我会着她，把我前说的那两个要点都宛转地告诉她了，她也深以为然。并且她说：“我现在已经暗地里在学着缝袜子；这种手艺，认真做起来，也可以顾得着自己一个人的生活。”一个星期后，我因为校事，不得已要到上海去一次；我原打算至多一月可回的，谁知耽搁了三个多月。这三个月中，没有接着她一封信，便是我父亲给我的信也不提起桂姊一字；我倒写了好几封信给她，我正深自诧异。

我回家后，问起桂姊来。我父第一个开口说："你再不要送什么书给桂姐看，也不要写信给她了；做家务的人那里像你们做先生的有那些工夫读书写字?"我摸不着头脑。看看大家脸上的神气，都像有点不对，一会我便说："我看桂姐去。"我父叫我不要去；我大哥说："回来了也歇两天，何必忙在一刻呢?"此时我真堕在五里雾中了。我便从各方面去侦探，费了三天的工夫，大体都被我知道了，我竟呆了一天没有吃饭!

你想是怎样一回事!

明卿的行为，一天不如一天了；后来又加入了某赌局，结果把身上的衣服输得精光，还欠六七十元的债。他跑回家吵着桂姊要衣服当。桂姊自然不肯给他，他便行凶，要打桂姊。桂姊不得已，便弄了几件衣服给他穿，说债迟两天再想法。一面便抽身回家，把这种情形告诉我父亲；父亲此时也觉得应该出来为女儿说几句话了，便把上述情形转告明卿的父，意思请他把儿子管束一下。他听见了这种情形，便大发雷霆（或者他并不是怒儿子的行为，只是被亲家说了一顿，所以发气），说非要把他儿子打死不可。他祖母怕桂姊在家看着难为情，便叫人把她送回我家去。他父亲便把他（明卿）饱打了一顿，又用铁链子把他锁在房门角里监禁着。

桂姊那晚在我家，兄嫂们怕她着急，便拉她打牌。正打牌的时候，叮玲珰琅，外面跑进一个人来，脚上拖着一大挂铁链子；你道是谁，原来就是明卿，他一进房，坐在椅子上，把脚搬起，一面解着链子，一面报告他在家被打和逃出来的情形。最后带着得意的神气说了一句："竟给我跑出来了。"此时桂姊已经气得晕过去了。

虽然明卿不成材，桂姊对于外人从来没有说过的；大家因为她是喜欢要面子的人，所以虽然晓得，是从不敢对她提起。今天这位不知羞耻为何物的明卿，竟当大众把自己的丑态一五一十地都宣布出来了，你想桂姊如何受得住!

她醒后也不说什么，把那两条铁链子一提朝外就走；大家拦不住，只好叫了一部车了，着一个老妈子送她回去了。

她一回去，便找着她的公公讲理性。她的理由是：(1) 对于儿子，不管就不管，管起来就像捉住了强盗一样，这是应该的么?(2) 管儿子在家里管好了，为什么让他跑出去，像逃犯一样，跑到媳妇娘家里去丢媳妇的脸?她的公公只是用话敷衍。那知桂姊的脾气来了，便像霹雳火一般，拍桌打椅乱来。她公公无法，便只好着人到我家请我父亲去，父亲说桂姊这样闹，实在是丢娘家的脸，不愿意去，便叫我大哥前去向吴家赔礼，听说弄到夜里两点钟才了事。当夜桂姊两次寻自尽，都被察觉了，未成。

第二天，我大哥逼着桂姊向她祖母及公公赔礼。桂姊在床前叩头，她祖母在床上装睡，没有理会；她公公说："只要把脾气改了，自然还是一样；本来好好的一个孩子，以后再不要那样糊涂就是。"

因为怕她寻死，所以她的一切举动都被监视，这样勉强地敷衍过了半个月的光景。

一天早晨，桂姊家二姑太的第二个儿子——只十六七岁，不常到我家去的——慌慌张张地跑到我家里去，会着了我大哥，他说："吴家表嫂（即桂姊）说有一个包袱叫我来拿的。"大哥很奇怪，因为桂姊并没有什么包袱放在家里，而且便是有什么东西，又何至要她姑妈的老表来拿呢？因回说没有，他站了一会便走了。一会明卿来了，问桂姊回来了没有，大哥说没有；他说："她一早挈了一个包袱出来的。"于是他们分途到熟处所去寻，没有一点影子。我大哥回到吴家，正同明卿的父亲坐着。他家二姑太在后而大声地说着，说她的大儿子一早出去，也没有，箱子里的衣服也不见了。他家祖母叫她小声说，因为我大哥在那里；她好像是故意要我大哥听见的一样，还是大声大气地说着。我大哥自然有些不好过，便回家来了。下午，邮局到了一封信，是本地发的，是桂姊写的，说她现在某尼庵，请大哥去一会。

其时明卿也在我家，我大哥便同他到那尼庵去。会见了她的时候，我大哥问她为什么要跑出来，她也不答。她只要削发为尼；我大哥自然不许，庵中住持也不敢担承。尼庵中自然不能久住。但她祖母以为她做出这种不规则的事来，说不要她再进门了；我父亲又怕吴家真不要她进门，便也不敢接回我家去住。以免自己受累：大家商量的结果，暂在我姨家借住几天，一面我家和吴家商量挽回的方法。桂姊此时听说几成木偶了。

关于吴家二姑太的大儿子同时出亡这一点，桂姊也没有声辩。那二姑太还说她手里还有他们俩——桂姊与她大儿——通情的证据。这件事直到今天大家还不明白。我根据各方面的考察，推知这件事是如下的一种情形：

桂姊与二姑太的大儿通情，有八分是事实，但两人都非出于本心——男是受母（二姑太）的指使，女是被诱惑。二姑太最后的目的，或者是在制桂姊的死命。至少在破坏她的名誉，使她无脸做人。她（二姑太）的手段只在把桂姊骗出吴家的门就完了。情形多半是这样：她一面命她的大儿把桂姊骗出去；一面叫她的二儿到我家去拿包袱，这无异去报信，说"你家的小姐跟我家哥哥跑了"。一面她便在家里自己吵，这便是告诉吴家说：“你家的媳妇跟我的大儿跑了。”她的大儿将桂姊骗出去以后，多半就不理她了；桂姊此时也知受骗。所以即刻发信告诉我大哥。她那样爱面子的一个人，上了这种当，自然不肯说出来；要削发为尼，不过是搪塞遮盖的话罢了。那位二姑太为什么要这样陷害桂姊呢？不外因为桂姊使得她不能干预娘家的事，至多使她不能多沾娘家的光罢了。为这点小事，竟这样想法害人，芸姊，我自己虽是女子，我也不得不信服“最毒妇人心”这句话了！

我父及吴家似乎都以为桂姊这次的事，应该归我负责任。倘使此事是真的，我也并不说我没有一毫责任。不过要我完全负责任，我便应该声辩。因为倘使此事是真的，第一个应该负责任的，是我父、明卿的父及祖母；第二个应该负责任的，是吴家二姑太；第三或者说到我头上来。因为倘使桂姊不是“遇人不淑”，决不至于为人所诱；其次，倘使没有人诱惑，则她虽因思想进步不直明卿，亦决没有什么“私奔”这一类的想头。这在前几个月她的言谈中都可以看得出来的。不过糊涂如他们，这些话自然不会懂得。

现在且看此事如何下台。

他们只就事实来说，把一切原因都抛开了。他祖母最初表示绝对不再容桂姊回去的意思，后来经我父及我兄向明卿的父作了很多保证的话，她的意思稍稍活动。直经过一个月之久，她才明白表示，必须我家出一凭单，才允桂姊回家。我父说：“只要她跨进了吴家的门，无论她的死活都决不过问。”于是命我大哥写了一封信给明卿作为凭单。下面便是那封信：

明卿贤弟台览：前者舍妹无识，轻举妄动，以致玷及府上家声，实深愧仄。连日家父及愚兄等对于舍妹已多方加以告诫，伊亦自知愧兹。既承太姻伯母暨姻伯父母不念既往，准予还家，岂独舍妹应知改过自新，即愚兄等亦感激靡涯矣。舍妹还家后，如再有不守妇道之举动，尚祈我弟叩禀太姻伯母暨姻伯父母，谨依尊府家法处治，不必姑息，愚兄弟惟自惭家教之不严，决不敢有所置议也。

愚兄家吉上
即月初八

有了这一张卖身死契，桂姊才能重返家园。姊姊，我脑已昏乱，不能再写下去了。

卓如
二、十二（民国十一年）

芸姊：

我的失败真使我不忍再提及桂姊的事。处在这种黑暗社会的旧势力之下，软弱如桂姊，自然难以超生！我只自恨能力薄弱，以致功败垂成，我现只努力预备实力出战！

你说想把桂姊这件事的经过发表出来，我自然十分赞成。我本预备做一篇小说的，因为许多原因耽搁了；你既把那信发表，便省得我再费脑力了。

自从那时以后，没有什么多的事可说。这一年多当中，我只到她家去了三次。她的那位二姑母，在她没有回去以前就搬开了的，听说她的诡计已经给吴家察觉了一些，彼此已经没有往来了。我到她家里的时候，她祖母对我总是要理不理的样子。桂姊的书籍和笔墨早已抛在垃圾桶中去了，她对我也绝口不谈读书写字的话了。谈话中，偶而提到前事，她便表示十分忏悔的样子。

她的小孩——男孩子——在我前次到她家去的那一天，恰满两月。她很高兴地把孩子送给我看，说了很多乐观的话。

总结告诉你一句，她现在已经是一个克尽妇道的媳妇，同时又是一个养育提携的母亲了！敬颂体健！

妹 卓如

一二、三、二夜九时

（原载《妇女杂志》1923年第9卷第8、9号）

署名：卓如

除　　夕

（一九二三年八月二十六日）

这时雪也止了，似漆般的黑云，满满地盖着天空，愈显得地面的皎洁，偶然一看，还要误为是月夜哩。雪后的空气更加冷了，兼着一阵阵的寒风吹得瓦上的雪不住地往下飘，院内几株枯树都镶着白雪的边，呆呆地立在那里，似乎已被这种寒气征服。

外面的锣鼓声和鞭炮声渐渐起来了；然而在这院里却充满了深沉的幽静，除了三四个儿童不时燃放的鞭炮声。他们这时的精神，似乎都融会在这上面，简直连冷都忘了。在他们活泼的心里，有的是快乐。自然，他们并不知道什么叫做悲哀，甚至以为世界上的任何事，只有快乐，没有别的。虽然他们有时跑进屋里，见了母亲坐在灯前流泪，他们也莫名其妙，只呆呆地站着把她看几看，仍旧一溜烟跑出来寻他们的小朋友商筹新年的作乐。

她住的是偏东一间约有一丈五尺见方的小房。当门设下了床铺；床头的凳上放着两口旧皮箱；床的左前方是一张小小的方桌，上面点着一盏菜油灯。虽然是如豆的灯光，为的是在这间小房里，所以也觉得持别的明亮。小小的锅灶放在门的右旁，灶里面余火未熄；她恐怕屋里的寒温不适于她的英儿，时常把零碎的茅柴放些进去，所以这屋内的空气，比起屋外来，相差要在十度上了。原来敬节堂的建筑和前清贡院里的号子相似，每人一间小房，无论何事都在那一间屋里面。因此，这间房里虽然不曾放了很多的东西，却已经把它挤得满满地。

她坐在灯光之下，手里拿着一件半新的小小棉衣，一针一针地缝着，还不时掉转头去看那睡在床上的英儿。她倾心地想把这点小工作在今晚成功；因为她知道，到了明天，英儿见了别的儿童穿着新衣，一定要寻她闹的。有时她觉得疲乏了，把手里活计放下，胡乱倒在床上休息一会；蓦然间外面的锣鼓声和鞭炮声传入她的耳鼓，她的眼泪便不知不觉地夺眶而出。她不敢使她的悲哀重现于意识，以致把重要的工作耽误了，于是急忙坐起，又把活计拿在手里，一针一针地密缝起来。

她进堂整整三月了；这三月的时光，在她看来，简直像十年一般长。蔷薇般的颜色，也不复现于她的颊际了；丰满的脸庞，已瘦削下去了；如漆的黑发，已变成深黄了。总之，从前人人赞她的美丽，现在简直成了一个村妇。自然，活泼泼的她从高屋大厦里猛然被逼到这监牢式的敬节堂来，怎能教她不改样呢？她看来较三月前老得多了；假如她告诉别人她现在不满二十四岁，谁是也不信的呵。

她的性情很高傲——这也是环境使然——同院虽住了上十家，她同她们不大合得来；每逢有事，她们都是互相来往，只有她总不曾参与，她们也不理她。所以她在堂里更比其余的人要寂寞。唯一使她得些安慰的，就是英儿。她今年刚满四岁，她特别地爱她，似乎她的生命都附着在她身上。的确，她常以为她是为英儿而生，她的生命不值什么，只是因为她的生命毁灭以致影响到英儿身上，她着实有些不忍罢。所以她有几次想到尽处，预备上自杀之路，及至回头看看英儿，她的心一软，这种念头即时打消了。她也曾读过书，并且能作普通的信札，但是现在她绝对不愿拿书。她常说，“知识是一件奇怪的东西，可以增加快乐人的快乐，也可以增加忧愁人的忧愁”。所以她现在的生活，是懵懂的，是无目的的，只是过一天算一天罢了。

她坐在床前，仍旧慢慢地缝着，有时英儿哼一声或是身子转了一下，她急忙转过身来，用手轻轻地拍着她，一面替她把盖被重行紧合一次。在这种心地不能专一的状态里，她时时被外面的锣鼓和鞭炮的声音所扰；她越想避去这种声音，而这种声音到她的耳鼓来反觉越清晰。她由几次的经验，竭力想把一切的思念遏抑住。她拿了活计，只顾缝着，不提防几针都钉到手指上，即时冒出一颗颗的血珠来。她这时心里更乱了；眼睛里像放出了千百的火花，把外界的一切都蒙蔽住。她已往的悲哀一丝一丝地涌在心头，却幻出两行热泪，不绝地滴在小小的棉衣上。

她想，她曾经过可怕的一夜：那时正是五月，天气渐暖上来了，他为家事忙了一天，正在床上躺着。她坐在床边，手里拿着一本《镜花缘》，一面和他谈些闲话。那时壁上的钟已报十二点了。忽然外面的枪声不绝地响起来，他知道这几天外面的风声吃紧，急忙走下床来。她向来很镇静。她知道他的胆小，连忙用了些话去安慰他。那时枪声越逼越近，不一会，撞门的声音也急了。他吓得面如土色。她再也镇静不住了，连忙教他把箱子里的银钱、首饰和存款折等等都检出来，两人分着放在身上。她把英儿从睡梦中抱了起来。那时家人都已预备出门避难了。虽然侥幸赖有坚固的大门，不曾被兵士撞开，然而家人知道，藏在屋里，终是危险的事，于是全家都由后门逃出，走进一间小屋去安身。危险了，八个兵士进小屋来了；他们背着上有刺刀的枪，手里拿着火把，脸上都带几分杀气。她看了，便不住地战颤起来。他们把每人身上都搜刮一空。当他们搜到了他身上，他的脸变成了死灰色，两唇上的红色全消，眼睛都无光了。她在旁边看了，又不敢近他身边去，真是如万箭穿心呵！他们从他身上搜查的结果，认定他是富有资财的人，知道他不住在这间小屋里，于是把刺刀放在他的颈上，逼着要他引路回家，家人赖他们不过，终于跟着回到家里来。他们逼着他把所有的东西都拿出来，捣毁了各房的器具，然后呼啸而去。他这时心如火焚，一面哭着一面说："现在命本都去了呵！"她安慰他说："爱人，有人有世界，钱财去了有来的哩！"他们的话正说完，从后门又进来了七八个恶狠狠的兵士，开首就把他揪住。她慌了，连忙去拉他，那知无情的刀已着在她的脸上，鲜红的血不住地往下流了。家人这时简直魂不附体，于是设计使他脱了身，各顾性命去逃避。她更不敢留恋，抱着英儿从后门跑了出来，藏在东边一家小屋里。这以后的情形，她不知道了。她在那里藏了很久，鱼白的晨熹，已渐渐从东方透了出来；外面的枪声也止了，再也不听见兵士的声息了。她于是蹑脚蹑手的跑回。那时家人也都回来了，聚在一块。奇怪，不见他了！但是，家人并不惊讶，以为必是躲避未出。他们寻了一会，最后寻到厨房，有一人倒插在水缸里！啊呀！那不是他吗？家人这时才慌了，连忙把他从水里抱起来，平卧在地上。那时他的脸白得像死人一般，牙关紧了，全身也冷了，仅余胸前一点热气。他们用人工呼吸法救济了一会，呵！不济事呵！可怜，他就这样不明不白地惨死了，伤心呵！她想到这里，泪泉滔滔地奔放了，身体也颤战了，小小的房似乎都在她的跟前回旋，她的身子支持不住了，随身倒在床上，她的心都碎了呵！

她的心有一部分似乎永久寄在英儿身上，虽然当她颠沛失常的时候，那一部分是和平常一样，不曾有丝毫的变动的。当她倒身在床上的时候，这种骤然的震动，把英儿惊醒，哇的一声哭了。她感觉了她的爱女的哭声，连忙坐了起来，把她从被里抱出来，一面用手轻轻拍着，口里唱着安眠的歌。一面把自己的衣襟解开，露出乳房来送进她的小口里。这是她的惯态：她每每心意恍惚的时候，一见了英儿，就觉清醒了。所以现在她已渐渐恢复了她的知觉。

这时院内只是静静地；偶然有一两声小猫的声音送到耳里，好像来鼓励她的勇气似的。夜的寒气也加重了。她把吃足了乳的英儿，仍旧放进被里睡下，然后走下床来，把灶内的火用火钳拨了一会，又加上些茅柴在里面，再回到床上坐下，拿棉衣重缝起来。一面继续回想她的往事。

他的母亲在四年前已经去世了；父亲是一位极慈祥的老人，家里一切大小事，都是父亲一人料理，关于经济的筹划，大部分都是依赖他。父亲也极爱他做事忠实；所以他死了以后，父亲为了痛子的心切，对于她和英儿慈爱备至，便是家人也不敢轻觑她。家里事一点也不劳她做，那是不必说的。有时还恐怕她一人料理英儿不到，常常命嫂嫂去帮助她。每天吃饭，她和英儿都是在父亲的桌上；有时人多了，父亲必定把妹妹留在后吃，无论如何，是不令她母女两人下去的。她平常的用费，也非常充裕。虽然家里自他死了以后，对于经济方面已失却了大半的助力，渐渐露出拮据的状况；然而父亲犹竭力支持，并不使她知道，为家里担忧。所以对于她所需的，无不充分供给，毫不现出为难的样子。她处在这种安善的家庭里，依着慈祥的父亲，虽然时常想起他的生前，也曾痛哭过几次，然而这种悲哀，终竟被目前愉快的环境所屈服，渐渐由薄弱以致于消蚀了。所以她每天的事，只是经意看护英儿或是看看书，到夜间，嫂嫂的事做完了，也寻常到她房里来谈些闲话。有一次，嫂嫂告诉她；“东屋里顾大嫂自缢死了。”她听了，吃了一惊，连忙问因由。嫂嫂说，刘妈今天早上告诉她说，因为她的公婆一天到晚骂她，说她的八字硬，所以把丈夫克死了。她母亲前天来对她的公婆说，她又没有儿子，家里也难得养活她，倒是让她再醮，于两方都有益。她的公婆当面骂了那母亲一顿，后来又把她痛骂了。不晓得夜里她竟上吊了。嫂嫂还批评了顾大嫂许多话，大概都是同情于她的公婆的。她也不好和嫂嫂辩驳，只说，“家里又不能安身，又不许她出去，那当然只有死的一条路呵”！

这种生活她渐渐地过惯了，也觉得没有什么不如意。不久，他的后母进门了，她有三十多岁，看来一味的刁滑，心地也险——这是后来才知道的。她刚进门，对她倒很献殷勤。三天后，情形顿变了。她见父亲待她和英儿太好了，很不满意；当面说话，总是装腔作势，或者有意挑剔，背地里常在父亲面前进谗言。起初父亲也不大听她，到后来渐渐被她的花言巧语说动了，不由得半信半疑起来。有一次，她和父亲在房里谈起她来，她对父亲说，“那丫头太不懂事呵！对下人也没有一点规矩。你待她这样好，她人前人后还说你如今讨了后老婆，也不管媳妇和孙女了，她现在只是在苦中过日子；饭也吃不饱，钱也没有花的……”她正从门外经过听见了，气得什么似的。她连忙把门帘揭开了，跑到她面前去质问。父亲见了，忙用好话把她排解开了。后母见了这种情形，益发气愤不过，足足睡了两天没有起床。从此，父亲待她和英儿便格外的冷淡了。她每月的月费，后母要扣留一大半，她也不敢向父亲说。当父亲在外的时候，她总是热讽冷刺的骂她，无人时，见了英儿也时常打骂。她这时处的地位简直难堪了。嫂嫂性情极庸懦，早已被后母征服了；妹妹还小，不大懂得事；其余的人，都是不相关的。所以她虽住在大家庭里面，却仍是孤独，她的痛苦，只是埋在肚里说不出来，惟有终日饮泣罢了。

她还记得进堂的前一夜，那时气候渐渐冷上来了，从窗户进来的风，把桌上的灯吹得闪闪地动。她正和嫂嫂坐着谈话，妹妹进房来了，说父亲叫她。她留嫂嫂在房里照看英儿，于是同着妹妹一路到父亲这边来。她自从后母进门不久，总觉得父亲的面貌增加了几分威严。她见了父亲，心里也总是怦怦地。她那时进了父亲的房门，似乎房里一切都板着了面孔在那里嘲笑她，她的心里早已冷了几分了。父亲坐在房上面的靠椅上，见了她进来，叫妹妹拿一张凳子给她坐了。父亲先问了问英儿，然后郑重地对她说："不是我不留你在家，只因你的终身大事要紧。我家世代书香，别的想头当然是没有的。只是家里人多，我又不常在家，你青年居孀，住在家里，也有很多不相宜的地方。我现在想把你送进敬节堂里去，一来在那里正好全你的名节，再者将来也可以光宗耀祖。那里苦是苦点，但是将来守到了尽头，替你建个牌坊，那时万人瞻仰，才是真正的快乐哩。英儿你也带去，免得在那里寂寞。你是聪明人，想没有什么不允的，你说怎样呢？"父亲的话说了一半，她的眼泪已不绝地往下淌了。父亲再三追问她，她只是不答。后来她终于呜咽地说，"现在只有这唯一的路是我走的，我还有什么话说！"于是她终身的幸福在这一顷刻间已断送尽了呵！

她想到这些事，仿佛如梦初醒一般。她也想到两年前的今夕，他们俩的快乐是如何，现在却是这般地孤苦；将来的结果更是渺渺茫茫！她这时满面的泪痕，把做好了的衣服放了，转过身来看看英儿，又在她的额上吻了几下；听听外面的锣鼓喧阗，鞭炮放得更加热闹了。桌上的灯渐渐地暗了下去，似乎也理会了她的悲哀，发出了一道惨光和她表同情。她这时有些心悸，看看房里的每件用物，都似幻了一种奇形来震骇她。她连忙把衣服脱了，放下帐子，睡上床去，耳边还仿佛听得一声"人间地狱"！

八，二六，于武高。

（原载《妇女杂志》1923年第9卷第12号）

署名：南平

俱乐部组织概况[①]

（一九二三年十一月十日）

在资本主义支配的社会里面，工会的意义是：（一）保护工人阶级的利益；(二）反抗资产阶级的作战机关——营垒；（三）加深工人的“阶级觉悟”，训育工人抵抗的能力与产业管理的知识。工会的组织必须十分严密，极有统系，和军队一般。如此，在工作上才能完成他的使命，才能达到他真实意义的目的。

考察世界各国最完善的工会组织法，皆有下列两种共同的原则：（一）由极小的基本组织而至于极大的阶级组织；(二）采用民主的集权制。

俄国工会的“可罗波”(giuppa)，法国工团的“新提加”（cindikat)，都是工会中极小的基本组织。工会是一种极大群众组织，若无此种极小的基本组织深入群众内部，则必无法指挥群众的行动，群众的行动只是盲目的、极无系统的。而且群众运动的热度是不能持久的，若无此种小的基本组织，则运动过后，群众气冷，即成一盘散沙，无法使之维持永久。又当资本家压力极重不能自由集会的时候，必须此种极小的基本组织来作秘密的运动；否则工会一经封闭，群众的团结也必随之而涣散，再无法收拾了。所以此种小的基本组织，于工会的生命及其前途的发展都有极大的关系，是十分重要的。

至于工会组织采用民主的集权制，在历史上实有很多的事实告诉我们了。“没有组织集中的有系统的工团，不能与组织集中的系统的资本阶级奋斗”，此语已成工人运动里面不移的诫语。我们只有采用资本阶级的组织法——民主的集权制——极严密地组织自己的团体，才能与有组织的资产阶级厮拼，才有战胜的一日。

安源路矿工人俱乐部就是根据上面两种原则组织而成的。其组织之大概如下

① 原作署名少奇（刘少奇）、求实（李求实）。——编者注

(参看附图一与附图二)：

俱乐部的基本组织是十人团，即部员每十人（或十人以下）联成一团，选举十代表一人；再由十个十人团（或十个以下）选举百代表一人；每工作处①选举总代表一人。总代表、百代表由各该处十代表选举之。

由各处代表组织最高代表会，为俱乐部最高决议机关。俱乐部各种较大事项皆须在最高代表会通过。最高代表会每月一号及十六号各开常会一次；有要事即开临时会。会中由各总代表互选书记一人，开会时为主席。

再由各百代表组织百代表会议，为俱乐部复决机关，每月一号开常会一次，报告俱乐部一月中之经过，或议决最高代表会提交之复决案件。

全体十代表会议原定每月开会一次；后因十代表共有一千三百余人，俱乐部没有这大的会场，所以改为每月开每工作处全体十代表会议一次，会期轮流。开会时由各该处总代表主席，报告俱乐部一月经过之大事，讨论各该工作处之问题，并由讲演股负责讲演。

各工作处部员大会也因会场关系，未曾实行。全体部员大会定期五月一日一次，有要事时，召集临时大会。此种大会只能简单报告，余则全为演讲。

俱乐部办事系统，则由全体百代表会议选举主任四人（总主任一人、窿外主任一人、窿内主任一人、路局主任一人）组织主任团，总理俱乐部一切部务，各级代表会议闭会期间，主任团为俱乐部最高机关。再经最高代表会之通过。由主任委任股长八人，各股委员若干人；由各股股长及主任团组织干事会，为俱乐部办事机关，主任团为干事会的首领。因事实上的需要，俱乐部只设八股，即，教育股、互济股、会计股、文书股、庶务股、讲演股、游艺股、交际股。每股各设股长一人，委员人数随事实的需要而定，各股办事另订细则。

因俱乐部经济扩充，事实上需要一监督与保管的机关，遂由最高代表会议定推选九人组织经济委员会；又因部员间或部员与非部员间纷纠繁多，事实上需要一裁判机关，遂由最高代表会决定推选七人组织裁判委员会；这两个委员会为最高代表会的直辖机关，各自有其简章。

各股及各委员会之组织详情，参看各该股或该委员会之报告。如事实上的需要，最高代表会或主任团得组织各种临时委员会、如罢工委员会、改选委员会、纠察团、监察队等。

---

① 俱乐部的组织多按照路矿两局原来的组织而区分为若干部（即工作处）。路矿两局工作处共有四十余处，大部份集中在安源、株洲、湘东、紫家冲等处仅有数厂。——作者原注

俱乐部的组织，本来多系采取苏维埃俄国的成例；但因为事实上的困难所限制，从前许多地方都只得委曲迁就。所以现在俱乐部的组织，就现时中国国内的各工会说起来，虽然是比较进步些、严密些、有系统些的一个；可是和无产阶级的祖国——苏维埃俄罗斯——的原型与精神比较看起来，便只是一个极幼稚的、松懈的、没有系统的罢了！

过去的一年中，事业的发展，经济的扩充，部员的进步，乃至各种经验的昭示，已经使我们深感俱乐部现时的组织有改进的必要。我们固不敢妄自尊大，我们亦不愿妄自菲薄。我们深知自己地位的孤独，我们亦知自己责任的重大，所以，凡所以谋自身之健全的事，我们无不竭力维持。

情形既然如此，我们便拟在未来的一年中，即催促俱乐部的组织更走近于他的母亲——苏维埃俄罗斯的组织。自然许多情形，在最近的时期中，终会拦阻我们的进步，我们却也只是量力而行，求一种比较的接近罢了。我们拟了一个较进步的组织法（参看附图三、四、五与六），预备在下届最高代表会中作一种提议，现在先附录在这后面，以便大家研究讨论。我们极盼望大家对于这种组织法过细地研究一下；我们尤盼望国内诸先进予我们以正确的批评与指导。

解说：

一、我们为求大会中的代表所代表的群众意见，更新鲜，更直接起见，所以以十代表大会为俱乐部的最高权力。

二、由十代表大会选出的总代表与百代表会议所组织的总代表会议与百代表会议，是俱乐部立法、行政及管理的最高机关，等于苏维埃俄罗斯的中央执行委员会。

三、因总代表人数较少（四十余人），恐难直接代表万余人的意见；又因百代表人数太多（一百三十余人），集议很不方便，所以把这两种会议的地位划一（姊妹的关系）而分其权力。

甲、总代表会议有指挥俱乐部及俱乐部所属一切机关；整理统一立法上、行政上的行动；监督由俱乐部总部、十代表大会、百代表会议、总代表会议及执行委员会所发出的一切命令、布告的适用。

乙、总代表会议审议并批准执行委员会或其他各专任委员会所提出的各项草案，又发布自己的布告和规则。

丙、百代表会议监督并襄助总代表会议一切的行动，审议总代表会议所提交之复决案。

丁、总代表会议与百代表会议因为要执行俱乐部一切事务，遂选任执行委员会——这是他们的另一重大任务！（因为事实上的关系——见“解说”第三项——执行委员会委员长四人，暂由百代表会议选举，专任执行委员十人暂由总代表会议选任。）

四、执行委员会等于苏维埃俄罗斯的人民委员评议会，与别的国家的内阁相似；各专任委员会等于苏维埃俄罗斯的人民委员会，与别的国家的各部相似。

执行委员会是受总代表会议及百代表会议的委托，处理俱乐部一切事务的。他能发布种种布告、命令及规则，并能进行一切必要的设施〈处理〉。关于各种重要的事项，除在紧急情形之下以外，须提交总代表会议通过。

五、执行委员会由正执行委员长一人、副执行委员长三人与专任执行委员十人组织而成。执行委员会之下，有下列十种专任委员会：

（一）教育委员会　（二）宣传委员会　（三）交际委员会

（四）财政委员会　（五）裁判委员会　（六）纠察委员会

（七）互济委员会　（八）出版委员会　（九）游艺委员会

（十）庶务委员会

这十种专任委员会是由执行委员会选任的，十名专任执行委员便是这十个专任委员会的委员长。专任执行委员对于各委员会的一切事务，虽付议于各委员会，但得依己意加以最后的决定。专任执行委员的决定与该专任委员会的意见相反时，委员会或其委员得上诉于执行委员会或总代表会议。

六、执行委员会对十代表大会、总代表会议及百代表会议负完全责任；专任执行委员及其委员会对执行委员会、总代表会议及百代表会议负完全责任；总代表会议及百代表会议对十代表大会负完全责任。

七、经济审查委员会及秘书厅由总代表会议选任，直隶于执行委员会，为执行委员会直辖机关。

八、十代表大会每三日〈月〉开一次；百代表会议每月开一次；总代表会议每月开二次；执行委员会每星期开一次；各专任委员会每星期开会一次（附图六）。

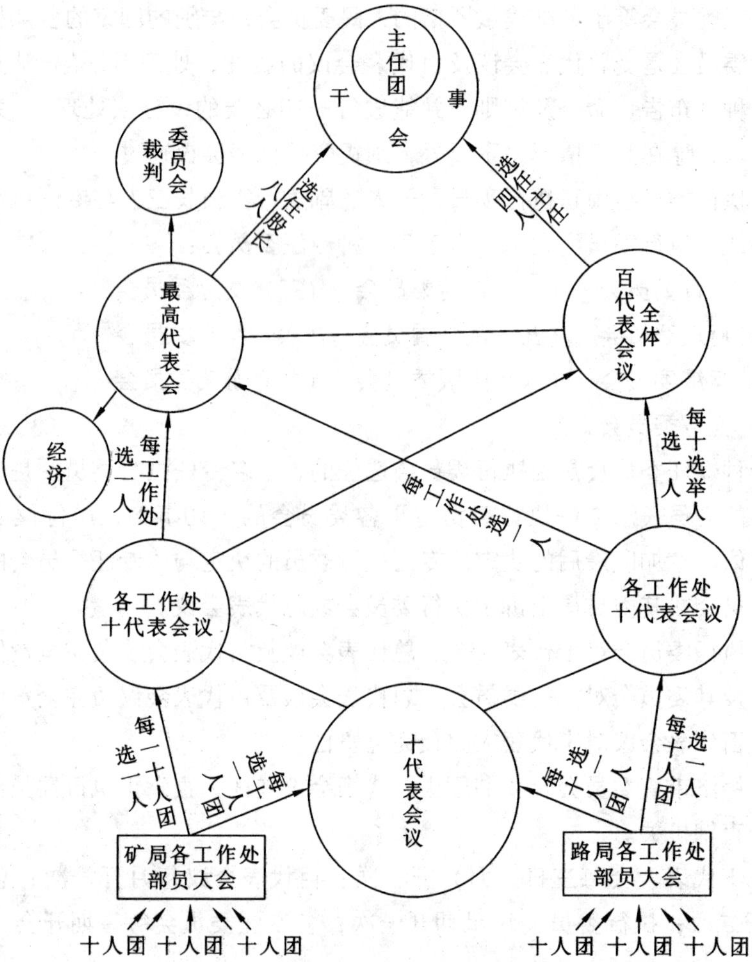

安源路矿工人俱乐部组织图（附图一）①

① 本图和以下五个图表的原稿均为由右至左的竖式排版，现改为横版排印。

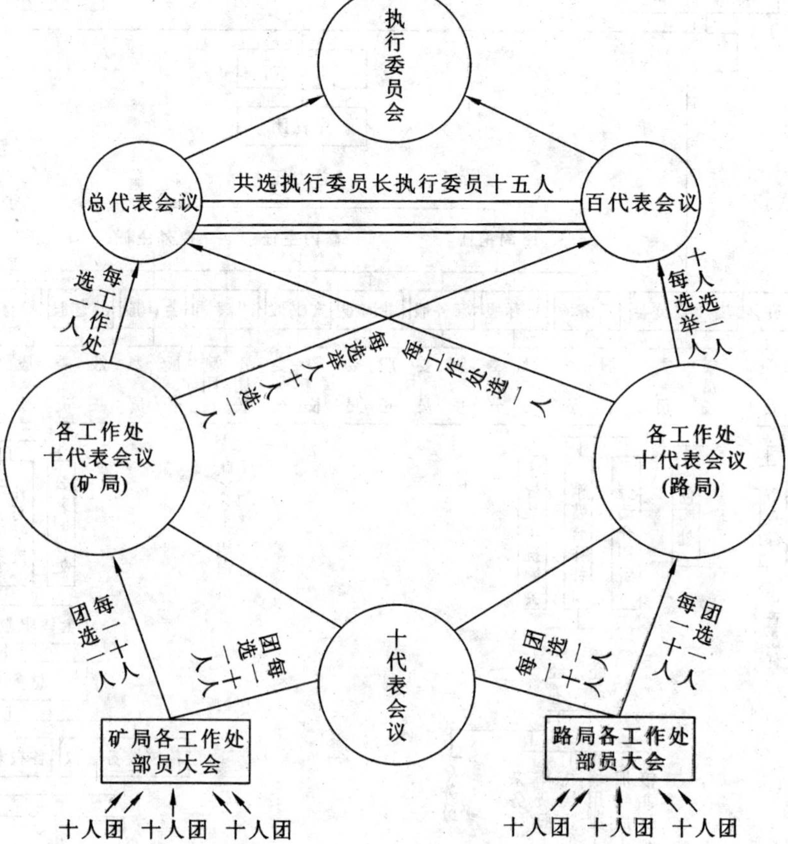

安源路矿工人俱乐部组织图（附图二）[①]

---

① 原稿为附图三，现按正文解说的内容订正为附图二。

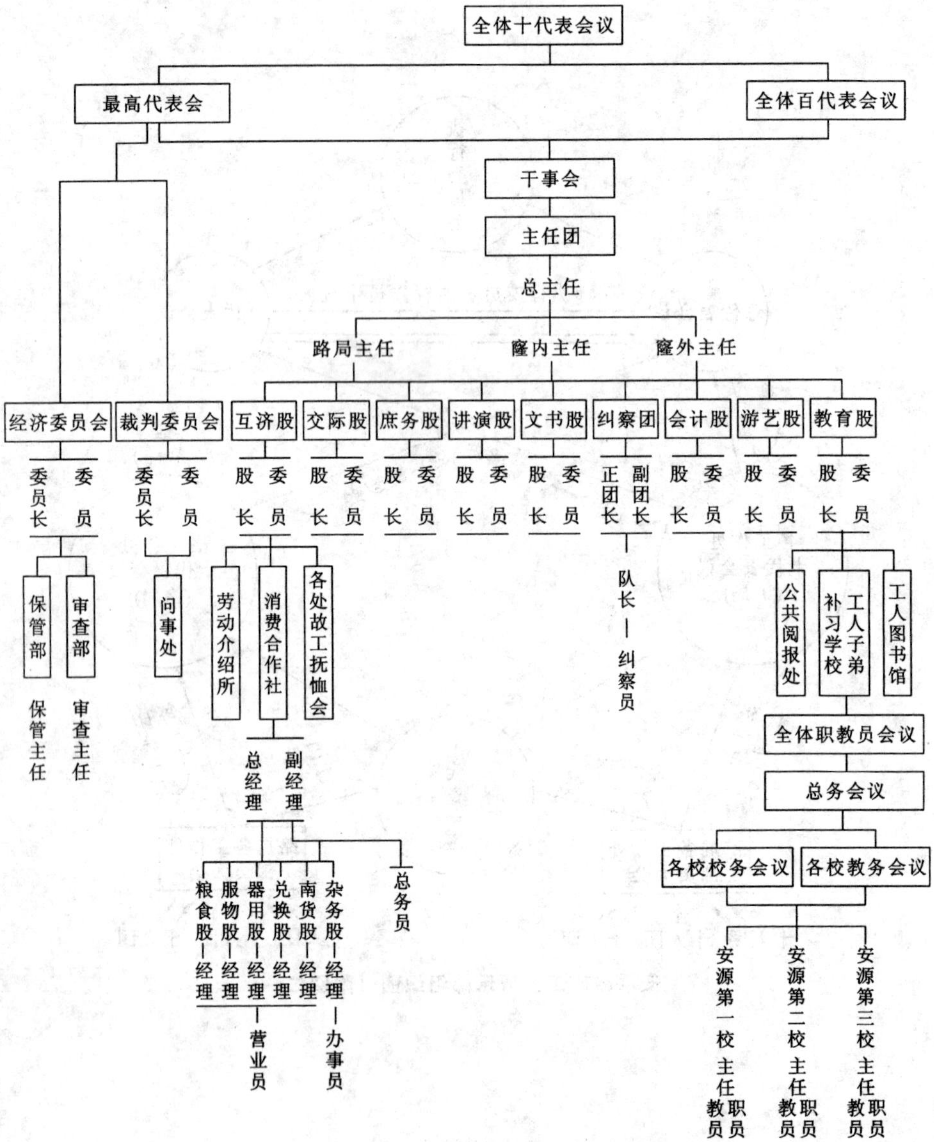

安源路矿工人俱乐部组织图（附图三）①

① 原稿为附图二，现按正文解说订正为附图三。

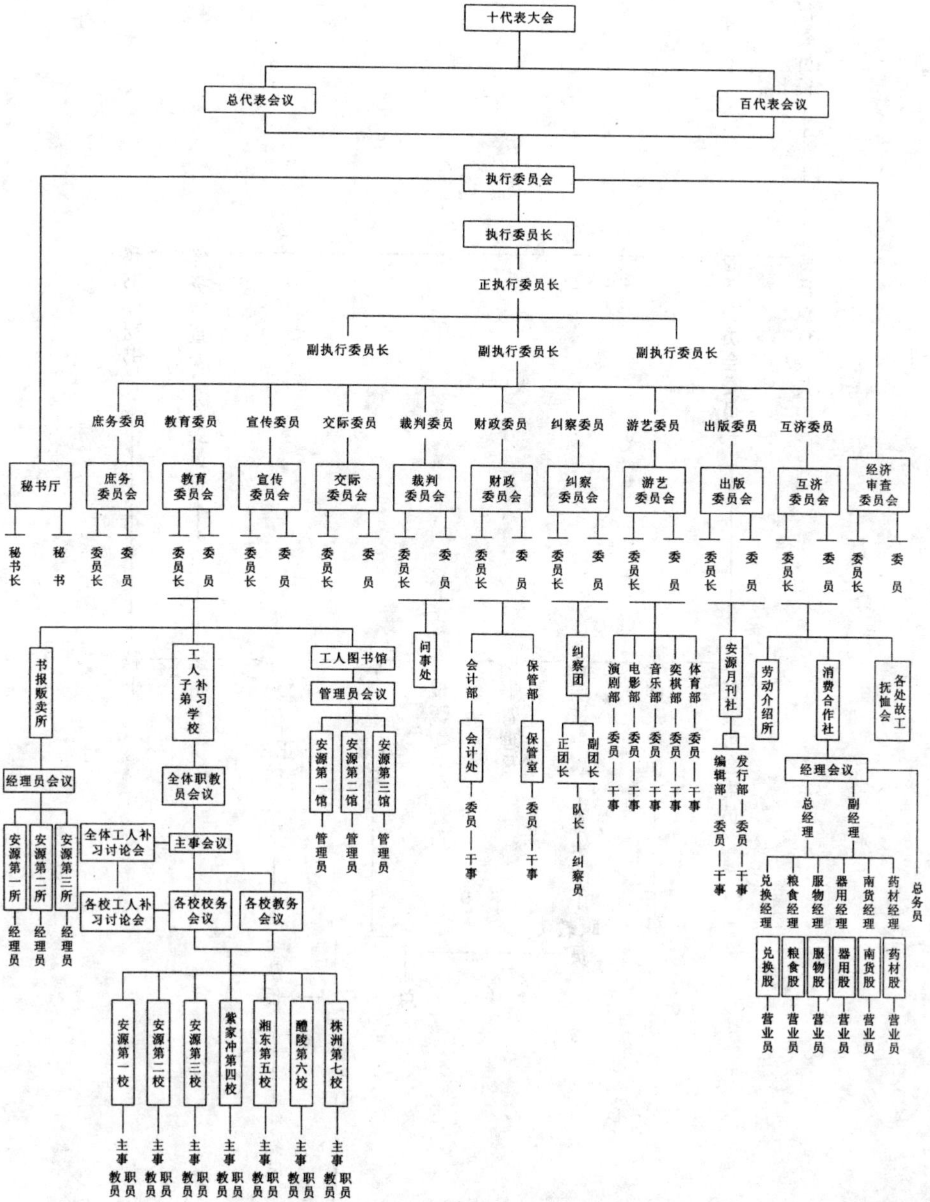

安源路矿工人俱乐部组织图（附图四）①

① 原稿为图二，现按正文解说订正为附图四。

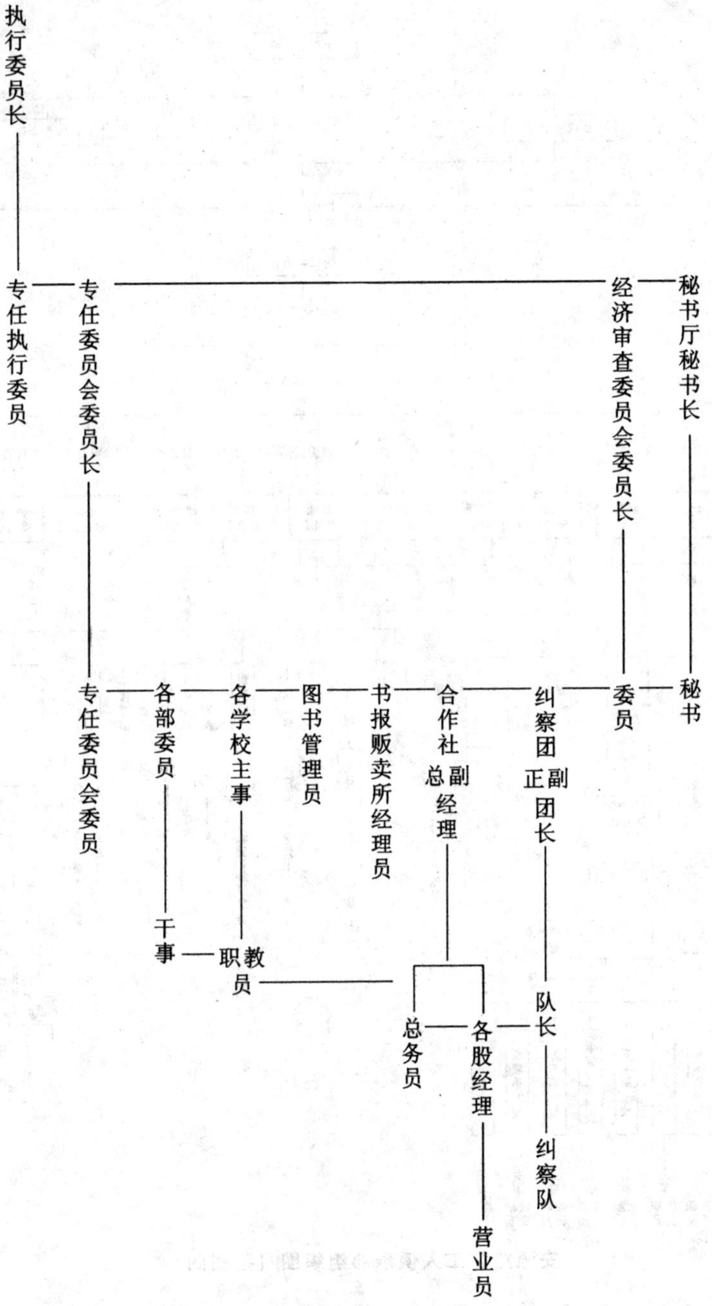

俱乐部职员系统图（附图五）

现在的名称	干事会	主任团	总主任	窿外主任	窿内主任	路局主任	互济股	交际股	庶务股	讲演股	文书股	纠察团	会计股	游艺股	教育股	裁判委员会	经济委员会	各股股长	文书股长
将来的名称	执行委员会	执行委员会	正执行委员长	副执行委员长	副执行委员长	副执行委员长	互济委员会	交际委员会	庶务委员会	宣传委员会	秘书厅	纠察委员会	财政委员会	游艺委员会	教育委员会	裁判委员会	经济审查委员会	各专任委员会委员长	秘书长

职员名称新旧对照表（附图六）

1923 年 7—8 月

（原载《安源路矿工人俱乐部罢工胜利纪念册》）

署名：少奇、求实

文书股报告①

安源路矿工人俱乐部部员及代表统计表

（一九二三年七月底）

工作处	十人团	部　员	总代表	百代表	十代表
行车房	二十二	二百十三	一	三	二十二
修车房	二十九	二百七十八	一	三	二十九
工务处	四十二	四百〇四	一	三	四十二
车务处	十八	一百四十三	一	二	十八
醴陵总局	十一	一百〇七	一		十一
洗煤处	三十六	三百十七	一	三	三十六
洋炉炼焦处	二十四	二百三十	一	四	二十四
公事房	二十七	二百二十	一	二	二十七
制造处	十七	一百四十九	一	二	十七
电机处	二十	一百八十五	一	二	十二
修理下厂	四十	三百四十八	一	五	四十
修理上厂	五十七	五百一十	一	五	五十七
材料所	十五	一百三十三	一	二	十五
东西窖	二十六	二百五十六	一	四	二十六
食宿房	二十五	二百三十四	一	五	二十五
外段运道处	二十五	二百四十	一	四	二十五
湘东分部	十五	一百二十	一	二	十五
挑红砖	十七	一六四	一		十七
株洲分部	三十一	二八四	一		三十一
总平甲段	四十七	四百〇七	一	四	四十七
总平一段	三十	二百八十	一	三	三十
总平二段	五十二	四百七十四	一	五	五十二
总平三段	三十七	三百三十	一	四	三十七
总平四段	三十一	二百七十	一	三	三十一
总平五段	三十二	二百六十六	一	三	三十二

① 本报告写于一九二三年七月底，《安源路矿工人俱乐部罢工胜利周年纪念册》目录记载作者为李求实。

续表

工作处	十人团	部　员	总代表	百代表	十代表
总平六段	三十	二百八十八	一	四	三十
总平七段	三十八	三百三十二	一	四	三十八
总平八段	四十九	四百三十六	一	四	四十九
总平九段	四十三	三百八十八	一	四	四十三
总平十段	四十一	三百六十九	一	四	四十一
直井推广段	一十六	一百三十六	一	二	一十六
直井甲段	五十四	四百五十九	一	四	五十四
直井一段	一十一	七十九	一		一十一
直井二段	八	六十八	一		八
直井三段	三十二	三百〇二	一	三	三十二
直井四段	三十二	二百八十六	一	三	三十二
直井五段	三十九	三百三十八	一	四	三十九
直井六段	三十六	三百二十六	一	四	三十六
直井七段	二十四	一百九十七	一	二	二十四
直井八段	十二八	二百二十六	一	三	二十八
西木厂	九	七十六	一		九
西窖红砖厂	九	八十六	一		九
采木所	四	三十四	一		四
砖厂工头	二	十三	一		二
箕蔑所	六	六十	一		六
织蔑所	十	九十三	一		十
砍茅厂	七	六十	一		七
造钢砖厂	五	三十三	一		五
总平分甲段	十六	一百三十七	一		十六
选洗煤处	十九	一百五十四	一	二	十九
土炉炼焦处	八十八	七百七十七	二	十一	八十八
总　计	一四八二	一二三一五	五一	一三一	一三七四

（原载《安源路矿工人俱乐部罢工胜利周年纪念册》）

署名：李求实

煤油与国际政治关系

（一九二三年十二月十五日）

燃料革命

在过去的五十年中，煤油的用途极其狭隘，除了燃灯或偶尔作家庭中火炉的燃料而外，再没有别的用处了；加以瓦斯和电气的应用，煤油的用途更加缩小，以致限制煤油生产的话也曾有人提起过。一九〇〇到一九一〇这十年间，燃烧机和发动机都有长足的进步，应用煤油的范围才大为扩充了。

因为需要急迫，油的提炼极为草率，百分之六十乃至七十五都作为重油，不暇再炼。这种重油，除一部分用作机器油而外，其余概作为燃烧油。这种燃烧油燃烧点颇高，所含煤质极富，最便于汽车和飞机等小巧的机器之用。因此便有一种笛塞尔式的燃烧机（Diesel internal combustion engine）发明了。此种燃烧机体积极小而可以发出与大蒸汽机同等的马力，因此蒸汽机的用途大减，许多地方都采用笛塞尔式的燃烧机了。

笛塞尔机特别适用于轮船上：起初还只应用于渔船与沿岸航行的货船中，后来航行远处的也都采用了。因为用笛塞尔机的船可以航行五十七天不必更上燃料，用蒸汽机的船至多只能支持两星期就要有缺煤的恐慌了。后来更有直接应用燃烧油于大轮船的锅炉中的；因为燃烧油燃烧的时候需要多量的氧气，所以只须在锅炉中装置有力的注射器，使燃烧油变成水花与空气混合，便易于燃烧了。无论大小轮船，只须这种简易的装置便都可改用油作燃料，于是许多轮船都陆续改装了。

这种变动的利益极大：因为等量的燃烧油比煤所生的热力要大百分之七十。油能自动流入机内，用力极省，管理亦易；又易于燃着或扑灭，价值亦极便宜。并且，同马力的振动幅，油比煤要大百分之五十；容积上油比煤又减百分之三十——这一点对于战舰极为重要，因为这样便可以多载枪炮了。所以英国的无畏舰，如维多利亚皇后号，美国的，如尼法达号与沃克拉合麦号，都已改用煤油作燃料了。此后美国所造大船都已改装烧油的锅炉，煤油因此便由陆地一跃而到海中和煤争霸了。

危险中的海王

燃料的变动看来是极简单的一件事，但他给与世界政治与国际关系的影响却大极了。我们都知道大不列颠帝国的存在全靠她具有雄健的海军。她的海军之能称霸于世界，不仅是因为军舰的吨数比别国独多，她能控制军舰恃为生命的燃料——炭——也是一个极大的原因。她在全世界各重要的口岸都设有煤站以供给各国海船必需的燃料；无论是军舰抑是商船，若没有英国的此种设备，或有此种设备而英国不予供给，便都无法远航了。而且因为自己有煤的原故，英国无论大小船只航行何处，都有满载的煤炭，这样，使航行的运费便减轻了。凡是运往英国的货比运往别国的运费都轻，便是这个原故；英国工业便藉此获得许多外来贱价的原料，在国际市场上从事竞争。有了这种大便宜，自然可以操必胜之权了。一百余年来英国工商业的兴盛，若说完全是因为她控制着煤的供给，其实也不算过分的话呵！

设使一日煤油可以代煤作为轮船的燃料，那便一切都要变动了。我们知道英国是不产煤油的，世界上煤油的总消费额的百分之八十是美国产出的。这样，美国岂不是要代英国而称霸于世界吗？幸而美国的商船不多，还不能利用这种燃烧油料来在海上称霸，只能供给英国应用，所以英国的大公司，如根纳(Cunard)、白星（White Star）等都急速改用煤油作轮船的燃料了。

不久欧洲大战发生了。因为运费的陡涨，海上运轮的急需，加以因德国潜水艇横行，轮船所受的损失，美国便在太平洋、大西洋两岸设立了许多大规模的造船厂，同时又因政府的鼓励，三年之中便造出了许多商船，吨数几乎可与英国所有的相等，第四年，竟超过英国的了。美国有了这许多船，又能控制煤油的生产，倘使她再在各重要口岸设起储油池（美孚煤油公司曾经声明有这种计划），她岂不可以宰制全世界海上交通的命脉，取英国的地位而代之吗？

在海军方面，美国议会已议决，凡是尼法达式与沃克拉合麦式的无畏舰都改用煤油，这样，因为油的容积与重量的减轻，船上炮力可以加大，振动幅可以扩张，便可以敌过英国一切的军舰了。英国的商业与海军两方面的权威在这种情形之下似乎都要屈服了。

英国加入大战的主要目的是毁灭德国的海军；她费了五十年难以恢复的大牺牲，把凯撒的大舰队都逼到了斯戈巴的海底，余的船只也都作赃物一样分给了战胜国，她六年的苦战，可算已经达到她的目的了。但是就是从这次战争中又崛起了一个新对头，比老对头加倍的可怕，他不仅是吨数超过了自己，抑且控制了英国所没有的重要燃料。大不列颠帝国的命运真可谓不济了！

潜在的努力

但英国究竟还算有人的，在大战以前便有一部分商人和政治家虑到这一层，早已暗地进行，谋实际上占霸全世界的煤油矿区。罗斯奇团（Rothschild group）在巴古（Baku）油矿，其他还有许多英国公司在罗马利亚油矿，都有些经营，颇训练出了一些专门人材；英国进步的工业又能供给输油管，以及油船、油车等的制造；又加以许多干练而具有远大眼光的财政家；所以他们的进行并不困难。他们为避免洛克菲兰和他的美孚公司的疑虑，起初组织了一个蛤壳运输公司（Shell Transport），专以在远海采取珠母贩卖为业，同时略营埃及与麻喇甲海峡的煤油事业，规模极小。随后营业渐形发达，罗斯奇团给与他资本的帮助，又得塞末耳（Sir Marcus Samuel）做经理，遂揭去假面具，专营煤油事业，初向印度、锡兰、马来群岛、中国北部及暹罗等处发展，后乃偏〈遍〉及于东半球了。

巴拿巴运河开凿以后，便又掀动了英国人的野心；他们知道能握得运河沿岸的煤油矿，便可以控制运河的交通，便开始向这一方面来活动了。原来先已有一英国的皮荪团（Pearson Group）于一九一一年在墨西哥组织了一个墨西哥鹰牌煤油公司（Mexican Eagle Oil Co.）着手开采墨西哥湾海边坦比戈一带的油矿。但在墨西哥地亚治（Profirio Diaz）政府的时候曾把此地的油矿与铁路敷设权让与了美国洛克菲兰等的托辣斯的。现政府觉与欧洲人交易也颇有利益，便又允许了鹰牌煤油公司的开采权：因此又引起了墨西哥累年未息的内争，美孚公司与鹰牌煤油公司的争执也终未了结。一九一二——一三年间。皮荪团又向古斯德利加等地政府要求煤油让与权，经美政府以有违门罗主义为理由向英政府抗议，遂没有结果。

经了此种挫折，英国人又变计了。他们知道独自进行是遭忌的，便用种种方法与美国人合作，例如哥伦拓殖公司名义上是美国嘉利公司和英国伯林顿公司合组的；而伯林顿公司其实是蛤壳运输公司的资本，蛤壳公司藉此便能在巴拿马运河口的煤油事业中活动了。

美国法律对于土地所有权与矿产所有权所规定的与法国不同，即是地面与地下的一切都属于此地的所有者。倘使有人在自己所有的土地中发现了油矿或金矿，他可以自由处置，或采或卖，政府并不干涉。因此蛤壳公司得以自由在美国中心地买地开井，取油贩卖，且发行股票，藉以扩充资金。在大战前，美洲大规模的实业都需要欧洲的资本，又有许多民主主义者惧怕大托辣斯在政治上与商业上扩张势力，外国公司可以与托辣斯竞争而不致影响于国内的政治，所以不惜帮助外国的公司来图抵制，蛤壳公司便因此得以在美国与美孚公司一同驰骋，初无阻滞。

同时荷兰的王家荷兰公司（Royal Dutch）也在得撒[①]和沃克拉合麦[②]买了许多油田从事开采，又发行了一部分股票，且同时在中美洲进行取得让与权，完全与蛤壳公司采取同样的政策。在外面看来，只是鹰牌煤油公司、蛤壳公司与王家荷兰公司三者间的竞争，完全没有一点政治的意味，所以美国人毫不觉得有别种作用。

其时站在这三公司背后的英政府便又弄一个玄虚，海军部特提出一个议案于下议院，说煤油已经是海军的必需品，所以不能再依靠国际托辣斯的供给。结果遂决由国家出资组织一缅甸煤油公司（Burmah Oil Co.）从事缅甸煤油的开采。后来独占波斯的煤油凡三十年的英波煤油公司（Anglo-Persian Oil Co.）的资本，有一半都是缅甸煤油公司供给的。

煤油帝国

大战开始的时候，一切的运输制造飞机轮船都靠煤油，煤油的消费陡增。蛤壳公司恰够英国军队应用，不产煤油的法国便只有求助于王家荷兰公司与美孚公司了。美国是很乐意帮助的，一九一六年凡尔登一役，便是靠美国煤油的供给，以汽车输送援军，赖以获胜。一九一七年十二月，法国煤油公司声明法国所存煤油只能支持五个月，法总统克理满沙乃不得不用极可怜的语句向美总统威尔逊求援，威尔逊乃命美国实业界首领组织一大战服务委员会（War Service Committee），即时供给法国以所需的煤油。后联军政府又组织一联军煤油会议

① 即德克萨斯州。

② 即奥克拉荷马州。

(Inter－Allied Petroleum Conference)，联军煤油的供给遂未至缺乏，最后联军夺得了德国的罗马利亚矿油，德军遂尔不支了。有人说这次联军战胜德国实在是汽车战胜火车，这是的确的。英国现外交总长克松一九一八年冬在伦敦欢宴联军煤油会议职员的席上也曾说过："联军的胜利是浮在煤油之波上的。"总之，煤油在军事上与政治上的重要，此次已经很明白的显示了。

煤油与胜利既然有这样密切的关系，则世界上的油田，英国自然不愿意再让别国攘夺去了。因此巴黎和约刚签字，英国便仍旧悄悄地着手于煤油的霸占事业了。第一着便是牢笼王家荷兰公司，因为荷兰公司资本雄厚，产地（爪哇、苏门答腊等地）丰饶，运油船又极多，实在是欧洲最重要的一个公司。在荷兰公司这方面，他最初在德国市场上极占势力；欧战发生，他的贸易受了英国海军的牵制，所以改而输诚于联军，因而赢得很大的利息；德意志帝国倾覆以后，凡尔塞和约对于德国的航运与工业又加以十年不得扩张的限制，荷兰公司便知道只有结好于英国之一途了。

原来在一九〇七年的时候，蛤壳运输公司与王家荷兰公司便有过一种联合；但那时的联合只是商业上的互助，财政仍各独立。此后，荷兰公司事业扩张，利益已普及于世界，小小的荷兰政府决不能尽保护之责，便只有依于国旗不照落日的英国了。

荷兰公司资金二万万镑，出产每年千万吨，运油船六十万吨（比法国多十倍）。在东印度、罗马尼亚、美国及中美洲各地又有无数的让与地。蛤壳公司资金也在万万以上，运油船五五四．六〇九吨（政府自置的运油船在外），出产在荷属东印度为二．〇九二．九〇七吨，在美国二．八八〇．〇〇〇吨。这两公司在战后已经实行联合，取名为"王家荷兰蛤壳公司"(Royal Dutch Shell Do.) 实行受英政府的支配。他近年煤油的出产竟占全世界总产额百分之十一了。一九二二年的统计，美国的总产额中，荷兰公司占有百分之三五；婆罗洲总产额为一千八百万桶，荷兰公司占有百分之九十。他同时又与罗斯奇团合组一亚细亚煤油公司（Asiatic Petroleum Co.)，把持着亚东一带煤油的权利。倘使乘一只船环游世界，从纽约动身经地中海、印度、东印度、日本、菲利滨、澳洲北美西岸，再由巴拿马运河回到纽约，凡过一百一十个重要口岸，几乎没有一个口岸没有王家荷兰蛤壳公司所设立的煤油站，这真是令人可惊的事了。

在土耳其方面，原来战前德国在底格里斯河上游摩塞尔地方发现了煤油矿以后，便从土耳其政府获得了开采的让与权，同时英国也要求开采；经了许多的争执，在一九一四年勉强解决了，即是由英德合组一"土耳其石油公司"（Turkish

Petroleum Co.)，英出资四分之三，德出资四分之一，摩塞尔油矿完全归这个公司开采，出产按出资比例均分；但这种协定还没有经土耳其政府批准，大战便发生了。大战后，英国几经设法想独占摩塞尔油矿，但终被法国作梗，结果：一九二〇年桑里摩会议议定对土和约，承认美索波达米亚（摩塞尔在内）独立而由国际联盟会委任英国代管以后，英法另订石油协定，英国允许法国继承土耳其石油公司在战前的德国股分，换句话说，法国可以享受摩塞尔油矿四分之一的权利。可是法国石油事业既不发达，总公司又设在伦敦，所以这公司的实权实在仍操在英国人手中，这即是说英国终于独占摩塞尔的油矿了。

在波斯方面，英波煤油公司在一九〇一年便已得着六十年独占的让与权，一九一九年经英波两国政府的同意，前述让与权又扩大了，即是：除了五省之外，波斯全境五十万方英里之地都尽为英波煤油公司的势力圈，波斯的军事、民政、财政等官也都要受英政府的监督指导。一九二〇年又组织一“北波煤油公司”，专营波斯北部煤油事业。英波煤油公司股本有百分之六十五在英政府手中。

在加拿大方面，一九一九年英国又组织了一个“英国经理油田有限公司”(British Controlled Oilfields Ltd.)，资本凡四千万金元。这公司现极力活动取得土地让与权，特别注意于南美，因为南美也是油产极富的地方；但目前资本不足，他竟声言“南美的油完全是英国的，一桶也不能任外人汲取”。

在墨西哥方面，鹰牌煤油公司已归塞末耳经理，即是归入王家荷兰蛤壳公司的势力之下了。现在，我们再一看下列的表，便可知大不列颠帝国又已经建筑她的稳固基础在煤油上面了：

欧洲	
罗马尼亚	王家荷兰蛤壳公司
俄国	同上
美洲	
加利福尼亚	王家荷兰蛤壳公司
沃克拉合麦	同上
得撒	同上
特尼立达岛	同上
委纳瑞辣	同上
墨西哥	同上（鹰牌煤油公司）

续表

美洲	
加拿大	英国经理油田公司
南美洲	同上
亚洲	
荷属东印度	王家荷兰蛤壳公司
缅甸	缅甸煤油公司
波斯	英波煤油公司、北波煤油公司
美索波达米亚	土耳其煤油公司
非洲	
埃及	王家荷兰蛤壳公司

腰缠百万的乞丐——美利坚合众国

美国煤油的产额约占全世界总产额百分之七十；而他的出产又年年增多，在一九〇一年仅六九．四〇〇．〇〇〇桶，一九二〇年则已达四四三．〇〇〇．〇〇〇桶，二十年间增加六倍以上，一九二二年又增到四六九．〇〇〇．〇〇〇桶了，竟像新植的果树一样，大有取之不尽用之不竭的形势；加以欧战时对于联军伟大的供〈贡〉献（欧战煤油的总消费额，美国约供给百分之八十），使联军获得空前的大胜利；则美国人之自信美国为世界唯一的煤油生产国，之任意消费毫不虑及将来缺乏的危险，不为无因了。

大战后不几月，美国的煤油问题专家便发现煤油公司的存货销行特别加快了。这并不是怪事，现在熟练工人和因谷价腾贵而获厚利的农人都乘汽车出入市廛了：农家为省力起见也都采用新发明的煤油机了。一九二〇年终，美国汽车制造厂的统计，美国共有八百万辆汽车，由此也可概知费于这些汽车的煤油有多少了。据专门家估计，美国将来煤油的总产额费于汽车等燃烧机这一方面的必占百分之八十五，工业、航运与输出的只能从本国取得剩余的百分之十五：煤油出产之丰富如美国，却还要靠外国的出产来维持自己的航运等重要事业，这真是不可思议的事了！

于是，有许多美国的采矿家都奉了美孚公司的命令向世界各处去搜寻煤油矿了。

一九一九年有一个探矿家探着亚洲死海（Dead Sea）边有油矿，便动身到耶路撒冷去，但他一到那里便被英国驻军拘捕了。美政府即时提出抗议，申言巴勒斯坦是在国际联盟管理之下，应该“待遇平等”；英国复文却说，在巴勒斯坦境内探寻油矿，对于英人也是禁止的，对于美人自然不能例外。关于美索波达米亚事件美国提出的抗议，也是一样的答复。

不到六个月，美孚公司的探矿家在五洲都遇着了几乎同样的事实——许多前此未有的障碍——排斥美人不令其占有未开采的各油矿，英国这种荷包里的政策渐渐到了图穷而匕首见的时期了。

一九二〇年三月，美国参议院便请政府报告外国排斥美国均沾油矿利益的政策。在美政府还没有答复参议院的时候，竟从伦敦方面来了一种极明确的答复。这便是英国经理油田有限公司副经理艾德嘉（Sir E. Mackay Edgar）在伦敦《泰晤士报》所发表的一篇论文了。这篇文章把塞末耳、克松以及其他“煤油政治家”等十数年来惨淡经营的结果都宣布出来了。现在介绍在下面：

> 我须得说，中美与南美许多优等的油田，有三分之二都在英国手里。危地马拉、宏多拉斯、尼加拉瓦、古斯德利加、巴拿马、可伦比亚、委内瑞纳与赤道国各地的油矿，其已决定的开采让与权实际大部分都在英国属民手里，那都是要英国的资本来开采的。实际握有墨西哥喀勒比海滨各油矿开采权三分之二的亚尔弗团（Alves Group）完全是英国的，他们已着手于永久保持他们的事业。美国人或美国团体在中美洲没有得过，也决不会得着，像亚尔弗的地位。或者我们再拿最大的蛤壳运输公司来说，世界上各重要的油田，如美国、俄国、墨西哥、荷属东印度、罗马尼亚、埃及、委内瑞纳、特立尼达岛、印度、锡兰、马来群岛、中国南北部、暹罗、海峡殖民地与菲利滨群岛等的利益都是蛤壳公司独占着控制着的。
>
> 这自然还得候几年才得成熟，可是他的收获的丰饶这已是毫无疑义的。再过几年，美国自己的煤油将尽而又必须煤油应用的时候，每年必须用比几百万金镑的价值更大的金洋向英国公司购取煤油。我计算，倘使美国每年的煤油消费额照现状维持下去，则十年以后，美国每年必须输入五〇〇．〇〇〇．〇〇〇桶才能够用，以最低价格每桶两金元计算，即是每年支出一．〇〇〇．〇〇〇．〇〇〇金元。这笔大款必是英国荷包里的东西。
>
> 除了墨西哥与中美洲一小部分而外，其余世界各处的油矿都是不容美国势力侵入的。各处的保卫都极稳妥，英国的地位已经是不可动摇的了……

这篇文章传到美洲，美国政府和人民都大为吃惊，才知道英荷托辣斯背后乃有一个大野心家的英政府在那儿站着，在那儿进行占有全世界的油矿，且占到美国自己境内来了！

美国人是极会装门面的，虽然知道已经受了骗，但仍是不动声色发出极堂皇的论调。下面这种论调便充满了议会中："我很赞美英国的行为，她能帮助她的国民，她能帮助她的工业。我愿我们也学她。我们也来帮助我们的国民，我们也来鼓励我们的国民，我们也来像英国一样为我们的利益行事。"（美国参议员兼商务委员会委员长琼斯语）

在这种官话的空气之下，一九二〇年四月二十八日参议院便通过了一条议决案：海军部有将任何邦之土地划为油区之权，此种油区若无海军部之许诺不得卖或租借他人。这便是"贼去关门"的第一步善后了。

同年五月二日，美国地质调查会发表了下面一篇报告：

> 据内务部地质调查会最近的统计，美国每年煤油的消费倍于各国，至各国所有的油矿则多于美国七倍。
>
> 各国现在每年消费约二百万桶，依此推计，各国所有的油矿可供二百五十年之用。美国现在每年消费约四百万桶，所有的油矿仅可供十八年之用。换句话说，美国用尽自己所有的油矿比世界各国要快十六倍。
>
> 若仅就提炼以后的净油计算，全世界还未开采的煤油总产额约为六〇.〇〇〇.〇〇〇.〇〇〇桶，这里面约四三.〇〇〇.〇〇〇.〇〇〇桶是已经确定可有的，其余则是不甚精确的估计。
>
> 这总产额约十三倍于美国今天以前所采出的总额数，九倍于全世界已采出的总额数。这总产额的分配，仅有七.〇〇〇.〇〇〇.〇〇〇桶在美国与亚拉斯加（Alaska），余五三.〇〇〇.〇〇〇.〇〇〇桶却都分布在各国境地中。
>
> 这五百三十万万桶大概平均分布于两半球各洲；然而以煤炭的前例看来，我们可知赤道以北的煤油多半要比赤道以南的开采得快些。
>
> 可是美国现在的七十万万桶决不致在十八年的短期中完全寻出且采用净尽的。为将来计，我们应该向外国去尽力探寻油矿藉以保存自己现存的；否则唯有减省消费之一途了。

这个报告发表了的两星期以后，美国国务院把英国以及其他各国对于煤油的情形也向参议院报告了。报告里面说明英国目下的政策是"一面防止外国控制帝国煤油的来源，一面设法占据外国的油矿"。这政策似分下述四步进行，但均不外直接或间接防阻美国而已：

（一）禁止外国人握有或经营在英国本地、殖民地与保护国中的煤油生产事业。

（二）直接取得并管理煤油产业。

（三）防阻英国煤油公司出卖其产业与外国人所有的或管理的公司。

（四）明令禁止转让英国煤油公司的股票与外国人。

报告上举出了各种证据证明英国对于此种政策之实施以后，又说明除英国而外，其余各国，便是最弱小的，也都采闭关主义，排斥外人。玻利菲亚、可伦比亚、古斯德利加和多米利加民主国还没有在法律上规定对于外国人的限制；至于危地马拉、赤道国，甚至于墨西哥都在法律上明白规定了。报告又引了一九一七年墨西哥新宪法第廿七条关于限制外人在本国土地上的权利，说明美国在墨西哥利益之重要，受了这种限制，损失实在不支，报告最后便确说美国几乎被排斥于全世界的一切油区之外了。

在这个报告中，我们可以看出美国地位的危险；特别可注意的是墨西哥也排斥美国了。我们知道墨西哥现在是世界第二产油国，一九二二年墨西哥产额为一六九.〇〇〇.〇〇〇.〇〇〇桶，占全世界总产额百分之二十二。美国因为消费的浩大，每年约缺一〇〇.〇〇〇.〇〇〇桶须得墨西哥的煤油供给。美国之危险可想而知了。

美国的向外发展

然而美国究竟不至于如我们所想像的那样难堪。美孚公司的资金，据一九二〇年的报告，有三十万万金元，每年股息极厚。一九二二年终，竟有许多得到二倍乃至八倍的红利，也可见他事业发展的一般了。但既受了这样接二连三的警告，今天的兴盛究不能担保明天的不失败，便也不得不急起直追，去傍着政府“为自己的利益行事”了。

第一，美孚公司战前曾在巴勒斯坦取得了一种让与权的，于是波斯北部英国的势力，经波京美公使馆根据前理由作严重的反英宣传，便完全归于美孚的掌握中了。

其次，南美洲英国经理油田公司所谓“一桶也不能任外人汲取”的油田，美孚公司也毫不放松地在争执了。

几内亚会议，美国决定不参与的，但美孚有两个代表列席。莫斯科也有美孚代表的踪迹了。

可是这都只是美国向外发展的初步罢了。自从美索波达米亚问题发生，英美便到了短兵相接的时代了。

争执中的“煤油之珠”——美索波达米亚。

美索波达米亚是世界最大油区之一，他的产额约值美金一.〇〇〇.〇〇〇.〇〇〇元。争这个油区的，大战前是英国和德国。战后是英国和法国，这在前面已经说过了。便是美国在大战前也曾在这一方面打过主意的，不过那时煤油恐慌没有今天这样急迫，又因为其他事件的耽延，所以没有得着结果；这所说打的主意便是成为今天美索波达米亚油区争执之焦点的“乞斯德让与权”（Chester's Concessions）了。

一九〇八年，美国海军大将乞斯德于出席日内瓦万国地理学家大会之便，代表纽约商会调查近东商务状况，又代表土美拓殖公司到君士坦丁进行建筑小亚细亚及美索波达米亚铁路的交涉。其时土皇哈密特二世正想结好于美国，以发展土耳其工商业，所以乞斯德到了土国以后，土皇便许了美国一种很大的让与权。这种让与权主要的是阿哈那铜矿和摩塞尔油矿的开采权。此外还包括有其他几处的矿产。除了采矿，还有铁路的敷设权。后来哈密特被逐。青年土耳其党执政，很想利用外国资本发展本国实业，所以对于乞斯德让与权亦加许可。土美拓殖公司正着手勘测路线，却被德俄两国从中作梗；经了两年的磋商才得解决。一九一一年六月，土政府正将这种让与权所规定的契约正式提交国会，陡然发生了意土战争，随后土耳其战争累年，所以这议案竟搁置下去了。

一九二〇年春桑里摩会议承认美索波达米亚离土独立，由国际联盟委任英国代管，同年十一月经国际联盟正式决定以后，美国自然不能一刻容忍，于是，同年同月美国的通牒便送到英外交部了。美国根据的理由是：美国虽然没有加入国际联盟，然究竟是参战国之一，而且对于战事的胜利也不为无功，所以对于和约中代管权的决定美国有参加的权利，凡没有经美政府同意的一切决定，将来美国均不能承认。一九二一年三月英国答复美国，说美索波达米亚的石油让与权在大战前本已由土政府允许给与土耳其煤油公司的，所以在战后不成问题。美政府对于这种答复自然不能满意，因为土耳其煤油公司所获得的让与权，在大战前并没有经土耳其国会通过，所以不能认为有效；而且英法两国私下分割摩塞尔的让与权，不令别国加入，更是美政府所不能容忍的。于是由威尔逊而哈定，和英国争论了两年，最后一九二二年十一月英法允许美国享受美索波达米亚煤油让与权五分之一，英美间的争端才小告结束。

乞斯德让与权批准了

照上面的结果看来似乎英国终于胜利了，但事实上并不然。一九二二年冬土耳其国民党大败希兵，安哥拉政府得势以后，便正式声明否认一九二〇年三月十六日以后土皇与他国所缔结的一切条约和经济协定，换句话说，便是根本推翻桑里摩和约。美索波达米亚之离土独立，英国之委任代管，都是根据桑里摩和约来的，桑里摩和约一推翻，则英法美所瓜分的石油让与权便根本不能成立了。同年十一月第一次洛桑会议开幕后，土国代表便正式要求摩塞尔仍属土国；瓜分摩塞尔油矿的主权既是英国，利害关系最大的也是英国，则对于土代表之要求首先提出反对的自然也是英国。经过许多的争执不得解决，第一次洛桑会议终于破裂了。本年四月第二次洛桑会议正预备继续开会的时候，土耳其国民会议突然于四月十一日把乞斯德让与权案正式通过了！

英国既“为她自己的利益”而想独占摩塞尔油矿，美国自然也为“她自己的利益”而想独占摩塞尔的油矿了。所以美国虽然争得了五分之一的让与权，其不能满足，这是每个人都可以看得出来的。原来在一九二二年三月，美国五分之一的让与权还没有争得的时候，八十老翁乞斯德大将便已代表土美拓殖公司亲身到土耳其与安哥拉政府续议战前所许的让与权。随后土美拓殖公司又派大将之子乞斯德司令和凯尼合继续对土谈判。美索波达米亚到了英国手里，不易夺回，这是安哥拉政府知道的；加以安哥拉政府目前治国的方针在利用外国资本开发土国实业：若批准乞斯德让与权，则一面藉美英冲突从中取便，一面可以利用美国资本，真是一举两便了。所以经过了十二个月的谈判，历时十余年的乞斯德让与权案终于批准了。

此次批准的让与权的内容比战前更为扩大。约可分为三点：（一）建筑二千七百十四英里的铁路；（二）开采沿路左右各二十公里内之各种矿产，除驰名的摩塞尔油矿外，还有其他油矿、铜矿等不下百余种，据估计价值当在一〇.〇〇〇.〇〇〇.〇〇〇美金以上；（三）在安哥拉建筑一新式之都城，并建筑三重要港口，还可随意建筑其他被希兵残毁的城市。我们一看这种内容，便可知小亚细亚方面的经济利益几乎都搜括净尽了。

乞斯德让与权案通过以后，法国首先便提出抗议。法国所抗议的不是为石油问题却是为铁路问题；但一考察这问题的内容似尚不难解决。现在最可注意的自然是英国了。英国对于摩塞尔油矿，近十年来不知费了多少心血才达到了代管美索波达米亚的目的，现在一旦被美国生生夺去。而且乞斯德让与权内所规定铁路路线也把从君士坦丁到印度去的道路遮断了，更影响于英国东方殖民地的统治；因此英国自不能不攘臂而起来和美国抗争了。英国抗议的理由有两点：（一）摩塞尔的隶属问题；（二）摩塞尔油区的权利问题。关于第一点，土国代表在第一次洛桑会议已要求英土两国直接解决，英国且要求由国际联盟解决，则以之作为对于美国抗议的理由，自然不算充分。第二点，英国所称已获得的权利并未经土国会批准，而所谓享受权利几分之几又只是列强之间的秘密商订，并无法律上的根据，所以第二理由又没有坚固的立足点。可是唯其是没有充分的理由，所以英国愈不得不争，美国愈不得稍让。第二次洛桑会议土耳其承认尊重一九一四年十月二十九日以前所成立的各种契约与让与权，使英法稍可安心，但美国不免又稍受打击，因为乞斯德让与权案显然与旧时所订契约有冲突的地方。总之这只是愈长纠纷罢了（最近土政府有取销乞斯德让与权说）。

法日意之煤油势力

在煤油的角逐场中，法国也颇有些势力。法国也是急需煤油的国家；但自己的煤油产业太少，遂和英国联络，英国自然欢迎之不暇，于是最初在英国辅翼之下的王家荷兰公司在法国乃大占势力。欧战发生后二年，英法订定处分近东之密约（Sykes Apicot Agreement)，以摩塞尔割归法国。一九一八年英相乔治又劝法总理克理满沙以摩塞尔仍归英国，而以由英国援助法国对叙利亚的要求作报酬。巴黎和会的时候，英国却弄狡猾说法国以前允许了无条件以摩塞尔让归英国，法国便也提出法国让出摩塞尔，要以获得一部分煤油开采权为交换来抵制。英国明知法国在煤油生产事业方面无大力量，且又想垄断法国在和约中所得的一切煤油权利，所以在桑里摩的两国石油协定中，便允许法国承继德国战前在土耳其公司中四分之一的权利。随后法国渐觉英国的奸计了，便采门户开放主义，对于美国的美孚公司与英国的英波公司及荷兰蛤壳公司都一样欢迎；三公司在法市场上竞争的结果，油价因之大跌，这便是法国暂时所得的利益了。

日本煤油事业不很发达。在库页岛北部与冈扎加半岛（今译“堪察加”）方面，有三个日本公司在从事经营；台湾方面的煤油事业多半是日资。近来日政府也觉得煤油事业的重要，所以很想投资于中国、俄国与墨西哥的各油矿。在墨西哥的可伦比亚与苏奴拉两州更形活动；同时又和苏俄政府谈判，预备以取得俄国油矿权利作为承认苏俄的交换条件，日来正在进行中。

意大利所握的油权极少。但法西斯蒂政府对于这方面也极注意，已经组织了一个法西斯蒂的合作公司经营意国所辖的各油矿了。

世界之厄运

二十世纪是海战与空中战的时代。煤油在海军与飞机方面的重要在前次大战中既已显明，则欲称霸于二十世纪中的列强，对于油矿的掠取与控制自然刻不容缓了。

近月来煤油争执这一方面的消息似乎极为消沉；这只是因为德国赔偿问题正在紧张的时候，法国忙于压迫德国，不暇及此；英国也因对美债务，暂时不愿过事冲突；美国自然乐得耽延下去了。但我们一看过去十年中英美的惨淡经营，再一审今后世界的大势，则英美之不能长久默然下去已可概知。而且将来的争执决不仅限于英美。法国近来虽然似乎很淡然于煤油事业，但这只是“不得已”罢了；法国之想称霸于欧洲大陆，之想敌过英美，既是不可违的事实，则法国之不能不争煤油亦势所必然。日本目前虽似无力参与此项争执，然日本的野心早已喧腾世界，唯其无力，则争执必愈利害。我们只想想日本愿以她地认为极危险的承认苏俄为取得油权的交换条件，便可想见日本对于这方面的重视了。意国自法西斯蒂握权以后，即锐意谋势力之膨胀；煤油既是作战的要件，她自不愿忽视了。

有人说列强果能合作，便可不致发生危险。可是合作是可能的么？所谓门户开放机会均等便是合作的意义了。提倡门户开放机会均等的是素有声誉于世界的美利坚合众国，究竟她自己怎样呢？知道别人要占到自己家里来了，便即刻通过限制土地卖出案，这不是关门主义么？向英抗议美索波达米亚的代管，结果取得了五分之一的让与权，这本来是机会均等；但是乞斯德让与权案终于批准了，这不是独占么？我们可以知道帝国主义者在自己家里是采关门主义，在外国方面未取得利益的时候，高唱门户开放、机会均等，门户开放了，均等的机会得着了，便进行独占。

总之，帝国主义者唯一的目的是独占，唯一的理由是“为我们自己的利益而行事”。八人坐一席，而每人都想独据一方甚至独据全席，这能成功的么？

将来无数次的大战将不能免，最近一次的导火线怕就是煤油了！

（原载《新建设》1923 年第 1 卷第 2 期）

署名：李伟森

爱尔兰独立战争史

（一九二四年一月六日）

一　爱尔兰问题之世界的意义

酝酿已久而猝发于近数十年的爱尔兰独立问题，凡是稍明世界大势的人都知道不仅是英帝国内部的一个简单问题。爱尔兰之附庸或独立，对于英帝国的存在，影响极为重大。十九世纪法国大革命和前次的世界大战中，法德都有援助爱尔兰反抗英国的事实。全人口六分之一的美国为爱尔兰人，且于一九一九年春在上议院明白决议："合众国上议院对于爱尔兰民族要求独立之热望深表同情。"我们一看这种种事实，便可知爱尔兰独立问题早已成了一个国际的问题。

复次，自从"民族自决"的声浪倡出以后，全世界被征服被压迫的弱小民族都已开始运动独立。以处于兵强国富威振遐迩的英吉利的肘腋之下，而又被征服至七百余年之久的四百万弱小的爱尔兰民族，一旦崛起而图独立，则其成其败，对于全世界弱小民族之独立运动，实为极重要的关键了。所以，爱尔兰独立问题实具有极重大的世界意义。

现在，经了英皇"批准"成立且誓"效忠"于英皇的爱尔兰自由邦（Irish Free State）已经有了两年的历史，"国际地位日渐增进"，积不相能的北部乌斯特（Ulstor）也渐就融洽，尤其是为爱尔兰民族之独立，苦战经年，而被称为强项的"急进党"之华列拉（Valera）所领袖的共和党军，已经被爱尔兰民族几百年来的仇敌——英帝国政府与北部乌斯特政府——协同自由邦政府拘禁杀戮，将就净尽；然而对于这个"国势日益隆盛"的新兴的爱尔兰自由邦，浅见者流看来，莫一不赞叹地说："数百年的流血，终有今天的成功!"

可是，知道爱尔兰的历史，知道爱尔兰独立问题的意义，而又同情于全世界被征服被压迫的弱小民族的人，都知道爱尔兰民族实际是陷于更悲惨的运命，独立自由之精神已经远飏于自由邦的领域之外了！

要知道爱尔兰的将来，要知道全世界被征服被压迫的弱小民族的将来，便要研究爱尔兰民族过去几百年中之光荣的独立战史！

二 英爱之关系

爱尔兰之征服。爱尔兰在英格兰西方，系合乌斯特、康诺特、林斯特、爱斯特四州而成，面积约三万二千余方英里，人口四百四十万。其初分为数国，互争雄长。因她的教规堕落，教皇颇欲加以整顿，但无效果。后其中有一国王乞援于英吉利；其时英王享〈亨〉利第二遂遣兵于一一七〇年出援，次年将爱尔兰全境收为英吉利的附庸。享〈亨〉利第二且亲至爱尔兰改革教规，爱尔兰至是遂臣服于英国了。

运动独立之原因。爱尔兰人民和英国人民实在有种种的不同，所以他之运动离英独立决不是一件偶然的事实。最显著的是（一）种族的不同：爱尔兰人民为塞尔德族（Celts）；在有史以前，塞尔德族原占有英伦数岛，后五六世纪间，条顿族（Teutons）由欧洲大陆侵入英格兰等处，塞尔德族被迫，多越海而集居于爱尔兰。（二）文化的不同：丹麦和罗马的西侵，都只止于英格兰，且爱尔兰与欧陆交通不便，所以文化极为落后。（三）宗教的不同：爱尔兰人多奉旧教，自从英女皇伊里沙伯颁定新教为国教以后，英国奉旧教的多有迁入爱尔兰居住的，爱尔兰遂变成了旧教的根据地了。此外国待遇爱尔兰人民之不平等，亦为一大原因：爱尔兰的势力自然不及英国，既然做了附庸便不免时受蹂躏；且英国欲坚固他臣服之心，时常临以重兵以示军威。十七世纪中，克林威尔为首相，更采完全杀戮策，对于旧教徒大肆蹂躏；英国驻爱尔兰之总督官吏均系新教徒，待旧教徒更如敌人。十七世纪末颁行刑法典（Penal Code），将旧教徒政治上的权利概行剥夺，并没收其财产，占据其土地。塞尔德族是素以戆直刚强著称的，对于这种种难以忍受的待遇，自然会起来作极猛烈的反抗了。

三 十八九世纪中之争斗

第一次宣布独立。在新大陆中英国殖民地之十三州，因为苦于英政府的苛政，遂于一七七五年举兵反抗，苦战七年之久，终于获得了最后的胜利，脱离英国的羁绊，建设独立的共和国，这件事实实在给了困于英国苛政之下更甚更久的爱尔兰人一种极大的教训：美洲的殖民地能够独立，爱尔兰呢？于是议会的首领哥拉顿（Grattan）集合了群众从事独立运动，一七八三年宣布爱尔兰立法独立；开国民会议于丹干隆，讨论爱尔兰自治问题；颁行解放旧教徒的法令，一般被剥夺了政权的人便从新获得了他们在国家的地位，爱尔兰的势力便因此稍振了。

爱尔兰人联合会。法国大革命的时候，英国外患甚剧，爱尔兰的势力因哥拉顿的活动逐渐增大；但是实际上行政的大权还都在新教徒手里，旧教徒除极少有学识的得以稍形活动而外大部分还是蠢蠢无知的农民。英政府便乘机施行贿赂，于是爱尔兰的议员大部分都受了愚弄，无形中都做了驻爱尔兰的英皇代表，遇事都以效忠于英皇为前提，独立运动于是大受挫折了。那时有一个谭恩（Wolte tone）便领着一班志士组织了一个“爱尔兰人联合会”（United Irishmen）。他的宗旨是团结全爱尔兰人从事议会的改革和旧教徒的解放；谭恩且更进一步主张爱尔兰之完全独立，其行动完全仿效法国革命军。

新旧教之争端。在克林威尔的完全杀戮策施行以后，英政府对于爱尔兰又另换了一种政策，便是殖民政策。殖民政策的效果是一面增加英人在爱尔兰的势力，同时又可以监视爱尔兰人的行动。英国的移民大部分都在北部的乌斯特，于是爱尔兰便无形中分成了南北两部，即是新旧两教派。新旧两教派累年争执，无时或已；爱尔兰独立之障碍，这一点可算极大的了。新教徒藉英政府的势力握有爱尔兰的行政大权既如前所述，自然对于谭恩等所倡的旧教徒的解放乃至爱尔兰之完全独立等说不能容忍。所以在爱尔兰人联合会成立之后，便即刻有一个新教徒所组织的“奥林吉寓”(Orange Lodges）出现。他的宗旨完全在反对谭恩等的倡议，主张英吉利应有爱尔兰的统治权。有了这样的一个英吉利代理人在内部捣乱，爱尔兰人联合会的活动便大受打击了。

一七九八年之变乱。英政府一方利用新教徒在爱尔兰内部妨阻爱尔兰人联合会的活动，且任命一极端反对旧教徒解放及爱尔兰的完全独立之费执邦(Fitzgibbon）为爱尔兰副总督，一方又在议会中通过旧教徒解放案。谭恩的目的本在爱尔兰的完全独立，所以虽然英议会通过了旧教徒解放案，还是竭力从事独立运动。费执邦对于谭恩等的活动取极端的压制手段，于是激成一七九八年的变乱。变乱起后，英国派遣大军前往镇压，新教徒乘胜大施报复，中南部的杀戮，惨酷不堪言状，死伤不下十五万余人。这便是爱尔兰人独立战的第一次大牺牲！

英爱之议会联合，一七九八年的变乱以后，英政府便着手进行并吞爱尔兰的政策，便是首相毕特（Pitt）提议的“大不列颠与爱尔兰之议会联合”。对于这种实行并吞的提议，旧教徒自然反对，新教徒因为恐怕失去了自由行政的地位，也不赞成。在物议沸腾中，毕特对于新教徒则实行贿赂，对于旧教徒则从事鼓惑，允许必恢复其政治上的权利，于是议会联合案居然在杜柏林（Dublin——爱尔兰首都）议会中通过了。通过以后，爱尔兰的独立议会完全取消，只遣送教官四人，贵族二十人参入不列颠的上议院，代表百人至不列颠下议院。不列颠与爱尔兰通商完全自由，爱尔兰的教会与军队也和不列颠的联合为一。仅法庭和行政机关仍然分立。爱尔兰这样便完全为英国并吞了！

议会联合以后。旧教徒的解放是通过议会联合案的条件，但一八〇〇年毕特将旧教徒解放案提出于英国议会的时候，因为英皇严厉的反对，遂无效果。旧教徒对于英政府此种诈骗的行为，大为愤激，反抗运动四处蜂起；英政府最后乃附以极苛刻之条件将此案敷衍通过，旧教新教之争端因之愈多，爱尔兰人仇视英政府因之愈甚了。一八三〇年因责成旧教徒担负新教徒应缴之什一税事件，新旧教徒间发生猛烈之战争，亘至五年之久，死伤无算。又，爱尔兰多数地主系新教徒，而多数农民为旧教徒；地主横征暴敛，任意加租，丝毫不顾及佃户之困难。一八四六年大旱灾后，地主之暴敛更甚，人民饿死者近百万，流离转徙者更不知几何。后巴乃尔（Parnell）集合农民组织“土地同盟”（Zand Zeagul）与地主反抗，行动极为激烈。在这种威吓之中，虽然官厅出来对于地主略加限制；但官厅原与地主为一致的，则此种限制之无益于农民，不问可知了。

四　自治案提议以后

自治案之初提。巴乃尔于一八七五年被选为议员以后，更努力于爱尔兰人民利益的活动；那时英政府首相格兰斯顿正主张以和软手段对付爱尔兰。经巴乃尔之鼓吹，格兰斯顿遂于一八八六年在国会中提出议案：许爱尔兰自治（Home Rule），立地方议会，地方行政部而撤回其英帝国议会中之代表。当时爱尔兰议员十分之八九都是地主；巴乃尔以为此案果能通过，与地方以自治权而撤回在英议会中之贪酷地主，农民便可获得许多利益；殊不知惟其议员多是地主，此案更不易通过，地主岂有不计及自身的利害的吗？所以此案在下议院即被否决，一八九三年二次提出，又被上议院拒绝。

新芬党与格里克同盟会。在一九一二年以前在外还寂然无闻却已深入爱尔兰人心的，有两股极大的势力，这便是新芬党（Sinn Fein）和格里克同盟会(Goelic League)。后者为海德（Douglas Hyde）所组织，于一八九三年成立，他的宣言说语言和文化是国家的灵魂，决不可或失的；办有报纸一种，专提倡爱尔兰的语言与文化，今天身居杜柏林狱中的共和党军领袖华列拉便曾为此种报纸的主笔。新芬党是旧年去世的第一届自由邦政府的领袖格里菲士（Griffith）所组织，于一八九九年发表极有名的一篇宣言，一九〇六年正式成立。他的宣言说参入外国的议会中从事政治活动实在是枉费筋〈精〉力，一国的人材应集中注意于本国的建设与教育。这两个团体最初进行都极和平：格里克同盟会且毫无政治活动的色彩；两者的活动都完全为国民的，并无种族与宗教的分别。其时柯纳雷（Pames Connolly）所领袖的劳动运动更给他们以经济的帮助，所以他们的活动更得着了稳定的发展。

自治案之再提。一九一二年英政府首相爱斯葵士又第三次提出自治案，下议院通过了，上议院还是拒绝不理。当日反对最力的便是自由党与保守党联合组织的一个联合党（Unionists），他的主张是不列颠与爱尔兰之联合，极端排斥分立与自治等运动。自治案第三次提出来以后，联合党的领袖嘉荪（Corson）便在乌斯特召集会议，立盟约，募军队，准备抵抗自治案的施行，联合党的此种行动会掀起爱尔兰人对于独立之更坚决的运动，这是无疑的。所以新芬党便也挺身而出，募集志士和联合党对峙，两年中牺牲极大。英政府在这种大惨杀以后，便又准备提出前案的修正案，以缓和人心；但修正案还没有提出，大战陡然发生，这个问题便搁下来了。

一九一六年之变乱。大战发生以后，爱尔兰人对于信仰旧教的比利时深表同情；且深觉此次的战争是“为弱小国家之自由而从事的战争”。在大战的第一年，爱尔兰人从军赴前敌效死的便有五万人，可见爱尔兰人爱护自由的诚挚了。英国之参与大战，并不是为的“弱小国家之自由”，这是显然的；而且他初不知爱尔兰人的那种勇于作战的用意，深恐他们乘机独立，所以对于爱尔兰的义勇军力加箝制，不许着爱尔兰本国的服制，不准依爱尔兰本国的组织，并给与乌斯特地方人民以特权以便监视爱尔兰人之行动，更提升极端反对爱尔兰独立运动之联合党的领袖嘉荪为首相，组织内阁。爱尔兰人看了这种种情形，才知道自己此次参与战争，和英国实是“同床异梦”，所谓“为弱小国家之自由”，不过是大战的表面文章罢了；于是运动独立的决心重复代替了参战的热情，一九一六年复活节之变乱便是运动的第一声！先是新芬党痛恨英政府之狡诈，遂于一九一六年春宣布爱尔兰共和国成立，英政府遂用武力横加压迫，结果遂酿成复活节之变乱。此次变乱发生于杜伯林街市中，新芬党死伤极众；事后英政府又严加搜捕，计拘捕领袖十五人，经过秘密的军事审问以后，一律被杀。此十五人均为勇敢而纯洁的理想主义者，诗人皮尔士（Pearse）和劳动运动的领袖柯纳雷都在里面。此次变乱以后，英政府的压迫更甚，爱尔兰人运动独立之心便一放而不可遏抑了。

五 消极抵抗

政府的压迫。一九一六年的变乱以后，爱尔兰的独立运动约可分为消极的抵抗与积极的抵抗两个时期。第一期自从一九一六年四月起，到一九一九年共和议会（Dail Eireann）成立为止。在这时期中，爱尔兰人只潜在地储积精力，对于蛮横无理的武力压迫丝毫不加反抗。一九一七年乔治为英政府首相，遂召集联合党和爱尔兰国民党等开了一次爱尔兰会议，拟定了一个限制极严的自治案；一九一八年四月九日乔治将此案提出于议会，在还没有报告以前，他又宣布一爱尔兰征兵政策，同时声明必须征兵政策能实施，自治案才能通过。这个消息传到了爱尔兰，遂起了极猛烈的反对；五月十八日新芬党领袖都以勾通德国为理由被捕了。同时因为美总统威尔逊民族自决的宣言，爱尔兰独立运动更形急进，而英政府的压迫也日甚一日。言论、集会、出版等公民自由都被剥夺了。在国防条例与犯罪条例的暴力之下，因为极小的事件，如所谓“煽惑的”演说和文字乃至高唱国歌之类，而被拘禁的有数百人。在一九一六—一八年中，被封禁的报纸凡二十八家；在一九一八年，八十一种和平的集会被武力解散，且杀伤了数百人；一九一六年四月末被兵士暗杀的案件无数，官厅俱置之不理；一九一七—一八年，平民无辜被杀者七人。对于政治犯更苛刻无比，依文明国的惯例政治犯所应享的各种特权都完全被夺了。

共和议会之成立。爱尔兰人对于三年来的压迫都极力忍受，目的只在储积精力来组织一强有力的政治团体，藉此以求独立之实现。一九一八年十二月总选举的期到了，这便是爱尔兰人的一个好机会。英政府此时仍进行极端的压迫：新芬党候选人在狱的三十余人，被通缉的更不知若干，党中领袖及职员也多在狱中，关于选举的集会、印刷物及报纸都被封禁解散。在这种严重的压迫之下，新芬党在选举中仍然获得了绝大的胜利：一九一〇年的总选举，仅以获得自治为目的的国民党独得八十四票，此次以爱尔兰之独立为党纲的新芬党得七十三票，国民党仅得七票，我们由此可知爱尔兰人已经大大地觉醒了！选举获胜后，新芬党遵守本党纲领，都不出席于英国议会，便在杜伯林组织共和议会，于一九一九年一月二十一日在市政厅行开幕礼，朗诵爱尔兰之独立宣言，决立为共和国体，并选任华列拉为总统，组织临时政府。即时正式向英国驻爱尔兰总督要求撤退英国驻军，并向美国及国内募集国债以固定经济的基础。

六　积极抵抗

压迫的暂停。爱尔兰共和议会的成立，自然给予英帝国以一大打击；但一九一九年前半年英政府还没有大的举动，只是消极的防范制止。这并不奇怪，因为那时巴黎和会开幕在即；和会中所高唱的“民族自决”、“国际平等”等口号，都是英国将藉以去渔利的，如协约国所占据的德属殖民地，英人便尝宣传“德人违反殖民地意志，已失了统治资格”。拟以不还付殖民地为对德和约之一定案：倘使英国自己对于爱尔兰的共和政府加以压制，则和会上固无公理，不怕德国用爱尔兰的事件来抵制，而自己究竟无面子说话了。而且东欧新兴诸国间疆界之争，尤其要靠利用“民族自决”这四字来排解，从中取利，便更不可以小失大了。同时被英政府拘禁的爱尔兰临时总统华列拉已经乘间脱逃到美国去，在纽约报纸上将英国压迫爱尔兰的情形完全宣布了，美国舆论大为不平，上议院且全体决议表同情于爱尔兰人之独立运动，并切望威尔逊总统在和会为爱尔兰人尽力。这样，英政府更不得不暂时隐忍了。

两方的势力。在一九一九年前半年虽然没有明白的举动，英政府却早已预备了和会后的有计划的大镇压。此时驻爱尔兰的英军平均为五万人，军实极为充足；此外还有一万一千名帝国警察，都是全副武装。此项警察名义上是为保卫地方的治安，但自从一九一六年以来都已变成了爱尔兰人民的武装监守官和侦探队了。此时英国驻爱尔兰的总督是著名的爱尔兰独立反对者佛兰奇（Lord French），则英国之不曾忽视爱尔兰人的运动可以概知了。在爱尔兰人一方面，物质的准备极为缺乏；可靠的军队只有爱尔兰义勇队（即是后来有名的共和党军），此项义勇队是一九一三年为抵抗英军而组织的。在一九一九年初，名义上虽然有十万，而实际都没有武装，只能在暗中活动。在这种情形之下，倘使英军进攻，义勇队只能取一种混战的方法（Guerilla Methods）——第一步在取得武装；武装充足以后便可以扑灭英国在爱尔兰的势力而自立一强有力的政府。

英军的进攻。一九一九年十月三十一日密志州有两处警察驻营被义勇军袭击了，同时各处又发生数起暗杀事件，英政府便藉这个机会向爱尔兰进攻了。爱尔兰境内各种国民的团体，不仅共和议会、新芬党、义勇队等，便是专以宣传文化为主旨的格里克同盟会也在内，都被认为非法而全体解散了，各团体的分子都认为“罪犯”，领袖都被拘囚，出版物及办公与教育机关都被封禁。此外普通商店、住宅、学校、俱乐部、报馆、银行，无不遍遭蹂躏，人民无论男女老幼，无辜受累因而家破人亡者更不知其数。英国军队警察布满城镇，有人说武装汽车便是当时英国统治爱尔兰的标记，这是的确的。据事后统计，一九一九年爱尔兰所受的损失如下：私人住宅被英军蹂躏的约一万三千七百余家；被拘的政治犯为九百五十九人；罚金的政治犯为六百三十六人；平民而受军事裁判的二百〇六人；被解散的集会约三百三十余处；被武装解散的徒手人民的集合四百七十六处；未审判而被充军的爱尔兰要人二十人；被封禁的报纸二十五种。但同时勇敢的新芬党人反抗亦极剧烈；爱尔兰人已经忍受了三年了！此时已经有了自己的共和议会，已经有了自己的政府首领，自然不能再有一刻容忍了！所以暗杀事件时有所闻，此外劫枪械，击驻军，莫不奋勇直前。十二月十九日，英国驻爱总督弗兰奇由西境返杜柏林，在出车站时被人掷炸弹轰击，未中，炸伤一护兵，此后骚乱更甚了。

一九一九年之自治案。久经搁置的自治案，在新芬党勇猛的反抗以后，英政府又于弗兰奇遇刺后三日提出于下议院了。首相乔治在下议院报告此案，最先说明政府拟定此案时所依据的三种原则：（一）爱尔兰脱离联合王国属于不可能；（二）在事实上爱尔兰境内从未有于如今日之繁富，爱尔兰民族主义者反抗英国在爱尔兰之统治权，实属不当；（三）爱尔兰东北部人民反对爱尔兰人之统治。接着便报告本案谓："英政府因此三种情形，乃拟许爱尔兰全境设立自治政府，而分设两立法机关，一为爱尔兰南部之国会，一为北部之国会。……政府又拟设立爱尔兰行政会，以两自治国会之代表组织之，使为两区域中间之连锁，得以联合举办共同之事业。自治国会对于教育、地方自治、土地、农业、道路、桥梁、铁路运河之运输、养老金、保险、市政、地方司法权、医院、劳动立法、执照，以及除开海陆军高等司法权外一切维持法律秩序之机关皆享有管理权。至于君权、媾和、宣战、外交、海陆军、国防、叛逆、爱尔兰对外贸易、商船、电报、货币、商标、灯塔、高等司法权等，仍由帝国政府保留之。"关于租税方面，则英政府仍须握有爱尔兰租税百分之九十三，这样爱尔兰的经济便丝毫不能自由了。对于此案，非新芬党之爱尔兰人都极端反对，新芬党更置之不理。

七　一九二〇年之前半年

新芬党势力之扩张。在一九二〇年前半年，义勇军袭击驻军的事件最多：据计算每月约有六次，而六月一月则有十八次，半年中共有四十六次，其中仅十次成功；因为驻军都防守綦严，器械充足，而义勇军所用的都只是旧式来复枪及自制的炸弹等不精良的武器。半年中两军冲突共五十三次，约三分之一均未流血。最后袭击个人警察的事件渐加多了，在街上被刺杀的共有十五人。向私人住宅劫夺武器的事件，在一九一九年末每月约为三十次，到一九二〇年已经加到每月六十次了；一九二〇年前半年的总数为三百六十三次。五六两月海岸守望军被劫的有十处；劫夺邮件以搜寻公文的事件有七十七次；法庭被毁的二十三处；税局被劫的五十处。此时新芬党的势力大盛了。

新芬党之政绩。义勇军对于英军的袭击，最初目的只在劫夺武器。在这半年中，小村中驻军及警察被袭击而逃去凡六百余处，驻营都被烧毁，于是爱尔兰大部分乡僻的地方都到了共和政府手里。共和政府便在各地设立法庭；四月中旬，共和政府所辖的有二十一郡；六月末，共和政府遂将各处法庭直辖于审判部。此时除东乌斯特而外，几乎各处都是共和政府的势力。共和政府法庭处事极敏捷公正，所以很得人民的信仰；便是联合党的机关报《爱尔兰时报》对于此种法庭也都有很好的批评。英国的军队在这个时期中，因为义勇军的勇猛，便都退避，只向无抵抗的人民作极残酷的报复。这半年中平民被杀的有十八人，其中有老人和妇女。屠城的惨剧在西南部更甚。英政府此时的政策只是劫杀拘禁，凡是比较有名点的人，无论是工界、商界、政界、学界，特别是共和议会的议员，都免不了这个厄运。四月中旬，因为政治犯的虐待，爱尔兰全境除北部外举行大罢工，向英政府抗议，要求释放；在狱中的政治犯更有多人绝食待毙。这种举动的无效自然是不待言了。

共和政府之成立。一月中杜伯林的市政选举，八十席中新芬党占四十二席，工党占十二席；地方议会选举，九百五十三席中，新芬党占七百五十二席，工党占四十二席；市政厅与地方议会便即时承认共和议会为爱尔兰共和国的政府而拒绝英之统治权了。此时共和政府对于经济的设施，如土地的分配、森林的培植、国外贸易等，都极有进步。募集的国债在极短期间便逾额了。在英政府方面，最可注意的是爱尔兰的帝国警察都怠于从公了：五月到七月三月中，辞职的士官和警士达六百人，因此杜伯林的警察自己请愿解除了武装。许多地主和商人，以前是联合党的，现在都赞助共和政府了。

八　爱尔兰之损失

英军之大恐怖政策。在这种危殆的情形之下，英政府便不得不以全力来对付了。于是藉口防止七月十二日橘节日发生扰乱，于七月十日增派兵七大队赴爱尔兰，后又继续派往五大队。且在爱尔兰宣布极端的戒严，驻军可以任意处置一切有谋乱嫌疑的罪犯。自从七月二十日起，最先是贝尔福和特姆两处的大屠杀，死伤无数。贝尔福等处的旧教徒都彼〈被〉驱逐四散，房屋教堂焚毁一空。英政府又召集捣乱之新教徒编为一队武装的“特别警察”，旧教徒更不堪其苦了。但共和党军（义勇队）仍自不弱，在后半年中仍有二十四处警察驻营被袭击，九处都得胜了；两军小冲突在此时期中共有一百四十八次，约四十次，英军都被缴械。到了年终，共和党军势稍弱，但仍无大损伤。因为共和党军作战善于用分击法，每次袭击或冲突，虽然官报总是人数在几百以上，而实际多只三十人或不足此数。又因为他们是散居，所以虽然有大队来袭击，或是住屋被焚烧，或是同志被杀被捕，都不至影响全军之敏捷而勇猛的活动。

爱尔兰经济之损失。一九二〇年十月二十日英国下议院开会，讨论到爱尔兰的问题，下院秘书长说：“帝国在爱尔兰的努力，实可以称为文明之代表”；但这句话说了以后不到两星期，英国驻军在爱尔兰的亚德隆、莫克伦、司克里司、坦卜雷莫、般顿等十余处的烧抢杀戮的消息便传到伦敦了，且不说十月二十日以前的事件。据统计，一九二〇年爱尔兰经济方面因英国驻军的横行所遭的损失，如下表：

产业	全毁	半毁
牛乳制造厂	三二	一二
大工厂及小工场	一一	三
商店	二五五	六二三
农家	一七一	——
干草店	二九九	——
印刷局	九	三
私人住宅	一五二	二九六
公用厅或俱乐部	七七	二九

此外还有工商业的衰落、银行的倒闭、铁路的停滞、失业人数的增加，乃至被杀被伤的人民的损失都还没有计算在内，我们可以知道这种损失是怎样重大了。

自治案之通过。一九一九年十二月乔治在下议院报告的自治案，于次年二月正式提出；三月在讨论中，爱斯葵士提出严重的反对，辩论许久，通过二读；十一月十日通过三读。争论了三十五年的自治案，此时算告了一段落；但爱尔兰问题之不能解决，依然如故。十二月十三日，英国驻爱总督又颁戒严令，“民间所有之军械弹药等物均须于二十七日以前缴出；此后如查出有私藏此项物品或擅着英国戎服者，皆处死刑”。此项命令颁布以后，英军和共和党军间的激战又开始进行，极为猛烈。到了次年五月，自治案由英军强迫施行，杜伯林和贝尔福（北部乌斯特首都）都进行各部的选举；选举结果，北部联合党四十人，国民党与新芬党六人，南部共和党一百二十四人，保守党四人。新芬党（共和党）这次又胜利了；但当选的议员都不出席，因之根据所谓自治案而应设立的南部国会无由成立。共和政府仍照旧进行猛烈的反抗，他们所图谋的是完全的独立，这种受人玩弄的自治，自然不能移动他们坚强的、严正的意志呀！

九　和议之成功

和议初步。英政府对爱尔兰的武力政策，到了一九二一年强迫施行自治案未能成功以后，可算完全失败了，于是另一诡计又开始进行，这便是所谓和议了。六月二十二日北部乌斯特国会开幕，英皇亲临致词以后三日，乔治便致函爱尔兰南北两政府，说英国深愿爱尔兰事件得正当之和解，请派代表到伦敦参加帝国首相会议，共同切实讨论解决方法。北部自然是承诺的；南部华列拉复文说候和北部首领及南部联合党领袖在杜伯林会商后才能决定应允与否。后北部首领克拉·蒂虽然以承诺了乔治之请为辞，没有南下，杜伯林会议仍于七月四日举行。其时参与帝国首相会议的南非斯末资将军，受了乔治的嘱讬〈托〉，便秘密赴杜伯林，在杜柏林会议中大肆鼓惑，结果华列斯〈拉〉允许到伦敦赴会，并定于七月十一日正午起，停止爱尔兰全境战争。七月十四日爱尔兰议和大会在伦敦开幕，经一星期的谈判，粗有头绪。二十日乔治向华列拉提出爱尔兰问题解决条件，要点在爱尔兰以后当成为英国自治领地之一，与加拿大、澳大利亚、新西兰等相等。八月十日复文说爱尔兰共和议会及爱尔兰人民均不能接收〈受〉英政府所提的条件；自治属地的办法，与爱尔兰情势不合；且爱尔兰人民所要求的惟完全独立而已！八月十三日乔治又致书华列拉，谓英政府无论如何不能承认爱尔兰有脱离英皇治下之权，“英爱两岛数百年来之历史，已证明两岛之运命乃联合而不可分离”，希望华列拉在大体上接受英政府以求和诚意提出之条件，至其细则则不妨付诸日后讨论，和议便因此暂时停止了。

和议成立。八月二十六日共和议会在杜伯林开会，重举华列拉为大总统，一致拒绝乔治所提的条件。九月间乔治又数致函爱尔兰疏通；华列拉最后答复“苟不列颠政府不允爱尔兰独立，则无会议之可言”。可是共和政府中一部分人意思却很活动，所以爱尔兰议合大会终于十月十一日在伦敦重开了。爱尔兰此次出席代表为共和政府的外交总长格里菲德、财政总长高林等三人。在会议进行中，始终主张完全独立的华列拉总统特通电教皇，谓爱尔兰人民无顺从不列颠皇帝之义务；同时英国联合党议员则谓政府之与新芬党媾和为滥行职权，因提出弹劾案。但会议仍得着顺利的进行，所谓英爱和约竟于十二月六日由格里菲德与高林代表爱尔兰共和政府与英代表双方签字了。和约重要条文如下：

（一）建设爱尔兰自由联邦；此联邦国家在不列颠帝国中有与澳大利亚联邦、新西兰殖民地、南非联邦相等之地位；此联邦得设自治国会，并设一行政机关向国会负责。

（二）爱尔兰自由联邦与帝国国会及国君之关系，与加拿大殖民地之关系同。

（三）驻爱尔兰之英国国君代表，其地位与加拿大总督相当。

（四）爱尔兰自由联邦议会之议员，应为下列之宣誓：“余谨宣誓矢忠及服从成为法律之爱尔兰自由联邦宪法，并愿效忠于爱尔兰与不列颠人民所承认之国王乔治第五及其合法之后嗣。”

（五）爱尔兰自由联邦负担联合王国公债内所应负之一部分；其数目由两方协定之；如协定失败则由第三者公断之。

（六）爱尔兰自由联邦在将来须自行担任海岸防务，惟在最近之将来中，此项防务仍由帝国政府担任之。

（七）在平时，某种关于有线无线电报、空军、海军及炮台防务之便利，依照附件规定，应让与帝国政府，在战时或在与外国关系紧急有发生战事之危险时，不列颠政府得无限制使用海岸防务之一切需要品。

（八）爱尔兰自由联邦得拥有陆军国防队，但其陆军人数与自由联邦内人口之比例，不得超过大不列颠陆军设备与大不列颠人口之比例。

约中关于最困难的北部乌斯特问题，有如下的规定：

“准乌斯特于一月内声明不加入英爱条约。如乌斯特在限期内声明不加入，则乌斯特国会仍得享有现在之权力，南部爱尔兰与北部之疆界则尽量依照居民之志愿以勘定之。如乌斯特不声请除外，则自由联邦国会得在北部对于北部国会现无权办理之事件，立法管理。”

十 共和党军光荣的失败

和议以后之华列拉。新芬党之创立者格里菲士会承认此种和约，我们实在不能不惊讶英政府手段的利害。格里菲士等回爱尔兰以后，华列拉即提出严重的反对，主张和约必须重加修改；而格里菲士此时已大变前此的态度，以恢复目前的和平为理由，坚决地主张批准。十二月将和约提出于共和议会，争执至一星期之久，仍无结果；一九二二年一月三日又继续讨论，经格里菲士的运动，一月七日竟以六十四票对五十七票批准了爱英和约。在此种情形之下，华列拉知共和政府已无望，遂提出辞职；共和议会批准了华列拉的辞职，随即选举格里菲士为大总统，组织自由联邦临时政府。十四日格里菲士又召集依自治案于一九二〇年选出的南部国会开会，和约也通过了。

共和党军之被摧残，华列拉辞职以后，华列拉派议员六十五人即退出议会，华列拉随即宣言：爱尔兰人的运命又已陷于绝地，为爱尔兰独立而忠勇地苦战了数年的共和党军，仍应继续奋斗下去，于是共和党军便向自由联邦临时政府下严厉的攻击。杜伯林、贝尔福以及西南部各处，从一月以后都发生了极激烈的战争。二月二十二日新芬党大会，主张和约及爱尔兰国体都付诸全体国民决定；但国民大多数此时都已为临时政府蒙蔽箝制了。临时政府藉英政府与北部乌斯特政府的帮助，对于共和党军横加压迫，杀戮之惨甚于以前英驻军所为。三月末，英政府殖民部召集爱尔兰南北部领袖会议于伦敦，共筹制服共和党军之法，是后共和党军所遇更酷。五月中，临时政府宣称华列拉已允与现政府组织混合政府，但因北部的反对又无结果。六月，爱尔兰自由联邦新宪法宣布了，随即举行选举，结果政府党五十八人，共和党三十六人，工党十七人，农党及超然派十七人。共和党军固未承认此种新宪法，故仍进行奋斗，旋即将杜伯林法署占领。临时政府因英首相之警告，遂颁布戒严令，对共和党军取极端的镇压。七月，共和党军被击败走，总司令白鲁海被伤殒命，国防总长巴登被俘，华列拉仅以身免。八月，格里菲士逝世，不十日，高林又被刺；但继任总统柯司格雷夫（Cosgrave）仍继续格里菲士的政策，对共和党军仍采严厉手段。十月，自由联邦宪法经议会正式通过以后，两军战斗更为激烈，暗杀劫掠之事日有所闻，临时政府遂组织军事法庭，大捕党人。十二月，共和党军要人鄂康诺、梅洛士等四人被捕正法；一九二三年二月间更大索党人，被捕者无数；三月十日，伦敦英政府捕得共和党人一百十名，俱解杜伯林；三月十三日，共和党要人克里维及希莱又被枪决。自从临时政府采用严厉手段以来，共和党人被杀者六十三人，系狱者在万人以上！四月十日，共和党要人梁林志受伤被捕即死，十四日，财政总长史台克被捕，十七日，英政府曾悬赏万磅而未获的著名党人邓白林又被捕，此时共和党军已大受创伤，华列拉遂于二十七日发出布告，自五月三日起停止战事。同时又发通告，谓内哄〈讧〉继续不已，徒伤本国精力；人民应暂时休养，准备作卷土重来之计。但临时政府置之不理，对于党人的压迫仍毫不退让；这自然是奉着英政府的意旨，准备乘党人精疲力竭的时候，把他斩草除根，作一劳永逸的计划了。八月中自由联邦议会改选的时期到了；华列拉数月来只是隐居，踪迹无定，仅在党人秘密会议中间或出席；选举期择定了十五日，华列拉因欲解释一般人所抱此次选举自己愿否参加之疑，特在安居斯露天大会出席演说。在狂热的欢迎中，华列拉还没有开口，忽然有一大队临时政府军队掩至将全场围住，华列拉遂被拘捕，共和党军队暂时无人领袖了。

今日之爱尔兰自由邦。去年八月选举结果，政府党六十三人，共和党四十四人，农工各十五人，超然派十六人。政府党遂又获胜了。北部乌斯特在英爱和议以后，已经声明不愿加入英爱和约。两年来分治的状态之下，因勘定疆界问题，曾发生误会，但因有英政府的调解，已渐近融洽。此外，在去年四月间，自由邦政府曾向国际联盟请求加入，又因英政府之斡旋，已于九月十日经多数通过承认，自由邦总统柯司格雷夫在联盟会议席上得着了极热烈的欢迎。所以，在表面看来，爱尔兰已经是一个极稳定的新兴之邦了。

十一　爱尔兰之将来

爱尔兰自由邦的成立，自然是大英帝国的胜利，英国既不能不握有爱尔兰的统治权，则欺诈狠毒的手段之应用，我们殊不能对于英政府有所歉疚。只是以首创新芬党，以爱尔兰之完全独立为党纲而奋斗十余年的格里菲士，竟作了这样一个极大的错误——妥协；且进而向久共患难的同志共和党军下猛烈的攻击，这真是令人咤叹的事！

“爱尔兰人的运命又已陷入绝地了！”我们听见了英爱和约成功的消息，实在这样想，听见了共和党军失败，意志坚决的华列拉被捕的消息，更是这样想；听见了在大英帝国的卵翼之下的爱尔兰自由邦藉英帝国的势力而日益兴盛的消息，尤其是这样想！

爱尔兰人竟会永久这样屈服下去么？是知道爱尔兰人的历史的人都不会这样

想！爱尔兰人的环境——种族、宗教、文化，已经叫他们不能不独立；而且独立的思想已经在爱尔兰人心中植了极坚固的基础。他们过去经过了无数次的失败，但每次的失败只是给他们以一种更深的刺激，引起下一次更猛烈的反抗；今天他们受了蒙蔽，是失败了，但我们可以料定一种更激进的独立运动，在最近的将来会在爱尔兰发生！

一九二四. 一. 六在吴淞

（原载《新建设》1924 年第 1 卷第 3 期）

署名：李伟森

送太戈尔

——并慰失意的诸位招待先生

（一九二四年五月二十六日）

“不仅已得普遍的知名，竟是受普遍的景仰”的太戈尔先生，“世界上使我们值得去欢迎的最少数的人中的最应该使我们带着热烈的心情去欢迎的”太戈尔先生，并且是“我们一定会热烈的崇拜的张开爱恋的两臂跑去欢迎”他的驾临，“我们一定会狂拍着两掌，坐着，立着，甚至于站到窗台上，或立在窗外，带着热忱与敬意在那里倾听”他的讲演的太戈尔先生，竟在被“不了解”他的中国人，非“君子国之国民”的中国人，在他讲演的会场中发散反对他的传单而反映出来的浓厚的反对空气之中，匆匆地，“精神大为懊丧”地离开我们这个“君子国”了。这自然是自况“如高空中之青天，知道太戈尔有如喜马拉雅山之诚实伟大”的徐志摩，歉然申说“任我们怎样的欢迎他，似乎都不能表示我们对于他的崇慕与敬爱之心的百一”的郑振铎，“希望太戈尔此次之来，可更增进华印间之友谊”的张君劢，以及“有礼的、能容忍的”，“君子国之国民”的胡适之——这诸位先生“很感着不快”的事啦！

怠慢“世界著名”的诗人，就常情说来，自然也是不合的事。只是，这次的事究竟是谁的错误呢？一位瞎子被人扶着从麦田里走过，把麦踏损了不少，田主推开了这位瞎子，于是大家都说这种举动是非“礼”，这是田主的错误。倘使这种评判是合理的，则我们也只有承认这次反对太戈尔是“野蛮”，是非“礼”的举动，是我们的错误。

然而，一个走路的人踏损了田里的禾麦究竟是走路人的错误，这是“野蛮”人也懂得的道理呀！

在武昌讲演的时候，太戈尔曾说：当去年接着邀请他来华讲演的请帖的时候，他曾十分踌躇过。最后他觉得中国在今天并不急需物质的进步，而最急需的是东方精神文明的复活。——这是他可以予以助力的，所以他毅然允许了，并且今天如约而来了。

然而中国今天岂真是“不急需物质的进步”吗？这用不着我多说了，便是徐志摩，在他翻译这句的时候，也讷讷不能出口，说后也不禁赧然。是没有被无赖的玄学魂附身的，是没有被空幻的爱与光明麻醉的，是不说昧良心的话的，是熟知中国内情的，他会说中国今天“不急需物质的进步”么？

太戈尔说过：“人与禽兽最显著的差别，是：禽兽全被拘在物质需要的范围里，其大部分的活动都是为保存自己与保存种族，像做买卖的小贩一样，他从自己的商业生活中，仅能维持自己的生活；至若人类则像经营大商业的钜商一样，他所得的利益超越他的需要而有余。”他以为我们东方人已经超过了所谓利用智力体力以征服一切的历史第二期，而进化到了所谓光明，深奥而广阔之世界的第三期（见太氏在北京第一次讲演），所以他极力劝阻我们追随欧西的物质文明；其实，太戈尔先生呵，说来我们自己也惭愧，我们中国人还都是只能，或差不多不能，维持自己的生活呀！我们并不都是出身“名门望族”，我们更无丝毫本领去获得诺贝尔的奖金！我们固然无从，亦殊无暇，窥探那“光明，深奥而广阔的世界”！我们要吃饭，穿衣并睡觉！先生，亲爱的先生，我们现在唯一的活动只在“保存自己与保存种族”呀！

不过，太戈尔也很知道：“倘使人类谋衣食之不暇，囚于物质的需要范围以内，艺术又何从产生？人格又何从表现？”这即是说，精神文明又何从讲起？许多人说太戈尔是自觉地或不自觉地受了英国政府的贿买，向东方被压迫民族鼓吹“服从与牺牲乃达到光明之路”的谬说，以便英人尽量宰割、侵略。然而我们亦不必“以小人之腹度君子之心”，竟说这种说话是事实；我们只说他是像踏损了禾麦的瞎子一样，苦于不知中国的实情好了！

那末，这个错误我们势不得不赠与扶持这位瞎子的诸位先生了。

你们，先生们，你们不也是我们这些急要“保存自己与保存种族”中的一分子吗？你们不是——呵，我错了，真是多多得罪，你们是高叫“科学破产”的玄学家，你们是讴歌“爱与光明”的文学家，你们是拥护“言论自由”而说“公道话”（?）的学者！我们这些“谋衣食之不暇”的，虽然因为你们把六十多岁的老诗人，耍猴儿戏一样地从万里外搬来，使他受尽奚落，深感不快，且几乎连累了我们，叫我们生生地饿死，不能不说是你们的错误，甚至于要说是你们的罪恶；可是，就你们自己的立场来说，你们自然还是对的了。

在太戈尔未来之前，厚有四百余页的两册《小说月报》的欢迎号，充满了骗人的绮语、诱惑的丽词，真叫我们这些“谋衣食之不暇”的十分惴惴地：在他走上上海滩的第一步，便明白宣言他此次之来，“大旨在提倡东洋思想”，更叫我们坐立不安！万幸，他留华约四十余日中，各处公私讲演虽不下四五十（?）次，而他给与中国人的印像只是一位“后时的思想家”，他给与中国人的影响只是淡淡的、微微的，并不如“鹤唳长空，”不过“燕子掠水”而已，本来，精神不能裹腹被身，这是事实呀！

然而，对于这位扫兴而去的老诗人，我们终应表示十分的歉意：便是对于此次因负着招待的责任致不免失礼于来宾的诸位先生，我们也应表示十分的歉意。这实在是由于我们这些不成器的急要“保存自己与保存种族”的，不自拯拔而入于“光明、深奥而广阔之世界”，以致你们的“道不行”了！

经过了这次懊丧的游历，太戈尔或者重记起一九二一年七月五日在摩列亚轮中写给他的朋友的信里那句“有谁能从急难中救出诗人啊?”的话来了。我便用他次日写的信中的一句话来指点他：

“诗人，逃到你的隐僻处去吧!”

倘使招待的诸位先生亦觉得烦恼么？请学夏芝一样！夏芝在《吉檀加利》序中这样告诉过你们了：

“我每日读太戈尔，读他的一行，便把世界上的一切烦恼都忘了!”

此文写起后，一位朋友看了，便说我的慰解是多事；我问他。“为什么?”他为我念了下面的一段话：

“……阿Q在形式上打败了，被人揪住黄辫子，在壁上碰了四五个响头，闲人这才心满意足的走了，阿Q站了一刻，心里想，‘我总算被儿子打了，现在的世界真不像样……’，于是也心满意足的得胜的走了。”——《阿Q正传》。

于武昌师大

（原载《民国日报》副刊《觉悟》1924年6月1日）

署名：求实

特别关税会议

（一九二五年九月二十一日）

“特别关税会议”的消息已经传遍国中，并且喧腾于世界了！究竟是怎样的一回事呢？我们且把他的来历说一说。

一九一四—一九一八年的欧洲大战以后，国际政局已经由英、俄、德三强对抗的世界，变而为英、美、日三强角逐的世界。日本在大战中是一个“暴发户”，他乘英美无暇东顾的时候，单独侵蚀中国，把持西比利亚（今译作西伯利亚——编者），取得了东亚霸主的地位。美国因为国内资本主义的发展，已经不得不放弃了旧日的“门罗主义”，而向世界找市场。日美对抗的形势便这样形成了。英国战后也需要经济的发展来恢复元气，他在东方的地位，有与日本提携之必要，可是在西方，因为债务的关系，又不能开罪于美国。谋诸国间暂的协调——英国便这样计议着；美国亦想维持暂时的和平，以便培养实力：于是哄动一世的太平洋会议于一九二一年在华盛顿开幕。这次会议的主要问题，一个是限制军备，另一个便是关系中国的远东问题。

我们只须看看这次会议的起因，便可知中国完全是站在一种被宰割的地位。果然，会议的结果，他们达到了这种预期的目的。我们现在只取于本文有关系的条文来说一说。

久已在帝国主义者掌握之中的关税问题，在这会议中自然要提及。中国方面提出的意思，是想从虎口中讨回少许碎肉为自己充充饥；在帝国主义那方面，也乐得将这问题提出来让大家公认一番，重加一层保障，或者还可以取得进一步的利益。

关于关税问题，这一会议缔结条约大要如下：

一、将一九一八年改正过的税则，于本会议后四个月内重新修改一次，以便切实征收百分之五。四年后再修正一次，以后每七年修正一次。

二、一九〇二、一九〇三年，中英、中美、中日各条约曾经规定：(一) 中国裁撤厘金；(二) 洋货进口纳税加至百分之一二．五；(三) 土货出洋纳税百分之七．五；(四) 不出洋之土货征收销场税；(五) 在中国机器纺造之棉纱棉布，纳出场税百分之十。中国召集一次特别会议 (即现在北京召集的特别关税会议)，讨论实行此等条约的方法。

三、在厘金未实行裁撤以前，进口税暂加收附加税百分之二．五；对于奢侈品，在不妨碍贸易之范围以内，可酌量增加税率，但不得增加至百分之五。

四、第三项所述之附加税，其实行的日期，实行的条件及税款的用途，均须由上述特别会议决定。

五、凡关于关税一切事件，应与缔约诸国以实际的平等待遇与机会；非签约之国家，须邀其加入本条约。

六、在同会议议决的九国公约 (关于中国问题的主要条约) 后，有一个附带的决议：

(九国) 为处理因执行一九二二年二月六日在华盛顿所签关于各国一般政策的条约 (即九国公约) 之第三条及第五条[①]而发生之问题，并企图保持远东局势，巩固中国权利利益，及增进中国与他国间根据机会均等之交往起见。

决议——在中国设立一审议局，凡因执行上述条约而起的问题，可交由该局审查评议。

第二节所讲的那个特别会议须负责制定组织这个审议局的详细计划。

以上是关税会议的来历了。

究竟这次关于关税的条约，对于我们有利还是有害呢？

从保护关税政策的意义来看：

第一，由此条约，中国关税正式由各国公共协定，税则七年始得修正一次。

其次，出〈进〉口税仍不足以限制外货侵入，进〈出〉口税更不能阻止原料输出。

最后，帝国主义移殖资本在中国从事工业，已经占有很大的势力，则进口税虽稍高，于他们仍无大损害。而不出洋土货征收销场税，在中国机器纺织的棉纱棉布纳出场税，这都足以箝制中国工商业的发展。

---

① 该约第三条是限制各国在华营求独占权，优先权及其他特权《有例外》，确立各国工商业能切实享有门户开放机会均等主义的原则；第五条是规定中国全国铁路，在各项运费上，对于各国一体待遇，不得由中国自由行使其管理权，以左右运费的价格。——作者自注

便从财政内税的意义来看：

第一，裁厘金，税率虽然增加，可是增加之数能否等于厘金，或多出若干，现尚不可断言，因一切实施方法均待特别会议决定，即是待帝国主义者的共同决定。

其次，在厘金未裁撤以前，虽增附加税百分之二．五，可是据估计也不过三千万元；而且这附加税实行的日期、用途及实行的条件，亦均待帝国主义者在特别会议中共同决定。

最后，便是这三千万元，帝国主义者毫不染指（绝对没有的事），亦必为少数军阀官僚财阀朋分糜费，对于国计民生，初无裨益。

从上面，我们已经看出这次关税条约，对于我们实际毫无助益；此地，我们更应该提起大家的注意，这个条约不仅无益，实在还含有极大的危险，帝国主义者实有极狡猾狠毒的阴谋藏在这个条约里面！

太平洋会议关于中国的两大条约及十大议决案，其一贯的精神便是帝国主义者对于中国的共同宰割。他们为要贯彻他们的精神，实现他们的主张起见，便不能不有个公共监督执行条约与决议的机关；前面所讲的那个“审议局”便是为这个目的而有的——我们竟可以说，所谓“审议局”，便是对于中国的一种变相的国际共管机关！

我门已经知道“审议局”的组织计划是要特别会议制定的，那末，我们更可以断定，由此次关税条约所产生的特别会议，其影响对于中国，不仅在关税一方面，实在射到了中国经济、政治生活的全部。我们竟可以说，所谓“特别会议”，直是一个讨论如何实行共管中国的国际会议了！

有人说，特别会议既然有百害而无一利，北京政府为什么又来召集呢？朋友！你应该知道，召集的是“北京政府”，并不是“人民”呀！北京政府不能为人民一谋利益，只从召集特别会议这件事，便可以看得清楚。

中国的财政，因历年军阀财阀的搜括，早已弄到山穷水尽的地步，所以历年政府的寿命，都与他对于财政的措置有密切关系。一九二二年太平洋会议关税条约，规定二五附加税之每年三千万元的收入，对于这样枯窘的政府，当然是“万应续命汤”了！帝国主义是看得很清楚的，可以榨取的利益他们当然不会放过，于是法国对于太平洋会议条约的批准，故意多方留难，使关税会议不得即开，向政府提出交换条件（要求解决金佛郎案）。在黎元洪、曹锟当国时代，还不敢过于开罪于国民，所以金佛郎案未解决，法国便也无耻的抵赖下去；到了现政府，便不顾舆论，悍然将损失国库达一万万元的金佛郎案解决了。于是法国批准太平洋会议关于远东问题条约的消息传到北京，特别会议召集的请柬便应声而从新华门向世界飞出了。国民经济的损失么？国内工商业的厄运么？国际共管的危险么？什么话！这些对于北京政府哪里会比每年三千万的收入更有意义！

（原载《中国青年》1925年第96期）

政局之最近的一幕

——特别关税会议召集前后帝国主义之进攻与皖奉军阀之卖国

（一九二五年九月二十八日）[①]

南京路的血迹还未干，汉口、沙基的枪声正未已，而天津青岛奉军拘捕并杀戮工人学生的代表，北京段政府禁开国民大会，乃至上海查封总工会及其所属一切工会，通缉拘禁工会职员等消息，报纸连篇累牍地向我们报告。

和朋友们谈到这些消息，他们常是惊讶而气愤地说："政府不是以工人罢工为外交后援的吗？不是靠罢工的坚持，英国和日本才软下来的吗？现在不正是沪案交涉的最后五分钟吗？能挨饿作最后奋斗的，不也是工人吗？军阀不必说了，北京政府却也予工人以这样的打击，真是太糊涂，太不可靠了！"

对于这种论调，我总是这样回复："工人果然有力量，你说的是不错，可是你以为北京政府是真正在本着民意和外国办外交，你以为北京政府和军阀有别，并且似乎以为北京政府在先还是可靠的，那便你也太糊涂了！"

我们应该郑重地说："像这样的观察，确是太糊涂了！"北京政府和军阀是一伙儿的；我们应该知道，军阀是帝国主义者的走狗，是帝国主义者藉以侵略中国的工具，我们更应该知道。

我们只就最近召集的特别关税会议之经过中，指出他们朋比为奸的真相给大家看。

现在在东方活跃的帝国主义者当然要推英美日三国。

南京路开枪的匪首英国，在她对于中国八十余年的侵略中，已经攫得了极多的权利。即以关税一项而论，中国总税务司是英人，海关收入的支配以及一切用

---

① 该日期有误，因《中国青年》第九十七期封面所印的出版日期为1925年9月28日。因此，文章不可能是10月3日所作。

人行政，总税务司有绝对处理的权力；各海关的职员三分之一是英人——都占重要地位。同时，英国对华贸易，数目字亦颇不小。关税会议将讨论到加税，同时日本还有在会议中攫取总税务司一职的野心，因此，英国对于关税会议极无兴趣。可是，自从“五卅”运动以来，数月罢工抵货的损失，本国（英国）失业问题的威胁，加以印度农民的暴动，日法的不合作，都使得她感到了空前的困难。英国目前唯一的要图，是在如何了结沪案而不至损失太大。在英国外交家的脑筋中，“特别关税会议”便变成了一粒起死回生的“仙丹”了。她知道中国政府急于要召集关税会议，于是便提出交换条件：中国政府如不将爱国运动压服，英国当极端反对关税会议；随后又声明，关税会议的范围，不能轶出太平洋会议规定的以外，这一方面是抵制中国关税自主，另一方面是抵制日本的野心。英国最近对于关税会议的态度——也即是在帝国主义侵略中国的战争中，是在于保守原来的阵线。

其次，我们说到枪杀顾正红而为我们“同文同种”的日本。以日本对华贸易的数目字来看（占其总贸易额百分之二五到三十），更加以美国在那儿高唱其“赞同中国关税自主”的调子，日本当然不愿意有这个会议；可是在另一方面，日本可以利用他现在在中国的势力，乘英国在中国失势的时候，攫得总税务司以及其他的意外财喜；而且中国政府正像饿狗一样在那儿着急，更可以乘机多榨取一点利益——这样他〈她〉当然愿意参加这个会议了。加以，在现在国际政局上，英美等因为要对付苏俄，势不能开罪于日本，日本更得在会议中畅所欲为了。我们只看，好一个大胆而无理的日本！他〈她〉所拟定的，除了提出：（一）反对加税百分之一二．五，（二）加税延期实行，（三）加税收入整理外债，（四）海关增加日员，（五）正金银行分存税款等于关税有关的条件而外，更提出于本问题初不相关的，（六）撤销禁止米谷出口令，（七）允许外人独办矿山，（八）允许外人在租界以外设立工厂，（九）以后不可再有排斥日本事件发生等毫无理由的条件。最近日本又阴谋联合各帝国主义者威胁中国在关税会议以前解决中外间一切悬案，只看段政府对于沪案是如何妥协，无线电台案是如何急进，便眼见帝国主义者的阴谋又成功了。

最后，便要说戴着“亲善”面具的美国了。美国在帝国主义之东方的侵略中是一位“迟到者”，她十数年来“门户开放，机会均等”的呼声，英日等总只给她以敷衍的回应。帝国主义是靠着侵略弱小的民族而生存的，美国当然不能以“敷衍的回应”为满足；她永远在留意每一个机会来向中国进攻，希望取英日的地位而代之。这次关税会议恰又供给她一个好机会了。美国在中国的贸易，势力极小，加税到任何程度——便真是中国关税自主了，于美国亦没有很大的损失。实际，她当然知道，因英日等的反对，关税自主是不会成事实的，亦便是因为英日等的反对，她才可以藉这种高呼来挟持英日，使他们让与若干利益——所谓“实行门户开放，机会均等的原则”（美新公使在日本的谈活）；而另一面，这种高呼便可以麻醉一般中国人，以为“美国是帮助中国的”，亦可以要挟中国政府应允她无线电台问题的要求。我们可以说，在这次会议中，美国是一个主动者，她是取攻势的，她向英日等进攻，同时也向中国进攻。

军阀是帝国主义者的走狗，是他们藉以侵略中国的工具；在这种背景之下，我们且看这些走狗如何工作。

现在最走运的军阀当然要推皖段和奉张了；所谓中央政府在他们手里，东北乃至东南精华之区都在他们手里；段祺瑞目前急图是在如何可以稳固自己的地位，张作霖是如何保持本系势力的统一，与发展到所谓统一全国的局面。

年来因为军阀财阀的浪费与侵蚀，北京政府的财政早已达到穷途末路，因之历年军阀掌握政权为期之久暂，胥视其对于财政处理能否得当为转移；段祺瑞要稳固其地位，当然非乞灵于“袁头”不可。奉张的势力既然扩张，军需更加浩繁，他要扑灭一切异己，更非有充裕的财政不为功。于是历年被黎元洪和曹锟垂涎而终于只是成为“可望而不可即”的一堆老“袁头”——召集特别关税会议，实行增收二五附加税后的每年二千八百万元——到了此时，居然被段张种种丧权辱国，欺侮民众的手段，达到了有实现的可能。

最初，他们——段张，依顺了法国帝国主义者的意旨，将损失国库达一万万元，黎曹均不敢解决的金佛郎案解决了，换得了法国帝国主义者的批准华盛会议条约，使特别关税会议能够召集。其次，他们为了要求英国出席关税会议，便不惜遵从英帝因主义者的命令，压迫各地的爱国运动——他们在天津、济南拘捕学生工人的代表，杀戮工人学生，在北京、上海限制爱国分子的活动。最近，他们为了要求英日美在会议中不作梗，使两千八百万容易到手起见，更不惜按照帝国主义者的指使，急谋解决无线电台问题，禁阻北京的国民大会，对于“九七”上海英法帝国主义者枪杀工人，不提抗议，封闭唐山工会，拘捕工人代表，最近又封禁上海总工会及其他各工会，使工人失其领袖，于是英工厂便任意胁迫工人上工，日工厂则不履行曾经签定的条约——开除工人呀，不给工资呀……；从今天——十月三日，上海各报上登载的关于沪案的消息看来，则数百人的流血牺牲，百数十万人四月来的忍饥挨饿，为亘古所未有之奇耻大辱的帝国主义者屠杀中国人民的惨案，竟亦完全依从帝国主义者的意旨，而准备迅速草率解决了。

我们当然不要以为张段间便没有冲突了；军阀恰和帝国主义者一样，两大是不能并存的。段政府之拟提出关税自主案，一面是向帝国主义者撒娇，一面亦是妄想攫得民众的信任，以抵制张作霖，巩固自己的地位。近日梁士诒组阁的风传，则显然是奉张欲藉梁以支配增加税款的用途，免受段祺瑞的牵制。我们看前几天京沪报纸所传张作霖对美记者的谈话，要求帝国主义者切实援助中国之有实力者（显然指自己）统一中国，则这位胡匪之野心可知，这岂是安福老贼所能容忍。此外，比较接近民众的基督将军之力争关税自主，其实多少也是害怕奉张取得了更多量的军费——一种变相的军阀争斗罢了！

总之，所谓特别关税会议，在帝国主义者与军阀的互相勾结而又互相争斗的情况中，只是榨取被压迫之中国人民更多量的血汗，以裹<果>贪狼之腹。

这是帝国主义者勾结军阀宰割中国之最近的一幕。

（原载《中国青年》1925年第97期）

署名：求实

评胡适之的“新花样”

（一九二五年九月二十八日）[①]

曾作文学革命的先驱而为一般青年所敬仰景从的胡适之先生，现在已经为大家所鄙视唾弃了！

有人说，青年人心性未定，今天信仰这个，明天崇拜那个，总是“出尔反尔”的；这完全是感情的冲动，于适之先生何尤？我说，朋友，你错啦！向上的革命的青年总只有一种意志，即是说，总只有一条道路——努力解放被压迫的中国民族于帝国主义与军阀的铁腕之下。他们是无所谓“出尔反尔”的。只是熟于世故，以自身利害为前提的先生们，才真会三天一小变，七天一大变，不断地“出尔反尔”呵！

我们大概都还记得，胡适之离开了文学革命的队伍以后，便逃进了“整理国故之宫”；随着又“努力”于“好人政府”的创造，主张“各省会议”，为军阀官僚张目，更大唱其“中国脱离了帝国主义的侵略”的论调，替帝国主义者文过；不久，北京废宫里一般清室忠臣们所玩之“叩玉阙，请圣安”的把戏中，居然有了胡适之的声影，反对冯军驱逐溥仪，也有胡适之在那儿吆喝；上半年，段祺瑞恩赏了胡适之一个御用善后会议代表的头衔，他也欣然承诺了；最近有意无意为卑劣的章士钊张目的一群所谓大学教授中，又没有跑脱一个胡适之！是真有一个“造化小儿”在那儿“弄”着胡适之么？何其变化之速，之甚也？可是在另一方面，“五四”火焚赵家楼，拳打国贼曹张，以挽救中国于危亡的青年学生群众，到了六年后的今天，仍旧是，而且更加奋勇地，以血肉之躯和凶残的帝国主义与军阀搏战，以挽救中国于危亡！

适之先生，可以休矣！

然而胡适之今天似乎还自命为对于青年“负有指导之责者”，这，真正是

---

① 《中国青年》第98期和第99期的出版时间均为1925年9月28日，因而只有一个时间。

“不知人间有羞耻事”！胡适之自己说，“我明知……是要挨骂的”，或者他竟以为我这篇文章是在“骂”他。其实，我今天总没有想到要“骂”胡适之，而且很早就没有这个念头了，因为胡适之不待骂，犹如路旁的一条死狗之不待叱咤一样；只是，这条死狗今天发出了一股妨害公共卫生的臭气，我们都不能不理会了。

胡适之在他最近所发表的一文《爱国运动与求学》（现代评论二卷三十九期）、一信（答刘治熙——同刊二卷四十二期）中，自命为“负有指导之责者”，给了我们如下列数条的所谓“指导”：

一、“群（民）众运动是不能持久的”，而且“跟着大家去呐喊（作者按，这即是胡适之眼中的民众运动）只能算是发发牢骚，出出气，算不得真正的救国事业”；

二、“民气（按即指民众运动）与政府相为声援，方才可以收效”；“没有一个能运用民气的政府，我们可以断定，民众运动的牺牲的大部分是白白地糟蹋了的”；现在“这个政府太不象样了”，所以“一误，再误，至于今日……民气却早已成了强弩之末”，而且“变相竟至如此（按即指上海商务书馆等罢工及广州处分反革命分子等事件）”！

三、“救国须从救出你自己下手”；“国家的纷扰、外间的刺激，只应该增加你求学的热心与兴趣”，学“德国大文豪葛德”和“德国大哲学家费希特”一样，“而不应该引诱你跟着大家去呐喊”。

四、现在青年们应该注意的有两点：（1）“青年学生应该注重有秩序的组织”——这种组织，由“学生自己参加，自己收（?）组织的训练，没有轨外的作用，不过是学生生活的一种必需的团体生活”；（2）“青年学生如要想干预政治，应该注重学识的修养”——“中山先生所以能至死保留他的领袖资格，正因为他终身不忘读书，到老不废修养。”

总之，胡适之的所谓“指导”，可以一句话完，便是：青年们应该“关着门”读书，不应该“跟着大家”去救国！

我们现在来看，胡适之的错误究竟在哪里?

第一，胡适之并没有了解民众运动是怎样的一回事！我们应该知道，真正的民众运动，乃是有目的、有组织、有领袖，而且继续不断地进行着的一种群众行动。目的，即是民众共同的要求，是民众运动最初的原动力；因为民众是易于散漫的，所以应该有组织；因为民众是不易人人一样看清前进的路程的，所以应该有领袖；又因为民众的热情是波动的，所以应该继续不断地鼓励着他们前进。胡适之以为一群人“呐喊几声”便是民众运动——这真是书呆子的见解！

其次，胡适之似乎认为“民气”是一把死的斧子，“政府”便是使用这把斧子的匠人。所以，他说，“一个健全的政府可以利用民气作后盾，在外交上可以多得胜利，至少也可以少吃点亏”；“没有一个能运用民气的政府，我们可以断定，民众运动的牺牲大部分是白白地糟蹋了的”。在同节里面，胡适之又似乎以为“民气”与“政府”乃是左右两足；所以，他说，两者必须“相为声援，方才可以收效”。在同一节文字里，对于一件事物，有这样迥不相同的认识，我们且不必惊讶胡适之的头脑何以这样昏乱不清；我们只就这种认识的本身看，又显然可见，这只是“藏晖室”里面安乐椅上的学问了！

“民主国家，乃是以人民为主体的国家”，这是初级小学里面的常识。中国是一个“民主”国家，中国的外交等等，当然以民众的意志（民众运动是民众意志的表现，即是所谓“民气”）为主体，政府不过是民众雇佣的公仆——匠人所使用的斧子而已。所以，我们可以看清，“民气”并不是“政府”的“斧子”，他们亦并不是并列着的“左右两足”；实际，“民气”是主体，是“匠人”，而“政府”是公仆，是“斧子”！“政府不能利用民气作后盾”，这句话，不能例因为果地解作“政府这位匠人不能利用民气这把斧子……”，而应解作“政府这把斧子不能如民气这位匠人的意思去作工……”。

照着上面很浅显的解释，我们可以得出与胡适之的完全两样的结论。

胡适之以为“民气（民众运动）总是不能持久的”，而且“若没有一个能运用民气的政府，我们可以断定民众运动的牺牲的大部分是白白地糟蹋了的”；现在我们“这个政府”“不运用民气来对付外人……”，因之，“民气早已成了强弩之末”，所以，青年们不要再干什么民众运动，“现在要换个花样了”！

我们说，真正的民众运动是有力量而且能持久的，因为他有共同的目标、严密的组织、领袖和继续不断的努力。我们并不否认，现在的民众运动没有作到好处，已成强弩之末；可是正因为这样，我们青年便更应该努力参加民众运动——明显地指出他们——民众——共同的目标，使他们严密地组织起来，为他们寻出忠实的领袖，继续不断地加以鼓励。无论如何，民众运动没有作到好处，决不能成为停止民众运动的理由，而反是叫青年应该更努力地参加！

我们说，国家对外交涉（乃至一切国家的行政）应以民气为主体，政府只是民气雇用的工具；倘使这个工具不合用，为主体的民气尽可去另外换一个。我们并不否认，现在的政府不能运用民气来对付外人，即是说，现在中国（民气）手中的这个（工具）已不合用；可是正因为如此，我们青年便更应该努力参加民众运动，使民众运动有力量而且持久，这样才可以掉换一个合用的工具——一个能运用民气对付外人的健全政府。无论如何，政府不能运用民气，决不能成为停止民众运动的理由，而反是叫青年应该更努力地参加！

以上就理论方面，已经把民众运动在民族解放运动中的地位以及青年参加民众运动的必要，都说得很明白了；更就事实方面来看（这方面我不必琐碎引证，留心社会运动的人都可显然看出），则我们的论旨愈益正当而显豁！八年“五四”，真正的民众运动便已开始萌芽；民十以来，学潮、工潮、农潮，遍处发动，此伏彼起，军阀与帝国主义者亦竟至胆战心寒，“二七”惨无天日的屠杀便可见他们情出无奈之一斑；本年“五卅”，更明显地表示出来，民众运动的力量是如何伟大，虽老牌的帝国主义者英吉利亦叫苦连天。年来民众运动之勃兴，根本的原因当然是军阀与帝国主义者的压迫日益加紧，使民众到了无以聊生的地步；然而一般群众之能觉醒，之能起而反抗，除了靠他们本身一部分先觉的努力外，我们不应该忘记年来为革命事业而投身到民众中去的那些有志的青年。靠他们的努力，一般民众认清了共同的目标，形成了严密的组织，接受了适当的训练，获得了正确的指导和得时的鼓励。我们虽然颇不以目前的状况为满足，然而在中国一向都只是“隔岸观火”，“各人自扫门前雪”，“大海上翻了船，最要紧的是救出我自己”的这种散沙样的，个人主义盛行的民众中，有了今天这样的成绩，我们究竟不能不为解放运动的前途抱若干乐观。

现在总起来说，理论和事实都告诉我们，民众运动是反抗帝国主义和军阀的最大力量，青年绝对有努力参加民众运动的必要。

现在我们且放下上面所说的，来研究一下胡适之所提出的“新花样”。

胡适之的所谓“新花样”便是“闭门读书”；他的理由，就是历年武人政府的命令布告中所说的“学生不应干预政治”！青年学生之必须参加民众运动（便是他们所谓的“干预政治”），我们在上面已经说得很清楚；胡适之的理由既不能成立，所谓“新花样”当然只有送到《胡适文存》里填篇幅去。现在我们姑且退若干步，就所谓“新花样”的本身来研究一下。

第一，胡适之说，“救国千万事，何一不当为”？诚然的，中国残陋不堪，百废待举。我们听见南洋烟草公司说，“吃国货香烟便可救国”；商业储蓄银行说，“储金便可救国”；化学博士说，“提倡化学便可救国”；文学家说，“提倡文艺便可救国”……。可是，我们应该注意的，中国的国势已经到了极危殆的地步，犹如根基已不稳固的一栋破旧房屋将要倾塌一样，不是点零碎修葺所能挽救的，而须根本改造。中国的病，目前不可乱投药，而只须一剂最有效的圣药来医治：这剂圣药便是组织民众起来从事革命。倘使现在说，“救国千万事，何一不当为”，这简直是帮助军阀和帝国主义者来分散民众革命的势力。

便是照胡适之说的罢，“认清了你‘性之所近，而力之所能急’的方向，努力求发展，这便是你对国家应尽的责任”。我不知道胡适之所说的“力”是什么；在现社会中，有钱才能生活，说到“力”应该最先注意“经济的能力”。我在此地应该很明白地告诉大家，我们不知道接到了若干封信（有许多曾经在本刊上发表过），都是从许多有志的青年们寄来的，他们都是有志于这个，有志于那个，然而“经济的能力”不容许他们去向那个方向“努力求发展”。即令胡适之所说的，真正是青年对于国家应尽的责任，我便应该代表青年们声明：对不住，我们青年实在没有力量尽这个责任！

其次，胡适之说，“在学生时代的青年应该充分地利用学校的环境与设备，来把自己铸造成个东西”。我们都是学生，我们都深知道，现在中国的学校有些甚么设备，是一个怎样的环境！人口四万万以上的中国，每年教育费不过五六百万元，当全国总收百分之一．五不足，当所付内外债款三十分之一，所付军费四十分之一。所谓教员教授，不是市侩，便是书蠹，不是夺权争利，便是钓誉沽名，不识世界潮流，不懂社会需要。在这种环境之下，能够铸造成个什么“东西”呵！胡适之似乎把现在的学校当作了万能的上帝所主宰的天堂，他学着牧师一样地向青年们说教；可是，现在的青年们都是身居在这“天堂”里的，他们都知道这“天堂”是怎样的一个东西，用不着胡适之的“说教”，他们都切身感觉到，现在的学校不能把他们铸造成一个怎样“有用的东西”！

复次，更退一步说，假设青年们的经济能力和学校的设备与环境，都足以使他们安心求学，他们便能完成所谓“救国事业的预备工夫”么？请看呀！年来国内外大学专门毕业的博士学士总不算少呀，然而作官发财的总有他们，真正谋解放人民于压迫之下的革命队伍中，绝少见他们的踪影！他们不仅不为被压迫的人民谋解放，反尔帮助军阀和帝国主义者来剥削，来压迫人民！我们只看，上而外交大员、各部总长，下而顾问参谋、行走员司，旁及税关监督、洋行经理买办，更加以名流学者、教授讲师，——呵！谁谓中国无人才，只是可惜他们不曾作过丝毫救国事业呵！他们只是使国家更危殆，人民更痛苦呵！我们只就一例来说，胡适之过去的境遇，总算充分地能够使他完成他的“救国事业的预备工夫”，胡适之自己或者还想着他是在从事救国事业哩，然而——然而，我真不好怎样说，我只能重复地写一遍——“胡适之离开了文学革命的队伍以后，便逃进了‘整理国故之宫’；随着又努力于‘好人政府’的创造，主张‘各省会议’，为军阀官僚张目，更大唱其‘中国脱离了帝国主义的侵略’的论调，替帝国主义者文过；不久，北京废宫里一般清室忠臣们所演之‘叩玉阙，请圣安’的把戏中，居然有了胡适之的声影，反对冯军驱逐溥仪，也有胡适之在那儿叫喝；上半年，段祺瑞恩赏了胡适之一个御用善后会议代表的头衔，他也欣然承诺了；最近有意无意为卑劣的章士钊张目的一群所谓大学教授中，又没有跑脱一个胡适之！”

痛心呵！胡适之作的好“救国事业”！我们可以断定，这一类先生们愈努力，中国便愈亡得快！他们还在那儿想拖我们青年和他们一路下水哩！可恶呵！

从上面，我们可以看出，国家的情势不容一般青年安心求学，经济的能力亦不能使他们安心求学；而且无论学校环境的好坏，都不能把青年铸造成功一个怎样有用的东西。所谓“有用”是相对的，是有时间性和空间性的；中国今天所需要的“有用”的东西，是真能“到民间去”，宣传民众，组织民众，并能领导民众的革命者。革命者只有在革命活动中才能铸造成功的。胡适之所说的办法果能作到，能够使一部分青年“不愧是个学生”，这我们也相信；可是至多“不愧是个学生”罢了！谁也不否认胡适之在学校时“不愧是个学生”，然而在今天，离了学校以后，胡适之究竟不能是一个“革命者”呵！“闭门造车”，是一个妇孺皆知的笨举，胡适之却还在那儿假装呆汉来大加提倡！此地我们应该特别指斥的，是胡适之利用青年的虚荣心，拿“孙中山”、“大文豪”、“大哲学家”来诱惑青年！

哥德和费希特的那种态度，我不愿有所置词；若拿孙中山先生来说，则胡适之完全说了相反的话。我们知道，孙中山的伟大，决不仅在于他的好学；比孙中山先生更肯读书的人，当然尽有，然而他们都只能成为书蠹，决不能成为伟大的革命家！孙中山先生的伟大完全在于另一点——孙中山先生是一个最能实行的革命家，他在学校里的时候便已进行革命宣传与组织的活动，他在四十余年中，不曾有一刻忘掉“干”之一字；我们今天要青年们，特别是青年学生们，学孙中山的，正在他的这种“干”的精神！

最后，还有几点，我们觉得是应该特别提出来说明的。

胡适之把民众的“五四”，与今年的“五卅”事件，认为是“最有价值”的“学潮”，我们真不敢同意。“五四”与“五卅”，都是国际帝国主义对中国民族压迫掠夺过甚所引起的反抗运动，这种反抗运动，是以要求民族独立解放，脱离帝国主义压迫为中心的政治运动。倘若但只是如胡适之所说的“学潮”，则在“五四”运动中，决不会有“收回青岛”、“否认二十一条”、“惩办曹章陆”的要求；在“五卅”运动中，亦不会有“打倒帝国主义及媚外军阀”、“废除一切不平等条约”的口号，因为这些口号，都是在政治运动中才适用的。胡适之对于这么大的政治运动，公然视为“学潮”，似乎比梁启超视“五卅”事件为法律问题，还更荒谬一点！

复次，承胡适之不弃，对于学生之参加“五四”运动与“五卅”运动，加以“烂漫天真”、“不顾利害”、“无所为而为”的奖语，青年们实在尤其不敢拜领。实在，我们应该了解，学生参加“五四”运动与“五卅”运动，并不“天真烂漫”，实在是带有充分的对于帝国主义的“反叛性”，绝非“不顾利害”的盲目举动，乃是惟恐全国民众之不能团结，不能坚持，惟恐中国民众之反帝国主义运动，因媚外军阀之压迫与摧残而遂销〈消〉沉，惟恐帝国主义之不早日灭亡而使中国不能得着解放……总而言之，他们是“很顾利害”的！他们无论是参加“五四”运动或“五卅”运动，绝非“无所为而为”的，乃是不堪帝国主义之压迫，为求自身解放与求民族解放计，“有所为而为”的！

胡适之对于上海邮局、商务、中华之罢工，北京学生之驱逐章杨，广州蒋介石之打反革命派，不胜其唏嘘浩叹，认为是爱国运动的“变症”，更是荒谬！上海邮局、商务、中华工人之罢工，乃是中国工人在反帝国主义的斗争中，增加了阶级斗争的力量与觉悟，并同时进行对中国资产阶级之斗争。这是因工人的阶级地位使然，在事实上无法避免的；并且中国工人反帝国主义的革命力量，必须在不断的阶级斗争的实际经验中，才能得着发展，故决不能认为这是中国工人爱国运动的“变症”。北京学生之驱逐章杨，亦是因章杨压迫女师大学生，同时向爱国运动的学生群众示威所引起的自卫的奋斗，而决不是北京学生发了疯，要故意与老虎周刊的主笔为难。至于广州此次事变，纯然是革命派与帝国主义及其走狗反革命派之斗争，“共产与反共产”显然是帝国主义及其走狗的造谣与诬蔑，不料胡适之也竟公然向研究系报纸及帝国主义者的探狗学舌！

此外，我们觉得最应该指斥的，便是胡适之利用学生会的通告来淆乱黑白！胡适之对于全国学生总会与北京学生联合会之通告继续上课，一面仍继续进行爱国运动，认为是“差强人意的事”与“可喜的消息”；并且为他们加一转语，叫学生都回到自修室里去。这真是最该指斥的言论！我们很明白的懂得，全国学生会与北京学生联合会之所谓继续上课，乃是集中我们的群众，巩固我们的组织，以准备与帝国主义及其走狗军阀作不断的长期斗争；绝对不是主张我们同学停止作爱国运动，而讲甚么易卜生的“真正的个人主义”，或到研究室中去研究一种“绝不关系时局的学问”，抑或去“建立一个精神的文明”！

（原载《中国青年》1925年第98期—99期）

署名：求实

十四年之回顾

（一九二五年十月十日）

恼人的双十节，又将“枉驾”了——案头的日历告诉我们。

每次他的“枉驾”总不禁叫我们回忆起许多不得意的往事：早熟的辛亥革命，难堪的军阀压迫与骚乱，耻辱的帝国主义欺侮与侵凌——每次总感着更难堪，更耻辱，因而更不得意！却亦正因为这种回忆，乃叫我们更兴奋，更勇敢，我们的前途更有希望，更光明而伟大！

第一件叫我们回忆起的，当然是八月十九（阴历）晚上武昌城的枪声了。

知道的人告诉我们：那晚的枪声只是偶然地从一个酒醉了的兵士手中开始的，群众的响应亦完全是在没有指导的状态之下，盲目的，冲动的；一晚的混战以后，才从床脚下拉出了一个与革命党人初无关系而又庸懦无能的清军协统黎元洪来作革命军的领袖。原来经过前几天瑞澂的一番搜索与杀戮以后，比较堪作指导的党人都已离去了武汉——他们没有准备时还在武昌发难。只从这件事实看来，我们可以推定，瑞澂、张彪之逃，乃至其他各省清军的溃败，不过是为“革命党”的虚声所恫吓，革命军本身的力量实在薄弱极了。我们再看冯国璋军到后之汉口、汉阳失守，和议之为袁世凯挟持操纵，都可以证明上面的话是对的。

这是无怪其然的。虽然有过二十余年的活动，可是他们——同盟会的诸位老同志——都只知道注意新军与会匪，忽视了一般民众。便是对于这狭隘的一部分新军、会匪，他们亦没有加以适当的训练与组织。他们没有知道——或是没有注意，革命是需要民众的力量的；革命是要经过宣传、组织与训练，然后才谈得到武装暴动的。

第一幕的错误，便引出了十余年来的纠纷。

刚从强盗手中为全国国民取回的“大好河山”，在当时的情势之下，便只好拱手送与北洋系的匪首——狡猾的袁世凯手中。自然论到废除不平等条约，使中国如何脱离帝国主义的压迫，更是没有人敢提到这个问题了。

我们且看袁氏当国的成绩。民国元年三月十日，袁氏在北京接受了临时大总统之任以后，更竭力反对国民党迁都南京之议，因为北方是旧势力的地盘，北京是帝王的巢穴，他岂愿跑到南方来受新势力的牵制？他于是嗾使京津兵变，即藉口兵变，拒绝南迁，国民党自然也莫可如何。政府的官员，都尽力用他的死党；参议院选举的国务总理唐绍仪，任职不过三月便被他逼走，而代以陆征祥、赵秉钧（袁之死党）；一方又利用由保皇党及□清宪政运动的分子组织的进步党（后称研究系），使之拼命作反动的宣传。国民党的阁员（宋教仁、陈其美等）都先后被迫解职，黄兴的南京留守亦被撤销，得了个陆军上将的空衔，孙文则“特授”以“筹划全国铁路全权”的闲职。九月，一千万镑的伦敦新借款成立，他便更得为所欲为了。

袁氏窃国的第二年，第一件叫我们注意的便是，三月的宋教仁被刺。宋是极力主张“政党内阁”的；这种主张与袁所梦想的专制相冲突，袁便遣人将他刺死于上海。这已经叫国民党人愤怒填膺了。接着便是四月的善后大借款。袁氏从帝国主义者得着借款金额二千五百万镑，并未依法提交国会通过便签字了。这样的专恣当然不能叫国民党人容忍下去，民党三都督（柏文蔚、李烈钧、胡汉民）和黄兴便先后起兵讨袁；可是狡猾的“猿”儿早已遣李纯、段芝贵等率兵南下防着，所以讨袁的“二次革命”，不两月便都平服了。此时民党的势力仅限于国会以内，他们便想藉国会的力量，制定束缚袁氏的宪法，并且设法使袁不能当选为正式的大总统。可是十月六日，在数万被收买的流氓包围威吓之中，正式大总统的地位终于被袁氏攫去；力主责任内阁制的宪法会议，亦因不合袁氏之意而强被解散；取消国民党籍之国会议员与省议会议员，解散国民党，乃至根本解散国会而代以御用的政治会议等命令，在十一月中，如雪片样地飞下，至是革命的新势力乃被摧残无余了。在这时候，国际帝国主义都一致的称颂袁氏是中国唯一的有力人物。

民国三年一月，袁氏公布了御用的约法会议组织条例，准备修改约法；二月，停办各地方自治会，解散各省议会；三月，公布治安警察法以钳制人民的一切言论行动；五月，钦定的约法公布了，废止国务院官制，设政事堂于大总统府，完全推翻责任内阁制，阁员由总统直接任命；成立御用的参政院而停止政治会议；八月以后，在各地大捕党人；十二月二十九日，“任期十年，且得连任”的大总统选举法修正案亦公布了。

民国四年，应该是人民耻辱的日子，却是袁世凯得意之年！袁氏是要拿国家作为他的子孙万世之业的，区区十年，或二十年，或甚至终其一生的大总统，焉能满足他的欲壑？四年上半年，不惜应允可耻的二十一条，明令禁止排斥日货，都是为的求得日本帝国主义的援手；八月，筹安会的“君子”们便开始做帝制的鼓吹；九月，所谓全国请愿联合会在北京发起；十二月，所谓国民代表会议决定推戴大总统为皇帝了——于是“册封”、“特封”、“策令”、“申令”这一类的字句，时常从新闻纸上跳到我们的眼中了，不禁引起了儿时的回忆，仿佛浩荡的“皇恩”正在天空中翱翔。

五年的开始，新闻纸使用“洪宪”的年月向我们报告消息了。我们一面看见“策令孔令贻仍袭封衍圣公并加郡王衔”、“特封吴佩孚为三等男”这一类的专电，同时看见的又是：四年十二月二十五，蔡锷、唐继尧等在云南独立；五年一月，党人谋攻惠州、归绥不静〈竟〉，刘显世等宣告贵州独立；二月，黔军入湖南晃县，进占麻阳，滇军攻袭泸州，进逼渝边，湖北军队暴动，党人谋在长沙起事，此后则广东、广西、浙江、江苏、安徽、江西、山东等处先后宣布独立，申讨袁氏。接着三月，我们得的消息是二十二日，“申令撤销承认帝位案”，二十三日，“废止洪宪年号”，二十九日，“总统府焚毁关于帝制之公文共八百数十件”。最后，六月中，袁氏因其忠臣陈宧、汤芗铭亦宣布独立，各国帝国主义者亦看风使舵，连应允援助称帝的日本亦联合各国提出警告，西南护国军又不承认其为总统，遂忧愤而死。袁氏窃国残民的一幕便这样告终了。

我们当然不会想着，袁氏之死乃北洋系之末日，北洋系的衣钵早已有人接受了。不过北洋系的势力确已分裂，分裂成为直系与皖系，而最初的代表人物便是冯国璋和段祺瑞，在述冯段冲突之先，我们还得略述冯段合力对付黎元洪及民党的事实。

黎元洪继袁世凯，在总统任虽然有十三月（五年六月—六年七月），却因为他的庸懦无能，一切政事终是在段的支配之下（段任国务总理）。黎因自己的力量薄弱，欲藉民党以自重，于是引用孙洪伊、谷钟秀、张耀曾任阁员，凡事多与民党密议。这当然不是段所能容忍的，“府院冲突”便不断的发生。那时候，国际帝国主义又祷祝段要组织极有力的政府。

民国六年一月一日，冯国璋等致公电于政府，请总统信任总理秉持大政——这种显然袒段的态度并没有什么奇怪，虽然冯段是敌系，可是在对付比较进步势力的时候，他们当然要结成联合战线。三月，协约国勾结段，唆其主张对德绝交宣战，冲突乃愈趋紧张。那时段主战，黎主和，一般疆吏附段，国会及在野民党均附黎。五月，段效袁氏的故智，买通流氓包围国会，威迫通过对德宣战案，国会终置之不理；黎因国会之请求，遂以明令免段职。冯国璋等早已在徐州开督军团会议，决拥护段阁；及免段令下，各督军遂纷纷独立，在天津组织总参谋处，以兵逼进京都。黎不得已，乃召张勋入京作调人。

张勋是著名的保皇党，他的辫子军是人所共知的。他到北京强迫黎氏解散国会以后，各省都遵令取消了独立。这时，他以为力能指挥一切了，便于七月一日，赶跑黎氏，从清宫捧出那位十二岁的小娃儿，纳头便拜，奏请复位。然而十二日的光阴，匆匆飞过。因研究系的活动，段氏居然藉讨逆军之名逼近京师，张勋始终只有出奔荷兰使馆之一途。

这样一来，黎氏当然下野，国会亦没有召集之日，军阀祸国史乃转到直皖冲突的正篇了。

冯国璋登台以后，仍任段为国务总理。协约国乃得如愿使中国卷入大战潮流，为他们供给粮饷与后方输运。这时国内政局已经是南北对峙的形势，冯段的冲突从对南问题当中又突射了出来。

原来，在国会二次被黎解散的时候，云南唐继尧、广西陆荣廷、贵州刘显世即通电护法；李烈钧亦起兵于广州，海军第一舰队亦南下加入护法。旧国会召集于广州，举孙文为大元帅。福建、陕西、湖南亦均有部分的响应，尤以湖南为战争的中心。

冯既攫得总统地位，当然要为自己，不肯凡事服从段的主张；他因段主张武力统一政策，所以便主张用和平的方法去谋统一。在湖南的冯系军官，如王汝贤等，都承冯的意旨，不战自退，通电请停战，湘粤桂联军遂进占长沙、岳州，南北战争暂停。段因主战失败，辞职下野，但终不敢缄默，遂命徐树铮赴奉天请胡子的奉军入关，以助声威。十二月，直鲁等省督军在天津会议，结果又一致主战。

七年春，南北战争再开，曹锟、张敬尧督师南下。三月，克复岳州，长沙。此时广州桂系军人与政学系政客势力渐盛，独立各督亦渐有割据之心，于是军政府改组为总裁制，举孙文、岑春煊、陆荣廷、伍廷芳、唐绍仪、唐继尧、林保怿七人为政务总裁。四月，北军攻克衡山，南北军便在此间相持。在南北军激战期间，段祺瑞再起组阁，完全在日本帝国主义支配之下，成立参战督办处，组织安福俱乐部，大借日款，编练参战军，更与日本密订军事协定，以为借款之交换条件。十月，冯的任期届满，冯与段相约同时下野，而各谋以北洋系的文治派状元公——卑劣的徐世昌，为自己的武器；徐亦谋操纵于二者之间，相机取利。

徐以七年十月受总统任。十一月，在京召集各省督军会议，决议停战。此时国内和平呼声极高，南北和会遂于八年二月在沪开会。和会中最难解决的便是取消参战军的问题。段藉对德之名，编练参战军三师四混成旅□多，其志不仅在平南方，实暗用以防制直系，所以取消参战军，段当然不会应允。四月，和会继续开会，恰逢山东问题在巴黎和会中，因日本帝国主义的奸计，与中国之被卖于英美帝国主义而致失败的消息传来（失败的原因在于七年九月段曾与日政府定有山东善后密约，此约政府迄未宣布），南方不信任北政府，和会遂又停顿。轰轰烈烈的（五四）运动即在此时开始，对外的民众运动延长了一年之久；段祺瑞却仍不忘他的武力统一政策，将参战军改名为边防军，准备和南方厮杀。

为了对南问题，直系皖系间早已大起暗潮；山东问题失败，南北和会停开，举国对于皖系都极抱不满，英美帝国主义亦因段为日本帝国主义的工具，终不合于自己之用，于是投机的吴佩孚，便仰承英美的意旨，于九年夏从衡州引兵北上，驻扎郑州；七月，直系领袖曹锟（冯国璋已死）乃联络奉天张作霖通电，述安福祸国之罪，请罢斥徐树铮及安福三总长。徐世昌亦久苦段系之跋扈，暗与直奉联络，立允所请，将边防军置于陆军部统辖之下。段激怒，逼徐下令讨伐曹吴，以边防军三路南下——“直皖战争”便开始了。直皖战争的结果，皖系失败了，然这不过造成了北方新的形势，日本帝国主义仍可以利用奉系，以与英美帝国主义的工具——直系相对峙。同时直系吴佩孚便承袭了段氏久用而无效果的武力统一政策。

南方武人本有桂系粤系之分，粤系拥孙文；桂系拥岑春煊。改组后桂系得势，政学系政客利用之，孙文即离粤；桂系为自存起见，与北政府谋妥协，于九年十月宣言南方取消自主。可是，一面孙文、伍廷芳等均通电否认；而另一方面，从前流落在闽的陈炯明率师回粤，驱逐桂系的莫荣新，宣布广西自治，湖南谭延闿、四川刘湘、云南唐继尧、贵州卢焘，都先后通电宣布自治，仍保持其割据之局。所以，所谓统一，实际只是桂系少数人的妄言而已。

南方的局势如此，而关外突起的奉系在关内的势力又陡然伸张，新胜的吴佩孚总是跃跃欲动；徐于十年四月召集曹锟、王占元、张作霖在天津会议，结果划地自守，暂时形成均势。

不久，直系“试锋”的机会到了。陈炯明驱逐桂系后，孙文因陈炯明系民党分子，迳赴粤，仍主持北伐，国会议员推为大总统；六月，南方粤桂战争的结果，统一两广，北伐的声浪顿高，湖南的赵恒惕为自全之计，乃先粤军而兴师北伐；七月，湘鄂战争便开始了。湘鄂战争的结果，吴佩孚取得了两湖巡阅使的头衔，湖北督军亦到了直系的萧耀南手中；九月，川鄂战争继起，川军仍被吴佩孚一驱而退。至此，直系在长江中部的势力乃大稳固。

直系在长江拓殖势力，当然是奉系所不甘的；奉系竭力拉拢皖系，更为直系所大忌——直奉的暗斗便这样开始了。当时直系只注意向外发展，奉系则一意操纵内阁。为奉系所推荐的梁士诒内阁，对于直系的军饷，都有意克扣——奉系想用这个手段制直系的死命。此时正是各帝国主义者在华盛顿开所谓太平洋会议，共同商议处分中国的时候，山东问题因日本的狡赖和美国的强迫而濒于失败了，梁内阁仍仰承日本帝国主义的意旨，训令代表勿坚持，这便供给了直系攻击的好材料。这种攻击继续下去，终究促成了十一年五月第一次的直奉战争，日本与英美帝国主义者各站在他们的工具背后捣鬼。

奉系被驱逐出关以后，直系独霸了北方政治的中心，吴佩孚武力统一的好梦乃作得更起劲。六月，卑劣取巧的徐世昌被赶，过渡的“泥菩萨”（黎元洪）又从天津抬到居仁堂内暂时供奉。此时英美帝国主义在中国正开始他的“全盛”时代，他在南方勾结陈炯明，赶走孙中山，推倒广东政府，在中部及南方，帮助直系尽力维持并发展其势力。同时因苏俄革命影响，劳工运动起来了，吴佩孚初欲敷衍收买以为己用，后慑于工人势力的伟大，于是决意趁其羽毛未丰，即谋施以野蛮的残酷的压迫，十二年二月七日京汉路的惨杀，便是他的得意之着。六月，“泥菩萨”仍被逐还天津。十月，秽闻中外的贿选成功，曹锟便手足不知所措地被拥进了新华门。他登台的第一件事便是，承认临城案全部的要求，以表示他对帝国主义的孝忱，而换取他们的承认。更无廉耻地媚外，更无顾忌地压迫民众，更积极而迅速地准备第二次战争——这是直系全盛时代的工作。果然，帝国主义更猖獗了，民众更难堪了，第二次直奉战争于十三年九月又爆发了，英美与日法帝国主义者更毫无顾忌的各帮助他们一方面。

在这次战争中，直系的失败，和前次奉系的失败没有两样。这次战争，虽造成一个发展民众势力的机会，然而政治上，仍旧只造成了几派军阀对峙的形势——气概不可一世的狂虏奉张，被迫而与民众比较接近的国民军冯（玉祥）胡（景翼），与依旧淹〈奄〉有长江一带的直系残余势力。北洋系的老狗皖段，于此时攫住了行政的中枢，狡猾地周旋于各派之间，且不惜以国家为牺牲（如声明“外崇国信”，解决金佛郎案）而巩固自己的权位。奉张大半年来之成绩，叫我们认清他不但是日本帝国主义的走狗，便是英美帝国主义亦利用他。十四年的今天，奉与反奉战争的风传又充满了各报，虽然所为当局者极端否认，然而事实恐怕终非空言所能掩饰的罢！无以聊生的民众呵，准备供献你们的血肉作军阀的牺牲呀！

从上面，我们可以看出，所谓民国的十四年，只是一卷帝国主义与军阀勾结着祸国残民的影片而已。军阀为了满足自己的野心，总不惜任何牺牲——国家的主权呵，人民的生命财产呵，什么也不值得他们顾忌！于是帝国主义乃得利用他们以扰乱宰割中国。军阀惯用的是武力统一政策，这无论是袁、是段、是吴、是张，初没有两样。因之，人民在军阀统治之下，只有日益痛苦，日益难堪！同时，我们不要妄以为十四年的扰攘，只是几个军阀在那儿作成的；我们应该记着，近八十年来，尤其是在民国以来，国际的资本帝国主义早已是中国政治舞台的后台老板，一切骚乱的根源。

真正的民众运动，实际在八年五月四日才开姑〈始〉。赵家楼一火而后，排日运动乃蔓延于各地，继续至年余。“五四”运动的真价值，不在与外交以声援，而在唤起了一般青年学生的革新精神，使一部分能参入实际社会活动。直到十一年春，香港海员大罢工，开始了中国劳苦群众的运动。此后一年中，若开滦煤矿、安源煤矿、粤汉铁路、上海纱厂等处均举行大罢工，截至十二年京汉路的“二七”屠杀，初期的工人运动，成绩已斐然可观。农民运动，在广东、浙江、湖南均有发展。说到此地，我们应该记起今天领导中国国民革命的国民党与共产党。

民国十一年夏，中国共产党发表他第一次对于中国时局的主张，我们才开始和这位精干的革命先锋见面。那时正是直系全盛时代的开始，中国共产党便主张：统一国民运动的势力，打倒直系军阀——曹锟、吴佩孚。他以为：“在统一的国民运动中，（一）须排斥外国帝国主义的势力，以绝军阀后援；（二）须武装平民；（三）须主张民主的统一，反对北洋正统的武力统一；（四）须集合各团体，在国民革命中心地方开一国民代表大会，以议定一切战略；（五）须各派革命分子集中于国民党——要有一个普遍全国的国民党；（六）须认定劳动阶级是国民运动中的重要部分，智识阶级、工商阶级都应竭力赞助工人阶级的组织及运动，与之为平等的结合。”此时虽然在直系严重的压迫之下，但是一般民众运动，尤其是工人运动，藉着共产党的指导，仍然秘密地向前发展。

十二年双十节贿选成功，中国政局显出向来所未有的腐败与紊乱，各帝国主义者乘此局面，自临城案起，四方八面的向中国进攻；同时，中俄协定适于此时成立，苏俄自动地放弃了种种特权；此时中国共产党的主张，“于‘打倒国贼曹锟’之外，还要同时努力作成：‘反帝国主义的国际联合——承认苏俄；反军阀政府的国民联合——扩大国民党’。”他——共产党，努力的结果，同时藉着孙中山先生英明而勇敢的决断，国民党乃得以改组，接受了反帝国主义的口号。此后，因为两党的努力，反帝国主义大同盟，废约同盟，反基督教大同盟等组织和宣传运动乃大发展。

去年十月第二次直奉战争以后，中国政治上生了一大变化，即是：(一) 民权民族运动之勃举；(二) 工人阶级之再起；(三) 倾向国民革命的国民军之发现。这时，共产党，“一方面告诉民众，不可妄想在此次战争中，依赖任何一派胜利的军阀可以解救中国，一方面指明各省督军的和平会议有使军阀势力分而复合之危险——只有召集全国人民团体的国民会议，才是解决中国政治问题的道路”。同时，国民党也主张由北京政府召集九种团体的国民会议。这种号召的效果，全国各地的国民会议促成会，都有群众的组织，且提出各种实际要求。在各种要求中，大半都首列废除一切不平等条约，由此可以看出中国的国民革命运动，已经有开始的基础了。一面国民革命运动向前意外地发展，一面帝国主义与军阀则加以难堪的阻挠与压迫，“五卅”运动的怒潮乃一涌而起。共产党在此运动初期，即主张“在上海召集全国工商学兵代表大会，议决废除一切不平等条约，严责政府宣布；倘政府不执行此议决，立起国内战争，建设国民革命政府”。可是此种怒潮因资产阶级之妥协与奉系军阀之压迫，大受打击而陷于停顿，共产党乃指出“民族争斗的新途径：(一) 改变上海香港罢工政策，以经济要求及地方性质的政治要求为最低条件；(二) 委托南北政府合组一外交委员会，来解决全国性质的对外根本问题；(三) 开始国内战争，合全国的力量，打倒英日帝国主义的走狗——奉系军阀！”现在各地的运动显然是照着这条路上前进。

有志的青年们，你们看了这些“回忆”，不感着更难堪，更耻辱，更不得意么？朋友！进一步呀！我们应该更勇敢，更努力！我们可以预祝国民革命的前途更有希望，更伟大而光明！

（原载《中国青年》1925 年第 100 期）

署名：求实

五律·黄河大堤晚眺[①]

（一九二五年）

大河经百徙，故道尚微茫[②]。
白苇连岗蔓，金沙卷地黄。
壮观惟叠浪，乡思在遐方[③]。
笔阵凌空起，桑干渤海旁。

（载《楚晖》湖北人民出版社，1982年第3期）

① 本诗是作者在河南开封任中共豫陕区委委员和豫陕区团委书记时所作。面对黄河及其故道的壮丽景观，抒发其爱国之情。

② 大河：黄河。经百徙：指历史上黄河多次改道。故道：旧河床。

③ 遐方：远方。

打倒帝国主义歌

（一九二六年一月四日）

帝国主义好利〈厉〉害，
大家齐心力打倒他，
乒乒乓乓，
乒乒乓乓，
齐心打倒他，
联合起世界上一切的被压迫民族与无产阶级，
齐心打倒他，
乒乒乓乓，
乒乒乓乓，
齐心力打倒他。

（原载《中国青年》1926年第107期）

我们的功罪

——斥醒狮派诸领袖！

（一九二六年五月六日）[①]

一

中国共产党和中国共产主义青年团（以后简称青年团），在他们过去每一次的宣言中，都曾经公开地表明：在今天，他们是领导工农乃至一般被压迫的民众，在国民革命的旗帜之下，努力于民族解放运动的工作。因此，对于一切民众运动，他们没有理由不去努力参加指导，对于一切组织并训练民众的工作，他们没有理由不去负责积极进行。

在极短的过去几年中，靠了同志们的负责努力，他们（共产党和青年团）在工农群众以及一般被压迫的青年群众中的工作，都建立了相当的基础，他们已经使得群众形成了、认识了并且表现了自己的力量，他们已经使得帝国主义和军阀在蓬勃的革命的民众运动面前发抖，他们已经引起了他们敌人之猛烈的露骨的反攻——便是迩来甚嚣尘上的所谓“反赤化运动”。

上面的事实是用不着隐晦而且也没有方法隐晦的。

当然，每一个脑筋比较清楚的人，都能了解并且承认：今天的革命，是为的民众的幸福；共产党和青年团的努力是为的被压迫的民众，他们没有纯粹属于自己的成功与失败，成功是民众的，失败亦是民众的。他们的努力，应该值得一切被压迫民众的赞赏，他们在群众中的领导地位，应该值得一切被压迫民众的拥护。

然而，竟有人拿共产党青年团的努力作为共产党和青年团的罪状而横加攻击

---

① 疑写作日期有误。因《中国青年》第119期的出版时间为1926年4月24日。

与非议，而这种“人”并不是帝国主义者和军阀，却反是自命为站在民众方面从事“彻底革命事业”的国家主义派诸领袖，这岂非“咄咄怪事”？

二

共产党和青年团不是乳臭未干的黄口小儿，他们在几年的实际工作中，尤其是在几十年的国际革命争斗中，获得了充分的工作经验。他们认识了中国今天需要的是各阶级合作而工农属于领导地位的国民革命，他们看清了今天的革命工作，是需要一切站在反帝国主义与军阀战线上的革命分子之共同的努力来进行的。他们从来没有幻想来包办今天中国的革命运动；他们从来没有投机来把持一切革命的工作；他们是马克思主义者、列宁主义者，没有丝毫幻想与投机的心理存在他们的脑海中。他们在历年的工作中，曾经尽了最大的努力，想促使一切革命分子都联肩到革命的战线上去；尤其是在最近年余中，在几次帝国主义与军阀猛烈向民众进攻的时候，他们曾经公开地致信国家主义的醒狮派与孤军派，致信孙文主义学会的同人，邀约他们携手杀贼，因为这两派是自命为革命的，在他们影响之下的群众多数亦确是极富有革命性。然而共产党与青年团是失望了，他们获得的回答只是这几派领袖们的冷嘲热讽，意气的感情的攻击与有意或无意的告密——原来这些领袖们只是图的口里和笔下的痛快，遇着真正的革命工作便向床下马桶里藏去，倘使藏之不及，被人曳住了一只腿，便恼羞成怒，娘的妈的都骂出来了！所以，直到今天，我们一巡视民族革命的战线，还只看见英勇的左派国民党和共产党与青年团，携着手在那儿孤军奋斗！而自命为“彻底革命者”的国家主义派诸领袖，却反以此种英勇的奋斗为“把持”、“包办”，向着这支孤军施放冷箭排枪，阻挠革命运动的进展，以遮掩自己不能从事实际工作之耻辱，并求苟容于帝国主义者与军阀（因为帝国主义者与军阀是要食这一队孤军之肉而寝其皮的呵），于是既享有“革命党”之荣誉而又不受丝毫“革命党”应受的危险(英界哈同路多安稳呵)，这是何等经济的打算！只是呵！说来真痛心，敌人杀到了我们的头上，却还捏着自己的拳头打自己的腰，一个人不是一条死狗般的无知，决不会作出这样丧心病狂的呵！

在五卅运动的继续中，帝国主义者与军阀已经看出民众革命势力因联合而壮大，遂急谋破坏此联合。他们用的方法是利诱与威迫，结果大资产阶级与小商人相继脱离了革命的战线，殊不料自命为“彻底革命者”的国家主义派诸领袖亦竟因此绝民众而去，致使素日景仰诸位“贤明”领袖之一部分被压迫的青年革命民众，或误入迷途，或惶惑不知所从！国家主义派诸领袖此种变节卖众之行为，欲不为全国革命民众所唾弃，不可得也！

三

以攻击共产党为“天职”的《醒狮报》，最近又造出了一个极好听的题目，这题目便是“共产党把持的学生会”；该报的七十七、七十八及八十一等期，几乎都是拿这个题目作论文的中心。

我想在此地写出一点意见，指出国家主义派诸领袖的谬妄，以证实前述各节的论旨（此地我要申明两点：共产党既没有“把持”（?）学生会，所以关于学生会本身的事，我无从说起；其次，我此地所写并不是想同醒狮派诸位大作□作什么辩论，因为他们的木头似的脑筋向例是不诚心听异己者，尤其是共产党人的话的，我只想和一般的青年，特别是一部分被这些所谓“领袖”蒙蔽了的可爱的青年学生谈谈）。

醒狮派诸领袖在“共产党把持的学生会”这个题目之下发表的“卓见”，大概可以下面几句话包括之：全国学生总会被共产党把持了，因为它庆祝苏俄革命纪念并督促冯玉祥倒段，又在“中国共产主义青年团第二次大会的议决案”（?）里寻出了一段“证据”（?），第三次大会议决案中寻出“又一证据”；今后要肃清赤化的学生运动，纯粹爱国的教师组织起来，成为救国的主力军，指导学生的爱国运动，减少引起学生愤激的目标，使学生稍稍退后，多在学问上用点工夫以作救国的后备军。

现在我们且看他们的谬妄在哪里。

第一，我们应该认清学生在今天国民革命运动中的地位。就理论上说，学生多半是小资产阶级的出身，他本身并无经济基础，对于一切的政治观念，极易动摇，他可以革命，亦可以从事反革命，但是在今天这种帝国主义与军阀的双重压迫之下，学生自然都是趋向革命的。更就事实上来看，五四以前不必说了，俄国、德国的不必说了，五四以来，一直到今天，我们都可以看出学生几乎常是站在革命运动的第一道战线上。他们（学生）何曾不想“多在学问上用点工夫”，可是客观的环境如何容许他们这样？醒狮派诸领袖以为教师起来了，便可“使学生稍稍退后”，这种空想，真是令人失笑，不知他们是有意骗人，抑系从来没有睁开过眼睛，伸直过耳朵？除了少数进步的教职员外，我们没有看见过指导学生从事革命工作的教职员，遑论救国的“主力军”（因他们有自己的地位与思想的关系)。而且，中国今天的环境促使一般学生趋于革命，犹如风卷残云一般，岂是几句空话所能使之“稍稍退后”的？共产党与共青团并不否认，现在全国大多数青年学生群众确在他们的影响之下（当然我们还不能说实际领导大多数）；但是所以致此的，决不是如醒狮派诸领袖所妄拟的什么应用“机密组织”、“昨夜会议法”等妙法——真抱歉，共产党与青年团并不能像诸位领袖所写的那样会“应用”这些“妙法”！醒狮派诸领袖既然知道这些“妙法”，自己当然都很好的“应用”过，为什么学生总会竟让共产党“把持”（?）了，自己却只能站在旁边骂街的泼妇似的以恶声相向？实在说吧，共产党在群众中作工是有他的“妙法”的——这个“妙法”，共产党不仅不“秘密”，反而欢迎一切革命的领导者尽情采用——什么“妙法”呢？就是：按照群众当前的需要，指示以正当的出路，且身先为之领导，为群众之利益是视，牺牲一切个人的利益与幸福；这样，群众自然会在你的影响与领导之下，比任何“妙法”都更“妙”！今天中国的学生群众是不要，也不能后退的，醒狮派诸领袖想使他们退后么？那便你们将永远不能使群众受你们的领导，将永远看着共产党“把持”（?）学生运动！

其次，我们既然认清了学生在革命运动中的地位，同时共产党与青年团又是以领导一般被压迫民众参加革命运动为己任的，那便他们的努力参加学生运动，使一般学生群众都能在他们的影响之下，积极从事于自身解放与民族解放的斗争工作——共产党与青年团之此种努力，实在是他们应尽的责任；自然他们不曾希望什么激赏，另一方面却以为至少可以告无罪于一般被压迫的民众之前！然而国家主义派诸领袖却攻击共产党与青年团之此种努力为“把持”、“包办”，犹如一个挑夫为我们背了几口箱子从火车站送到家里，我们反要骂他“多事”一样，这真是所谓“别具心肝”者也！

复次，前面已经说过，共产党与青年团从来没有幻想过来“把持”、“包办”现在的一切革命工作，尤其是在学生运动中；青年团的“秘密”决议案中写着“学生运动须努力与其他革命青年团体协作”这句话，想来醒狮派诸领袖没有看见。可是“协作”的结果，已如前面所述，只看见了自命为革命的醒狮派诸领袖，因怯懦而逃去革命的战线，因嫉视而反攻革命的队伍，这是何等的耻辱，又是何等痛心的事呵！

最后，我们且来了解一下所谓“肃清赤化的学生运动”。

醒狮派诸领袖以为学生总会庆祝苏俄纪念，并且督促冯玉祥倒段，这是共产党“把持”学生总会的证据，因而现在的学生运动都“赤化”了，因而要“肃清”。苏俄对于中国民族解放运动的关系，苏俄革命纪念应否庆祝，段祺瑞应否打倒，民众应否督促冯玉祥倒段——凡此种种问题，到了今天，稍明时势的人都能有比较正确的了解（本志以前论之綦详，读者可参看）：这些问题的正确解答，已经不是共产党与青年团一家的私言，便是一般进步的文学家（如创造社诸君），甚至反动的报纸（如《国闻周报》等）都是同一论调。这种情形说明什么呢？这是说明现在的环境（或时局）为我们解答了这些问题；尽管你否认或排斥这种解答——这种“赤化”的解答，然而它之浸入人心中只有更深沉，更广大，这是无可抵御的！

这些“解答”是随着环境的递变而早已存在的，不过共产党能够用它的锐敏的眼光与正确的论据，来最初发现并能率先实行——这便是共产党之所以不同于一般人的地方，因而这亦是一般人不能不受共产党的影响的缘故。了解这个，一般革命的群众便可安心接受共产党的影响和指导；至少了解这个，我们便不会意气用事，因忌讳“共产党”这个名词而并共产党所提出的正当主张亦一并抹煞了。

“赤化”这个名词是帝国主义者与军阀对付革命势力的新武器。从五卅以来，他们用来降服了大资产阶级、小商人乃至一般学者大人，现在醒狮派秉承他们的“上意”又拿来罩在学生顶上，想降服革命的学生群众；可是太不巧了，第一，革命的学生群众是不像一般软骨头的学者先生，他们是威吓不了的；其次，“赤化”这个武器，到了今天已经是子缺弹尽，没有实际作用了，因为一般民众，尤其是学生，都已经了解，“反对赤化”的内容是“飞机掷炸弹”，“强迫使用不兑现的军用票”，“排枪惨杀学生”，“枪毙有名望的新闻记者”，“通缉民众领袖”，“解散学校”……，他们都已经了解，“赤化”是被压迫民众真正的出路，因而都更倾向“赤化”了！醒狮派诸领袖号召“肃清”赤化的学生运动，真是适足见其坐在家里闭上眼睛说瞎话！

醒狮派诸领袖说共产党“把持”（?）了学生总会，其实这又是把共产党与青年团的力量看得过于大了！前面已经说过，共产党与青年团的力量现在还只能影响大多数的青年学生群众，还说不上能如何实际去领导。他们对于现在的学生运动并不十分乐观，他们看出许多地方的学生运动并没有走上正当的革命的轨道上去。他们一面觉到自己过去的工作没有作到好处，同时深深感觉醒狮派诸领袖对于学生运动之“投井下石”、“借刀杀人”的态度之令人痛心。共产党与青年团认为学生运动今后应有更大的发展，应继续向革命的方向前进。他们——共产党与青年团自然勉励自己更努力更积极地影响并指导学生群众作工，他们同时更希望一切自命为革命的青年领袖，都取下各自的感情的眼镜，坦白地诚挚地与他们携手作工，不要总是“强迫”他们（共产党与青年团）去“把持”（?）学生总会乃至全国的学生运动!

四

末了，我们还有几句指斥《醒狮》记者的话!

第七十八期《醒狮》里面有一篇文武君作的“全国学生总会是谁的?”其中引了一段所谓“中国共产主义青年团第二次大会的议决案”（?）证明共产党“把持”（?）了学生总会，并且附带的证明了共产党没有“诚意”（?）与国民党合作。这段“议决案”（?）的原文是：“我们在学生运动中已取得重要地位。全国学生总会中央委员会七人我们同志有四人。此外学生刊物多系我们同志编辑。我们在学生方面的活动既有了基础，我们便不应为国民党服务，替他们找青年同志，尤不应以我们组织好了的青年捧给国民党。”

这段所谓议决案的谬妄，我请指摘如下：

一、青年团的第二次大会是一九二三年七月举行的，那时的名称是“中国社会主义青年团”，直到一九二五年春第三次大会才易名为“中国共产主义青年团”，这是读了青年团的略史的人都知道的。

二、一九二三年时代的全国学生总会的执行机关是“理事会”，初无所谓“中央委员会”，便是今天的全国学生总会亦只是用的“总会执行委员会”的名称。

三、不仅在青年团第二次大会的各项决议案中，寻不出上列的一段“妙文”，便是在青年团历年的一切决议案中，我们亦寻不出与上述意义相仿的文句。

四、青年团的团员几乎全数加入国民党，以及加入后工作之努力与成绩，都足以证明上述所谓“决议案”中所说的之谬妄得可笑!

醒狮派诸领袖曾经造了不少的谣言攻击共产党与青年团，可是最蠢笨的要算这一次了!

前年英国保守党要推倒工党内阁，便造了一封第三国际会长季诺埃夫（今译季诺维也夫——编者）致英国共产党令其发动革命的假信，这封假信的结果，虽然一时结果了工党内阁的性命，可是工党在民众中的地位反因此而增高，民众对于保守党的阴险狡猾更看得清楚了。醒狮派诸领袖显然是效颦鲍尔特温（想来愚公先生曾经又有感而口占一绝：鲍尔特温是吾师……），可是此种蠢笨的举动真是令人失笑而不得不侪诸公于“鹿豕”之林!我想像这样下去，将一定还有许多奇妙的“新闻”和“议决案”继续在《醒狮》等爱国的报纸上发表出来，如：“共产党徒陈独秀于本月某晚窃入国家主义派首领曾琦先生的尊翁之卧室，窃去白洋布长衫一件……”或：“中国共产主义青年团第八次大会议决：‘国民党右派近来十分猖獗，这都是由于宋教仁的灵魂作祟，我们应即派同志八人，于最近期内到宋教仁公园毁去其石像与坟墓……’。”

我在此地并不是说无意识的笑话，我是很郑重地指斥醒狮派诸领袖之可耻的蠢笨行为！愿“诸公”三省之！并望一切可敬爱的国家主义派青年积极认清他们的领袖的原型！

（原载《中国青年》1926年第119期）

署名：求实

惊风骇浪中的英帝国主义

（一九二六年五月十七日）

在国际帝国主义统治的世界以内，最近又发生了极严重而极有意义的事件，这事件便是五月初三日开始的英国的全国总罢工！

这事件本来是起于所谓“煤业争端”：因为德国鲁尔煤矿的恢复，以及煤油用途之扩大，使得英国的煤炭销路堵塞，引起“生产过剩”的恐慌；英国煤矿资本家为了要减少生产的成本以便和别国的煤炭竞争，遂企图减少工人的工资或增加工人的工作时间。我们知道，一般工人的生活，且不必说与资本家的相比，便是想达到水平线已经是相差尚远，现在资本家为了自己的利益，又要使工人更受痛苦，这当然不是工人所能够忍受的，亦不是应该忍受的！这种争执经过了长期的谈判，终于破裂，罢工遂被迫而实现。紧接着，工团公会（即英国全国总工会）宣布全国总罢工以援助矿工。

英国的保守党，英国的政府，总之，一切代表英国资产阶级的人们，都惶骇奔走着，把这事件看为“内乱之始”，甚至于说这事件真是“革命”，于是调动军队，宣布“紧急处置令”（戒严令），闹得个不亦乐乎。

在工人方面，矿工是不待说了，运输、印刷、钢铁、化学工业、建筑、电气、煤气等工人都一致崛起，向资产阶级及其政府“宣战”，援助矿工，甚至“屡唱红旗歌”，形成“欧战将作时”的严重情形！

这种记载已经充分地昭示我们：英帝国主义者的“国内战争确已开始”——即是英国的无产阶级已经开始向压迫着他们的资产阶级下总攻击令了！

这种帝国主义国家内的“国内战争”从许多方面看，都有极重大的意义，我在此地只特别提醒读者注意一点。

我们曾经反复说过，资本主义发展到了帝国主义的时期，已经是逐渐走上了死亡的道路，因为到了这个时期，各帝国主义都怀着了不可解决的三个大矛盾点，即是：帝国主义国家间的冲突，帝国主义国家与其所属殖民地的冲突和帝国主义国内资产阶级与无产阶级的冲突。这三种冲突是帝国主义的致命伤，帝国主义甚至自己都很明白这种威吓着自己生存的危险，然而犹如一个已经达到肺病第三期的患者一样，他虽然满心想勉力挣扎，结果终只有“死亡”来回答他。

这决不是空的理论，这是像“太阳出自东方”，“雄鸡不会生蛋”一样实际的事实。我们就拿英帝国主义做例证。

一九一四年以后的四年血战，使得许多帝国主义国家都受了空前的惩创。说到英国，工业凋敝，失业加多，负债累累，直到十余年后的今天，还不能恢复旧观，恐怕只有一天一天更是衰败，永远没有恢复旧观之一日呵！这四年的血战是怎样来的？主要的便是英帝国主义与德帝国主义的冲突，更加以日俄法美德奥彼此间的冲突。虽然经过一次火并，我们没有看见他们间的丝毫和谐，只看见英法、英美、日美间有着更厉害的冲突，第二次的血战已经露着白嶙嶙的牙齿在那儿威吓着了。这是第一个矛盾点的真相。

欧战中及其以后，在英帝国主义铁蹄之下的殖民地民族，已经屡次蠢动，动摇了英帝国主义的基础。我们记得爱尔兰自治军之数年鏖战，埃及国民党之崛起，印度国民会议左派之勃兴，特别是去年中国的五卅运动之爆发，坚持至一年之久的香港罢工——凡此种种都使得英帝国主义感受了空前的困难，继续压迫势已不能，完全让步又非所愿，我们只看他应付这许多殖民地的民族革命运动，不知费了多少苦心、欺骗、诱惑、威吓……种种卑鄙龌龊的手段都不惜采用，结果仍只是自己的失败——在殖民地的势力减小，殖民地革命民众的势力扩张。我们可以看出，这第二个矛盾点是如何地无法避免，无法解决！

说到国内，停战以来，失业问题始终在英帝国主义面前威吓着。工人生活跟着生产过剩而日渐下落，虽然有着被买贿的贵族工人来妨阻工人运动的左倾，然而事实确逼迫得英国工人日趋于革命。各业的罢工（最著名的如一九二〇年的三角同盟罢工）都不断地发生，英俄工人的携手，左派工人群众势力的形成，英国工人已经逐渐站到了与资产阶级绝对敌视的地位，这次的全国总罢工决不是陡发的，而是多年酝酿的结果！这种有着久远酝酿的争斗，我们可以想见其对于英帝国主义的存在，将会是如何地威吓，我们无怪英政府、保守党乃至一切代表资产阶级的人们，都那样惊惶失措了！这第三矛盾点又是如何真实，如何不易解决呵！

我们且看，大战以后，接着爱尔兰问题，埃及、波斯、印度等问题，一九二〇年的三角同盟罢工，去年中国五卅运动——特别注意打倒英帝国主义的运动——还正在继续，今年五月全国总罢工又实现了！这样一波未平一波又起，英帝国主义是如何地在惊风骇浪中过生活呵！英帝国主义的生命是如何日趋于险途，如何日趋于没有保证呵！

这是英帝国主义命定的末路！这亦是一切帝国主义命定的末路啊！

（原载《中国青年》1926年第120期）

署名：求实

红色的五月

（一九二六年五月二十三日）

好一座光芒四射的红色之塔呵！

他射着如赤日样的光芒，他喷着如火山样的烈焰，他亦藏着如火如荼可歌可泣的史绩！

他巍然矗立在坎坷不平的世界上、黑暗统治的大洋中，他的最初存在已经有了约四十年；他是由被压迫者的骷髅与骸骨支架而成的，他是由被压迫者的赤肉与鲜血凝聚而成的；他因被压迫者的牺牲而更雄伟、光明，他的每一级每一步都刻着被压迫者的创痕泪痕与血痕！

他的光芒激动了我的心，你的心，一切被压迫者的心！他的烈焰沸腾了我的血，你的血，一切被压迫者的血！我不能忍受了，你不能忍受了，人们都不能忍受了！

他的光芒——他的烈焰——他的史绩，呵！他是什么？

他——他——他是“红色的五月”之塔！

好一座光芒四射的“红色的五月”之塔呵！

在约一百年以前，工业界中机器逐渐盛行，有钱的人（所谓资本家）逐渐得势，世界便也逐渐变了一个新的样儿：没有钱的工人、农民和读书的人们，被踹在有钱的资本家的脚底下，替他们（资本家）作工，替他们赚钱，甚至可以说替他们讨老婆、生儿子、抚养教育后辈，而自已——可怜的工人、农民和读书的人们自已，衣食住且不能充分获得，焉能妄想娶妻生子！便是有机会弄个黄脸婆娘，生几个瘦弱的小囡，也只是拖着跟自己一路作苦工，替有钱的人多添几个贱价的奴隶，甚至于老婆还不免依门卖笑，给有钱的老板们开开心，讨几个钱穿衣吃饭。有钱的人作了一切的主人——资本家作了工人、农民和一切没有钱的人的统治者。

光阴不顾一切地向前驰骋着，有钱的人数逐渐减少，可是他们所有的钱却逐渐加多了，因为别人的钱都被他们吸收去了，像人身体内的寄生虫吸吮人的精血一样；没有钱，做苦工的人数逐渐加多，因为以前稍有几个钱的人，他们的家当都被大富翁吸收去了，变成了穷光蛋，不能不倒到穷人队伍里来，这样，这些没有钱的工人、农民们便更苦了，因为有钱的资本家开设的工厂是有限的，没有钱而要工作的人却几乎是无穷的增加，我们大家都听见过一个“粥少僧多”的故事，现在这些穷的工人等便遇着了这种境遇。

一直到现在，世界都陷入在这种坎坷不平的黑暗状态当中，而且每一天更不平、更黑暗。有钱的人不过是极少极少数，没有钱的人却布满了全世界；好象有钱的人是为享福而生的，没有钱的人是为受苦而生的！真是混账！哪有这种道理？谁不是从娘肚里出来的？没有钱的人也并不比有钱的人特别糊涂！谁应享福？谁应受苦？只有吃饭不作事的人该受苦，哪有一天作工到黑夜的人还不能有饭吃有衣穿呢？这是谁也明白的道理，可是世界上的事却与这恰恰相反！于是——于是有钱的人所害怕的事情发生了，坎坷不平的道上起了一片“打抱不平”的呼声，黑暗中射出了一道红色的光线！

红色之塔的基址开始建立了，这便是一八八六年五月一日从“新大陆”（支加哥）里面喊出的：

“从今以后，无论哪一个工人，

也都不可再作八小时以上的工作！

工作八小时，

教育八小时，

休息八小时！”

的歌声。

自从一八八九年第二国际（当时国际的工人团体）议决以五月一日为全世界工人向资本家示威的日子以后，这片歌声已经传遍了全世界！啊，好雄壮的歌声啊！真是气撼宇宙，响遏行云！三十余年的奋斗与牺牲，虽然使得欧西各国资本家的政府大都在法律上规定了八小时工作制，实际是没有完全实行的，直到今天，欧西的劳动者都已经明白了自己痛苦的源泉，都已知道被压迫者的世界联合是打倒压迫者的最有效的武器！于是，藉了过去无数被压迫者的赤血与白骨，“红色的五月”之塔开始放射他的光芒与烈焰。

在约六年前，东方的被压迫者已经遥些见了一座红色之塔，他们挣扎着，奋斗着，他们投入了他们最初牺牲的肉与血，红色之塔已经在每一个东方劳动者的眼帘中显现。我们在各地都听见，“五一”示威的呼声——每一年更雄伟更激越的呼声！东方劳动者喊出了他们百十年的沉冤，他们要赶跑外国的资本，所谓帝国主义，他们要打倒压迫自己的本国有钱的人，他们要求得人的生活，他们要——还多呢！实在，他们已经是世界上有钱的人的大对头，他们真象一匹睡醒了的狮子一样——不啊！他并不曾睡，他以前只是被人压迫着束缚着，现在他自己要挣扎了，同时和他同命运的狮子都要挣扎了，吼声已经震破了“主人”的耳鼓，主人张皇失措，主人要丧命在群狮的趾蹼之下了！

“五一”对于中国的劳动者有这样重大的意义；中国劳动者纪念“五一”，对于全世界工人的解放有这样重大的意义！

中国被压迫的民众是“红色的五月”之塔的主要建筑者，便是在极短的最近几年中，他们已经输了不少的头颅与热血给他，他们已经使得他更伟大，更光明，更清澈地指出了中国被压迫民众当前的出路！

在这种建筑红色之塔的努力中，我们还有几次的壮举值得纪念的。

民国四年五月七日是我们应该纪念的日子。那时欧西各资本主义的国家，正在为了各自的利益，拼命厮杀的当儿，日本鬼子却悄悄地拖着袁世凯，提出廿一条，要他承认。我们都知道，这廿一条无异于把中国送给日本作属国，然而袁世凯居然答应他了，却瞒着人民。这个当儿，人民已知道了这回事，如是大家起来反对，抵制日货，不坐日本船……全国一致地干下去，弄得日本人吃亏不小，庚子以来被外国人慑服了的民气这时才又振作起来。

民国八年五月四日，数千学生在北京拳打曹、陆、章，火烧赵家楼，接着天津、上海、武汉、南京、杭州各大城市都罢市罢课作声援，结果打倒了顶有权势的卖国贼——曹、陆、章，拒签了无上耻辱的凡尔塞和约，而最可喜的是促起了广大的民众爱国运动，唤起了民族的觉醒。

我们都能了解，中国人民除了作本国“在上者”的奴隶而外，同时还要作外国有钱的人奴隶，那些外国资本家拿了对付他们本国奴隶（工人、农民等）的办法来对付我们中国人（而且有时更厉害些，因为他们欺我们不懂他们的法门）。我们只看自己一天一天穷，一天一天失掉生路，但是我们当初都不懂得是什么道理；我们只怨命，只怪天！庚子年代，有些人懂得这是“洋鬼子”作祟，于是挂起扶清灭洋的招牌，拖着一些苦人儿，混杀一阵，结早还是自己吃了大亏！自从那次以后，“洋鬼子”更大胆地压迫我们，我们却更驯服地伺应他，不敢露出一点儿不愿意的神气。民国四年，因为日本人太猖厥〈獗〉了，引起了中国人民一时的反抗，但并不能持久。一直到民国六七年间，提倡新文化运动的结果，新思想激动了一般青年的心胸，经过一时期酝酿，遂爆发而为“五四”运动——这次是庚子以来，中国被压迫民众反抗外国有钱人的压迫、求自己民族解放与独立的第一声！这次运动使我们“红色的五月”之塔放出了新的光焰！从新的光焰当中，我们更寻出了新的生路。

从此革命潮流在中国被压迫的民族当中奔腾澎湃，急转直下，遂爆发而为惊心动魄的五卅运动！

我们应该了解五卅运动的起源。

欧西各资本主义的国家四年厮杀的结果，都已弄到民穷财尽，像一个作了连夜苦工弄得精疲力竭的人一样；他们都要急于恢复他们的健康，即是说，要振兴已经衰败了的工业，充实已经洗空了的金库……他们本国的工人、农民们已经是没有很多的油水可以榨取了，他们自然要找肥壮的主顾，于是以富饶著称的中国便逃不脱他们的虎牙鹰爪！他们拼命地从中国收买廉价的原料去制造货物，再运到中国来高价出卖；拼命地拿钱到中国来开办工厂，利用中国贱价的工人和原料，造出货物来和中国的土货竞争；他们又用金钱和枪炮供给军阀，使得中国内乱，他们却乘机要挟，提出许多非分的利益——这样拼命的结果，他们是胜利了！我们只看，中国工商业不能振兴，没有饭吃的人一天更多一天，内乱一年加紧一年，瘦了中国人，胖了外国资本家，他们真是得利了！

可是，另一方面，这些被压榨得枯瘦如柴的中国民众，却也从白嶙嶙的虎牙缝中，血淋淋地跳出来了！自从“五四”以后，中国民众已经是开始觉醒了，但是因为军阀的镇压，民众终不能高高地抬起头来；后此几年潜在的努力，经过了民十二“二七”的惨剧，遂激成了民国十三年十一月的政变，直系军阀吴佩孚武力统一的好梦打破，奉系军阀却也不能逞强于一时，军阀中分化出了一部分与民众接近的势力（国民军），军阀统治的局面打破，民众势力遂抬头了——我们且看，民国十四年上半年，全国劳动运动复兴（全国铁路总工会成立，第二次全国劳动代表大会举行于广州，全国总工会成立），各地罢工盛行（北京、汉口、山东、安徽、东三省），国民会议促成会在穷乡僻壤中都成立了。“废除不平等条约”的口号已经深入到极下层的群众当中去，学生热烈地参加政治运动（北京学生之五七示威，太原学生之抗税暴动，福州学生反日运动之流血）：总之，此时几乎全国都被革命的潮流激荡着，民众已经走上了“革命”之山的高峰，震撼了各强盗国家在中国胜利的地位，他们都奔走惶骇，不可终日！

这些强盗拼命地吸吮我们的血液，我们也拼命地□杀死这些强盗，他们有金钱，枪炮，我们有头颅，热血；这样旗鼓相当，势不相下的局面，像面对面飞驰着的两列火车一样，更接近，更危险，呵呀！轰！惊天动地！火车碰头了——南京路的一声“FIRE!”（开枪!）轰轰烈烈的五卅运动开幕了!

想来大家还记得很清楚：上海的屠杀以后，汉口、重庆、广东沙面的机关枪都接着轰射，我们的弟兄姊妹又有无数的倒在血泊中了！上海民众的反抗显然是触怒了那些有钱的“洋大人”的，“奴隶反抗起主人来了，这还了得！不给你们一个利害，你们这样真会闹翻天啊!”——那些大腹便便的“洋老爷们”当然都这样怒吼着！汉口等处的流血，便是他们此种怒吼的结果。他们以为这样一来，便可以把这些“不知事物的暴徒”压伏下去，再作他们极驯服的奴隶，像庚子年义和团事件以后的情形一样。他们真是糊涂，事情和他们想像的恰恰相反！他们这样野蛮的屠杀直像火上加油，我们即刻看见全国各阶级的民众，从城市里的工人、学生、小手工业者、小商人、各地商会甚至于教会及教会学校里的智识分子，乃至穷乡僻壤的农民群众，并且有一部分军队（如国民军）都一致地站起来，跳到那些野蛮的外国强盗对面，揎拳怒目，和强盗们厮拼，罢工、罢市、罢课成了各地一致的行动——到了这时，革命的火已经在全国各地燃烧起来，呵！呵！蔓延到了全国的革命之火呵!

同时，我们知道，这些外国强盗自己家里还有很多算不清的账，即是说，在他们各人自己国家里，还有无数万千的兄弟姊妹们被踹在他们的铁蹄之下，这些兄弟姊妹是每一天都在准备推翻那些强盗的铁蹄，爬起来作个自由人的。那些强盗一只脚踏在我们中国人（还有印度、波斯等国人）的背上，一只脚踏在他们本国工人、农民们的背上，他们先以为是再稳当也不过的；现在两只脚下被踏着的人都渐渐明白了，这些被踹的人要伸起腰来，摔死这些狗强盗！中国被压迫的民众起来了，英国、日本、美国等的工人等也都起来了，因为彼此都明白，我起来救了我自己，也是救了你，你起来救了我，也是救了你自己，大家同是在一只遇着大风浪的海船上，所谓“同舟共济”便是这种情形。这样一来，真叫那些外国强盗着慌了!

他们不得不改变方针。他们于是用种种威胁利诱的手段，扰乱我们集中的队伍。他们用关税会议来贿买军阀，叫军阀更严厉的压迫我们；他们用口头的空人情诱骗大商人，用“赤化”等名词威吓小商人，用金钱收买工贼……使这些人离开我们的队伍并扰乱我们的队伍；他们又用“苏俄煽动”等谣言欺骗他们本国的工人、农民们，使他们从〈重〉新埋头下去作驯服的奴隶——他们此种措施，都有了相当的功效——他们已经站在我们的背上，他们是世界的统治者，他们有着各方面的优势，他们是一个百足虫，当然他们是不能象一匹小鼠子一样容易打死的。可是——可是，在我们一方面，我们是春天，我们是朝日，我们也会遇着雨雪，我们也会遇着云霾，然而我们的生气是日益蓬勃的，我们的光芒是永远四射的；只要看过去一年中各地民众运动的兴起，我们是毫不疑虑地相信我们自己的光明之前途的！

五卅运动有着各方面的重要，我在此地只特别指出两点来说。

第一，五卅运动是全国各阶级民众参加的，结成了国民革命的联合战线。我们是全民族都受着外国资本家（所谓“帝国主义”）的压迫，工人、农民不用说了，便是小商人乃至大商人等，都是在外国的货物与资本的压迫之下：必须打倒这些洋强盗，我们中国人——各阶级的中国人，才能伸头。所以打倒洋强盗（所谓“打倒帝国主义！”）是全中国被压迫的民众都应该起来干的（这样全体起来打倒洋强盗便叫作“国民革命”）。庚子年的义和团只是许多穷的农民干的，“五四”只是许多有血性的学生干的，“二七”只是许多最觉悟的工人干的。只有“五卅”——只有“五卅”才是工人、学生、商人、农民，一切被压迫的民众起来干的！中国的国民革命已经开始，这是多么可以注意的事呵！

第二，五卅运动获得了全世界被压迫者的援助，结成了世界革命的联合战线。中国被压迫的民众要伸头——求解放，须打倒那些洋强盗（英美日等帝国主义）；各资本主义国家以及其他各被压迫的民族（如印度等）要伸头——求解放，也须打倒那些洋强盗。说明白些，世界上一切被压迫的人们要伸头，必须大家联合起来把所有的强盗打倒（这样联合起来把所有的强盗打倒便叫作“世界革命”）。中国以前各次反抗外国强盗的运动是没有获得世界其他被压迫者的援助的，这一次——“五卅”这一次，伸了头的俄国兄弟姊妹不必说了，他如英、美、日、法等强盗国家里的工人、农民们，印度、菲律滨等和我们一样被压迫的弟兄们，都争先恐后地来帮助我们。世界上被压迫的人们都绕成了一个圈儿向那些强盗的帝国主义进攻，这又是多么有意义的事啊！

五卅运动将我们的“红色的五月”之塔培修到光芒万丈直冲云霄了！

好一座光芒四射的红色之塔啊！

他在坎坷不平的世道上，他在风紧雨急的暴风雨中，指示给我们以去路！

他告诉我们，我们是被野蛮狠毒的帝国主义压迫着——我们全中国民众都是；我们应该各阶级的民众都联合起来打倒那些帝国主义的强盗，才能伸头。

他告诉我们，世界上还有很多很多的兄弟姊妹是被同一的强盗压迫着，我们应该各地被压迫的民众，都联合起来打倒那同一的强盗，才能大家伸头。

他告诉我们，那些强盗的帝国主义渐渐走到了他们的末日，他们对于我们的大屠杀适足以证明他们张皇失措；他们这种野蛮的愚蠢的举动，实际是为我们训练战士，为他们自己预备墓窟！

他告诉我们，几十年的牺牲，无数次的流血，虽然给了我们无限的悲哀，同时也给了我们不断的兴奋，从最初到最后，我们终是前进的，我们更有力，更聪明，更勇敢，我们是胜利者呵！

我们齐集在“红色的五月”之塔下，踏着血光，迈步前进呵！

（原载《中国青年》1926年第121期）

署名：求实

五卅杂话一束

（一九二六年六月六日）

五卅案失败的罪魁是共产党?

《醒狮》八五期艮生的《五卅案失败的原因》，列举五大原因，一与二可合并为一条，即是“军阀内争，无以对外”，三、共产党将五卅案涂以“不相干的色彩，致帝国主义者得以信口雌黄，一方破坏我国际的同情，一方离间我国民的一致”；四、共产党把持各地学生运动，国人因厌恶“赤化”学生，致对五卅案亦冷淡；五、因共产党的“暴行”，致一部分学者、政客、商人以及不相干的留学生等等都去勾结军阀帝国主义者。这样看来，共产党真是致五卅案失败的罪魁了！其实艮生何必不顺便加上一句，吴佩孚之打张作霖，乃是陈独秀到汉口去怂恿的，这样，四大罪名都可以由共产党一齐担下去了，不更好吗？只可惜事实完全推翻了艮生的立场！五卅本身便是有那“不相干的色彩”的，本身便是红色的，学生运动日趋于革命——“赤化”，实际帮助了民众更清楚地认识了五卅的意义；“信口雌黄”是反动势力对付革命民众惯用的手段，一部分学者商人等本是植基于帝国主义与军阀的怀中，在中国还没有共产党的时候，他们老早就与帝国主义与军阀结了不解之缘，……这些明显的事实艮生若是还没有见及，便请不要再胡言乱道，糟蹋白纸黑字，枉费了印刷工的精力！

共产党是难于合作的吗?

曾琦在八十五期《醒狮》上说“国内各界因共产党而难于合作”，同期有许多文字里都有这类似的文句。仿佛共产党是茹毛饮血的野人，是肺病到了第三期的患者，沾着了他就会要命丧九泉的！其实啊，到了今天还说这样的话，真是再荒谬绝伦也没有了。共产党是一个行动的党，共产党员都是在社会中与群众共处生活的人，几年来，尤其是五卅及其以后的群众运动，他没有不参加的，过去他与工人、学生、商人、兵士各界的合作都有相当的成绩，并没有人怎样觉得共产党是难于合作的。只有反动的国民党右派、新社会民主党和国家主义派出现以后，认定共产党是他们的眼中钉；共产党不肯和他们同流合污做反革命，他们便高叫共产党难于合作了！实际，我们看见，群众总是与共产党在一处，反是国家主义派等在那儿努力破坏群众的联合战线。过去在北京、河南、汉口、宁波、上海等处所发生的事实，我们不用提了，便是这次全国各界同声愤慨的五卅纪念，我们在上海看见了国家主义派的光华大学等都闭门茹素，不参加校外的群众运动，国民党右派与新社会民主党等和工贼们勾结在斜桥一隅开纪念会，不参加西门公共体育场各界所召集的大会与游行；在南京，我们看见国家主义派及东方文化派等的东南大学、金陵大学等，群集在东大开纪念会，不参加南京各界在公共体育场召集的大会与游行。这些事实不已经充分证明了国家主义派等之破坏革命的联合战线吗？

苏俄与英日等帝国主义议和了？

曾解〈琦〉在“从五卅纪念说到全民救国”一文里，一则曰“赤白色帝国主义联合向我进攻”，再则曰，“新旧帝国主义者”——苏俄与英日等帝国主义，仍然是“一鼻孔出气”。大概曾解〈琦〉已经从哪里看见了苏俄与英日议和的秘密文件，不然，他这篇文章恐怕是在梦中作的，岂有青天白日，睁着两个人眼睛来说瞎话呢？

好一个“崭新的国家主义青年团”！

李琯卿告诉我们，“五卅运动由一时的群众运动一变而为永久的全民革命运动”，“具体的实例”便是“五卅惨案发生三五月以后，在我们中国国内发现了一个大规模的具有全国组织的青年革命团体”——一个“崭新的国家主义青年团”，他成立以后的七八月中，除掉发了几篇主旨在痛诋共产党的宣言而外，作了两件实际工作，一件是运动英国公使馆工人数十名罢工，一件便是在北京反俄援侨大会中打伤了共产党人若干名。好一个“崭新的国家主义青年团”呵！

“提倡教育于上，埋头读书于下”——国家主义者之“救国秘决”！

张介石在《无耻纪念》一文里，指斥“摇旗呐喊，口头牺牲，游街”等形式纪念，不是雪国耻之道，他说勾践图吴、日本维新，都经数十年的生聚教训；“德国被拿破仑蹂躏时，其危急并不下于今日之我国，只有斐斯的提倡教育于上，俾士麦、毛奇等埋头读书于下，养之六十年，及至师丹一役，而德国之国耻雪矣。”这样一来，“崭新的”国家主义青年团应该即刻解散，《醒狮》、《自强》、《国魂》等应该即刻停刊，只许《国家与教育》和《中华教育界》出版，或者再出一两种《书窗杂志》，曾琦、张介石等都好好去下帏读书，不许到外边胡说放屁，等到六十年后，你们须发皆白的时候，再启帏出来，“扶杖观成”！不过应该注意的，只要你们几位中国的“俾士麦和斐斯的”这样去干好了，其余的芸芸众生，任他们去“牺牲”，你们不要管他们，否则，即令你们有乌龟一样的高寿，你们“扶杖”所“观”的永远只是“不成”呵！

“中国新社会民主党”之狂吠！

在此次五卅纪念中，所谓“中国新社会民主党”者发表了一篇《告全国民众》的宣言，指斥去年工商学联合会之提出十七条是“开倒车运动”，并且也婢学夫人地叫出“打倒赤色帝国主义，消灭大彼得传统阴谋”。哼！复辟党江亢虎的新社会民主党也敢在革命的民众面前放狗屁！自然，以复辟党的方向看去，革命当然是“开倒车”呀！只是太不自量，复辟狗也想狂吠两声“反赤”，分润六十万金磅〈镑〉之若干吗？你这种不时髦的狗，谁把你放在眼角里呵！

上海《申报》与《新闻报》之五卅纪念观

上海算是全国舆论的中心，《申报》和《新闻报》是上海——亦是全国销行最广的报纸；此次五卅纪念，《申报》的评论说，“下旗、静默、素餐、鸣钟以及设祭追悼等为五卅纪念最正常之表示”，《新闻报》的评论说，吾人应使“五卅纪念日非复彼此（按指外国人与中国人，下同）误会的纪念日，而当为彼此合力所由起始之纪念日，互相提携，以期上海之昌盛，更盛于今日焉”。照《申报》的意见，五卅诸烈士之死，竟和许多身染不治之症因而寿终正寝的先生老爷之死一样；照《新闻报》的意见，五卅诸烈士之流血，为的只是促使中外互相提携以期上海之昌盛，换一句话，便是使外人在上海的权力更大，使我同胞流血死难之机会更多！咳，诸烈士死而有知，如何能瞑目！全国民众果尽受此种舆论之指导，那真会“国亡无日”，人民亦不知命在何时啊！

《时事新报》之一句良心话

上海《时事新报》五卅纪念日的社评，里面有许多可以訾议的地方，但他说了一句良心话，便是，“青年之举动，辄受压迫、唾骂、厌恶、非笑，故其能力大都消耗于对付压迫、唾骂、厌恶、非笑之中”。我仿佛记得，便是今天说这话的《时事新报》，过去对青年亦作了不少的对头哩！

（原载 1926 年《中国青年》第 122 期）

反对“新屠杀”的制造者呵！

（一九二六年六月十一日）

关税会议仅议至二五附加税为止，
一万万卖国大借款之进行，
奉直军阀出卖五卅血案，
每一个国民均应亟起反抗之！

自从国民军退守南口以后，北京入了直奉军阀的掌握之中，这些虎豹豺狼的爪牙能够伸到更广阔的地带（由东三省经直鲁豫以至川鄂湘），于是，强迫行使军用票，取缔人民一切自由，通缉杀戮，奸淫烧抢，无所不用其极，人民陷入水深火热，成了直奉军阀虎口中的俘虏与牺牲！他们在民众流聚的血泊中游泳，他们在民众惨死的枯骨上高歌欢舞！他们耍着一道“反赤”的辰州符，赚得了帝国主义的嘉许，拉拢了近十年来日以兵戈相见的仇雠！他们是“胜利”了，自然也是帝国主义者的“胜利”。

这种“胜利”复活了吴佩孚的武力统一的幻梦，他准备从湘赣闽桂去扑灭广东国民政府，从晋北南口去扫清国民军。像这样的全国用兵，必须有大宗的财源，而鄂豫等省因为连年搜括，已经弄到民穷财尽，这种情势自然要使吴贼的眼光专注在他的主人——帝国主义者的身上，作出种种迫不及待摇尾乞怜的丑态。他所希望的是帝国主义者恩赐他若干金镑，目前金镑的来源最近便的当然是关税会议这一途了。

我们大概都能了解，所谓关税会议，不过是帝国主义者公开地资助军阀延长内乱的一种形式。关税会议若能依据华盛顿条约的规定，将中国的关税由五分增加到七．五，即所谓实行二．五附加税，则中国财政收入每年可增加约三千万元；北京政府若在吴佩孚掌握之中，这三千万便是吴贼的囊中物，若在张作霖掌握之中，便是张匪的了。

最近段祺瑞滚蛋以后，吴佩孚力护其所渭“宪法”，坚持颜惠庆内阁，令顾维钧长财政，为的是什么呢？我们且看下列的消息！

“闻吴佩孚与张志潭、顾维钧等，在汉预定计划，一年内可以统一中国，而且最要则在完成关税会议，俾财政有恃无恐，然后可以进行，所以吴心心念念，以颜惠庆为总理……”——上海《新闻报》五月十五日北京特约通信。

“吴佩孚嘱顾维钧，筹划财政，永远计划，勿徒顾目前。”——上海《新闻报》五月十九日北京电。

“顾维钧长之新计划，拟致全力于关税会议，预计新税增加之结果，可得一万万以上，即于其中提出三千万作为基金，备明年一年之军政费。”——上海《时报》五月十九日北京电。

“……吴氏之必坚持颜阁正式成立者，即欲以此内阁进行大借款，以为统一中国之用。……据闻借款现有三种：(一) 以关税二五附加税年可增收之三千万元作抵，借款总数一万万元（按此即前电顾计划中之一万万），已向在中国占有经济优势之某国接洽……”——上海国民社五月二十七日天津快信。

这些消息指示给我们的真是再明显也没有了。我们大概都还记得，去年反奉战争初起的时候，吴佩孚曾经电北京公使团，反对关税会议的，可是现在完全变转来了，此种反复无常，吴佩孚自己解释说，“去年因段非法政府，曾表示反对关会，今已境迁，对关会望积极进行”（见上海《申报》六月七日北京电)。这种解释活画出军阀的那种“有奶便是娘”的丑态，哼！好一个“今已境迁”呵！

奉系军阀方面，在去年关税会议召集之初，我们便已指出其狼子野心，虽经过反奉之挫折，其妄想王于关内，固无时或已也；更加以吴佩孚之声势煊赫，使其更不能不积极扩充军备，然一年来的苦战，东三省的金融紊乱不堪，饷源蹶竭，因而兵变频仍，闾阎骚动，则对于此数千万之巨款安能忘情。我们且读下列的消息：

“奉票大跌，市面因之大起恐慌，奉张因受此影响，急速入关，图与吴会晤，组成一正式政府，俾关会得有结束，增加一种大宗进款，张亦可分润其利……”——上海《中国报》六月五日北京电。

“张作霖离奉前，会议预定入关任务，……（三）完成关会，由二五附加税着手，救济用兵各省金融……”——上海《新闻报》六月七日天津电。

“张方要人云，此次吴坚持颜阁，无非注重在关税问题……雨帅此次入关，仍望本公开做去。”——上海《申报》六月七日北京电。

奉张此时对于关税会议的态度，大有美国对中国所持之“门户开放”的主张的意味，所谓“公开做去”无异于“有钱大家分”而已！可见张匪是如何重视关税会议之结果！他如鲁张、直褚亦莫不想分此一杯羹，如张、褚五月三十日在济南会议所决定之“请政府偿还作战之损失，要求拨给巨款，赈济直鲁灾民”，便可明白看出。

一群家贼既然如上所述地纷呶不已，那操纵着这群家贼在国内捣乱的帝国主义者的态度又待如何呢？我们且先看下列的消息：

“关会，列国已商定，只依华会协定，先办二五附加税，至新税率，以各省混战，厘金万不能裁，即协定亦无法实行，近因各地乱象日增，拟即通知中国政府，即依如此结束。”——上海《申报》五月二十六日北京电。

“使团中有一二国同情中国实力派，盼二五速成，俾厘金不必裁而关税自主永不能实现。”——同上六月六日北京电。

“各国代表关于会务，大致可分为两派——（甲派）以华盛顿条约规定之二五附加税实行案之实施决定，为关税会议最终之结果……大势上，以甲派主张为有力，此项主张，英国代表倡议最力……美国亦似表示同意……日前日本外务省曾训令出席代表日置益与芳泽公使，令其俟二五附加税案决定实施后，即归国复命，于此可知日本之用意。故关税会议，今后殆无达到我国期望自主之可能也。”——上海《中国报》六月十日北京通讯。

从上面所述的消息中，我们可以了然于帝国主义者的态度。于此，我们不能不回忆起此出“同床各梦”的滑稽剧去年开幕时的情景。

在去年五卅以后，英帝国主义者弄到不能下台的地步，不能不竭力买贿奉皖军阀，使其压服民众的反英运动，用关税自主的空希望来缓和民众的激昂。关税会议，虽然有使英国失去固有权利的危险，也不得不冒险为之，所以当时英帝国主义者便于极严格而周密的条件中赞成了关税会议的召集。日本一面固然害怕关税自主妨害了她对于中国的经济侵略，但同时也妄想在关税会议中取英国在华的优越地位而代之，所以日本也于恐怖高兴的矛盾情态中参加了关税会议。美国是在寻找每一个机会来实现她那“门户开放”之幻想的，她认定关税会议又是一个好机会，她便捉住了①。

从上面，我们可以看出，英日帝国主义者对于关税会议，都在当时的情势之下，各有其不同的野心；情势一变，他们的野心自然也要变换方向。今天，所谓“反赤”政策的成功，在帝国主义者的眼中，民众革命运动已经是一落千丈，这出骗人的滑稽剧可以闭幕，不须再冒不必冒之险了！这便是他们藉口内乱，即刻

---

① 注：参看《关税问题与特别会议》——中国青年社丛书之四。

结束关税会议的来由。可是，他们所豢养的那一批家贼向他们所恳求的，他们自然不能不照应，而且究竟“反叛的”民众并没有死尽灭绝，“南赤”的国民政府，“北赤”的国民军都还在他们的两旁环伺着，他们实在还大有恃于这批家贼的活动，他们自然要充分供给这些家贼的需求。二五附加税案之决定实施，作用便在这里了——便在充分供给奉直军阀以金钱，使他们得以西剿南侵，杀尽每一个求解放的人民，毁绝一切代表人民利益的军队与政府，造成清一色的反动势力的统治，使帝国主义者得以安心搜括与剥削，不受丝毫的威胁与妨害！

不止此也！五卅案是中国民众寝食难忘的事，此案不解决终究是帝国主义者心腹中的隐患；他们已经用尽心机将一件惨无天日的大案件撕成四分五裂，他们竟横想将此笔算不清的账一笔勾销。我们读了下面这段消息，真不知如何愤恨填膺，狂詈帝国主义者与军阀之凶狡险毒呵！——

“传颜惠庆将在极短期间，秘密解决五卅案以为外国承认颜阁条件。”——上海《商报》六月一日北京电。

吴贼佩孚为了数千万而坚持不知所自来的颜阁成立，又为了取得外团承认，而不惜牺牲百数十同胞的热血，千万数同胞的痛苦与饥饿，且是全国被压迫民众一日不能忘的耻辱所汇化的五卅案，谋一秘密的——显然是顺着帝国主义者的意志的——解决，显然会结论到中国人民该死且死有余辜，外国人之开枪是正当，是神圣的“人权”！呵！是可忍孰不可忍！我们怎能容许这批狗彘不食的家贼这样横行霸道肆无忌惮呵！

问题到了现在，实在严重到每一个国民都不能够忽视了！

我们从积极方面说，关税自主自然毫无希望，收回海关权更是昙花泡影；从消极方面说，奉直军阀短期的联合统治，已经弄到在乡村，人民转徙流离，十室九空，饿殍载途，伏尸遍野。在城市，金融紊乱，物价奇涨，市面萧条，人心浮动，他如学校辍课，工人失业，因伸正义而横遭惨戮，缺供奉致幽困囹圄！伤心哉！吾民何辜，遭此荼毒！率兽食人，不过此也！而今——咳！而今呵！帝国主义者更资以数千万之金钱，更不知运来几何许之枪炮子弹！他们正在努力制造新的内乱与屠杀！如此助纣为虐，我们每一个国民都不能［不］拟想“我的命在何时呵！”

这个问题显然不是属于一部分人的！我们已经看见各阶级的民众都起来了，许多商会、工会、学生会都起来发表了反抗的意见；但我们以为应该有更普遍的反抗运动，我们青年自己应该了解这问题的严重而积极起来反抗，我们青年更应该到一切可能去的群众中去为他们解释，帮助他们了解，号召他们起来反抗！只有全国民众的力量才能抵御帝国主义者与军阀的此种黑色的凶猛的进攻！

我们应该——

反对奉直军阀出卖五卅案！

反对关税二五附加税！

反对卖国大借款！

要求无条件关税自主与收回海关管理权！

（原载《中国青年》1926年第123期）

署名：求实

怎样利用今年的暑假

（一九二六年六月二十日）

享乐呢？还是作工呢？

暑假又快到了。

我们的父母，我们的哥哥姐姐或者妻儿们，恐怕都正在家中屈指计算我们的归程，他们想着我们数月的苦读，暑假中应该好好休息了。或者我们自己——我们青年学生自己，心的深处亦隐隐地有着这种要求，微笑地期望着这行将到来的美满而舒适的快乐之梦。

倘使这样，我们是错了！我们十分羞惭地错了！

我们且睁眼一看，自长城边迄南海岸，从吴淞口外上溯至峨嵋山巅，何时无兵灾，何处蔑匪患！京津豫鄂奉鲁各城，纸币价格低落，百物奇涨，东三省及江淮两湖一带，旱魃为厉，赤地千里，一般人民都如在沸汤中讨生活，钝刀下受死刑——数十年来，全中国人民被各种反动势力包围着，迫之使向“火焰山”上奔赴，现在已经奔到了山的极顶，火焰是愈烧愈狂，人民是无路可走，赤练似的火蛇向每一个人的眼鼻中胸腹中乱窜，人民早已焦头烂额，仅存的内部的心脏亦将被毁成灰烬，咳呀！人民是几乎无法生存了！

可怜的万万数同胞呵！他们的眼目被烟雾迷蒙了，他们的神志被周身的火焰熏得昏了，他们看不清自己的出路，他们急待援手！我们每天在自修室里，只要平心静气，便隐隐然听见窗外传来断续的悲号，气尽力微的哀呼！呵！是怎样的悲惨，是怎样的令人心酸泪落，兴奋欲狂呵！（原文如此——编者）

我们一切的青年们都是坐在同一的剧场里，这一幕一幕的悲剧自然都映进了每一个青年的眼帘，这样，我们还有什么心肠去贪恋那美满而舒适的快乐之梦？而且，实际我们大部分都还多少是剧中人，那美满而舒适的快乐，对于我们，真只是一场幻梦，我们便是求之亦不可得的呵！

可敬可爱的青年们！暑假又快到了，我们待如何呢？

许多青年们亦颇知道自己的责任。“到民间去！”几乎年年这样叫，人人这样叫，只可惜多半是空空叫过了！今年——真正的人民已经到了“无以聊生”的今年，我们再不能这样敷衍下去了！我们应该把我们的面孔都向着我们周围的苦人儿们，我们可以勿视父母对于我们的姑息与偏爱，我们应该拉着自己的弟兄姊妹，乃至妻儿们都走向苦人儿们中间去！

我们应该明白，在上课的时期，多分算是别人教育我们自己，可是到了假期中——特别是暑假中，便是我们自己教育那些苦人儿们的时候了！我们应该即时准备在暑假中怎样去伺候在我们周围环绕着的许多急待援手的苦人儿——民众！

* * *

怎样办呢？我们在去年寒假中曾有下列的提议（见本刊一〇四期），现在我们觉得还能够适用于暑假，并且暑假时间很长，亦少旧习惯（如过年）之牵制，更能有充分时间进行此计划，所以特再转载如下：

“第一，在放假以前，应当联合热心的同乡学生，筹备假期中游行讲演演剧之团体。放假时应即刻回到本县，若县城内有中小学校尚未放假，或有其他青年或人民组织，应即设法在此等学校或人民组织中作公开演讲，并提倡他们组织各种团体，欢迎他们加入游行讲演演剧团。关于游行讲演演剧之费用，由愿参加者尽力自备，但相互间亦可量力补助。

第二，在放假以前，应集资购买书报，刊印传单图画标语。传单标语文字宜简短明白，印行份数愈多愈好。回家后应在农村各处遍发传单，遍贴标语图画，以帮助口头宣传，而使农民群众接受我们的影响。

第三，旅行讲演所经过的地方，宜注意联络进步的小学教师、毕业学生、乡村中小学生及农民，赠以书报，与之为亲密详细的谈话，介绍之加入国民党或其他进步青年团体，其思想最彻底明了，肯为穷苦工农奋斗到底的，可直接介绍使与 CP 或 CY 发生关系。我们若常能与此等进步分子接近，则宜时常往来谈话；若居处辽远，亦应常与通信，以鼓励他们向上奋斗的决心，而逐渐提高他们的觉悟程度。各地国民党及其他进步青年团体应即刻拟定切实办法，趁此时发展支部到各农村中去，每个革命的青年应积极负责进行此项工作，务须于“下季”开学以前使此等支部在农村中确立基础，且使比较有力分子能负领导之责，与都市中革命组织发生固定关系。”

此外，我们还特别提出四点应注意的地方：

第四，暑假为期既长，我们应该邀约同志在乡村中设立暑假补习学校或平民学校，这是我们接近农村青年，直接并间接宣传农村群众之最好机会；学校设备可以十分简单，并可取露天学校形式；教授亦不必拘于灌入式，可应用各种谈话或辩论的形式，以期引起听众的兴趣。

第五，本年暑假中各地讲演演剧谈话及平民学校的材料，应注意介绍：帝国主义及其与中国内乱之关系，不平等条约之起源与内容，最近英日帝国主义与奉直军阀相互勾结，剥削压迫杀戮民众之真相，“赤化”与“反赤”究竟是怎样一回事，广东国民政府之政绩及其反抗帝国主义之精神，最近出兵北伐之意义，五卅后一年来民众革命运动及其组织之发展，国民会议运动与中国革命之前途，农村经济制度之不良及其救济之方法，旧风俗迷信之弊害，基督教及教会学校之罪恶等等。我们应当提出下列的口号：“废除不平等条约！”“制止反赤运动！”“拥护广东国民政府北伐！”“召集国民会议！”“组织农民协会！”“废除苛捐杂税！”“改良农民生活！”“工农商学各界大联合！”

第六，我们要使革命的宣传深入民众，即是，要使一般民众都觉悟起来参加国民革命，则必须注意各本地特有的地方争斗工作，如湖北的反对覆验红契，天津济南之反对行使军用票，京汉路一带之反对增收军事特捐等等，因此等争斗与当地民众有切身利害之关系，故藉此机会向他们宣传军阀帝国主义者之罪恶，使之起而反抗，最为有效。为要达到此项宣传目的，我们遂不能不研究各人所住在之地方问题，寻出本地方人民目前痛苦之所在，为之指出解除痛苦之道路。所以“调查并研究地方问题，参加并指导地方争斗工作”亦为我们本年暑假重要工作之一。关于调查工作，我们过去在本刊供献过多次意见，可作参考。

第七，在乡村作工，我们应该认清当地的环境，不可一律机械似地干去，致令落后的民众见了我们害怕因而忌嫌我们。在乡村作工，我们亦不免要遇着阻挠我们进行的人们——绅士、地主、甚至和我们一样年龄的青年们，我们应付这些人亦应该要十分审慎，不可一概以敌人视之，以反革命加之；有许多人亦是很有革命性的，只是或者因为有成见，或者因为见解不到，或者因为我们自己的态度不好，所以跑出来和我们作对头。我们对于这些人总应该平心静气，好为解释，拉着他们和我们一道干去，要他们到工作中认识我们，我们亦在工作中来认识他们。总之，我们不可很幼稚地一意孤行，以为只有我一个人和我的几个朋友是革命的，旁的都是不革命的；这种态度，只是灭杀我们自己的力量，我们绝对应该免除的。

暑期工作需用的参考书，摘要开列如下：

《不平等条约》——向导丛书、《中国革命问题论文》、《中国共产党五年来之政治主张》、《关税问题与特别会议》——中国青年社丛书、《青年工人问题》——同上。

《中国国民党第一次大会宣言及决议案》、《中国国民党第二次大会宣言及决议案》。

《新青年》——国民革命号、《中国共产党告农民书》、《非基督教运动》、《向导周报》、《中国青年》、《中国学生》——全国学生总会出版、《洪水半月刊》——创造社出版、《光明半月刊》——中国济难会出版。

以上各书均可从本刊发行通信处购取。

（原载《中国青年》1926年第124期）

署名：求实

国家主义派的实际行动

（一九二六年七月三日）

恕罪，又说到了国家主义派的领袖们！

国家主义派的领袖们颇有着“他们的”进步，他们已经“由言论进而实际行动”了。

他们的言论告诉了我们，他们是思想落后的“士子”们，受不了帝国主义与军阀的压迫与欺凌，但又缺乏革命的勇气与决心，以致彷徨无主，帝国主义者与军阀因从而催眠之，利用之，结果，这些“士子”们便都倒到帝国主义者与军阀怀里，做着他们的忠臣，专一与革命的势力为难！帝国主义者与军阀说广东赤化了，这些“士子”们也应声说广东赤化了；帝国主义者与军阀说五卅案完全是共产党人闹的乱子，这些“士子”们也应声说“这是的确的”。共产党不必说了，便是革命的国民党，便是伟大的孙中山先生，便是一切比较进步的团体与个人，都要遭着他们的攻击！凡是留心过年来国家主义者的言论的人，都能证明这些话并不曾冤枉他们。

现在这些“士子”们已经由言论进而实际行动了。

第一次是北京反俄援侨大会的事件。这件事我不必细说，我们只要重复翻出当时几种报纸的忠实记载，便可看出国家主义者当时赫赫的威风。这次事件证明了他们已经在实际行动上履行他们对于帝国主义者与军阀的义务，他们拼命的殴打共产党员和许多革命的青年——这都是帝国主义者与军阀早欲得而甘心的一些“叛徒”。虽然事后的一切的责任都被推到共产党身上，究竟何能掩尽天下人的耳目？我不须更多写了，人们都已经看出了国家主义者真面目之一角。

在这一个月中发生了两件事情，这都是国家主义派诸君子的“实际行动”。

据上海《申报》、《商报》等载，六月二日，重庆联合中学训育主任张文暌、教员罗圣安、女师教务长罗泽邦、小学主任宋继武，率领男女学生四五十人，闯至《新蜀报》馆，将该主笔周某横加侮辱，并抓出报社，劫持游街，最后又拥回女师，强迫道歉，后始放归；两校校长又踵至报馆索取《更正号外》二万张。原因系《新蜀报》馆当日误（?）登了五卅纪念两校“不许学生参加”的新闻，并批评为“美中不足”。我们看了这段新闻，便很奇怪这些校长先生们何以如此小题大做，实际反多少暴露自己掩过饰非的丑态。昨天偶接到一位四川朋友的来信，也提到了这件事情，并揭开了这件事的内幕，叫我们感到了很大的兴趣。这信上说：

“……表面虽如此，其中实更有隐情在焉。缘《新蜀报》乃吾渝较进步之报纸，遇事尚敢直言，且立论亦能不背时代潮流。如此，其不能见容于旧势力，固势所必然；于是“赤化”、“过激”均加诸该报矣，周星若（该报主笔）亦被指为共产党人矣。……联中女师为国家主义派在渝之大本营，罗、张等乃该派在渝之领袖人物。……此次罗、张等以《新蜀报》之记载为共产党侮辱国家主义者之明证，故不惜出此殴辱手段以对待之。……”

我们看了这段消息，只能长叹一声！谁知相隔不过十天，武昌的“全武行”又开幕了。

据上海《商报》、《申报》等载，六月十三日，国家主义派首领陈启天在武昌中华大学讲演，该校校长陈时恐怕有反对的人在场，开会时声明“会场秩序要紧，今日未请军警到场，已雇神圣工人百余人维持秩序，如有不守秩序者则对付之。”陈启天登台讲演后，先有国家主义分子散发欢迎的传单，随后有少数人散发反对的传单，此时陈时高声谓扰乱会场秩序，即有人在前高呼“抓打驱逐出场”，于是百余“神圣工人”应声而出，持械向场后之群众殴打，该校教员严士佳并持刀杀伤第一师范学生杨某。此时校门紧闭，军警已到场，该校校长按名指捕，结果先后被捕十一人，其中重伤三人，轻伤四人。

这些消息已经充分看出了，国家主义者如何专横凶霸，但事后所谓国家主义者的团体——恐怕只是几个所谓“首领”者罢了——却函电交驰，急如星火地把反对陈启天讲演的青年都指为共产党，从而把一切持刀行凶的罪状都加到共产党身上；比起五卅后和三一八的时候，他们此次至少加了几倍的气愤样。其实这完全是替国家主义派自己所作的罪恶作宣传！人们都能够看出，因为国家主义派的屡次“自暴其恶”，反对国家主义派的空气已经普遍到了一切革命民众当中，并不如陈启天的逻辑“反对国家主义派的就是共产党”，犹如反对帝国主义与军阀的空气已经普遍到了一切革命民众当中，并不如张伯伦、张宗昌的逻辑，“反对帝国主义与军阀的就是共产党”一样。同时，人们都能够信赖，共产党没有要雇用流氓殴打国家主义派的理由。共产党一方面有他自己许多切要的根本的工作要做，没有工夫去“持刀弄杖”；另一方面，共产党并没有感觉到国家主义派的“手段之严密，尤甚于列强与军阀”而须用“吃了奶的力量”去“誓除此亡国妖孽”。

并且，国家主义者对于革命势力的行凶，他们自己亦招供得很明白。他们海外的同志写信回来说，“近闻国内国家主义团体与共产党短兵相接，大获胜利，海外之人闻之莫不称快！”曾琦回信说，“譬有凶人于此……亦惟奉此真理以与周旋而已。”对革命势力行凶便是国家主义派曾琦的“真理”，呵，真是“真理”呵！

五卅以来，日本帝国主义者派兵帮助张作霖恢复其已坠的势力，英帝国主义者派兵威吓广东国民政府，吴佩孚背弃反奉战线而转向国民军进攻，最近英日又拟联合供给张、吴以大批借款与军械，企图平定所谓南赤北赤乃至一切革命势力——这都是帝国主义者与军阀对付革命势力的“实际行动”；国家主义派殴打北京的共产党，蹂躏重庆进步的新闻记者，更持刀弄杖殴伤思想清楚反对糊涂学说的青年学生，且勾结军警加以逮捕——这都是国家主义派对付革命势力的“实际行动”！

（原载《中国青年》1926年第125期）

署名：求实

近来颇有些妄言家

（一九二六年七月四日）

“共产党除外”之民众运动？
“各个人自己起来负责”？
妄言家的“新法宝”，
实际又是一堆新的“灰烬”！

近来颇有些妄言家又谈到“学生与爱国运动”这一类的问题了。

记得在半年前，胡适发表“爱国运动与求学”，主张学生应“闭门读书”的时代，所谓“舆论界”也多应声喧嚷着学生不应该参加爱国运动。可是，纸上的文章虽然照他们的妄想写着，实际的情形却完全出了他们的意料以外：反奉战争中，京津、上海、南京、武汉、开封、长沙等地学生之积极活动，反日出兵，各地学生之热烈的示威，尤其是三一八惨案中学生所表现之勇猛的牺牲精神——这四起的火焰已经把那些先生们的纸上的妄想毁成了灰烬；一切爱国运动，学生终于参加了，很热烈勇猛地参加了！

这种事实的教训，只要不是故意装聋作哑，谁都能亲切地领受到；所以虽极顽固的大学教授们，也不能不承认“有志青年，观此国势，孰不椎心泣血，奋身图报，以恢复祖国为己任”。可是，那些自命为“负有领导青年之责”的先生们，乃至自命为革命家的先生们，便容许革命的青年们这样干下去么？他们想，这样干下去是“过激”了，青年行事总应该“中庸”一点才好；而且每一次群众运动都有共产党人参加指导，这竟是“赤化”了——如此，军阀和帝国主义者岂不会怒发冲冠更加严厉压迫并且联合向我们进攻么？于是在这些不可否认的事实（学生努力参加革命运动）之下，这般妄言家便“抑吾犹有说焉”地转一句下去，抬出了他们的新法宝来。

国家主义派的《自强杂志》说：今日之群众运动，只是“宣言政策”与“杀人政策”，共产党人常用之；“参与群众运动者幸用锐利之眼光，而一察其动机之纯洁与否，勿盲目受人之利用而不自知。”

东南大学学阀们的机关报《东南论衡》说：学生参加群众运动，须有下列三条件：(一) 法律上须获有人格者 (二十岁或二十岁以上)；(二) 须以公民名义，避去学生二字；(三) 须为纯洁自动，避政党操纵。

所谓独立党的《独立评论》说：“北京惨案间接唯一的责任者应是共产党，今后民众一切运动，须完全将共产党除外。”

而最令我们诧异的，便是两年来颇受一般进步中学生欢迎的《学生杂志》，在本年的第五号中，亦竟说出了极谬误的话头！在《三一八惨案责任问题》这题目之下，他竟跟着一般军阀学阀和反动的国家主义者之流学舌，归咎在群众领袖身上，说三一八死难烈士有“被人利用的嫌疑”，是“值不得而死”的，是“上人当而死”的，说：“以后的救国运动，由各个人自己起来负责，再不要迷信什么领袖。”

以上是好几种刊物上讨论 (?)“学生与爱国运动”这类问题的结论，他们还用了许多煽动的语句，如共产党“操纵民众，把持民众”，如“群众运动，群众运动，今日之中国许多罪恶，几何其不俱假汝以行!”他们已经知道，用“读书”来禁阻学生参加革命运动已经是不可能的，遂一转而用“威吓”；他们亦想到，学生参加革命运动，恐怕终究不是“威吓”所能完全禁阻的，但是即令不得已而参加，至少应该要使学生不受“危险的”共产党的影响与领导，即是，使共产党离开革命的青年群众。

他们的此种企图显然又只是一些纸上的妄想，他们是太不懂得实际了。

第一，革命运动是有危险的，是要牺牲的。枪轰弹飞，人肉横飞，血流漂杵，尸积成山，这是无可避免的事；具有无上勇敢的革命青年学生岂会因此而退出革命的战线！何况身居今天的中国，何时何地可保生命的安全？“执政府门前可以放枪，骡马市大街上何尝不可以放枪？请愿的民众可以杀戮，过路的民众何尝不可以杀戮？横直机关枪大炮在他们手里，法律也在他们手里；杀了你，不要说你是乱党，你到何处伸冤?”(《自强杂志》中语) 所以，即令害怕，也是枉然。可喜今天的中国革命青年学生很少是这样庸懦无能的种子啊！

其次，今天中国的民众，因为受着各方面的压迫与束缚，多半具有丰富的革命情绪；可是亦正因为此种压迫与束缚，以致对于革命运动进行的方略，自己的力量与敌人的力量，如何进攻，如何退守等等问题，虽是有知识的青年学生，亦多不能有一种明确的认识——他们有的忙着演习几何代数，有的忙着读英文记生字，有的专一练习足球跳高，为学校撑门面，他们被学校的规律逼着干这些事，没有时间来研究革命问题。在此种广大的革命民众中，必须有一部分人能够切实了解大家的苦痛所在，能够寻出进行革命的方略等等，并且能牺牲一切出来作民众的领袖，领导民众与敌人作战。我们应该知道，革命运动即是一种战争，所以革命的民众应该如军队一样，亦需要司令部与参谋部。有人主张，我们不要“迷信什么领袖”，“各个人自己起来负责”，像这样浪漫的主张，我们可以看出他只是毫不懂得实际，他只是坐在家里空想得快活一下罢了。

有人问，革命运动中的领袖是谁推举出来的呢？回答很简单：是革命的民众推举出来的。接着问，群众都是盲目的，如何能选择出好的领袖？回答是：革命的民众多半不知道革命的方略，这是的确的；可是没有一个革命的工人、农民或青年学生不知道自己的苦痛的，没有一个不知道要解脱自己的痛苦的。革命的民众选择自己的领袖便都拿这个来作标准：谁真能知道他们的痛苦，谁真能知道怎样去解去他们的痛苦，谁真肯牺牲自己的一切去为他们解去痛苦，谁便被选择为他们的领袖。“适者生存”这条自然律，亦可以应用到革命党的发展上面去，俄国共产党之发展与成功是一个极好的例证。民众不管你是博士硕士，不管你是贩夫走卒，合这个条件的，便奉你为领袖，听你的指挥，不合的，便一脚踢开，你滚你的，没有客气，没有宽容。

近年来，各地的民众革命运动，都有共产党参加指导，共产党常能站在领导的地位，即是说，共产党作了革命民众的领袖：这种情形使得一般官商士绅乃至挂着革命招牌的遗老遗少们，都惶骇相告，惊为佰有！革命民众何以舍弃了“很稳妥的很斯文的”士绅之流而选泽“凶恶的危险的赤化的”共产党作他们的领袖，听他们的指挥？于是“秘密组织”啊，“昨夜会议法”啊，“卢布津贴”啊……各种奇异的谣言都来了；在上古未开化的时代，人类对于自己不了解的事物，辄以各种绅〈神〉话拟之，这般官商士绅等很象那未开化的人类——是的，在“革命的世界”中，他们真是“未开化的人类”啊！

其实，一点也不神奇，只是因为共产党真能知道民众的痛苦，真能知道怎佯去解除他们的痛苦，而且真肯牺牲自己的一切去为他们解除痛苦，所以革命的民众都愿意奉共产党为领袖，听他的指挥。刘华同志在上海为革命的民众牺牲了，李慰农同志在山东，黄静源同志在安源，施洋同志在武汉，林祥谦、高克谦诸同志在京汉，黄天白、戴培元诸同志在洛阳，都先后为革命的民众牺牲了，这些地方的革命民众都永远忘不了他们的领袖，永远虔心地受共产党的领导：他们从这些同志的牺牲中取得了各自相当的利益，最叫他们满意的是寻得了这样一个“忠心耿耿的奴仆又慈爱如父母的领袖——共产党”。这个决不是“挂账”的，这一切都是需要“付现”的：共产党付现了，民众对于共产党也付现了，便成功了近年起伏不绝的革命怒潮。

有人主张“今后一切民众运动，须将共产党除外”，这在一种条件之下是可能的，这条件便是中国的民众不革命了；倘使中国民众一天是革命的，他们便一天也不能离开共产党，共产党便也不能舍民众而去——共产党是植基于革命民众之上的，离开民众，共产党便没有存在的意义了。

至若参加革命运动的青年学生，他们都是有着锐利眼光的，他们能够认清谁是为他们的利益而奋斗的，他们赶跑了想利用他们以遂私图的人（在上海、北京、开封、武汉、长沙、广州许多学校学生群众当中，我们都有事实可以证明）。青年学生参加革命运动的动机是为的要解除目前自己和许多同胞所受的压迫与痛苦，没有比这更纯洁的！说来真痛心，北京许多革命的青年学生在谋民众解放的斗争中，纯洁地勇敢地牺牲了，事后一些自命为革命家的却还站在旁边说风凉话儿，诬为“盲目”、“被人利用”；自然这于死难诸烈士的英勇并无所损，这实在是诬陷人者自己的耻辱啊！

用法律来限制青年学生参加革命运动，这真是最可笑的主张了！今天中国的法律曾经给了人民以丝毫应享的权利么？在中国的青年生活中，无论在二十岁以上或以下，都寻不出一点公民权的解释来。就是因为这个，青年学生才要参加革命运动啊！青年学生要用自己的力量去造出为自己的法律来！

承认了学生应该参加革命的爱国运动，却又加上一些无聊的限制，形成其另一种落后思想。你们这些妄言家呀，革命的青年学生永远是站在前线的，少陪了。

（原载《中国青年》1926年第126期）

署名：求实

同学间难于合作吗？

（一九二六年七月十日）

——实际工作中得来之宝贵的经验，

——活动的青年幸注意及之！

一

许多人都知道中国今天需要革命，但是不知道革命怎样才能实现。

有人以为革命是很神秘不可思议的，说不定明天早晨起来，天上变了颜色，革命就成功了，像耍把戏一样。这当然是错误的。又有人以为革命是要“干”的，只要不断地“干”去，无论怎样总是会成功的。这其实也并不是完全正确。

我们知道，在学校举行运动会之初，各项选手们必须有长期实地练习的准备，而在练习中，并不只是随意跑跳，亦必须时时注意纠正“手法”、“姿势”，然后才能在正式运动会中显示身手，夺得锦标。同样，革命之成功，亦必须有充分的实际的准备。

在一次大革命之前，革命的民众，在工厂中，在农村中，在商业界中，在学校中乃至在各种可能的场合中，必须不断地扭着自己的敌人，作各种形式的或大或小的争斗——如工人之以罢工怠工为手段而要求增加工资减少工时，农民组织红枪会自卫团，以武力抗租抗税；商人罢市以拒用军用票，学生罢课以争言论集会之自由，或全体退学以促醒当局改进校务——同时，在这些富有革命意义的争斗中，时时注意解决当前的困难，取得实际的经验，这样，才能希望在正式的“革命”运动会中，作最后的决赛，夺得锦标，成功不世之伟业，解救民众于水火。俄国十月革命的成功，决不是十月二十五日那一晚的事，他们已经有过数十年千百次大小的革命争斗，积聚有无数的实际经验，才培养成这鲜艳的革命之果哩。

今天，在事实上，一般民众都已自觉地或不自觉地作过了不少的革命的争斗(如年来各地罢工罢课罢市等运动)。可是知道从这些争斗中积聚经验，准备作最后“决赛”的实在极少。这是我们不可轻易放过的一个问题。

二

江西东林君（十八岁）来信说，“先生可以相信我并不是共产党；我在本校任自治会长。我只在前天提出要求学校下学期添授社会科学概论，更换国文教员，校长便指我为共产党，同学当中也有好些说我过激，很少赞成我的；我真气死，我决不干这鸟会长了，我还想离去这个死气沉沉的境地!”

河南张君来信说，“我们的励进社终于解体了，因为内部分了两种派别的争端，一种是共产主义者和国家主义者之中〈争〉，一种是省城与省外同志之争。半年来，没有一次开会不是意气的争闹，社务没有一点发展，许多同志都消极下去，不解体其实也自解体了。但是我们还是决意照旧干下去。……”

前天偶然遇着某中学——一个规模很大的中学的同学，和他们谈起他们在学校活动的情形，他们都深深感觉到同学间难于合作。他们说，智识的界限，贫富的界限，班次的界限，乡士的界限，党派的界限，更加以各人的感情意气，学校当局之破坏操纵——在此种情形之下，虽是十数人的一个讲演会也不能顺遂地成立，遇着了大规模的爱国运动，如前次五卅纪念，更显得内部的分崩离析，自己的拳头先打折了自己的腰。他们愤然而又惶然，有两位同学甚至说，“中国若是要靠我们这样的学生得救，中国是无望了!”

这几件事实很明白地告诉我们，这些青年都是卷入在一种革命的争斗中，可是他们不知道从这里面学习经验；遇着困难，不是想“离去”，便是只知蛮“干”，或灰心丧气地说着“无望”。

他们遇着的同一困难是“同学间难于合作”，这其实也是学生界中——甚至是许多群众中，共有的现象。我们听见了某地的学生会分裂了，某校为更换校长而发生了拥某拒某的怪剧，某地为了参加某种示威运动致引起了学生间的斗殴……。这个问题对于青年学生，特别是学生中的活动分子，有严重的意义，我们应该解决这个“难于合作”的困难，获得今后在行动上值得借鉴的经验。

三

同学间岂真是“难于合作”吗?

其实何至于此!我们睁眼一看,农民、工人、商人、各种机关职员、小学教师,乃至兵士警察,无一不在饥饿与死亡的追逐中,这个我们且不用多说;说到青年学生的境遇,我们自己都能亲切地感受到:家庭经济日渐破产,不能供给学费,以致中途失学;幸得毕业却又无职业可就,困守家园,生活无路,乃至有被迫而从军,为军阀吴佩孚效死者(如正定等处);在学校中,恶劣的政治势力与陈腐的社会势力相结作祟,致功课不切实用,设备等于乌有,箝制思想,束缚活动,学校直似牢狱,教员多类禁子。更加以连年兵祸,教育费完全挪作军费,学校关门(如北京长沙等处);军队横行的结果,乃有捣毁学校,杀戮学生等惨剧相继发生(如湖南河南各地)……。在这种情形之下,只要是有脑筋的青年,谁都不能安居,谁都知道要另找出路,亦即是,谁都是革命的。因此,在每一种反抗的行动中,应分是全部的群众都会参加,没有分裂,亦没有中立的。

可是事实上是分裂了,是没有一致行动。这有两方面的原因:一方面是敌人用了各种的方法俘虏了我们若干的兵卒,一方面是我们自己的不善统率,致许多伙伴叛离而去。

在今日情形之下,一条革命与反革命的战线是明显地存在着;帝国主义者与军阀等压迫阶级站在反革命的阵线上,革命阵线上站的便是我们被压迫着的工农商学等一般的民众。两方的力量,若照“应分”的数目字来作比例,后者当然要超过前者万千倍,一旦接触,胜败不难立见。可是,这些压迫阶级的人们都是很聪明的,他们当然要设法加强自己的队伍,减弱我们的力量:好在国家的政权在他们手里,他们有着各种方便,他们握着了伟大的经济权(土地和大工厂等),把多数人的所有都夺去了,使得多数人不能不靠他们吃饭,因而不能不降服在他们的脚跟下,作他们的奴隶;他们握着了伟大的兵工厂火药库,使得多数人不能不跪倒在他们的枪口下,为他们作苦工;而最厉害的是他们的祖先遗传给他们的许多所谓“先王之道”,所谓“教育”、“宗教”。他们办了许多学校,说是使人民开通智识,实际是教人民怎样去服从他们,不作丝毫的反抗。他们立了许多教堂、同善社,说是劝人为善,实际是蒙蔽人的聪明,要人民闭着眼睛做他们驯服的臣仆。他们对于我们青年,更有着最好的手腕,他们利用那些被他们欺骗征服了的教师和父母来作宰割青年的工具,用“古训”箝制青年的思想,用穷愁消磨青年的壮志，用挑拨离间破坏青年的团结。……他们还有着各种巧妙的法门，他们这一切的法门都是很有功效的。看！替他们日夜流汗作苦工的，不是我们队伍里的苦兄弟么？完粮纳税，供给他们挥霍的，不是我们队伍里的苦兄弟么？在枪林弹雨中当炮灰，替他们争地盘的，不是我们队伍里的苦弟兄么？宣传他们的福音，勾引我们的士卒去投降的，不也是我们队伍里的弟兄们么？在战场上，自相残杀，使敌人乘机向我们进攻的，不又是我们队伍里的苦弟兄么？可怜，我们造出枪炮为敌人打死自己的弟兄，自己拿起鸦片为敌人麻醉我们的弟兄，明明是我们一家的人，却帮着强盗来劫夺自己家财，殴辱自己的父母，强奸自己的姊妹……这一切……这一切，咳！——这一切都是我们每天亲眼看见的事实！我们看见，反革命的阵线上，千军万马，都是我们的士卒，却屈服在敌人的羁轭之下，而我们自己的阵线上——革命的阵线上，却只是少数的孤军奋斗，创痕满面，血流沾衣。

四

我们的士卒之成为敌人的俘虏，实在还有另一方面的原因，这原因便是我们自己的“统率无方”。我且只说青年学生界的情形。第一，青年作事，多半不注意运用群众的力量，遇事只是少数人包办。有一次，一位青年对我说：“真无法，和大家作事太难了，还是自己包办得爽快些。”这可以代表许多活动青年的心理。这只是一种偷懒的办法。这是再错误没有的了！我们没有枪炮火药，没有金钱财宝，我们所有的只是这赤裸裸的广大的被压迫的群众；离开群众，我们是没有力量的。敌人正在多方设法俘虏我们的群众，以减少我们的力量，增加他们自己的，我们却因图作事“爽快”而弃群众于不顾，这何异于将自己的刀枪拱手送与敌人，天下还有比这更糊涂的人吗？

其次，有许多活动的青年知道群众是应该取得的——或宁说是应该好好维护住的，可是不知道怎样去使群众站在自己的阵内而不叛离。这里，我们应该懂得极简要的群众心理，便是，群众的眼光不象烛照到很远，群众是急于近功的；只有关系于群众切身的事，只有使群众懂得是自己切身的事，才能激起群众，才能使他效命于疆场。可是许多活动的青年常不注意群众当前的需要，只提出一些关系于国家大事的高远的口号，使群众不能了解，感不到兴趣：如在教员腐败，校长专制的学校中，不提出撤换教员，集会言论自由的要求，只是高喊着打倒帝国主义，收回关税权，打倒军阀等高远的口号；在反对填写誓约书的学潮中，只是空嚷着取消领事裁判权、国民革命万岁等牛头不对马嘴的口号，这如何能号召群众，如何能使群众不叛离而去！

复次，不注意分析群众的成分，加以深切的认识，因而不能提出适当的口号去号召群众。固然，在今日情形之下，被压迫的民众都是革命的；可是因为各人的经济地位不同，他们各自都有其特殊的要求：商人要求的是收回关税权，……农民要求的是蠲免苛捐杂税，……工人要求的是增加工资，减少工时，将来进而推翻资本主义制度，……青年学生要求的是免收学费，教科改良，集会言论自由……。便是青年学生中，因各人家庭经济地位的不同，他们的要求亦并不能一致。但是，这并不是说我们只取群众中的一部分而弃去一部分；我们应该作的是，从群众许多不同的要求中，我们寻出一个当时当地的共同要求出来，号召群众。大而言之，象中国今天在帝国主义与军阀双重的压迫之下，全中国民众的共同要求是打倒帝国主义与打倒军阀的国民革命，所以中国今天革命的总口号是国民革命，一切工农商学群众都能聚集在这口号之下努力奋斗。小而言之，如某学校发生学潮，原因是一年级要求减收学费（四年级是反对的，因为减收学费，四年级便不能出外旅行），三年级反对某教员（这教员却又是一年级欢迎的），而全校一致不满意的是校长的专制与任用私人——在这种情形之下，我们便只应喊出撤换校长的口号，不应同时提出减少学费和撤换某教员的要求；因为在第一口号之下是可以号召全校一致行动的，若同时提出第二第三要求，便会使学生内部意见分歧，发生分裂，第一口号亦不能实现；而且第一口号若实现了，第二第三要求还有在另一方式之下实现的希望。

再次，对于被俘虏去了的群众，不知设法援救，反而“投井下石”。这一类的事实太多了。反对基督教，便对于一切教会学校里的学生横加攻击；反对国家主义派谬误的理论，便对于一切被国家主义派领袖欺骗了的群众肆意辱骂；某一部分学生被学校当局禁制住了，不能出去参加示威活动，这部分学生便成了我们攻击的目标；某一部分学生因为未明了本校学潮的起因，没有积极参加活功，这部分学生便又是众矢之的了。

我们应该知道这些群众并不是天生成不革命或反革命的，他们多半是不及明了真相或遽被敌人蒙蔽了他们的聪明，方才至此。至少我们应分归咎于我们的宣传工作作得不好，我们怎样能专一责骂他们？对于这些群众，我们应该多用力量指出他们是被俘虏了，指出他们的错误，告诉他们并援引他们走上正路，回转到自己阵线里来。这是我们应该作的。

最后，我们应该指出的便是，青年中许多活动分子在工作中的态度不适当，如喜出头，爱摆领袖架子，脸上挂出革命的招牌等等。革命事业是何等神圣严重，在革命的阵线上如何能挟有出风头的卑劣心理？诚朴的革命群众是最嫌忌纨裤〈绔〉浮薄的风头人物的！领袖是由群众选择的，群众选择领袖是以“能否为群众作事”做标准的，空空的玳瑁镜、西装、“仁丹”须、说话走路的装腔作态，……如何能骗得着群众的信任？——这一切只会使群众掩鼻而走。另一方面，说话也是革命，作文也是革命，吃饭穿衣都表现出是革命，事无大小，都以革命的态度对付之，这样，即令你真正是一个热诚的革命者，然而敌人忌嫌你，群众害怕你，你将被压迫而离去你的所在地，受些不应受的无意义的危险，群众离你而去，你是孤立了——这对于革命有什么意义？

* * * *

从上面，我们可以知道我们青年今天的遭遇。我们所住的环境叫我们不能不革命；可是因为敌人的阴险狡诈，因为我们自己的“统率无方”，使得我们的队伍涣散单薄。今天放在我们青年面前的革命工作是如何艰难，却又是如何的重要呵！我们需要无上的困勉，百十倍的努力，招回被俘虏了的弟兄，巩固我们的阵线。

同时，对于一切争斗中所学得的宝贵经验，我们应该日日应用，日日聚积；我们最后的“决赛”近了，我们不可一日懈怠呵！

（原载《中国青年》1926年第127期）

未署名

怎样才能“到民间去”？

（一九二六年七月十七日）

从事地方的调查与研究，
进行地方的和平改良事业，
积极参加并指导地方的斗争，
这样，你便“到民间去”了！

青年们现在多半已经住在各自的家乡，我们特为提出一个问题来讨论，这个问题便是：怎样才真是“到民间去”了。

这个问题对于我们的读者已经不是新的一个，我们前次亦时常提到这问题。

不用说，大家都明白，我们愿意从事的，我们正在从事的，那伟大的革命工作，都是为被压迫的一切民众而作的；大家亦明白，那工作是需要被压迫的一切民众参加，才能有成，才能奏效。所以，排在我们面前的工作是，怎样去了解被压迫民众的需求，怎样去唤起他们来参加革命。

“到民间去！”这个呼声似乎表现着我们的青年都注意到了排在面前的重要工作；然而，实在，这个口号究竟还嫌空洞了，又加以我们青年作工多流于不切实与避难就易，于是使得我们过去的努力没有获得预期的结果。

我们自己的毛病是不用讳言的。许多活动的青年，最爱谈论世界大势，“罗加诺会议”、“法美债务”、“日本政友党拒绝入阁”……，拿着他们从报纸杂志上得来的一点零碎消息，一知半解地高谈阔论，表示自己的学识宏富（?）；若是问他，“你本乡里现在一般农户每年约纳租税若干？你乡里的私塾怎样可以改良？”他必瞠目不知所答，或者还说，“这些小问题谁注意他”。又，我们收到了许多地方青年团体办的刊物——周刊、旬刊、半月刊等，这些刊物里面，我们看见的，内容只是一片的国家大事、世界新闻，文字则新名词加新名词，近百种刊物中，没有三四种真能表现出“地方的色彩”来。X 周刊与 Y 旬刊名称对换，A 地发行的旬报改作 B 地发行，都没有一点不适合的地方。这样“百合钥”式的刊物，对于本地人，与一张白纸有何分别？这样的不切实，好高务〈骛〉远，真是我们大部分青年的大病，我们将因此而致革命工作永远没有好的成绩可言。

我们的青年还有一种最大的缺点，便是耽于空谈，怯于实行，好理论，恶实际，说得深刻一点，直是避难就易，偷懒而已！谈到革命问题，“打倒军阀与帝国主义”，“实行全民革命”，“青年应该到民间去”，雄辩滔滔，像煞有介事；可是一到了应该“干”的时候，便不见了他的踪影，仿佛他的责任只在“空谈”，“实行”则是另一部分人的事一样。我们可以揣想到，不少曾经高叫“到民间去”的青年们，此时恐怕都到“民间去”寻了一块清净安适的所在，过那“夏日炎炎正好眠”的生活哩！比较进步的青年尚不免如此，他无论矣！如此，中国革命还有希望么？

究竟怎样“到民间去”呢？

“到民间去”的第一件事是从事“地方调查与研究”的工作。我们应该利用各种可能的机会（如个人谈话，邻居访问……）去调查本地人民的生活状况，其疾苦与其要求……依照适当的表格，将所得的材料加以整理编制，再加以系统地切实地研究与讨论，得出结论。这结论应该注意两点，第一是本地人民当前的需求是什么，第二是本地之“社会的力量”(Social force) 在哪里。我们知道了第一点，便寻得了本地革命工作的实际目的；知道了第二点，便懂得在本地的革命工作中，什么是应该运用的力量，什么是应该打倒的（所谓“社会的力量”，便是指在本地的经济上、政治上、文化上握有实际权力的那些部分人的力量）。

“到民间去”的第二件事便是进行本地和平的改良事业。关于这一点，我不须多解释。如，改良私塾，设立宣讲所，介绍进步的耕作法……。这种种是帮助我们接近本地民众，取得民众信任的方法之一，亦即是“到民间去”的一条平坦的大道。关于这一方面的话，我不须多说，过去我们说得很多了。

“到民间去”的第三件事是参加地方斗争的工作。就在最近一年中，乡村小镇已经不是前此那样“安静”的了，到处都起了继续不断的骚动。在任何地方，都各有其大小的形式不同的地方争斗。在湖北各乡镇县城中有纳税改现，覆验红契，精盐特捐等地方问题；在湖南有勒派军饷，停止教育经费；在河南山东有地契注册，增加地税，军队借剿红枪会为名，而实行劫掠奸淫；在东三省及京津一带有军用券的滥发，纸币跌价，拉夫，扣车，军队驻扎民宅；在安徽有烟苗特捐；在江西有煤油加税；在云南有随地征借，盐税军饷捐，锡税公债；在江浙、上海连日不断的罢工而外，各小城镇手工业（如丝厂工人、茶叶工人、泥水工人）因生活昂贵而罢工，渔业抗税；在两广有地主土豪勾结土匪，唆使民团，杀戮农民。……总之，在今天没有一块清净的所在，没有一个地方不有其本地的争斗——不论对于军阀、官厅、土豪、劣绅、土匪、流氓。

在这种情势之下，我们应该作的便是积极地参加各本地的地方斗争。我们应该看清这斗争的形势，抓住斗争中的核心问题，定出适当的策略，便即刻牺牲一切，很机警地，很勇敢地去领导群众作战。在作战中，我们应该随时考察我们的策略是否错误，随时鼓励群众的勇气，亦应随时相机为群众解释作战的策略，使其了解，使其信从。一次争斗结束以后，无论胜败，即应搜集各项材料，寻出争斗之起源、经过、胜或败之原因，加以详细之研究，得出教训，宣示群众。

积极参加地方斗争——这工作对于革命前途有极重大的意义：第一，我们自然是为本地被压迫民众争取当前的利益；第二，从争斗中，可以给与群众以战斗的训练；第三，我们可以从动的环境中，考察我们对于本地研究的结果是否正确；第四，我们可以在争斗中显示我们对于人民利益的忠实，指导的适当，因而获得其信任与听从；最后，我们可以获得实际工作的经验以准备后此更严重的决死战。

可敬爱的青年们，只有这样，才能算作“到民间去”“了”，否则，永远只是站在离“民间”不知几千万里的地方而空嚷着“到民间去”啊！

自然，本文说的各项工作，是需要很多同志合作的，这不待更加说明。复次，关于地方调查与研究工作的详细办法，可参看本刊第十一，十三，二九，三二，三七，四〇，四一，四四，四八，四九，五三，五四，六八，七〇，一〇六，一二四等期。

求实附识

（原载《中国青年》1926年第128期）

前　　进

（歌词）

（一九二六年七月十七日）

前进啊，
革命青年，
前进啊！
强敌当前，
勿逡巡！
最可恨，
八十余年侵略吞并；
最可恨，
二十载恃兵横行；
匪祸——兵灾——饥馑！
伤心哉，
我中华民族，
到今日，
无生活，
蔑性命！
是人，
便应起来反抗；
是人啊，
拼此热血，
洗净乾坤！
前进！
冲锋陷阵！

不胜，
不停！
死也甘心！
胜利啊，
终属于我们！

（原载《中国青年》1926年第127期）

《革命歌集》序及三篇说明词[①]

（一九二六年七月二十七日）

序

在他们切迫的呼唤声中，我们呈现这小册的礼物于广大的被压迫青年群众之前。

这册子里面，奏着的是简单而激越的曲谱，唱着的是朴质而壮烈的歌声，通篇燃烧着的更是一片叛徒们不平的反抗的火焰。

她画出了全世界十数万万被压迫民众的痛苦，她宣示了他们数百年的沉冤，她更充分地表现了他们全部所有的不可侮的力量与宏大的志愿。

从同一 Violin 和 Piano 奏出来的曲调，她偏能使葡萄酒变成碧血，玫瑰花幻作刀剑，跳舞厅转为战场，一切的权力者都只能颤抖，趑趄不前。

La Marseillaise 的歌声曾经掩盖了浓密的炮火的雷震，杀退了万数的瑞士羽林军（一七九二年）；《国际歌》的合唱，曾经促成了法国的与俄国的水兵在战场上握手欢笑，弃去了他们手中的刀剑，直弄得法帝国主义者手足无措叫苦连天（一九一八年）。

革命的歌曲是革命军的“生命素”，是他的无可抵御的炮火刀剑，是他的无限的生力军的源泉。大无畏舰可以在革命的歌声中沉没，巧妙的潜水艇更只好悄悄地逃去一边。

我们每一个青年都可以不自菲薄地承认自己是革命战场中之一员，我们当然应该获得这个至宝，培养并且聪明地使用他在我们的后防、前线。

---

① 《革命歌集》，十六开本，一九二六年十二月中国青年社出版。封面作《革命歌声》，共收歌曲十五首，每首歌曲都有五线谱与简谱两种。五线谱系石印。李求实除在《序》中高度赞扬《国际歌》、《马赛曲》之外，还专为《少年先锋》、《马赛曲》、《“二七”纪念歌》写了热情洋溢的说明词。

为了这个，我们呈献这小册的礼物于广大的被压迫青年群众之前。

自然，这里面会多着不和谐的音调，不雅驯的字语；一面，我们希望受读者的指正，可是一面则又以“下等人的本色”自解自慰，因为这个并不是为了歌伎舞女们在玫瑰色的毡坛上娱乐先生，大人，老爷，太太们而存在的呵！

求实

少年先锋

这是全世界革命青年的歌声。他充分的表示着青年对于革命的热忱，勇敢与努力。在西方，尤其是在劳农共和国的苏联，这种歌声，已经深入于群众中！在工厂里，在田野间，在课室中，特别在任何青年集会的时候，我们总可以听着一种雄壮而激越的音调：“我们是工人和农人的少年先锋队。”我们特地印在歌集上，把他送到亲爱的中国革命青年的耳鼓里，我们希望借每一个革命青年的歌喉，把他灌输到任何时任何地的青年群众中去！

亲爱的革命青年们，是时候了！是应和世界革命青年歌声的时候了！歌起来吧！

前进（马赛曲）

马赛曲（La Marseillaise）是法国的国歌。法国第一次大革命（一七八九年）爆发以后，王党失败出奔，求援于普、奥、西班牙，请出兵代征国内的革命党人以恢复君权；一七九二年法奥宣战，法举国愤然，纷纷投效义勇军，誓死扑灭敌寇；一少年工程仕官名李塞儿（Lisel）者奉命作行军歌以壮士气，于一夜中成一曲六歌，悲壮激昂，得未曾有；未几，此曲即遍传于行伍间，军心大振；市廛闾里，亦莫不以高歌此曲以为荣。革命后被采为法国国歌，英、德、俄、意等国亦均采此曲作为革命歌谱以励战士。兹特按曲作一歌，名《前进》，愿我革命青年携手高歌，前进杀贼！

“二七”纪念歌

“二七”可算是中国劳动运动史上最光荣的一页了！在这一天，军阀，资本家的罪恶和中国工人阶级力量及其奋斗精神都明明白白的——表现出来，摆在我们面前。

京汉铁路工人，为争他们的——不只是他们的，乃是全中国工人阶级的——人格和自由，不顾性命的以赤手空拳与万恶的军阀资本家奋斗，遂演出这一幕凄惨悲壮的“二七”纪念，他们的工会［被］封闭了！首领被杀了！他们失败了！然而这是光荣的失败呀。

他们的失败，已经暴露了军阀资产阶级的真面目，而埋伏下今次五卅爆发的种子；他们首领就义时的呼声，已从迷梦中振醒了全中国的工人阶级，这种呼声，将永远留在我们耳鼓里不会散的！

我们唱歌罢！这歌就是我们首领就义时的呼声呀！我们要联合起来，唱着歌，踏着我们首领的血迹，前进！奋斗，争人格，争自由！

《革命歌集》目录

开学以后

——朋友，你准备怎样生活呢？

（一九二六年八月二十日）

溽暑倏逝，秋意袭人，征程仆仆，载驰载奔，我们辛勤的同学们又相将到学校了。

旧同学们，有的更一年或半年就毕业了，数载辛苦，大功将成，仿佛园丁仰望树上累累的将熟的果实一样，其欣喜固不言可喻；有的即刻更升一级了，许多高深的知识，为上年渴望而不可得的，这学期将开始在自己的课堂里讲授了，比起小孩们期望新年到来的心情，实更加数倍的欢喜。

至若新入校的同学们，那更不用说了，哥伦布发现了新大陆，探险家某在非洲发现了金矿，他们的欣喜，他们的期望，他们准备着的努力——这一切，充满了他们的心头；甚至于个人的前途，一己的百年大计，都责望于此新的学校教师学友……。

每一个人——每一个向上的青年，莫不怀着一种热烈的希望来到学校里。

新的生活开始了；为的使同学们的希望不至完全成为空想，我们特别提醒同学们注意下列几点——

第一，同学们到学校里来是想求些切于实用的知识的，那便应该注意考察，我班里的课程是完全切于实用的么？是不是有“读史”、“诸经”之类，毫不合于我们同学们的需要的科目？各科所采用的课本或发的讲义，是不是内容很切实，新颖，合乎现代潮流？抑还有许多“八股”时代的旧思想、旧理论夹杂在这里面，企图乘不提防的当儿，混进我们青年的脑筋中去，使我们沉醉、麻木，任这些恶魔措施摆布？

其次，我们到学校里来是“受教”的，即是说，是要教师帮助我们学习的，那便，我们不可不加意地注意我们的教师，犹如我们乘船不能不找一些最娴于航海的水手一样。我们的教师是真具有进步的思想，长于教授的么？是真循循善诱，孜孜不倦，赤诚地帮助学生求进步的么？抑或只是一些顽固的老朽，粗识之无的饭桶洋奴，对于学生的学习丝毫不负责任的学蠹？

再次，我们的学习当然不能止是读几句死书，我们亦应从实际活动中去学习现在的知识：我们应该在学校里面自由地组织各种团体，如研究会、讲演会、新剧团，设立平民学校、工人补习班，我们亦应参加校内外的各种革新运动、爱国运动——这一切，我们是否有充分的自由从事进行，丝毫不受学校当局的干涉阻挠？

最后，我们的学校是应该供给我们一个最好的“学习环境”的，我们应该注意，学校的图书馆、阅报室是否满足我们的需要？学校里的理科仪器、音乐体育的设备等是否完全？学校里对于学生的膳宿是否注意卫生？……

我们是青年们，我们应该服从真理正义，我们应该习于吃苦耐劳，我们不能有任何奢望；然而上述关于学校课程、教师、设备以及学生活动数点是都〈都是〉起码的了，是最低限度的了。倘使这几点尚不能令我们同学们满意，我们还想学习什么呢？我们的希望将完全成为空想，我们只是空耗一些金钱光阴！

同学们，走进学校大门的第一步，你们便应该开始注意这些呀！

（原载《微音》月刊，1926 年第 29—30 期）

署名：求实

寄 元 暎

——代发刊词

（一九二六年八月二十日）

元暎吾友：

这本小册子寄到时，你必会带着惊讶来翻阅，你或者还会喃喃着，“这是怎样一回事?”

“广东是太热闹，广东同时又太沉寂了。”——我前次对你说的这句话是不错的。

我们做青年工作，且只谈青年运动的情形。

学生运动闹的乌烟瘴气，打得落花流水；青年工人在省港罢工纠察队里，青年农民在农民自卫军中，也颇有声有色——这都闹热得很。可是，实际，用数目字来说明，这些不过是全部青年群众中的十分之一二罢了。青年中十分之四五，都静悄悄地在掘地拾草，制磷寸，拉风炉，再就是读古文，翻字典；十分之三四都在茶楼、餐馆、游戏场、公园乃至妓院赌窟中讨生活——这一方面，从我们青年运动者看来，表现的是何等安闲，又何等阴森有鬼气呵！

我们是为一般被压迫的青年作工的；眼看着这种情形，你可想见，我们会是如何焦灼，我们会是如何感觉得肩头放上了重担万斤！

我们以为只有两广青年群众自己起来，才能打破这种沉闷，才能救济他们自己于大火灾中被浓烟包围着的暗牢里。

我们定期发行这小册子，便是想唤起这般青年群众注意自己的问题，引导他们杀出一条血路来。

我们的意思只是这样简单的。

（原载《少年先锋》1926年第1卷第1期）

署名：求实

从此要开始“赤化”了！
——最近政局之观察

（一九二六年九月三日）

一

“反赤”、“反赤”——这个口号，在最近两三个月当中，可算是风行一时了。

在这个口号之下，军阀们夺得了更广大的地盘，克扣了更多量的军饷，杀死了无数自己的敌人与被自己宰制下的奴隶，更从自己的主人——帝国主义方面，赢得了丰富的资助与同情。官僚政客们利用这个口号，向军阀摇尾乞怜，骗得了一时个人的享乐。许多反动的新闻记者和大学教授们都乘这个机会来中伤异己，想博得军阀与帝国主义者的赏赉，以“反赤”为职志的国家主义者更是兴高采烈，叹“吾道之不孤”！

可是，现在“反赤”一幕要告终了，“反赤”的浪头已经是一落千丈，革命潮流汹涌而来了。

这有两方面的原因。

在军事方面，革命军的北伐，已经直趋武汉，捣翻了被反动军阀盘踞至十余年之久的老巢。川、黔的许多将领都归依到革命的旗帜之下（王天培、彭汉章、刘湘……）；革命军东取江西，有方本仁作内应；北攻河南，樊钟秀早已打着前锋。国民军虽传已退出南口乃至张家口，而其实力并未受若何损失，仍是在口北虎踞龙蟠着！使奉直军阀不能一日安枕。

在社会方面，反赤的军队自己把自己杀败了。他们最初揭起“反赤”的旗帜，在京津一带，便已烧抢掳掠，奸淫妇女，无所不至，渐进而以手枪强迫使用不兑现的军用票，加抽无限制的税捐（如铺底捐、米粮捐、鞋帽捐、燃料捐、青菜捐、茶叶捐……），封闭学校，杀新闻记者——这一切，告诉人们，“反赤”实际是军阀们“杀人肥己”的政策；这一切，使得人民不能生活，不敢生活，没有人知道自己的命在何日！以前帮着军阀高喊着“反赤”的一些糊涂蛋，现在也不能不说“以此反赤，赤将益滋”！于是，我们看见了北京天津一带商民的反抗，豫鲁间农民暴动，上海空前的工人大罢工。反赤的气焰被压伏，革命之火光照彻了南北东西！

二

中国革命的前途，是否就很可乐观了呢？有人以为国民革命之成功，不过日夕间事，这种观察究竟是对的么？

像用兵一样，我们应该知己知彼，才能百战百胜。

在我们的敌人方面，我们可以看出，吴佩孚本身实力在南北两方的溃散，已经使得他不能不倒，可是奉系张作霖，靠了这次攻下南口的血腥的战功，在北方更扩张了自己的势力，又北京政权已经是不成问题地在他的掌握之中，他又奉了他的主人——日本帝国主义者之命，与孙传芳携手，协力阻遏革命势力之发展。

至若孙传芳，拥有五省之众，虽然他的内部冲突极多，行动万难一致，可是一方面，因为他仍旧梦想形成新直系，取吴佩孚而代之，于是遂与吴之残部密相结托（靳云鹗、陈嘉谟等），企图向外扩张势力，以减少内部冲突；另一方面，大英帝国主义者，在广东既然不得逞性捣乱，其旧工具吴佩孚又到了“山穷水尽”的地步，遂勾结孙传芳，强迫其树起“反赤旗帜”，而与素日积不相能的奉系张宗昌辈亦携手言欢，共谋完成其“反赤”的事业。孙传芳近日在江浙一带，极力压迫民众运动，滥捕革命党人，封闭党部机关，便是他的出师露布，初无须乎出兵闽赣，已经叫人认识他的企图了。

这样我们可以看出，另一形式的反动势力联合战线已经向我们开始进攻了。

就我们革命自身的势力讲呢？大部份的民众还没有组织起来，甚至于许多地方的民众还在酣睡中，我们现在所进行的只是革命运动中的一部分工作——军事行动的“北伐”。革命是需要军事行动的，可是革命更不可缺少的是民众组织的力量——他是革命的基础。现在的北伐可以说是一种“犁田”的工作，离着“秋收”还远，因为犁田后还要插秧，还要时时灌水，去野草，除害虫……。若仅以为土犁平了松了，便可以坐候秋收，寻见野草蔓生，杂花滋长，稼禾云乎哉？

便是就军事行动本身来说，我们今天固然看见了许多原非革命的军队来参加北伐，而且我们是十分欢迎他们参加的；然而因为他们军队的本身有许多弱点

（如训练缺乏等等），我们不能够保证，在作战中，尤其是在胜利后，他们不会作出许多违反人民利益的事，不会因争地盘等等而自己互相冲突起来，因而减少，甚至完全失去对敌作战的力量与决心。

这样，我们可以看出，我们这一方面，确有若干危机潜伏在。

三

加强我们的战斗力以抵御敌人的进攻，准备给予敌人以最后的一击，这是我们目前最严重的问题。

这严重问题的解决却又很简单，便是，组织民众，训练民众，引导他们走向最后的决死战——革命——那方向去。具体说来，我们目前便应该加紧我们的努力去从事“国民会议运动”。

“国民会议运动就是国民革命时代，‘国民的联合战线’之具体的表现也就是国民革命时代自始至终一切运动的骨干。这一运动必须在空间上有普遍的发展，由通都大邑努力扩张到穷乡僻壤，由商人工人学生努力扩大到农民兵士机关职员一切民众。必须在时间上有长期的争斗，由各地方公团联合的国民会议促成会，努力推进到全国发表政纲的国民会议，更努力进行到行接收政权的国民会议。……”

这种运动有四个重要意义！

第一，保障北伐的成功，使革命军有强有力的民众力量作基础。

第二，保障人民在革命军势力之下应享有的权益，不致因一二不肖军队之非法行为而受困。

第三，提高民众革命的觉悟，锻炼民众的战斗力。

第四，准备我们最后的决死战。

（载《少年先锋》1926年第1卷第2期）

署名：求实

《少年先锋》为谁办的?

（通信）

（一九二六年九月二十日）

宋觉君：

接到你的诚挚的信，我们非常感谢；因为本期稿件过多，你的来信不能登出来，请原谅。

你的几个疑问，可以总汇起来，作如下的解答：

C. Y. 是国际的组织，他的任务是在于解放全世界被压迫的青年，——这是不错的。

可是，在实际工作中，他的各级机关是分工互助的。少年国际（Young Communist International）是全世界的总机关，他的责任是处理全世界的青年革命运动；他在各国的支部，便负责处理各本国的青年革命运动；中国 C. Y. 的责任便在处理全中国的青年革命运动。中国 C. Y. 之下，分有各区的组织，各区便负责处理各本区的运动，广东区的责任便在处理两广的运动。自然，各国支部间、各区间有着互助的【关】青年办的；中国 C. Y. 出版的机关报，《中国青年》，乃是为全中国被压迫青年办的；中国 C. Y. 广东区出版的机关报，《少年先锋》，乃是为两广被压迫的青年办的。

中国 C. Y. 广东区的责任，便在“团结两广的青年群众，领导他们去参加国民革命乃至世界革命”；两广以外的青年自然需要团结的，那个工作则有另外的各区以及各国支部去担任。

自然，我们不拒绝任何两广以外的青年读《少年先锋》，不过，确实我们出版这个刊物的主要对象是两广的青年。

看了这些话，你的疑问当可释然了。

（原载《少年先锋》1926 年第 1 卷第 3 期）

署名：求实

“炮舰政策”

——英帝国主义最后之挣扎

（一九二六年九月十四日）

一

连日最令人不能忽略的，要算是英舰闯入广州省河肆行骚扰这件事了。

据报载，本月四日早九时许，驻泊沙面之英舰两艘，忽越界开驶至西堤大新公司前河面，脱去炮衣，炮口指向工商检验货物处；下令驱逐附近大小船只，并占领省港码头之罢工饭堂；下午三时许更召来浅水炮舰一艘，围集省港罢工码头河面，尚有无数小汽船往来梭巡，更派水兵五十余人，携带机关枪数架，占领省港码头。连日继续作各种无理之骚扰，意图引起冲突，直至十二日，因奸计不得售，遂暂时退去，但仍继续在芳村河面一带骚扰。

同时，在汕头也有同样的骚扰的情形发生。在四川万县，更有英舰炮击县城，纵火焚烧，死伤无算，虽土匪盗贼之行为，亦不过如是！

这便是大英帝国主义对付被压迫民族的“炮舰政策”呵！

二

对于广东的青年，这“炮舰政策”已不是一件新的事物。广东的青年们应该最是记得清楚，在我们祖父的时代，大英帝国的“炮舰”便已在省河横行过，隆隆的炮声曾经震惊过幼弱的祖父们的耳膜。

八十六年前，道光二十年（1840）六月，为了中国禁止英人到中国贩卖毒人的鸦片这件事，英将伯麦率兵船十余，加以印度驻防舰二三十艘至粤挑衅。第二年（1841）正月，英人在海口“日夜增造小船，招集贩烟之蜈蚣艇数百，此外火箭、喷筒、竹梯攻具，增造不可胜计”，乘中国方面无防备，突攻沙角大角炮台，中国副将陈连升战死，两炮台同时失守。二月，英人攻破虎门炮台，提督关天培死亡。同年闰三月，“英人攻四方炮台，陷之，遂直攻广州省城，炮声如雷，昼夜不息……”

我们闭眼想一想，这是何种景象！

不仅此也！

英兵在广东得志后，七月（1841）又率兵舰闯进福建青屿口门，厦门失守；八月，犯定海，陷之，中国三总兵皆战死，同时占据镇海城北招宝山，用猛烈炮火俯攻镇海，又陷之，宁波旋亦失守。

道光二十二年（1842）五月，英兵舰复北上攻陷扬子江之宝山县，“旋由海入江，至镇江，猛攻二日，不克，英兵乃以火箭射入城中，延烧近城房屋，遂乘间架云梯入城；是时英兵船八十余艘，炮声震江岸，自瓜州至仪征盐艘估舶，焚烧一空，火光百余里。……”

呵哟！这便是大英帝国主义赠与中国人的见面礼，这便是那穷凶极恶的“炮舰政策”最初在中国的应用呵！

三

虽然是因为坚持至一年余的省港罢工，使得省港几乎成为荒岛，使得英帝国主义在东方的经济地位一落千丈，使得他不能利用反革命派来破坏国民革命的根据地——广东国民政府；虽然是因为北伐军直冲到了武汉，革命势力进展到了长江流域，使得英帝国主义数年来扶植利用的走狗——吴佩孚，已经一仆不能再起，使得英帝国主义失去其在长江一带所有在政治上，经济上的优势，所以，英帝国主义者乃不得不厉行其“炮舰政策”，希图用那可以吓退革命军，压服革命的民众。

这，一方面可以表现英帝国主义已经被逼到了墙角里，只有“反噬”一条路可走；另一方面表现英帝国主义之愚蠢，没有认清中国革命运动的进程。

要看清呵，今年是一九二六年了！

在八十多年前，中国民众还完全被压伏在专制的清廷之下的时候，英国的炮舰政策是有效果的！今天已经不是那样的一天了！

近二三十年来，尤其是近十余年来，中国的民众已经逐渐觉醒了！五四以后，民众的力量逐渐加强，革命的空气开始弥漫到遍地。只看，去年五卅以及六廿三，英帝国主义者的枪炮，何曾丝毫吓退了革命的民众？

英帝国主义者的“炮舰政策”最初在中国为自己挣得了一个很优越的地位，到了今天，这“炮舰政策”却又要将他从优越的地位摔到深深的地坑里面去呵！

我们没有工夫为英帝国主义推算命运，我们要作的是准备比今天所有还更大的力量，我们要拥护英勇奋斗的省港罢工，我们要拥护为民众利益的北伐的胜利，我们——我们工人、农民、商人、学生、兵士……都要紧密地牵着手，共同奋斗，反抗英帝国主义的“炮舰政策”。我们不能容许这强盗的帝国主义在我们的地域上如此猖獗呵！

来吧！“请看今日之域中，究系谁家之天下！”

（载《少年先锋》1926 年第 1 卷第 3 期）

署名：求实

四年来的一个疑问

——“广州学生哪里去了?”

(一九二六年九月二十三日)

偶检前四年的“新学生”半月刊,有一篇题目叫“南北政府与南北学生”的文字。那里面指出了许多事实,证明南方(广州)的学生是不革命的,他的结论是,“现在的中国,正如一个将死的人或一间将塌的屋一样,北方的学生日日图谋救人架屋,而广州学生则不理会这件事”。

“广州的学生哪里去了?”朱季恂君在本年一月又提出了这个问题,他也举了许多事实,证实他的不可解的疑念。

我认为这个问题现在还值得我们研究、解答。

一直到今天,我们仍旧很少看见学生群众参加各种群众示威等运动。每次大会场中,工农台的人山人海与商学台的晨星寥落,两两相对,真正令人不能不怀疑,“广州的学生真是不革命的吗”?

固然,我们不能说,只有参加示威巡行才是从事革命,他如为自己本身的利益而奋斗的各种学校以内的运动,所谓“学潮”之类,亦常能充分表示学生的革命性。那末,且退一步说,我们从学校以内又看出了些什么呢?

我们看见许多间学校都被顽固的遗老、失意的官僚政客、腐败的八股先生们横踞着,功课不备,校具不完……种种不能令学生满足的事;可是摇铃上课,熄灯睡觉,课余谈天话地,休假游园饮茶,一般学生大都是彬彬然,晏如也地送着每日二十四时的韶光,仿佛羲皇以上之人一样!

我们倒也看见有“学潮”这样一类的事情发生,最近一中、二中及中大法科的风潮便是最可令人注目的了。只是,令人听了真要倒抽一口气!据说,最初发动这些学潮的只是极少数被人利用的分子!

被宣言驱逐的是正在进行着学校革新计划的校长,被四枝“树的”(Stick——请恕我用一个外国字!)拒绝的是富有学识而为群众所欢迎的教授;

风潮主动者的目的乃在地盘饭碗之间！这简直可以说是特为“违反”学生的利益而闹的风潮！可是在这些风潮中，还是有不少的学生群众只是优哉游哉，仿佛这些事完全与自己不相干一样，真正像所谓“中立派”也者！他人瓦上的霜不管倒也罢了，(就假设革命的群众运动是他人的瓦上霜吧!）难道自己门前的雪也不扫除一下么？天下有这样奇怪的事！我真不解这个道理！

请想想，人怎样能够相信广州的学生不是不革命的呢？

我自己天天都在思索这个问题，青年朋友们，大家都思索一下吧！

(附志)：前几天有一位黎照环老先生在报上说，“近年学生未免放肆，有云为共产党做工夫者引坏学生，未知是否？”此岂所谓“独具只眼”吗？到今天还有说广州学生“未免放肆”的人，我们真只有为广州学生前途放声大哭！实在说吧！共产党人最抱歉的是过去尚未能领导广州全部学生群众起来参加革命运动！或者用黎先生的术语，即未能“引坏”学生，而只是由一些反动的官僚政客，诸地盘饭碗主义者，诱惑欺骗了少数学生，为他们捧场，闹得乌烟瘴气！

（载《少年先锋》1926年第1卷第4期）

署名：求实

小子之辛亥革命观

——并及怎样应付当前的新局面

（一九二六年十月八日）

小子若是说，“辛亥革命只是革了大多数人民的命，只是作成了一番反革命的事业”，朋友，我想你没有方法可以反对我。

你看！油盐柴米，连年涨价，水旱，饥荒，土匪，战争，流离转徙，死亡残伤，所谓“伏尸百万，流血千里”——革命，所以裨益于民生者也，而今若此，岂非“反革命”？岂非大多数的民命被革了？

小子若是说，“辛亥革命只是军阀与帝国主义者的胜利”，这句话也有十分充足的理由。

被满清政府革斥在项城闲住的袁世凯竟一跃而荣膺“九五”之尊，弄权至数年之久；草莽间的胡匪，蓬莱山的秀才，都能出而盘据〈踞〉四方，不可一世；日本攫得了（?）二十一条的特权，获得了东三省的势力圈；英国敢于横行长江上下，敢于在沪粤汉渝明目张胆地屠杀我徒手的同胞……这是十五年来的“革命光荣史”（?），这岂不是军阀与帝国主义者的胜利吗？

好朋友，你当然不好误会，以为我有意污蔑诸革命先烈。对于辛亥革命诸先烈之勇敢能牺牲，我们每一个革命青年都应表示十分虔诚的钦敬！可是不幸辛亥革命的结果，确实没有如诸先烈所预料，确实令人感到十二分的不满足；而所以致此，实由于此次运动没有免掉好几个缺点。对于这些缺点，我们今天应该加以严重的注意与仔细的探讨。

一种革命，必须先有一极健全的领导革命的政党：他须具有一个真正能代表民众切身利益的政纲，借这政纲的宣传，取得极广大的民众作革命的基础；他须具有雄厚的真正的忠实于革命的武力，用以扑灭敌人的势力，强制政纲在省县乡镇中切实施行。可惜辛亥革命时代的国民党没有具备这些条件，他们中的大多数只注意于简单的军事行动，忽略了民众中的宣传组织工作；大多数，在满清推翻后，只知抢饭碗，不注意地方政治工作的改造，以训练教育尚未觉醒的民众；所谓革命军，亦多部分是投机的乌合之众，目的只在个人的升官发财；虽然孙中山先生亦曾提出了如“土地问题”这一类为民众利益的政纲，却为群情所格，革命前既未能普遍宣传，革命后亦无力强制执行。

中国被压迫民众之死敌是帝国主义，满清不过是他的工具之一而已；要求中国民族的解放，必须打倒帝国主义：这，在今天，已经成为一般革命青年的常识，而在当时，了解者则少之又少；他们仅仅提出一个“推翻清室”的口号，对于帝国主义者不曾施一箭，遗一矢，反在取得了政权以后，即宣言承认帝国主义所劫持以去的一切特权，致使帝国主义者得以继续与袁世凯勾结，根本扑灭革命军的势力，开始十五年来侵略抢劫的新生涯。

今天新的革命局面又在我们眼前展开了。

国民革命军北伐，收复武汉，捣毁军阀吴佩孚的老巢，吓丧了张作霖、孙传芳的狗胆。这对于民族解放的前途，与辛亥革命首义于武汉，竖起革命军旗于黄鹤楼头，实具有同样重大的意义。

坚持至十五月之久的省港罢工，使得天字第一号的老牌帝国主义者英国吃了说不出的大苦头；现在，为了使这一反英运动，由广东一隅扩大至湘赣乃至长江各省，由省港工人之孤军奋斗，扩大至工农商学各界之联合进攻，罢工政策已改变，即是，表面上自动地停止港口的武装封锁，而实际上注全力于各界的对英经济绝交运动。这一反帝国主义运动，在中国民族解放运动中，实为异军突起，帝国主义者或私幸港口可以自由通行了，殊不知对于他之致命的一击已经在准备中哩！

我们鉴于辛亥革命之失败，应该十分仔细地在这新的局面之下，进行我们的工作。

今天的国民党，自然已经不同于十五年前的了，然而他要赢得民众作革命的基础，实大有待于努力。

一个合乎一般被压迫民众，尤其是工农群众之切身利益的政纲，是目前最迫切的需要；此政纲之切实施行，在国民革命军势力之下的各地，更是刻不容缓的事！

今天参加北伐的军队，与辛亥革命时代之武装，颇有类似之点，这，我们实不难找出；即是说，今天的革命的武力，仍欠雄厚与忠实，颇不足于担负当前的新使命。国民革命军应即刻加意整顿，努力扩充，使成为真正的“人民的武力”！

反帝国主义的运动，自五卅运动以来，已日益加紧，十五月的省港罢工，更予此运动以坚固的保障与新的刺激。反英帝国主义运动必须以全力使其扩大并继续延长，设竟不幸因停止封锁港澳而减弱了反英运动的力量，这将使这一新的局面有复陷入辛亥革命后与帝国主义者妥协，使帝国主义者得逞其贪欲的危机之可能！

今天的民众大部分已经是觉醒了，知道自己应作的是什么，所要的是什么。民众——各界的民众，应该自动地组织起来，立在国民革命军的背后，帮助他去扑灭我们的敌人，监督他依照人民的利益而行动！

是这样，革命才不会作成一番反革命的事业；是这样，革命才真正是民众的胜利！是这样，小子才不再向诸位饶舌了。

（载《少年先锋》1926年第1卷第5期）

署名：求实

编完以后

（一九二六年十月十一日）

近月余来，我们好多个忠实勇敢的同志，为革命而牺牲了！除了在战场上流血的，我们还没有得到确报而外，其死于反动军阀吴佩孚、孙传芳、邓如琢、陈调元、周荫人之手而为我们闻及者，在武昌有陈定一同志，南京有张霁帆同志，南昌有赵醒侬同志，安庆有杨兆成同志，福州有翁良毓同志等！其与诸人同其运命而为我们未闻及者恐尚不知凡几！两周来收到追悼之文字凡七篇，谨择其二登出，借以表示我们后死者对于先烈的敬意并以自勉自励！

社外惠稿之多，殊出我们意料之外，足征诸君爱护本刊之殷勤。惟本刊篇幅有限，不能尽载，殊深遗憾。以后惠稿并祈注意本刊征文例言，过去因来稿之性质不合于本刊而不得不割爱者，颇不在少数。又，惠稿诸君，每要求答覆，此殊难能，因编者穷忙颇多；唯不合用之稿，除设法转送他处发表外，必随时寄回。

常有投函本刊询问加入 C. Y. 之手续等事者，本刊碍难作覆。盖本刊之责任在于宣传，关于 C. Y. 之意义，内容等等，本刊已相继披露，至关于介绍加入等组织工作，非本刊之职责，本刊无从为力也，尚祈谅之。

本刊第一期早已售罄，第二三期所存亦极有限，而代派处索书者尚纷至沓来，至无以应；现印刷局过忙，再版非最近可能实现的事，对于诸位热情的读者，本刊实深歉疚！惟本刊预定每十二期订成合刊一册，第一二三期无论如何，在十二月必须再版，四期以后已多加份数，当可供应读者之需。

（载《少年先锋》1926 年第 1 卷第 5 期）

署名：记者

分崩离析的广州学生

（一九二六年十月二十一日）

排在广州学生面前的，实在有许多不能令人满意的事情。功课陈腐，教员不好，学费过重，设备简陋等等。

这许多情形，就一般说来，却是十数年如一日，学生运动有了几年的历史，极少改进，然而还未能适当地解决这些关系于学生本身利益的问题。

原因究竟在什么地方呢？

我们回答说，重要的原因是在于广州的学生群众没有感受到共同的利害。

学生群众，在整个社会生活里，确是有各自不同的利害，因为他们的家庭经济地位颇不一致，有的豪富，有的清贫，不能像无产阶级，都只有着两只空手，受着资产阶级同等的剥削与压迫，因而能有着共同的利害。

可是，在学校的环境中，学生群众是必然有着共同利害的啦！

请问：在一个饭桶教员的讲台前，是否坐有穷的学生亦坐有富的学生？在同一破败的宿舍中，是否住有穷的学生亦住有富的学生？

即是说，富的学生是否在一学校里，可以学得更多的学问，住着更好的校舍，而穷的学生在同一学校里，只能学得极少的智识，住着几间破屋陋室？

一般的回答，对于前一问题，当然是肯定的，对于后一问题，当然是否定的。因为学校里的班次的编制与宿舍的分配等，并不是以学生的贫富为标准的。

我们可以说，功课之良否，教师之优劣，学费之轻重，学校设备之完备抑简陋，乃至学校生活中之一切一切，无论是富的学生抑穷的学生，都是能同样地感受到——即是说，学生群众在学校生活里是有着共同利害的！

然而这种存在的共同利益，广州学生群众确是没有感受到。

是这样的——

广州学生群众的生活，因为受着政治上社会上各方面的影响，遂形成下列的分类：(1）活动分子（包括革命的与反革命的)，(2）读死书的，(3）浪漫派

(从到荔枝湾的名士，吟哼哼调的文学家，欲逐逐的恋爱狂乃至嫖妓赌博的花花公子都包括在内)，(4) 体育家，(5)“无所谓”先生 (先生不知何许人也，亦不详其姓氏，以其终日无所谓，因以为号焉)。

而在学校方面，校长通常是不常到校的 (我们知道，有许多校长是兼职，甚至有一位中学校长同时又教一百余生徒的私塾，致每星期不过到校一二小时)；负学校管理责任的训育员先生，多数除了睡觉吃饭而外，惟有和学生谈笑话，趋奉学生中有力分子的颜色；教员先生上课时是只带有一张大口，他们的耳朵眼睛是不带上课堂里去的。

一部分学生向学校射出的反抗之箭，更加上政治上的影响，大概是使学校放任的重要原因；而学校不以学生的学业与正当的活动为重，不注意供给学生以学习的环境，只知糊涂敷衍，结果遂助长了学生生活的分途发展，致成为今天这种分崩离析的局面，使大家不能感受到共同利害的局面。这是学校要负极大责任的！

请看吧！

你不中意博物所用的课本，你便可以在课堂里看福尔摩斯侦探案，或随意退堂去打球；你不中意习字这门功课，你便可以在课堂里去写情书。

英文教员教授法不好，教员时常缺课 (一般学校里教员缺课的钟点数，通常为四分之一到六分之一，中大某班的三民主义，一学期只上两小时的课)。读死书的以为读英文终要靠自己用功，教员不好任他去吧；活动的分子本来少到学校上课，教员到不到，教授法好不好，他们很少注意；体育家可以在点名以后跑出去赛球；浪漫派是最欢迎教员不好的，因为不好的教员是不会为难学生的；至若“无所谓”先生，则教员好与不好，对于他都是同样无所谓。

这样，不良的功课得以永远存在功课表里，不良的教员得以高呼“饭碗万岁”了。

学费太重了么？学生群众并没有同程度的感觉。因为学费可以延迟到考试的当儿缴纳，可以少缴某一部分 (如图书费之类)，甚至可以完全不缴纳 (住了三四年学校而实际只缴了一学期的学费者颇不乏人)。除了极少数几间学校以外，此种现象几乎是遍布在广州各学校中，几乎是一种不成文法的规定。

穷苦的学生固然可以因此而减小了学费太重的压迫，然而不缴学费的亦并不就是苦学生，许多很老实的苦学生还是想千方设万法缴纳了，反是有钱的学生则因此而更流于浪漫，开学的时候，从家庭拿到了学费，却并不缴纳，而用之于看戏、饮茶、嫖妓等等，更是一种普遍的现象，到了临考试的时候，甚至于有用偷窃的手段来补缴学费的！

“学费太重，与我何有？”大家都这样想着。极重的学费便这样长期的紧压在一般学生身上！

宿舍问题，应该是最严重的了。从西关，从河南或从东山到城内来上课，每天跑来跑去，是多不方便呀！然而因为不在学校里住宿，实便于各自生活的发展，免去了种种拘束，所以宿舍问题对于学生群众亦并不同等的严重。

图书馆的设备不好，更少人过问。一方面因为多数人并不需要到图书馆去——他们连课堂都不常到，更哪里会到图书馆里去，即去亦不过看看《小广州》与《国民世界》而已！另一方面，学生多有不缴纳图书费，所以就是少数肯读书的人，也都只好任他去，他以为自己没有资格向学校要求添办书籍。

体育原是学校中少数人的专利事业，学校的体育设备供给这少数人的需要当然是可以勉强够用的；多数学生虽也照样缴纳体育费，却因自己不中意干这玩意儿，便也不苛求体育的设备了。

在这种情形之下，学生群众在学校里并没有过着同样的生活，当然不能感受到共同的利害。学生群众几乎是政客化了，游民化了，体育专家化了，书箱子化了，白痴化了！

在这种情形之下，怎样能作成一种有力的择师运动，减费运动或任何有效的革新校务运动呢？

劳动运动之有力量且能发展，无产阶级之能抵死与资产阶级抗争，主要的原因是因为全无产阶级有着共同一致的利害！自然能向同一的目标共同奋斗，因而能够逐步获得胜利，直到最后的成功。

我们并不是希望学生运动能够像劳动运动同程度的发展与成功，我们只是说，学生群众要解决关系自身利益的择师减费等问题，必须如劳动运动一样，有着利害一致的学生群众作争斗的基础。

怎样建立起一个争斗的基础，这是每一个广州学生目前应该回答的问题。

（载《少年先锋》1926年第1卷第6期）

署名：求实

十月革命的礼物

（一九二六年十一月一日）

一个纪念节到来，跑去会场奔走喧嚷一阵，散会后，回家，躺在床上，曳一口气，脑中空漠漠地，一切都完了，回复到原状。

可惜！这样徒然的办公事，何如在家中安卧一天，反可以修养修养身体精神！

朋友，从每一次的活动中，总要获取一点什么才好——不必多，总要有一点；千万不要“廉介自许”，便是被叫作“小偷”也不防——其实革命的花园里的花果是任人摘取的啊！

在这当前的十月革命纪念中，你看，珠光宝气，鲜艳夺目，呵！朋友，放出去尖眼快手来呵！（注意，你不要伸手到那般太太小姐们的头上去呀！）

十月革命的“著作者”——列宁同志，在十月革命中，给了我们许多礼物。我的手太小了，一时拿不完；今天且之检出一方宝玉拿来佩在身上，这宝玉镌了几行斜斜的小字，是外国文，我只好跑去请教一位懂外国文的朋友。他翻译了一遍给我听，下面就是他的大意。

“这个新的时期，各阶级公开的冲突时期，无产阶级革命开始动作，准备实力打倒帝国主义并夺取政权的时期——给了无产阶级许多新的责任：

“第一，便是以革命为基础来改组党的工作；

“第二，是训练工人，使他们具备为夺取政权而作革命斗争的精神与力量；

“第三，准备并联络种种后备军；

“第四，与邻国的无产阶级成立联盟；

“第五，与各殖民地及非独立国的解放运动建立一种实际的关系。

“……一个能战斗的革命的政党，在这个新的时期，实在是迫切的需要！这个党必须很勇敢地能去领导无产阶级作夺取政权的斗争，很有经验地能在极复杂的环境中为之分析解释一切，而且很敏捷地与所有一切横在我们到目的之路上的暗礁作战。

“没有这样的一个党，我们不要妄想打倒帝国主义，并建立无产阶级的政权！

“这个党并不是旁的什么，就是列宁主义的党！”

上面的话是一点也没有错，我们是看得清楚的。我们今天纪念的这个“十月革命”，便是一个极好的证明。

俄国的无产阶级和农民结成巩固的联合战线，把他本国的俄皇政府推翻了；三〈二〉月革命（1917）中乘机起来的资产阶级政府，也被他们结果了性命。第一个无产阶级的国家在俄国建立起来，无产阶级实行专政了。

靠了与英法德等国的无产阶级及与中国印度等被压迫民族的声应气求，他们打退了帝国主义者凶猛的进攻。

今天，他们——俄国的无产阶级与农民，胜利了已达九年，工农的联合愈益密洽，无产阶级的政权日臻巩固。

而所以能到这个地步，我们不能否认，完全是政党的力量——列宁主义的党的功能！

在十数年的白色恐怖中，党帮助无产阶级杀出一条血路！复杂的民族问题，难解决的农民问题，都得党的指导，适当的解决了！

生死关头的饥荒，得以平稳渡过，生产力的破坏，很迅速地恢复起来——这又是党的力量。

列宁主义的党是一座“代拉莫”（发电机），整个“十月革命”的伟大工作，都因他的力量而转动，依他的指示而进行！

呵！可敬的党的功能呵！

真值得我们注意，这方宝玉上的符咒大可以医治许多朋友的毛病。

有些朋友，一向是挂着“君子不党”的招牌的，看了上面的这些话，当可以懂得自己的错来。在所谓“承平之世”，似乎还说得上“不党”这两个字；然而今天是“新的时期”了！你没有看见英国廿四生[①]的炮口向着长堤一带指着吗？万县的五千多同胞不是作了帝国主义的炮灰吗？哦！朋友，我们急迫的需要一个能战斗的革命的政党呵！虽然被叫作“小人”，我们还是要“党”的！

有些朋友，是非“不党”的；可是虽然“党”了，却并没有懂得党的作用。他们常以为入党不过是今天的“时髦”，像女人穿长马甲一样。他们不过领取一张党证，终日还是优哉游哉。这又是多么错误呵！你应当明白，党是负有计划，

① “生”是旧时舰炮口径的计量单位，为厘米（centimeter）的音译。——编者注

指导督促全部革命工作的责任，如上面列宁所指示的，他负有千钧重担，每一个革命党员是应该闭着气作苦工的！

有些朋友是“党”了，并且还参加“党”的工作，可是他们并没有做训练群众的工作，他们并不重视群众，他们作了许多不切实际的工作——我不必多写了，聪明的青年朋友都是明白的！像这样，怎样能应付我们的“新时期”呢？

朋友，革命的青年同志，看看周围的情形，看看自己，我们是再不能忽略过去！

我们应该在这一次纪念中，深深地认清政党在革命中的作用，列宁主义的党在新的革命时期中的功能！

我们应该联翩地加入我们的“新时期”中的革命政党，我们应该切实地为党努力，完成他在这“新时期”中的责任！

这是我们从这次十月革命纪念中获取的赠物，也是对于十月革命的著作者——列宁——的敬礼。

（载《少年先锋》1926 年第 1 卷第 7 期）
署名：求实

答记者杨寄文问[1]：《我替一部分人担忧！》

（一九二六年十一月一日）

记者先生：

浅识无学的我，随便看点什么书都不甚了解。我有一个疑问，要请记者答复我。说起来我很惭愧，因为我的生活很仓忙，对于现社会需要的理论的书籍都很少看。我仓忙中得了一点短时间的光阴，看过了几份《向导周报》。我爱看贵报的欲望没有达到，途中使我发生了疑问。贵报是专为无产阶级的工人谋利益的；我已看过马克思的唯物史观，及普通谈社会主义的书籍，都是专门为工人伸冤的。

看见贵报记载说，马克思主义已经（在俄国）实行了，怎么又把农人及小资产阶级都参加进去呢？后来又怎样改为新经济政策呢？马克思主义在俄国实行，许多贵族资本家，还有许多不信仰马克思主义的人都被驱出了俄国的国界，如是将来马克思主义在全世界上实现了，世界上的资本家及一切不信仰马克思主义的人，又赶去什么地方呢？

我很相信共产主义在不久的将来，一定会实现在全世界的，我又非常的希望共产主义实现在全世界，把世界上的国界完全打破，成一个共产的世界化，人类的斗争可以停息，从此一切人类得享永久的幸福。但是我默思地球只有这样的大。我十分替世界上一部分的人类担忧，那时候这些不真信仰共产主义的人，不知怎样的办！因为我生活上的不许可，看书报都很难得，这是我偶然看得向导周报的疑问；又因我的生活不一定，你能很圆满的在报上答复我吗？敬祝努力！

杨寄文

寄文君：

---

① 依据文意，当为“记者答杨寄文问”。

你提出的三个问题，兹答复如下:

(1) 马克思主义不单是解放无产阶级的，他的目的在解放全人类;不过因为资本主义发达的结果，无产阶级占了人口的最多数，成了社会上的主要生产者，生活又极困苦，所以这解放全人类的工作便落在无产阶级肩上，成了他的历史的使命。解放全人类的工作，第一步必须以无产阶级专政的形式出之，所以如此者，完全在于镇压反动势力之恢复，以期阶级之根本消灭。

但在经济落后的国家，如俄国中国，农民占全人口百分之八十左右，他们的生活亦极痛苦，革命的倾向亦甚，他们虽然不及无产阶级之有彻底的革命觉悟，可是他们确是无产阶级在革命中唯一强有力的友军。所以俄国的革命，农民颇占重要的地位(不过革命后他们在政治上的地位并不与无产阶级完全平等)。

至若说小资产阶级参加革命，我不懂你这问题的内容。对于一般小资产阶级的商人及小工厂主等，俄国现在是没有给予政治上的权利的。至若已经投身到工场里去的任何小资产阶级，他已经是劳动者了。

(2) 俄国所以采行新经济政策，是因为俄国经济发达落后的原故。新经济政策是一种手段，他的目的在于发展俄国的生产力，使他逐步走向共产主义的路线去;六年来的结果，已经很有成效。可惜此地不能详细写出。

(3) 你替那部分不信共产主义的人担忧，那是大可不必。因为真果到了全世界共产主义实现的时代，这些人为了肚皮的原故，自然会要相信共产主义的;今天俄国的劳动队伍里面，有着许多是前此不相信共产主义的大小贵族之类;跑到外国去的不过是其中尚有动产可以糊口的一部分人罢了。倘使将来真有一部分人硬不相信共产主义，不愿生活在新社会里面，那只有两条路，一是请他到火星上去(火星里容不容他，我可不负责);一是请他饿死!

(载《少年先锋》1926年第1卷第7期)

署名:求实

学生群众所要求的学生会和学联会

（一九二六年十一月十一日）

前星期日，广州市各校代表大会流会了，原因是代表资格发生了纠纷。

据报载，中大的旧学生会不顾公意，包办出席代表，致动公愤，有多数学生自动召集全体学生大会，并且选出正式代表之举；于是在各校代表大会中，中大有两批代表出席。

又，女师学生会主席不根据学生会章程及学校规则，私行召集一部分学生，违法选出代表：于是在各校代表大会中，女师的代表亦被女师的多数学生公函否认。

又，一中有人假冒学生会的名义，致函学联索取徽章，学联照数给与，而正式学生会的公函，学联反置之不顾：于是，在各校代表大会中，一中的代表亦发生纠纷了。

同时，从另外的一两种印刷品里面，我们又看见了完全与这相反，却又令人怀疑的一些消息。

这种现象令我们为广州学生运动前途十分悲观！

我们不愿意判别各派的是非曲直，我们以为应该指摘的是，某派的居心“包办或把持”一机关，因此妨阻了主要工作的进行。

大家睁开眼看一看，广州学生今天处的是怎样的一种境地？校学生会和学联会应该如何切实地从一把学生群众的利益方面想一想！此次各校代表大会的主要工作虽然应该是为广州学生界定出一条“到革新之路”。

然而，竟因为一派人的企图包办把持而致流会，而致多数学生群众的利益为少数人的野心而牺牲了！这是应该接受学生群众之严重指斥的！

学生群众所要求的学联会和学生会，不是左派的或右派的，不是树的派的或非树的派的，而是能够正站在学生群众利益上，领导他们去奋斗的。

只是为了少数人争权利而不顾学生群众的利益都是应该斥责的，不管这少数人是被叫作右派或左派，树的派或非树的派！

（载《少年先锋》1926 年第 1 卷第 8 期）

署名：求实

告失恋和迟婚的朋友们

（一九二六年十一月十一日）

南宁李葆光君来信，说：

“广西省虽是有名的偏僻省分〈份〉，近年来青年留学京沪粤者亦颇不少。这些青年一到外面投入学校里去，什么经济政治……且不管，他们唯一爱谈而又喜欢研究的是‘婚姻问题’。研来究去，结果，在外留学的女青年，不肯再嫁乡下佬，男青年，又不喜欢村里姑娘——一片离婚声，解除婚约声，真是洋洋乎盈耳哉！可是离婚了，婚约解除了，下回怎么分解呢？在城市中‘自由恋爱’、‘文明结婚’吗？经济束缚！回乡里任他‘父母之命’、‘媒妁之言’罢？方寸不舒服！因此弄得现在有许多青年叹那‘迟婚哀曲’，望先生指示个出路给他们罢（我也是其中一个）。”

葆光君所提供的这个“迟婚”问题，确是现代许多青年日夜焦思而不得其解决者。并且这问题还不仅如他所说的那样简单，实际愈是在所谓“开通”的“文明”的地带，这问题愈肆其虐焰，他的显著的成绩便是“失恋”！

一般青年有着性的感觉以后，便自觉或不自觉地开始铸成各自的未来伴侣之理想，开始追求着这理想的实现。

可是，他们十分不幸，他们随处都遇着了阔滩暗礁，举凡旧礼教、新道德（请不要诧异，新道德也是暗礁哩！）金钱、名誉、身体、性情、学问等等，都使得他们不能按照自己的意思，获得所理想的异性，弄到“东不成，西不就”，焦头烂额，昏天黑地，结果，还只是春梦半场，单身人一个！

我们翻阅一下近来青年们的作品，我们打听一下自己亲戚朋友们的遭遇。呵！各形各色的冤债，实际大都是“失恋”、“迟婚”！

看官们恕我，恕我不是研究恋爱问题和婚姻问题的专门学者，少年先锋也不能出版一个“爱的专号”来供各位的讨论研究。只是，我们很负责地申明，我是满心赞成一切有名的学者对于这些问题的高明见解的——“爱是生活的原动力”，

“爱是幸福的源泉”，“爱是一切……”，“……”。他们的话都是颇有道理。

我是一个愿意求得这生活的原动力的，我极早极早便在寻求这幸福的源泉；许多青年都和我走在这一条路上。然而我们都失败了！

我们拿自由恋爱的新道德来抵抗“父母之命，媒妁之言”的旧礼教，“金钱”和“名誉”又把“自由恋爱”打败了！我们把我们的理想建筑在“知识学问”上，“身体”和“性情”又把这基础打得粉碎！

我们在这战场上苦战着，抛弃了我们的许多其他工作，我们苦战了数年或至十数年，我们所造就的只是不断的纠葛，无可解决的纷扰——只有“失恋”，只有“迟婚”！什么生活的原动力，什么幸福的源泉，都不过是白纸上的黑字而已！

或者是我现在太蠢笨，我总想不出许多学者所讴歌的恋爱会是今天这个世界上的事，因为那些美妙甜蜜的境地和我们今天所遇见的相差太远了！

在今天这样的世界里，许多青年都不能有机会受完全的良好的教育，许多青年都不能得到应有的生活，穷困使得青年的身体羸弱不健，愁闷更养成他们一片狭隘褊急不适于生活的性情，旧礼教固然妨害了青年的自由，新道德也不过是为几个有幸运的青年保镖而已！我不懂，像这样一个世界里，会实现那样迷人的理想！

青年朋友们呵！在“性”的战场上受苦受难的朋友们呵！我们不要再被蒙骗了！

我们的社会不给我们以武器，我们的学者朋友们却驱使我们上战场去斗争，我们能够不失败么？我们多数贫苦的青年只是被当作牺牲品去供奉那少数的幸运儿，作成他们在性的争斗中的胜利，我们的骷髅为他们建筑起合欢的“王座”，我们的血和泪为他们写出了“涓吉”的篇章！我们是如何的蠢笨，如何的耻辱呵！

朋友们！醒来，快快勇敢地退出“性”的战场，我们第一步要向社会取回我们的武器——我们要向社会取得生活的保证，我们要取得全部的教育权！没有这些武器，我们永远不要谈恋爱，永远不要希望实现我们的性的理想！倘使不是全社会的青年都这样“武装”起来了，则鼓吹在“性”的战场上下总攻击令的学者先生，直是贫苦青年的真敌人！

有人劝慰失恋者说：“不要难过吧，再干好了。”我说，这是一个危险的指导，青年要不看看自己，并且要看看环境，而只是凭着一股热情去干，去在不利于自己的环境中，徒手或执着几件锈钝的武器，和全副新式“武装”的敌人鏖战，我可以保险，保险他百战百败！

有人劝慰失恋者说："这些小事可以不管，还是去努力你的大事业吧！"我以为这也是不正确的观念。"恋爱"（或者这个名辞不甚妥）并不是"小事"，他是人生的诸"大事"之一，惟其不能成就这"大事"，我们才去干那改造社会，取得"武装"以便成就这"恋爱"事业的。革命工作，就是一般人所谓的"大事业"！

我们应该懂得，革命不是"失恋"的一条"被难"的路，像"自杀"或"出家"或"浪漫"一样；革命是准备再战，是十分积极的，我们可以很公开的说：革命是为了全人类的生活和恋爱（倘使那时还用得着这个名词的话）！

看官们或者以为我是主张在现社会中取"独身主义"的了。不是，决不是！

我们都是人类，而且是青年，我们不能学那禁欲主义的清教徒。我们是要有性的生活的。

然则如之何呢？

我的主张很简单，便是取一种"回头主义"！

怎样解释呢？请听：

"君乘骏马我骑驴，两两相形总不如；回头却见推车汉，比上不足下有余！"

好朋友们！你是结婚了却不能满意的吗？"回头"看看比你更不如的，你自然可以减少许多苦难而得有更多的力量去致力于革命事业，为未来的青年"武装"，准备他们的幸福。

你是已过了婚年的"失恋者"或"迟婚者"吗？快快觅取一个可以过得去的对手去结婚吧！不要终日幻想着什么玫瑰的梦，不要终日在那儿迟疑徘徊，希望选取最好的一个，"回头"看看更不如的，只要他（或她）能够与你共生活，你们也能互相帮助，便可以了；你们能够互相谅解，而不互相苛求，便好了。

还没有达婚年的小朋友们，倘使你们能够看得懂这篇文章，便请你们快快不要轻于闯进那"性"的战场！你们应该深深地记着哥哥姊姊们干革命事业，你们或者还有幸福得到"武装"的机会。你们应该认清楚，革命不彻底成功，社会不完全改造，恋爱对于多数青年是没有胜利可言的呵！革命成功了，你们可以尽情恋爱去，你们每一个青年必定都可以获得你们理想的伴侣——但决不能在今天！

朋友们！我曾经是一失恋而又迟婚的青年；我遗弃过别人，我又曾被人遗弃；转战归来之顷，我在日记上这样写着：

"喘息初定，才感觉得自己是焦头烂额！但是我想也用不着悔恨，这只好怪自己没眼色！在过去这些时光当中，我真的没有一忽儿是清醒的。不是没有人来劝解我，但是我有一个确信，就是，'他不了解我的苦衷'；可是现在想来，当时还是我自己不了解自己呵……

现在，对于这个问题（结婚），我没有过分的希望，因为我自视实极庸碌而无可骄人，我的环境亦叫我的理想终于是理想！我只盼望这问题能够很容易解决；而且是一次解决后不更会生出麻烦来。只要这样的解决能够给我几分‘平静’，制住我这跳动的心，我便满足了。我现在只要有多一些力量去作事，去准备自己乃至大数人的‘将来的幸福’。……”

受苦受难的亲爱朋友们！漂泊无所归的青年们！我万分诚挚地在这儿叫唤你们，我希望你们能“回头”一下，只须“一下”，你们便能救自己了！

（载《少年先锋》1926 年第 1 卷第 8 期）

署名：求实

懒牛多屎尿

——海丰的青年农民生活

（一九二六年十一月十一日）

记者：

贵刊的确是我们少年的新生命，我们少年的思想行动的正确指导者。我们读贵刊藉以解答了许多问题：贫穷是命注定的么？惨凉苦楚是命带来的么？这是我们时常的疑问。此疑问贵刊在一个青年农民的自言自语中，已为我们解答了。我们自贵刊出世之后，甚为青年界庆幸！我们现在为对于贵刊表示十二分诚恳的敬意与爱戴，所以将海丰少年牧童的情形报告给你。

（一）工作方面：我们都是农家中的牧童，我们无论七八岁的或十三四岁的，每日都须做十点或十一点的工作，天天在泥田里掘田，除草，或放牛。工作稍有停息，父亲叱道："懒牛多屎尿"，不要吃饭，可不作工了！……有时他竟以"凌角"放在我们的头上，并且骂很多使我们听了极难过的话。

（二）衣食方面：我们所穿的是一二件"老裘婆"，是廿几代的祖宗遗下来的，一年补一年，到现在每件至少有十余斤重，一穿在身上使我们动也不能一动；稍微靓一点的衣服，因为我们的身体粗涩，无福气着（有人这样说）；幸得父亲买了一双粗布鞋，给我穿了六年半。所食的都是番薯粥，米谷是要纳地主的田租的（有人谓海丰农民已实行减租，生活改善，其实海丰农民虽有减租，但二年来经过了二次大风灾，经过陈炯明去年九月间的大屠杀与摧残，加以高利贷的盘剥，海丰农民们的生活反见比前困难而紧迫）。因为番薯是好难消化的，所以少年食后十之七八肚胀得非常难过。因为肚胀，放牛时给牛拉跌落以后，连起来也不能起来；至于吃零食那更是无希望了。但我们却有件东西食的，可以告诉你们，就是："拉你等"（拉是难的意思，每次我们请求父亲买什么给我们吃时，他总对我们说：我买一个"拉你等"给你吧！我们听了十二分喜欢，以为"拉你等"是怎样好吃的东西，岂知等了十几次，等到现在十四年，还是等个没有）。

我们有了以上的情形，那么读书是我们无份的了。同时听我们的面孔变成了苍蝇的体操场，无法子驱逐他，好像外国的兵在中国的海陆上自由行动自由操练一样。

记者，我们现在有一个问题要请你在贵刊上详细指示的，就是“我们自昔相信无论何人的父母，都是酷爱其子女的，为何我们的父母，都是时时打我们时时欺骗我们呢?”关此问题，我们固然听过了好多的解释，但仍然十二分希望你们费点时间来指教我们！记者，我们在黑暗的奴隶生活当中，已组织了我们的团体——劳动童子团。在劳动童子团旗帜领导之下去奋斗者，有四千的少年牧童，此点是我们可以拿来告慰于领导少年们的贵刊的。此祝各地少年们团结起来！共产主义青年团万岁！

杨望　十月廿九日

杨望君：

感谢你的好意，我们得着了你的报告，也同样为青年界庆幸！我们唯有祝福你们的努力与进步！

你怀疑你们的父母为什么时常打你们欺骗你们，这在今天是用不着怀疑的，因为今天亲子的关系，早已不是书本上所讲的那样的了！

请你参看本刊第四期答田问山君的信，当可了解这个道理。不过，我们应该懂得，我们的父母之所以有时虐待我们，亦并不是他自己愿意如此，他们亦是受了今天这个社会的强迫作出来的。所以，我们亦不能拿我们的可怜的父母当作仇敌，当作帝国主义和土豪劣绅一样看待；我们反是要尽力地从可能的地方（如童子团、平民学校）去学习一些我们的革命知识，并用以去劝解他们——我们对劳动的父母不能是和对许多城市的绅士父母一样看待的，我们的父母是贫农，是革命的力量之一部分哩！

盼望时常把你们的消息告诉我们。

（载《少年先锋》1926年第1卷第8期）

署名：求实

危　机

——学生领袖与群众的隔离

（一九二六年十一月二十一日）

不久以前，大家都争嚷着，“广州的学生运动分裂了！”大家都认定分裂是学生运动的一大危机！

实在，广州学生运动的真正危机，据我们的观察，还在进步的活动分子与学生群众的隔离！

我时常有机会和许多学生运动的活动分子接近，但是很少从他们口中得着关于学生群众方面的正确消息。

学生群众目前最大的痛苦在那里？目前他们本校学生群众的要求是什么？怎样可以叫本校的学生群众都起来拥护学生会？……

关于这些问题，他们的回答都是很模糊的，并且他们似乎亦不重视这些问题。

据我们的观察，是这样的——

每间学校里面，自然总有一些比较活动的分子。内感于学校之腐败与压迫，外感于革命潮流之汹涌，他们中进步的一部分便开始活动起来。最初由一人至数人，由一间学校至数间学校，接着一般的进步活动分子都跳出学校以外了；最初只是短期的临时的一些校外活动，接着成为一种长期的经常的，便是无甚活动的时候，亦并不按时回校上课了。他们认定完全离校参加活动是革命的，所以，对于不离校门的一般群众都赠以“不革命”或“反革命”的头衔——也不问他们不离校参加活动的原因。

另一方面，活动分子中比较落后的一部分，因为趁不上革命潮流的汹涌，同时又不免为一般反动的政客官僚学者之类所蛊惑，于是，对于进步的活动分子，大肆攻击，“捣乱”、“不读书”的罪名都加在这些进步分子的身上了。可是，革命的潮流，日益加速地奔腾澎湃，不参加校外的政治运动却终日坐在学校里骂人，这样的事终究有点说不过去。所以，一般落后的活动分子，为了免却背上“不革命”或“反革命”的罪名，便也相继离开了学校，和进步的活动分子角逐于学校以外的疆场之上。

我们不必说客气话，许多活动分子，都是具有很多小资产阶级的毛病的，如出风头、争地位、浪漫、浮夸、自骄自满、感情用事等等均是。那些落后的分子我们不必说，因为他们的活动根本便是以出风头争地位等为出发点的，他们愈活动便愈发展了他们的毛病。不幸许多进步的活动分子也未能注意改掉这些毛病，他们常时容易因这些而妨阻了正在进行的工作，抛弃了自己应尽的责任。

进步的与落后的两部分活动分子，或者用流行的名词来说，革命的左派与反动的右派，便这样在学校以外厮闹着，在任何场合中都这样厮闹着！五一纪念也好，五九游行也好；许多反动的官僚政客，招牌党人之流便从中挑拨离间，这样的厮闹因而愈扩大，愈延长——至若学校内的学生群众早已完全被他们忘却了！这样少数活动分子在校外的厮闹，便是广州的学生运动！

有一天，他们在学校以外闹得不可开交，他们觉得学生群众可以利用来作武器，他们便跑回学校里去闹了！这时他们也提出一些似乎是为学生群众利益的口号，然而他们并不能切实为这口号而奋斗，而只是一时的利用；特别是那些落后的分子，他们有时竟拿出欺骗群众的口号来逞自己的私欲！我们可以看出，前此中大法科反对陈启修，岂是因为陈启修有不利于法科的学生群众吗？一中二中的驱逐校长问题又何曾是学生群众的要求？事实上且是恰恰相反，法科学生是欢迎陈启修的，一中二中学生是满意于陈蕃黎越梃的。只是因为那般落后的活动分子在校外闹得无办法了，所以想利用一部分学生群众来打倒自己的敌人——这也是大家公认的广州学生运动！

这是怎样奇怪的一种学生运动，我真不［懂］！

我们大家都明白，学生运动的主要目的是去领导学生群众参加革命运动，而第一步工作则是号召学生群众为其本身利益而奋斗，因为只有这样，才能唤起群众，才能使他们团结成为一种战斗的力量。

从事学生运动的人，必须自己在学生群众中间，能够了解其痛苦与要求，能够察知其优点与弱点，能够获得学生群众的熟识与信任。

今天在广州从事学生运动的人，有许多既不了解学生群众，亦不求其了解；忽视了学生运动的主要目的及其初步工作，多数只借学生运动为个人活动的机会，或被人利用而把学生运动当作党争的工具！

这样，我们怎样能希望学生运动会有好的成绩！

不久以前，大家都争嚷着，“广州的学生运动分裂了!”许多学生运动中的活动分子，也都以各自的活动为立足点，将学生群众分成为各自的革命派，反革命派和不革命派。仿佛广州的学生群众真正分成了对垒的形式，以致危害了学生运动的统一一样！

实际，所谓分裂，不过少数活动分子，或者用一个通行的名词，“领袖”间的分裂；群众的分裂，只是一班活动分子主观的推测，并没有像这样严重的事实存在——多数的学生群众并没有被唤起来，如何能就说他们已加入了某方的战线，形成了分裂的形式呢?

所以，我们始终认为广州学生运动目前的危机，并不是群众的分裂，而是进步的活动分子——或者说，进步的领袖，与群众的隔离！

分裂是危险的，我们要防阻分裂的发生，最要的还在使进步的领袖与群众亲密地结合起来，群众完全能够在进步领袖的领导与影响之下活动。

（载《少年先锋》1926年第1卷第9期）

署名：求实

编完以后

（一九二六年十一月二十一日）

我们是万分感谢投稿的诸位朋友，同时我们又万分歉然地对于他们。

在过去的两月中，我们收到了约百五十封的来稿；有许多都是很好的作品，但因本刊篇幅及性质的限制，致不免见遗。我们正在想方法，谋来稿尽可能的多发表，以副诸位朋友的好意。

有许多来信，要求本刊改为周刊，实在我们亦有此意；不过事实不能容许我们，因为我们的编辑部都是在百忙之余来作的，我们现在还不能像许多大的杂志一样，有所谓“主编”者来整天作这一件工作。

本刊近来每期出版总要延迟数天，这是印刷困难所致，有时印局过忙，或连日休假，本刊自付印至出版竟至十天以外：这是不易解决的困难，这亦是我们不敢改为周刊的原因之一。我们现在总努力使出版不致过于延迟，以免读者有“望眼欲穿”之感。

最叫我们难过的一件事，是我们没有遇见责难者！我们从两广青年们的实际生活中找出了一些实际问题来讨论，盼望从此可以引起青年们注意自己的切身问题。可是我们很少看见有回答这些问题的，无论是赞成或反对。不知是不屑呢，不敢呢，抑是未曾注意，我们惴惴然虑着这个事实！……

（载《少年先锋》1926 年第 1 卷第 9 期）

署名：编者

“反文化侵略运动”释疑

（一九二六年十二月十一日）

人们似乎以为我们是“过激”分子，我们说的话多半是十分“新奇怪诞”的。这其实是一个误解。我自己便看出我是一个最“中庸”的人，许多同志都是如此；并且我们对于一些问题的意见大都是在“常情”之中，我们是从来不说“神话”的：我们用“常情”判断问题，也用“常情”来解决问题。

便拿反文化侵略这个问题作例来说吧。

有些人以为，文化是人类的，国际性的，是超然于一切权力之外的；文化绝不能是一个侵略的工具，因而说，“文化自文化，侵略自侵略”，“文化侵略”这个名词是不通的、

有些人则以为反文化侵略一运动，必定有着很深的很新颖的理论包含在里面；他们在从事反文化侵略的工作当中，时常要我们解释进一步的“所以然”。

其实这些朋友们都有些流于空想，蹈出“常情”之外。

反文化侵略是有其理论的，但是并不高深，是极其平常的。

我们先说“文化”是否能成一个侵略的工具。

大家当然记得，“以力服人者，非心服也……以德服人者，真心服也”，这几句“圣训”。这是一切强者对付弱者的不二法门，他们屡用而屡效：在一个皇帝统治着的国家里，除了军队警察之外，还有所谓道德、教育、宗教之类，便是根据这“圣训”来的。帝国主义者到中国来传教，创办许多文化事业，亦不过是抄这段老文章罢了。

我是极相信文化是人类的，是超然于一切权力之外的；可是在今天这个以金钱武力称霸的资本主义世界里，文化早已屈服在这霸王的足下作了奴隶！我也相信，许多传教士，许多教会的名流，都十分虔诚地，自以为是在努力着传播人类的事业；其实他们的笔上和舌上早被帝国主义者为他们安上了一架侵略的机关，他们被利用而不觉！甘心自觉地作帝国主义的工具者，我们只觉其可恶；对于不

自觉地被利用者，我们实在十分怜惜他们！

"文化"成了一个侵略的工具，从上面几句简短的话里我们总可以相信了！

现在说一说"反文化侵略"的重要！

我们提出一个"反对英国炮舰政策"的口号，恰如风起云从，全国一致，我们谁何出来反对；我们提出"反文化侵略"的口号，听着的人便不免有些迟疑，以为文化与侵略不能混为一谈，以为是我们在这儿弄玄虚。

我说，这就是我们要积极从事反文化侵略工作的重要原因之一。俗语说，(注意，这又是最平常的俗语，不是高深的理论！)"明枪易躲，暗箭难防！"文化侵略是一暗箭，他不仅难防，而且射到身上去了还叫你不知道你是被创伤了哩——请看，多少在青年会里讨生活的朋友们在那儿赞美着外国人的"好意"啊！

实在，我们只是这样浅薄的！我们只是拿被大家所公认为"常情"的一些"圣训"或"俗语"来作我们反化侵略工作的根据。

我们是从实际中学来的理论，我们的理论是并不高深的。

（载《少年先锋》1926年第1卷第11期）

署名：求实

"苏维埃"是什么?

——答梦霜君

(一九二六年十二月十一日)

"苏维埃"一词,俄文为Cobet(英文译为Soviet),中文一译作了"劳农议会",现在通行的还是译音的"苏维埃"。

"苏维埃",是工人,赤军,农民三方面的代表共同组织的一种会议。他是苏俄现行的一种政治组织的形式,苏俄国家的最高主权便属于全国苏维埃大会。

"苏维埃"是无产阶级专政的一种工具,犹如资本主义国家拿"国会"实行资产阶级专政一样。所不同者,后者代表少数人的利益而压迫多数人,并且将永远如此;前者代表多数人的利益而压迫少数人,他的目的且在解放全人类。

"苏维埃政权"、"苏维埃国家"、"苏维埃政府",都是一样的意义。

详细的解释,请参看《劳农俄国研究》(李达译)第三章,《列宁主义之理论与实施》(汤澄波译)第五章PP45—49及《新青年》等。

(载《少年先锋》1926年第1卷第11期)

署名:记者

新学说与古书

（通信）

（一九二六年十二月十一日）

记者先生：

我现时发生了一个切身的问题，尤其有关于革命青年学生的，因此胆敢提出，求少年先锋替我解答。

这问题原来就是发生于昨天的晚上，我和友人谈论的时候。其中的要点，就是一派主张我们（即受中等教育者）应当多看些《向导》等一类的革命书报——一切有关于革命的书籍，可以得着了他的思想，经验，然后应用去对付社会。另一派说："一切新学说都是自古形成，从历史上产生出来的，我们须先研究古学一类的书籍后（即指有得益以后），才来研究新学说，去对付社会。"因此讨论了许久，都没有得着好的结果，并且不学如我，也不能找出好的理论去解答。很望先生解答我们知道。

逸尘　十二月五日

逸尘君：

我以为新学说并不完全是自古形成的。一种学说，有他的历史的根源，更需要时代的背景，若徒然研究古学，你是没有方法了解任何新学说的。

而且每一种新学说，他本身便将他所根据的历史的根源包括在里面，只需研究马克思主义本身，你便可以懂得马克思据以完成其唯物史观之理论的黑格尔的辩证论（你若是学者，自然又当别论：你可以多多读，谁也不反对你）。

并且，我觉得照你信上所说的是太空洞了：所谓"古学"究竟包含的是些什么？俗说，"一部廿四史，不知从何读起"，积了数年来的"古学"，更不知多过几何倍于廿四史，我不知朋友们有何能耐去研究这无限多的"古学"！便是梁启超胡适之所开的古学书目，你想革命的青年有这些时间去翻动他吗？

我以为受过了中等教育的青年当然要多读一些关于革命的书籍，同时尤应注意社会的实际生活，政局的转变，革命运动之消长等问题：从这里，当可以逐渐使你的思想充实而有系统，经验切实而日益丰富。

至若“古学”，我想还是让那些饱食暖衣的名流学者去搬弄吧，我们这班穷仔不要干那吃力不讨好的事。

若是你的朋友一定要主张我们应该从古学研究起，我想你可以提出下面这个问题要他答复。你可以问他：你自己所吃的饭，从当初犁田，播种，插秧起，一直到收获，打谷，碾米，煮饭，这一切工作，是否都是他自己作的？他自己所穿的衣，从当初种棉花一直到纺纱，织布，缝衣，这一切工作是否都是他自己作的？或者是否他主张应该这样作？

（载《少年先锋》1926年第1卷第11期）

署名：记者

“革命的根据地”与落后的两广青年

（一九二七年一月）

“两广是革命的根据地”，人们常是这样郑重地说着。

并没有人否认，事实上，两广产生了不少的伟大革命领袖，亦演出了若干惊人的革命剧曲。

然而，若有人拿“革命根据地”来骄人，来自满，尤其是两广的青年们若是这样，我便不能不也郑重地说，“请慢得意！”

我告诉你——

在两广，私塾多于学校，许多学校都是实际的私塾，不过加了一层“立案”的手续。

在两广，读经，读古文，还盛行在许多学校中。

在每一个学校里，乡土观念、地域、等级等界限，支配着多数青年的头脑。

对于婚姻、家庭等问题，许多青年都没有正当的认识，只是驯服地苟存，或婉转哀鸣于家长的权威之下。“父母之命，媒妁之言”的婚姻旧习，仍如天经地义一般的束缚着两广的青年。

读死书，考甲等，作高官或名流，光大门第，耀祖荣宗——更是充满了许多青年的脑海。

青年亦不少崇拜英雄的，有些女子以嫁得军官为莫大之荣幸。

青年多不了解工农运动的意义，不积极参加，且时常表示对于此等运动的不满意与愤憾。

在农村里，在手工业青年的队伍里，更是只有“天命”、“鬼神”、“家长”、“师父师兄”等名词统治着。

——这一切，说明什么呢？

我还告诉你——

许多乡村里，没有国民党的党部，没有丝毫革命的宣传，可是基督教的布道会早有了，牧师的足迹已经蹀躞在村中。

许多人们愿意看基督教会印行的“求道得道”、“教主事迹”、“真教问题”，而不愿意看《青年月刊》、《大元帅训话》、《蒋介石先生讲演录》。

——这一切又说明什么呢？

你当然可以看出，这是说明，两广的青年，多数今天还被围困在封建的宗法社会思想和基督教教义的双层铁桶中；今天革命的宣传不过像几枝火柴的热力，怎样能够溶解那坚实的铁板，去救出那重围中的人们呢？

怎样扩大，怎样切实我们的宣传，怎样积极进行革命的文化运动，使他能够逐步走到尚被围困着的青年群众中去，以扑灭封建宗法思想与基督教教义——这是今天两广青年运动的重要责任！

有万千不远数千里而来的革命青年，从许多偏僻的地带来到广州。他们是像宗教徒“朝圣地”一样的诚虔，是像哥伦布探险一样的热望，他们要来学习革命的理论与经验，他们想借两广青年的革命精神来振刷自己；可是，一个一个，他们都失望而去了！两广的青年们看见了这种现象，曾稍动于中否？

实在，亲爱的朋友们，“两广是革命的根据地”一语，是告诫两广的青年们，要他起来继承列祖列宗的丰功伟业，拯万民于水火之中。

若以此自满自骄，不求进步，是无异于败家子孙，我实不忍深说了……！

我盼望两广的青年们能够认清一点自己的责任。

（载《少年先锋》1927年第1卷第12期）

署名：求实

旧调新弹

——“革命尚未成功”

（一九二七年一月二十九日）

我们都能记得，经过中山先生四十余年的努力，大小数十次的争斗，先后万千数忠勇的同志之牺牲，直到中山先生临终的前夜，他还是不得不在“革命尚未成功”这一句遗言的长叹之后，将中国革命的伟大事业，交给后死的诸革命同志。

每一个忠实的革命同志，都不会忘记这遗言，并且也不曾忘记他，这个，从中山先生逝世后，中国革命潮流之高涨这一事实，便可完全证明。

尤其是过去的半年中，数十万革命健儿在疆场上与恶魔厮拼，数百万民众在后方声援，从两粤而湘而鄂而赣而闽浙，转战数千里，为我们被压迫的民众夺回了半个中国——这些都是解放中国民众的使徒，这些都是中山先生的真同志，他们是真能在“革命尚未成功”的遗言之下而努力牺牲的。

现在，革命民众的政权，已经将要在武汉建立起来，中国的革命运动已经转入了一个新的时期了。我们可以说，这是几十年来革命运动中之突飞的进步，他的意义的深长，是每一个革命的同志应该认识的。

我们只看，广东的反革命势力肃清，政权归到革命的国民政府手中以后，民众便即刻获得了更多的组织的机会，八十余万的农民，二十余万的工人都先后组织并且巩固起来，革命的宣传扩大，反帝国主义的省港罢工能支持至十五月之久，不至如在军阀统治之下的上海天津等处，均因压迫而只能作昙花之一现。此次北伐胜利声中，湘鄂赣闽的革命潮流的相继高涨，民众均已伸出拳臂向自己的敌人，这更是眼前的事实。这一切都足以说明革命政权的重要。我们的国家犹如一片荒芜的原野，必须铲除了野草荆棘，再加以勤犁深耕，然后荒芜的原野才可以变成肥沃的田园，才可以种瓜得瓜，种豆得豆。我们北伐的胜利，是已经取得这片原野的治理权，只要我们自己努力，我们将很容易达到我们的初愿。我们今天已经走上了有路可寻的正道上，不若以前之有些四顾茫茫。

然而也就在这一新时期中，我们容易发生一种误会，即是，中国的革命现在成功了，至少在南中国是已经成功了。

轻视了这新时期的意义，将使我们迷失工作的新方向与减少奋斗的勇气；同样，设使过分重视了他，竟以为现在是革命已经成功了，则危险将更大！

我们大概都能够认清，中国国民革命的目的是打倒帝国主义与打倒军阀，从半封建制度的束缚与半殖民地的剥削状态之中，将四万万被压迫的民众解放出来。用极简要的字句来说，便是中山先生所说的“在求中国之自由平等”。

我们可以自问，我们已经达到了这个目的吗？凭你怎样，我们是不好回答：“我们已经达到了。”

第一，我们的主要敌人——帝国主义，都正在盘马弯弓，向我们射出致死命的一箭。我们只要体会一下大英帝国主义最近对华的政策，便可了然。她于汉口一三屠杀之后，故意兴风作浪，疑鬼疑神，表面表示退让，实际是一方面以退为进，一方面欲取得各国的同情，因为她在五卅案后，已开始感到孤立之危险了。同时，一向作为英帝国主义的工具的吴佩孚、孙传芳均已先后覆灭，英帝国主义乃施行“割靴”手段，用二五附加税的名义去勾结一向充日本帝国主义之侍妾的奉张。而最毒辣的则莫若企图分裂革命政府的势力。他们以为此次北伐的转战中，有许多不纯粹的分子参入，可以作为这阴谋的种子；并且，在现时，民众的组织还没有充分的发展与巩固，尚不能作为革命政权之后盾。他们开始宣传所谓“稳健派”的政权，他们想用一纸空文的“国民政府之承认”，图饵获革命政府对他们的阴谋之忽视与容忍！

其次，排在我们眼前的便是现时具有一个不可侮的势力的军阀奉张之阴谋。一方面驱遣孙吴残军以消灭革命军的精锐，而自己蓄养二十万大军，准备将来扑灭疲惫的革命军，取得最后的胜利，完成其“最高问题”的好梦。另一方面则和英帝国主义取同一步调，唱出“排俄反共却并不反对国民党”的口号，拉拢国民党的右派分子，企图分裂革命势力。

复次，已经为革命政府统治的各省，旧封建势力仍然到处蟠住，土豪劣绅，贪官污吏，明目张胆或隐藏在某一假面具之下存在。民众势力愈发展，此种反动力量即随之而起，作困兽之斗，此观于年来广东农民运动中之血腥之争斗，可以知之。

最后，我们应该注意的，便是我们本身——我们一般误会现时革命已经成功的同志们。因为我们既然以为革命已经成功了，便会忽视我们的敌人之存在，便会不注意革命势力之发展与巩固；尤其危险的，是以为国民革命成功以后，紧接着的当是无产阶级革命，国民革命的政权将即刻被无产阶级独霸去，因而对于工农运动，乃至联俄联共等政策——我们伟大的革命首领中山先生所手订，成为国民革命之中心策略的三大政策，都开始怀疑，甚至反对起来，我们姑无论国民革命成功以后，真正的革命党人是否应该反对那成为“历史的必然”的无产阶级革命；可是，至少目前国民革命并没有成功，我们周围的敌人正环伺着，我们自己的力量还没有壮大，并且还有病菌存在我们的身体内。革命是必然成功的，可是究竟何日能够成功，倒不是我们可以推算决定的，我们的责任只在更切实继续努力。我们此时正立在紧急的关头，我们的成败完全在我们自己对于革命前途的定识！我们不可忘记我们的领袖所指示的途程，我们必须从现实的状况中去体认国民革命的真义，我们必须切实而勇敢地走上我们应走的道路，不为邪说滥言所欺！

中山先生的遗教是“革命尚未成功，同志仍须努力！”我们的耳畔仿佛萦绕着千百声与此同一的呼唤。我明白了，这是从湘鄂闽赣的战场上传来的；我们数万英勇的战士，在他们献他们的生命在革命祭坛的时候，同样反复叮嘱着，向着我们后死的同志：

“革命尚未成功，

同志仍须努力！”

（原载《中国青年》1927年第152期）

署名：求实

满洲青年的读书与革命观

（通信）

（一九二七年二月十一日）

求实先生：

我是个满人，生在佃农的家庭中，自幼受着经济的压迫和旧礼教的束缚。现在，因为我自己奋斗的结果，已经脱离了家庭，跑到广州来学革命了。

我自信，我的革命性很强：没有家庭观念，没有部落思想，更没有“怕死”，或“升官发财”一类的卑劣念头；我只捧着我这个赤裸裸的心来为民众谋利益，求解放。

然而，我毕竟是前清的遗民，免不掉传统思想，我总以为像我们这类青年的革命者应该一面做革命的工作，一面顺带着读点书。

自然，这里读书的主张，并不是表同情于大学教授们的“读书救国”，并不是为将来作什么“诗人”、“学者”之准备；我的意思只是多读些政治的和革命的书籍。因为如此，我们的思想才能充实，我们的理论才能正确，我们才能真正明了政局的变迁，革命的趋势，而将来不至走入反革命或不革命的途上。

因此，我每天除了做革命工作之外，总要找出一时半时来读书。可是我的朋友和同志起来反对了。他们说，我要想作个真正的革命者应努力工作（指活动）不该贪书。我不听，他们怒了，竟在我面前喊起“打倒读书派”来。

先生！假如我是个投机分子，他们给我这样一个严重的警告，倒也没有什么；我明明是个革命青年，读书又是想增进我的命革知识，他们不察，竟这样对待我，教我如何的痛心啊！先生，现在请你批评一下。假如你也说读书不对，那么，我此后便不读书了。

沙白，12，15

沙白先生：

一个革命者要学有革命的理论，读书是必要的。我们只反对为读书而读书的学院派的读书法。你已不是为做学者之准备而读书，而是为明了革命的趋势而读书，这是不应当“打倒”的。我们希望你把读书所得的知识，应用到实际的革命工作中来！

记者二月十一日

（原载《少年先锋》1927 年第 2 卷第 15 期）

署名：记者

革命与生活问题底讨论

（通信）

——答读者黄昌济

（一九二七年二月十二日）

记者：

（上略）第一，先革命而后生活抑先生活而后革命呢——革命固为解决生活而革命，但在目下生活没能解决时，舍生活而单独去革命，那也是不行的。因为中国的民众，简直是无产阶级者，受强邻帝国主义者和国内军阀的摧残和剥削，弄得求生不能，欲死不得的情形之下，同时一方面固为前途生活解放而要革命，但当时已衣食无着，生机欲绝，虽有如何血性勇气，也不过如监禁中的囚犯，手足受了梏桎，不能活动一步，怎样去革命？那能从革命战线上奋斗？那能达到前途生活解放的希望？如说先生活而后革命，那就失了革命底意义，并且生活问题如果解决，就不会感觉到革命的需要，那有革命的可言？

第二，革命与生活并行——如果说革命与生活并行，那就是千难万难了。我们且看呀，现在的工友们农民们，虽有革命的需要，受革命的洗礼，但苦于衣食的奔命和物质底交争，只得从生活方面着手，以耕种营业，或到市场上去向工厂商店作学徒，维持其急需生活；因此，日出而作，日入而息，终日吃吃〈喝〉，工作不暇，怎样有空闲时间去顾及革命工作？要顾及革命工作则革命末由，革命呦，生活呦，实难同道而趋，同日而语呵！那末，处在这种情况之下，怎样去办好，怎样去干呢？

以上两种问题，不是我个人待决底问题，也是许多革命同志急需的问题，希你在少年先锋上详细答覆，供给一般革命同志的研究。

十一月十日黄昌济于广州

昌济先生：

所提两个问题，实是一个问题，兹合并答覆如下：

工人农人一方面要谋生活，一方面要做革命，似乎有些顾此失彼，而又不可并行。其实工人农人正因为谋生活而后才做革命，且亦正因谋生活在做革命中，而后这两件事情才可并行。在这个地方，你所认为不能并行底原因，在于把“做革命”底意义，仅仅看成为是为党工作，服务社团，做文办报，到处演讲，四出奔走去了。为党工作，服务社团，做文办报，到处演讲，四出奔走，是“做革命”中底主要事情，须用很多时间去消耗，然而这正是革命党之不可少的所在，列宁主张要有“职业的革命家”——以革命为职业——底根本意思。至于工人农人这些广大的革命群众之“做革命”，是与“职业的革命家”不同的，他们有生活问题，事实上不能来像“职业的革命家”这样的做法。他们除举出这般“职业的革命家”来做经常的必需的革命工作外，就是在平时宣传其同伴（如一个工人在工厂中，在一切谈话交际中宣传其他工人等），在有事时参加示威运动，甚至武装暴动，以及组织其他特殊队和临时机关之类。你只要看一看此次广东湖南湖北江西及上海这些地方工人农人之援助北伐，参加战争（例如广东之铁道工人北伐运输队，湘赣农人之为北伐军当侦探，运输、馈送粮食，组织敢死队，上海工人之暴动反孙等等打击北军帮助北伐军和参加战事底行为，以及此次汉口九江工人之反英运动），便可知道。而且工人农人之谋生活，就是做革命。因为他们为谋生活而所做出底罢工抗租废除捐税等争斗，便是给封建军阀帝国主义以致命打击。这种事实，充满了近几年来底工农运动史和国民革命史。这又是工人农人“做革命”与国民革命军中底兵士“做革命”之一大不同的地方。

明白了这些，自然便不会忧虑到最贫穷的工人农人因谋生活而不能做革命了。

共产主义的敬礼！

记者　二月十二日

（原载《少年先锋》1927年第2卷第15期）

共产社会实现的时期

（通信）

（一九二七年二月二十日）

记者先生：

在《少年先锋》第一卷第十期《进步呢？抑退步？》的讨论中，先生尝说“……只是因为工作太辛苦了，只是因为此种劳苦的利益，并不属于自己。一旦一切工作的条件，都逐渐改善了（即工作时间减少，工厂设备完全等等），一旦一切工作的利益都全局于劳动者自己了（这便是真正的共产社会实现了）……”

我读完后，觉得有些怀疑，特书此以请教先生：

根据马克思所著的《哥达纲领批评》[①] 中，我们可以把实现共产主义的顺序分三期；即第一期，是革命的过渡期；第二期，是共产主义的半熟期；第三期，是共产主义的完全期（只是大慨〈概〉分开）。第一期就是劳工专政时期，即《共产党宣言》上说：“劳动阶级的革命，第一步是使劳动阶级跑上权力阶级的地位。……既达到第一步，劳动阶级就用政治的优越权从资本阶级夺取一切资本，将一切生产工具集中在国家手里，就是集中在组成权力阶级手里。”第二期是每个生产者，都向社会正确地取回自己所给与社会的东西（扣除为社会所必要的费用外）这就是：把他在这个形式上所给与社会的东西，在别一个形式上取回。换句话说：就是同量的劳动互相交换（见《哥达纲领批评》）。亦即是先生所谓：“这便是马克思所以指明在共产社会完全实现以前应有一个半成熟的共产社会，即‘各尽所能，各取所值’的时期，作为过渡时代。”然则先生明明知道“一切工作的利益，都属于劳动者自己”（即各尽所能，各取所需）是共产主义半热期的时代；怎样下面就紧接着“这便是真正的共产社会实现了”这句话？究竟“真正”与“实现”作何解释？抑另有高深的意义？

---

① 现译为《哥达纲领批判》。——编者注

我们都知道“各尽所能，各取所需”为共产主义的二大原则；真正的共产主义实现了，个个都是劳动者，个个都得满足其精神上物质上的欲望。已无所谓“一切工作的利益”，更无所谓“属于劳动者自己了”。换句话说，即人人都为自己而劳动，为艺术而劳动，竟何暇计及“都属自己与否”呢？

总之，只是欲请教“一切工作的利益都属于劳动者自己，就是真正的共产主义实现”这句话。

1926，12，28，澈干，于汕头

澈干先生：

共产主义之实现，分为三期，是很对的。但不是随时随地都要这样去说。在本刊第十期《进步呢，抑退步？》底文中，莫有历数三期底必要。那里所说，只是在于把资本社会中底心理习惯与共产社会中的比较一观，于来信所云“革命的过渡期”、“共产主义的半熟期”毫无关系。那里所说“一切工作底利益都属于劳动者自己，”并非如来信所云“各尽所能，各取所值”底意思。实在就等于说一切工作不是为资本家底利益，不是属于资本家所有了底意思。生产在现在只有两种形式：为资本家和为劳动者，即工作底利益属于资本家和属于劳动者。而所谓工作为劳动者，工作底利益属于劳动者，当然不是像从前劳动者有工具时代底小生产制度。在现在大生产制度之下，工作要为劳动者，工作底利益要属于劳动者，当然只有在“真正的共产社会实现”后才可能。在真正的共产社会实现后，诚如来信所云没有所谓“一切工作底利益都属于劳动者自己”的话——因为那时没有阶级，无劳动者与非劳动者之分——但在那里答复 P. H. 先生底话，是将共产社会与资本社会两方面底心理习惯对说的，自然要用那个句子才能表明在共产社会作工不同于在资本社会内作工。现在请你再将本刊第十期答 P. H. 先生信看一下，便可知道我这个答复，是能解释你所提出之问题的。

革命的敬礼

（原载《少年先锋》1927 年第 2 卷第 15 期）

署名：记者

蒋状元叛变记

（一九二七年六月九日）

列位！这篇文字只想告诉读者一件事实，那便是蒋介石的叛变。

夫蒋介石者，赫赫一国民革命军之总司令也，而说他叛变，岂不怪哉？我说，俗语有，“天欲落雨，娘要嫁人”，这都是不足怪的事，同样，蒋介石总司令之叛变，也是不足怪的。

闲话休提。

话说，自从民国十三年（一九二四）曹锟用洋钱买得了大总统的椅子以后，他的干儿子吴佩孚便领着一帮直系的喽罗们横行天下，他们的铁蹄所至，人民都恍若在汤锅里过日子，真是弄得民不聊生，天怨人怒！这是大家都记得的，也不在话下。十三年冬季，冯玉祥被吴佩孚派遣去打奉系的张作霖，冯玉祥却倒转戈来，直捣北京，把曹锟幽禁起来，[把] 曹锟的兔爷李彦青推出辕门斩首，吴佩孚被赶到湖北，困在兵船上过日子。

这时候，北方一带，仿佛久旱逢雨，又仿佛久雨之后，忽然天边漏出一丝曙光，遍地都有了些活气。一般人民都吐了一口气，尤其是工人运动大活跃。工人从狱里跳出来，工会的招牌又都出现在门楣上了。恰在此时，孙中山先生北上，喊出“召集国民会议”的口号，这样，更使北部中部的革命运动，如春水暴发，一泄不止。

十四年春，上海的工人罢工事件，多到不可数计，不仅仅工人，便是学生、商人也都被卷入这漩涡中。以群众为基础的革命运动，这时已经开始了。这一运动影响到北方，如山东，如天津各地罢工盛行，再一回响，便激成了五卅运动的巨潮。五卅南京路的血从长江流到汉口、重庆、长沙。从东海经黄海流进大沽口，经南海流上广州沙基。啊！你看，工人、学生、农民自然是主力军，便是绅士学者、军阀买办，也都被推进了这个血海。谁推他们呢？不用说，是一般所谓“下等的工人”！

我们当然不能忘记，这是洋大人的恩惠，他们看见了吴佩孚倒台了，革命的民众居然伸头了，便迎头一击；谁知这一击竟是火上加油，致燃起了全中国的革命之火！他们惊惶之余，不得已又用软手段，开什么关税会议、法权会议，表示让步；他们这种手段，一方面自然是不得已，另外一方面却使那般不肖的资产阶级所谓大商人之流缩头，退出革命战线而与洋大人联合；那些小商人受了大商人的催眠，也跟着跑了；军阀买办更不用说，所以剩下只有工人、农人与学生在那儿鏖战，广州香港的工人对英罢工，竟支持至一年半之久，更令闻者咋舌！

资产阶级先生们固然也恨洋大人，但是他们尤其恨“下等的工人”，因为“下等的工人”可以制他们的死命；洋大人还容许他们作“驯服的奴隶”，“下等的工人”是根本要消灭那般不劳而食的资本家的！满清的皇帝曾说，“宁赠外人，勿与家奴”，现在的资产阶级完全是取的这种态度！

我们感谢资产阶级的先生们，因为他们在极短两年中，把他们的把戏都玩给我们看了。

五卅运动开始不久，资产阶级即单独向帝国主义叩头让步，我们不用多说了。可是无产阶级并不因为资产阶级之临阵退缩而屈服，并且反更勇敢地，帮助左派的国民党肃清了杨刘军阀，成立国民政府等等。这个使得资产阶级着惊了，他们便先请出“文秀才”戴季陶出来，跳了一场“加官”。他发布的那本《国民革命与中国国民党》小册子，充分表现他们的惊惶。随着“武小丑”陈顺的枪拿出来了，虽然毁坏了我们的廖先生的肉体，然而左派的政权，在工农保卫之下，实在更稳固地发展下去！怎么办呢？没有客气了！第一步，他们便企图夺取左派的政权；第二步，便是发展资产阶级的势力；第三步，便是他们梦想的成功，资产阶级专政万岁！

在他们的阴谋之下，“武状元”蒋英雄介石便扮演了第一幕，“三月二十之事变”，借迅雷不及掩耳的手段，左派的政权竟被夺取了。

第二步便是“北伐”。资产阶级的代表蒋英雄介石是坚决主张的，他的目的很明显，便是要逃出广东民众势力的包围，向没有民众组织（至少是极弱）的北方发展资产阶级的势力。在革命势力方面亦并不反对北伐，我们的目的则在乘机发展革命的民众势力。这□同床异梦的戏，到江西后才开始收场。最后的结算，究竟是谁的胜利呢？且看！

在革命势力方面，乘北伐进展之时，湘鄂赣豫的农民与工人大部分都组织起来了，上海的工人更获得几次武装暴动的经验，近千万的农民，二百八十余万工人的组织，都团结在革命旗帜之下；在军事势力方面，经北伐的锻炼，在质与量方面都大有进步。虽然形势上，因蒋介石之叛变，缩小了国民政府统治的版图，而实际，因为各地民众运动之发展，革命势力的扩张，截至最近，几乎淹有全中国本部了。

在资产阶级方面，他们的迷梦随着北伐的足迹，一步一步都被踏破了！蒋英雄被广州香港的工人和广东的农民吓怕了，才打“北伐”的主意，企图逃出民众势力的掌握。可是，沿湘江而下，农民的红旗与国民革命军的红旗互相掩映，工人也握着长枪斥候着，我们的英雄找不出自己的群众，除了一些告发农民工人之“猖獗”的曲背先生。英雄最先要把“他的”国民政府拿到武汉，因为他认为广东是共产党的；可是不久他又失望了，原来传到他耳里的消息是，“武汉的工农声势浩大，共产党横行”！于是他又反对迁都武汉，而要定都南昌了。此时他醒悟了，他知道是时候了！还等候什么呢？“你看，工农的势力已经起来了，共产党更不用说！”英雄固然厉害，究竟他明白，自己终究是敌不过群众的！

新剧开幕了！英雄的旗帜高举，第一批归入他麾下的是所有革命的反对者与落伍者——贪官污吏、土豪劣绅。陈赞贤作了他的开刀的枯树，从此而南昌，而九江，而安庆，而芜湖，杀了个满江殷红，腥气腾天！到了上海，高举两臂迎着他的是资产阶级与其卫士——青红帮，洋大人自然也耸一耸肩，脉脉含情。我们的蒋总司令方自庆归了他的故巢了！可是，同时还有欢迎他的人哩！那便是十数万武装的工人，这给英雄一个迎头痛击！这也给了他一个机会，逞他最后的雄心。于是正剧开演了，在帝国主义者、大资产阶级、青红帮与许多昏庸老朽的封建份子连成的长蛇阵前，我们的英雄，快枪怒马，大逞其英雄本色——四月十二这一天，是蒋介石和他所代表的资产阶级，向革命势力下总攻击令的日子，同时也是他们宣布，他们已经与帝国主义者和封建军阀立在一边，与革命作生死敌了！——这一切都由工人的血写在上海滩上，永世不会没灭。此后在广东乃至最近在湖南的屠杀，不过是上海英雄电影公司出版的影片运到湘粤开演罢了！

我们的英雄，他自命是革命者，他却是替洋大人，替资本家，革工人农人和一切贫苦人民的命；他自命是中山先生的信徒，他却违背中山先生最革命的政策，而实行联日本帝国主义，联青红帮，甚至联张作霖，而向武汉的国民政府进攻！他要一切真正的国民党员救党，他自己却是第一个破坏党的功臣！

我们毫不怪我们的英雄，因为他的行径便是他那种英雄的本色！他是靠着帝国主义与资产阶级过活的，他没有方法不背叛革命的民众，犹如娘要嫁人一样！

我们的青年志士们！不要忘记，北伐终究是我们的胜利；资产阶级的离开革命便是因为北伐的胜利是属于我们的！我们要继续北伐，直捣燕京，扑灭封建军阀最后之一具；为了这个，我们更应努力攻击那无耻的英雄——叛变的资产阶级，使他不能扰乱后方，而跌死在我们的铁掌之下！张作霖与蒋介石已经是日帝国主义在中国的两个孝顺子孙，张蒋在我们的脚下，便是日帝国主义在我们的脚下了！

日帝国主义死在我们的手里！

无耻的蒋介石死！

反动的张作霖死！

北伐与东征胜利万岁！

（原载《中国青年》1927 年第 163—164 期）

署名：求实

本年暑期的环境与青年的责任

（一九二七年六月二十五日）

时局之严重，真令我们吃饭睡觉都感觉得迫促难安，那里还能够像往年一样，过什么休夏的暑假！农人每年都有农忙的时候，叫做“忙月”。我提议，暑假应该是我们一切革命青年的“忙月”！

* * *

请看！垂死的张作霖，又配上了那海陆军大元帅的宝徽，虽然觉得滑稽可笑，仿佛耍猴戏一样，可是，要注意呀！机关枪、迫击炮，一切杀人的利器，都正从日本的枪炮厂里运送到他的防线前面；不兑现的奉票，像什么神咒一样，把北方人民一个一个都弄得生不成死不得！他的杀人是真的呀！

再看，自从四月十二日，蒋介石向革命的工人下总攻击令以后，接着，广东李济琛的屠杀，湖北杨森、夏斗寅、于学忠的叛变，湖南许克祥的“肃清暴徒”，江西朱培德的“欢送共产党”，直到最近“以反共产党为唯一条件”之蒋冯徐州会议（东方社北京电），我们可以说，反革命是胜利了！一年以来，两次北伐，无数的牺牲，都是为了我们的杀民众的“蒋总司令”，都是为了反革命！徐州会议的结果，有许多人推测，冯蒋将合作攻武汉，我们不管这个推测怎样，事实上武汉是从四月十二以后就已在反革命围困之中，湘赣与杨夏之变，岂不已经是蒋介石在向武汉进攻吗？

我们更不可忽视的是帝国主义者的对华北出兵！北伐军刚到长江流域，帝国主义者的炮舰布满了沪汉江面，积极企图武装干涉。幸我们懂得了他的奸计，虽然他在沿江炮轰了不少的地方，我们还是隐忍过去，武装干涉遂没有实现。此次奉鲁军的溃败，北部也有被革命势力侵入之可能，帝国主义者不能不万分的着慌了！第一个是日本，他的全部利益都在中国北部，革命军若是占据北京或进而扑灭山海关外张作霖的势力，这无异于宣告日本帝国主义的死刑！第二个是英国，他在长江流域及南部的势力已经被革命军打得个落花流水，虽然蒋介石情愿自己出卖给英国作走狗，但是日本也在那儿抢夺！蒋介石假冒北伐的招牌，和武汉真正的革命军混着北进，这一条走狗看看会要被日本夺去。所以英帝国主义也不能不积极出兵，去和日本帝国主义争取这条小狗——卖革命的蒋介石！第三，无论是英日，抑是英法，其为革命之敌人，是无疑义的，因为没有一个帝国主义者愿意殖民地解放的！革命军的北进表明中国被压迫的民众逐渐走进了光明之境，这是帝国主义者不能容许的！所以各个帝国主义都乘机出兵华北，企图武力占据，拒绝革命军入境，或更进而向南扑灭革命军——自然在张作霖的名义之下。

* * * *

我们是在这样的严重局面之下，我们再看人民的生活是怎样的！

在张作霖的治下，不兑现的奉票发行了四万万元；奉票一元，实际只能值现洋八分，还日在跌落之中！物价涨到令人吃凉，食米十二元才买得一斗，馒头烧饼一角钱一个！在天津，无论何种货物，均须加抽军事善后捐；又发行一种短期公债，无论大小商家，以资本为标准，按十分之一派购，一百元资本的就要买十元的公债票——这公债票实际是永远不再兑现的。

在蒋介石治下，人民在生活方面并无丝毫改进；江浙与广东，均有勒销金库券的事实，无论贫富，一律摊派，否则加以反革命之罪名！目前江苏物价，较前更涨，一般总在一半以上，有数项且涨至一倍以上。浙江温州商民罢市要求减苛税。凡此种种，都是蒋介石的功绩！

在四川等省，匪军如毛，人民生计更不堪言，粮税有预征到民国三十一年的，每亩田征收到六十六元之多！

在国民政府统治下，人民的痛苦一样没有减少，物价的腾贵或者更超过上海！这怪谁？我们不能不记起帝国主义与蒋介石，这是他们用经济封锁政策围困我们的结果，湘鄂民众都要感谢他们的恩德！

民众在政治方面的生活，目前实在比袁世凯时代为更可怜！我们计算一下这一年来发生的惨杀案，大小不下四百余件，真是超过以前任何年的数目！因兵灾、匪患，被诬为赤化、暴徒、共产党，而流血牺牲的，更不知几何数！人民的生活没有丝毫的保障，谁也算不定自己是否可以活过今天！我们只能从大革命时代的法国找到略与此相似的情景！

总之，我们“见有一匹灰色马，骑在马上的，名字叫作‘死’。这匹马的四蹄无论踏在什么地方，这个地方的绿草便要枯槁了！”真的，这匹灰色马几乎踏遍了全中国，我们的同胞遇着的只有“死”先生！在经济方面是饿死！在政治方面是枪打死，刀斫死！

这是我们同胞目前的生活！

* * * *

可是，我们的同胞并不是束手待毙哩！早在几年以前，工人和农民已经开始活动；在最近一年中，因北伐军之胜利，工农运动有着大的进展，工人的组织达二百八十万，农民组织起来的将近千万了！在反帝国主义的省港罢工及其他各地的罢工中，在反对奉鲁军阀的上海武装暴动中，在反对土豪劣绅与贪官污吏的湖南、广东、湖北等省的农民运动中，工人都获得了极可宝贵的战斗的经验，并且有了部分的武装！

最可惜的是蒋介石叛变，屠杀了无数农工运动的领导者，破坏了工农组织与武装！蒋介石为了资产阶级、封建军阀与帝国主义者的利益，不惜出此毒手；工农同胞的唯一生路被他阻扼了！

* * * *

在这重重的包围攻击当中，什么是我们的出路呢？

第一，我们要积极的发展一广大的反帝国主义运动！自从汉口一三惨案以来，帝国主义者向我们加紧进攻；我们为了防止帝国主义者的奸计而避免冲突，这是对的；但是因此而停止反帝国主义运动，这是大错的！近几月来，在国民政府统治下的反帝国主义的运动甚至落在蒋介石治下的那种假冒之后！我们要真正反对帝国主义者对华出兵，要打破帝国主义者对我们的经济封锁，必须发展反帝国主义运动，要把反帝运动发展到穷乡僻壤中去，彻底赶出帝国主义在下层民众中的一切物质的精神的势力！

第二，我们要打倒背叛革命的蒋介石！蒋介石的功绩，我们是熟知的了！最近有人主张继续北伐，说不应倒蒋；我说，若不倒蒋，则继续北伐只是骗骗人罢了！蒋介石是在我们的营垒内致我们死命的；他已经叫李济深、许克祥、夏斗寅、杨森等杀得我们好苦，他又帮助帝国主义者封锁我们，弄得我们物价飞腾，闾阎不安！最近，他已经明白宣言，先消灭武汉政府，再去北伐。我们若不先打倒蒋介石，我们将会被他消灭！我们的打倒蒋介石，不仅说去打下南京上海，同样重要的，我们要肃清在国民党政府现在统治下的一切蒋介石的影响，那便是说，我们要彻底打击一切土豪贪官污吏，要建立乡村自治，解放农民经济上的政治上的压迫！

第三，我们要发展并整顿工农的组织。我们要完成第一第二两项任务，必须要努力于这一项工作！在蒋介石治下及国民政府治下，工农的组织多部分都在蒋介石直接间接的影响下而破坏。我们必须即刻把这些整顿起来！我们时常叫“踏着死者的血路前进"！现在许多地方的工农运动的领导者都已经在蒋逆的刀枪下变成“死者”了，我们便应切实踏着他们的血路前进！实在这些被压迫的工农之需要领导，比任何地方的都急迫，因为他们是已经在实际中认识了工会农会及工农武装对于他们自己是最有利益的，他们仿佛吃了糖果的小孩子一样，是已经知道糖果的味道，是好吃的。许多人以为工农此次受了摧残，将一蹶不振，实在这完全是错误的推测；工农的觉悟因受摧残而更深，我们只看广东、湖南农军之反抗李、许的屠杀，是如何勇敢，便可知了！

在张作霖治下，虽然工农的组织与争斗训练不及南方的，然而他们之有迫切的要求，是不待言的了！尤其是在山东、河南一带，农民已经有他们自己旧式的组织，如红枪会、天门会之类，这些组织是我们急须去领导的，因为他们有的被土豪劣绅利用了，有的尚沉迷在迷信神权中干一种土匪式的生涯！

第四，要武装自己！革命需要武装，这是谁也懂得的！北伐军胜利的重要条件是武装，革命之失败也是因为缺乏武装！不过我们所说的武装是极广义的，我们以为，青年要去入武拿枪，这是武装；我们还以为青年应该能够真正养成吃苦耐劳的习惯，能够过“地下的”革命生活，能够胜任一切繁剧的工作；一句话，青年应该能够担任革命所加于他的一切责任！这便是我们所说的武装！

* * * *

上面所说的是当前的重要工作，是今年暑期中青年所应尽的责任！我们不要轻视了我们自己，我们的努力是可以挽回革命的危机，解救民众的困扼的！

（原载《中国青年》1927年第166期）

署名：求实

“宁汉合作”之前途与革命民众之责任

（一九二七年八月十八日）

武汉完全投降于南京了，

南京将继续蒋介石屠杀压迫民众的政策；

“反共就是反革命”——此话是对的，

民众的新希望在孙夫人领导的叶贺革命军与民众自己身上！

“宁汉合作”这一口号，自从八月十二日上海各报纸发表所谓“宁汉间商榷党务要电”以后，便已甚嚣尘上；及到“我们的蒋总司令”辞职的消息传来，这一口号竟几乎成了天经地义，早不成问题了。

不过在两星期以前，宁汉备战的消息尚每日频传，甚至南京政府宁可停止对鲁作战而集重兵于皖赣以对武汉，为什么立刻又会合作起来呢？

这并不是突然而来的。我们要讲“合作”之由来，第一便须明白——

宁汉何以分裂的？

在去年冬季，北伐军克服湘鄂赣以后，湘鄂民众运动随着亦有大大的发展，然而军事力量的发展超过了一切，党和民众几乎完全在军事力量支配之下。这种现象对于革命是十分危险的，于是一般忠实于革命的人便不得不起而作一种提高党权拥护革命胜利的运动。这一运动，恰恰是违反“我们的蒋总司令”之初衷的，因为他的目的在于统治一切，所谓“我即党，我即民众”，犹如“朕即国家”一样。他当然不能忍受这种制裁，第一步，便违抗命令而自立中央；接着便开始在江西屠杀革命的工人领袖与群众，顺江而下，经过九江、安庆、芜湖直到上海，杀了个“满江红”；回头便在南京自己成立中央与政府，以权与利来拉拢诱致一般昏庸老朽的土豪劣绅，一向乞食于北洋军阀之门的官僚政客以及走江湖的青红帮头目等等，团结在自己的周围。

他的——即所谓“南京政府”的，主义与政纲是什么呢？

中山先生说，“民生主义即共产主义。”蒋介石说，“三民主义和共产主义完全是不同的，并且是相反的”（在上海总商会欢迎会演说词）。诚然，蒋介石的三民主义与孙中山先生的三民主义是完全不同的。所谓民族主义大概应作“宗族主义”解，因为在南京政府下只有蒋氏的浙江派的活动与解放[1]民权主义还早，此时还在“军权”时代，“我是总司令，我即民众”，所以军权等于民权——蒋氏逻辑是如此的；民生主义的内容是宣布裁厘加税以谋充实军饷的来源，预征房租以充军饷，绑富商的票，抽小贩的捐，火车增票价，轮船扣留军用……这便是“民生”。还有三大政策是：联日绝俄，反共屠共，土豪劣绅的农民运动与工贼流氓的工人运动——这是南京政府的主义与政纲。

在另一方面，蒋介石公开背叛革命以后，提高党权运动在湘鄂却有大的成功。今年三月国民党中央第三次全体会议的决议很可说明当时武汉方面的态度。那些决议的主要部分是：巩固党权，推翻军事独裁；镇压一切反革命；实行乡村自治，召集省民会议以实现国家政权之民主化；为赞助工农经济生活之改善而设立农政部劳工部，以便制定改良社会之法则而实行之，坚决的赞助工农群众运动等等。从这个政纲，我们可以了解当时的武汉国民党中央与政府是谨按着中山先生的遗教，决心抵抗反动的进攻，并且愿意普遍地发展工农运动以保障国民革命之向前发展的。

同时从武汉政府领袖的言论中也可以看出他们与南京实处在完全相反的地位。

汪精卫在他的到汉演说及所作论文中，都反复说明：中国的革命特性是反帝国主义，必须结合一切被帝国主义压迫的民众，与共产党努力合作（国民党中央第三次全体会议决议召集国共两党联席会议，后实行了数次），彻底打击帝国主义，使中国革命走向三民主义（非资本主义）建设的道路。他历数“反共产”之错误，他说，从冯自由到蒋介石，都是和帝国主义者一样，以“反共产”的口号为策略，实际来破坏中国的国民革命。

孙科的言论，在国民党中央第三次会议的左右，亦表示十分的革命性，所以南京政府方面竟骂他是中山先生之“不肖的子孙”，有人竟后悔胡汉民当初何以不把他杀掉（胡汉民曾说，“设使总理不只他一个儿子，我真要把他杀死”）。

至若唐生智之流，更说得好了。他在六月二十日还在汉口演说：“革命无论如何，不能离开民众……民众运动发生许多幼稚行动只是偶然的一时的错误……

[1] 此处疑有缺文。——编者注

并且有些也是反革命派的土豪劣绅所做的……所以不能要共产党员完全负责……假使也效法蒋介石，排挤共产党员，屠杀共产党人，要这样下去，革命非马上坍台不可!”

南京与武汉处在这样完全相反的两面，自然只有互相敌视而形成一种分裂的局面了。其次，我们便得研究——

现在宁汉何以会合作的呢?

简便的先回答一句：只是因为已经是“志同道合”了，所以能够“兄弟故旧，言归于好”。

第一，土地问题是中国革命的根本问题；“耕者有其田”的口号早在二十多年前便已由中山先生喊出。孙夫人说，中山先生“为了他的这个理想，致力革命凡四十年”；从这里我们可以看出解决土地问题实在是中山先生终生所致力的(参看孙夫人对时局宣言)。然而，武汉政府及中央本年四月竟拒绝公布土地委员会关于土地制度改良决议案的草案，当然更谈不上实行。

其次，对于工人及一般平民生计之改善，曾无丝毫之注意。尤其当武汉在帝国主义与南京政府互相勾结的经济封锁之中的时候，一般生计之艰难，实超出寻常万万倍，而政府曾未有丝毫救济，曾未能努力发展民众的努力以谋求破此封锁的难关，反而处处加以打击限制。劳工部农政部早已议决设立，但以缺乏房屋为藉口，延迟不得实行，即勉强成立而办事又多遇掣肘，形同虚设。

复次，武汉政府的一般领袖（少数除外）在四五月间都已开始非难农工运动，认农工运动为过火，更进一步，乃纵使反动的军人屠杀工农运动的领袖及群众！湖南反动军人许克祥的屠杀，湖北蒋介石所指使的杨森、夏斗寅之屠杀，及吴佩孚残部于学忠之屠杀，两湖各县的土豪劣绅乘机蜂起捣毁工农会，残杀工农群众——这一切，政府第一步是默许了，不加讨伐；第二步是颁布了许多限制工农运动的训令，解散工农会而另以土豪劣绅工贼流氓领导工农运动。

最后，便是所谓“画龙点睛”的办法，对于共产党之驱逐和屠杀，乃在一种“藉口”之下而实现了！武汉一大部分领袖，尤其是军人，对于共产党之欲加以驱逐与屠杀，本早已伏根于共产党决定参加政府工作之时。惟当时实无所“藉口”，故最先乃用一种“烘云托月”或“画龙点睛”的办法，只非难限制工农运动；到了后来，抓着了一个“藉口”（左不过是什么“破坏国民党的阴谋”，像南京政府的吴老头儿发现的宝贝一样，详另文），于是“点睛”的时候到了，霹雳一声，七月十五日中央委员会取缔共产党的决议案出现了。这以后，不过是照抄南京政府的老文章而拘捕屠杀一切被认为是共产党的革命分子，自然从五月下旬许克祥在长沙“试刀”以后，本来屠杀并未间断，不过经过七月十五的决议，屠杀拘禁乃完全成为“合法”的了！

这时所谓“总理不肖的儿子”孙科已大声呼叫着：“共产党这一条路，不独是违反三民主义，而且简直是一条绝路。”——这和蒋“总司令”的话岂不是一样？大概可算得“肖子贤孙”罢了？不过实在并不是“总理”的而是“帝国主义者的”呀！

汪精卫先生以前在反对南京蒋政府的时候，说：“我们每日得着各地屠杀的消息，其使我们流泪！”相隔不过三月，同样屠杀的消息每天又送来了，这时会大笑起来罢。因为这些屠杀是自己所主席的会议决定施行的罢！

“唐总指挥”自然是屠共的总指挥。虽然最先他总还戴着一副假面具，借刀杀人，现在则已经不需要，所以很长的，极力指斥共产党的“佳电”，已坦然发出来了。

细心看看，两方面有什么不同？虽然不必说“后来居上”，至少可以称为“难兄难弟”罢！

此而不“合”，天下宁有是理？现在我们要进一步来研究一下——

宁汉合作的前途又如何呢？

一般人以为宁汉合作有三条路可走：一是汉投降于宁，二是宁投降于汉，三是双方让步，妥协合作。现在宁汉合作的条件是汉反共，宁倒蒋，即是酝酿了数月的所谓“第三派”的主张；仿佛是，他们现在走的是第三条路。这种观察其实是错误的。

我们应知道，宁汉合作只有两条路可走，即第一和第二，决不能有第三条路。所谓第三条，实际不过是第二条路！因为宁汉间之争乃革命与反革命之争——在革命与反革命之间是没有第三条路的——所谓第三条乃至第若干条路，只要不是革命的，便都可归入第二条反革命的路线中去。这是在过去各国革命的历史明白昭示我们的。

然则现在的宁汉合作是走的哪一条路呢？很明显的，是汉投降于宁，他们走的是第二条反革命的路！

何以见得呢？

第一，“反共”本是南京政府的政纲，在南京政府统治下，“反共”的口号是高于一切的——宁可牺牲北伐，共产党是不可不反对的！武汉政府现在也高揭“反共”之旗，非投降于宁而何？

其次，一般人以为“倒蒋决非南京政府的政纲，南京既然同意倒蒋，那末总算是南京对武汉让步而非武汉投降！”其实这是最滑稽不过的！因为南京政府中的反革命领袖，何止蒋介石一人？南京政府乃一群反革命的朽货背着一部反革命的政纲而组成的，倒一个蒋介石犹如在粪缸中踏死一条蛆一样，对于全粪缸中蛆的蠢动与臭味，焉能有丝毫变化？倒蒋并非南京政府的政纲有什么变动，不过是一群新军阀的革命领袖明争暗斗的结果，即所谓，广东派的胜利，浙江派的失败；至若胜利者的政纲，左不过是反共绝俄屠杀工农，哪里会有什么根本的变动？以前吴佩孚与段祺瑞之争，齐燮元与卢永祥之争，无论谁何胜败，结果对于民众是一样的。新军阀在形式上或者玩得巧一点，实际不会走样的！

我们可以列成下面的公式：

反共＝投降　倒蒋＝〇

反共＋倒蒋＝投降＋〇＝投降

熟读吴老头儿的臭文的人自然要说，不管投降与否，“反共”终是革命的。

我说，朋友，你错了，“反共就是反革命”，这句话实在是正确的。果真共产党是破坏革命的，果其这般南京老牌的乃至武汉新牌的“清党委员”是真为了拥护革命而反共，那末我决不再来饶舌。无如事实并非如此！共产党之努力于革命，只要不肯欺骗自己的人，尤其是那些反共最力的先生们，应该不好否认，至少共产党对于中国革命的牺牲，比那自命为“忠实国民党员”的要勇敢而重大！今年三月，蒋介石在南昌还不能不说，共产党员确能努力于革命。就反证来说，据委员会的“明察”，共产党都是为了权和利和女人才来干革命的；果真如此，共产党员正不必自苦，过那种穷困的地下生活，因为作一个“忠实的国民党员”，则一切权和利和女人都有了，且没有被绞杀的危险——除了像尹子卫这种偶而不走运的人为在上者替死以外——这不是假的，这几个月中，南京、上海和杭州一带，我们还见少了吗？说到“清党委员”们的反共是为的拥护革命，那真是只好骗一骗小孩子或新进的革命党员。蒋介石只是因为共产党要扑灭他的那种军事独裁的野心而不愿作他个人的忠狗，才下决心反共；唐生智只是因为共产党所指导的农工运动势力大起来，甚至要过问他每门所糜费的无数万军费的数目；等而下之，陈群杨虎的反共不过是要买蒋介石的欢心，保住自己的位置，便于绑票抓钱；青红帮的朋友们的反共，不过是为了每月几元钱的津贴——这一切，谁不知道？拥护革命?！什么叫革命？蒋介石清夜扪心，他还会不禁笑世人之愚，真如中山先生说的“不知不觉”之流啊！共产党与真正革命的国民党员正领导着民众在前线杀敌致果，在上海，在武汉，在许多地方，“清党”的快刀却从斜路杀来——此非反革命而何？

更说明白些，在南京同样在武汉，那种完全不遵照中山先生所指示的中国革命之出路，依各人私自的利益，妄定违反民众利益的政纲——这种行径，非反革命而何？

所以，我们可以结论说，宁汉合作的前途只是一个"反革命的大团圆"——从那虚伪的左派领袖汪精卫一直到屠人如狗的李济深，"兄弟故旧，言归于好"了！

我们民众今后怎样呢？

革命的民众们，一切革命的青年们，我们今后怎样呢？

反革命派终究是要归到他们自己队伍中去的，我们没有什么惋惜，我们只好为他们唱挽歌！

革命的前途仍是光明的。

第一，在与中山先生共患难数十年的孙夫人领导之下，现在还有几万真正革命的国民党员，正在与反革命的李济深鏖战。湘赣闽粤各省的农民都已群起拥护革命的叶贺军队。在孙夫人主席的革命委员会领导之下，此数万革命军的胜利，从反革命派手中夺回两广湘闽赣等革命根据地，是指日间的事！

其次，中国共产党与中国共产青年团，虽然在遍处极端的压迫与屠杀之下，曾未丝毫失去其为革命而奋斗之勇气！最近他有宣言公告全国的工人、农民、兵士及一般革命的平民，说明他将继续绝不妥协的反帝国主义的斗争及反对军阀的斗争，反对一切封建余孽，实现并巩固中国革命与世界无产阶级被压迫民族及苏联之真正联盟，继续增进工人利益的斗争，继续解放农民之斗争，亦将为城市小资产阶级及兵士的利益而斗争！对于这一切革命工作，中国共产党都要和国民党党员群众、一切真正革命分子共同去实行。如果国民党的指导机关及国民政府真能实行这种革命政策，中国共产党必以全力赞助之。

第三，虽然在几个月的严厉压迫之下，民众的革命情绪与势力实日益高涨而扩大。我们且看，广东的工人无数次的刺杀反动派，广东农民军数月来的苦战以及最近积极援助孙夫人所领导的叶贺革命军。湖南的工人已经开始用暴动的形式反抗唐生智的统治，两湖及江西河南的农民更是英勇，都在积极的准备他们最近对于反动势力的进攻；说到江浙，尤其是上海，我们是亲身在此地经历的，蒋介石之倒，实在是民众革命的努力促成的，江浙民众的潜势力正是不可侮哩！假使蒋介石真能得到民众的拥护，决不会很容易地被李宗仁等广东派排挤而去；李宗仁等继续蒋的政策，他们也应准备回乡去吃麦饭才好呀！所以民众的革命的情绪和势力并不曾因压迫而减灭，这是我们可以欣慰的。

最后，虽然那般狂悖的朽货，妄吠其什么中国革命不要别种民族的帮助，中国革命和世界革命是毫无关系的，可是事实还是事实，一般被压迫民族，如印度、朝鲜、波斯等等对于中国的革命仍照旧有热烈的注意，世界革命的中心苏联，并不因英日等帝国主义者及其走狗——新旧军阀，之无赖的行动，而稍异其援助中国革命之“初衷”！

同胞们！一切革命的青年们！所谓“左派”的武汉中央与国民政府都已投降于反革命的南京营垒中去了，反革命的势力更团结，我们应该要积极准备自己的力量，极力谋推翻这一堆朽货的统治，声援孙夫人领导的叶贺革命军，以取得我们最后的胜利！

（原载《飞沙》1927年第1期）

署名：求实

“夫子自道”之阴谋

（一九二七年八月二十二日）

南京政府勾结日本与奉系之真相：

一成一败，

事实俱在！

愿同胞立起声讨！

七月三十日在上海出版的《进攻》周刊第十三期上面有一篇文字，题名为《共产党最近之阴谋》——这真是一个最煽动的题目！在八月十三日出版的同刊第十五期上面，有几条“钢锥”，也是说唐生智代表在津活动这一类的事——这些材料又是“清党”诸英雄屠杀勒诈最好的藉口了！

可惜“事实先生”竟好〈毫〉不留情。南京蒋政府的“实际行动”无异于赏了《进攻》记者慎之先生几大耳光，问他还敢颠倒是非胡说乱道不？

邓演达并不是共产党，邓的行动与共产党有什么相干？并且近日报载邓与“鲍寇”（？）同车赴莫斯科去了。共产党果有此种“阴谋”，何劳非共党之邓某跋涉？至若唐生智派代表到天津，这又何干共产党的事？你看，唐生智不是已经成为宁方的“好友”而为反共之中心了吗？

其实这种中伤共产党的谣言，也并不是无因而至。是怎样来的呢？俗话说，“作贼的心虚”；又说，“先发制人为上计”。一句话，所谓“阴谋”，实夫子自道也！

钢锥大家“慎”先生说，“要知道谁要与奉派妥协，最好还是拿事实来证明！”好的，我且拿事实来给大家看！

蒋总司令允许何成浚到北京与杨宇霆接洽，何并且挟着一种“以为奉方真有合作办法”的希望与杨会谈，并要求奉方先下停战令——这是前两三星期中报纸上公开的记载。《国闻周报》第四卷三十期《南北妥协谈》一文中更有系统的记载，并且说，“南方派人北来，不止一次”。在《国闻周报》第四卷二十八期中更明白的记着："本来蒋对于武汉战事，不敢轻视，于冯之延不清党，未能放心，为和缓津浦战局计，事实上使其停顿，要非无故；即于奉方少壮军人，欲拉拢合作，尤非绝无意思。"同刊第二十九期上说："据传蒋意只须奉方自动顺应潮流，一切均可妥协；奉方已促蒋之全权代表何成浚速来，何有二十六日自沪登船北上之报。"又说："蒋在环境上固不能公开对奉议和，然事实上希望和缓对北战事，则其意要不可掩也。"这些事实，究竟证明谁在企图与奉妥协？有人说，现在津浦路上的战争，连浦口都给孙传芳占去了，可见与奉妥协非事实。我说，企图妥协一事，妥协成功乃又一事。妥协所以不能成功，则因张宗昌与孙传芳为了自己地盘关系的极端反对，并且日本帮助张孙积极作战，致蒋军在津浦失利，奉方态度因而强硬；另一方面，蒋以两百万贿买了冯玉祥（外报确言之），冯已经锐意进行清党，威吓武汉，使武汉东征军不敢出动——故妥协已成过去的好梦，蒋暂时只得放弃与奉妥协的政策了！

第二件事，勾结日本，又是谁在那儿"阴谋"呢？

在日本出兵山东的当初，在南京蒋政府指纵之下的反日运动多么热烈，反日大同盟呀，彻底的排斥日货呀——虽然并没有很多实际行动，但对于日本总是一种打击！同时，南京政府因日本田中首相宣布对华的积极政策，乃于七月中旬发表一抗议的声明书，反对田中政策，反对出兵，对于日本之最近对华政策，表示十分的遗憾！可是，不过几天，政府竟明令取缔反日运动，说只能宣传，不可有实际行动，同时并密令各地停止反日工作；于是反日大同盟的新闻便不再多出现于报纸了，偶然在报纸的角落看出一两条，左不过是一些内部的技术工作的新闻；上海街市中特造好卖国奴的站笼竟未曾一用即被人忘却了；所谓"中国国民党上海特别市党部宣传部"竟在报端大登其广告，叫民众不要实际抵制日货，不可有示威的行动，并说，"吾人对日经济绝交，在原则上固应努力进行，然而……"要审慎将事，要细加考核。他们所举出的理由只是"恐怕共产党要乘机捣乱"！

可笑得很，许多朋友们竟以为真是如此！其实，有了四个月"清党"的光荣的努力，有"狼虎成群"的英雄委员们的坐镇沪滨，何物共党，还敢在太岁头上动土来乘机捣乱吗？——这一层，南京政府及其走狗比什么人都能自信，他们实在丝毫不怕什么共产党！究竟为什么要取缔反日运动呢？这只有他们自己知道，不佞区区也知道一二；可笑许多新闻记者在八月十号以前还在那儿卖笨力，对于芳泽之来，都还正颜令色地对付他，现在可都明白了。

你不看吗？芳泽"大使"驾临南京只有一天——据报载只有半天——的协

商，不是已经“中日国际间交涉谈判殊完满”吗？在芳泽未到南京以前，还有些人在那儿什么“一告”，“再告”，“谨告”芳泽公使，芳泽从南京归来以后，那些人除了“祝芳泽公使健康”以外，不是再没有听见他们更多说一句反日的话吗？芳泽从南京返沪的次晨，我们在《民国日报》封面上不是又看见了两寸见方大字的大宣言《谨告全上海民众》——那篇劝大家不可实际排斥日货的老文章吗？我们可以懂得了，取缔反日运动是因为日本政府的原故，说得更明白些，是因为蒋政府要勾结日本政府，所以才取缔反日运动。

以上都是铁案如山的事实，任你巧辩也瞒不过去的！

蒋政府为什么要勾结日本呢？主要的原因是蒋政府宣布九月一日实行裁厘加税，并不是真的为了什么人民，不过如段祺瑞张作霖一样，想从税收中多捞几两银子作军饷罢了。可是加税根本妨害日本的利益，日本对中国的贸易将会大受打击；前年北京的关税会议之没有结果，日本的阻挠是一大原因。日本也曾向北京政府提出加税的交换条件，段、张都还没有胆量敢于接受。此次日本对于加税可以无条件的承认吗？鬼也不会相信！所以，所谓“谈判殊完满”，我们可以想见，若不是蒋政府承认不加税便是承认加税的交换条件——这些交换条件的原文是什么，我们用不着知道，因为总不外是国家的利权与人民的血汗；这便是说，“二十一条”之后，恐怕还要加上几条，南京蒋政府卖国的胆量竟超过了段、张而和军阀始祖袁世凯的一样大了！可怜我们这些“不知不觉”的民众还在这儿狂呼什么关税自主，而一些“先知先觉”的党国要人却早已把我们出卖了！

其次，便是津浦战争的失败。徐州早在七月下旬便已为孙传芳所有，八月初旬蚌埠继之，近两日，据闻浦口亦已入孙军掌握。南京为炮声所震，居民已纷纷迁避！中文报纸上以前虽不敢明言失败，然而近几天在字里行间都露出了不少失利的消息，白崇禧、李宗仁、王天培等都已先后回宁便是一证。孙军此次的胜利，显然是日本的力量；南京政府欲孙军之不穷追，自然不能不求教于日本。

最后，所谓宁汉合作问题也是南京政府勾结日本的原因之一。早在三个月之前，便有日本人衔蒋之命，到武汉去诱惑一部分领袖合作，当时武汉政府还是采取革命政策，所以毫无结果，自从武汉政府完全落在反革命派手中以后，宁汉合作乃成了一急迫的要求，日本人因之大活动，芳泽之不赴汉，实因合作已成熟，同时且避“拉皮条”之嫌也。

我们且看看，山东的日兵撤退了没有？田中内阁对华的积极政策有丝毫改变吗？“希望中国革命成功”的芳泽不已经匆匆到大连去开第二东方会议，商议怎样实现对华的积极政策吗？然而，这个管他妈！只要日本帮助我弄点军饷枪械，只要日本制止奉军不为已甚，我南京政府便满足了！什么民众利益，管他妈！

朋友！同胞们！这就是我们认为保国卫民，“继总理之遗志”的南京政府！

究竟是谁有“阴谋”呢？

（原载《飞沙》1927年第1期）

署名：求实

编完以后

（一九二七年九月二日）

我们很早就有这个计划，要出版一个刊物。但是着手筹备以后，许多实际的困难，使我们几次陷于束手的地步。我们固料到在目下这豺狼当道的时期，稍微带些“人气”的事，要一帆风顺的做去，是没有这可能的。可是，这小小的“飞沙”，会一再受阻挠，一再受磨难，屡次三番，几濒于“流产”，实也出乎我们的意料之外。现在，第二期已经编竣，说起来亦属不幸中之大幸。虽然这小小的东西，有些“三不像”，但是有此结果，我们觉得也非易事了。不客气些说，我们也该庆幸这些成就。同时，想对读者诸君以及革命的青年们，说几句话：

“革命之流”原如浩海大洋中美观的浪潮，只在不住的起伏；原如高岭深山间清碧的溪泉，有那诗意的曲折的。

青年们！看呀！现在，骄阳已被乌云蔽住，大地上笼罩着黑色的帷幕！阴惨之气呀，在我们四周流荡！呼呼的暴风，一阵阵在向我们奔扑；无情的骤雨，更不住的在向我们扫射！不知名的恐怖，袭了我们的一身！啊！青年们！现在是多么可怕呀！我们现在如处身一叶小舟之中，在惊风骇浪里飘流，寻不出一线光明，只见黑黝黝的浪花在飞溅！我们又如处身深山孤岭之上，望不着一点人烟，只见青面孔的恶魔，张牙舞爪的在我们四周攒动！这时，我们不能活动；一动，凶涛恶浪要浸入我们的小舟。我们不能呐喊；一喊，恶魔的爪要抓去我们的头颅。我们只有渴求一座灯塔的出现，我们急需一种武器来与恶魔斗争。

这小小的刊物，虽然没有皓月的明光；但是一点萤火，也足以使我们隐约的辨别路径。虽然没有宝剑的锋刃；但是一片铜皮，也可以使我们的敌人滴血。

听说荒冢间的魔鬼，往往变幻成绝世美女，来迷惑行人。听说山野里的狐狸，常常花言巧语的以欺骗众禽群兽。啊呵！现在真是魔鬼的世界了！现在真是狐狸的统治了！虽然我们听见许多呼声，许多理论；看见许多书报，许多刊物，但是，革命的青年们！我们要知道充塞了我们四周，都是些狐狸的花言巧语！

（原载《飞沙》1927年第2期）

署名：求实

俄国农民与革命[①]

序

俄国的农民是一个不易索解的谜。

他通常被称为“愚昧的人民”（Dark people），他实在也少知书识字；可是他确比谁都聪明，他能够很自信地断言“土地应属于耕作者”。他占了全国人口百分之八十四到九十，是绝对的大多数，因此应该是最强有力的一个阶级；可是几乎近千年来他永远是在压迫奴属之下讨生活，永远不能用自己的力量为自己找得一条生路。这样说来，似乎他是没有能耐的了，是的，他确是作了一切霸者的神坛上的祭羊；然而，作怪呢，谁不顺从他的意志，谁便会灭亡，至少是在极恐慌的状态当中过可怜的日子。

这似乎有点不可思议。然而，这里面也并没有什么神秘。我们只要略略懂得他的生活的各方面，只要稍进一步探索一下他的内心深处的宝藏；同时，我们只要翻翻俄皇政府近几百年的兴亡史，我们只要研讨一下一九一七年三月革命后建立立宪民主党和社会革命党何以不能把住那已经到了手的政权，我们只要细究一下当初并没有得到多数人拥护的多数党，何以一旦取得了政权以后竟能支持了十年多，而且不只是支持，实在还在生长，虽然遭受了各方面致命的打击，虽然确实是有几分在那儿苦捱——我们只要对于这些事实有了切实的观察与了解，则对于这“俄罗斯之谜”至少可以索解一半。

像嚼酸枣似的，这一问题探索起来实在有些趣味——便是靠了这趣味，作者才开始注意这个问题。这本小册子不过是对于这一问题的千百分之一的说明而已。俄国的农民问题真是一个无尽宝藏，像她那样广袤数千里的伟大的森林一样的辽阔深远。贡献更详尽的说明是作者自己认定的责任，只是那只能俟诸异日。

也并没有什么野心要读者拿来当作一个了不得的政治经济大问题来研究——

① 本书是作者在1924年3月完稿的《俄国革命与农民》论文的基础上于1928年改写而成。该文曾刊于《新建设》第1卷第5期（1924年4月20日）、第6期（1924年5月20日）上。因有此著作，发表于《新建设》的文章没有收录。——编者注

虽然我们也有这样一个“谜”正排在面前——否，没有这样想，只是希望读者用一种好奇的心思拿来当作一个有“趣味”的，耐思索的问题来看，就觉得很满足了。

本书的材料大部份是取材于下面的三本书：Maurice Hindus's *Russian Peasant and Revolution*, Bernard Pares' *A History of Russia*, 和 A. L. Strong's *Peasant Life in Soviet Russia*。此外还参考了中英文书籍约十数种。深以不能俄文为恨，因为间接取材料是很难确说“信”字的。

李伟森

一九二八年四月二日在沪郊

第一章 俄国农奴生活一瞥

地主之家：农奴所受的虐待

农村主活情形：住屋——衣服——饮食——交通

“女管事乌尼亚娜在通到父亲房里的走廊中踯躅着，不敢向前走，又不敢退转去。最后，高声念了一篇祷告词以后，她才进了房间，用一种几乎难于听见的声音报告着。她说家里藏的茶已经完了，糖仅仅还有二十磅，别的食料也都告罄了。”

“‘拆白的，强盗偷去了！’我的父亲吼着。‘你是他们一伙的！’他的声音像电轰一样震激了全屋。我的继母没有插嘴，任乌尼亚娜去受气。父亲又道：‘弗拉尔，请公主来！她在那里呀？’当公主进去的时候，他又是同样一顿斥责（按，贵族的女儿通称为‘公主’）。”

“‘你也是同那些贱种一伙的，你庇护他们！’这样的话吼了半点多钟。”

“于是他着手审查账目，同时他又想到了干草。费拉尔奉命去称量现存的干草。继母奉命去监督称量，父亲便去计算草栏中应存的数目。审查的结果，干草着实用去了不少，而乌尼亚娜又报不出若干的用途来。父亲的声音变得更为严厉而可怕了。乌尼亚娜颤栗不已，其实父亲此时是在骂那刚进房来的马夫。父亲跳到他面前，痛击他，可是他仍然反复地说着：‘老爷必定算错了。’”

“父亲把账目又重新一算，这次的结果，却是现在所存的比账上应存的还多了，然而吼声仍然继续响着；他现在便骂马夫每天没有把马料喂足。可是马夫却发誓证明他每天的马料喂得很足，并且弗拉尔更求圣〈继〉母证实马夫的话。”

“父亲仍是怒气填膺。他又唤马加——马加是奏钢琴的，又是副管事。他来了以后，父亲便历数他现在一切的罪过。他前星期喝醉了酒，并且昨天也必然是醉了，因为他跌碎了半打盘子。实在，跌碎盘子乃是这一阵风波的原因。我们的继母早晨把这件事情报告了父亲，乌尼亚娜今日被责之所以更严于平日，干草的检验之所以毅然举行，并且父亲之所以不断地吼着说马加这贱种应受一切的责罚，都是由于这事而起的。”

“狂风急雨似的盛气忽然平定了。父亲到桌边坐下写了一张条子。‘拿着这张条子把马加带到警局里去，让警局把他笞责一百。’”

“恐怖与绝对的沉默笼罩全屋了。”

“钟敲四下，我们都下楼去吃饭；可是口味都极不佳，盘子里的汤都没有动。我们一道吃饭的有十个人，每人身后有一个侍食的乐师站着，都捧着一只干净盘子，可是马加并不在里面。”

“‘马加在哪里呀?’继母问着，‘叫他进来。’”

“马加没有进来。第二次叫了，他才进来。他脸色灰白，勉强振作而又带惭愧，眼光注在地面上。父亲眼望着他的盘子，继母看见我们没有动汤，便想鼓励我们喝汤。

“‘你们没有觉着汤极好喝吗，孩子们?”她说。眼泪叫我不能声响了。饭一吃过我便立刻跑出去，在一条黑暗的走廊中捉住了马加。我想吻他的手，他却推开了，似怨似向她〈我〉说：‘不要理我吧——你，你长大了的时候，你不会恰是这一样吗?”

“‘不，不，决不!’”

“然而我的父亲还不算地主中最坏的；实在仆人们和农人们还以为他是最好的一个。我们在家里所看见的那一些情形，各处都是一样有着，且每常更凶狠些。笞责农奴是警局的一种循例的义务。”

上面这一段是从克鲁泡特金著的《革命家某传》中摘出的，是描写在颁布解放令（一八六一年）的前数年，俄国农民在农奴制度之下的生活状况。我们知道，因为所谓文明的进步，在解放令颁布的前数年中，俄国地主对待农奴已经是改善了不少的。我们更从米斯奇的《农民问题》一书中找出了在此时以前地主所虐待农奴的一些实例。

“……有个地主吸取农奴之妻的乳饲养猎犬。有个地主强迫农奴吃毛发，使其毙命。有由便所逃脱的农奴，被捕回之后，将其头塞入便所以杀其身。有某农奴之女恋爱了农奴之子，致遭扑杀。客来的时候，使农奴的女儿作招待，这便是地主待客人的礼仪。有不堪苦痛而欲自杀的农奴，被发觉之后，缚以铁锁，系在厨屋柱上五年，此农奴便因此毙命。住在都会的地主，每年巡游领地一次，并藉以猎取农奴之子女供使用，这称为‘巡回慰乐旅行’。更有购买农奴之子，令学技艺，成年之后，以高价卖给走江湖的艺手。……”

总之，暴虐，残酷，不顾人类的感觉性，不同情于人类的疾苦，这是农奴制度下一般地主对待农奴的常态。

再说到农村的生活情形，则“简陋龌龊”四字，可以概括尽了。

先说住屋。在俄国北部森林地带，农民的住屋多为两层的木屋，牲畜住楼下，人住在楼上；更简陋的则为平屋，到了冬季，牛羊猪犬都和人杂处在不满方丈的小屋中。南方的农村住屋多为泥合草筑成的，较进步点的则墙壁都粉为白色。农村的住屋都是屋背向街的，当街并没有门户，前门反在后面；门前有一小天井，围着的是草堆、粪窖等等，天井里满积着秽物，臭气袭人，天雨时则几乎变成了一方泥塘。屋里通常分两间，外间为起居工作食宿的地方，里间则为厨房；家具很简单，一桌两凳而外，便只有屋角供的圣像；屋内东西既是狼籍满地，又都污秽如烂泥一般，床上更满散着鸡粪。夏天农忙的时候，妇人常将出世才两三个月的婴儿丢在家里，自己跑到很远的田地里去作工；婴儿独自在污秽的床上乱爬，肚子饿时便咬那缚在手上或脚上的黑面包或马铃薯——这种婴儿约有三分之一都是过不了第一回生日便夭亡了的。冬天则满屋酝着烟臭，终日闭着门户，妇人们便蹲在屋角里的星儿样的神灯下作些生活。

说到穿的衣裳，除了邻近莫斯科纺织工业较发达的地方以外，大约以麻、大麻以及羊毛的手织品为唯一的材料；不过几乎都没有替换的衣裳，至于衬衣是全然没有的。一件衣裳破了，尽是补缀，等到后来，补上加补，竟完全变成了另样的一件衣裳了。冬季寒冷，虽然有将毛作里子的羊皮上衣，但是大多数的家庭中都只有一件，所以只老年的人交互使用罢了。脚上穿靴的很少，偶然在节日穿一下，但也都是粗劣的牝牛皮的长统靴；平时穿的，系木的肌皮编成的。女子头上都裹一方头巾，少女们偶然得到了一方红色头巾，便要争耀乡里。女子自制袜穿，男子多用烂布裹足以代袜。

至若饮食，俄国的农民还都有面包吃，若不是遇着饥荒的年代；却也只有面包吃而已，并且消费量也小得惊人！即以欧战前五年间的平均数看来，每人每年面包的消费量：美国人为二千二百二十磅，俄国农民则仅七百六十磅。而且俄国农民所吃的只是燕麦或裸麦的黑面包；小麦是全然卖去了，所以他们把白面包简直看作奢侈品。再如肉类，即使富裕的农民，除星期日或节日外，也是从不沾唇的。

农村中的住屋布置得非常凌乱，毫无秩序，若凭高一望，便只见许多茅草屋顶在几条泥沟间乱抛着，所可引起人注意的便只有高耸在一切屋顶之上的教堂，金色耀目，在几里外都可望见——这是上帝与俄皇存临于各农村的标识，农民都自视若草木，甘心拜祷于这巍巍的金顶之下。

农村中与农村间的交通可以说是最“原始的”的了。一条一条很广阔的土道，春秋二季便完全成了泥海，这一时间中乡村间的交通完全断绝，偶有几座木桥，却也都腐朽倾塌或被水冲去了；并且道中遍处都是深坑，人或牛马失足陷在里面便会永远埋葬在泥海中了。夏冬二季，土车在灰土中或深雪中留下的长辙便是乡间唯一的陆路交通机关——有人说我们北京的街道是“无风三尺土，有雨一街泥”，俄国农村的土道恰是如此情景，只是程度更甚罢了。据计算，俄国全地面每一百方启罗米突①，只有一启罗米突的铁路，半启罗米突的平面马路。

关于耕作方面的简陋情形，我们将在后面详细说到。

以上便是几百年来，占俄罗斯人口百分之八十以上的农民生活的情形。

第二章　农奴制度之形成与发展

“自由种族”时代的俄国农民

诺曼人之侵入——农奴最初的影子——奴隶数量之增加——当时社会的阶级

蒙古人假手于诸侯的统治——Nomestya 之发生与发展——大地主的寺院——两种的农民

农民自由离职之结果——“波里斯哥都鲁夫”敕令——追还期之延长——农奴制度之完成：“乌罗善尼”新法典农奴制度之发展——逃奴之加多——对于逃奴之处分——农奴占全人口一半以上（一六七八年）

在最初，俄国的农民本是欧洲最自由的种族。他们生活于他们的共产社会——“米尔”（Mir）——之中，握着为全体所共有的土地，彼此协力合作，并共同享有自己的出产。他们自己选出首长，处理着关于公共的事务，一切都实行自治。他们是一种自由的公民——当时还说不上有什么集权的政治组织，他们因此也并没有对外的何等政治上的权利与义务。

西历八六二年诺曼人罗利克（Rurik）侵入以后，此自由的斯拉夫民族便开始为奴隶的命运所征服了。罗利克的侵入，在和平的俄罗斯地带造出了不息的战

① 启罗米突是英文 Kilometer 的音译。

争。战争中的俘虏都成了奴隶而作为商品贩卖。后来，奴隶的成分更扩大了：和奴隶结婚的人，破产的人，无定期的雇佣人，却变成奴隶了。又因为农业的发达，奴隶已经不再作商品而都放到农业中去——这便是农奴最初的影子。

战胜之余，功臣所得到的赏赐便是土地和奴隶，广有数千奴隶和牲畜的田庄因以成立。在此种情形之下，许多自由的农民都感到了取得某种保护的必要，于是便投身给握有大田庄的诸侯或王公（大地主）的部下，为他们佣工——田庄上便给予这班农民以若干土地与牲畜，出产则均分，有时农民且只能得到四分之一。若是后来离去而不归还原物，或是在契约未满以前企图逃脱，这种人被捕获以后便成为正式的奴隶，失去其一切自由。

同时，因为农具与耕作法的简陋，土地的过小，自由农民的破产极为迅速。而最大的原因是战争的频仍，把长期稳定的经济基础动摇了，一班自由的农民有时遂不得不求助于较富的邻居。举凡种子、牲畜、农具之类都常感缺乏，他们只得向富有的邻居借贷或购买，而以自己的劳力偿其代价。有负债过重沦为赤贫的，便自愿为富有的地主作有限期或终身的服役，这直是一种“志愿”的奴隶了。

这一时期的发展（从九世纪中叶到十二世纪），使得当时的社会形成了无数层的阶级。最上层的是大地主，一切高等的官吏都是从这一阶级中选拔出去的；他们同时因为放债给商人，所以对于商业也有着最大的影响；其次是一种叫作 Zhityi 的地主，他们有着中等的资产，但是实际他们多半还是经商的；他们完全和大地主一鼻孔出气；其次是叫作 Zemtsy 的乡民，实际是城中的居民，不过有点小产业在乡村里；其次是商人；其次是技师和工人，他们也是有着出席 Veche（公民会议）的自由的；在乡间，则有 Smerdy（独立的自耕农）；其次是 Polovniki，这是一种佃农，他们所收获的一半甚至四分之三都是要交给地主的；而在社会的最下层便是那无数万千的奴隶了。

自十三世纪蒙古人侵入以后的三百余年中，因为蒙古人禁阻与西方及南方的交通，俄国农业的发达乃远超过了商业的发达之上。可是农民的生活却更陷于不堪问的境地了。蒙古人统治俄罗斯，是假手于各当地的诸侯的。这些诸侯，为了扩大自己的力量并企图脱离蒙古人的羁绊，便极力扩张军备。对于著有功勋的，都给以特殊的奖赉；凡是男子到了十五岁，都须到政府登记入军籍，政府即给与一种奖赏；女子到了十五岁，若是嫁给一个可以充兵役的人，政府即资助她的嫁奁；在各地的驻军，都给以相当的赏赐——这种种的奖赏并不是金钱勋章，而是土地。同时，因为军费的浩繁，中央政府不能供给偌大的费用，所以一切驻军的费用粮糈都须由各驻军所握有的土地中去抽取供给，这样便可以维持极大的军备。所谓 Pomestya（地主）便是在此一时期中（十五世纪）发生的。凡是从政府手中作为赏赐而得到土地的地主都叫作 Nomestya。最初还只限于军人，后来政府的官吏职员也都能领取土地的赏赐，于是 Pomestya 便逐渐成为一极广大的阶级了。仅靠祖上遗传的土地而成为地主的叫作 Votchiny。这两种地主在先还是并存着的，后来便是 Votchiny 也都被强迫而充军役，两者便不能再有差异了。我们可以说，在俄国，土地之获得，唯一的代价或方法是去为俄皇政府充奴仆；另一方面，俄皇政府的一切军政费用都须取给于这些地主，这也是至明显的事。

其次是寺院的僧侣，他们也占有颇广大的土地。最初，寺院之设立不过是由于一班诸侯或王公的慷慨好施而已，农民自建的寺院亦并不多。在诸侯并立的时期中，仅仅在每一小诸侯的国都之门建立寺院一所，可是时序渐进，僧侣加多，寺院乃纷纷建立，穷乡僻壤都有着金色尖顶的塔影了。寺院之豪富至可惊人。我们从历史上读到，一个寺院的方丈所住的地方不过是一间小屋，而他的寺院所占有的土地竟达左右各五英里以外去了；另一寺院握有二十村的土地，各村中的统治权都在这一寺院手里。至若有名的圣西里寺（St. Syril），在一五八二年握有七万英亩土地。Trinity 寺有僧侣七百人，而其每年收入，以现代的金融单位计算起来，竟达两百万美金之多。寺院的财产，多部分是靠了地主的布施，因为地主们都以为向神致祷词必须在寺院里方免亵渎，而给与寺院的报酬便多半是土地。而寺院对于一般农民的剥削也不在少数。一个农人到寺院里作一次祷告，寺院便要十卢布的酬金，还说这是至少的数目。许多琐碎的事情，即如一个寡妇去询问她的女儿应得的嫁奁的若干等等，只要是和寺院发生关系的事，便得受寺院的敲诈——而这一切的剥削敲诈却都是在“使你们的灵魂得安静”的名义之下进行的。

在这样的赏赐与剥削的情形之下，土地大部分都逐渐集中到寺院和功臣的大地主手中去了。据十六世纪中叶的调查，全俄国的肥沃土地有三分之二在诸侯、王室、功臣与寺院等大地主的掌握之中。

在另一方面，大部分的农民多半失去了自己的土地，成为手无寸铁的游民。这许多农民的唯一生存方法是向富有的邻居或大地主租地耕种，并且牲畜和种子也都不能不仰给于他们，在田庄上还得造屋居住（倘使他是从别处流落来的）——这一切都不能不向地主举债，并且承认“非偿还即不能离去”的约束。通常的规定是：若租地的农民已经完纳了所应缴的租谷和债款等等，他便可于“圣佐治节”（十一月二十六日）的前后两星期中离去旧主，另觅生路；此外任何时候是不许离去的，所应缴的租谷债款，若不能缴纳时，须以劳力作代价。

此地，我们须得说明，这时期的农民可以概分为两种。一种是耕种王室所有地的农民，他们都是向王室土地经管处注了册的。他们组织在一种协力合作的“米尔”形式的村落之中，由全村的名义向国家负责缴纳每年的租税。这一种农民多半还不至十分艰难，因为他们生活在一种大家族制度之中，常可以把没有注册的子送到外面去佣工，增加家庭的收入。另一种是移民——游离的农民，他们多半是失去了土地的农民，大家族中过剩的子弟以及不堪压迫而逃去的雇农佃农和奴隶。这时俄罗斯的疆域已经是向北方、东方和东南方扩展着，如潮水一般的移民都向这几方面涌去。一部分被寺院吸收去作雇农，另外许多都被边疆的大小地主雇去，因为这些地主正苦劳动力的缺乏，不能够偿出对国家应付的军役赋税。

最初，一般贫农虽然失去了土地，可是在地主处充佃农雇农的时候，还可以自由改换主人，他们也不顾什么契约，只要觉到不安，便担起他们那种简单的农具——木犁，怀着他们唯一的财产——劳动力，阔步天下，另寻吃饭之地。这样自由离职的结果，便使劳动力大感缺乏，地主们彼此便争以较优的条件诱致地方的佣工。在十六世纪下半期，大地主诱致小地主的佣工更为盛行，后来竟完全取一种拐骗的方法。据克留切夫斯基的计算，一五八〇年在特维尔（Tver）一省移民极多，在这一数目中，仅百分之十七是依正式手续离去的，百分之六十是被地主拐骗去的，百分之二十一是非法弃家逃去的。这种情形使得政府与地主都感到极大的困难：第一，因为大部份人民终年不断的迁徙，收取租税极感困难；第二，因为劳动力不断的流动，供给不均，致土地的生产力日益锐减，地主对于国家的担负无从付出。于是禁止农民任意迁徙并且要求追还逃农的呼声高起了。回应此种呼声，政府遂于一五九七年颁布了削减农民迁徙权的“波里斯哥都鲁夫”(Boris Godunov）的敕令，这便是一班人所称的农奴制度的起源。

“波里斯哥都鲁夫”敕令规定：农民每年只能在“圣佐治节”迁移住处或更换工作处一次；若有在此日以外逃去的，地主在五年内可以有权用武力将脱逃者强拘回来，同时禁止从小地主的田庄上拐骗佣工。一六〇一到一六〇二年之间，政府又敕令：较小的田庄上的佣工可以转徙，但这不能应用于王室的、寺院的以及高级官吏的田庄上。一六〇七年，政府又敕令：将五年的追还期改为十五年，并且对于藏匿脱逃者的地主科以十卢布之罚金（当时是很大的一个数目)。于是地方警察乃至地方的牧师，都十分积极活动着，察侦脱逃者的踪迹。此一敕令实际并无何等效果。一六二一年以后，地主再四地向政府要求将五年的期限实行改为十年。Tinity寺是第一个获到此种特权的大地主。其它的许多地主都各自与佣工订约，规定若有企图脱逃的便须受拘禁之处分，或是，在未离去之先，须找得代替人。一六三七年，乌克兰地方的地主得到了十年追还权。一六四一年，莫斯科属地的地主也都得到了此种特权。地主于是更进一步要求撤销年限的限制，地主应有无限期的追还权。接着，一六四二年三月十九日敕令：十年追还权通用于一切地方。同年，十年延长为十五年；到了一六四六年，时间的限制完全撤销了。追还权有年限的限制，这是佃农雇农唯一的生路；现在因为国家对于地主的负担加大，不能不应地主的要求，将农民的唯一生路亦为之断绝，从此这班农民便永无正式脱离旧主的羁绊的机会了。自此以后，政府复规定：所有地主的佃农雇农都应向政府注册，已经注册的便须永远为此地主服役，并且他的子孙亦不能随意逃去旧主，因为他们的父祖在注册簿上有名字的。到了一六四九年，青年的俄皇亚勒克西士（Alexis）因为受了前一年莫斯科的农民暴动的影响，便发布了“乌罗善尼”（Ulozhenie）新法典。这法典把以前各次的敕令都作成了法律，地主雇佣的农人因此都变成了“法定的农奴”，农奴制度至此便完全成立了。“乌罗善尼”法典又规定：地主可任意予农奴以笞刑，严禁农奴控告地主；对于脱逃的农奴及容收脱逃者的地主，都规定了极严厉的处分。自此以后，农奴与奴隶的分别完全泯灭了，农奴且已成了动产之一种。

农奴制度之采用，初不过为便于征收租税，并保证地主的出产，并没有奴隶个人的意思，这是很显然的。所以，所谓“农奴”只是一个终身雇佣的农人，举凡雇佣人，应有的权利与安适，他都应保留享有。可是，时间过久了，初意渐失。早在一六二五年的时候，法律便规定：任何人杀死了别人的雇佣农人，只须以自己最好的一个雇佣农人并其家族送给被害者，便可了结。这完全是前代对付奴隶的办法，此时亦用来对付雇佣的农人——农奴了。地主完全占据了如“米尔”中的首长的地位；他对政府负了完全的责任来处理自己的农奴，他对于所属的农奴实际是有着绝对的权力的。一六二八年，法律曾规定：地主所欠的债务得取偿于他的奴隶及其雇佣的农人。一六七五年，法律认可出卖农奴；其后，农奴可以自由地作为赠品、交换品，或是作为债务的抵偿品。后来，地主已经成了农奴的唯一统治者，国家一切的刑罚，除了死刑而外，地主均得任意施之于农奴。法律严禁农奴控告地主，严禁农奴任意离职从戎，违者均得由地主处以笞刑或终身刺配西伯利亚。

在地主的剥削压迫之下生活着的农奴，从前靠了打渔、养蜂或植树等副业的收入，得以维持相当的生活，后来临头的老是饥荒破产；但是法律上既然规定了不许离去旧主，私遁的事乃更加多。政府唯一补救的方法是提高地主的权威，加重私遁者的惩罚。一六五八年，法律认定私遁者为刑事犯，因为他们直是劫夺了地主的财产。一六六一年规定，凡是地主容收了私遁的农奴者，即由此地主交出自己的一农奴并其家庭，与私遁的农奴一并送还原主，作为惩罚。一六六四年，政府下令举行全国大检举，凡是容收私遁者的地主即处罚“交出四个农奴并其家庭”。一六六七年，法律规定：凡是私遁的农奴到他处作了牧师或僧侣的，被发现后，即递〈褫〉去其现职，仍遣还原主。一六八一年，费多尔二世（FedorII）把“交出四个农奴”的处罚改为一个，但因为无数地主的要求，次年仍恢复了四个的原案。后一年，容收逃奴的处罚改作罚金二十卢布或受笞刑。一六九四年，彼得大帝将此种处罚应用于一切容收逃奴不立刻申报政府的地主。

从上面写的看来，农奴之公民的与政治的权利固已完全被法律剥削，便是人类应有的权利也都丧失尽净了。农奴的身体固已属于地主，便是他的全人格也都隶属于地主了。这种已经是“非人了”的农奴，在十七世纪后半期与十八世纪时代，数量增加的速率极大。俄国著名的历史家柯华勒夫斯基说：“俄皇时常把属于‘米尔’的土地（即王室的土地）赐与诸功臣，此‘米尔’的自由农民便都被迫而为此项土地之接受者的农奴了。”据计算，到了一六七八年，全人口的一半以上，都因此种赐赏，由自由的农民而变成了农奴。

第三章　两百年中之农民大暴动

“多乱之秋”时代的暴动：伪王“德米特里”之政变——波罗涅可夫大暴动——“都深之贼”

十七世纪初之重税——严惩逃奴

十七世纪之大暴动：莫斯科暴动——梳耳费捷柯次克，乌次格，鲁弗戈诺特之暴动——卜斯戈甫大暴动——拉贞长期大暴动

十八世纪初：彼得大帝之新政与重税——彼得大帝与农民——新人头税——兵役——脱逃——追缉——布拉文之乱

加特林一世与伊里查伯之穷奢极欲

布卡捷夫长期大暴动

农奴制度长成之“顶点”：加特林二世与保罗之“功绩”

十七世纪以来，压迫与贫穷对于俄国的农民，如铁锁盘链一般，愈束愈紧，愈压愈重。可是，“压力大则反动力亦大”，这是物理学上的公例，在社会阶级发展的进程中，也全部可以应用。我们将在本章中说出俄国农民在严重的压迫之下是如何挣扎求生的。

俄国历史上有一所谓“多乱之秋”的时代（The time of Troubles），那是指的自一五八四至一六一三年这一时期说的。这时期中因为俄皇宫廷构乱，中枢失主，以致全国鼎沸，“假皇帝”遍处皆是，争以“皇室正统”相号召，我们可以记述的最初的几次农民大暴动便发生在这一时期。

在十六世纪末，农奴制度正在开始形成之中，农村中已经陷入非常不安的状态。一六〇一年到一六〇四年间，俄国各地又发生了大饥荒，许多大地主都无力养活多数的扈从奴隶，于是这班被革除的农民奴隶都向南俄边境“戈萨克”地带逃去，和当地不满意于政府的份子结合起来，啸聚行劫，称霸于四方，有的且侵及莫斯科附近一带，如柯莎拿卜（Hlopka Kosolap）所领导的一股便是——他击毙了莫斯科王波里斯的将军一人，可是不久仍被官军击败，本人被捕受了绞刑，从者被杀无数。而这时最厉害的却是伪王“德米特里”（D. mitry）所领导的大暴动。伪王“德米特里”的真名，据传是阿特列卜也夫（Yury Otrepyev），他的父亲曾充诺曼鲁夫贵族廊〈邸〉中扈从，他幼时在邸中的时候常公开地声言将来他必有统治莫斯科的一日。这件事被波里斯的侦探知道了，他便改装游方僧逃去，易名为格列戈里，遍历各地寺院，得任某教区教的书记；但不久又被人发觉，再逃去，过了立陶宛的边境，在波兰贵族维司留维奇家觅到了一个扈从的位置。一次，他病了，便装作临终的忏悔词，说自己是伊凡四世的太子德米特里，虽被暗杀而实未死。旋病愈，波兰贵族多以王者之礼相待；一六〇四年，波兰王更暗地与以帮助，使反抗莫斯科王波里斯，阿特列卜也夫这时便公开竖起“德米特里”的旗帜，痛诋波里斯谋杀之罪。这是无可质证的事，信否本可由人自择的。可是因为波里斯是众怨丛集的目标，于是“德米特里”便得到了极大的赞助，在波兰，尤其是在莫斯科王国境内。一六〇四年十月，“德米特里”率众向莫斯科进攻，迭克名城，军事进行极利。不久“德米特里”部下已有四万“戈萨克”，驻军在蒲吉弗耳（Putivl）镇和政府军对峙。政府军方面的军力却日形削弱，士气不振，兵士都说，“和一个真正的皇帝打仗，这是太难了”。一六〇五年四月，波里斯骤死；五月，波里斯最亲信的巴司曼鲁夫将军和其它重要王公数人也都宣言承认“德米特里”是真太子，“德米特里”遂入驻莫斯科，杀死波里斯之子费多尔，正式即王位。

“德米特里”颇具有勇气和干才。他知道自己之能取得王位，完全是因为民众渴望他来解倒悬而与以赞助所致。因此，他即王位之后，第一道上谕便是减轻

“奴属制度”。所谓奴属制度，便是不能还债的农民卖身于债主的制度。接着他又颁布命令，宣布废除处罚逃农的苛例，允许逃农各就现所在地安居乐业。他这些法令当然能取得“戈萨克”和农民的同情，可是贵族地主却大大不满意了！固然，“德米特里”并不是完全代表农民的，当他发难之初，有一部分小贵族不满意于当时在朝的大贵族，因而也赞成他的；可是到了后来，“德米特里”的政策差不多完全和地主阶级的利益相反，所以一六〇六年五月，贵族联合一致，带兵入克里林宫，将巴司爱曼鲁夫和“德米特里”杀死，焚尸于红场，并将两人的骨烬投在炮孔里向波兰一方射去，因为他是从波兰来的。

然而，农民的暴动并不曾因此而停止。当时骚动得最厉害的是西南部塞维尔斯克一带地方，发难的群众仍旧是“戈萨克”及不满意于政府的贫农。以伊凡·波罗涅可夫（Ivan Bolotnikov）为领袖的第二次农民大暴动接着又起了。

波罗涅可夫是一个奴隶出身；他也是以拥护“德米特里”王为名的，同时却竖起了极鲜明的阶级战争的旗帜；他宣布：奴隶应尽情杀戮自己的主人，把主人的妻子儿女都可以掳去；农民可以把地主的财产全部收归己有。当时还有许多在边疆的小地主乃至如亲王沙可夫斯基等也都与波罗涅可夫建立同盟，一致行动。可是这完全是一剧同床异梦的滑稽戏，因为小地主的目的是在于反抗贵族大地主，亲王沙可夫斯基等则完全是想乘机取得王位；所以，当波罗涅可夫顺应着民众的殷望，领兵向莫斯科时候，那班同盟者已经发现了自己原来走的是绝路，便立刻倒戈，遵从政府的命令，出死力以御波罗涅可夫的进攻。波罗涅可夫为政府军挫败，只得退守都拉待援。这时，全俄罗斯东部，从拍尔姆与维亚特加沿瓦尔加河而下，直达亚斯特拉汗，无处不有暴动烽起，参加的都是农民、“戈萨克”和奴隶，声势浩大，震撼着全俄的统治。一六〇七年五月，莫斯科王瑞斯基不得已，乃亲率十万人向都拉围攻，波罗涅可夫被困，士卒饥苦，而各地的暴动亦相继压伏，外援绝望。最后，都拉被攻下了，波罗涅可夫溺死，此第二次的农民大骚动便又被压迫下去。

当都拉被围之际，曾遗〈遣〉使求救于波兰，于是，第二个伪王“德米特里”又出现了。关于第二伪王的身世，极少人知道。他的部下有两大队人马，一队是洛真斯基（Rozynsky）所领导的波兰的游民，一队是查路斯基（Zarotsky）所领导的顿河流域及德涅泊河下游一带的“戈萨克”。新“德米特里”王于一六〇八年春在互耳合甫地方击败了政府军，并准备向莫斯科进攻。第一个伪王的皇后马林娜（波兰贵族之女）和皇太后马尔沙（真德米特里之母，原在寺院为尼，被第一伪王劫去，强迫其承认伪王为其子德米特里），这时刚由莫斯科政府释放，首途遄归波兰，却在路中为第二伪王截获，于是马林娜仍旧作了“德米特里”的皇后，马尔沙又承认这新伪王是自己的儿子了。六月，新“德米特里”王进驻都深（Tushino），被众尊为王，称为“奴属之王”，俄国王家的史官便都称为“都深之贼”。

都深在莫斯科西北，距离颇近：这时俄国实际有两个首都：一是莫斯科，为地主富商所拥护的王巴西耳驻在此地；一是都深，驻跸的便是那为农民、“戈萨克”所拥护的“德米特里”王。然而，地主富商依自己的利益而易其趋向，自不必说；便是农民亦多因其小资产阶级性而不能有坚决的态度。所以，实际上，当时从王公以下，几乎都是依违两可的。尽管此时在欢乐地共飧聚谈，分手后，一部分人可以跑到巴西耳的宫中去；另一部分人，用当时的习语来说，便可以“溜到都深去”；有些人甚至于在两方任事，两方领取薪金。

都深与莫斯科对峙了约两年，莫斯科西北部有二十二城镇在都深治下，东北部许多城镇也都开始讨论归顺都深的问题。“戈萨克”在所占据的地方都尽情地杀死富商地主，劫夺其谷物财富，没收其土地田产。可是因为莫斯科方面从瑞典借得精兵七千人，而都深内部又起内哄（此时波兰王想乘莫斯科内乱取得渔人之利，因而进兵司莫伦司克，要求都深受其指挥；莫斯科方面又以爱国主义为饵，令都深拒绝波兰人，都深内部遂起内哄），新“德米特里”王只得侨装农民逃至卡路加（Kalyga），于一六一〇年被杀。

这样一来，都深的农民运动便分裂了。少数的“戈萨克”仍旧不肯投降莫斯科的巨商贵族，便被驱逐，沿瓦尔加河而逃往东南部，准备他们更大的斗争去了。

“多乱之秋”的时代过去以后，罗利克的远裔米哈尔一世重据皇位（一六一三年），开始了诺曼鲁夫皇朝（Romanov Dynasty）三百年的统治。十七世纪上半期，因为米哈尔及亚勒克西士的各方侵略，故军费之支出至可惊人；即如一六五四年至一六五五年间征伐波兰一役的费用，竟与一六五五年以后二十五年间的全国收入的数目相等，便可见一斑，这许多的钱从什么地方取得呢？

我们看出，主要的来源是直接税，特别是土地税。土地税的征收最初是以已开垦的地面为标准的，可是许多已开垦的地面都早已荒芜了，所以，此时期征收地税便改作以户口为单位——这是企图以土地的担负加到耕作者身上去的第一步。此外，还有许多为特别目的而征收的特别税——如，赎取罪犯税、邮务税、警卫税等；后来直接税改成了一种，就是把各种税的数目总起来成为一个总数，这是为了征收时便于一次即能得到一大笔款项的原故。可是政府更注意的是间接税。许多日用品，为〈如〉烟酒之类，都由政府专卖；盐税之高，在一六五〇年，竟达盐的原值六倍以上。这一切的负担，一重重都是加在最贫苦的农民身上的——贫苦的命运只是更贫苦！

同时，农奴因受压迫而私遁的，已如前章所述，日益加多，而政府的处置则日益严厉。后来，农奴竟多有杀死地主，焚毁田庄而挈家远遁的；政府的处置则为拘禁，充军，打死！

政府与民众两方面至此已成两不相下之势，一六四八年的莫斯科暴动便开始了这一长期的艰苦斗争。此次莫斯科的暴动是因反抗苛税而起的，俄皇亚勒克西士且身受其厄，哀求群众的原宥方得免于死；次日又大火，重起了一次暴动，历久始息。莫斯科暴动的影响传遍了全国，各地先后都暴动起来，目的都是直接反抗政府，特别是征税的机关。在梳耳费捷柯次克和乌次格都有极大规模的暴动。在鲁弗戈诺特，因为政府把本地的谷米运到瑞典去卖，致本地粮食起恐慌，群众遂暴动起来，丹麦的使臣也被拘禁。主教尼康将暴动份子驱逐出教会，后来为群众拘捕，鞭挞几至于死；俄皇敕令群众停止暴动，归顺政府，群众以公开的斥骂答之，政府派兵镇压，方得平息；但在斯卜戈甫又有同样的大暴动发生，占据城池至三月之久，直到后来政府颁布大赦令，群众才停止行动。

而在俄国农民的斗争史中最占重要地位的还是一六六七年至一六七一年东南部的长期大暴动。

在十六世纪末，政府为防止克里米的鞑靼人之频频侵入，便于东南边境屯驻重兵。此项边防军亦并非正式军队，乃由边境之地主及政府委派之官员负责组织而成，颇带义勇队的性质。在边境的生活几乎全部是军队式的，但是并没有专制的情形，反之，他们的生活且十分民主的，他们有着自己的民主主义的政府，他们自己选出首长，在一种不完全的会议形式之中讨论着本地的各种问题。这种状况尤其盛行于南俄顿河流域一带，顿河平原且因此被称为“自由之母”。各地受压迫与贫困的农民都以顿河平原为逋逃薮：他们企求到此地吸点自由空气，他们也知道在此地可以谋得较舒适的生活——因为边境是需要多量劳动力的。这许多脱逃者都以“帮散工”为生，因为这样他们可以随时和主人讲工价。他们什么事都愿意干，打仗，作侦探，经营商业，只要有机会，什么都好——这便是有名的“戈萨克”（Cossacks）的起源；所谓“戈萨克”，并不是一种族，而是一种行业的人，“戈萨克”一字的原意即是“帮散工的人”。通常听见“戈萨克”这一名词，便立刻想到俄帝国军队中最可怕的野蛮的马队；其实这是彼得大帝以后几百年来俄国政府招抚暴动的逃农，编成军队，给养他们，训练他们，用以压迫平民的结果。当初的“戈萨克”，如本书中所描写的，实是革命的农民之别名哩！

我们要讲的这一次长期大暴动，便是在这“自由之母”的顿河流域以“戈萨克”为中坚为发动的。最初，农民刚逃出来的时候，因为恐怕追捕，都只在森林中，田地里与河岸边藏着。逃来的人聚积多了以后，一时又无以为生，便成群结队明目张胆地向他们的敌人——地主进攻，打家劫舍，杀人放火，确是当时的实情。这时候，革命的气焰已势无可遏，只是还缺乏能指挥的领袖，所以他们的行动终不免是散漫而不经济。

一六六七年，恰有一群农民从乌克兰移向顿河平原来，但都无法维持生活。正当群众傍徨之际，一位英雄应声而起了，这英雄便是顿河流域的农民称颂为“国民英雄”的斯捷凡·拉贞（Stephen Razin)。拉贞是一个身材高大，意志坚强，既武勇，且精明，而为友敌所共服的“戈萨克”。他弟兄三人都役于兵，一六六五年土波战争的时候，长兄因事被长官处死刑，他便弃兵而逃，誓灭贵族以为兄复仇。当时在群情激越之中，他知道有机可乘了，便挺身而出，率众起事。

最初，拉贞率队进攻亚卓甫地方，不克。可是雅河（乌拉尔）地方的“戈萨克”却欢迎他前去，他到那儿夺得了炮台，击退了政府的军队，直留到当年的冬季。这时各种不满意于政府的人——“戈萨克”、脱逃的奴隶、私遁的农奴乃至许多非俄罗斯的人民，都成群结队地来归于拉贞的革命旗帜之下。一六六九年，拉贞建立了一队海军在里海里航行，劫夺过往的俄国船只，打败了一队波斯的小舰队，后来他甚至侵入了波斯的北岸。他领队北归的时候，在亚斯特拉汗附近与政府的军队相遇；政府通知他，只要他肯放过所劫夺的船只枪械和所拘捕的地主，政府可以赦免他一切的罪。这时大多数的民众确是站在拉贞这一边的，因之，拉贞有恃而无恐，接受了政府的通知却并不去履行。同时，更顺应群众的心理，把“土地与自由”的标语高揭起来，檄告全俄农民起而从事阶级的争斗。那檄文的大意说：“莫斯科王国，诺曼鲁夫皇朝的人，以前都是我们的佣兵，现在却把我们当作奴隶了。你们在全俄境内咽泣的，快些加入我军，扑灭贵族和地主，复兴自由的俄罗斯！”这檄文传播很广，后来连白海地方都传到了。

一六七〇年，农民革命军的声势大振，拉贞便开始向瓦尔加河上游招募补充队。两个极大的城镇，察里城和加米兴，都开门欢迎拉贞；由亚斯特拉汗派来的一队政府军反归顺了革命军，官长都降了，亚斯特拉汗的居民都欢迎拉贞入驻。拉贞到亚斯特拉汗以后，便下令杀戮地主，焚毁寺院，劫夺商店并建立民众的政权；当地的县长被群众送到教堂的塔顶上由空抛下摔死了。一次，瓦尔加河中的食粮与囚犯的运送舰队被一小队革命军劫取了，船长及官员被杀以后，水手及囚犯都被释放。这时候，拉贞更对他们演说："我给与你们完全的自由。我并不强迫你们任何一个来守候着我。可是要是愿意跟随我的，无论是谁，却必然可以成为一个自由的人，我之从事战争，只是反对贵族与地主，我预备把一切的东西都分给穷人与平民。"这种演说传到了久被束缚的农奴耳中，起了一种莫名其妙的欢悦，大家都争呼拉贞为"小爹爹"（俄语，父亲之昵称）。城市中服役于贵族富豪之家的奴仆以及久苦战争的兵士，都被这话激动了，各地城中遂时起暴动，乡村中更不必说了；政府派遣军队到各处弹压，可是被遣的军队反与暴动的民众联合一气，反戈杀倒他们的将官。

政府的武力政策既无大效，于是又发布一种公告，说拉贞是反对皇帝反对基督教的叛徒；因为他们以为农民是极忠于皇帝及基督教的，想藉此以迷惑人心，减去拉贞在民众中的信仰。可是这又是政府的失策。头脑简单的农民固不免迷信神权和皇帝，可是他们更其在意的事是吃饭！谁让他们能自由吃饭，他们便拥护谁，初不问他是卖国贼抑是爱国者，是异教徒抑是基督徒。所以政府的此种宣传，在农民中并没有生什么影响。

革命军最先还是在南俄顿河瓦尔加河一带活动，以沙拉得里、里牙镇、华洛涅守诸州为中心；七月末，拉贞又开始向瓦尔加河上游出动，占据了沙拉托甫和沙麻拉两州。他的先锋队则已占领了尼几尼、汤波甫和彭查。凡是革命军足迹所到之处都竭全力号召阶级的斗争；拉贞也遍处受着极热烈的欢迎，民众都称他作救世主，而拉贞本人也颇能与士卒同甘苦，指挥作战，均极奋勇。然而革命军的活动经时愈久，范围愈广，而势力反渐弱，精神且日益散漫了。情形之所以致此，我们可以说，完全是由于革命军缺乏一种良好的集中的组织，以指导并整饬阵前营后及至敌军中的一切活动。因此，他们的军队都缺乏训练，军需亦极不足，而有能为的军官更不多见。拉贞属下尽多勇往直前的战士，但颇乏足智多谋的将官。

此时，正当拉贞率队猛攻的时候，新比尔斯克的炮台竟顽强抵抗，久攻不下，政府的援军开到，革命军被袭击，败退了。拉贞乘夜逃脱，但已受重伤；他所属的部队也被敌人追击溃散了。沙麻拉和沙拉托甫都不容他存身，他又企图在顿河平原重整旗鼓，作卷土重来之计，不幸为奸人所卖，被捕送到莫斯科，于一六七六年六月六日，在有名的"红场"的断头台上，受了肢解的酷刑。

拉贞虽然死去，可是中部一带的暴动民众和溃散的军卒仍旧不断地在各处骚动着，农民仍旧到处杀死地主和官员，"戈萨克"仍旧占据了许多城镇。经过了政府军极残酷的屠杀，暴动才逐渐镇压下去；据估计，在这一镇压之下，至少有十万农民的血在那儿潜流着。亚斯特拉汗原为拉贞的一个代表坐镇着，拉贞失败后，此人仍企图向瓦尔加河上游出动，一六七一年十一月终被政府军战败了。

拉贞是南俄农民永远不能忘记的英雄：在流传民间的山歌里面，很多都是说的这位英雄的故事：他们说他怎样把俄皇亚勒克西士禁闭在海湾里，怎样从新比尔斯克纵火烧到里海边，怎样在瓦尔加河设卡征收船税。还有一只歌说，有一次俄皇亲自审问他，问他行劫的伙伴是谁，他答道：第一是黑夜，第二是钢刀，第三是良马，第四是硬弓，还有利剪是我的使者——俄皇喜他的大胆的回答，就赦了他，还赐他一座高屋，那屋在平原里，有两根柱头，一根横梁。在沙拉托甫下不远有一座拉贞山，便是当时农民纪念拉贞而命名的；传说若是有人在夜间走上那山顶去，便可以探知拉贞的秘密。实在，他的秘密是什么呢？今天人人都知道了，是：阶级争斗！

现在我们要说到复兴了俄罗斯帝国的彼得大帝（一六八二到一七二五年）了。彼得大帝的政绩无须我们在这儿论述，我们只须记着，在他的统治之下，内政和外交都焕然一新，而这“一新”的基础则是金钱。即如，在内政方面，所谓“分科办事”的原则，实际不过是要几个人来办原来一个人办的事，而这各〈几〉个人的费用更比原来的一个人来得大。而外交的主要武器之一是贿赂，这更是彼得所深信而常用的。

金钱的来源在哪里呢？我们最容易看出的是加税。据克留捷夫斯基的计算，被征税的有：印花、旅馆、磨房、土地、天秤、帽、鞋、棺木、私债（政府收取百分之十）、皮、沐浴、租契、地窖、水槽、火炉管、镰刃、木柴、肉贩、瓜菜贩、船艇，最后还有宗教信仰（对于不信新教的人征收的）、胡须、结婚，甚至小孩的诞生，都是要收税的。而这五花八门的税，一重一重都是要加到农民身上去的——这是很显然的事。

彼得和农民有着很亲密的关系，这是空前绝后的事，没有一个俄国皇帝及他的。许多农民都不再作“天高皇帝远”之叹，他们时常能看见他穿着一件不很讲究的衣裳，衔着烟管，随便的谈着话。他很懂得社会全体的福利之重要——从他的谈话和书信当中都可以看出。他很喜欢农民，他很高兴和他们在一处盘桓；他亦很能看出他的祖宗所遗传下来的社会制度的弱点。可是，他要满足自己的野心，他想干一番事业，他要使衰颓老大的俄罗斯强盛起来，能够和欧西诸国并驾齐驱。他的聪明指给了他一条道路，那便是维持并且巩固农奴制度。所以，他对于各方面都有许多改革，对于农民是全然“仍旧贯”的；而且，不只“仍旧贯”而已，所有他的一切新的建设，都是植基于“农民的进一步的剥削”上面的。研究农奴制度历史的专家英格曼（Engelmann）曾说："新加上的重量使得农奴制度的根基更深入地中去了。"即以建筑圣彼得堡一事为例。圣彼得堡的原址完全是一块低湿的田泛，须用木桩打入土中筑起城基，这一工作须数月方能竣事。彼得乃下令，征发农奴到圣彼得堡担任此项工作。我们可以想见这是一种怎样的苦役——这便是彼得给与农民的恩惠。许多其它的公共建筑都是用这同一方式征发劳力的。

彼得颁布了许多关于农民的新法令：农奴可以随意唤到地主家中役使，完全和奴隶一样，这是以前不许可的；农奴的财产实际成了地主的一部分，地主可以任意借用的；地主的法庭是农奴唯一可以诉冤的地方——这等于老鼠在猫子面前告状一样的滑稽。

而最令农民不堪负荷的是彼得的新人头税。从前只有土地税——最初以亩为征税的单位，后来以田庄为单位。这样征税，至少还有贫富不同之分；因为土地若是荒芜了，农民当然可以不纳税；农民还可以想出种种规避的方法，如数家联合起来，用竹篱围成一家，便可只纳一家的税。彼得把农村的直接税改作以人为单位；所谓"新人头税"便是按人征税的。这样严刻的剥削，在农民一方面只有两条出路：一是各人尽可能地多耕田以增加收入，这是很难能的，因为收入多了，地主的剥削也加重了，实际是白吃力的，而且不是个个人，并且也不是多数人，可以有多耕田地的机会的。另一条路便是脱逃——在农民想来，这反是一条比较安全的路。所以，这时以后，因不堪苛征重敛而向顿河流域脱逃的，成千累万，有增无已。

而脱逃的另一原因便是规避兵役。彼得为了想从南方得一海口，曾两次侵入土耳其，又和瑞典苦战经年，常备军数目达三十万，故军队的补充极成问题，乃行强迫征兵制——这是农民极不愿意的。

彼得乃颁布法令：凡是没有在户口调查册上登记的即作为脱逃者（有许多农民为规避人头税，有隐瞒人口的事），而脱逃者以刑事犯论罪。又：农民若不得地主签名的护照，便不能离开田庄；若旅行到二十英里以外，须将护照呈交当地政府审查签字。一家之中的任何人都不能单独出门，必须有家长率领方可，因为护照只能由家长具名的；没有护照而出门的即以脱逃犯论罪。村长容纳脱逃犯的当受笞刑，地主容纳的当受极重的罚金。

一七〇七年，彼得遣派亲王多尔戈洛基出发顿河追缉所有的脱逃犯。多尔戈洛基到那儿拘得了三千人；可是这种拘捕实无异于直接向"戈萨克"挑战，于是"戈萨克"的领袖即通令所属起来一致拒抗。在巴哈谟地方的布拉文（Bulavin）

乃起而领导暴动，于夜间袭击多尔戈洛基，把多尔戈洛基及其侍从都杀了。但布拉文本人又为一皇室的走狗马西莫夫所败，乃逃到德涅泊河的扎玻洛格地方；一七〇八年，布拉文又重整旗鼓，像拉贞在亚斯特拉戈时一样，号召阶级的战争。他率队击败了一支政府的军队，占据了捷尔加斯克——这是顿河流域“戈萨克”所在的重要城市，就在当地杀死了马西莫夫。其它还有许多领袖都在布拉文的同一旗帜之下，劫夺了沙拉托甫、察里成和加米兴。一个“赤贫党”（Goly）号召“一切赤手空拳的穷汉”都起来反对贵族，暴动的发展竟达到了北部的汤波甫；可是因为缺乏组织与纪律，故终于为政府军所乘。多尔戈洛基的兄弟后来到捷尔加斯克企图为兄复仇，但为布拉文的信徒所扼，结果自杀了。暴动继续到一七〇八年十一月，两千“戈萨克”因此逃到克里米王处充兵役。政府的镇压比民众的暴动更野蛮而凶残——暴动终于渐次平息了。

继彼得而起的女皇加特林一世（一七二五到一七二七年），其苛殓〈敛〉不减于彼得，以至她的近侍大臣，如雅古新斯基和曼希可夫，都感到了农民的负担已经超过了他们的能力，再这样下去，他们只是死路一条了。曼希可夫婉转地向加特林陈说：“农民和兵士是像灵魂和身体一样，缺其一便不能存其它的。”另一高级官员陈说：“陛下会没有下民了的！”只从这里，我们可以看得出农民是怎样生活的。

女皇伊里查伯（一七四一到一七六一年）的苛殓〈敛〉更是加甚。这时的酒税特别加重，因为政府以为：人民即令在贫困与悲苦之中，酒总是不能离唇的，加重酒税自然可以使收入大增。农民的私遁与暴动随贫困与压迫而俱增，然而伊里查伯还是拿了一千万卢布去建筑那美丽的冬宫！

现在我们要讲到第二次长期的农民暴动了，这是女皇加特林第二时代的事，时在一七七三到一七七五年之间。这一次革命军的领袖叫作耶米连·布卡捷夫(Emilian Pugachev)，也是一位“戈萨克”，从“自由之母”的顿河河畔崛起的。布卡捷夫当十八岁的时候，还只是充一个小兵，参加“七年战争”（俄土战争），可是当时已经是英气勃勃，颇为人所注目；他因桀骜不驯，屡受鞭挞；后又因病由前线被遣回家。其时他帮助了一个旧教［徒］越狱逃走，自己便也只好逃到乌克兰去。他在一个亲眷的寺院里寄居，是人资助他，要他起来领导一种暴动。于是，他旅行到乌拉尔河去，但在那儿被捕了，递解到卡站。他又越狱走伊尔格地方，冒称自己是彼得三世，则从波兰、埃及、耶露撒冷等处旅行回来的。他娶了一个“戈萨克”女子，称为皇后，并用了许多女侍，称为宫女；他自己的周围也招纳了许多人充近侍大臣，并冒用彼得三世侍臣的名字，如阿尔罗夫、瓦隆柴等；他又招纳了一个破落户的聪明地主名谢万维奇作为枢密大臣。他占据了两个炮台，便以莫斯科与圣彼得堡名之；他在阅兵的时候竟俨然以皇帝自居。布卡捷夫后来两年事业确是值得称许的，不过他自己颇有点做皇帝的野心，如上面所述的，这便是后来被人非议的原因。

一七七三年秋，布卡捷夫率队攻陷西伯利亚的亚克要塞，占领阿伦堡。所有顿河流域及德尼帕河流域的“戈萨克”，所有非俄罗斯的民族，如鞑靼人、Kirghiz、Bashkirs、Mordvins、Chuvashes 和 Votyaks，所有留居在欧俄东部的鞑靼人和芬兰人，都一齐归顺在布卡捷夫的旗帜之下。还有被充军到西伯利亚而中途脱逃了的也都加入了布卡捷夫的队伍，这一种脱逃者，在卡站一处便有四千人。布卡捷夫宣言：他必将加特林拘禁到尼庵里去。凡是他所率领的革命军足迹所到之处，便尽情杀戮贵族地主，农奴都给予自由，土地都分给农民，这自然是布卡捷夫得人心的地方，于是农奴来投者无数，革命军骤增到三十万人了。政府悬赏购买布卡捷夫的首级，由五百卢布增加到二万八千。布卡捷夫的名字成了莫斯科与圣彼得堡的街谈巷议的唯一资料：在这两首都中，贵族地主都惊惶万状；一般民众，尤其是一班贵族家庭的侍仆，都只是准备着暴动起来。政府派出了许多镇压革命的军队，因为被至诚的劝告感动了，多有不战自退，且有加入为革命军作战的。加特林派遣他的宠臣比比可夫率队抵御革命军，可是他的部队归顺布卡捷夫了，他不得已便企图从贵族地主中召募一队义勇兵，但因为贵族地主的畏葸，许久方勉强在卡站成立一队。他自己也知道难以抵御革命军，因为他看出“所怕的并不是布卡捷夫而是民众普遍的激愤”。

布卡捷夫率队在瓦尔加河及乌拉尔一带迭克名城，至十一月，便已占有了沙麻拉、卡站、乌哈，几乎席卷了欧俄东半部。可是一七七四年，政府增加了大批的生力军，三月，戈里真击败了革命军，夺回了阿伦堡。此时，布卡捷夫便将暴动的中心移到瓦尔加河流域中部，甚至更西向莫斯科去。此次的暴动，开始只是一种“戈萨克”与各种游民的骚动，现在已经转变而为一种极激烈的农民的阶级战争了。布卡捷夫此时更高喊出“土地与自由”、“扑灭地主”、“解放农奴”的口号；在三个月中，革命军杀死了五百牧师和官员；军队所到之处即将全部农民都号召起来；布卡捷夫预计在极短的时间中即可到达莫斯科。可是政府的镇压政策转变得更严厉了：八月，米切耳孙击败了一队革命军，杀死了二千人；在察里城附近，一次激战，革命军又有八千人被俘虏了。巴林在彭查方面也用着同样的猛烈攻击，得了相等的胜利。同时，不幸瓦尔加河流域发生大饥荒，革命军便难于支持了。布卡捷夫此时又为米切耳孙所败，只得率领残部退走乌拉尔。恰在此时，苏乌罗夫从土耳其的前线上百胜归来，受加特林之命，率骑兵三百人，日行几二百里，兼程追击布卡捷夫；终于，布卡捷夫被击溃被拘捕了。布卡捷夫被拘在一只铁笼中递解到莫斯科，于一七七五年正月，在“红场”受了拉贞所受的同样的酷刑。他在就刑之前，曾痛快淋漓地说：“我是乌雅〈鸦〉的儿子。不要以为俄国的革命到了我死就完了。今后当还不有大乌雅出现的哩。拯救俄罗斯呀!”“乌鸦的儿子”是“平民”的意思，果然后来有列宁这样的“大乌鸦”出现了。

贵族地主于极端绝望与恐怖之中，竟得到了这样意外的胜利，痛定思痛，一切改良的思想更是抛到九霄云外去了。农民的命运随着布卡捷夫的血，更向深一层的海底流去。加特林二世比彼得大帝更乖觉，她曾经说了许多改良的话，她自己亦曾预言：照现状维持下去必会直接引起一种社会的大骚乱的。可是，农奴制度在她的时代却比前此任何时代更发展，更巩固，真正如“夏日中天”一般！靠了她的力量，乌克兰、顿河流域与南部诸省称为新俄罗斯的诸都市，都已盛行奴隶制度。她常以广大的皇室所有地赐与她的爱人和宠臣，因而那比较尚有少许自由的皇室所有地上面的农民都靠了她的恩惠，转变成为农奴了。在她统治的三十四年中，农奴增加了八十万。保罗（一七九六到一八〇〇年）继位，于一七九七年正月，敕令耶加特里罗斯拉夫、克里米亚与高加索都施行农奴制度；在他统治的四年中又增加了农奴六十万。人头税加重，处置农奴的刑罚加严，更不必细说了。

第四章　农奴解放之经过

农奴解放成为问题之原因

亚力山大一世之口头改良——军役之苛重——军队中的不安——亚力山大之反动——“十二月党”革命

尼可拉一世之纸上空谈——法律与官僚主义——尼可拉之反动——五百五十六次的暴动

克里米战争之教训——亚力山大二世对于农奴解放之筹备——三种意见——地主的反对与亚力山大之妥协——解放令之颁布——解放令之内容

俄皇政府之努力于“农奴制度”之形成，表面上看来仿佛只是为了充裕并巩固国家的财产地位，而在底里里，我们应该看清，完全是贵族地主与商业资本勾结的结果（有许多贵族地主本身就是商业资本家），俄皇政府不过是代表执行他们的意志罢了。贵族地主与商业资本家的主要目的是在于获得量多而价贱的谷物，到国际市场上去竞争，藉以获得厚利。可是两百年来，农奴制度发达的结果，完全违反了他们的希望：因为地主强迫农奴为自己服役，有的一星期中农奴须为地主耕作至六七天之多，于是多数农奴自己所佃的土地完全抛荒了；而农奴在地主自己经营的土地上服役，因为非自愿的，有意无意中都是怠工。这样的结果是收获日益减少，生产力日益低落，谷物的成本便自然加高了——这完全是违反贵族地主与商业资本的利益的。

而另一方面，工业资本也开始抬头了。自然，在十九世纪初年，俄国的工业还是很落后，然而已经是开始向发展的大路上跑，而且工业资本家出台姿势和商业资本家完全两样，他的魄力极大，他开始便要求占领经济上与政治上的优势以保证工业资本的繁荣。工业资本所需要的，第一便是“自由的工人”，使劳动力商品化，这样才可以取得贱价的劳动；第二是“国内市场的扩大”，因为这时俄国的工业品还没有资格到国际市场和英国的去竞争，所以他只有要求国内市场的扩大，即是，国内的一切人民，尤其是占人口绝大多数的农民，有购买工业品的能力。然而，因为农奴制度的存在，工业资本家的这两种需要都无法满足：劳动力为农奴制度所束缚，无法自由移转，更说不上竞争；一般农奴谷米都没有足够吃的，更谈不到购买工业品了！

所以，这时候，贵族地主和商业资本家不再坚持农奴制度的存在，他们且希望废止农奴制度，把土地以重价卖与农民，这样他们一方面可以取得更多的金钱作商业资本，另一方面，农奴解放，农民为自己而生产，生产力必可提高，收获量加大，他们的商业前途也极可乐观了。工业资本家为了要取得自由的劳动[力]并提高农民的购买力，自然更不用说，是无条件赞成农奴解放的。这时只有比较小的地主贵族是坚决地反对农奴解放的，因为他们在商业资本中并没有地位，他们也没有作富商巨贾的幻想，他们只是靠压榨剥削农奴而生活，虽然他们也知道这并不是自己繁荣的道路，然而他们实在没有别的生路——一旦农奴解放，他们的土地既卖不到很多钱，而要继续经营农业，便得雇佣农人。他们得出很高的工价去和大地主和工厂竞争劳动力，简单说一句，他们将不免渐渐地却是生生地饿死！

至若俄皇政府本身，在财政军事各方面，都逐渐感到了农奴制度的缺憾，便也需要新的剥削的方法。是在上述的各种情况之下，农奴解放才成为问题。

亚力山大一世（一八〇一至一八二五年）继保罗而起，已经看出旧的剥削方法不很适用了，便命令他属下的一班怀抱自由思想的人组织一特别委员会，专门研究改良俄罗斯的问题，换言之，即是找出新的剥削方法来。一八〇一年十二月二十四日，亚力山大第一次颁布新令：前此为贵族地主所独占有的土地，今后其他自由阶级的任何人，如商人，甚至皇室所有地上面的农民，均可依正当购买抵押等手续取得之。一八〇三年三月又颁布一法令：如地主愿意，可以出卖自由与土地给其所属的农奴。依此法令而获得土地与自由的农民，须向政府缴纳地租并担负兵役，如贵族地主一样；其它对于国家的义务则如皇室所有地上面的农民一样；他们的土地可以出卖，典押或遗传给子孙，但至少须有二十亩以上的面积方得如此；他们可以取得更多的土地，可以自由移居他省……可是，实际在二千二百余万的农奴中，直到一八五八年为止，依此法令而获得土地与自由的不过二十六万九千而已。亚力山大作了唯一的一件为人所称许的事是没有再把"农奴制度"这一座宝塔加高，即是，没有再使皇室所有地的农民变成农奴——然而，这岂是值得"称许"的事？

一八〇五年以后的七年中，俄国军队屡被拿破仑及瑞典军击败，处境至为困难，因而更思整理内政，发愤图强。代议的国会及地方议会的制度，亦为亚力山大所采纳；尤其是关于农奴制度的问题，建议更多。自由派的甘克林提出一种意见书，谓可于六十年内造成一自由耕耘者的阶级；自由派的尼可拉·屠格涅夫(N. J. urgenev)也提议农奴必须完全解放，社会的进步方能有稳固的基础。亚力山大对于这些意见都非常嘉许，他又指令保守派的亚拉克捷夫，在不妨害地主的利益且不带强迫性质的原则之下，草具一解放农奴的计划。亚拉克捷夫便建议：由国家每年支出五百万卢布向地主购买农奴的自由及其所耕种的土地。亚力山大也批准了，可是借口于西欧的政治不靖，只是由政府成立了一个试办委员会(一八一九年)，按照波罗的海各省已施行的解放农奴方法，在某数处试办一下再说；可是因为当地地主的反对，委员会也无形消灭了。当时出卖农奴个人的问题发生了，亚力山大口头极端斥责这种办法为不道德，然而终是允许继续实行，并未加以禁止。地主惩罚农奴的权力，一八一一年曾经明令限制过的，一八二二年又完全恢复到无限制的程度了。脱逃与追捕的骚乱情形仍如以前一样。

农民在战争中受了不堪的牺牲，结果得了什么呢？请看！因为要防阻第二次的拿破仑之进攻并且为了行军迅速起见，亚力山大便于一八一六年颁布了"寓兵于农，边防皆兵"的计划。依据此种计划：在被指为边防军区的地方，所有农村中的农民，包括小孩在内，均应受极严格的操练和严密的监督管理；所有男子甚至小孩，日常都要穿军服；妇女亦都要注册；结婚须得军事当局许可。这种边防军区发展极快极广，一八二五年，在鲁弗戈洛特附近即有九十营，一八三六年，在南俄已有骑兵四十九大队。农民极端反对这种苛重的兵役，特别是不愿穿那如铁锁一般的军服。他们说，他们愿意每家交出两个儿子充兵役，却不愿全体都去；并且，只要不要他们去干打仗的事，便是把他们充军到西伯利亚都好。因为，像前述的那样，全村都动员去操练步伐阵式，实在再没有时间顾到田地的耕作了。一八一七年，农民派代表向皇太后请愿，被政府拘禁起来；还有些向亲王康士坦丁和尼可拉长跪不起请求申诉的，都无结果。一八一九年，有九千农民在秋古野夫暴动起来反抗军役，却都被残酷的皮鞭镇压下去了。本来，在一八一二年拿破仑率大兵侵入莫斯科的时候，俄皇政府曾经宣言战后即解放农奴的，可是结果适得其反，故农民间不安的状况较前更甚。

在军队中间亦遍处充满了不平之气，尤其是那些留守在德法境内的驻军（一八一二年拿破仑第一次大败后，俄国有许多军队留驻德法境内)。在战幕中围炉共话的时候，谈到了法国革命后人民所得的自由生活等情形，便常时要联想到俄国农民失掉了个人自由的苦痛与不平。一八一二年战争中的英雄不是俄国农民的兵士吗？战胜了拿破仑的大军的不就是他们吗？而法国的兵士还过着人的生活，俄国的却直是牛马一样！这是何等不平的事呀！便是军队中的下级军官也多逐渐失去了对于俄皇的忠诚而倾心于革命，后来的“十二月党”的革命（一八二五年）便是孕育于此时的。

这时，智识界反映着工业资产阶级的心理，自由思想极为发达，而亚力山大则完全抛弃了以前口头的改良主张，变成了一个极残暴的专制皇帝，于一八一五年与奥普诸国组织最反动的“神圣同盟”，一八二〇年十月时特洛堡，更与奥普两国签定一“不得容许有非法之变革”在欧洲发生的协约，此后亚力山大便完全用武力镇压一切革新运动了。

一八二五年“十二月党”的革命是答复亚力山大的反动，也是威胁尼可拉一世的。不幸“十二月党”的革命只是昙花一现，遭受了极残酷的镇压而失败了(关于十二月党革命的详情将在本书第七章中详细记述)。

尼可拉一世（一八二五至一八五五年）继位，也像以前的那些皇帝一样，开始说了许多的漂亮话，并且也作了少许似乎是改良的事。在他继位之初，他曾公开地宣言：他不愿把自已应该解决的问题遗留给子孙。一八二六年，他也命令设立了一个改革问题研究委员会。他特别在国务院中设立了一个“皇室土地经管部”，皇室土地上面的农民都不再受地方警察的管辖了；并在皇室土地区域内设立学校及其它的机关，以改进农民的生活。他也想把亚力山大一八〇三年颁布的法令切实施行，并且修正了许多关于农民的法律：如确定地主对于农民的责任，确定农奴对于地主的义务。甚至于后来亦竟允许了农奴有控告权，农奴有财产权

(直到当时，地主还是可以任意处置农民的财产的)，地主责罚农奴须依政府之法令等等。

然而，这种种其实都只是纸上空谈。第一，在俄国，纸上的法律与实际的法律是完全两样的；而且多数行使法律的人实际是丝毫不懂得法律的，因之两者的差异更甚。他们只有一个原则：怎样榨取更多，怎样惩治最严，便是最公正的法律。其次是"官僚主义"的障碍。彼得大帝的所谓"维新"以来，官僚主义开始兴起，尼可拉继位以后，官僚主义的政治便完全代替了以前的贵族政治。所谓官僚主义乃是只重形式，我们俗话所谓"爱打官腔的"便是。例如：尼可拉在他的晚年说："我没有警察的，我不喜欢这东西。"而实际，警察的组织之精密与压迫之严重实在没有比尼可拉时代还更甚的。这是何等的"官腔"！又，政府为了要切实施行一八〇三年农民可以从地主手中买得土地与自由的法令，便建立一种审查"购买合同"的办法，依照此种办法，每一合同必须展转上递到内务总长亲自审阅，因为恐防此种买卖是出于地主的强迫而非农民自愿的。有一次，有十部马车都是装满了的文件，由莫斯科送到圣彼得堡去，这十车的文件完全是属于一件案子的；一件什么了不得的案子呢？是某处的一张合同中有欺骗行为的案子！这样的官僚主义能够为农民办几件事呀！第三则是地主的反对改革。

尼可拉改革的结果当然是可以料想得到的。一八四八年法国革命的怒潮席卷了欧洲，只有英国和俄国还是屹立未动。尼可拉便大大地戒严起来，一八四八年三月二十七日在二篇极动人的上谕里宣言俄罗斯正在被威吓之中，结语说："大大当心呀，一切民众们，你们忍耐一些吧，上帝是庇佑我们的。"这时他又宣言："一切土地都属于贵族地主，毫无例外。"当时农民间盛传解放令将要颁布；于是东南部有大批的农民到省城向政府请愿，申言愿意去参加克里米战争（当时正在进行)，只要政府允许将来解甲归田时给予自由。这一运动被政府用武力镇压下去了。

十九世纪的上半期，农民革命虽然没有普遍全国的大规模的运动，但各地小的暴动与骚乱仍是不断地继续着。据俄国内务部的统计，一八三五至五四年间，共有一四四名大地主在暴动中被杀，一八三五至四四年间，共有二九八名农人与一一八名农妇因暗杀地主而被流放到西伯利亚。又从一八二五年到一八五五年三十年中，农民暴动的总数竟达五百五十六次。这种种社会的不安随着政府的暴虐与压迫而增涨，不断地向政府威胁着；同时反映着各方面的心理的舆论，要求解放农奴的呼声也如群鸦噪晚似的达到俄皇的耳边，使得继尼可拉而起的亚力山大二世不能不认真注意到农奴解放的问题。

而最是成为农奴解放的直接动力的却是克里米战争。我们知道，俄皇政府施政的主要目标，当时只在于财政充裕与军备的扩大而充实，而尤以军备为首要问题，因为对内对外都实惟军队是赖。克里米一战（一八五三至一八五六年）把俄皇政府的大梦惊醒了！俄罗斯的兵力最初是震撼全欧的。而一战的结果却是蒙了意外的耻辱：割地而外，更耻遭城下之盟！在数量上，俄罗斯的军队实在超过了她的敌人，虽然敌人是联军；而她的挫败反与她的军队数量成正比例。军事运输使人民身上加重了不堪的担负而效果却极小；医药救护的设备不周，致传染病盛行；在后方，克扣军饷的事比哪一时代都更厉害，以致前线军需不足，粮草难继。步兵的作战极其勇敢，他们的指挥官却多半是无多才能的。而最看得明显的是，落后的俄国农奴与自由的西欧士卒两者间的智力相差得太远了，愚昧实在减少了不少俄军的战斗力！他如运输制度与军队组织等等都可以说［是］英法土联军战胜的原因。若是根本地说起来，克里米一战却完全证明了西欧各国工业资本主义有了极高度的发展，因而军事政治乃至一般社会组织都有高一级的进步，俄国这时已不能再以土地的资本主义为满足了；而俄国要谋经济上的发达，首先便不可不斩断农奴制度这一羁绊，使资本与劳动力均得依工业资本主义的发展原则而自由流动，集中与扩大。实在，只有这一觉悟才是农奴解放的最大原动力。

亚力山大二世很乖巧地迎合着当时的舆论，令一自由派的雷甫斯搜集各方面的意见，作为起草一农奴解放令的参考；同时又慰藉一班反对派的地主，在某次地主集会上，亚力山大二世说："解放农奴的事，与其等到民众从下面自动地干起来，反不如由在上者毅然行之为较好。"他又叫地主们"想想怎样才是最适当的方法来干这件事"。

雷甫斯归纳出了当时的三种意见。依据政府的解放令，农奴即成为完全的自由人，但所有前此耕种的土地都得归还地主——这是第一种意见；在亚力山大一世时代沿波罗的海各省，这种办法是已经施行了的，结果是形成了一批无产阶级。第二种意见是：农民于得到个人的自由之外，同时仍旧占有原耕的土地，土地的代价由国家先行垫款付给地主，农民则陆继还给国家——这一种办法也是很困难的，因为在克里米战争中国家已经发行了许多债券，而当时从国外借债也不可能，所以要国家垫款也是空话。第三意见是：建立一种所谓"农民的义务制度"，即是，解放后农民仍占有原耕的土地，却按某种规定对地主尽有限的义务作为土地的代价，直到缴清地价时为止——这也是在俄国西南部等处施行过的。

一八五七年八月，亚力山大设的御前参议委员会根据雷甫斯的意见书，又提出一种意见：地主将房屋、花园及一片土地给予农民，农民则尽某种义务作为代价偿还地主：这样国家可以不必破费分文。可是这时各地地主反对的声浪已经嗡然四起，纷纷派代表到圣彼得堡请愿，并集议反对的方法，各省地主亦均在各地集会反对。地主的意思是，无论如何不能失去自己的土地，也不愿失去那些地面上的劳动力，换句话说，就是不愿解放农奴；即令万不得已，决不能使解放后的农奴有安适的生活，因为果真如此，地主的土地上面将得不到贱价的劳动力了。政府一方面，为了自身和大地主以及工业资本家的利益，且表面上似乎是拥护农民的利益，极力主张农奴必须解放，同时土地与自由均须给与解放后的农民。因是一般舆论，尤其是比较进步的智识份子，均十分赞助政府的意见，他们甚至说亚力山大二世圣明实超过彼得大帝。政府方面自然更起劲，于一八五八年一月将御前参议委员会改为正式委员会，四月又在政府中特设一办理农奴解放事［宜］的机关。可是，地主的反对运动几乎闹到天翻地覆，正式委员会的主席又为反对派的阿尔罗夫攫得；同时亚力山大亲自出巡，为地主所包围，乃不得不让步，八月遂下令正式召集地主会议在圣彼堡集议，并申明解放令必在地主会议以后方行颁布。以后又经了若干纷扰、争辩与修正，一八五九年二月，成立一解放令起草委员会，根据下述的原则，起草命令，即："农民不仅要有自由，亦要有土地；地主不仅应得土地的代价，亦应得劳动力的补偿；而因此两点所引起的财政的负担必须由国家负起。"地主会议自然保守派多数，有的甚至主张全部土地都应归还地主。农民方面，在这纷纷搔攘的时期中反尔〈而〉为极端的沉默所笼罩，可是，一班人都认为这是大风暴前的沉默，便盼望解放问题得迅速解决。

经过了各种官样文章的手续，为千万人所切盼的"农奴解放令"终于在一八六一年三月三号由亚力山大二世签名，三月十七日颁布了。在国务会议通过的时候，亚力山大很严重地致训词，说："这是我愿望的，我要求的，我命令的。"这是很的确的，一班农民所愿望的，所要求的并不是"这"一解放令，当然也无权力命令"这"。我们且看"解放令"的内容究竟是些什么呢?

"解放令"共有十六条，关于各方面的都有说到。农民完全从地主的隶属之下解放出来，但他们仍旧各属于共产村落制度遗迹的"米尔"之中，共同担负缴纳租税的责任，没有"米尔"同意的护照，他们仍旧不能随意到他处旅行。"米尔"被采用作一种新的并且有几分自治意味的社会单位，他完全代替了前此地主对于农奴的统治地位；依据旧制，"米尔"可以分配其所有的土地给其所属的份子，并分派各人应担负的租额；"米尔"也可以征收某数目的捐税为本地的宗教教育或其他社会需要之用。他一方面，"米尔"也是本地警察组织中的一单位，对于国家也担负了某种责务的。至若经济方面，大概说来，依据解放令，农民可以取得全部已开垦的土地之一半，即是将原耕的土地交还一半给地主；这许多土地的代价由国家先行垫款偿还地主，再由农民于四十九年中分期归还给国家。今后农民可以租地耕种，也可以出卖劳动力。至若仅在地主家中役服并未耕田的农奴，则尚须继续服务两年，方得自由。所谓“解放令”，概言之，如斯而已！我们将在下一章中详细研究一下，“解放令”究竟给了农民一些什么？

第五章 解放后之农民生活

解放后的土地分配情形——土地仍旧不为农民所有——个人的自由问题

解放令的结果：土地愈加缺乏——农业生产力缩小——租税苛重——农民的社会地位之低下

农民的救穷法：从事家庭手工业——到地主田庄上佣工——到工厂中去——到西伯利亚去

要研究“解放令”对于农民的影响，第一个应该注意的问题当然是土地分配问题。我们曾经说过，地主是不愿意把土地分配给农民的，至多也只能给予少许的土地，使他们不能藉此赢得足食丰衣的生活。地主知道解放后便再没有农奴的劳动力可役使了，他们将只有雇佣劳动力来经营他们的产业，而最合用的当然是解放了的农奴。若解放了的农奴有了足以维持生活的土地，他便不会再到外面佣工，便是佣工，他的劳动力也决不会肯贱卖；若是他多少依赖佣工来补足生活的用项，则他必须受雇，工价也必定低廉的。

地主的目的是达到了。农奴解放后，土地的分配几乎完全是依据他们的利益而行的。当时俄国农民的总数为四千七百二十余万，其中二千四百七十余万是皇室所有地上面的农民，余为地主所属的农奴。解放令颁布后，有四十八万一千农民没有分得一点土地，他们多半是在地主家中服役的；有五十五万农民每人所得不及一俄亩（Dessyatine，合中国一七．七八二二[①]亩）——这些贫农不愿为补偿金的债务所累，所以宁愿只接受这些小的土地（依据解放令，若所得土地超过了这最小限度的数量，便要纳补偿金）；有一百五十五万三千人每人所得的在二俄亩以下。合计起来，约二百五十万农民并没有分得多的土地，有些竟一无所得，这些农民解放之初便已成为无产阶级了。至于分受土地较多的农民中，其实也可怜得很，平均算起来，每人所得的不过三．二俄亩。而且最为可恨的是，土

① 本书中千分符号和小数点均依照原始文献，以下脚点表示。

地的最好部分，特别是牧场和森林，在农奴制度盛行时代都是给予农奴使用的，解放后便都被地主自己截留了。这种情形以南方及西南方为最甚，因为俄国最适宜于耕作的土地都在这两部份地方。据调查，俄罗斯中部三十六省中，有二十一省的土地，在解放时被地主截留去了百分之二六．二，在最肥沃的地方，且有到百分之四十乃至四十四的。被地主截留去的便等于从农民手中夺去的（因为地主所有的土地当初是全部给农民耕种的），所以解放后农民所有的耕地比解放前要大大的减少了。就全体的平均计算（包括皇室所有地上面的农民在内），解放令颁布以后，农民每人约得土地四．八俄亩。实在，农奴解放的结果，就是分受土地最多的农民也比先前作农奴时租种的土地还要少；而且那些土地中最好的部分又被地主截留，因之农民所分受的量既少，质亦大坏。

我们还要记得，便是这少而且坏的土地，其所有权也并不是属于农民个人，而属于地主的代替者——“米尔”；农民所有的不过耕种权而已。土地为“米尔”的共有物，按时重行分配，农民离开“米尔”，土地仍交还“米尔”，农民不能将所耕的土地出卖，后来有一时期甚至规定个人也不能购买土地——只有“米尔”有购买土地权。所以，实际农民还是没有得到土地——少的也没有，坏的也没有。

可是，这为“米尔”所共有的土地，其代价还是要农民出的。依据解放令，除了某一最小限度的土地（此名为“恤贫的份儿”）外，凡是农民从地主所得的土地，都须缴纳补偿金。可是这种补偿金的数目却是大到令人有点难于相信！一千八百六十年代的土地平均价格，每俄亩为十七卢布。而政府规定的补偿金却是每俄亩二十七卢布。若照总数来说，依解放令给与农民的土地，按当时市价为六八九．〇〇〇．〇〇〇卢布，而政府却定为九二三．三〇〇．〇〇〇卢布。又，付款过迟都须付利钱或处罚金，政府征集补偿金的用费等也须农民担负，结果农民竟须付出一．三九〇．〇〇〇．〇〇〇卢布，已达实价一倍以上了。这种负担，事实上超过了农民自己全部收入以上，这是彼得格勒大学教授铿荪报告的。

“解放令”是这样回答农民所渴望解决的土地问题。

其次，值得我们注意的是个人自由问题。解放令颁布以后，农民果真都获得自由了吗？否。所谓“自由”，不过是“饿死的自由”罢了；实际，农民照旧被束缚于古代村落共产制度的遗物“米尔”之中。政府是万分不愿农民有个人自由的，政府之毅然解放农奴，只是因为农奴制度不便于对农民进行有效的剥削；设使农民真正有了个人的自由，政府将无法征取多量租税和兵丁，这便完全失去了政府解放农奴的“私意”了！所以政府便很狡猾地利用着这个社会进化中已死的形骸——“米尔”，来代替旧日地主的地位；他们给予“米尔”以支配农民的权力，务使农民不能脱离“米尔”的羁绊。已如前章所述，“米尔”被采用作一种新式的并且有几分自治意味的社会单位，他完全代替了从前地主对于农奴的统治地位；他一方面，“米尔”也是本地警察组织中的最下一级的防区，对于国家也担负了某种责务的。农民非得“米尔”的同意，绝对不能离开所在的农村。又，农民若没有旅行护照，便不能离开自己现住地三十俄里以外的地去旅行，而要得旅行护照，不仅委得“米尔”的许可，且还有许多繁难的手续——请求旅行的人先要取得“米尔”首长准许离开的凭证（凡是有欠租未纳或补偿金未缴清的人都不能得到离开的允许），呈交县长，县长交书记，书记制就旅行护照，再由县长审阅后方发给请求人——这样，每次总需月余或数月的时日方能取得一旅行护照。

所谓“几分的自治意味”是什么呢？仍照旧制，“米尔”可以分配其所有的土地给其所属的份子耕种，可以分派各人应担负的租额。又如，选派本村夏季的牧羊人，决定在何处牧羊，在何处牧马和牛等，以及决定所属农民应缴纳于本村的常平仓的谷物的多寡，都可以在“米尔”的村会中办理。“米尔”也可以自己设立铸铁店和风磨房，也可以自己雇用铁匠和磨夫；倘使证明鹅与小鸡有害禾稼，他也可以自己制定禁止饲养鹅与小鸡的命令。可是，比较关系重大的一点的事，“米尔”便完全失掉了他的自治权，便要受政府的指挥了。政府之所以使农民隶属于“米尔”，显然只是因为把数十只小绵羊纳在三数个篾笼中，便于提挈而已。即如农民纳税一事，“米尔”对政府负有缴纳所属全体农民的税款的责任；姑无论“米尔”对所属农民如何收集，政府只须向“米尔”负责人整数提取便可。政府为避免麻烦起见，甚至如放逐农民于西伯利亚，干涉农民分配遗产等事，都准“米尔”自行办理。简言之，政府只是把“米尔”当作了箝制束缚农民的武器。在农奴制度之下，农民为地主的所有物，此时便为“米尔”的所有物了。

然而，政府也很知道“米尔”并不是一个十分可靠的武器。“米尔”究竟是由农民组合而成的，他们都能够互相了解，互为帮助，互有同情的。他们对于不满意的命令是可以不遵行的，对于难堪的待遇是可以起而抗争的。而且，充其极，“米尔”也可以变成为一个叛乱的策源地，革命党人也可以激动他们，领导他们起而发难的。在这种恐惧之下，政府便派遣了许多军队驻在各农村间，并领率以各种各色的官吏（如直辖于内务部的 Land Gaptain 之类），以监督“米尔”的行动。这些官吏可以自由逮捕农民，或予以笞刑或课以罚金；有些官吏且任意以没收名义劫夺农民的耕地。在这种情形之下，“米尔”不特无力保护农民，便是“米尔”自己所选举出的村长也都甘受这般官吏的指使，虐待他的村人。

土地与自由这两个根本问题，“解放令”是如上答复的，我们且进一步考察一下情形是怎样发展的，即是，解放令后农民的生活情形如何？

第一，我们看出的是土地愈加缺乏。俄国农村的人口增加极快，在一八七〇至一九〇〇年间，人口增加了百分之五十六．九，家族增加了百分之五十七．八，而农民的所有地（包括“米尔”的共有地和后来农民自己购买的私有地）在这期间不过增加了百分之二十五，农民现在所耕作的土地（除所有地之外，向大地主租来的土地也算在内），不过增加了百分之四十五。因之，每逢“米尔”将土地重行分配的时候，每一人所分受的土地便逐渐削减了。在这期间，农民每人握有的土地由四．九俄亩（一八六一年）减为三．三（一八八〇年），后来每人只有二．六俄亩了（一九〇〇年）。有许多农民且完全失掉了他们的土地。他们之所致此，是因为土地过少，不能维持生活；他们有两种救济方法，一是再从地主或其他人多租一些或买进一些土地来种，一是将自己原耕的土地租出去，或甚至自己完全退出“米尔”（补偿金没有缴清，退出“米尔”也不可能），而去专卖劳动力以为生。前一补救的方法自然比较的好，因为多租或多买一些土地来种，便可以使自己的生产力增加，这样便可以稍救饿与穷了。然而事实上又不能尽如此。一八八三年，政府以援助农民购买土地为目的，设立了一个农民土地银行；但这银行实际不能予贫农以丝毫援助，因为银行代垫地价，必须购买土地的人有地价百分之二十乃至二十五的资产作担保。这样，能够享受购买土地的利益的实际还是比较富裕的农民，并不是急需土地的贫农：结果只是助长较富裕的农民剥削贫农，兼并土地罢了。至若租地，对于贫农更是无益而有害了。因为租地的人极多，所以租价特别昂贵（一九〇〇年，欧俄某二十七省的地租，竟占全收获的百分之八八．一）；贫农急不暇择，结果便只有负债累累，迫紧的时候，便只好出卖农具、家畜或替地主服役来偿还欠项。而他们的服役，估价又极低廉，每年内势不得不耗费许多日子为大地主耕种土地，结果反多把自己的土地抛荒了。所以，最多的还是取最后的一方法，租出自己的耕地或完全退出“米尔”。据俄国内务部附设的中央统计委员会的司事卓洛特里夫报告，在一九〇五年的时候，俄国有二百二十万家族是农业劳动者，他们自己是手无寸土的。这个数目占全体农民百分之十五。据同年的报告，欧俄某四十七省的一一．九五六．八七六农民家族中，每家所有的土地，有百分之二十三仅在五俄亩以下，百分之七十在十俄亩以下。但据政府专门家当时的计算，平均每一家庭必须有十二又半俄亩的土地才能维持最低限度的生活——从这里，我们可以看出农民是如何缺乏土地了。

第二，我们看出的是农业生产力的缩小。中世纪的耕种方法，此时还在俄国农民中盛行着。据一九一〇年的调查，他们的农具足有一半还是古代使用的。他们用的犁头都是本乡中自造的。他们打谷并没有机器的，只是把稻茎堆在场上用一种竹节器去打，时常因为太多，一天两天打不完，便叫一个小孩夜间睡在稻堆上，防人来偷盗。田中的野草多半任其滋生，因为他们不知道如何芟除，由此便可见一端。田中所施的肥料极其不足，每不及所需的千分之一。他们用的旧式农具常是需要极大的马力方能使用的，可是他们的牲口之缺乏更是惊人。据一九一二年的统计，全体农民家族中约百分之三十一是并没有牲口的，有马一匹的约百分之三十二，有马二匹的约百分之二十二，有三匹以上的不过百分之十四而已。他们的耕种方法都是由祖先遗传下来的，如承袭破旧的皮靴或皮袍一样。政府既没有设立学校教导他们，便是所谓“地方议会”也只能给予少许极细微的知识。

而且，“米尔”的土地分配制度，更叫他们不愿意改进自己一时所占有的土地。“米尔”的规定，土地不是农民个人的财产而是“米尔”的公有物，已如前所述。因为人口的增加以及各人家族情形的改变，“米尔”每一年或三年须把土地重行分配一次：这样，今年属于甲的，明年或即属于乙或丙了。这种不断的变换，谁愿意冒险投入自己的宝贵资本去改进土地而让他人明年收获较好的结果呢？他们不仅不肯图改进，且更从现时自己所分受的这一片土地上面尽量榨取较多的利益，就是使得土地的生产力枯竭了亦在所不惜的；他们都想着：“横竖将来多半不会属于我的。”

而且，便是有人有意改进土地，改良耕作法，然在实事上也绝对难能。因为，第一，“米尔”分配土地的时候，为了保持分配的公平起见，常把土地照土质之殊异和位置之优劣，区别作好几种，再把每一种分作三部份，其中三份之一，更迭作为空地，不加耕耘，其余的三份之二，作为耕作之用。各家族对于各种的土地都有一股份；假设本村的土地分作三种，各家族便都有九处的耕地。例如，在最北部，全村的农户约有五分之一都各有六十处的耕地，而各人所有的耕地的总数不过七俄亩左右而已；而且这些碎片的土地都是东零西散的，有的甚至于在五英里或十英里以外，那些地方收获所得实不抵所费的劳力的价值。而且这样分配的结果，耕地大概都成为长而狭的一条，至多宽六尺长三丈，四周田界横亘隔断，决不能用机器来行大规模的耕耘。其次，“米尔”又有“同作同息”的规定，一“米尔”的人同时都要作同样的事，不许任意更变的，仿佛像各种科学的定律一样，在农民脑中，几乎成了一种牢不可破的习惯。

因为上述的种种情形，俄国农民每年的收获便完全受气候的支配。遇着天旱、洪水或大风暴，便是他们的“劫数”；若是风调雨顺便是他们最幸运的丰年。欧西各国的农民多已一跃而为自然力的主人翁，俄国农民却仍然作着自然力的奴隶；忍饥受冻，由命听天。美国在过去的五十年中，因为采用新式耕作法，他们的生产力已经增高一倍了；俄国的农业生产力此时却反比以前更减小了。据米留可夫（Panl milyoukov）所得的统计，我们得一土地生产力的比较表如下（每一俄亩的生产量，以“蒲特”为单位，每“蒲特”合中国三十斤）：

国　名	小麦	黑麦	燕麦
瑞　典	一〇〇. 二	七五. 九	八三. 二
德意志	七七. 〇	五六. 四	七三. 九
加拿大	六二. 三	六二. 〇	九七. 七
美　国	六〇. 三	四二. 〇	六三. 一
俄罗斯	二八. 二	三二. 八	三九. 〇

又据星德司（M. Hiudus）所得的统计，我们可以得到下面的一个土地生产力比较表，表中的数目是各国每一海克特（一万方米突）的土地所产出的各种谷物的分量：

国　名	一海克特之产量	国　名	一海克特之产量
比利时	二一. 一昆特（注）	希　腊	一二. 八昆特
英吉利	二〇. 二昆特	乌拉圭	一二. 四昆特
挪　威	一九. 七昆特	英属印度	一二. 一昆特
日　本	一九. 〇昆特	西班牙	一一. 八昆特
荷　兰	一八. 七昆特	奥地利	一一. 四昆特
丹　麦	一八. 一昆特	罗马尼亚	一〇. 五昆特
德意志	一六. 八昆特	保加利亚	九. 五昆特
瑞　典	一五. 六昆特	意大利	九. 四昆特
阿根廷	一四. 五昆特	奥大利亚	八. 三昆特
加拿大	一四. 三昆特	阿尔士	八. 二昆特
美　国	一三. 六昆特	塞尔维亚	八. 二昆特
匈牙利	一三. 六昆特	俄罗斯	六. 四昆特
法兰西	一三. 二昆特		

注：一昆特（guintal）合一百磅重。

在二十五个农业国的土地生产力的比较中，俄国的生产力最小，小到平均数一倍以下；而俄国还是全世界农业生产量最富的国家——无论大麦或小麦，亚麻或苎麻，乃至甜菜等，他的生产量都占全世界的第一位。固然俄国的耕地面积是世界最广的（二亿四千万英亩），然而他的生产技术却又是极落后的啦；所以，我们不能想象俄国的农民是怎样地在他们的田地中苦捱着，怎样地奋力着的！

第三，我们看见的是租税的苛重。补偿金的苛重，前面已经说过，这压在农民身上实在已经使他们无法支持了，可是其它的各种的捐税更是加倍苛重。在农奴解放后的十余年中，每年国家征收的直接［税］总额为二亿零八百万卢布，其中有一亿九千五百万（占百分之九十九以上）是农民担负的。人头税总额为四千二百万卢布，这几乎全部都是农民担负的。据调查，一八七二年，鲁甫戈诺特省的前皇室所有地的农民，把他们收获物的全部都作租税缴纳了；至若解放了的农奴所缴纳的（包括补偿金在内），最少的超过全部收入百分之六十一，最多的竟超过百分之四百五十六（即倍半以上）。又，在彼得格勒所属地方，租税超过全部收入百分之三十四，在莫斯科超过百分之零五，在土地肥沃的南方，旧农奴所缴纳的超过百分之二十四乃至二百，旧皇室所有地的农民超过百分之三十乃至一百四十八。所以，农民就是尽量卖去所得的收获物，尽量卖去所有的东西，尽量去借能借到的钱，还是不够纳付租税。在一八七一到七五年间，过期未纳的租税占全额的百分之二十二；到一八九一至九五年，竟增加到百分之四十五。在一八七一至一八八〇年间，每俄亩土地平均欠租美金一角九分，一八八一到一八九〇年间增加到二角四分，到一九〇〇年则已增加到五角四分了。单说沙麻拉省的几县，在一八九〇年，收税吏因为农民过期不纳租税，将农民财产没收作抵，其总额竟达到了九百万卢布。不但如此，在一八九二年，该几县的过期未纳的租税，竟达到原税额的百分之七十一另九哩。本来，在彭基（Bunge）当国的时候（一八八一到一八八六年），因为看见农民之日陷于绝途，曾下令把补偿金减少，人头税完全豁免去。可是这样一来，国家的收入便大大受了影响，于是，到了维希涅格拉茨基（Vyshnegradsky）任财政总长的时候（一八八七年到九二年），便对于日用必需品增加了大宗的间接税，计在一八八五到九五年这十年中，增加的间接税的总额已达到当日豁免去的直接税（补偿金及人头税）的总额六倍以上。魏捷（Witte）继起（一八九二到一九〇二年），把间接税更加扩充了。一八八〇至一九〇二年这二十余年间，茶税加了三倍，煤油［税］加了四倍，糖税加了五倍，棉花税加了六倍，钢与铁的税也都加到了六倍以上，最后麦酒也收归政府专卖了。据米留可夫的统计：一八八三到一八九二年间，人口增加了百分之十六，税额却增加了百分之二十九；在一八九三到一九〇二年间，人口增加了百分之十三，税额却骤增到百分之四十九——这是何等惊人的数目！

第四，我们看见的是农民的社会地位之低下。农民虽然藉解放令而获得了自由，可是他在社会上仍旧完全被排斥于一切其它阶级之外，而独成他自己的一穷苦阶级；在法律上的地位，他与一般市民、商人以及贵族地主都不同。直到一九〇六年，农民还是不能考入高等学校肄业，还是不能充高等官吏。他阶级的人在农民社会中决不会同化而为农民，同样，农民在其他阶级的社会中也决不会同化而被视为他阶级的人。总之，农民在这时候，还只是一个俄国俗语所谓“乃权力的目的物而非权力之所有者”的人而已。农民在社会中的地位之低下与孤独，解放后与解放前没有两样。

土地的缺乏，生产力的薄弱，租税的苛重以及社会地位的低下等等——在这重重经济的与社会的压迫之下，农民之难以维持生活，我们可以想见。据调查，在十八世纪末期，俄国人口中每千人不过死亡二十人，到十九世纪末，每千人中死者达五十人。这比欧洲各国当日的死亡率大二倍之多。

然则他们竟都是束手待毙么？自然不能呵！他们也有着他们的捱苦的方法。

第一是从事家庭手工业。在农业技术幼稚的俄国，许多家俱和农具都是家庭手工制造的。他们制造的时间多半在冬季：在矮屋的一角，浓烟笼罩之中，微光之下，他们迟钝地运用他们的粗笨的工具从事工作，每天工作的时间总在十二小时或十四小时，有时且到十六小时。但这究竟不能增加很多的收入，因为他们的出品既不佳，而自己又不善于交易，每常被居间人愚弄，不能得到较好的卖价，只是比没有要好一点罢了。

第二是到地主田庄上佣工。他们于自己耕作之暇，像手无寸土的贫农一样，出外佣工。地主拥有广大的土地，农奴既已四散，自然只有雇佣贫农从事耕作，日趋绝境的农民便从这里得到另一生路了。然而还只是如亚列金斯基所说的，“这种生活并不是生，只是缓慢的死呵！”在解放令颁布的后二年，政府对于田主与佣工间的关系即制定法律，承认地主是需要保护与扶助的弱者。法律规定，设佣工怠忽其工作，地主有权科以罚金；罚金的数目每先在合同上规定了的——若未规定，则以两天的工资为率。又，设佣工对于地主的家族或产业经理人稍有无理，地主有权将其斥〈辞〉退。一八八六年，因为地主的要求，法律更规定：虽佣工并无过失，地主仍有权将其辞退；而佣工被虐待或侮辱，却不能随意毁约求退。又，地主因佣工怠忽工作而科取的罚金，并不须到法庭报案，地主有权私自处理的。又，佣工弃约逃走，作为刑事犯论罪。一九〇二年的法律更规定星期日及假期佣工均照常工作。

说到这些佣工的工资，那便更可怜了。因为失业者的多寡，土地的肥瘠，以及收获的丰歉，他们的工资自然有高下不同；然就一般看来，总是最低的了。据调查，一八九〇至一九〇〇年这十年间，俄国波尔特瓦等二十八省的农作佣工的工资，平均每日为三十二戈比，每月为三卢布六戈比，每年为二十九卢布四十六戈比；而美国除南部以外，农作佣工在一九〇〇年每月可得十七元美金，计算起来，他一月所得比俄国农人一年所得的还多了。下面的这个各国农作佣工每年之资平均数比较表，是美国农业部一八九二年调查的。

英吉利	七七〇法郎
美　国	一二五〇法郎
法兰西	六二五法郎
荷　兰	五〇〇法郎
德意志	四五〇法郎
意大利	二五〇法郎
印　度	一五〇法郎
俄罗斯	一五三法郎

注：此数系根据地主之报告。

俄国农作佣工的工资只比印度的多三法郎，而印度却有极宜于农作的气候，印度人的生活也比俄国农人的简单而便宜，可知俄国农作佣工是世界上最苦的了。

第三是到工厂中去。十九世纪后半期，俄国的工业开始有相当的发达，尤以圣彼得堡与莫斯科为中心；美国南北战争期间（一八六一到一八六五年），俄国棉花停止出口，因之莫斯科的纺织工业更是大大地发达起来。南俄顿河流域的煤矿和铁矿的开采，北部各省的制麻业也都相继勃兴。感到土地缺乏农村生活艰苦的贫农便开始走到工厂中去寻他们的新生活。农民之到工厂中去，并不曾完全脱离农村，他仍负担着自己对于“米尔”的义务；他只是把自己分受的田租给别人耕种，有时即由自己的妻和子女耕种，设使工厂临近农村，他便仍旧住在家中，只是白日到工厂中去，有的且同时仍经管着耕作的事。这样的办法确还能相当帮助贫农增加一些收入，有许多农村且是靠了这些到工厂中去的贫农而繁荣起来的。

可是，俄国工业的发达不能像她的人口的增加与农民的破产那样快。我们只须研究一下都市发达的情形便可了然。在西欧方面，十九世纪后半期工业极其发达，都市因随之勃兴。便是半封建的奥地利，在一八四三年的时候，都市的人口当全人口百分之十九，到一九〇〇年则已增为百分之三十八了。至若俄罗斯，一八六三年，都市的人口当全人口百分之十，到一九一二年还只是百分之十四。我们再一看下列的比较表，则俄罗斯都市之不发达可以概见了。这是一九一二年的统计：

国　名	都市人口百分数（%）	乡村人口百分数（%）
英吉利	七十八	二十二
德意志	五十六	四十四
美　国	四十二	五十八
意大利	二十六	七十四
俄罗斯	一十四	八十六

而另一方面，俄国农村中人口的增加与贫农的破产之速度则至可惊人。贫农之破产，只须看看前面所述的欠租之增多，失地者之日众，便可显然看出。至若人口之增加，据乌根洛夫斯基——他是对于俄国农业问题最有研究的一位学者——的计算，俄国乡村的人口每年要增加二百万，这二百万中只有三十五万被都市吸收去了，剩余的一百六十五万都得留在乡村中，与他们的先辈在逐渐减少的土地上面挣扎着。所以，第三条路只是一小部分贫农能够幸而走到的路，虽则这条路其实也是苦的。

第四是到西伯利亚去。既然前面几条路都不易走得通，他们便率性放胆追迹那些无产的贫农向国外逃去。欧洲各国本已患人满，澳非等洲的情形俄国农人还不很知道。他们所常听见的是物产丰饶的美洲与土地广博的中亚细亚和西伯利亚。美洲当时自然还可以容收若干俄国的贫农，只是赴美的费用既大，到美洲后语言习惯都不能让他们如意地达到他们的目的，所以移往美洲的并不见多。至若中亚细亚与西伯利亚都是大可移住的地方了。依据米戈林教授的调查，现在作一个中亚细亚、西伯利亚与欧俄的土地及人口比较表如下：

地　　名	土地（俄亩计算）	人　　口	每人占有的土地
西伯利亚	1.000.000.000	10.000.000	100.00 俄亩
中亚细亚	314.000.000	8.000.000	29.25 俄亩
欧　　俄	314.000.000	30.000.000	3.40 俄亩

从这表看来，贫农向西伯利亚或中亚细亚逃去，当可以满足他们对于生活触

望。可是，俄皇政府虽然看着农民在国内展转就死于贫困之中，却始终妨阻他们向西伯利亚等处移住。一八八九年七月俄皇的上谕说："凡未先得内务部及生产部之允许而擅行移住者，着当地官员仍将其拘回服役于原地。"一八九六年，有数省更明文规定：农民非有现金三百卢布者，不准变卖产业，希图移住。政府之所以这样妨阻农民的移住，唯一的原因是企图维持国家与地主之经济的繁荣与稳定。若大多数农民移住西伯利亚与中亚细亚，则地主将受两重损失：第一，劳力的供给减少，工资必因之增高；第二，佃户减少，租价必因之低落。至若国家方面，很显然的是为的收税的关系。

虽然情形如此，农民之移往西伯利亚的仍然年有增加。解放农奴后的数年，每年不过二千人，一八八一年有七万四千，一八九六年则达二十余万。可是去而复返的却也不少，一八九八至一九〇九年间，约百分之十都回转欧俄来了，一九一二年回来的竟达百分之二十八另五。这种情形的主要原因是，移往的既多，不易寻得适当的土地耕作；便是稍次一点的土地，却又缺乏资本去开发，因此他们便不得不重返故乡来。他们去的时候，一切都已典卖净尽，现在回来便都是赤手空拳，其境遇更难堪了！

第六章　农民之思想

没有政治观念——法律是"狂风暴雨"——不轻信新皇帝"革命"

社会观念：土地应属于耕作者——对于取得土地之热望：土地是"万应膏"——农民之"土地国有"观

关于俄国农民之经济的与社会的生活，既已略如前述，请进而研究其思想。

因为历代愚民政策的结果，俄国农民的思想极其狭隘落后，乃是当然的事。关于世界的事，甚至关于本国的事，他都一无所知。他所知道的，所敬服的，只是一个俄皇——"察尔"，因为他很听见了一些赞美"察尔"的民歌；他并不知道什么国家，因为在他的意识中，国家并不是他的日常生活中的必需品，他并不了解自己在国家中的地位，他以为他不过是某地的一个"住客"罢了，像在外地旅行着的人一样。

对于法律，他也有一种很奇特的观念。他只知道法律是自己应该服从的一种东西，但并不了解这东西是怎样来的，有何种意义。法律在他的生活中，犹如一阵可怕的狂风暴雨一般，是无法避免的，是有着不可抵御的力量的。隆纳茨利夫是研究农民对于法律的态度极有心得的学者，他说："在农民的心目中，法律只是一种恐怖的，神秘的，且不可解的东西；因为政府一切暴虐，残酷又不自然的行为，如比追欠租，充军西伯利亚，剖死尸，毁民屋，杀牲口，强迫从军，强迫种痘乃至实行强迫教育等等‘都是藉着法律的名义来施行的，永远如此，至于无极’。”

直到一九一七年革命后，农民的态度还是没有改变。“察尔”被推倒以后，在有一时间中，农民竟不肯缴纳租税，因为他们平时唯一敬服的“察尔”倒了，新皇帝——“革命”（彼得格勒附近某村于三月革命后确派人到城内购买新皇帝Revolutsia的肖像），还不知道是否可靠的一个人。三月革命后，彼得格勒的工兵苏维埃和农民苏维埃成立，通令各地派农民到彼得格勒出席农民大会，讨论与农民有切身关于〈系〉的土地问题；通令传到了农村里，有些说立刻派出，有些不主张派，恐怕受骗，经了种种的争议，结果得了一个最高明的解决，就是：把村中最坏的人派遣到彼得格勒去。

总之，农民对于国家、法律等政治的观念，是消极的不是积极的。他不信服政治的权力与作用，只是知道一些过去政治的罪恶。

现在我们再来略谈几句，农民对于土地与劳力等社会的观念是怎样的？

农民自从有生以来，便专食息工作于土地之上，所以对于土地异常亲密，他常叫土地作“土地母亲”、“饮食之源”等等名称。可是他在土地上的经验终只是限于耕作的劳动，所以他便把土地的所有权与土地的耕作权联而为一了。他相信：土地是上帝创造的，在它的天然状态之中是无所属的，只有用自己的手在它上面耕作的人才能享有它的所有权。诸如溪流、森林、田园之类，都是为那些以自己的劳力去利用的人而创造的。这是俄国农民对于土地的所有权的观念。

他又相信，劳动力是一切生产品的必要成分——这种信念大概是从过去的经验中得来的，因为，第一，在他的生存竞争中，劳动力是他唯一的武器，他自己所取得所享受的，无一不是靠着劳动力得来的；第二，在他的狭隘的眼光中，他确看见了劳动力生产了一切的东西。

根据上述的概念，农民便坚信土地所有权应属于自己。便是在农奴未解放以前，他们自己还被视为地主的财产的时代，他还是高唱着他们的习语：“我们是你的，可是土地是我们的。”他把地主当作土地的劫夺者。一九〇五年农民大会中，有一代表说：“在农民的认识之中，土地是上帝赐与人民的礼物，与空气和水一样的；却是只有耕作的人才能取得他，各依所需要的多少分取。”又有一代表说：“我们之要土地，并不是拿去出卖或典押，亦不是拿去作投机的生意，也不是拿去租给人以取利，我们唯一的目的只是拿来自己耕作。土地之有益于我们，并不是像商品那样，只是因为它能生产有用的物品。我们只要土地来耕作。”他们的这种观念，反映在农民运动中，自然归结到“一切土地都归耕作的人民”这一句口号来。

实在，农民的见解，以为只有土地能够医治他们的万孔千疮。土地！土地！土地！这种呼声已经日高一日传遍全国了。他们坚信，将来必有一日，某种事情发生，一切都变动了，他们自己成了俄国土地的唯一所有主，这样他们便即刻跳出贫困的圈子来了。这是他们的一种热烈的希望，在长期的茹苦含辛的生活中，他们全赖着这个希望来鼓励，来慰安。可是，对于这种希望，他们自己究竟有没有具体的办法来实现呢？有的。“土地国有”便是他们公认为可以实现这希望的手段，而且俄国的农民运动实际早已趋向于这方［面］来了。一九〇五年所开的农民大会，是俄国农民第一次的全国大运动。大会决议：“救济农民因缺乏土地而生的疾苦，唯一的方法是将一切土地收归国有，再分配于那班依家族的劳动或依合作形式而耕作的人使用。”自然，这个大会只是代表小地主，特别是代表盛行“米尔”这种土地共有制度的大俄罗斯诸省的小地主的；可是大会的精神还是可以代表全体农民——当时“土地归与农民”的口号已经从上层民众当中高喊出来了。

不过，我们应该把“土地国有”的意义弄清楚。许多政党和理论家，都以为土地国有的意义是：由国家收取一切的土地作为国家的财产，再拿来租与农民耕作，或是由国家直接佣农民耕作，和国家所有的其他一切大工业一样。农民的意思其实完全不是这样的。他们意中的“土地国有”，就是由国家废止大地主的土地所有权，增加农民各人的土地，同时免去他们过去的担负的土地的债务。一九〇六年，列宁也说过：“（有人）反对土地国有；他对我说，农民主张土地国有，那便是他自己声明不要那他曾经说要的东西了。可是，我们不要只就字面看，应该就他所说的事实看。农民要私有制，自己的土地的贩卖权以及‘上帝的土地’等等话头，都只是他希图夺回地主手中所有的土地的一种反映罢了。这都是真的，我答应他。”从这里，我们可以看出，俄国农民的思想还纯粹是自给的小农的思想。

第七章　十九世纪之革命思潮与农民运动

自由思想的先导者：鲁维可夫与拉吉协夫

“十二月党”之先声：“救世团”——“福利社”

“十二月党”之派别：北社之政纲与策略——南社之政纲与策略——“斯拉

夫人联合会”之政纲与策略

圣彼得堡“十二月党”之兵变及其结果——南俄“十二月党”暴动之计划，实行与失败

克里米战后之智识界——“西方派”与“斯拉夫派”、“民粹派”思想之创造者赫尔贞（今译赫尔岑）——继起者捷尔涅协夫斯基

“到民间去”运动之初试——拿洛夫的“宣传派”——巴枯宁的“暴动派”——涅怡也夫之计划与失败——一八七三年以后“到民间去”的大运动——“民粹派”在民间的失败

“土地与自由社”之组织、目标及其活动——暗杀之盛行——“土地与自由社”之分裂：黑分派与民意派——亚力山大二世之被刺与政府之高压政策——学生运动之活跃与失利

社会民主工党之成立及其分化：多数党与少数——“党地方议会”之活动——社会革命党之成立

拉贞与布卡捷夫的运动，虽然在血腥的镇压之下，先后平服下去了，可是农民的困苦并未有丝毫解除，即因此而引起的不安与谋改革的要求并未有丝毫解除，即因此而引起的不安与谋改革的要求反更潜滋暗长，并且从乡间影响到城市，从愚昧的农民群众中反映到智识份子的脑纲上。尤其是从国外传播进来的革命思想的激荡与工业资产阶级思想的反映，于是俄国的革命思潮顿时汇成了一股巨潮。而立在最前线，喊出“给与自由”的第一声的，我们应当说是十八世纪末的鲁维可夫（Novikov）。加特林二世是最会扮鬼相的，最初她且自命为是法国福禄特尔（Voltaire）（今译伏尔泰——编者）的信徒，她曾和福禄特尔通信过，鲁维可夫便在她的这种假面具之下，发表了许多希求自由与改革的意见；虽则都是用的讥刺的举调，说得有些朦胧茫漠，而且又多偏于慈善的舆论理笔一方面，并不敢明言要求如何改造国家与社会，可是他也曾竭力攻击加特林的外交政策以及因此而引起的战争，他确是作了一种“破坏运动”，他确是引导俄国的智识份子注意到政治与社会改造的第一人。他的结果是很可怜的，他先后办了三种杂志（《懒汉》、《画匠》、《钱袋》），后来杂志被封闭。一七九一年，他已须发斑白，却被投入 Schliisselburg 的国家监狱中去了——这时因为法国大革命的威吓，加特林已经完全抛去假面具了。

当时还有一个拉吉协夫（Radishchev），也是受了法国卢棱〈梭〉的影响，深不以少数人穷奢极欲而多数人饥寒致毙的现状为然，他作了一部从彼得格勒到莫斯科的旅行记，用者〈着〉极简洁明了而又雄伟动人的笔调描写当时官僚的腐败以及农民生活的痛苦等等，读了真可以令人裂眦喷血。其中有一篇诗，题作《自由颂》，简直是公开地号召人民起来反抗皇帝，反抗万恶之首的农奴制度。这一部书充分表现了自由思想逐渐在俄国得势，加特林看见了，大为惊惧，竟说这部书“比布卡捷夫还要坏些!”因而，拉吉协夫被判定处死刑，后来加特林又卖好，改为十年徒刑，放逐西伯利亚。

亚力山大一世时代警〈禁〉卫军中有一部分抱着自由思想的青年军官，于一八一六年组织了一个“救世团”(Society of Salvation)。这个团体并不与民众接近，却反与亚力山大有着密切关系——这和戊戌维新时代的康梁党相似。这团体中有三派占有势力的思想。一派是穆拉维夫（Nikita Muravyev）代表的，他是一个高等参谋，他赞成一种英国的宪法，用元老院去限制皇帝的行动。一派是尼可拉·屠格涅夫（Nicholas Turgenev）代表的，他是一个税务司，他赞成自由主义和自由贸易，而尤为他所想望的是农奴的解放；他认为解放可以自上而行，可是倘使政府不肯这样办，他也准备和其他的人去采用别种进行的方法。第三派的代表人物是拍司特耳（Paul Pestel），他赞成法国稚〈雅〉可宾党的办法，用暗杀皇帝及政府官吏家族的手段推翻现时的政府，但他承认这只是一种社会大改造的序幕，此后，农民应全部解放，消减一切阶级，建立一个强有力的政府，藉侦探与检查种种方法去镇压反革命；土地的一半仍留在现有地主的私人手里，一半拿来平均分配给全体农民。后来，因为亚力山大日更反动，“救世团”的依靠皇帝的思想逐渐失势，大部份都主张举行一种政变，可是，终于因为内部意见分歧，遂改组为“福利社”(Society of Welfare)；接着因为内部份子意见的分歧和居住的离散，又分化成了“南社”和“北社”两团体——这便是后来被称为“十二月党”的组织。

“北社”的领袖人物是特陆伯次科（S. P. Trubet-skoy)、穆拉维夫、诗人李列夫（K. F. Ryleyev)，他们可以称作“十二月党”的右派。他们大致都是赞成君主立宪的，只有李列夫主张民主共和。据穆拉维夫所拟的宪法草案看来，选举权和被选举权之取得，都有极严格的财产限制（选举权之取得须有不动产五百卢布或动产一千以上的财产；被选举权须有不动产三万卢布或动产六万)，这实无异于取消大多数农民和贫民的分〈公〉民权了。他们对于农民问题的主张是：农奴可以解放，各人所有的房屋及园圃可以赏给，原有的农具及牲畜亦归农民所有；但土地则归地主——后来他们觉得这样太不像话，便改为每户农奴于解放时颁给二俄亩土地。至关于革命的策略，“北社”的主张是：趁亚力山大一世逝世的时机，将他们运动成熟的军队，整队排列出来，要求新政府实行宪政；如果政府方面看见兵士很齐心很坚决，社会方面又看见反抗朝廷的军队并不扰乱，那就可以不放一枪不遗一弹，成就革命事业于雍容揖让之间——这其实何曾是革命的策略？总之，“北社”的政治主张与农民政纲等，显然是代表工业资产阶级，甚至于地主阶级的，亦即是使资产阶级与地主阶级妥协而使农民吃亏的主张。我们明显看出：一方面，工业资产阶级既可因农奴解放而得到“自由的工人”和“国内市场的扩大”（解释见第四章）；别方面，地主和商业资本阶级又可以保存剥削压榨小农最便利的经济形势——田地仍在地主手中，雇农佃农势必日益穷窘，仍旧不得不将所有的农产品尽可能地快，结果是贱价，卖给巨商。

“南社”可以称作“十二月党”的左派，它的领袖便是拍司特耳。他们的主张，大致可以从拍司特耳所著的《俄国正义》一书中看出。他们对于政治制度的主张是：国民会议之中选出一种执政委员会为中央政府；宪法上没有公民资格的限制，的确是很“民权主义”的共和派。他们对于农民问题的主张是：将贵族地主的阀阅取消，一切土地都收归国有，然后将土地之一半颁发给所有的农民，“平均地权”，使全国人人都有田耕；其余一半土地则由政府经营，或是发卖给大资本家。据他们的意思，农民所耕的一半田地是供给全国粮食的，政府或大资本家所经营的一半是供给国外市场的。当十八世纪时，俄国全国土地之中，还有二分之一属于农民；到了一八二五年的时候，农民所耕的便只有三分之一了。所以如果照拍司特耳的主张，农民的确可以多得些土地；而且他的土地国有计划，的确能取消贵族阀阅而开辟工业资本发展的大道路。他又主张有五千俄亩以上的大地主的土地，一律无代价没收；五千俄亩以下的方能从政府取得若干田价；而对于农民之中的“各户独立的自由小农经济”，则须予以保护，绝对不可没收。拍司特耳的社会思想是很急〈激〉进的小资产阶级的民权主义，他痛恨“财富的贵族”，即资本家，和法国大革命中的“山岳党”相似。然而他终于容许大资产阶级式的农业经济，这便不免是和资本家妥协了。“南社”的革命策略是彻底的武装暴动，认为必须宣传兵士群众，激起极大的兵变，然后以革命军的力量推翻俄皇政府，组织临时革命政府，召集国民会议。

此外，还有一派可称为“十二月党”的极左派的，便是“斯拉夫人联合会”这个组织。它的份子多半是驻在南俄乌克兰一带的军队中穷苦的下级士官，领袖是彼得·波里莎夫（Peter Barisov）。“斯拉夫人联合会”成立不久便归并了“南社”。他们的党纲是很左的。政治制度上他们主张建设斯拉夫各民族的联邦共和国——北至北冰洋，西至波罗的海，南至黑海，东至里海。而且他们是彻底的民权主义派，“民权主义”一字〈词〉只见于这一派人的著作里。对于农民问题，他们的主张虽然不很详细，可是也很彻底。他们在哲学思想上又主张极端的无神论。至关于革命策略，他们是最坚决地主张武装暴动的；而且在实行上，他们也是唯一的与兵士群众有关系的人。

现在我们要纪述“十二月党”革命的实情了。一八二五年十二月十八日，亚力山大一世在赴塔干洛（Taganrog）会晤皇后的途中逝世了。皇位本已宣布决定由他的二弟康士坦丁（Conotantine）继承的（亚力山大无子），但康士坦丁早已辞去，又内定由三弟尼可拉继承——可是直到亚力山大死后才宣布，于是朝野大哗。当时又起了一种谣言，说亚力山大一世死的时候，有一道遗诏——应许农民自由，并减少军役的年限（当时为二十五年）；可是这一遗诏却被尼可拉藏了，不肯发表。“十二月党”的北社便利用这个时机规划他们的革命政变。他们当然依照他们的“不扰乱”的革命策略行事。十二月二十六日，正当尼可拉一世即位后下令军队向新皇宣誓的时候，有两千为北社所“宣传”的军队到了谢［纳］德场（Senat Square），高呼（Constantine and Constitution!）（康士坦丁和宪法!），声势极盛，立刻波及了一般“看热闹的”民众。民众的怨恨已深，受着这种武装示威的刺激，有一能〈触〉即发而成群众暴动之势；同时在谢纳德场对面正在建筑的伊萨吉也夫教堂中忽然飞出了许多砖石木棍，向尼可拉一世当面打来。最初尼可拉还不知道“十二月党”在军队中的力量，不敢下令开枪，只派圣彼得堡的警备司令米罗拉多维奇代表新皇觅暴动的领袖解释。可是“十二月党”的负责领袖特陆伯次科因为恐怕开枪，并没有到场。米罗拉多维奇转身的时候，被暴动中的加何夫斯基枪击了数下，伤势极重。尼可拉看见危急〈机〉到了，便下令用大炮镇压，一响空炮之后，接着两排连珠弹，骚动便立刻肃清了，剩下着不能动弹的死尸浸在殷红的血汨〈泊〉里!

圣彼得堡的兵变失败之后，十二月党人差不多全体被捕了。一八二六年审讯的结果，五个领袖——拍司特耳（在南俄被捕的）、李列夫、亚坡斯托尔（H. I Ap stoe）、卢明（M. P. Bestujev-Riumin）、嘉霍夫司基、（P. A. Kahovsky），即时被处死刑；其余一百六十余人分别流配到西伯利亚各地，大半都受终身苦役的徒刑；还有几千兵士充军到高加索，差不多都因水土不服惨受折磨而死，或者被那地方的山居民族所袭杀。

“十二月党”本因圣彼得堡十二月二十六日北社所“指挥”的政变而得名，其实真正的“十二月党的革命”乃在南而不在北。我们且略述南社所指挥的革命之经过。南社当初的计划是，乘亚力山大一世首途到塔干洛之际，带领当地为他们所鼓动的一师人沿途劫驾，一面通知北社，运动禁卫军及海军兵变，同时便带着这一师人进攻莫斯科。我们可以看出，南社的规划和北社的完全不同：北社并没有准备武装暴动，南社却很确定地准备了，并且准备实行革命战争的“北伐”；北社并没有认真宣传兵士，他们只想用军官的资格带领兵士作武装的示威；而南社却想宣传一师的兵士群众，然后以革命领袖的资格率领革命军作战。不过左派的规划没有实现——亚力山大中途病没，南社的密谋又被发觉，拍司特耳竟于圣彼得堡起事的前一天——十二月二十五日，在南俄被捕了。然而南社党人却始终不肯放手，仍旧积极进行，尤其是极左派的“斯拉夫人联合会”的份子主持最坚。他们和兵士群众很有关系，已经宣传成熟的有捷尔涅可夫一营。一八二六年一月九日（俄旧历十二月二十八日），他们便举兵暴动，率领这一营革命军的便是亚坡斯托尔。可是其它的军队宣传尚未成熟，却还听从政府的命令来弹［压］革命军。这一场众寡不敌的恶战当中，捷尔涅可夫营的兵士都奋勇争先，至死不却，更不用说革命党的军官。其结果当然也是失败，可是这种失败是“虽败犹荣”的——因为南社社员，尤其是“斯拉夫人联合会”的份子，在这次暴动中，的确充分地表现他们革命斗争的决心；他们知道革命的胜利只有革命战争可以取得，希望皇帝召集各阀［阅］会议等等立宪的计划，完全是机会主义的空想。

“十二月党”的革命是失败了，可是它的影响却至可惊人，正如赫尔贞(Herzen)所说，“谢纳德场的炮声惊醒了全时代的人”。这时以后，压迫更加残酷，因为作了一个手势，便遭流徒〈徙〉；为了一句话，便受绞刑。然而，无论如何，勇敢的青年仍旧不断地与黑暗势力搏战，“十二月党”的思想终于不能消灭。好像一颗活的种子，埋在地下，等到三十年后，克里米战争的时候，又开起鲜艳的花来。

“检稿官”的制度是最有效的箝制言论的工具。俄国的智识份子，虽然怀有不少的自由思想，都作声不得。然而他们终于找到了脱逃的方法，这是一种为非俄国人所不习的翻弄检稿官的手段。一种是纯粹用滑稽的笔调写出时代的黑暗，如戈戈耳（今译果戈里——编者）的《巡按》和《死灵》，如格里波也多夫的《聪明者的不幸》，都是此类。另一种是运用哲学的文句来讨论宗教政治的根本问题——德国黑智儿（今译黑格尔——编者）的哲学这时跑进俄国来代替了法国的实际的革命思想；这本来容易使人由实际而转入只逞空想，然而在当时使得他们藉此能多说几句话，却是很有益处的。尼可拉一世的检稿官都是一些不学无术之徒：他们检查只凭个人好恶，常是闹许多笑话，哲学的话头是他们不懂的，因此极容易混过。克里米战败，各方面都陷于不静之中；在智识份子方面，各地都有团体发生，讨论社会与政治各问题。在司丹克维奇教授（Prof. Stankevieh）家里常有许多人聚谈着，其中重要的人物是亚克沙可夫（Conotanrine Aksakov），他是一个理论家且是一个诗人，是一个专于写农民故事的作者的儿子，他和他的兄弟伊凡都是斯拉夫派（Slavophilo）的代表人物，他们都相信俄罗斯对于欧洲实负有知识的与宗教的使命；卡可夫（Michael katkov），他是他们中间最年轻的一个，主持着一种杂志（名《莫斯科报》）；巴枯宁（Bakuniou），他是特维尔省的一个地主，是俄国无政府主义的创始者；赫尔贞，他是一个老年人，曾被充军，此时方得允许回来的。最可注意的是这班人都是莫斯科大学的同学，后来大学生之成为革命的中坚人物，当然是他们的影响。而这一群人物的真正中心并不是司丹克维奇而是著名的批评家伯林斯基（Belinsky）。

在十九世纪四十年代政治思想在俄国的智识份子中已经非常活跃，当时有两派对垒着——即“西方派”与“斯拉夫派”。这两派的争端是由于恰达也夫的一封私人的信引起的。恰达也夫（P. Chadayev）是与“十二月党”友好的而非其信徒，他是极端鄙视俄罗斯的；在他的那封信中，他尽情地描写着俄罗斯自己的道德之穷乏。“西方派”愿意俄罗斯成为西方文明中的一部份；“斯拉夫派”也同样不满意于当时俄罗斯的官僚政治，可是他们为一种爱国精神所影响，便不理会西方而掉头从俄罗斯本身去寻取自己的一种文明的原素。而其实在每一俄罗斯人的本性中都存有这两方面的倾向；俄罗斯之终于得救，我们可以大胆地尝试说，是兼有两派的思想而成的，但也可以说完全不是那两派思想的胜利。赫尔贞便是同时具有这两种倾向的人。赫尔贞是被称为“俄国的福禄特尔”的一个思想家；“俄国的农民是俄罗斯的且是欧洲的希望”，这种“民粹派”的思想之创造者却也是他。他很受了圣西门的社会主义的影响，他却又很赞成“米尔”的土地公有制，以为藉这种制度便容易实现社会主义的新社会。他忍受不了本国的那种沉闷的令人窒息的空气，跑到巴黎去，看了法国大革命（一八四八年）后的情形，对于资产阶级的文明又很快地绝望了。与赫尔贞同时的还有捷尔涅协夫斯基（Chernyshevsky），他是一个有名的经济学家和批评家，也是俄国的第一个唯物论的哲学家。他也很肯定“米尔”的共有土地之重要意义；他因此断定俄国可以立时实行社会主义，至少可以缩短私有制的期限。他以为人民应该有权指挥政府；只因为现在教育未普及，所以改革能从上而下；但要行这种改革，从下面发生的种种暴动反抗也是必要的。他又主张各国民族都应有自决权，因之不但波兰应该独立，便是乌克兰也应听其自主。一八六〇年以后发生的许多革命主张和行动都受了他们两人很大的影响。

农奴解放会〈令〉颁布的前后，农民问题引起了全社会的注意，而其中最活跃的当推大学中的新智识份子。一班大学生几乎觉得自己对于农民实负有极大的使命。一方面，那些农民家庭出来的学生，受了历史上和社会制度上农民之孤独的地位之教训，对于本阶级的忠诚自然是出诸本性；而另一方面，那些地主的子弟们这时也觉醒了，看出那作成了本阶级的荣华富贵的农奴制度却是最不公道最不合理的东西。大家都带着一种热烈的同情去读那些写农民生活之艰苦穷乏的著作。一八六一年的学生骚动便是由于他们关心于农民运动而起的；政府对于骚动者之处罚和开除等等，只是使得学生群众中更跑出了许多自愿的牺牲者。赫尔贞在他的杂志里面作了一篇很可注意的告被除名的学生的文字；他说民众的骚动乃是迫在眉睫的那种大风暴的第一吼声。“到民间去吧！”他写着。“那儿是你们的出路，被放逐的学生诸君，俄罗斯民众的战士。”他的这种劝告立刻被数百人接受了。一八六三年波兰暴动以后，革命的潮流本来比较低落，到了一八六七年，政府对于大学取了加严取缔的手段，于是又从〈重〉新唤起了学生为民众服务的热情；一八六八年司莫伦司克大饥荒以后，学生骚动更为活跃，政府的镇压也极严厉，后两年中常有全体驱逐出校的事。

在这骚动与压迫并进的时候，革命的领导方面撑出了两面缓进与激进的旗帜。

一面是拿洛夫（Colonel Lavrov）的，他是俄国哲学家中最有科学思想的人。他以个人的进步与发展为他的学说的中心。他说，有知识的精粹的人民，从思想上得到确信，才真是历史的创造者；其余的因袭的奴隶，对于古来习俗传说，不加考察，一味盲从，都是历史以外的人物。他们或者也有教化，有知识，但他们只用这知识来拥护现存的制度，并不仔细批判，只以为古来传下来的便都是好的——所以这班人还只可称“有教化的野蛮人”，或是“高等文化的野人”。他估算现在的统治者便都是这种历史以外的人物：他们固执地不肯讨论法理，又竭力保守他们从历史的因袭上得来的特权。其余的是穷苦的劳动者，他们为生存竞争所迫，每日仅够工作，没有工夫去思想考察。他们是文明的牺牲，是人类的“罪羊”。所以这是有思想的少数人的义务，去启发他们，察知他们不幸的原因，使他们能协力来改造历史，向进化的路走去，使个人的自觉与社会的共存同时并进。

他在他的有名的《历史论集》（*Historilal Lettero*）中说道：“我们将到了这时期了：那时人类的理想可以实现；个人本能的倾向，也可以与公众的幸福相调和。只有将人类组织成一个合众的大团体，用公益公理互相系住，这样才能造成个人的幸福。”那时人能战胜生存竞争，战胜动物世界，能够将批评思想压服自然，这乃是真的进步的根基。但要做这事，孤立的思想家是没有什么力量的，他必须依托着在那儿作工受苦的民众才可。凡是有知识的少数人孤立存在的时候，文化必然消灭。试引古代文化为证，其时民众立于奴隶的地位，不懂得文化内面的意义，所以并没有要维持文化的意思；所谓超人的一个等级（指贵族），自己掘了一道沟，同民众隔开，造成他自己的灭亡。反过来说，便是凡有关心个人的发展与公众的幸福的人，都应该从他们的 Piogah 山（《旧约·出埃及记》摩西登高望乐土的地方）下来，走进平民的大平原里，握着漂流人民的手，引导他们到乳蜜随处流着的乐土……

拿洛夫的《历史论集》在一八六八年出版，在革命运动中影响颇大。这部书将从前一班智识份子的人朦胧感着的思想总结起来，对于“怎样办?”这一问题给了一个明白确实的回答。他说，智识份子对劳动阶级应有一种义务，因为他们全仗着劳动者而生存。他们自己并不生产什么物质的财富，所以他们倘若仍然很傲慢高贵地同民众远远隔离，那时他们非但自私，在社会的意义上简直已毫无价值；他们这样就是自己宣告了对于社会的破产，对于社会的债务无力偿还了。他们对于供给物质享乐的民众所负的债务，只有一法可以报答，便是投身于平民中间，顺应了他们现时的需要，永久的权利与所有的力量，去启发他们。

拿洛夫所要求的不在部分的改良而在社会根本的改造，必要的时候也可以采用激烈手段，但是主要的方法仍在教育与宣传。

另一方面旗帜是巴枯宁的。他是莫斯科大学的学生，是柏林斯基派中有名的角色，最初在那儿号召智识份子的骚动。一八六二年从西伯利亚脱逃回来，从一八六八年起并在日内瓦主办《人民事情》（*Delo Naroda*）杂志，他要大家最先一步要抛掉宗教的束缚，同时也不要为家庭或财产的遗迹所困惑。他说，国家必须毁灭。巴枯宁的信条是无政府主义；将来的社会应立基于若干自由的地方共产团体之上；生产机关必须社会管理。巴枯宁号召一种武装暴动。“要任何乡村暴动起来，这并不是难事，”他很轻易地这样写着，他的这种号召比较拿洛夫所宣传的温和方法要动人些。涅恰也夫（Nehayev）是一个青年教师，是巴枯宁的信徒，受巴枯宁之命着手组织一种反抗政府的大暴动。他主张革命应该有整齐的步骤和严格的纪律。他当时的计划分作三个步骤，第一步注重城市，第二步注意乡村，第三步实行大规模的城乡大暴动。他建立了许多小团体，他自己便在上面指挥管理一切。他是一个极强项的人，他只用一个空洞的委员会的名义行事，绝对的独裁，甚至于命令杀却他所不满的人。他的计划因是被告发了，一八六九年冬，八十七人被捕，其中三十七名被判决监禁，其余的都被放逐（一八一七〈七一〉年)。涅恰也夫逃到瑞士，一八七二年被捕引渡，判二十年的徒刑，一八八三年死于狱中。

急进的学生分成了两大派：信徒拿洛夫的宣传者与信徒巴枯宁的行暴动者。满心反对政府并愿意以全力为农民服务，这是两派完全相同的；他们当然可以继续合作，除非他们所采用的方法有了根本的冲突，那时才会成问题。即令是一个小小的学生团体当中都有两派的信徒；一个宣传者是否会更进一步变成实行家，这完全看政府的压迫程度如何而定。那些宣传家当中最有名的是尼可拉·恰可夫斯基（N. Chaikovsky）和他的同志，无政府主义者的克鲁泡特金也在里面。他们最先在圣彼得堡进行宣传工作，特在工人群众中，传布他们所信崇的经济理论的印刷品。后来他们有了经验，知道要去帮助农民便须穿农民一样的衣裳，过农民一样的生活。于是数百男女学生便都到乡村中去寻找任何可能的职业，作为宣传工作的基础；有些充当教员和村会书记，有些作铁匠或保姆，有些去开小旅馆或小店铺，这儿便同时是他们的印刷品的堆栈。他们的印刷品大多数是小册子；可是一八七二年，马克思的《资本论》第一卷也译成俄文了。

不久，政府明令禁止恰可夫斯基与他的同志的活动。然而这只是使他们更加倍活跃起来。他们藉了政府的印刷机关，米希根印刷所，仍旧可以在莫斯科印刷各种宣传品。一八七三年他们吸收了许多新份子，有许多是工厂的工人，那有名的出身贵族的女革命党人苏菲亚（Sophia Pervskaya）便是在工人群众中活动的。他们又在各省设立支部，例如克拉夫金斯基到特维尔省去作锯木匠，亚克塞尔名特到基也夫，柴立亚波夫（一个雇农）阿捷沙都先后成立了支部。一八七二到一八七三年间，到民间去的运动掀动了许多青年的热情。许多都在农村中寻得了一种经常的职业，特别是任学校教师，同时为农民服务。苏菲亚在加马地方充种痘的医生。卜列希戈夫斯基是一个省法院法官的妻子，她在农民中得了极大的信仰，农民竟称她作“皇后”。他们传布的印刷品是拉员〈贞〉和布卡捷夫农民暴动的故事，或是暴露租税苛重的真情（《一部聪明的机器》），或是讲述租田制度的黑暗（《我们的土地怎样变成不是我们的?》）。他们又印了一部《金色丹书》(*Golden Charter*)，用金字印的封面，在乌克兰一带散分，并要求以这部书作为真正的土地法律。在一八七四至一八七五年间，几乎每省都有许多小的革命团体，特别是在瓦尔加河与复尼拍尔河下游一带有名的不安静的许多地方，更是如雨后春笋一般怒长起来，总算起来，约有两千人到三千人从事这种工作的，其中大部份是女子。一八七四年，政府大加搜捕，有一百九十三人被捕，其中多数判了徒刑。后一年，又有七百七十人被捕，其中被监禁的二百十五人，还有许多受各地行政处分的。

这些“民粹派”(Narodnjkj) 并不能完成他们到农民中去的使命。面生的人在乡村中最易为人们发觉惊异，不比在城市中。农民看见了这班面生的人的举动，都弄得有点莫名其妙；他们许多都把接到的印刷品拿去请牧师为他们解释。有时他们自己竟把宣传员捆绑起来送到巡警局里去——我们只要去读一下屠格涅夫在《新时代》中所描写的，便可以知道当时农村中落后的情形。“民粹派”的这种失败，自然使他们对于拿洛夫的慢慢宣传的方法起了怀疑，而更倾向于信徒巴枯宁的简单的“力”的理论。而另一方面，也只有一个例证（一八七七年，司捷凡洛维奇和杜习在奇格林作的)，是由宣传煽动家号召起了一次农民的暴动，而这次的暴动还是靠了造谣言，假传圣旨，说是俄皇已经下令把土地给与农民，只是地主从中阻挠，现在派他们来，要农民起一次暴动反抗地主，才能成功；这次的暴动引起了极大的压迫，不仅使当地的农民群众胆怯了，便是其他的“民粹派”亦多有点畏缩，大家都归咎于这种错误的策略。他们的失败的教训之一是，农民只关心于土地一件事，对于政治是不管的；便是社会主义，大体说来，也并不能引起农民的注意。

这一切使得宣传者与实行家间的裂缝更扩大了：宣传者是主张在农民中间进行宣传工作，使农民知道起来要求一种更公平的财富的分配，因而宣传者是比较没有很好的组织的；而在实行家一方面，他们觉得在乡村中是没有什么可作的，而倾向于为人民而活动，不必经过人民去活动，因此主张一种最严密的政治组织作工具。这些为失败所苦恼的党徒现在便都聚集在大城市的贫民区域中，都没有护照的（按，俄国当时每人必须有一护照。写明他的姓名、籍贯、职业、住址等，随时须受巡警的检查)，便在那儿盘桓着，和巡警作一种有计划的斗争。在另一方面，各种团体仍继续合作着；各省的支部仍旧被视作一种有用的根据地，用以帮助一种有组织的进攻。实行家的行动常是使得政府大发雷霆之怒，加严搜捕，不仅是连累了许多宣传家，并且还连累了一般的公共团体；一八七七年，莫斯科有五十个和平团体的会员被捕听审，便是为此。

这时（一八七六年)，拿占生（M. Nathanson）和其它的人在圣彼得堡组织了一个团体名“土地与自由社”(Land and Liberty)，这团体的目的是想用武力的方法从下层作起，实现一种经济的革命。它悬的目标是：“土地应当是耕田的人所公有的财产，自由应当是一切人支配自己事务的公权。”它设有一个组织很有系统的参谋部，参谋部的作用便是造出各地可能的罢工与暴动，同时也进行宣传工作。它的“heavenly chaneellery”部便是专于制造假护照的，它的“破坏部”（disorgannization department）是专于计划恐怖行动的。一八七六年十二月，在卡占大教堂前面举行的大示威运动，当时主要的演说人便是卜列哈鲁夫（Plekhanov），结果被政府拘捕了许多，并受了严重的处分。在革命党人中间，潮流实更向恐怖主义的方向涌去，和平的方法逐渐被人遗忘了。

俄土战争（一八七七到一八七八年）中，革命运动暂时平息了一会，这是爱国精神的影响所致。战争失败，失望的空气充满了民间，革命运动立时又活跃起来，而且比以前更有强固的组织。一七七六年，巴枯宁已经在伯恩去世，特卡切夫（Tkachev）在瑞士主办 Tocsin 及《思想之安那其》[①] 两刊物，便鼓吹由少数有组织的党人用恐怖主义为手段来发动一种革命——这种主张，从各方面得了很大的同情。在吉也夫地方有一个暴动的团体，共有二十五个人，都是全副武装；组织齐格林的农民暴动的便是他们当中的两个。米哈洛夫奔走于俄罗斯东部及东南部，组织各种革命的大小团体，而以之统率于圣彼得堡的“土地与自由社”总部之下，一八七八年四月以后，他便住在那儿指挥一切。吉也夫的党人更有高明的把戏：有一个党人谋得了一个管狱官的位置，后来又提升为狱长，于是他便把被拘的同志都释放了。大规模的拘捕与审判实际是替革命运动登广告，特别是一八七八年一月圣彼得堡审判一百九十三人案的时候，米希金当堂咒骂法官是卖淫妇，同时全市起了一次大的示威骚动，抗议政府的处分。圣彼得堡的卫戍司令特里波甫将军为女党人维拉·查苏里奇（Vera Zasulltch）所杀，也在这时候，是抗议官厅对于犯人波戈列波甫用笞刑的。阿节沙也有暴动，结果科瓦耳斯基被处了死刑。圣彼得堡的宪兵长官梅占塞夫将军白日在街市中被克拉夫金斯基刺杀了（一八七八年八月）。圣彼得堡与哈戈夫被拘禁的罪犯，有许多都是还没有经过审判的，于是全体绝食反抗，结果都依戒严令的处分定罪。暗杀的案件日益加多，最后却集中于刺杀俄皇本人了。

一八六六年，卡拉科卓夫刺杀亚力山大未成；一八七三年，莎罗维夫向亚力山大连放五枪，仍未命中。此时暗杀已变成了一种有组织的行动，政府便也用很严密的镇压方法来对付。不久，吉也夫的党人全体被捕，领袖阿兴斯基处了绞刑。在此种严重情形之下（一八七九年），“土地与自由社”的诸领袖便召集同志到乌洛涅奇开会，讨论今后进行方针；各地的许多温和派正在乌洛涅奇等候的时候，激烈派却先在里卜兹克举行了一次预备会议（一八七九年六月），决定立时下手刺杀俄皇。后来温和派多已离去乌洛涅奇，到正式会的人数并不是多数，但

---

① 安那其，今译作无政府主义。——编者注

两派的人都有，并且同意决定：除了对于普通的工作仍旧合作外，可以各行其是。温和派在卜列哈鲁夫的领导之下仍继续他们的宣传工作，他们出版一种机关报，报名 Plack Partition，因此他们一派便被称为"黑分派"。激烈派便用"民意派"（The Will of the People）的名义活动，他们更激进地谋杀俄皇。此时他们组织有一百余人，以炸弹为武器，一八八〇年二月哈耳都林（Halturin）再一次失败以后，一八八一年二月九日，在苏菲亚的手帕飞扬的当儿，两颗炸弹，终于达到了他们的目的。早在一年以前，政府便已设立最高委员会，作为最高行政机关，可以管理政府各部，实际便是防备俄皇被刺，免致中枢失主；果然，政府此时仍旧极其镇定，只是严索党人。自由派的官吏和议员们（各地地方会议的）最初本来是取中立态度，一方面要求俄皇政府切实施行改良政策，另一方面劝告革命派勿过于趋向激烈；亚力山大二世被刺以后，他们便大部分都投到政府方面去——其实此时政府便是对于他们也加意防范束缚哩。此次的结果是：谢里亚波夫、苏菲亚、启巴尔奇、里沙可夫和米哈洛夫被处死刑；格里涅夫斯基是自戕的。其余被捕的都判了长期监禁或充军西伯利亚。革命的组织此时实际都被破坏了，领袖多逃去国外。个人的暗杀行动仍继续着，这完全是由于愤怨激起的，但很少成功。

此时政府的压迫仍旧转向教育界和出版界两方面来。亚力山大二世发布的大学法令废止了，新法令把大学的自治权完全取消。学生俱乐部的组织也遭封禁，如有企图组织的即罚去当兵。政府又通令，下等阶级的子弟不许人高等学校肄业。各地初等小学本是"地方议会"主办的，但政府还觉得"地方议会"的自由思想太浓厚，主张改由教会主办；但因教育经费的征集，"地方议会"比教会有力得多，便作罢论。一八八二年卡站大学与圣彼得堡大学都有学生的骚动。一八八七年，莫斯科、阿节沙、哈戈夫与卡站各地的大学生都先后骚动起来。政府派马队去镇压，接着便是开除，充军。此时人学试验的主要点是政治信仰，稍有可疑的便不收取。一八九六年，圣彼得堡的学生举行年会也遭禁止了，莫斯科的学生举行一种示威向政府抗议，却被"戈萨克"的军队驱散了。第二天继续有示威运动，因为学生不允解散，于是有四百人被捕了，其中百五十人判处流刑，二十六人开除了。一八九八年，教育总长换了一个极反动的人物（波戈列波夫）。次年，因为圣彼得堡的教区长痛斥学生的行动不合，学生便示威反抗，结果，"哥萨克"用皮鞭驱散了。此种消息传到莫斯科，也发生了同样的骚动，一万三千学生罢课示威，政府便命令全部罢课学生均须强迫去当兵。一九〇〇年，吉也夫有一千学生集会，被"哥萨克"包围了；结果五百人被捕，其中一百八十三人被强迫从军，其余的都被开除了。此后莫斯科、哈戈夫、圣彼得堡均继续有骚动发生。一九〇一年，波戈列波夫被暗杀，此后便转于一新时期了。

工业的发达，在俄罗斯同时造出了两个阶级——资产阶级与无产阶级。最初，两个阶级都是比较幼稚，都要求一种法律来保护——否，毋宁说，来划清两方面的义务与权利。当时，因为交通等等关系，劳动力的供给还没有十分充裕，因此，在一八八二到一八八六年间的劳动立法，对于工人的利益都还有相当的保障。可是，工业愈发展，资产阶级愈聪明，从前的立法不能再忍受了，颁布那些法令的彭基被加上了实施“社会主义”的罪名而褫职，一切劳动立法都失去了实际的效力，无产阶级便完全陷入了悲惨的命运。马克思完成的科学的社会主义因此在俄罗斯得到了实际的例证，马克思主义的研究因之也盛极一时了。“土地与自由社”于一八七九年在里卜兹克分裂以后，为卜列哈鲁夫领导的温和一派便认定政治是“一种资产阶级的骗局”，因而绝口不谈政治而专于研究经济问题。到了一八八二年，“民意派”的武力政策显然是失败了，“黑分派”便也转而注意于政治问题。“黑分派”赞成马克思的主张，反对巴枯宁，它不主张毁灭国家，却要藉国家作工具来实现自己的理想。它不注意农民而注意工人。它准备与中等阶级合作促成民主立宪，这样便容易拿马克思主义去教育工人；在它的党纲里并包含了自由派的要求——思想、言论、出版、集会、结社等自由。在一八八三年到一八九四年间，卜列哈鲁夫和他的同志组织了许多研究马克思主义的小团体。一八九一年，社会主义者联合自由派，准备发起一次立宪运动，但无结果，社会主义者自身却都极力谋团结。一八八九年，在南俄举行了一次社会主义者的大会，各地的革命团体以及犹太人的社会主义的团体（朋德社）都派有代表到会，结果成立了“社会民主工党”。在最初，社会民主工党内便有两派意见：一派是圣彼得堡和乌洛涅奇各团体的，他们认为工人运动只是一种经济的斗争，在这斗争当中，各个团体的行动均应绝对自由；另一派的意见是主张有一集权之中央机关，同时须有有组织的政治行动——这派的代表人物便是列宁。一九〇〇年，他们出版了一种机关报，名《火星》（*Iskra*），由卜列哈鲁夫、列宁、马尔托夫等编辑的，并且进行有组织的宣传工作，不仅在工人和学生中，并且要到农民和军队中去。一九〇三年，社会主义工党在伦敦举行第二次大会，为了修改党纲和章程的问题，分裂成了两派，列宁所领导的占了多数，遂被称为“多数派”（Bolsheviks）；卜列哈鲁夫与马尔托夫便成了“少数派”（Mensheviks）。一九〇四年曾有一次两派联合运动，因为“少数派”拒绝参加，遂无结果。他们以后的发展，不在此地说了。

十九世纪八九十年代，虽然社会主义已经是输入了俄罗斯，而实际流行着的还是自由主义；自由主义的基础便在于各地的“地方议会”（Zemstvo）——这是一种民选的地方自治的组织。一八九一到一八九三年间，在南俄及瓦尔加河流域一带产米的省份都遇着了大的饥荒——这次饥荒是空前的大灾难，农民真是十室九空，坐以待毙。政府没有能力施行救济，这救济的责任便完全落到“地方议会”身上去了。这时又如七十年代一样，大批的学生都下乡了；他们都到“地方议会”中去服务，藉救济的工作与农民接近。“地方议会”的议员中，最好的份子是自由派，他的职员中最好的便都是革命党人。这两者的合作，在农民中间颇有好的影响。

尼可拉二世（一八九四到一九一七年）继位，声明继承他的父亲的一切政策，而实际是更黑暗，更凶残。革命党人多数只能避居国外，却是活动更力。“民意派”中有一部分这时便着手组织了一个“社会革命党”。“社会革命党”和“社会民主工党”显然不同的，便在于他专注意于农民。它认定农民是俄罗斯的救星，它从农民中寻出了俄罗斯人民的“爱国精神”，与社会民主工党的“国际”观念全然不同。它的党员的数量立刻便多过了社会民主工党，它也没有十分集权的中央组织，它的党员有很多机会插足到“地方议会”中去活动。因此，它立刻便被承认为一个农民的革命党了。“社会革命党”是信奉社会主义的，可是它的社会主义不过是“要求一切土地尽属于农民”这一条而已。同时，因为它的工作环境的影响，这些“社会主义”的党员实际多是超等的“个人主义者”；他们确是勇敢有为，他们的思想却不过近乎英国的激进派罢了。

倘使我们把二十世纪的俄国革命当作一次大火灾，那末，本章所说的一切都不过［是］架柴引火的工作。

第八章　一九〇五年革命之前后

农村经济大恐慌——革命党人的活动——日俄战争自由派及社会革命党之痴妄——俄罗斯最初的工会——“官办的”工人运动

一月二十二日之大流血——大骚动与大压迫——“公团联合会”之成立——日俄停战

农民大骚动——“农民联合会”——小农民共和国——农民运动与无产阶级运动之汇合

铁路工人大罢工——圣彼得堡总罢工——“苏维埃”之出现——“立宪民主

党”之成立

政府的十月卅日宣言——“十月党”的来源——“苏维埃”的要求——波兰大示威——继续的罢工与骚动

政府的高压政策——第三次总罢工——莫斯科的袭击——自由派与政府之妥协——南俄之骚动——尾声

一九〇五年革命失败之主要原因——政府的改良政策——斯特利宾的建议：家庭建设条例——及其结果

农奴解放令颁布以后，因为人口愈增多，土地愈感不足，加以生产力减小，捐税苛重等等，在农村中已经引起了经济的大恐慌。兹据米留可夫在《俄罗斯及其危机》一书中所列的统计，缕述恐慌的情形如下：

一、土地的分配额减小。“米尔”分配给其所属农民的土地，假定一八六〇年为百分之百，到了一九〇〇年，其减小的程度，每人所得最多的仅百分之五十一又三，最少的仅及百分之三十五又六。

二、生产力锐减。谷物及菁薯的收获量，假定一八六〇年为百分之百，到了一九〇〇年，最多的为百分之八十八又二，最少的仅及百分之六十二又三。

三、家畜之减少。假定一八六〇年时农民所有的家畜为百分之百，到了一九〇〇年则最多的还有百分之八十三又三，最少的仅有百分之五十又八了。

四、火酒消费量之减小。假定一八六〇年时农民的火酒消费量为百分之百，到了一九〇〇年则最大的只有百分之六十三又二，最小的只有百分之三十七又五了。

五、欠租之加多。一八七一到一八八〇年间，农民欠租的总数当租税总额的百分之二十二，到了一九〇〇则已加到，最多的为百分之四百四十四（二十倍），最少的也达百分之一百七十二（约八倍）。

六、移民之加多。因无以聊生而移住他处的，在一八八六到一八九〇年间，每万人中有一百七十八人（百分之一又七八），到了一八九六至一九〇〇年间，每万人中移住最多的有三千六百〇一，最少的也有一千二百六十一人：即，最多的比以前加多了二十倍以上，最少的也比以前加多了七倍以上。

七、农业雇工工资之低落。在一八七一年时假定农业雇工工资为百分之百，到了一九〇〇年则已低落至百分之六十四又三了。

在这样大的经济恐慌中，各派革命党人都在“到民间去”的口号之下，群散在愚昧而痛苦的农民中间，因之更帮助了各地农民的骚动。到了二十世纪初年，从欧俄以至高加索与西伯利亚，农村中都充满了不安的空气；政府与贵族地主的镇压政策亦随之而更严酷，农民的怨愤因是更无可遏抑。然而，真正的大规模的暴动，足以威胁俄皇统治的，却是一九〇五年工农暴动的大革命。

一九〇四年二月，日俄战争开始，全国都陷入了军事状态，民众的大多数都是反对此次战争的，“爱国精神”也再骗不着民众了。七月二十八日，最反动的内务总长卜雷弗被社会革命党人沙卓鲁夫刺杀，空气更紧张了。十月，自由派、社会革命党和波兰人在巴黎开了一次联席会议，决定利用“地方议会”作领导，发动进一步的运动。十一月，各地“地方议会”代表联席会议开幕了，一致决定要求：个人身体的自由、思想、言论、集会、结社、出版等自由；不分民族宗教，一切人民均有同等的公民权；地方政府应由民选，但不能以阶级限制选举权；扩大“地方议会”的选举权；教育自由；特别是施行农民的与工人的生活之改良。大会又一致主张立时召集一民选的国民会议，不过大多数主张国民会议应有立法权，少数人只主张限于备咨询的性质。

自由派与社会革命党的这班人都自以为这些要求是很有把握的，因为新内务总长米尔斯基已应允将这些意见转达俄皇。可是俄皇的回答是：“地方议会”的议员们去管自己地方的事，不许过问政治问题；改良由俄皇自己作主，不许召集国民会议。这时各种职业的人，得了“地方议会”的帮助，都活跃起来了。他们本来是不许有政治集会的，但可以开会讨论关于各本行的问题；于是著作家（十二月三日）、律师、大学教授和新闻记者（十二月十八日）、医生（十二月三十一日）都先后集会，采纳了“地方议会”代表大会的意见，一致主张召集有立法权的国民会议及其他。此后数月中，这些自由职业者都各自成立了工会一样的组织——这便是俄罗斯最初的工会。

一九〇五年一月一日，旅顺口被日本攻陷，消息传到了圣彼得堡，政府的威信扫地了。一月十八日，圣彼得堡卜其洛夫工厂大罢工暴发，立时便蔓延到了其他许多之［工］厂。一月十九日，正当举行宗教祭礼的时候，圣彼得堡罗炮台上不知谁向冬宫放了一炮；从这时起，俄皇便不敢在宫中起居了。“地方议会”中的自由派和自由职业者此时更联合起来，坚决地要求改良工人生活。此地我们应当说明，当卜雷弗专政的时代，曾经命令他的走狗查巴托夫（莫斯科的一个警官）组织一种工人运动，在警察的监护之下，用以欺骗并抵制真正的工人运动；这种“官办的”工人运动，和我们今天看见的并没有两样。神父加朋是查巴托夫在圣彼得堡最亲信的人，他用他的一副“上帝的面孔”确是诱骗了不少人的信任；这时看见了自由派的活动，加朋便也组织了许多工人的代表，决定叩阙请愿，要求改良。一月二十二日，聚众约有七八万之众，都捧着圣像和皇帝的御照，唱着赞美上帝和爱国的歌，加朋扶杖作先导，大似摩西率领以色列人出埃及的情状，蜂拥般向冬宫进发。可是政府的回答是什么呢？连珠似的排枪，怒马的冲击践踏，更加上“戈萨克”的长鞭，数千人的血便这样流出，写成了一九〇五年大革命的开幕。

内务总长米尔斯基被认为与民众接近，因而撤职，代以一旧官僚布里金；同时又任命极反动的特里波夫将军为京师警备司令，而实际是全国的警察总监。他的第一步政策是将所有参加一月二十二日大请愿的人一律充军到远乡：这政策的结果是替革命作了宣传，圣彼得堡大屠杀的消息都藉了这班后死的工人带到全国，于是，莫斯科、里加、里费耳、阿节沙、洛兹、拉东、科弗洛、沙拉托甫、能耳纳、莫西雷甫等地方，罢工和罢课，示威和暴动，流行症一般先后沸腾起来，震动了全社会。在波兰方面更有华沙的大罢工，各矿山的罢工。科尔兰、里瓦里亚、爱斯多里亚和俄罗斯本部甚至远东的伊尔库次克地方都波及了。十三条重要的铁路都停止了工作。警察官吏被暗杀的无日无之，而暗杀者大部分都是从容逃去的。二月十七日，皇叔塞尔吉司大公又在白日中被狙击于克里姆宫。因而俄皇变成了困兽一般，还是企图最后之一逞。他宣言专制政体决不取消，同时又令内务部相当考虑各方面对于改良的意见。四月三十日，下令允许宗教改为随意科；六月，犹太人也得到了少许自由；对于农民的疾苦也着手讨论救济的方法。

在革命党人一方面，便以为政府大让步了，于是纷纷集会，提出进步的政治纲领出来。各自由职业者的团体此时已成立了一“公团联合会”（Union of Unions），以米留可夫教授为主席。“地方议会”中的自由派和保守派都各自集会。社会民主党的第三次大会也在这时召集了。五月的海军大覆没，证实了战胜的绝望，要求停战的呼声四起。八月，停战终于被迫实现了。同时政府又下令设立“帝国议会”（Imperial Duma），但这是滑稽不过的事，因为政府规定的是：乡村的学校教师、城镇的自由职业者和工厂的工人都没有选举权，农民更是提也没有提到。

现在，我们要讲到一九〇五年大革命中农民骚动的情形。最初，因为农民不愿遵守所谓“山林条例”，并时常侵害地主的牧场等事件，地主与农民间已常有冲突，不过都只是散漫的。二三月以后，城市的革命潮流卷到了农村，同时社会革命党人又集中全力宣传“一切土地归农民”的口号，于是骚动逐渐扩大，其迅速与普遍，真是如火燎原；布卡捷夫第二次农民革命军起事以来，到此已一百三十年，俄国政府中从来没有发生像此次这样大的骚乱的，“土地的所有权问题须在贵族地主组织的帝国议会中决定”，这一消息更激怒了农民。这时靠了社会革命党的努力，已经成立了一个“农民联合会，”并以“土地归农民”为其政纲。农民的骚动，最初在瓦尔加河下游各省最为活跃；后来，在中部、西部、波兰、东海地方以及高加索一带也都蔓延到了。贵族的住宅到处都被烧毁；谷物、家畜、农具、土地都被劫夺；特别是意图反抗的地主受祸更大。有许多地方，特别在南部和东南部，警察觉到自己无力，便都退避逃去；于是，农民便不得不自己来处理本地的事，因而成立了一种小共和国模样的政府，不过他们还缺乏明确的政纲，也没有与俄皇政府分离的意念；直到这年的秋季冬初，他们都还是很活跃的。在波罗的海方面，农民的知识程度较高且有较完善的组织，而当地的地主也是最凶酷的；所以全期农民暴动中以波罗的海方面杀戮最惨，死伤最多。在波兰、波特连及东海地方的一部份——这些地方的农民运动，一半是农民运动，一半是无产阶级运动，所以比旁的地方的运动格外有自觉，格外具有目的的意识的形式。这年夏季，发生了农民暴动的地方有六十二县，占全国百分之十四的数目；到了十一月，欧俄的一百六十县都波及了。

在城市的各种职业组织当中，以铁路工人为最强有力。十月十七日圣彼得堡总罢工实现后，二十日便已波及莫斯科。同日，铁路工会大会的全体代表都被捕了，于是各铁路都立刻罢工下来。最初，这一总罢工并没有一种有组织的指挥，可是各处罢工工人喊出的口号都是一致地要求召集一个基于普选的宪法会议。各种职业组织此时都已联合起来，一致行动。在圣彼得堡，一切工作都停顿了。电灯都熄了；报纸也没有出版；学校都关了门。特里波夫将军没了主意，只有命令他的兵卒“不要爱惜你们的枪弹”。十月二十七日，社会民主党等所努力的“苏维埃”在圣彼得堡出现了，于是“苏维埃”立时成了运动的领导者，公团联合会也和它一致行动。“苏维埃”的主席是赫陆司他列夫，副主席是托洛斯基。“苏维埃”恐吓没有停工的工厂，如再不停，必定被焚毁的。米留可夫此时已经脱离了公团联合会，却去和“地方议会”中的自由派与温和派的自由职业者拉拢，成立了一个“立宪民主党”(Cadots)。

俄皇政府这时采用了责任内阁制，以维吉为内阁总理，于十月三十日发布了一篇宣言，将一九〇四十一月“地方议会”代表大会对于改良的意见全部采纳了；同时修正了“帝国议会”的选举法，扩大了选举权的范围，并规定有立法权。然而，维吉并不能放手办事。第一，反动的军人贵族都反对他，认为他太新了，处处和他掣肘。其次，在改良派一方面，从最温和的自由派起，都不信任他，因为维吉的行事和十月宣言实际是两样的；有一部份温和的自由派便组织了一个“十月三十日同盟”来拥护新宣言，后来的“十月党”便是从这儿来的。再左一点，他和立宪民主党或较左的自由派，和波兰人接洽，都是一样的无结果，而尤其难以对付的是“苏维埃”。十一月一日，“苏维埃”命令暂停罢工，准备更大的争斗，它宣言要求一民主共和国家的实现。十一月五日，叶沙有大示威，撑起了旧波兰的白鹰国旗；第二天，波兰的民主国民党公开要求自治，并准备召集一个一千二百教区的农民大会；维吉给与的答复是在波兰全境宣布戒严。十一月八日，克萨司达发生了兵变，被政府镇压下去了。

“苏维埃”相信任何时候都可以再行宣布总罢工的。十一月十四日，“苏维埃”命令罢工，要求八小时工作制，但结果很小。同时又宣布为抗议政府压迫波兰及克萨司达的变兵而罢工，此次罢工到十九日完结了。十二月九日，政府又发布了一种限制出版自由的新法令，也引起了大的抗议。维吉没有办法，企图取得农民的赞助，便宣布将次年农民应付的补偿金减少一半，以后便完全豁免去。然而，他得的回答仍是反抗的骚动，而且是波及全国的骚动：在波罗的海各省；在西伯利亚从前线上回来的驻军中；在西瓦司多波耳又有海军兵变；南俄也是如火如荼地乱着。

在这种情形之下，反动的军人贵族便有机可乘了，维吉只有率性抛掉假面具，倒到反动军人贵族的怀中去。十一月二十八日，农民联合会的委员全体被捕。人们老是在那儿疑虑着的一个问题：赫陆司他列夫会拘捕维吉呢，还是维吉拘捕赫陆司他列夫？现在得到回答了：十二月五日，赫陆司他列夫被捕了。一星期后，圣彼得堡宣布了戒严令，特别是防阻铁路工人的集会。“苏维埃”请赞助它的人从储蓄银行中取出存款，并拒绝付给一切捐税；维吉对于登载“苏维埃”宣言的报纸加了严重的处罚。十二月十四日，邮政电报的杂役宣布罢工；两天以后，“苏维埃”的大多数——一百九十人一一被捕了。十二月二十日，工人方面又宣布第三次的总同盟罢工，在圣彼得堡没有成功，在莫斯科倒闹了一些乱子。十二月二十四日，莫斯科少数革命党人引了一群工人袭击政府，本来已经得手了，可是因为没有把尼可拉车站守住，于是西北方面的军队开到，用极残酷的手段将暴动压服下去了。在南方，如沙拉托夫、洛司托夫、鲁瓦洛西克、埃克特林堡、莎奇和苏虎木，都是骚乱一片；可是，实际上，革命到了此时，已成强弩之末了。维吉为莫斯科的暴动所慑，只得向自由派让步，把“帝国议会”的选举法修改得更合了自由派的口味，“十月党”都表示了维持维吉的态度。可是，反动的军人贵族是没有让步的，尤其是对于革命的民众。派遣到乡村中镇压骚动的军队，时常在不愿多事麻烦的时候，便放火烧全村，人畜都不许逃出；在这样血腥镇压之下，农民暂时不能不屈服了。为此次大暴动之尾声的是波罗的海方面立陶宛人与爱斯多尼亚人反抗他们的德国地主的大暴动：镇压的凶手自然不会例外，结果，农民的血洒遍了数十村，与一月二十二日冬宫前的血先后辉映，完结了一九〇五年的大革命的一篇章。

一九〇五年的农民革命运动，比较拉贞和布卡捷夫所领导的显然带了更革命的色彩，"一切土地归农民"的口号在农民群众中有了很深切的回应，在行动方面不单是一种军事行动，而是群众的暴动，农民用自己的力量摧毁了他们的敌人，且进而建设了自己的统治；并且和无产阶级的运动也有相当的连络。不过，从整个的运动看起来，还是缺乏统一指挥，仍带了很浓厚的原始暴动的色彩；尤其是没有和无产阶级运动建立严整的联合战线，又没有得到出身于农村的兵士的援助，大部份兵士都只作了敌人的工具。这便是这次革命运动失败的主要原因。

一九〇五年的革命，无论在城市乡村，固然都失败了。可是政府也知道农民终于是一个国家的生死问题。为消弭后患起见，政府便不能不相当施行农民生活的改良。原来在革命的趋势日益紧迫的一九〇三年的三月间，"米尔"负责缴纳所属全体的租税这一制度便已废除。同年八月，对于农民所施的肉刑也废止了。一九〇五年以后，农民的地位在形式上比较提高了一点，高等学校也有农民考人肄业了，各官署中也有了农民出身的官吏，请求旅行护照的手续也比较简单容易了。

更有趣的是狡黠的斯特利宾所建议的经济政策。他的目的在于消灭农村的革命运动，他的手段便是打破共产的"米尔"制度。因为"米尔"虽于政府有利，但他自然成了农民社会生活的一种单位，一有事变，他们极易于一致行动。而且，"米尔"打破以后，又可以在农村中造出一种中产的农村阶级，他们的利害是与政府及大地主一致的，若以之抵制贫农，便是最适用的武器了。他根据这种见地，便向政府作一种建议，于是那惨淡经营的"家庭建设条例"遂于一九〇六年十一月发布了。根据这条例，凡是十二年来没有重行分配土地的"米尔"中，其所属农民得请求退出"米尔"另建自己之家庭，并得将其现在所耕种之土地作为私有而有自由处置的权利。

当时政府果能另取一部分新土地分给农民，稍取代价或竟免费，使农民有足够的土地以赡养其新建设的家室，则农民于既得安定的生活之后，必会忘记革命，斯特利宾的奸计便可告成功了。政府自然不会察及此点，斯特利宾的失败便也成为必然的事实了。虽然政府多方诱导，而根据这条例请求退出"米尔"的家族不过二百四十万，他们都只是住在新开发的，"米尔"制度并没有深固基础的几省中的。而且，便是这二十四万〈二百四十万〉中，实际建设家庭的不过一百四十万；其余的不过只是企图取得土地私有权以便贩卖土地，才退出“米尔”罢了。那些真正建设了家庭的人，因为土地太少了，森林也没有，牧地也没有，收获也不够赡家，便立刻觉到退出“米尔”对于自己是一件极不利益的事，结果，许多便不得已而出卖他们的牲口、家具，这样，他们的境遇便更难堪了。所以，在一九一七年革命的前数年中，许多已退出“米尔”的都有重行加入的趋势，至若请求退出的便更少见了。一九一五年的调查，建设家庭的独立经营者，仅及一九〇八年的七分之一而已。

第九章　三月革命后之农民问题

欧洲大战与俄国农民生活——农民对于三月革命之热望

立宪民主党之原形——及其对于农民的政策——农民议员之反对声

社会革命党之原形——及其对于农民的政策——社会革命党的收场：下令逮捕“土地委员”

一九一四年的世界大战给了俄国农业界以空前的恐慌，这是熟知俄国经济生活的人都可以显然知道的。第一，农民有一千八百万被征发充兵役去了，劳动力的供给陡形减少。第二，交通的阻塞，国外输入停止，举凡农具以及补修农具的原料都极缺乏。第三，因为军队的收买，农民均乘高价将牲口出卖，以致可以耕作的牲口都被运到战场上去了。此时的农民确比以前有较多的钱，但多是纸币，不能用以购取谷物；且谷物也日渐缺乏，终至无物可买了。战争愈延长，他们的困苦便愈甚。

在这种情形之下，他们又记起“只要有了土地，我们便有了一切”的话来了。工业的衰败，军事的失利乃至一切国家的不幸，都不能叫他们注意，甚至于战胜德国也不是他们企求的事，因为他们以为国内地主不打倒，土地仍在地主的掌握之中，这样，便是战胜了德国，对于农民又有什么利益呢？所以，在一九一七年三月以前，农民对于地主的袭击，遍处都蜂起了；保护地主的军队调到战场上去了，骚动的形势更形险恶，直到三月革命以后。

农民是极欢迎三月革命的，因为他们认定三月革命立刻可以实现他们历年所怀的“取有”土地的酣梦。三月革命真能实现他们的酣梦么？

三月革命后，第一次临时政府的内阁，立宪民主党占了多数；所以名义上虽然是“地方议会”联合会的主席留渥夫（Prince Lrov）任首揆，但在事实上却变成了外交总长米留可夫的内阁，因为他是立宪民主党的领袖。

立宪民主党对于农民问题是怎样解决的呢?

我们已经知道，立宪民主党是一九〇五年米留可夫教授这一流的人组织的，党员多数是大学教授、著作家、法学家、“地方议会”职员、实业家、小商人以及有进步思想的贵族。他们一面反对专制政治，一面反对社会主义。三月革命以后，帝制党也都加入立宪民主党了。

立宪民主党在经济上代表新兴的资产阶级，在思想上代表那反映着资产阶级思想的智识分子之自由主义，在政治上反对中世纪的专制政治，而主张资产阶级固有的政治形态——立宪政治和议会政治。他们不属于民众，且并不与民众接近，却极热心地口口声声要拥护民众的福利。

他们主张有步骤的稳健的改良，反对一切急遽的变革。他们极尊重法律，他们相信在法律以内可以拯救俄罗斯。在革命潮流高涨的时候，米留可夫曾说，“倘使因企图战胜（德国）而必需革命，我宁可不要战胜”——因为他认为革命的行动是非法的。三月革命将爆发的时候，外间谣传米留可夫正到工厂去煽动工人起事，他却正式宣言否认。革命爆发的当时，他看着街上潮水似地涌着的群众，还说：“一刻钟以内，这些人都会成为血饼的。”倘使他有权力，他必定要强迫他们解散，把革命的思想从他们的心中取去。直到被遣去镇压暴动的军队也加入了民众，枪毙了他们的指挥官，革命已成事实的时候，米留可夫等才改变态度，欢迎革命。

然而，当时的帝国会议〈议会〉是唯一民选的政治组织，而立宪民主党是帝国主义〈议会〉中最有力的党派，所以，虽然立宪民主党对于此次革命的态度是如何下流可鄙，而国会选任临时政府的时候，它终于占了多数而成为新政府的中枢。

我们从上面说的看来，可以想见立宪民主党对于农民问题的态度会是怎样的。现在分两层来说：一是在宪法会议未召集以前暂时的政策，一是在宪法会议中农民问题最后的解决。

在宪法会议未召集以前，立宪民主党主张：最要紧的是保持农村的和平，禁止一切的侵害行为；地主与农民间关于租税与工资的事端，都由地方的或国家的土地委员会解决；地主对于土地财产的所有权还是认为神圣不可侵犯；地主还是可以自由贩卖或典押他的土地。当时农民大会曾通过了“认为必要时，应禁止地主将土地变卖或抵押”的议案，立宪民主党极力反对。第一次临时政府推倒之后，社会革命党的领袖捷尔鲁夫起为农民总长，发出了禁止变卖并抵押土地的法令；立宪民主党极不以为然，终于诬捷尔鲁夫为德国侦探，把他排出内阁之外去。这便是立宪民主党对于农民问题所取的暂时的政策。

关于土地最后的解决，立宪民主党和多数党以外的政党相同，主张完全由宪法会议处理。然而他们却假借种种口实，延不召集宪法会议，因为他们知道，在开会的时候，代表大多数的农民代表，在革命情绪紧张之中，必会通过与立宪民主党初意相违的议案的。

现在我们且看一看一九一七年四月立宪民主党所提出的政纲是怎样的一回事。这政纲虽然认定要没收皇室领地和寺院领地，在必要的时候，还可以强制买收大地主的私有地，以谋农民所有地的增加；而一方面又主张对于大地主的土地，要累计土地的实际收入以定补偿价格；又主张土地的分配须按政府的土地委员会酌量各地状况而定的给养标准（如酌量副农业的收入以定维持生活所需要的土地面积）办理。

这个政纲之不能满农民的素愿，可以一望而知。第一，大地主的土地不没收。果然俄国的土地多，可耕的土地已足供农民的需要，这也还勉强可以说得过去；然而实际上并不如此。据调查，欧俄十万七千大地主共握了五千三百万俄亩的土地，平均每人占有四百九十五俄亩；而农民多手无寸土，或至多在十俄亩以下。连年不断的骚动争执，只是一个“土地缺乏”的问题，而立宪民主党的政纲竟如此。

第二，农民的给养标准须由政府的土地委员会决定，不能由农民自己决定，他方面对于地主却毫无规定：是地主可以自由享有优裕的生活，而农民则只有囿于简陋或竟贫乏不足的环境之中了。这种情形，革命后的农民能够忍受么？

第三，对于收买大地主的土地，要累计土地的实际收入以定补偿价格。我们知道所谓“实际收入”与“租价”是大相悬殊的；立宪民主党不说照租价，这显然是袒护地主了。有人说，此项补偿金并不由农民付与，只由国库拨给；但是国家的财源主要的是租税，俄国全人口百分之八十是农民，则这项补偿金仍然间接出自农民身上，这和一八六一年农奴解放令完全是一样的一套骗局。

而且，农民是根本不承认收回地主的土地而须付代价的。“土地应属于耕作土地的农民”，这种观念已深入农民心里，前面已经讲过了；现在再把国会讨论这个政纲的时候，农民议员反对的言论择录于下，也可见农民的心理一斑。

农民议员里亚卡依路说：“有人告诉我们去买那些本来属于人民的土地。买吗？我们是新从英国、法国或其它国来的外国人吗？那么，我们为什么要买我们自己的土地呢？我们已经用了我们的劳力，我们的血汗和我们的金钱——十倍于原价的价格去买到这些土地的呀！”

议员塞姆约鲁夫说："我们等候了两百年，希望财产从天上落下来，可是毫无结果。土地都在大地主的掌握之中，他们都是从我们的祖先的牺牲之中剥削去的。土地并不是他们的，是上帝的。我十分知道，土地是应属于耕作的人民——在土地上流汗的人民。布里希克维奇君（一个极反动的议员）说，'救救呀！革命了！'这是什么意思呢？是的，倘使原来是他们的而现在被夺，他们便会起来革命而非我们起来了。我们必须继续为我们的权利而奋斗……现在是我们开始真正生活的时候了……我们的农民教我到这里来，是要把皇室的、寺院的以及大地主的土地都取回，交与那些耕作土地的人民，是要取得我们应有的土地与自由以及公民的权利……"

议员摩洛卓夫说："我们必须把寺院与大地主的土地都取回。寺院的牧师们对着我们宣讲神圣的福音，常为我们念着：'去要求，他（指上帝）必定会给你的；去敲门，他必定会迎接你的。'我们已经要求过，要求了无数次，可是他们没有给我们；我们已经敲门敲了无数次，可是他们没有迎接我们。这样，未必竟要我们自己踢破门，用武力去拿么？……"

吉也夫省的议员沙克鲁夫说："为什么大地主能够有那些土地，而农民却只有一个牧师口中的天国呢？农民们教我到这里来，是要我保障他们的利益，要求所有寺院、皇室以及大地主的土地都无代价地没收。诸君，议员诸君，请想想，一个饥饿的人，看见了政府不顾他的疾苦，却只为地主谋利益，他能够安静地坐着不动吗？即令要求取得土地是犯法，他也还是不得不要求；饥饿困苦强迫他要求的。一个饥饿的人是任何事都不惧怕的，因为饥饿与困穷强迫他无暇顾及一切了。"

米留可夫因民众的不信任，不得已而辞职，继起的便是克伦斯基内阁，于是政府的中心便由立宪民主党移于社会革命党了。这种政治势力的推移，可以说是已经由三月革命（即资产阶级纯粹的政治革命）更进了一阶段；而这种变动的原动力实是农民。

社会革命党是恐怖主义的革命组织"民粹派"的后身，这是前面已经讲过的。立宪民主党反映的是英国式资产阶级的自由主义，而社会革命党却带着纯粹的俄罗斯的色彩。他们继承"民粹派"的思想，把"米尔"这种村落共产制度当作是斯拉夫民族特有的制度，主张俄罗斯可以不经过如西欧资本主义发达的悲惨的路径，即可以在"米尔"制度上建设社会主义的新社会。所以他们完全否认马克思的唯物史观和阶级争斗说。

社会革命党最注重的是农民；他们却也不忽视工人。在他们的政纲上，也有企图改进工人生活的条款；他们也如马克思主义者一样，以工业的国有与社会化为他们奋斗的最后目标。可是他们主要的力量还是注在农民身上。他们把“米尔”制度当作拯救俄罗斯的圣药。他们与农民十分接近；从第一次帝国议会选举以来，农民大体是赞助他们的。所以一般人都以为社会革命党是“农民党”。但是社会革命党实际所代表的，却不是农村中无产阶级的份子而是较为富裕的农民，知识分子的党员也居多数。

社会革命党对于土地问题的最后解决，也是主张付与宪法大会。至于他们对于土地的根本主张，照他们在一九〇八年的政纲和一九一七年的政纲上所反复声明的说起来，就是，“主张土地的社会化，即是把一切土地从私有移作公有，由民主的形式组织的自治团体管理着，以期公平的利用。”说具体些，社会革命党的土地政策分为下列八项：

一、一切土地的社会化；

二、由中央及地方自治政府管理土地；

三、以消费为标准来分配土地使用权；

四、用一种特别税的形式征收租税，专供社会的使用；

五、使用土地不便于属诸地方的，如大森林及渔猎场之类，移归中央自治政府管理；

六、地下的利源为国家的物产；

七、一切土地无代价的收归公有；

八、对于因没收土地而失却生活方法的人，在相当时期内得给以必要的生活的资助。

社会革命党的土地政策，在社会民主党看来，只是空想，他们（社会革命党）的根本观念，还是承着往昔“民粹派”的传统思想来的。他们关于土地制度的改造，关于实行推翻资产阶级财产权的根基而建设社会主义的新社会，都是依然根据俄国农民生活之传统的形态而努力的。他们抹杀农村中的阶级争斗，要使那依“米尔”制度所组织的农民直接进到新社会的天国去。笃信马克思主义的社会民主党是承认农村中的阶级争斗的事实的，他们主张把农村中的无产阶级分子作为农村革命的真要素。所以对于社会革命党这种复古的反动思想，他们始终下猛烈的攻击。

然而一班为小农的心理所支配的农民，却在社会革命党的主张中发现了自己的希望，他们并不懂社会革命党所主张的“土地社会化”的意义，他们没有想到所谓“土地社会化”是连他们自己所有的土地都要社会化，是想彻底地废止农村中的工钱制度的，他们只以为一旦“土地社会化”了，便可以实现他们没收大地主的土地而分给耕作者的素愿。所以他们都狂热地欢迎，拥护社会革命党的执政。

社会革命党既占得了临时政府的枢要地位，便开始实行他的政纲了。农民总长捷尔鲁夫一面在中央和各地设立土地委员会，处理关于地主与农民间，或农民与农民间，关于租价、工资等项的争议，藉以维持农村中的和平。又帮着农民图谋种子、农具、牲口等项供给的充实，实行政府和中央土地委员会所发布的关于土地的一切布告。同时又公布禁止买卖土地的法令。

我们从前数节所述，已知道农民日夜企求的是什么。但，便是所谓“农民党”的社会革命党执政以后，还是不能满足他们的素愿，还只是施行一些皮毛上的政策。农民之失望，我们可以想见。因农民的失望，临时政府，亦即是社会革命党的［政府］，在农民中的信仰，已经开始动摇了。

临时政府地位的危殆，社会革命党诸领袖何尝不知道；可是我们知道，克伦斯基内阁中社会革命党虽占优势，而根本上却是联立内阁，阁员中有几名是立宪民主党和十月党，也有社会民主党。克伦斯基内阁组成的意义，就是说明：联盟国继续作战的要求与民众对于和平的热望相联合；资产阶级（立宪民主党所代表的）与无产阶级相联合；大地主的利害（十月党所代表的）与农民的利害相联合的。然而实际上所起的影响却不是联合，而是阶级间生死的斗争。就是有利于工人和农民的最温和的政策，也要受那资本家和大地主的猛烈打击与妨害。各处的土地委员，因为大地主的反动，或被监禁，或遭惨杀。遭逢了阶级斗争的事实的农民，早已不能遵从社会革命党的政纲行事了——其实社会革命党自己何曾真正实施了他的政纲的！于是，农民开始依自己的直接行动去取得他们的目的物了。到了克伦斯基内阁的末期，俄国农村中，农民与地主间的直接斗争遍处皆是：农民烧毁贵族的住宅，破坏他们的仓库，掠夺他们的谷物与家畜，地方的土地委员会也自由地没收了大地主的土地分配于农民了。于是，捷尔鲁夫反下命令逮捕政府自己所创设的土地委员会的委员，完全陷入了一种滑稽的矛盾，社会革命党的生命也从此断送了。

第十章　农民问题之解决——多数党与农民

多数党之农民问题观——机会主义者之农民问题观

列宁论工人与农民之关系——一九〇三年社会民主党的农民政策——列宁对

于一九〇五年工农革命之指示——一九〇六年多数党与少数党关于农民问题之争论

一九一七年四月列宁的“进一步”革命之主张——多数党取得群众的策略——农民群众归于多数党旗帜之下——多数党执政后之“新土地法”

柯祖基对于多数党之批评——批评之解释：社会革命时期问题——农村中阶级分化之真相——土地分配政策之必要——土地社会化之实施；苏维埃农场，农业公社，协作社

苏维埃政府的行政原则：宣传和教育，不用强制力——对于中农的政策——“新经济政策”之采用与协作社之提倡——“剪刀问题”及其解决——再让步——工农联合之巩固

社会革命党是专于代表农民的要求和热望的，而社会民主党代表的却是都会劳动者；社会革命党被称为“农民党”，社会民主党可称为“工人党”——然而这种称谓是并不正确的。

社会民主党多数派（以后称“多数党”）在列宁的领导之下，固守着马克思的学说，努力于工人运动，这是事实；可是他决没有忽视农民，反之，对于农民运动，他们和对于工人运动实在用了一样的努力。只是，农民问题，在多数党看来，不是独立的，是与工人问题不可分离的，只有无产阶级领导的社会革命才能真正解决农民问题。他们以为不接触于资本主义的全体，而单靠“土地社会化”以谋社会主义的新社会实现，这实在是可笑的空想。

本来，在二十世纪初年，确是有许多自命为马克思主义者，挂着社会民主党的招牌的人，都非常藐视农民问题；他们以为工人的利益和目的总是和农民的相冲突的，所以农民实是将来无产阶级革命进行中的障碍；便是在俄罗斯无产阶级革命成功了十年多的今天，俄罗斯共产党内的反对派托洛斯基等还是认定农民是资产阶级的一部份，其发展的方向只有资本主义的方向。即令有些注意这个问题的，在当时都只是想利用农民，以期选举的胜利；而今天，托洛斯基派还是认定：无产阶级与农民联合，必须了解只是极短一时期，在这期间，无产阶级便须将农民的一切尽所有地都剥削出来。我们应该认清，这都是机会主义者的主张。

俄罗斯的多数党，在一九一七年所以能够集合那样伟大的力量，得到最后的胜利，它的政权又一天巩固一天，其原因不但在于它的奋斗目标很对，它能深入工人群众，而且在于它同时又能够注意到农民心理和利益，与农民联合起来共同奋斗。早在一九〇一年的时候，列宁便已特别注意到工农联合问题；他在该年八月的《火星报》上发表了一篇《工人的政党和农民》。这篇文章开始是描写俄国的农民在一八六一年以后的痛苦生活状况，接着就提出这些问题：农民的出路在那里？用什么方法才能改善农民的生活？接着他便很明了的对农民说："农民要想从压迫底下解放出来，只有倾向于工人运动，共同为建设社会主义的制度，没收土地及其他生产机关——工厂、矿山、铁道等，归于公有而奋斗。"他又说过"俄国将来的革命，工人是居首领指导者的地位，是最前列的军队；若没有多数农民的帮助，他们还是不能达到目的"。

一九〇三年七月，社会民主党在伦敦举行第二次大会时，列宁提出了一个对于农民的政纲，这政纲极其温和，主要的要求只在把一八六一年以后被剥削的土地交给农民，取消补偿金以及废止间接税等数项。列宁之所以如此主张，据他自己说，只在开放资本主义在俄国农村中发达的路径，助〈促〉进阶级斗争在俄国农村中自由的长长罢了；因为马克思主义者的列宁认定，农村中也和都会工业一样，农民之随资本集中而化为无产阶级，乃是历史上必然的归趋，其结果必生出阶级斗争，社会主义的新社会只有靠这种阶级斗争才能实现的。

一九〇五年的大革命爆发，列宁便已看出了这一次运动的趋势和领导者的责任。在三月的《前进报》上，他作了一篇《无产阶级和农民》，开始便说："农民的革命运动已经开始了，各省俱听到农民焚毁地主的房屋和没收地主的谷物及家畜的消息。俄皇的军队在满洲被日本打败以后，就只想对于无枪的国民复仇，派遣军队来攻击他们的国内敌人——城市的工人和乡村的贫农。城市的工人运动已经在革命的农民中得到了新的同盟者。无产阶级有觉悟的先锋队——社会民主党，对于农民运动实有直接的实际意义，它在发展党的组织和进行宣传煽动工作的任何时，俱须注意到这个问题……要解决这个问题只有一条路：和贫农联合起来共同去反对农奴制度和地主，和城市的无产阶级联合起来去反对富农和其他的资产阶级——这就是乡村无产阶级的轨道。"他又接着说："俄罗斯社会民主工党是有觉悟的无产阶级的政党，它是竭力要将全体的劳动者从一切剥削底下解放出来，帮助一切的革命运动以反对现时的社会制度和政治组织，所以俄罗斯社会民主工党是积极地维持现时的农民革命运动，用有力量的革命方法以改良农民的生活，且不以夺取地主的土地为终止的目的。俄罗斯社会民主工党既然是无产阶级的政党，所以它就须坚决地去组织乡村无产阶级的独立团体，并且时常对乡村的无产阶级说明他们和富农之间的利益的矛盾性，他们只有和城市的无产阶级联合起来去奋斗，反对一切的资产阶级，才能得到真正将乡村的贫农群众从贫困和剥削中解放出来的社会主义革命……"

然而一九〇五年的大革命终于惨痛地失败了，其重要的原因之一当然是运动未能使工农有密切的联合，而且工农本身的组织也都非常散漫，没有作到如列宁所指示的。

一九〇六年四月，多数党与少数党因一九〇五年之惨败，乃开联席会议（第三次大会）于瑞典的首都司多尔康（今译斯德哥尔摩）。在这次大会中，对于土地问题的政纲，多数党与少数党颇有争议。列宁所领袖的多数党主张在原则上一切土地都归国有，连小农所有地都包括在内，马司洛夫所领袖的少数党主张小农所有应该除外。多数党主张没收的土地归国家管理，少数党主张交给地方自治团体。马司洛夫以为，土地而归国有，中央政府的实权不免过大，反之，土地保留于地方自治团体之手，就可以使革命得到强有力的保障；而列宁却以为，国有土地于助长农村中的阶级争斗更为有效（关于这一点，两者的目的都在于农业的资本主义化与农村的无产阶级化，只是手段不同罢了）。至关于实行的方法，马司洛夫主张当用合法的手段，藉适当的国家机关来没收土地，而列宁则主张当用革命的手段，农民应直接地夺取土地——列宁主张组织农民委员会，即时打破大地主的权力和特权，在宪法会议召集以前，已经夺取的土地当由这委员会管理。但是这次大会上少数党占了多数（因一九〇五年十月的武装暴动失败以后，多数党的执行委员会和受多数党所指挥的工人组织多被解散，所以这次有表决权的到会代表，少数党占六十二人，多数党占四十二人），所以列宁的意见没有被大会采纳。然而在实际上各地的革命运动都还是受多数党的指挥。

一九一七年三月革命暴发的当时，一般社会主义者的领袖都只以为这不过是一种资产阶级的政治革命罢了。四月四日晚上，列宁从瑞士逃回俄京，便主张立刻促进这个革命到社会革命。四月五日，在多数党的大会上演说，题目是“革命的无产阶级的责任”；他说：“我们应该从第一步（政权在资产阶级手内）走到第二步（无产阶级和贫农夺取政权）：没收地主的土地并没收一切的土地交给贫农和农民代表的苏维埃管理，且利用各大田庄建设公共的大经济（即大规模的经营）。”他的意思以为如此，则一方面农民有了组织，就可以免去内部的纷乱；他方面就可以消灭地主的经济势力，免得他们有所凭依。此时便是多数党的领袖，如戈尔登保和斯特克洛夫，也都讥笑列宁为幻想，但列宁自己仍坚信不疑。

俄国民众，尤其是农民，本来不懂列宁的社会革命的理论，而且他们并不知社会革命的意义。列宁以无产阶级专政的手段来重建俄罗斯与世界的这种策略，他们看来毫无趣味；便是“多数党”这个名词，在革命的当初，他们也都很少知道是什么：可是列宁的理论和多数党的政纲却很仔细地代表民众表白了他们的热望。试举一例，当时曾有一个农民出身的兵士，向一群对他咀咒列宁的人说：

“呵，那些人说列宁是德探等，我不很知道，在我看来，似乎他所说的便是我所愿听的，所有头脑简单的人都像我一样地这样感到。”多数党是极会把捉民众的：“兵士希望和平，它便给与兵士以和平；立宪民主党和社会革命党依然把工人放在资本家的支配之下，多数党却主张工人用革命的行动获得完全管理产业的权利；农民多年的酣梦是在获得土地，多数党便鼓励他们直接去夺取。”列宁在《俄罗斯各政党》一书中代表多数党回答“农民可以立时夺取地主的一切土地吗？”这个问题的时候，他说，“一切土地必须立时没收”。五月二十二日，列宁又在彼得格勒王宫内举行的全俄农民代表（实在其中以地主富农及商人占多数）大会上，用很简单很明了的口号来表明多数党的政策和革命的目的，于是一班素来被惑于少数党的谣言的农民始大大觉悟起来，群聚于多数党的旗帜之下而受其指挥，各地农民的暴动、驱逐地主、占领土地等，日益活跃。而克伦斯基的临时政府，已如前面所述，还在那儿一方面继续制造保护私有财产的法律，而他方面则派兵士镇压农民。

十一月七日，多数党握了政权以后，便即于次日公布了《土地布告》，宣布土地私有权之废止并没收分配等办法；十一月十八日又发布了一篇《告农民书》，解释工农政权之意义与农民之责任；次年一月二十七日，《新土地法》便公布了——这完全是以《土地布告》为依据而制定的。

《新土地法》的大要是：永远废止土地私有权，无代价地没收皇室、贵族、寺院及大地主等的一切土地与财产，暂时由各地农民所选出的土地委员会代为管理。至于属于“哥萨克”兵士及农民的土地，却不在没收的范围以内；对于农民自己利用旧日所有地一事也没有涉及，即是，在原则上，一切土地虽为社会全体所有，而农民依旧有使用他的土地的权利，所以事实上对于小农的土地所有权还是没有什么影响。又，依据前《土地布告》没收的一切土地都收归国有，作为国家保留地。由这种保留基本地之中，提出一部份给农民，一部份由国家管理经营。分给农民的方法是，看农民的家族用自己的劳力能耕多少，就按数分配——不许雇用人力，一定要完全用自己家族的人力来耕作；至于分给的面积，是以地方的状况及土壤的性质为标准的。有些地方人多地少，则由农业人民委员设法把过剩的一部份农民移到土地丰富的地方，以谋调剂。

照上面说来，既把土地分给农民，那么土地不是就归农民所有了吗？他的所有权不是像以前贵族及大地主的土地所有权一样的吗？固然，在原则上并没有承认给与土地的所有权，而实际与土地私有制度并没有两样。多数党的理论是主张土地社会化的，而它的实施却归结到私有制度；所以柯祖基攻击多数党的土地分配政策说，多数党因为要赚得农民的援助，竟不惜抛弃纯粹的马克思主义而与农民的小资产阶级思想妥协。柯祖基对于多数党利用这样的方法企图社会革命的实现也下了猛烈的攻击，他说："俄国的革命，本来是资产阶级的政治革命，而多数党却用人工使这革命变为社会革命，这种企图是毕竟要归于失败的。社会革命必须要等待农业的资本主义化与农民的无产阶级化之后方能成功的。"

对于柯祖基的话，多数党有以下两层的解释。

第一，先说社会革命时期的问题。俄国一九一七年的革命，只就农民一方面来说，在最初的一时期中，确是农民全体对于专制政治、大地主与黑暗的中世主义的运动，在这范围内，农民运动也是资产阶级民主主义的运动。但是后来，因为农村中阶级的分化，这个运动就贫农和无产阶级说来，就变成对于资本主义的运动了；在这范围内，这个运动就变成社会革命的运动了。这两个阶级要看无产阶级的觉悟程度怎样，才能由第一阶段进到第二阶段的；这两者之间不能由人造的墙壁截然区划的。

我们且看，在当时的俄国农村中，从这第一阶段到第二阶段是怎样推移的。当初，大地主还没有扑灭，土地没有完全没收的时候，农村中农民阶级内的区别还是在潜伏的状态中，多数党乘这个时机，扫除了一切踌躇逡巡的态度，联合着全体农民把十月革命以前还存在的旧制度和大地主都完全破坏，这样便完成了农村中资产阶级的革命。

本来，在当初全体农民都结合起来反对他们共同的敌人的时候，列宁便说过："在现在土地尚未夺回，敌人尚未推倒的时候，所以能有这种现象。到了他们得到了胜利，内部利益的冲突就会表现出来，那时这种关系便不能维持下去了。所以，贫农及乡村无产阶级应立即起来组织独立的团体，以保护本阶级的利益。"果然，到了一九一八年夏，农村中阶级的分化渐渐成熟了。投机的富农和放债人把较好的土地占领去了；农民苏维埃最初是代表全体农民的，结果因为一般农民思想落后，苏维埃的领导地位又被中产农民和智识分子占领了去。那班小资产阶级的份子，彷徨于资产阶级专政和无产阶级专政之间，并没有何等坚决的政策，实际多半在富农的影响之下；因此，农村中的贫农和无产阶级的份子渐渐离开他们的指导了。同时，捷克白党又占据了粮食的中心产地，投机的富农把粮食囤积起来，故意提高价格，于是粮食大起恐慌。这时农村中的贫农和无产阶级觉悟了他们自己和农村中的那班资产阶级（富农等）之间，其利害是完全相反的；他们从实际生活中学会了阶级对立的事实，觉悟了自己有实行独立政治生活的必要。顺应这种趋势，列宁于是即建议于全俄苏维埃中央执行委员会，用法律来规定在农村中组织贫农委员会，将农村的政权实际夺到贫农和无地的农民手中；这样，贫农便离开了农村中资产阶级的羁绊，和都市的无产阶级团结起来，对抗剥削者和资产阶级，于是俄国革命运动便明确地达到社会革命的途径了。另一方面，政府又决定采用“军事共产制”，将农民的余粮（自己食用以外的）一律收没入官，这是为了供给红军和城市居民，同时也是打击投机的富农的。

第二，与农民的小资产阶级心理妥协的问题。俄国农民知识的幼稚、眼界的狭小以及思想的迟钝，已是我们所习知的；加以历年对于取得土地所有权的热望，“给我们土地呵!”这个口号已经深入了农民的心底。多数党执政以后，设使还如前两次临时政府一样，不满足他们的欲望，他们便立刻会闹起乱子来。关于分配土地给私人这一问题，列宁曾经说过：“法律不是我们的呀！我们并不赞同这种方式；可是我们还得通过它，因为这是农民群众的要求，任何劳苦民众的要求只有他们自己才能左右的。”

苏维埃政府虽然采用了土地分配政策，而对于“土地社会化”的理想仍在积极地企图实现。只是他们所用的手段并不是强制的：他们一方面用宣传教育的方法来诱导农民，另一方面则作出实例给农民看。一九一八年上半年，政府即利用没收得来的土地设立“苏维埃农场”及“农业公社”等，作为农业的大规模经营的实例；同年八月，农业人民委员乃发布农业公社的组织法；十一月二日政府又决定积聚一千万卢布作为基金，准备借给农业公社或其它集合经营的农民团体作为发展事业之用。结果，同年末，除掉苏维埃农场（当时的面积有三百余万俄亩）之外，成立了五百个农业公社，此外又有许多村实行了集合耕作的协作社组织。

但是一切的努力都只是向着农业社会化方面前进的预备工夫，其间没有统一，而且作业时也欠精密的计划。于是政府便于一九一八年十二月召集地方苏维埃农业局、贫农委员会委员及农业公社社员，举行了一个全俄大会；由这大会的结果才起草了关于土地社会化的基本法律。人民委员会根据这草案，于一九一九年二月十七日公布了一个“关于推移到社会主义的土地组织及社会主义的农业诸手段之布告”的最重大而且最广泛的法律，苏维埃共和国对于土地社会化的根本政策于是确立了（此项土地法详见李达译《劳农俄国研究》页二五〇——二六八）。

苏维埃政府企求农业社会化的方法，完全是宣传和实例教育，决不用任何强制力，且不惜百般委曲求全，这是很值得我们注意的。列宁的农业政策和他的一般的政治原则是一样的。他对于积极的反革命行动，完全实行无产阶级专政，取极严酷的手段；而对于民众，则不信强制力而信说服力。在列宁指导之下的苏维埃政府行政的原则，不是“可使由之，不可使知之”，乃是尽力使民众多知道一些。他们相信自己的主张和政纲是很正确的；设若民众不容认，这必是民众还没有懂得，若是民众懂得了，必然是相信他的。关于农业政策也是这样，他们相信集合的，社会主义的农业，比个人的小规模的农业，在任何方面都是好些的；因此，他们相信，由事实上的实例来表明这个好处，是达到农业社会化的最有效的手段。这种态度，愈到后来愈见明显，直到专政十年后的今天。我们且来简略地说一下。

贫农委员会设立以后，收效极大，常有被富农攫去的土地，仍由贫农或无土地的农民取回集合经营，成立公社或协作社的组织。富农因而随着地主也倒台了。于是贫农委员会乃转向中农挑衅，因为这时只有中农手中握有私有地比较多点。此时列宁非常注意这件事，便立刻提议解散了贫农委员会：因为贫农委员会之组织乃在于唤起贫农的阶级意识，使他们起来和农村的无产阶级及都市的无产阶级结合起来，共同抗御资产阶级及富农，这一目的，现在已经达到了；而另一方面，贫农委员会之继续存在会引到错误的打倒中农阶级的争斗上去。自然，中农阶级是最讨厌的一个东西，列宁曾说这个阶级“在大农和小农之间动摇着，一方面也是有产者，一方面也是劳动者。这个阶级并不榨取劳动阶级。他们为要维持自己的地位，数十年来不知尝了多少艰苦，亲身经验着地主和资本家的榨取，一竟地忍受了下来。虽是这样，而他还是有产阶级”。然而，在俄罗斯，中农的数量极大，他们底向背实足以左右无产阶级的革命运动，所以列宁对于中农所采取的完全是妥协的，非强制主义的政策。一九一九年三月，俄国共产党第八次大会采纳了列宁关于对付中农问题的提议，里面说：“在经济落后的俄国，乡村中的中农有较深固的经济基础，所以无产阶级必须和他们有长时期的合作。……中农不属于剥削者，因为他们不是从他人的劳动得到利益。社会主义的国家必不可失去了这个小生产阶级。……苏维埃政府不应对他们有什么强迫的举动；否则只有增加他们反新颖的心理，致得不好的结果。……社会主义的国家对于农民的帮助应该竭力推广开去，最主要的即须以城市的工业品供给中农，且宜偏重于改良农村经济的工具、种子及提高乡村的文化，改良农民的生活条件。……地方苏维埃应找出可能的方法给贫农和中农以实在的助力。”列宁又说过：“我们对于资产阶级和对于中农阶级的态度之差异是，对于资产阶级，宣告完全的没收，而对于中农——只要他们不是榨取者——承认和他们提携，结合。……对于中农施用暴力和强制手段就没有半点好处，只会引起莫大的危害罢了。……此地所需要的是继续的教育事业。”

列宁的这种非强制的态度，曾为多数人所非难，而他自己仍坚信不移。俄罗斯经过了欧洲大战的剧创，又加四年的内战，国家的经济真是破败不堪：工业约六分之五以上都被破坏了，剩余的也都充了军事工业之用；交通机关大部份都停顿了；农村经济更是完全破产。同时，农民因为自己所收获的粮食，除自己所需要的以外，俱须交给国家（军事共产制），而国家又因工业的大破坏，已无能力将工业品供给农民以交换其农业品，农民于是怠工起来，只是生产足够自己消费的东西。一九二〇年的大饥荒便出现了！当时烬余的白党又乘机煽惑，农民暴动的消息于是时有所闻。这种种困难对于苏维埃政府实在是一种大威胁，因为工业的联合与生产力之提高是革命胜利的唯一保障，在这种威胁之下，那惟一的保障将被打破了。怎样办呢？列宁很坚决地仍用非强制的妥协态度，于一九二一年三月第十次共产党大会中提议废止了军事共产制的食粮征收法而采用食粮纳税法：即是，农民所收获的食粮，除了缴纳某定额的租税以外，剩余的他们可以自由处置。所谓“新经济政策”便是这个。这样，农民便都愿意尽力加多生产，都市工人的食粮因而也得到保障，工农的联合依旧巩固了。另一方面，列宁又竭力提倡农村协作社的组织，因为苏维埃农场和农业公社的发展，都有其客观的限制（物质的供给及农民的心理等等），不能有预期的速度，只有协作社，组织极其简易，效果也颇明显。列宁曾说：“快去组织农村经济协作社，因为它是对于农民渡到社会主义里去的许多桥梁之一。”又说：“倘若协作社（消费的，农业经济的及工业的）现在已经普及于全体农民，那么，我们两只脚已俱踏于社会主义的基础之上了。协作社对于农村的重要点还是在于提高农民的科学程度；若农民的科学程度不能提高，那便无论什么社会主义都是不能和他们见面的。”

后来（一九二四年），因为工业的恢复与发展不及农业的迅速，工业品的价格不能和农业品的一样低廉，于是，所谓“剪刀问题”又发生了。当时又有不少人利用农村间的不安状态，造作种种蜚语，中伤苏维埃政府，俄罗斯共产党仍旧遵照列宁的政策，提出“面向农民!”的口号，同时用政府的力量尽可能地减低工业品的价格并提高农业品的，使城市和农村接近，使工厂和田野有实际的联络，也就是使工农业的关系更加亲密起来。

一九二三年四月第十二次共产党大会，依列宁的提议，将租税划一了以后，每年的税额均逐渐减低，一九二五年春第十四次大会议决减去总税额三分之一，即由四万七千万卢布减至三万万。又，为了提高农业生产力起见，对于从前不许租地，不许雇用工人等限制，都相当地解除了。这自然是给敌人造谣的口实，什么“恢复了资本主义”，什么“无产阶级的政权变成了小资产阶级的政权”，都随着起来了。可是，俄罗斯共产党老是固守着列宁的遗训：“我们若没有农民，无论何时都不能达到共产主义”和“要是我们把一种正当的政策施行下去，他们（中农）的踌躇和动摇自然会停止下来；中农，结局总是要同我们来结合的。”并且列宁的遗训也逐渐变成事实了，明显的证据是巍然崛立于帝国主义围攻中的十年的工农苏维埃政权。

第十一章　苏联农业之现状

耕地之恢复——农业生产之加多——农业技术之进步——农产品之贸易状况　资本主义的发展抑社会主义的？——产业的“社会化”成份之抬头——协作社之发展

国家的健壮必须有强大的生产力作它的经济基础；社会主义的国家必须建筑在“社会化”的经济基础上面——这是极明显的道理。苏维埃俄罗斯挂的是社会主义的招牌，并且在全世界——自然是资产阶级的世界——的咒骂与袭击之中撑持了十年多，这似乎是她真的已经成为一个健壮的社会主义的国家了；然而，传到人们耳中的，又有许多话，最初一般的是俄罗斯生产力锐减，经济基础全部崩坏了；到了近来，又有了另一种声调，“苏维埃俄罗斯已经抛弃了社会主义，完全向资本主义发展了”。

只有事实来回答人们的疑问。

我们且看，苏维埃俄罗斯的生产力是否真的锐减了。我们在此地只就农业方面的来说，因为农业是苏俄的主要经济原素，而我们又是讲的农民问题（其实，若就工业以及交通事业等全部来讲，可以得到与农业方面同样而更有力的结论）。

先说耕地。在一九一六年的调查，耕地有两万万三千五百万英亩；经过了战争与革命的破坏，到了一九二一年，减少到了一万万五千万；可是到了一九二五年，便又增多到二万万二千万了，比一九一六年时只少了一千五百万亩，即已达到一九一六年的百分之九三．六了。

说到农业的生产状况，我们只须看看下表，便可以看出农业生产品之加多是有何等惊人的进步：

年度	农业总生产额（百万卢布）	百分数（%）
一九一三	一二．八〇〇	一〇〇[①]
一九二一—二二	六．二〇〇	四八．四
一九二二—二三	八．六〇〇	六七．二
一九二三—二四	八．九〇〇	六九．五
一九二四—二五	九．五〇〇	七四．二
一九二五—二六	一一．三〇〇	八八．三
一九二六—二七	一一．七〇〇	九一．四

说到农业技术的进步方面：一九二三年以后的四年中，犁的产额已增三倍，辘轳则六倍；一九二六年，流白来斯基公司重行改组，每年所造的收割机器已达一万三千余架；然而每年仍须从国外输入农耕机器值二千余万卢布。十年以前俄国农村还不知道有脱拉克脱车[②]（Tractor 可以耕，可以耙，又可以作其它农村工作的机器），一九二六年末，却已有二万五千架了，现在还续增无已。苏维埃政府为发展农业起见，现在发行大批国内公债。在一九二六年内投入农业国债内的总数有四万万卢布。至若“农村电气化”——被认为可以实现社会主义的农业生产之唯一重要手段的电气化，更有惊人的进步。一九一九年，俄罗斯共产党全国大会决议，自一九二〇至三〇年间，须建设有一百五十万基罗瓦特的发电所三十处，即欧俄二十七处，土耳其斯坦一处，西伯利亚二处。据一九二四年的调查，有五处业已完成，七处正在建设中；一九二六年的调查，则已超过预定的计划。

关于农产品的贸易状况：一九二三年以后四年内，农产品（农耕机器除外）在进口货物当中，已由百分之一十一．九八减至百分之二．六三，其总价值已减少四十倍。在出口货物中，农产品则已由百分之五十一．五一增加到百分之五十七．九五。这证明农业产力加大，农产品加多，所以农产品在对外商业中地位也渐渐抬高了。一九二五到一九二六年份，全国市场所存谷类农产为二三．三六〇百万“蒲特”，较上年份多一〇．八一六百万。一九二七年份农产的总值照战前价格计算为一一．一二四．四〇〇．〇〇〇卢布，较一九二六年份多二．〇九三．一〇〇．〇〇〇卢布。

---

① 以一九一三年的产量为百分之百。——编者注

② 今译拖拉机。——编者注

不必更多写了，从上面简单的事实中，我们可以看出苏维埃俄罗斯的农业生产力是有如何惊人的“锐进”而不是“锐减”了。但是，有人说，这只是“资本主义的发展”，和美国英国一样的“国家资本主义”罢了。其实，这还是没有看清楚事实的人说的话。

第一，我们应该看清，在苏维埃俄罗斯的生产当中，私有的和社会化的（国有的和合作社所有的）成份，究竟那一方面占优势：若是私有的占优势，那便是资本主义的发展；反之，我们便不能否认它是社会主义的了。

在农业方面，我们就一九二四年十月一日苏联中央设计委员会公布的农业总资本额来看，其成份如下：

国有的	五八〇百万卢布
协作社有的	七〇百万卢布
私有的	六四．六二〇百万卢布

从这数目看来，似乎毫无疑义地是“私有的”占优势；然而我们若一考察每年消长的形势，便可以看出，“私有的”实际是逐年失势，“社会化”的成份却每年更抬头了。下面是苏联产业之国有的，协作社有的及私有的成份之逐年消长的百分比较表，是就农业工业生产品的总量计算的：

年度	国有的（%）	协作社有的（%）	私有的（%）
一九二三—二四	四四．四	四．三	五一．三
一九二四—二五	四八．四	四．五	四七．一
一九二五—二六	五一．〇	五．二	四三．八
一九二六—二七	五二．三	五．二	四二．五

只在四年中，国有的和私有的便全然立在了相反的地位，若把国有的与协作社有的合计起来，则社会化的成份显然占了更大的优势。自然，在农业方面，社会化的成份没有像在工业方面加得那样快，可是只要看看协作社的发展也自可惊人。在一九二六年加入协作社的有三百五十万户，到了一九二七年便加到七百七十万户了，这数目几乎占了苏联全人口的三分之一。

第二，我们应该看清，在苏联，交通机关及一切大的工业生产机关都是在国家手里，大工业百分之九十九在国家手里，而这个“国家”与资本主义的“国家”是全然不同的：后者只是少数资本家的，苏维埃的国家却是占全国人口百分之九十以上的工农的。

第十二章　苏维埃农村生活

农民目前的需要：整理土地——移民——团体的活动

土地法——森林法——租税——地方政府——互助委员会——国家保险——协作社——文化生活：学校、读书棚、驱盲所、图书馆、白日保婴室、非职业的戏剧运动、无线电话、新闻纸与读报——工农联合运动

大战与革命所损耗的自然极大，然而由此而获得的利益，在农民一方面看来，亦可谓不小。第一件事：俄罗斯农民的将来的命运，现在已经掌握在他们自己的手中了。他比世界上所有的农夫都幸福，他已经获得土地永远的使用权与收益权；他已经是直接管理自己的地方政府，并派遣像他自己一样的农民去出席苏维埃的全国大会。他应缴纳的租税逐年都在有计划地减轻；现在他所缴纳的仅及在俄皇时代的四分之一。他们并知道政府是非常希望完全免除农民的租税，而以铁路、工业及其他国有产业的收入去充政府用费的。然而俄国农民的一般生活程度仍旧非常低贱。百分之九十的农民家庭所有的土地都不过二十英亩（约八俄亩）。据苏维埃政府税务处的计算：每一英亩耕地的净收入为七元美金，每一匹马的净收入为十元。依据这种计算，则每年每一农户生产的净收入不过美金一百五十元。农村人民的税收，平均计算，每人应缴纳美金一元五角，每一家庭以五人计算，即应纳七元五角的税，这一数目在农民看来，已经是奇重的了。而且，大饥荒以后，据调查，百分之三十七的农户都没有马匹，百分之四十五的有一匹马，有两匹或两匹以上的不过百分之十八而已。

然而，农村的繁荣，农民生活之充实与提高，已经不是幻想，富强之道的枢纽已经在农民自己的手中。现在已经没有地主来困扰他们了；银行之设立并不是来剥削他们，而是靠了他们自己的合作来帮助他们的；市场已不再为奸商所操纵，一旦谷物贩卖场所不为他们所满足，他们可以立刻自己成立贩卖协作社去推销他们的生产物。其他如教育等等都需要许多根本的变革，他们自己准备了长时期有计划的努力，政府一方面也是竭力予以赞助。

农民目前第一件需要的事是整理土地，使距离过远和分配零碎的困难都因此而减去。现在整理土地的进行非常迅速，对于因整理而得到了便宜的人则课以每英亩一角到三角（美金计算）的税，对于较贫穷的，由政府给以特别的帮助。一九二五到一九二六年份，有三千五百万英亩的土地经过了整理。然而其中二千七百万英亩都只是把各村间距离过远或分配零碎的整理好了，各村内部的分配仍未得适当整理，只有八百万英亩是把各村以内都整理好了的。

有许多地方，土地不足以供给人口的需要。在这种情形之下，只有移民到新土地上去才是救济的方法。政府为了帮助移民起见，在人口稠密之区的附近易达的各地，特别划出了四千万英亩的土地，作为一九二七年移民的居留地；又在西伯利亚较远的地方划出了六千五百万英亩，在高加索划出了二千五百万英亩，作为一九二八年移民之用。移民之进行，其速率远过了政府的预计；向新土地移住的五百万人口中，仅五分之一是经过了政府的指导，有适当的计划与组织的，其余的都是志愿的冒险者。他们是在利用政府的新法律，即：凡是志愿移住于政府所划定的自由土地地带者，耕作五年以后，即可取得该地之永远使用权。在政府指导之下组织的移民团体，由政府给了许多特权——如，免去三年租税和兵役，火车免费，原住地的土地所有权仍保留三年，在此期间，从该土地的现使用人收取田租。

在农村中，出现了许多组织，农民自动成立的或由政府设立的，对于农民生活影响极大。其中许多完全是革命以后新成立的，有些是旧的形式，然而内容完全是新的了。农民与政府发生关系的媒介，主要的是村苏维埃、土地法、租税、国家保险、学校、读书棚、田庄的信用组织。主要的自动的组织是农民互助会、协作社、共产青年团——共产青年团主要的活动是设立演剧俱乐部，召集讲演会，组织休息日的示威游行，领导白日保婴院（day nurseries），展览会及其他文化的种种运动。共产党本身在乡村中，表面上势力极弱，许多乡村中甚至一个共产党员也没有；可是，在实际上，共产青年团的活动，不仅对于一般青年的，便是对于中年人的生活与思想，也都有很大的影响。

现在将苏联农村中的生活情形分述如下：

土地法　在俄皇政府统治的时代，欧俄土地的百分之三十五属于农民，百分之二十六属于地主，百分之三十九属于皇室和寺院。今天，所有的土地都永远是“劳动者的政府”的财产，可是“每一公民，不分性别、宗教别或种族别，都有权向政府取得适于耕作的土地，并得将此土地保留至某期间，不需给价或纳租”。取得土地可依下述三种方式之下：（一）本人为农业公社之一员；（二）从政府的土地部领取；（三）移民到政府划定的自由地带，经过五年的耕作而取得土地永远使用权。

依上述方式取得的土地可以享有永远的使用权；若本人停止耕作，即失去其使用权。土地不能典押或贩卖，但在贫穷或缺乏农具的情形之下，可以将土地有限期地出租于他人。土地使用权不属于个人而属于全家族；若夫妇离婚，妻可以将其应有的一块土地取去；父亲死去，并不需遗嘱处分土地，因为土地已为全家族的共有物。若全家族都不幸死亡，土地即由村苏维埃收回处理。

土地法中还有一条可注意的就是：一切用以耕作的农具和牲畜都是全家族共有的财产，不能为任何个人的债务而典押卖去。因此，父亲不能再为了自己的酗酒或其他个人的享乐而任意耗费家中的财产了。

森林法　森林法对于农民也极其有利，使农民感觉到森林直无异于是自己的财产。苏联的森林面积有二十万万英亩，占全国地面百分之四十，占世界森林面积三分之一。在革命以前，农民可以自由使用的森林地面为三千六百万英亩，现在可以使用的已达六千二百万英亩，比德国森林的总面积还大得多了。此项森林的使用均须依照森林法办理。森林法的目的有三：(一) 使森林得继续永远使用；(二) 供给工人以足够的木料，完全免费或取价低廉；(三) 使政府能从森林收得最大的可能的进款。

森林区分为两种——一种是有地方意义的，一种是全国的。较大的森林都属于国家，由大规模的政府木料公司经营，采取最大的木料出卖，供给建筑之用或出口运往外国。小的森林属于地方，给农民以使用权——自然须依森林法办理。得了村苏维埃土地部的允许，森林可以伐去以便于田庄的整理与耕作，但若此种森林有遮风的蓄水的作用，这是公共利益所关，砍伐是不允许的。

租税　在革命与内战的初期，苏维埃政府采用军事共产制，实行没收剩余的食粮，这种税则当然不为农民所喜。一九二一年以后便采用粮食税的征收法，以农民所有的土地面积与一般收获的情况为征税的标准。但此项税收，在苏维埃政府看来，并不是充裕国家财政的一种最好的办法，不过是战后恢复元气的一时期中的一种应急的办法而已。政府急切地希望免除农民的一切租税负担，由国家产业——磨坊、工厂、森林、矿山等——的赢余来维持国家的财政。

“政府的收入若能迅速增加，农民所担负的租税必可立时减低”——这是共产党的决议案中采取的第一个原则。自从施行新经济政策以来，农民所担负的税额已经逐渐减低，在一九二五到一九二六年份，总数仅美金一万二千万元，平均每人所担负的仅一元二角了。这数目包括地方的和中央的一切税收在内，农民应纳的国家保险费（保险火灾或牲畜死亡的）是除外的。一九二六到一九二七年份，税收总额又提高到一万五千万元，即每人一元五角；但此项数目中百分之六十是为地方事业用的，如修筑道路桥梁，建筑学校医院等等，所以中央政府的实际收入比前一年是更减少了。这是根据共产党对于农民租税所采取的第二个原则而来的，那原则是：“租税之用途应使农民因此更富而不可因此更贫。”

租税的形式逐年都略有变更。现在的形式（一九二六到一九二七年份）很像累进所得税的办法，较贫的完全免税，富农的税额随他的收入而增加。税额本身虽然很低，然而俄国农民的生活程度也一样的低，每人每年的收入不过美金五十元，超过此数的便作富农计算，税额便为总收入的百分之二十五。在俄皇政府统治下，租税总额每人为美金六元二角五分，现在农民并不纳租，只有一种低廉的单一税，总算不易得的了。

地方政府　村苏维埃是乡村的地方政府。倘使你现在到俄国农村中去，向一个小孩问一个比较重大的问题，他必会立刻指引你到苏维埃机关中去，那是村里一切问讯和权力的中心。苏维埃是在村中公开的群众大会中选举出来的，选举的比例大概是每居民一百选出一人。村乡选举后，即继续举行市镇苏维埃代表大会，选举市镇执行委员会——市镇执行委员会有权制定本地施行的法令，且有处罚美金一元五角之罚金或五天之苦工等权力。中央苏维埃政府便是由乡市苏维埃这种方式递选上去的。

中央政府与地方政府的关系之密切，是政府当局所积极务力求其实现的。常有许多重要的法令，由中央政府建议的，都先送到乡市去讨论，然后决议施行。最近的"婚姻法"的讨论便是一例。中央所建议的婚姻法在中央大会中遇到了小部份的反对；本来有大多数赞成，依法定的手续，通过是不成问题的，但苏维埃政府是不愿这样干的，它必须在实际上得到了全体的一致，方拿出通过。于是，政府将原案撤回，送交各乡市苏维埃，令在村民大会和工厂大会中详细讨论，并不立刻要求得到结论，尽可反复讨论，直到群众完全了解赞同为止。这种制定法令的方式在政治史上确是一种新的例证，这可以说明，苏维埃政府不是一个"议会"，也不是一个辩论的组织，而是一个"执行委员会"。它的责任在于执行劳动民众的公共意志。它且相信，这种公共的意志，经过了教育与讨论以后，是必定能够达到合理的一致的。

乡村政治还有一种特色，就是尽可能地诱导居民"参加苏维埃的工作"。任何人，只要是愿意在地方政府中工作的，政府即竭诚欢纳，并予以鼓励；加入租税委员会、财政委员会，从事协作社和商业机关的工作、教育工作、地方改良事业等等，都是极受欢迎的。这在乡村中，因为积习难返，故未能充分实现。中央政府是特别注意于此的，它曾训令各乡村苏维埃："乡村苏维埃的工作必不可限于它本身以及它的委员会这少数人的劳动，否则必不能实现苏维埃政权之理想，即，使全体民众都能参加一切问题之决定。农民大会必须举行；中央或地方政府提议的法令不仅须在苏维埃会议中讨论，并须在更广大的群众大会中讨论。"苏维埃最后的理想当然是在于消灭那种带有强迫性质（即令是多数强迫少数）的国家，而使政府完全是全体人民中极和谐的一部份，从事于人民自己要作的事业。

互助委员会　农民自动的组织，与政府并立而从事于福利民众的活动的，有互助委员会和协作社两种。农民互助委员会虽然是自动的组织，现在加入的已占农村全人口的百分之九十，共有五万七千八百〇二个。它们有自行征取税金的权力；有一些是以土地为标准而征收的，有一些是以牲畜或其他的财产为标准，但是一切都是量其人之所有而决定税额之多寡，而税款的主要用途便是帮助那般遇着了不幸事件（如死亡、火灾，或牲畜失亡等）的会员。它们的活动范围极广；它们帮助寡妇或是没有马匹的农家耕田；在饥荒的时候，他们便组织粥厂这一类的救济所；有时它们还设立（读书棚）或是“红色茶店”——这是和旧式的茶酒馆对抗的。它们也开磨坊和奶酪所，它们也量力购置农业机器，然而都不是商业的性质，它们给与会员们的帮助也不是平等的，只是最贫苦或最不幸的得惠最多。然而，它们绝对否认自己是一种“慈善”的组织，它们认为这种称谓真是一种侮辱，它们自认为是一种具有共产主义精神的互助组织，属于这种组织的人，量力予以指助，同时按自己的需要而取得帮助。每年有五十万农户从互助委员会得到了经济的或劳力的帮助——即是，全体农户中有四十分之一是得到了帮助的。

国家保险　和互助委员会作用相同的是国家保险，不过国家保险是带强迫性质的。经过了五年强迫的期限以后，到了一九二六年十月，计农民住屋保火险的有一千九百三十七万八千户，土地保冰雹险的有一万万七千万英亩，保生命险的有牛二千五百十七万一千头，马八百八十六万四千匹。保险的范围虽然这样扩大，而政府还是能够把保险费减到极低，每间屋每年只付保险费美金四角，若遭火灾，却能得赔偿金一百元。马的保险费每年一元五角，死亡的赔偿金是二十五元；牛的保险费四角，赔偿金十五元。保险费提高也可以的，这完全出于农民的自愿——有许多农民希图得到较大的赔偿金，便自愿缴纳较高的保险费。保险局同时还积极地从事防御火灾及防止牲口染疫的宣传。

协作社　协作社有多种：纯粹的消费协作社是在农村中从事零售商业的；农业协作社是农民联合购买农业机器或是贩卖或制造他们的生产品的；信用协作社是贷款给农民的。

现在加入协作社的已有五百万农户，占全人口四分之一。协作社的活动成绩至可惊人，他们雇用了一千五百名农业技师，设立了四千处选种的场所，二千五百处繁殖牲畜的场所，七千处地方的乳酪所，五百处麦粉磨坊，两百所菜油工场。信用协作社平均每市镇有一个，贷出的债额约为两万元美金，其中一部份是由本地存款支出的，而大部份还是由政府的农民银行借来的。

现在农民借贷的办法，还是根据一九二四年中央农业银行成立时政府所颁布的而来的。中央农业银行成立时原有资本额为美金二千三百万元，次年即增加了三倍之多，以后尚年有增加。据政府宣称，农民的主要经济需要有三种：（一）土地的正当分配；（二）足够的种子、农具和牲畜；（三）最高明的农业知识。农业银行之设立，目的便在于供应第二项经济的需要，甚至于还企图介绍一些适当的耕作法。一九二六年底的调查，农业银行已在五十二省中设立了分行。而在各乡村中从事实际借贷事业的还是八千个信用协作社，它们从农业银行借款进来再贷出给它们的社员。

在贷款事业当中，政府特别注意于农业的改进方面。政府多次训令各乡村的信用协作社，令细心考察各本地的农业特别状况，必须使贷出的款项能用到改进并发展农业方面去。例如，北部某省的情况，适宜于制乳和种麻而不宜于种麦，因此便不必贷款去购买麦的种子，贷款的用途应是购买最良好的麻种或是小牛。这样，贷款的力量可以与教育的力量并举，帮助农业的进步。

文化生活　苏维埃乡村文化生活中最令我们注意的是“读书棚”和“驱盲所”。乡村学校自然也在逐渐加多，然而因为学校的花费较大，所以速度比较还是慢的。学校的数量虽少，内容却完全是崭新的，教授的课目都是关于农业的知识和农村的实际生活，讲到城市生活，便引导学生到城市去实地观察。它们教学生成为一个有觉悟的公民，这是前此所未曾有的。而且农村中的男女学生，若是显出有某种可造就的才能，现在也有机会，从政府方面取得少量的津贴，从事深造了。

学校增加虽较慢，他种文化的事业却有很大的发展——这种活动的成绩，与其说是靠的钱，毋宁说是靠的青年的“热心”。在过去几年中，成立了五千所市镇图书馆，供给三万处读书棚的借阅。驱盲所遍乡皆是，只要失学的成年人愿意去就学，他是不愁没有地方的。青年共产党员非常热心地为不能识字的人高声读报。在夏季，妇女到田间工作去了的时候，数千“白日保婴院”便担负了照料婴儿的责任，近代育儿和卫生的方法也都从此介绍到僻远的乡村中去了。非职业的戏剧的运动在农村中几乎狂风暴雨似地发展着，青年都被迷住了一样活动着，直到后来，几乎每一乡村中都有一两个非职业的戏剧团体。无线电事业也发展到了乡村，穷乡僻壤的农民也能听到柏林和莫斯科的音乐演奏了。

今天在苏俄真正值得注目的是城市工人与乡村农民的 Smichka（联合）运

动。苏联以外的全世界，城市与农村都非常隔绝，若被野心的政党利用，则工农常因而变成死仇。苏维埃政府对于工农的联合特别努力。每一工厂或一城市的工人团体必择定某一乡村或某一小市镇作为自己工作的对象，他们自己便以“长兄”(Shef) 自居，对于乡村的“小兄弟”都竭力尽指导帮助之责。工厂的工人常于星期日或休假日下乡，为农民恢复被毁了的学校，筹备农民的演剧俱乐部，或是送杂志书报给农民读书棚。有时他们还组织一种“红色农民日”的集会，在这集会中主要的程序是宣传新式的耕作方法。

新闻纸终于达到农村中了。能够按期递到的还只是一部份的农村，因为距离过远，运输困难所致。列宁格勒附近某邮局曾特别对于农村报纸的递送情形加以考察，结果看出有二十三个乡村都能在出版的次日收到报纸——这已经算很迅速的了。

除了许多运动是从城市中传来的以外，有许多运动是农民自发的。地方苏维埃常时召集农民大会，讨论改进农事的办法。有一个可称模范区的县份，曾有一千五百农民出席的大会，其中一半是妇女，会期延长到四天，而精神还是非常紧张。

这种种新文化的外表当然还是非常穷相难看。演剧俱乐部没有布景的材料；读书棚的书籍都是纸面，且残缺不全。各方面的发展也都不平均的；甲村苏维埃的主席是一个能干的青年，甲村的进步便大有可观，而邻近乙村则因技术与物质的缺乏，仍旧是非常落后的。穷乏的北部进步极难，中部和南方便容易多了。一切农村的进步都要建立在经济状况的进步上面，这是毫无疑义的；所以苏维埃政府目前的努力是在于：正当地重分土地，经过信用协作社的借贷去购买机器和选择种子，经过农业技师和农业展览会等等去教育农民。

俄国的农民已经显示出来：他的愚昧无知，决不是天生的缺憾，而是累千百年压迫的结果。今天俄国农民的物质生活，比英法德乃至美国农民，都要坏得多，甚至有些地方比他自己在革命以前的生活都坏些——因为革命与内战的破坏的结果。然而，他的前途的希望却比那一国家农民的都来得大，他已经是自己的主人了。

第十三章　农民之自白

革命结果之各地异致——农民休养院之聚：“四角八方的都有了！”租税——免费的木料——教育状况——农民与政府的关系密切了——土地问

题——互助会的情形——学校数量之增加与内容之改进——白海带的生活情形——鞑靼人的教育

革命与妇女生活——老农妇之“自由”观

中部农民之土地问题谈——老农的怨声——青年的乐观——集合耕作之概况——革命前后之克里米

少女之声——离婚问题——对于孕妇待遇之今昔——妇女之“苏维埃的法律”观

可喜的汤波甫；可愁的尼几尼

宗教问题——青年不进教堂——多数人不理会牧师了

极北角的亚库特卡人的生活——北极圈以外的唐姑希卡人的生活

苏联版图辽阔，各地气候与土壤之性质已自不同，运输又极不便，市场情况与文化程度相差极远，因此，革命的结果，对于各地带决不能是一致的。在南部所谓“黑土”地带，地主推倒以后，农民的土地立刻加多了；在北部森林地带，地瘠且少，农民的进益实在没有什么可观的。在西伯利亚，土地超过了人口的需要，在白俄罗斯，便是革命后仍旧感到土地的缺乏。除了这种种不同的经济背景而外，还有老年与青年间的鸿沟：老年农人老是要依照旧的风俗习惯和祖宗成法来处理农村的一切事务，青年人却极热心于组织读书棚、演剧俱乐部、展览会，进行反对迷信宗教的工作。

我们要能遍历各地，听听老少男女各色的农民发表他们对于新统治的意见，当是最可欣幸的事，然而这在事实上是难能的。现在有一个很好的机会令我们能够满足这个愿望，那便是美国司庄（A. L. Strong）君在里瓦吉亚农民休养院所记述的各地农民的谈话。

里瓦吉亚的农民休养院是俄皇夏宫的旧址，在克里米南岸，背依高山，面临碧海，占地约一百英亩，房屋都是大理石建筑的，围绕在常绿的森林中，更衬以丛花茂草，真是令人疑惑是人们常说的仙境哩！

到这儿来的，东西南北中各部的农民都有，因为这儿的床位是按各地平均分配的，来往路费都由政府发给，所以这儿几乎可以说是一个全国农民代表大会；然而，因为来这儿的目的是养病，不是讨论政治经济的大问题，各地来的人也并不是经过特别选择的，因是我们在这儿特别能看出他们的本来面目——我们要听听各地农民自己的意见，这儿是最有机会了。

在这休养院里有俱乐部；有音乐会、电影、演讲，有一个很完备的图书馆和读书室。我（司庄君自称，以下同）便常在这读书室里和许多农民谈话，问他们革命以后的生活究竟比以前的有怎样的不同。这一问题常能引起极热烈的辩论，人愈聚愈多，问题愈谈愈广。

我们现在要介绍一次极有精神的辩论（为便于记忆起见，我们将以甲乙等称之）。

甲是从西伯利亚来的农夫；乙是从卡站附近马里次基县（在俄罗斯的腹地，居民原系芬兰种，革命后取得了自治权的）来的；丙是从辽远的北部亚奇安吉耳来的；丁是从察里城附近的东南大平原上来的；戊和己是从白俄罗斯的明斯克县来的，那儿已经和波兰交界了。当我问完了他们各人的故乡以后，他们都笑说："四角八方的都有了！"我又提出我常问的问题——革命使他们的生活有些什么变更？

第一个说话的是明斯克来的己，他在众人中算最年轻了，不过二十岁，却是最有精神的。他说："大大的不同。第一，租税减低了。穷人简直不纳税。可过一点的也按照他收入的多少缴纳，可是就是这种人，比以前纳的也少得多。"

丁起来辩正这句话："在我们县里，富人比以前缴得多些。我附近有一家很富有，有十六头牛、八匹马，在春天还有三架钢犁耕地。因为他雇了长工——为了赚钱而雇的长工，所以他比以前缴的税款多些。在我们的三百户农家中，像这样的只有四户。"

"像这样的劳力剥削者在我们村里已经没有了，"青年的己回答说，"倘使我们那儿有这样的人，当然也要他们多纳些税，这是毫无疑义的。我们那儿有些可过的农人也有几匹马；可是他们的儿子还是自己掌犁头，只有在收获的时候他们雇用工人。"

乙说："我来告诉你们我那儿的情形。穷人可以免费取得木料。我自己便取了六方木料，拿来造了一间住屋和一所屯屋。倘使要拿钱去买这样的木料，至少要三十卢布啦。"

己大声说："我们那儿，这样的木料得六十卢布哩。"

"在我们那儿，同志，"丁微笑说，"会得三百卢布哩。我们简直不用木料造房子哩。"

乙听见了木料的昂贵，似乎很惊奇，他接着说："吓，自从革命以后，我们有了用我们自己的语言的学校了。还不是处处都有，谁都不能很快地设立许多学校。可是，没有学校的地方，Lik-Point（驱盲所）是有的；这在苏维埃机关里或在谁的住屋里都很容易办起来的。"

"在你们县里，是不是每个人都有上学校或驱盲所的机会呢？"我问他。

“吓，很难说‘都有机会’。当然，在冬天，小孩子没有皮鞋和羊皮袄是不能到三四里以外的学校里去的啦。可是青年人或成年男子有外套的，便是更远一些也可以去的。……在往年冬天，不必说三四里，便是三四十里，成年男子，甚至女人也都得走哩。……现在，在我们县里的学校或 Lik-Point，只要有精力和外套的人，在冬天都一样可以去的。”

丁说：“我们的互助委员会发了许多皮鞋给穷小孩们，让他们好进学校去。”

“我们还没有那样好，”乙说，“大饥荒弄得我们太苦了。可是过后政府也很帮助我们。我们下的种子，有一半都是政府给我们的。一九二三年大收获以后，政府还是免了我们的税，并且种子都不要我们还。……现在还有一件比较好的事情：政府离我们很近了。从前，我们要到市镇上去总得跑三四十里，到州(County) 里去，要走两百多里，真是太远了，农民多有一生都不会去过的；可是现在新划成了‘区’的地界，区政府离我们村里只有三十多里，市镇政府却就在我们村里。”

戊又发言了：“我们那儿完全相反。区比以前的州还要大，并且区政府也在老远的地方。可是我们的政府离着我们还是很近，因为我们现在办理一切的事都在我们的‘村苏维埃’里——领护照啦，领证书啦，解决纠纷啦，都在这儿。”

“你们都同意，现在的政府比较容易上门些，不再是‘天高皇帝远’了吗？”我问。

“确实的，现在的政府比较容易上门些，这是什么地方都是一样的。”

乙又提起了土地问题：“在我们县里耕地很少，大部分是森林。政府所有的土地都给了我们以后，我们每一人所得的还不够一又半俄亩。因此，政府又把国家的森林地分给我们，现在我们正在开垦那些森林地哩。”

西伯利亚来的甲现在插进来说话了：“我们那儿土地老是太多了。可是在从前，穷人还是没有土地的，因为要土地就得拿钱去买。现在土地是不要钱买了；我们把我们村里的土地都拿来平均分配给所有的人，互助委员会便帮助那些没有本钱的穷人。它借种子给他们，帮他们打谷割草，取价极廉；帮助他们选种是完全免费的；并且供给他们的木料；若是家庭中有死亡，有时它还帮钱给他们。”

我记起了美国的穷人不自振作的情景，便问道：“这种帮助真正能够使得穷的农民振起家业来吗？”……他们很惊异地看着我：“倘使一个人有了土地和马，又有种子，怎的会不能振起家业来呢？”

“可是，不是有许多人因为他们自己的愚拙和酗酒，弄得穷困不堪吗？”

青年的戊代替大家来回答我：“自然有许多酗酒的农民。可是，当互助委员会给钱他买马的时候，你以为他们会不去留心那笔钱的用途吗？浪费互助委员会的助款——这种事有时也偶然发生，但确是少之又少。倘使委员会把钱这样大意地给浪费了，全村的人都会责备委员会——我们便会立刻改组他。”

“在我们县里，”丁说，“全体农民现在都加入了互助会。每人有一俄亩地的就出五磅麦子。现在，便是穷人也可以读书了，因为互助会为他们的小孩子买铅笔和书籍啦。”

从问答当中，我知道互助会是志愿的，可是免费的书籍和种子，不取利息的贷款，这些好处只有穷人才得着。我便动问，这样是否会使得较富的农民有退出互助会的趋势？因为他们拿出来的很多而收回去的却很少。大家听见了都笑起来，丁回答我：“倘使他们愿意，让他们退出好了。谁能保证自己家里没有火灾或死亡？一个人病了需用药品的时候，倘使他是互助会的会员，他便可以免费取得。许多其它的东西，一般人都得出很高的价才能得到，互助会会员却完全可以免费取得的。互助会还有磨坊，有农用器具，这是每一家都需用的——互助会的好处不仅在铅笔和书籍的免费啦。”

问题转到了教育上面。青年的戊说：“现在学校比以前多了，并且内容也好些。我们县里从前只有两间四年修业的初级学校；现在这样的学校有四间，还有一间七年修业的学校。初级学校中有一间是犹太人的，完全用的犹太语言教授。”

从明斯克来的己是一个老年农人，这时他才开口：“以前有的学校，现在还在那儿，并没有新的。我们的学校四年以前烧掉了，我们几次要求政府办一间新的，可是老是没有办。”

这是我们的“顺水”谈话中第一次遇见的逆风。一个二十岁左右的青年起来挡住这阵风了——他是从卡站来的三个鞑靼人之一，在那儿已经听了好久了，我们称他作庚。他反问：“政府对于你们的要求怎样答复的呢？他们不给你们木料或教员吗？”

“否，”老年己说，“他们给了我们木料，可是他们要我们自己去搬运。那离我们有三四十里路；我们怎样办得到呢？”

青年庚说，对于学校的建设，政府免费供给木料、铁钉、玻璃，和某数量的工钱，此外还供给教员的薪金；只要本地的农民用他们自己的马匹去搬运一下，并帮作少许不熟练的建筑工程。接着他便公开地斥责道：“在我们村里的人不像你们的那样懒惰，同志。我自己便是村苏维埃的主席，所以我知道。我们为了建筑学校，特别在收获以后划定了一个星期的义务劳动。我们自己去砍伐木料，搬运回去并且削平锯解它。现在我们已经有一间很好的学校了。”

丁微笑着，似乎想替老人解围的样儿，他说："咯，同志们，那村里大概是很为难。那儿是波兰人侵入过的地方。你们有多少马吗?"

已承认有一百户人家，两百匹马。于是众人都有点不满，觉得这样富足的一个村子，却连搬运木料建筑学校的力量也没有。那位老头儿还抗争说："马有一半是不中用的。"可是，即全〈使〉只有一百匹马也比别的村子富足得多了。有人在那儿低声骂着："懒东西!"庚又问："你们纳多少税，同志?"

"十八卢布。"老人已说。

"仅仅十八卢布，政府却不仅要练红军为你防御波兰人，不仅要修桥补路，付给教师薪金，并且还要为你搬运木料。"个个人都笑起来了。

西伯利亚的甲又加入了舌战："我们村里有一百六十户。从前有一间学校在镇上，离村有五里路远，村里没有。后来我们把教堂没收了，改办了一间四班的学校。现在那班信教的人只得到镇上去作礼拜了。"

丁点头微笑说："现在作祷告渐渐难了，可是读书却渐渐容易了。"

"可是他们不能在星期日把那学校来作教堂用吗?"我问他们。大家都望着我，似乎不能了解的样儿，甲高声说："怎样作教堂用呢?他们把圣像都搬掉了!"

丁接着发了一大篇议论，都是关于学校的："从前在我们县里有两间三年修业的学校；现在我们有四间四年修业的了。女孩子也上学校去，和男孩们共学。从前只两个教员，现在有六个了。而最重要的是功课的不同。从前学的只是读书，写字和上帝的法律；现在他们学图书，泥木雕刻，剪彩纸，开小商店，布置小花园。他们还到外边旅行，采集花草植物。"

"我有两个女儿——去年夏季，一个女儿整整地都在那儿采集各种东西，叶、枝、草、花，拿来粘在纸上，还注明一些字在上面。另一个女儿什么都没有采集，因为她对于这毫无兴趣。现在的学校的任务是，寻出每个小孩的特别兴致。聪明的便可以到市镇上去进专门学校，学习他们所特别爱好的学科。"

"他们也学习政府的事。他们去参观村苏维埃和互助委员会。他们学习知道谁应受帮助，并且为什么要帮助。他们到市镇上去参观工厂、电气厂、电话局和电影等。在学校里，学生自己选举一个自治委员会，有主席一人，还有卫生委员会和学生法庭。倘使一个学生两手不洁净跑到学校里去的时候，卫生委员会便在大会上指出来警戒他。从前孩子书念不熟的时候，教师老是鞭责他，或罚立在墙角里，或是遣送回家去；现在却由学生的自治委员会去开导他，告诉他不用功只是害了自己等话。掌两颊或扯耳朵，现在都是禁止的。"

北部的丙说话了，他是一个中等身材的黄发男子，说话的时候略带点骄矜之色："我住的地方是列宁格勒到白海的水道上，我们那儿住的人确是很开通的。我们都很重视读书，我们并不是落后的民族，我们的祖先确是大俄罗斯人。然而虽则如此，我的父亲费了九牛二虎之力，还是不能令我在市立学校七年级毕业以后再继续住下去。我在村里住了三年学校，市立的住了四年；我的父亲真正牺牲了不少；我的家庭在冬天饭都不够吃，为的是使我能多有点钱住学校。后来我以第一名在学校里毕业，我希望取得官费到圣彼得堡去继续学业。

可是他们把官费给了牧师的儿子，他是第二名毕业的。那一天的事我是永远不会忘记的。他的父亲有着一栋很好的屋子，还能为他买很多的书。然而因为他是牧师的儿子，所以他还是得到了政府的津贴。直到革命以后，我才得继续求学；现在我已经在农业大学里毕业，回乡教授新的农业知识给我的乡人了。"

他继续告诉我们极北地带住的落后的民族是怎样生活的。他说，他们并不事耕作，只是靠着成千上万的驯鹿为生，吃她的肉，穿她的皮和毛，还要她供运输。他们养得很肥壮，却是非常愚蠢。他们不懂卫生，那儿颗粒性的结膜炎非常之多，可是他们完全不知道怎样防御救治。可是革命以后，医药卫生的知识都输送去了。有许多青年从那儿出来就学，再回去为他们的家乡服务的。

我问他："似乎便是在革命以前，他们村里便已经有了学校，并且一般都很重视读书的；那末，小孩子当中有多少就学的呢？"

"男孩子当中有一半都是学了读书写字的，他们多半住一两年学校，有的还能住三年。可是女孩是绝少去的。现在我们县里男孩全体都要进学校去；若是有不去的，他们的邻居便会非议他们的父母了。只有没有冬衣的，在最冷的时候可以不去。"

从卡站来的鞑靼青年庚又说话了："我们的文化中心是有名的卡站大学。可是在各村里也有用鞑靼语言教授的学校。在大学里还特别为我们鞑靼学生留了一定的名额，因为我们比俄罗斯人落后得多，需要教育，设使我们和他们自由竞争，我们决难在大学中得到很多名额的。"

晚餐的钟响了。管这老钟的侍者告诉我："从前我敲这钟是通知俄皇尼可拉去作祷告，今天我敲它却是叫农民们去吃茶。"读书室的众人都一哄散了。

第二天午饭后，我在走廊外遇见了一个完全两样的农人——这是一个老年的农妇，头上盖着一方白手巾，坐在旧御亭上，手里织着什么，她的生活完全集中在她的家事上面。我问她革命对于她村中的妇女有些什么影响。她叹了一口气，答道：

“呵，那完全是一样，我的亲爱的，完全是一样。妇女的主要的负担是她的丈夫；家庭的生活老是照样的黑暗且令人伤心。然而我以为还是好了一点。男人们有点害羞，不常打他们的妻子了。从前女人常有因为被殴打不能起身的，现在的男人们有点害羞，或者也是有点害怕。在我们邻村里有一个女人和丈夫离婚了，可是在我们村里还没有。”

“我们村里现有也有妇女讲演会：我自己去听过了一次。他们讲一些奇怪的事情，对付丈夫的新方法。可是我们多数都害怕这些新方法，我们老是被压迫的，我们不知道怎样去使用自由。然而我究竟以为自由是一件好东西。青年人是不害怕的。我的儿子到列宁格勒去学兽医去了。这也是很好的，从前不能有的事。那个农民弄得到钱送儿子到大学里去读书啦？可是现在政府送他去，大概青年人可以用这种自由得些好处吧。”

我问她能否读书写字。“只会一点儿，”她说，“我认识字母和几个字，但是不能读报纸。我的儿子在我身边的时候，他还教我一些。在我年轻的日子，女孩们是不进学校的。现在我怎样能有时间学读书啦？我家里有六个人，我又病了四年，没有好过一刻儿。”

又一天，读书室里又聚集了一群人。开始说话的是“黑土”带的汤波甫地方来的一个农民，他满头黄发，脸颊瘦削，可是非常精神，且有点粗暴的样儿。这是很有意思的，一九二〇年农民暴动反对多数党的粮食征收办法，闹得最凶的是汤波甫地方，而现在汤波甫来的人却完全是乐观的，崇敬革命的。他说：“革命为我们作的最大的事是铲除地主。在我们的地方，大地主着实不少。我们农民所有的土地简直不够生活。我自己只有半俄亩，因此我们只得替地主去种田求活。现在我有六俄亩了。革命还令我们得到了不易得的好处：从前，我们是决不能到里瓦吉亚皇宫来的，想也不能想象的呀！”他说着一笑。

接着沙托拉夫地方来的一个农民谈起土地的故事来了：“我们乡村的土地是属于斯脱利宾的。我们甚至每人一俄亩土地也没有，只有十五沙仁（约八十方码）的样子。因此，老人耕田，儿子便到镇上工厂里去。我自己便在瓦耳斯克的水泥厂里作工，冬季就回家去。现在我们每人有三又半俄亩土地，青年都不再出去了。”

尼几尼县来的农人接着说下去，他是一个面色灰败的长脸孔，说话的时候带几分忧愁的样儿：“我们那儿没有地主；我们的土地非常贫瘠，以致没有人愿意要它。我住的地方离铁路有一百六十里路远，那儿都是隰田和森林。我们耕作一年，连自己吃都不够。然而现在究竟好了一点。我们把土地重行分配过了，现在耕作比较容易一些。此外我们还开了一些森林作耕地，听说政府还要给我们一些森林地哩。”

从白俄罗斯来的一个黄发农人很不快意地说：“土地的问题现在比以前没有一点好的。有些人有十俄亩，有些人只一俄亩，这还是和以前一样的。我们要求重分土地，已经三年了，他们几次答应了，可是总不照办。有许多因战争而残废的人；我自己便是一个。我是防御波兰人的一个志愿兵。他们给我的抚恤只每月五卢布。五卢布值什么呢？这是钱吗？我只有一俄亩半土地。我问你们，一个人有一妻一子，靠这点土地进项能够过活吗？至若地主的土地，他们把最好的都拿去作什么集合耕作，我们农民什么也没有得到。”

汤波甫的那个农民听见了这段怨声，非常气愤的样儿，于是抗声问道：“那么在那集合耕作里的是些什么人呢？”

“那些没有土地的。”那白俄罗斯人回答说。

“呵，这样——也是农民啦。……那么为什么你不加入在他们一处呢？你的土地既然这样少，他们一定不会拒绝你的咯。”

“为什么我要抛掉我的这块土地去和他们冒险呢？”他不很高兴地说，“他们老是互相争闹着。谁知道他们会不会弄得好？”……这时一群人的闹声把他的不平之鸣盖住了，他也利用这机会不再说下去，却转口说到集合耕作的特权问题，别人也不大理会他了。接着一个青年农民跳起来说：

“我也是从白俄罗斯来的。那儿土地很少，这是的确的。我家里有五口人吃饭，从前只有二又四分之一俄亩的土地，现在我有五俄亩了，这在我们县里还不算最多的。候我们村里和邻村的地界划定了以后，我还可以多得到一些。说到地主的土地——的确的，那比较中心的土地没有给我们，但是政府的模范田庄对于我们全体都是很有益处的。”

“模范田庄的工作比农民自己的工作得好些吗？”我问。“那是毫无疑义的。”他回答说。

“你们的生活现在好些呢，还是从前好？”“自然现在好些。”他很坚决地这样回答我。

“我自己是集合耕作里面的一个，”一个很高的黄发农人说着，我常是把他和汤波甫来的那个相混了，“我们一共有三十个男人、十个女人、八个小孩，耕了三百俄亩土地，就在克里米这儿。我们有一架 Tractor，还有几架别的机器；这是政府挂账卖给我们的，三年付款；我们住的是从前地主的一栋房子；我们的生活不算坏哩。我们有十头牛、七匹耕马、五匹小马。”我想，四十个人有这些东西本不算多，可是在他看来似乎已经是很富足的样儿。

“在战争以前，”他继续说道，“我是一个没有土地的雇工。我作一年工，除了吃饭之外只能赚到三十卢布。地主也给我一两件外衣，可是衬衫和鞋子都得自己办。因此，我当时没有衬衫穿；三十卢布够买什么呢？说到吃饭，他们给的只是没有肉的菜汤，肉是要买的；还有黑面包，这是可以尽量吃的。……我们现在集合耕作的组织完全是个国际的团体；我们里面有波兰人、乌克兰人、德国人、俄罗斯人，并且还有几个美国人，然而我们住得却都非常相安。”

现在谈到克里米的问题了，一个青年鞑靼人起来说：“好久以前，所有克里米的土地是属于鞑靼的几个大首领的；可是俄罗斯克服了克里米以后，俄罗斯的贵族便把那些土地都买去了，所以我们农民竟是手无寸土。在我住的那县里有一个大地主，他握有一万八千俄亩土地。较富的农民都向他租地耕种。可是贫农是太渺小了，不值得这位大地主的麻烦，所以贫农多只能向富农转租。收获的三分之一是归地主的；若是转租来的，这中间人还得有许多回扣。自从革命以后，现在在我们村里每人有六俄亩土地，并不纳什么租了。六俄亩本来是很多了，但因为土性干燥，所以我们还需要更多点。”

后来有几个妇人也围拢来了，她们也是预备说话的样儿。终于，一个神情颇坚决的妇人开口了，她不过二十来岁，很有精神地［说］：“我是从明斯克政府，明斯克州，斯列潘斯基村苏维埃来的。”

大家都笑起来了：“现在你有了她的完全的住址，可以从美国寄信给她了。”什么都不能折她的锐气，她还是继续说下去：“我要说的是，革命对于我们妇女给了大大的影响。我们现在常参加一些大会。我们有些在保婴院作工，我们还在我们村里组织了这样的一个。自然还有一些愚蠢的人，可是自从男人知道我们有平等的权利以后，他们的行为确是好多了。”听众都笑起来，欢迎这位会说话的女性。

“倘使一个男人虐待了他的妻子，在她一方面现在是很容易作到离婚的，”她很率直地说下去，“她可以到苏维埃主席那儿去，告诉他这件事。主席便送一张通知书给她的丈夫：‘倘使在某一天你不到我们这儿来听审，你便须和你的妻子离婚。’就是他按时到那儿听审，还是一样，他总得离婚，只要她这样要求着。”

那面色灰败的尼儿尼人看着很惊异的样儿，他说：“否，否，我们村里没有这样的事。”可是随着有一个回应的声音：“自然你们也有的。大概你们那儿的妇女没有听见过这样的事。只是，那儿不是苏维埃主席管这件事，是 Zaks（人口统计局之简称）管的。”

明斯克的那个妇人很坚决地说："我们那儿，主席和 Zaks 是一样的。我们有许多实例，我不想说许多，有一个男人打了他的妻，她便跑到政府那儿去投诉，政府派人去察勘，并警告他，倘使他不改正这种行为，他必然要强迫离婚的。后来他的行为果然变好了些。"

汤波甫的那个农人也同意她的话，说："从前男人打了妻子，妻子是无处诉苦的。"那妇人接着说："倘使女人怀了身孕，她便被视为'不适宜于劳动的，'那么你的税额就可以减少一些。"

接着那位尼几尼人又来吹逆风了；他说："并不见得都是这样。我的妻有一个婴儿，我自己病了。我要求免税，他们却要我弄一张医生的证明书。"

"为什么不要呢?"众人中有一个声音这样喊着。"可是药房和医生在一百多里以外，婴儿也不是个个人都可以照看的。"

"都是一样的，"汤波甫的农人解和似地说，"他们必须有证明书好贴上印花。"

明斯克的那个妇人像狭岸流水一般，她的话没有方法止住："从前农人病倒了，不过像一只苍蝇一样，死去是无人管的；现在政府却把你们送到皇宫里来。……旧式的家庭真是令人可怕，对于媳妇儿尤其是太难了：家庭常是不管她怀孕与否，老是要她操作，以致常有因这样过劳而死的。现在，倘使男人逐出他的妻子，或是他的父母虐待她，使得她不能不逃出家庭，她仍旧可以取得她应有的那份土地的。苏维埃的法律对于妇女，比她的丈夫还要仁慈宽厚得多。"

她已经说得很多，再继续不下去了；汤波甫来的农民便接着颂扬革命的功绩："从前我们是决没有看见过报纸的；现在各种的都有了，连妇女的都有。还有宣传队到乡里去讲一些耕作的知识。我们村里有一处读书棚，镇上还有一所图书馆。我们还有一所人民俱乐厅，里面有戏院，有演剧俱乐部。不久以前我们还装了一架无线电话机，可以听得见柏林的音乐。苏维埃机关里装了一架电话机，我们有事和州里商量的时候便不必亲自跑路到州里去了。"

"那些老人们，"他笑着说下去，"以为无线电话机是鬼在那儿作怪，你们也应当听见过他们的议论的。我们告诉他们那是莫斯科的人在那儿说话，他们却说，'否，那是有人躲在墙里面在说话。'后来他们又说那是鬼在作怪。"

"你们，同志们，什么事都办得到，你们黑土带的人，"尼几尼的那人很羡慕似地说，"可是我们住在僻远的黑暗森林里的人什么也没有，学校还是旧的，读书棚没有看见过。药房在一百六十里路以外的铁路上；中间还隔着几条河，桥都坏了。"

可是汤波甫的那个人还是兴致不减："从前便是在省城里都是没有药房的，现在州里都有了，省城里还有兽医哩！"

谈话又转到了宗教问题。大家都承认，青年人是不再到教堂里去了，只有遇到了结婚或生儿子的场合，经老年人的坚持，他们才到教堂里去跑跑。克里米来的鞑靼人说，回教的清规，每一个好的回教徒每天必须作五次祷告，可是青年的回教徒现在已经不再守这清规了。"可是在我们每一年的两个大节日的时候，一半以上的青年还是到教堂里去，因为老年人的哀求甚至泣下，所以不能不去敷衍一下。"

从斯莫伦司克来的一个农人说他那儿的情形是这样的："我们那儿的人，一半以上都不承认牧师了。当政府声明，'我们不再用钱供给牧师了；让那班信徒去合资供奉他吧，倘使他们愿意的话，'——这时候，我们便都开始考虑，这笔钱是否值得施舍的？第一，你们家里每个人必须给他三磅面包；其次，遇了婚丧或施洗的事都得给一笔额外的谢金。并且给'酒钱'也是必要的——你们不要笑，同志们，你们也都知道，倘使想和牧师要好，便得给他'酒钱'哩。一次丧事，牧师的酬金需两卢布，助手的一卢布。所以现在我们许多人都这样说：'他是已经冷了的，要牧师来作祷告，于他是毫无关系的。'因此，人死了，只须家族亲朋聚会起来送去安葬，多不再用牧师了。倘使死的是青年共产党员，他的同志们便为他举行一种送葬的仪式。我们那儿只有三分之一较富足的人还承认牧师。"

在我右旁椅上坐着一个黄色皮肤，蛋形面庞的妇人，看着有几分像亚拉斯干的印第安人，我转身去问她的历史。她是亚库特卡地方的人，那地方在西伯利亚极北角里；从她住的地方到铁路边便有九千多里的路程——都是坐船或坐马车的。她说："唉，从我们村里到第一条河边便有一百六七十里，多〈远〉得很，我没有去计算它。"

那个尼几尼的人听见了便吃惊似地说："我以为离开铁路一百六七十里的地方便算黑暗的森林地带了！这个女人竟没有计算她的路程哩！"

亚库特卡的妇人告诉我们她们的生活情形：在夏季的时候，十多家人家共聚在开垦了的一块小地上种点谷麦，到了冬天便都回到森林中各自的草棚里去——草棚都是四散着的。我很奇怪为什么她们不聚居在一处，她说因为冬天不能远去，而一二里方圆以内的草常只能供给一家之用，所以不能不分开住着。她说她的最近的邻居便在三里多以外。

我又略带自信地说她们那儿当然很难有学校的。可是她倒令我吃惊得很！

“当然我们有学校的，”她说，“在革命以前便有的。在我们北部住了许多政治犯，都是俄皇遣送去的，许多有名的人在那儿留住许多年。革命发生，他们便把智识份子都聚集拢来，组织了一些学校，用我们自己的语言教授。我们的学校有寝室、饭厅、浴室，一切生活必需的东西都完备得很。小学生从星期一到星期六都住在那儿。到一星期的末尾，孩子们的父母都从四五十里以外驱车来接他们回来，遇着了大风雪的时候便不回去。”

她还很自傲地告诉我们，她们的苏维埃政府自从革命以来便不曾受过摧残。她们处在极北部，柯尔恰克领导的叛乱影响不到那儿，她们藉北部的电报不断地和莫斯科通消息，她们的政府和学校都一直没有停止工作。

另外一个女人说话了。我原先也以为她是亚库特卡人，可是她说她住得比亚库特卡更远的地方。大家都失笑了，苏联的版图是无穷的大哩！她从家乡到铁路边，要爬山过河，乘船，骑马，徒步，一共要经过四十二天的路程。

“我不是亚库特卡人，”她说，“我是唐姑希卡人。我们住在北极圈以外的地方。亚库特卡人还能靠种植牧畜为生，我们只能靠渔猎生活。我们出产的毛，全世界都有销行的。”

“唉，从前是苦得很！我十岁大的时候便痛恨资本家，他们专于欺骗我们。我们也怕官；即令是一个小官，在我们面前却也了不得地装腔作势。……亚库特卡城的苏维埃成立以后，他们派了一个代表到一千一百里以外的森林中去召集我们聚会，问我们需要怎样的政府。我们说：‘你们在亚库特卡有怎样的政府，我们便要那一样的，只要它不是欺骗我们的。’他说：‘那么，选出你们自己的代表到亚库特卡去，并且告诉我们你们人民的需要，你们的代表就在我们政府里办事好了。’于是我们就在那个聚会里选出了我们的代表。后来我自己也曾作过一次代表哩。”

“他们在亚库特卡城里有学校和读书棚。我们的孩子在冬季都送到那儿去念书。我们的语言现在也印成书了，这是革命以前没有的事。并且我们的毛价也高起来了；我们还能买得茶、糖和其他的一些东西。从前他们老是欺骗我们的。”

“你怎样知道他们现在不欺骗你们呢？”我问她，“你知道你们的毛在美国值什么价钱吗？”她毫不重视我的这些疑问。

“当然他们拿我们的毛去赚了很多的钱，”她说，“可是，他们为我们办学校和读书棚是哪儿来的钱呢？而且，政府果真要欺骗我们，他们为什么又给我们办学校、读书棚且办合作社呢？因为我们能够读书识字以后便可以知道许多商情，我们会办合作社，便可以把我们的毛自己来经营贩卖了。这也是我们应有的权利，因为我们都是苏维埃的公民啦!”

（完）

附录 大事记

年代	国事与民事	
862	诺曼人侵入俄罗斯。	
1237	鞑靼人侵入俄罗斯。	
1597	颁布“波里斯哥都鲁夫”敕令。	
1601		俄罗斯大饥荒（到一六〇四年止）。
1602		柯荷拿卜率饥民袭击莫斯科。
1604		十月，伪王（德米特里）率戈萨瓦四万进攻莫斯科。
1605		五月，“德米特里”入驻莫斯科称王，上谕：减轻“奴属制度”，废除处罚逃奴苛例。
1606		五月，“德米特里”为贵族袭杀。 八月，波罗涅可夫大暴动。
1607	逃奴之五年追还期，明令延长为十五年。	五月，波罗涅可夫在都拉失败，溺死。
1608		春，第二伪王“德米特里”率戈萨克及波兰游民在瓦尔合甫地方击败政府军。 六月，第二伪王入驻都深。
1610		第二伪王失败，在卡路加被杀。
1613	诺曼鲁夫朝第一王哈密尔一世即位；土地税改“亩征”为“户征”；特别税间接税加重。	
1646	逃奴之追还期改为无限期。	
1648		莫斯科暴动，抗议苛税。 梳尔费捷柯次克、乌次格、鲁弗戈诺特、卜斯戈甫各地均有暴动（至一六六七年为止）。

续表

年代	国事与民事	
1649	颁布“乌罗善尼”新法典。	
1654	征伐波兰（至一六五五年止）。	
1658	宣布逃奴为刑事犯。	
1661	宣布容逃奴者受重罚。	
1664	实行逃奴大检举。	
1665	土波战事。	
1667		拉贞发难，冬，占据雅河。
1669		拉贞在里海建立海军，劫夺商船。
1670		七月，拉贞率众向瓦尔加河上游出动。
1671		夏，拉贞在新比尔斯克战败，走还南俄，中途被擒。 十一月，拉贞全军覆没。
1675	法定农奴可以买卖赠与。	
1676		六月六日，拉贞被杀于莫斯科。
1678		全人口一半以上都成了农奴。
1682	彼得大帝即位（至一七二五年），制定特别税二十余种；土地税改以人口为单位，即“新人头税”；农奴与奴隶之区别完全泯灭。	
1707	彼得派多尔戈洛基赴顿河追击逃奴，得三千人。	布拉文率众暴动，袭杀多尔戈洛基，旋败。
1708		布拉文重整旗鼓，号召阶级战争，占据捷尔加斯克并劫掠多处，旋失败自杀。 十一月，戈萨克二千人逃向克里米，愿充军役。

续表

年代	国事与民事	
1725	加特林一世即位（至一七二七年），重征苛敛。	
1741	伊里查伯即位（至一七六一年），穷奢极欲，以一千万卢布建冬宫。	
1762	加特林二世即位（至一七九五年），增加农奴八十万。	
1773		秋，布卡捷夫率队进攻亚克要塞，戈萨克、逃奴、逃犯、弱小民族均从之。 十一月，布卡捷夫占有欧俄东半部。
1774		三月，政府军夺回阿伦堡。 暴动中心移向瓦尔加河流域，迤西向莫斯科。 八月，瓦尔加河流域大饥荒，布卡捷夫失败，走乌拉尔，中途被擒。
1775		一月，布卡捷夫被杀于莫斯科。
1796	保罗即位（至一八八〇年），农奴增加六十万。	
1797	敕令：耶加特里罗斯拉夫、克里米、高加索等处施行农奴制度。	
1801	亚力山大一世即位（至一八二五年），十二月颁令：自由阶级可购买土地。	
1803	三月，地主可出卖土地与自由给农奴。	
1805	俄法，俄瑞（典）战争（至一八一二年止）。	

年代	国事与民事	
1815	普、奥、俄结成“神圣同盟”，反抗革命。	
1816	颁布边防军区办法，强迫施行。	“救世团”成立。
1817		“救世团”改组为“福利社”。 农民请愿减轻军役代表遭拘禁。
1819	指定解放农奴试办委员会。	九千农民反抗军役，被镇压失败。
1820	普、奥、俄订立“不得容许有非法变革”在欧洲发生之协约。	
1821		“南社”成立。 “北社”成立。
1823		“斯拉夫人联合会”成立。
1825	十二月十八，亚力山大一世逝世。	十二月二十六日，圣彼得堡“十二月党”兵变。
1826	政府设改革问题研究委员会，设“皇室土地经理部”，直接管理皇室产业。	一月九日，南俄“十二月党”大暴动。 “十二月党”五领袖受死刑，一百六十余人流放西伯利亚各地，兵士数千人流放高加索。
1844		从一八三五年起，共有农人二百九十八，农妇一百一十八，因暗杀地主致遭流放。
1848	法国大革命。 三月二十七日，尼可拉一世宣言：“一切土地属地主，毫无例外。”	
1853	克里米战争（至一八五六年止）。	
1854		从一八三五年起，共有一百四十四名大地主被暗杀。
1855		从一八二五年起，共有五百五十六次农民暴动发生。

续表

年代	国事与民事	
1857	八月，设御前参议委员会，考虑农奴解放问题。	
1858	一月，改御前参议委员会为正式委员会，筹备解放事宜。	
1859	二月，设解放会起草委员会。	
1861	三月十七日，颁布农奴解放令。	圣彼得堡学生大骚动，学生开始“到民间去”运动。
1863	政府颁令保护地主，予地主以处罚雇工之特权。	波兰暴动。
1866		卡拉科卓夫刺杀亚力山大二世，未成。
1867	政府严厉取缔学生运动。	学生继续骚动。
1868		司莫伦斯克大饥荒。
1872		马克思《资本论》第一卷译成俄文。
1873		“到民间去”运动大发展。 莎罗维夫刺亚力山大，未成。
1874		政府大搜捕，得一百九十三人。 各地小革命团体极其发展。
1875		七百七十名党人被捕。
1876		秋，“土地与自由社”成立。 十二月，“土地与自由社”在圣彼得堡卡站大教堂前召集一大示威运动，被捕多人。
1877	俄土战争（至一八七八年止）。	奇梅林地方农民大暴动。 圣彼得堡某五十和平团体的份子多人先后被捕听审。 “土地与自由社”在各地均有发展。
1878		一月，一百九十三人案在圣彼得堡听审。 一月，圣彼得堡卫戍司令特里波甫将军遭暗杀。 八月，宪兵长官梅与塞夫将军被暗杀。

续表

年 代	国 事 与 民 事	
1879		“土地与自由社”分裂成为“黑分派”与“民意派”。
1880		二月，哈尔都林图炸亚力山大二世，仍未成。
1881	亚力山大三世即位（至一八九四年）。	二月九日，亚力山大二世被暗杀。
1882		卡站大学与圣彼得堡学生大骚动。
1883	政府设农民土地银行。	
1886	政府颁令：地主可以随意辞退雇工，雇工不能毁约求退。	
1887		莫斯科、阿节沙、哈戈夫、卡站各地学生骚动。
1889		社会民主工党成立。
1891		南俄及瓦尔加河流域大饥荒（至一八九三年止）。
1894	尼可拉二世即位（至一九一七年）。	从一八八三以来，研究马克思学说的团体纷纷成立。
1895		社会革命党成立。
1896		圣彼得堡大学学生年会遭禁止，莫斯科学生示威抗议，四百人被捕。
1899		圣彼得堡学生示威，被戈萨克骑兵驱散；莫斯科一万三千学生示威。
1900		吉也夫一千学生罢课，五百名被捕。莫斯科、哈戈夫、圣彼得堡均有学生骚动。
1901		反动的教育总长波戈列波夫被暗杀。
1902	政府颁令：田庄雇工，星期日及休假日均须照常工作。	

续表

年 代	国 事 与 民 事	
1903	三月，废除“米尔”负责缴纳全部租税的制度。 八月，废止对农民所施的肉刑。	社会民主工党分裂成多数党与少数党。
1904	二月，日俄战争开始。	七月，反动的内务总长卜雷弗遭暗杀。 十月，自由派联合社会革命党作立宪运动。 十一月，“地方议会”代表联席会开幕。 十二月，自由职业者纷纷集会。
1905	一月一日，旅顺口被日本攻陷。 四月三十日，政府下令，允许学校中宗教改为随意科。 五月，海军大覆没。 六月，给予犹太人少许自由；考虑农民救济问题。 八月，日俄停战。 十月三十日，政府宣言接受“地方议会”代表联席会的请愿；但同时开始实施恐怖政策。 十一月八日，政府颁布限制出版自由令。	一月十八—二十二日，圣彼得堡卜其洛夫工厂大罢工，并波及各厂。 一月二十二日市民大请愿，冬宫前大流血。 二月，各地大罢工大暴动纷起。 二月十七日，皇叔塞尔吉司在克里姆宫被刺。 十三条重要铁路全部停工。 四月，“公团联合会”成立。 夏，农民暴动蔓延达六十二县。 十月十七日，圣彼得堡总罢工。 十月二十日，莫斯科总罢工。同日，铁路工会代表全体被捕；各铁路宣布总罢工。 十月二十七日，“苏维埃”出现。 十月，立宪民主党成立。 十一月一日，总罢工停止。 十一月五日，华沙大示威，公开要求自治，并准备召集一千二百教区的农民代表大会，均被镇压失败。 十一月八日，克隆司达兵变，被压迫失败。 十一月十四日，苏维埃宣布二次总罢工，要求八小时工作制，继续至十九日。 十一月二十八日，农民联合会委员会全体被捕。

续表

年代	国事与民事	
		十一月，西伯利亚驻军及西瓦司多波耳海军均兵变。 十一月，农民暴动波及了欧俄一百六十县。 十二月五日，苏维埃主席赫陆司他列夫被捕。 十二月十四日，邮电杂役罢工。 十二月十六日，苏维埃一百九十人被捕。 十二月二十日，宣布第三次总罢工，未实现。 十二月二十四日，莫斯科党人袭击政府，小胜旋败；南俄沙拉托夫、洛司托夫、鲁瓦洛西克、埃克特林堡、莎奇、苏虎木各地均有暴动。 十二月，立陶宛人与爱斯多尼亚人反抗德国地主，被镇压失败。
1906	十一月，颁布“家庭建设条例”。	
1914	七月，欧洲大战开始，俄国立时加入。	
1917	三月十二日，革命爆发，俄皇统治推翻，第一次，临时政府成立（立宪民主党的内阁）。 七月二十一日，第二次临时政府成立（社会民主党的内阁）。 十一月七日，多数党执政。 十一月八日，发布“土地布告”及“和平宣言”。 十一月十八日，发布“告农民书”。	

续表

年　代	国　事　与　民　事
1918	一月二十七日，颁布“新土地法”。 夏，在乡村组织贫农委员会，实行“军事共产制”。 十二月，解散贫农委员会。
1919	二月十七日，颁布“社会主义的”农业土地基本法令。
1920	大饥荒。 白党肃清。
1921	三月，宣布实行“新经济政策”。
1923	四月，划一租税为单一的农业税。
1924	“剪刀问题”发生，立时解决。
1925	春，减去农民担负的租税总额三分之一；相当容许农民租地并雇工。

跋

写完这本书，是两年以前的事；因为一个为大众所共知的理由，一直挨延到今天，才得勉强和读者相见。在普通的人，尤其在混战连年循环不已的中国，两年亦不过是一瞬间而已。可是在正在生长中的新俄罗斯，尤其在“动荡中的新俄农村”，两年的时期却真有可观的变迁哩！例如在农业的生产量，农业品的贸易，农村的电汽化，农村的社会主义化（集体耕作之发展），特别是在农村的社会生活方面，今天比两年前都有极长足的进展！

不幸，在编辑室和排字房延挨了两年，却竟不能等候几天，书局里告诉我，版都已铸好付印了。想加进一点新的材料，终于不可能。只好在此向读者道歉，且候有再版或旁的机会，再为读者报告新的事象吧。

一九三〇年三月二十二日

伟森再识于海上

（1930 年 3 月上海泰东图书局初版）

新　　年

（一九二九年三月）

爆竹声声报新年，
新年呵！顽旧的新年啊！
一切，一切，一切依然似旧年。
只有，游荡，吃喝，打拱，豪赌；
这样的一件件社会上的弱点，
完全地，赤裸地，都暴露在眼前。
新年呵！真是罪恶之源泉！

（原载《邮声》1929年第3卷第3期）
署名：卓如

上海工人的工作时间与工资

（一九二九年五月一日）

纱厂工人一般是六进六出，每日十二小时工作，便是吃饭亦多不关车，近来连接班时亦不许关车了。星期六的夜班常要延长三小时的工作，同星期一的日班亦要提早三小时进厂。这都是例外的剥削。星期休假无工资。

布厂工人没有夜工，各厂工作时间亦不尽同。日本厂每日十二小时，六进六出，工作时无座位。中国厂每日十四小时，五时半进，七时半出。英国厂每日十六小时余，四时进，八时半出。星期日休息均无工资。

丝厂工人每日六时上工，六时放工，中间吃饭仅停工四十五分钟。星期日不一定停工，看工作忙否而定。

电车工人，机务部通常是九小时工作，开车亦是九小时工作，卖票因要清算铜元等，除规定的九小时工作外，每天要多作一小时半到两小时的工作，星期［日］无休息。

邮务工人一般是每日工作八小时，唯邮务生有仅六小时的，苦力每日仍作工十小时，星期［日］休息有工资。

印务工人方面，墨色石印每日工作十小时，每月初一十五两日休息，因系包工制，故无工资。华洋印务每日十小时工作，只有极小部分作八小时工作的，星期日休息。

彩印工作时间每日九小时。报界每日工作八小时。

店员方面通常都在十二小时以上，有多至每日十七八小时的（如熟货业），一般以十四小时为最多，虽订有条件减少工作时间，多未履行（如绸缎业等）。

从上面的调查看来，除了一部分的市政工人外，上海一般工人的工作时间都在十二时左右。

但各业的平均工资呢？纱厂每月约十二元八角，布厂约十四元半，丝厂约十二元，电车约二十元，邮务约五十一元，印务约二十元，店员约十二元半。

现在细工每月每人至少需三十八元的生活费，五人家族需七十余元，粗工每人需二十三元，五人家族需四十二元，从此我们可以知道，工资最优的邮务工人，每月所入还是不够供给家族的生活；至若纱厂、布厂、电车与店员等，那更不知道是过的何等贫苦的生活了！

作长时间牛马般的苦工，所得的报酬便是这样！

除了自己起来，为八小时工作制与加增工资奋斗，上海工人有什么出路？

（载《红旗》1929 年第 19 期）

署名：求实

清　　晨

（一九二九年五月）

白薇今晨起得特别早。

鱼鳞般的天空，还留着几颗隐约的小星，和半圆亏的月亮眩耀着，似俯首欢迎早起的人们而微笑，白薇痴呆地站在窗边，用她那怂恿朦胧的眼睛，赏察这美丽的清晨：清风飒飒的拂衣，小鸟吱吱歌舞于树梢；深绿的叶儿，载着晶莹的朝露，更现得生气欲动；轻盈的朝霞，与苍翠青山互抱而深吻……一切自然的生气与美丽，荡浮于她的眼帘，她觉得清晨的一切，都生动于快美的寰宇里。

她突然记起，记起一云今晨来了，倍增欢乐和愉快，她匆匆地洗过了脸，抹上脂粉，换了漂亮的衣服，向镜里一照，显了一双适度的笑涡。不错，是一个好人儿；丰润的面孔，绯红的两颊，在微笑时多么的娇媚！短才过膝的旗袍，一直穿上腿弯的闪眩丝袜，丰高跟的象牙色皮鞋，鞋边缀以两朵彩花……也是多么的美丽呵！照了一会，自己赞美一会，她走近窗边，望着窗下的门外，打望她的爱人——一云——到来没有。

——他昨天要求我的婚约，今晨他到来，倘若讲及这些，那么答应他吧。他是真诚的爱我呵！是的……这样的人儿，也不错了吧！

门外好似有些响声了。她想，大约是一云来到吧。她向窗外一望，原来是小狗的狂跃，给她一个失望。

红日已蠕蠕地上升了。等着，望着，她有点烦急了。背着手儿，很急闷的踱着，踱了一会，伸头过窗外一望，总有几次了。一云依然还没有到来。

她顺手拿了一本《九月的玫瑰》，气喘喘的躺在沙发上，没趣的揭了几页，终于一行没曾看成。她确有点烦急了，很用劲的把书掷下。看看桌上的坐钟，“原来还是这么早呢”，她暗自好笑，自己太急迫了！

咽咽的靴声，从门外送到她的耳鼓来了。很得意的跑到窗边，伸头望去。不错，一云来了，穿着一套漂亮新的哔叽西装，手中持着一束的茉莉花。

“早呀!”白薇款款笑容的招呼他。

“你也早呢，薇！我要赠给你的。”一云殷勤的交给茉莉给她。

“赠给我？谢谢！多香艳的花!”

“你比花儿还要美丽呵!”

他摘下了，一朵的茉莉替她插上襟上。

“配得好呀！更美艳了。人间的安琪儿!”

“咦，休取笑吧!”她不禁嫣然一笑，把茉莉插上瓶上。

两人偎依地坐在沙发上。

“昨天说过的，你能答应我不?”

“什么……”她用神的追索，“是的，几乎：忘记了，咦！那有不能答应你!”

“真的？那么，你真诚爱我？你愿意的吧?”

“自然，我爱你才愿意的。我恨不能剖开的心给你看!”

“我爱，我也一样的爱你!”

一云偷偷地打量她一回：那秋水般的明眸，新月般的细眉，绯红的双颊，红樱般的小口，那深浅合度可爱的笑涡，及那姣艳的衣儿，在刚好隐藏乳部的那里，再印上些美丽的花朵，隐约地从绛隙缝里透露浅红的内衣来。一切都适当而自然地显出少女富有苗条的艳姿。那俏眉的眼波，颤荡的吐音，更使人回肠荡魂。他被她摄得神魄定了。如婴孩般地投入她的怀里，慢慢的，从嘴唇向上至眉梢，看个饱了。她射出惊疑的眼光，想力避我的视线，然而终于碰着了。

“无端的瞧着人，到底为什么呢?”她有点愤怕了，但又微笑的。

“唔！——”他给她问哑了。他只搂抱着她那柔细的腰儿，很热烈的吻了一回。

“我的白薇，到底你给我一个证凭的好!”很久的，他才这么的要求。

“啊，我只有一颗纯洁的心，给你做证凭。”

“是的，我很信任你，不过——”

“那么，我给个约指你吧?”

“也好，就这样吧。”

白薇把手中的约指脱下来，谨慎地替他带上。他也把他的恭敬地交给她。

“那么你是我的 Fiancee 了，我是你的——”他说后望望白薇，她脸儿已洒上红霞了。

两人间又静默了一会。一云走近案前，无意地翻阅她的书箱。在湖畔的里面，夹着一篇的原稿，他拿起来看时，她已拼命的扑过来夺，但他早已掠在手里了。

“咦，这时未看得！至作完时再给你评阅。”

他拿着稿子，高举起来。她贴近他的胸前，伸手拼命的掠夺。一阵浓密的香气，他软酸了，稿子已为她夺回。他只见题目是《我的初恋》。

时钟已报十时了。

“我要走了。校里今天要开一个隆重的大会。”

“还很早呢。食过早餐不迟吧！好不好？”她紧紧挽着他的臂，不让他走。

“不行，我晚上还要来呢。”一云只坚持着。

白薇只难为情，送他出门外去。接了一回甜密〈蜜〉的 kiss 才依依的别了。

（原载《台中》半月刊 1929 年第 9—10 期）

署名：伟森

梦

（一九二九年五月）

生在这冷酷浑沌的人世里，
所尝到的只有痛苦与虚伪，
所徘徊的总是囹圄与坟丛！
人生永涉不着光明与乐娱！

*　　*　　*

唯梦里才是人生的真意义，
梦里才是我们的快乐之国，
梦里才是我们的自由之邦，
梦里才是…………………！

*　　*　　*

在那儿可唱着美丽的恋歌，
在那儿可诵着玄妙的神曲，
在那儿可搂着天女而舞蹈，
在那儿……………………。

*　　*　　*

朋友，受尽人世冷酷的朋友！
梦着吧，梦在天国的皇宫里！
梦着吧，找着你乐趣的对象！
梦着吧，找着你灵魂的抚慰！

（原载《台中》半月刊 1929 年第 9—10 期）
署名：伟森

俄国革命画史

伏尔加船夫（楔子）

伏尔加河的船夫

伏尔加船夫曲

唷嘿呵！唷嘿呵！

　大家一齐用力拉！

唷嘿呵！唷嘿呵！

　纤绳拉着肩背麻，背着背着几时方才罢？

　筋肉饥〈肌〉肤尽晒暴日下！

嗳达达嗳达！嗳达达嗳达！

　蓬头破衣像野人！

唷嘿呵！唷嘿呵！

　每天劳苦无休停！

唷嘿呵！唷嘿呵！

　世界谁听吾歌声？

　祈上苍，谁能救我们。我在呼唤自由与平等！

嗳达达嗳达！嗳达达嗳达！

　世界共听吾歌声！

唷嘿呵！唷嘿呵！

俄国革命史提要

十二年前，俄国还是一个很暴虐的帝国主义的国家，农民是地主的奴隶，工人是资本家的牛马，兵士是俄皇政府侵略外国压迫本国人民的工具。

俄国人民反抗俄皇政府的革命运动，在六十年前就发生了的。革命运动的中坚是工人和农民，指导革命运动的是马克思主义的无产阶级政党——布尔什维克。

经过了约四十年的波折，一直到二十三年前（一九〇五年），因为日俄战争的失败，弄得工人、农民都实在生活不下去了，于是爆发了一次大革命。这次大革命延长到了一年之久，成立了工人政权的苏维埃，并且蔓延了穷乡僻壤；然而因为工农的联合还不充分，而俄皇政府及俄国资产阶级用严厉的屠杀政策，所以一九〇五年的第一次大革命终于失败了。

从此以后，经过了几年黑暗反动的时期，工人阶级的力量逐渐恢复并增大，阶级觉悟逐渐提高，工人阶级的政党——布尔什维克（共产党）也逐渐长成。

一九一四年的帝国主义大战，俄国的农民工人调到战场上去替俄皇政府当炮灰的有一千五百万，于是农业和工业很快地就衰败下来，到了一九一六年至一九一七年间，货物缺乏而又腾贵，俄国人民的生活已经是不能维持了；虽然在极严厉的军事戒严令之下，人民的骚动已开始发动。一九一七年三月十日彼得格勒（当时俄国都城）总同盟罢工实现，工人和宪兵警察间已发生巷战；十二日，许多营兵士都站到了工人一方面，政府的宪兵警察无法抵抗，俄皇尼古拉第二及政府要人都被逮捕，俄皇政府便从此推倒了。

三月十五日临时政府成立，然而组织这个政府的都是一些资本家；工人虽然已经成立苏维埃，但组织还欠健全，布尔什维克党也还欠强固，所以这一次革命只是把俄皇的政权夺过来交给资本家去了。

此时工人、农民、兵士所要求的是面包、土地与和平；然而临时政府还是继续采取俄皇的政策，坚决地要继续战争，不准农民分土地，不实现八小时工作制，这完全和工农兵士的希望相反的。

于是革命继续发展下去。

从三月到十一月，资产阶级的临时政府改组了四次，然而对待工农及外交政策，和俄皇政府没有两样；工人、农民和兵士都先后成立了苏维埃，布尔什维克在这些运动中是革命群众中的领导。七月的大示威过后，革命更急进地向前发展。到了十一月七日，资产阶级的政府终于被推倒，工农兵苏维埃的政权成立。苏维埃政府立时发布命令，分配地主的土地给农民，实现八小时工作制，没收大工厂银行，并［发布］停止参加战争的布告。

各帝国主义帮助反革命的俄国资产阶级进攻苏维埃政府，接着帝国主义又直接派兵进攻苏俄，并且实行封锁政策——终于因俄国工农兵的团结与毅力，经过了三年的国内战争，苏俄的工农终于战胜了一切反革命的势力，巩固了无产阶级专政的政权。

一九二一年，结束了军事共产时代，实行新经济政策，一九二二年十二月，由革命而兴新的国家乌克兰共和国及后高加索共和国等的提议，于是由十一个自治共和国及十个自治州组合成的“社会主义苏维埃共和国大联合”（简称“苏联”）便于当年十二月三十日成立了。

直到最近，工业农业的发展都超过了革命前的状况，产业社会化的成绩更是一日千里：工人每天只作六七小时的工作，农民有了足够的土地，从此可以稳固地走上社会主义建设的道路了。

全世界的无产阶级和殖民地被压迫的民族，都认定苏联是无产阶级的祖国，是无产阶级的社会革命和殖民地民族解放运动中的明灯，有力的同盟者。

“全世界无产阶级和被压迫民族联合起来！”

俄罗斯与俄皇政府

俄国是世界上最庞大的国家之一，它有绵延万里的森林和高山，它有一望无垠、冰天雪地的原野，它的河流冬季都结成坚冰，春夏之交才开始融化，遍处泛流。

俄罗斯立国虽然在千年以前，然而直到三百年前罗曼诺夫朝的始祖米哈尔夺得政权，国基才逐渐巩固。尼古拉二世（右）便是这朝最后的皇帝，好似中国的宣统一样。他极端凶残，所以被称为“浴血的尼古拉”(你看他不是满身都是血吗?)；他的妻苏菲亚（左）更是一个万恶的妇人，她怂恿尼古拉作了许多残害人民的事！

尼古拉夫妇压榨工农的血汗，去图个人的快活；只要看看他们所住的皇宫和“御座”（右），便可见他们是如何奢侈！并且苏菲亚皇后还和一个著名的淫棍拉斯蒲金（左）私通；拉斯浦金是一个主张极端专制的人，便利用他那种如中国唐朝安绿山、清朝李莲英所处的地位，助纣为虐，有人叫他作“皇帝的皇帝”。

这是莫斯科克里姆林宫的全景，在莫斯科河滨，昔日是专制帝王发号施令宰割民众的恶魔窟，革命后已经变成了保证工农利益的苏维埃政府所在地——“劳动府”了。

莫斯科最美丽的大教堂之一

全俄教会议事会中的牧师

俄皇政府利用民膏民脂，建立了万千数的教堂，豢养着成群的牧师教士，强迫人民迷信宗教，要人民安于眼前的痛苦，妄信那绝对虚空的天堂——这种愚民政策，是俄皇政府奴服民众的手段之一。

西伯利亚的狱舍

彼得格勒对河的彼得保罗大监狱

俄皇政府镇压民众主要的武器是监狱。每年总有成千上万的工人农民和兵士，因为反抗压迫而被充军到荒凉冷落、雪地冰天的西伯利亚，被投进黑暗龌龊人间地狱的堡垒中，去度那长年漫漫凄苦的生涯；在狱中庾死的每年更不知有若干！

充军到西伯利亚去的途中

彼得保罗狱中的地道

革命以前的戈萨克兵完全是俄皇政府的鹰犬；你看他跨在马上，恶狠狠地驱逐着在雪中跋涉的囚犯，是何等令人伤心且气愤。

俄皇政府卵翼下的贵族官僚，多半是吃饭不做事；他们常年都是在享乐中过他们的日子，高兴的时候便到乡间去赛马，打猎。

贵族在乡间大道上赛马

军官夫妇乘雪车游乐

俄皇时代的农民生活

俄国农民一向是地主所有的奴隶；地主可以将他的农奴转卖或抵押给旁人，可以任意处以死刑；一八六一年（六十九年前），因为农民不断的反抗，政府下了一纸空文的“农奴解放令”，农民这一喜非同小可。

俄国农民的冬装

农民聚在草堆旁听读解放令

然而终于是一场空欢喜，因为农民从前属于地主的时候还不会饿饭；解放后农民自己的土地不够生活（有许多并无寸土），便只有饿死——实际解放令只给了农民饿死的自由。日子过得愈久，农民更没有方法生活。到了十九世纪末（三十年前），地主比农民所有的土地要大二千多倍；农民因为穷了，便把耕作所必需的牛马都卖掉了，以致农民所有的牛马，一年比一年更加减少。

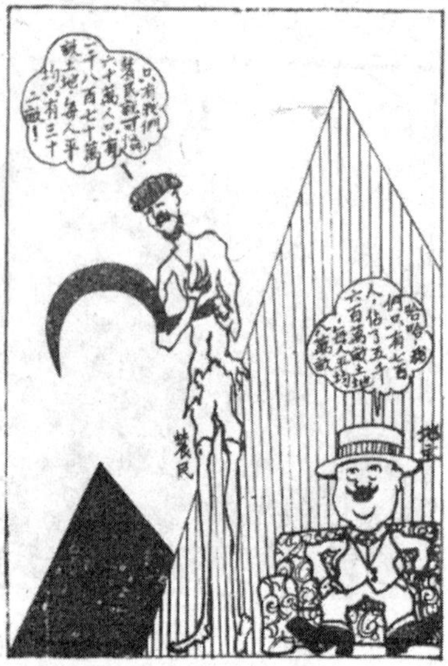

农民住的都是这样很简陋的木屋，吃饭，睡觉，作手工，在冬季，甚至猪和鸡也都睡在这一间屋内。

农民每天都在这样狭窄的田地中辛苦地干他们的生活

有些农村中，因为牛马不够，而男子又忙于耕作，以致搬运树木这一类吃力的工作，都得由妇女担任。

在俄国农业不发达的地带，居民差不多还是过着渔猎游牧的生活。一家老小都忙着制皮的工作，看看他们的装束便可知他们的生活［有多］苦了！

同样，近水的居民，靠捕鱼生活的，也都是全家男女老少共同工作。

俄国农民虽然在极苦的环境中挣扎，然而总不易失去他们那乐天的特性；看看这微笑着的老翁与少妇，那是何等令人爱悦的神态呵！

十九世纪末俄国产业之发展与工人生活

农奴解放后，资本家可以自由雇佣工人替他作牛马，所以十九世纪末俄国的产业有惊人的发展。煤油、煤、铁的出产都年有增加；铁路的发展更是一日千里，四十年间铁轨的延长几乎加了四十倍——铁路的发展便又转而促进别种产业的发展。

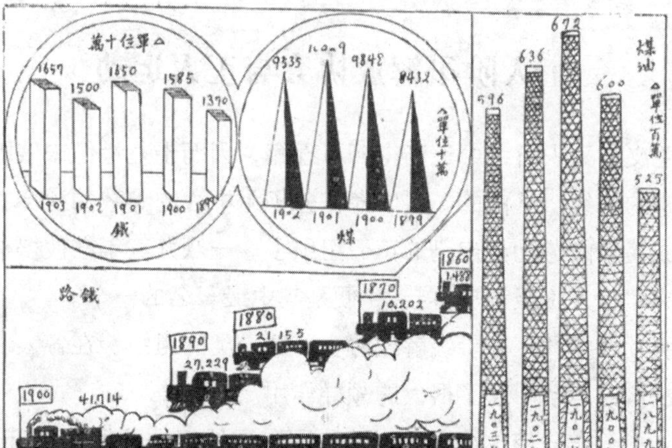

十九世纪末俄国产业发展的概况

千人以上的大工厂，二十余年间加了一倍，这是产业集中的结果。工人总数在十年间由一百多万增加到两百多万，工人阶级从此壮大起来了。

农民虽然从地主的束缚中解放出来，但立刻又被资本家束缚住了。物价涨了一倍乃至两倍多，而工资还只加了两三成。

所以罢工运动逐渐开展起来，到一九〇三年竟达到了过去十年间的顶点。

C工资低微物价高涨　　A大工厂数目增加

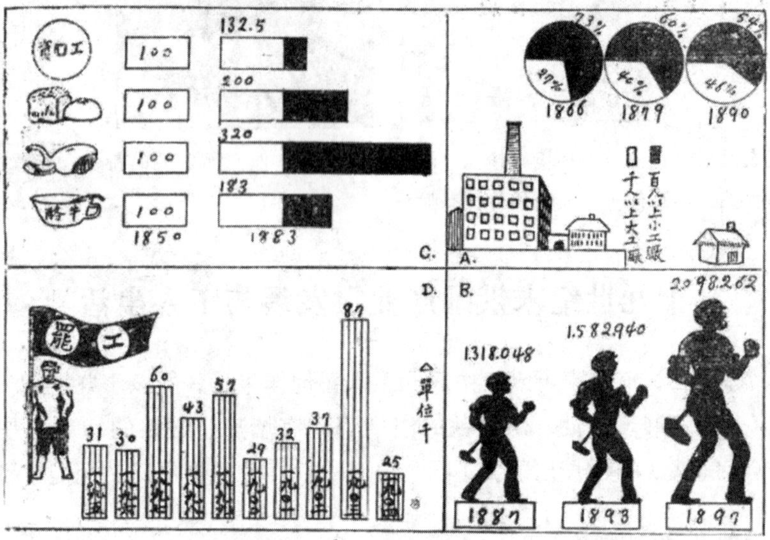

D罢工运动年年开展　　B工人数量增加

工人阶级解放协会与工人运动

马克思主义在工人阶级中逐渐得到了理解，因而十九世纪末俄国的工人运动走上了更正确的路线。从前的一些以知识分子为中心的零散的社会主义团体，此时也逐渐变成集中的劳动者自己的革命组织了。一八九五年在彼得格勒成立，以列宁为首领的“工人阶级解放协会”，便是其中最著名的一个。

像列宁所领导的“工人阶级解放协会”这一类的组织，在各大工业区的城市都有，并且在劳动运动中起了很大的领导作用。

因此成立一个充分带政治性，能够指导全国从事推翻俄皇政府运动的组织，便成了急迫的需要。一八九八年三月，由各大城市劳动团体的代表和犹太工会的代表在明斯克地方开各团体第一次代表大会，议决成立“俄罗斯社会民主工党”。

在这次大会上规定了章程，发表宣言，宣言中说：本党最近的职任为取得政

一八九五年的工人阶级解放协会（中坐者为列宁）

权，而最后的目的为建设社会主义。但大会刚刚闭幕，新选出的中央委员会成员及到会代表差不多完全被捕。因而各地的团体只能依宣言所提示的原则各自为战，还是没有统一的指导机关。

一九〇〇年列宁从西伯利亚回来（他是在一八九五年十二月彼得格勒的大罢工中被捕，随即充军到西伯利亚去的），便着手组织全俄罗斯的革命政党。他进行的第一步是创立一种能够结合全国革命势力的“全俄罗斯”的新闻。这新闻名叫《火花》，是由列宁、卜列哈诺夫、马托夫等负责编辑的。

《火花》出版后就和当时的所谓“经济主义”作斗争。“经济主义”者的主张是，工人只须作经济斗争，不要过问政治斗争，至多也只能把经济斗争中的政治性质加多一点，换句话说，就是可以要求政府以立法的方法改善工人的经济生活——“经济主义者”的目的只在要求改良经济生活，绝对不要求改良政治组织。

列宁在《火花》上极严厉地批评“经济主义”就是“改良主义”，因为这种思想在工人阶级内如果发生了影响，结果便会更巩固俄皇专制政治的统治。列宁说：假使在政治战线上没有得到胜利，则无论什么“经济的胜利”都是不可靠的。

一九〇二年到一九〇三年，南俄的劳动运动有大的发展，列宁便立时提出召集社会民主工党的第二次代表大会的意见。一九〇三年七月，第二次大会便在伦敦举行了。

这次大会上通过了一个党纲，主要的意思说：为彻底解放无产阶级起见，无产阶级必须取得政权，实行无产阶级独裁制；没有这一个先行条件，社会主义是不能实现的。

党纲虽然一致通过，可是在讨论对待资产阶级的态度及党的组织问题的时候，又发生争执。一派的人主张与自由派资产阶级作相当妥协，这派人占少数，以马托夫为首领，后来被称为孟什维克（意即少数派）；一派人主张时时刻刻暴露资产阶级的政治是不利于工人阶级的，工人阶级应坚决地从事政治的革命斗争，这派人占多数，以列宁为首领，后来被称为布尔什维克（意即多数派）。对于组织问题，列宁主张必须参加党中某一种组织工作的，才可算党员，马托夫主张只要承认党纲，交纳党费的便可算党员——照马托夫的主张，便会有许多非革命的不坚决的分子混入到党里来。

于是这两派——绝对不能调和的两派——便从此分裂了。列宁所领导的布尔什维克派始终坚持纯粹无产阶级的革命战争和纯粹无产阶级政党的组织；马托夫的孟什维克派始终坚持和资产阶级妥协的意见，努力增加党员，于是一切非驴非马的非无产阶级的分子都混到孟什维克派中去了。

《火花》报开始是由列宁一派主持的；后因卜列哈诺夫的妥协而转归马托夫一派手中去了。但是党的中央委员会还是布尔什维克派。

日俄战争与革命运动

一九〇四年，俄皇政府和日本争夺东方的殖民地，发生日俄战争。战争的结果，俄国大败：因为军费加大，滥发纸币，致货币价格低落；日用品出产减少，价格暴涨。弄得人民生活困难达于极点。

工人和农民反对战争的骚动四处蜂起，俄皇政府特调动许多军队驰赴各乡村及大城市的工业区，施行无情的屠杀，希望能够镇压下去。

反对战争的工人在西伯利亚被活埋

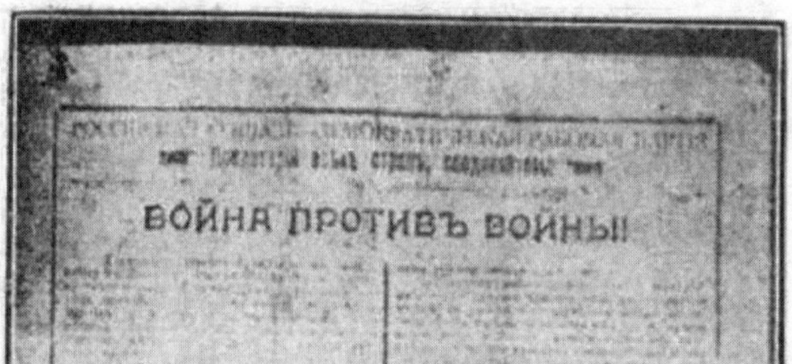

ВОЙНА ПРОТИВЪ ВОЙНЫ!

俄国社会民主工党反对日俄战争的宣言“全世界的无产阶级联合起来”，“用战争反对战争”。

一九〇四年在黑龙江北岸被杀的农民

一九〇五年大革命开始

一九〇五年一月一日，彼得格勒蒲基洛夫工厂开除了四个工人，全厂工人派代表要求复职，并提出实行八小时工作制，增加工资百分之六十六至一百及改良待遇等，厂主不应允；一月三日该厂工人便宣布罢工；身受了日俄战争痛苦的工人便相继罢工援助。一月七日彼得格勒已经成了总罢工的形势；罢工工人所提出的要求不限于经济的，这一次总罢工立刻转变成为严重的政治战争了。

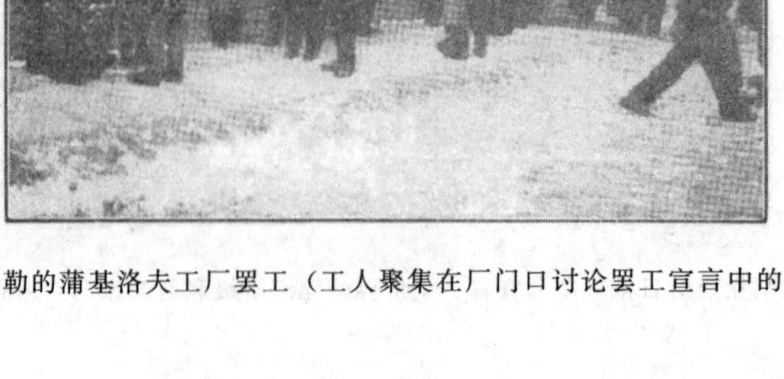

彼得格勒的蒲基洛夫工厂罢工（工人聚集在厂门口讨论罢工宣言中的要求）

流血星期日

俄皇政府想缓和工人的革命运动，曾于一九〇四年命牧师加朋在彼得格勒办了一个“俄国工会”；这个官办的工会和我们中国今天所有的那些国民党的工贼工会一样，他们绝对不谈政治，工会开会的时候，只有一些关于宗教道德的讲演，教工人不要反抗资本家。一九〇五年一月彼得格勒的总罢工发生，此时列宁所领导的布尔什维克在群众中还没有强固的组织，加朋便极力活动，想取着这次罢工的领导权。

加朋怂恿工人到冬宫去向俄皇请愿，希望缓和群众的革命情绪；工人答应了去请愿，可是在请愿书上提出来的要求却都是革命的，如要求集会结社言论出版罢工一切自由，八小时工作制，监督生产，增加工资；分配土地给农民，废止间接税，不许宗教干涉政治，释放一切政治犯及因罢工骚动而被捕的工人、农民等。

一月九日正午十二时，二十万工人的队伍向冬宫进行，牧师加朋穿着法衣，接着是燃香烛，抬圣像的，接着就是工人群众，工人当中还有捧着俄皇肖像的；沿途还唱着“我们的主父”的圣歌。

走到了冬宫的大道上就碰着了军队，他们要求军队放行，得到的回答却是无情的枪弹，当场就死伤了几十个人；群众并不退缩，很快就冲到了冬宫前的广场上，群众的四周都是军队，立刻听见了一阵军号的声音，接着轰地一声炮响，又是第二声……又是第三声……群众向后退，戈萨克兵用马队追赶践踏了许多带伤待死的人。警察立刻将死者秘密埋葬；来不及秘密埋葬而由病院收尸的有一千二百十六人，负伤者五千人以上。

这就是俄国革命史上而有名的“流血星期日”。

一月九日的流血立刻促醒了工人阶级更深一层的觉悟，工贼加朋再骗不住工人了；第二天由列宁布尔什维克派所主持的社会民主工党便发布告工人市民书，号召群众武装暴动，夺取政权；接着，列宁又在自己主持的《前进报》上鼓动工人的直接行动。

大工贼加朋带领工人到冬宫前请愿去，图上角是加朋（左）和警察总监伏龙大佐（右）。

俄国社会民主工党一月十日的决议

星期一，在圣彼得堡

“全世界无产阶级联合起来！”

市民们！

昨天你们看见专制政府的凶残了！你们看见街上流的鲜血了！你们看见工人因自卫而被杀数千人了！你们看见那些死者了！你们听见那手无寸铁身受重伤的妇女孩子们的呻吟了！

工人的鲜血和脑浆溅满了他们躺倒的那街道上！谁指使兵士用枪弹扫射工人的胸膛呢？那是俄皇！是大公爵，是阁员们，是将军们，是法庭的一些刽子手！这都是屠杀工人的凶手——这都是应该受死刑处分的。武装起来，同志们！夺取兵工厂、军械局和火药库；捣毁监狱，同志们，释放那些自由的保卫者；捣毁警察宪兵及一切政府机关。打倒专制政府！我们要建设我们自己的政府——革命万岁！人民代表的宪法会议万岁！

列宁主持的《前进报》

抗议一月九日虐杀的罢工立时蔓延起来，从都市到农村，从春季到夏季，罢工和骚动没有一刻停歇。六月五日，洛治市的工人示威，又遭屠杀，七月八日工人举行被杀者的葬仪，有五万人参加，中途又被军队邀击射杀一阵，工人遂宣言总罢工。接着各大城市都有军警与工人市民的巷战，装甲舰名“波建铿”(现译“波将金”——编者）的也声援工人的暴动；该舰的水手把官长都拘捕或杀死了，占领该舰计十一之久（原文如此——编者)。

又，伊凡诺夫、窝次内辛斯克勃发罢工，继续七十二天之久；军警和工人冲突，工人被杀六十五人。而工人、农民对于政府的反抗，除罢工外，还有部分实行暗杀的，计四五两月中，政府大官吏被暗杀的四十二人，负伤的六十二人。

革命的波建铿舰的水手

一九〇五年大革命中之布尔什维克

一九〇五年的大革命爆发，列宁所领导的布尔什维克于夏间召集俄国社会民主工党第三次大会，讨论应付革命的策略，此时孟什维克已经完全和布尔什维克分裂了。

召集社会民主工党第三次大会的布尔什维克中央委员会

列宁主持的《无产阶级报》

布尔什维克的第三次大会认定当前的革命应当由工人阶级领导，工人阶级取得农民的援助，推翻俄皇统治，建立工人和农民的革命民主独裁的政权，这样才能实现工人和农民所必要的经济上和政治上的根本改革。但孟什维克是竭力主张和资产阶级妥协合作的。第三次大会又决定出版《无产阶级报》作宣传机关，由列宁和其它布尔什维克的中坚份子主持。

苏维埃第一次出现

从最初就轻视工农联合战线的托洛斯基

七月以后，彼得格勒和其它重要城市的工人骚动更活跃，十月十三日，彼得格勒罢工的四十种产业的代表，集合于工艺学校，成立了“彼得堡工人代表苏维埃”——这便是今天成为无产阶级国家苏联的政治组织之最初形式。事实上当时苏维埃已经成了全国总罢工的指导者；后来发展的结果，计有产业一百四十七处，作坊三十四所，共派有代表五百六十二人组成这个苏维埃。

苏维埃主席是赫鲁达内夫（孟什维克），副主席是托洛斯基。最初托洛斯基本来是赞成孟什维克的，此时因革命潮流的激荡，便转向布尔什维克方面来；但他还是轻视工农的联合，他以为用不着农民的帮助，工人阶级是可以独立担负一切的——然而一九〇五年革命的失败的主要原因之一便是工农缺乏联合。

“不要吹，这是几张空纸垒起来的！”（对于政府十月宣言的讽刺画）

主持十月宣言欺骗政策的总理大臣维特

十月十七日，俄皇政府发布了一个宣言，用很空洞的话允许给人政治的自由，允许召集国会；资产阶级看见了这个宣言，便立刻和俄皇政府妥协，这证实了孟什维克与资产阶级合作的政策是最谬妄的。俄皇政府发布这个宣言完全是一种欺骗的手段，所以，等候各地罢工风潮稍为停歇，政府的屠杀政策便出现了，反动势力立刻恢复了他的原气。

一九○五年末之大罢工及其结果

但各地骚动并没有如政府所想象的那样容易平静，彼得格勒的工人虽然为了聚集力量而暂时中止了第一次总罢工，但还是决定继续着革命的斗争，为八小时工作制奋斗到底。

彼得格勒工人一九〇五年十月三十一日的大示威

彼得格勒警察在街上搜查行人

十月二十日彼得格勒《工人苏维埃新闻》的社论说：

“是的，我们有一部宪法了！我们有了宪法给予的自由——可是宪法会议还得受军警的包围。我们有了言论的自由——可是检查局还是岸然存在。我们有了教育的自由——可是学校里还是驻着监视行动的军队。我们有了个人的自由——可是监狱里还是充满了囚徒。我们有了一部宪法——可是我们还得受专制皇帝的统治。这部宪法给了我们一切——而这一切却都是乌有的。”

而最好的实际教训是，有许多地方的工人向资本家提出八小时工作制的要求，资本家完全拒绝了，有的便拿关厂来对付工人。

十月宣言是最无价值的空文，工人是认识清楚了。

一九〇五年革命中的农民

十月工人的罢工运动，对于农村有很大的影响，在俄国中部，在波罗的海沿岸，在波兰和高加索，都有很大规模的农民骚动，约计有二千家贵族地主的田庄被农民焚毁。高加索方面的农民骚动完全在布尔什维克的政治影响之下，波罗的海沿岸及波兰之一部的农民骚动都是农业劳动者作领导，和城市的工人罢工有很密切的联络。但政府对于农村的压迫也尽惨酷之能事，血洗和焚烧是最常用的方法。

在戈萨克的皮鞭之下，反抗地主的农民都被强迫替地主耕田。

在军队方面，尤其在海军方面，革命的情绪异常高涨，最著名的希米特领导的“阿兹恰可夫”舰的骚动，他一面致电俄皇，要求立时召集宪法会议，一面号召其它舰队一致行动，波建铿、德尼司特等舰都继续骚动起来。但不幸在一天之内就给俄皇政府用大炮镇压下去了。

陆军方面骚动得最厉害的是吉也夫、哈戈甫、沙马拉等处的驻军，有多数长官都被杀了。

彼得格勒工人，为了抗议政府对于格隆斯达驻军中革命份子检举，同时为了实现八小时工作制，又决定举行第二次总罢工，从十一月二日到七日，直到最后一天，还有十万人参加，形势是很好的。但此时政府的势力更恢复强大了，因而，最后苏维埃代表全体被捕，工人终于不免陷于失败。

纽捷兰特·希米特（黑海舰队水兵暴动的领袖）

莫斯科方面的工人比较彼得格勒方面少受挫折，莫斯科的驻军受革命的影响更大。彼得格勒苏维埃全体被捕的消息传到了莫斯科，十二月四日，莫斯科苏维埃遂决议：“对劳动大众，宣言实行革命，对政府的攻击，以攻击回答他。”经过了几天的准备，十二月七日，苏维埃便发布了一个《告一切工人、兵士、市民》的檄文，宣布俄皇政府十月宣言欺骗民众的十大罪状，并说："革命的劳动民众，我们对于俄皇专制政府的嘲弄已经忍无可忍了，所以决定对于不共戴天的专制政府宣布你死我活的战争！"当日铁路工人便首先宣布罢工。

一九〇五年莫斯科巷战时之防御棚（一）

一九〇五年莫斯科巷战时之防御棚（二）

十二月七日莫斯科宣布总罢工后，参加的开始即有十五万人。罢工工人和政府军队到处发生冲突。起初工人颇占优势。后来政府忽然将革命领袖拘捕了很多；驻军响应工人的也很快被镇压下去了。彼得格勒的第三次罢工，并不能声援莫斯科；反之，因彼得格勒的失败，政府有余暇调动彼得格勒的军队来救莫斯科。从十日到十七日，莫斯科的工人与政府军血战了一星期之久，终于最后的防御线也被击破，工人于是失败。

一九〇五年在争斗中的布尔什维克党员

一九〇五年革命后之反动

莫斯科骚动平定以后，反动的势焰大张；最反动的地主、牧师、官僚、警察侦探以及富农巨商联合起来组织了一个“俄罗斯人民联合会”（即所谓“黑色百人团”），这团体可以左右俄皇压迫人民的政策。

一九〇七年“黑色百人团”示威情形

俄皇政府镇压革命的第一个办法是，派遣数十支惩罚队分赴乡村及各工业区域，检举革命份子，不加审问即施以屠杀或拘禁，有时甚至实行血洗。据报告，波罗的海沿岸的拉托巴·列次托尼亚地方，从一九〇五年十二月中旬到次年六月一日，该地农民不经审判即处死刑的计一千一百七十人。这事实便可以例其余的了。

接着惩罚队的便是实施临时戒严法，这一法律将人民的自由完全剥夺尽了，生杀予夺，听凭地方军事长官的处断。

只能容五百人的监狱，竟收留了一千二百十二人；原住二十人的囚室有时竟加到七十人。可见戒严法是何等凶残的一种东西。

俄皇尼古拉想用小小的灭火筒，去扑熄火山（对于一九〇五年尼古拉镇压革命之讽刺）。

充军到西伯利亚之一队（有“X”号的是彼得罗夫斯基，现任乌克兰苏维埃政府主席）。

一九〇七年以后，俄皇政府仍继续镇压政策，据《社会民主报》的统计，一九〇七年以后三年中被处死刑的计：

一九〇七年　一六九二人

一九〇八年　一九五九人

一九〇九年　一四三五人

而受死刑处分的有五分之四都是所谓“下层阶级的人”，即工人、农民等。至若充军到西伯利亚去的那更是盈千屡万，漫漫的长途中老是铁锁郎当地军犯跋涉者。

充军到西伯利亚之又一队（立着的从左到右：第三人斯达林，第四人加米涅夫，第七人司维得洛夫）。

一九〇五年后之布尔什维克

一九〇五年革命失败后，孟什维克不觉悟到自己妥协资产阶级的错误，还说资本主义制度在俄国可以稳定的发展，革命无希望，只有讲讲改良主义吧。这是一九〇六年在瑞典开第四次大会时，孟什维克的意见，布尔什维克和他作激烈的争辩，都无结果。一九〇七年在伦敦开第五次大会后，布尔什维克在列宁的领导之下，建立自己的中央委员会了。

依诺堪言　列宁　米希戈夫斯基

马拉特　季诺维也夫

一九〇五年后俄国产业之发展与罢工运动

一九〇五年革命被镇压以后，俄国的产业状况，在一九〇八年起，渐趋发展，从下面这个数目字上可以看出来（从一九〇九年起到一九一三年止）：

生铁	增加了百分之六十五又半
熟铁	增加了百分之六十一又三
洋铁	增加了百分之二十又四

铁轨	增加了百分之二十三又九
枕木	增加了百分之八十七又九（铁路用）
金属制造品	增加了百分之五十一又三

产业发展，工人的数目自然随着增加，一九〇七年，大工厂的工人总数有一百八十万，到了一九一三年就增加到二百三十万了。因而工人运动，也经过了一时的低落而日趋高涨，直到一九一四年大战的前夜，下面是一九〇五年以后的俄国工人罢工统计：

年份	次数	人数
一九〇五年	一四.〇〇〇	二. 九〇〇. 〇〇〇
一九〇六年	六. 一〇〇	二. 一〇〇. 〇〇〇
一九〇七年	三. 六〇〇	七四〇. 〇〇〇
一九〇八年	八九二	一七六.〇〇〇
一九〇九年	三四〇	六四.〇〇〇
一九〇九年	二二二	四六. 六二三
一九一一年	四四六	一〇五. 一一〇
一九一二年	二.〇三二	七二五. 四九一
一九一三年	二. 一四二	八六一. 二八九
一九一四年	三. 五四三	一. 三三七. 四五八

（八日为止）

一九一二年林纳大罢工

林纳是西伯利亚的一处金矿，离开铁路和大城市都非常之远，此地资本家对于工人的剥削特别的残酷，专制政府的军队更帮助资本家肆虐。一九一二年四月十七日，工人组织了一次罢工示威，提出了一些很和平的经济要求，可是资本家的答复是无情的枪弹，当场被枪打死了有三百二十人，重伤一百五十人，此后又陆续拘捕枪决了数百人之多。从此以后，俄国工人更懂得推翻俄皇政府，建立自己的政权之重要，因而政治的斗争异常开展（见前面的罢工统计）。

这一切的斗争差不多都是在布尔什维克党的指导之下。

林纳罢工被杀死的工人，尸身都抛弃在荒场上（工人的家属都绕在周围垂泪）。

欧战之夜

劳动运动的发展，更证明了孟什维克观念是完全错误，布尔什维克在列宁的领导之下，极力从事训练工人群众的艰苦工作及地下的秘密活动，准备革命的到来。同时也利用俄皇政府所允许的种种机关，如当时的国会及职工联合俱乐部等，扩大布尔什维克的政治影响。虽然孟什维克极力主张取消秘密组织（所谓“取消派”），不愿意和资本家与俄皇政府作革命的争斗（他们认为革命完全失败，俄国资本主义发展从此稳定了），而布尔什维克始终都在群众中切实工作。一九一二年布尔什维克在彼得格勒发行《真理报》，由列宁指导，激发工人阶级的革命精神。

俄国资产阶级对于一九一二年到一九一四年工人运动的开展和布尔什维克的活跃，非常害怕。因此俄皇政府更亲密地联合起来，一致对付工人阶级。其次，因为产业的发展，资产阶级要找新的市场，更不得不藉助于俄皇政府的帝国主义去向外实行侵略。从前（一九〇三年产业发展的时候）为了和日本争夺中国满洲的市场，曾经爆发日俄间的帝国主义战争；此时为了和德国争夺近东土耳其波斯等地的市场，占据达达尼尔海峡，于是又爆发了第一次全世界的帝国主义大战。

一九一四年的列宁

欧战中之俄国工农生活

欧战一起，工人运动又受影响，一九一四年八月到十二月，总共只有四十一次罢工，参加人数不过八千六百人（其中只七次是政治的）。一方面政府用极严酷的手段镇压工人的罢工运动；另一方面工人阶级本身也起了变化；其中最有能力最健全的份子都被征调到前敌去打仗去了，工厂增加了许多童工和女工——他们比较是无经验无觉悟的。到了一九一五年，工人阶级中童工及女工已占全数百分之四十。同时有许多小商人、投机事业者及富农非无产阶级的份子也混进工厂里来，替资产阶级唱出“为国防而工作”的欺骗口号。因此工人阶级的力量表现一时的削弱。

欧洲大战中阵亡的俄国兵士（俄国派一千五百万人到前敌，阵亡二百五十万，重伤五百万）。

莫斯科面包店前购买者的队伍

资本家为了集中军实，便在各地设立“战时工业委员会”，并且欺骗工人派代表去参加，以“保护祖国”相号召。同时，藉“保护祖国”作口实，竭力增加对于工人的榨取，延长时间，加重工作，星期日都不休息；一九一六年资本家且提出了产业军事化的计划，就是用军法来束缚工人。孟什维克的一些领袖此时也站到了资本家一方面去替资本家“保护祖国”，只有布尔什维克是坚决反对工人参加这个战争的。布尔什维克指出，“保护祖国”是交战各国资本家的诡计，工人若受欺骗，便会变成了拥护帝国主义者利益的盲目工具，全世界无产阶级的责任是要“变帝国主义的战争为国内战争”，去推翻帝国主义的统治。

因为一切工业都变成了军事工业，所以一般的日用生产品大大的减少，又因运输机关完全被军用占据，农人征调到战场上去，于是各地粮食的出产与供给也大感缺乏——物价腾贵便是自然的结果。于是莫斯科、彼得格勒等地的牛乳店、面包店、小菜店前面，都是购买者的长蛇阵，工人的妻女小孩当时忍饥挨饿在面包店前站立终夜，才能买到一磅半供给一家人吃的面包。而前敌战事又着着失败，因之人心愈感不安；政府不得已，便经常制造一些胜利的谣言，在街上，用纸片飞散。

政府散布谣言，宣传假的胜利。

一九一七年革命开始

食粮日益缺乏，到了一九一七年二月，彼得格勒的秩序渐次混乱了，二月二十一日彼得格勒城外工人已开始罢工，二十七日罢工潮流已蔓延全城，工人举红旗，写着“组织临时政府”，“召集宪法会议”等口号，在街上游行示威。

彼得格勒工人开始罢工反对政府及战争（二月）

三月十日，已成了总同盟罢工的形势。宪兵与警察随时在街上和工人发生冲突，街头都筑起防御棚，警察的机关枪高架在屋顶上，瞄准着街头示威的群众扫射。

一九一七年二月彼得格勒宪兵警察与工人巷战时筑的防御棚

ОБЪЯВЛЕНIЕ

Командующаго войсками Петроградскаго военнаго Округа.

Воспрещаю всякое скопленiе на улицахъ.

政府对人民的警告（译文见左）

警告！

过去数日中彼得格勒骚扰不堪，竟有戕杀军警之企图。

本司令现禁止街上一切集会。现特警告彼得格勒居民，军事当局已接受本司令之命令，在必要时可随意使用其枪弹以维持京城之秩序。

彼得格勒防守司令哈巴罗夫

一九一七年二月二十五日

（新历三月十日）

但是军队十分倾向革命：八、九两天，兵士还服从命令开枪，不过枪弹多半从群众的头上飞过，并不曾打到工人身上。到了十日，在业卡特林娜运河帕布鲁夫军的中队，便对着驻屯运河对岸的警察队开枪攻击。

特别警察向群众射击

二月革命之胜利

三月十二日，革命的风声更紧，人心浮动，彼得格勒的居民许多都到国会前面听消息。

十日以来，戈萨克兵士有许多都同情于革命，在巷战中，戈萨克兵当时帮助工人杀死特别警察。

通　　告

市民们！

工人兵士及彼得格勒居民的代表将在国会举行会议，特通告如下：

此项代表会议的第一次会议，将于本晚（二月二十七日）在国会开会。

一切归向人民之军队应立即选出自己的代表，每连一人。

工厂每千人选出一人。

不满千人的工厂可选出一人。

工人代表苏维埃临时执行委员会

一九一七，二，二七。

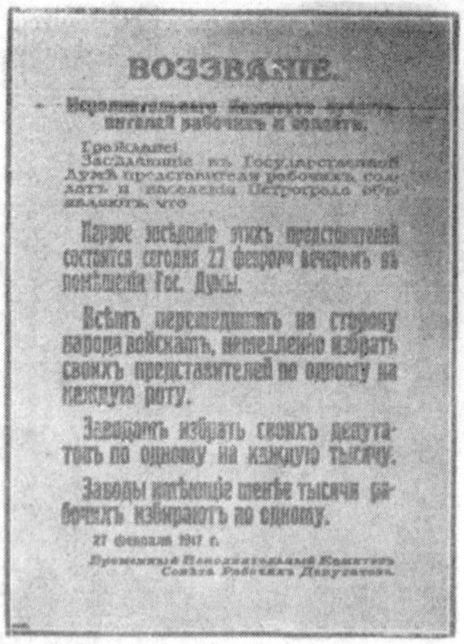
ВОЗЗВАНІЕ.

27 февраля 1917 г.

工人代表苏维埃临时执行委员会第一号通告（译文见左）

三月十二日（旧历二月二十七日），波伦斯基与波拉金莫基及里士夫斯基等部军队相继响应工人运动，后来彼得格勒的军队也投降了。革命的胜利便因此决定。

彼得格勒工人兵士苏维埃大会

革命胜利后，俄皇政府的阁员都被捕了，在重兵监视之下，困居在陶立宫。

阁员的住宅，也多半被烧毁了。

彼得格勒的希鲁塞伯大监也被革命的工人攻破，囚犯都释放出来参加革命了。

彼得格勒的地方法院被焚毁

彼得格勒某监狱被焚毁

苏维埃“命令第一号”

Приказъ № 1.

苏维埃命令第一号（译文见下）

命令第一号

一九一七年三月一日（新历十四日）

令知彼得格勒驻防军

令知海陆军及各地驻防军立时严格执行

工人兵士代表苏维埃现有下列之决议：

(一) 各连、营、团、旅、炮队、马队，各军部，各战舰，均须立刻选出委员会。

(二) 各军队还没有选派代表到苏维埃来的，每连必须选派一人。这些代表必须备具代表的证书，于三月二日上午一时齐集国会内。

(三) 军队中的一切政治事件，均归工人兵士代表苏维埃及各部队本级委员会处理。

(四) 国会委员会的命令，必须不与苏维埃命令相抵触，才能遵行。

(五) 一切武装，如步枪、机关枪、铁甲车等，均须由连营委员会管理，任何情形之下不得交与军官。

(六) 在列队或勤务的时候，兵士必须严守军纪。下班休息以后，即可像普通公民一班，自由参加政治活动，享有一切公民的权利，不受任何干涉。

(七) 同时对军官的“老爷”、“大人”等称谓一概取消，而代以“司令”、“队长”等称谓。

参谋部向兵士训话不许用粗厉声调，更不许用侮辱对方的“尔等”这些称呼。如有干犯这禁令的，兵士都可向连委会告发。

此命令须向一切连、营、团、炮队及前敌各部队宣读，以便周知。

彼得格勒工人兵士代表苏维埃

革命胜利的消息传到前线，前线兵士举起第一面红旗。

反革命的军官立时被兵士委员会下令逮捕

资产阶级的临时政府

三月十一日，俄皇政府下令解散国会，国会不理，十二日，革命胜利后，由反动的十月党等主持成立国会临时委员会；十五日，俄皇宣布退位，临时政府成立。但这个政府完全是反动的，继续俄皇政府的衣钵，其主要人物便是米留可夫(资产阶级大学教授)、古次可夫（莫斯科大商人)、郭诺叶洛夫（大工厂主)、李阿夫亲王（大地主)、捷列司全科（糖厂主人)、克伦斯基（律师)。

国会临时委员会（立着的由右起第二个即克伦斯基；坐着的由左起第一个即李阿夫亲王)。

三月第一次临时政府（克伦斯基与李阿夫亲王居中)

公民尼古拉（俄皇被捕后在查科依站被监禁）

三月十二日，俄皇政府的阁员相继被捕，下午六时，阁务会议请俄皇下令改组，俄皇回电说："在现状之下，我不能改组内阁。"到了十三日，俄皇仍企图镇压革命，从西北方面调了两团炮队和两团有机关枪的马队，向彼得格勒进发。同时俄皇还打电报给在英国的皇后说："今早五时动身。我的心总是在想念你。天气很怪。希望你平安。前敌已有许多军队调回。接受我的慈爱。——Niki"然而这如何能敌得住群众革命的力量？于是不得不签定退位书，并且于二十一日在莫吉列夫被捕了。

俄皇尼古拉签退位书时的情形

莫斯科的二月

莫斯科工人群众在雪中与政府军警鏖战

二月革命时，莫斯科群众在克里姆宫前示威。

莫斯科工人兵士代表苏维埃大会

二月革命胜利后，莫斯科的工人兵士苏维埃立刻建立起来了；苏维埃代表工人的利益，三月卅一日宣布实行八小时工作制。

全世界无产阶级联合起来！
民主共和国万岁！
全民相互友爱！
实行每日八小时工作制！

三月莫斯科某工厂的旗帜（译文见左）

莫斯科革命胜利后，工人和兵士完全在布尔什维克党的影响之下；三月二十五日的群众示威提出了："宪法会议万岁！""民主共和国万岁！""实行八小时工作制！""和平万岁！""国际的社会主义万岁！"等口号。四月四日，莫斯科守备队某团决议：调赴前方，必须得兵士苏维埃的同意；我们必须保护俄罗斯，但是不仅是要防德皇威廉的侵略，并且要严厉反对俄国的资产阶级和地主；倘使要派人赴前敌，便应先派俄皇政府时代的警察护卫队。同时该团并提议在俄国召集全国工人代表会议，讨论恢复世界和平的方略。

俄皇的国徽从一切的屋顶被打倒了（上左），这表示俄国的工农从此解放；然而这种胜利是付了极大的代价的——在革命的战斗中，工人、农民、兵士牺牲性命的，随在皆是（上右）；这些忠勇的牺牲者为民众尽了他们的努力，民众对于他们的景仰与追念，从这盛大的葬仪中可以看见一斑（下）。

农村中兴与北海边的二月

一九一七年三月，彼得格勒工人和兵士在陶立宫（旧国会）前示威，旗帜上标的是：“全俄社会主义共和国万岁！”

二月革命胜利的消息传到了冷落偏僻的北海边，那一带的工人、兵士、农人在莫曼斯克地方举行庆祝大会。

革命胜利的消息传到了农村，农民便在村教堂前集会庆祝：农民都说："我们想望了几代，终于有这一天，我们可以得到土地和自由了。"

一九一七年三月彼得格勒士官学生的示威，他们打的旗号是“为自由的光荣胜利而战！”

俄国的资产阶级利用工农的力量，从俄皇手里夺到了政权，便立刻利用这政权去争取他自己阶级的利益。所以资产阶级的临时政府成立，第一步便是继续参加帝国主义的战争，希望战胜德国，夺取近东的市场，如前面已经说过的。但是因为工农兵士都是坚决反对继续战争的，临时政府表面上便还是宣言放弃俄皇帝国主义的侵略政策，不想强占他国领土；可是同时又秘密的通知协约各国，声明俄国决定继续战争，并忠实严守俄皇政府与各国缔结的一切条约；另一方面又唆使资产阶级子弟出身的士官学生从事继续战争的示威宣传。

临时政府的反动

在革命中，工人所要求的是取得政权，实行工人管理生产，实行八小时工作制；农民所要求的是取得足够生活的土地；而工农兵的共同要求是和平。战争不停止，工农兵将继续受更大的牺牲，一切解放的希望都会成为泡影，所以他们在布尔什维克影响之下，提出来的口号是：“无并合，无赔偿，立时和平！”

资产阶级对于工人的答复是：“八小时工作制的问题，有国家一般的意义；

若要实施八小时制，非根据宪法会议所制定的特别法规不可。这特别法规没有制定以前，工厂主是不能同意缩短工作时间的。”资产阶级对农民的答复是，派遣军队，用威吓手段镇压农民，不给农民土地。至若战争问题，已如前面所说，资产阶级是坚决实行继续战争的。

孟什维克和社会革命党等以代表农民利益相号召，实际是一些资产阶级的走狗。他们早已和资产阶级一鼻孔出气，欧战开始的时候，他们便已经说，俄国的工人和农民应该帮助俄皇政府和资产阶级，防御德国的侵入。俄皇政府虽然倒了，资产阶级都做了俄国的主人，孟什维克等自然侍奉资产阶级比从前更周到，他们的态度言谈中寻不出一线为解放工农而革命的影子。

一九一七年二月革命时俄国资产阶级的代表人物（前行从左面第二个，便是俄国的万万首富里亚布新斯基）。

列宁返俄与革命前途之转变

二月革命发生，列宁还隔在瑞士，几经设法，才偕三十二个留西欧的前俄政治犯，坐在一个封锁严密的车厢中，经过德国，于四月十六日晚上抵彼得格勒。下车后，当时在车站旁的铁甲车顶上，列宁对于欢迎他的工农兵士群众有极热烈的演说，高呼“社会革命万岁！”

列宁在车站旁铁甲车上对群众演说时情形

俄国共产党（即布尔什维克党）一九一七年的中央委员会

斯米尔加、斯达林、列宁、季诺维夫、罗金、斯维得诺夫、加米尼夫、米留林、费多诺夫

列宁回到彼得格勒的第二天，即代表布尔什维克在全俄苏维埃大会中说明无产阶级在当前革命中的任务。列宁指出临时政府完全不能满足工农兵的要求——土地、面包与和平，是因为这个政府是一个“地主资产阶级的政府”。革命应从第一阶段转入第二阶段，即是实行社会革命，由工农自已建设苏维埃的政权。列宁向工人喊出：“工人们，你们在反对俄皇的国内战争中已经完成了无产阶级英勇的奇迹，你们必须再完成无产阶级组织的奇迹，以便第二阶段中获取你们的胜利。”

一九一七年五一节，全俄都有广大的示威运动。一致喊出：国际社会主义万岁！给人民和平！人民互相友爱！实行八小时工作制！

一九一七年莫斯科的五一节大示威

彼得格勒的工兵苏维埃，在革命的初期，完全是在孟什维克手里的；但因为群众已积极参加政治生活，所以彼得格勒的工人群众并不曾受孟什维克的诱骗，反之，孟什维克派在苏维埃中间的领袖反而刻刻受群众的迫促而感到不安。在群众的监督之下，苏维埃事实上已变成和临时政府对立的第二政府。

彼得格勒苏维埃大会中之兵士代表

工农兵士对于临时政府之不满

二月革命后农民的骚动（因临时政府及联立政府都不能满足农民的要求，故农民自动手焚刦地主的庄宅）。

临时政府实行继续战争，彼得格勒工兵苏维埃便发表“告全世界国民”的宣言，那宣言说：俄皇的专制政治已经告终；苏维埃是为全世界（尤其是德奥两国）的工人所希望无掠夺的一般和平而斗争；并声明："俄国的民主主义将用一切的手段向支配阶级的掠夺政策抗争。"

孟什维克既然把持不了群众的苏维埃，又恐怕苏维埃一旦在布尔什维克的影响之下，竟有力量将资产阶级的政府推翻，这便是俄国资本主义的死刑，孟什维克的末路；因此便有意使资产阶级的临时政府变成一个各派合作的联立政府，利用"各阶级合作"的骗局实行〈限制〉无产阶级力量的发展。资产阶级当然是非常欢迎这一意见的，因为事实上苏维埃的生长已经使得资产阶级的政府日益危岌了。五月十八日联立政府便正式成立。

前敌上兵士的示威情形（旗帜上的口号是"和平、面包、自由与土地！"）

联立政府并不能满足工人和农民所要求的丝毫希望。尤其是土地问题，政府还是用军队去维持地主所有权，借口宪法会议召集以前，不许变更从前的土地关系。至若对战争，是无条件的继续，联立政府成立的次日便开始向德国攻击；对于逃兵，都处死刑。这样自然更加引起工农兵士之不满，许多地方，工人都自动组织工厂委员会管理生产；农民自动联合进攻地主家，强分其土地；至若兵士中，也都喊遍了布尔什维克的口号："和平、面包、自由与土地！"

孟什维克和社会革命党领袖们，自然跑到联立政府中去做官去了，他们虽然表面上还和资产阶级的代表争几句，而实际是用全力替资产阶级撑门面的。布尔什维克是，无疑义地站在工农方面反对资产阶级及其忠狗的政府。列宁已经指出了革命应转到社会革命的阶段，并提出“一切权力归苏维埃”的口号。

彼得格勒苏维埃主席史捷兹（孟什维克领袖）对兵士演说，要兵士努力为保护俄国而战。

史捷兹向水兵演说

布尔什维克在群众中的影响扩大

布尔什维克党，立刻得到了群众的信仰，七月二日彼得格勒的大示威便是布尔什维克影响之下召集的；此次参加示威的工人和兵士约有五十万人。红旗蔽空，尽写着：“一切权力归苏维埃!”“打倒资本家十阁员!”“废除秘密条约!”“停止侵略政策!”等口号！列宁指出七月二日的示威，是革命转变为社会革命的重要关键，从此群众完全都在布尔什维克的指示之下而行动了。

七月一日彼得格勒工人、兵士大示威

七月大示威

联立政府不顾民众的要求，竟于七月一日示威声中，下令前敌向德境进攻，然而这次进攻失败了！又因其它纷争，资产阶级于七月十五日自动地退出了联立政府的内阁。布尔什维克认为社会革命由此更可迅速完成；然而孟什维克始终要和资产阶级妥协。于是七月的长期抗议运动开始了！十六日彼得格勒便已开始罢工，十七日早晨，武装大示威开始，工人及兵士都是全副武装，波罗的［海］舰队的水兵，也由格隆斯达来参加示威运动。

七月十七彼得格勒武装大示威。旗帜上的标语是“一切权力归苏维埃!”“打倒资产阶级的阁员!”

十七日下午，示威行列走到涅夫斯基街横断萨多夫街的时候，由街左面陡然轰地一声炮响，接着又是一发，又是一发，继续不停，群众已有很多受伤及死亡，参加示威的工人和兵士立刻取出武装还击。此时有五十四个工厂的代表九十人跑到苏维埃的执行委员会去要求他们立时夺取政权，孟什维克再四推延，不肯承应，示威运动终于被大炮镇压下去了。

压迫七月运动的戈萨克“蛮悍师”

彼得格勒第一机关枪队因信从布尔什维克，参加了七月运动，被政府军缴械后的情形。

七月八日，克伦斯基即飞电前敌，调反革命的军队到彼得格勒来镇压革命；在几天内布尔什维克的机关报《真理报》馆，和革命兵士的报纸《兵士真理报》馆都被捣毁。

捣毁《兵士真理报》馆的士官生及捣毁后情形

捣毁《真理报》馆的反动戈萨克兵

七月十九日，政府即下令通缉列宁，季诺维夫及加米涅夫，说列宁是德国奸细，并用布尔什维克的一个叛徒亚历新的名义，写了一本小册子，说布尔什维克如何得了德国贿赂，替德国作侦探；但没有一个工人、农民和兵士相信政府的这种无耻的诽谤，认为这是资产阶级惯用的手段。

图顶是七月政府通缉列宁时，发交警察备用的列宁像片，图右是列宁逃避所用的假护照及护照上的化装照片，图左是［列宁］逃在野外农村中所住的茅屋草棚。

当时政府又发布种种命令，声明凡反对国家权利，参加武装组织及指导的人或以此种目的而集会的人，都是背叛国家密通革命的犯人，应受刑事上的追诉。波罗的［海］舰队参加武装示威的水兵都于二十日被捕了。

被捕后之波罗的［海］舰队中布尔什维克的水兵战士

托洛斯基

龙拿查斯基

七月示威后被拘捕的

季诺维夫

加米涅夫

七月示威后被通缉的

七月二十一日，社会革命党的领袖，资产阶级的好朋友克伦斯基就代了内阁总理（从前他是陆军总长），此次他宣布以他为领袖的政府是“救济革命的政府”，但实际他的方针是：目前政府的第一要务在对外战争，在宪法会议召集以前（宪法会议的召集是遥遥无期的），一切均仍旧，不许工农兵士有企图变更现状，推翻现政府的计划。

克伦斯基和他的一些参谋和副官（图右上角是克伦斯基像）

孟尔什维克对资产阶级之再次投降

二月革命以来孟什维克和社会革命党始终抱定妥协资产阶级的主义；七月大示威以后，他们看见工农群众几乎完全走到布尔什维克旗帜下面去了，更加不安，便率性完全跑到在资产阶级的怀里；从前临时政府的行动对于苏维埃还负任何责任，此时所谓的“救济革命的政府”声明对于苏维埃不负任何责任（这是资产阶级加入政府与克伦斯基合作的条件）；这个政府的主要任务有二，一是继续对外战争，夺得君士坦丁堡和近东市场，一是镇压求解放的工农和领导工人谋解放的布尔什维克党。

七月彼得格勒反动军人的“爱国”大示威（中间捧的是克伦斯基的像）

柯尼洛夫之叛变

叛贼柯尼洛夫将军（到莫斯科时受资产阶级欢迎的情形）

七月大示威后，资产阶级决定对于工农革命运动作一大规模的反攻。八月五日在莫斯科召集的“国家评议会”便是资产阶级检阅自己的力量，准备反攻的一种阴谋。出席这个会议的大半是各种反动势力的代表。只要看看资产阶级对于最反动的军人柯尼洛夫将军（当时全俄军的总司令），把他当作俄皇一般看待，便可见一班。他从车站走出来后，便先到伊百尔教堂作祈祷，再到评议会会场，受全体资产阶级盛大的欢迎。当时资产阶级认为柯尼洛夫是救自己逃出危难的唯一天使。国家评议会决定了许多镇压工农的计划。开会的第二天便有许多戈萨克军队向彼得格勒开拔。闭会后，柯尼洛夫更全力准备用武力扑灭苏维埃及一切革命的运动。九月八号，柯尼洛夫提出改组新政府意见，要求政府立时将全权让渡给他，并立时下动员令，准备用武力占领彼得格勒。这样一来，激起了彼得格勒工人和兵士的愤火，已经在布尔什维克领导之下的格隆斯达地方的水兵，立时开去抵御柯尼洛夫的叛军，全彼得格勒的工人、兵士都一致奋起声讨，柯尼洛夫终于九月十四日被捕，被柯尼洛夫欺骗的军队都转向革命的工人、兵士方面来了。

工农兵士之更革命化

彼得格勒群众大会中通过布尔什维克的政治纲领（群众一致举手赞成）

柯尼洛夫的叛乱终了后，孟什维克还没有觉悟，还是企图和资产阶级联合，什么“民主议会”，什么“共和国临时苏维埃”，都是孟什维克拥护资产阶级的企图。然而群众受了这多欺骗，得到了大大的教训，知道非取得政权是不足以谈解放，所以一致拥护布尔什维克的主张。

政府军的铁甲车（出发街上，准备随时向聚集的群众冲锋）。

布尔什维克很早就看出了革命的前途只有工人掌握政权才有救，所以在四月的时候就主张一切权力归苏维埃；苏维埃第一次会议的时候（七月大示威）他们预料苏维埃取得政权是很有可能；经过了孟什维克等在八月里再三再四作了无耻的卖身投靠之后，布尔什维克便肯定，权力之转移，不能以和平方法实行；革命的成功，必须打倒实权的所有者（如彼得格勒的反动军队等）才能得到的。所以苏维埃必须用暴动的方法夺取政权。第一个赞成的就是彼得格勒的苏维埃，其次北部地区及西伯利亚一带地方苏维埃也都有同样的决议，指斥联合政府之反革命，并断言“苏维埃对于打倒反革命的政府一节，不仅有权利〈力〉，而且有力量。”

布尔什维克的影响，在军队中也很快地扩大起来了。他们完全变成了军队的主人翁。他们宣传的都是“切不可信赖将校及上官”等口号，下级兵士委员会渐次变为布尔什维克的细胞了。军队内的一切选举，布尔什维克党员都是占绝对的多数。前线上的兵士派了许多代表到彼得格勒向苏维埃要求：（一）即时停战；（二）停止压迫布尔什维克；（三）建设革命政府等。

西伯利亚第一军团的兵士更要求：（一）一切权力归地方、后方及战线上的

布尔塞〈什〉维克的水兵

格隆斯达的革命水兵

在十月革命中最努力参加的极光舰上的水兵

苏维埃；（二）一切政府等机关的组织须以社会民主主义布尔什维克及国际主义者的纲领为基础。

俄国农民所渴望的是土地，一九〇五年和一九一七年农民之所以踊跃参加革命，都是为的想“把地主、贵族及寺院的土地分给农民”。但是二月革命的结果，没有给他们丝毫好处；临时政府始终要维持农村旧有的关系，不许农民侵犯地主；从前高举“土地与自由”的口号号召农民参加革命的那些社会革命党人（以克伦斯基为首领），此时都变成了和俄皇政府一样的人物，什么地方发生了农民骚动，这些社会革命党人便利用政府的地位，像俄皇政府一样，派遣一些惩罚军去残杀。到了九月十月，农民更不能忍耐了，于是农村骚动随在都起，十月十二日一天，几乎全俄境都骚［动］了。十月十七日，库什克、片沙、尼亚站等省的农民都纷纷起来夺取地主的土地；二十六日，片沙、捷尔尼戈甫、下诺夫城等省又发生农民的大骚动。此时农民与当地驻军中的革命份子及附近城市的工人都有联络，布尔什维克的影响在农村中因而也日渐扩大；联合政府已经逐渐失去统治农村的能力了。

克伦斯基政府的女兵（克伦斯基政府在要倒台的时候，觉得军队都不很可靠了；因此在资产阶级及贵族的妇女中征募义勇军，颇有些贵族的妇女参加在这里面，想藉武器抢回自己的特权）。

“一切权力归苏维埃！”

在列宁领导之下的布尔什维克，看见了群众是如此群集在自己的影响之下，知道“夺取政权”的标语，从前不过是鼓动与宣传的问题，现在已经变为实行的问题了。列宁对于暴动问题的理论与实际有很精密的研究。他写了几封信给布尔什维克中央委员会及彼得格勒莫斯科委员会（列宁那时候因躲避政府的侦探宪兵，匿居在塞斯次鲁列次），其后又写了几篇论文。他给中央委员会的信说：

“要暴动能成功，必须依靠在先进的阶级身上（即无产阶级），而非在阴谋上、政党上：这是第一个条件。暴动必须靠在民众革命潮流的高涨上：这是第二个条件。暴动必须靠在革命进行之历史的转湾〈弯〉点上，那时民众先进队伍(无产阶级）的活动力必是最大的，那时在敌人队伍中和同情于革命的柔弱观望而又摇动的份子队伍中，其犹豫动摇的现象亦是最明显的：这是第三个条件。”(旧历九月的信）

列宁给彼得格勒与莫斯科委员会的信又说：

“情形既是如此，我们若仍然踌躇不决，那不是罪恶吗？农民运动一天一天的发展；政府野蛮的压迫一天一天的增加；德国于枪毙水兵后，革命的色彩更彰然表现；莫斯科的选举，布尔什维克占了百分之四十七，可谓大胜利；若将社会革命左派加上，在国内当然是占多数了。在这种条件下面‘等待’时机就是罪恶。等待苏维埃会议是一种外表上游戏的话，是革命的叛逆。假如非暴动不能获得政权，就应该立时实行暴动。”（旧历十月的信）

其次，列宁不仅鼓吹暴动，并且对于目前的事变具体地准备着暴动。他作了一实行暴动战略的计划，即：“由内外工人区、芬兰、列百里、格隆斯达几方面，用一种出其不意的迅速方法，对于彼得格勒施行攻击；又令全舰队以巨大的集合力，攻击一万五千至二万（或者二万以上亦未可知）的俄国资产阶级的宪兵（士官学校学生）及俄国的反革命军队（戈萨克兵）。”

苏维埃须集合三个重要势力，即兵士、工人及农民，首先占领（甲）电话、（乙）电报、（丙）铁路、（丁）火车站、（戊）桥梁；无论如何牺牲，都要保存这些，不可失却！

十月二十三日，布尔什维克讨论列宁提议的暴动计划，以十对二的多数，承认这些国内及国际状况是促进暴动的事实，因此又认定暴动是不可避免的，是完全成熟的，所以立时议决了许多实行的办法。

军事革命委员会成立

彼得格勒军事革命委员会

托洛斯基、波得窝斯基、艾列曼也夫、波奇、麦洪鲁新、麾洛多夫、涅夫斯基、辜塞也夫、乌里兹基、斯维得洛夫、安多洛夫、越飞、拉斯科涅可夫、高尔金、列宁、捷尔金斯基、基班科、安希尼特十月末，德国军队已经打到离彼得格勒不远，政府竟准备退让；苏维埃看见政府已经绝对不可信任，便决定设置自己的革命本部，便于十月二十九日在彼得格勒成立了军事革命委员会。这委员会便担任革命组织上指导的中心。

十月革命之前夜

布尔什维克党员在反动军队中散发宣传品

资产阶级的政府方面看出革命的形势更紧张，于是把自己的同盟者也武装起来，积极武装士官候补生和大学生。但军事委员会已决定于一切军械库、武器商店及一切军部，任命自己的委员以妨碍反革命派扩充武装。

十一月三日，布尔什维克在列宁领导之下，决定了十一月七日实行夺取政权，因为这一天是全俄工人兵士苏维埃第二次大会的日子，布尔什维克是有占多数的希望的。

十一月四日，是彼得格勒苏维埃纪念日，这天的形势充满了暴动的空气，虽然反革命派预先宣传，彼得格勒街上将血流成河，但是民众仍然群集在苏维埃总部的四周，“打倒克伦斯基政府!”“停止战争!”“一切权力归苏维埃!”的口号镇〈震〉天价响，扫荡了一切。

彼得格勒电话局前的防御棚

十一月六日，政府为隔断彼得格勒工人区域与城内的联络起见，将涅瓦河上的桥梁也升起了（是活动的），上图是在“极光”舰的掩护之下，工人正着手将桥放下恢复原状。

十一月四日以后，政府与苏维埃便已成势不两立的形势，七日的苏维埃大会只有两个结果，不是政府解散大会，就是大会解散政府。虽然客观形势已经决定了苏维埃的胜利，但政府不能不作困兽之斗。六日夜，士官候补生封闭了布尔什维克的新闻《兵》及《工人之路》，政府又下令通缉布尔什维克的领袖。彼得格勒的守备队都已在革命军事委员会指挥之下，政府便只得另调士官候补生及女子义勇军到冬宫增防。并调马队到各要隘把守。又命令电话局不许替苏维埃总部的斯莫尼宫接线，涅瓦河的桥也被士官生升起了。

政府调马队把守彼得格勒要隘

进击冬宫，革命军完全胜利

克伦斯基政府从前线调回的援军，十一月六日快到彼得格勒，革命军事委员会立即派队去阻止了。六日夜间电话线断绝后，军事委员会下令开始攻击。工人的赤卫军即动手袭击电话局，立刻占领了；同时又占领了火车站、电报局、发电所及彼得格勒电报代理店，七日早晨，一切交通机关都归革命军事委员会占领了。当夜，国立银行也被占领了。

七日早晨，军事委员会立即发布告，宣言废止临时政府，同时又用无线电话及电报向全国报告彼得格勒工农的政权已经确立。

克伦斯基政府从前线调回的援军，十一月六日快到彼得格勒，革命军事委员会立即派队去阻止了。六日夜间电话线断绝后，军事委员会下令开始攻击。工人的赤卫军即动手袭击电话局，立刻占领了；同时又占领了火车站、电报局、发电所及彼得格勒电报代理店，七日早晨，一切交通机关都归革命军事委员会占领了。当夜，国立银行也被占领了。

七日早晨，军事委员会立即发布告，宣言废止临时政府，同时又用无线电话及电报向全国报告彼得格勒工农的政权已经确立。

七日晚，政府阁员在士官，士官候补生及女子义勇队的掩护之下，都集合到了冬宫。立刻冬宫也被革命包围。夜八时半，革命军提议令投降，否则立即施以炮击。但政府很顽强地拒绝了。于是，九时，由彼得罗波罗斯克及泊在涅瓦河上的“极光”舰向冬宫炮击；包围冬宫的革命军和反革命的政府也开始步枪和机关枪的射击，将近夜半，革命的敢死队冲到了宫殿内部，将士官候补生的武装解除，八日早二时便完全占领了冬宫。政府阁员都被捕，只有克伦斯基跑掉了。

上图是“极光”舰二十五夜炮击冬宫的情形，左上角是波罗的舰队上的革命水手，军事委员会的委员拉斯科涅可夫。

冬宫之鸟瞰

袭击冬宫时之情形

革命军占领冬宫以后（在宫门前欢呼）

革命军占领冬宫以后（在宫门内欢呼）

彼得格勒工人自卫队

十月革命中最勇敢的工人赤卫队

苏维埃总部前抵御敌军之赤卫队

彼得格勒电灯厂赤卫队

苏维埃总部前待检阅之赤卫队

工人与兵士联合起来！这是十月革命胜利的保障！

十月革命胜利后之红军

彼得格勒苏维埃总部（斯莫尼宫）

苏维埃第二次大会

十一月七日夜十一时，在斯莫尼宫开苏维埃第二次大会，出席大会的布尔什维克代表占多数，孟什维克等便相率退出会场，因为他们明白自己是失败了。但布尔什维克和社会革命党左派联合起来，还是占大多数，于是仍照常开会，列宁在大会中演说，指出此次革命是社会主义的胜利，他的任务有三：第一，就是立即停止战争；第二，没收地主所有的土地交给农民；第三，确立工人对于生产的管理。同时大会决议："地方的一切权力归工农兵代表的苏维埃，即由苏维埃保障革命的秩序。"

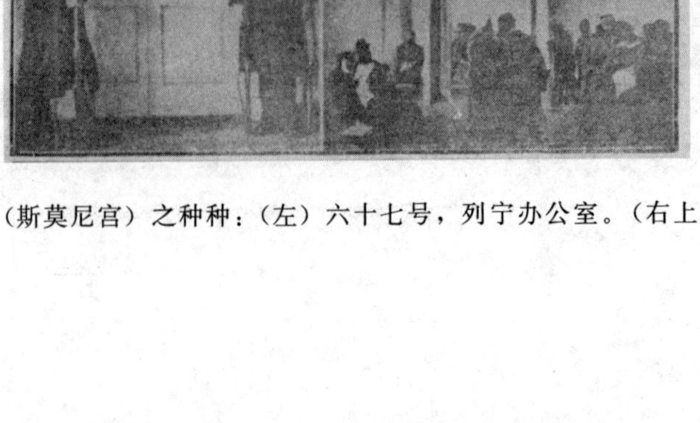

苏维埃总部（斯莫尼宫）之种种：（左）六十七号，列宁办公室。（右上）大门。（右下）列宁在会客中。

苏维埃政府颁布三大命令

苏维埃俄罗斯人民委员会主席列宁

苏维埃俄罗斯中央执行委员会主席加李林

十一月八日，苏维埃大会选出全俄中央执行委员会，以加李林为主席；又选出人民委员会，处理政务，以列宁为主席。同时大会又通过了列宁起草的三个议案：（一）前敌立刻停战，结束军事，准备媾和；（二）农村土地委员会立时取得地主财产的所有权，以后办法待法律决定；（三）工厂工人有控制雇主与经理各种行动的管理权。

莫斯科的“十月”

彼得格勒的革命胜利只费了一夜激战；莫斯科方面的斗争却经过了六天。因为莫斯科是当时俄国经济的中心，资本家的组织很强固；而工人方面的组织与指导都较弱于彼得格勒。

十一月七日接到了彼得格勒的胜利消息，莫斯科苏维埃才着手组织革命军事委员会，并在各要隘布防。八日，资产阶级也成立了一个社会安全会，作为对抗工人的大本部。

夺取政权以前的莫斯科布尔什维克党员

克里姆宫前赤军建筑的防御栅

十一月九日，莫斯科革命军事委员会命令守备队准备战斗（守备队已于八日完全承认军事委员会是自己的领袖）；资产阶级一方面向军事委员会要求解散赤卫军和军委会本身；一方面用全力加紧武装士官候补生、旗手学校学生以及中学以上的学生，扩充白卫军。当天，克里姆宫就被白卫军夺去了。十日，白卫军占领了都市一切中心地、车站、电话、电报及发电所。因此白卫军的状态渐次巩固。

克里姆宫前的白卫军和大炮

赤卫军进攻克里姆宫

十一月十一日，赤卫军动起大炮来，形势才改变了。

当日工人以自己的意思发表罢工宣言，自己动员实行战斗。十二日赤卫军占领了两个重要车站、中央邮政局及电报局。遂转向克里姆宫进攻。十三日，白卫军仍在克里姆宫内顽强抵抗，十四日赤卫军用重炮轰击，白卫军才投降。

莫斯科的胜利

克里姆宫内俄皇尼古拉的住所（反革命的白卫军在此地顽强抗御赤卫军）

赤卫军攻入克里姆宫以后

赤卫军进攻克里姆宫之夜

十一月五日，社会安全委员会长罗笃涅拉请求革命军事委员会停战，社会安全委员会解散，白卫军武装完全解除，莫斯科的权力便也归到了苏维埃。

对德媾和

布勒斯特和约中的苏俄代表加米涅夫、越飞

俄、德两国兵士联欢（布勒斯特【军】和条约缔结后）

布勒斯特和约中苏代表：加米涅夫、越飞、托洛斯基

十一月十六日，苏维埃政府下令全线休战，并将讲和的提议交付参战各国，十二月三日德、俄在布勒斯特缔结休战条约，第二年三月三日，讲和条约才正式签字。当时托洛斯基以左派共产主义自居，反对列宁在对德和约中的让步政策；然而后来事实证明，列宁的政策是绝对正确——和德国媾和后，苏维埃政府得有力量对付国内的反革命势力，并积极使工农兵士得到苏息。

第三次全俄苏维埃大会（一九一八年一月二十三日到三十一日举行）

全俄苏维埃中央执行委员会开会（在莫斯科克里姆林宫内举行，各人都用纸筒听主席台上的演讲）。

内战与帝国主义的干涉

“呵！胜利的红军到了！”（在内战中，红军克服赫立士鲁雅斯克的情形）。

十月革命在彼得格勒及莫斯科，不过一星期，就胜利了，可是全国范围以内的胜利，却还经过了三年血腥的内战，费了不可计算的牺牲，才完全得到。从苏维埃取得政权的第一天起，克伦斯基、台尼金、柯尔恰克等反动领袖便开始反革命的活动；他们得了帝国主义者种种帮助，先后举行四次大进攻（第四次在一九二〇年），然而因为工人和农民是立在政府方面的，他们终于陷入了失败的命运。一九一八年，帝国主义希图颠覆苏维埃政府，日、美、英、德、意等，都先后派了重兵侵入俄境，同时实行封锁政策，使苏俄的工农在经济上受更重大的苦难——可是这一切反苏维埃的活动，只是使工农群众更积极地来拥护自已的政府：反革命的胜利只在于发泄他们流血的兽欲；因为内战三年中，反革命活动所到之处，白色恐怖便盛行：俄国工农胜利是不可计量的工农的赤血换得来的呵！

与反革命白党血战时红军所用的铁甲车，左上角是西伯利亚党军的范型（现存莫斯科红军博物馆）——他们都是工农国家苏俄的勇敢战士。

帝国主义者武力进攻苏俄（一）

一九一八年英国军官与捷克斯拉夫军官在海参崴会晤情形

一九一八年法国军官与白党领袖在海参崴会晤情形

帝国主义者武力进攻苏俄（二）

一九一八年英国兵抵海参崴下船时情形

一九一八年英国海军陆战队在海参崴操演情形

白色恐[怖]

苏维埃的执行委员二十六人在巴库被白党枪决时的惨状

共产党员一人被捕到英帝国主义的军舰上执行枪决的惨状

柯尔恰克军官的胜利品之一部份：头颅七颗

日本帝国主义军队在海参崴枪杀苏俄工人狼藉满地

十月革命一周年纪念盛况

彼得格勒冬宫前的革命一周年纪念大会

莫斯科红场上的革命一周年纪念大会（图左高台上演说的是苏俄人民委员会主席列宁）

农村纪念大会中的工人、兵士与农民

农村纪念大会中的兵士与农民

纪念会中之点缀：由人排成的国徽（五星和镰刀、锤子）。

纪念会中之点缀：由人排成的国名 CP CP（即俄罗斯社会主义联邦苏维埃共和国）。

下乌金斯基地方的革命纪念塔

列宁之病与死

列宁妻克鲁卜斯加亚

病中之列宁

列宁领导十月革命，艰苦备尝，一九二一年又被社会革命党人行刺中伤，于是这百炼成钢的无产阶级领袖终于被病魔战胜了。

“列宁死了！列宁主义永生！”

列宁死后，从乡间移到莫斯科全俄总工会会所内，每天到总工会致敬礼的川流不息，工农群众之景仰列宁，可见一斑。

列宁的遗殡在莫斯科克里姆宫旁红场上面

苏俄的革命领袖肩送列宁的遗体

列宁最后的安息所——红场上的列宁墓（墓下是十月革命纪念节时的群众）。

苏联的成立与现在的党政领袖

一九二一年内战完结，反革命派完全镇压以后，苏维埃俄罗斯以及因革命胜利而兴起的乌克兰等苏维埃共和国，都感觉到在社会主义的建设与抵御帝国主义的侵略这途程中，各个苏维埃国家有联合的必要，于是在一九二二年底就成立了“社会主义苏维埃共和国大联合”。

苏联现在的党政领袖：有“○”记者苏维埃中央主席加李林，有“×”记者苏俄共产党书记斯达林。

第三国际十周年纪念

第三国际成立于一九一九年，他是直接继承马克思的第一国际而产生的全世界无产阶级政党的组织；在列宁的领导之下，第三国际对于俄国革命及苏俄乃至苏联的社会主义的建设，都有极可贵的指导，对于全世界的无产阶级革命运动及被压迫民族的解放运动，更有全般的计划与指导——直到如今，第三国际已成为全世界革命运动的参谋本部了。

第三国际十周年纪念庆祝大会（在莫斯科大戏院内）

苏联工业的社会化

苏联工业进步之一斑（上图是苏联现有的最大钢铁厂之一，图下方即十月革命节纪念游行的工人群众）。

苏联革命成功已十二年，虽然经过了多少艰难险阻，但它的生产进步，比革命前还是要快得多，主要的原因是，它已经是工农的国家而不是资本主义的国家了。

一般工业的生产，除铁路外，都早已超过革命前（一九一三年）百分之十六。

苏联工业在革命以后的发展，至为惊人。这种发展有两个特点：一个是大工业的发展比小工业的快，一个是国家工业与合作社工业的发展比私人的快。这两特点都是表示苏联已经更正确更切实地走上了社会主义建设的道路。现将过去四年中，苏联工业发展情形列表如下（下列是工业生产的总额，以百万卢布为单位）：

年份	国家工业	合作社工业	私人工业	总计
（大工业）				
一九二五	三. 五三七	二五一	一六九	三. 九五七
一九二六	五. 一一〇	三九三	二四二	五. 七四五
一九二七	六. 〇三三	四五〇	一六九	六. 六五二
一九二八	七. 三九〇	四九二	一七一	八.〇五三
（小工业）				
一九二五	二五	二〇〇	七五四	九七九
一九二六	二八	二二四	八七八	一. 一三〇
一九二七	二八	二四四	九三七	一. 二〇九
一九二八	二八	三一六	九六八	一. 三一二
（大小工业总计）				
一九二五	三. 五六二	四五一	九二三	四. 九三六
一九二六	五. 一三八	六一七	一. 一二〇	六. 八七五
一九二七	六. 〇六一	六九四	一. 一〇六	七. 八六一
一九二八	七. 四一八	八〇八	一. 一三九	九. 三六五

在一九一三年（大战前）的时候，俄国大工业的生产总额为六．三九一．〇〇〇. 〇〇〇卢布；拿上表一比，便可以看出一九二七年的苏联大工业生产总额便已超过战前的百分之四又一；一九二八年的便已超过百分之二十六。

我们若再就百分数来看，便更易明白了。下表是各种性质的工业增减百分比：

年份	国家工业	合作社工业	小手工业	私人工业	总计
一九二四	六三. 五	三. 六	二九. 四	三. 五	一〇〇
一九二五	六七. 八	四. 九	二四. 二	三. 一	一〇〇
一九二六	七一. 五	四. 六	二一. 二	二. 七	一〇〇
一九二七	七七. 一	八. 八	一一. 七	二. 四	一〇〇
一九二八	七八. 二	九. 五	一〇. 一	二. 二	一〇〇

这是苏联的空中旅馆，其中可容百余人。

苏联飞行事业进步之一斑

在革命以前，俄国便已开始电气化，但成绩极少；革命后，因为内战与饥荒的阻挠，故直到一九二一年才开始计划。但到了现在，它的进步比任何国家都来得快，就是美国都不及它。一九二五年十二月，苏联各电站发出来的电力为一．三四九．〇〇〇启罗瓦德，一九二六年增加到了一．四四〇．〇〇〇启罗瓦德，一九二七年十二月增加到了一．六九〇．〇〇〇，一九二八年九月增加到了二．一三〇．〇〇〇启罗瓦德。

据专家计算，一九二九年将增加到二．六三八．〇〇〇启罗瓦德，一九三〇年将增加到三．一〇一．〇〇〇，一九三一年将增加到三．六一一．〇〇〇。

五年的增产计划

苏联已经不是资本主义的国家，所以他的生产都是有计划的，决没有无政府状态的事。

内战终了，实行新经济政策以后，苏联的生产便已经能按照国家设计委员会所拟定的计划进行。从一九二九年份起，国家设计委员会又定了一个五年增产计划（一九二九年到一九三三年），其大要如下：

上次的计划对于工业化的支出为四十四万万卢布；这次五年计划的支出为一百六十五万万，比上次的多四倍。

现在苏联工业的总价值为八十六万万卢布，新计划实现后，一九三三年，总价值便会增加为二百五十八万万。

根据新计划，电气化的总价值将由现在的九万三千万卢布，加到五十万万；运输的总价值将由现在的一百〇八万万卢布增加到一百八十二万万。

现在重工业里面工人总数约有二百七十五万人；到了一九三三年可以加到三百六十三万一千人。全般工业里面工人总数为一千一百三十五万人，到了一九三三年可以增到一千五百九十二万七千人，增加百分之三十七。

同时工人失业的现象也可以消减。苏联现在失业工人有一百多万；按照新计划，五年当中工业上需要四百六十万新工人；如果每年增加七十万新工人，五年便有三百五十万，再每天实行七小时工作制，工厂里便须添三十万工人。总计起来，失业工人都会找到职业而外，还可安插二十万工人。

这个五年计划实施后，第一年的成绩，便超出了原定计划以上。计关于工业增产计划，过去工作年度内生产额计增百分之二十四，比增产计划规定之百分之二十一超过了百分之三。其中煤产达四千一百万吨，比前年度增百分之十四，油产达一千四百吨，增百分之十三，电气产达六十万万启罗瓦德，增百分之三十，耕地增加百分之六。

苏联的劳动状况

苏联现在有二千五百万农村经济单位（经济单位即一个户头的意思），其中富农约占百分之三十，合作社与国家经营的约占百分之四十五；苏联政府现用合作社的方法促进小农中农生产的进步，现耕作的合作社已有五十万五个。

苏联农村现在采用的电机（特拉克特机）（农村电汽〈气〉化之一）

苏联的农业生产，经过大战及革命的破坏，直到一九二一年和一九二二年分才开始恢复，达到战前（一九一三年）的总生产额一半（百分之五十又六）；但从此便有惊人的发展，到了去年（一九二八年份）便已超过战前百分之八了。

兹将几年来的农业生产总额和战前的作一比较表列下（以百万卢布为单位，林业渔业均在内）：

年份	农业生产总额	百分比（%）
一九一三	一二．三八〇	一〇〇
一九二二	六．二六〇	五〇．六
一九二三	八．七〇〇	七〇．三
一九二四	九．一四〇	七三．八
一九二五	一〇．二九二	八三．一
一九二六	一二．二七二	九九．一
一九二七	一二．七七五	一〇三．二
一九二八	一三．三〇〇	一〇八．二

大战后，大革命后，又加大凶年后，苏联农业生产这么恢复得快，这是资本主义国家所万不能做到的。至若他的特点，我们可以举出两项如下：

第一步农业机械化。据一九二七年的调查：农业用的电耕机（Tractor），一九二三年不过千辆，一九二七年就有二万七千六百六十七辆了。一九二三年购买农业用具机械，只八百五十万卢布，一九二七年份达到一万三千六百五十万卢布，今年（一九二九年）则预算有三万七千六百十五万了（电汽化费用不在内）。

另一方面，为供给农村金属需要，建立很大的制铁厂。伏尔加河畔新建设的电耕机大工厂，每年可出电耕机一万辆。此外如制糖厂、制革厂、扬卸机、磨臼、冷藏所，凡农产物须加工的机器，无不应有尽有。

用机械整理耕地，合算得多，同时又有巨大的人造肥料制造厂，代替不合算的厩肥。

第二步使农村电气化。以廉价供给电气于农民。一九二三年为农业电化支出的钱，只七十五万卢布，一九二七年达到七百八十四万卢布，恰恰增加了十倍多。今年份预算电气化费用的总数达到了一万八千四百万卢布，其中最大部分便是用在农村方面的。

打禾机在农场中工作情形（农村电汽〈气〉化之二）

近几年来，苏联的谷物生产额如下：

一九二三年	五三. 三〇〇. 〇〇〇吨
一九二四年	五一. 九〇〇. 〇〇〇吨
一九二五年	六九. 九〇〇. 〇〇〇吨
一九二六年	七四. 七〇〇. 〇〇〇吨
一九二七年	七七.〇〇〇.〇〇〇吨
一九二八年	七六. 一〇〇.〇〇〇吨

苏联农业进步之一斑（乌克兰地方正在建筑中之新式积谷仓）

农业进步与农村电汽化

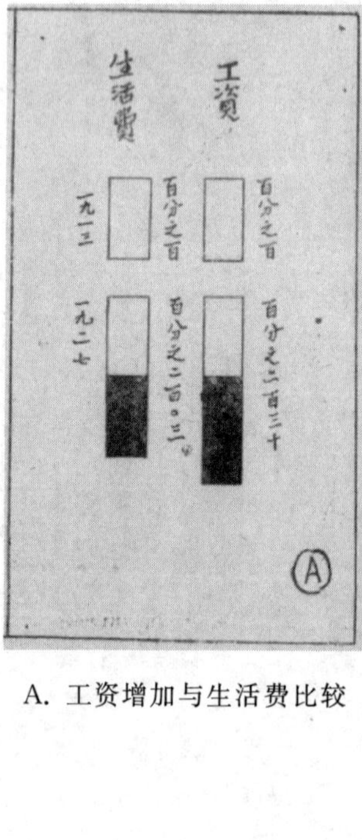

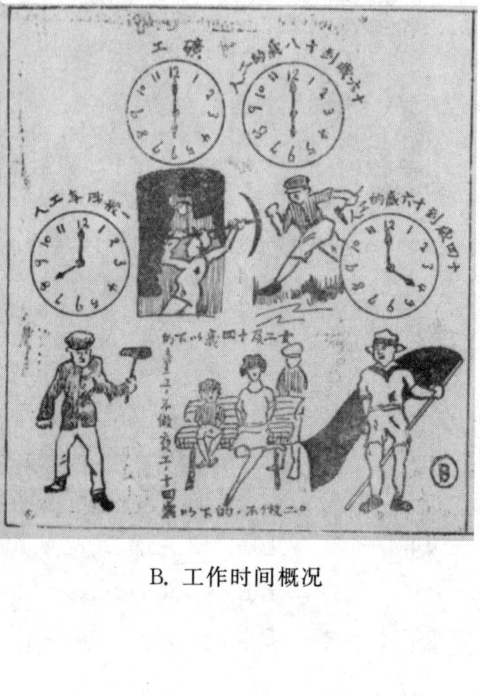

A. 工资增加与生活费比较　　B. 工作时间概况

十月革命成功后，苏联工人的生活大大地改好了：据去年的统计，工资比革命前实际增加了约百分之十二，再过五年，将要加到百分之七十一；工作时间减少到至多八时，少的有只到四小时的。

苏联工业、运输、交通、教育、卫生及其他经济组织中从事生产等工作的工人，每年都有增加，如下表：

年份	工人总数	已入工会的会员
一九二三	六．七三六．〇〇〇	四．五〇〇．〇〇〇
一九二四	七．三三〇．〇〇〇	五．五一〇．〇〇〇
一九二五	八．二五六．〇〇〇	六．四三〇．〇〇〇
一九二六	九．八〇八．〇〇〇	七．三〇〇．〇〇〇
一九二七	一〇．三一三．〇〇〇	九．六二四．〇〇〇
一九二八	一〇．九九九．〇〇〇	一〇．三九〇．〇〇〇

工人的工资，每年都有增加，看下表便可以知道（下表是每一工人每年平均所得的工资）：

年份	每一工人每年平均工资	增加的百分数（%）
一九二三	一八〇卢布	一〇〇．〇
一九二四	三五五卢布	一九七．二
一九二五	五二一卢布	二八九．四
一九二六	六四八卢布	三六〇．〇
一九二七	七二四卢布	四〇二．二
一九二八	八〇二卢布	四四五．五

苏联工人如遇有疾病、伤亡、失业、生产等事件，都有政府拿出来的社会保险金替他们解决经济的困难。近年在这种“社会保险制度”保护之下的工人年有增加，如下表（在社会保险制度保护之下的工人总数）：

一九二三年	四．九〇〇．〇〇〇人
一九二四年	五．五〇〇．〇〇〇人
一九二五年	六．七二一．〇〇〇人
一九二六年	八．一七一．〇〇〇人
一九二七年	八．九〇〇．〇〇〇人
一九二八年	九．七二〇．〇〇〇人

彼得格勒新建筑的工人住屋之一部

苏联产业工人的住屋大多数都是由国家和各产业自己供给的。此外工会建筑的工人公寓，也都非常舒坦壮观，租金都非常低廉，因为这些公寓的建筑也是得到了国家的帮助的。

苏联是教育落后的国，同中国差不多。革命后苏联政府注重教育，不遗余力，许多工厂做工的人，一面做工，一面进工人大学读书。他们已实行七小时工作制，不久还要减少到六小时。主要目的是增进工人修学，把工人智力提高。据美国实业家视察哥克萨铁路工厂，过去一年间，新发明有一千四百件，可见工人研究力之强。资本主义国的工学博士和工程师，恐怕有时还够不上苏联一个普通工人。现将苏联学校及学生的数目与革命前的列一比较表于下：

初等教育	学校数	学生人数
一九一三年	一〇四．六〇〇	七．二三六．〇〇〇
一九二七年	一〇八．四二四	九．九〇三．四三九
一九二八年	一一六．三七三	一〇．五〇二．九六四
中等教育		
一九一三年	一．八〇〇	五六五．〇〇〇
一九二七年	一．七〇八	七八四．八七一
一九二八年	一．八一九	八〇五．三六九
专门教育		
一九一三年	二．九〇〇	二六七．〇〇〇

一九二七年	四．五一六	五八八．〇〇〇
一九二八年	四．七一一	六〇一．〇〇〇
大学教育		
一九一三年	九一	一二五．〇〇〇
一九二七年	一二四	一六〇．〇〇〇
一九二八年	一三七	一四三．〇〇〇

苏联的教育文化事业

彼得格勒蒲基洛夫工厂的工人学校新校舍（这学校比普通大学的设备还要完全，屋顶还有自己的天文台）。

苏联工人工作后用功读书

工人学校图书馆内工人读书看报的情形

工人学校上课的情形

工人们热心研究之一斑

他在这儿说明无线电的原理

大家都来埋头研究

体育是苏联所异常重视的。人民委员会下的教育、卫生、劳动、陆军、海军各委员，乃至工会及共产主义青年团都用着很大的力量来提倡教育。红军中自然注重体育的训练，一般学校和工厂学校也都把体育当作一种强迫教育。

据一九二八年的统计，工会委员有六十四万人是加入了各种体育组织的。工会用于教育事业方面的巨额经费，其中百分之十到十五便是用到体育方面去了的。全国参加了体育和组织的总人数约在两百万以上。

体育中最流行的是足球、篮球、手球、Gorodky 等，网球自然更普遍了。夏大〈天〉的柔软体操、划船和游泳，冬天的滑水，也都是很流行的。

学生们不必说，工人们下了工便都挽着手儿到运动场上去；农村中体育事业也逐渐兴盛起来了。

苏联女工工作后就来打球

苏联工人工作后的运动

夏季的赛船，参加者千百成群。

冬季的滑冰，这是苏联人民最喜欢的一种运动。

苏联工人工作后的娱乐

工厂内工人俱乐部演剧

从前的教堂，现被改用作工人俱乐部。

苏联女工工作后练习跳舞

农村中的演讲会（上图讲演会中，演讲的是一个农民党员，全村的妇人、孩子也都来静静地听哩!）

列宁格勒的农民学生（他们都是从西伯利亚角落里来的；墙上贴的是写的壁报）。

农民拥护苏维埃示威

农村的科学教育之发达

“七十岁了，他也还学着装电灯!”

六十岁的老人和十一岁的小孩都一样在那儿思索：“这顽意儿究竟是一回什么事呢?”（上）
大家都一齐来听几千里外莫斯科的革命领袖讲演（从无线电中传来的）（下）

农村中宣传车的内部

这些车是推着在农村中巡回游行的

车上还有指导员，随时向观众解释一切。

农村中妇女教育

农村中的“普及教育班”上课情形

农村中的妇女补习学校上课情形

农妇耕作后都向河边去淋浴（她们的犁耙暂时当作她们的衣架）

“她们居然也有一些揭开她们的面幕了！”

苏联所属地方，有许多还是文化非常落后的民族，如乌兹伯格一带地方的妇女终年在外边是不肯揭开面幕的；然而近来居然有不少的妇女竟在群众前“露面”了！

苏联的妇女与婚姻

苏联的婚姻问题

两人结合，只须向登记局登记便可成立。

两人结婚，也只须向登记局声明一次便完结（男女两方都可以随时提出离婚的要求）。

少年先锋队与红色十月小孩

农村少年先锋队耕作以后

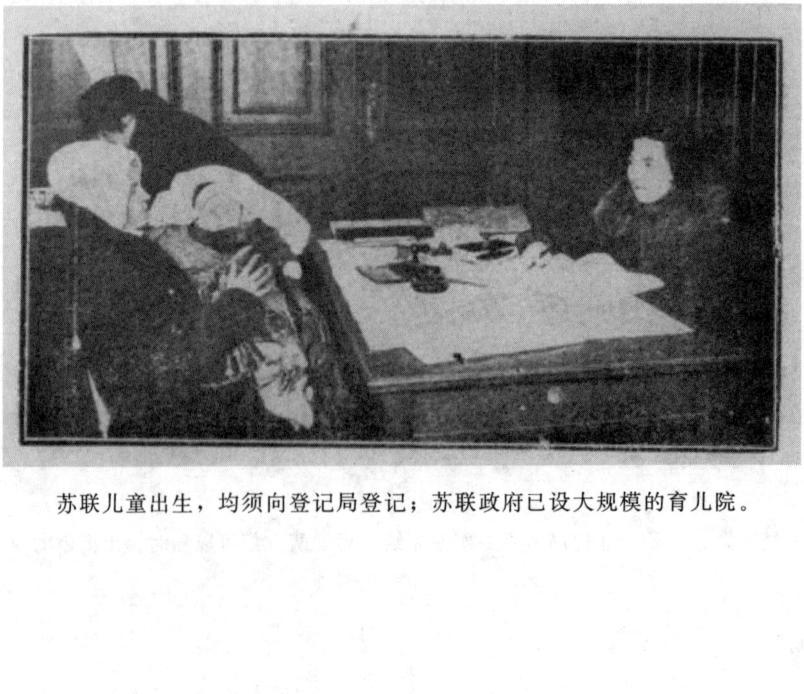

苏联儿童出生，均须向登记局登记；苏联政府已设大规模的育儿院。

苏联之红色十月小孩在幼稚园中

苏联儿童的幸福

儿童休养所的儿童野外生活

儿童休养所的儿童吃饭时的愉快情形

少年先锋队与红色十月小孩的活动

五一节示威中的红色十月小孩

列宁墓前的先锋队

合作运动游行中的红色十月小孩

五一节示威中的先锋队

“戈萨克”之今昔

一般人脑筋中的“戈萨克”就是俄皇专制凶暴的代表；在历来的革命运动当中，戈萨克的皮鞭铁蹄下，不知打死了多少英雄好汉。

其实“戈萨克”是最初反抗俄皇专制的农奴，他们从地主的束缚中逃向自由的顿河一带过生活；后来才被俄皇政府利用作压迫人民的工具；革命成功以后，他们都恢复了他们本来面目，仍旧逍遥自在过他们欢乐的日子。

弱小民族一致联合起来

苏联范围以内，有许多言语文字不同的种族；苏联政府在列宁格勒（从前的彼得格勒）设立了一所“东北大学”，专于从东方和北方的民族里招来学生，用“世界语”促成他们的统一语言，成效极大。

东北大学的世界语班（本图学生八人，代表六个不同的种族）。

“男女老少都含笑意了”

西伯利亚的老人

建立出版界的水平
——为低能的穷苦读者请愿

（一九三〇年七月一日）①

想读书的人生在今天的中国，真是大幸而又大不幸！你看，市上出版的新书何等的多，特别是最为大家所渴求的社会科学书籍；然而，你又可以看见，实在不堪一读的书又是多少！

学者们为了大众的需要而努力于译作，这当然是值得我们崇敬与感激的，可是过于不量力的先生们，实在至少应受大众的劝告——这是因为，金钱与时间对于大众都太宝贵了啦！

译作之最应受指摘的是：译者选材既不慎，而外国文与中文又两欠通顺，却贸然提笔直书，倚马而就；书店方面只要书名新奇可喜或有熟人介绍，并内容亦不校阅，即行付印。像这样急色儿般的荒唐，如何不闹出满纸笑话，误尽天下苍生！

而更不幸的是，直到今天，除了偶尔有对少数个人故意的非难（如骂“硬译”之类）以外，我们很少看见有精通中外的学者们出来做一些“书报批评”工作，使出版界有一个至低的水平线；如果能够这样，那末，对于我们这些低能的穷读者便无异造上七级浮屠了！

〇 〇 〇

我当然没有一点作“书报批评”的资格，只是想引起大家对于这一批评工作的严重注意，所以大胆地提出一本书“试评”一下——亦不过妄想“抛砖引玉”罢了！

我想批评的是《苏俄革命与宗教》（甘大新译，上海联合书店刊，一九三

① 原文所署日期为1930年7月1日，而该期刊出时间为1930年6月16日，可能是作者所署时间有误。

〇年)。

我认为这本译作的取材很欠审慎。虽然 *Vanguard Press* 丛书里面有很多很好的书，但并不是全部都可信任的；而甘先生选译的这一本便不甚高明。譬如本书的著者 J. F. Hecker 认为“苏维埃制度是最适宜于表现一种真正宗教的制度”，并说“俄国人只是刚开始他们的宗教创造期”(著者自序)，这些观念实在都是莫名其妙的神话；著者又说苏维埃政府宽容独立教派，是由于当初共产主义者与独立教派的信者同受俄皇政府的压迫，共产主义者取得政权后，因而对于独立教派的信徒自然发生同情(甘译二三四页)，这简直认为苏维埃政府的政策是建立在感情上的，这是何等荒谬；而尤其错误的是著者颠倒事实，在本书第十三章中，著者说，“……列宁和其使徒等革命家传袭着这种传统。他们在其社会哲学中看来，虽然是马克思主义者，但他们深信俄罗斯无通过资本主义时代之必要，而能够跳过这时代，将社会主义的秩序(应译作制度)直接与俄罗斯古来的农村共产体相接合。……”(甘译二八三页)我们知道，事实恰恰相反，抱着这种幻想的是俄国的“民粹派”，列宁和其党徒最初便是反对“民粹派”的这种谬妄的主张的，列宁的第一本著作《什么是民众的朋友》便是严厉批评“民粹派”的。

像这样毫无根据信口雌黄的材料，真是太不值得介绍了。

其次，我要指出译者在文字技术上的欠缺。在我看，译者对于本书许多地方似乎并没有了解而只是照字面抄下去的，所以弄得许多地方意义不明；而全书多部分文字的生译，文法的欠通，更令读者的眼光趑趄难前！像这样的文字程度而动手译书，像这样的译作而居然出版，我以为译者与书店都实在太儿戏介绍文化的责任了！

我现在就其中过于错误的地方摘出如下，以质高明：

(一) 第一章第一句就大错特错了！

(原文)“It is an old saying that an English man or American sooner or later talks of sport, a Frenchman of women, and a Russian, particularly one of the commonpeople, of the mysteries of religion and God.”

这句话的大意应该是：“英国人或美国人常时爱谈运动，法国人爱谈女人，而俄国人，特别是俄国的平民，却爱谈宗教和上帝的神秘故事——这是一句老话。”

但是甘译却是：“英国人或美国人早晚是谈着运动，谈着法国底妇人，和俄国人底——特别是平民底——宗教或神秘等话，这是一句古谚。”我们看，这错得多远了。

(二) 原文："In the streets of prewar Russia men and women would stop piously to cross themselves to the sight of an ikon, a shrine, a church…"(p2)

大意应该是："在大战前的俄国街道中，男女们遇见了一个神像，一座神龛，一座教堂……便要站住很虔敬地在胸前书着十字……"

甘译却是："在战前俄国底街道中，男女们都站着看意康，教会……"(三页)

(三) 原文："…the Moscovite ecclesiastics caught a vision of Russia as the standard bearer of Orthodoxy."(p15)

大意应该是："莫斯科的牧师们幻想着俄罗斯为正教的正统保持者。"

甘译是："莫斯科底牧师抱着一种俄国底幻影，以为正教底正统保持者。"(二二页)

(四) 原文："But he did not hinder his boyars, who plotted Nikon's downfall and finally succeeded."(p21)

大意应该是："可是他并没有禁阻他的廷臣推倒尼康的阴谋，这阴谋是终于成功了的。"

甘译是："但他在那等计谋倾覆尼康而终于成功的，宫廷牧师之间，却并不觉有妨碍。"(三二页)

(五) 原文："At first it looked as if the Church would get the better of the struggle and the revolutionary Government have to abandon its plan to separate the church from the State and nationalize its property."(p65)

大意应该是："起初看去，似乎教会在这斗争中会占优势，革命政府乃不得不放弃其政教分离与教会财产收归国有的计划。"

甘译是："当初，教会以(?)似乎将执战斗之牛耳，使革命政府不得不把教会自国家分离，并放弃将其财产收归国有之计划。"(九八页)(甘译的中间一句竟与原文意思完全相反。)

(六) 原文："Either one side or the other had to surrender its principles, since neither side was willing to surrender, the war went on."(p71)

大意应该是："双方总应该有一方在原则上让步才行，可是因为双方都不愿意让步，于是斗争便不曾休止。"

甘译是："不论哪一方面都该退让其原则，因为双方都不愿退让战争之举行。"(一〇八页)

（七）原文："…and the Patriarch listened to those advisers who wanted to make political capital out of the national calamity."（p78）

大意应该是："……而教长则专门听从那班的顾问的话，那班顾问却都是企图利用全国的灾难来作政治投机的。"

甘译是："而教长则倾听欲自这全国的实（灾）难造成其政府的资本的顾问辈之说。"（一一八页）（甘译没有看懂 to make capital cut of 是作"利用……投机"解。）

（八）原文："This appeal of influential clergymen of the Church，coming out for peace and cooperation with the state and condemning unreservedly the old policy of the church toward the Soviet state…"（p87）

大意应该是："教会的有力的牧师们，为谋教会与国家间的和平与合作起见，发出了这个宣言，尽情地斥责教会对待苏维埃政府的旧政策……"

甘译是："为与国家之和平及协力而出现的，并对苏维埃国家彻底地非难教会之旧政策的，教会之有力的牧师们底此种宣言（一三〇页）

（九）原文："The Government quite well knew…for if the world bourgeoisie decided to try another armed intervention it would find occasion for it and manufacture enough atrocity news…to justify its interventionist designs."（p110）

大意应该是："政府很懂得……因为倘使世界的资产阶级决定再尝试一次武力的干涉，他自然会寻出藉口的机会，制造出许多惨酷的消息……以便证明其干涉计划的正当。"

甘译是："政府颇理解……因为如果世界资产阶级决定想试一次武装干涉，则政府当利用此机会来制造出充分的惨酷消息……以正当化其干涉的计划。"（一六四页）（本句开始的一个"政府"是指苏俄政府，不知甘译句中的第二个政府是指的俄政府抑是资产阶级的政府。）

（十）原文："…but clung so much the more to the peasant commune which，enriched by Western science and culture，they hope wou'd be…"（p186）

大意应该是："……可是异常重视农民的共产团，他们认为此种共产团如果得到西方科学和文化的扶助，便会有……的希望。"

甘译是："……但极固执于为西欧之科学和文化所增富的农村共产体，他们希望……能为……"（二八二页）（甘先生似乎以为旧俄农村的共产团，即所谓"米尔"的，已经为西欧的科学和文化所增富了，不知何所据而云然，我们翻阅关于俄国农村状况的记载，还没有发现"米尔欧化"的事实，并且本书原文亦只是假定之辞。)

(十一) 原文:"It is necessary definitely to cease any kind of effort to fight religious prejudice by administrative means, such as the closing of churches…" (p194)

大意应该是:"一切企图用行政力量去与宗教偏见奋斗的方式,为封闭教堂……!均应停止,这有明白规定的必要。"

甘译是:"以锁闭教会……的行政手腕,来彻底地中止任何抗争宗教的偏见的努力,是为必要。"(二九四页)

(十二) 最后,我想指出的是,"字典翻译家"当然是要不得,可是外国文欠高明而又不查字典的翻译家,则更要不得。我现随便摘举两例如下:

a. 甘译二十六页"这是用以转移(replace)君士坦丁堡底……大礼拜堂的"。replace 应译作"代替",决没有"转移"的意思,而本文的上下文亦可以看出。

b. 甘译四十六页"在俄国于第九世纪厉行改宗之际……",原文是"At the occasion of the ninth centenary of the conversion of Russia…"这句里面的 centenary 是"百年祭"的意思,并不是世纪(century),应译作:"当俄国改宗九百年祭的时候……"但是很显然地甘先生把 centenary 看作 century 了,所以弄成在一千二百年前(九世纪)就有"日俄传道会"的希奇事,其时不仅日本还是一个仙岛,俄国也还没有形成哩!

○ ○ ○

我上面所写的尽管有错,我所提出来批评的书尽管无多大价值,但我是代表万千低能而穷苦的读者们请愿,我以为最低限度应作到:

(一) 高明的学者们公正地批评市上最流行的社会科学的译作;

(二) 译者从事译作,至少应求自己看得懂自己的译作;

(三) 书店里印行社会科学书籍,至少应将稿件先请一两位中外文精通的专门学者校阅一遍,再去付印。

附带声明:我不认识甘先生,也不认识联合书店的老板们;我之试评这本书,完全是"举一反三"的意思。因为我最近注意看苏俄宗教问题的材料,而这本书恰巧碰在手头上,便藉用作"请愿"的材料。恐有心人妄加揣测,特志数语。

(原载《北新》半月刊1930年第4卷第13期)

署名:伟森

《实话》五日刊的任务

（一九三〇年十月三十日）

《红旗日报》——中国共产党中央委员会的机关报——出版了将近四个月了，虽然遭受了帝国主义和国民党的极端压迫遇见了许多阻碍，可是无产阶级以及革命群众的热烈拥护和欢迎，不但报纸仍旧是继续不断的按日出版，而且是推销的更广泛，影响也更深入群众了。这就是给帝国主义和国民党最好的回答。在四个月以来的《红旗日报》中不断给了革命斗争的正确指示，对于党的路线也有所传达，可是对革命策略的进一步讨论和党的路线的更深刻研究和认识的方面是太少了，这尤其不能满足革命群众中的先进分子，以及党的干部的需要，但是这一任务不是排满了革命斗争消息的《红旗日报》所能容纳的，而实在是有另出副刊，专门容纳这一稿件，负担这一使命的必要。所以有这《实话》的出版。

这五日刊的主要内容应包括下列各项：

（一）传达党的正确路线，详细的加以解释，以供给各级党部以及革命团体的运用。尤其最近关于中共中央三中全会的路线和精神的传达和解释，本刊是负着很大使命的。

（二）对党的策略和战术，很详细的研究，对于工作方法更深切的探求，从这中间得出具体的方案，以供给同志们的需要。

（三）一般政治上当前的问题的讨论和指示，这也是革命干部所急需的，只有愈详细的讨论才能使我们更进步，更了解党的路线和策略应当如何的灵活的正确的应用。

（四）实行自我批评，站在党的正确立场，举行无情的自我批评是布尔什维克化的有力武器，只有这样才能肃清一切不正确的倾向，才能给右倾机会主义以严重打击，才能完成两条战线上斗争的任务，才能帮助幼稚的同志改正他自己的错误，同时也就是检阅我们已有工作的最好方法。

（五）收集各地方的工作经验和教训，加以适当的估计，将经验和教训传布给各地方。

（六）介绍联邦共产党的目前重要的策略和过去宝贵的经验，以及其他国家无产阶级斗争的教训。

（七）最后本刊设置讨论栏，可以更广泛的包括各种问题，以及一般革命干部所不能解答的难题，无论是路线上的，策略上的，理论上的（自然专门长篇理论的文章，布尔什维克杂志是要负责的），工作方法上的，以至日常生活中的各种问题，本刊当每一问题，讨论结束时给以明确的答复。

总之本刊所负的使命是帮助革命的先进分子所必需要的武装，由革命的中坚干部更具体明了的向着广大群众传达和解释，才能更扩大党的政治影响；也只有革命者的亲体〈自〉来参观加入讨论，才能更彻底的了解，才能不仅扩大了党的政治影响，而且能巩固党的影响，这就是我们主观力量所急迫需要的增加，也就是目前形势之下我们所应当努力的。

每个革命的干部，应当自己计划着，怎样来帮助本刊来完成这一个伟大的任务。

（原载《红旗日报》副刊《实话》1930年创刊号）

本报一年工作的回顾

（一九三〇年）[①]

一年过去了！虽然我们犯了许多错误，虽然我们感到有万分的缺点，然而《上海报》成绩的差强人意，终究是我们所未曾料想到，且亦不敢盼望的！

在出版《上海报》之初，我们几乎考虑了二三个月之久。是的，群众斗争的发展，使得自己工人的一个日报成为必要。可是，在这样压迫的环境，困难的经济，短少的人手，特别是没有“办工人自己的日报”的经验——在这种限制之下，出版一个工人的日报，真是谈何容易！

客观的需要不容我们多迟疑。靠了几位热心有余经验不足的朋友的协力，我们便仓猝间于四月十七日出版了第一期《白话日报》。

我们当时唯一的信念是：我们的日报是为工人大众出版的，自然大众会用他们的全力量来维持；果然，我们的信念没有错，靠了工人大众的力量，使这小小的日报不仅能够存在，而且还在发展。

我们当初只希望在上海有三十个经常的工人通信员，每天有五百个订户经常读我们的报，就觉得可以满足；在今天这样的环境中，我们实在不能希望更大。

一年过去了，我们竟有将近一百名的经常通讯员，报纸经常送给订户的竟达一千八百乃至二千份。

我们当初只希望在工人斗争中呐喊几声，为战士们助威势，并不敢希望立时能够在斗争中起多少领导作用；然而从《白话日报》在商务工人中投下第一弹起(驱逐工贼王昌源事件，详本报的领导作用篇)，接二连三，小小的一张报纸竟立刻被工人大众承认是他们的一枝先锋军，竟立刻被统治阶级认作是斗争爆发的导火线！

---

① 本报指《上海报》，该报是中国共产党江苏省委指导工人运动的报纸，创刊于1929年4月17日，初名《白话日报》，发刊期数不详，后改名《上海报》。

这一切，我们应当都归荣于工人大众。他们不仅维持并发展了本报，同时他们也教育了办报的我们——无经验的少数书生。

有人或者以为办报是一件很悠闲的工作，是书房里的事；资产阶级的记者先生们大都是很悠闲，而我们——无产阶级的新闻记者，却每天每月都在紧张中，在前进上过生活哩！我们实在也经历了不少的苦难，受了不少财力上与人力上的牺牲。我们想将一年来工作的各方面作一简要的回忆，写在下面。这对于自己，对于朋友，当不是无益的事。

关于编辑、采访、发行各节，在后面专章叙述，此地只概括的说明在具体工作中我们所遇的磨难。

印刷问题　首先困恼我们的是印刷问题。最初，有一位朋友介绍一个印刷店老板给我们，他满口承认我们的条件。我们初无经验，也没有与他订合同，也不去看他的印刷所的设备，便付了第一期稿和一部分钱给他。谁知过了两天还不见报出版，那位老板竟避不见面。费了许多力寻到了他的本身，追究起来，却原来他是一个买空卖空的掮客，他把我们的稿子拿到一家印刷店去印，他每天可从中赚三四元。而那一家印刷店发现了他的秘密，便故意将稿子延迟下去，想使掮客失信于我们，以便我们与该印局直接交易。这样，我们竟被这几个商人玩弄于股掌之上了！又费了许多口舌，才将第一期印出，但第二期又被压搁，直至第三天与该印局直接订合同，才得继续出版。

《白话日报》在市上有了风声，该印局便向我们刁难，要干涉我们的编辑内容，强迫停印我们的稿件，最后竟拒绝承印了！

没有办法，我们只好另寻门路，另换报名；千幸不久又找到了一家印刷店，所以《上海报》很顺遂的出版了。此次订的合同都很公平，绝对不过问编辑内容，并且为我们开夜工（《白话日报》是白天工作的，晚七时后的新闻便不能登上），夜十一时许我们还可送稿子。然而不到两星期，《上海报》又被查封，再两天，印局也被走狗发现，老板被捕，印局被封，后来竟完全被没收，老板也判了四（?）年的徒刑！

《上海报》另觅地方继续出版了十余期特刊，才又和一家印局正式订合同，改名《天声》（出了两天），《晨光》（出了三天），再改名《沪江日报》，才继续出版了两月余；不久该印局又被发现，只得另寻门路。此时我们经验已多，印刷局便再不敢侮弄我们；于是在七月初又与一家订立了一个公平的合同，改名《海上日报》，十一月十二日又恢复《上海报》的原名，直到现在。

发行工作。与印刷有同等困难的是发行问题。普通大小报纸的发行都是由报贩承办的。全上海有九大报贩，一切报纸的总批发都须经过他们的手，他们是衣钵相传，别人是不能侵入他们的领域去的。九大之下有若干小报贩头，他们或是自摆报摊，或是做中间人，从大报贩批来报纸转给小报贩，从中取利。报贩中最下层阶级是在车站街头叫卖的小瘪三。这些情形，我们当初都是一无所知的。

《白话日报》出版之初，是完全公开发行的。有两个朋友介绍了两个报贩给我们，其中一个是大报贩，一个是小报贩头。我们当初双方都承认了，于是双方起了争执，虽然他们间有他们的行规，很易解决的，但结果还是我们吃亏，在批价上承认减低，以便他们分润。当时我们的批价每张仅收制钱八文，第一日全送，以后每隔两天算账，但算账总有欠挂，到末尾竟有三分之二的钱未收齐。

《上海报》是一个姓张的大报贩经手（他与捕房都有来往的），虽然我们已稍有经验，但书生终非流氓的敌手，所以总有欠账，并每份减为六文。当时我们是想：第一步扩大发行，在大众中建立本报信仰，第二步再来与报贩切实交涉收款的问题，如不依我们的条件，我们即停发报以抵制他；他看见销路畅旺，自然会俯首就范。不料本报在“五卅”纪念中空前的影响（八千份五个钟点全部销完），使得帝国主义者发抖，西捕头竟亲自出马，将批发本报的大报贩张某兄弟二人拘去，罚洋五百元，监禁三个月，承批本报的张某被通缉；另外从前承批《白话报》的大报贩亦逃去。据报贩说，这是从来没有过的事变，亦可见帝国主义者的惊恐了！

在公开发行的时候，最大缺点是不能普及到各工人区域中去。当初我们特在各区设立分发行处，雇专人在各厂门口叫卖；但因经理人缺乏经验，除沪东沪西两区外，都很少成绩。公开发行既遇了大障碍，我们便决心建立自己的发行网。当初的计划是：只要经常有五百份的订阅，我们便就全上海分若干区，每一区暂雇一专人送报。我们于是着手征求订户，一星期中，我们收到的订阅单竟在八百份以上。我们惊喜之余，便决定从此建立自己的发行网，而以街上公开发行为辅助。

这样的办法，在经济上自然很不合算；当初公开发行时，我们只须一人经理；这样一来，发行部便陡然要增加至少五人的负担。我们当时的补救办法是：令各区的送报人加入小报贩的捷音公会作会员，一方面卖公开的报，一方面送我们的报，这样他们可以维持生活，不需要我们多出钱。但这计划未能实现，一则时间冲突，再则加入捷音公会很不容易。有一个送报人费了很大的气力，花了一笔钱，取得了会员的资格，但因与该区原有报贩的地盘冲突（每一报贩都各有其地盘的），这位不幸的新报贩不仅报袋被撕烂，会员资格失掉，而且挨了一顿好打！公会是一批“老资格”把持的，因此有冤亦无处伸，只好哑子吃黄莲，心里苦。

自己的发行网虽然从此小规模的建立起来了，可是这样的送报方法仍有许多缺点，而且绝对不适于压迫日厉、销路日广的今天。第一，送报人是比较容易发生危险的；第二，因定户很多，有一部分的报不免要很迟才能送到；第三，定户愈加多，一个送报人力量不及，加添人则经费负担不起，所以最近我们努力建立代派处的工作……使各区的定户都集中在代派处之下，一方面可以保证各报贩的安全，使定户可以及早看报，另一方面我们可以节省经费，同时还可以尽量推销，不受送报人个人的拘束。我们认为真正的发行网一定要建立在这样的代派处上面。

探〈采〉访工作[①]。采访工作我不预备在此地多写，我仅仅说几点。最初，我们印了一种“采访须知”分送给各通讯员，让他们知道采访新闻是怎样的一回事，同时我们在各区还有专门的特派员，与各通讯员建立着很密切的关系，随时可以帮助各通讯员作新闻，同时特派员自己也可以学习工人的实际状况。采访工作的方式，一年来大体上都没有改变。采访工作最困难的有两方面：一方面是工人通讯员的时间不够（许多纱厂烟厂的通讯员不能写稿），鉴别新闻的能力不够

---

① 关于采访工作，同书另有署名为人写的一篇一年来的采访与发行工作，有详细的叙述，节录于下：

一个工农群众革命报纸，没有它直接在工厂、农村、兵营中的通讯员的活动，将工农兵一般的日常生活、意识、斗争、组织等，就地搜罗，活现的描写出来，供给它的编辑，它必不能成为劳苦群众中最有威权的活跃的报纸。同时，它如没有它在劳苦群众中精密广大的推销——发行，也是一样的不能成为劳苦群众中最有威权的活跃报纸。我们的工农的《上海报》，从去年四月出世以来，使我们在经验中认识了工农通讯员及在工农中的推销工作的重要。

本报从去年四月到十二月，在本埠共建立了六十二个通讯员，内工厂通讯员五十三名，农民通讯员一名，学校通讯员八名。从十二月到现在，已增至通讯员七十六名。此七十六名通讯员之散布如下：纱厂通讯员十五名，即永安三厂、申新二厂、同兴一厂、鸿章厂、内外棉九厂、内外棉十四厂、内外棉五厂、溥益二厂、喜和纱厂、崇信纱厂、大丰纱厂、申新厂、怡和纱厂、恒丰老厂、老怡和纱厂。市政通讯员十五名，即闸北水电、公共租界电力公司老厂、公共租界电话局、公共租界电车机务车务处、华电车务处、公共汽车、无线电，电泡厂。另：铁路一名，邮务通讯员四名，商务印书馆三名，造船厂一名，兵工厂二名，绢丝一名，棉厂二名，码头苦力二名，麻袋厂一名，翻砂一名，制茶一名，印刷一名，铁厂三名，估衣一名，煤炭二名，药业三名，金银一名，农民一名，新闻记者二名。学校通讯员十三名，即大夏、劳大、法科大学、中国公学、中华艺术大学、上海艺术大学、同济大学。以上七十六名通讯员，是指现有的而说。在工作过程中因斗争而被资本家开除而失业改业的通讯员约廿名，并不在内。总共先后约有一百名。

建立通讯员的最困难的问题是训练问题。使每个通讯员都能站在阶级利益的革命观点上，去认识自己生活的痛苦，资本家地主的剥削与压迫，国民党黄色工会工农贼的欺骗与摧残的斗争的策略战术与组织，群众的心理与情绪。能将这些革命观点的认识，就地活现的描写出来，这是一件很繁重的工作。

(常有许多新闻都被忽视);另一方面是，和发行工作一样，我们的采访工作方式不适宜于工作的发展——我们的特派员每天须到各通讯员的家中或厂门口或其它地方去与通讯员会面，探问新闻，如果特派员不去，就是有新闻也传达不到编辑室来。特派员只一人，每一天的时间有限，而且通讯员闲空的时候多半是相同的(早六七点，午十二点，晚六七点)，在同一时候势不能分身到许多通讯员家中去，于是许多厂业中的新闻都因此被忽视，至少也延迟了。这种为难情形，如果通讯员愈加多，便愈明显；而通信员加多，却正是我们日夜所企求的。

所以采访工作的方式有变更的必要。我们所拟议的是建立真正的探访网。真正的采访网的建立必须在几个条件之下才有可能：第一，通讯员已能写新闻，至少能写几条简单的事实；第二，每一区有几处集中的地方，便于附近的通讯员的集中；第三，通信员中有几个能够担负过去特派员所担负的责任——代问新闻，代写新闻等等；第四，特别需要的是，通讯员对于自已责任之热忱，肯自动地迅速地送稿到附近的收稿处去。这一新的工作方式已经有部分的实行，我们希望不久可以有普遍的实现。

在开始的时候，曾经有一二个通讯员表示畏惧的心理，因为他在厂里已经是厂方很注意的活动份子，他厂里的消息一旦在我们的报上登出，厂方便很容易知道是他泄露的，于是便有被开除的危险。因此有时本来有值得宣扬的新闻，他却不愿写出。这种消极的态度当然是错误的，因为除了斗争一途而外，工人便只有永远在压迫下讨生活，愈安分守己将会愈压在最下层。工人当中女工与童工比较一般男工要“安分守己”些，女工与童工便更受深一层的压迫，这是很明显的事实。很可喜的是，近来我们已经很少发现这种错误的心理了。

在公开发行时代，我们有公开的通讯处，外边投稿的异常踊跃，每日不下五六十封；发行转入秘密时代以后，我们与一般大众便隔离了，这是我们很大的损失。近来经过送报人与一部分的热心投稿者恢复了原来的联系，但显然还是有很多感到与我们隔绝之苦的，因为我们偶然从公开报摊上发现了两封读者给我们的信件，恐怕像这样无法投递的信件还有不少在着哩！我们对于这些热诚的投稿者真是表示万分的感谢与歉仄！

照相插图。关于照相插图制版的事，也可以简单说明一点。我们知道图画照相是报纸不可少的一部分，为了这，我们也费了不少的人力与财力。图画的朋友为了我们的报，把他们大学教授的地位都抛弃了，把他为艺术而艺术的观点也改变了，很热诚地时常到工人大众中去观察去学习实际，很小心地依从大众的意见为报纸服务。我们的插画当然还不能完全适合大众的需要，但至今，我们已经在中国开辟了一条所谓“普罗画”的道路，我们知道努力的方向了。

照相当初不过是转载别人的东西，后来渐渐能够自己照大众的生活了，后来渐渐能够自己照大众的斗争情形了，最近已能自己冲洗印相。以此次北京路惨案为例，八号的情形，九号我们报上就有照相了；虽则不十分好，一般资产阶级报纸所能做到的，我们也竟能做了！不过我们的照相工作实在是一个火线上的工作，敌人的枪头时常与我们的镜头正对着。我们已经牺牲不小。然而，为了大众，我们能退避么？

制版当然也没有资产阶级报纸上的尤其是帝国主义报纸上的那么好，可是我们已经能够要制什么就制什么，在这样的环境中，这已经是很不容易的了！为了制版，我们也费了不少的财力。我们计划可以比现在有更迅速的制版的地方，因为现在制版还是常常要受时间的限制。

我们的牺牲。最后，我们要说一些我们所受的摧残与压迫。《白话日报》出版的第一天，公开的馆址便被查究，接着信箱被封；《上海报》出世就更受摧残了！最初，我们公开报馆被封，职员一人被捕（判了三年的徒刑），家具全部被没收；接着印刷局被封，印局老板被捕，财产全部没收；接着采访部被查抄，因无证据，仅损失百余元；接着发行部被查抄，全部没收；经理与主笔被通缉。自从转为秘密发行以来，送报人及特派员先后被捕的约十人，被判最重的为八年徒刑，少的亦数月，在狱所受的酷刑更不用说了。此外因贩卖本报而被捕被罚的小报贩先后总在八十人以上，最多的罚三十元，监禁两星期，起码也罚五元，拘五天。最近更残酷了，不拘不罚，发现了卖本报的，只是毒打一顿，打得头破血流，有两个甚至奄奄一息，真令人惨不忍睹。我们说，本报一年来实在是在火线与敌人肉搏，这决没有丝毫虚伪的！

（原载《〈上海报〉周年纪念册》，1930 年出版）

署名：求实

湖北英烈文存

李求实卷

（下册）

李良明／主编
孙泽学／编

華中師範大学出版社

译　作

爱字底失却

法国 Catulle Mendes　著

（一九二二年三月十二日）

一

往时有一个很凶恶的妖怪，像花样的美丽，却又像藏在草里预备惊人的蛇样险毒；伊有意去寻一个大国里的人民复仇。这个国在哪里呢？在山上或在平原，在河或在海底岸间？这个，故事上没有谈到。或者是在那些很熟练的成衣匠们在月光和星光之下为公主做长袍的那个王国近边。这妖怪所衔的是什么仇恨呢？关于这点，故事上也没有提及。或者是在王底女儿受洗礼的时候，大家没有对伊祈祷。这若是真的，那妖怪定是很怒了的哪！

起初伊自问：或者伊应遣手下数千的妖魔，在一切的宫殿和村庄里放火，去把这个国家毁灭了；或者伊应使一切的丁香花和玫瑰花都褪色；或者伊应把一切的少女都变成丑妇？伊能够纵四方的风在街道里，把一切的屋和树都埋没了。在伊底命令之下，火山会把全地球都葬在火石里，太阳亦会变转他底方向而不照临这个遭谴的城里了。可是伊做得更利害些！像贼的很从容地在匣内检取最宝贵的珍珠一样，伊从男人们和女人们底记忆之中把三个神圣的字——“我爱你”——取去了。

完成了这个罪过，伊带着微笑离开了；倘使伊没有生着那最美丽的樱唇，伊底笑会比教堂里的魔鬼更可怕呵！

二

当初人们只微觉察得所受的那种侵害。他们觉得他们缺少了一点东西，但不知道是什么。在小弄中相会的情人，在垂帘闭窗之后，喁喁情话的夫妇，忽然都止住了，互相望着或拥着。他们确觉得想说出一句很熟的话，可是他们连这是一句什么话亦不知道。他们惊讶，不安，可是他们没有发问，因为他们不知道问什么；这几个可珍贵的字，他们这样完全地忘记了。然而他们所受的痛苦还不很大，他们还有其他很多的话可以互相倾谈，很多的动作可以表示亲爱。

咳，他们被这很深的痛苦扰乱了稍久之后，他们互相尊敬是无效了，互相叫着最温柔的名字和谈着最甜蜜的情话也是无效了。若说一切的幸福都存在他们底接吻之中；发誓，他们甘为情死——他为伊而死，伊为他而死；互相叫着“我底灵魂儿！”“我底最亲爱的！”“我底梦想的！”这种种都觉得不够了。他们自然而然地觉得要说出和听到别的话，比一切的话都更亲热些的；记起那个话里面所含的热情，而现在决再不能说出或听到，真是难过极了！

在明白了这种苦痛之后，争端继起了。觉察出他底愉快之不圆满是由于那最亲爱的嘴唇所反对的直言，这情人于是就要求伊，伊也要求他，那随便哪一个都拿不出的一件东西，而且既不知道那件东西是什么，又不能叫出他底名字来。他们互相怨恨冷淡，负约，不相信于他们所想表出而未表出的温柔之中。

于是，情人在小弄中底幽会即刻绝迹了，就是在闭窗后夫妇同居的室中所有的声响亦不过是从那决不曾互相接近的安乐椅中所发出的枯燥无味的谈话罢了。没有爱情，能有愉快吗？倘使这个受妖祸的国家曾被战争蹂躏了，或被瘟疫毁灭了，亦不至像由于忘却了三个字所致的这样荒凉，悲惨，苦痛！

三

这个国里有一个诗人，他底情形比其余的人更可怜了。并不是因为他有一个美丽的情人而不能说出或听到那几个被盗的字。他没有情人。他最爱深思。他有一首诗是在那可恶的妖怪复仇的前一天动手做的，此时不能完成。为什么呢？因为这首诗底末句恰恰要用“我爱你”——随便哪样都不行。

这位诗人敲着他底额，把头捧在手里，自问：“我疯了么？”他断定在他将写这首诗的时候，他已经是找着了那在末一个惊叹记号之前的几个字的。他找着了彼等底证据，就是那句底韵脚早已写好了的。彼就在那里——彼候着彼等在，并且高声地叫着要彼等——彼不要别的，候着彼等的嘴唇候着同样的嘴唇接吻一样。这几个必须的神圣的字他已经忘却了，他并不能记起他曾知道过的。一定的，这里面是有些神秘；这位诗人坐在挨近山泉的林边（在晚间星光之下许多妖怪常来此跳舞的），带着悲痛不断地深思。哦，诗兴截断的痛苦呵！

四

一天早晨，当他坐在一棵树枝之下的时候，那可恶的强盗的妖怪看见了他，很爱他。妖怪不是无所为的；而且妖怪是不知礼的。伊吻他，比一个蝴蝶吻玫瑰花还要怪些；这位诗人，虽然深恋着他底诗，亦不禁觉出了伊那种如天的热情。蓝色和红色的金钢石的洞从地底深处开了，像星样的灿烂。这位诗人和妖怪乘着有翅的金马所拉的马车，离开了地面跑下去。他们互相恋爱了好久，除了他们底接吻和笑貌以外，一切都忘却了。倘使他们底嘴有一刻不相连着，眼不对望着，那只是有了更快活的消遣了。地神穿着紫色的缎衣，小妖戴着朦胧的云雾，合着不曾听过的曲调底拍子在他们面前舞蹈。不见臂的纤手送给他们成篮的雪白果品，象白玫瑰花和纯洁的胸膛一样的香。或者，这位诗人还奏着琴，唱那所能想得出的美诗，借以欢娱这个妖怪。

伊虽是个妖怪，却决不曾知道过和这相等的快乐——每天一个俊俏的少年唱他所作的新诗给伊听。当他静着的时候，伊就觉得他底口底呼吸是挨近伊了，觉得穿过了伊底头发，伊就软化于温柔之中了。

他们底愉快似无尽时。日子往前过，许多许多的日子了，可没有发生什么事来截断他们底愉快。然而伊仍然有沉闷的时候，伊坐着深思了，把手撑着脸，头发散着披在后面。

“哦，女王！”他叫着，“什么事使你忧愁；你看我们在我们一切的快乐之中是怎样地愉快，你是有一切权力的，你是很美丽的，你还想什么？”

起初伊不答，但是他泥着问，伊叹口气答了：“唉！害人的终是害己，唉！我很抱憾，因为你决不对我说‘我爱你！’”

他不念这句话，只欢呼了一声，因为他重找着他底诗底末句了。那妖怪想留他在蓝色和红色的金刚石的洞里，星样灿烂的荷花园中，可是都无效了。他回到地上，完成，写就并印行他底诗。在这首诗里面，那个受了祸的国家里的男人们和女人们重找着了他们所失却的那几个神圣的字了。

现在弄中重有了情人底幽会，也有夫妇亲密的热情的谈话了。

接吻因诗而甜蜜；诗人不曾唱，情人亦无可说的了。

（原载《晨报》副刊 1922 年 3 月 12 日）

署名：李伟森译

生（Birth）

英国 Gubert Canna 著

（一九二二年三月三十一日）

两个青年在加次陶与英霞间一个池里的小艇中躺着。他们穿的法兰绒衣，头发因水浴过已透湿了。他们大约同年，似在二十五与三十三之间。一个底面貌很愉快，一个似乎较老，深思且有成见样的。他们正在喝茶。

马汀举杯到唇边，又放下，他底愉快的面貌变严整了。

“生命总是悲惨的。”他说。

他底朋友从吸烟中把头抬起来，他底异常庄严的面貌现得几乎很滑稽了。

“对于你？”他说。

“不是，我底意思是对于一切别的可怜的人们。”

他懒洋洋地转过去，从艇傍望出去，伸手把正在水面掠过的一个蜻蜓捉住了。

“哦！可怜的东西！我把他的翅膀弄破了！……这就是我底意思。……这就是他们当中许多底生活情形，从最初……就把翅膀弄破了。他们还有什么幸运？”

“他们是活着。”

“他们是活着么？你没有看见我所看见的。”

“倘使我真是这样，我对于他们比你要有同情些。”

“你是什么意思？你以为我不怜悯他们吗？这就是我说‘生命总是悲惨的’意思！”

“这也就是我说你对于他们没有同情的意思。”

“请你解释出来。”

“我不想你会懂得。”

“我承认我没有你那样的智慧或悟性。不然，我应当和你一样的意见。”

“刚才你潜入水里面了没有？”

“我做过了。”

“你赤背骑着那匹马渡过池子没有呢?”

“我做过了。”

“经过这以后你能说生命是悲惨的么?”

“唯——是的。”

“你是不可匡正的。”

“我底亲爱的伙计，在我医院底工作里面，我发现了这种绝望的痛苦。我告诉你，你没有观念。你不能想像……”

“什么事情我都能想像。”

“这是你自夸。”

“我说你没有同情心。你知道的很多，究竟你一点也不懂得，所以你没有能力做医生。”

“真的吗？我所选择的我就能做。”

“有些事情不懂得他是不能做的——诊病就是其中底一件。”

“我不知道你是什么意思?”

“我所说的——你说‘生命总是悲惨的’。这个意思就是，虽然在你的工作里面，像你所说的，你发现了绝望的，可怕的痛苦，可能这并没有教给你什么。我本能够告诉你许多，不过这也没有用处，因为你不会懂得的……”

卜内士韦特底烟熄了。他停住，用一只手扯了一根芦草来清烟袋。

“尝试……”

“妇人借精明的本能和悟性每比男子懂得更多些。这是中低下阶级里的妇人，甚至只是机械事务里面的，之所以每高过于男人底原故，妇人知道愉快是在大痛苦后面的。……伊们知道世界底力量，或是生命底力量，或是随你喜欢叫他什么，是一种同时哭又笑的东西，并且——并且我告诉你，只要一个人自身足以并真实地同时哭又笑，那么他就是生命底主人了，主宰生命就是一切人类努力底真目的和结果……”

“我不知道你是什么意思，可是继续讲罢。”

“完全地人，生命底主人，底思想和本能是绝对相等的，可是没有完全的人——这只能这样的，因为若明白地领会了一切的事物，他即刻就会死的。不过这种相等并不在一个人身上，决不能的——我想这事在神妙的基督身上——却在一切的人身上，在全世界上。这是不惧一切的耗损，磨擦，可怕的偏斜和恐怖而存在的；倘使这不存在，世界就会炸裂了。虽是一个人或可疯狂，世界总是清爽的。现在你看出了我底意思么?”

“没有。”

“你看着像迷惑了，我相信我能够使你看出来，而得底种子我们都是有的。……喂，你还是说‘生命总是悲惨的’么?”

“是的。……你只是不知道我所知道的罢了。你讲人生的理论，表明你自己是乐天派。无论那一夜到我那儿去，我要使你看出来。”

“我想我要使你看出来。”

“你来么?”

“很好。什么时候?”

“下星期二?”

“好”。

“到我那儿去吃饭。或者在医院里去找我，我们再一路出去。我是要去催生的。”

“催生！上帝呵，你会看出来的。”

卜内士韦特起身拿竿子把船撑开了。他底朋友马汀把蜻蜓的翅膀弄好，放了；对他骑着在池子里跑了的那匹马作了一种告别的手势，他们转了印沙，从那里回伦敦去了……

到了下星期一，卜内士韦特到医院去会马汀。马汀底面貌现出烦躁的像，他以为这种事只是职业罢了，他并很蛮横，他也是如此地想。卜内士韦特却是很沉静且郁闷。以前他曾处于贫困之中，常是孤寂的自己很喜欢叫自己作一个“有同情心的”，此时他很憎恶他朋友铁石样且纯然职业的心理态度。

马汀略为他的沉静所动，转身对他说：“有什么事错了么?”

“不是，我是在思想。”

“你常是这样的。”

“我是在想，倘使你是我，则你的职业底实施对于你会怎样的难堪呵!”

他们很快地从明亮的街上穿过，男人和女人，青年女人和青年男人，许多都是很奇异的装束，成群地在街上走；古怪东方面貌的男人；萨姆种和斯拉夫种的人用他们变化迅速的面貌很高兴地和伦敦土人底迟钝狭隘的敏捷相比拟。在街上的生活和移动都给卜内士韦特一种刺激。一个妓女对他一笑，他亦以一笑报之。马汀看着这，一点也不懂。

他们转到一个窄巷子里去了。此间衣服褴褛的妇人们坐在门口闲谈，男子都酒醉了踉踉跄跄地归家。这些醉汉中大半是英国人，没有犹太人。巷底一角是一个小酒店。两个人站在沟里，一个吹着口琴，一个在弹六弦琵琶。他们是下等的意大利人。他们中有一个肩着了一个精明狡猾的小猴子，他正在用他底黑的小指篦他主人底油腻腻的头发。卜内士韦特停着抚摩那猴子，马汀催着他走了。他们转弯过小酒店又进了一个巷子。此间比头一个更低更窄更污秽了。门口坐的妇人比别的更褴褛，更呆笨，更无意思了。在堆满着桔皮、碎纸和水泥的沟里，有一个人躺着。他们走那里过的时候，一个小妇人从一个屋里冲出来了，伊攫他，踢他，打他，且詈他，最后探他底衣袋，找着他没有钱了，才离去。马汀叫住了一个矮小瘦面的人，问他某样一个人在哪里住。

"那就是他。"那个瘦面的人指着沟里那人说。

"那就是父亲，"马汀对卜内士韦特说，"最不堪的生命呵!"

"生命——这还不是生命。"

他们到了一个屋底门口了；一个矮小的门，被炮击过的，上面许多重脚踢过的痕迹。没有门铃，可也没有人来叫就是。马汀踢门。屋里没有生命底意思。马汀又踢，他们候着。

"你底理论现在怎样?"

"候着罢。"

"没有什么希望了。可怜的东西……你在里面会看见一些什么呵！……"

一个妇人开门了，伊除草草地披了一个龌龊的红裙子在肩上以外，几完全是赤身。卜内士韦特对伊很有礼貌地把帽脱了。伊很愉快地用些不称的话回答他。马汀进门了，伊就请他们上楼。

"伊不好了，"伊说，"留心楼梯，那面有一个洞。候着我去拿亮来。"

伊从黑地里跑去，一刻转来了，拿了一支烛举在头上，蜡油时时都滴在伊发上了。借着亮光，他们看见一部梯子在门内几步很直地靠着，扶手已经没有了，有一两步梯子还是破的。墙上有一个大洞，望板有一部分要落下了。空气恶劣不堪，还有一种大蒜气味从底房里发出来，一个大鼻子的犹太人在那个房底门里偷看着他们。他们上楼，妇人在前，马汀其次，卜内士韦特在后，他正自奇异这位妇人何以宁愿不洗伊底脚和腿哩。到了楼上，他们左转进了一间房。这间房里只有希微的月光从小窗里射进来，窗上玻璃已破，却用烂布塞着，粗纸糊着，弄得十分黑暗。房中有两张床。一张床上面有一个男子正自鼾声呼呼地睡着，脚头睏着两个小孩。这是一张不安全的铁床，盖被已陈旧且脏腐了。那妇人用大指指着对角那一方的房里，脱去围裙，预备溜进被里去。然而伊停住了，跪在被边，说：

“没有我能做的事了么?”

“你能帮一下忙。”马汀说。在房底那边，一种哼噎的声音正在呻吟着。

“屋里有白兰地吗?”马汀说。

“我想着要用的，今天下午打了一些，收着呢。”

伊在垫被下找了一个盛满了黄酒的长方绿玻璃瓶出来了。

“伊不很强壮。……前次几乎把伊底命都送了，伊告诉我。那时伊不在这里住。”

伊此时已穿衣服了。卜内士韦特坐在椅上，椅子都像很不安全的。

那将要分娩的妇人只是呻吟着，有时且害怕得哭了。伊睁开眼，张狂地盯着马汀。卜内士韦特转到伊底身边站着。伊在硬且污秽的枕头里把头转过来，泪已沾湿满颊了；然而伊仍望着他微笑，把伊瘦削的臂伸出来。他懂得了，于是也把手伸出，伊就紧紧紧地捏住了。他坐在那儿执着伊底手，抬起头来望着马汀，可是他底视线即刻又转开了，因为在他底眼睛里只是些不愉快的神情。

现在将分娩的那妇人底泪已不流了，因为伊底疼痛加剧，伊底呼吸渐转急促，伊的眼已失神——伊两眼发光，呆呆地且似有话要问地注视在卜内士韦特那一方，伊仍紧紧地握着他底手。由于这种接触，他觉得了在伊心内温暖的，无限的且挣扎着的生命。他底血管里的血都沸腾了，他觉得在他自身里有了一种伊的疼痛底回声。伊紧紧地执着他底手。

马汀和那个妇人在那儿忙着取水，用具，和暖的衣服等，他们三人在那儿候着……候着。那张床上的男子转动了，他在梦里哝哝地骂着，踢了脚头的一个小孩。小孩哭起来了；一刻都复入梦，一切又都寂静了。

他们这样地候着，那妇人呻吟着，且挣扎且呻吟，一种感情在卜内士韦特身内涌起了。他太阳穴里底血管已胀大，他底气息壅塞了。那妇人用尽了力来集合伊底力量，伊握住他底手一时更紧一时了。……疼痛增加了。……不能忍了。卜内士韦特底眼睛向上翻着；他把舌放在两齿间咬住。……他看见马汀急遽地俯身向妇人，放了一点白东西在伊底口里去了。……随后他底头垂到已胸前，他听见了一种恍惚的微声——他人事不省了。……

远，远自天外，朦胧中，他梦见了一种庆祝世界的大欢声。……这样的一种欢声——

在他苏醒的时候，他找着马汀灌了白兰地在他喉中的，那妇人仍然执着他底手在，他很快活了——哦！很快活了……

近床边的一把椅上，别一个妇人手捧着一个白包，正自呜呜地唤，且左右摇荡着，伊底眼十分明亮。……

他抬头看马汀底面，见他眼中还噙着眼泪。

他们直候到母亲回复知觉了。卜内士韦特俯身吻了一下伊底前额，伊很柔和地报他一笑。一刻他把婴儿抱着放在伊底身旁，他底头就枕在伊底臂上。伊复报他一笑。

他放了两块钱在火炉架上，他们，他和马汀，一路下那不安全的楼梯，到那污浊的街里，经过那仍躺在沟里的父亲，走了。……

他们没有说什么，甚至在分手时，亦不曾互祝“晚安”。

（原载《晨报》副刊1922年3月31日）

署名：李伟林译

范　伽

俄国契珂甫　著

（一九二二年五月一日）

在圣诞节的前一夜，曾经在鞋匠亚尼亚金店里做了三个月学徒的九岁的范伽·塞珂甫没有去睡。他候店主、主妇和助手都出去作早祷去了，便从店主底食橱中找着了一小瓶墨水和一枝有着锈笔头的笔，然后，把一张折皱了的纸铺在面前，他动手写起来了。

然而在决定写第一个字之先，他偷偷地看看门窗，对着满布着灰尘的神像望了几次，神像底一边张着挂满了鞋模的架子，并且深深地叹了口气。那张纸是铺在一个凳子上面的，他自己便跪在凳的前面。

“亲爱的祖父康斯坦丁·马伽依琪，”他写着，“我现在来写一封信给你。我敬祝你圣诞节愉快，上帝保佑你。我没有妈妈和爸爸，你是我唯一所有的。”

范伽对着窗间一望，烛光正从窗上反射出来，冥想着他底祖父，康斯坦丁·马伽依琪，他是梅塞司支华利甫地方底一个守更者。他是一个瘦弱而非常有精神且活泼的六十五岁的老人，常是朦胧着眼睛带着笑意的。终日睡在仆人底厨屋里或是赶着鸡子玩。夜间，也便围着羊皮大褂，敲着扶杖，在他所管的地段内闲荡着。老牝狗伽希坦伽和小狗费温都垂着头跟在他后面。费温是一只非常晓事且和气的小狗，看着生人同看着他的主人一样地和气，可是没有人信任他。在他底服从和卑顺之下藏着了最深的恶意，没有一个比他更知道怎样偷偷地跑去咬人底腿或溜进食物藏储室里面，或偷农人底小鸡的。他们几乎把他底后腿打折，也不止一次了，有两次他曾被吊起，每个星期他几乎被打得要死，可是他常常是痊好了。

在这个时间，范伽底祖父定然是在门口站着，眼望着村教堂底发光的红窗，把脚步着他们底高靴底迹印，并且同一些人在院中玩笑着；他底扶杖就在腰带上挂着，他因为怕冷，两手就在胸前抱着，作一种老人底干咳声，有时或扶着一个女仆或一个厨妇。

“你们不吸一点鼻烟么?”他问着，把他底鼻烟盒拿出给与妇人们。妇人们吸了一撮鼻烟，便打喷嚏来了。

老人便不可名状地狂喜了，不禁高声大笑，且叫道:

“把彼除去，彼会凝在你们鼻子里的!”

他也给鼻烟与他底狗吸。伽希坦伽打着喷嚏，扭着伊底鼻子，忿忿地走开了。费温很和平地拒绝了主人底赏赐且摇着他底尾巴。这时的天气很娱人，没有一点风，清明，且略有点霜;这夜是黑沉沉地，可是全村，彼底白色屋顶和烟囱吹起的蜿蜒的幕烟，覆着霜雪的银树，这一切你都能看得出来。天上明星闪烁着，天河十分清亮，看着好象特为放假日用雪漆过并擦过了的似的。……

范伽叹了口气，把笔浸入墨水里，又接着写:

“昨天夜里我挨了一顿毒打，我底主人抓着我底头发，把我拖到院子里，用鞋匠底鞍蹬打我，这是因为我摇他底孩子底摇篮的时候，我不幸睡着了。前个星期，主妇叫我削一条青鱼底鳞，我从尾巴上削起，伊便把青鱼拿着，把鱼口直来刺我底脸。助手们也戏弄我，叫我到酒店里去打麦酒，追我去偷主人底黄瓜，主人遇着拿着什么便用什么打我。饭总是没有的;早饭吃面包，午饭麦粥，晚上又是面包。至若茶或酸菜汤，那只是主人和主妇自己喝的。他们叫我在廊前睡，他们底孩子哭了的时候，我便完全不能睡，不得不去摇摇篮了。亲爱的祖父，为天底原故，把我引去，回到我们村里去，我再不能忍受这个了。……我向你深深地鞠躬，并且永远祷告上帝，把我引去，不然我会死了。……”

范伽底唇角下垂了，他用他底污秽的小拳擦着眼睛，并且哽咽着哭了。

“我愿意为你擦烟，”他接着写，“我愿意为你祷告，倘使做错了一点，就像打灰色的山羊一样地打我。而且倘使你真以为我要找不着工作，那末，我愿意去求管事的，为基督底原故，让我刷洗靴子，或者去代替菲狄亚做牧羊的人。亲爱的祖父，我再不能忍受这个了，这个会把我杀死的。我想跑回我们村里去，可是我没有靴子，我又怕凌冰。当我长大了的时候，我必定照顾你，没有一个人会伤害你的;当你死了的时候，我必定祷告求你的灵魂底安逸，恰象我为我的母亲披拉葵亚做的一样。

“至若莫斯科，这是一个大镇，这儿都是绅士底房子，成群的马，没有羊，而且狗也不很凶恶。圣诞节小孩们也不带着星章围着走，没有一个人许在圣经坛上唱歌的。有一次，我在一个店底窗户里看见了一根钓鱼竿和线上面挂着一些钩儿，都是卖的，为各种鱼用的，骇人的便宜。有一个钩儿，那定可以捉一个重一磅的鲶鱼。还有许多枪店，象主人底一样，我猜得定他们每个必定要值一百卢布哩。在肉店里面，有啄木鸟、鹧鸪和野兔儿，可是是谁打的或者从哪儿来的，店里底人都不肯说。

"亲爱的祖父，当主人们给一棵圣诞节树的时候，拿一个金色的胡桃藏在我底绿盒子里。向年轻的夫人，阿尔加·伊格雷梯伊弗娜，要这个，说是为范伽要的。"

范伽很厉害地叹了口气，又望着窗户。他记起他底祖父常常到树林里去弄圣诞节树，把他底孙子带着一路。那是多快活的时候啊！凌冰轧轧地响，他底祖父也轧轧地响，因为他们两个都这样，范伽便也同样作起来了。随后在斫倒圣诞树之前，他底祖父吸着烟，又吸一撮鼻烟，并作弄可怜的冻僵了的小范伽玩。……小的柏树，蒙在霜里面，站着动也不动，只在那儿候死。忽然从一边跳出一个野兔儿来，箭也似的从雪堆上跑过去了。……他底祖父不禁要叫起来：

"捉住他，捉住他，捉住他！啊，短尾巴的魔鬼！"

树倒下了，他底祖父便把树拖到主人底屋里，他们都坐在那儿装饰这树。当小范伽底母亲，披拉葵亚，在世做这间屋底女仆的时候，阿尔加·伊格雷梯伊弗娜惯于给他以甘蔗，并且，没有什么做的时候，教他读书，写字，数一到一百的数甚至教他学四班跳舞。披拉葵亚死后，他们便把这个孤儿范伽放在厨屋里跟着他底祖父，后又从厨屋里送到莫斯科亚尼亚金鞋匠这儿来了。

"快点来，亲爱的祖父，"范伽接着写，"我求你为基督底原故把我引去。怜悯一个可怜的孤儿吧，因为他们这儿打我，我饥饿得怕人，我真愁得不能告诉你了，我只是一天哭到黑，一晚哭到天亮。有一天主人用鞋模打我底头；我晕跌在地上，好久才醒过来。我底生命是一个悲惨的，比任何狗底更坏些。……我恭贺亚里温纳、独眼梯各尔和马夫，不要让任何人把我底口琴拿去了。你底孙儿伊范·塞珂甫上。亲爱的祖父，来啊。"

范伽把纸折了四折，便放进一个封简里面去，这是头一夜用一戈比（俄国钱币）买的。他略想了一下，把笔浸在墨水里，再写封面：

"寄村里，我底祖父。"随后他抓了抓头，又想，又加写"康斯坦丁·马伽依琪"。因为写底中途没有被打断，十分欢喜。他把帽子带上，羊皮褂子也不披，只穿着内衫便跑到街上去了。

前一夜他曾问了一个卖鸡的人，那人告诉他，信必定要送到信箱里去，从那儿彼等便可由酒醉的邮差递到全地球。范伽跑到第一个信箱那儿去，把他底宝贝的信从箱口丢进去了。

一点钟以后，已给希望平服，他便熟睡了。在他底梦里，他看见了一个炉子，他底祖父坐在炉边，赤着脚，腿垂着不住地摆，把一封信读给厨妇们听，费温则摇着尾巴围着炉子走着。

（原载《民国日报》副刊《觉悟》1922年5月7日）

署名：李伟森译

寂寞的地位[①]

美国 Francis Buzzell　著

（一九二二年十二月）

她还不到四十岁，可是就她的外貌看起来，总有六十多岁了。在亚尔蒙特人的眼中，她仍是亚贝司娜浮，或是“司娜浮女孩子”。在亚尔蒙特，年龄不是依岁数计算的，是依结婚和儿孙而定的。

和亚贝同辈的青年几乎都到城里去了。他们许多年才回乡一次，本想留住一两星期，却只一两天就走了。所以亚贝终没有出嫁。

有一件事，使亚贝不能为了所有青年都远去而离去亚尔蒙特。她是在梯尔森街一所大屋中出世的；她未曾住别处；除南首卧房里黑桃板床而外，她也未曾另睡他处。

在二十五岁时，亚贝承袭了这新屋子。屋里还有一个佣人叫克里士的，也是她的遗产的一部分。她记忆他，像记忆这大屋一样，竟须回溯到她做小儿的时候。

在每个冬夜七八时之间，亚贝燃一盏玻璃灯，放在客室窗边大理石面的桌上，自己便坐在旁边。微弱的灯光，射过被雪压得倾斜的冬青树，是这所大屋存在的唯一记号。风从西方吹来的时候，她偶然还能听见孩子们着了溜冰鞋从吉丁

---

① Francis Buzzell 于一八八二年生于美国密其根之 Romeo。长就学于私塾，在赫隆埠中学校及商业专门仅肄业一年。年十九，充赫隆埠新闻记者，二十一，充支加哥新闻记者，稍后，乃为《普通机械》杂志的编辑。一九一二年，在诗学杂志发表诗二篇，乃其文学事业之开始。斯时去纽约，志为一大诗人，仅留九月，与麦朗克勃结婚后，即返支加哥。现任美国海军下级军官，及 Great Lakes Recruit 杂志编辑，居于伊里路易之不勒弗湖。

本篇及《长假期》（The Long Vacation）一篇，同发表于一九一七年之《绘画》杂志。他所以能达到美国平民作家的地位，实由于此二篇。他的想像的写实主义，于极简单极无兴趣的生活中，组成一种锋利的美，这实在是使美国得立于世界文学中的一种道路。前此尚有《亚得伊卜和她的女子罗特》（Adie Erband and Her Girl Lottie）及《妈的美丽》（Ma's Pretties）二篇，亦为其有价值之著作。——译者注

司山溜下时所发的笑声，和少年农夫驱车晚归的歌声。雪融完了，耐冬放了，鹪鹩重占那膳室廊前葡萄蔓上旧挂的茶瓶的时候，她就想到春天了。

凡是使亚尔蒙特人愉快而互相招致的事情，在亚贝司娜浮看来，都没有一点意思。当她到了年岁已经很大仍然无人向她求婚的时候，她就不赴跳舞会和滑冰场了，也没人问她不去的缘故。到了后来，她连圣坛也不去了。

除了上市场去以外，亚贝是不到街上去的。从亚摩士司娜浮死后，十五年了，亚贝总和老克里士独住在这大屋里。每星期六早晨，亚贝像她母亲以前一样，到杂货店、肉店和鲜果店里去走一次。她常走大街的东边，老克里士挈着小篮约在她三步后跟着。每星期六夜，老克里士都要下镇去在勃里平可特店的后面坐着，候阿温弗内支；他是迈尔科勒六十亩地的佃户，那时正从田间回来的。亚贝每星期烘一炉饼，用她母亲的旧锡刀切成叶样的片子。她把饼藏在一个亮的锡桶内，这桶放在楼下卧室里衣柜的架上，因为这是她母亲常常藏饼的地方。当监尼山打的孩子们放学回家，从她门前经过的时候，她给他们每人两片的饼，因为她的母亲也常是给她两片的。

每三月一次，“耶塞的女孩们”穿着黑色大衣，颈上围着黑色褶巾，头上束着黑色花冠，在切司巷转湾只三家，就走到梯尔森街了，于是就扯亚贝司娜浮的门铃。

因为老克里士渐渐衰老无能了，亚贝不得不把房子一间一间的封锁起来；可是老克里士仍住在近楼上木屋的后房，亚贝却仍然住在南卧室里。

十月某天的下午，吉姆依司特——他是亚尔蒙特百货店特派代办人和保管人，驱了他的货车到大屋的门前。他下车时，似乎受激刺颤动不宁。

“亚贝司娜浮，亚——贝，”他叫道，“我给你送东西来了！从中国来的一个包裹！你来看罢！”

吉姆从货车里把那包裹拿出，送到亚贝脚下放着。

“你看看，亚贝！那是一个细竹编的篮子，里面都是用中国席子包着的！”

老克里士从屋后来了。吉姆伸着臂，指那竹篮道：“你把鼻子去嗅一嗅，克里士。那不是外国的么？”亚贝把剪刀拿出，很细心的把红线的签纸扯起来。

“上面还有美国字，”吉姆急急解释道，“否则我怎能知道这是给你的呢？”

亚贝把签纸拿进客室里，想找一个稳妥的地方放着。她看见了画片册，于是就把他夹在里面。随后又急急回到廊下，见老克里士已经把篮的一边撕开了。

“这是果树，”吉姆细声道，“一棵中国树。”

“这是一棵矮橘树，”老克里士道，“看，那个条子上是这样说的。”

亚贝把那小橘树拿进客室去。谁会把这个送给她？远在中国，她没有认识的人！

"你把那竹篮和席子都留心放着，"她告诉老克里士道，"我要用他们做些装饰品的。"

亚贝等吉姆驱车走后，才到客室里桌边坐下，把画片册翻开。她在一张签纸上找着了她的名字"美国，密其根，亚尔蒙特，亚贝司娜浮收"。她的名字竟从中国寄来，她觉得这事很奇怪。在那张写着这树是一棵矮橘树的片上，她找着了一个名字——"汤麦斯·素云顿。"汤麦斯？汤姆？汤姆·素云顿！呀，她最后听到汤姆的消息，远在十五年前哩！他西游去了。她曾接到一张他穿着制服肩着枪的像〈相〉片。她模糊的记得他曾充过改过局的卫兵的，这好像许久以前的事哩！他必定是做了牧师或别的什么，跑到中国去的。他记起她了！她望着签纸坐了很久。她很惊异奇怪的中国字会拼得出"Abbie Snover，Almont，Michigan"来。她又翻开画片册，把汤姆·素云顿着卫兵装的相片找出了。随后她把签纸和相片放在一处，把画片合了，很仔细的束起来。

* * * * *

在亚贝的不懈的注意之下，这棵小的橘树渐渐茂盛起来。树上有了一个小的绿橘子了。她一天一天的守着他长，并且想到他会变到大且黄的时候。日子渐短，天气渐冷了，可是她并不觉得；这个橘子逐星期的长大着。第一次下雪之后，她把树移到楼下卧室里。她把他放在南窗下一个小几上。里层百叶窗，因为她的母亲，向来喜欢把下层关着，上层略开，迎那射入的晨光，所以她也常是这样；现在她却让他大开，以便橘树饱受日光。她燃了一个小铁炉，因为恐怕那旧的木炉由气柜里传上来的温度不够。夜间过冷的时候，她偷偷的下了窄狭弯曲的楼梯，穿过冷静空旷的敞厅，特别加一块木炭到炉里去。每晨她打扫这屋；炉旁的炭灰木渣，使她在橘树旁特别多做一点事。她把红色和白色的盖被，从床上移开，换上有绿鸟黄花的锦被，使房里更现光彩。

"亚贝司娜浮爱那棵橘树，比爱世界上什么东西都更利害，"在那些小孩子们来拿饼的时候，老克里士这样告诫他们，"你们连用小指也不许摸他一下。"

那个橘子，在小孩眼中，和在亚贝眼中一样的奇异。他们也不拿了饼片就急急回家，却只是站在树的前面，他们的眼睛圆而且大的睁着。一天，正当亚贝到衣柜边拿饼去的时候，布鲁士山打从树上把那个橘子摘下了。

到亚贝从衣柜边出来的时候，孩子们都不很自然。他们不敢冲前去拿饼片。亚贝很快的向树望去；饼片都从她手中摔去了。她抓住了靠近的两个孩子，拉着他们乱摇，直到他们的头相撞才了。随即把他们赶出大门，砰的一声把门关上。

孩子们在门外跑着大叫："亚——贝司娜浮，呀——呀——呀！亚——贝司娜——浮呀——呀——呀！"

亚贝转进屋里，她的手颤着，眼睛也热辣辣的。这就是允许他们在树上摘果子，在园中摘葡萄，每次他们扯门铃时给他们饼片所得的结果。此后当然再没有饼片，老克里士当然受了嘱咐不许他们再进园去了。

那晚，厨房廊前的汲水机呃逆似的响着，似乎告诉老克里士正在汲晚间所用的清水；亚贝跑到厨房里，去看看他是不是把支柱的一头放在门钮上，一头抵在桌的脚边。

"夜里就要结冰哩。"老克里士说。

"是的。"亚贝答着。

可是她夜里并没有起来在楼下卧室的火炉上特别去添木炭。

* * * * *

"亚——贝司娜——浮呀——呀——呀！亚——贝司娜——浮，呀——呀——呀！"

老克里士停住铲雪，对着叫的孩子们摇手。

"你们还要叫，你们的妈会打你们的！"

他们答道："亚——贝司娜——浮和老克里士，亚——贝司娜——浮和克里士！"

他们每天经过这大屋时，都叫着这两个名字。他们上学放学，到吉丁司山去溜冰，都这样叫着。大的孩子们也学着了。他们星期六早晨在大街上遇着亚贝和老克里士的时候，就叫着这话。后来他们更编成了两句话：

"亚贝司娜浮，和老克里士——

我们看见克里士和亚贝接吻哩！"

这是太可恶了。亚贝就到郝格伯利的母亲那儿去。

伯利夫人袒护她的小儿。"他不说诳的，"她告诉亚贝道，"他不是那一种的孩子，你可以告诉老克里士，说我这样说的。我猜想这必定是真的，你这样说法只是明明告诉大家了！"

伯利夫人当着亚贝的面把门关了。随后她打她的小孩，并且极恨亚贝和老克里士，因为他们相信这是她的小孩编的。

"那个亚贝司娜浮跑到这里来，"伯利夫人告诉乐尔士夫人道，"说我的郝格把她的名字和老克里士编成了两句很难听的话。我告诉她——"

“什么意思！什么意思！”乐尔士夫人止住她道。

“我告诉她这必定是这样，而且我猜想是的。”伯利夫人末后这样说。

乐尔士夫人去会牧师路克士的妻子。

“人家看见亚贝司娜浮和老克里士接吻哩。”

“这太不成话，”路克士夫人告诉牧师道，“镇里对于这种事应该一刻也不能容许。这就是亚贝司娜浮自从她母亲死后所以不到礼拜堂来的缘故了。”

星期六早上，亚贝带着老克里士下镇去的时候，妇人们都冷眼看她，男子面上都带些滑稽取笑的状态。亚贝看着这情形，十分受不住；她烦恼极了。“耶塞的女孩们”来的时候到了。每天下午，亚贝总坐在窗前等她们在切司巷那儿转弯。她把干净的苹果也拿出来了，这是她藏在衣柜里供客的，可是“耶塞的女孩们”并没有来。

“你听见了耶塞家里的人都病了么，克里士？”

“啊？没有！”

“你近来在那儿看见过约瑟或安耶塞没有？”

“前天晚上在邮局里看见过她们的。”

“啊？”

亚贝把水罐挪开，把火拨动，加上些生柴。水沸的时候，她倒在一个绿边的蓝漆桶里面，挈上楼去，找了新袄子出来。

一小时后，老克里士看见她上梯尔森街去了。他只是抓着头皱着眉的呆着。

亚贝正转过切司巷的湾，雪给风吹起，迷住了她的眼，她几乎撞着了芬雷·弗利曼。

“哦，芬雷，这种天气你在外面做什么？”

芬雷·弗利曼擦身走过，也没有回答。

“她好像没有看见我，”她喃喃的说，“她在这种天气出去做什么？一定是有些特别的事，使她跛着脚出了她寂寞的旧屋哩。哦！我几乎撞着了她常按着痛处的那只手！哦！”

亚贝转到耶塞的大门了，她扶着栏杆上那冰着的石阶。她看见安耶瑟从客室椅中起身到后房去了。亚贝扯铃，候着，没有一个人答应。她再扯，没有回答。她用指在门上敲着。大马利，耶瑟雇用的女子，把门略开道：

“她们不在家里。”

“不在家里？”亚贝惊讶道，“我的天！我刚才从客室窗子里看见安耶塞的吗？”

“不是的，你一定没有。她们不在家里。”

“好，我一定没有！她们的妈和我的妈是表姊妹啦！她们没有病么？好！”

* * * * *

雪融解了；街上满淌着水，一刻就冰了。晚间，老克里士也不到客室来坐了，他两手握着，紧靠在他瘦弱的胃上，他的秃头，俯到汗褂的硬领上面搁着。

亚贝作的饭，他们静静的吃着：老克里士坐在长桌的这一边，亚贝在那一边。

他们只静静的作他们习熟的家务。

亚贝给新的烦恼疲倦了，她坐在大理石面的桌边。全村都在谈论她，她已知道；她觉得她的周围都是的。好，让他们去谈论罢！

可是有一天，亚尔蒙特派遣一队委员会到她这儿来了。这是由一个男子三个妇人组成的。他们走到门口时，亚贝就看见了——牧师路克士、罗云拉应曼、安查耶韦尔、姑母亚菲纽白尼。

亚贝跑到客室的中间站著，她的两手紧握，面色很镇静。门铃响了；她的身体摇动了一刻，随后她跑到凸窗那边，把百叶窗拉开。安查耶韦尔看见她了，于是急扯牧师路克士的臂膀。牧师路克士转过来望着她；他以为她没有听见铃，于是在门板上用手指轻轻敲着，对着她点头，好像是说：

“看，我们正等着你让我们进来哩。”

亚贝的面相仍是不变。牧师路克士再敲，这次很迟疑的，她可仍然用一双没有看见的眼睛望着他们。他敲第三次了，随即转身对那三个妇人望着。姑母亚菲纽白尼扯着他的臂膀，这四位委员都不再望亚贝，转身下石阶去了。

数分钟后，亚贝听见客室和饭厅间的门开了。老克里士走进来。两人有一会都没有说话。老克里士用手摸着他的帽子。

“亚贝，我住在这里四十二年了。你出世的时候，我就在这里。我把你抱在手上，常常逗着你笑。”

亚贝并没有离开窗户。

“我知道他们的来意，”老克里士接着道，“你的妈——你的妈，她决没有想着我会要离开这里的。”

亚贝不能回答他。

“我不知道我走了以后，谁来生炉子，谁来住楼上那间木屋。”仍然没有答语。

“我现在老了——我预备到阿温弗内支的田庄上去——下迈尔科勒去。他或者能给些工我做。”

老克里士用他颤动的手摩着他的肿脸。亚贝仍然望着窗外。

“我现在预备到邮政局去，”老克里士道，此时他转身向门去了，“你有什么事么?”

亚贝摇头；她找不出话说了。老克里士下到敞厅去的时候，她听得他喃喃的说：“我不知道我走后她怎样办。”

那夜，亚贝在客室窗前比平常坐的时候更久些。这是一个白色的夜；大雪密密的下了一天了。约八九时之间，她起身到长而窄的饭堂里去。老克里士正低着头看风景画画册，被她的拖鞋拍拍地警觉了。这老人觉得他坐的气柜没有什么热气了，便慢慢把穿了羊毛袜的脚，笼上毡的套鞋，到厨房里拿了灯，拖下地室里去了。亚贝一直跟着他到了厨房里。老克里士开了地室的木门时，一阵极强的干木气味冲上来，她也嗅着了。她听见他装木炭在小车里的声音，他把炭运到炉房时，小车轮在松的地板上不住轰轰的响。她回到客室里，在气柜前面站着。老克里士在拨灰加炭的时候，气管里起了一阵蓬蓬的响声。

老克里士出了地室，就到廊前去汲夜间用的水。亚贝又回到厨房里来。

“外面的雪下得很大。”老克里士道。

“是的。”亚贝答着。

她转到膳室里去了。老克里士把厨房的灯放在一张画片下的小几上，等着。他们在有暖气的——从气柜里面发出来的房中，站了一会。随后，亚贝把一个大灯拿着，经过空旷高敞的房间，开门，关门，又过冷清清的敞厅，上楼到南卧室里去了。她关百叶窗时，听见老克里士趔趔趄趄的上后楼梯，进他的房里去了。

老克里士走后的一夜，亚贝把膳室里的铜铃拿到床边的椅上放着，椅背上搭着她的厚皮褂；倘使有人打扰她，这是很就手的。她一两次听见了声响，便伸手拿着铃；可是并没有第二声。次夜，她就到楼下卧室试睡一夜。那蓝灰色的地毡、桌上和柜上的蓝嵌花、面盆和水罐的蓝边——都已褪色而且陈旧了——这种种都使她忆起她的父母以致睡不着了。在她前面的墙上，是一面黑柜的画镜，画的是一只小船，满载的人，这画叫做“从岸到岸”。她想不去看他，可是视线又注到一面金框的画镜上面去了；这是一张印的画片，叫做“初步”。她幼年的时候，怎样爱这张画呵！她的母亲，把这张画解释了多次给她听——老雀教小雀飞；大的粗毛狗鼓励他的弱的小狗的勇气；母亲哄着她的小孩单独行走……

到了中夜，亚贝从床上爬起，把铃提着，仍上楼回南卧室去了。围着她的，只有赤裸裸的高墙，花晃晃的高天花板，冷清清的白雪。没有一个人对她谈话，她只好自己对自己谈了："外面的雪下得很大，——唉！这是老克里士走的前一晚说的。"她开始被一种奇异的感情迷惘了，她知道她作错了点什么事，可是她竟记不得了。她十分烦恼，不安。一定没有可说话的人了——一定没有！大屋渐觉很怕人了；房里都回应着她脚步的响声。她愿意把一切都抛弃了换一重〈幢〉挨近侧道只有两三间小房的房子，在那儿还可以望见往来的行人。

一晚，亚贝竟忘记老克里士已经走了。她坐在大理石桌边的椅中，望着外面的夜景。风刮了一天了；廊前的雪已积了很厚。她的思想回到她的儿童时代去了。她好像同着一群孩子绕着老外祖父站着。多年以前，他，她的外祖父，常是坐在这窗下的。她看着他坐在椅中；听着他粗糙的老声音："我在六十八年半以前娶叶痕的，你们应该相信，在男子的生命中，就是半年也还算得一回事哩！三十年前，她就死了，这也是一个长时间哩。我们总没有撕衣服吵架过。叶痕愿意过一种寂静的生活。她只愿有一个孩子，她对于这件事很坚执的。她决不愿有多的，可是她有了三个，其中有一个，就是你的妈。她不愿抱着孩子在外面被人看见，叶痕老不愿这样的。我可是勉强她做了一两次，我把马驾起，要她同我坐那费去了二百元的车。你将来总有老的时候，亚贝。我现在可早已老了。哦，我总是改变我的生活去适合她的。我希望我有个妻子，可以一同出去探望邻人。可是我们总没有去过——我此后总要做些善事，亚贝，这就是我现在所以做善事的原故。哦，这可以看出我是怎样的一个小孩子了。我和母亲养了头一群牛。亚贝，你要有了孩子，让他们自己去生长。他们比一个可怜的父亲或母亲都会做得好些的。我常乘着最好的马和车兜圈子，可是你们决没有看见过有女孩子在我身边坐着的——有些人是不能单独作工的，亚贝。他们总得有些妇人在身边，不然，他们就做不下去的。你不要结交这样的一个人，亚贝！哦，骐特是我的一匹有名的老牝马。她总没有老的时候，她差不多活了三十年了，生了十四匹小驹；她是一个太好了的小东西。我把她去换了一匹一千四百磅重的大黑牝马，我还要他们找我十块钱，把她的小驹也给她一路去了。……"

亚贝忽然觉着了她正在发抖；她的脚是冷的；此时已过九点好久。老克里士一定已经在椅中睡着了哩。她走到膳室门口，把门拉开；膳室是黑魆魆的。怎样？——哦，自然！老克里士走了三个多星期了。她将门扶住，镇住自己的身体；她的手颤起来了。她怎样会忘掉呢？她要发狂了么？这种寂寞，会使她这样么？

亚贝去睡了。她终夜醒着，凝想。思想自然都涌上来了。镇上所谈论的，究竟不关什么事；镇上的人已多年不注意她了；现在还不过是这样。那么为什么她应该活着不同一个人谈话呢?“我应该去叫转老克里士，这是我应该做的事。我不愿一人独住在这儿了!”有了这样的决定，她倒睡着了。

晨间，亚贝开了厨房的门，到廊前去，汲水机上的冰积得好厚了。

她把肩巾紧紧的围住身体，用戴着半截手套的手，把住汲水机的柄，桶装满了，她便回到厨房里，呼呼的风声，使她发抖了。这样的天气，要步行到迈尔科勒去，须得吃绿茶，亚贝因而吃了三满杯。随后，像去望“耶塞的女孩们”的那天一样，她挈了一桶热水上楼去，又拿出一双新袜子来。

约莫九点钟的时候，牧师路克士教堂里三个妇人，站在姑母亚菲约白尼的门前，望着亚贝在途中挣扎着奔驰。

“怎样，那是亚贝司娜浮哩，”监尼齐卜曼道，“那儿去呢?”

“她是走迈尔科勒那条路去的。”加地文道。

姑母亚菲纽白尼开门迎着这三个妇人:

“什么事使你们这早来找我?”

“你还没有听见吗?”

“我们来告诉你的。”

“哦!哦!哦!有什么事发生了?”姑母亚菲惊讶道。

“昨天夜里老克里士死了——”

“他只病了一天，而且——”

“而且他们说，”加地文插言道，“这是由于亚贝司娜浮把他赶出去了所致。”

亚贝到了镇上侧道的尽头了。她把裙子扯高，踏着很厚的雪，到农人雪车走过的车辙中。她时时须防陷入深雪里，让那些到城里去的草车走过。有些农人认识她;他们用很和气的声调对她说话。可是她没有回答。步行十分困难;阿温弗内支的田庄在山上面;她前面还有一段险峻的山路。而且，阿温弗内支的屋里并没有给老克里士住的地方。没有一个人熟悉阿温弗内支和他的女人的来历;他们不是在亚尔蒙特生长的。无论怎样，她怎么能让老克里士到那儿去呢?

“唔!站着!亚贝，最好上来搭我的车，这不是步行的天气哪。上来坐这个位罢。我下来扶你。”

亚贝抬头望着办葬事的何卜金。在他的丧车里面，一副黑漆棺材，盖上满堆着雪。亚贝只是摇头，也不说话。

“我不应该叫你坐的，”办葬事的何卜金失悔道，“抱歉得很!你尽力的走罢，亚贝!天气更冷得利害了。你那山上就好些的。”

何卜金驱车走了，亚贝就照着别人的新脚迹走去。她到山巅了，阿温弗内支的红仓远在雪中矗立着。办葬事的何卜金和他的丧车已不见了。

“他必定下米儿路去了。”亚贝喃喃的说。

她到了一间低矮农家的门前。她上小路时，一头牧犬对着她狂吠。一个妇人在窗间露出面来，用手指着屋的一边。亚贝的面相变得很惊讶而且愤怒，她退下石阶向后门去。那妇人，阿温弗内支的妻子，引她进厨房里去了。

“阿温！亚贝司娜浮来了！”

阿温弗内支从屋的前面进来了。

“好呀！没有算着你会到这儿来的。外面很冷罢，是么？请坐罢。”亚贝坐下，才知道身体已经冻僵了。

“马吉，把那热茶给一杯她吃，”阿温弗内支接着道，“她几乎冻的冰了，我猜着她是愿意吃杯茶的。嘻，司娜浮小姐！”

“我要找老克里士讲话。”

“找老克里士讲话？找老克里士讲话，你要找他么？”

阿温弗内支望着他的妻子。亚贝司娜浮不知道，她仍然在寒冷中跋涉到迈尔科勒来。他不懂得这是什么道理。

“你来做什么的，亚贝司娜浮？”

“现在，阿温，你等着！”阿温的妻子转向亚贝道。

“你一个人住那一座大房子，觉得太寂寞了吧？”

“我要找老克里士讲话。”亚贝重复说道。

“那么，你是那样爱他么？”

亚贝不答。阿温弗内支到沟边去望着窗外破布堆中的被囊，兀自在那里冒烟哩。阿温的妻子把坐起间的门推开，随后退转对着亚贝道：

“你们本可以成一个好的旧家庭，亚贝司娜浮，可是我们更好些哩。你把老克里士赶出了，现在你又要找他讲话。好，你要找他谈话，去找他就是。他在客厅里，现在去罢。你要找他谈话，去找他就是。现在去罢！”

弗内支夫人恨恨的声调，使她颤动了，她十分迷惘；她开始怀疑了。她走过坐起间的时候，脚步因恐怖而迟慢了。或者他们已经把老克里士避开了，她须得独自转去，独自住在那间大屋里度她的余年么？

（原载《妇女杂志》1922年第8卷第12期）

署名：李伟森译

苏维埃俄罗斯财政现状

Sokolnikov 作

（一九二三年十一月二十日）

我们一考察俄国过去一年的岁出预算，便可以看出经常费和特别费两项间有一种显然的区分。预算的总数约为十四万万左右金卢布：经常支出——国家中央各机关及教育、国防等项维持费——为十万零六千万金卢布，特别支出——工商业及运输机关的辅助费——为三万五千万金卢布。我们再一考察岁入的预算，经常收入——租税及国营事业之赢余等——约为十万零五千万金卢布，其余不敷之三万五千万以上的数，全靠钞票的流通来维持。概括的说，这种解剖，很可显出俄国现在地位的安定——国家的经常收入恰敷经常支出，只是工业的特别情形，才不得不藉钞票的流通，取得若干辅助费。

然而，对于前面所说的，实在还得加些明白的解释。国家除掉前述藉钞票的流通而给与工业的若干直接辅助费外，还须对产业界付与出品价值将近三万万卢布。这所付显然高过了出品实际的价值，因此，在这种支付中又不知不觉间支出了或有五千万卢布之辅助费。便是这一点也可以证明俄国的安定，因为俄国政府已经脱离了取用货物而不付价值的时期了。

工业的辅助费

上述的特别岁出，主要的是辅助煤油、煤炭、金属工业，及运输业，贷给农人的款项也是由此项支用。这种辅助费明年不必要了么？我们就各种工业来看，煤炭事业的地位还不安定，重要的丹尼坑，在生产方面仍旧是时好时坏的。本年因为国家的辅助，使资本恢复了原状，地位因而渐就改进；这样，则下一年同样的辅助自然是必要的了。煤油事业的情形比较好一点，本年事业的发展，必定使本事业的经济地位更形稳固。金属工业和运输业的改进虽然都很稳定，辅助费大约亦仍须继续支给。现在说到电气化的重要工业，本年对于此项的辅助费已指定为二千万金卢布。在现状之下，财政委员会虽反对任何数目的增加，然此数目则必须继续下去的。

辅助工业的银行

工业的财政状况实受了各种银行——特别是国家银行——极大的帮助。自从旧年十一月国家银行发行钞票以来，国家银行对于工业的放款已大大地增加，五月一日到六月十五日这六星期中，国家银行的新放款，总数竟达六千万金卢布。放款果照这样的速率增加起来，则一年的实数将达五万万金卢布了。截至六月十五为止，国家银行对于工业的放款已及一万万金卢布，此外其他银行不计，即实业银行一处也对于工业放款有一千万金卢布了。约一年前，设立这特别实业银行的问题发生的时候，财政委员会还取一种不赞成的态度，他们的意见以为工业的资本本已缺乏，再设立一供给他自己的金融机关，实在非能力所及。在另一方面看，国家银行钞票的流通，若不能使国家银行成为一全国银行的中心——中央银行，则设立其他特别银行，即无稳固的基础。那时解释的人说：若国家银行钞票到了能使国家银行成一中央银行的时候，则设立一实业银行的问题必十分紧迫了。

我们现在可以确实的说，这种时机已到。钞票的流通已经十分扩充，因此，对于工业的放款，在某种程度，已不得不藉一特别的实业银行来担任了。本年俄国尚无力及此，来年显然是要设法进行的了。去年为筹集国家银行的资本，牺牲极大，幸已成功，现在又要帮助实业银行筹集资本了。这种工作明年可有一部分的成功。

苏维埃国家和苏维埃工业间的关系，因国家财政地位的进步与放款的增多，已日益正当，日益健全，这是可引为欣幸的。

纸币发行的限制

纸币发行的限制是极为重要的。人民委员会议议决：财政委员会，根据每月一号所得之兑换率，有权发行值三千万金卢布以下之纸币；并且谕知财政委员会，关于纸币发行权的限制，如有意见，即可提出。他们的提议，从八月一号起，每月只发行纸币一千五百万卢布。这在全世界的资产阶级一定以为这是俄国能力所不及的事；以为俄国近年财政的情况——钱价低落，纸币充斥生活程度增高——决不是我们所能改进的。其实倘使真情如此，俄国早已失败，决不能建设现存的苏维埃国家了。

或者可以说，其他钱价低落的国家也不少，然而他们还是存在的。是的，他们果然是存在的，可是他们怎样存在的呢？我们现在拿德国做例。去年德国马克价值的低落比俄国的卢布要快得多。去年七月一号，一美金元可换四百马克。今年七月可换十五万了（九月中可换二万万了），在这时期中卢布低落了二十五倍，马克则低落四百倍了。倘使俄国要步德国的后尘，自然可以不限制纸币的发行，可是德国现在在政治上与财政上已经失却他的独立，他现在所存在的一个国家，不过是一片阴影罢了。波兰的钱价也低落，波兰的独立也不过是虚有其表罢了。奥国的兑换率也比俄国更坏。奥国不过是协约国代理人所统治的一个国家罢了。

现在的情况——预算案

我个人的意见，以为俄国的财政要脱离现在这动摇的情形，还是他年，至多是一年半以后的事。自然，在这时期中，俄国的金融不能跻于理想的稳定。这，在我们经济的情形，真正的物价，没有稳定以前，是做不到的。可是，无论如何，一年的时期，必能使俄国财政的情况比本年的好过数倍，比去年的更不必说了。

我们怎样才能使经济情状日益改进呢？

第一，预算案必须有常规。在革命的第一年，俄国大概的预算案也没有作过。第一次正式的预算案是一九二一年末作的，那是一九二一年末到一九二二年九月三十一日的预算案。所以一九二二年到一九二三年的预算案还是第二次，而收支两项也只是一个大概的数目而已。合起金融流通所得，作成了一个大概的收入数，十四万万金卢布，但是怎样分配这宗款项给人民委员会各部以及其他各机关，还是很难说的。不过大概的说，这种预算草案，细节上还是略有变易，只能遵守大体罢了。

一九二一年到一九二二年，俄国岁出约为十一万万金卢布：一九二二年到一九二三年，则将为十四万万。换句话说，本年俄国岁出增加三万万金卢布了。在来年，一九二三——一九二四［年］，因工业的发达及租税制度的增进，我们盼望我们预算案的总额很稳定的增加，或为十六万五千万金卢布。

租税政策

同时不可增加租税。在一九二二年初，租税的收入极微，此后因新税的征收与工商业的进步，便日有增加了，财政委员会相信现在所收的租税恰为人民力所能任，一切新的租税决不能征收了。在另一方面说来，为租税缴纳的容易及征收的便利，租税制度实有力求简单的必要。在农人方面，“单一农业税”既把地租划一了，在城市方面，现在的各种货物税、劳动税、所得税、财产税等都应取消而划一为同样的单一财产税。

金融的稳定

在谈到稳定俄国金融的问题上面，财政委员会特别着重于国家银行钞票的发行。这种发达造成了一种二重的金融，国家银行的钞票（Chervonetz）与国家的卢布。他们的目的是在使国家银行的钞票通行于世界，而且实际上已经使这些钞票有了一种稳定的基础，可以和金磅相交换了，钞票当然可以靠金块及外国稳定的汇兑票来维持，为要维持俄国钞票价值，本来这金块及外国汇兑票任何时候都可以购买的，不过在实际上这自然不是必要的事。

在最后，我便要谈到国债的乐观现象，特别是面包债票（Bread Loons）对于他各省的需要程度，至今不曾降落下来。

（原载《新建设》1923 年第 1 卷第 1 期）

署名：求实译

说 诳 人

（剧本）

美国 Helene Mullins

（一九二四年二月）

剧中人：少女　说诳人　诚实人　时间：夏季

布景

在一座花园中，黄金色的日光，正懒懒地从蔚蓝的天空射下。

说诳人坐在木兰花树下的草地，手中执着一柄彩绘的团扇缓缓地摇着，他面貌颇清瘦，却还美丽，手指上戴着许多戒指，闪光四射。他着黑丝绒的上衣，灰色裤，白丝衬衫，软领，领带飘垂着，脚上拖着一双金线刺绣的黑色拖鞋。

少女在他的身边，背靠树干坐着，她年轻而貌美，衣服作浅蓝色，素净而适体。开幕的时候，她开始用手拈着一单片纸，神气不甚自然，为的是避去说诳人钉住她的眼光。

少　女（踌躇状）　呀……我念怎么？

说诳人（急切希望状）　念罢……

少　女　可是你先要允许我，不要太严厉了。

说诳人（烦恼状）　她〈你〉这样怕我利害的斥责呀！

少　女（笑）　是呀。可是要记着……我警告了你的。这篇的题目是“寂寞”。(她念着)

我在凉爽的夜中踽踽独行，

梦见了

爱我的人。

他的爱我

胜于我的爱那闪耀于月光中的白杨，胜于我的爱那黑夜中赤裸裸的寂静。

我的能伤感他

又胜于那闪耀于月光中的白杨，
或黑夜中赤裸裸的寂静的
能伤感我……

说谎人（狂热状） 可爱得很！可爱得很！这都是你自己作的么？

少 女（欢喜状） 是的，你真喜欢这诗么？

说谎人（庄重状） 爱人，你是一位天才呀！世界上再没有像你这样的女子了。

少 女（柔声） 啊！我真愿意你这话是可信的呀！

说谎人（临机应变的神气） 这首了不得的诗什么时候出版呢？

少 女（稍不自然状） 唉，我不知道。你知道……已经有过两家杂志退还了的。

说谎人（吃惊状） 真的吗？我不相信有这种事！你且等着罢，过几天一定还有人来抢去登的……你等着看有没有。那时我的爱人便开始上“一举成名天下知”的大路了！

少 女（狂喜状） 哦，你真的想着能够这样么？

说谎人（自信状） 自然呀。可是你必得忍耐着，努力用功。这一类的事情是穷年累月的功夫，你知道，这是要穷年累月的功夫的。并且，在这时期中，关于那……（他把扇子放在草地上，移身近少女）

少 女（故作不解，憨笑） 关于那……关于什么？

说谎人（轻击女臂） 小东西！你好像不知道的一般！（略静，两人互相看着）

少 女（很郑重的神气） 我……我自己也不相信我……我要和人结婚……

说谎人（斥责状） 那么你不爱我么？

少 女 这并不是……（随即掩饰）告诉我，为什么“你”爱“我”呢？

说谎人 因为你是世界上最美丽，最聪明的女子，并且……因为你是……“你”，我的至爱呀！

少 女（叹气） 你多么可爱呵！

说谎人 你多么可崇拜呵！

少 女（溺爱状） 说谎的。

（他笑着，她轻轻击他的脸颊）

说谎人（忽然看他的手表） 爱人，我要走了。时候不早了，你不愿意给我回信么……现在？

少 女 不……现在不能。（狐疑状）明天，或者……明天……

说谎人（不耐状） 你“每天”都是这样说的。（他从草地上起来）听着，我到前面拿帽子去，我把帽子放在那边凳上忘记了拿。我转来的时候，你必得给我回信，允许我……或者……不允许。

少　女（低声）　很好。

(她游移不定地微笑。说诳人轻轻走下去了。他走后，少女且不思索他问的事，只把那单片纸拿起，覆在唇上很亲切地吻着。随后预备再念一遍给自己听。此时诚实人上来了，他是一个中年人，身体肥胖，衣方格布衣，紧小而不适体，颇难看。他很快地向台中走去，鞋子搭搭有声，看见了少女，便即刻停住了)。

诚实人　啊！你在这里！

少　女　是的，我在这里！在这里怎样呢?

诚实人　我好久就在寻你。(他在离少女不远处，迟钝地坐下）你在读什么?

少　女　我新近作的诗。你喜欢听么?

诚实人（退避态）　是——是的……

少　女　这首诗叫做“寂寞”。(她念着)

我在凉爽的夜中踽踽独行，

梦见了

爱我的人。……

诚实人（阻止她念）　真的，我爱，你知道……这是令人作呕的废物。

少　女（大怒）　哦，你想着是这样，是么？你多讨厌呵！

诚实人（安慰她）　好，不要生气，我实在心里爱护你呀！你知道，并且我真想阻止你，不要把光阴妄费在这样的废物上面……你是能够做些真有价值的事的。

少　女　什么事？你举个例说说。

诚实人（咳着，为难状）　好，请问……一个女子创造了一个健全的，和乐的家庭……她的光荣有多大……还能有比这……更光荣的事么?

少　女（陡然起立）　谢谢你。那种特别的“光荣”不是我所羡慕的。

诚实人（严正状）　不要说，不要说。青年女子们都是这样说的。可是等到年纪大一点，你便会知道的。那时你便会觉得完全两样的。上帝的意思是，女子都应该做母亲的。

少　女（讥笑状）　并且还说男子都应该做父亲的么?

诚实人　呵……我想后文自然是那样的意思，不是的么？人类主要的事……或者我可以说，主要的作用……便是繁殖他的种族。

少 女（有意玩弄他） 那么你自己预备怎样呢？

诚实人（用力站起来，笑着……颇忸怩） 哦，我爱，你知道，“我正在”等着什么，或者竟说你知道我正在等着“谁”……（他有意地盯着她）

少 女 倘使你的意思是指着“我”，我却没有心思去创造一个家庭，这点请你弄清楚，我要去从事著作……

诚实人 哦，来罢，你必得把那种胡思乱想排除掉。请你不要用那种狠心的样子望着我。你知道，我爱你，并且……我说的都是为的你自己的好处。女人只有一种职业决不能心满意足的，她还需要一个丈夫……和小孩们……

少 女（已不能耐，遂阻断他的话） 你真呆得很！请问，你为什么爱我呢？我们的思想没有一点相同的。

诚实人（坦白状） 你知道，这便是我常问我自己的一个问题。我为什么爱你呢？（他笑着）我熟识许多更美丽，更聪明的女人……

少 女 哦，真的！

诚实人（注意看她） 呀！我又惹得你生气了！我的意思并不是指着……很诚实的。只怪我有这种心里存不住话的习惯，想到了什么便要说出来。

少 女 是的，我知道你有这种习惯。

诚实人（沉思着） 可是究竟，就结果说来，我并不以为“有话便说”不是好处，装假有什么用呢？

少 女 一个人还是不要……“过分”的坦白了……

诚实人（抬起头，口忽作椭圆形，表示理会状） 哦！“现在”我懂得了！

少 女（讥笑状） 你“真”懂得了么？

诚实人 那个小坏东西又把你的脑中装满那些胡思乱想了！

少 女 “什么”小坏东西？（发怒）你怎样敢这样叫我的朋友？

诚实人 哦，来吧，他不是值得要你袒护的那样一个好朋友呀，他是么？哼，他是一个不可救药的专说假话的人。

少 女 没有关系，他很能令人快活。

诚实人 他是个伪君子。

少 女（如在梦中） 可是他令人可爱……

说谎人（重上） 我的耳朵发烧……

少 女 这没有什么奇怪的！

（说谎人向两人往返看着，似要问什么）

诚实人（解释给他听） 我在尝试叫她信服你是一个光棍。

说谎人（大笑） 哦，我知道了。今天晚上“你”好吗，先生？还是在强迫民众盲目地信服你罢，我听见说。哦，是的，关于“你”的事我都知道，我们很有些知道你的朋友。

诚实人 他们怎样品评我呢？

说谎人（以手挥动作戏） 不！……我不愿告诉你，没的你太自负了。

诚实人（欢喜状） 对的，亲爱的伙伴。对的，我不会用好话来诱动你的。

说谎人（转身向少女） 好……你已经决定了么？

诚实人（好奇状） 决定了什么？

少 女 我和他结婚或是不……

诚实人（慌乱状） 唉……唉，我爱，你不是真的想同这个人结婚罢！唉，他必会毁灭你的生命的，他必会随意乱骗你的，他必会……

说谎人（很客气地一鞠躬） 哦，先生，你真太好了……我恐怕你把我太看高了。

诚实人（向少女说） 看！你看他说话多刻薄呀？请问同这样的人住在一处会有快活日子过么？

少 女（慢慢地说） 至少……他并不像牧师一般严重地劝告我……

诚实人（愁苦状） 啊，我爱，他怎样会劝告你？他对于你有什么益处？“他”并不爱你呀……

少 女（阻断他的话） 他“实在”爱我。

诚实人 不，不，你错了。请等着，我将来总能够拿证据给你看。哼，你的美丽开始消失的时候，他即刻便会厌弃你的。他自然不会承认这件事，可是……（他望着说谎人，说谎人在他们说话时只是微笑地站着）

少 女（向诚实人说） 我的美丽“开始消失”，自然是有这个时候的，你怎样知道他……？而且，你自己又会怎样呢？你不……也会……厌弃我么？

诚实人 假使我会厌弃你，你可以相信，我必会告诉你的，我不会欺骗你的……

少 女 不，我相信你不会告诉我。

诚实人（急遽状） 可是你不要害怕我会离弃你的。我除了忠心于我的妻……我的孩子们的母亲而外，决不会……总之，竭诚尽忠，我，至少……至若他……

说谎人（温和状） 你变得不通情理了，亲爱的先生。（诚实人向他一望，随开始用一白丝巾揩面）

少 女（似受了刺激地转向说谎人） 他所说的……是真的么？到了我不好看了

的时候你会厌弃我么？

说诳人（斥责状） 爱人，你会怀疑我么？而且……好像你除了好看以外再一无所有的似的！

诚实人（侮慢状） 真是胡思乱想呀！

少 女 你说“真是胡思乱想”意思指的什么？

诚实人 好像年龄的增加会叫人的面貌益发美丽似的！

少 女（大怒） 哦，你多粗俗呀！我显然知道我和你住在一处决不会快活的。

说诳人 不会的，你决不会快活的。同我来罢！爱人，我必让你有爱的生活，同时又名满天下。我必让你看着世界上的一切都和玫瑰花一样的美丽……

少 女（向诚实人） 我再给你个机会。你能让我怎样？

诚实人（骄傲状） 我让你看见一派明白的景物……

少 女 我宁愿看见美丽的……

诚实人 我让你能够安然家居……

少 女 我宁愿冒险……

诚实人 我让你……

少 女（执说诳人的臂） 来罢……

诚实人（失望状） 怎样？你终于和他一路去么？再想一下！你将来不会有悔恨的时候么？……说诳话的人是最不负责任的……（他举起双手作揶揄状）

少 女（模仿他） 说实话的人是最令人讨厌的……（她笑着，偕说诳人向舞台的出口走去）真想得奇怪，亲爱的，他尝试要我相信作诗是冤枉消磨我的光阴……（少女和说诳人很愉快地笑着）他说……（他们不回头，一直下去了。诚实人很悲苦地摇着头）

——闭幕——

（原载《妇女杂志》1924 年第 10 卷第 2 号）

署名：李伟森译

猎　　人①

Olive Schreiner 女士　著

（一九二四年四月）

在某山谷中住有一个猎人；他每天都要到森林中去打野鸟的。偶然有一次，他正站在一个大湖滨的芦苇中候着飞鸟，忽然有一团大的阴影掠过他的顶上，他在水里看见了这阴影的反照。他抬头向天上看的时候，那东西已经不见了。于是他心中起了一种热烈的愿望，想再看一次水中的那个反照；他终天守着、候着，直到天黑了，那个反照终于没有回来。他只得背着空袋回家，满腔郁闷，默不作声。他的猎伴们都来问他为什么这样闷着，他一句话也不回答；他只是独自坐着沉思。随后他的一位朋友来看他，他便对他的朋友说：

“我今天看见了从来没有见过的一个东西——一只极大的白鸟，张着银翅膊，在青天中飞着。现在，我胸里像有一股极大的火在燃烧一样。她在水里反照着只是闪光一样过去了；我现在除了想捉得她以外，再没有什么愿望了。”他的朋友笑了。

“这只是树枝映在水面，或者是你自己的头的影子也说不定。明天你便会忘掉她的。”他的朋友说。

可是，明天，又明天，又明天，那猎人只是一个人走着。他在森林中，大湖滨，以及芦苇里都寻遍了，但是找不着她。他再也不打野鸟了；野鸟还在他的眼中么？

“他得了什么病？”他的猎伴们都互相问着。

“他疯了。”一个说。

“不是的，可是更坏些就是，”又一个说，“他必定看见了我们没有见过的什

① 本篇译自 Modern Masterpieces of Short Prose Fiction，pp. 25-35，published by D. Appleton & Co.，New York，1921. ——译者注

么东西，便自己也变成了一个怪物。”

“来罢，我们发誓都不要他做同伴了。”他们一齐这样说。于是他只得一个人走着了。

一夜，他正在昏暗中徘徊，胸心极痛，且哽咽地哭着，陡然他面前站了一个老人，比普通人类都较大而且较高。

“你是谁?”猎人问着。

“我是智慧，”那老人答应，“可是有些人又叫我作知识。我终身是在这些山谷里生长的；可是若不是愁苦到了极点的人，终没有人看得见我的。要见我的人，他的眼睛必须经过泪的冲洗；因之，只有愁苦到了极点的人，我才对他说话。”

于是猎人叫起来了：“呵，你在这里住了许久，请告诉我，我前次看见在青天中飞着的那只大野鸟是什么？他们都说我那时在做梦，要我相信他们的话；他们说那只是我自己的头的影子。”

那老人微笑着：“她的名字叫作真理。一个人看见了她一次，便永不会再安静的。一直到死，他还是会想得着她的。”

猎人又叫起来了：“哦，请告诉我，我在什么地方可以寻得着她?”

可是那老人说：“你还没有愁苦到极点。”说后便走了。

于是，这猎人便从胸中取出了“想像之梭”，缠上他的“希望之线”；费了一全夜的时间，他坐着织成了一面大网。

到了早晨，他把这金色的网布在地面上，散了少许“诱骗之谷”在网里面——这谷，是他的父亲遗留给他，他密藏在心胸的袋中的，像白的灰菰一样，你若踏着了，便有一阵黄灰飞出来的。于是他便坐在旁边守着。第一个进网的是一只雪白的鸟，鸽子样的眼睛，唱着一首极好听的歌——“一位人类的上帝！一位人类的上帝！一位人类的上帝!”第二个进网的，满身黑色，颇带有神秘的意味，深隐而可爱的眼光，照澈了人心的深处，他只是唱着——“长生!”

猎人把这两个都抱在怀里了，因为他说：“他们定然是真理的美丽的家族。”

随后又来了一个，颜色青翠而略带金黄，他的歌声极响亮，像一个人在闹市中叫着一样，他唱着：“赞美死呀！赞美死呀!”

猎人说：“你不十分好看；可是你也还好看就是。”说着便也捉住了。又来了一些，都是鲜艳的颜色，唱着极娱人的歌，网里的谷竟都被啄完了。猎人把这些都捉住了；他造了一个极坚固的铁笼，叫作“新的信条”，把这些鸟儿都放在这里面去了。

于是，人们都到猎人的四周来舞着唱着。

“呵，快乐的猎人！”他们叫着，“呵，奇异的人呀！呵，娱人的鸟儿！呵，可爱的歌哩！”

没有一个人问过这些鸟儿是那里来的，也没有问过是怎样捉得的；他们只是在“新的信条”的铁笼前舞着唱着。猎人也很欢喜，因为他说：“真理定然在他们里面，将来她定要换毛的，那时我便可以看见她雪白的身体了。”

时光一天一天的过去，人们照旧唱着舞着；可是猎人的心里却渐觉郁闷了。他又照旧时一样，一个人在昏暗中徘徊饮泣；那可怕的愿望又在他胸中苏醒了。一天，他正一个人坐着饮泣，忽然智慧又遇见了他。他把这一向作的事都告诉了那位老人。

智慧愁惨地笑了。

“许多人，”他说，“都布了那面网来捉真理，可是他们从来都没有寻着她。‘诱骗之谷’她是不吃的；‘希望之网’，她是不进的——但也束缚她不住；这些山谷空气她是不吸的。你捉住的那些雀鸟都是虚伪的家族们，虽然可爱，虽然美丽，而终是虚伪的；真理是不认识他们的。”

猎人很凄惨地哭了，问着：“那么，我现在只有静坐着，任这热烈的心火把我毁灭吗？”

老人便接着说：“听着；因为你已经愁苦到了极点并且洒过了不知若干苦泪，我来把我所知道的告诉你。一个人既决心寻求真理，他必须永远离开这些‘迷信的山谷’。凡是属于这些山谷的东西一丝一片他都不可携取，他必须一个人漫步下到‘绝对否定’的村中去。他必须在那里静候着，他必须克制一切的诱惑；到了亮光出现的时候，他必须起来随着亮光进到‘干燥的日光之乡’去。这时候必会有峻峭的‘事实之山’拦住了他们的去路，他必须爬过这些大山，在大山的前面便是真理的老家。”

“那么，他便可以牢牢地捉住她！他便可以把她捉在手里！”猎人叫着。

智慧摇头，接着说：“他决不会看得见她，决不会捉得住她，时候远没有到。”

“那么，没有希望了？”猎人叫着。

“有的，”智慧说，“有些人爬上那些山去了；他们攀上裸露的石岩，一层又是一层；到了那些高的地带，有些便偶然在各处地上拾得了一茎银色的白毛，这是真理的翅膀上落下来的。后来便可以有这样的事，”老人说着，振起精神，像说预言似的并用手指指着天空，“后来，那些人手中拾得的银毛渐渐积多了，便可以用来结成一条长绳，再用这长绳结成一面大网，只有用那一面网才可以捉住真理。只有真理才能捉住真理。”

猎人跳起来了。“我必定去。”他说。

可是智慧把他拦阻着：

“你要听清楚——一个人一次离开了这些山谷，便决不能再回来的。即令他在这两境的边界上哭了七天七夜——哭的尽是血泪，他终不能跨过那边界，逃回来的。离开了——他便永远离开了。在你要走的那条路上，也没有什么酬报给你的。谁去，便自由地去——这是为他内心存在的伟大的爱而去的。这工作便是他的报酬。”

“我去，”猎人说，“可是在那大山上，请告诉我，我走哪条路呢?”

“我是‘经验’的孩儿，”老人说，“我只会走人们走过了的路。在这些山上，很少人的足迹；每个人都须寻他自己的路。他须自己去冒险；我的声音他听不见的。我可以在后面随着他，可是我不能在他前面走。”

于是，知识不见了。

猎人便回到家里。他到“新的信条”的铁笼那边去，用手把笼门毁坏了，碎的铁片把他的手都刺出血来了。毁弃比造作更不容易，这是时常有的事。

他把他的这些羽毛丰美的鸟儿一个一个捉出来放了。可是，最后轮到了他的那只黑毛的鸟儿，他把他捉住，望着他那双美丽的眼睛出神。那鸟儿发出他那低而长的声音——“长生!”

于是猎人很快地说：“我不能抛弃他。他并不重；他并不吃什么。我来把他藏在胸前；我必得把他带着。”他便把这鸟儿藏在胸前，用外套把他盖住。

可是他藏的那个东西渐渐变重了，更重了，更重了——最后压在他的胸前，像一块铅一样。他带着这鸟儿竟不能移动，他竟不能带着他离开那些山谷。随后他又把他取出来，眼睛看着他。

“呵，我的美丽的!我的亲爱的!”他叫着，“我竟不能藏着你么?”

他很凄怆的把手放开了。

“去罢，”他说，“恐怕真理的歌也没有一个音调可以同你的相比；可是‘我’决不能再听见你的歌声了。”

很凄怆地他把手放开了，那鸟儿振翅飞去，便永远离开了他。

随后他从“想像之梭”上面把他的“希望之线”解了下来；又把线抛在地上，那枚空梭仍旧放到胸间去了，因为那束线是在那些山谷中纺出的，梭子却是从一处不可知之乡来的。他转身预备走去，然而人们现在都绕着他狂吼起来了。

“呆汉，胆小鬼，疯子!”他们叫着，“你怎样把你的新铁笼打碎，让鸟儿都飞了呀?”

猎人解答，可是他们都不听他的话。

“真理！她是谁呀？你能够吃她么？你能够喝他么？谁看见过她的？你的鸟儿才是真的，大家都能听见他们唱歌！呵，呆汉！贱东西！上帝的叛徒!”他们大叫，“你把空气都亵渎了!”

“来罢，我们来搬石头打他。”有些人这样叫。

“这种事于我们有什么关系?”另有些人说，“让那个呆东西走他的;”他们说着便走了。可是其余的人便搬了一些石头和泥土，向他投击。最后，已被打伤，见血了，猎人便逃到森林中去，此时已经暮色苍茫，他便被包围在昏暗之中了。

他一步一步向前走去，四周景色一分一秒更昏暗起来；现在他已经走到终年有夜无日的“黑暗之乡”的边境了。于是他迈步进去，这里没有亮光。他用手在暗中摸索，可是每枝树枝只一触手便都折断了；地上也满盖着细碎的炭屑似的，每走一步，他的脚都陷到里面去，同时一阵细末样的灰烬迸到他的面上来；此地完全黑暗了。他因此便在一块石头上坐下，把面部埋在两手中间，在这“绝对否定”的村中静候亮光出来。

此时他心中也如夜间一样的沉寂。

随后，一阵阵湿雾，从低地中泛出，在他左右浮动，把他包围了。黑暗中又落下了一阵蒙蒙细雨，在他的头发和衣服上都积成了一粒粒的大珠点。他的心迟缓地跳着，他的四肢都麻木了。稍迟，向上面一看，有两点令人惊喜的燐光舞着来了。更近，更近，他们来到更近了。十分温暖，十分活泼，他们像火星一样舞着。最后他们站在他面前了。在一点火星的中心，可以看出一个妇人的面貌，笑着，微微的两点靥窝，金黄色的丝发散披着。在另一点的中心，一片娱人的微笑的涟波，像酒杯面上的气泡一样。她们在他面前舞着。

“你们是谁，在我的孤寂而黑暗之中独来看我?”猎人问着。

“我们是孪生姊妹，叫作纵欲，”她们叫着，“我们的父亲叫作人性，母亲叫作无节。我们同山与河一样老，我们是最初的人类的同年，可是我们决不死的。”她们笑了。

“呵，让我来拥抱你!”第一个叫着，“我的臂膀柔软而又温暖。你的心现在冻凝了，可是我能叫他跳起来。呵，到我这里来!”

“我可以把我的热的生命注到你身上去，”第二个说，“你的脑筋现在麻木了，你的四肢也死了；可是他们都可以因我而有极其自由的生命。呵，让我来把热的生命注到你身上去罢!”

“呵，随着我们来，”她们叫着，“并且同我们一块儿住着。许多比你更高贵的人，在这黑暗之中坐着候着的，都随着我们来了，我们已经联合了；他们决没有离开我们，决没有。其余一切都是幻境，只有我们是真实，我们是真实的。真理只是一团阴影；‘迷信的山谷’只是滑稽剧的一幕；地面只是灰烬，树林都全然腐朽了；可是我们——摸摸我们——我们是活着的！你是无从怀疑我们的。摸摸我们，我们多温暖呀！呵，到我们这里来呀！同我们一块儿住着呀!”

更近了，更近了，她们在他的头上环舞着，他额上凝了的雨点溶化了。明朗的光直射进了他的眼睛，使他晕眩难支，凝了的血也开始流动了。他便说：“是的，我为什么应该在这里，死在这可怕的黑暗之中呢？她们是温暖的，她们把我凝了的血溶化了!”他便伸出两手去接取她们。

可是，一刹那间他所想望的那个东西的影像在他面前出现了，他于是又即刻把手收回。

“呵，到我们这里来罢!”她们叫着。

可是他把面部埋在手里。

“你们把我的眼睛照晕了，”他叫着，“你们固然温暖了我的心；可是我所想望的东西，你们不能给我。我要在这里候着——一直候到我死的时候去罢。”

他用手把面部盖着，再不听她们的话了；候他再抬头的时候，她们已经变成了两颗闪烁的小星，渐远渐远，终于消灭了。

漫漫的长夜仍旧在黑暗中向前奔驰着。

一切离开了“迷信的山谷”的人都是要经过那黑暗之乡的；可是有些只须几天便走过了，有的要逗留数月，有的竟延迟到数年，有的乃终于老死在那里。

最后，天际有一丝微弱的光线荡漾着，这是为猎人的了，他于是起身赶着那光线走去；他最后赶到了，便走进了明朗的日光的境界。于是万能的“事实之山”在他面前矗立着了。清朗的日光在山上飞着舞着，山巅倒插入云际，都不可见了。山脚边有无数小路向上面迤逦展去。猎人惊喜得大叫了。他择了最直的一条开始向上爬去；深谷悬崖间都回应着他的歌声。他们都言过其实了；究竟山并不十分高耸，路也并不十分峻峭！几天，几星期，至多几月，想来就可以到巅上去了！他决不至只拾得一茎白毛，他必然能够把别人寻得了的一齐聚集起来——结成网——捕捉真理——紧紧握着——用手把她抓着——把她拥抱起来。

他在娱人的日光中大笑了，并且高声歌唱起来。胜利在眼前了。然而，一刻以后，进路逐渐峻峭难行了。他向上爬去，呼吸极其促迫，歌声便自然停止了。

路的两旁都矗起了极大的岩石，青苔都已失去，火山地带一样的地面的大裂罅，都张着他们的大口，要吞什么似的。遍处他又不时看见白骨的闪光。现在，进路也变得渐渐难以追寻；随后只看得出一两处依稀的足迹；随后并足迹也没有了。他再不唱歌了，他只向前开辟他自己要走的路；后来他走到了一堵大石壁的脚下，这石壁平滑无迹；直向天际伸去，极巅恰在眼力能及的地方。“我要来造起一架梯子爬上去；只要爬上了这堵墙，我便可以差不多到目的地了。”他很勇敢地说了，便开始工作。他用他的那枚“想像之梭”来凿石头，可是凿成的一半都不能用。然而猎人还是照旧做去，他时常对自己说：“有一天爬上了这堵墙，我便可以差不多到目的地了。这个大工作便完了！”

最后他爬到石壁的顶上去了。他向四周一望，在下方的远处，一团白雾正绕着“迷信的山谷”，在他的上面便是大山耸矗着。这些大山，以前看着是很低的，现在却高不可计了——从山脚到不可见的极岭，棱棱的岩石一层一层环绕着，盘旋着。永生的日光便在他们上面飞舞照耀。他大哭了！他俯身到地下去；起来的时候，他的面部变成白色了。在绝对的沉静中他向前走去。他现在十分沉静了。在那些高的地带，空气稀薄，生长在山谷中的人到了这里是极不易呼吸的；每一呼吸都叫他受伤，血都从人的指尖向外沁了。到了第二堵大石壁前面，他又开始工作了。这堵石壁的高度实在无限，他却不说什么。他凿石壁的声音日夜不息的响着。他年纪渐老了，然而他还是照旧做去；矗立的石壁却终是在他的头上，高插在云雾里。有时候，他祈祷着：愿有些须的青苔在那些赤裸的石壁上生出来，作一个他的同伴；可是青苔永没有生出来。

时光一年一年的过去。他藉他凿成了的梯步来计算时光——一年只是几步——也还只是几年。他再不唱歌了，他再不说“我要做这或我要做那”了——他只是做着。在夜里，黄昏的暗幕垂下的时候，从山洞和地罅中伸出了许多奇异的野面孔看着他。

“停止你的工作，孤寂的人呀，来同我们谈话罢。”他们叫着。

“我的救济只在工作里面。我只要停止一分钟，你们便会爬出来害我的。”他回答他们。他们于是把他们的长颈子更伸出来了。

“向你脚下的地罅里面看看，”他们说，“看看里面抛着的是什么——白骨呀！他是同你一样强壮，一样勇敢，爬上这些岩石来的。他向上看看，他知道奋斗是无益的；他决不会捉得住真理，决不会看得见她，决不会寻得着她。于是他在这里睡下了，因为他已经很疲敝［惫］。他预备永远睡去。他自己睡去了。睡眠是极安适的。你睡了以后便不孤寂了，你的手也不会发痛，你的心也不会冻凝了。”

猎人却嗤地一声笑了。

“我心里所最爱慕的一切，我都忘却了么？我在‘黑夜之乡’中前进的时候是孤寂的么？我克制了诱惑么？我留滞在人迹不到荒野凄凉的地方，睡下来作你们的食料么？你们这些妖怪？”

他抖擞精神大笑了；“失望之回声”——妖怪的名字——都偷跑了，因为强壮而勇敢者的大笑是致他们死命的钢鞭。

然而他们又爬出来望着他。

“你知道你的头发白了么？”他们说，“你知道你的手已经像一个小孩的一样，开始抖颤了么？你看见你的‘想像之梭’的尖端已经磨秃了么？——那已经坼裂，已经无用了。倘使你定要向这石梯爬去，”他们说，“这便是你的末日了，你决不能再爬其他的了。”

可是猎人回答：“我知道这些事！”于是照旧做去。

老人的瘦手凿的石头，都是粗糙，锯齿样而不适用，因为手指已经僵了，拘弯了。他的力量和美丽都失去了。

最后他的衰颓、枯槁而绉缩的面孔向岩石上面望去。他只望见了惊人的大山怀着石壁，向白云深处倒插上去；可是他已经不能工作了。

衰老的猎人叠起他疲敝〈惫〉的枯手，便在悬岩的脚边睡下——这是他消磨了他的终生的地方哩，现在终于到了要睡的时候了。在他的下方，一团浓厚的白雾正笼罩着“迷信的山谷”。有一时间雾略散开了；从空处，他的将死的眼光向下望见了他儿时的花树与田园；从远处，他隐约听见了他自己当初饲的野鸟的歌声，又听见了村人们且歌且舞的喧嚷。并且他想着在这喧嚷中，他听见了他的猎伴们的声音；他又看见日光远远地在他故乡的旧屋上盘旋照耀，于是一粒一粒的大泪珠都集中在这猎人的眼眶里了。

“啊！他们死在那里的，死得并不孤寂呀。”他叫着。

一刻，雾又四合，他的眼光也转向他处了。

“我寻找她，”他说，“我劳动了不知若干年；可是我还没有寻着她。我没有休息，我没有抱怨，然而我终没有看见她！现在我已经筋疲力竭了。我倦死的这个地方，别的人——年少而气壮的人必定都会来的。他们可以用我造成的石梯上来；他们可以藉我凿成的梯步爬上去。他们决不知道凿这梯步的是谁；他们必会嗤笑这种笨拙的工程；石梯要有崩溃，他们还会诅咒我哩。可是他们必定可以上来，靠我的工作上来；他们必定可以更爬上去，藉我的石梯上去！他们必定可以藉着我来寻着她！人不是为他自己而生的，人也不是为他自己而死的。”

泪珠从他的绉缩的眼眶中挤出来了。倘使真理现在在他上面云端出现了，他也看不见她；“死的雾”已经迷漫他的眼睛了。

“我的灵魂听见了他们的愉快的步声上来了，”他说，“他们必定可以上来的！他们必定可以上来的！”他举起他的一只枯瘦的手到眼睛上，表示希望。

随后，从白色的天上，经过沉寂的空中，有一点东西慢慢地、渐渐地落下来。那东西轻轻地、软软地落下来了，落在将死的猎人的胸前。他用手去摸；这是一茎鸟毛。他握着这茎毛，便死去了。　　（完）

（原载《学生杂志》1924年第11卷第4期）
署名：李伟森译

青年期的女子

美国阿更诺女士　著

（一九二四年十二月一日）

一个青年女子到了发育迅速的时期——即是她从一个孩子变成一个成人——这过程好像只是一晚间的事的。那一时期（在十三岁与十六岁之间），她对于自己的生活必定起了一种与前大不相同的感觉——这其实不是什么可怪的事。在这时期中，她的全体并不是平均的生长；她的四肢却特别发达，因此她常常不知所措地觉得四肢过于长了。一般人都说她是如何拙劣，如何愚笨，她自己也不禁有些觉察了。女子的健康上需要特别维护的，便是在这生长迅速的时期里面。自然，她的环境对于她是有极大的影响的。屋内过久的以及有害眼力与身体其他部分的工作或游戏——如常看电影之类——都是应该禁止的。户外生活，只要不是过于劳动，都是必要的，有益于卫生的游戏更是愈多愈好——凡是住学校的女孩子，在这方面是极易实行的。总之对于这时期的女子，举凡她的饮食、衣服、睡眼、游戏，乃至伴侣，都是需要我们特别留心保护。

著名的心理学家哲姆斯教授曾经说过，青年女子的心理状态都是“心花怒放，思想纷驰”。因为身体迅速地生长，她对于同一的刺激每起不同的反应，因之前此习常的感觉也都生了变化。她的感觉变得更为敏锐了，她变得专务细行末节了。“我不能吃这个”，“我受不住那股气味”，我们时常可以听见她发这种声调；对于颜色，她前此是不很注意的，此时也起了一种新的欲望与兴趣。她的一切行事，都是一时的冲动；昨天，她具着全副精神，怀着迫切的热望来做某事，到了今天她便完全忘记了，又做另一件事去了。此时她觉得自己已经长大，应该有自己的身分，她想不更受人的支配，自己独立起来，自我主张（self-assertion）的态度十分显著了；并且她有她自己的坚决的意见——许多成人不了解此时期青年女子的心情，惯爱说她是固执违拗，这是很冤枉的。她的意见自然不免有错的，但也有极对的；虽然不能由她的意见来支配一切，而我们对于她的意见必须尊重，不可稍存轻视之心。我们应该很谨慎的给她一些指导，更加以一种正确的鼓励。倘使她日常接触的伴侣都是极良好极可取的，倘使她日常耳闻目见的事故言谈，都是正规的，适当的，那么，她的意见，她的观念定可潜移默化而入于正轨了。

空幻的梦想与奇妙的空中楼阁，到了这时期便都不停的在她的意识界建筑起来了。“我必须去做什么呢?”这是她心中最迫切的一个问题。她私心企图去做她那各个幻梦中的英雄，去做那各层空中楼阁中的主人翁；她在过去所得的一切经验和知识，她在过去所有的一切想像，此时便都做了她实现这种企图的工具。她幻梦中的一切英雄此时都集中于她一身了；特别还有一个人——多半是她的教师，或是男朋友，或是和她接近的其他的人，是她唯一的崇拜者。如此建筑的“空中楼阁”虽是时常倾覆而又重建，她建筑的方法终是层出不穷。她的幻梦大概是做几件大事业，救济贫穷与受压迫的苦人，或是怎样叫人看出她是一个“奇妙莫测”的人来。一个中产之家的女子多半是梦想着；倘使她一旦有了多的钱财，她必定去扶助那一切贫苦的家庭，使他们都能走进顺适的生活之路。她幻想着：倘使她给与他们以丰足的饮食、美丽的衣物和安适的住处，他们会如何惊喜呀！因为要使她的幻梦异乎寻常，她便不得不运用判断力和想像力，有时且堕于沉思之中，所以她这种种幻梦的构成，对于她的智力的发达也颇有相当的价值。她年纪渐长以后，并不是完全没有什么幻梦，不过那时的幻梦比较切于实际，不是全然怪诞不经的罢了。自然，她此时的这些幻想，也有许多是根据她所读的书本上来的呀。

爱读书的心理此时特别发展，任何书她都爱看，特别爱看能激动感情的书。女孩子应用的各种书籍——特别是叙述或研究与她年事相仿的女子的故事或问题的书籍，她搜求得最力，浏览得最专心，倘使把中等补习学校应用的书给一本她读，那便在她没有读完这本书之前，你莫想叫她做别的什么事。许多做母亲的都抱怨着，说她们的女儿“常是拿着一本书在手里，并且就是因为她们开始就读那些女孩子用的书，所以她们毫无用处”。这其实是冤枉。从统计上看来，这时期的女子不仅是爱读那些有兴趣的富有情感的书籍，并且有些颇有价值的文学作品也是她的很欢迎的读物。对于这些作品里的人物，她常是极意模仿的，因之掀起了崇拜英雄的心，使她竟日难忘。“我颇有些像那故事里面的那个女子，嘻，她做出了那样的一件事！我想我也去尝试做一下！”这便是她的思想。在这时期中，做父母的或做教师的，都应诱导她爱好良好的，有价值的书籍，使她养成一种鉴赏的趣味。对于她的智力的训练，除了正当的教导以外，最有效力的方法中还有一种，便是辩论。她最高兴的是推理的正确和思想的敏锐，若有时她说服了别人，别人也采取她一样的意见，那便是她最愉快的事了。这种辩论是极有益于她的，并且使她知道知识是妇女求得新自由的利器，因之更鼓励她探求知识的雄心。近来美国各女学校的女子辩论会成绩极佳，这是一种很好的现象。举凡幻想，爱读书，爱辩论以及爱表现自己——这种种都是对于她的智力的训练；妇女将来在知识界、政治界及社会生活中之能取得新的地位与否，都要靠她在这时期中所受的训练如何来决定了。

在这时期以前，她纯然是一个小孩的时候，她独自一人，或同着少数的伴侣游戏着，她不感觉什么缺憾，可是到了此时，她却自然发生了一种寻求伴侣的渴望了。她再不愿独自一人游戏或做什么了——实在我们常可以听见她说："我本来爱去，可是我不愿一个人去。"男孩子在此时期中都有他们的"童子队"，那么女孩子在此时期中为什么没有她们的"女子队"或与这相似的团体呢？一般人的意见便是：在原始时代，一族中的男人和男孩子都常是联合为一群，而妇人和女孩子却都是各人散居在家里的。因之在冗长的历史进程中，男孩子合群的本能特别发达，日益强盛，至若女孩子组织团体或俱乐部的事，直到近数年才稍有进步，这便是女孩子的团体所以不及男孩子的强固而经久的一大原因。

一个女孩子的团体的分子，大概常常是被请来加入的，而且新成立的时候，四围邻居或是学校的一全班都加入的。因为这种团体并不是组织成的，而且实际并没有什么宗旨，所以团体中的各分子便都渐渐散去，剩下的不过五六人，于是这五六人便即刻成为一"党"了。这种"党"大概是由几个身材相似，家境略同而又情投意合的女孩子组合而成。这些团结〈体〉的名字多半是经过很慎重的选择而十分动人的。例如 The Jonquils（水仙花）、The Four leaf Clover（金花菜）、The Ideals（理想之模范）、The Theresian Flowerets（忒丽沙的小花）等便是。最近数年中，女孩子的团体很有进步，如基督教中的女童子军，女子野营队（Campfire Girls）[①] 等等，都是很有纪律很有意义的。现在各种宗教认识了这种组织的价值，都正在各为本教的女孩子们组织此种类似的团体。这种团体的领袖都须很有才能的；一个团体的命运每随他的领袖的人格为转移，她——这领袖应比她的侪辈年事略长，她应该爱护她们而又能够了解她们。倘使一个团体的领袖不为本团分子所悦服所敬视，这团体便不易发展，且或迅速地破裂了。这些组

① 野营队（Campfire Girls）是由十二岁至二十岁的女子组织而成的；他的性质与童子军相似，大概的目的系利用女子郊外游戏的活动，以发达她的品性及合作的精神，并使她藉着活动的兴趣，试为家庭中的事务；这项组织创始于一九一一年，成立于一九一四年正月。——译者注

织对于这时期的女子的品性极有影响。精神涣散的团体对于她自然没有什么特别的价值，然而组织良善的对于她确有极大的帮助。她的心胸开阔或狭隘，都是她所属的那一团体的组织良善与否的结果。如政治家所说的，她也可以成为一个很圆滑的调和派，学着周旋于人格各异志趣不同的各个人之间，并实现团体对于她们真正的价值与效力——倘使在一个组织良善的团体中，这是可能的事。

此时她自己觉得已经长大了，便尝试来表示她的自我主张；她开始注意于她的言辞了，这是前此她不曾觉察到的事，此时她使用许多新字句；倘使辞不达意的时候，她便仍旧用着前此常用的土语。她想着语言以简练而敏捷为最显聪明最有效力，而土语颇有这些长处，她也知道土语有许多是过于粗俗；然而习惯已成自然，每每等她想到的时候，那不愿说的土语早已出口了。女孩子使用土语的根本原因完全是她的智力的迟钝——当她要发表某种思想的时候，她的脑筋不能即时想出适当的且正确的言辞来说出，日常使用惯了的土语便跳进了她的意识界，她便即时采用了。

还有一件事，伴此而生的便是憨笑。实际每一个女孩子都是爱痴笑的，虽然成人十分厌烦她的此种憨态，她自己却是很愉快的。对于某件事，在庄重的成人看来是毫无意味毫无可笑的，而女孩子们却每每笑的不可制止，这是我们常见的事，这种痴笑，这种歇斯底里，虽然她多半自己没有觉得，而确实是很有来由的。第一是神经过敏——她之所以痴笑，是因为她不能自制，或是不能即时抑止。第二是希望别人愉快。她想着，因为她的痴笑，可以叫她的对手很愉快地知道她是很高兴和她或她们为伴侣或谈话。复次，她在无话可说的时候，似乎便把痴笑来补这种缺憾，因为我们若是留心去听一群女孩子谈话，她们的笑声总要占她们谈话的全时间一半以上——实在这种谈话竟可名之为痴笑。

此时期的女子之新发展的各种兴趣中，爱好男孩子便是最重要中的一种。在这时期以前，男孩子在她的眼中只是一个粗鲁的，嘈杂的，专爱恶作剧的，并且特别爱扰乱女孩子们的游戏的一个小东西。现在却全然不同了。她此时甘心忍受这一切——实际她还搜求一切的麻烦呢。她此时成了一个“愚爱”（puppy love）的牺牲了。她的爱情所集中的那个目的物，便是与她年事相仿，并且在体育方面，或智育德育方面，或其他足以使她注意的各方面，十分优长的一个男孩子。

一个女子的心腹之交，在此时期中对于她也有极大的影响。她必有一个特别的女朋友；举凡自己的愉快、忧愁和秘密，她都要告诉这朋友的。倘使找不着这样的一个特别的，她便从全体朋友中选择一个作她最亲爱的伴侣，她们每像磁石引针样地坐卧不离。这种友谊常是终身不渝的；倘使不幸而一旦破裂，则后来对于此种愉快的友谊的回忆，必使她感觉得十分甜密而依恋。这种心腹之交的选择必须特别的注意，因为她们这样坐卧不离的日期长久了，彼此互相影响，好的或坏的，都是必难免的。她们都自认为有同一的兴趣，都愿意在两人所企图的将来的生活中互相扶持，永远不许有嫉妒心或争胜心掺杂其间。有一个与她年事相仿的女子做她的这样一个伴侣，这自然是应该的而且极好的，倘使更有一个年事较长的，为她所信赖，做她的指导，在正当的生活之途中掖助她，扶持她，我们可以想见她所得的益处当更大了。

在青年女子的生活中，每有一个很奇异的妇人来做她的偶像——这妇人在她看来，似乎是全德全美的，她对于她十分迷恋，有一时且倾心崇拜了。她依据这偶像来建筑她的“空中楼阁”，她从各方面来模仿她，把她视作一个理想的模范。因为各人的心情不同，所以她们所崇拜的偶像也各自异趣，或者并没有两个女孩子崇拜同一妇人的。被崇拜的多半是学校里的教师或职员，再不然，便是同学中年事较长的少数优秀分子。有些女孩子倾心于一个美丽而有许多爱人的青年妇人，有些所选择的理想的模范并不是颜色动人，却是人格极纯洁高超的人。这种人格高超的妇人多半是被推为一个团体的领袖，全团体的分子都必是极愿和她接近，因为品性的魔力究竟是，而且应该是，比单单美丽的魔力更大哩。女孩子决不会作忤逆她——这领袖的意旨的事，而且便是在背地里，对于她们的领袖，她也是赞美不绝的。一群女孩子，因为她们所赞美的且崇拜的某青年妇人出嫁了，终日哭泣着，十分感着难过，直到她们寻着了一个新的代替者才能恢复原状——这是我们日常习见的事。

对于个人修饰的兴趣，在此时期中也发生了；前此她是十分不愿这些事的。现在她要在她的朋友，与她的年事相仿的男孩子，特别是她所崇拜的那位妇人的面前，显出她是一个毛发修整，衣履清洁的女孩子来。倘使她的头发没有修齐，她自己便尝试动起手来，前去把头发梳出各种样式，看那一种最为合宜，又要把头发梳匀，梳光——这样不知要在镜子面前花费多少时间。她多半在房间里秘密地梳着，篦着，弄好了以后，第一次出去见家人的时候，还得壮一壮胆子才敢出房间，倘使我们在早晨问在这时期中的女孩子们：“你为什么来迟了？”大半必直认说她们在梳头。许多教师不懂得这种情形，总难遽然相信这种话，以为她们是说谎，这是冤枉的。此时她对于自己的身体，特别是面部和两手，更为留心。她极希望自己有美丽的面貌，她此时在镜子里寻出了一种新的兴趣。倘使某种食物使得她的面部发疹，她便不吃那食物了，反之，倘使某种食物可以增加她的美丽，使她的面貌更为动人，那便无论这是她如何不高兴的东西，她还是很愿意吃的。

一般妇人爱好衣履的兴趣，她此时也有了。她的思想中开始充满了衣履的样式以及如何穿着等等的问题。她再不愿别人替她选择了，她对于衣履的选择已经有了她自己的意见，她要最时髦的样式，因之便时常趋于极端了。她爱好各种颜色，样样都尝试一下，然后才决定一种最适宜于自己穿的。她想着，倘使她能够有了一切她所想要的衣服，那时她便十分快活了。虽然有些女子——在这时期中的女子，并不完全注意于她们的衣履，而有其他较好的嗜好的也有，而大多数的女子都逐逐于衣履之末节，这是确实的。她的保护人——无论是母亲、姊姊、教师或朋友们——对于她的这些自然的情绪与倾向，能够不去嘲笑或妨阻，而抱着满腔同情心去诱导她入于正轨，这才是聪明的保证人。

（原载《妇女杂志》1924年第10卷第12期）

署名：李伟森译

十年来之俄罗斯

美国工人代表苏俄调查团　著

（一九二八年五月五日译毕）

译者赘言

一、这小册里所记述的是从“事实”抄写下来的材料，是二十几位有“良心”的美国工人和专门家最近实地的见闻；因为他是在美国公开出版的，所以读者尽可放心决没有“宣传赤化”的企图。

二、关于弱小民族问题，工资的发展状况，尤其是监狱制度之类，是我们所最易生疑问的，本书中说得很简略或竟未提到。附录一、二、三，便是补足这个缺点的（农民问题说得也太简略，因译者另作有一册关于苏联农民问题的专书《俄国农民革命》，故不再在本书中有何等补充）。

三、本书中统计材料太少，这或许是因为要使本书更通俗些所致；但终不免是一个缺点，此所以有四和五之附录。附录四和五能对照一看，更见其意义。

四、原书中有“美国承认问题”一章，几乎完全是对美国政府和人民说的，觉得对于我们无甚必要，便省略了。代表团人名表及代表团旅行程途亦均省去。

一九二八，五，五，竟于杭州

十年来之俄罗斯目次

一、罢工与争议
二、工会是国家管理的吗？
三、工会之构造
四、工会之财政
五、入会资格
六、工会之生产工作
七、文化教育工作
第三，工资
一、工资外之附益
二、每小时工资增加之总数
第四，劳动法与社会保险
一、工作与休息时间
二、社会保险制度
第五，住屋问题
第六，消费合作社
第七，农业
第八，教育
第九，政府与党之构造
第十，公民的自由
第十一，与其他国家之关系
第十二，美国承认问题（略）
第二次的代表团——结语
附录一，苏联对于民族问题之解决
附录二，苏联工人工资之发展
附录三，苏联之监狱
附录四，苏联产业与劳动状况
一、产业社会化之成绩
二、工人生活之改进
三、失业状况及其救济
四、农业合作社概况
五、各小共和国之工业化
附录五，世界劳动状况

十年来之俄罗斯

导　言

英国工会大会（British Trade Union Congress）会长兼国际工会联合会（International Federation of Trade Unions）会长泊塞耳（A. A. Purcell），于一九二五年秋赴美，以“友谊的代表”资格参加美国劳动会议联合会（American Federation of Labor Convention）的大会。泊塞耳君游历了十二个城镇，到处都敦促美国工人派遣一代表团去切实调查一下欧洲的劳动和经济状况。美国工会代表苏联调查团（American Trade Union Delegation to the Soviet Union）之组织，便是泊塞耳此行之结果。在铁路车掌公会会长谢巴德（L. E. Shepord）主席之下（谢巴德后以事未能成行），代表团便以非正式的工会代表团体的形式而出发，并聘请有十四个经济学家、社会学家和教育专家充顾问，便于从事调查工作。专家中有一部份是六月便离开美国的，余一部份七月初才动身，代表团本身是七月二十七日首途的；于九月二十六日返美，在俄国留驻凡一月。

代表团的计划：是调查一下大不列颠、法国、比利时、荷兰、德国和波兰的劳动状况，并详细地考察一下苏维埃俄罗新〈斯〉之经济的和社会的发展状况。专政的墨索里尼和法西斯的意大利拒绝代表团在意大利进行调查工作，但在欧洲一切其他的国家中，我们却受了极友谊的欢迎，他们中有的是各国劳动运动的团体，有的是国际运输工人联合会和国际工会联合会，工党和合作社的领袖，有几处且是政府中的人员。对于这些朋友和兄弟们款待我们的深情厚意，以及他们在供给我们各地经济生活材料中所尽的最大的努力，我们实在不能适当地表示我们的铭感与谢忱。我们特别感谢波兰铁路工会和全俄工联中央委员会，前者曾招待我们并输送我们通过波兰，后者则在我们留驻俄罗斯的全时期中，我们都是蒙他以上宾相待的。

代表团亦非常感谢合众国的许多工人和慷慨的朋友，藉他们的捐款使代表团有力从事调查工作。这些捐助全是由在合众国同情者给与的。此外，代表团各代表多有是全部自费或一部份自费的，因此代表团得以极小的预算完成其使命。

代表团搜集了许多西欧的劳动和工业状况的材料，可是我们不觉得在这些国家中所花费的时间有要求我们作一个关于他们的经济状况报告的价值。然而，有一件不可掩蔽的事实，便是，这些国家中有许多个的工资是极其低微的。他们中最多数都因世界大战而失去他们的一大部份经济的盈余，又非常缺乏工业的原料。他们全部都遇着了一个严重的失业问题。了解了欧洲各国劳工的困苦地位，便可以帮助我们对于俄国工会的地位与政策得一正确的评判。

代表团很明白，在它预计的时限以内，想去了解“俄罗斯的全部”是不可能的。然而，我们令每一经济专门家认定一特别部门，尽力供给以材料，使他依我们的指挥而从事调查工作；我们又将代表团分作五组，每一组都几乎继续旅行数星期，经历数千英里——有数部份且深入到铁路尚未到达的远乡中去了；我们要到什么地方便到什么地方，要看什么便看什么；我们游历了莫斯科、列宁格勒和其他七处大城市，也参观了各大工业区，如东纳煤矿以及高加索、上瓦尔加、乌拉山、克里米、乌克兰等地，并阿节沙（Odessa）和赫尔孙（Khersn）都到过了；一切事物对于我们都是公开的，从工厂的簿册到外交部的办公处都是如此；我们同工人接谈，同共产党内部的两派领袖接谈，同前白党军官和极端敌视政府的“少数党”人接谈；我们有我们自己的翻译，我们的助手都是经自己审慎选择的——有了上述这种种事实，我们可以相信，此次代表团调查的结果，比任何个人调查所得到的，要可信赖得多了。

我们应该特别记下的是：俄国人虽然有几分自豪地把他们最好的成绩指示给我们看，可是他们并没有显然企图掩饰坏的地方。真的，几乎是一致的，那些政府的人员都是非常的盼望我们对于苏维埃政权下的弱点有所批评，这种识量与诚挚是最令我们感动而且不能忘记的。我们对任何人说的话，无论是经过翻译或是我们自己能够直接发表的，都没有遇到丝毫的异议。这彷佛真正是心愿帮助我们搜寻事实似的。工人们和政府的人员都曾反复的要求我们：我们回去以后只须“把俄罗斯的真实状况告人好了”。这种责任，我们将本诸良心，勉力求其实现。

从柏林到维也纳画一条直线，这便是东欧与西欧的分水岭。这判别出两种不同的文化。一种是工业的，整齐的，清洁的，宁静的。另一种是农业的，欠整齐的，堂皇却又颇黯然的。沿波罗的海和巴尔干诸国，如土尔其、波兰和俄罗斯，都是属于后一种的。在只知道西方的文明的人看来，东方是很奇异的，鄙陋的，常是令人不愉快的，因为那和 Main Street（大街）相离太远了。

所以要很正确地来评判现代的俄罗斯，是一件很困难的事。许多并不与革命相关的现象，许多本来为东方所特有，无论在何种形式的政府之下都不能蠲去意念，会使人们的成见更流于偏执。这些偏见是很难于制胜的，除非人们了解了东方，或是于旧俄皇时代在俄罗斯生活过的——只有这样才能很冷静地把从前的情形与今天的拿来加以批判，或是把邻近的和她相似的（如波兰的）文明拿来与她的两相比较，求得一真实的认识。

我们当中最多数都没有这种便宜。在波兰的两天是不足以改变我们的生活观念。我们忽然走进一种异地了。在法国、德国、比利时和荷兰，我们还看得出一些和我们同宗系的事物，可是俄罗斯是完全另一世界；她的人民的生活和我们的不同；她的一切方式也都和我们异趣。

我们若是拿美国的 Philadelphia 城和莫斯科相比，虽然人口的数量是相等的，我们却立刻可以看得出莫斯科是比较更伟大堂皇却也更破碎不整。尖塔耸峙，却是壁粉都剥落了，鹅卵石的街道上群聚着无数的货摊小贩，商店的窗饰都很少引人注意的。没有服装艳丽的行人，衣帽都是极便宜的起码货，全城没有一所苏打喷水泉，一枝可口的雪茄也没有……男人都披斗篷；农妇都赤着腿，裹着头巾；褴褛的顽童更是鸠形鬼面；兵士穿着破旧的灰色军衣，高唱着行军曲；王宫的屋角里略有霉烂，一处满植着花木的方场对角矗立着一所庄丽的歌剧院，一个失了人形的乞丐在那儿喃喃地求着面包；肤色褐黄的人们在河中游泳，或是躺在岸边曝阳光；很宽大的公园道上野草丛生着，四轮小车杂列在路旁——在这一切之上浮泛着一种令人难受的臭气，虽然不如君士坦丁的或开罗的那样逼人，却是对于西方的嗅觉是完全“未之前闻的”且不愉快的。

虽然我们承认这是东方的情景，可是俄罗斯，如我们所看到的——我们经历了俄境数千英里——确实不是一个衰亡的样儿，或是十分骚乱的国家。就全般说来，俄国人民的衣着即令说不上时髦，却都是很相称的。他们的饮食也都很足够，从单纯生物学的健康的立脚点来说，俄国城市的人民似乎远胜于伦敦的或巴黎的。俄国人民实是一坚实且健康的种族。俄国贫穷是无可讳言的事，在莫斯科，人口过剩更是一种惊人的现象。可是就全般来说，如西方各大城市的那些污浊不堪的贫民区，在俄国是很少寻得出来的。我们足迹所到之处，便看得到建筑事业的发达，修葺旧屋，建筑新屋、新村，有时且还看得见一座簇新的工业镇市。虚饰在俄罗斯是很不讲究的，除了南方某数处而外；那么俄国人是否曾经如巴黎人所意识的那样享乐过呢？我们所能说的是，任何群集的愤怒、悲伤或怨恨，这一切当然是没有丝毫存在的。

城市的街道中都充满了行人，多数商店都开着门，架上堆满了货色，生意也很发达。街车按班行驶着；几乎每一次的火车都是按时达到的。街中夜间照耀亦如白昼，莫斯科的电话极灵便，戏院和歌剧院的坐客常满，有时且拥挤不堪。电影更是日夜开映，忙碌非常；水手们在河中击桨竞渡；飞机在屋顶上翻飞翱翔；音乐队在花园中演奏；妇女们在列宁格勒的白城边习溜冰，高声欢呼着；博物院和美术图画馆到处都是开放的，参观的人拥挤异常；并且每人都吸着纸烟——吸得多到惊人。

总之，这国家似乎是活的；在她伟大的尸体中虽然看出有几分褴褛相，可是她终是有活气的，动人的，并且抽象点说，是经过磨练的且壮健的。我们离去俄国的时候，没有一个不想到这句话："企图战胜这一民族的那国家或那些国家，只有去祈求上帝的帮助。"混合在她的力量之中的是一种蒙昧的恐怖空气，这使得我们意识到，这样一种磨练，必须要支给一种代价的。

可是，在我们留驻的全时期中，我们中没有一个看到过任何的暴行，任何破坏和平的企图，任何凶残或非常的行为。俄国的汽车夫，当他们要显示给美国人看，他们也能推动一轮的时候，曾经尽了最大的努力想去压死他们的同志和弟兄，可是令我们无限的惊讶的是，他们竟没有什么大的成功！

简单说一句，俄罗斯今天正在一种常规的状态之中进行它的生活，它远不似衰颓败亡的地狱，同时也远不似万人理想中的乌托邦。

第一，经济之进步

俄国的生活程度远在美国的平均数之下，然而却并不下于大战前俄国的平均数。一九二六年份工业生产的总额已经达到了一九一三年的水平线。若以人口数作比例，则现在每人的生产额且略超过了一九一三年各工业所共用的标准数，无论是以物质量或以大战前的卢布来计算，都是一样的。

这是一件极有光荣的事实。经过大战的骚扰——这仍旧在阻碍着欧洲其他各国生产的进步——以后，俄罗斯，从一九一七到一九二一年，又被陷在革命、内战，多方面的列强武力进攻等等深渊之中，更加以空前的谷物歉收与大饥荒。一九二一年生产额减低到仅及战前的十分之一。工厂、公共事业、铁路、海港，一切都被毁坏了。商业、交换和信用的全部组织都被破坏，这一半是由于应用某些不实际的理论所致，一半则是残酷的事实使然。

正当这黑暗时期，列宁宣布了新经济政策（NEP），这把那比较玄妙的理论加了几分修正，并建立起一种有条件的，能实行的社会主义的制度。从那零点起，经济的恢复至可惊人。工业的生产进步最快，农业生产也随着增加起来。在不过六年的时期以内，经济的组织竟能从极端紊乱与破败的状态之中恢复到常规的状态。这种胜利在历史的记录都很少有比拟的。这在西方人看来已经是海外奇谈；在东方人的眼光中简直是一种神迹了。

现在工业生产品的数量虽然超过了一九一三年生产的总价值，但其内容是完全不同的。现在的生产品中，机器和日用必需品比大战前的较多，享乐品和奢侈品则大大减少了。而且，这些生产品的质地，大体说来，固然革命以后每一年都有显著的改进，实际却仍在一九一三年的水平线以下。

现在生产品主要的是为建筑新工厂，运输机关以及工人的住屋应用的材料，工人、农民的食品和日用必需品。当然的，城市工人的生活比一九一三年时代要好多了；农民的生活，依他们所得到的工业品的数量看来，则不能有工人那样的进步。投入工业中的新资本日益加多，速率极大。一九二五年初，投入工业的新资本便开始超过了 depreciation（价值减低）的年率，亦即表示国家的财富有了实际的增加。

此时，新资本的总额及其在各种工业中的分配，都是由“国家设计委员会”(Gosdlan) 决定的。这委员会可算现代的一个最有趣味的专门家的组织。这委员会在工业政策上所取的主要原则是，建立基本的工业，如煤矿、铁矿、水力、机器制造等等，以他种获利较厚的工业，如煤油、纺织、橡皮等等的盈余来资助各基本工业的发展。依这种方策，可以使国家经济能得到平衡的发展，免去某部分的过分扩张，灵活商业的流转，更可以减少经济的消费与损失。国家设计委员会在这一伟大事业中是否能获得最后的胜利，这在目前还不能断言，不过它在过去工业中所表现的实际的效果，为我们所共见的，已经是很大的了。

据最近的计算（一九二七年九月十日公布的），截至一九二七年十月一日为止，本年度的总生产额比前年度要超过百分之十五。依国家设计委员会的计划，来年度仍可有同样的增加额。

就全般来说，只要想想开始是何等凌乱破败的状况，便可知经济组织的进步必定能完全如我们所希望的那样迅速。贫穷的痕迹遍处都还存在，失业更是一个极严重的问题，新资本的借入、信用交易、房屋的建筑、进口货物的适当的供给、机械力的进步——这一切都是现时经济组织急迫的需要。可是，至少它已经达到了一常规水平线，而且每年都还有利可获。

在现时，不顾外国的战争与“上帝的戒条”，国家设计委员会的五年计划竟决定在一九三一年度工业生产可增加百分之七十八，农业生产增加百分之三十。第一年实施的结果与原定的划计〈计划〉相差极微，据此可以证明五年的计划是多分（原文如此）可以实现的。

倘使那计划实现了，则五年以后赴俄调查的代表团或会完全忘掉东方的情景，而开始应用美国的标准去评判俄国的经济与社会生活了。

第二，工会

苏维埃的工会是革命的团体，工会的宪法和美国的许多军事社会主义团体很相似。他们所努力的并不仅是丰厚的工资和舒适的工作。他们是立足于“无产阶级之国际的阶级斗争”上面的，他们的目的在于“促进世界革命的阶级斗争之发展，以无产阶级专政为手段去扑灭资本主义并实现社会主义”。

因此苏维埃工会比欧美各国所意识的“社会主义工会”，实际是更进了一步的，因为他们已经踏过了他们的革命斗争的时期，现在所努力的是巩固工农的政权，建立一非资本主义的社会。

在他们发展的现一时期中，苏维埃工会除了前述一般的目标而外，更直接而为日常所从事的工作是：保护会员的经济与法律的利益，增进他们的物质的生活条件；提高工人的一般文化的水平线；参加各部份工业的生产组织工作。

为了企求实现上述各目的，他们和雇主——无论是国家的托辣斯抑是私人企业——都订就了团体合同的。他们促进劳动法的实施，他们起草关于劳动的立法并担保其采用。他们积聚特别基金和帮助旅行的用费。他们鼓励会员中互助团体的组织。他们在各种调解与公断的场合中保护工人的利益，在工人与国家或私人企业的争议中，他们指挥工人的行动。为了达到他们的目的，必要时他们也宣布并领导罢工。建筑房屋，设置公共卫生事业，建立运动场，育儿院以及与此相类的组织——在这各项工作中，工会总是和政府及合作社合作的。工会亦派遣他们的代表出席各种政府的团体，如劳动委员会、卫生委员会和教育委员会之类。他们组织有很大规模的文化事业和学校，并进行一种很广泛的杂志出版工作。他们并帮助消费合作社的活动。

除了这些作用之外，俄国工会亦从事一些通常的活动，恰如任何资本主义国家中比较进步的且强有力的工会所作的一样——只是有一最大的异点，他们非常注意于生产的增加与工业的发达。在这一点上，工会的利益与苏维埃政府的利益，实际是完全一致的。

二十三个产业总工会（全国的）的会员总数，现在已经超过了九．八二七．〇〇〇。工会会员中产业工人最多；其次是在政府机关中和商店中服役的雇员；再次便是运输工人，农业和森林劳动者，以及建筑工人。

若以会员的数量而论，下面列的七个算是最大的了：一、土地与森林工会；二、公役与店员工会；三、铁路工会；四、五金工会；五、纺织工会；六、教育工会；七、建筑工会。第一第二两工会的会员都各在一百万以上。

工会会员中大多数（七.〇四五.八〇〇）都是属于俄罗斯本部的（俄罗斯社会主义联邦苏维埃共和国 R. S. F. S. R）；属于乌克兰的近两百万，许多非工业区的城镇，工会会员数量都很少。

据最近的统计，全国正式的工人中，百分之九二.七都已经加入了工会。土地与森林的工人约百分之五十，即，一.一二〇.〇〇〇，加入了工会，但全国此种工人为个人所雇用的总数尚无确实的统计。

美术工人、印刷工人和药材工人（这是比较小的工会）中，有组织的百分数最高，他如店员、造纸工人、制皮工人和厨务旅店工人中，有组织的都在百分之九十五以上。

一、罢工与争议

工人们到了俄国以后，第一个问题便是："工人有罢工的权利吗？劳动争议是怎样解决的？"

我们很满意的是，工人在法律上有罢工的权利，并没有反对罢工的法律，也没有如美国所颁布的那些制止罢工与工会活动的禁令。破坏罢工的工人，法律是禁止任何人雇用的。违反工人利益的法官、法庭和政府人员，自然是没有的，因为这些人员自已也是工人。

然而，罢工是并不常有的事。这是因为，如一个工人对我们所说的："我们觉得没有理由举行罢工来反对我们自己。"从工会一般的立足点来说，免除争议自然是十分愿望的事，因为因争议而花去的耗费显然是工人自己担负的。苏维埃政府是工人的政权，工会也参与了政府工作的。工会的领袖们都很可以看得出，罢工并不是阶级一种冲突的武器，如在其他的国家内一样，而只是一种警号，表明工会没有满足工人的愿望。当一处罢工事件发生，他们立刻便注意到寻出致此事件发生的原因而施以补救，倘使应由地方工会的办事人员负责，这些人员便须受极严厉的斥责或加以撤职的处分。

自然，在私人企业中发生的罢工事件完全是另一回事。倘使工人的利益为私人企业的工厂主或租借主所危害，俄国工会是毫不迟疑地断然举行罢工。在过去的数年中，这一类的罢工事件为数极多。

为了处理工人与厂家（无论是政府或私人企业的）间所起的争议，特设有仲裁与公断机关，其法律上的位次如下：在工厂中的争议调解委员会、仲裁处、公断局。各机关的作用，从各个名称上便可以看出。只有厂方才受最后公断局的决议之法律上的结〈约〉束。倘使工人不服从公断局的决议，工会可以绳之以纪律，但国家本身是不能拿公断的条例强迫工人服从的。

据一九二六年十二月全俄工联代表大会的报告，国家工厂工人的经济生活有了一般的改善，因之罢工次数以及因罢工而损失的工作日数都大大减少了。罢工发生后，通常都很少扩大的。罢工多半在工厂的某一部门发生，原因亦多半是对于某一部分条件的抗议。自然，工会常是设法解决罢工问题，他们努力的结果，有百分之七十五都是成功的。其余便是依罢工者与其对手两方直接的谅解而得到解决的。

二、工会是国家管理的吗？

工会与政府间有一种非常明确的关系，但工会并不是政府管理的。更确切点说，政府反是工会管理的。然而这样说法都不足以表示其中的真相。在施行军事共产主义时期中，工会实际便是国家机关的一种；工人加入工会是强迫性的，会费都是从所得的工资中扣除的。到了实施新经济政策，国家的托辣斯和公司成立以后，工会的作用便一变而为保卫工人的了，与其他国家的工会一样。

工会要帮助苏维埃政府实现国家工业化并“建立社会主义的社会”，关于这种决心，他们常有很明白的公告。他们相信社会主义的理论与实际，自然他们要帮助他们所手创的政权，荷枪实弹去拱卫它。

当我们在工厂中，在商店或矿区中遇着了工人，问他们：他们的工会是否是政府“管理”的？他们的回答通常是一声有趣的微笑或是完全不懂问者的意旨何在。“政府是我们的政府呀，工会也是我们的工会呀。”许多回答都是这样的。还有：“这里是无产阶级专政的政府，不是一个资本主义的国家咯。”“我们的政府决不破坏罢工的。”或是：“在俄罗斯并没有反工会的法律和压迫工人的禁令。”工人认为工会是政府的一个独立的助手，认为政府是工人在政治中和国际关系中行使自己权力的一个工具。许多工会领袖在政府中都占着重要的地位，工联中央委员会（C. C. T. U.）在指派某公共职务的场合中所发表的意见，对于政府是绝对的，有约束力的。

三、工会之构造

苏维埃俄罗斯只有二十三个全国性质的总工会。这些都是以产业为单位而组织的。没有以职业为单位而组织的工会，如木匠工会、泥水匠工会、印刷工人工会或织工工会之类。有一建筑工人工会、一五金工人工会、一纺织工人工会、一印务工人工会及其他。俄国工人告诉我们，各国多半是职业工会，俄甚至在一九一七年革命以后还是有很多小规模的职业工会。他们鉴于职业工会的缺点，遂以产业为单位去组织他们的工会，他们认为在工人管理工业的地方，这显然是必要的。然而，在某些工会中常组织有特别的部门，如每一产业总工会中实际都有司机与技师部分，这完全应科学的需要而然的。

工厂委员会

工会构造的基础是工厂委员会。通常，在有二十五到三百工人的工厂中，工厂委员会由工会会员三人组织之；有三百到一千工人，则由会员五人组织之；有一千到五千工人，则由会员七人组织之；有五千工人以上，则由会员九人组织之。有些工会人数过多，委员会的大小则由中央委员会决定。委员会通常是由工厂的工人全体大会选举的，无论已否加入工会的工人，只要他是有加入工会资格的，便都有选举权。选举不是用秘密投票法，只是用举手为记，当场表决。但只有加入了工会的工人才有被选举权。

工厂委员会常互选委员一人或数人以其全部时间专理本会工作，此等委员之工资仍照原额由厂方发给。有某工厂，工人在一千以上，工厂委员会由三人组织而成：一人依常例称作会长，另一人则认〈任〉为秘书，第三人则为附属的劳动保卫委员会主席——这样的分工可以视作工厂委员会组织的模范。

委员会任期为一年。然而他们的工作是可以随时受检查的，倘使工人要求，在六个月末亦可改选。在多数工会中，经会员全体三分之一的要求，工厂委员会或委员个人都可以随时召还并改选的。

在每一个有工厂委员会的工厂中，工厂委员会之下常附设有各种委员会，如：劳动保卫委员会、文化教育委员会、调解争议委员会和生产委员会。各附设委员会的主席通常由工厂委员会的委员担任；其余的委员或由工厂委员会的委员兼任，或由工厂委员指派工人任之。

各附设委员会作用如次：劳动保卫委员会担任保卫工人，防阻疾病及工业的灾难等一切事宜。例如，严格督促关于卫生及机器管理等法律之实施；主持关于遣送工人到医院及休养院之决定；建立并维持公共浴室及洗衣作［坊］；监督工会与工厂合办之婴儿院；设立并维持合作社及工人住宅。

文化（或教育文化）委员会常主持着规模颇大的文化事业，目的在提高工人文化的水平线，增进工人在工作上的工业知识，充实他们在休暇时生活的愉快。它负责组织读书班、研究会、讲演会、音乐会、电影、图书室、学校、俱乐部、体育事业、旅行、读书室、唱歌班和演剧会。经双方协议由厂方付给工会之文化事［业］经费，是由文化委员会负责支配使用的。

调解争议委员会中工人方面的代表通常是二人或三人，都是本工厂中最有知识的充当的。它的最重大的责任是交涉工资问题和解决争议——无论是个人的或多数人的。

生产委员会实际上在每一工厂或交通机关中都有一个。他们通常是由工厂委员会选定的三人至十五人组织而成的。他们里面包含有工人中的活动份子、厂方的代表和工业的专门家。他们负责实施后面所记述的生产工作。

在工人的生活中，工厂委员会实占了一种很重要的地位。工厂委员会是统率于高级的工会机关之下的，但在它所辖的范围以内，却是工人们的自由而有力的代表，保卫他们的权利并拥护他们日常的利益。因为苏维埃国家的性质以及俄国的经济生活的组织都是特异的，所以没有那一国的工厂委员会能有如俄国的这样大的权力或有这样大规模的事业的活动。在工业的管理方面，工厂委员会并没有直接的权柄或责任，但他们仍努力从各方面防止官僚主义的倾向——这种倾向在一个社会主义的国家中是特别危险的。

工厂代表

为了使工人群众能于熟知工厂委员会的活动，为了使工人群众的愿望与要求得以更切实地表达出来，凡工厂有工人二百人以上的便都实行“工人代表”的制度。工人代表是每六个月由工人自己推选的——约每十个工人推选代表一人。代表须向所代表的工人作正式的书面报告，每月须举行两次全体代表会议。但代表的主要职务还是在于代表他所属的那一小集团的工人发表意见，并使他们的影响能及于工厂委员会和工厂委员会的各种事业。代表亦须负责向工人群众解释工厂委员会各种条例与议决案的意义。一九二五年一月的统计，在苏联有此项工厂代表二十万；一年以后便增加到八十七万以上了。

“活动份子”

凡是工会会员，在工会的系统中立在某种负责任的地位，不论其位置之高低，都被称作“活动份子”。他们不是工会中的雇员和被选出的职员，而只是在工场中作工的工人。他们中最多数都是用他们全部的时间去干他们原就的职业，只是以少许余暇从事工会的活动。

那些“活动份子”的数目是依各工会而有不同的。有些工会竟需要全体会员的百分之十三作“活动份子”，分任工厂委员会委员，各附设委员会委员、会费征集员、工厂代表、俱乐部的领袖及其他各项工作。例如，糖业工会全体会员约在十万人以下，竟需要三万五千人作“活动份子”。在全苏联，此项“活动份子”约有两百万。

各产业工会

在评议各地工会联合会所担任的工作的性质以前，我们可以注意一下二十三个产业工会的构造——凡在苏联境内充雇佣工人的都是受这二十三个工会的管辖。

我们已经在前面说过，工厂委员会是工会的最下级的基本机关。其次的高级机关则依各工会而有不同。在俄罗斯中部，地理上最大的分界是省（Gulernia）；州（Uyezd）是工厂委员会以上的高级机关（州大概等于美国的County，省则等于美国的邦——State）。所以按级来说便是：工厂委员会、州会议、省大会，最高便是产业总工会的全国大会。

在各工厂的工人大会中选举代表出席工会的州会议。州会议选举工会的州办事机关。州以上便是更重要的省办事机关，这是在每年的省代表大会中组织的——省大会的代表是由各工厂的工人大会直接选举的。省大会再选举代表出席每两年举行一次的产业总工会全国大会。全国大会选举一中央委员会，在全国大会闭会期间，中央委员会便是该产业工会的最高机关。中央委员会全体会议选举一主席团或常务委员会，在中央全体会议闭会期间指挥各产业总工会的工作。

各产业工会的省办事机关有极重要的作用。除了从工厂委员会征集会费而外，它还要指导其所属的州办事机关的工作。省机关有权变更或注销其所属机关的工作，省机关的决议如违反全国大会所定的政策时，中央委员会亦得有权否决之。省机关自设文化、工资、经济与组织各部，并设置特别失业登记局、通问局、书报分配科与图书馆、统计科、司机与技师部及与此相类的组织。

各产业的全国总工会亦各设有同样的部和局，只是他们的工作是以全苏联为范围的，省以下的工会机关都受其节制。各总工会中央机关都在莫斯科的劳动府（The Palace of Labor）里面，与全国工联中央委员会并在一处。

工会联合会之组织

苏联工会运动的最高机关是工会联合会全国大会（The All Union Congress of Trades Unions）。此全国大会每两年召集一次，决定一般的政策并选举一执行委员会，委员数约为一百七十人，所谓C. C. T. U.（工联中央）便是。这一委员会互选一主席团，在中央委员会闭会期间，主席团执行中央委员会职务。主席团大体与美国劳动联合会的执行委员会相似，其职务为执行全国大会及中央委员会会议所决定的各种政策。

前述的二十三个产业总工会的工作，在大体上须受工联中央之督促与指导。各低级的地方工联会，如省工联会或其他以苏联地理区划为单位的工联会执行委员会，亦均受其督促与指挥。例如，莫斯科省工联会执行委员会或乌拉尔区工联会执行委员会都是受工联中央之监督的。此种工联会执行委员会将当地的各产业工会联合在一致的行动之下。它在各种政府及经济团体中代表当地各工会的共同利益，因为各团体常是有许多问题要和各工会磋商的。

此种工联会的作用与美国的邦劳动联合会（A State Federation of Labor）的颇相似，只是范围更扩大点罢了。

工联全国大会的代表二千六百人并不是由各级工联的大会或各产业工会的全国大会选举的，而是由各产业工会的省大会或地方大会选出的。凡工会有会员一万人即可推选代表一人。然在人口稀松的地带，各工会会员大多没有一万人的，在这种情形之下，前项代表则由当地工联大会选出的。

工会中之分权

这种颇复杂的构造，在俄国叫作“民主集权制”。在这种制度之下，最高的权力是属于工联中央的；工联中央每两年由工联全国大会改选一次。各产业总工会以及各下级的工联会都隶属于工联中央，并服从其决议。次高的权力机关是各产业总工会的中央委员会，这是各该工会的全国大会选举的。各省工会及其他分工会机关均受中央委员会的指挥。只有中央委员会有权解散省的组织或予以其他的处分，各低级工联会是没有这种权力的；不过实际解散下级组织的事件发生的也很少。这里我们还应该注意的是，各产业总工会的中央委员会解散了其所属的地方组织以后，不能只是由自己的意思指派新人员去继续执行职务；此时必须令由工厂中直接选派代表，举行一新的代表会，选出新的办事机关。

订立团体合同的权力通常是属于较高级机关的，如省工会之类，但工厂委员会却有充分的权力预先讨论合同的内容，并与厂方共同定出本地的工价率及生产标准。产业之属于全国范围经营的，如铁路类，其团体合同须先由所属地方机关全体充分讨论并定出大纲，该产业总工会的中央委员会只是负责签字而已。通常省工会机关负责订立合同时均须秉承其中央委员会的训令，再参照当地环境的需要，努力促其实现。例如，某省工会与国家办的某托辣斯共同请求指派一托辣斯的经理人，这一问题通常是由该工会的中央委员会与高级的经济机关解决的。

四、工会之财政

工会会员的会费，额定是各人收入的百分之二，由工厂委员会指派的征集员收取。工厂委员会须将会费之全数缴纳于上级机关。工厂委员会本身则由该产业资助维持。去年俄国工会的总收入约为六〇.〇〇〇.〇〇〇美金。

省工会的各部——文化部、工资经济部、组织部与劳动保卫部——都是需用经费的。同时为文化工作及失业的救济，还须储蓄准备金。省工会须将其收入百分之五到二十五缴纳于总工会，同时缴纳百分之十于当地的工联会。其总收入耗费在行政方面的比较算很小的数目。据估计，省工会的总收入约有百分之五十都是用到群众工作以及为工人所切需的各项准备金上面去了。

各产业总工会完全靠省工会缴纳的经费维持的；他们的收入中仍须缴纳百分之十五于工联中央。同时他们亦储蓄特别的准备金，这是为了文化工作、失业的救济、学习的资助、医药及休养院等等应用的。他们手中亦储蓄有小数目的罢工基金。

有些工会张贴着很通俗的标语：“少用于工会机关，多用于有益于工会会员的事业上。”——这可以说明工会在财政上的目的。此地我们亦须注意，如在莫斯科等生活费用极昂贵的地方，最高级工会职员的薪金每月亦不过美金一百十二元，省工会以及更下级的职员所得的更少了。照现在的趋势看来，工会职员的薪金似乎不会比他所代表的熟练工人所得的还多。

五、入会资格

任何体力或脑力工人，不分种族、性别、国籍、年龄、有色或无色人种、政治主张的异同，都可加入工会。凡是雇用劳动力的私人，未加入工会的失业工人以及被褫夺了选举权的其他阶级的人，均不得加入工会。一工会会员因职业之变更而须转入另一工会时，不须另纳入会费，并仍享有在前工会中的一切既得权。但一工人不得同时为两个或更多工会的会员。

工人加入工会都是自愿的，没有美国所谓的那种 Closed sboh。然而有一种 Breferential sboh，在这里面，基于双方的协议，雇主总是尽先雇佣工会会员的。

六、工会之生产工作

“工会与厂方管理部的合作”在苏俄是一件事实。他们颇非难美国的 BDO 计划及其他与此相类的经验，在他们自己的工厂中，他们建立了一种管理部与工会间的最和谐的合作关系。这一要点可以使产业的进程“理性化”，这便是俄国工会，从最小的工厂委员会到工联中央的特异之点。一九二六年工联全国大会关于这一问题的决议中有如次之语句：

“国家的工业化、资本的需要以及工人的物质生活与文化程度的提高，这一切都需要工作效能之更高的发展。这需要工会之经常的注意。……工人阶级及其工会，切实地且有步骤地为工业与全部苏维埃经济之发展而努力，这不仅创造了提高工人的物质与文化生活程度的条件，亦且保证在我们国家中社会主义建设的成功。”

工会为了实现此次以及前此各次关于生产问题的决议案起见，曾经过工厂委员会，在一切的国家工厂与企业中组织了生产委员会。在苏联，此种生产委员会的数目约在五万以上。他们亦称作生产会议，其目的为“吸引更多的工人参加我们的经济建设工作”，教育工人以关于生产的知识，增进他们的技能，鼓励新的发明，并建立一强有力的社会的管理于国家的经济机关之上。

凡我们足迹所到之处，我们却看得见这些生产会议在那儿活跃着；在工厂内，只要是对于增进生产这一问题有兴趣的人，便都被吸引在这些生产会议中。有些大的工厂，生产会议是依部门而组织的。

生产委员会是由工人与专门技师共同组织的，他们的责任是帮助准备生产会议的议决并实行其决议。

我们看出，这些工厂和部门的生产委员会已经大大地把旧日工人与管理部间的冲突减少了。这一方面是因为专门技师都非常倾心于工业改造的工作，另一方面是因为工会已经训练出了万千数工会会员去任专门技师。一个工业化的俄罗斯是他们的美梦，大规模的、有组织的、机器的生产，专门化，标准化等等，便是工人在工会中日常谈论计划的重要问题。

各产业全国总工会及各地分工会都设有特别的司机与技师部，目的便在于吸引司机与技师等专门家参加工会的活动。在工会召集全国大会以前，这些特别部通常要举行各自的全国大会的。这些特别部虽然有着自己的经费，但他们是没有以职业为区分的自治权的，他们的工作都须在各总工会的中央委员会管理之下。这些特别部中有许多印行特别的司机与技师的杂志，供给自己会员的浏览。

工联中央会长托姆斯基（Tosky）在简要的说明过去两年中生产委员会与生产会议的工作以后，曾对我们说，他们“增加了各个工人的生产量，促进了发明，帮着用科学的方法使工业与工作的组织更理性化了。他们帮着工厂减除在工作与组织中的许多微小的缺点，这些缺点常是使生产量减少的”。

这种生产工作是俄国工会的最有刺激性且最富兴味的工作之一。这种工作有着无限发展的可能，并且使工会在全部经济组织中所起的作用更明白地表现出来了。

七、文化教育工作

我们问工联中央会长托姆斯基，在过去几年中，工会工作最有成绩的是什么。他的回答如下：

在俄国工会运动发展中最可注意的是文化事业的惊人的进步。这些事业对于广大的工人阶级群众的文化程度之提高有着很大的帮助。有万千工人都受了相当教育，准备去参加政府的，经济的与工会工作。他们被引导更接近于生活的实际，并且这是最重要的原素。没有任何地方有着这样一种发达的。各国的工会在这一方面的工作实在不及我们所作的十分之一哩。

考察了工会的文化教育工作以后，我们都颇同意于托姆斯基的话。按照工会的组织，从最低级到最高级，文化教育工作都是密切交错着的。工会领袖都坚决认为把工人的教育看作一种各别的部门的事业是十分错误的。他们主张，工会工作的每一部份都是教育的，工会中每一“活动份子”都真正是一个担任教育的工人，因此，工会的一切部门都可以有教育的作用。教育工作并不被视作工会以外的，仅仅为工会所资助的一种事业，而是工会的每一部门的工作之活的有机的一部份。

对于工会为给与工人以政治的、工会的与专门技术的知识（工会的教育事业是依这三项而分类的）所用的各种方法，我们不详细赘述，现就普通的工会会员所能得的教育机会简述如下：

一、倘使他是不识字的，他便可以进学校或夜学校。在过去数年中，工会对于减少不识字的会员这一方面的工作有着特别大的进步。

二、他可以作一个工厂或工会俱乐部的会员。实际现在每一工厂中都成立了这样的俱乐部；在这些俱乐部中，他可以到辩论会或加入一种研究会，去研究讨论他和他的同志所高兴的任何问题，从拼音到国际政治都可以。

三、在俱乐部和读书室中有一处叫作“红屋角”（Red corner），一切教育班、爱美的演剧、无线电话、电影、“朗诵”与“活报”（Living Papers——在舞台上表演时事新闻），都是在这里举行的。

四、图书室有工厂办的，各产业工会与工联会办的，工人借用书籍或到室阅读的都非常踊跃。

五、工人到普通戏院、音乐会或各种演剧集会都享有减价的权利。他们也可以到博物院或其他有着文化意义的地方旅行参观，他们也可以参与各种演剧的与音乐的组织和表演。

六、他们也可以常到属于自己工会的夏季花园。在那里，像俱乐部里一样的讲演和演剧等都有举行的。

七、他们可以进工厂的技师学校和特别的技师学校。经过工会教育部的审定，他可以进高级劳动学校（Ralfacs）和高级教育学校。

八、他们可以参加各种游戏和体育运动——足球、田径赛、水上运动和体操等等。许多最好的欧洲式的运动场都在各工会手里。

九、他们可以参加壁报（一种工厂的特别报纸，内容有工厂新闻，对于工厂管理、工会领袖等等之批评）的编辑，也可以充本工会刊物的通信员。一切工会都各有其机关报纸，有一些且印行有日报。

一切教育事业的经费，其来源有二：一是经过双方同意由政府托辣斯与经济团体供给的经费，一是工会从会费收入中提出的一部份特别经费。

有一工会领袖向我们说明工会对于文化教育工作的态度，他说："我们计划每天二十四小时中每一小时都与工人同在。在工作中，在游戏中，在家里，在俱乐部里，工会总企图深入并影响工人的生活。"

工会的文化工作是新俄最有成绩最令人难忘的事业之一。在今天的世界上，没有地方有比这超过或可相比拟的纪录。

第三，工资

研究苏俄的工资，给我们的第一个印像是，工资极端低微。例如，两百五十万工厂工人与矿工，其平均工资，依一九二七年五月的调查，每人每月仅六二．六新卢布，即美金三十一元；运输工人每月仅七〇.五卢布，即美金三十五元；政府雇员，依一九二六年的调查，每月仅六五．三卢布，即美金三十二元半。一切产业工人的平均工资每月为六十四卢布，即美金三十二元。美国工人的平均工资为美金一百元到一百十元，两相比较，相差是太大了；便是欧洲其他工业国家，大多数的平均工资也都高于俄国的。因为这一点，便常有人得出这样浅薄的结论：现在的政府对于工资的这样低微是要负责任的。这结论是错误的。俄国的工资一向是低微的。革命的结果对于俄国工人究竟有何等福利，这不能以美国的标准作比例，而须拿现在工人的经济地位与大战前的两相比较，才能看得出来。

很侥幸的，这样的比较是可能的。据一九一三年俄国财产调查的报告，一切大工业及矿产工人的平均工资，每月为二十四卢布（战前的卢布）。另一个研究的报告为每月二十五卢布。据此，我们若以一九一三年一切工厂工人的平均工资为一〇〇，到了一九二七年五月，此平均数便增高到二五〇了。运输工人人数约有一百万，其平均工资的增加率比较小，一九二七年五月的数目为一八七。两种工人合算起来，平均工资的增加数为二三〇——这两种工人人数有三百五十万。

然而重要问题还是，工人现在能否拿他的工资去买得比以前更多的东西。要回答这一问题，我们必须计算一下生活费发展的情形。万幸，我们寻到了一个很确实的生活费用指数表，这数字是从二百二十一个城市的四十种商品价格得来的(这些商品在工人家庭的预算中都各有其相当重要地位的)。倘使我们以一九一三年的为一〇〇，则一九二七年五月全国的指数为二〇三。以二二五的工资与二〇三的生活费相比，则现在的工资确实增加了约百分之十二。在这数字中，低微的租金是包括在内的，屋租免费的不在内，矿工所用的免费的工衣、靴鞋和器具都没有计算在内。

一、工资外之附益

然而，我们所说的革命以来工人购买力的加大，还没有把工人所成就的物质的进步计算在内。他们现在获得了许多分外的附加利益，这些在从前有的是须付代价的，有的或竟完全得不到的。倘使我们要把产业工人的物质地位的进展全部计算起来，这些附益是必须加到里面去的。

第一件值得注意的附益是社会保险制度所给予的保卫。此项经费只是从工业预算中划出的，现在此项经费的总额已达工资总数的百分之一三．二。减少了行政费用以后，约百分之一二．五以上实际是用到工人身上去了的。

第二件附益是不扣工资的长期休息。这种休息期间的总数几达工作时间的百分之五。第二是，工人得利用前贵族的邸宅和乡间的庄堡作为屋内和露天俱乐部、休息住屋与休养院。工人从这一方面所得的利益，每年的价值究有若干，这是很难用钱计算的，不过定然是一个很大的数目，总数必达百分之几，这是无疑义的。

百分之二十的产业工人的住屋，是由国家托辣斯完全免费供给的。住屋的费用，在大战前几占工人阶级全部费用的五分之一。因此，上项的免费可以说是等于全体工人平均购买力增加了百分之四。还有用于卫生方面的很大的数目是由地方政府支出，并不在社会保险的预算以内的，因之前面自然也没有计算在内。此地还应加入工会会员戏券减价的一项，总数等于包箱券价的百分之四十到七十五，一年总在几百万美金以上。

总算起来，工人工资外的这些附益至少占工人总收入的百分之二十三，再加上工资上百分之十二的增加，我们可以看出，三百六十万产业工人的平均工资比大战前的是增加百分之三十五了，这比较的数字对于他种工人是不适用的。

此外，工作时间减少了约百分之二十五，即从每日九．九小时减到七．四小时，这便是说明工人自己可利用的剩余时间大大增加了。因为，倘使每日工作十小时，只剩下两时半作娱乐和求进步的时间，则每日工作七小时半便有五小时为此项目的之用，即有加倍的自由时间了。

二、每小时工资增加之总数

上述显著的事实表明了：在俄国，产业工人多得到了约百分之三十五的商品与附益，并且工作时间至少减去了百分之二十五。这便是说，工作时间的每一小时，他们得到了比以前多过百分之八十的购买力。所以，若说世界大战以后，没有一个国家的产业工人得到了如近来俄国工人所得到的进步，这实非过言。工人吃的比革命以前要更好，并且能购买新的衣装和许多前此不曾买过的商品。政府与工会的各部为了宣传娱乐与露天生活的价值，都尽了很大的努力。每一大或小的产业中心都有夏季花园和露天俱乐部，这一切，从各方面看来，工人是充分享用着的。

上述的结论，是依据我们认为可靠的数字得出来的；此外我们还要加上几项缺点，这不是总计可以计算的。第一，近时工业出品，如纱、鞋等等的质地，就全部看来是很不良的，而且一般都认为在战前的水平线以下。第二，我们不应忽视这一事实：现在工人所利用的那些建筑——旧邸宅、花园、街道、休息住屋、休养院——其价值虽然已十分低减，但还远在为新建筑与修葺而用的经费总数之上。

既然这也是事实，我们便须拿来当作工资增加中的消数。而且，较高的工资自然使全国人民的生活程度也相对地提高起来。失业问题很严重地存在着；个人的较高工资仍旧使全家留在很困难的地位。

第四，劳动法与社会保险

一、工作与休息时间

在大战以前，俄国工人每日工作时间平均为九．九小时。在有些工业中，如煤矿之类，实际都盛行十二小时工作制，而非法延长的工作时间更是一个惊人的数目。

这一切都因革命而改变了。俄国劳动法规定八小时为最高限度的工作时间。又因为规定每星期末或休假日都必须有四十二小时继续的休息，因之星期六的工作时间只是六小时。

在特别令人难受或危险的产业中，工人每日的工作时间还要短少。制版和石印，以及烟草工业中最令人讨厌的工作，每日工作都只七小时；煤矿工人及其他一切地下工作的工人只六小时。玻璃工业中最热的工作和溶铅工作每日也只六小时；铅质制造业中，每日只要工作三小时。从显然的身体健康的危险上着眼，这是一般认为必要的。机关雇员每日工作六小时，每星期三十六小时。可是这大部份是由于历史的条件，然而劳动的倦怠等等尚在其次。

每日真正工作的时间常是不及六小时。矿工的每日工作六小时是从入矿口起行出矿口止计算的。通常从矿口到工作处需半小时或更多的时间，因此矿工每日用于工作上的不过五小时。在玻璃工业溶炉和风箱四个工作的工人通常有一定休息的时间，其总数总在工作时间的三分之一左右，因之实际工作的时间每日不过四小时——这也是我们亲见的事实。在火热的车床边工作的工人，一般的习惯都是轮班的，因之车床工人虽然规定是每日八小时，实际只作四小时的工作。

又，规定八小时工作的，午饭时间常包含在内，所以实际工作时间还只七小时或七小时半。

因为对于劳动委员会所称的农业工人、私家佣仆与季节工人规定严格的高限工作时间，事实上颇多困难，所以此等工人的工作时间，若是由雇主与工会双方协定的，即令较长点也是允许的。工会因此便担负一种尽可能使此等工人工作时间减短的责任。

这些便是各种职业最高限度的法定工作时间。倘使每年不超过一百二十小时或每继续两天平均不超过两小时，在这种条件之下，延长时间亦是被允许的。延长的第一两小时，工资须照原额给一倍半，以后的须照两倍给工资。允许延长工作时间，这一规定之所以未遭非难，从下记事实便可得一了解，即：便是在一九二三与一九二四年间，当时经济状况还非常困难，常因事实需要而延长工作时间，但延长的时间总数平均每天不过十分之二到十分之三小时。今天，工厂中工作时间平均为七．六小时。我们若以矿工六小时工作时间的规定来说，再除去前述的应减除的时间，则我们计算平均俄国产业工人的工作时间每星期为四十四小时，这样的计算大概还算很守旧的。然而这比美国的工作时间已经是短多了。

前述的工作时间是为成年男子规定的。十四岁以下的儿童是禁止工作的，从十四岁到十六岁的每天只许工作四小时，十六岁到十八［岁］的每天六小时。许多工厂设立有学校，专为使此等儿童在工余受教育的，去年几乎有十万童工受过此种教育。有了此种限制，雇主常不肯雇用童工，因之失业工人更加多起来。为免除此种弊端，法律便规定，工厂工人中，此等青年工人必须占百分之十的数量。

十六岁以下的童工和妇女都禁止作夜工（从晚十时起到早六时止），但在电话局、纱厂与医院中的女工则在例外。在某数种工业中，夜班都一致比日班短一小时。

体力的女工有孕时，在生产前后各有两个月的休息，不扣工资。脑力的女工，因为工作比较不吃力，总共给三月的休息。当母亲恢复工作的时候，在工厂中几乎都有一育儿院或 Creche，她可以把婴儿放在那里。每工作三小时半，她可以休息半小时去哺乳她的婴儿。

还有应说明的，凡是工作需用特制服装的，须由工厂发给；过热或不卫生的工作中常需要特别饮食品的，这亦须由工厂备就。

休假

每一产业工人被雇至少在五个半月以上的，每年须给两星期的休假，不扣工资。在特别吃力的工业中，为煤矿、制玻璃、铸铁、钢铁工业等，均给休假一月之多。而且每年几有六十万工人由工会及社会保险部派送到休息住所去休养，在那儿的费用都是公家支付的。这种休息住所大概都是前贵族的产业，这也是新俄最有兴味的事象之一。

二、社会保险制度

实际，俄国的每一雇佣工人都是在此种社会保险制度的保卫之下。现在此种制度虽然还没有应用于农民与失业的城市工人之中，然受保卫的已有八百九十万人。此种制度最重要的事象如下：（一）支给津贴于因伤或病而致暂时失去工作能力的工人；（二）支付津贴于永远失去工作能力的和老年的工人；（三）失业的保险与保卫；（四）支给保险金于死亡工人的家庭；（五）丧葬与生育的补助金。兹分述于后。

暂时失去工作能力者

倘使一被雇佣的工人，因工作致疾病或伤害而暂时失去工作能力者，在停止工作期间仍照工资原额领取津贴，毫无折扣。但失业工人身染疾病时，则只能领取失业的津贴。一九二七年三月的统计，每一失去工作能力者的津贴平均为每月美金二十八元七角五分。再，在工人失去工作能力的全时期中，医药的供给都完全免费的。所谓医药的供给并不只限于普通的诊治，如大不列颠的卫生保险制度所规定的那样，而是备有各种专科治疗的，如眼科、牙科与外科等等。医院是免费的，药物及用具如木腿之类也都是由医院供给。而且还值得注意的是，此种医药的供给，并不如在大不列颠的制度之下一样，只限于工人本身，而是普及于工人家族的。实际，俄国全人民都享有着免费医药的便利。自然，到公立医院去接受免费的医药比较到私家医生处诊治常要迟缓得多，这也是事实。关于卫生与医药的经费，地方政府都是在自己的预算中划出的；再，社会保险的经费约百分之三十都是用于这一方面的。工人的妻及子女亦不仅在家中或在公立医院中得到免费的医药治疗，他们同样可到专门牙科、眼科、外科等医院中去。一工人因看护家中的病人致不能到工厂［工］作时，他的或她的工资仍照旧发给，并不折扣。这一切的便利，工人接受时都只认为是自己的权利而不认为是何种慈善的恩惠。

俄国政府认为：尽可能供给人民以卫生的设备，这是国家的责任，并相信医药的供给，对于每一人都应该是免费的。这一事象不必过事推崇，这与现代公共卫生学家所抱的最进步的思想亦是一致的。

许多人以为，对于疾病或伤害的工人给与工资原额的津贴，结果必会招致许多装假病领津贴的。装假病的事实不免发生，这是无疑的，但工人的社会意识与有效力的医药治疗，这两条件联合发展的结果，使得此种假病减少到极小程度。我们可以拿事实来证明：在苏联被保险的工人因失去工作能力（生产与哺乳在外）而损失的工作日数，平均在一九二四——九二五年份为八日，在一九二五——九二六年份为八．八日，在一九二六——九二七年份的前六个月，依年率为七．八日。这和德国的比较起来，相差极远了。德国对于失去工作能力的工人，只给与工资之一部份的津贴，但近年因此而损失的工作日数平均率总在十二日与十五日之间。此种差异的原因，无疑义的，一部份是因为德国保险制度所保险的主要是产业工人，他们的疾病率是在一般人的水平线之上的，而俄国制度则连农业工人、私家佣工及其他职业都包括在内的。然而，在有些工业中心地方，我们看出因暂时失去工作能力而损失的日数平均年率为十一日，这比德国的还是要小了。津贴制度更宽大的国家，损失的日数愈少，这是很显然的，虽然德国的医药与公共卫生事业比俄国的要进步得多。所以致此的原因此时我们还不能完全断定，不过依我们的考察，我们相信大部份的原因是，一方面对于工人及其家族有充分的医药之供应与看护，而另一方面因为津贴只是工资之一部份，生病或受伤的工人在未痊愈以前便多回厂作工，以致不能抵御新的疾病的侵袭，因而复病，结果自然损失的日数更多了。所以，低额的津贴制度，即令从纯粹金钱的标准来看，也是一种虚伪的经济办法。

永远失去工作能力者与老年之津贴

经卫生委员会与社会保险部的医生之审定，认为永远失去工作能力的工人，依其工作能力失去之程度以及失去的原因是否为工业的或非工业的，而给与多少不同的津贴。因工业的原因而失去工作能力者有六类，其津贴的规定如下：（一）完全失去工作能力且需要一人作看护者，给百分之百，即原额工资；（二）完全失去工作能力但不需人看护者，给百分之七十五；（三）不能再作有系统的工作，只能间或工作者，给百分之五十；（四）能经常工作，但工作效能极度低减者，给百分之三十三又三分之一；（五）能经常工作，而工作效能低减了百分之十五到三十者，给百分之十六又三分之二；（六）工作效能减低仅在百分之十五以下者，给百分之十。若因非工业的原因而永远失去工作能力者，须至前三类的程度方给津贴，其津贴额，第（一）类为百分之六十六又三分之二，第（二）类为百分之四十四又二分之一，第（三）类为百分之三十三又三分之一。据一九二七年三月的统计，因工业的原因失去工作能力者，第一类的津贴平均每月为美金二十二元五角，因非工业的原因失去工作能力者，第一类的为美金十七元。

老年津贴亦照上述的规定支给。即，按照因年老而失去工作能力之程度，分类支给；并不是达到了某年龄，尚可照常工作，而仍旧一样机械地支给津贴。虽然规定年龄达五十岁，并非工业的原因而失去工作能力者，必须曾经作工八年，方得领取津贴，可是实际上最多数老年人都是领有津贴的，即令其家庭中尚有子女或其他能工作的人在工厂中领取工资，亦是一样。

所以，我们可以看出，俄国劳动立法的制度，在其工业生产力所能供应的生活程度范围以内，所给与工人的保护，实比世界上任何国家所给与的都更充分而周到。过长的工作时间、伤害、不利的雇佣条件、因工业出险、疾病、老年、失业与死亡而招致的损失，这一切，在别的国度里都经常威吓着工人生活的，在俄国实际都因国家保险，威吓性减少到了极小的程度。就我们所知道的，没有一个国家对于女工和童工，疲劳的和疾病的工人，有着这样一种有系统的保卫的。

失业保险与保卫

失业，在苏联如在欧洲其他国家一样，是一个严重的问题。一九二六年一月一日，二百八十一处劳动交换所的报告，失业的有九五〇.〇〇〇人。一九二六年十二月，增加到了一．二五〇.〇〇〇人，一九二七年三月，又增加到了一．四〇七．〇〇〇人。后来从三月的失业登记表中，将已经觅得工作的和以前未曾受雇过的两种人名都注销了，所以四月份失业登记的总数减为一．〇五五．〇〇〇；七月，更减至九九二．〇〇〇——但在没有劳动交换所的小镇市中的失业工人是不在此内的。我们从另一事实中可以看出失业人数仍旧是很大的，即：一九二七年四月一日的统计，有一．七七四．〇〇〇工会会员（工会会员总数的百分之一八．一）是失业的。并且，在非工会会员中失业人数的比例比工会会员中的当更高，因此，我们可以概言，俄国工人至少有二．〇〇〇.〇〇〇是失业的。这些失业工人中大部份是不熟练工人，主要的成份是新近从乡间到城市来的农民。城市工人享受着较高的经济与文化生活，乡村中的农民受了此种诱致而群向城市移住，但城市的工业并不能容纳这过多的移民，这大概是失业的主要原因。

失业是政府当前的最严重的问题之一，这是无可讳言的。解决这一问题，政府取了三种方法：失业保险；进行特别的计划以容纳失业的人；以及对于失业工人的教育。

技艺最高的工人与青年工人，失业以后，无条件地给以津贴，对于一切其他的工人都是有条件的。一技艺不高的体力劳动者，若为工会会员，至少须曾为雇佣工人一年，方得领取失业津贴；若非工会会员，至少须曾被雇三年。其他较高薪金的雇员，若为工会会员，须曾被雇三年，方能领取失业津贴；非工会会员须五年。

因为有这些限制，领取津贴的失业工人约及在劳动交换所登记的人数之半，若与全部失业工人的人数相比，比例数当更小了。一九二七年六月的统计，领取津贴的失业工人总数为五四〇.〇〇〇。

在规定津贴额的时候，有些事实也曾经过考虑的。全国分成六地带，依各地带全体工人的工资作成各该地带工资的平均数。在每一地带中，熟练的体力工人与受过高等教育领取较高薪金的雇员（第一等），失业津贴额规定给本地带平均工资的三分之一；半熟练体力工人与高级的雇员（第二等），给四分之一；不熟练的体力工人与一切其他的雇员（第三等），给五分之一。这是一种有趣味的折中办法，不是英国的那种不顾个人工作能力的津贴“平给制度”（The flat-rate system），也不是完全依个人工资额的百分数而发给的。因为规定三等津贴额的百分数都是以一地带的工资平均数为依据的，所以各人津贴所得与原工资自然不能有同一的比例。例如，在莫斯科，第一等每月得美金十三元；第二等，九元五角；第三等，七元五角。然而，因为第三等的工人在未失业的时候所得的工资远在第一等的之下，所以实际第三等津贴所得与其原工资相比，其百分数比第一等的高多了。一九二七年三月的统计，第一等失业工人每月所得津贴平均为美金八元五角；其余的平均数为五元七角。

因失业工人所赡养的人数加多，失业津贴的数目也须加大，这种通例在俄国也存在的。自己而外须赡养一人的，失业津贴即照原额加百分之十五；赡养二人的加百分之二十五；赡养三人或更多的加百分之三十五。然而工人所得失业津贴的总数不能超过他原得的工资一半以上。

对于无资格领取津贴的失业工人，政府亦多方设法给以工作。多数城市的劳动交换所都建立有合作劳动社，失业工人可以在这里面工作六个月，所出产的多半是手工品。六个月终了便代以另一批失业工人。这一劳动社的费用大部份是从变卖出品来的，不敷之数由政府津贴，据计算，一九二六—一九二七年份，此项总数将达美金三百万元。公共建筑工作，特别如铁路的建设是吸收失业工人的另一方法，一九二七年份将有美金六百五十万元的特别费作为此项之用。失业工人在这一方面容收的有十一万人。

中央劳动学院及其分校都尽可能容收失业工人，教以各种熟练的技术及关于工业的知识。许多工会都给失业会员以额外津贴，并且给旅费与失业会员，令到需要劳力的地方寻觅工作，这也是常有的事。

公立劳动交换所对于雇主与佣工两方面的请求都是免费代办的，国家且给以介绍工作的专利权。不仅私人的职业介绍所介绍工作是被禁止的，雇主单方面雇用工人亦是不允许的。据一九二六年份的统计，劳动交换所介绍的工作有一．九〇〇.〇〇〇至二．〇〇〇.〇〇〇件之多。在介绍工作时，工会会员享有优先权；任何工作，有工会会员充任时，非工会会员是不被给与的。此种优先权的应用以工会全体为范围，不仅以某特种职业为限。例如，倘使有失业的五金工人亦可以从事食品制造工作，则当食品制造工业需用工人，而失业工会会员中又无此种工人时，尽先被介绍的必是前项五金工人，非工会会员中虽有食品制造工人亦须排在后列。雇主对于介绍来的工人至少须试用一次；在一星期以内，他可以将来人辞退，自己不受何等损失。然而，试用期满以后，辞退工人必须得工厂委员会的同意，并须呈报工会与劳动委员会，加给两星期的工资作为解雇津贴。在实际上雇主辞退不善工作的工人因此也都非常困难。然而，这及于工厂纪律上的效力决不如我们所想到的那样坏。就全体说来，工人在生产方面是非常富于兴味的，因为产业的利益他们自己也占有一份，所以对于长期旷工或惯于怠工的，他们自己都能予以道德上的制裁。

死亡工人家庭之保险金

这是俄国社会保险制度中另一特出〈殊〉的事象。在别的国度里，工人对于自己的家族都是就各个人分别保险的。在俄国，倘使工人死亡，遗下有不能自己维持生活的家族，此家族便可以向社会保险部具名领取保险金，死者之夫或妻或父母，若是无工作能力的，或有小孩在八岁以下须自己抚养的，都认为是须赡养的遗族。儿童在十六岁以下，或在十六岁以上而达到此年龄以前即已失去其工作能力者，亦认为是遗族。倘使一工人因工业的出险或疾病而致死亡的，他的遗族所领得的保险费比因非工业的原因而致死亡的遗族所得略多。前一类的，遗族若只一人，可领得原工资的三分之一，两人领二分之一，三人或更多则领四分之三。后一类的（即非工业原因致死亡的）则分为九分之二，三分之一与九分之四三等。

生育与丧葬补助金

在生产婴儿时期，女工可以领得等于半月工资的补助金。一九二七年三月的统计，此项补助金为美金十元五角，其用途为购买婴儿需用的一切用具或备其他不时之需。生产以后的九个月中，女工每月当可领得等于其工资八分之一的补助金，名为哺乳补助金。此项补助金每月约在美金二元六角以上，由卫生委员会支给，用意是一方面表示对于母亲女工的同情，另一方面资助她哺乳婴儿时所需的医药费用。

对于丧葬，保险部亦有给予补助金之规定。此项补助金的数目因各地带的生活程度而有差异。给予儿童的仅及成年的半数。一九二七年三月，全国统计的平均数（儿童与成年均在内）为美金十四元。

统计起来，一九二七年份社会保险的经费将达美金四〇〇.〇〇〇.〇〇〇元。这完全是由全国的各产业支出的，实占工资总额的百分之十三略强。这与一九二三—一九二四年份的比较起来，百分比是大大地减小了——当时保险费用实占工资总额百分之二十二，却因为规定额过高而且产业的状况还颇不振，几乎三分之二都是没有收齐的。而现在，规定的经费实际都是按时收齐的，从前的欠项也都逐渐补缴了。

劳动行政

在其他国度里，进步的劳动法之实施，常因假手于毫无同情心的官吏，致实际结果每等于零。在俄罗斯，劳动部的官员确实是由工会自己指派的。劳动委员会的首领是由工联中央指派的，政府对于工联中央的决议有履行的义务。各省劳动委员会的领袖也是由各地工联委员会指派的；各地社会保险与雇佣事务部及公断处的首领亦都是这样指派的。劳动交换所的各部首领也都是由各地产业工会指派的。所以劳动法是由工会的代表自己施行的。

国家托辣斯指派管理员时须征求工会的意见，工厂委员会与工会有权控诉管理员的不法行动——这两事实可以说明：工业的行政与法律的施行都是在工人自己手中的。

第五，住屋问题

自从俄国工人取得政权以后，住屋便成了当前的大问题。因为工人生活情况的困苦难堪，财产收归国有的呼声更加紧张起来。财产收归国有的结果确是增加了很多住屋，但这仍不够实际的需要。全国二百二十万间城市住屋中，仅三十万间，或即总数百分之十三，收归国有了。而这收归国有了的住屋却须容纳百分之五十的城市人口，其余的百分之八十七的住屋仍留在旧屋主手中。

收归国有的住屋，在革命后内战时期，由地方苏维埃直接管理。有秩序的经济生活恢复以后，政府拟定了一个关于住屋的很精密的设施计划。所谓很精密的设施计划便是说需要拨出多量的资本去从事住屋的建筑。俄国的幼稚工业正是需要多量资本的，而且需要得非常迫切。所以住屋设施计划便延搁下来；但当工业的改造有了相当的成效以后，便有多量的时间与金钱来注意于住屋问题了。过去数年间的成绩已经至可惊人，然而在城市与工业区中仍然有大大的人满之患，这完全由于革命与内战时期中的大破坏以及一九一六到一九二一年五年间几乎完全没有进行建筑事业等事实所酿成。

建设较好的住屋，在财政上与经济上都有困难。政府为了企图增加生产，将国家工业的赢余都尽可能投还到工业中去，因之为了建设房屋等的经费都减少了。对于非工人的租户征收的一种特别税，原来的计划是拿来用于建筑住屋的，但这项税收既少而又无常规可循；所得税的用途也是准备建筑住屋的，然而征收又极感困难。劳力是过剩着的，建筑费终究没有把握。合作建筑房屋计划所能积聚的资力也极小。加之，建筑的材料也非常缺乏。

工会、合作社与各产业自己现在正进行着一大规模的住屋建设计划。例如，在底弗里斯（Tiflis），后高加索苏维埃共和国联盟的首都，工会得了政府借款的帮助，将原来的草棚都改建了现代的住屋。那里最流行的是公寓式的住屋，在每一公寓中有一大膳厅和大厨房，饮食都是由大厨房备就出卖的。在这些公寓周围有大花园，里面有露天电影、音乐台、演剧舞台；每一公寓中也有一戏院和俱乐部。

劳动团体所建筑的公寓，房间都是一样的，租金却因住户的工资大小而各异。我们所看见的最好的房间，租金为每月美金一元半至五元不等。工会会员失业以后，租金即可豁免。

这并不是说在底弗里斯或其他任何俄国城市中，每一工人都有了理想的住屋，而只是说工人现在居住的地方比在旧政府统治下所住的确要好多了。

建设住屋的另一手段是合作建筑会，这在工业中心地带特别发达。去年由这些团体建筑的合作公寓在九千以上。在莫斯科有一区，合作建筑会现正从事建筑二十二所大公寓，全部几可以容住一万四千人。这些公寓内附设有一幼稚园，计占有二层楼房的地位；又有一合作膳厅与合作商店——这都是设在一所特建的中央厅里面的。这些公寓中每一房间内有两小房，厨屋和浴室是与另一家公用的。月租美金七元，自来水在外。上述的公寓，在四十四年以内须照付租金，且所有权是属于屋主的，屋主的家族亲眷可以在公寓内寄住，但不能转卖或抵押以图利。任何人可以加入此种合作建筑会，先略付入会金，以后每月付给少许卢布；

住屋建筑完竣并租出以后，每月征纳的股金则略增加。

产业工人的住屋，最大部份是由各产业自己供应的。工会与国家托辣斯曾经协议，从工业盈余中提出百分之十作为改进工人生活的经费。依据劳动法，此项经费的百分之七十五都是用于住屋建筑的。我们所参观的许多工厂都有了建筑的新屋，或藉前项经费的帮助，正在建筑中。

虽然这样多方设法补救，而住屋的情况仍旧非常难看，新都城如莫斯科和哈科甫都特别需要更多的住处。列宁格勒和基也甫因政府的迁都还略减少了住屋的需要，不过今天在苏联没有一个大城市是不感到住屋缺乏的痛苦的。情况之难看不仅因为住屋缺乏，亦且因为现有的旧屋都十分颓败了，适当的修葺都未能作到；从前本来是适宜于居住的房屋，现在早已颓败不堪，不过因为需要急迫，勉强住用一下罢了。

第六，消费合作社

二万九千合作社共有一四．〇〇〇．〇〇〇社员，这是苏联的最大经济势力之一。社员中的百分之四十是城市工人，而且几乎完全都是工会会员及其家族，其余的都是农民。这些合作社共有商店六万七千间以上，一九二五——九二六年份这些商店零售贸易的统额超过了美金二．二五〇．〇〇〇．〇〇〇元，这占全国零售贸易总额的百分之三十八。一九二七年十月一日截止这一年的计算，合作社的贸易总额将达二．六五〇．〇〇〇．〇〇〇元，即占全国总额百分之四十六。

合作社与国家商店（由地方政府或国家托辣斯所有的）很快地将私人商店打倒了。

一九二三——九二四年份，私人商业占零售总额百分之五十九，一九二五——九二六年份减少到百分之三十九，一九二六——九二七年份的计算恐不及百分之三十一，而且这其中还是农民和手工工人自己直接到市场上来出卖他们的出产——这一种私人商业占大多数，商人经营的商业贸易额实占少数。这一切事实可以证实，在俄国以外所流行的那种极普遍的传说，“Nepman”或私人商业非常得势，是非常错误的。在莫斯科和列宁格勒诚然有少数很发达的私人商店，可是就全体来看，私人商店虽然为数或许极多，其规模却都是极小，只需本人和他们的家族便可照管得到的。逐渐能控制俄国零售商业的只有合作社。

合作社之所以能如此迅速发达，是因为他们的商品价格比私人商店的要低廉几及百分之二十。自然这与英国合作社所采用的价格政策是完全异趣的：英国合作社的商品价格是和市场价格一样高下的。在一种不同的经济制度之下，英国的是一种比较安全的政策，因为这可以减少商品价格变动的危险，防止价格计算的错误，减少私人商店的反对，并可以将巨大的盈余用购户拆息的形式，在某一时期终了时给与其社员。可是因为这种政策只是被当作一顶雨伞，藉以抵御某些可能的困难的，所以对于合作社务之迅速发展或私人商店之迅速没落，这种政策是不能有何种帮助的。俄国人的急迫希望是减小私人商业的势力并藉以防止小商人阶级之兴起，自然不会采用英国的政策了。

俄国合作社之所以能采取减价政策，是因为他们能彼此联合起来，用巨大的资力去从事大规模的购买。他们亦从各种国家的企业中取得了许多特别的便宜，如对于国家托辣斯的出品，他们和国家商店都是有购买的优先权的。这便是说，那些供给不足以应需要的货品，私人商店是买不到手的，合作社与国家商店在这一方面实际是专利了。合作社挂账亦特许有较宽大的期限，租金亦廉，税率更低。

合作社的股分额数目是很小的。直到最近，一般乡间的合作社每股为美金二元五角，城市的为美金五元。这些股分多部份是由家中男子握有的。虽然合作社极力想多吸收妇女社员，但仍无大效果。

一九二七年四月份的统计，合作社的股本总额为美金四五．〇〇〇.〇〇〇元，平均每社员的股金仅美金三元略多而已，这可见实际上社员有一股以上的都占极少数。然而合作社由前此有把握的盈余中所积聚起来的财产总额却达美金一九〇.〇〇〇.〇〇〇元。一人一票的原则是采用的。在较小的乡村合作社中，管理员是在年会中推选的；在大的合作社中；由社员选举一代表团，代表团再推选合作社管理员并负监督社务的责任。这些地方合作社联合起来成立区和省的组织，更上有每一共和国的合作社中央组织。苏俄的合作社中央组织 Centrosoyus 同时亦是苏联的。这各级的联合组织实际都变成了各地合作社的代理人，他们接受各合作社的定货单并代他们交付国家托辣斯。国家托辣斯因此可以直接将货品由工厂运送到地方合作社，省减了许多堆栈费用。

合作社贩卖的不仅是杂货，同时亦贩卖织物、布匹、陶器、家用器具，并且直到最近，在农民中还贩卖农具和种子。不过现在后两种货品都由农业合作社经售，另一方面农民的谷物及其他出产也都由农业合作社负责运销。社员有必要时可以挂账，付款期因货品种类而不同，杂货一月，布匹及日用器具等六月。赖账的事极少。通常雇主对于工人的债务是要负责任的，因为若有赖账的事，雇主可以从工人的工资中扣取的。挂账是不需利息的。

地方合作社的资本，一部份是以“从上级合作社联合组织挂账购货”的形式而取得，一部份是银行的贷款。贷款一项比合作社自己的股金或储积的盈余等项更重要多了。一九二七年四月，合作社从银行取得的贷款在美金七五〇.〇〇〇.〇〇〇元以上，几三倍于合作社自己的蓄积数目。自然，此项贷金多部份都是由上级合作社联合组织负责向银行借取的，地方合作社自己借取的比较尚少。

因为货品的卖价只是等于工厂的原价加运费，所以购户的拆息是极其微薄，很少有过百分之三的。一九二六—一九二七年份上半年的盈余为美金四三.八〇〇.〇〇〇元，约为贸易总额百分之二。有些合作社竟不实行分派息金于购户，而在年终将他们的盈余用于社员的文化事业或转作资本。

因为合作商店出卖颇多的货物于非社员，其价格与卖于社员是一样的，于是便有人怀疑，既然非社员亦可以享受合作社的最大部份的利益，为何还会有许多人加入合作社呢？并且我们应当记得，购户的拆息极微薄而且大部份的合作社都不付给的，有些合作社并且不分派股息。人们之所以加入合作社，主要的原因是：（一）能优先购得最易缺乏的货品，如上等的织物和砂糖之类；（二）能挂账购货；（三）且觉悟了社会团结与人民联合实行宰制“商品分配行程”之重要。加以股金额极小，开始又只须付给一小部份，余数陆续缴纳，这亦使人们更易于加入合作社。股息与购户的拆息自然亦是原因之一。

许多货物的供给每不能应各方面的需要，这一事实便常诱惑社员作出一种非法的勾当，即：从合作社购取此等供不应求之货物，以高价转卖于私人商店，私人商店便以更高的价格出卖于能出高价的顾客，或那班不愿列队久候而宁愿出高价的顾客。合作社社员从事此种投机事业的，如被发现，其社员资格即被取消，且须受工会的一种责罚。

这种情形给我们一个很有兴趣的比较，使我们看出在一种有组织的经济制度之下与在一种自由营业的经济制度之下，调剂供给与需要的方法有何等的不同。在前一种制度之下，价格是规定了的，倘使某种价格的货品供不应求，则能够购得此种货品的只有先到的顾客。可是在自由营业的制度之下，因顾客竞争的结果，货品的价格可以任意高抬起来，于是能够购得某种供不应求之货品的只有能出高价的顾客，穷人只好望望然去之了。

参与合作社之实际行政的大部份是非共产党人。在乡镇的合作社中特别是这样，城市合作社中亦是这样。在合作社的上级机关中，共产党人的百分数却逐渐增加，如在工会和政府机关中的情形一样。旧年的那种严格的减价政纲之能施行有效，也是因为这些上级机关是在共产党人手中，他们能使合作社的措施完全依据工业的总政策而行动。

第七，农业

苏联农业已经达到一九一三年的水平线上下了。耕地的总面积比从前扩大；不过总出产额比从前略小，即每亩的出产额减少了。现在的情况，若严格地用统计来评判，则比大战以前的看来会略坏一些；但若依其他的某些特点来说，情况确是好得多了。例如，农民的境遇改善了，土地重行分配了，为了研究与实验投下了许多资本——虽然这一切的将来的结果，现在还不能用数字来说明。

考察任何国家的农业，第一件重要事实应该注意的是，每一农户所耕作的土地究有多少。俄国共有农人二二.○○○.○○○户。一九二五年的调查，农户中百分之三十所有的耕地都在二十五英亩以下，另外百分之五十则在七十英亩以下。若用美国的标准来说，这是很小的经营了。这一主要的事实便可说明现在俄国农业落后的情形。倘使那小量的土地是果园菜圃，则亦未始不可以成为繁茂的经营。可是他们最大部份都是谷田——就我们所知道的，谷麦的田庄，每一户非有数百英亩是不能足以谈到好收获的。

既然有这种重大的根本的阻碍横梗在前途，则要大大地改进农民生活的情况，便只有一种可能，那便是促进社会化的努力，如机器的共同使用，出产的联合贩卖，牲畜检验所之设立，合作借贷会之组织，以及如前面说过的，文化事业之认真与扩大。政府对于这一方面实尽了最大的努力，这是我们应该说到的。农民所得到的专门技师的帮助比战前要超过多多了，也得到了较好的种子与牲口的供给，而最重要的是已经开始进行一种精密的十年计划。计划的内容便是改组俄国今天尚盛行着的那种中世纪的狭田制度。政府正从事土地的重行测量，将狭田并成广田，并实行五田或六田的轮耕制度——这一切的努力，目的均在于增加生产。真的，这种努力已经得到了结果。

要评判俄国农业的现状，必须以它的近代史为立足点。大战与内战，更加上军事共产时期施行的不幸的政策，使得农业破坏到令人难信的程度。自从那时以后，恢复的速度亦至可惊人。原因的一部份只是自然的结果，生产经过一次骚乱以后，在任何情形之下也都会复入正轨的。原因的另一部份则不能不归功于政府的现行政策之确当。下面的表可以简明地说明现状：

年　份	商品生产量	百分比（%）
一九二三—二四年	三一七.五五六.○○○磅	一○○
一九二四—二五年	三二五.一一六.○○○	一○二.四
一九二五—二六年	四○○.四六四.○○○磅	一二六.一
一九二六—二七年	四二八.四三六.○○○磅	一三四.九

从上表，可以看出四年中有百分之三十五的增加。若是从大饥荒的年份（一九二一—二二年）起算，生产的增加竟达约百分之八十七，这是更可注意了。

增加生产是一事，可是用出卖生产品所得的钱去购买农民需要而不能自己生产的工业品，则又是一事了。农产品的价格与工业品的价格两相悬殊——即众所共知的"剪刀问题"——这并不是俄国特有的一个问题，不过在俄国也和在其他国度一样，成了一个非常紧迫的问题。这问题的严重性，产生了证明俄国政府有广大权力的一件颇有趣味的事例：即政府用指令减低工业品的价格，提高农产品的价格——六年以来都实行着这一贯的政策。一九二五年一月，工业品零售价格对于农产品之指数为一三九。一九二七年四月，这指数已减低为一〇六——两者间的数目自然是在一种波动的增减之中，不过一般的趋势是有利于农民的。然而，此地还有一问题，即是：倘使政府如此武断地规定价格，远超出于价格的自然的趋势以外，那末这种政策是否会有成效呢？在俄罗斯，因为工业生产的扩张，其速率远在农业的之上，进出口贸易又在国家的严格管理之中，这种政策的成效似乎是极有把握的。倘使这种成效持续下去，对于农民生活情况的改善必有长足的进步，这是无疑义的。

我们还应该注意，全部农产品中只有百分之一十八．三是拿到公共市场上出卖的，所以农民生活情况的改善，大部份要靠在他自己消费自己的或其邻人的产品上面。据食物消费统计表来看，现在农民食用的面包和一九一三年份的相等，不过面包的质地要好些，肉类多用百分之十五，牛奶多用百分之四十三，牛油仍同前量，鸡卵多用百分之二十八。关于蔬菜和果品虽无统计，我们却尽有理由相信农民现在食用的比从前要多。至若家庭用具、布匹及其他工业品，农民现在所得到的比在一九一三年时要少，可是他能更多地享用自己的产品了。所以，不仅在公共市场上出卖的百分之一八．三的农产品是农民的盈余，可以用去购买工业品，并且农民也可以更多地享用自己的出产。

据计算，全苏联农民现在所缴纳的税款比战前所缴纳的租税少美金一．二五〇.〇〇〇元，因而这宗款项便可以增加他们的资本，充裕他们的消费了。在理论上，农民对于他所耕作的土地是没有所有权的，但他和他的家族是可以握有此项土地，只要他们能够证明此项土地确是在被使用。在一种严格的条件之下，他亦可以将土地出租一部份。所以，他从银行贷款，决不许用于投机事业，只能作为扩大资本及整顿田庄之用。

虽然农业的贸易几乎完全掌握在国家商店和合作社手中，分配的费用仍旧很高，即使有低减的趋势，亦十分缓慢。运输的费用对于农民比对于工人实在是一个更严重的问题。

总之，俄国农业的现状总算有如我们所能盼望的那样进步了。正与国外盛传着的许多流言相反，俄国政府显然没有把农村当作殖民地，为城市工人的利益而施以掠夺；虽然政府无疑地是在工人的掌握中，他们却正企图发展一种周密且坚实的经济制度，把农业也曾当作其中不可分离的一部份。我们只要记得农产品的总额为美金五．五〇〇.〇〇〇.〇〇〇元，而工业品的不过美金三．五〇〇.〇〇〇.〇〇〇元，便可知道一种高明的农业政策是非常需要的。加以，苏联总人口一四六.〇〇〇.〇〇〇中，农村人口却占了一一六.〇〇〇.〇〇〇，则一种高明的农业政策之重要更是显而易见了。三千万人想长期地掠夺一一六.〇〇〇.〇〇〇人而不会出什么大乱子，这是绝对难能的事。再进一步，从共产党希望建设工业这一点来说，农产品的出口便是第一重要的条件。这些出口货几乎是俄国的唯一大财源，用了这，她可以在世界市场上购买机器，藉以建设一大规模的工业。而且，倘使农业之进步有待于资本之增加，倘使工业恢复后的工业品需要一永恒的市场，那使农民的购买力必须提高——这也是事实。

俄国广大农民群众的生活水平线，若是拿美国的标准来较量，那是低下得难堪的。可是，若用他们自己的尺度来计算，那总算大大地进步了，而且只要政府的现行政策继续下去，必会更有大进步的。每一农户耕地过少，农村组织之陈旧，因旱耕（Dry-farming，俄国有许多地带都须旱耕的）而发生的许多困难，这一切都阻碍了俄国农业长足的发展。可是在这种限制之中，公共事业之发展，新的轮耕制度与垦地方法之应用，牲畜力与资本之增加，取得工业品的费用之减少——这一切可以大大帮助改进过去的缺点。而这一切都是现行政策中明确规定了的。

第八，教育

革命以后，教育事业有极大的发展，结果在教育制度上有了一种根本的改组，并开始施行着一新的教育政纲。这政纲主要的目的是促成社会制度之向社会主义，若不是共产主义的话，那一方向的发展。为达到此目的起见，各级——初级、中等、高级——教育机关通行的课程与教授方法都有了急剧的变革。

除了许多新的教育机关，如儿童之家、青年农民学校、工人学会、工厂技师学校、成年教育传习所，以及工人俱乐部等都已先后成立而外，还有许多通常是在教育行政范围以外的事业，如博物院、图书馆、美术科学院、戏院、刊物，以及落后民族之文化发展事业等等，亦都移归教育部监理指导。

在教育的组织与行政之中，苏联的六个共和国都各有其完全的自治权。在每一共和国之中，教育行政是高度地集权的，政纲和政策都须由教育人民委员颁定。各地方教育当局的责任，大部份是筹措经费，并按当地实际情况去施行政策与政纲。

在特别的与职业的教育这一类以下，一切教育都是由国家管理的，在那些不关涉到社会与政治教育问题的范围以内，少数私立学校是被允许存在的。实际上，一切公共教育都是对一切人民开放的；然而因为学校的供给远不应一般的需要，在此种情形之下，工人是比较有优先权的。

对于高级教育机关中的学生，以及对于低级教育机关中不幸的儿童，教育不仅是如通常意义的免费，而且多还有特别津贴的。

虽然俄国的经济状况，一直到现在都是在困难当中，可是在新教育制度的发展这一方面却有很大的成绩。现在的教育经费已经超过战前的数目了。一九二五——九二六年份，初级教育已经恢复了一九一四年的地位，至若中等的、职业的、专门的和高等教育都远超过了当日的数量。

而革命之最大的成绩还在于发展了万千教育的辅助机关，如识字所、成年补习学校、工会学校、党校、乡村读书处、工农之家和青年俱乐部等等。

低级学校课程中的特色在于特别注重社会的研究，其目的在于养成儿童的集体的观念与态度。课程中亦注重自然科学的方法与研究，其目的则在于发展儿童的一种明确的唯物主义的观念。

在纯粹属于文化性质的范围以内，如语言、文学、艺术，在每一共和国中的许多小种族和小民族都享有绝对的研究的自由，但在经济的与政治的思想范围以内，那是必须依据苏联所决定的一般政策的。也如在其他的国度里一样，对于那成为现政府之基石的主义，教员是不许在学校中发表反对意见的。

教员之社会的与政治的地位是有了大的进步，可是绝对的经济地位，虽然比其他职业的要好多了，却仍没有恢复到革命以前的那样。教员因革命而被革职或自行离去学校的，其数目实不过总数的百分之五。

教育当局曾特别努力于使一切的教育与社会，国家乃至工人阶级的需要都密切地关连起来。学生参加学校行政一项，在全部教育系统中都是非常注意的。

教育当局已经拟好了一规模颇大的教育政纲，是为最近十年中迅速扩张教育用的。可是这政纲大部份还是白纸黑字，因为实施的经费还非常缺乏，所以教育政纲之完成还须有待于经济政纲之实现。

第九，政府与党之造构

俄国政府是立基于职业代表制与无产阶级专政上面的。在城市中，由各工厂店家（不是以地域的区划为选举单位的）选举代表到地方苏维埃中去（苏维埃Soviet一字意即议会）。每一相当大小的工厂的工人在他们的工作处集会，指派并选举他们的代表。产业性质相同的小工厂，店家以及职业类似的团体则联合起来从事选举。家庭中的主妇也可以推选代表的，她们的集会以地域的区划为单位。独立的手工业者通常在各地区分别集会选举他们的代表。这些通常是依据生产品的形式而不分开的。

在乡间，每一村由全村农民集会选举代表到地方苏维埃。这是地域代表制同时也是职业代表制，因为农业实际也只是一种产业。然而本地的家庭雇工，本地的教员和医生也都参与村大会的选举。凡是为营利而雇用了三个或更多工人的都无选举权。在先，家庭雇工和雇用了一个农业工人的农民都是无选举权的，这种规定后来取消了。其他几种阶级的人当然是被排去的，最著名的是牧师、俄皇时代的秘密警察官吏以及反革命运动的领袖等等。在全人口中，这些阶级的人占极少数。褫夺这些人的选举权，其理由是：他们有着各种原因要企图推翻社会主义制度和共产主义的政府，而且选举票当然不能放到现政府的敌人手中去咧。村苏维埃执行地方政府的通常职务，并负责维持学校的经费和处理本地的土地问题。在最近一次选举中，有选举权的全体人民约有百分之五十是真正参与了的。美国总统选举中，人民参加的百分数也不过如此。城市苏维埃的工作比较复杂些，诸如教育、住屋、卫生、警察、消防、清道，乃至地方事业，如电车、自来水等，以及许多地方商店之管理等等，都在其范围之中。

村苏维埃选举代表到镇苏维埃，镇苏维埃选举［代表］到州苏维埃，州再选举［代表］到省苏维埃。城市苏维埃亦选举代表到省苏维埃。

选举人数比例之规定，乡村中每一万居民选代表一人，城市每两千选一人。因为选举权是限于十八岁以上才能取得的，这便是说，在实际上，城市人民所享有的选举权比乡村的要多两倍半。对于这种不平均的比例，共产党的解释是：产业工人比较农民更有智识，更富于阶级意识些。这看来是很有趣味的，美国工业发达的各邦，多数选举的人数比例也是不平均的，不过情形恰恰相反，即乡区人民的选举权比较城市人民的要多些。省苏维埃与美国的邦立法会相当。他应进行管理的事业是道路、高等学校、农业与卫生工程，并且调剂较富地方与较贫地方对于租税的负担。

省苏维埃大会选举代表到全俄大会。通常都以为城市亦选举代表直接送到全俄大会，这样便给城市工人以更多的选举权了。然而这种观念是错误的，城市并不选举代表直接到全俄大会而只选举代表到省大会。

最近几年中，俄国国家的组织屡经变动，具了几〈极〉大的弹性以合于各民族的需要。她的名称已由“俄罗斯社会主义联邦苏维埃共和国”变作“社会主义苏维埃共和国大联合”。俄罗斯只是这大联合中的一共和国，自然她是其中最大且最重要的一个（西伯利亚也包含在她的版图以内）。此外便是乌克兰(Ukraine)、白俄罗斯（White Russia)、后高加索（The Transcaucasian)、土科曼（Turkoman）和乌兹伯克（Uzbek）共和国，还有十五个较小的“自治”共和国，十六个“自治省”，这些是为各小民族特设的，都各有其鲜明的社会主义的政府。这大联合的门户是开放的，凡是信奉共产主义并采用苏维埃政体的国家都可以加入这联合。即如，倘使德意志变成了苏维埃政府，苏联是容许她加入的。苏联的最后目的是建立一世界的大联合，便是一个苏维埃的国际联盟，不过它比现在的国际联盟要更集权罢了。

全苏联大会约有代表一千五百人。这样多的人数，集会是颇繁难的，所以只每两年集会一次，会期约一星期之久。大会只能决定一般的政策，许多立法的权能都付给苏联中央执行委员会去了。苏联中央执行委员会由全俄大会选举代表四百十四人，其他各共和国选举一百人组织而成。苏联最多数的根本法律都是由这委员会通过的；委员会并选举二十一人为主席团，在中央执行委员会闭会期间，主席团为最高权力机关。中央执行委员会又选举一“人民委员会”分部执行各部份的政务。

有些部份的政务须全苏联有统一指挥的，如军事、外交和运输等等，这些部份不再在各共和国内设人民委员。其他如劳动、财政和经济会议等部份，则六共和国各有其人民委员，由各人民委员联合起来成立苏联人民委员会的各该部，自然大多数的政策仍然是以一国家为范围而决定的。

在人民委员会之下设有“劳动国防会议”，由人民委员会主席、工农监察、军事、劳动、道路交通、国内外贸易诸人民委员，最高经济会议主席，以及全俄工联中央代表一人组织而成的。

这一会议须负责制定国家一般的经济政纲。它亦有权调整生产、贸易、价格、分配与交换诸业务。它的决议须经人民委员会或中央执行委员会的审定。直接隶属于劳动国防会议下面的便是前述的那最重要的“国家设计委员会”。

关于教育、卫生与公安诸部务的行政，大部份都在各共和国掌握之中。真的，在各共和国以内，有些部份的人民是愿意保存自己的语言和文化，并且希望取得更大的行政的分权（Administrative Decentralization）的，特别如俄罗斯这样大的国家中有这样的情形，所以各共和国的措施大部份都是注意给与文化的自治权于那些部份的人民。对于因种族成〈或〉宗教信仰而结合的那些小共和国家，如德国殖民、鞑靼人、莫耳达夫人等，文化自治权也都是给与的。不过在允许各民族自习其语言并保存其风俗这范围以内，共产党希望绝对阻止国家主义的发展，以免苏联有分裂的危险。

地方选举不用票选，只用举手表决。只有这样的方法才能使每一人都可以行使他的选举权。举手表决的方法似乎容易遭威胁而失去其效用，不过我们应记得，在一个大多数人民不识字的国家，如俄国这种国度里，用票选法是最困难不过的事。而且，任是怎样的威胁，总不会遇到如那些工业与土地在少数人手中的国家里所发生的那种下流的威胁——这也是事实。英国的地主和工厂主在选举中常是秘密地威胁工人：倘使工人投票反对地主或厂主的希望与利益时，必遭开除的处分——所以举手表决的方法在英国是没有好结果的。在俄国，颇有不少社会的压力使得人民不敢投票反对共产主义，这当是可能的。不过在乡镇中，共产党人为数极少，这种压力自然也很微弱，而据极可靠的报告，在乡村中讨论和选举都是十分自由的。

任政务的共产党人愈是在高级政府机关中为数便愈多。在乡村中，地方苏维埃的委员中最大多数都是非共产党人。然而在州和省苏维埃里就比较多了，在全俄大会中则更多。在中央执行委员会中最多，主席团和人民委员会便完全是共产党人充任的。

然而，我们用不着推测，以为苏维埃委员中的非共产党人一定是反对共产党或社会主义的。许多同情于共产党的政策的男子和妇女都不肯加入共产党，有的是怕牺牲过大，有的是不愿受铁的纪律的约束，因为每个共产党员在自己的工作时间以外还须担任许多政治和经济工作的。他们必须在工会中，合作社中和政治生活中积极活动。他们每一星期中必须花费几个下午和晚间去从事宣传煽动和其他行政工作。如发现有丝毫叛背国家的行动，他们比非共产党人要受加数倍严厉的处罚。他们不能获得巨数的工资，在大城市中每月不过美金一百十二元五角，在各省更少了。许多专门技师和行政人员不是共产党人，所得的工资比这数目大多了。在这些情形之下，所以许多人同情于党的宗旨却都不愿加入。

而且入党也是非常困难的事，特别是对于非体力工人和非农民的份子更加严格。入党的愿书和履历须经过详细的审查；倘使过去是曾经参加过反革命的企图的，自然都遭摈斥。新党员都有候补试验期，工人六月，农民一年，并体力工人五年。在候补期间，候补党员可以参加党的会议，但无表决权。此外，在此期间，党必多方设法减少藉党糊口的份子，许多候补党员都是因此而遭开除的。

结果是，共产党与我们脑中所了解的那种政党完全是两件事。它不是一个很松懈的人的集团，在一定的时期中干一些选举等等的把戏——不是的。它乃是经过了严格选择的一个活动工人的团体，是有一明确的目标，这些工人都愿意为这目标的实现而忍受大牺牲，他们是由一种集权的纪律团结起来的。

共产党的构造与政府的非常相似。它的一百二十万党员都组织在约三万八千地方支部中。工厂中和乡村中大都有这样的支部，在城市中还有区的组织。他们选举代表出席党的年会，年会再选举一中央委员会。这是决定政策的主要机关。中央委员会推选九人组织政治局，在中央委员会闭会期间，政治局便指挥党的全部主要工作。全体党员均须服从党的决议案。这在实际上形成了一种更高度的集权，因为中央委员会在每年全国大会以前可以约束个人的言行。对于指派各地党的机关的书记，党中央也能有很大的影响，这更帮助了中央权力之扩大与集中。这是我们都知道的，党的反对派，在托洛斯基与季诺维［也］夫的领导之下，最近力争的是：倘使新的情况发生，改变了前次全国大会决定一般政策时所依据的旧情况，那便他们应当有权质疑当日的决议案。他们亦坚持有权在党内充分讨论中央委员会的决议，并在全国大会以前有权在党内从事关于重要问题的宣传。

许多人相信：当那些为了主义曾在监牢与放逐中受尽苦辛的老共产党人死去或衰颓不能任事以后，共产党的牺牲精神会完全消失去的。共产党人已经看到了这种危机，便建立了两种组织来企图补救，一是“先锋队”（Pioneers），一是共产青年团（Comsomol）。儿童在十岁到十六岁之间的加入前一种组织，十六岁到二十三岁的青年则加入共产青年团。共产青年团在全苏联各地都有支部组织，团员约达二百三十万，几乎比党的力量大过了一倍。其中约有一半达到了入党年龄的都同时加入了党。其余的有些自己不一定要加入，还有些是因为某些原因革除了。共产青年团员不仅在其团员中进行教育宣传工作，亦且他们运动游戏都是在一处的。他们也在失业的青年工人中作些社会工作，并注意指导“先锋队”的组织，这一切颇与美国的 Big Brothev 和 Big Sistev 的运动相似。

第十，公民的自由

俄国境内是不许有反对党存在的，攻击共产主义的基本原理的报纸亦禁止印行。积极反对现政府的人不许到公共的集会上演说。一切书籍、册卷、影片和戏目之类均须受教育人民委员会下的检查部之审阅，攻击共产主义的基本原理的材料是不许呈阅的。我们对共产党人说，我们反对这种压迫，因为这侵犯了民主主义，他们却回答说，资产阶级在所谓民主主义的国家中，只要看见工人阶级强大起来了，且有了阶级觉悟，便不许工人有言论、出版以及集会的自由；工人受了千辛万苦才来开始建设社会主义，他们当然不愿允许旧统治阶级鼓吹复辟，将革命的成绩完全断送掉——他们并说，真的，没有那一阶级取得政权以后，愿意让敌人来和平地取自己而代之的。

可是，对于现制度有组织的反抗是不允的，大多数个人的批评却并不禁止。农民和工人对于政府的政策大抵是可以自由批评的。有许多报纸主要地都是为农民印行的，普及乡野的通信员不仅供给许多新闻，亦且送到许多对于政府行政的严刻的批评。农民实际是不受丝毫压迫的；工人也几乎有同样的自由。每一工业或商业的企业中，无论规模大小，都各有自己的壁报，壁报里大概包含有对于该企业行政的各种批评。一切新闻纸中也都有工人生活栏，向此栏供给批评材料的通信员约有二十五万人。政府的和工厂的代表常出席工厂的工人大会作报告，并常受工人对于行政的批评。

共产党人说此种批评对于他们非常有利益，因为这可以显示某种特别的政策是否能与工人的愿望一致，因之使他们注意，不致使他们的政策与产业工人的一般意见和最好的经济利益相差过远。共产党的统治根本是依据在工农的资助上面的，党决不愿压迫工农，因为果真如此，便会引起惊人的反抗的。但这种考虑对于前资产阶级与独立职业者是不适用的。政府对于这班人老是怀疑的，决不愿给与集合批评的机会，至若个人的批评，为他们自己着想，是非常危险的。如此压迫的原因，在政府一方面是恐怕他们可以诱起一种骚动或是形成一反共产主义的党派。

虽然共产党一般的宣传是反对宗教的，可是参加宗教的集会等等对于一切人都是完全自由的。回教徒的儿童十四岁以上便可开始接受回教的教育，然而基督教会对于十八岁以下的青年是不能给与有组织的宗教教育的。回教徒之所以能获得此种特权是因为他们对于革命具有一种善意的态度。我们应该认清，网罗着俄国基督教信徒之最大多数的希腊教，从前在青年中并没有发展多少宗教教育的影响，所以前述的禁令对于希腊教的过去并不能有多大的变革，只是减少了它将来在青年中的影响罢了。在革命以前，罗马教在它的有限的信徒中却是施行过宗教教育的，现在它的活动因此便要受一些阻碍。在另一方面，许多新教徒反而获到了一种祈祷的自由，这是从前所没有的。而且新教徒在家中还可以施行多量的宗教教育。颇有不少的牧师被政府拘禁起来了。特别在革命的初年中，这是事实。有些被拘禁是因为他们从事政治活动，有少数，显然无疑地，是因为他们在他们的信徒中有普遍的信仰和影响。

对于在历史上一向就反对战争的宗教徒，政府并不强迫去从军，却要他们担负另一方面的工作。倘使他们拒绝服务而自居于保皇党的地位，便须受长期的拘禁。对于并非和平主义者的宗教徒，则一律强迫从军，不服从即须拘禁。这与欧洲大战时英美政府所采用的政策是相类似的，他们当时对于“奎克派”(Quakers) 及其他一班和平主义者都强令在另一方面服务，他们绝对否认人民有拒绝一切军役的权利。有许多托尔斯泰的信徒都遭了长期的拘禁或放逐，其中有的是因为他们拒绝到军中服务，有的是因为他们参加了无抵抗主义的运动。

然而大多数的民众却比在沙皇统治下有着更多的政治自由。他们选举苏维埃的委员，这些委员都是要对他们负责任的。因之他们可以影响政府的决议到某程度，这是从前决不可能的。

西方的自由派和那班反对苏维埃政府的人，常是把政治的自由与真正的自由弄得混淆不清。前者只是后者的一部份，可是若是没有经济的自由，政治的自由对于人也没有多大好处的。俄国工人所具有的这种经济的自由，不是其他国家的工人所能想望的。即如，若是没有得到工人自己的代表的同意，工人是不能被辞退的，所以不公正的开除职务对于任何国家的工人都常是一种威胁，俄国工人却是已经不怕了。他们的代表亦是国家产业管理机关中之一份子，可以协同决定产业进行的政策。工厂的管理人员必须令他们满意。他们随时随地都可以自由批评工厂的行政。他们经集体的协议决定他们的工资和工作的条件。工厂管理人员有向他们解释关于产业的许多问题之义务。在增进生产的努力中，他们的帮助是急切需要的。工厂、矿山以及俄国的一切天然财源都是他们所有的，他们可以随意使用这一切。生产力增进以后，工人和农民可以得到生产品的全部，不会再在租金或利息的名义之下扣去若干去豢养那寄生的资产阶级，让他们去浪费因而激起嫉恨与不平。

因为有这样的自由，工人们自然不会特别怨恨政府不给他们以赞助一个资产阶级政党的特权；显然地，革命给与工人的这种经济的自由，资产阶级的政党必定会剥削去最大部份的。

对于一切足以威胁现政权的反对派，政府对付的方法大部份都依靠在刑庭中的检诉和“国家政治处”(G. P. V.) 的活动上面。国家政治处是政府的一种秘密机关，其作用在搜集证据，控诉并扑灭一切企图政治叛变的嫌疑犯。在平时，证据须送交刑庭，经过一种惯常的公开审判。可是在情势紧张，政府恐惧列强的进攻或由列强资助的各种有组织的阴谋进攻的时候，依中央执行委员会的特别命令，国家政治处不仅有权逮捕，亦且有权审判一切他们认为有企图推翻苏维埃政府的嫌疑的人。然而逮捕以后，他们须通知最高法庭的检察官。在国家政治处审理时，被告不能由自己选择一律师作辩护人，而只能由一政府的官员代表他，这官员便是共和国最高法庭的检察官或其代表。被告没有为自己传唤证人的自由权，原告人同时便是审判官。国家政治处处理政治案件的手续，和美国劳工部处理递解侨工离境案件的几乎完全一样，检察官同时又是审判官——自然这些案件处分的轻重是不能同日而语的。国家政治处受苏联中央执行委员会的监督。

关于反革命罪的处分是很严厉的。对于国家政治处的判决可以向中央执行委员会提出上诉，可是倘使中央执行委员会已经批准了前项判决以后，上诉几乎是完全无用的。这样的一种制度必定会遭受许多严刻的非难，这是很显然的。即如，一九二七年六月执行死刑的二十个保皇党一案，中央执行委员会将国家政治处呈送的书面证据审阅以后，便早已批准了死刑处分的。判决死刑的这二十人中，最多数都已经拘禁在监狱里了，可是还有几个在逃。后来在逃的被拘获到案，当时国家政治处又将证据审阅一次，但不许他们提出证据为自己辩护。国家政治处处长曼金斯基（Menjinski）申言：对于这几个人曾给与再一次上诉于中央执行委员会之权，但他们自己不愿意利用这机会。然而，他并不否认，确有少数受死刑处分的人，从被拘捕，经过审问，判决以至执行死刑，总共不过是十二小时以内的事；不过他亦申言，这样的案件，证据多半已经早在数月，或甚至数年以前就经过了审阅的。无论如何，从拘捕到行刑，经过如此迅速，致被告不能有为自己辩护的相当机会，这却是很可注意的。看了这样的事实，我们也不顾有无反感，确相信这样的手续是不对的；我们在俄国时曾认真将我们反对的意见十分明白地向政府和共产党的领袖表示过。

近来常有人说，国家政治局在最近数月中曾经秘密地执行了许多人犯的死刑，案情都没有公布的。然而，几位颇注意于俄国政治犯案情的人却否认这种流言，并力言，倘使有人因政治犯罪在何处遭拘捕等等，他们是可以得到消息的。虽然没有正式的统计数字，可是流放在西伯利亚或土耳其斯坦或拘禁在国家政治处所辖的六大监犯居留地中的人犯有数千，这是一般人都承认的。这些人犯中大多数都是旧资产阶级的份子。社会党人、无政府党人和社会革命党人在狱中或被放逐的为数颇少；无政府党人比社会党人更少。内战终止以后，除了一次有一团乔治亚的社会党人被发现从事反革命的活动，经过了正式法庭的审问，判决并执行了死刑以外，再没有社会党人或无政府党人受死刑处分的。

第十一，与其它国家之关系

俄国人相信，资本主义的国家联合起来，一方面在国外威胁他们，另一方面阴谋在国内掀起骚动。他们相信，为了保卫他们自己，抗御此种威胁与阴谋，则以恐怖手段对付国内的一切捣乱份子实是必要的。他们希望一方面藉扩张军备，另一方面藉各国无产阶级的压力，可以抵御国外的进攻。在许多人看来，这些恐惧似乎是过正其辞，是不可信的诳话。然而，依我们留驻俄国短时期的观察，这些恐惧实在遍及于全国，他们的领袖和群众都同样相信这些恐惧的可能性。

最近发生了几件事件，我们连结起来一看，更大大地证实了这些恐惧并非虚妄。即如，三月（一九二七年）北京的俄国大使馆被张作霖的军队大肆蹂躏（经北京公使团明白认可的），数十中国共产党员被处死刑。上海的俄国领事馆也被搜查了。六月，英国警察侵入Arcos的伦敦事务所和俄国商业代表团办事处，横加搜检，并将商约破坏。据英国政府申言，当初以为有一秘密文件被盗，且被藏在Arcos的事务所中。但这所说的秘密文件，即令具有，却并没有搜到。这一种侵入搜检的行为在国际关系中是寻不出先例的，便是类似的也没有过，在通常的情形之下，这直等于一种挑战——我们这样说法，似乎是很公平的。紧接着伦敦事件而发生的便是驻波兰的俄国大使瓦依可夫（Uoikov）的被刺。

这一切，在俄国人看来，都是英国企图推翻苏维埃政府的阴谋之一部份，因为英国仇视共产主义，并且仇视俄国共产主义给与中国和印度民族运动的刺激，使得他们企图打倒英国的统治。他种威胁的情形为共产党人所相信的是英国企图掀起国内的骚乱。俄国政府发现了许多文件，内容是英国政府曾经用大宗的款项资助斯科洛帕慈基派（Skoropadski Group）——这便是常驻在华沙和巴黎，自称为乌克兰国民政府的那一批人。所谓乌克兰国民政府便是一九一八年初德国侵入乌克兰时建立的那一政府，当年德国退兵时，所谓国民政府便同时退去了的。共产党人也坚持着：冬季刺杀吕可夫、斯达林和布哈林的阴谋，他们发现了是英国的侦探鼓动的。他们并力言，处死刑的二十人中，有些是接受英国津贴的，他们之所以毅然处以死刑，意思便在于回答这一阴谋。因为关于这些案件的全部公文并未发表，所以上述的事实有多少可信，起初都难于断言。然而后来又拘捕了二十余人，其中有好几个，英国的一个侦探名Guyer也在内，都承认是阴谋推翻俄国现政府。这一切，再加上某些英国阁员在议会中所发表的那种威胁的论调以及其他如驻列宁格勒英国领事Preston的封锁港口的信等等证据，都表明英国确有她的侦探在俄国境内，目的便在于刺探一切可能的消息。

俄国人指出这样的阴谋并不是创见的，从前 Paul Dukes（后来被英国政府封爵的）和 Captain Riley 的活动便是最好的证据——两人都曾公开承认是英国侦探。前一人没有被俄国政府捕到，Captain Riley 于一九二五年企图偷过俄境时被拘捕了。还有应记得的，英国驻俄代表领袖 Captain Lockhart 于一九一八年竟阴谋诱拐人民委员会全体委员，而当时英国并不曾和俄国交战。我们相信，在近代，一个国家的任何代表决不曾作过与这类似的阴谋去反对并不曾与自己交恶的民族的——决没有的。

还有不应该忘记的，在一九一八至一九二一年间，各国联军曾经资助各种武力进攻苏俄的企图。英国以金钱和军火援助 Denikin 和 Wrangle——两个反革命的领袖。英国和美国的军队于一九一八年在 Archangel 一带向苏俄政府宣战。捷克斯拉夫的军队向东进攻企图达到俄国西境时，沿途大肆劫掠，而资助他的便是联军各国。Admiral Kolchak 进攻西伯利亚和俄罗斯东部时，联军各国曾助以大批军火和军队。Yudenitch 沿波罗的海长驱直进，达到了距离列宁格勒仅十二英里的地方，还有许多军队企图克服乌克兰——这都得了联军各国大大的援助。Denikin 和 Wrangel 不仅在军需方面得了各国联军的巨量的供给，并且还有许多英国法国的军官和英国法国的舰队直接予以援助，许多城镇都遭过舰队的轰击，最重要的有 Odessa 和 Onega。

所以，有了这许多事实，俄国广大的民众都相信，各资本主义的国家，以英国为首领，正在积极地企图用某种方法推翻苏维埃政府——这种相信是毫不足怪的。这些进攻的威胁以及因此而引起的恐惧是多数党政府厉行恐怖政策之主要的与直接的原因。外国进攻的恐惧必然会促成国内镇压手段的恐怖化。一七八九年法国大革命与一九一七年俄国大革命的经验都明白地表示出来了。著名的“崔卡”（Tcheka）使用高压手段最严厉的时期，便是各国联军进攻的那一时期，内战终止以后，“崔卡”的组织便取消了。国家政治处本年六月执行大批人犯的死刑，乃是敌人侵入劫掠俄国大使馆及商业代表团并刺杀了一个苏维埃大使的直接结果，因为这引起了对于各国联合进攻又已迫在眉睫的恐惧。

所以，那些反对俄国施行恐怖政策的人，同时便不可去共同资助一切进攻苏俄或与此类似的敌视的行动，如近来许多人所陷入的那矛盾的地位。手中握着长枪进攻苏俄的人却高唱无抵抗主义，这是太欠仁爱了。

因为恐惧各国的联合进攻，俄国特别制定了一扩张军备的计划，现在正在开始施行。同时政府和党的负责领袖对我们担保说，他们愿意参加讨论欧洲普遍裁减军备的计划，并且倘使其他国家裁减，苏联是绝对照办的。斯达林是俄国共产党的总书记，也是最有权力的政治中心人物，他以个人资格对我们申言，俄国已经预备裁减军备，并且“将她的常备军全部解散”。一九二四年俄国曾提议召集一东欧会议讨论裁减军备问题，不幸毫无结果，而咎却不在俄国。波兰和罗马尼亚虽然有着和俄国同数量的武装，可是俄国并不十分惧怕他们，俄国最怕的还是英国和法国以波兰和罗马尼亚作掩护来向俄国进攻。所以，裁减军备计划并不在于波兰和罗马尼亚的兵力之大小，而在于俄国的实力与英国的及其他欧洲各国的要有平衡的比较。唯一的解决法是欧洲普遍的裁减军备，以我们的经验和知道的消息，我们相信俄国必能尽其最大的努力，坚持完成这目的的。

多数共产党人相信，资本主义与共产主义这两种绝对冲突的经济制度，长期地并存下去是不可能的。他们相信资本主义国家必会企图毁灭俄国的共产主义制度，以免各国的工人都想起来效法俄国工人之所为。可是只要对于他们不积极地用武力进攻，他们仍旧愿意与世界资本主义的国家合作到可能的最大限度。

第二次的代表团——结语

对于我们全体，这次到俄国的旅行实在给了一种新鲜的经验。我们和旁的人一样，并不曾将那困惑着多数西方人心理的淆乱的意见排除净尽。许多疑难莫解的问题，此次至少为我们解决了。我们看见了一种表现真实的画图。俄国的经验真是浩如烟海，但这主要的还在于令我们向往过去数年中成绩的伟大，同时使我们对于未来抱有无穷的预期。俄国的成功大半就排在她的面前。这种成功的条件我们曾尝试加以研究。他们不仅在于土地上的富源和人民的复生的活力，亦且在于各国对于她的了解与宽容能到最大可能的限度。俄罗斯能够向前发展；我们深信这个。她的政府日进于强固而成为和平的中心。可是，她的一切措施若不能避免恶意的干涉，那末便是在视野以内的那种成功她亦是不能达到的。

让她自己存在，不去干涉她，这对于她的内力的发展上当已经是一种极大量的帮助。被各国正式承认，并且与各国恢复商业与交通关系，这当是一种更大的推进力。却有许多国家既不肯不去干涉她，又不肯承认她存在。她的制度代表的是全世界人民十分之一的生活意识，对于这种制度强加以限制，在我们看来，这似乎是一种过于夸大的企图，而且这企图必然会直接成为暴力的干涉与统治。我们想把我们自己认为是真实的情形尝试介绍于旁人，因为只有这样的一种态度，在一无所知和误传曲解的空气中，才能影响人们的意见。

美国工人代表到俄国去的这是第一次。我们希望能立时进行的第二次调查自然会是美国劳动联合会的代表团，以及许多正式代表美国有组织的工人的劳动团体的代表团。我们相信不久俄国工人也必能派遣一代表团到美国来研究一下美国劳动运动的意向和运动中的问题。终竟，俄国有了一个工人的政府。倘使它曾经作了一些错误，或是倘使一直到现在还是有些错误在那里作着，但这决不能是使俄国工人与美国工人完全不能联合的理由。只有专耽幻想的人可以忽视这一工人政府存在的事实。我们希望这种幻想会即时为真实所代替，并希望美国工人的正式团体至少可以去看看并尝试去了解若干。

签名：

James H. Maurer——主席

John Brophy

Frank L. Palmer

Albert F. Coyle——秘书

附录一

苏联对于民族问题之解决[①]

Kalinin 作

在沙皇统治俄罗斯的时代，民族问题是最容易批评却最难于解决的诸问题之一。俄皇政府凶暴地压迫诸民族，此先彼后，竟达两世纪以上之久。在这全时期中，始终施行着一贯的压迫与锢闭政策，企图同化一切属地的人民，目的在于使小民族完全毁坏而俄罗斯的统治在各方面都更形强固起来。俄罗斯的军队新占据某地以后，大批的移民便随着前去，他们常被称作当地文化的先驱，而实际带去的不过是俄皇的 Knout（一种鞭）和“戈萨克”的皮鞭而已。此种殖民政策的结果，便是属地人民对于俄皇政府以及“俄罗斯的”一切都起了一种令人惊惧的怨心。这些旧俄奴属的民族久矣都是互相仇视的，对于“俄罗斯的”一切积怨更深。苏维埃政府成立以后，他们都以极不信任的心理自己疑问着：在苏维埃的旗帜之下是否会有一种新的“俄罗斯化”的计谋来向他们进攻呢？所以当初苏维埃政府从事于联合这些民族，这一工作是非常困难的。可是到了今天，我们可以说，在苏联版图以内居住的人民都已经认识苏维埃政府当局不是压迫者，也不是企图“俄罗斯化”的奸人，而是苏联以内一切民族的真正保护者。

在这一方面，苏维埃政府已经作了许多根本工作。我们看，六个苏维埃共和国，在一种为公共所遵守的特别协定的基础之上，形成了一个大联合，而其中任谁在任何时候都是可以自由脱离这大联合的。关于政府的一切惯常的行动，各共和国都具有极大限度的独立性，苏联宪法第二条很明白地规定了：“各苏维埃共和国的政府，仅在现行宪法划定的范围以内，关于大联合共通的事项受约束；在此范围以外，各联合共和国都得行使其自国之权力。社会主义苏维埃共和国大联合并保障各联合共和国的统治权。”实际上，各联合共和国都享有一切不与苏联宪法原则相违的权利。

苏联所属的每一共和国以内又包含有若干自治的苏维埃共和国，自治省以及

① 本文译自加里宁 M'kalinin 所著的苏维埃政权对于民主主义之实现的贡献。——译者注

以民族为单位的小自治区。即如，苏维埃俄罗斯（R. S. F. S. R.）便包含有十个自治共和国和十三自治省。这种设施便是苏联保障民族权利的一种努力。每一小民族，据有小面积的土地，居民在万人以上的，便有权自成为一自治单位，用本民族的语言处理一切政务。为了保障小民族起见，在苏联中央执行委员会中又成立了一种新的机关，那便是“民族会议”，享有与“大联合会议”所有的同样的权利。实在，苏联中央执行委员会便是由这两种会议联合而成的。我们可以很大胆地说，全世界没有一个国家能如苏联这样当心于民族的特性与要求的。

有人或许相信，这样的设施必然会使得旧俄所统治的极辽阔的版图，以及由许多种族许多语言组合起来的千百万人民，都陷于分裂破碎的状态之中。然而，在苏维埃政府存在的第九年的现在，我们可以确言，各省和各共和国自定政策中的特殊性，逐年都在减少。“一致”（Unity）这一观念在苏联人民的思想与自觉中都植了很深的基础。在每一地方，便是在苏联所属的极僻远的角落里，我都作过同样的观察。例如，一年以前，我到费加纳（Fergaua）、布恰拉（Buechara）、土克曼尼斯坦（Turkmonistan）游牧民族的村落里和许多其他的地带去视察，我看出每一地方的居民都希望被视为，不仅是乌兹伯克人、土科曼人、巴希基尔人等等，而是苏联的公民。最有特别意义的是，当我的旅程经过中亚细亚，即乌兹伯克斯坦和土克曼尼斯坦的时候，我收到了三千封信，都是用各种土语写的。有些联合共和国的首领曾经滑稽地对我说，“人民看了莫斯科的榜样，便将一切宪法的标准都推翻了。就把革命送到我们这儿来吧；我们将看得见革命在这儿也会大有成就的。”在工人和农民中特别是在青年的智识份子中，我们可以看出有了一种新的怪癖，那便是，希望到莫斯科来参观，而青年们则更希望在莫斯科寄居一时，最要紧的还是在那儿读书。

莫斯科本身，从前是一个纯粹俄罗斯的城市，流行着那种特异的“择涅加”（Tchnika——一种俄罗斯式的有宽边的长袍），如同西欧流行着大衣一样，现在却被东方人民的各色各样的服装统治了。这些人民的忠实的领袖，如前Aserbeidjau共和国人民委员会主席兼苏联中央执行委员会主席纳里马鲁夫（Nariman Narimanou）之卜葬于莫斯科，决不是偶然的幸运。我们也很难说谁是吸引力的主体，是苏联的东方人民吸引莫斯科呢，抑是莫斯科吸引他们。大概两方都不是的，这大概只是一种“大同”精神（A spirit of internationalism）发展的结果。苏联各民族的工人和农民觉到了资本主义威胁着自己的危险，便更密切地团结起来，创足〈造〉一种共同的观念和一种共同的武器，用以抵御帝国主义国家的进攻。然而这亦并不是说，民族问题，即，在各种差异极大的民族中形成一亲密的团结并建立共通的事业——这一问题，在苏联政府一方面就容易解决了。

技术与商业的发达可以逐渐减少地域的睽隔。这不仅使得人民在实地上接近起来，并且使他们的生活态度也更加相似——虽然他们或许各住在气候极端不同的地带，也能日更相似起来。同时，许多较小的民族都预先看到了他们民族的特性要开始消失去，而这些特性当然是他们极愿意保存的，于是困难问题又来了。解决这一问题，一方面是实行小民族的完全自决权，另一方面是尽可能将苏联最强有力的民众势力全部集中到她最易受袭击的地方，以维持前述那种形式的团结与合作。我们还要说这一问题仍旧很难解决吗？那末，继续不断地切实努力，我们深信所想望的目的终会达到的。这一深信是很有根据的，因为民族仇视与冲突的一个最重要的原素——一民族掠夺另一民族——在苏联已经不存在了。没有大资产阶级的地方，便没有了民族不平等的基础。这岂不真正就是民主主义的团结吗？

附录二

苏联工人工资之发展

倘使我们想考核苏维埃政府过去在工资问题中作出了何等成绩，第一步我们自然要拿大战前一年（一九一三年）的和一九二三—二四年份的工资水平线作为一种两相比较的基础。一九二三—二四年份是从“以生产品作为工资的一部份而付给”的办法改变为“完全以金钱付工资”的第一年。

所以，我们看出，一九二三—二四年份许多重要产业工人的工资与战前的比较起来仍旧是非常低微，虽然最低微的时期是早已过去了的。从下表中可以看出一九二三—二四年份工资水平线的特点来：

工人种类	每月工资之平均数	与一九一三年的工资相比较的百分数（%）
五金工人	三七．九九卢布	五二．〇
纺织工人	三〇．九七卢布	八六．九
矿工	三二．一九卢布	四六．五
化学工业工人	三四．九〇卢布	八二．四
制皮工人	五〇．五八卢布	九七．三
食品制造工人	四五．四五卢布	一一〇．三
造纸工人	三四．九九卢布	九九．二
木材工人	三九．八九卢布	八四．五
各业工人总计	三五．一九卢布	六七．一

在一九二三—二四年份，只有食品制造工人的工资超过了战前的水平线，其他的都还在战前水平线以下。然而在一九二六—二七年份，情形就完全不同了：

工人种类	每月工资之平均数	与一九一三年的工资相比较的百分数（%）
五金工人	六七．一三卢布	八二．五
纺织工人	四八．一七卢布	一一九．二
矿工	五四．九七卢布	七二．七
化学工业工人	五五．九〇卢布	一二〇．五
制皮工人	六九．〇三卢布	一二〇．八

食品制造工人	六五．四五卢布	一五二．八
造纸工人	五〇．五四卢布	一二五．八
木材工人	五四．八四卢布	一〇四．七
各业工人总计	五七．四〇卢布	九九．〇

从上表，可以看出许多种类的工人已经得到了比战前加多百分之二十的工资，而各业工人工资的总平均数实际亦已达到战前的水平线；其他的附益（如由国家或私人企业家独资经营的社会保险，以及各种由公家举办的公益事业等等）在苏维埃工人的物质的进益中亦应占同样重要的地位——此项附益若以金钱计算，约在工资的五分之一以上。

同时，从上表，我们一方面看出多数种类工人的工资远超过了战前的水平线，而另一方面矿工和五金工人的却还在战前的以下。然而，倘使我们审量一下"绝对的"数字，便可以看出这种显然的不平等恰是表明各业工人的生活地位在战前是相差极大的，现在已渐跻于平衡了。例如，五金工人的工资六七．一三卢布不过当战前的百分之八二．五，而食品制造工人的工资六五．四五卢布，却有战前的百分之一五二．八——这即是说明，战前五金工人的生活地位比食品制造工人的几乎高过一倍，现在是两者相差极微了。

所以苏维埃政府在调剂各业工人的平均工资使达于一种平衡的标准地位，这一方面已经是有了极可观的成绩。然而其间还有另一种显然的不平衡，那便是熟练工人与不熟练工人工资间有极大的差异。这一种不平衡的原因，一部份是苏维埃经济的全部构迨〈造〉问题（技术的落后等等），另一部份是由于缺少高等技艺的工人而不熟练的劳动者过多所致。

在这场合中，除非苏联的工业与经济已经发展到了某程度，苏维埃政府是不能采用任何有效方法的。对于不熟练工人以及一般工资低微的工人，不仅使他们的工资有绝对的增加而且有相对的增加——这一方面的努力，直到最近的时期才得到了一长足的进步。最近的提高工资计划已经特别注意到工资低微的各业工人的利益，这亦是事实。今后此种调剂政策将继续实施下去。在经常地提高一切工人的生活标准这一点上，前述政策并不完全是机械地使各业工人工资的水平线提高起来，而是更注意于使前此工资低微的各业工人的工资比工资较优的高等技艺工人的工资有更快度的增加。我们可以引用一九二七—二八年份的提高工资计划来作解释。在这一计划中，预算有一三〇．〇〇〇．〇〇〇卢布是专于用以增加各业工人的工资的。于一般的增加而外，前记预算中有三〇．〇〇〇．〇〇〇卢布是特别作为增加前此工资低微的各业工人工资之用的——这一批工资低微的工人约当产业工人总数的三分之一。这样，下一年中平均工资的水平线将有百分之六.五的增加，再加以减价政策之继续施行，实际工资的增加将达百分之十一或十二。

实际工资的水平线提高与工人生产力的提高是紧切地相伴而行的。无产阶级国家中一切经济的发达必定是给工人阶级以更高度的福利。在无产阶级国家的经济中，工人生产力的提高即是较高的工资之主要的唯一的真正源泉，这是当然的事实。工资的发展与工人生产力的提高——两者间的这种密切关连便是存在于苏联经济与资本主义国家经济间的那种根本的阶级差异之主要标记。

最后，我们若拿现在的工资与大战以前的来加以比较，便不能不注意下面的另一要点。在资本主义制度之下，资本家为了增加生产而投入的那种新资本实际便是资本家的利润的一部份，不过他不愿拿这一部份作为个人的用费，却拿来作为一种增加利润的工具，实现的方法便是扩张生产。另一方面，在无产阶级国家中，投入国家工业中的资本便是工人阶级和一般劳动民众的财富之一部份。国家工业的利润中，不用以直接增加工资而用以扩张生产的那一部份，因此也可以算作无产阶级的进款，由无产阶级为其自已将来的利益而“储蓄”着的。从这一点上看来，苏联产业工人的工资已经超过了他们战前的水平线——这一事实实有着一种极重大的意义。

附录三

苏联之监狱

Johaunes Wertheim 作

因为苏联的立法将社会保卫的方法代替了惩罚制度，所以待遇监禁的人犯也有许多新形式的方法。犯人并不被视作一种完全与社会绝缘的败类。苏维埃的立法也不承认犯罪是天生的，无可救药的，也不相信有什么恶的意念诱致人们去犯罪。它认为罪犯完全是困难环境的俘虏，如失业、贫乏、无知识、酗酒、染病或其他均可致人于犯罪的地位。所以它待遇犯人的方法既不令他受物质的痛苦，亦不损害人类的尊严。

在监狱中，犯人不仅有义务，而且有权利；犯人初入狱的时候，这些条款都印成为一种通知书交给阅看或代为解释的。而最重要的是，监犯有一种毫无拘束的申诉权。

待遇监犯的方法有两种是最根本的：一是令监犯作工，一是对于监犯的文化教育工作。一方面使监犯习于一种劳动社会中的生活，将来出狱后能具有更强的抵抗力和自制力。他们在狱中学习读书和写字，或是接受他种增进智识的教育；他们或者特别学习一种专门技能，或者就自己原来的职业求进一步的学习。

作工是苏维埃国家的一种正当的社会基础。这是每一健全的公民应尽的正规的责任。作工决无损于人类的尊严。所以作工的条件在苏维埃的法律上是特别规定着的。法律上并规定，八小时工作制，每星期有继续四十二小时的休息，每天工作中须有休息和午饭的时间，孕妇应有的特权，这一切对于监犯都应严格地适用。在苏维埃国家中，公民，即令在监狱里面，都是不许被强迫而从事无报酬的工作的。

在文化教育方面，政府便多方设法鼓励监犯的独立活动。他们举行讲演会和辩论会，组织图书馆和研究会，并且举办音乐晚会之类。他们，毫无例外，有权订阅自己所要看的任何种报纸，此外由国家购备的新闻纸亦有许多。无线电话是他们与外界交通的一种特别工具。

锁链、手铐、脚镣、停给饮食等等在苏联监狱里是没有的。个别的禁锢只是用作一种惩戒的方法，而且只是短期的。监犯每星期可以接见两次，探监的不限于亲属，任何愿意的人都可以去的。监狱可以送饮食进去，亦可以送钱去，监犯可以在监狱里面附设的商店内自由购买应用品。监犯可以不受限制地通信，用任何种文字写的都行。监犯可以随意吸烟，任何时以及任多少都无限制。苏维埃法律中没有强迫静默的规定。无论是在狱内作工，在运动场上或在他们的俱乐部里，监犯都可以相互自由谈话。监狱对于每人都发给特制的监犯外衣，衬衫以及鞋袜等等，但监犯亦可以穿着自己的衣物，倘使愿意。监犯每年还可告假一星期或二星期，此外坐监的农民为了农事常可请假三四个月。

惩戒的方法通常不过是限制接见，禁止接受外来的报纸或赠品，期限不过一月；此种处分须经过正当的考察，并须经过一次审问，才能决定施行。

苏维埃政府曾经努力发展一种农业的，手工业的和工业的监犯居留地制度，用以代替旧式的监牢狱舍。这一制度的主要目的在于组织一真正的作工的社会，这里面有着正当的工作以及每一社会都需要的纪律，使得监犯并不觉得是身在监禁之中。所以，在各种监犯居留地中并没有什么巡卒兵监视着犯人的行动，政府当心的只是法定的许多规例不被破坏就得了。居留年久的监犯还有权在居留地的范围以内自由行动。

在苏联，一种常用而又最有效的训戒监犯的方法便是有条件的提早开释的规定。监犯之得提早开释，必是本人在狱中表示有极大的进步。例如，一个已判定三年监禁的监犯而曾经从事过生产工作的（据法令，不仅在工厂，便是在某一公司或其他等等中工作都是一样），其监禁期在某条件下可以减少三分之一；而且剩余的还可以减少一半，即，只受一年的监禁。强迫劳动而不予监禁亦是训戒犯人之一法，其规定略如下：在法庭判定的期限（不得过一年）以内，犯人须到法庭特别指定的工厂或其他企业中作工，但在工作时间以外，犯人是完全自由的。

政治犯享有更大限度的权利。倘使他们拒绝从事体力工作，监狱中是不能强迫他们的；倘使他们愿意从事脑力工作，亦当尽可能地满足他们的愿望。监狱中的设置，为他们是作到了最高限度的适意和便利的。

苏维埃的监狱制度是非常合理的，这可以下面的事实来证明：在某条件之下提早开释的犯人，又因犯罪而重行被拘入狱的为数极少；重犯罪的男犯人，据记载，亦不过百分之二十的比例——这一切，若是拿来与“英国监狱中长期监禁的犯人占百分之六十七”的事实两相比较，便更可以看出其重大意义了。

附录四

苏联产业与劳动状况

一、产业社会化之成绩

工业中私人资本之减少

	年份	国家的	合作社的	私人的	租借的	总计
工厂数	一九二三—二四	六.三二一	一.二九二	一.九三〇	——	九.五四三
	一九二四—二五	七.一九三	一.九九三	一.七九六	一四	一〇.九九六
	一九二五—二六	七.九七九	二.二九〇	一.九一五	三七	一二.二二一
工人与雇员之数目	一九二三—二四	一.四一三.五五二	四三.七三六	四〇.一六八	——	一.四九七.四五六
	一九二四—二五	一.七三一.五七二	七〇.六八二	三三.三八七	四.五三一	一.八四〇.一七二
	一九二五—二六	二.一七九.〇四九	一〇一.二五五	四一.〇八二	一四.〇六六	二.三三五.四五二
生产额	一九二三—二四	四.一二七.五	二一五.〇四	一九八.六三	——	四.五四一.一七
	一九二四—二五	六.一〇五.八	三八二.三	一四九.一	一一.五	六.七四八.七
	一九二五—二六	八.八九六.七	六六九.一	三五九.三	三三.一	九.九二八.二

（前项生产额以百万“切尔罔列兹”[①]为单位，每一“切”值十卢布）注意：一九二七年前八个月中，国家工业生产额增加了百分之二〇——二一。

社会化工业的与私人资本的生产之比较

年份	国家工业	合作社产业	私人资本
一九二三—二四	六九.四%	五.五%	二四.九%
一九二六—二七	七五.四%	六.五%	一八.一%

贸易总额中社会化成份与私人资本成份之消长

年份	社会化的贸易（注）	国家独营贸易	私人资本贸易
一九二三—二四	五九.二%	三一.〇%	四〇.八%
一九二四—二五	七三.〇%	三五.五%	二七.〇%
一九二五—二六	七六.三%	三四.〇%	二七.七%

---

① 1924年2月，苏俄政府进行货币改革，国家银行发行切尔文银行券，1切尔文银行券兑换新币1卢布。

一九二六—二七	七八．五％	三四．〇％	二一．五％

（注）包含国家商店与合作社两方面的贸易额。

社会化工业中与私人工业中工人人数之比较

年份	社会化的工业（注）	国家独营工业	私人工业
一九二三—二四	八七．八％	八〇．一％	一二．二％
一九二四—二五	八九．五％	八〇．六％	一〇．五％
一九二五—二六	九〇．八％	八二．七％	九．二％
一九二六—二七	九〇．八％	八二．七％	九．二％

（注）包含国营工业与合作社工业两项。

商业中私人资本之减少

一九二一—二二	七五％
一九二五—二六	二八％
一九二七	一六％

二、工人生活之改进

产业工人每月进款之平均数（以新卢布为单位）

年　份	一九一三年	一九二三—二四	一九二四—二五	一九二五—二六	一九二六—二七
各业总计算	二五．〇〇	三五．八〇	四四．六八	五五．〇五	五九．五二
各业分计					
钢铁工人	——	三一．六〇	四二．二三	五六．〇六	六一．一五
煤油工人	——	三三．九三	四六．三九	六二．三一	六七．〇七
煤矿工人	——	三六．四八	三九．七〇	五二．一五	五六．六〇
机器工人	——	四〇．八九	五四．一七	六七．三九	七四．〇〇
化学工业工人	——	三七．二六	五〇．八八	六三．二九	七一．二四

工人每年之进款

		与前一年的百分比
一九二三—二四	三五五卢布	——
一九二四—二五	四六八卢布	一三一．八％
一九二五—二六	五七一卢布	一二二．〇％
一九二六—二七	六一〇卢布	一〇六．八％

一城市工人每年食品之消费量（以启罗格兰姆为单位）

年份	谷类	肉类	蔬菜类	糖类
一九一八—一九	一四六	五．一	三．四	二．七
一九一九—二〇	一八二	一一．九	一．九	二．八
一九二〇—二一	一五七	一三．五	一．八	二．九
一九二一—二二	一五三	一九．六	二．三	二．〇
一九二二—二三	二一〇	二七．五	五．〇	四．〇
一九二三—二四	二〇八	三三．三	五．六	六．四
一九二四—二五	一八五	四八．九	四．三	八．六
一九二五—二六	一九三	五六．三	四．〇	一一．三

一城市雇员每年食品之消费量（单位同前）

年份	谷类	肉类	蔬菜类	糖类
一九一八—一九	一四六	一八．二	三．四	三．四
一九二五—二六	一七〇	六五．四	二．六	一四．二

学校、图书馆、俱乐部

年份	为不识字者设立的学校		党校、政治班等	
	学校数	学生数（注）	学校数	学生数（注）
一九二一	四〇．九六七	一．一五七	六四	六
一九二二	一七．九八七	四五六	一八〇	一四
一九二三	三．五三五	一一一	三九一	三〇
一九二四	一七．三六四	五三四	七六四	五三
一九二五	四四．三七五	一．三九九	一．五三八	八一
一九二六	五〇．九二五	一．六三五	五．八五七	二〇六

（注）学生数以千为单位。

年份	图书馆数目	阅书者人数	工农俱乐部数目
一九二一	二〇．〇三〇	五．四四八．〇〇〇	八．五〇六
一九二二	一七．〇五八	五．五一五．〇〇〇	七．三九四
一九二三	一〇．五三八	三．五四四．〇〇〇	六．九九一
一九二四	一〇．七一八	三．五四四．〇〇〇	六．九九一
一九二五	八．〇一六	六．八五六．〇〇〇	一〇．八三八
一九二六	二一．〇六七	——	一一．二五〇

苏联已受社会保险之人数

一九二五年九月	七．六三〇．九〇〇
一九二五年十二月	七．七七六．三〇〇
一九二六年九月	八．七九四．九〇〇

三、失业状况及其救济

苏联失业之人数（劳动交换所之统计数目）

月份	一九二五年	一九二六年	一九二七年
一月	——	九八七．九九〇	——
二月	——	一．〇〇五．六一三	一．四〇七．二六二
三月	——	一．〇五六．四六二	——
四月	——	一．〇七〇．九二四	——
五月	——	一．一一四．二六〇	一．四二八．〇〇〇
六月	——	一．〇六五．五二〇	——
七月	——	一．〇三〇．〇四六	——
八月	——	一．〇二三．七〇〇	——
九月	九二〇．四〇九	一．〇七〇．七五九	——
十月	九五二．二八〇	一．一六三．四一〇	——
十一月	九五三．六〇三	一．二五四．三二九	——
十二月	九五一．一七三	一．三一〇．四八八	——

一九二六年十二月的失业工人一．三一〇．四八八中，有五八六．一〇二是没有固定职业的不熟练工人，有一四四．七八八是国家机关和商业机关的雇员。

一九二七年五月的失业工人一．四二八．〇〇〇中，有三五九．九二四（百分之二十五）是从前没有失业过的（女工占极多数），有一四七．一一一（百分之十又三）是季节工人，有二三二．〇〇〇（百分之十六又二）是产业工人。

失业工人中产业工人所占的百分比如下：

一九二五年一月	二九．一％
一九二五年十月	二一．九％
一九二七年五月	一六．二％

其余都是不熟练工人，以农民为最多。

救济失业之方法

甲，有长期救济性的方法

A. 依据“五年计划”，竭力发展工业。据估计，今后工业中能容纳工人的数目如下表：

一九二七—二八年	一〇.八五〇.〇〇〇
一九二八—二九年	一一.三一八.〇〇〇
一九二九—三〇年	一一.七六四.〇〇〇
一九三〇—三一年	一二.一七一.〇〇〇
一九三一—三二年	一二.六一八.〇〇〇

B. 扩展农业并促进农业的工业化，亦是救济失业的主要方法（如发展乡村工业、制麻、罐头食品等等）。

乙，暂时救济法

A. 社会保险对于救济失业的费用：

一九二四—二五年	三〇.〇〇〇.〇〇〇卢布
一九二六—二七年	八〇.八〇〇.〇〇〇卢布

B. 公共事业的费用支出一〇.〇〇〇.〇〇〇卢布

建筑房屋、铁路、船坞、马路、桥梁等等，容收了十万失业工人，其中九万是建筑工人。

C. 在失业工人中组织 Artels（即合作劳动社）；一九二七年四月，有九八.五〇〇失业工人都因 Artels 而得到了工作，为此种组织而使用的经费有六百万卢布。

四、农业合作社概况

合作社与农民之关系——合作社供给种子之数量

一九二三年	一九二四年	一九二五年
六五普特	一三四普特	八〇普特

出借农业机器于农民之日数

一九二三年	四一.五日	一九二四年	九六.六日

农业合作社之社会成份（一九二五年调查）

贫农	三八.九%
中农	五七.四%
富农	三.七%

合作社管理员之社会成份

贫农	三九％
中农	五五％
智识分子	六％

合作社管理员之党的成份

共产党员	二四％
非共产党员	七六％

农业合作社社员之社会成份（一九二五年调查）

没有一匹马的农民	二六．三％
有一——二匹马的	六六．八％
有三匹马或更多的	六．九％
没有一头牛的农民	一〇．三％
有一——二头牛的	八一．〇％
有三头牛或更多的	八．七％
有二俄亩土地的农民	二三．〇％
有二—八俄亩土地的	六一．一％
有八俄亩土地以上的	八．七％

（以上根据农业人民委员会的统计）

农业合作社社员之数目（乌克兰除外）

一九二四年	二．〇五六．五〇〇
一九二五年	四．五〇〇．〇〇〇
一九二六年	五．九四八．四六〇
一九二七年	七．六七八．九四四（约当农民总人口三分之一）

农业合作社之数目（乌克兰除外）

一九二四年	二五．八四〇	
一九二五年	三一．五〇〇	
一九二六年	三三．五〇〇	
一九二七年	四〇．五〇〇	
又	六六．三八九	（乌克兰的包含在内）

消费合作社：在乡镇中

年 份	乡村消费合作社之数目	商店之数目
一九二三年	一八．一〇五	二一．四二〇
一九二四年	二〇．〇八六	二七．〇七八
一九二五年	二二．二四四	三二．五五八

五、各小共和国之工业化

乔治亚（Georgia）

煤之生产量（普特为单位）

一九一三年	二．四〇〇．〇〇〇
一九二二—二三年	一．八〇〇．〇〇〇
一九二三—二四年	三．八〇〇．〇〇〇
一九二四—二五年	四．六〇〇．〇〇〇

据国家设计委员会之估计，每年生产量可达一二．〇〇〇．〇〇〇普特。

烟草工业生产之总价值（卢布为单位）

一九二一—二二年	三．七〇〇．〇〇〇
一九二二—二三年	四．四〇〇．〇〇〇
一九二四—二五年	四．五〇〇．〇〇〇

制皮工业生产之总价值（卢布为单位）

一九二一—二二年	二〇四．〇〇〇
一九二二—二三年	二六七．〇〇〇
一九二三—二四年	三〇〇．〇〇〇
一九二四—二五年	四二五．〇〇〇

土曼尼斯坦（Turmenistan）

煤油之生产量（普特为单位）

一九二四—二五年	三七七．〇〇〇
一九二五—二六年（估计）	一．九〇〇．〇〇〇

Osokerit之生产量	（普特为单位）
一九二三年	三二．〇〇〇

一九二四—二五年	三〇.〇〇〇
一九二五—二六年（估计）	六〇.〇〇〇

加里尼亚（Karelia）

木材之生产量（立方英尺为单位）

一九二一年	一.七〇〇.〇〇〇
一九二四年	一一.五〇〇.〇〇〇
一九二五年—二六年（估计）	二〇.〇〇〇.〇〇〇

(前项木材之生产完全集中于“加里拉斯”托辣斯手中。)

机器工业之发达

一九二一年	二.七八九工人
一九二五年	六.三八四工人

(在翁尼亚机器工厂中有工人一千人)。

蒙古共和国（毛类渔类为出产大宗）

经过工业制造的生产品之总价值（卢布为单位）

一九二三—二四年	一.二〇〇.〇〇〇
一九二四—二五年	一.八〇〇.〇〇〇
一九二五—二六年（估计）	三.七〇〇.〇〇〇

鞑靼共和国（主要出产为肥皂、皮革、矿物、木材）。

工业生产之总价值（卢布为单位）

一九二三—二四年	三六.〇〇〇.〇〇〇
一九二四—二五年	四二.〇〇〇.〇〇〇

克尔基共和国（Kirgisian Repubeic）

矿产之总价值（煤、铜、铅、锌）（卢布为单位）

一九二一—二二年	一.一〇〇.〇〇〇
一九二三—二四年	一.七〇〇.〇〇〇
一九二四—二五年	二.三〇〇.〇〇〇

工业制造品之总价值（卢布为单位）

一九二二—二三年	二．八〇〇．〇〇〇
一九二三—二四年	四．二〇〇．〇〇〇
一九二四—二五年	五．六〇〇．〇〇〇

附录五

世界劳动状况

实际工资比较的指数[1]（以食品价格为计算的基础）：

地名	一九二四年七月一日	一九二七年四月一日
亚姆斯特坦 Amsterdam	八九	九二
柏林 Berlin	五五	七〇
不鲁基尔 Bruxelles	五九	四六
伦敦 London	一〇〇[2]	一〇五
马德里得 Madrid	五七	五七
罗马 Rome	四六	四六
巴黎 Paris	七三	五九
费城 Philadelphia	二一三	一九二
卜拉格 Prague	五六	五〇
维也纳 Vienne	四七	四三
华沙 Warsaw	四三[3]	四〇
洛兹 Lodz	四八[3]	四一

据上表，过去数年中法国、比利时、捷克斯拉夫、奥地利和波兰等国的实际工资都减低了。

工资减低，工时却反增加了，并且一九一八—二〇年间工人在革命的斗争中所争得的许多特权都失掉了。

工作时间问题。大战终了时，因俄国十月革命的威胁与各国工人阶级的努力斗争，八小时工作制在许多国家中本已确立了的，可是最近各资本主义国家将这一规定用法令完全注销了。

一九一九年十月，国际劳工局（International Labor office）的华盛顿会议曾

---

① 录自 Revue International du travail。

② 一九二四年七月一日伦敦的等于一〇〇。

③ 一九二五年一月一日之统计。

决议“在工业企业中建立每日八小时或每周四十八小时工作制”。从那时起，八年以来，绝没有人提到实施这决议案的。反之，在最近，英国、意大利、比利时和瑞士的工作时间到〈倒〉延长了。

关于德国工作时间之实际的延长，我们没有确实的统计材料。工会总会(A. D. G. B.) 于一九二四年五月及一九二四年十一月公布过两种报告，第一报告统计人数为二．四五三．五二三，第二报告为二．三六三．八〇〇。依前记报告，每一〇〇工人中，其工作时间之长短的比例如下：

年　月	部份时间	四十八小时以下	四十八小时以上	五十四小时以上
一九二四年五月	——	四五．三	五四．七	一三．〇
一九二四年十一月	九．三	四五．三	四五．四	一〇．七

据一九二六年十月劳动部的报告，七四五．六二一雇佣人中，三九四．九九六［人］，即百分之五三，工作时间每周在四十八小时以上。

在英国，据一九二五年三月的报告，工作时间之比例如下：

每日工作时间	百分数（%）
四十四小时或更少	一三．七
四十四又二分之一——四十六又四分之三	五．八
四十七小时	三三．七
四十七又二分之一——四十七又四分之三	一．三
四十八小时	三八．二
四十八小时以上	七．三

一九二五年初平均工作时间为四七．一小时。

自从那时起，工人逐渐陷入更不利的地位了。一九二六年某九三二．六〇〇工人的工作时间每星期加多了四．五小时。一九二七年（前八月）某一八．〇〇〇工人的（工作人的）工作时间每星期加多了三．七小时。英国资产阶级正在向工人继续进攻。

意大利每星期工作时间的百分比如下：

工人种类	四十八小时以下	四十八小时	四十八小时以上	不详
家具制造工人	八．七%	五〇．一%	四〇．〇%	一．二%
磨坊工人	一二．九%	五六．七%	三九．五%	〇．九%
制鞋工人	一六．一%	六九．五%	一三．〇%	一．四%

机器工人	八．五％	六〇．一％	二九．一％	二．三％
造船工人	六．一％	四七．四％	四六．四％	〇．一％
造砖工人	一一．一％	四一．五％	四四．八％	二．六％
建筑工人	一三．〇％	四〇．三％	四三．一％	三．六％
制丝工人	八．二％	六四．一％	二七．二％	〇．五％
棉业工人	一六．九％	六七．七％	一四．五％	〇．九％
毛业工人	一二．五％	六五．九％	二〇．二％	一．四％
铁路工人	五．一％	三六．五％	五七．五％	〇．九％
各业总计	一〇．九％	五九．四％	二七．六％	二．一％

在美国，许多工厂仍盛行着每日十二小时工作制，虽然有一种减少工作时间的趋向，但得到了八小时工作制的还占极少数。

不拘工人阶级的生活标准如何降低，资本主义的经济制度终究是难于完全恢复它的健康的。而最为其致命伤的是，多数工业国家，英国、意大利、德国等，中工人长期的失业、商业的停滞以及市场之缺乏（法、意、英）等等。

欧洲各国失业人数之统计（以千人为单位）：

年份	英	德	意	波兰	比利时	奥	捷克夫拉斯	里特兰	瑞士
一九二〇冬季	五二六	三六八	一〇四	——	四九	一六	二〇	三三	一五
一九二一七月	一八〇四	三一四	四一四	六五	一四七	——	三三	三〇	五六
一九二一十二月	一九三四	一四九	五四二	一七三	八六	——	三三	六六	八九
一九二二七月	一四五八	二〇	三七二	八七	三六	三八	二三二	三三	五二
一九二二十二月	一四三二	四三	三八二	七五	二六	二七	四三七	五〇	五三
一九二三七月	一三二五	一三九	一八三	六五	一四	八七	二一五	三一	二三
一九二三十二月	一二二七	一五二八	二五九	二六八	一四	九八	一九二	四五	二七
一九二四七月	一一三五	五二六	一一八	一五二	二一	六六	八三	一九	八
一九二四十二月	二六〇	五三六	一五〇	一五九	三三	一五四	八一	三五	二
一九二五七月	一三二七	一九七	八〇	一七五	三一	一一二	四二	二三	一〇
一九二五十二月	一三四三	一四九八	一三	三一四	四四	一七九	四八	四五	一七
一九二六六月	一七五一	一七四一	九〇	二四三	一八	一五一	四〇	一七	一〇
一九二六十二月	一四三二	一七四九	一九二	一九〇	三三	二〇五	二九	三六	一八
一九二七七月	一一一四	五七三	三八八	一四八	二八	一三七	——	一九	八

（1929 年 7 月初版，上海乐山书店）

署名：李伟森译

不幸的预言

公民 Louis Pujol　作

（一九二八年四月三日）

一八四七年，法国受了国际经济大恐慌的影响，物价匮乏，失业工人加多，人民破产者日众；在政治方面又因基左（Guizot）的反动政策之激怒，全人口中不过百分之二的最富有者获有选举权：因是遂暴〈爆〉发了一八四八年的二月革命。革命的当初，中小资本家、地主和工人等都是一致反对皇帝的，结果，皇帝被推倒，政权却落在大资本家的手中。虽然有自命代表工人阶级利益的路易布郎（Louis Blanc）、有亚尔伯（Albert）参加在政府中，而且组织有“工人委员会”号召革命的工人群众从事社会主义的宣传活动；但另一方面政府却设立了国家工厂，容纳失业工人，使工人势力分散。五月，工人曾起一次骚动，企图推翻政府，因指导不得人而失败，领袖均遭拘捕或通缉。六月，骚动又起，国家工厂的工人，因不满意于政府的措施，也和“工人委员会”影响之下的工人群众一致行动，要求真正的“法兰西共和国”。六月二十二日，本文的作者路易模约耳领导工人代表向政府请愿，受尽侮辱和威胁；二十三日至二十五日，骚动蔓延到全巴黎城，但终于被镇压下去——此役政府有武装兵士五万六千人，工人方面徒手群众不及五万，死亡计一万六千人。失业问题藉此得到了解决，工人不再有骚动的事实了；同年十一月选举的结果，新共和国总统为路易拿破仑——拿破仑一世的侄子，法兰西第三次的大革命因以“完成”！

此文作于何时，不详；据内容，当在一八四八年五月六月之间。

——译者　一九二八，四，三。

一

我确实对你们说，民众们：我是一个报告灾难的预言家。有耳朵的人们，让他们听听正威吓着我们国家的这不祥的故事。肯说实话的人们，让他们走遍城乡去传布这预言：内战已经迫在眉睫，内战的旗帜将在这争斗中狂飞，浴血。

二

上帝已经对他的愤怒的狂飙说过：快去！他的罪恶已经滔天了。

上帝的愤怒的狂飙已经扫荡了皇冠一座。

在 Tarquin[①] 的皮鞭之下呻吟着的民众起来了，正舞着正义之剑。

那班在暴虐的统治之下曾经鞭鞑〈挞〉过民众的人们，此时却如侍臣一般，俯身在民众面前，并高呼，吾王万岁！

民众回答这些在自己脚下颤慄着的专制魔王的同谋者，说：起来！你们不是我的弟兄们吗？来！Abel 的血是玷污不了我的光荣的。

在尘埃中，他们听见了这种垂怜的声音。

他们起身拥抱着民众，可是民众知道这是 Judas 的毒吻！

轻蔑的微笑在民众的燃火似的红唇上浮现了一下。

民众的面部因恐怖而逐渐紧缩了，仿佛一个人短刀在握而犹驱除不了死之恐怖——那一刹那间的面貌一样。

民众的哭唤声中渗合着一些怜恤的语句，这使得那班曾经欺侮过民众的人的心血都凝冻了。

他们记起了他们的失败，满心恐怖地战抖着。

他们号召他们的助手，那般娴于战事的人们，持枪荷戟，武装起来。

这班人完全没有了怜悯的心情，只是喊出迫害的呼声向人民挑战。

看呀，那班曾在皇帝的黑暗的地狱与神秘的土窟中受尽了折磨的人，正在向民众索取那些将会以民众作奴隶的奸贼。

便是那班曾经教育过民众的人们，都被当作罪犯去绞杀了，被当作野兽般去穷追严索，毫无怜恤地投入监牢中去了。

便是现在，他们都还在那儿，躺在潮湿的石上，这些英勇的殉教者都在那儿等候着他们的新的解放时期的到来。

因此，看呀，我预告你们，最近快到来的时期中实在藏有许多流血的神秘。

你们闭着两眼走路的人是该受灾难的！你们没有看见那将要生啖你们的黑暗

---

① 卢基乌斯·塔奎尼乌斯·苏培布斯，罗马王政时期第七位君主，最后一个统治罗马的暴君。——编者注

地狱！

我确实对你们说：一切的罪恶都要得到应受的责罚的。

他们曾经挟着满怀的信任心走到你们那儿来；你们却以侮蔑的态度遣回他们去。

他们曾经在你们的面前立起，把他们贫穷的伤痕给你们看，你们并不为他们治疗，却反用那致死命的诽谤的武器去毒害了他们。

他们曾经气尽力绝地喊出饥饿的呼声，你们却把你们的两耳闭塞起来。

他们曾经对你们说：我们有以劳动来谋生的权利，你们却回答他们：我们有让你们死的权利，否则你们便须按照我们的愿望去作工。

他们又说：用我们的血，我们已经赎回我们的自由了，今后我们当要生活在自由之中；你们却对他们说：你们还是要作奴隶的。

他们向你们索取正义，而你们给与他们的是污辱和枪刀！

于是，他们便四处奔走，诉说他们的恶运。

武装的人们日夜追逐着他们的俘虏，用利剑将俘虏五剖四分。

这些人，因为他们要求正义，致被当作罪大恶极的凶手而遭受虐待，于是转相告语：看呀，我们又被逐流放，又被烙上 Cain 的金印了！这岂是胜利的当日，他们所曾经应允给我们的东西吗？别人已经把他们的专制的好梦建筑在民众的分裂上面；当民众成为一个整人而崛起的时候，皇位便会被踢翻，王冠便会被民众的怒气冲成碎片，化作灰尘。

此所以，我们的当局要继续刀剑和专制的统治！

此所以，我们只是以暴易暴！

此所以，我们希望，为民众的子孙永留着那愁苦的时光，为他们自己永留着那幸福的筵宴！

此所以，我们又联合起来，要求那被我们的卑劣的统治者毁弃了的“人权”，把流血者和剥削者的权力在我们的石臼中捣成粉碎！

自由，自由，你会在革命的怒潮中，如太阳一样，射出灿烂的光辉，带来和平与无量的幸福。为你而获得光荣的死的英雄，将会在你的祭坛前，在高唱入云的凯歌声中，受民众的顶礼，他们的胜利的英名将永远镌刻在“永生寺”的门前！

路易·朴约耳

（原载《北新》半月刊 1928 年第 3 卷第 14 期）

署名：李伟森译

朵思退夫斯基[1]

——朵思退夫斯基夫人之回想录及日记

（一九二八年六月）

科捷连斯基原辑英译　李伟森重译

朵思退夫斯基夫人笔下之朵思退夫斯基

这部书给我的“小小”——道希妹

① 今译陀思妥耶夫斯基。——编者注

辑者引言

朵思退夫斯基夫人（Mme · Dostoevsky）的日记，她的《回想录》的草稿以及一八六六年到一八八一年间她的丈夫给她的信的抄录稿，在一九二二年都寻得了，完全是夫人的亲笔；这些文件由乔治亚（在高加索）教育委员会的代表送给莫斯科文库的管理员；一九二三年，他们便把她的日记出版了。

她的日记的第一册是从一八六七年四月十四日到六月二十日，第二册是从同年六月二十二日到八月二十四日。这一时期中，朵思退夫斯基正是旅居在国外——柏林、芮斯顿和巴端等地方。

夫人的记载最初都是用的速记法，下面一段便是她在一册日记上面的“题记”：

“此日记系安娜 · 格里戈里夫娜 · 朵思退夫斯基（Anna Gregorevna Dostoevsky）偕其夫朵思退夫斯基（F. M. Dostoevsky）旅居在国外时记的，从一八六七年四月起，都是用速记法写的。但抄译出来，却在二十七年以后，即一八九四年了。”

从第二册的题记中，我们可以知道那一部分的日记“在一八九七年末，即三十年以后，才抄译出来；一九〇九年和一九一二年又续抄的。”

夫人的日记与她的《回想录》完全是不相连属的；《回想录》现在也存在中央文库里，其大部分已经由俄文印行了。

在夫人《回想录》的草稿某一篇中，她追述她的日记的来源如下：

“母亲看见我要远游国外，她哭得非常厉害。我也觉得很难过；真的，这是我第一次长远的离开母亲，我有生以来二十年中都是和她很快乐的相依着的。我安慰母亲，对她说三个月以后我一定回来，在这期间中，我必定常常写信给她。我允许她，在秋季我必定很详尽地告诉她，我在国外所遇见的一切关于我个人的有趣味的事。为了要使这些事不要忘记了，我想最好是用一本日记，每天把我遇见的事都记在里面。真的，我说了就实行，便在火车站买了一本记事册，第二天便开始用速记法记下一切我觉得有趣味的事。用这本记事册，我每天都记一些事物，继续了一年之久，直到了更严重的事临头，即是，我要预备分娩，才停止了。

“起初我只记下旅行的印象及叙述日常的生活。但是渐渐地，凡我亲爱的丈夫的观念、谈话以及对于文学及音乐等意见，足以使我感到兴趣及神往的，我都要写下来了。有时我还记载我们的小小的争辩，我反对他的某项意见。例如，关于妇女问题的。我可以自由地记述；因为我知道除了我自己，我用缩写法记下的东西是没有人能识得的。

“每逢晚间，费多尔（Fiodor即朵氏之名）必坐下做工，我便坐在另一桌旁写我的日记。几次费多尔对我说：‘你在那儿用那些奇怪的钩点描写些什么东西，我多么愿意知道啊！你必定是在骂我！’

‘谁忍骂你啦！’我必定这样回答他。他时常是用一种戏谑的口吻象这样回答我的！”

日记的背景是德国，不是俄罗斯。夫人的日记所供给的关于朵氏的材料实在有最高的价值。

夫人的日记用俄文原文印行的是一巨册，约有四百面，一九二三年中央文库出版的。本书中我们只摘录了若干篇，这些都是我们认为极有助于更深切了解朵氏的材料。

夫人的《回想录》的草稿共有大小三十余册，其内容之文学的成就亦高下不等，夫人最后写成的那册极雅驯的《回想录》，都是以这些草稿为底本，这是很显然的。

《回想录》从一八六六年开始，那时夫人仅二十岁，正初次与朵氏相遇，结束是在一九一七年，在夫人逝世的前一年。

《回想录》表显夫人在朵氏最后十四年生活中的情态，极为明晰。夫人以其实际的心灵、丰富的筋〈精〉力、坚强的意志与夫透察事物的能力，成为朵氏的一个最切实的助手（实在朵氏对于实际的营生可以说是不懂什么的）——这在《回想录》中都可以明显看出来。

本书选辑的《回想录》的第一部分最初是在一种俄文杂志上登载的（一九二三年）；后一部分是从俄文《朵思退夫斯基夫人回想录》中选出的；此书是新近由国家出版公司印行的（一九二五年莫斯科与彼得堡发行）。本书选录的数篇，我们认为可以帮助读者对于朵氏得一新的了解。

要了解安娜·格里戈里夫娜，朵氏之后妻①，在朵氏最后十四年生活中所占的重要地位，有几件重要的事实我们必须记在心里。安娜·格里戈里夫娜（生于一八四六年）在一八六六年秋受雇于朵氏，任速记之职。在一极短时期之后，他

---

① 朵思退夫斯基的前妻是寡妇马里·德米特里夫娜·伊沙也夫（Maric Dmitrevna Lssayev），他们于一八五七年二月在库止涅次克（Kuznetsk）结婚的，那时朵氏还在西伯利亚挨他的苦生涯。马里逝世于一八六四年四月十六日。

向她求婚，一八六七年二月十五日，他们便结婚了(她年二十一，他年四十六)。在他们结婚后的整十四年中，安娜是朵氏的速记生、抄写生、秘书、财政顾问、发行人、发售人和一般的管理者。这些年中是朵氏的文学出产最旺的年份，他所有的著作，一半以上都是在这时期写出的，即：《赌徒》(一八六六年)、《白痴》(一八六七—一八六八年)、《永生的丈夫》(一八七〇年)、《魔鬼》——英译作 The Possessed (一八七一—一八七二年)、《著作家日志》(一八七三—一八七四年)、《青年》——英译作 The Raw Youth (一八七三—一八七四年)、《卡拉玛卓夫兄弟》(一八七八—一八八〇年)。

在她的丈夫逝世以后 (一八八一年)，安娜便专心致志于整理她的丈夫的著作和遗物；在莫斯科历史博物馆中，她特别要求了一部分的地位，专于存放朵氏的无数手稿、记事册、信件、照片，以及所有俄文与各种外国文论及朵氏的文字，只字片纸，搜罗无遗。博物院“朵思退夫斯基纪念室”所存放的一切物件，安娜都做有一最充分的说明，并且印行了一种著作年表，包括了朵氏的全部著作及一切有关于朵氏的文字。她的记述朵氏的生活与活动的“年表提要”共有五千余条，乃俄文年表中独一无二的巨制。在她的晚年，安娜的筋〈精〉力便完全消费在整理《回想录》的工作，预备在自己身故后印行的。

在俄文本《朵思退夫斯基夫人回想录》的序言中，编者格洛司曼 (Leonid Grossman) 曾述及本人会晤夫人时的情形，此时正当夫人逝世之前一年：

“在一九一六至一七年冬季，我在彼得堡会见安娜·格里戈里夫娜数次，革命后我在塞司特洛里次克 (Sestroretsk) 也会过她。”

“虽然已届暮年，夫人的心灵仍是保有着极可贵的活气。她的谈话极为娱人。她能够很长的时间，毫不停歇，谈着往事，关于家庭的遗迹，过去的人物，自然特别是关于他——他乃是她十四年的生活的伴侣，他乃是她现今最为崇敬祷祝的人。”

“‘我并不是生活在二十世纪当中，’她说，‘我是仍旧留在前世纪七十年代里。我的来客是费多尔的朋友，我的周围是朵思退夫斯基的一般知己，而现在他们都已不在了。我是与他们共同生活着的。每一个研究朵思退夫斯基的生活或著作的人，对于我都象是近亲一般。’”

“夫人认为她一生的工作还有很多没有完成。‘我七十一岁了，’她说，‘但是我还不想死。时常我相信，我会象我的母亲一样，活到九十岁。还有一大堆工作要做，我一生的工作与劳动，离着成功还远得很。’”

“这位老夫人，戴着一顶花编草帽，面色虽然衰老，却仍旧有动人的地方，眼光灰色，但极明澈，青年的微笑亦仍旧很好的保存着；有人见访，只要是十分有兴趣于朵氏的著作的人，她必出示她的《回想录》的手稿，她个人成功的可珍贵的纪念物以及她丈夫的多量的信件。”

“‘在生活中我常常需要一种“理想”’，夫人接着说下去，‘我曾经常常从事于一些工作，那些工作都是我愿意专心致志干的。便是我们在高加索的产业，我要着也是有一种特别目的的，每一个人的生活中，常有一个时候是需要单独生活的，要把自己从习惯的旧辙中完全移开去，离开每日生活的忙碌，去单独享受自己的郁闷悲哀。好，我想着，让我的孙儿们有这样一个庇身的地方吧，当他们处着逆境的时候，让这个地方扶持他们帮助他们吧。我深深地相信，象这样继续着实现自己的计划便是人们得到愉快的唯一道路。不，我不能抱怨——我是尝到了愉快味道的。有时，我在花园里坐着，在夜晚的寂静中赏鉴着灿烂的落霞，我自己在心里问：“上帝！为什么你给我这样一种愉快的生活呢？上帝！为了这，我怎样感谢你呀！”自然，我也常遇到痛苦的打击。最后的一次是比较近日的事。’夫人的面色变得沉暗了，当她记起了她老年来最痛苦的事情。她继续说下去，带着一种显然的激奋：‘你可以想象，几年以前，司特拉可夫（Strakhov）的信公布出来，给我是怎样一种可怕的印象！那样的一封信，在信里，他说费多尔是阴险狠毒并污人廉洁，我被恐怖与愤怒弄得发抖了。这是怎样的一种未之前闻的诽谤呀！这种诽谤从谁的口里出来的呢？从我们的最好的朋友，从我们的日常来客，从我们结婚的证婚人——从尼可拉司特拉可夫口里出来的；在费多尔死后，他的遗著要出版，司特拉可夫还要我允许他为朵思退夫斯基作传哩！倘使司特拉可夫还活着，不管我怎样衰老，我立刻跑到他那儿去抓他的脸，问他何以这样卑污下流！’”

“夫人的灰白面颊因愤怒而泛着红潮，她的眼光中也燃着一种青年的人，声音里充满了悲愤和苦痛，此时这位可爱的老夫人的面貌令人很清楚地记起她青年时的玉照，波布沼夫（Victor Bobrov）在朵思退夫斯基雕刻边所作的那青年妇人的肖相；在她的清明的眉宇之下，射出那似剑似火的闪光。”

“‘那时我决定，’她继续说，‘不在报纸上作答辩。我对于司特拉可夫的答复将写在我的回想录中，这书将在我死后出版的。我在这本书里将要多多的说明先夫的人格。托尔斯泰（Leo Tolstoy）曾经问过：“朵思退夫斯基是哪样的一种人呀？”我答复他：“他是我所知道的一切人中之最仁慈的，最和善的，最聪明的，且最豪侠的一个人。”我愿意对于每个人重述这句答语。’”

“夫人又微笑着告诉我一件事，似乎她认为这件事是很有意义的。”

"'你知道，马林斯基戏院正要排演一新歌剧，由一青年主编，以朵思退夫斯基的某一种小说作本事。这位编剧家也不过问一下版权的事，我们质问了他，问题随后便解决了。可是，上星期日，这位编剧家来访我，亲自承认错误。他带了一本他亲手抄写的曲本给我。同时他要我在他的《集珍簿》(Album)上面写几句话作纪念。拒绝是无用的，我便允许了他的要求。可是当我提起笔的时候，这位青年编剧家却说："我必须告诉你，安娜·格里戈里夫娜，这本《集珍簿》是完全供献给太阳的。这里你只能写关于太阳的话。"你知道我写的什么？……'我的生命的太阳——费多尔·朵思退夫斯基。安娜·朵思退夫斯基。'"

"最后一次我晤见夫人是在革命以后，正当一九一七年三月的时候。在塞司特洛里次克她所住的那修养院里，她指给我看，在厅堂及卧室里也都有着革命的痕迹。

'自然，我们在这里也知道，'她说，'彼得堡的事情，可是我们没有盼望在本地也会发生反响的。就在革命后的第三天或第四天，我从我的住所的窗户里，看见有大群工人，从塞司特洛里次克兵工厂里出来的，正列队向我们修养院进行——都有武装，撑着旗帜，仿佛预备围攻我们的一样。我们猜不出他们的目的是什么。真令我们吃惊了，群众竟〈径〉直向我们的住所奔来；不几分钟，我便听见了楼下一阵紧急的敲门声，同时步履杂踏〈沓〉，至为纷乱。我就在我自己的房里，把门锁上，很害怕地想着，这一切我所钟爱的东西，这一切的照片、成堆的手稿、信件和书籍，都要逃不了毁灭的命运。不几分钟，我听见了闹声已经走上了二层楼，群众冲过了我的门，高声谈着叫着。又不几分钟，我很清楚地听见，那喧嚷的愤激的群众已经围绕在我的门外了。我抓起了一张写着朵思退夫斯基名字的纸片。他们在我的门上敲了一下；可是真令我惊异，那敲门声竟是很温和且很恭谨的样儿。我向空中画了十字，便开门，亲身对那喧嚷的群众说，请他们慈善一点对待我，我这一个老妇人。他们的领袖之一立刻出来安慰我，叫我不要惊恐。他说："我们知道你是什么人，我们不会伤害你的。可是我们必须检视一下你的房间。"真的，他们只是检视了一下，并没有搜索。'

'随后才知道，工人们是在搜索那藏匿了的前某总长卜洛脱波波夫(Protopopov)。外间谣传他是藏匿在塞司特洛里次克。随后证明这谣传是假的。他们没有找出卜洛脱波波夫，可是出乎意料以外，他们竟在这里找出了马加洛夫(Makarov)。在这修养院里的人都亲眼见到那位马加洛夫总长企图藏匿的可怜的样儿，他叫他的妻子捧着一尊神像出来见那般工人。'

"夫人当壮年时期曾经手抄过朵氏对于未来的俄罗斯革命之激切的预言；现

在，一九一七年三月革命这一伟大的事件，竟从夫人的口中娴静地且颇有几分同情地，讲出她所遇见的一瞥，我们听着，真感到一种新颖的趣味。

“夫人希望长寿，希望活到九十岁，惜竟未能如愿。她于一九一八年六月九日在雅尔塔（Yalta）地方逝世，享年七十有二。这位鞠躬尽瘁的工作者，竟未能完成她所计画〈划〉着的新工程。

“我从夫人的一位近亲方面接到了下面的一篇文字，记述夫人末年生活的情状颇真。一九一七年五月末，夫人离去莫斯科，到高加索去休夏，她的许多近亲都随她去了。‘在那一年中，’那位她的近亲写［信］给我说，‘修筑陶卜司（Tuapse）与亚得勒（Adler）间的铁路的工程已经达到我们的邻近了。腐毁的烂泥堆在四处，蚊虫更是云集着，我们住处便完全被这些东西弄到不堪了。本地以前是没有过疟疾的，此时几乎全体居民都染疟疾了，安娜·格里戈里夫娜自然也没有幸免。当时安娜的儿子费多尔·费朵洛维奇正住在高加索的另一部，他坚请安娜移居，安娜便带了少数亲眷离开了这传染病肆虐的地带。我们走到陶卜司，几乎都半死了！这种旅行特别使安娜难堪；她的年龄既已耄耋，身体复衰弱，更加以有病在身，于是她的健康便完全损毁了，疟疾重复向她袭击，至于使她失了知觉，陷于半瘫痪的状态。两星期以后，她竟复原了，竟能自己继续行程到雅尔塔去（此时她的同伴都要到别地方去）。到了冬季，她甚至还想回彼得堡去，可是旅行给与她的疲惫自然要使她的健康再受极坏的影响，果然，不久我即接到她的信，说她又染了疟疾，不过症状尚轻。一九一七年十二月，她竟十分痊愈了。一九一八年春，德国军队向南俄进攻，我们便与莫斯科完全隔离。费多尔·费朵洛维奇当时正住在莫斯科，以前他是时常送点钱给他母亲用的，自从交通断绝以后，安娜便陷于极窘的地步，几乎不名一钱了。在长期的食物缺乏，有时几乎竟完全在饥饿之中，六月一日，安娜买得了两磅面包，还是热的，因为饿了，自然她要吃下。当晚她便感到了剧痛，据医生的诊断，她的肠里正在极高度地发炎。她的朋友中有一位女医生，听见了她的病状，便为她雇了一位看护妇；这看护妇看护她直到临终。六月五日，看护发出快信给她的近亲，报告她的病状已临危境；可是因为当时邮政的阻滞，此信竟久未递到。六月七日，安娜已经失了知觉，又经过了两天的剧痛，六月九日上午十一时，她便去世了。她的遗体最先暂厝于教堂下的墓地；她的儿子到了以后，便将她安葬在教堂的近处。朵思退夫斯基的这位最倾心的朋友，便在这样的一种愁苦的，完全孤独的，没有儿孙亦没有近亲在身旁，而是［在］极端贫穷的景境当中，完结了她七十三岁的生命！我们的文豪在世的时候，她为了给与他以愉快，逝世后，她为了显扬他的声名，安娜·格里戈里夫娜完全牺牲了她的一生以赴之，真是‘鞠躬尽瘁，死而后已’哩！”

朵思退夫斯基夫人回想录

（一八六六年）

我和朵思退夫斯基相识的前夜

一八六六年十月三日晚七点钟，我到第六初级学校（在捷尔尼雪夫桥畔）去上阿尔金教授（Prof. P. M. Olkhin）的速记班，功课还没有开始，我坐下在我平时的座位里，正开始整理我的练习簿，这时我们的教授到了，他坐在我近旁的凳上，对我说：“你愿意担任一点速记的工作吗？有人要我代觅一个速记生，我想你会愿意担任这工作的。”我回答他，我是在希望找到一点工作，可是我怀疑我的技能，我恐怕我现在所知道的不足以担任一种负责的工作。阿尔金君说，他现在所谈的这件工作，并不需要更大的速度，我现在所能的（每分钟一百字）已经够应付了；他担保我必定能够胜任。随后我问他谁要给我工作做。“朵思退夫斯基，那位文学家，他现在正在写一部新的小说，需要用速记法帮他写出来。朵思退夫斯基预计这部小说约有七个大号的‘孚’① 那样多，他给速记生的酬劳金五十卢布。”我应允了以后，阿尔金君便给我一小纸条，上面写着朵思退夫斯基的住址，并对我说：“我请你明天上午十一点半钟准时到朵思退夫斯基家里去，不要早也不要迟，他今天是这样对我说的。我只是恐怕你不能和他友好，他是这样一个阴郁的、严峻的人。”我不自禁地笑了出来，对阿尔金君说：“可是为什么我们一定要成为朋友呢？我只是竭智尽力于我的工作好了。这位朵思退夫斯基文学家，我是非常尊敬的甚至于有点害怕他；这个倒是有点使我胆怯。”

阿尔金君看他的表，便走上他的座位，开始讲他的功课。我应该承认，这一次他讲的功课对于我是白费了的。我的思想完全被刚才的谈话占据了，我满心充塞了快乐的思潮，我渴望着的梦境要实现了：我已经弄到工作了。阿尔金对于功课是非常严格认真的，倘使他认为我的速记学识很够，写得很快，那必然真是如此；否则他决不会介绍工作给我的。阿尔金对于我的进步的承认，使我非常欢喜，并且使我自己也颇重视自己。我以为，对于每一个人，第一次的独立工作，

---

① “孚”（folio）系指页数而言，通常称四折纸为一“孚”，即八页或十六面。

无论在任何方面的，都必定有一种重大的，或者甚至有一种非常夸大的重要。我的第一次工作，对于我也有这样的一种重要。我觉得我仿佛是走进了一条新的道路，我能够用自己的劳力挣钱，我是十分能够独立了；独立这一观念，对于我，对于这个六十年代（按此乃指十九世纪六十年代）的一孩，是万分亲切有位的！可是比这工作本身更令人高兴更重要的是，有机会与朵思退夫斯基一路作工，有机会能够进而了解这位文学家本人的习性等等。真的，他是我的父亲最倾心的一位文学家，朵思退夫斯基这一名字，我从幼小时便已听得很熟悉了。我自己也发狂似地爱好他的著作，他的《死室的回忆》竟使我大哭不已。并且，这快乐，这伟大的幸运——不仅在于与这位驰名的小说家相识，还在于实际上帮助他从事他的著作哩！我兴奋达到了极点，我想把我的愉快分出一些与人共享。我不禁把这一切都告诉给我的同学亚力山得娜·伊万鲁夫娜第一（Alexandra Lvanovnol），她刚走进教室里来。她比我年长得多，十分聪明，极其勇敢，能言善辩，也很有才干，不过她时常要旷课。听见了阿尔金为我介绍工作，她颇为震惊，似乎奇怪阿尔金为我介绍工作而不介绍给她；因为她自己以为是最好的学生。她庆贺我开始我的速记的事业，并开始问我一些问题；可是我没有答复她，因为我知道阿尔金是不高兴学生在上课时谈话的。下课以后，伊万鲁夫娜的好奇心终于得到满足了。我和她同行，直送她到她的家里，随后我雇了一部马车，半点钟以后，我便到家了。我把一切的事，很琐碎地都告诉母亲，她也很高兴；我们又谈到我将来的幸运，谈了很长的时间。因为愉快和兴奋，我几乎终夜不寐，只是在幻想中描摩朵思退夫斯基的模样。他既与我的父亲生长在同时代，我猜想他必然是中年以上的人了。一时我想象他会是一个壮健而秃顶的老人；一时我又想象他会是很高而可怕的瘦削，并且如阿尔金描画的一样，常是严峻而阴郁的。终之，我又被一件事激动了，便是，我要对他说什么呢？在我看来，他是那样的有学问，那样的聪明，真会令我每说一字都要发抖哩！我又被一个观念弄得惶惑起来了，便是：我不很记得清楚他的小说里描写的那些人物的姓名，我断定他必然会要谈到那些人物的。在我的朋友中决没有会见过文学家，我竟想象他们乃是一种特异的东西，他们的说话必然完全是一种特别的方式。我心里有时记起那些时候的情形，便看出当日自己完全是一个小孩子，虽然已经是达到了那可尊敬的二十岁的年龄。

我和朵思退夫斯基的初会

十月四日是我一生最关重要的一天，是我和我的未来的丈夫初会的日子；早晨醒来十分高兴；长久渴望的欢梦要实现了，从一个未毕业的女学生的地位，我现在一跃而在我自己所选择的职业界中成为一个独立的工作者了：这一观念使我快乐而又兴奋。

我早一些时便离开了家里，准备到 Gostiny Dver 去买几支新铅笔并买一个小皮包，我想有一小皮包便可以使我这青年更象一个办事的人的样儿。十一点钟，我的东西已经买好，为了要遵照指定的时间到朵思退夫斯基家里，“不早也不迟”[①]，我便沿着 Bolshaya-Meschanskaya 和 Stoliarny 巷慢慢地走着，时时看着表。十一点二十五分，我便走到那屋里去，问那立在门口的管门人，楼房十三号在哪里，他指我向右，那里恰在大门旁边，是楼梯的入口。这栋房子非常之大，有许多小的楼房租给一些小商人和工匠寄住。这立刻使我记起《罪与罚》的英雄拉司科耳涅可夫（Raskolnikov）住的那间屋子来了。楼房十三号是在四楼上面，由一部很污秽的楼梯中上去，那时恰有两三个形象非常可疑的人从那儿走下。我按门铃，立刻门开了，出来一位中年妇人，肩上搭着一条绿色方格的围巾。我新近读过《罪与罚》，很记得马麦拉朵夫（Marmeladov）的方格“家用”的围巾，朵思退夫斯基的仆人肩上这一条同样的围巾，便不觉刺到我的眼帘里。她问我要见谁，我说我是从阿尔金先生那儿来的，她的主人知道我这时要来的。

我还没有来得及把我的肩巾除下，这时通到厅屋的那扇门大开了，看去里面是一间阳光敞亮的房。一位青年在门口出现了，非常黝黑，头发蓬散着，敞着胸脯，趿着拖鞋。他看见是一个面生的人，便叫呼起来，立刻从一旁门中进去了。那妇人请我到一间餐室里去。这间屋子陈设极为平常。靠墙有两只大衣箱，上面盖着毡毯；一只有抽屉的衣橱立在窗边，上面覆着白色的锦布。墙的内面放着一张沙发，沙发上有一只钟。那时我看钟正指十一点半，我觉得十分慰籍。那妇人请我坐下，说她的主人立刻就会出来的。真的，不到两分钟，朵思退夫斯基出来了，请我到右边他的书房里去，他自己却走出去，后来我才知道他是叫茶去了。

朵思退夫斯基的书房非常宽敞，有两面窗户，那天房里非常敞亮，以后却时常令人起一种郁闷的感觉；这房间实际颇黑暗而沉寂；那种可怕的沉寂常使人感到一种压迫一样。在房的一边角落里放着一张床，上面盖着褐色的被单，十分旧了，床前有一只小圆桌，盖着红布；方台上面放着一只灯和两本画片簿，台的周围放着安乐椅和小凳。床的上面悬着一方桃木架的相框，里面是一位很瘦弱的妇

---

① 这是朵思退夫斯基常用的语句。他为了免得等候荒废时间，所以常确定一个时候，并加一句说“不要早了，也不要迟”。——安娜注

人的照片，衣帽都作黑色。“这大概是他的妻子了。”我想着，因为关于他的家庭情形，我是完全不知道的。在两窗之间悬着一面很大的黑色桃木框的穿衣镜。两窗间的距离比镜子宽得多，镜子偏在右窗一边悬着，这样距离不等，极其难看。窗台上放着一对中国的大花瓶，样儿非常好看。墙的对面放着一张大的绿色摩洛哥皮的躺椅，靠近躺椅有一只小圆桌，上面放着一瓶水。对着后墙，横在房中的是一张写字台，后来朵思退夫斯基口述我笔记的时候，我常是坐在这写字台边的。房中用具极其平常，和我在那般家道不丰的人家里所看见的都差不多。我坐下听着，以为我立刻必会听见一些小孩子的声音，或者是小孩击鼓敲盘的喧闹，或者是门开了，刚才我在相片中看见的那位瘦削可怕的妇人会走进书房来。

可是朵思退夫斯基进来了。谈话的开始，他便问我从事速记的工作已经好久了。我回答我最近六个月中正在学速记。“你们的教师，阿尔金，有很多学生吗?”他问。“最近报名的在一百五十人以上，现在却只剩下二十五个了。”“可是为什么这样少呢?”他问。“许多人以为学习速记是极其容易的事；可是后来他们看见不是几个星期就可以学会的，他们便不愿再学了。”我说。“我们对于每一件新事物常是象这样的，”他说，“许多人开始都发狂似的热烈，可是很快就冷淡下来终于抛弃去。他们认为报考是需要的，现在谁愿意做工呢?”

朵思退夫斯基这个人，在我看来，仿佛有点奇怪。

第一眼一看，他似乎很老的样子，现在看来，至多不过三十七岁。他的身材挺直，有中等的高度。他的面貌消损得很，带有病容。头发褐而略带红色，极其光滑。他的两眼是大小不一的[①]。一只是普通褐黄色的眼，另一只的瞳仁极大，以致瞳圈（iris）都看不出了。这种大小差异致使他的面部变成一种神秘的形象。朵思退夫斯基的相貌我看来很面善，大概是因为以前我看过他的照片的。他穿着一件很旧的蓝色短外褂，衬衫却是雪白的。老实说吧，初次的见面，他并没有使我动心。

我到了五分钟以后，那妇人进来了，送来两杯浓茶。在小托盘上放着两只小面包。我取了一杯茶，虽然我并不喜欢饮茶，并且又觉得太热，我仍旧开始吃它，因为这样免得主人又大惊小怪。我坐在靠近写字台的那张墙边的桌旁；朵思退夫斯基则有时坐在桌旁，有时又在房中往来闲踱着，不断地吸烟，时常一支还没有吸完，又换一支新的。他送一支烟给我，我拒绝了。“或者你不吸烟是客气

---

① 有一次他的羊痫疯发了，他跌倒在地，撞在一件尖角的东西上，于是把他的右眼伤了。扬吉教授（Prot Younge）为他医治，用了有机盐基，因此他的右眼的瞳仁便变得特别大了。——安娜注

吧?”我说我是不吸烟的，并且我也不高兴看见妇人们吸烟。无间断的谈话开始了，朵思退夫斯基从这里说到那里，时东时西，不断地继续下去。话愈谈得长，我愈觉得他很有些奇怪：身体消损，精神困惫，百病缠身。令我也奇怪的是，他竟立刻明白告诉我，他有病，他染着羊痫疯①。关于我们要做的工作，他谈得十分游移不定。“我们且看怎样来做；我们且试试看；我们且看能不能象这样干下去。”在我看来，我们共同工作必定难于进行，我并且看出，朵思退夫斯基颇怀疑于这样的工作方式，颇疑虑这样来工作为难能且不方便，或者他不愿意这样做，不久就抛去这样的工作方式也说不定。我为了免去他的忧心，便对他说：“好，让我们试试吧；可是倘使你觉得这样不方便，那时便老实告诉我。你可以放心，倘使我们的工作必须半途停止，我是毫无怨言的。”朵思退夫斯基问我叫什么名字，我告诉了他；可是他立刻忘记了，便又问我。我们谈话花去了很多的时间。最后朵思退夫斯基把《俄罗斯消息》(Russky Vestnik)里的文字为我口述，要我把我的速记抄译成通行的文字。他开始口述得非常之快；我止住他，要他照普通谈话的速度一样。随后我开始抄译我的速写成通行的文字，我做得很快；可是他不断地催促我，很惊讶我抄得这样迟慢。我向他提议，我以后到家里去抄译，不在此地来做，那末，不管费多少时间，便不关他的事了。他把我抄译的看了一遍，找出我写落了一句点和一个字的硬音记号，他说的时候，声色俱厉。总之，他是很奇怪的；或者是有点粗暴，或者很显然的，是坦白耿直，才会如此。他也很易发怒，并且不能凝聚他的思想。几次他总要问我一些事情，有时便在房中踱步，踱步到很久的时间，仿佛忘记了我在房中一样；我乃兀坐不动，恐怕扰乱了他的思路。最后，他说那时他不能为我口述；可是倘使当晚八点钟我能到他那里去，那时他必能开始口述他的小说。虽然当天第二次再去，对于我是极不方便的，我还是应允了，因为我不愿意放掉这个工作。当我离去的时候，他说：“你知道，当阿尔金承允送一个女子给我任速记生，不送男的来，我是很欢喜的，你可以问为什么。”“那么，为什么呢?”我问他。“因为男人一定是有酒瘾的，你，我希望是不会有的。”我“有酒瘾”，这个观念真有趣得很，不禁令我大笑起来，我说：“你放心，没有的，一定不会有的。”

当我离开朵思退夫斯基的时候，我的形态非常沮丧。我不喜欢他，他给我一种痛苦的印象；并且在我看来，我们共同工作必定难能，我独立的观念便也会化为乌有了。这是最令我痛苦的，因为前一晚我和我母亲很高兴地谈过我的新职业

① 朵思退夫斯基被放逐到西伯利亚做苦工时，曾受笞刑，因而染上羊痫疯。

的开始哩。我离开朵思退夫斯基大概是两点钟时候。此时回家是太远了，我便决定去看我的亲戚司涅金（Snitkins）去，他们就住在福纳尼巷（Fonary Lane）；我在他们家里饭后，晚上便可到朵思退夫斯基那儿去。还有一层，因为我年轻，我很想去在我的亲戚面前夸耀一下，让他们知道我已经开始“自己谋生活”了。他们曾经屡次暗示我，“有母亲做靠山，这是很容易生活的”，有时又说，“这是自己做事的时候了”。可是当我开始学习速记的时候，他们都轻视我的“技艺”，说我只是枉费时光。我的亲戚听见我有了这样新的机遇，很是着惊的样儿，便开始问我关于朵思退夫斯基的情形。时间过得很快，八点钟的时候，我已经到亚龙径公寓（Alonkin House）了。我非常不高兴走进这屋：在街上和门边拥挤着许多人，都是一些粗暴的样儿。菲多霞（Fedosyo）开门迎我（她非常高兴，因为下午走的时候，我曾给了她二十戈比），便去通知朵思退夫斯基去了。我在餐室里等了几分钟，到书房里去，和朵思退夫斯基相互问好以后，便仍旧坐到早上坐的位置上，那墙边桌旁。朵思退夫斯基提议我应该坐到他的桌边去，他力说我坐在那儿做工必然更方便些。我应该说，他要我坐到他的桌边，这一提议真令我受宠若惊；想想看，那张桌子便是曾经写出了象《罪与罚》这样不朽的名著的呀！我们换了座位，便开始谈话。他又问我叫什么名字，我的父亲叫什么名字，并问我是不是新近去世的那位很有天才的青年作家司涅金（Snitkin）的亲戚。他更问到我的家庭，家中有些什么人，我从小在何处读书，我为什么要学速记等等，并问我为什么我的成绩这样优良。我回答他的时候，说了许多很琐碎的事，这些我在《回想录》中以后当要写出的。

我告诉他，我的父亲是一个民政官，春季已经去世了。我的母亲还在世；我的姐姐已嫁给检稿官沙特科夫斯基（G·Svatkovsky）；我的哥哥在彼得农业专门学校读书。我在初级学校，以最优等毕业，获得了一枚银质大奖章。随后我考入阿登保斯基（Prince Peter Oldenburgsky）新办的师范讲习班肄业。在这学校里我太不幸运了。我选修的自然科学，但我心里愿意的是文学；我被我所倾心的作家（实在朵思退夫斯基也是我所倾心之一人，自然当时我并没有告诉他）迷住了，我终日手不释卷地读着他们的小说，以致教授要我做化学试验，试验盐的结晶的时候，我没有留心，把玻璃管和胆瓶都炸破了；我便成了全班同学的笑柄。一次卜兰特教授（Prof Brandt）上课，为我们解剖一只死老鼠，我看着心里作呕，便决定我确是不适宜于从事科学的事业。我便永远离去师范讲习班了。

朵思退夫斯基问我，为什么我要学速记，我回答他，我的家事本来很可过，无需我自己去谋生活。不过，象许多青年人一样，我也是极端珍视个人的完全独立的；而独立之获得，则必须自己有工作做，必须完全靠自己的努力于此项工作，方有可能。朵思退夫斯基说，既然阿尔金从他的许多学生中特别选择我来介绍给他，那么我必定是有着很高的才能。我说，这并不是很高的才能的问题，我之得以学成速记，是有一特别原因的。朵思退夫斯基愿意知道这种原因，我只得告诉他。我学习速记是在一八六六年四月初间开始的。最初我不顾一切地去学习，可是上了五课以后我完全失望了：当时在我看来；速记简直象一种通常的神符一样，我一点也不能领会——真是深奥而无从理解。我想不再学下去了；可是，我的父亲，当时已经病重；在世的日子有限了，他劝诫我抛弃那休学的观念。他担保我，只要我用功学习，我定能胜过那样困难。真的，他的话随后证实了。

一八六六年四月二十八日，我的父亲去世了，这不幸真给我一可怕的打击。这是我有生以来第一次的真忧愁：我悲痛极了，我哭着，没有方法平静这激动的心。我的母亲为了要分散我的这种郁结的忧思，便劝我多做事，劝我专心致志于我的速记学。我也很愿意证实父亲对于我的能力的信念，所以我立志用苦功，立志要成为一个最高明的速记员。那时这位仁慈的阿尔金来帮助我了。他知道了我愿意用苦功来学习速记，便向我提议，为了实习起见，我应当用速记抄写某一本书，把抄写的由邮局寄给他。他改正以后，仍旧寄还我。我知道了自己的错以后，以后抄写自然不会再发生同样的错误了。阿尔金的这种函授法使我在速记的实习方面能够得到大的进步，每天两点钟的口述更帮助我达到了极快的速度，每分钟一百字。九月初间，阿尔金的速记班开课了，可是大部分的学生，几乎四分之三以上的都不再来学习速记学了，其余的在暑假中几乎也都没有做练习工作；所以后来证明出来，只有我一个人是颇备了担任独立工作的。

对于朵思退夫斯基给我的一切问题，我的回答都是简单而庄重的。实在说起来，我的行为举止都是很庄重的，后来朵思退夫斯基告诉我，当时我几乎是凛然不可侵犯的样儿。我当初曾经立意：倘使我不免于为一些私人雇用工作，则我与他们的关系，必须建立在商业的立场上，力避任何亲昵的关系；这样便不会有人敢于对我说一句不必要的话，或者调笑我戏谑我。在我想来，这样的行为举止，在我这一方面必是最好的了；因为，显然地我的目的是在做工，而不是交结朋友；那么为什么我要同他们琐碎地细谈什么呢？这样一来，行为举止必然会变得更谨严了。朵思退夫斯基后来告诉我，我这样年轻，而行为举止这样端重，这使他得到很大的快感。要人对我谈话时不想说一句不必要的话，那只有自己先有不苟言笑的态度才做得到。我相信我和朵思退夫斯基谈话时，没有一次发过笑。后来他告诉我，我要人家和我的关系建立在冷静与恭谨的基础上，这一种能力，使他非常高兴。他惯常会见许多虚无主义者的妇人，他盼望阿尔金推荐给他的这个女孩能够有那般妇人一样的行为举止；所以，他看见我与当时一般时髦的青年女子完全两样，便非常满意。

在我们的谈话中，菲多霞在餐室里预备了茶，送进两杯给我们，还有两只小面包，一只柠檬。朵思退夫斯基又问我要不要吃烟。随后他到窗边，从一个纸袋里拿出了两只梨，随手给我一只。我在家的生活是惯于有礼貌很客气的，现在这位和我并不深知的人，对我却这样不拘礼貌，我真觉得有点奇怪。可是朵思退夫斯基给我梨时，非常温和，因此不拘礼貌倒反令我很高兴；我接着这梨，也不用手去削皮，只是用我的青年的牙齿，慢慢地嚼着。

我们继续谈着；因为他的那诚挚的温和的音调，使我陡然觉得，我仿佛早已很熟识他的样儿，因此我觉得很安心且快乐。

我们的谈锋随后转到了彼特拉雪夫革命派（Petrashevsky revolution arygroup）和死刑上面去了，朵思退夫斯基告诉我，当他与一般已判死刑的人共立在塞米诺夫体育场（Semionov Drill Ground）上的时候，他已经从那般差役的忙碌中，知道自己只有五分钟的生命了。可是在他看来，似乎自己的生命不只五分钟就完了，还会继续到五年、五世纪之久。死囚的白衫已经穿上了。他们一群人分成几排，每排三人，朵思退夫斯基在第二排里。第一排的三个已经引到柱旁，并且缚在柱上了。一分钟之内，他们便会枪毙，接着便要，轮到他了。啊！上帝！他多愿意生活啊！在他看来，生活是多甜蜜呀！在生活中他可以做多少好事哟！当时他记起他过去生活的全部，过去完全是庸庸碌碌地枉费了，他狂热地希望再试过一时；他狂热地希望生活，生活得长久一点，更长久一点！可是陡然停止施刑的命令传遍了——他觉得十分慰藉。头三个人已经从柱上解下，引回了；又宣读一新的判决。朵思退夫斯基被罚到阿木斯克要塞（Omsk Fortress）中做四年的苦工。那一天他比以前任何时候都觉得更愉快。他在狱里面（在彼得保罗要塞中的亚力克塞夫堡里）终日踱着步，不停地唱歌，高声唱着，他是万分快乐，他又得到生活了。在他出发以前，他的哥哥被允许去看了他一次，在圣诞节的当晚，他便被遣送到远漠的寒乡中去了。他告诉我，在死刑宣布以后，他曾经写了一封信给他的哥哥米切耳（Michael)；这封信最近在他的表兄那儿寻得了，那晚他告诉了我很多的事；象我这样一个年轻的女子，他不过今天才会见，并且也不深知我的为人，他却这样深切地至诚地坦白对我——这件事实令我极端地感到一种不安。他看着是那样不苟言笑且十分严峻；然而他却告诉我这样多的事，很琐碎的事都说出来，他是很坦白很至诚的，令我不禁十分惊诧。直到后来，我更了解了他，并且深知他的家庭关系，我才懂得为什么他这样坦白，这样信任我。原来朵思退夫斯基当时精神上感到万分的寂寞，急切地需要一种能够共话衷肠的人，使人能够了解他的思想与情绪，即令是完全陌生的人也好，只要他们不敌视他，只要他们对待他有一种至诚的注意的态度。至于我，他的坦白与信任心已经使我十分愉快，并且给了我一种惊人的印象。

我有一点惶惑不安，因为他还不开始口述他的小说。时候逐渐迟了，我必须回家去。从早晨到此时，我没有见过母亲。我曾经允许她，早晨会过朵思退夫斯基便回家去的，现在我恐怕她急躁得要发怒了。我亦不愿意在司涅金家里过夜。把这些话对朵思退夫斯基说自然是很笨的；可是令我高兴得很，他自己说他要开始为我口述了。他开始在房中大步踱着，从火炉边到门旁，每一次走到火炉边，他照要敲它两下。他不断地吸烟，把没有吸完的烟放到桌上烟灰盘里，又换上一支新的。他对我口述了一些以后，要我把我写下的读给他听，刚读第一句，他便止住我。"从洛里顿堡（Roulettenburg）吗？我说过洛里顿堡的吗？"他问。"你口述的那个名字。"我回答他。"不会的！""可是在你的小说里有没有叫着那个名字的城呢？"我问他。"这事件是在一个城里发生的，那城里有一家开'洛里顿'（按即'转盘博'，详后注）场的俱乐部，这俱乐部我是要叫做乐里顿堡的。"他回答我。"倘使有这样一个地方，你必定是口述了这个名字的，否则我怎样能知道它的呢？这个地理上的名字，我以前是从未见过的。"我说。"你完全没有错。"朵思退夫斯基承认了。"我必定是把那些东西弄混了。"我应当说，我有点惶惑，以为我做错了。可是我很高兴，这误会立刻解释清楚了。朵思退夫斯基显然是沉思得忘形，所以弄混了，或者是他太疲倦了。

随后他说他不能再口述了，他要我把我速记的抄译出来，第二天十二点钟的时候亲自带给他。我允许他照办，一定不误。那时敲十一点钟了，我说我要回家了。朵思退夫斯基问我住在什么地方。我告诉他我住在市郊白士奇区（Pesky），他说他一生没有到那附近去过，不知道在哪里。但是倘使是很远，他必定叫他的仆人送我回去。后来他知道很远，他坚持要他的女仆人伴我到家，我只得说我到附近我的亲戚家里去过夜，不回家去了。他送我到厅屋里，叫仆人提灯照着我下楼去。当菲多霞和我下楼的时候，我问她她的主人的父亲叫什么。从他的小说上，我知道他的宗教名是费多尔，但是我不知道他的父亲叫什么名字。

在 Stoliarny 巷里还是非常喧闹：一般烂醉了的酒徒从酒馆里闯出来。我觉得害怕得很。很幸运，我立刻遇着了一部马车，他应允只要四十戈比送我回家。

我催他快点跑，随后我看出他是一个很善良的老人，我便和他谈着以消磨时光，他告诉我他村里的一切事情。我终于到家了。我在门外候了好久，看门人才叫醒我家里的人。我的母亲以为我是到司涅金家里过夜去了，她叫仆人闩上门睡去。我把今天的事完完全全都告诉了她，并且很高兴地告诉她，朵思退夫斯基对我是如何诚恳温和。但是，为了免得母亲难过，我没有把我所得的那痛苦的印象告诉她——那真是我有生以来未曾有的一种不愉快的印象。那印象真正痛苦得很：一个人如此的不快乐，孤独而且被人虐待，这是我有生以来第一次才看见的，一种很深的怜悯与同情之心不禁在我心里生出来了。

次日及其以后

前一天口述的，抄译起来，虽然比较并不算很多，可是因为我很想抄得好看一点，所以我到朵思退夫斯基家去竟迟了半小时。我看出朵思退夫斯基正在大大地着急。“我正开始想，”他说，“你看出和我共同工作很困难，你必定不想再来了。我并没有写下你的住址，我恐怕昨天我对你口述的那些东西会失掉去。”我请他恕我迟到了，并说倘使我不愿和他共同工作，我一定会先告诉他，并且送还口述的原稿给他。他开始告诉我，他受了一种约束，十一月一日一定完成他的小说。他说：“此时间，我还没有决定小说的大纲。我知道篇幅必须在司捷洛夫斯基版本的七个‘孚’以上；可是小说内容布局究竟怎样我还不知道。”我问他这种小说是否要在一种月刊上登载，他便详细告诉我他与那印书店司捷洛夫斯基间的商业关系。这件事听起来真正令人气愤。原来朵思退夫斯基负了债，这些债务是在他的哥哥去世并且他的杂志《时代》（Epocha）停刊以后起的。那债主催迫得非常厉害。他们威吓他，要查抄他的财产，并逮捕他下狱逼追。他急待清偿的债共有三千卢布，他曾经多方觅钱，但没有结果；想尽了方法要求债主等候一时，都不许可。朵思退夫斯基几乎完全陷入了绝望的境地，这时那印书店的司捷洛夫斯基跑来说，他愿购买朵思退夫斯基所有的著作的版权，准备把那些著作印成三大册发行。司捷洛夫斯基愿意出价三千卢布购买版权，但附有一条件，便是朵思退夫斯基还要交一部新小说给他印行，篇幅须有每面双行那样大的七个“孚”。朵思退夫斯基当时的地位是太困难了，一切条件他都同意，只要自己不会因债务入狱。他们的合同是一八六六年四月订的，司捷洛夫斯基给了朵思退夫斯基三千卢布的期票。第二天，朵思退夫斯基便把这三千卢布付给了债主；他以三千卢布出卖了全部著作的版权，但自己没得到一文现金。最令人气愤的是，这三千卢布立刻又入了司捷洛夫斯基的皮包里！原来司捷洛夫斯基从那般债主手里，把那三千卢布的期票都用善价立刻收买回了，再用最坏的条件来强迫朵思退夫斯基承认。全部著作的版权只卖三千卢布本来是太少了的；只要看朵思退夫斯基的小说销行得如何之廉，尤其是在《罪与罚》出版了以后，便可知那价格是怎样吃亏了！而那些条件中最凶恶的一条是，要求朵思退夫斯基于一八六六年十一月一日交付那部新小说。倘使新小说不交，便要受重罚；倘使不在当年十一月一日交付，朵思退夫斯基便须将该小说的版权永远让给司捷洛夫斯基。那个人是一阴险狡猾的东西，专于剥削我们的著作家和音乐家的——如皮山斯基（Pisemsky)、克里斯多夫斯基（Krestovsky)、格林加（Geinka)。他总是乘人之危借以渔利。我想象这样限定日期交稿，不交即重罚，那司捷洛夫斯基一定是企图占有朵思退夫斯基著作的版权。当时朵思退夫斯基正专心致志于他的《罪与罚》那本著作(按期陆续发表的)，他看见这著作在读者中引起了很大的兴趣，便想尽最大的努力来完成它，然后再交一部十个“孚”的新小说。司捷洛夫斯基知道朵思退夫斯基几乎是常被困在病中的，决不能有时间或有精力来同时完成两种著作，那么，根据合同，他便可以永远获得朵思退夫斯基著作的版权了。倘使不是上帝给与朵思退夫斯基以精力，使他能按时完成他的新小说，那么上述的结果一定是逃不了的了。这便是朵思退夫斯基当时的困难情形。他又告诉我，因为大家看着在十月以内写好那部小说似乎是绝对难能的，他的朋友们——马可夫（Maikov)、米留可夫（Milyukov）及其他——便建议，要他把那部小说的大纲给他们，他们每人替他写一部分，这样三四个人合作便可以按时做好了。可是朵恩退夫斯基宁愿受罚或甚至失掉版权，而不愿签名于不是自己做的东西上面去印行。

虽然我当时还不很懂得世故人情，然而司捷洛夫斯基这样营业却令我十分惊诧而气愤！

照前一天一样，茶送进来了，朵思退夫斯基开始为我口述。可是他象很难于安静下来。他常是停着，想着，要我把我写下的读给他听，一点钟以后，他说他疲倦了，最好我们休息一下。我们开始谈话，可是朵思退夫斯基心神非常不定，东也谈，西也谈。他又问我的名字，我告诉他，即刻他又忘记了；他两次给我烟吃，虽然我已经告诉他我是不吸烟的。随后谈锋转到了我所倾心的那几位俄国的文学家。因为我发问，他似乎已经把那扰乱他的心思的一些念头放开了，他很平静地且亦很愉快地回答我的问题。他说屠格涅夫（Turgenev）是一个伟大的天才；他所不满意的只是，屠格涅夫在国外住得太久了，因此忘记了俄罗斯和俄罗斯的生活。他说尼克拉索夫（Nekrasov）是他青年时代的朋友，他很推崇尼克拉索夫的诗人的天才。对于马可夫，他说他是一个最聪明最好的人。

他开始口述，又变得神思非常不宁静的样儿。他显然是无法平心静气来工作。我认为他是由于没有惯于口述的缘故；以前他写东西都是不曾借助于人的。四点钟以后，我即预备回家，答应第二天把当天记的好好抄译出来给他。当我离开的时候，朵思退夫斯基很惊讶地望着我。他说："你戴的一个发网真大，戴假头发你不害羞吗?"我说我没有发网，只有我自己的很厚很细的头发。他这样的说话，在我看来，觉得有点奇怪而且失礼得很。那天朵思退夫斯基给我一卷很薄的信纸，字行细得几乎不可见，这是他常用的；他并告诉我，纸边应该留多少宽。

我们的工作这样开始以后便继续下去：我总在十二点钟到他那里，四点钟才回家。在这四小时中，他为我口述三个半小时（即一时半），有时多点，中间停歇的时候我们便谈话。我很高兴，因为我看出朵思退夫斯基逐渐惯于这种新式的著作方法，并且每一天他变得更安静了。当我计算我抄译的页数，并拿来与司捷洛夫斯基的版本比较的时候，我特别觉得高兴。后来我能够很正确地说出他每天口述的页数，页数愈增加，朵思退夫斯基便愈快活，他常是很着急地问着："昨天我们写了几页?"我们谈的话非常之多，每天他都要为我讲一段他过去的伤心史。一种很深挚的同情竟在我心中潜滋暗长起来了：他的那种痛苦的环境，他似乎从来没有跳出过，直到现在，他仍旧被围困在那当中——我真深深地同情于他！

还有令我奇怪的便是，我从来没有遇见过他家里的人。我不知道他家里有些什么人（他没有告诉过我，我也不能问菲多霞，因为朵思退夫斯基常是亲自送我到门口的）。在我到他那里的第四天，我终于遇见了一个，我以为是他的表亲①。当时我刚出门，一个青年跑来阻止住我。我认识他，他便是我第一次在他家里看见的那头发蓬散的青年。他走近身边比较在远处更为难看：面色黝黄，黑眼珠，黄瞳仁，满头极厚的卷发，牙齿给烟熏成黄色了。"你不认识我，"他很亲昵地说着，"我在父亲房里见过你的（'那么这是他的儿子了，'我想）。你们工作的时候，我不愿意跑进去；但是我很想看看速记是怎样的一种东西，因为我自己也要开始学他，我更是渴望着看一下，请给我吧。"他一点也不客气地就拿去我的皮包，打开，就在街上查看我的抄本来。我给那种亲昵弄得心花缭乱，便也让他去翻阅我的那些簿子。"这真是一种奇怪的玩意儿。"他说，随手把皮包还给我。

在我三次与朵思退夫斯基的会晤中，我看出他是一个很仁爱而富于同情心的

① 这是巴霞（Pasha），朵思退夫斯基前妻所生之子。

人，这样一个好人却有这样一个轻率，甚至放荡不羁的儿子，我真觉得有点奇怪！……

在休息的时候，我们的谈话非常起劲。我不再害怕“有名的文学家”了，我很坦白很随便地和他谈话，象与我的一位老明友，或者我的母亲谈话一样。我问他关于他过去生活中的许多事情，他都很爽快地给我满意的回答。他把他在彼得保罗要塞中做囚犯时的一切情形都告诉我，怎样用敲墙的方法与其他囚犯互通消息；他又告诉我他在西伯利亚做苦工时的生活情形以及他在那里所熟识的几个囚犯的状况等等。有时他抱怨着自己的困难的境遇，自己的负担，自己的债务。他又谈到外国的情形，他的旅行生活以及他所遇见的各种人物。他告诉我他在莫斯科的亲戚，他也告诉我他已经结过了婚的，他的妻子两年前死去了，他把她的照片指给我看。老实说，我并不喜欢她：她看着似乎很老，很不和气且有点死板的样儿。这张照片，他告诉我，还是在她去世的前一年照的哩。

可是，后来我发现了，朵思退夫斯基所告诉我的一切都是忧愁苦痛的。我非常难过，他的生活竟是这样悲苦难堪。有一次我问他：“为什么你只是记起一些不幸的事情来呢？为什么不告诉我一些你的快乐，你过去的快乐生活？”

“我的快乐生活吗？可是我总没有过过快乐的生活，我常是在等候它哩。最近我写了一封信给我的朋友兰格尔（Baron Wrangel），我说，不管多少灾难如何紧压着我，我仍旧梦想着快乐；我梦想着开始一段新的生活。”

这样一个良善的有天才的人却从来没有过过快乐的生活，现在到了几乎是“老年了”的时候还梦想着快乐——这种情形，令人听见了，真是伤感得很！

他告诉我他向安娜·阿尔文克陆科夫斯基求婚的事；她已经允许嫁给他，他却又不要了，因为恐怕两人的信仰不同，生活便难以愉快。他说她是一个很明达的，有良心的且天禀极厚的女子。

有一次，朵思退夫斯基告诉我，他现在有三条路排在面前，要选定一条来走：一条路到东方去——到君士坦丁或耶路撒冷，或者永远留在那个地方；一条路是同一个人结婚去；第三条路是出国去耍转盘博（roulette）①，变成一个赌徒去。这个问题总是在他脑里回环，委决不下。他问我，在我看来，究竟走哪一条路最好。我说，倘使他必须从这三条路中寻出路，那么最好还是去结婚。“那么你以为我能够结婚吗？”他问，“或者你以为没有人会和我结婚吧？可是，我应该

① “转盘博”（Roulette）是一种赌博，系以小球转于杯底之旋动圆轮上，轮上分有红黑等隔间，视球所入处以定胜负。此种赌博盛行于德奥之间，竟有许多人借以谋生的。

选择怎样的一个人呢：有才而明达的，或者是有德而仁慈的女人?”“当然要一个有才而明达的。”我回答他。“否，倘使我要选择，我必定选一个有德而仁慈的，这样她必会爱着我并且维护我的。”朵思退夫斯基说。

我们既谈着一般的结婚问题，谈锋便转到我身上来了；朵思退夫斯基问我为什么还没有结婚。我说有两个人是正在想着我，可是两个我都不爱，我只是敬仰他们；我要嫁一个我可以爱的人。朵思退夫斯基极热忱地赞成我的意见，他说一个人应该“为爱”而结婚，要想结婚的生活愉快，仅仅只有“敬仰”是不够的。

有一次，是十月半间，朵思退夫斯基正在为我口述，马可夫陡然出现在书房的门口。我看过他的照片的，所以一见面就认识他。走进来的时候，他便带着滑稽的意味说着朵思退夫斯基的生活与一位长老的大相似：前门是半开着的，门里并没有仆人，任何人可以进来，把全屋的东西都可以盗去。马可夫之来，朵思退夫斯基似乎很高兴，他立刻把我当作一个热心的助手介绍给马可夫，他说：“这是马可夫；这是我的热心的合作者，安娜·格里戈里夫娜·司涅金。”我可以不必讳言，朵思退夫斯基承认了我的帮助并且是十分珍视这种帮助，我听见了，真是高兴得很。马可夫听见了我的名字，便问我那已故的司涅金是不是我的亲戚。马可夫匆促地要别去，他说他不愿意阻挠我们的工作。我提议休息一下，我可以趁空儿抄译刚才口述的东西。朵思退夫斯基赞成了这提议，他们两人到隔壁一间屋里去，大概谈了二十分钟的话。马可夫进来向我告别的时候，要求朵思退夫斯基口述一段给他看。朵思退夫斯基依从他，把他的小说口述了半页。随后我便高声读着我所记下的；马可夫看了一下我的记录，说：“否，我看不懂。”

马可夫给了我一个很愉快的印象。我以前本来就爱他这一位诗人的，朵思退夫斯基对于他的称赞乃更加深了这一印象。

时候过得愈久，朵思退夫斯基的工作进行愈快。他已经不象开始的时候那样文思俭涩，临时胡诌了。他在夜间先有好的构思，再根据他的笔记为我口述。有时他在前一夜竟预备到极多，以致随后我在家中抄译的时候要到半夜以后。可是，第二天我便要喜气洋洋地宣布著作的页数有大的增加；同时我更高兴看见的是他的愉快的微笑，因为我保证我们的工作照现在的进步看来，可以按时完工。我和朵思退夫斯基两人都与新小说《赌徒》中的人物度着共同生活了，两人对于这些人物都各有爱憎。我同情于那位输了一大笔财产的祖母，也同情于亚司特利先生（那位英国人），我藐视宝林（Pauline）和这小说中的英雄——这位英雄那样的颓唐昏愦〈瞶〉，那样狂热于赌博，我真不能饶恕他。朵思退夫斯基则与我正相反，他说他自己有过许多与这位英雄同样的经验与感觉。他要我相信，一个人尽可有一种强毅的性格，并且终其身都表显其坚定不拔之概，然而对于“转盘博”的热情，他终是无法得以克制的。小说中的人物，在我们的脑中都变成栩栩如生的了，我们常常谈论到他们身上去。我时常惊异得很，我自己何以有这样多的勇气来发表我自己的意见；我更惊异，这位伟大的文学家竟能这样例外的宽容，肯倾听我这幼稚的解释与意见。我认为他之如此宽容，乃由于他的那种非常的仁厚而来，我觉得万分感激他。

在我与朵思退夫斯基共同工作的三星期中，一切从前的兴趣都消失了。得了阿尔金的许可，我不再去听他的课了；我也很少去看我的朋友。因为现在我所认为最重要的事，是为朵思退夫斯基做工以及工余时我们的最有兴趣的谈话。我把我们的谈话和我的一般青年朋友间的谈话拿来比较；在我看来，那般青年们的谈话，真是万分空洞且无意义，而我和我的这位可爱的著作家的谈话则每次都有新题目，新见解！每一次我离开他，必定是有一种新观念印在脑中。我在家中觉得沉闷难过，我总渴望着与朵思退夫斯基的再会。我们的工作快完了，我们每天的晤谈便也要随之而完结，我想着非常愁闷难过。我看得出来，这些有兴趣的有生气的谈话完结了以后，我的生活真会平凡无味得令人可怕！此时朵思退夫斯基也表现出与我具有同样的愁闷，我真是惊喜交集了！

在我们的工作将要完成五天以前，当我离去回家的时候，他对我说：

“你知道，安娜·格里戈里夫娜，我们已经得到相互的了解，我们已经十分友好，每天会面倾谈，成了习惯；现在，工作完了以后，这一切都要完结，我们不能再晤谈了。真的，我会要很难过，我要失去你了。我在什么地方可以看见你呢？”

“不过，费多尔·米海乐费奇，”我说，“两山决难并聚，两人是可以同在的。”

“可是在什么地方呢？”他问。

“罗，在交际场里，在戏院中，在歌舞会上。”我回答他。

“不过你要知道，”他说，“我是很少到交际场里或戏院中去的；在交际场里，时常弄得一言难发，这种会晤有什么意思呢？你为什么不请我到你家里去，去看看你家里的人？”

“请你就来吧，我们是很欢迎的。我只是恐怕你看见了母亲和我会觉得索然无味。”

“什么时候我可以来呢？”他问。

“罗，我们工作完成了以后再来定一个时候，”我说，“当然，现在最重要的还是工作呀。”

有一天，当我到朵思退夫斯基家里去的时候，我看出他正十分着急，他非常烦躁，他恐怕司捷洛夫斯基弄什么狡计，拒绝接受这小说的稿本，企图实现合同中的处罚条件。我叫他不要害怕，我允许为他研究一下，万一有此事发生，我们应该怎样应付。当天晚上，我要求母亲去访问一位律师（是她的朋友）。律师说，稿本应当送给司捷洛夫斯基所住的那一县的检稿局（Notary Public）或是巡警检视官，得到了官厅的正式收条，司捷洛夫斯基的狡计便无所施了。

十月二十九日，最后的一次口述以后，这部小说，《赌徒》便完成了。从十月四日到二十九日，在二十六天当中，一部七个“孚”，而且是司捷洛夫斯基的双行版本的小说，竟写成了。朵思退夫斯基非常高兴，并说他想在酒楼中宴请他的朋友们（马可夫、司特拉可夫、米留可夫），庆贺他的稿本都按期交付的胜利，并且请我也去参加。他问我在酒楼中吃过饭没有，我说没有。“那么你是否应我的邀请呢?”他问，“我要倾饮大觥以祝我的亲爱的合作者的健康。真的，若没有你的帮助，我是不能按时完成这部小说的。所以你必要来才好，你来吗?”

我说我要去问母亲；可是我自己心里的意思是决定不去。我想，我是十分害羞，且缺乏社交的经验，在众人当中必然会变成一种呆滞默然的样儿，徒然令众人不快，减少大家的欢乐。

第二天，十月三十日，我到朵思退夫斯基家里去——不是去做工，是送前一天口述的抄译稿给他。朵思退夫斯基十分热忱地迎接我。当他看见我的时候，他立起身来接待我，我看出了他的面色甚至泛红润色了。我们照平常一样数着页数，数目很多，我们都很高兴。那一天朵思退夫斯基把稿本全部看过一遍，以便得一整个的印象，并有几处要略加修正，第二天便可以送给司捷洛夫斯基。随后他给我五十卢布的酬金。紧握我手数次，感谢我的帮助。随后我们又谈了好久，生气盎然。

我知道十月三十日是朵思退夫斯基的生辰，所以我决定穿上我的那件淡紫色的丝衣，不用那常穿的黑衣。朵思退夫斯基平常总是看见我穿着丧服的，今天看见我为他解禁忌，非常称许甚至有点媚我，他说我穿淡紫色非常合适，并且因为穿了长裙，我的身体显得更高，态度更娴雅了。听见了他的称许，我是多么愉快啊！可是我的愉快被那位埃米尼·朵思退夫斯基打得粉碎了——她是朵思退夫斯基的寡嫂，她来祝贺他的生辰的。埃米尼对我的态度非常冷淡骄傲，这真令我惊异，甚至令我非常恼恨。朵思退夫斯基不喜欢他的寡嫂的这种调儿，他对我反而更殷勤，更诚恳。他给我一本新近出版的书，他已把埃米尼引到一旁，交些钞票给她。这时马可夫进来了。他向我一鞠躬，可是显然他没有认出是我。马可夫问朵思退夫斯基小说进行得怎样；可是朵思退夫斯基正在和埃米尼谈话，没有答应他。我决定代替朵思退夫斯基来回答，我说小说在前一天已经完成了，我刚才把最后的抄择稿已经送来。马可夫随即到我这边来，伸手给我，并向我道歉，他刚才没有认出是我。他解释他之所以如此，一方面因为自己是近视，另一方面也因为我穿黑衣的时候，显得矮些。他开始问我关于小说工作进行的情形，并问我对于这小说的意见。我十分醉心于这部新小说，我非常爱好它，我说这小说中有三个人物（祖母、亚司特利先生和那位迷人的将军）是写得最生动最美妙的，我毫不拘束地和这位可爱的好人谈了至少有二十分钟。埃米尼似乎有些惊异，甚至有点震动，因为她看见马可夫对我那样地恳切注意；然而她的那冷淡的调儿仍然没有改变，大概以为对于一个区区的速记生，若用了合礼的面貌，便会自损威严的。

马可夫走了，我也预备离去，我不愿再默视她那冷酷的面貌，也不耐听她那骄傲的音调。朵思退夫斯基想使我留住；他想消去我和他的亲眷会面时所得的不愉快的印象，便送我到外厅，要我实践请他到家中去的成约。

我承认请他。"我什么时候可以到你那儿去——明天吗？"他问。

"否，明天我不在家，我有事要到我姐姐家里去。"我回答他。

"那么，后天吗？"

"否，我要去上速记课。"

"那么，十一月二日，好吗？"

"星期三我要看戏去。"

"天老爷！所有你的晚上似乎都没有空了。你知道，安娜·格里戈里夫娜，我想你说的这些都是有用意的，便是，你只是不愿意我去看你们。告诉我老实话吧。"

"请你放心，"我说，"我们实在很欢迎你。十一月三日来吧，星期四晚上七点钟。"

"星期四？要候这样久呀！我要失去你了！"他说。

我认为他的话含有十分甜蜜的敬意。

朵思退夫斯基之两度访我

于是，欢乐的时光飞逝，沉闷的日子临头了。在前一个月中，我总是很高兴地忙匆匆地去做我的工作，很愉快地和朵思退夫斯基见面，并且很有生气地纵谈着——这一切，都已经成了习惯，现在似乎是生活中不可缺少的质素了。一切我以前惯做的事情，现在都感不到一点兴趣，觉得都是空洞无意义的。便是朵思退夫斯基来访问我家的约言也引不起我的兴趣。反之，这件事反而紧压在我心头，因为我认定，无论是我的好母亲抑或是我，都决不能陪伴这样一位有天才的聪明人，使他愉快。朵思退夫斯基与我两人间的谈话之能有兴趣，我以为，完全是因为谈的题目于我们两人都有关系的。可是现在，朵思退夫斯基之来乃是作客，所谓客是要被人“款待”的。我开始思索，他来的那一晚上，我们谈一些什么事。我恐怕，这长途跋涉到我们这僻远的住处，以及和我们索然寡味的聚谈，会使这位善感的朵思退夫斯基完全忘去前此我们晤谈的愉快，而深悔不应为这可厌的访问所累。因此，虽然我希望和他见面，而另一方面，我十分愿意他忘去他的约言，不到我家来。

可是，我是一个非常好动而要求生活的人，我想找些事来排遣这郁闷无聊的时光。日间，我到我姐姐家里去，引着她的小孩玩，晚上，我告诉她和她的丈夫整个十月中我与朵思退夫斯基共事的情形。午后与朵思退夫斯基在一处做工，晚上便来抄译，我剩余的时间极少，以致只能偶尔很匆忙地来望望我的姐姐；所以我有很多故事告诉她。她更为好奇心所驱使，急欲知道朵思退夫斯基的情形，问了许多问题。我答复她以后，她说：“你被朵思退夫斯基迷住了，这是不对的。真的，我的亲爱的涅多奇加，你的梦是不能实现的，这也是上帝的恩惠；特别是他的病这样重，这样老，而且负这样多的债！”

我很快地回答我没有“被朵思退夫斯基迷住”，我也没有丝毫特别的梦想，可是我很喜欢同一位大文学家谈话，并且我很感激他，因为他待我非常和善而有礼貌。

在归途中，我反复思索我的姐姐对我说的话，我自己问自己：“我真的被朵思退夫斯基迷住了吗？这真是恋爱的开始吗？倘使是这样，那才是一个发疯的观念呀！否，我的姐姐显然是有点故甚其词！”

第二天，我去速记班上课。到学校里，他们告诉我，阿尔金因病，医生禁止他出门，他要学生到他家里上课去。我到他家里去，阿尔金祝贺我工作的成功。朵思退夫斯基曾经写信给他，感谢他举荐我的事。他说，没有我的帮助，他定不能按时完成他的工作。他还说，他发现借速记的帮助，工作十分方便，他希望将来还用我。阿尔金说他的第一个学生从事独立工作便有大的成功，他觉得非常满足。我给阿尔金五个卢布，相当于我的薪金百分之十，这是学校的规定；另外给了他的小孩两磅糖。

令我最惊异的是，我的同学中竟有对我怀妒意的。显然的，他们多数都以为自已的速记学识已经十分够了，只是因为教授对于我的偏爱，使他们无法施展其才能。亚力山得娜姑娘是最勇敢的，她表示得最明显，她严厉地宣言她必定要求第二次的工作机会，她决不让给任何人的。我叫她放心，我下一次决不要工作；我宁愿继续上课，补足我一月来的旷废。她刚刚听见我说朵思退夫斯基要访问我家的事，便明言星期四全晚她都要留在我家。她不仅是要认识一位有名的小说家，她是要去"要求朵思退夫斯基为她找工作，无论是速记抑是翻译都好。他是熟识一切杂志的，有了他的指示，她便可以在任何地方得到工作了。"她的此种有计谋的访问令我万分不高兴。朵思退夫斯基不仅会同我们度着一晚索然无味的时光，而且谢谢亚力山得娜的帮助，他还得负上为她觅工作的责任。还有（我必须明白忏悔出来），以亚力山得娜的聪明与胆大，若与我比较起来，我恐怕朵思退夫斯基对于她会有一个更良好而满意的印象；我确有点不愿意有这样的事。并且，我每一天都是更热烈的盼望与朵思退夫斯基再晤并倾谈一切，我恐怕这爱说话的亚力山得娜会破坏我们的聚谈。可是，她自己已经邀请了，我怎样使她不到呢？我想了好久，非常恼恨；随后我决定用一个小小的计谋对付她：在星期四早晨我去访她，告诉她朵思退夫斯基前一晚，星期三，已经到我家去过了，星期四他不再来了。这小的谎骗我非常不愿意，可是我既然这样害怕她的那种与我争逐的勇气，我有什么办法呢！

星期四，我买了一些上等的甜梨，朵思退夫斯基所喜欢的那一种，并买了一些他平时款待我的东西。我整顿好吃茶的桌椅，到了七点钟，我便开始等候他，七点半敲过了，接着八点钟，朵思退夫斯基还没有来；我断定他或者忘记了，或者是临时变更了主意。到了八点半，他竟来了。我迎着他便问："你怎样找到我们的？"

"好的，"他回答我，"你的说话，仿佛我找到了你们，你有点不乐意一样。七点钟起我便来找你们的屋子；我坐的车在周围绕了好几圈。每个人都知道有一条科司特洛姆街（Kostromskaya Street)，但是怎样走到，没有人能够说出；因此我只得驱着车，走进每间小店铺里去问。后来，我找着了一个好人，他站在马车的踏板上，告诉车夫赶到这里来。"

我的母亲走进来，我介绍朵思退夫斯基给她。他很敬重地吻着她的手，告诉她，我帮助了他做工，他十分感谢。在母亲预备茶的时候，朵思退夫斯基告诉我他交小说稿本时所遇见的困难。司捷洛夫斯基出门到乡下去了，什么时候会回来，他家里的人都不知道。随后朵思退夫斯基拿着稿本到司捷洛夫书局里去；书局的经理老实拒绝了接收这小说，因为他的主人没有吩咐过要他做这件事。到检稿局去，他去迟了，已经关门；到县警局去，但下午没有警官在局里，他们叫他迟点再去。他整天在那儿焦急着，直到夜里十点钟，他才把那稿本交给巡警检视官，取得了一张正式收条。朵思退夫斯基从衣袋里取出那张收条给我看。

我们坐下吃茶，并且照平时一样地畅谈着，非常高兴。我预备的一些谈话材料都放下了，临时来了许多新的有趣味的题目做我们的谈助。朵思退夫斯基十分拉拢（Fascinate）我的母亲，而母亲则颇有点怕与这位“驰名的文学家”相周旋。我们应该说一句公道话，朵思退夫斯基是很知道怎样去“拉拢”人们的，他有迷人的本事。后来我常看见，许多甚至反对他的人；也都不免在他的影响之下，与他十分交好。

我们开始谈着，过去的四天中他是怎样消磨的。他说只是休息着，并且预备再休息一个星期，便要开始写《罪与罚》的第三篇。“我想要求你的帮助，我的好安娜·格里戈里夫娜，”他对我说，“我发现这样的工作方法很容易，以后的著作我都预备用口述的办法，我相信你不会拒绝和我共同工作的。”我回答他，我当然很愿意帮助他，不过倘使我再任新的工作，我不知道阿尔金的意思会怎样，或者他要把这工作给与他的另一学生也说不定。“可是我已经与你共同工作惯了，我很满意，阿尔金倘使要另外推荐新的人给我，推荐我所不知道的，或者是并不能令我满意的人，那我就奇怪，他何以定要这样！或者是你自己不愿与我共同工作；那么，自然我也决不坚持。”我没有立刻同意，朵思退夫斯基显然非常烦恼。我便说，阿尔金大概不会反对我继续在朵思退夫斯基处工作；不过为了他的面子起见，我应该去问问他。随后我告诉朵思退夫斯基，我的许多同学都非常嫉妒我，因为阿尔金对我有点象偏爱，并且有一个女孩子为这件事还说了一些非常刺耳的话。

“谁敢这样？”朵思退夫斯基说。

“一个年轻的姑娘，亚力山得娜，可是我已经对她复仇了，复仇的手段便是不为她介绍给你。”并且告诉他我的“小小的计谋”。

“为什么你要这样做呢？”他问。

“我恐怕她会给你一个良好而满意的印象（我不得不对他直说），并且我还想和你谈话，问你一些事情；倘使有一个不熟识的年轻姑娘在旁边，我做到这些事便非常困难了。”

我这样明白的直说，朵思退夫斯基显然非常高兴。

约十一点钟，他向我们告别，并叮嘱我星期一上课的时候，要和阿尔金谈那件事，再告诉他有如何结果。分别时我们说了好些亲切的话，我回转到餐室里，真被这一场热情的友好的晤谈陶醉了。十分钟后，我们的女仆进来告诉我们一件令人不快的事。朵思退夫斯基那晚雇用的马车夫因事到一个店子里去了一时，马车上的坐褥被人偷去了。车夫非常绝望，说他的东家会要扣他的薪金五卢布去；可是朵思退夫斯基允许偿给他这笔钱。

我非常沮丧。在我看来，这讨厌的事件会影响到朵思退夫斯基对我的态度，他会不再来看我们了，我们是住在这样一个偏僻的地方，马夫既被窃，他自己不幸而遇此，亦尽有可能。我想到，这样一个欢乐会面的印象或会因此不幸事件而消失去，我几乎哭了。

十一月六日是星期日，我要去赴我的教母（Godmother）的寿宴。她住在很远，因此我早就预备装束好了。我坐下奏着钢琴来消磨时光，没有听见门铃响；可是听见隔壁房中有脚步声，我猜定是有人来访我们。我向周围一望，陡然看见朵思退夫斯基站在门限上。我立刻关上钢琴，走向他去。“你知道，”他说，“我这样长的时候都没有看见你，今天早晨我在那儿拟想不定我是否应该来看你，这会无问题吗？你的母亲和你自己不会以我这样急促的访问为可异吗：他星期四来了的，星期日又来了？好，后来我终于决定今天来看你，你看，我竟来了！”我说母亲和我不是交际场中的妇女，我们很高兴看见他。可是这一次没有很热烈的倾谈，我只是回答朵思退夫斯基的问题。我非常难安，这样冷的一天，客厅里的温度竟不够暖。朵思退夫斯基说：“今天这里多冷呀；你自己今天多冷静呀！”我还有点不安，便是为了朵思退夫斯基之来访，我到教母家去会要过时了。

朵思退夫斯基看见我穿的白色丝衣，便问我是不是预备出街。他知道了我的教母住在亚拉金桥附近，便提议我坐他车同去。在路上，有转弯的地方，他用手臂围着我的腰来扶着我。可是，当时我还是一个六十年代（一八六〇年代）的女孩子，我是十分反对这样一类的举动的，如吻妇人的手，或者用手臂围着妇人的腰帮她下车等等。所以我对朵思退夫斯基说：“请不要劳神，我不会跌出去的。”这一点小事都被拒绝，他非常难过，他说：“倘使你竟跌出去了，我会多么高兴呵！”我大笑起来，和平的空气又恢复了。我们愉快地谈着，没有停歇。分别时，朵思退夫斯基紧握着我的手，要我应允星期二到他那儿去商量《罪与罚》的工作。

朵思退夫斯基之求婚

一八六六年十一月八日是我全部生活中最伟大的日子之一：在这一天，朵思退夫斯基告诉我，他正恋着我，他要求我作他的妻。

这天天气晴明，但遍处都已冰冻。我是步行到他家去的，所以迟到了半点钟。朵思退夫斯基似乎已经等候得不耐烦了；他听见了我的声音，便立刻走到外厅里来。

“哈，你终于来了！”他很愉快地说着，并来帮我脱外衣和围巾，我们一路走进书室去。那一天，书室里很亮，我很惊异地看出，朵思退夫斯基心中正有着什么事，所以表现出非常心神不定的样儿。他的面色几乎是狂喜的神气，令人看出他还像是十分年轻。

“你来了我是多么欢喜呀！”他说，“我很害怕你或者会忘掉你的约言。”

“可是为什么你会这样想呢？”我回答他，“我总是失信的吗？”

“饶恕我，我知道你总是守信的。我再看见了你，我真高兴！”

“我再看见了你，并且你是这样愉快的神情，我也高兴得很。你有什么得意的事吗？”

“是的，有。昨天夜里我作了一个奇异的梦！”

“只是这吗？”我问他，并且大笑起来。

“请不要笑，我认为梦是有很重要的意义的。我的梦总是一种预言。当我在梦中看见那已去世的哥哥米霞，特别是当我梦见我的父亲的时候，我知道必是有些不幸的事要临头了。”

“那么你告诉我，你梦见了什么！”我问他。

“你看见了那里放的一只红木盒子吧？那是我在西伯利亚的时候，一个当地的朋友送给我的，我非常珍视它。我的手稿、信件以及一切我所爱好的东西，我都放在那里面。我梦见我正坐在盒子前面读着几张文件。陡然，有点什么东西从里面射出光辉来，一颗很亮的小星。我继续读下去，那小星星则忽现忽隐。这倒引起了我的兴味；我开始慢慢地来整理着那些文件，在里面我寻到了一粒极小的金刚钻，光彩耀目，成色极好。”

“你拿它怎样办呢？”我问他。

“这一点就是不幸了；我竟记不清楚。随后，又接着别的梦境，我不知道那金刚钻怎样办了。可是这是一个好梦！”

“我相信，人们解释梦境，都是从反面看的。”我说出了，但立刻后悔不迭。

朵思退夫斯基的面色很快地变了，仿佛被阴云遮住了一样。

“那末，你以为，”他黯然地说着，“不会有什么快乐的事情到来了！你以为那只是一个空空的希望吗？”

“我不会解释梦境；并且实在我并不相信什么梦。”

我的愉快的神情消失了，我非常难过，或想引起他发笑，恰逢他问我平常作些什么梦，我便给他一个可笑的回答。

“我常常梦见我们学校的女学监，一个很有派头的妇人，头上覆着旧式的卷发，她常是在我们班里上课的。我又梦见一只黄猫，有一次它竟从短墙上向我猛扑过来，骇得我真是了不得。”

“呵，孩子，你真是一个孩子呀！”朵思退夫斯基反复说了好几次，笑着并且很慈爱地样儿看着我，“你的梦也真是孩子的梦！好的，在你的教母家里，你今天快乐吗？”

“快乐得很。吃饭以后，老人们坐着打牌去了，我们一般青年便在主人的书房里大谈其天。有两个很活泼可爱的学生在我们一处。”

朵思退夫斯基的面色又阴黯了。我很惊异他的神情何以变得这样快。我并不知道这是羊痫风的症象，还以为这是他要发脾气了的标记，我非常害怕。

从前我每次到家里去工作的时候，费多尔常是告诉我，前一天他作了些什么事，到什么地方去了的——几乎成了一种习惯。所以此时我便急于问他，刚才他作了一些什么事的。

“我正在计划着一部新的爱情小说。”他说。

“一部新的？有趣味吗？”我问他。

“对于我是很有趣味的；只是我不能想出怎样的结果来。所困难的就在于写出一个青年女子的心理。倘使我是在莫斯科，我可以问我的侄女，莎尼奇加(Sonechka)去，可是现在我必须要你的帮助。”

我满心得意，预备去“帮助”这伟大的文学家。

“你的小说里的英雄是谁？”我问他。

“一个艺术家，不是一个青年人；简明点说，和我的年龄相仿佛的一个人。”

“请告诉诉我；说下去，请你说。”我要求他，我是被这新的爱情小说诱动了。

接着他很流利地说出他的故事来，以应我的要求。这一故事之动人，真是空前绝后的。从费多尔口里，我再没有听见过第二次更好的。他愈讲下去，我便愈看得出他完全是在讲他自己过去的生活，只是把姓名和环境改变了一下而已。里面所说的事情，几乎都是他以前曾经告诉过我的。不过以前是片断的，此次是整个而有系统的；这个更使我了然于他与他的前妻和他的家人的关系。

在这部新的爱情小说中，这位英雄的幼年生活极其沉闷凄凉，很早便丧去了可爱的父亲，一种不幸的环境（一种很沉重的病）竟使这位艺术家和他的生活及艺术绝缘至十年之久。接着他恢复了他的健康，遇见了一个妇人，他和她发生了恋爱，因恋爱而忍受了很多痛苦；后来他的妻和他的爱姊都死去，他便为贫穷与债务所追逐而陷于不堪之境地。

这位英雄的精神状态，他的孤寂，他的对于友朋的失望，他的渴望着一种新生活，他的需要爱情，他的热烈地希求快乐——这一切都写得深刻入微，令人想见这完全是著者亲身的经历，决不仅是艺术家想象的结果。费多尔描写这英雄的时候，不惜用最难堪的文字。依他的描写，这位英雄方在中年便已臻老境，自染一种不治之症（手臂瘫了），赋性阴郁而多疑；他的心确实极其慈祥，可是他没有表现他的情感的能力。这个艺术家或者是一个天才，可是他是一个失败的天才，在他的生活中，他甚至不曾有一次能把自己的理想在自己所梦想的一种形式中表现出来，所以他总是在痛苦中讨生活。

我看出了这爱情小说中的英雄便是朵思退夫斯基自己，便不禁发出抗议之声来。

“可是为什么，”我问他，“你这样妄责你的爱情小说中的英雄呢？”

“我推想他是不能得到你的同情的！”

“恰恰相反，他是很值得同情的。他有一颗良善的心。想想看，他所要忍受的是怎样的一些痛苦，而他竟是怎样平和地忍受下去！一定的，任何别的人，在生活中遇见了这样多的不幸，必然会变成一种仇恨的心情；可是你的英雄仍旧爱着人们并且帮助他们。真的，你对于他的话说得不很公道！”

“是的，我同意，他有一颗良善的可爱的心。你能了解他，我是怎样高兴呵！”

“在他的生活的最后一时期中，”朵思退夫斯基继续说下去，“这个艺术家遇见了一个和你的年龄相当的青年女子，或者还比你大一两岁，让我们叫她作安娜，不叫作女英雄。这是一个可爱的名字——”

他的话使我深信，他的所谓女英雄是指的安娜·柯尔文克鲁科夫斯基，他从前的爱人。当时我完全忘记了我自己的名字也是安娜——我绝少想到他的小说会与我有丝毫关系的。最近朵思退夫斯基曾告诉我，安娜·克鲁科夫斯基在国外给过他一封信，我想这部新的爱情小说必定是由于接到这封信而起的。我的心被这观念紧压着，非常难过。

他描写这女英雄的形象完全是另一种风格。据著者的描写，安娜是温柔、和善、明理、勃勃有生气而且精于与世人交往的一位女子。当时对于女性的美是十分重视的，我便不禁发问：

“你的女英雄好看吗？”

“自然她不是一个美貌的，可是她并不难看，我爱她的脸。”

我看来，朵思退夫斯基泄漏了他的秘密了，我的心紧压得难受。一种敌视安娜·克鲁科夫斯基的感情潜入了我的心中，我便对他说：“我想，费多尔·米海洛费奇，你把你的安娜过于理想化了。真的，她竟像这样吗？”

“恰恰像这样！我曾经很细心地研究过她！这位艺术家在艺术的团体里遇见安娜，他愈多会见她便愈喜欢她，便愈深信自己可以从她那儿得到新的快乐。然而，这一观念，在他看来，是一件不可能的事情。真的，他这样一个中年的病夫，负着很多债务，能够给与那样一个青年、健康而且活泼的女子一点什么呢？在她一方面，爱这位艺术家不会变成一种可怕的牺牲吗？她后来不会深深地悔恨不该和他结成共命的鸳鸯的吗？一个性情与年龄相差得很远的女子会爱我的这位英雄，这是可能的事吗？这在心理学上不会是错误的吗？这便是我愿意请教于你的地方，安娜·格里戈里夫娜！”

“为什么不可能呢？一定的，倘使你的安娜不是一个浅薄无聊的浪荡女子，而有着一颗良善的同情的心，为什么她不会和你的艺术家发生恋爱呢？他的病与穷有什么关系呢？一个人的爱情难道是为的美貌或财富吗？并且在她一方面牺牲在什么地方呢？倘使她爱他，她便会愉快，便决不会有悔恨的时候！”

我很热烈地说着。朵思退夫斯基看着我，很受感动。

“那么你深信她能够忠实地爱他以至终身吗？”他沉静了一会，仿佛有点怀疑的样儿。

“你且把你自己放在她的地位想一想，”他说着，声音有点发抖，“你且假定那个艺术家是我自己，我已经对你说明我爱你，并且要求你作我的妻。告诉我，你会怎样说呢？”

朵思退夫斯基脸上表现非常激动，心中非常痛苦的样儿，这使我终于懂得了，这不仅是一场文学的讨论，而是，倘使我要给他一个拒绝的答复，则对于他自尊、自满的心情将会给予一个致命的打击。我看着他那激动的面貌，非常可爱的，便说：

“我应当回答，我爱你并且要终身爱你。”

在那不能忘记的一时间，费多尔对我说了许多温柔可爱的话，我将不在此地重述出来：那些话对于我是万分神圣的。

我惊愕极了，我的愉快几乎使我难于支持，好久的时间我都还不能相信这是事实。我记得一点钟以后，费多尔开始告诉我他对于我们的未来生活的计划，并问我的意见，我说：

“可是我现在不能想一点事情！我愉快地不得了！”

因为不知道什么时候我们可以结婚，也不知道环境会有什么变动，所以关于我们订婚的事，除了我的母亲以外，决定暂不向任何人宣布。费多尔答应第二天晚上到我家里来和我们聚谈，并说他要等候下次的觌面，真是难以忍耐。

他送我到外厅，很谨慎地为我系上围巾。我正要开门出去，他止住我说：

“安娜·格里戈里夫娜，我现在知道那小金钢钻的来由了！”

“你记得你的梦吗？”

“否，我不记得梦了。可是我已经寻到了那金钢钻，我要终身保藏着。”

“你错了，费多尔·米海洛费奇，”我笑着说，“你寻到的不是一粒金钢钻，只是一颗小石子呀！”

“否，我深信这一次我没有错误。”他很恳切地说着。

和费多尔这一次会面后，归途中，心中充满了狂喜。我记得在路上我几乎始终都是高声自语着，不顾一切的路人。

“上帝，多愉快呀！这会是真的吗？这不是梦吗？他将作我的丈夫吗？”

街市的喧嚣使我惊醒了几分，我记起我还得到一家亲戚处去祝寿。我便到糕饼店里去买了一盒祝寿饼。我的灵魂浸润在狂喜中了，每个人对于我都似乎良善而且可爱，我也想使每个人都因我而愉快。我不禁向那招待我的德国女子说：“你的面色多惊人呀，你的头发修饰得多美丽呀！”

在亲戚家里，我遇见了许多客人，可是我的母亲还没有到，她是曾经应允吃饭的。我非常不安：我急于要想把我的愉快告诉她。

吃饭的时候，大家都很愉快，可是我的举止则不免有些古怪：有时大笑起来，有时又非常静默，有人对我谈话，而我竟充耳不闻。有时答非所问，并且甚至我和一个客人谈话时，称他作“费多尔·米海洛费奇”。

最后我的母亲到了，我跑到外厅去接她；我拥着她，在她的耳边轻轻说着：“祝贺我，我订婚了。”

我没有时间说多的话，因为主人夫妇来迎接她了，全晚母亲都带着查究的神气看着我。她在猜想，在我平日所称赞的人当中，究竟谁是我预备认作丈夫的。直到归途中，我才告诉她我预备和朵思退夫斯基结婚。我很惊异地想着母亲听见了这个消息是否会喜欢：我想她会不喜欢的。一位饱经世故的女人，当然会预先看出，我的未来的结婚是不免要贻我以焦虑与忧愁的，因为我的未来的丈夫有着可怕的病，而且又十分穷乏。可是她并不尝试来劝阻我（像后来有些人作的），我真是万分感激她。然而也终于没有人能够强迫我抛弃我们的婚约；我们的结婚，虽然有些缺憾（他的病和债务），可是结果对于两人都给了真实的愉快与欢乐。

第二天，十一月九日，过得太慢，真是难于忍耐。我不能作一点事，只是整天在回忆昨天谈话的情形。我甚至用速记把那些情形都记在我的记事簿里。

费多尔六点半就到了，他请我原谅他早到了半点钟。

“可是我不能够再等了，我急于要见你。”

“我们真是同病相怜哩，”我笑着说，“我也整天没有作事，只是想着你；现在你来了，我真高兴得很！”

朵思退夫斯基立刻注意到我是穿着一件浅色的衣裳。

“在路上，我老是想象着，你是否会换去丧服，抑仍旧穿着黑衫。现在你是穿的粉红色了！”

“我既然觉得愉快，我怎样能不这样呢？当然，在我们没有宣布我们的订婚以前，我出门的时候还是要穿丧服；至若为了你，在家里，我是要穿吉色的。”

“你穿粉红色最相宜，”他说，“这样，你看着更年轻，象一个小女孩子一样。”

我的青年的样儿显然使他非常难安。我便笑着要他确信，我的年纪会长得很快的。这虽然是一句笑话，然而因为经过了各种环境的变迁，这种情形真的竟实现了。这便是说，并不是我的年纪长得很快，而是我在穿衣和说话两方面更其学得庄重起来，因之我与我的丈夫间年龄的差异很快就弄得几乎看不出了。

我的母亲进来了。费多尔吻着她的手。

“你是已经知道了，”他说，“我向你的女儿求婚。她已经同意作我的妻，这使我非常愉快。可是我还要你赞许。安娜·格里戈里夫娜很热忱地告诉我许多关于你的事，我是十分敬重你的。我现在郑重地申言，我必要尽我力之所能，且要超于我之所能，以求安娜的愉快。对于你，我必要成一个很诚谨可爱的亲眷。”

（我为费多尔说一句公道话，在我们结婚后的整十四年中，他对于我的母亲是非常敬重且很和善的；他很忠实地爱她并尊视她。）

费多尔说出这几句话的时候，非常庄重，象作祷告一般，可是后来他自己告诉我，当时还是有点惶惑不宁。我的母亲非常受感动，她拥着费多尔，要求他爱我并维护我，至于泪下。

（他们的结婚是一八六七年二月十五日举行的。夫妇二人于同年四月十四日出国，准备在国外只留居几月。然而环境使他们滞留在国外，直到一八七一年春才归国。朵思退夫斯基夫人一八六七年的日记所述的，几乎完全是他们在国外的最初两月中朵氏沉湎于赌博中的情形。)

朵思退夫斯基夫人日记

芮斯顿[①]（Dresden）　一八六七年五月一日

晚上，我们谈着费嘉（Fedga，Fiodor之昵称）到汉堡去的事，当我想到他要离去，我自己一个人留在这里，这真使我难堪得发抖，那时我能够作什么呢？我真不能想象，我会怎样的孤寂难堪，没有费嘉，我自己一个人坐在这三间闷人的屋子里；没有费嘉，我真不能生活呀！我劝他不要记挂我，我说我不会害病的，也不会见什么意外，一切都会安吉如常的。他要求我每天写信给他；我必定以最悦意的心情来作这件事；至少这件事可以稍稍慰我孤寂。随后他说，显然地，我们不在一处会使我觉得十分舒服；并说，显然地，我并不爱他。可是他是错了，我之所以容许他到那里去，并不是为了想他在转盘博中赢几个钱。老实说，我是很少相信他会赢钱的；只是我看出他在本地已经开始觉得厌倦渐至于不可耐了，这是很有原故的：他整天都是一个人在着，没有一个朋友的面孔，没有一个可以谈心的人。我很感谢我们在此地还弄到了一点书读，否则他早已会厌倦到难堪的境地了。到那里去（汉堡去）是他的志愿，他的理想；那末为什么我不应该让他满足实现呢？否则他会在脑中不断地回环萦绕，他将没有一刻平静的时候，他可以在那略散一散闷，便仍旧回来照以前一样地爱我。我知道了他会这样，我便可以得安慰；自然我不能怨恨他不爱我，在晚间我们坐着总是读书，好久的时间都静默着；有时我看他一眼，有时他看我，带着可爱的微笑，总是很高兴的。我很愉快，这一晚我们谈了很久的时间，他说倘他在那里能够赢得钱，他便会回来接我，我们便在那里寄住去，这当然是很好的。然而，我很怀疑；或者不会能够这样，或者他竟不去，还是最好的事。

---

① 朵思退夫斯基夫妇于一八六七年四月十九日抵芮斯顿。

星期四 一八六七年五月十一日[①]

今天阴雨；孤寂得可怕，我把淡紫色的衫缝好了，便立刻到邮局里去。我预知我会接到更令人不高兴的消息的。我到那里去走得很慢；接到了一封信，读后便看出费嘉显然是还想能多留在那儿一时，以便继续赌下去。我立刻写信给他说，倘使他愿意，他可以留在那儿，在星期一或星期二以前，我是不盼望他回来的。我想他会留下去的。我能够怎么办呢？大概只能这样了，他脑筋中总有着那个不幸的理想，便是，他正要赢钱的：怎样把这不幸的理想排去才好呀！我非常难过。

芮斯顿 一八六七年五月十二日

今天早晨起得很早，因为我相信费嘉今天会回来的；我本想到火车站去的，但也不知为什么，我竟先到邮政局去；在那里我接到了费嘉的一封信，他说他接到了我的信，但我由银行汇去的钱并没有收到，所以他只得在那儿等候，这不是他想多留一会儿的藉口吗？这是一封可笑的信。费嘉抱怨他可怕的齿痛，要求我多忍耐一时，好的，作什么好呢？我写信给他说他可以在那里多留一时。

芮斯顿 一八六七年五月十三日

正午十二点，我到车站去，可是没有看见费嘉，随后到邮政局去，在那儿踱着，我预料着费嘉会来信说他的钱都输了，要我再送一些钱给他。后来竟真是这样，我立刻写信给他，接着到银行里去；可是银行刚关门了，说下午三点钟再开。我回家来，在路上饮了一杯咖啡。我送钱到银行里去。可是这一次我之来，似乎不能引起他对于我的尊敬，因为他让我站了好久，也不送我到门口，象昨天他作的一样。

星期一 一八六七年五月十五日

我已经不希望费嘉今天会回来，可是突然他在对面（在火车站）出现了。我盯着眼看了一会儿，似乎有点不信任我的眼睛，随后我就冲到他面前去；我是喜欢得了不得，了不得，愉快得了不得；他略为变了一点，大概是旅行的结果。他

① 朵思退夫斯基把他的妻子一人留在芮斯顿，自己到汉堡赌转盘博，凡十一天，从五月四日到十五日。

有一点难为情，然而我们的相会还是很高兴的。我们雇了一乘马车回家，在路上费嘉告诉我他的厄运……我非常难过，而同时看见他终于回来了，我又愉快得什么似的！我老是带着惊讶的神气看着他，我是无限的愉快。当我们吃茶的时候，他问我是否有他的信寄到。我就把“她的”[①] 信给他，或者是他真正不知道这封信是谁给他的，或者是假装不知；可是他拆开了信封，看了一下信尾的签字，便开始读起来。

他读信的时候，我老是看着他面上的表情。他把第一页读了又读，至于许久，仿佛他不能了解信中的含义似的。后来。他终于读完了，面上现出绯红，他的手似乎在发抖。我假装不知道这封信是谁寄来的，只问他莎尼奇加（朵思退夫斯基的亲眷之一）写的一些什么，他说这封信不是莎尼奇加写来的，说着向我作一惨然的微笑，我决没有在他面上看出过这样的一种惨笑的。这种微笑很象是含着耻辱或者哀怜的成分在里面——真的，我不知道；可是这是一种可怜的绝望的微笑。后来他变得十分心神迷乱的样儿，他竟至不能了解我所说的话。

星期二　五月十六日

今天我们醒得很迟。我们现在没有表（费嘉在汉堡当去了），所以我们不知时候。我动手整理我的黑衫；费嘉则老是在房中踱着，象失掉了什么东西的人一样，在那往返寻觅，后来就去写完了他的信。很显然地，邵的信[②]激动了他，恼怒了他。可是我真是非常地，非常地想知道他对于此种行为的意见。

星期六　一八六七年六月三日

我们到雅丁大戏院去听瓦格勒（Wagnez）的前敌进行曲，这曲子真是动人得很，我们坐着听，直到奏完了才回家。我和费嘉挽着臂并行，这在国外算第一次，在我的全生活中是第二次了。他要这样走，我很高兴地答应了他。我很喜欢和他挽着臂走，虽然因为费嘉比我高，他的步比我长，因而我不能不踏着大步以适应他，我还是欢喜的。

随后我们谈到心志的高尚这一类话，他说我是“预备把父母来卖钱的”，不仅出卖丈夫而已，当我抗辩这意见的时候，他说以世界之大，实在没有比我更高尚的人，可是他还是不想来称赞我这一点，因为我还年轻，并且因为这还是最初

---

① 即邵司乐夫姑娘（Mlle·Souslov）的，详见下卷“朵思退夫斯基与邵司乐夫姑娘”篇。

② 邵司乐夫姑娘的信。

的开始。他说我并不懂得人生，倘使我懂得人生，我决不会嫁给一个头秃牙豁，罪孽深重的老人的。我回答他，他所说的都不是真实，并且我是极端地爱他，我是无限地快活……

今晚在十分和平的空气中过去了；我是非常快活，象疯子一般地狂笑着。费嘉也没有生气。我想到他的性格竟这样地改变了——这真是奇异的事！以前惯于发气动怒，在家里老是寻着人吵闹，以致令我时常害怕将来和他共同生活，不知如何下去。我想着，在我们的共同生活中，他的性情若是不改变，则我的生活将会十分苦痛。可是现在我们的境遇虽然并不见改善，而那些忧虑是已经没有了。费嘉和我来道晚安的时候他说我使得他又快活又不快活。所谓不快活，便是，倘使现在他只是一个人，则挨过这样困难的境遇，在他是比较容易多了；可是现在他要为我担心。我过着这样贫困不安的生活，他觉得非常心痛。我要他相信，他的观察是绝对的错误；我说我并没有受到象他所想的那样的困难。在我心里，我是非常恼恨我们的这种不幸的经济地位，这是真的。加可夫的回信[①]会是怎样呢？他要是陡然拒绝了呢？那样我们又怎样办呢？象这样过下去真是令人难受。

星期三　一八六七年六月七日

今天我们睡得很迟才起身。因为我们没有表，所以不知道时候。我想我总睡了十二个钟头。我起身，便开始谈书并翻译。费嘉则吃他的茶。因为昨天他的疯症发了一次，所以他非常不愉快，吃茶也似乎无味。他要我替他自己倒茶，我答应他："请你倒吧。"他不喜欢我的回答，非常生气至于吵起来了。这令我非常痛心；可是我没有［说］什么，脸色涨得绯红，便到隔壁房里去了。还没有五分钟，费嘉非常愉快地走进房里来，并说他承认错误。我也非常快活，我起身说我并没有恼恨他，我也从来不曾发过他的气。我们的冲突便这样完结了。我不喜欢冲突，这非常使我痛心，我心中万分地烦闷，我不想作一点事！我宁愿退让，只要能够和平，怎样都可以。费嘉整天都对我说，我是"很好"，我是一个"圣人"，我是没有罪恶的，他满心地认定我是一个"圣人"，一个妇人的"模范"，"无罪的"、"能耐苦耐劳的"妇人。我的最亲爱的费嘉呀！我是不值得他的称许的，我是并没有如他所想的那样好；可是他的话真令我高兴得很。我有一次对费嘉说，倘使他以为我是一个毫无见识的女子，我真会万分的不快活！他说我是很懂事的，并说我具有一种罕有的理解力。

---

① 加可夫是《俄罗斯消息》的主笔，朵思退夫斯基向他预支稿费。

星期五　一八六七年六月九日

我们在外面午饭后便回家来。费嘉躺下休息，我写信给万尼亚（她的兄弟），写好后送到邮局里去。我回来的时候，费嘉提议我们要一路到图书馆换书去；可是我是非常疲倦，我不能陪他同去。当他回来的时候，他问我是否要同去散步一会；我回答，“好的”。加可夫没有回信来，我和费嘉两人都非常惶惑不安。我们的钱快用完了，我们也找不出弄钱的机会，我们并不知道怎样办才好，可怜的费嘉非常忧郁。他非常不安，以至现在遇着点极细微的事都发气，这些事从前他是完全不注意的。他的坏脾气在对我的行为中也反映出来了：他总想寻隙吵闹。我也万分地挂念着我们的境遇；我也弄到抑制不了自己的怒气。例如，今天竟闹出这样一出把戏来，我们完全成了小孩子一样的胡闹。我们散步差不多到了雅丁大戏院那里，费嘉想回家，可是也不决定。我说：“倘使你要回家，那末我们回家好了！”他非常生气，转回身来。过了一会，我说我想在公园里休息一下，他很快地向着公园的方向走去；可是他说在那里至多不过坐五分钟。我回答说：“倘使我们要休息一下，我们应该坐半点钟，不能只五分钟，不然我们还是不如回家的好。”他坚持他的意见，我说我们还是回家去吧，或者我一个人去坐半点钟，这时他仍旧向着公园走去，我便转身回家来。为什么我要这样作呢？我们不安定的境遇使得我们惶惑郁闷，我们两人间的一切冲突都是由于这恶劣的心情而起的。上帝，让我们跳出这不幸之网吧！我们彼此极其相爱，极其快活；设使不是为这恶劣的境遇与金钱的缺乏所困，我们应算最快活的人了，而现在我们竟像小孩子一般地争闹着。半点钟后，费嘉回家来了，他非常郁闷。当他开始吃茶的时候，他说我把桌子移动了，乃是故意害他。我说，要说我想害他，这是很蠢的话。于是他乃开始激怒我，他说现在他是没有钱，可是他必然会弄得到钱的，而且无论如何，我终应该尊敬他。这真令我恼怒万分。什么！以为我只是因为人家有钱才表示尊敬吗！我说我并不会以金钱来估量他的价值；我说，倘使我想发财，我早已是富人了，因我可以和 T. 结婚，他曾向我求过婚的（费嘉说他从前听见过这件事的）；我说，我并不是为了钱财，我之爱他，费嘉，乃是为了他的心，他的精神。我这样数说着，不能自禁乃至于泪下。可是我们即刻就和解了。当我们吃茶的时候，我说明天我预备写一封无礼的信。费嘉问我：“为什么无礼呢？”我说无礼的信应当以无礼答之。他问我预备写给谁，我说：“给一位某某女人，她最近骂了我的。[1]”我说，我不应该受的侮辱我是不肯轻轻放过的；我说，他自己也说过，人总应该给对方以应得的报应。费嘉说，以怨报怨这是错误的，最好是谅而恕之。我回答说我完全是两样想法。随后他吻我多次，望着我，我也含笑望着他。几次，他紧闭起他的眼睛，并说：“你毒辣得很。”我说或者我是这样，可是对他并不如此。他非常细心地看着我，显然是想猜出我心中藏着的是什么念头。随后我到隔壁房里去动手写信，过了一会他进来了，叫我作“Litteratour”（文学的妻子），并问我写的什么。我说：“一封信。”“我可以知道你写给谁的么？”“否，你不可以。”我说。“以后也还是这样吗？”“否，我将来也不告诉你的。”随后他劝我去睡。他显然是非常之想知道；然而，我以为他已经猜到我的信是写给谁的……

星期五　一八六七年六月二十三日

本日天阴，运气坏得很，天又在下雨，我以为我们不会出门的。我们吃了茶和咖啡以后，费嘉到车站俱乐部去，带着十五块路易金币[2]并几枚“太勒”银币[3]，他应允了今天并不开始去赌，至少，无论如何，也不把所有的钱都去作孤注一掷。我一个人留在家里，便拿出衣裳来钉纽扣，补好衬衫，外衣也大概修理了一下；我觉得寂寞可怕，难过得很，我不知道为什么这种感觉竟这样敏锐深切，我不愿看见任何人，不愿到任何地方去；我只是想躺在那里，在那黑沉沉的房中，想整天都象这样躺着。差不多过了三个钟头，费嘉回来了，他告诉我他带的钱都输光了。我们现在还有五十块金币，这还可以赌下去。我穿好衣裳，伴费嘉同到俱乐部去。那是一栋很大的房子，中间一个大厅，两旁有两个边厅。这俱乐部叫作“Conversation”（谈话）。“我终于来看赌转盘博了”。我走进大厅时这样想，可是我当初所想象的比这要大多了。那里放着一张大方桌，中间放的便是转盘，作庄的有六个人，两旁各坐二人，上下头各一人，关于赌的情形我以后再写好了。我们旁观了一会，后来费嘉说我应下一枚五佛郎的注码。听他的话，我把钱押在单数上面；可是出的是双数，我输了。随着费嘉便动手赌起来，他赌了好久，我们才走开，除了我们自己的钱以外，我们赢了约有两百枚五佛郎的银币，接着我们便去吃饭。在回家的路上，费嘉决定把他赢的钱放在一只皮袋里，不去动他，除非我们的本钱都输了再说。我们把两百枚五佛郎的银币都装到皮袋

① 给邵司乐夫姑娘的。

② “路易”金币，系法国通用之货币，值二十佛郎，合三元八角六分。

③ “太勒”银币，系德国银币，值三马克，合七角一分。

里去了。饭后我们又回俱乐部去，吃着咖啡，费嘉在那儿看报。后来我们又进大厅去。我们的胜败好久没有决定；可是结果我们又赢了五十佛郎，便回家来。这时已经很迟了，大概已经十点钟，我不能不回家。五十佛郎也放进皮袋里去了。费嘉送我回家以后，又回到赌场去；可是不久他回家来说，五块金币他都输掉了，要我从皮袋里拿点钱出来。他要我命仆人预备好茶，他立刻会回来的。我是已经知道会有什么结果的；果然，不到半点钟他便回来了，说他都输光了（我忘记了记下，晚饭前我们去找了房子的。我们找到了两间房，八个佛林币[①]一星期，我们预备明天搬到那里去）。可怜的费嘉非常烦恼。可是有什么办法呢？我们还剩有四十五块金币。

星期六　一八六七年六月二十四日

我们起身很早；可是我觉得身体难过得很，以致自己出去付房租都不能够。我想这是因为怀孕的原故。我们出去把房子又看了一次，在路上买了茶叶回来。我们租定了那房子，答应一个钟头内就搬进去，回来便叫旅馆算账，账单送来的时候，真令我吃惊不小。只两天，我们便须付二十三枚佛林币——这简直是打劫呀！可是有什么办法，我们只有忍受着（他们每一次茶开价一佛林币，三十六克留[②]，即是，九十六戈比才得吃一次茶）。我们给了茶房一佛郎，房间的侍女给半个佛郎。从旅馆里雇了一个脚夫为我们搬东西到新房子里去。整天我都非常不舒服：病了，脸色铁青，眼睛无神。到了新房子里，我便立刻躺在床上，整天没有起身。我们用去了五十块金币，费嘉又拿了十块去试试我们的运气去了。现在只剩三十块金币了……。费嘉赌博去，我便睡熟了。我睡着了好久；陡然，我张开眼睛，我看见费嘉站在我的床头前。他烦恼万分，我懂得他必是把十块金币都输掉了；果然是如此。我便劝他不要难过，并问他是不是还要我给他一些钱。他要五块金币，我立刻给了他；他深深地感谢我，真的仿佛我给了他一种什么恩惠似的。我要他到饭店里去吃一顿饭；因为我觉得很不舒服，不能陪他去。他四点钟出去的，答应即刻回来，我便开始等候他——五点钟、七点钟——他还是没有回来。我候着他，我想他若是在这里，我一定要他弄点面包给我吃；因为我开始觉得有点饿了。整整半天，我老是躺在床上，老是醒着。我不能睡去，我哭着，觉得万分伤心。最后我要房主妇送洋烛进来，并为我去买一块面包。时间飞逝着

---

① 佛林币（Floziens）系欧陆数国通用之币，值英金六先令。

② 克留（Kzcutgec）系奥国钱币，值四分之一便士。

——九点、十点，费嘉还是没有回来。我猜想他是在俱乐部发了疯症，以致说不出他的住处来。我想像他是要死了，我会来不及和他谈话。这些思想使我痛楚欲绝，我便决定，倘使十一点钟他还不回来，那便无论我的身体觉得如何不舒服，我必定要到俱乐部去看他究竟是怎样了。可是十一点钟的时候费嘉回了；他烦恼万分。他说八点钟以后他便想抽身回来的；可是他不知道怎样办。他已经赢了四百佛郎之多，还想多赢一点；虽然他满心难过，记挂着我，他终于难得离开赌场。我安慰他，我要他放心，我说这没有关系，都很好，他不在的时候，我并没有遇着什么意外，我就唯一的是安静一点，不要焦躁。可是他说他真软弱得可笑，他要求我给他一个谴责自己的机会；他并要求饶恕他，我不知道饶恕什么。他说他没有资格匹配我，他说他是一个流氓，我是一个天使，还说了一些毫无根据的话。我很费力地想使他的心境平静下来，我想使他散一散心，便要他去买洋烛、糖和咖啡。回来以后，他要我再叫他出去为我买东西，我请他不要去。可怜的费嘉，我真是对他不住得很！（我忘记了：今天他决定把他的那只不走运的钱袋丢掉，我把我的一"太勒"给他去买了一只新的，我并给了他一枚佛林币作"利市"，他拿去放在钱袋中了。他为我买了一双手套，是格林鲁布尔的出品，不是巴黎的）我想方法使他平静下来。这些事使他竟如此烦恼，我真难过已极：我并且恐怕弄得他的疯症又发了。

巴端（Badan）星期日　一八六七年六月二十五日

今天我们还有二十五金币，这里面费嘉拿去了五块；当他出门的时候，他要我准备在他回来时把衣裳穿好，这样我们可以一路到邮局里去。他去了以后我觉得非常难过；我断定他又会输得精光，便又会使得他焦灼沮丧。几次我都要大哭起来，我觉得仿佛要疯了一样，可是费嘉回来了，我便很淡然地问他："你输了吗?""是的，我输了。"他回答我，绝望的样儿，又开始咀咒他自己，他很伤心地说，他抱怨自己太没有赌博的本领；他说，他爱我，我是他的美丽的妻子，他是没有资格匹配我，后来他要我再给他一点钱，我说："今天我不愿再给你钱了，可是明天我可以给你一些。"今天我是万不能再给他钱的，因为他必然会又输得精光，又来焦灼愁闷，可是费嘉哀求我至少再给他两块金币；这样他可以到赌场里去，他心里便可以得到安慰。没有办法，我给了他两块金币。费嘉的样子非常激奋，他求我不要把他当作一个流氓，以为这流氓把我最后剩的一文钱都要拿去输掉。我哀求他平静一点，我要他放心，我并没有把他想得那样难堪，我说他有自由，自己想输多少就可以输多少。他出门去了，我哭得非常厉害。他象这样焦灼烦恼，令我非常心痛；旅居国外而又如此穷乏，我对于我们的将来忧心得很。费嘉很快地回来了，他说又输了（我们只剩了十八块金币了）。我们到邮局里去，费嘉要我带三块金币在身旁。他说倘使他把这三块钱又输了，那便可以决定我们明天就离去巴端；因为再在此地住下去，实在没有意义了。邮局没有我们的信，他们叫我们迟一点再去。这时我们便到俱乐部去，费嘉动手赌起来，可是他输了。在归途中，我们决定明天搬到日内瓦（Geneva）去，但我们碰见了孔加洛夫（Goncharov，今译冈察洛夫），费嘉介绍给他与我相见。孔加洛夫告诉我，屠格涅夫昨天看见了费嘉的，可是没有招呼他。因为他知道赌徒是不喜欢人家招呼他们的。费嘉还欠屠格涅夫五十卢布的债，他真的要去看看他才好；否则屠格涅夫会以为费嘉之不愿去看他，只是恐怕屠格涅夫要还钱罢了。所以费嘉明天要去看屠格涅夫去。我们从俱乐部回来以后，费嘉说若不是我在他一路，他必定会很用心去赌的，他说他本来决定要逞最后一掷——尽可能地用心来赌；可是因为我在他的身边，他心中便非常慌乱。我恐怕他要诅咒我妨害了他的好运气，我于是再给他三块金币，作最后之孤注一掷。他真惊喜欲狂；他便用各种亲爱的好名词来叫我。他说他应该有一个坏脾气的，要咒骂他的妻子，不应有一个如我一样温柔和顺的妻子，不仅不咒骂他，反而只是饶恕他，安慰他，我这样温顺地待他，反使他心中难受，他真惊喜欲狂。费嘉到外面换钱去，我便命人到酒店里去叫饭。他们送了四样菜来，都很好。德国式的汤而外，有鸡蛋、牛排、小牛肉片和樱桃饼，共价一佛林，费嘉说菜都很好；而且只一佛林，真算便宜的了。饭后，我们又吃了很好的咖啡。然后，费嘉到俱乐部去，我留在家里，非常寂静。我想："好，让他把几个钱输掉去，明天我们就要到日内瓦去住，在那里我们定可以恢复我们的和平与愉快的。"费嘉出门以前，我们曾谈到钱的问题，我们认为二十五块金币是太少了，我们到日内瓦去要旅费，并且在那里还要住一时，莫斯科才有钱送来，这样那二十五块钱是不够的；而且莫斯科一方面的钱最好是等着，不必去要。费嘉提议我们应该拿东西去当一点钱；但我说我的手钏是留在彼得堡的。我说我已经要母亲为我送到芮斯顿去的，大概她已经送去，可是送到那里的时候，我们必定是已经离开了。费嘉很快就从俱乐部回来了，赢了四十"太勒"，我们把这钱放在皮袋里去。费嘉说他本来赢了五十"太勒"，后来他放十"太勒"在中点，可是输了。随后他想到了我，便决定立刻离开了俱乐部。我很高兴，并不完全是为了钱多少，为的是他决定离开赌场便离开了这一种果断的精神。费嘉提议我们要到车站去散步一会，听听音乐去。我们便动身去。今天那里人很多，多半是本地人，外国人很少。我们散步了一会，听着音乐；后来我们进俱乐部大厅里去，在赌台的一角旁观。我此时第二次看见了一个俄国女人在那老是用金币作赌注，而她也老是赢的；她大概都是押在“数位”上，但有时也押在“零位”。可是令我最惊异的是：我看着她三次押在“零位”上，而三次她都赢了。我很奇怪她的赌运何以这样顺利。庄家中有一个黑发的青年常是望着她。他微笑着，眼睛盯着她，很随意地和她谈着。他和她之间有什么勾结的暗号吗？或者是有的，他是一个庄家，他藉某种记号是可以知道“零位”要出来的。他再用一种暗号暗示她，所以她押在“零位”上老是稳赢的，只有一次她押输了。那个俄国女人穿得很漂亮（戴着钻石的耳环），一件浅紫色的外衣，缘着白色花边，系的一条白丝腰带——非常好看。我很知道她是谁，因为她的面貌以及她的朋友的面貌，我都仿佛很熟识的一样。今晚费嘉的运气很不好——十五个“太勒”都输掉了。我身后边，一个德国女人偕着她的丈夫站在那儿看，她在一条纸片上把赢的数目都记下来了。她手里拿着一个“太勒”，等了好久的时候；她想押下去，但是又迟疑了好久，后来她和费嘉同时押下去，可是输了。随后她搜寻她的钱袋，好久才拿出了一个“太勒”来。押下去，又输了，好不走运呀！或者那是她的最后一文钱哩，而竟输了——她会多难过呀！此地还有一个青年女子，她也押下一“太勒”，可是也输了。或者她的也是最后的一文钱哩，他们说本地人多半在星期日来赌，想发点财，可常是把一星期赚的钱都完全输掉。多可怜呀！一个戴黄草帽的老妇人几次都押下五佛郎的银币，每一次她都赢了；令我也奇怪起来，无论押在什么地方，她总是稳赢的，我相信她已经赢去了二十五枚五佛郎的银币。在我旁有一个青年，他是押金币的，他大概总是押在“红点”或“黑点”上面，他把钱叠着押，一次竟押下五块金币之多；所以有一回他共得到了十五块金币。他押下十块在“黑点”上，可是输掉了，他动气了：我以为他是因为输得太多了，才这样生气。费嘉的“太勒”都输光了，我们便离开了赌所。在路上我对他说：“我非常难过，不应该和你同来；倘使我不在那里，或者你会赢的。”可是费嘉向我道谢，并说：“保佑你，我的亲爱的安尼亚（安娜之昵称）；倘使我死了，请记着我现在对你说的话；我为你祝福，因为你给了我许多愉快。”他说，这种愉快对于他实在超过了一切；他说，他是没有资格匹配我；他说，上帝把我当作一种赏赐给他，他是每天都在为我祈祷，他所怕的只是这种境遇陡然完全失去。他说现在我爱他，照料他，可是爱情会成为陈迹的，那时一切都会变换成异样。可是我相信这样的事不会发生，我们将来也会象今天一样，老是这样热烈地相爱着的。

巴端 星期一 一八六七年六月廿六日

今天是一天非常难过的日子，我从来没有象今天这样可怕的难过的；我简直不知道作什么。今天我们还有十二块金币并二十五个“太勒”。费嘉拿了十五个“太勒”到赌场里去了。他先去看屠格涅夫，可是他不在家；因为屠格涅夫只有正午以前才在家的。费嘉把十五个“太勒”输了，便转回家来。不一会他又拿十五个“太勒”到俱乐部去了，可是他立刻回来了，说又输掉了，要我再给他十五个“太勒”。我把钱给了他，现在只剩下四个“太勒”了；因为我们付了一个给酒店里作晚餐的账。我劝费嘉在家里吃晚餐。他到赌场去了，我便到邮局里去。没有信，我买了一些信封，随后便到 Lichten thaler－Strasse 去散步，并走到郊外去了。我觉得非常不安。当我回来以后，不几分钟费嘉也回来了，面色灰败，他说他输了，要我把最后的四个“太勒”都给他。我把钱给了他；可是我断定他必然会输掉，不会有别的结果的。过了半点多钟，他回家来，自然是输了。他说想和我谈几句话，他把我放在他的膝盖上，便哀求我给他五块金币，他说他知道，那样则我们便只剩七块钱了，这是不够生活的，他说这一切他都完全知道；可是他自己若是不能使自己平静下来，他又怎样办呢？他说倘使我不肯给他钱，他必定会发狂的。他的神气真正激奋得令人害怕。我劝费嘉说，只剩这一点钱，我们的生活必定是非常困难过下去的。可是我没有说很多，我只是要他平静下来，等到明天再赌去。可是费嘉说倘使要他等待到明天，他必定会没有一刻可以安静，会整天整夜焦灼烦恼的；最好还是让他今天一齐去完结掉。我当然无法反对他的话，便给了他五块路易币。“你的这样行事是太好了”，费嘉说，“可是当你年纪大了的时候，当你已经变成‘安娜·朵思退夫斯基夫人’的时候，你便不会容许我作象我现在作的这样的事的。你会要说，从前你是很蠢的，你会说：‘倘使我的丈夫要自己去作傻子，我是不能容许他去作的。一个妻子应该阻止他的丈夫有这种傻子的行为的。’”他说我的这样行事是最好的；因为我已经拿我的温柔良善克服了他，他真是万分地爱我。费嘉到俱乐部去，他要我也到什么地方去走一走，否则我一人留在家里会感到太寂寞的。我非常平静，虽然我觉得伤心得很。咳，我竟不能不筹算，怎样拿七块钱来过生活；不然，怎样办呢？我出门散步，向着废宫走去。到公园去还要爬很陡的一层石阶。公园里有好几处平台，从那里可以望见车站及其附近的一片好风景。我在那儿踱了好久才动身回家。当我走下石级的时候，我看见一家门前有一个约八岁的小孩子很平静地拿着书坐在那儿看着。我问他住在什么地方，他说他就住在这屋里，他常是在门外石阶上读书的，他进的一间天主教的学校。我非常喜欢这小孩子——他不象一般德国人一样，他并不笨，问他什么，他立刻就懂了。我和这小孩子谈了好久，才走下石阶来。我回到家里，费嘉还没有回来；可是即刻他回了，他说，过去的这一时候中，他的心不断地为我而发痛，他不断地想念着我，我给他的五块钱，他输得很少，他要我偕他到俱乐部听音乐去。我换了衣裳，我们便一道出去，我们散步了一会，便走进大厅去。费嘉动手赌起来，有时赢一点，有时又输了，最后他只剩一块钱了，我们又踱进另一个厅中去，费嘉又动手去赌——还是时赢时输。当我们又只剩下一块钱的时候，庄家便说只有最后的三手了。费嘉押一块钱在红点上，赢了，第二次他押在“过道”上，又赢了。这时他有三块路易币了，最后第三次他押在十二中点上——他又赢了两块钱。这样，费嘉当初带来的五块钱，我们现在又赢回了。这件事真令我们惊喜不置。我老实说，即令我们不算赢了，我们也没有输去什么。我们非常高兴，在路上老是很愉快地笑着，费嘉吻着我的手，并说世界上没有比他还快活的人了。

巴端　星期二　一八六七年六月二十七日

今天早晨费嘉本想去访屠格涅夫的，可是因为起身太迟，他便决定不去了。我们又有了十二块钱；费嘉拿了五块到赌场里去了。他去了以后，我非常难过；我断定他又会输掉，又会自已烦恼的，我哭得很伤心。我的预想果然实现了；费嘉极端绝望的样儿跑了回来。他说他都输了，便要求我再给他两块钱；他说，他必须继续赌下去，他必定不会输的。他跪在我面前，哀求我给他两块路易币。看着他这种绝望的样儿，我自然不能不依他的请求。我把钱给了他，现在我们只剩下五块钱了。我要他今天不要去，我说象这样激奋的样儿，他一定会输的，可是这句话是没有补益的。他不能自禁，还是去了。过了好久，我断定他只有那少的钱，决不能留在那儿很久的。后来他回来了，他说他已经把结婚的戒指也押给人了，所有的都已输得精光。他要我给他三块钱去赎回戒指；因为戒指会给人拿去赎不回的。他把戒指押了十七个佛郎，这是要立刻付去的。没有别的办法，只有拿钱给他；这样，我们便只剩有两块路易币和一个格端①了。可是费嘉是那样地绝望，我真不敢和他谈到这件事；所以我把钱给他了。他去后不久便回来了，他赎回了戒指并赢了五块钱，现在我们合起来有八块钱了。他给了我三块，他带了五块钱准备再赌去。押戒指的人不收利钱；所以费嘉给了他一个佛郎作酬劳。我

① “格端”(Gulden) 德奥通用币，值四角八分。

们坐下吃晚餐，因为我饿得很。在我等候着费嘉的时候，我恼恨欲绝：我大哭起来，诅咒我自己，诅咒转盘博，诅咒巴端，并且诅咒一切。我简直有点羞见自己，因为我从来没有象这样作过的，可是大哭以后，我觉得舒服了一点。晚饭后，费嘉又到赌场去了。这时候我反而平静得很，我断定他会把五块钱输去的，所以焦虑也毫无用处的。我穿好衣裳走向圣蜜琪尔山散步去，那里矗立着俄国的教堂。……我比费嘉早回了一刻，他回来的时候告诉我，他赢了一些钱。他数他的钱，才知道他赢了十六块金币，所以，加上皮袋中的五块，我们有二十一块钱了——这一笔大款子是近来不能梦想到的，我很高兴，因为我们的境遇可以改善了。费嘉提议我们要到俱乐部公园中听音乐去。我们到那里去，可是我非常不安，因为我们没有把钱放在家里。我们散步了好一会，听着罗西里（Rossini）作的Stabat Mater，这是一个很可惊的名曲，真正浸入到人的灵魂深处了。我很惊异竟有许多这样动人的名曲。费嘉很赏识Stabat Mater，常是很恭谨地来听他的演奏。

巴端　星期三　一八六七年六月二十八日

今天早晨我们十点钟才起床。费嘉去访屠格涅夫，和他谈了一个半钟头，后来费嘉拿了五块钱到赌场去，家里还剩了十块钱。我到邮局去，但没有我们的信。我想去作长途的散步，但是天气很热，呼吸都有点窒塞的样儿，便决定等到晚上凉爽一点再去。我回家来开始读苏罗维夫的历史，这时我们的女仆马里正在洗地，于是我便被她遣送，辗转地从这房里到那房里。马里看着大约有十八岁，可是当我们问她有几岁的时候，她说只十四岁；她是这样的一个小孩子，常是快活地嬉笑着。她和我们很要好，把我们看作她的家人一样，所以她在我们一处总是快活的。可是她却蠢笨得令人失惊，对她说什么话，她决不能立刻就懂得的；虽然我每天对她说的都是同样的话，她都是不注意记着的。例如，我们在家里吃饭的时候，她送汤来总不带汤匙；每一次我都告诉她，她老是忘记了。对于一切问题，她老是很高兴地，很顺口地，雷响一般回答一声“Ja”（是的）。今天早晨我被她弄得生气了，因为她预备茶和咖啡，要我们候了好久，可是我并不让她看出我是生气了，此地预备茶都是要好久的。他们说茶在茶罐里至少必须要煮三刻钟之久，那茶的味道才真正好吃！我从邮政局回来，觉得是病了，便决定躺下。近来心中常常渴想着各种奇怪的东西，有时想肉馒头，有时想草菌，有时想菜包，这是我以前决不喜欢的东西；有时我又想生黄瓜，或是一种酸的或咸的东西吃。我老是想吃新鲜黄瓜，便叫马里去为我买一个小的来，我给了她六个克鲁，她却为我买了一个很大的，我想总有一码长，大概可以吃四天……费嘉回来了，很生气地说他输了；他说一些人总是在推动他，使得他不能平心静气地去赌，他要我给他五块钱。他告诉我他已经赢了十七块钱，可是他逐渐把注码加大，于是都输掉了。自然我把钱拿给他，家里只剩五块钱了；可是这种情景我已经弄惯了，我已经不再因此而过分烦恼了。费嘉去了，我觉得非常平静，仿佛把这并不看着是我们的最后一文钱一样，我想他到那里已经过了一个钟头了。在这时间中，我便躺在床上，望着墙想着，现在这样的情形已经变成了我所最嗜好的行业了。费嘉回来了，我看他面色灰败，以为他是输了，便开始安慰他，说输了不算什么，以及这一类的话。可是后来费嘉告诉我他并没有输，他赢了一点；他把钱袋给我看："一点！"四十六块钱！一满钱袋的金币！我非常高兴，因为现在我们的生活可以不必忧虑了（合起我的五块钱，现在我们有五十一块金币了)。我非常喜欢，因为赢的这笔钱可以维持我们的生活一直到加可夫送钱来，我们不必去向屠格涅夫借钱了。费嘉说他今天的运气真是好得惊人，他押下金币，每一次都赢了；因此每一个人都很惊异他的好运气。我立刻令仆人去叫晚餐。这时我们记起没有咖啡了。费嘉立刻提议出去买咖啡、洋烛和酒，我常是很惊异，费嘉会去购买什物！哼，谁会想得到，我在去年十月四日初次遇见的这位庄重的人，这位面色十分严峻的人，会亲身去作这样的一些琐事，去和德国的小商人谈着关于洋烛这一类的事情！费嘉出去了，晚餐已经送来，我便都拿来排在桌上。我随意走到窗边去，从玻璃窗的反映中，不是从窗口，看见费嘉手中捧了一束花球走来。我便望他进来，可是他没有来，只是一个约八岁的小孩走进来了，他送来了一满篮子水果。我从他手里接过来，看见里面装的是梅子、杏子、梨等几种果品。费嘉自己到酒店里去了，过了几分钟，他回来了。马里叫那小孩子坐下，可是那好玩的小东西起初竟不敢坐，后来他坐在椅子的边缘上，很有趣地老是看着我。费嘉走进来把花球送给我；我非常高兴，吻了他好几次，我的挚爱的费嘉这样关心于我，我真万分感激他。他知道这会给我很大的愉快，他便亲身为我买花球去。费嘉之关心于我，即使是极小的，我通常都是非常珍视的。例如，我要睡的时候总对他说："再见呀，费嘉。"他便来为我道晚安，每一次都叫我莫可名状地欢喜和愉快。所以，这一次的事，也令我大大的欢喜。费嘉告诉我，当 Stadt Paris 酒店的主妇（他从前已经认识的）看见了花球的时候，她很惊异地说："好大的一个花球呀！"费嘉回答说："这是我买给我的妻子的。"酒店中所有的德国妇人对于这件事，即是，他这样关心他的妻子这件事，都非常喜欢。这花球真是精致得很，淡紫色和黄色的玫瑰在中心，周围绕着紫罗兰和剪绒花，修整得非常美观。我们坐下吃晚餐。晚餐象是助兴的一样，也是弄得很好。我们很快活地吃完了。我们现在有五十块金币，生活可以很安适地过下去了。我要求费嘉听从我的话，今天不再到赌场去了；因为我知道，一个人是赢了，当天便不应再去，否则他定然会输的。而且，真的，为什么还不满足呢？可是费嘉向我要五块钱去试一试他的运气；他说或者今天是他走运的日子，他会更多赢一些的，不给他钱是不可能的，所以我给他，可是我断定他必会输掉的。饭后我们一同出去，先到邮政局，但没有给我们的信。费嘉到赌场里去了，我便到俱乐部左边的一个池边散步，这是费嘉告诉我的。我走得很远，我可以说大概有一英里半或者还多些，后来才走回家来。散步的时候有一件事曾使我非常不安，便是恐怕我要发晕。我陡然觉得非常不好，我恐怕要晕倒。我又恐怕在石阶上失足跌倒——散步的途中有很多石阶。这样结果会弄得很坏，会弄成小产。我不愿发生这样的事；果真那样真会是自己的大不幸。此外，我知道那样会使得费嘉非常痛心，他是常常和我谈着且梦想着我们未来的孩子的。我转身回来走了一个多钟头，走进了一条叫作卜洛曼雷的街。我正预备转进去，陡然我看见了费嘉正坐在一条凳上，他告诉我他等候了我好久，他说他被人挤出，所以他输了。他要我给他五块钱，让他好去把输了的赢转来。我们一路回家，我拿钱给他；然而我是十分确信他又会输掉的。好运是不可常的呀。真的不一会，费嘉回来说他输掉了。他要我到俱乐部去散步一会。这时还没有天黑，所以我不喜欢到那些热闹场市去。那里的女人们都是装扮得花枝招展的，我老实说，我并不特别喜欢，老是穿着我的这一套黑衣，在那些浓装艳服中，这样的衣裳实在并不好看呀。然而我也并不很注意于那般女人的意见。费嘉不管我的反对，终要我偕他一路去，并带两块钱在身边；我预知这两块钱又是要输掉的。可是费嘉说我大概是不甘心给他钱，后来，自然我给了他。我并不是不甘心给他钱；只是我的确知道他今天是不会赢的。我们到那里的时候天还很亮，可是灯都已经亮起来了，这种情景令人非常难受。我通常是不喜欢在天光的时候就点灯，使得灯光与天光争耀着，这种情景是非常难受的。我们要等天黑，便走进大厅到赌局旁边去，费嘉最初是赢的；可是后来因为押得不高明，便都输了，连着他自已的两块钱都输掉，这使得他大发其怒；他不知道如何泄出满腹的冤愤，便诅咒起天光来，说是输钱是因为天不快点黑的缘故。我们走出到街上，拣了一处椅子坐下，那里有许多德国人坐着。费嘉老是在安慰我，说他输的钱不算什么，仿佛我需要那种慰解一样；我是比他平静多了，我哀求他不要难过。我说，只要想想我们还有多少钱，他输的不过极细微的一点而已。天黑尽了，我们便到公园听音乐去。今天奏艺的不是平常的军乐队而是一音乐班，他奏演的曲子多半是用的小喇叭或笛管的独奏。奏的音调都极难听，差不多都不合拍，极优美的波兰二人舞本来可以在此地奏艺的，可是没有好乐班。倘使他们想奏演几种名曲，他们至少应该选几种好乐器；一种小喇叭的独奏，你想谁会耐听呀！费嘉和我都再听不下去了，我们便回家来。我们吃茶的时候，费嘉告诉我访问屠格涅夫的情形。据他说，屠格涅夫非常烦恼，非常严峻，老是在谈着他的新小说《烟》(Smoke)[1]。然而费嘉并没有预备谈论这部小说的。屠格涅夫对于报纸上的各种批评非常愤怒；他说他已经在 Goles 和 Otechestvennya Zapiski 以及其它的杂志上被人斥骂了，他又说，贵族院在其领袖非力卜·托尔斯泰的指导之下，想把俄国贵族注册录里面他的名子取消，可是这件事因为其它的原因，终于没有实现。他还加两句说："真正可惜，他们竟不知道，倘使他们真的这样作了，不知会给我多少愉快呀！"费嘉象平常一样，对他说了一些非常尖刻的话。例如，他忠告他，既然住得离俄罗斯这样远，最好是在巴黎去买一只望远镜，把镜头对着俄罗斯，以便看清那里最近的情景究竟是怎样的；否则他必定不会懂得俄国的一点事情的。屠格涅夫宣言，他，屠格涅夫，是一个写实主义者；可是费嘉回答说，他只是想着他是一个写实主义者；费嘉说，他所观察的德国人没有别的，只是蠢笨，只是永远的欺骗。屠格涅夫则极端反对；他说费嘉竟是和他作死对头；他说因为他已经变成了一个德国人（的同情者），真的是一个德国人，并不是俄国人了。费嘉回答说，他并不知道这件事；可是他听见了这件事，他实在非常难过。费嘉告诉我，他继续下去谈了许多滑稽话，这使得屠格涅夫更是动怒了；后来他很确定地告诉他，他的（屠氏的）那部小说并不是一件成功的作品。然而分别的时候还是很要好的，屠格涅夫允许送他的小说给我们看。他是一个奇怪的人——竟幻想着以变成了一个德国人为光荣！在我看来，他既然是一个俄国的文学家，便没有放弃他的国籍的必要，说到把自己当作一个德国人，则更无必要了。并且德国人对于他有些什么好处呢？他是在俄罗斯生长的，她把他抚育成人，对于他的才能给了极深厚的影响，而他竟弃她而去。他说，假使俄罗斯是一旦灭亡了，则世界也不会因此而受丝毫影响的。一个俄国人竟说出这样的话，这是多么错误呀！好，让他去吧；我是明知费嘉对于放弃国籍这一种卑劣的行为是非常愤激的，也只好让他去。

十点钟我就睡了，因为我非常疲倦且沉闷；又没有书读，当我在作晚祷并整理夜间需用的东西的时候，费嘉坐在一旁等着，后来他告诉我，是看我是否会照

① 屠格涅夫的小说《烟》在一八六七年的《俄罗斯消息》前三号上发表的。

平常一样，对他说，“再见呀，亲爱的费嘉”。他以为我恼了他，我们谈了一会，很和好地分手去睡。他开始在他房中踱步，我听着他的步声，逐渐入睡了，我的神经非常弛懈，以致梦见了各种奇怪的事物。我梦见了我的父亲，后来又梦见了一个青年人借给费嘉四千佛郎，他们一同到赌场去；我知道强盗王侯在路上要劫夺并暗杀他们。我看见费嘉会遇着这样不幸的事，觉得非常愤激且伤心：这时我醒来了！接着我又以为我们楼下住的铁匠会抢劫我们。我从床上起来要费嘉去把门闩好，这件事使得他吃惊不小。

星期四　一八六七年六月二十九日

今天天气十分晴明。我相信我是八点钟醒来的，但我没有起身；因为费嘉夜里四点钟才睡下；我恐怕弄出声音把他惊醒了。十点钟费嘉醒来，不想再睡了，我叫仆人预备茶。马里进来，拿着屠格涅夫寄来的一张名片。他是坐马车来的，问明了我们是否住在这里以后，便叫她送进这张名片来。大概他不愿进来，以免和费嘉谈话；然而为礼节起见，他又不能不来回看一次。真奇怪：访客竟早到清晨十点钟！或者这是德国的风气；然而终究是奇怪的。马里的那种小孩的样儿常是令我们失笑；她说话的时候，老是把她的手指指着她所说的东西的。费嘉在房里踱着步好久，一点钟的时候，他带了八块钱到赌场去了。昨天我们有的五十块钱，现在只剩三十块了，但是只要不象以前一样花得那样快，这是很够用的。我断定费嘉必会输掉，必会回来又向我要钱的。果然如此，费嘉把钱输了。他说明输的原因是，一个站在他身边的英国人，发出一股很强的香气，令人难受，因此他便输了。费嘉要我再给他五块钱；我给了他，现在只剩二十五块钱了。咳，我想，倘使我们的钱象这样花得快，不久我们会只剩到十块钱的。费嘉去后，我也出去散步，但和他走的相反的方向。我回家来候了好久，费嘉才转来，他说赢了一点。他给我看，有四十块钱；因此现在我们又有六十五块钱了，六十块放在皮袋里，五块费嘉带在身边；可是他非常生气：他本来很走运，赢了，后来他押了十五块钱在十二尾点上，可是输了，他便是为了这十五块钱生气。他说他要出去买点酒和桃子回来。他出去了以后，马里从饭馆里拿了晚餐来——菜都很好；饭馆里这样巴结我们，简直令我们失惊。费嘉回来，又带一个花球给我，比前一个小一点，但仍旧非常可爱。真的，费嘉又在浪费了。他又买了很多果品，梅子、梨……饭后他说他要到赌场上去押几下，并不是认真去赌，只是玩一玩，倘使他把四块钱（他买东西用了一块钱）输掉了，他也并不心痛的……他即刻回来了；钱已输掉，他提议我应该和他同到赌场里去，并带五块钱去，他说或者他并不去赌也说不定的；但他说他想用一种新的路道来赌——去押“零位”，这样或者他会赢的。没有别的办法，只有拿五块钱回到赌场中去……我们走进大厅去，我对费嘉说，我的运气是不很好的，我不要站在他身边，只是坐在远处好了。我在厅的角落里坐下。可是费嘉的运气并不见转佳，他押在“零位”上的零位出了两次，然而他还是输了。这使得他非常生气，他很忧闷地走出了大厅。我们在公园中散步，他却说现在回家去才好，我最好留在家里，他要再拿五块钱去赌一下，或者会赢的。起初我反对，我说他已经赢了，今天应该已经够了；可是没有用处；我只有赞成他的意见，他要求我不要发怒，仿佛我常是对他发怒的一样；他吻我的手，说上帝是不许我不爱他的。我回答他，我对于他的爱永远不会变动的。我们走回家，我便拿钱给他。他到赌场中去，我便留在家中预备茶——这件事，我老实说，此地人竟是不知道怎样作的。费嘉很快走回来，说他都输光了。晚间他告诉我，他之依恋我，像小孩子依恋他们的母亲一样，他说他非常爱我，他怕弄得我生气。我安慰他，说我们还剩有一笔大款子；以我们的境遇来说，五十块钱实在是一笔大财产了。整晚费嘉都是郁闷不可耐的样儿；他显然是失去了一切赢钱的希望，他之这样焦灼郁闷，我真为他非常难受，至若我，我实在非常平静；因为以我们今天赢的钱计算起来，则我们刚到此地时所有的钱又都赢回来了，并且我的理想是：弄六十块钱，安静地住着，一直维持到回（俄罗斯）去的时候为止，这是我全部的希望，达到了这目的我便十分满足了。……夜很深了，费嘉来为我道晚安，并告诉我他是如何如何爱着我，非常动人的一些话。

星期五　一八六七年七月一日①

今天我十点钟才起来；费嘉说的，必定是我的皮鞋走路的声音过重，所以把他也弄醒了；而他，可怜的东西，夜里四点钟才睡的，他就枕的时候，楼下的铁匠正在驾车出门哩。……我平常总不留心楼下的响声，已经成了习惯；但费嘉因为是不常在家里的，所以很容易被那响声弄得生气。我非常担忧，因为我知道，费嘉的觉若是没有睡够，他便会老是不可耐的样儿闹着的。我们吃咖啡，但他不喜欢吃。随后他带了五块钱到赌场去了，他要我在他出去了的时候去买一些信封和火漆。我出去买了东西刚回来，费嘉也回了，他说已经输光，要我再给他十块钱，我为他非常难过，给了他钱，我说我预备出门散步去，因为不愿意一个人留在家里。……我约四点钟才回家，以为费嘉必定已经回来，等候着我来叫晚餐去

① 根据前面的记录，应为六月三十日。

的，可是他没在家；等到他回来的时候，他说又输光了，又拿去了十块钱（现在只剩二十块钱了）。我们吃着晚餐，菜非常之坏，仿佛他们知道今天是我们不走运的日子一样。我们只得再去叫一盘小牛肉片。吃饭的时候，费嘉对我非常温存体贴。后来他到赌场去，赢回了三十块钱，于是我们又有五十块了；可是当我到邮政局去的时候，他拿了五块钱去输掉了。……晚上我们同到赌场上去，又输了五块钱。最初，费嘉拿了四块钱去赌，余五块钱给我，并说无论如何不要再给他。可是当他把四块钱输了以后，便向我要那五块钱，否则必定跑回家去拿更多的钱的。自然，我给了他，他又输掉了。回家以后，费嘉说我们应该去买一点糖吃，他自己要去买，并说去换钱付房租。他出去买回了洋烛、柠檬（他知道我今天有点病，他想作柠檬汁给我吃）、橙子、乳酪，而最令我惊讶的是一包极精致的颗糖。他这样的关心于我，令我大大感动——真的，我与他共生活，真是像“在基督的怀抱中”一样的安全。我看见他出去买东西，洋烛和乳饼等大包小包地捧回来，真是令我不禁失笑。他非常之东张西望地乱忙着，也爱烧茶，他似乎很高兴干这件事哩。他是这样一个美好的，这样可爱的人，我的丈夫，这样一个可爱的纯谨的人，我真快活得很。我们吃茶的时候都高兴得很，吃了一些乳饼、橙子，还有很好的柠檬汁，就寝以前，我们很亲蜜地谈了一阵，我很愉快地睡着了；因为有四十四块钱在衣袋里，即令是一短时间的事，都是令人极快乐的。这比衣袋中只有两块钱，“寅日不知卯日粮”的那种境况，真不啻天渊了。

巴端　星期六　一八六七年七月一日①

今天我们起得很早，我付了五个佛林给房东；这个礼拜中我已经付了她三个，现在一共付了八佛林了（我们一星期的房租）。他似乎很欢喜。当我预备送费嘉写给加可夫的信到邮局去的时候，他到赌场去了，但很快就走回来，输掉了五块钱，我又给了他八块钱（这时还剩有三十块）。我读了好久时间的书。……我本来想缝一点什么东西的，可是我非常难过。我甚至不知道为什么会这样难过。我觉一切事物都淡然无味，仿佛这些东西都是丝毫不关重要的一样，没有东西叫我发生快感；我的快乐之神逃向何处去了，只有上帝知道。我不想到任何地方去；即令我们赢了很多的钱，我也不会觉得特别喜欢的——我竟变得这样漠然无情了。我不想作一点事情，无论是缝衣，或写字或读书（实在也没有什么可读了），都不愿意。费嘉劝我到俱乐部左边的一间图书馆里看书去，他说许多女人

---

① 原文缺少月、日，依日记前后记录，应为七月一日。

都到那里去。自然我想到了到那里去的；但是多半还是没有什么能够引起我的兴趣的。在我自己看来，即令我的母亲——她是我在世界上除了费嘉以外唯一爱着的人——要到这里来，甚至她竟到了这里，都未必能够叫我觉得愉快。我只是想放下幔帐，躺在床上，无思无虑地躺着。我不知道怎样自拔于这样槁木死灰的状态之中。我甚至不愿意现在就离开此地；收拾什物呀，坐车走路呀，这些事情起来想着都难过，真叫人会病倒——最好是不想到离开此地的事。后来费嘉回来了。起先他说，"运气不佳"，随后给我看，竟是一满袋钱。袋中有六十一块钱，合上我们原有的三十块，总共有九十一块了。在那些钱当中，有一枚当四十佛朗的金币，这是以前没有赢过的。他预备把这金币放到皮袋里去，后来他拿来作赠品给我；因此我现在是一枚值四十佛朗的金币的主人翁了。然而我还不知道怎样处置他，因为我想留着准备意外的需用，或者去买一枚胸针或其它的饰物。费嘉告诉我他有这样一阵好运气，个个人都很吃惊：他无论押在什么地方，都是赢的。在他后面站着一个英国人，他照费嘉押的地方一样押下；费嘉说，他每一次押下钱去便看那英国人一眼，他便总是赢的，那个人有着这样好运气的一副面孔。费嘉说那英国人的面孔非常和善，一定是走好运的。他们彼此并不了解，因为费嘉不会说英国话，那个英国人显然也是不会说法国话的。他们用手势来谈话，我想那种样子一定是很好玩的。费嘉在那里已经是很熟的客人，茶房常是送椅子给他坐的。他应该给他们一点酒资酬劳他们；可是我想他还没有给的。费嘉看见过，那里有一位女人已经给过两次了。我把钱拿来放在皮袋里，费嘉出去买糖去了。不一会，一个妇人送了一满篮子水果来了。……她们在市场里认识费嘉的；那里有三个妇人，费嘉向他们每一个人都买了一点东西，向一个买果子，向另一个买樱桃，向第三个买花球。费嘉很快回来了，带给我一只很大的花球。到酒店里去，他把这花球给酒店的主妇看：他们已经很熟识了。她问他结婚了好久，他说，五个月。我想她们必定很吃惊，结婚五个月以后，丈夫还送花球给妻子哩。……我们一路出去，我散步了好久，回来的时候遇见了费嘉，他说他都输光了，正等着我来，他说他之所以输光，是因为他后面站着一个有钱的波兰人和一个年青的波兰人；他们押下的钱很少，可是都盛气凌人，这使得费嘉非常生气，所以他很随意地赌着因而输了。我们走回家来，费嘉责备我不应在外面这样久；可是当我告诉他我的痛苦，他便吃惊起来，责备我走得太快了，他说他可以还多候一些时，叫我不要那样性急。后来他叫我偕他去听音乐，并带五块钱在身边，没有别的事可作；我们带着钱走出来，我是知道这几块钱一定又会输掉的。……我还应当记下的：今天，当费嘉赢了很多钱的时候，他遇见了孔加洛夫，他想表示他并不是耽于赌博，不过是逢场作戏，所以他竟故意问费嘉“过道”是什么意思。哼！一个人在赌台旁一次看到两三个钟头，还说不知道怎样赌法，这有谁能相信呢？可是他必定还很想说出：“我们不要注意这一类事情；让人家去靠这赚钱吧！”孔加洛夫问费嘉赌运怎样，费嘉说起先是输了，可是后来又赢回了；他把装满了的钱袋给他看。我猜定孔加洛夫会把这事告诉屠格涅夫的。账还清，那我就高兴得很；因为我们回俄罗斯去又怎样能还这笔钱呢？我们听音乐去，可是奏的坏得很；再到赌场去，照平常一样地输了。费嘉非常郁闷，我也非常不安，这一整晚都给弄得不快活了。我们走出俱乐部散步去，在那里费嘉把他的走运的英国人指给我看；在我看来，他……好象一个喝醉了酒的人，把帽子歪在一边戴着，面色异样得很，我们散步了好一会，许多技师和店员都高傲的样儿坐在路旁的椅上，大概自以为他们是巴端的最高等的人民了（在我当时的心理状态，我真宁愿坐在家里，不愿去听音乐。真的，那样实在会好些；因为卜鲁曼雷街上遍处都是浓妆艳服的女人，这简直弄得我头痛！我也有好胜心的，我不愿意比别人穿得更坏些。可是我还只能穿我的黑衣，并且这件衣裳穿在身上很热且不美观。可是事实不能不如此，我又有什么办法呢?）我们回家来坐下吃茶；可是我陡然觉得不舒服得很，病了！我去睡了，费嘉来看了我几次，安慰我，叫我作“可怜的遭难的人!”他为我病了，非常的难过。他说他爱我，还有许多很娱人的话，他非常欢喜地谈着我们的未来的孩子，他的同情心令人感到非常，非常慰藉。

星期日　一八六七年七月二日

我们起床很早；七点钟我就醒了，可是一会又入睡了，直到十点钟，我还没有睡足——但房东的孩子大哭不已。我从来没有碰着过像这样吵人的小孩子的。费嘉带着怒气起身来和我争闹。他气愤得了不得，几次学着那小孩子哭喊的声音，咪咪地令人失笑。后来他望着我，看着我笑；他自己也笑起来了，说：“你是一个多好玩的东西呀!”“我不能和你生气，你笑得真好看!”今天早晨我们有七十五块金币。费嘉到赌场去了，我却早觉得今天不是走运的日子；因为我梦见我们把所有的钱都输掉了！起初他拿了七块钱去。后来，输掉了，他又回来拿了八块去，可是也输掉了。后来他回来又拿了十块钱去。一会他跑回来，要我还给他十块钱，现在只剩下四十块了。我给了他十块钱，便走出去散步。我照着约定的时候，四点钟便回家来，可是费嘉还没有回来。五点钟，他终于回来了，懊丧已极。他最生气的是，他本来已经赢了四十四块钱，可是因为未能及时而止，于是又都输去了，我也觉得有一点懊丧。虽然我竭力地安慰他，我们的晚餐仍旧[是]很不愉快地吞下去的。后来他又拿了五块钱去，我便到邮局去了，没有我们的信。费嘉回来说那五块钱又输了，要我再给他五块，并说，若是再输掉，今天便决定不再赌了。我给了他五块钱；剩下的只三十二块了，有这笔钱目前很可以过下去，因为我们已经买了许多日用食品存在家里了。费嘉出去还没有回来。我现在正在写日记，正幻想着不知会有什么事情发生……我大大的错了：费嘉并没有输，他赢了四十三块钱，因此我们现在有七十五块钱了……我们散步回来的时候，走进一间书店里去。我们要店伙（他的白背心上有一个臭虫爬着）给我们一些书看。我们买了两部佛劳伯特（今译福楼拜）的《马丹波娃利》（今译《包法利夫人》）(Gustave Flaubert's Madame Bovary)，屠格涅夫说这部小说是近十年来文学界中最好的一部作品。……我们遇见了孔加洛夫，停着谈了几分钟的话。我想孔加洛夫赌得必定很厉害。他说他还得留在此地两星期，因为要等候一个朋友。

星期一　一八六七年七月三日

十二点钟的时候，费嘉带着六块钱到赌场里去；可是即刻他回来说输掉了，要我再给他钱。我再给了他一些。他去后好久没有回来。后来他回来了，看着非常难过的样儿，告诉我他又输了。我便安慰他，说这没有要紧，这只是很细微的一点钱。后来他陡然对我说：“你愿意要一件赠品吗？”他于是把这只钱袋给我[1]，这里面有五十块金币，还有很多银的；因此现在我们有一百块钱了。他拿了十块钱和那些银币带在身边；他和我周张了一会，便出去买果子去，他答应不再到赌场去了。我想倘使他还要去，他一定会输的，因为他正在激奋的当儿。我很置疑他是否会遵守自己的约言。……他好久不见回来，我便觉得不安起来了。后来他回来了，可是非常生气，一个小孩子提着一篮水果跟他进来。那个小孩令我发怒了：他们总是要费嘉给他们一些酒钱的，所以他也站在那儿等着。虽然我把空篮子还给他了，他还是不动，等候酒钱。我给了他一点钱，叫他走了；因为我不耐看见生人留在我们的屋里。费嘉今天买了很多水果，桃子、樱桃、梨，都有。他没有去赌，似乎有点耐不住。……晚饭后，六点钟的时候，他到赌场

① 朵思退夫斯基夫人在此地加了一小注，日期是很晚的：“费多尔终身有一种脾气，先令人伤心，后来又叫人非常愉快。例如，有一次我们旅居在国外，境遇非常拮据，正等着别处寄钱来；这时他从邮局里取回了一些钱，却装做垂头丧气的样儿跑回家来。我便开始安慰他，他接着走到外厅或房东家里去一会，带着饼件、果品以及许多我们好久所梦想的食品回来。……”

里去了，我还留在家里，我准备出去散步一会，因为今天我还没有出门的；可是费嘉即刻就回来了，他说他输了十块钱。我又给了他十块。大风雨过后，费嘉跑回家来了。起初他告诉我都输光了，我刚开始安慰他，他便拿出七八块钱给我看；后来他又要我好好地去看一看他的钱袋，钱袋里面有七十块钱的样子。我拿来放在原有的八十块钱一处，现在我们有一百五十块钱，或三千佛朗了。此外，他还有两张四十佛朗的钞票，几块金币和三十五个佛朗。费嘉说我要任何东西，他都可以去买。我说我们要乳饼、橙子和一只柠檬。他出去，答应不到赌场去。时候过了许久；茶快冷了，我便怀疑起来，费嘉或竟到赌场里去了。后来他回来了，衣袋中塞满了各种东西。起初他拿给我的是乳饼、橙子和柠檬；接着他从外衣袋中拿出一只瓶子来，我看不出里面装的什么来。后来一看才知道是我最爱好的，我所梦想的——酱黄瓜！呵，怎样好的一个丈夫呀！在巴端为他的妻子弄到了俄国的黄瓜。这是多可爱的一个丈夫呀！这真是不可忘的一件事。后来他又从衣袋中拿出来一瓶海果酱（这也是本地难买的）、鱼子酱、德国芥菜——总之，每件东西都是我所爱好的。这不是很甜蜜的味道吗？我不是有一个最英伟的丈夫吗？他什么都是记不得的，却陡然记得到商店去的路，去买许多我所最喜欢的东西。

星期二　一八六七年七月四日

我七点钟就醒了——那贱孩子老是哭喊着。今天我们共有一百六十六块金币，我们可以毫无忧虑了。费嘉带了二十块钱到赌场去。他好久没有回来，我以为他必是输了，后来他回来了，非常激奋，他说他和一个绅士起了一阵大冲突，因为他失错把那个人的钱拿过来了。当那个人对费嘉说明了以后，他便即刻把钱拿还他，并认错，说这是他的无心之失。可是那绅士说："并不是无心的。"随后费嘉便走近他的身边，想把他引到一旁去解释清楚，可是那人回答说："这件事现在已经完结了。"后来费嘉当众叫他作"流氓"，那人也没有和他抗争。这件事使得费嘉非常激怒，因此他也不用心思索，乱押起来，以致输掉约四十块钱去了。他回来又拿二十块钱，他想把这钱拿去输掉，藉以表示他之到那儿去，目的并不一定在赢钱，而在于押下大注码，输掉也好。他要三十块而我只给了他二十（到现在还剩一百二十六块了），这已经是一个很大的数目了。我们吃晚饭时都非常激奋，饭后他又拿二十块钱到赌场里去了；这次他转来极快，他说他所押的都输了，没有赢一手。后来他又拿了二十块去，又输光了。后来再拿十块去，还是输了；再拿十块去，也输了。因此我们竟散步的时间都没有。到了晚上，我们只剩有六十六块钱了。费嘉想搬房子，因为楼下的铁匠闹得他总是不能睡觉，房东的孩子更吵得我们不知怎样去应付他。晚上我哀求费嘉离去巴端；可是他不愿意离去，甚至和我生气了。咳，为什么我们昨天不离去呵！

星期三　一八六七年七月五日

早晨费嘉拿五块钱到赌场里去，立刻输掉了。后来他回来又拿去十块钱，并把他送给我的那六块双金币也输去了，他说他押在 trente etguarante 上面总是赢的，现在一定也会赢的。我都拿给了他，可是他都输掉了（我们只剩四十块钱了）。后来他又回来了一次，拿了五块钱去，我出去到新宫散步了一会。我坐在那里大约一点多钟，读着“马丹波娃利”。我还想多走一会，可是看见四点钟了，便回家来。费嘉不在家，但他即刻回来了。他说他早就都输光了；他已经回来过，因为我不在家，他便到阅报室看俄国报纸去了。饭后他带了五块钱去赌，即刻输了，回家来又拿了五块去。他去了以后，我也出去散步，到邮局去并买了一点东西。可是费嘉把钱输掉了以后，在方场中会见了我，他急急跑到我的身边。虽然我也在远处看见了他，但我总想尽可能地延迟，不愿立刻又给他五块钱。没有我们的信，我们回家去取五块钱。这笔钱又输了；因此现在我们只剩下二十块钱了。费嘉回来很晚，告诉我他又和人家起了一场冲突。一个很高大且肥胖的人从他后面想挤进赌台，费嘉拦住了他，那人便说赌局是公开的，大家都有分的。费嘉告诉他不要占据别人的地位。后来那个人说：“这一次不能象前一次那样好下台的呀。”他显然是暗示那绅士的怯懦，意思是说这一次是不容轻易放过费嘉的。费嘉听见有人在说：“又闹起来了”；所以他们或会认为费嘉是一个惯爱闹乱子的人，这是太不好了；因为以后庄家或者会宣布费嘉是个爱闹乱子的人，他便不好再到赌场上去了。费嘉说倘使我们有四十块钱，我们必定立刻离去此地。我当然很快活，而那些乱子也使我很害怕。并且费嘉也很奇怪，为什么他不容许人家挤进呢？当然，每个人都是想站在赌台近边的，所以推挤是不能免的事。真的，他说在那里这一类乱子是常常要发生的，大家相对常常是毫不客气的，并且这并没有什么要紧的。

星期四　一八六七年七月六日

今天早晨我们只有二十块钱——这数目是太小了；可是有什么办法呢？或者我们的境遇是可以设法改善的。费嘉到赌场里去，我留在家里。可是即刻他回来了，说已经输光，要我再给他五块钱。我给了他，家中此时只剩十块钱了。他跑去又输掉了。又拿五块去，但即刻回来说又输了，要我再给他一块钱。他去后，不过十五分钟就回来了。当然，一块钱能够赌好久呢？我们坐下吃饭都非常难过。饭后我们到邮局里去，费嘉拿了三块钱到赌场里去了。这时我们所有的只剩下一块钱了。我在卡罗曼特街散步了好久，等候他出来，但是总不见他，后来他来了，说他又输掉了，要我允许他去当点东西，我把我的耳环和胸针拿出来，看着他们好久，好久一会，仿佛这是我最后看他们的一次了。我非常伤心，我是非常爱好这些东西的，这都是费嘉送给我的，我想这些才是我真正爱好的东西。费嘉不断地说，他是非常痛心，羞于见我的面，他说他劫夺了我所爱好的东西，可是他有什么办法呢，我们都知道结果必然会至此的。背着他，我祷祝这些可爱的东西的平安，我吻着他们，后来我要费嘉拿去当一个月，我说我要写信给母亲，要她给我钱赎取这些东西，因为我不愿意把他们失掉。费嘉跪在我面前，吻我的胸膛，吻我的手，说我很良善仁慈而身体不康健，说全世界上没有一个比我更好的人。费嘉去了，当他关上门的时候，我觉得非常伤心，不禁泪下。这不是平常的一种哭泣，而是一种哽咽，满腔悲痛，便是流泪亦复不能稍解郁结。哭了一阵，悲痛丝毫未见减轻，我非常难过，非常伤心，伤心到不可再耐了。我仇恨每个人，我想每个人都是快活的，只有我们看来是这样的不快活。每件事物，在我看来都是可怕的，难过的，令人痛心的。我并不很怕输掉我们最后的一文钱，我最怕的还是一切事物都变成那样的空虚，那样的令人痛心，一切都似乎是戏剧，是苦痛之原〈源〉，我们再不能想一点什么事了！每一分钟我们都要想到昨天我们还有一百六十块钱的事。我们真疯了，为什么不早离去此地，现在我们已经是不名一钱了。我有时躺在床上哽咽着，有时又起身在房中踱步，高声哭着，没有静止一刻。我记得只有一次我是这样伤心哭过的：那还是我结婚以前的事。可是当时有母亲在身边，我还觉得稍可慰藉；现在则完全只是孤零零的我一个，没有亲爱的母亲来安慰我了。我竟至绝望到不堪的程度，我以为我的头快要爆裂了。我万分害怕费嘉这时跑回来了。我愿意他更久更久都不回来；因为他一回家，他必然会说他都输掉了，这也就是说我们是全部破产了。就在今天早晨，我们正在笑谈的时候，他还用德文对我说："Wirsindverloren"（我们失败了），我们笑了好久。而现在我却已陷入在这样的失望之中，我真不知道怎样办下去。每一次马里走进房来的时候，我都是惊得发抖，差不多要昏倒了：我以为是费嘉回来了。有时我似乎以为费嘉若能在外面留住三天或更久，不回家来，那当是最好的；在这所有的时间中，我必定躺在黑暗的房中长睡下去，我恐怕遇见费嘉——我极端为他难过。基督，我是多悲伤啊；我真惊异，是否我会永远被陷在这可怕的境遇中呢？三个钟头，或更多一点，过去了，费嘉终于回来了。听见了钟声，我便从坐位上惊立起来。他告诉我他都输了，连着当东西所得的钱都输光了。他坐下想把我放在他的膝头，我却跪在他面前来开始安慰他。后来费嘉对我说，他这一次的赌可算是终身最后的一次了，他绝对不再干这事了。他把臂膊靠在桌上便哭起来。是的，费嘉哭了。他说："我把你最后剩有的东西都劫了去，去输掉了。"我安慰他，他却不断地哭着。我真为他伤心呵；他这样自己烦恼着，真是可怕的事。费嘉告诉我耳环当了一百二十佛朗，利息五佛朗。因此在一个月内我们要拿一百二十五佛朗赎取去。后来我们在床上拥坐了一会，我真伤心欲绝。后来费嘉提议我们应出去散步一会，并买香烟去。我同意，我们便在卜鲁曼特街转了几遍。费嘉说了各种改进我们境遇的方法。他说他去访了孔加洛夫两次，想把一切的情形都告诉他，要求他借给一百"太勒"，这笔款子他希望在一月内可以归还。可是每次孔加洛夫都出去了。后来费嘉又谈到了加可夫，可是我们怎好写信给他呢？特别是从巴端给他写信——显然可见我们是在干着赌徒的生涯，这是很不好看的事。呵，我们真是愚蠢万分，就是今天早晨离去巴端都是好的，那时我们还有二十块钱；那样我们还可以在日内瓦营生哩。我们回到家里并着躺在床上，费嘉便开始说着各种可以改进我们的境遇的方策。他想到写信给亚克沙可夫(Akgakov)，请求替他帮忙。起初，他想写信给克拉也夫斯基（Kraievsky）请求他预支稿费，承应在来年一月间交一部十"孚"的小说稿给他。可是在我看来，这似乎是不可能的。这样，要作的工作实在太多，而且费嘉更难于动手为加可夫写小说了。我们很忧愁地谈了好久。看着费嘉，我实在有点受不住，和他在一处就是很痛苦的；因为他不在面前，我可以大哭；他在，我便不能流泪，我不能够大哭，这是万分痛苦的。我们一直坐到夜十一点钟，便决定明天他应当到赌场上去作最后之孤注一掷：或者吉星重照也说不定的。我回到房中睡觉，觉得还愉快，便立刻入睡了。在夜两点的时候，费嘉把我叫醒了，为我道晚安；我很高兴地又入睡了。我恐怕醒着躺在床上，因为这样便致愁思云集在心中，驱之莫去。我老是这样觉得，我嫁了费嘉是极端快活的，而境遇之不佳乃是我的快活的代价。为我道晚安的时候，费嘉说他真是无限地爱我；他说，倘使他为了我的原故而致被人杀头，他必定是很愿意承受的，他竟爱我到如此地步，并说他决不会忘记这些时候我待他的好处。（在晚上，费嘉对我说："我怎样能不爱你呢。你现在是两个了；我非常爱你，我并且在先就宠幸我们未来的小孩。"）

星期五　一八六七年七月七日

我陡然看见费嘉坐在我的床边看着我。我问他有什么事，他说他特来看我为什么起身这样迟。我们谈了一会，我就起身来。我又病了。费嘉的样儿真是可怜，后来，约在午后一点钟，他拿了我们仅有的一块钱，我还给了他我储蓄的一张五佛朗的钞票，他便到赌场上去了。我们现在总共只有五个佛林了；可是我们还欠三天的饭账，明天还要付房租；这怎样办呢？费嘉回来说他都输光了，在到赌场去的途中，他把他的结婚戒指当了二十佛朗，可是也都随兴俱去了，现在我们是毫无奢望的了，我们只想得到两块或五块钱便会很快活了。我们有了一百六十块钱的时候，还不知足，还想多弄一些，现在命运之神加于我们的惩罚便是为了这不知足的原故。上帝是我的见证，我并没有想多，想多弄一些的是费嘉；他是为谁呢？不是为他自己，他是为他家里的那般坏人，他们真是连累他受苦不小。一定的，他赢的钱我们也会一个都得不到的，那些钱会给他们拿去的。

我们坐着，悲愁万分。现在我们怎样办呢？有什么可当呢？我有一件外套，我拿给费嘉。他拿到珠宝商那里去当，可是那里说只收金银贷，不在他们行业内的东西都不收；可是他告诉费嘉到一个叫魏司曼的人那儿去，他是特别收受这一类东西的。费嘉到那儿去，门又关了。接着他便回家来，遍身都淋湿了，天公似乎故意和我们作对，大雨倾盆，终日不止。晚饭前，费嘉又到那里去，那个人又不在家。晚饭后费嘉又去，但他即刻回来了，说那个人不要这样的东西，却告诉他到一个艾廷里夫人那儿去，她的店子在方场左边。费嘉到那儿去，那夫人出去了，她的妹妹告诉他明天早晨十点钟再去；可是她很怀疑她的姐姐是否要收这样的东西。费嘉在家中睡了一会，非常难过，后来拿着我的结婚戒指到赌场去了。自然，没有丝毫结果。费嘉整天都非常愁闷，看着他这样而不能慰解他，我真苦痛万分。我要求他到阅书处去坐一会，因为他在家中坐着实在太难过了。……我想到外面去散步一会。我已经把门关了，这时却听见费嘉走上楼来。在黑暗中看着，似乎他还拿着一个花球在手里。我即刻想到，为了安慰我，他必定用我给他的那半个格尔端去买了一个花球给我。这真是有趣味得很——明天买饭的钱都没有了，他却去买花球！可是费嘉说，花球而外，他还有水果。我把门开了，他给我一个非常美丽的花球，王冠形，由白色和紫色的玫瑰花缀成的。费嘉要我不要猜想他带金币回了，他只有银币。可是只要他赢了，我都很高兴，数目虽小，也是好的，我并不想赢多的钱。费嘉后来拿给我两只戒指（我的第二只戒指也当了二十佛朗），并告诉我，他把那只戒指当了四“太勒”和一张五佛朗的钞票，便拿着这些钱到赌场里去。他把“太勒”押下去，输了，只剩了五佛郎的钞票；他把钞票押下去，却赢了。他先赢到了一百八十佛朗，后来又输到只剩七个，又赢起来，又输到只剩三个，便这样时赢时输地下去。后来，他赢到了一百八十佛朗，便离去了赌场。他从俱乐部走到我们的那位好德国人那儿去，拿两块钱把两只戒指赎回了。那德国人很惊讶地问他：“这些钱都是拿你最近当的钱作本钱赢来的吗?”费嘉说：“是的。”那德国人说：“不要赌呀，因为你会什么都要输光的。”他非常惊讶，在这样短的时间中，费嘉竟赢了这许多钱，他向费嘉建议，应该现在把当的东西都赎出来；可是费嘉说下一次一定来赎。大概这老头儿必是在转盘博的赌局中输过很多的钱，因而发誓不再赌博了，因此赌场虽在他的左近也不能再诱致他；现在他真是虔守着他的誓愿，并且警告每一个人，不要再沾染此恶行。费嘉和那德国人非常要好，他会再帮助我们的。费嘉说他以非常悦意的心情为我买了这花球；因为昨天他大哭的时候，曾说他现在再不能为我买花球或水果了的——而现在他又能够买了。我们把花球放在水里，出去散步并买食品。我们先到烟店里去买雪茄，后来到平常买咖啡的店里去买了半磅上好的乳饼，味道极好，为我前此所未尝过的。当他们替我们研咖啡的时候，我们走去散步，自幸我们又交了好运。现在无论如何，我们明天能够付八个格端的房租了，我们不必因无钱而羞见房东了。我们购办了可供几天用的食品用物，我们不需要向孔加洛夫借钱维持生活了；我们可以付三天晚餐的账；也可以去买几条毛巾。虽然现在有的钱为数并不大，然而却大大的解了我们的贫困之围。我们的晚餐吃得很高兴，并吃着乳饼和水果。我们给了马里一些；她是一个很可爱的小女孩子；她是一个奇怪的孩子，终日憨笑着，可是她的缺点便在于她作事太慢。我们明天也不必要到艾廷里夫人那儿去当外套去了，真是幸事，因为她会给我们当很少的钱或甚至又拒绝不收的。

星期六　七月八日

费嘉带了八十佛朗到赌场去，可是他回来说都输了，要我把最后剩的一块钱给他。我给了他，自然又是输了——绝没有赢的机会，因为这种狂运一定不会有人遇到的。……费嘉告诉我，昨天赌局中有一俄国人向他的朋友借钱；可是朋友不肯，因为他断定他一定会输的。……我们开始来检视我们的家私，看有什么东西可以卖或当的，我们决定卖去我的皮短袄。费嘉到一个皮货商那儿去，引他到家来看，那商人不肯买这皮袄，因为已经穿坏了。真是毫无办法了，只有我们到瑞士去的时候，把这皮袄带着，那里或者还有点用处。德国人去后，费嘉又出去当我们的戒指，可是这一次，昨天令我们走运的那只戒指也不济事，费嘉都输了。因此现在我们已经不名一钱了，晚餐的账也没有付，可是应感谢上帝，差幸房租已经付了，许多零用什么，如糖、咖啡、茶之类，都买了一点在家里。后来费嘉到了各种店铺里，想高〈方〉设法去［当］我的那件外套；可是每一处的回答都是不要而指引他到别一地方去。他们甚至于看也不看，因此费嘉在镇上足足跑了三个钟头，却是毫无结果。他们都指引他到魏司曼那儿去，他们说他开着一家钱庄，什么东西他都会要的。费嘉最后到他那里去，魏司曼正在楼梯上和一个女人闹架，便就在那里接待费嘉；他把费嘉邀到房里去，告诉他，他自己不收这一类的东西；他说他只收好东西；并说有时收一些不好的东西，便总是折本。然而他还是把那外套检视了一遍，并拿给他的姐姐看。后来他们说今天没有办法，可是明天十一点钟费嘉若是到艾廷里夫人店里去，她会拿这外套估价的，那时他才可以说能否当一点钱。

星期日　一八六七年七月九日

今天我很早就叫醒了费嘉，因为免得去迟了，会不着魏司曼。他去了，我祷告着他可以把这东西"当"出去，不要卖，以免失去了。后来他回来了，带回来六十佛朗。他告诉我，当他到艾廷里夫人店里去的时候，店门已经关了；后来到魏司曼店里去，也关了。他想两处都绝望了，可是这时他在街上看见了魏司曼；魏司曼便建议他们同到艾廷里夫人店里去。他们在外面等了好久，夫人才从礼拜堂回来打开店门。后来魏司曼自己走进店里和艾廷里夫人私议了一会。他回头来说，外套已经不是时新的式样，而且快要破了，可是他愿意出六十佛朗来当一个月，若是一个月不去赎取，那外套便归店主没收。他告诉费嘉，若是当金银货品，他可以按原值四分之一给价。所以他们必定把那外套估价三百佛朗，并且极愿我们不去赎取。后来我到邮局里去发了一封信给家里的人，责备他们许久不来信，并要他们寄点钱给我。可是在邮局里接到了一封信，拆开来读了，差不多大哭出来。母亲写给我的，她说 K 不能再为我们保藏那些家俱了，倘使我们不去赎回，他们便要没收了，还有一大束令人不高兴的消息。我非常伤心，几乎在邮局里哭出来了，可是到了家里才痛哭起来，伤心极了。后来费嘉回了，他脸色灰败，跑进来跪在我面前。他说一切都完了，他把所有的都输掉了，他说他本来已经赢了四十五佛朗，便不自足，于是反都输掉了。这真令我感伤万分。我恐怕他的痫症要发了，我告诉他我从家里得到的来信以及我心中的忧愁。他听了以后，便决定写信给加可夫，要他寄点钱给母亲，以便她把家俱去赎出来，然后要她再把那些东西当去，把钱寄给我们。可是现在我们已经没有钱维持生活了，我们须得要母亲立时寄五十卢布给我们，我们便这样决定了。我坐下写信给母亲。我把我们的困状详细告诉她，要她帮助我们。晚饭后，费嘉躺了一会，正想着，或者是立刻去找孔加洛夫，这时多半可以在赌场中找得着他，或是等到明天十点钟再去他家里，那时他必定刚刚起身的：因为以前费嘉每一次在别的时间去找他的时候，他老是不在家的。费嘉想去向他借一点钱。我劝他立刻就去，免得明天他要起早床。费嘉到欧罗巴旅馆里去，但是据说孔加洛夫还正在吃晚餐，他们要他一刻钟以后再去。他到外面散步了一会，再到旅馆里去，恰逢着孔加洛夫动身出门。孔加洛夫第一句问题是："哈，你的情形怎样？我的坏得很，太坏了！昨天我给了一个人五百卢布，他都输光了。后来我代他去赌，为他赢了一大堆金币，可是他又都输光了。"接着费嘉便对他说："我来是请你给一点好意的帮助。我已经把一切都输光了——最后一文钱都输掉了。昨天我还有一百六十块钱，今天我已经不名一钱了，所以我到你这儿来，请你借给我三块钱。""这样多呀！"孔加洛夫惊讶地说。费嘉重说了一遍钱的数目。"好，这个数目自然我可以为你设法，可是多的没有了；因为一礼拜内我要到巴黎去，所以也要钱用。"费嘉说他之借这几块钱只是为日食的需用，候俄国寄钱来，一星期内必定可以还他。孔加洛夫立刻从衣袋中取出钱袋，给费嘉三块钱。费嘉说这当已经很够维持最小的生活费用，候到彼得堡寄钱来，并承应一星期内归还不误。他们分别时，彼此都似乎怀着鬼胎的。费嘉告诉他，前天他会去访他，可是完全是另一样的事——他想送一些钱给孔加洛夫，请他转给屠格涅夫——呵，他为什么不作他所想的事呵！——而现在，他已经一无所有了。孔加洛夫说他必定乐于担负那使命的。后来费嘉要求他不要告诉任何人关于他借钱的事，他说自然他不会的。费嘉便带了三块钱回家来；但他立刻又穿衣服到赌场去了，他说，即令只赢了十五佛郎，他也必定立刻离去赌场的。我等候他好久。今天天气很好，但是我没有出去，因为在最近一些时，我什么地方都不想去走动。我哭了好久并祷祝上帝救助我们。我差不多确信费嘉又会把那些钱输掉了。约八点钟，他回来了，说他赢了三枚五佛朗的银币；他说他刚一进赌场，便遇见了孔加洛夫，因此他觉得非常难以为情。费嘉到孔加洛夫家里去的时候，我写了一封信给母亲，要他寄钱来。我写那封信，真是莫可名状的悲哀！我知道，可怜的母亲一定会以为我们是在极端的贫困状态之中，她会因我们而万分难过的。我的亲爱的，我的慈祥的母亲，她是多爱我们呵，她是多愿意我们快活呵；而现在，我们长期的贫困，我们不断地向她要钱，当使她看出我们物质的境遇是十分不堪；虽然她知道因为费嘉爱我，我是非常快活的，但她如何不替我们难受呢？

星期一　一八六七年七月十日

今天我们起床的时候，有一种预觉，即是：我们必定会又把所有的钱都会输光的。费嘉到赌场里去，但立刻走回来了，说已经输了。我现在只剩有一枚五佛朗币，两个格端和几个铜板。费嘉拿了五佛朗币出去，但立刻又走回来；他又输掉了。……他真陷入了完全绝望的地步。他说他把我也毁损了，又说现在一切都到山穷水尽了。他如此绝望，以致我竟不知如何可以安慰他。最后他决定：

到赌场去是无济于事的……命运之神正在敌视我们。

星期二　一八六七年七月十一日

今天费嘉起身很早；他走到那皮货商家里去，但那人不在家。一个女孩子同他一路转来拿我的皮袄去了。下午费嘉再到他那里去，那商人说他至多只能给八格端，费嘉答应就这样办。他拿了四“太勒”回来，自已取了三个，给我一个。他确信他现在是要赢的了。所以，他的决定不到一天就要取消的，现在他又在那儿想赢，又在想发财了。他到赌场里去，却是输了。后来他回来要我给他那最后的一“太勒”，虽然明知我是再无一文钱存在手中了，他也不管。我哀求他不要去赌了，因为命运之神正在敌视我们，这是很显然的。虽然他也承认他会不能赢的，他还是把那“太勒”拿去了。后来他回家来，说已经输掉了。我们没有钱了，只剩了一个格端，却还欠两天的饭账。费嘉今天写信给加可夫，要他寄点钱给母亲；我也写信给母亲，要她立刻给我们一点救助，将来她可以从加可夫寄去的钱当中扣还去。结果如何，我真置疑不定。我付了二十八克鲁的邮费。

星期三　一八六七年七月十二日

十二点钟，费嘉偕我到一个开衣店的人那儿去。我们在他家里会着了他，我便和他谈起来，因为费嘉说德国话很困难。他给我们魏司曼的地址；可是我们告诉他魏司曼不收衣裳一类的东西。后来他要了我们的地址，以便叫人到我们家里来看看东西的成色。我们走回家；他答应两点钟叫人来。来的人把东西看了一遍，可是说他要再叫一个小人来看一看。……过一会，那小人来了。费嘉冬季的大衣，他只出价八格尔端，我的出六个，费嘉的旧罩衫，他只出佛罗林。我们拿皮靴给他看，他试穿了一下，甚至还把草帽戴上，他说可以给我们三个佛朗。我们要四个，他同意了。

星期四 一八六七年七月十三日

我们再到加司托夫君那儿去，但他不在家。我们看见了他的老婆和女儿。我们和她谈起我们的衣裳来，她似乎想自己买去穿；可是我们说我们只愿当去，不想拿来卖了吃饭。我用德国话和她谈了好久。我〈她〉应允在三点钟的时候叫人来看看东西。我回家来，费嘉去看魏司曼是否在家去了。他从阅报处回来，我们便等着加司托夫的来人，可是没有人来。我们吃晚餐时都很难过。饭后我写了一封信给母亲，再向她催款，并附了一封信给姊姊，要她在最近几天借给我二十五或二十卢布应用。这封信能否有好结果，我很怀疑，只有靠上帝的恩惠！费嘉送信到邮局里去，又从那儿到加司托夫家里去了一次。他的老婆很惊讶，为什么她遣派的那个女人没有到我们家里来，她说明天十一点钟，她亲自偕那女人来看我们。

星期五 一八六七年七月十四日

我起床很早，把费嘉也叫醒了，准备那两个女人到来。我们等候她们一直到十二点钟，但是她们没有来。后来费嘉到她们那儿去，那妇人不在家，只看见她的女儿，她说候她母亲回来，她必定告诉她。这事情似乎办不妥了。后来费嘉到魏司曼那儿去，告诉他想当一点东西。魏司曼叫费嘉下午三点钟把东西送给他那儿去。费嘉说自己拿不了。后来他叫费嘉雇一个脚夫去拿，费嘉便老实告诉他我们没有钱了，雇一个脚夫的钱都没有。后来魏司曼承应他自己付力钱。我忘记了写下：今天早晨费嘉去访孔加洛夫，问他的地址，因为在他离去以前我们多半不能还钱给他了。孔加洛夫不说出他的住址，只说这点钱不算什么，值不得挂怀，并说在彼得堡任何时候还他都可以；又说值不得放在心上。后来费嘉告诉他，现在自己想借得四十佛朗。孔加洛夫说现在他不能为他设法，虽然他的旅费是够的，但他自己实在输掉了很多钱。自然，他说，他是和一些朋友一道旅行，他可以常向他们借钱用，可是无论如何，他现在不能借钱给费嘉。费嘉告诉我，在他看来，孔加洛夫似乎是输掉了很多钱，或者他竟没有钱付旅馆的账也说不定。我们不能还钱给他，这多对不住人呀！他们分手的时候说了很多要好的话。三点钟，费嘉一个人去看魏司曼，但他不在家。费嘉往返去看了几次，可是门老是关着的。后来魏司曼亲自到我们这儿来了，他说他老是在家里等候我们，他只能再候我们十分钟了。后来费嘉雇了一个脚夫，叫他把我的两件外褂，绿的和淡紫色的，拿到魏司曼家里去。魏司曼看了一下衣裳，便说已经不是时新的样式了，并且还有其它种种的缺点，他只允给费嘉二十佛郎。最后费嘉简直请求他给三十佛朗，以一月为期。魏司曼便警告他说，若是不去按期赎取，这衣裳便由店主没收。我希望上帝的救助，那衣裳不要失去了，那实在费了很多钱作的，而现在竟只拿回了七卢布就会丢掉了，这简直令人害怕得要命呀！我们出去散步，走到了街上，费嘉突然看出了自己穿的是一件旧的寝衫。我们只得回家来让他换上好的衬衫。这件事我看来极有趣，以致我大笑几乎有五分钟。他换好了衣裳，我们再出去，他突然生气了，不愿说话。我告诉他，倘使他像这样闷着走下去，我就回家去的。我要他不要生气，我们和解起来，他老是不作声。我便转身和他背向走去。我散步约有一点钟，非常疲倦，便走回家来。我觉得胃痛，便躺下，但是真感到寂寞得可怕。我想和费嘉和解起来，到外面什么地方去走一下。我叫他，可是他并不立刻和我和解，却突然申言，因为我的任性，我把我们的生活都破坏了。我生气了；我想，这样一点琐事就可以破坏我们的生活吗？倘使我们的爱情是这样容易消失，倘使仅仅因为一句空话而他可以说我们全部生活都破坏了，那末，我们必是怎样柔弱易碎的一种东西呵！我不想和他争论，只是躺在床上，把房门关起来。可是费嘉不喜欢这样，他把门开了，说房里气闷得很。我再关上，他又开了，并说门必须开着，因为太热，所以必须开着。后来我告诉他，倘使他不许我作我想作的事，那么我最好离开他，因为我不愿意忍受这种待遇。我穿好衣裳便到外边散步去。我到了坟场里，在一丘坟旁边，坐了好久。……约八点半钟，我才回家来。费嘉不在家。我这时刻刻都在恐怕他到赌场里去了。现在我们甚至当无可当了，假设他把剩有的几个佛郎都输光了，那怎么办呢？他终于回来了。当我睡的时候，他到我这儿来很爱好地为我道晚安，我们便和解了。我自己生自己的气，为什么我要闹起这种无意识的冲突呢？我有这样一个异常的丈夫而我常是要去激怒他。

星期六　一八六七年七月十五日

费嘉到阅书处去，带着一枚五佛朗币，他说或者去赌或者不去，都说不定。我病了，坐在家中，读着新约。两点钟以后他回来了，看着非常难过的样儿，他告诉我他本来已经赢了两枚五佛朗币，连原有共十五佛朗了；后来又输了一枚，便回到阅书处坐了好久。可是后来他又想去试一试运气，便再到赌场上去，于是把所有的钱都输掉了。他非常焦灼，因为用赢的钱我们至少够付房租，我们欠一星期的房租了。要房东等候一会，这是最讨厌的事；因为这些人是什么也不懂得的，只要他们看出了我们的境遇日见不佳，他们便立刻会以最难堪的态度对付我们的。我对于今天的赌输非常烦恼不安，可是有什么办法呢？今天恰恰是我们结婚满五月的日子；所以，虽然我们只有极少的钱，但为了祝贺这件事，我们还是去买了一些酒回来。

星期二　一八六七年七月十八日

今天天气沉闷，我觉得很疲惫。最近几天来，我曾常想到我的未来的孩子，米霞（Misha）。我老是梦想着这孩子的事。昨天费嘉说，他要到赌场去，赢回三万佛郎，这样便可以回俄罗斯去，因为他希望去看看许多人。我也是愿意去看看许多人的，但是立刻回去这一观念却令我非常惊恐。在我看来，似乎我们回去以后，费嘉便会不爱我了的。仿佛我不能信任他对于我的爱情似的，我恐怕别一妇人会要在他的心中占据我现在所占的地位。在我看来，似乎他决没有爱过，似乎他只是想象着他在爱我，似乎在他一方面并不曾有过真正的爱情。我甚至于以为他是一个不能讲爱情的人；他是过于被其他的各种思想和观念占据了，以致他不能很强烈地依恋着世界上的任何人。

星期三　一八六七年七月十九日

费嘉在报纸上看见一段广告，说一个人在苏费安街买卖旧货，或者那个人也会当东西的。费嘉到那儿去，但他看出那就是买我们的皮靴的那个老人。他承应收费嘉的大衣，费嘉便拿去给他。他给了六格端，但在货票上却写的是他卖大衣一件，价八格端（两格端的利息），他约定若在十四天内不去赎取，这大衣便是他自己的所有物了。因此，我们现在有八格端了。费嘉便开始说，倘使他现在到赌场里去，只须带两格端，他一定会赢的。我们的财产仅有八格端，他还要输去两个，即是说要输去四分之一，这怎样办呢？因为费嘉非常热切地坚持着这个观念，我就是反对也是没有用的；反对只是会更激怒他，更要强求的。可是我忠告他，倘使靠这两格端略赢了一点，便立刻离开赌场；但他说那是不可能的。总之，他深信着他会要赢一大堆钱的。哼，倘使一个人脑中存着这种观念，那么他一定不会赢的。果然如此，他去赌的结果是都输了。他说甚至没有一个人注意到他输了的事。……在散步的途中，我们谈着，结论是，虽然我们没有钱，然而我们还有爱情；我们彼此是十分相爱着的。或者别人有钱而盼望着爱情，但终于得不到。我绝对同意于他所说的。

星期四 一八六七年七月二十日

晚饭后费嘉到邮局去，我留在家里，可是我要求他，倘使有我的信，请他不要拆阅。他带回了一封母亲给我的信，我突然想到母亲会不能寄一点钱给我们的。可是在信的开始，母亲说她下一次寄信来就汇钱给我们。我很高兴费嘉没有拆我的信，因为万尼亚又送给我邵的住址，然而这是我已经知道了的。费嘉大概会要问我，为什么我要那个住址，以及等等。他没有拆阅这封信，是最好没有的事。我亲爱的妈，我多爱她呀，我的挚爱的，并且我也多么爱万尼亚，我的哥哥呀！现在我多愿意帮助他们呵！倘使我赢了两百卢布，我必定送给我挚爱的妈一百卢布，让她好还清叶林里奇的账。基督，她会多欢喜呵！她可以还清债务，重兴起家计来。可是，基督，我不能帮助她；我多痛心呀，我多羞惭呀！费嘉到外面散步去了，我觉得非常难过，记起母亲对于我的慈爱，而我自已竟毫无能力去帮助她；我哭得很伤心，哭得很久。后来费嘉回来，我们便吃饭。因散步和哭泣过多，我的头痛得很，便很早就睡了。费嘉对我很温柔，很和善，我看出他是很爱我，可是我爱他真要发狂了。我也爱我的亲爱的母亲，倘使这两个可爱的人常是伴着我；我正不知多少愉快哩！

星期五 一八六七年七月二十一日

今天早晨，那女房东真令我大生气！我在厅中遇着她，她说我已经承应在两天内付房租的，为什么这时还不付？我告诉她，我接到了一封信，说钱今天就可以寄到。后来她告诉我，在八月间，房租却是要加高一点的，因为在冬季没有住客，所以他们必须在夏季的月份中谋补偿。去年夏季，她收的租金是十二格端一星期，我们现在只付十一格端好了。她多奸滑呀！她知道我们现在没有钱，她想乘此机会来敲诈我们一下。……后来她有一点讽刺着费嘉赌博的事；我很奇怪她是怎样知道的；我不能完全懂得她所说的话。……他们都是一些奸滑的东西！那顽皮的马里便是一例。我告诉她去预备好开水再来拿咖啡，可是过了一个钟头，她还没有来。所以，要等她把煮好的咖啡送上来，会又要一个钟头。我的头非常之痛，并且肚也很饿了，每一分钟我都恐怕要病了，这时有一杯咖啡送来必能有益于我的病体。我真焦灼万分，以致大哭起来。费嘉为马里生气了，但他也为我生气，因为我为了这点小事也大哭起来。他是多么无忍耐性呵！当然，当他似乎要发痫症或咳嗽的时候，我是不责备他的；我不对他说这使我难受，虽然这真正是使我万分难堪。我极低微的哭声，他甚至都忍受不住，说使他难受；这真正是不对的，为什么这样的自我主义呢？我一向是非常恐怕我未来的丈夫缺乏家庭的感情的，而费嘉竟恰是如此，我真非常伤心，现在我有时甚至非常恼恨。是的，他只是不愿意把他自己的家庭放在心上。至若对于他的寡嫂艾米雷（那蠢如鹿豕的德国妇人），他是十分，十分关心的；他要使她不感到缺乏什么，她的儿子不应过劳，而巴霞（朵思退夫斯基前妻之子）也不会有一点事情来怨恨他。说到"我们"，则无论我们感觉什么，于他都是没有关系的；倘使我们缺乏什么，这于他是毫无关系的——他甚至并不注意及此哩。并且因为我是他的妻，是属于他的，所以他似乎便以为我有忍受一切大小的愁苦与贫困的义务。当然，倘使我知道他是一无所有，我是一句话也不会说的；可是当我知道了我们之陷入困乏，乃是为了维持艾米雷及其家人的缘故，当我看见了拿我的大衣当了而去为艾米雷赎取大衣——那末自然而然一种不愉快的感情要在我的心中突起了；我真万分痛心，我所最珍视的最爱着的人竟会作出这样粗心的事，竟这样无见解，无思虑。他说他帮助他的哥哥的家庭是义不容辞的，因为他的哥哥曾经帮助了他的，可是费嘉对于我便不应有同祥的义不容辞的责任吗？我不是已经给了他我的生命，给了他我的灵魂，满心愿意地，毫不犹豫地，以求他的愉快吗？他是并不珍视这一切的。他并不以为他自己应该义不容辞地关心于他的妻的愉快，关心于她之刻刻为了每天的日食而忧虑着，愁苦着。多错谬呵，多不公平呵！我这样以恶意来反对我的可爱的好丈夫，我自己也生自己的气了。大概我是非常毒辣的。

十二点钟，我到邮局里去；有一封给我的信。母亲汇了一百七十二佛郎给我。我到银行里去，他承应兑给我，只取两佛郎的拆息……他给了我十七枚十佛郎的金币，在到邮局去的途中，我到一家鞋店里把我的皮靴给他看，因为这皮靴已经不能再穿了。他摇头说，这双靴再穿在脚上实在不好，而且修整也似乎毫无希望了。最后他说无论如何本星期中不能弄好。我的靴子若是不能修好，我怎样走路呢？后来我到一家饼店里——以前是垂涎而过的——买了一块甜饼，里面有乳酪和杏仁的馅心，真是好味道的饼哩。我非常欢喜这饼，便又为费嘉买了一个。……他今天和我生气了。他早晨起身以后，拿去了三张十佛郎的钞票，并说他是拿的"我的"钱——这是以前决没有的事；因为我们决定过绝对不说"我的钱"或"你的钱"，只是说我们的钱。他出去了，后来我才知道他是去付商店里买糖和其他什物的账的。约一个钟头以后，他回来了，没有向我说什么，我只是看出了他是为了什么事在那儿烦恼；后来他告诉我他输去了五个"太勒"。他起初赢了七个"太勒"，但不自足，于是反都输掉了。我便安慰他，要他不必烦恼。接着我们晚餐，费嘉告诉我，他要把赎取大衣的钱拿去赌去，不去赎取大衣。我没有办法，只得拿钱给他。……我们散步了一会，认定若是每天能赢两个“太勒”，便可算第一等美事了。这样我们可以逐渐把当的东西都赎取回来，静候加可夫寄钱来的好音。但是我以为这是不可能的。费嘉若是赢了两个“太勒”，至少应该赢五十个的。立刻他又会开始梦想着成千成万的——他的意志力必定不足以驱他离开赌场的。他必定立刻会想到，他不应只赢两个“太勒”。便是因为这种不知足，于是百事都陷于困境了。……为了我是否买一双新靴子的问题，我们讨论了好久。我没有告诉他我已经送靴子去修去了，因为费嘉是不喜欢旧靴子的。我恐怕钱又要都输掉了，因此不如去买一双靴子，并且免得走路的时候，两脚老是遮遮掩掩地；穿着破靴子的时候便不能不这样。我们走近了家里，费嘉想起了要买乳饼。后来我要他去买一点火腿，因为我早就梦想着，若是有一天我们可以买点火腿，我必定拿来和酸菜一道吃，那是多好呀。费嘉买东西去了；他回来的时候，不仅带回了乳饼和火腿，还有很好的腊肠——在我看来，仿佛从来没有吃过这样好的东西的一样。

星期六　一八六七年七月二十二日

费嘉带了十“太勒”到赌场去，但很快就走回来说输了。……他要我拿两枚金币和我的三“太勒”给他，我给了他，但相信这也都是要输掉的。现在我们还剩有八枚金币。他到赌场去，但很快就回了。他说一个俄国女人站在他的后面老是喋喋不休，所以他不能聚精会神地去赌，他心中一焦躁，钱便都输光了。他要我给他三枚金币（因此现在我们只剩有五十佛郎了）。基督，我多伤心呵——所有我的好东西好衣裳现在都不能赎取了，一切都要丢掉了。当他回来的时候，我接着他便说——“不要焦急，我的可怜的费嘉”，不必看他的面色，我已经确信他是输了。后来他要我再给十佛郎——“最后的”，他这样说。他再回来时，又是输了。……基督，我们现在陷入了这该诅咒的泥潭中，何时可以跳出来呀！我想我们会永远跳不出来的，因为我们还要继续坐在这里，继续赌着，老是盼望着赢一注大钱财哩。……饭后费嘉喝了一杯咖啡，五点钟的时候，他睡了，要我在五点半钟叫醒他。我也昏昏入睡了。五点二十五分时，费嘉起来了，走到我床边吻着我。我说：“什么事呀，费嘉?”他转过身去，痫症陡然发了。我万分惊恐。我想把他扶到他床上去，但已经来不及。我只得把他扶起靠在我床边，因为我没有气力把他抱到床上去。在全身陷于拘挛的全时间中，他便是在一种半立的状态中靠着床（他的右腿现在之所以病了，便是因为他当时靠着墙了）。拘挛过后，费嘉便开始抽动起来，虽然我尽力想使他平静，但是气力小了，终无济于事。后来我放了两只坐垫在地板上，静静地把他放在地毯上睡着，这样他要觉得舒服一点。我把他的衣钮都解开了，使他的呼吸可以自由一点。今天我第一次看见了他的嘴唇变成铁青，面部则异常的红色。我是多不幸呵！这一次他苏醒得很快，当他开始苏醒的时候，虽然我觉得非常悲哀心痛，我还是不禁想笑出来，因为他口里说出来的话都是用的德文。他说“Was' Was doch? LassenSio－mich,”（“为什么？究竟为什么？我看见了她，”）接着还有一大串德国的成语。后来他用我的小名叫我，要我原谅他；可是他不懂我对他说的话。他又要我给他钱到赌场里去。我想着，象这种样子去赌倒真是一个巧妙的赌徒哩！然而在我看来，他象这样子去赌，只要人家不骗他的钱，他还会赢的。费嘉恢复了原状以后，便从地板上站起来，自己把衣钮扣好了，要我拿帽子给他。我想：现在他想到什么地方去吗？于是我问他：“你预备到什么地方去？”“Commeca”是他的回答。我不懂他说的什么，要他再说一遍，因为我以为他说他预备去买腊肠，后来我强迫要他睡下，他不愿意，甚至于要动怒了。“为什么我想要他去睡，为什么我要激怒他呢?”……后来他睡下了，但不得熟睡，每十分钟都得醒一次。七点钟，我们偕出散步；费嘉陡然想在街上吻我的手，并说倘使我不让他这样作，他便要不认我作他的妻了。自然我竭力地劝他，在街市的稠人广众中——这样真会引起人家可怕的耻笑与轻视的。后来费嘉说他很想吃朱古律。虽然一杯朱古律要值十八个克鲁，我也同意了，我们便一同到一家咖啡饭馆里去。……

星期日　一八六七年七月二十三日

刚过十二点钟，我从邮局里回来（没有我们的信），费嘉便到赌场里去了。他带了一张十佛郎的钞票去的，即刻走回来了，要我再给他十佛郎。可是我说，我们现在一共只剩二十佛郎了，现在也没有什么人可以给我们丝毫帮助，在加可夫寄钱来——倘使他真肯寄来的话——以前，我们还得要饿饭哩！我觉得非常伤心，不禁哭出来了。我告诉他，我所哭的是：在我看来，似乎我们决不能想法离去巴端，似乎我们要继续赌下去，盼望赢一注大钱财，似乎我们还要留在这里过几个月，并且似乎，就是加可夫寄钱来了，我们还是要继续赌下去，输下去。我象这样说或者是刻薄了一点，但是我怎样办呢？第一个月我忍受下去了，一句话没有说，便是最后一文钱都输去了，也只是不作声。可是当时我还有母亲帮助我们的希望；还有当衣服首饰的机会。可是现在已经是当尽押绝，多半会赎取不回的了；再向母亲要钱是不可能的，亦且是令人羞惭无地的事。我还是把钱拿给他了，但他说一张十佛郎的钞票不够三个“太勒”，他想第一手就押下三“太勒”。

后来我叫他把我们最后的一张十佛郎钞票也去换掉，但是有一个条件，就是，他应当把剩下的两个“太勒”带回家来，这样我们还可以维持两三天的生活。费嘉问我是否信任他会把换了剩的钱带回家来，我老实回答他我不能信任他。这也没有什么令他难过的，因为每一个想赢钱的人都会这样作的。我自己会这样作的，所以我想他也会这样作的。费嘉拿了两张十佛郎的钞票出去了。我觉得非常难过，便睡在床上，很伤心地哭起来了。一点多钟以后，费嘉回来了，我起身接着他，他说他只带回了一个“太勒”给我。我以为他赢了一个“太勒”我非常高兴，我说，倘使他每天带回一个“太勒”，那便好极了。我的良心开始自责起来，近来我对费嘉说话是太刻薄了，我便向他认错。后来他拿钱袋给我看，那里面竟有三十个“太勒”。费嘉给了我二十五个，他自己拿了五个在身边。因为他赢回了钱，他对我说话的音调便多少带了些讥刺；他说他想着，倘使他把钱输光了，我必定会打他的。他到外面去买水果，要我叫马里整理桌子预备晚餐。……他去了好久，回来的时候怒气冲冲，说他把那五个“太勒”又输掉了。……是的，我真正要保卫费嘉，不仅是要帮助他反抗别人，并且还要帮他反抗他自己，因为他实在是太少自制力了。我可以承应，他甚至可以发誓，但是他的行为可以完全两样的。我深信我们过去所以能够赢钱到了一百六十八块之多，完全是由于我在保管钱，我每次只给他五块钱，不能更多；否则在他到巴端的第一天，他便会把一切东西都输得干干净净的。他是一个奇异的人，可是多好呀！……

星期二　一八六七年七月二十五日

我们应当送衣裳到洗衣妇那里去了，可是我们现在不能不等一时，因为没有钱付给她。我很高兴以前没有送给她，因为若是不能付钱给那个女人，我真会如何不安呵！我们最后的两个“太勒”象我们所有的钱一样地丢掉了；我们的唯一的最后的“太勒”，我必须留着付给皮靴匠。可怜的费嘉很郁闷地走回家来。他说他必定要杀掉自己的头或者用手枪打死自己；因为他手中不名一钱，怎样去偿还欠债，那许多欠债呢？我便告诉他，这没有什么了不起的事；这用不着绝望到那步田地。后来我们便躺在床上谈着我们的境遇。真的，我们成了一种游民——今天有很多的钱财，明天却已空空如也了。刚刚我们还是足以自给的人，一会我们便不得不遍处奔走，卖鞋当衣了。……

[此后所写的是朵思退夫斯基卖他自己的衣裳给一旧衣商的情形。]

当费嘉来向我道晚安的时候，他的样子非常激奋。他说他极热烈地爱我，非常，非常地爱我；他说他没有资格匹配我，他说我是由天上送给他的一个护卫他的天使；他说他必须要改正自己的行径；他说，虽然他是四十五岁了，他还是不会过家庭生活；他说他必须锻炼自己，使适于过家庭生活；并说，有时他仍旧有着他的幻想。我不知道他末一句话的意思何在；难道他想不忠实于我吗？咳，我不相信有这样的事，可是万一竟有了，我真不知会如何悲伤难过呵！后来他说："你梦想着我送你到一间住宿的学校里去。可是倘使我是没有你便不能生活的，我怎样能让你去呢？"他说，倘使我要他从一个塔项〈顶〉上跳下来，为了我的缘故他必定照办的。我可以看出他是爱我的。他说有时他不自禁地为我所吸引，这时他必定想对我说几句话，想和我谈几句。他又告诉我，不久以前，他打开了一本书，想从里面得到一个对于下一问题的答案："我的赌博会怎样影响到安尼亚呢？"那答案是："境遇会使得你们的友情更加浓厚愉快的。"真的，果然如此：我们以前从来没有象现在这样友好的，我们共同受苦，共同郁闷，共同来找我们的出路。上帝救助我们，允许我们离去这该诅咒的小镇，我们在这儿受的苦真是万分够了。夜间，我问费嘉是否想过了莎尼其加（sonichka，快来了的女孩）的，他说他常常想到她，想得很多，他又说，或者那孩子竟是一个男孩子也说不定。我说无论是什么，我都是愉快的。

星期四　一八六七年七月二十七日

今天他反复申言，他不曾盼望得着我这样的一个老婆的，他说他决没有希望我会有这样好的，任何事都不咎责他，反而只是设法安慰他，后来他说倘使我老是这样好的下去，他真会获得"重生"(Re-born）了，因为我已经给了他许多新的情绪，新的思想，许多美好的感觉，因此他已经开始变成为一个较好的人了。我很欢喜，但是快到晚上的时候，我们又吵闹起来，原因是我穿着衣裳在床上睡了。我觉得很疲倦，便躺在床上睡着了。我当然不知道起来脱衣裳。他为这件事生气了；但是当他来为我道晚安的时候，我们便和解了，他照平时一样，为我预备好我睡时需用的一些东西，即是，茶和火柴等等。

星期六　一八六七年七月二十九日

今天我们必须付房租给房东，但是我们没有钱，等一会我只得去道歉了。我们只剩了十二个克鲁，这笔钱是要留给脚夫的（他为我们搬东西到当店里去的）。我们没有糖了，我早晨没有吃茶便是为了这个缘故。后来费嘉到魏司曼那儿去，魏司曼叫他下午两点钟把东西送去看。我们不知道他会给我们多少钱，或者只给二十佛郎也说不定哩；据费嘉的计算，我们要从莫斯科得到回信；至少还得十一天。费嘉到邮局里去，但没有我们的信。我们躺下谈着我们这种不幸的境遇。我们说，在将来我们应当把这一切都牢牢记着：可怕的炎热，房东的号哭的孩子，擎着铁锤整天毫无怜恤地击着的铁匠；没有一文钱，所有的东西都当尽押绝并且似乎再无力赎取了的；郁闷的房间，终日闹响着的门铃，没有书读乃至没有饭吃的光景。祈祷上帝不要使我们的境遇变得更坏，因为到了那步田地，我真不知道我们应该怎样办了。后来费嘉到魏司曼那儿去。可是当他带着一个脚夫回来的时候，我们的房东正站在门口看见了他进来。她和一个邻居在那儿谈着，手指着我们的住屋和脚夫。后来费嘉出去了，她便到铁匠店里她的丈夫那儿去了，大概是去告诉他，我们正在拿东西出去当，所以我们的房租会付不了的。费嘉从魏司曼那儿拿到了三十佛郎，可是他立刻到赌场上去输掉了十八个。他回来时面色灰败，万分烦恼。我简直惊呆了，我实在不能自禁，便说："这真是一件明明白白的糊涂事。"我的焦灼不安倒并不在于他今天又输了，最令我焦心的还是这件事，即是：他老是不能把靠赌博致富的这一观念抛去。使得我焦急几至发狂的便是他的这一观念，这东西陷害我们真是不浅呀！……

星期日　一八六七年七月三十日

晚上，我饮了一杯茶；因为胁下作痛，我便立刻躺在床上，一会便睡着了。我相信我大概睡到了半夜一点钟才醒，当我醒的时候，并没有预料会有什么风波发生的。可是看来似乎费嘉因为我睡得太早了，觉得非常难过的样子。他老是在房中踱着，喃喃地自言自语，不知在说些什么。总之，他是正在非常激奋的状态中。我问他是怎么一回事，他说不关我的事。后来他说，过去的七个钟头，他都是在苦痛中度过的；他说，我处心积虑地决定不和他谈话，我决意和他隔绝——这真是绝对没有的事。我要他安静一点，不要把皮靴走得太重；因为房东就在隔壁睡着，要是把她的小孩弄醒了，她又要和我们闹气了。我说话的声音很高，可是我并没有呼喊。陡然费嘉很郑重地说，倘使我再呼喊，他必定从窗间跳下去的。他真绝望到了可怕的地步，他不断地呼喊着，他说他只有责备自己，我们困难的境遇是他造成的。陡然，和上面说的毫不相关连地，他说他恨我。我真是惊异万分，几乎哭出来了。我走到另一房间去，并告诉他，他起初说："你使得我非常愉快，"接着却说："我恨你，"他的这种态度是很"卑鄙"的。我躺在床上了，费嘉便到床边来，他说他并不曾想中伤我，说他真是万分烦恼，说他的良心正在谴责自己，因为他使我焦心，使我们的境遇陷于困乏，并说以前我常是很快活的。自然，这是真的，我从前生活的快活和安静比现在的总要加多二十倍，因为当时我们没有什么口角争论。我心痛得很，我们彼此道了晚安；因为我好久都不能就枕，费嘉几次问我是否有什么地方作痛，并哀求我，倘使我觉得不好便立刻去叫醒他。可是我一定是不去叫他的，因为他并不能帮助我什么，只是使他着惊难受。我们真是可怜的，可怜的东西，所以致此的唯一原因便是那该诅咒的转盘博！设使没有这长期的贫困，我们必定是又安静，又快活的。可是上帝会帮助我们的，这困境有一天总会完结的。

星期一　一八六七年七月三十一日

在道晚安以前，费嘉对我说，他很重视我，并知道我的性情，说他很敬仰我的性情。只是有时我爱发怒。我要求他饶恕我。我爱闹脾气，不能自加禁制，这种缺点令我非常难过不安。但在我看来，似乎怀孕是主要的原因：怀孕后，我的性情便失去了常态，有时真是任性极了。我忘记记下，晚上费嘉到杂货店麦司茂（我们平时买什物的地方）那儿去，想去赊一些茶、糖、洋烛回来——这些东西都是目前需用而我们没有现钱去买的。当他回来的时候，他说店主不在家，只有他的伙计在那儿，并且有许多人在那儿买东西，他有点难为情，不好说出赊东西的话，便回来了。可怜的，可怜的费嘉，他心里多么苦呀！

星期二　一八六七年八月一日

今天我们起床来，第一件想到的事便是怎样去弄一点钱来。我们现在欠了四天的饭账了，倘使再不付钱，他们会停止送饭来的。我们必定要把我的淡紫色的外衣去当掉，这是现在唯一剩下来当的家私。我们现在真是当尽押绝，一无所有了。我不愿意费嘉到魏司曼那儿去；我宁愿我自己去。自然，我不要把我的名字告诉魏司曼，以免他知道我是费嘉的妻子。为这件事我们辩论了好久，可是费嘉决定，不管会怎样令人痛心烦恼，还是他自己拿去。我们一定要想一个方法避去房东的耳目，免得她又看见我们拿了一个包裹出去了。于是，我把那件衣裳卷成一个很小的包，拿来藏在费嘉的大衣下面，费嘉便把大衣搭在手臂上走出去，虽然他觉得非常不自然，但是也没有别的方法。他是十二点钟去的，他去后我便为他洗衬衫和手帕。后来我出去买小粉。在一间小店里，他们不懂我要的什么，他们指引我到别家店里去，到鞋匠店里去。我费了很多话解释给他们听，我说我要小粉不是作别用，只是浆衣裳用的。我回家来动手浆衣裳；这时已经两点钟了，但费嘉还没有回来。……后来他回来了，告诉我魏司曼不在家，他的妹妹要他坐下等他一会，而她们却自己吃饭去了——她和另一个生着喉结的女人在那儿吃饭。费嘉等了一点多钟（可怜的，可怜的费嘉！以他这样一个美好的，天才的，高贵的人，却不得不坐在一个犹太人家里等候人来讲生意；魏司曼多半是一个犹太人）。费嘉要走，可是魏司曼的妹妹说她已经叫人到镇上去找她的哥哥去了。真是一件好玩的事——费嘉想着——魏司曼会要把旁的什么事放下，跑回家来，却只看见费嘉在那儿等着当一件衣裳；他会要生气因而不接受这件东西也说不定的。后来费嘉不能再耐了，便走出来说等一会再去。在路上他便到约格耳君（当店老板）那儿去。费嘉非常惊异，约格耳，据他的老婆说，已经七十岁了，而他的老婆只三十岁，看去还不过象二十五岁的女人。更可惊异的是：约格耳有一个四岁的男孩，非常象他的父亲，还有一个十八个月的婴儿，也是他的，而他是七十岁的老人哩！这真是大有生机的人呀！约格耳似乎为这件衣裳的美丽动心了，他答应给二十佛郎，这数目魏司曼是不会给的。费嘉要求约格尔的老婆好好当心这件衣裳，她拿来包在一条围巾里，放在藏衣房的箱子里去，这样便不会弄坏了。利息真大得很：三个星期，总价不过七佛林，而他竟要四佛林的利息。魏司曼的良心要好些。每三十佛郎，魏司曼只要两佛郎的利息，这是很小的了。费嘉很高兴约格耳的小女孩，很起劲地谈着那女孩的可爱的小眼睛。费嘉把当票放在浆衣板上。他自己出去换钱并买烟去了。……我们同到邮局里去。有一封母亲的信，说她已经寄给我们一百卢布。我们从邮局里到银行里去，取回了一百五十六格端的钞票。为了恐怕把钱失去了，费嘉便把钱分作两起；他拿着一百格端，我拿五十。……回家以后我要他去赎取一点东西，但哀求他不要到赌场里去；我说倘使他不向我立誓说不到赌场里去，我便只有伴他一路出去。费嘉似乎很不高兴，问我说伴他出去是什么意思。我说，伴他一路，我便可以哀求他不到赌场里去。……一刻钟后，费嘉走回来，带回了我的耳环和戒指。后来我们出去散步。费嘉引我到了借书处，他自己到赌场里去了，他说他必定立时就回来的。……我坐候了一点多钟，便决定到赌场上去找他。在那儿寻着了他。他站在靠近赌台旁，我看见在他面前放着有一叠银币。我以为他是输了，可是赢的，所以我决定要他离去，否则又会输光的。……我触着他的手臂，可是因为他正押了一注钱，所以他并不照应，只是钉着眼睛在台上，看自己是否赢了。后来他看见我了；可是因为他是赢的，他便不得不等候把钱拿回了再走。我们走出来。他的样儿看着真可怕：满面涨红，眼睛红得象酒醉了的一样。……我们计算一下钱数，费嘉输了不过一格端多一点。

夜三点钟，费嘉来为我道晚安。他非常和善，他说他爱我，又说虽然我们不时要起口角争端，这是没有什么紧要的，并说他从来没有象现时这样快活的。后来他回到他房中去睡了。一刻钟后，他问了我一些事，这时他似乎要入睡了；可是十分钟后，他的痫症陡然又发了。我跳下床来，但是没有洋烛。我跑到隔壁房中去把洋烛点起来。费嘉躺着，头在床边上，倘使我迟一分钟来，他便会跌到地下了。此次经历的时间还不久，也不很剧烈，可是拘挛还是非常紧张。后来他苏醒过来了，便吻我的手，并拥抱我，到了完全苏醒以后，他竟不懂我为什么坐在那儿，他问我，“昨天晚上我的痫症发了的吗？”我说刚才苏转过来哩。他便吻着我，说他极热烈地爱着，说他真是宠爱我。痫症发了以后，他便怕要死了。他开始说着，他恐怕不久就要死了，要我看着他。我想叫他放心睡觉，便说我就在他床边的榻上睡着；那么，倘使他有什么不好，我会立刻听见，便可以起来照顾他。他很欢喜，可是他还是害怕来着。他作祷告，他说，要他现在就死去，就和我分离，使他不能亲见莎尼其加或米霞一面，这真是太苦了他。他要我当心我们未来的小孩，要我早晨起床以后便来看他是否还活着的。但是我叫他睡去，我说他若没有入睡，我是不会睡着的。五点钟敲过了，铁匠已经开始起身来。起初他们在我们上面闹着（他们是睡在顶阁上的），后来他们便下去到店里动手击着他们的铁锤了。我睡不着。费嘉八点钟起身的，吸着烟，后来在镜子里照了一下，看见他面上有两个红点，他的头痛得非常厉害。

星期五　一八六七年八月四日

今天是一个不走运的日子。早晨起来我便看出了不好的预兆：当我抬头去看钟楼的时候，风信鸡上面立着的是使徒彼得的形象，我看出那使徒的背正对着我们。我过去的经验是，当他面对着我们，拿着钥匙在他右手里的时候，这便是一个好预兆，即是说，这一天我们便百事顺遂；凡是我们最不走运的日子，凡是我们两手空空当尽押绝的日子，彼得的形象总是背着我们，他的面部是看不见的。今天便是这样的。费嘉带了四十格端到赌场里去，我想出去散步一会，但他要我留在家里。我们决定拿四块金币去赎取几样当的东西回来，这样我们当会觉得比较舒服一点。可是费嘉决定迟到下午两点钟才去赎取东西；因为他以为在那时以前，他多半找不着店主在家里的。在这时间中他便到赌场里去，但是输了，后来他回来又拿了四块钱去，又输掉了。他又回来拿了三块钱，也输了。最后他又回来，把最后的一块钱和剩的三十佛郎都拿去了。他去后，好久没有回来；因此我便决定到新宫附近散步去。……我四点钟回家来，但费嘉还没有回来。最后，他终于回来了。他说他没有动用那块金币，只是拿那三十佛郎去赌的，他赢了差不多有四块金币、三十佛郎、十个或二十个两格端的银币。我要他晚饭后不要再到赌场里去了，等到明天再去，并要他偕我去散步一会。可是他没有允，饭后他又到赌场里去了。这一次幸运之神背我们而去了：费嘉把所有的银币都输光了。我到邮局里去，回家来的时候，在街的角落里遇着了费嘉，他说钱都输掉了。他要我再给他四块钱，我给了他，他跑去输了。他很快跑回家来，说他不能够离开赌场，他必须继续赌下去。咳，我真没有办法。我看出要他留在家里是没有好处的，便把最后的一块钱给了他，因此我们现在只剩下四十格端的钞票了。过了一会，他回来说输了，要我偕他去散步一会。我们走出去，但我实在没有散步的心情：我觉得非常难过，非常伤心。我最痛心的是费嘉没有听我的话，早晨没有去赎取东西。

星期六　一八六七年八月五日

十二点钟，费嘉到赌场里去了，我们仅有的四十格端，他又拿去二十。自然，坏运临头，他是只有输的。他回来又拿了十格端去，好久他没有回来。后来他回来，带了一封信给我。这是他从邮局里拿到的。他先拆阅了，说是因为不知道是给他的或给我的。这是母亲来的信，她说她只为我们付了三个月的利息给那当东西的地方。我想到，便是在昨天，我们还有钱可以赎取在此地当的东西的，然而还是滥赌去了，完全和在俄罗斯的时候当去那些家俱，去滥赌掉了一样的——我非常难过，万分伤心。接着，费嘉说："该诅咒的家俱。"我想到那些家俱或不免要丢掉，便更觉得伤心，乃至痛哭起来，不能自已。费嘉安慰我，叫我不要哭。可是我有什么办法呢？我们在这里所有的钱都完了，所有的东西都当尽押绝了，也不知道我们是否能从俄罗斯再弄得到一点钱，怎叫人不伤心呢？我们便计算着，究竟要多少钱可以完全赎出当去了的东西，结果是，若把费嘉今天早晨当去的戒指（得到了二十佛郎）一并计算，则必需一百格端才够。这真是令人痛心得很。我哭起来，他陡然和我生气了（为我哭的缘故），我也忍耐不住，便说，他之所以屡输，便是由于不听我的忠告所致。……费嘉回答说，赌博是一种感情的事，所以他不听我的忠告；至若别的事，他常是遵我的愿望去作的。我非常动气，难过得很，便说，他想从赌博中发财的观念是最荒谬可笑的，后来气到了极点，我便叫他作"人类的施主"。费嘉感到心痛了，他问我这是什么意思。他真是被我骂得难受极了。我当然懊悔不该用那名字来叫他。可是真正的，凡是他赢了的时候，他总是要说，帮助一下这个人，送点东西给那个人，为第三个人作点什么。我听着都厌烦极了。我确信要是我们真赢了，只有那些坏东西（他们家里的人）会得着好处，我们自己还是会一无所得的。后来费嘉决定在晚饭前到公共浴场去，这令我很高兴，因为他好久以前就想去的，老是迟延着未能实践。在他出去以前，我们和解了，说了很多娱人的话。我叫他作“施主”这件事，他甚至都饶恕了。

星期日 一八六七年八月六日

今天天气极晴朗，可是大概会很热的，我很早就起床了。起床的时候，觉得很不舒服，比平时更坏；可是后来又觉得很好，没有病状。费嘉饮了茶以后，正穿衣裳的时候，他陡然对我说昨天我是太不懂事了。听见了这句话令我心痛极了，特别是因为我常常想着费嘉这一个人是懂得我非常懂事的。基督！倘使我愿意的话，不知道有多少次我可以叫他感到不愉快哩！他所有的怪脾性难道不可以指摘出来大大的取笑一场吗？我常是极力避免和他谈到这些事，我常是恐怕中伤了他。我记得当我到他那儿去作工的时候，我决没有问过他什么问题。在我看来，问他什么事情似乎是很不文雅的，让他自己告诉我好了。倘使他愿意，他会自己告诉我的；可是我是不要问他什么问题的。我穿着一件褴褛的衣裳，一件难看的黑衫，到处去走动；可是我不对他说一句话，我当然是想买一件体面一点的衣裳穿啦。我以为或者他自己会记起这件事来的，或者他会说我要买一件夏衣的——这儿卖的夏衣价钱便宜得很。当然，他是想到了他自己的，他在柏林买了一套，他又在芮斯顿为自己定购了一些；然而当时他并没有想到我也是应该要买一点的，没有想到我穿的是太难看了。我之所以不对他说起这件事，只是因为我觉得说这样的事有点难为情，或者他自己会猜到的，为什么我要对他说呢？而且，我的衣裳和家俱都拿去当了，他却拿钱去给巴霞，去给他的亲眷，这件事令我十分痛心，他似乎丝毫没有觉察到的一样。

当他狂赌着的时候，最初安慰他的不是我吗？最初毫不犹豫地说他可以去当我的衣物的不是我吗？并且我知道他一定会输掉的，但我毫不顾惜犹豫。他在赌场中输掉了这样多的钱，我何曾咎责过他一次？反之，我还安慰他说这不关紧要，说不必去把这细微的事去挂怀。否，这些话他都当作耳边风，而现在他却说我不懂事！真的，果真如此，则所谓懂事亦殊毫无价值。倘使我现在开始吵闹起来，不断地和他口角，那末或者他会记起我过去对他的行为是很懂事，或者会觉得他不应当以不公平的责骂来中伤我的心。费嘉到约格尔那儿去赎取他的大衣去了；我留在家里，想起他对于我这样的不公平，真觉得万分难过，简直不知道作什么好。因为我没有咎责他，他便给我这样的谢礼！真的，一个人自己禁制自己，不发脾气，是最不值得的！真的，马里·德米特里夫娜（朵思退夫斯基的前妻）叫他作下等奴隶、流氓、笼中的鸟；她的这种估价还算便宜了他。费多尔从约格尔那儿回来的时候，便到我身边，问我为什么这样郁闷。他背诵了一首诗，……并说他说我不懂事，并没有中伤我的意思。他说，他应该说：我的居心是极其良善温和的，在这一点上实在没有人能及我；只是有时在外貌上我确是不很良善温和。原来所以使得他如此斥责我的，乃是由于我有时叫他作“一个小蠢东西，小傻子”这件事的缘故！为了这种不高明的习惯而竟诅咒我，这是多无来由而可笑呀！我并不愿多事口角，所以我也没有作出生气的样子来。后来费嘉到赌场里去了，要我为他祷告，以免他输钱。两点钟的时候，他回来了，说赢了三十格端。我很欢喜，因为这样我们的家私又增大了一点。

我想免得他再到赌场里去，便要他偕我去散步，起初他不愿，后来还是同去了。

[八月七日，八日和九日的日记所记的还是那些赌钱、输钱以及到当店里去的事，和以前的一样，还记着朵思退夫斯基夫人的母亲寄来一百五十卢布的事。]

星期四　一八六七年八月十日

晚上八点钟，费嘉走回家来，我还没有看得清楚，便问他一些事情，可是这问题太不巧了。费嘉非常激奋地向我跑来，满面泪痕地说他输了，一切都输了，甚至我给他去赎取耳环的钱也输了。要咎责他是不可能的。我非常伤心，看着可怜的费嘉在那儿绝望地痛哭着。我拥着他，哀求他，为了基督的爱，为了他对于我的爱的缘故，不要哭，不要过于苦了自己。费嘉叫自己作流氓，说他没有资格匹配我，说我不要饶恕他，于是又很伤心地痛哭起来。后来我终于使他安静下来了，我们便决定明天就离去巴端。费嘉渐渐安静了，要我给他我们所有的一百七十佛郎到魏司曼那儿去赎取一两件东西回来。可是现在我有权不信任他，所以我说我要伴他一道去。我在魏司曼的店门外面候着，当他出来的时候，我们数我们的钱：我们有一百六十佛郎的金币，三十佛郎的杂色钱。费嘉说我们应当到火车站去打听一下到日内瓦的火车的时间和票价。虽然路道很远，我们还是步行去的，在路上费嘉不断地吻我的手，要我饶恕他。……我们看到有两班车，一班在绝早的时候开，一班是午后两点零五分。我们决定搭午后的车去。……约九点钟我们转回家来。费嘉显然是又想拿着他所有的金币到赌场里去；可是因为时候太迟了，并且有我在身边，所以他便抛弃了这种愿望，等到明天再说。到了家里，我们想收拾行装，但是没有作，却谈起话来了。费嘉开始说着，倘使我肯从这一百六十佛郎中拿一百给他，那不知道会有多好。这样或者他可以赢回很多钱，我们的境遇也可以大大改善了。现在——他说——我们是在这样的一种难堪的境遇当中，难堪得简直令人可怕。现在有谁会来帮助我们呢？能够拯救我们于困厄之中的施主在哪里呢？今天费嘉说他要写信给马可夫，把自己的境遇完全告诉他，要他为我们弄一百卢布；他说，虽然马可夫自己没有钱，大概他会为我们设法弄到这个数目的。这个主意在我看来似乎是非常错误的。我们怎样能拿这样的要求去麻烦马可夫呢？他多半是无能为力的，我们怎样能够要他为我们借钱呢？后来费嘉把数目减小到五十佛郎，最后到四十佛郎。我看他还是没有死心，非常热切地想再去试一试运气。我恐怕他后来又骂我破坏了他赢钱的机会。他拥着我，要我给他四十佛郎作最后五分钟的鏖战；他说他现在一定会赢的。真正没有办法；无论如何总是会输的，所以最好还是给他四十佛郎，满足他的愿望；因为倘使我同意给他钱，他便会觉得舒服一点，不会再那样自苦了。我们决定明天再整理行装，早晨起来便立刻着手整理起来。

星期五　一八六七年八月十一日

十一点钟，费嘉到赌场里去了。绝早把他的和我的衣箱装好以后，我便坐下写信给母亲。我把信刚写好，费嘉回来了，说他不仅把我给他的四十佛郎输掉了，并且还把他的戒指在摩伯特店里当去，当的钱也输光了。……我想责骂他，可是他跪在我的面前，要我饶恕他，说他是一个流氓，说任何惩罚加在他身上都不算重的，可是终究还是要我饶恕他。虽然他输掉了这些钱，我非常心痛，但还是不得不给他二十佛郎去赎取戒指去。可是当他数着我们的钱的时候，才看出我们还得当去我的耳环，否则到日内瓦的费用都不够。……我给他二十佛郎似乎令他非常高兴，他说他决不会忘记这件事的，即是：当我们并没有钱的时候，我还给他二十佛郎，告诉他可以到赌场里去输掉；他说他决不会忘记我待他的好意的。费嘉到摩伯特店里去，把我的耳环押了一百二十佛郎，承应两个月就去赎取。从那里他又到赌场里去。我要求他，为了上帝的爱的缘故，请他不要在那儿留得太久；因为我们的车很快就要开了，约二十分钟，他回家来，说输了。我叫他不要难过，要他帮我捆好衣箱。……他出去催了一部马车。离着开车的时间还有四十分钟。他回来的时候带回了一块面包、半磅火腿，我们便很快地吃起来。我以前从来没有吃得这样快的，而费嘉还只是不断地催着我。我们都累得不得了，满面都是汗珠。我们驱车到车站上去，买了到日内瓦的票，便上车了。……

朵思退夫斯基夫人日记之日期提要

一八六七年

四月十四日，朵思退夫斯基夫妇离开彼得堡到德意志去。

四月十九日，他们行抵芮斯顿。

五月四日，朵思退夫斯基到汉堡去赌转盘博，夫人则留居芮斯顿。

五月十五日，朵思退夫斯基从汉堡回到芮斯顿。

六月二十一日，朵思退夫斯基夫妇到巴端，从六月二十二日到八月十一日，他们都是留居此地，朵思退夫斯基则日以赌博为生。

八月十一日，朵思退夫斯基夫妇赴日内瓦。

朵思退夫斯基夫人的日记开始于一八六七年四月十八日，终止于一八六七年八月十二日。

朵思退夫斯基夫人回想录

（摘要）

（一八七一年至一八八一年）

费多尔最后一次之纵赌

（一八七一年）

费多尔常常说着，倘使他还要在国外寄居更久的时候，他的才能一定会“毁灭尽净”的；同时他又想到他会不能维持家庭的生活，因而苦恼万状。我听见了这些，也真被迫而陷入了绝望的境地。他的焦灼和郁闷使得他不能集中心力于他的工作；为了想使他心里能够稍事宽解，我便想出了一种计策——这是以前想为他排忧解闷屡试而屡效的。当时我们还有三百“太勒”，我便对他说，这时再到转盘博的赌场上去试一试我们的运气，这一定是很值得的事。我指出说，即〈既〉然过去他也很有赢的时候，这一次便没有理由可说我们会一定无希望，会一定背时的。我当然没有抱丝毫希望，以为他一定可以赌赢，要我丢掉一百“太勒”（这笔款子一定要牺牲掉的）我也觉得非常难过；可是，以过去他纵赌的经验看来，我知道，在情绪经过一度紧张以后，在满足了他的那种纵赌的狂欲以后，费嘉便会很安静地回家来，这时他认实了希望在赌场上赢钱是空想，他会坐下来，用着一种更新的力量去写他的小说，他的赌输常能使他安详地作工至两星期之久。我要他去赌的意思使得我的丈夫非常高兴，他毫不反对。他带了一百二十太勒在身边，并和我约好，倘使他输光，我便送钱给他作回来的旅费；他动身到维斯巴端（Wiesbaden）去了，在那儿留了一个礼拜。恰如我所盼望的，他去赌的结果是完全输了。连旅费在内，费嘉一共用去了一百八十“太勒”——在我们的境遇看来，这实在是一笔很大的款子。可是这一礼拜中他所身受的那种难堪的苦痛，对于他却有了一种绝大的效果，使得他决定终身“决不”再赌博了。一八七一年四月二十八日他写给我的信这样说：“一件绝大的事情临到我头上了；那种龌龊的幻想，曾经使我自苦至十年之久（或者更确切地说，自从我的哥哥死去，我陡然为债务所迫以来，便起了这种幻想的），现在是完全消灭了。我老是梦想着赢钱，我很严重地很热切地梦想着。现在这梦想是过去了，完结了。这一次真正是‘最后的’一次了。安尼亚，你相信我的手现在是已经没有束缚了吗？赌博是一条铁练〈链〉，过去是束缚着我的；可是现在我要想到我的工作了，我不再象以前一样，只是胡思乱想着赢钱了。”

自然我并不能立刻就快活起来，相信费多尔真的无心于转盘博了。以前有许多次他都承应过不再去纵赌的，但他决没有实践他的约言的力量。可是这一次竟是真的了。以后，当他几次到国外去旅行的时候（在一八七四年、一八七五年、一八七六年、一八七九年），费嘉决没有到过俱乐部去一次。不久巴端已经禁止转盘博，这是真的；可是在沙克桑尼（Saxony）、在门特加乐（Monte Carlo），赌场还是多极了。只要他愿意去赌，路程也不算远，决不能够阻止他不去的。可是对于赌博他再也不动心了。费多尔的赢钱的“幻想”仿佛是一种魔鬼的暗示，一种病症一样；这病症，他竟陡然地而且永远地自已医好了。他从维斯巴端回来，很高兴且很安详，立刻坐下继续写他的小说《魔鬼》。他预知我们回俄罗斯以后，在一处新的地方住下，家中的人也要加多，那时是不能容他作很多工作的。我的丈夫的思想全部都转向在当前的一新时期方面去了，他盘算着他会怎样重遇见亲朋故旧，他想在过去的四年中，那班人一定会是大大的改变了的。在他自已的主张上，信念上，他自已也觉到有了一些显然的改变。

一八七一年六月末，我们从《俄罗斯消息》收到了费多尔小说的稿费；我们便毫不停留地料理着我们在芮斯顿应完结的事务（换句话说，便是赎取当的东西和还人家的欠账），并整理行装。在我们动身的前两天，费多尔叫我到他的房里去，给了我几大卷用大号纸写的稿本，要我去烧掉。我们以前也争论过好几次，我觉得非常难过，便哀求我的丈夫允许我自已带回去，可是费多尔提醒我说，在俄罗斯的边境，他毫无疑义地是要被搜检的，这些稿本便都会给扣留去，象一八四九年他被捕的时候他被扣留去的许多稿本一样，都会失掉的。我们还得想到若是带着这些稿本，在维锡波乐瓦（Vepzhbolovo）（边境），我们多半还要滞留起来，候官厅检查以后才能放行，这在我身体的健康上看来，实在会是一种危险。我虽然万分不愿意舍弃这些稿本，然而又不能不听从费多尔这种有力的论证。我们便点起火来烧稿本《白痴》和《永生的丈夫》，两种稿本便这样烧去了。我特别难过的是失去了《魔鬼》的一部分，因为那是他的作风开始转变的一种代表作品。我仅仅设法把上述几种小说的笔记簿留下来了：我那〈拿〉去交给了母亲，她是准备迟几个月在秋季中回俄罗斯去的。……

异国归来之费多尔

（一八七一年）[①]

在我们的国外生活告一段落的时候，我应当说，我是常带着一种最深挚的谢意来追忆那一时期的生活的。的确的，在我们“自愿的流徙”之四年中，我们经历了各种艰难困苦；我们第一胎的女儿之夭亡，费多尔的病，经常的贫乏和工作的不安定，费多尔的纵赌以及遄归俄罗斯之不可能。可是这些艰难困苦对于我们是大有好处的：他们使我们两人更接近，更了解，更相互尊重，更坚定地相互爱着，我们结婚的生活是愉快极了，我们应该感谢他们。……

在国外，除了偶然地与路人的接谈以外，我们并没有什么交际。在最初的二年中，费多尔甚至于很高兴这种完全离群索居的生活。他的哥哥米切耳之死亡，他和各种困难失败的奋斗，以及一般文学的团体给他的不愉快的印象——这一切使得他非常倦怠社会生活。而且，他以为，一个思想家，有时能够离群索居，不问时事，不受潮流的刺激，以其心身的全部投入自己的思潮与梦想中去，这是有着绝大好处的。后来，恢复了彼得堡的旧生活以后，费多尔几次都带着憾意地追忆起国外生活中所得的好处，在那里，他有很多的余暇，可以容他从容地筹划一部小说的布局或是读一本书，不用丝毫的焦急。

而且，除了外表的美丽的印象以外，我们在国外的生活还给了我们多少深挚的愉快呵！我们的孩子的诞生，是费多尔常常梦想着的，真使我们的生活更充实，便〈更〉欢乐愉快；我带着满腔谢意地说：“单独地伴着这样异常的一个人在国外过的几年生活真是幸福的呵！”

长期的索居的生活，虽然经历了许多困难，经常的贫乏以及不时的精神沮

① 朵思退夫斯基夫妇于一八七一年六月离开芮斯顿，六月八日抵彼得堡，在国外寄居有四年多。

丧，然而对于我的丈夫的宗教观念与感觉之生长与展示，实在有著一种极好的影响。一切我们的朋友和故旧，在我们从国外回来以后，都对我说，他们不认识费多尔了，因为他的性情已经大大地改变，对人更温和，更亲切，更慈善了；他的那种浮躁狭隘的脾性几乎完全没有了。我现在摘录一段司特拉可夫（Strakhov）的“回忆录”在下面：“我十分相信，朵思退夫斯基在国外旅居的四年是他的全生活中最好的一时期，即是说，这一时期主要的是使他获得了许多深挚的纯洁观念与感觉，他工作非常紧张，并且常是在贫困中过日子；可是他过着的是一种愉快的和平的结婚生活，差不多整个时间都是在隐居的状态当中，我的意思是说，完全与一切大的事件隔离着——实在这些所谓大的事件是可以诱惑他离去他正在走着的那发展他的观念与深挚的内心生活的道路的。小孩们的诞生及其抚育，夫妇间相互的同情，甚至于第一个小孩之夭亡——这一切都是很纯洁，有时且很崇高的经验。在他离去俄罗斯的隐居生活中，在他的新环境中，长期的静默的反省的结果，使得蕴积在他内心的宗教精神得着了一特别的展示，这是毫无疑义的。朵思退夫斯基从国外归来以后，他的这种重要的变迁，所有他的朋友都能明白地看出来。他在谈话中不断地谈到宗教的题目。而且他的态度也变了，非常温和的样子，有时甚至作出一种十分谦逊的态度。便是他的相貌上也露出了这种心情的痕迹，他的唇上总是带着一种温和的微笑。……”

后几年，费多尔记起我们国外生活的时候，也同样带着谢意。

亲朋故旧看出我也大大的改变了：原来是一个羞怯的女孩，现在已经变成一个很刚毅的妇人了。因为和各种艰难困苦奋斗过，我已经不再害怕什么了；确切些说，主要的困难便是债务，在行抵彼得堡的时候我们的债务已经达二万五千卢布了。我的活泼欢笑的态度仍旧未失去，但只是和我的家人，或是在亲眷友朋中，才表现出来。在生人面前，特别是在男人的会集中，我的举止言谈是非常矜持的，常以冷然的礼数来拘束自己；我多分是默不作声，听着人家谈话，很少自己发表意见的。我的女朋友都认定我在这四年中大大地变老了，并且责骂我不注意外貌的修饰，而且穿的衣裳也不合时样。虽然我很同意于她们的意见，但我不愿意去换掉。我坚信费多尔之爱我不仅在外貌，而是在于我有良好的心性，我们俩的关系在这一时期中已经达到了，如费多尔所说的，“心灵共化了”（a fusion of souls）的程度。我的外貌不修整以及显然地避免和男子的交际，最能得我的丈夫的欢心；这样他便无从发起他的那种怪脾性——无来由的嫉妒——了。

《公民》杂志主笔之朵思退夫斯基
(一八七二年)

费多尔把他的小说《魔鬼》写完了以后，便很不能决定接着应该作什么。这部小说真弄得他精疲力竭，而自己又很不满意，因此要他立刻再着手写一部新小说，在他看来似乎是太疲乏，没有精神来干。在国外寄民〈居〉的时候，他曾经有一种理想，就是：印行一种月刊，叫作《著作家日志》；现在要叫这种理想实现已经不成问题了。因为，印行这日志的费用以及维持我们家庭生活的费用（还不必说还债的话），必需要很大一笔款子；而且这杂志是否能够销行，即令能销行，又能到什么程度，这都还是问题，因为这种事业完全是新创的，直到当时，在文学刊物中，无论在形式抑或在内容方面，都不曾有过这样的先例的。假设这种事业失败，我们便真会陷入无可救药的地步了。

费多尔非常置疑不定，我也不能说他究应走哪一条路。恰好这时麦司切尔斯基亲王（PrinceP. Meschersky）来向他建议，要他去任《公民》（The Grazhdauin）周刊的主笔，我们的困难便迎刃而解了。这个杂志是一年以前创办的，主笔是格拉多甫斯基（G·Gradovsky）。和这杂志有关系的是几个主张和信念相同的人，他们当中有几个，如：玻佰多鲁则夫（K·P. Pobedonoszev）、非里玻夫（T. J. Fillipov）、司特拉可夫（N. N. Strakhov）、马可夫（A. N. Maikov）、伯洛夫（E. Belov），都是同情于费多尔的，都提议要他和他们一齐干去。他是很欢喜的，因为他可以把自己心中蕴蓄着的许多希望和疑问发表出来和读者交换意见。在《公民》周刊中，他仍旧可以实现他的《著作家日志》的理想，只是形式略与原拟的稍有出入罢了。从经济的立足点看来，这种建议是最可以令我们满足的。主笔的薪金规定的是三千卢布；费多尔在这周刊中发表的《著作家日志》以及政治的论文，都另外给稿费，总共每年他可以得到约五千卢布。每月有定额的薪金收入对费多尔是很有利益的，因为他可以专心于他的工作，不必再分心到别处去设法谋取生活费用——这种分心使得他焦灼烦恼，贻害于他的性情极大。费多尔在答应这班同情者的要求，承认充任《公民》周刊主笔的时候，还是毫不隐晦地告诉他们，他之担任主笔职务只能是暂时的，暂时中止他的文学著作，以便更能实际地观察并了解一些当代社会的情形。当他的创作欲高起来的时候，他必定要立刻辞去这种并不适合于他的性情的职务的。

一八七二年秋冬二季很顺遂地过去了，我们都很安吉。因为物质境遇的改善，费多尔的脾性也变得更好了，这是要感谢当时的环境的。他［丝］毫没有感到烦恼，常常去赴麦司切尔斯基亲王的宴会，塞米鲁夫（N. P. Semionov）的晚会以及科里乐夫（I. P. Kornilov）的星期六大集会。在科里乐夫的集会中，是一定可以会见文学家，科学家以及政界的许多重要人物的。费多尔很少到戏院里去，因为他总不愿意一个人去；而我因为恐怕那老乳母照顾不了我们的孩子，所以也不能同他去。但我记得有一次我伴他去赴加西皮洛夫（Kash pirov）邀请的宴会，在宴会时，皮山斯基（Pissemsky）读着他的新小说——《公民》（The Burghers）。他读的并没有给我一种特别的印象。

朵思退夫斯基之出版事业

(一八七三年)

在我们全部的生活中，有一件极重大的事业，是在一八七三年初开始的，那便是，我们自己出版朵思退夫斯基的小说《魔鬼》，这一部书建立了我们的出版事业的基础；在最初的八年中，我和我的丈夫共同经营着，他去世以后，我自己独立经营这事业垂三十年之久。

为了改善我们的经济状况，我们也希望找机会卖去小说的版权，第一部想卖的是《白痴》，第二部是《魔鬼》。我们寄居在国外的时候便很难办到这件事；回到俄罗斯（一八七一年）以后，我们有机会和出版界亲自接洽了，但也没有什么头绪。我们所找到的每一个出版家，给我们的价格都是极低微的：例如，《永生的丈夫》出版两千部，他们只给我们版权税一百五十卢布，《魔鬼》的版权只给价五百卢布，还规定在三年陆续付款。

费多尔在年轻的时候，便已梦想着自己作一个出版家；在国外寄居的时候，他也时常谈起这件事来。我对于这一种理想也逐渐发生了兴趣，便开始打听着书籍的出版和发卖的各种情形。有一次我去为费多尔印名片，和印刷所的经理谈起来，我便问他关于出版书籍的情形。他告诉我，多数的书籍付印的时候，印刷费都是要付现钱的；可是倘使著者是颇负时望，而且他的书籍很能销行的，那么任何印刷所都可以先给他付印，六个月内付款，若是款不能按期付清，则欠项上须加付若干息金。购买纸张的情形大致也和这一样的。他告诉我出版一种书籍的大概的价格，即是纸张、印刷和装订等费用的数目。据他的计算，出版《魔鬼》三千部大概需四千卢布。用大号的铅字排版，上好的纸张印刷，每部分装三册，定价三卢布五十戈比。倘使三千部完全卖去，可得总价一万二千二百五十卢布；代售处的折扣多半要占去总价百分之四十到五十；即令如此，倘使这部小说是很能销行的，著者也还可以得到约四千卢布的收入。

在那时候，没有一个著者来自己出版自已的著作的；倘使有这样一个勇敢的人，则只有“损失”来酬劳他的勇气。当时有好几家书局，如巴苏鲁夫(Basunov)、吴耳夫（Wolf)、依斯可夫（Iscov)、科山奇可夫（Kozhanchikov）等，他们都是购买书籍的版权，印刷后即用以分销到全俄罗斯去的。学术团体或和个人名义出版的书籍，都是交由书店代办的，代办的费用常至总价的百分之五十有时甚至百分之六十，他们的藉口是广告费和储藏费需用很大的款子（实际是并不要很多钱的)。所以代办出版的结果是极不利益的，时常有许多没有卖出的书都原装还给原出版人，有时甚至还要给书店若干赔偿。大部分的利益（百分之五十到六十）都到了书店手里，出版人常是经年还收不回几文钱：这种情形真令我生气！我便想怎样设法来自己发卖书籍，现金发卖，以避免这种代办制度的剥削。我在书店里问他们买进来时是多少折扣，但是都没有明确的答复。例如，他们说，折扣是各种书都有不同的，或说折扣要高到百分之四十或五十甚至更高。有一次我在书店里买着一本小册子，我问他另一本书的价格，他回答要四卢布。我故意问他们可不可以两卢布五十戈比卖给我，我借口说他们买进来的折扣一定是百分之五十或六十（即五折或四折)。那店伙很生气，说他们买进来的折扣仅仅只有百分之二十或二十五（八折或七折半)，很少数书是百分之三十的。从这些问答中，我便明白了给书店里代售的折扣是不大的，并且还是依书的数量的多少而不同的。

我们告诉我们的朋友和知交，说我们想自己出版书籍，许多人都反对这种办法。他们劝我们不要干这种自己不懂得的事业，他们说，因为我们的缺乏经验，这种事业不仅无所裨益，反会使我们更陷于不堪之境，反会又要增加数千的债务的。可是这些劝阻都不能影响我们，我们还是立意来实现我们的理想。我们从瓦古林公司（A. I. Vargunin）买了纸张，这公司是当时最好的纸张制造厂；我们听了司特拉可夫的劝告，便把印刷的事务交给潘捷尼叶夫印刷所（Panteleyev Brothers）去。一八七二年的十一月和十二月，一八七三年一月的一部分，这两月多的时日都花费在书的出版上了。我和费多尔分开校初稿；他校正了的稿子，我再看一遍，把他校正了的地方再加在我校的一份上面去；再重校一遍，这样便可以免去误排了。

一八七三年一月二十日，书已装好，有一部分已经送到我们家里来了。费多尔对于书的样式很满意，我自己则高兴得仿佛真正被这些书迷住了一样。在书还未出版以前，费多尔曾经到过一家多年来往的书店里去，希望他们可以批发一些。“好的，送两百部给我们代售吧，”书店里这样回答他。“多少折扣呢?”费多尔问。“至多五折，”书店这样回答。费多尔没有答应。他回家他非常焦灼，告诉我他的失败的情形。我也很沮丧，因为书店里要拿两百部去代售便令我不高兴。我知道，即令书都卖完了，我们便从书店里拿回钱来恐怕总在两三年以后哩。

后来，我们全生活在事业繁荣的日子到了。一八七三年一月二十二日。我们出版《魔鬼》的广告在报纸上登出来了；早晨很早的时候，玻玻夫书店（M. V. Popov）就派伙计来了。玻玻夫书店和一般的商人不同，他是惯爱买新出版的东西的。我到前厅去问那伙计，谁叫他来的，有什么事？“我们看见了你们的广告，”他说，“因此我想买十部《魔鬼》。”我拿出了十部书，略带激奋的样儿说：“总价是三十五卢布，八折，你要付二十八卢布。”“怎么只这小一点折扣呢？七折不行吗？”“否，不能够。”“好，那末七五折呢？”“真的，不能够。”我说，可是我心里非常不自在：假设他竟走了，不是第一个主顾就失掉了吗？“好，既然不能够，就请你收钱吧。”他便给了我二十八卢布。我高兴得很，便给了他三十戈比作车费。一会，一个作外省批发生意的书店派了一个小孩来，也要买十部；讲了一会，他也就拿八折买去了。格拿苏鲁夫书店（Glasunv）派一个人来买二十五部，要我只算七五折。我因为他买了这样多，便应允了他。还有一些人来买了许多。中午时分，一个很鲁莽的伙计跑了来，他便是费多尔曾经去谈过的那一家书店里派来的；他说他来拿两百部去代售。因为上半天的生意很好，我的胆也壮起来了，便回答他说我的书不要代售，只是现钱批发的。“可是朵思退夫斯基先生允许了我们拿去代售的。”他说。我说出版的是朵思退夫斯基先生，发卖的却是我，他的妻子，并说许多书店里都是拿现钱来批货去的。“我可以当面见见朵思退夫斯基先生吗？”那伙计说，显然是想利用我的丈夫以前的话作口实。“朵思退夫斯基先生作了整夜的工，两点钟以前我不能去叫醒他的。”那伙计又提议说，我还是让他拿两百部去，“稍迟我们就会付款给朵思退夫斯基先生的。”我仍旧坚持着，并告诉他我们给的是多少折扣；他问我们有多少部，我说此时送来的只有五百部，预料当天就可以卖完。那伙计去了，一个钟头以后另外一个伙计来了，不象那样盛气凌人，用现款买了五十部去，打的七折。

那一天我真忍不住，想费多尔快点起来，因为我很想夸耀给他看，我们的生意有这样大的成功。我可以附在这里说几句：费多尔刚醒来的时候，他的脾气是非常不好的，不愿意和人谈话，也不高兴人家问他什么的。一定要候他盥漱完毕，饮了一杯热咖啡，进到他的书房里去了以后，我才能够到他那儿去，把昨晚以来所发生的一切事情，无论好的坏的，都告诉他。在这时候，费多尔的态度是非常愉快的：每件事物都可以引起他的兴趣，他也问着各种样的事情，叫小孩们进来，和他们玩着谈着。这一次也是一样的，候他和小孩们谈了以后，我便借故把他们遣送到看护妇那儿去，我自己便坐在写字台边我的老位子上。他看见我默不作声，便带着轻笑的样儿问我："吓，安尼其加，我们的生意怎样?""生意好得很。"我用同样的调儿回答他。"那么你当然已经卖出一部去了?""不仅一部，已经卖去一百五十部了。"我说。"真的吗?……好，我恭贺你!"他仍旧是一种取笑的态度，他以为我也是在那儿说着玩的。"我没有告诉你吗?"我生气了，"为什么你不相信我呢?"接着我便从衣袋中拿出一张发货登记单给他看，并附着一卷钞票，约有三百卢布的样子。费多尔知道我们家里剩有的钱是很少的，我给他看的这个数目便叫他相信了我并不是在那儿开玩笑。四点钟以后，门铃又开始响起来：新的主顾又来了。《魔鬼》在《俄罗斯消息》上面逐期发表的时候，已经是很受读者欢迎的，现在印成整本的书，自然有很多人想买了；早晨来买了的那几家书店这时又来重新买许多去了，我真是感到了空前的胜利的喜悦；费多尔看见了书的销行很快，非常高兴，因而我更特别喜悦了。晚七点钟，更令我欣喜无比，原来科山奇可夫（书店老板）亲自到我们家里来了；他要我们卖给他三百部，只打七折，付支票给我们，他说任何银行都肯收他的支票的。费多尔来和我商量这件事。因为还不懂支票是什么东西，我便叫费多尔请科山奇可夫吃茶并且和他谈一会；这时间中我便坐马车到附近的一家印刷所去请教他们一下。幸运得很，我会着了潘捷尼叶夫印刷所的一个人，他叫我不要放过了这一笔大生意；他要我放心，说科山奇可夫的支票到处都可以收用的，他并说若是我们拿这支票去付印刷所的账，他都愿意接受的。我回来告诉了费多尔以后，科山奇可夫便立刻签了三张支票（他是一个有经验的商人，常是带着支票簿在身边的），总额为七百三十五卢布，费多尔给了他一张给印刷所的通知书，令发书三百部给科山奇可夫书店。

总之，我们的出版事业开始是很顺利的，第一版的三千部书不到年终就早已卖罄了。剩余的五百部销行得慢了一点，因为我们的广告早已停止了。我并不说在我们初次的经验中我们没有受损失，实在有一些奸商利用了我们的无经验而从中取利去了；可是这些损失只是教训我们更谨慎，不要为甘言所愚，因为有许多说得很好听，实际的结果反是折本的。最后，把一切费用付清，我们实际得到……卢布。[①] 我们双方同意卖书得来的钱都存着，一个卢布也不动用，候全部书卖完以后我们才来结算，核计我们获得的利益。这一种办法——私人动用的款

① 原文未写明数目。

项和出版出入的款项两不相混——直到我终止经营出版事业为止，都是没有变更的。我们自己作了出版家以后，便可以利用所得的利益去偿清旧债。我们不须再到外边去寻找出版家了，我们自己出版所得的利益比较出卖版权所得的要大得多，这种情形对于我们的全部生活有着很重大的意义。还有一件可说的事，便是，这部小说（《魔鬼》）的书名，从我们的主顾口中竟变成了各种各样的。因为我的秘书工作不能多分身，所以我只是点一下书的数目和计算总价；招待主顾的事都是由我的一个活泼的女仆担任的。他们来的时候，多半是对她说："让我买一打'魔鬼'"或是"我来要买半打'恶魔'"，或是"给我五部'妖魔'"，等等。他们总是叫着"恶魔"，或"妖魔"，或"魔王"。我们的老乳媪常常要听见这些话的，她便向我抱怨，并说因为"魔王"到我们家里来了，她的职务（看护小孩）便变得没有休息的时候，她全夜都常睡得不安。

我们的"口述"之轶事

（一八七四——一八七五年）

费多尔常是在夜间作工的，因为那时全屋中都完全寂静了，没有什么会扰乱他的思潮。他为我口述的时间是午后二时至三时，追忆起来，这真是我全生活中最快活的时间。……我的丈夫口述完了以后，便常是这样问我：

"吓，你以为怎样，安尼奇加？"

"我说这确出色得很！"我便这样答应他。可是这"出色"一词，费多尔会以我是指的他口述的景致很好而说的，实在那种外景并不特别感动我。对于我的这种立时所起的印象，我的丈夫是认为十分有价值的。这是常有的事：他的小说中能够使我感动或者使我丧沮的地方，大多数的读者也都恰是如此——这种事实，从与读者的接谈中以及批评的文字上，他都能时常遇见。

我是愿意以至诚待人的，凡是我没有真感到满意的事物，我决不表示称许或褒扬的。我的丈夫也非常珍视我的这种"至诚"的性格。我所得的印象也是决不讳言的。我记得，听见了《白痴》中科克拉可夫夫人的和将军的两番谈话以后，我曾经大笑不已；关于《卡拉玛卓夫兄弟》中朝命检查官的演说词，我也曾经调笑过我的丈夫。

"你竟不是一个朝命检查官，多可惜呀！用你的演说，你真可以把毫无罪状的人判送到西伯利亚充军去。"

"你以为我的演说作得竟这样好么？"他问。

"异常的好！"我回答说，"你没有去学法律我真觉得难过！否则你必会已晋级到将军的职位，而我也不致只是作一个退职的副校[1]的妻子而早已是将军夫人了！”

费多尔把律师为被告辩护的说词为我口述以后，又照常问我的意见，我回答说：

“现在我只能说，为什么你不去作一个律师，我的爱？便是万死莫赦的罪犯，你一定也会使得他洁白如雪，无瑕可指的。真的你的选择职业是错误了！你要作了律师，必能名震一时的！”

可是有时我也流泪了。我记得亚留霞和孩子们从伊牛些奇加的葬礼完后归来的一段（在《卡拉玛卓夫兄弟》中）真是非常动人；我的丈夫为我口述这一段的时候，我竟至一手记录，一手揩泪。费多尔看见了我如此感动，便跑到我身边来，没有作声，只是吻我的头部。

费多尔非常重视我，他认为我是最能深切了解他的著作的一人，实际我想并不能完全如此。例如，他相信我能了解他的小说在哲学一方面的意义；有一次，我记得，他为我口述了“高等检查官”一章（在《卡拉玛卓夫兄弟》中）以后，我答应他的老问题说：

“你知道，你所说的我真了解得很少。我以为，要了解这些，我还应当去受一些哲学的教育。”

“等一下，”我的丈夫说，“我再为你更明白地解释一遍。”

他于是用很容易了解的语句为我把这一章地意思再说了一遍。

“吓，现在明白了么？”他问。

“否，便是现在还是不明白。倘使你要我重说一遍，我是作不出来的。”

“哈，你了解了！从你发的问题当中，我看出你是了解了。你之所以不能发表出来，只是因为你缺乏语句构造和体例的知识所致。”

此地我必须附带说及，在我的这种烦恼的余生挨延得更久，我的丈夫著作的内容，在我看来，实更宏大渊博，我对于他们的了解也愈加深邃，愈能见理入微。

我还记起，我们在司塔拉罗沙（Staraia Roussa）寄居时的一段轶事：有一次费多尔为我读了一章他的小说(《青年》第一篇，第十章)，那里面是描写着一个女孩子悬梁自尽的事；他读完后看着我便惊呼出来：

---

① 朵思退夫斯基在西伯利亚苦役期满后，政府曾授以“副校”之职，但朵氏不数月即辞去了而专心于文学事业。

“安尼亚，你怎样了，亲亲？你面色这样灰败。你疲倦了吗，病了吗？”

“你骇着我了！”我说。

“我的上帝，这一段真会使人生出这样一种苦痛的印象来吗？呵，我抱歉得很！真抱歉得很！”

在警察监视之中的费多尔

（一八七五年）

接到了我的名片以后，警察立刻请我到他房里去，要我坐下，问我有什么事①。他从他的写字台里拿出了一卷蓝色纸包的文卷送给我看。我打开一看，令我吃惊不小，原来上面写的是：“退职的副校费多尔·米海洛费奇·朵思退夫斯基之案卷：本人系在秘密警察监视之中，现寄居于司塔拉罗沙。”我披阅了数面，便笑对他说：

“呀？那末，我们是在你们的光荣的监视之下，关于我们的事，你大概都知道了？我必须说这实在是出乎我的意料以外！”

“是的，你们家里发生的事我都知道，”警长很居傲地说着，“我可以说，到现在为止我是十分满意于你的丈夫的。”

“你的好意我可以转告我的丈夫吗？”我问他。

“我请你告诉他，他的行为是很正当可敬的，并且我盼望他将来也不会给我丝毫麻烦。”

回家以后，我把警长的话告诉了费多尔；又想到象我丈夫这样的一个人而在一个蠢如鹿豕的警察的监视之下，不禁大笑起来。可是费多尔听见了这个消息却非常难过。

“有多少坏心肠的人他们不去注目，”费多尔说，“却来怀疑我，监视我——我这样一个以全心力效忠于察尔（俄皇）和国家的人，这真是令人痛心得很！”

谢谢饶舌的警长，我们久惑不解的一个疑难，老是令人烦恼焦灼的，现在却大大地明白了。我在司塔拉罗沙寄到安斯（Ems）给费多尔的信，总是不能按天递到；多半要在邮局里压搁一两天，我们不懂得是什么缘故。费多尔从安斯寄给我的信也是同样的情形。我的丈夫不能按时接到我的信，这件事不仅使他焦急，甚至有时使他的癫症发觉〈作〉起来（从他一八七四年七月十六日和二十八日给

---

① 一八七四年整年，朵思退夫斯基夫妇都是留住在司塔拉罗沙，后经医生之劝告，朵思退夫斯基应再到安斯去休养一时，朵思退夫斯基夫人因此便到当地警局中去为其夫领取到德国去的护照，夫人之晤警长便为此事。

我的信中可以看出)。现在我们明白了，我们的信是在受着秘密的检查，递送与否都要听候那位警长的裁夺，而警长则是常要到乡下去，多至两三天不回的。

我和我的丈夫的通信（大概我们一切的通信也都在内)，在以后几年中，仍受着秘密的检查，这件事令我们常是焦急着；但是我们也无法避去这骚扰的不安。费多尔自己并不提起设法免去检查的问题；并且告诉人说，既然有人请他任主笔而且出版者《著作家日志》，则政府对于他的活动之秘密监视必定会取消的。然而，检查仍旧继续下去，一直到了一八八〇年，那时正值普希金（Pushkin）的纪念，费多尔的声望陡然提高了，政府才下令停止监视的行动。

“开玩笑，弄假几成真！”

（一八七六年）

一八七六年五月十八日发生的一件事，我偶尔回忆起来，犹有余惊。原来是这样的一回事：苏菲·司米尔鲁夫夫人作了一篇新小说，题名为“强的性格”。当时在一种杂志上逐期发表。费多尔和她本人是很要好的，并且非常重视她的天才。他很欢喜看她的这一篇近作，要我把这月刊每一期出版就拿给他看。这时我的丈夫正写着《著作家日志》，我总是乘他休息的时候就拿那杂志给他看。可是这些杂志都是从图书馆里借来的，只有两三天的限期，所以我总是催我的丈夫快一点看，以免图书馆要过期罚款。四月号的杂志借来了也是如此仓卒〈促〉的。费多尔读了那小说后便对我说，我们爱的苏菲（我也非常重视她的）在她的小说里创造了一个女性的人物，真是写得好极了。那一晚我的丈夫出外赴某种集会去了，我便动手读那篇小说。在那篇小说里面有一封匿名的信，是一个流氓写给书中的英雄的，其信如下：

“亲爱的先生，至尊贵之彼得·伊凡鲁维奇：

仆与君素昧生平，仅迫于路见不平拔刀相助之义，是以不揣冒昧，为草此短简。先生品格之尊贵乃夙所闻知而钦仰者，不图先生之左近竟有一人，完全蔑视先生之尊贵，借极卑劣之手段以欺侮先生，仆闻之，弥增痛楚，无任愤慨。尊夫人前蒙先生之福佑，远适四百英里以外之地，现正如脱笼之鸽鸟，展翅翱翔，兴之所至，已无意遄返其夫君之故居矣。先生之任伊远适异地，固已毁弃一己之幸福，而为夫人计，亦实至不幸，盖夫人已陷入其人之铁腕中，莫能自拔。夫人固十分恐惧，但又为其甘言媚语所迷。夫人意中似无有美丽更过于斯人之眉目者。即对于自己之幼儿，果斯人不表示爱好，夫人便亦弥觉可厌。彼盖已盗去夫人之心矣！先生若欲知此痞棍之为谁何，则恕仆不能以其姓名奉告，唯先生可于频频存临府上之来客中求之，多注意于平素行为鄙贱之人，若有所得，即不可轻轻放过。此人阻碍先生夫妇之和好，为时非已不久，其尚未注意及此者，仅先生一人而已。

仆之以此秘密为先生告者，初无他意，仅迫于钦仰先生之尊贵一念而已。苟不余信，则请检视尊夫人颈练上之鸡心盒，试观其中暗藏着究为何人之小影，自可了然一切也。

素昧生平之善意者谨上

此地我必须说明，近来我的心境非常舒适，态度言行因而也非常活泼欢忻。原因是：我的丈夫之痫症好久没有发了；我们的小孩都非常壮健，我们的债务也逐渐偿清了，而《著作家日志》的成功更是显然的事实。读了这匿名信以后，我心中便想来和费多尔开一开顽笑——把这封信抄下来（把姓名换掉和某几句删去）由邮局寄给费多尔。在我看来，昨天他刚刚读过这篇小说的，当然他会立刻猜得出这是一件开顽笑的事，这样我们必会大笑一场，也是很好玩的事；同时我也想到，我的丈夫或者会把这封信当作一件很严重的事。倘使如此，我便可以看看他究竟怎样来应付，或者是给我看，或者是抛到字簏里去，这都是很有趣的。像平常一样，我是想到了就立刻动手作的。起初我想就用我的笔迹写这封信；但是我每天都在为他抄写东西，我的笔迹一到他眼中就会认出的，因此便故意写成一种圆体字，使他不易认出是我写的，那玩笑才开得成了。可是这件事情困难得很，我换了好几张纸才写好一张字体一律的信。第二天早晨我便把这封信付邮了；午后这封信和其它的信件一起都送到了我们家里。

那一天费多尔从外面回来比平常要迟些，他五点钟才回来；因为不愿意叫孩子们等得太久，所以他换了衣裳就一直到饭厅里去了，没有看寄到的信件。晚饭时都很愉快。费多尔更是高兴得很，他答复孩子们的问题时，笑着说了很多。饭后，他照平常一样，拿着一杯茶到书房里去了。我到育儿室里去料理孩子们，十分钟以后我就到书房里去，看我的那封匿名信有何等效果。

我在写字台旁边我的老位子上坐下，故意问费多尔一些事情，要他答应我。可是他很郁闷地静着不作声，脚步很重地在房中踱着。我看出他是非常焦心，便立刻觉得难过得很。我想打破这沉寂的景象，便问他："为什么你这样郁闷，费佳?"

费多尔怒视了我一下，在房中又往返踱了好几遍，便直走到我面前停着。

"你戴着一个鸡心盒吗?"他问着，气息似乎被窒塞着的一样。

"我戴着的。"

"拿给我看看。"

"为什么要看？你看过多次了。"

"给——我——那鸡心盒?"费多尔用最高的音度叫着。

我看出我的开顽笑作得太过头，要弄假成真了：为了使他放心，我便动手解开我的领带。可是我还没有来得及把颈练上的鸡心盒取出来，费多尔的怒火已经制不住了。他很快地冲到我身旁，用全力把颈练抢住。这是他自己在威尼斯为我买了一条很细的练，所以一扯便断掉，鸡心盒已经落在他手中了。他很快地跑到桌子旁边，低下头动手打开鸡心盒。因为不知道按那上面的暗钮，所以他弄了好久都弄不开。我看他的手战抖不已，以致鸡心盒几乎要从手里掉到桌上去。我非常为他难过，我又万分恼恨自己。我便很和平地对他说我可以替他打开，可是费多尔很愤怒地摇着头，拒绝我的帮助，后来他终于把鸡心盒打开了，在那里面却找着一面是我的小女儿的照相，另一面则是他自己的。他弄得大大地莫名其妙了，只是静静地盯着那盒里的照相。

"吓，现在，你找着了吗?"我问他，"费佳，你真是蠢得很，你怎样能相信一封匿名信呢?"

费多尔立刻把面孔转向我："你怎样知道那封信的?"

"怎样知道的？我自己寄给你的呀！"

"你是怎样说的：你寄给我的吗？这是难以相信的！"

"我立刻证明给你看。"

我便到放着那本杂志的那张桌子上拿了几张纸过来，那便是我当时试写圆体字写坏了的纸。

费多尔很惊异地把他的手举起来："那么这封信是你自己作的吗?"

"并不是的，我只是从苏菲的小说里抄下来的。你昨天一定是读过了的吗？我以为你会立刻猜出来的。"

"哼，我怎样能记得呀！匿名信都是那样的体式的，我简直不懂得你为什么要寄这封信给我。”

“我只是想开一开玩笑。”我解释说。

“你怎样能开这样的玩笑呢？这半点钟来我真是怒气满腔，无法制止。”

“我怎样能知道你会是这样一个 Othello①，不假丝毫思索，竟一怒至此呢？”

“遇着这种情形，没有人能够思索的。咳，真的，这显然澄明你决没有真正的爱情和真正的嫉妒这种种经验。”

“说到真正的爱情，我一直到现在都还在经验着；说到我不知道‘真正的嫉妒’，那是你自己的错误。为什么你对于我不‘不忠实’呢？”我笑着说，想消消他的怒气，“请对我不忠实吧。便是到了那时候，我必定比你要仁慈和善一些。我不会触动你的，可是我一定要把她的，那女流氓的，眼睛挖去以泄愤……”

“好，你是在说笑话，安尼奇加，”费多尔开始对我认错了，“可是想一想，弄得不好真的会发生怎样不幸的事呵！真的，在大怒之下，我是可以把你扼死的。我真正可以说：上帝是在怜悯着我们的小孩们。假设我没有找出这照相来，则怀疑你不忠实这一疑念将永远蟠据在我的心中；将使我隐痛在心至于终古。我哀求你，不要开这样的玩笑；在大怒之下，我是不能对于我的行动负责任的。”

在谈话中，我觉得移动颈项的时候有点不方便。我把手帕在上面揩了一下，发现颈上有一条血痕，这显然是因为颈练被扯断的时候把皮肤擦破了所致。我的丈夫看见了手帕上的血，便大大地难过起来了。

“我的上帝，”他着惊地说，“我干了什么事呀？安尼奇加，我爱，饶恕我吧。我伤了你了，痛吗，告诉我，痛得厉害吗？”

我叫他放心，我说并没有“伤”，只是轻轻的擦破了一点皮，明天早晨就会好了的。费多尔还是非常焦灼，尤其觉得可羞的是自己的这种狂怒的脾性。这一全晚他都在那儿认错，在那儿表示他的同情与温顺的情意。我也觉得无限的愉快，因为这种无道理的开玩笑竟得着了欢乐的结果。我至诚地悔恨着，不应使费多尔那样难受；同时，我看出我的丈夫在妒火中烧的时候，甚至于会狂怒到不能自持的地步，便自知决不再开这样一类的玩笑了。

那鸡心盒和匿名信我仍旧保存着。

---

① Othello：在莎士比亚的 Othello 一剧中，Othello 是一豪侠的摩尔人，在威尼斯军役中得名，圣上院议员之女 Desdemona 为妻；后为其执旗官 Lago 所离间，诬女不贞，Othello 大怒之下，乃将其妻闷死；后知其冤，乃自杀。

朋 友 们

在一八七六年冬季，费多尔在社会中熟识的人大大地增加了，他到处都受欢迎；因为大家之所以重视他，不仅是为了他的才智，抑且为了他有着一颗仁慈的心，他是对于一切人类的痛苦都很同情而愿有所救助的。

这一年冬季我没有到外面交际场中去。在日间，我要抄译《著作家日志》，又要处理家务，又要照料孩子们，因此非常疲乏，到了晚间又是想休息，或是看看书；而且这样疲惫的样儿到交际场中多半会是很难看的。然而虽没有到交际场中去，我是毫无怨尤的；因为自从我们遄返俄罗斯（一八七一年）以后，费嘉看见我不能常出外，以为我会十分厌倦于单调的家庭生活，便时常将他在外面交际场中所看见，所听见以及所说及的事物，都一一谈给我听——这样的转述，他已成了习惯，并且此后亦都是这样，终其生未或稍变的。而且费嘉所说的都非常逼真动人，我听了和亲身经历过的一样。我记得我老是很难耐地等着他回来，他惯常是在夜半后一点或一点半钟才回来的。新煮的茶总是在那时候预备好候着他的。他回来后便换上一件宽博的夏衣（他用作在家中的便服），饮着一杯热茶，便开始告诉我晚间所遇见的一切事情。费多尔知道我是喜欢详尽的，所以他也毫不遗漏地把一切的谈话都告诉我（我问他的老是这样几句："那未她对你说些什么呢？你怎样答复他的呢?)。

费多尔若在外面应酬回来，便不再工作了；可是因为他迟眠已经成了习惯（早晨五点钟才就枕)，我们便要谈到五点钟才完结。到后来，费多尔便要我去睡，说我坐得过久了会要头痛的，允许第二天再把未尽的话继续说完。

有时费多尔要向我夸耀，他怎样在一种文学或政治的讨论中得了胜利。有量〈时〉他又告诉我他作了一些大错误，对于这些错误，有的怎样他没有看出，有的故意推作不知，以及因此而引起的一种怎样的意见或忠告。有时他很老实地抱怨着，说有些人怎样不以公平待他，怎样地设法侮辱他或是打击他的自尊心。我必须说出来，他的同业当中，甚至那些很有才智的文人，对于他都是极不宽容，他们总是弄些玄虚，想表示费多尔的才智在他们眼中是何等的不足数。例如，他们当中有一些总不愿对费多尔读起他最近的作品，仿佛是不愿意说出他们对于这些作品的不好的意见，致令费多尔沮丧一样；实在，他并不曾盼望他们会有什么异常的奉承语，而只是愿意听见他们的忠实的意见，看看他在这部或那部小说中的理想究竟有何等的成功：这种情形自然他们都是明知的，但是都仍旧是默不作声。还有，倘使费多尔很直率地去问一个"朋友"，问他读了自己新出的一部小说没有的（假使说出版了一个月以后，他去问的），那位“朋友”多半会这样答应他，“一般青年都非常爱好这部小说，他们辗转相传，都是极端称许的”；虽然这位“朋友”很知道费多尔所重视的并不是一般青年的意见而是这位“朋友”个人的意见，他的答词终只是这样的。同时费多尔当然也很难过，他的“朋友”竟如此无兴趣于他的作品，因为出版了一整个月，他竟还没有找一点时间来读一下哩。

我还记得一件事，也是一例。某次，某著作家在交际场中会见了费多尔，便向他说，他终于想法把《白痴》读过了（此时距该书出版已五年了），并说他很喜欢这部小说，只是他看出里面还有一点失实之处。

“失实之处在什么地方呢?”费多尔私计或者他所指的是小说的人物或观念有不妥的地方。

“今年夏天我在保罗夫斯克（Pavlovsk）休夏，”那位著作家回答说，“在偕我的女孩们散步的途中，我们曾去寻找过你的小说中的那位女英雄艾盘清（Ag'aia Epanch in）所住的那所瑞士式的美丽的夏宫。倘使你不见怪，那我得说我们在保罗夫斯克并没有找到那样的夏宫。”

另一位著作家（在另一回）说他用了很大的好奇心把朝命检查官的演说词(在《卡拉玛卓夫兄弟》中）读过两次，第二次他还拿着了一支表在手里读的。

“为么拿一支表呢?”我的丈夫很咤〈诧〉异地问他。

“在那小说里你说这段演说词继续了……分钟才说完。我想证实你的话，可是结果只费了……”

费多尔起初以为那朝命检查官的演说词使得那位著作家得到了很深的印象，所以他要再读一遍，可是原来只是为了这小小的一点原因。实在说来，他说这话的意思，目的似乎在想侮辱费多尔一下罢了。我的丈夫同辈的文人对于他的态度，如上所述的，实在多得很哩。

不速之客

一八七八年初春某日午后，我们全家都正在吃饭，很安静地。费多尔刚从长途散步回来，心气也很平和，和小孩们很高兴地说笑着。陡然门铃大响起来，我们的女仆便跑去应门；从半开着的饭厅门中间，我听见了一个很尖锐的女人的声音在那儿说：

“他还活着在吗?”

我们的女仆似乎没有懂得这句问话的意思，没有回答。

“我问你，朵思退夫斯基还活着在吗?”

“是的，他活着在。”弄得莫名其妙的女仆便这样答应着。

我想跑出去看看她究竟为什么来着；可是费多尔是坐得靠近门边的，便跳起跑到前厅里去了。一位年事已不很轻的女人很快地从坐的倚〈椅〉子上起身来接着他，并伸出手来很惊异地说：

“你活着在，费多尔·米海洛费奇！你活着在，我多高兴呀!”

“可是，太太，怎么一回事呀?”费多尔也很惊异地问她，“我活着在，并且还想多多活一些时候哩。”

“在卡和甫（Karkhov）有许多谣言，”那位很兴奋的女人继续说着，“说你的妻抛弃了你，又说你因为她的不忠实而致病，十分孤独，没有人给你救助，因此便立刻搭了火车到这里来看护你。我是从火车站一直到这里的!”

我听见了这几句骇人听闻的话，便也走到前厅去，这时费多尔几乎陷于狂怒了。

“你听见了吗？安尼亚?”他转向我说：“什么流氓竟在散布谣言，说你抛弃了我！哼，你会是这样吗？哼，你想这是怎样一回事?”

“静一点吧，我爱，不要这样着急，”我说，“这必定是一种误会。请进里面去吧，你要去休息一下。”我静静地指引费多尔到饭厅里去。他进了；可是他愤怒詈骂之声，从饭厅里还是不断地转送出来，好久方才停歇。我便开始和这位不速之客接谈起来，她原来是一个教员，是一个非常和善却大概不很聪明的人。我想她一定是被一种妄想迷住了，她以为她跑来看护这位被不义的妻抛弃了的名小说家，亲眼看着他离去这尘浊的世界，于是她可以自豪了，她会终其生都在人前炫耀着，说这位名小说家是在她的怀抱中逝去的。我非常为这位可怜的客人难过，她似乎是十分郑重其事的样儿；我向她告了罪，便跑到饭厅里告诉我的丈夫，我说我想请她进来和我们一同吃饭。

费多尔立刻摇着手，轻声说道：“让我先走了再去叫她吧!”他从椅子上跳起来便冲到自己的房里去了。

我回到外面，请客人吃饭，并劝她休息一下；可是显然是因为我的丈夫接待她的样儿太难堪，所以她不愿吃饭，只是要我们的女仆帮她把一支大滕篮送到了马车里去，她来的时候是我们的园丁帮她提进来的。我也没有坚决地留她，只是问了她的姓名和她预备去住的旅馆。

我转身到我丈夫那儿去，他还是激奋得了不得。

“只想想看!”他说，在房中很生气地踱着，“造出这样卑贱不堪的谣言来：

你抛弃了我！这是多卑劣的诽谤呀！什么仇人会造出这种谣言来呢？”

在这一短剧中最令我的丈夫痛心的是，竟有人造谣言来诬谤我。我看见这一点不重要的事情竟使他这样万分烦恼，便提议要他写一封信给在卡和甫的老友伯克多夫教授（Prof. A. N. Beketov），问他在那里有什么关于我们的谣言流行着。我的丈夫同意了，便即日写了一封信给伯克多夫，心气也平和下来了。第二天他要我去回看一下那位女人。可是我在旅馆里没有会见她：那天早晨她便已回卡和甫去了。

费多尔之健忘

因为痫症之频频袭击，费多尔的记忆力大大减弱了；尤其是对于一切人的姓名和面貌，他老是弄不清楚的。由于不能认识人的面貌，他因此得罪了许多人；有时即令人家告诉了他自己的姓名，若无详细的说明，他还是认不出究竟说话的人是谁的。这种情形令人非常恼恨，不知道他的病状的人便多半以为他是倨傲，以为他的健忘实际是一种故意侮辱人的手段。有一次我们去访马可夫，在楼梯上遇见了伯尔格（F. N. Berg），他是一位著作家，曾经有一时曾投稿给《时间》杂志（朵思退夫斯基办的）的，可是我的丈夫已经忘记他了。伯尔格很热忱地接待着费多尔；可是他看出费多尔似乎不认识他，便说：

“费多尔·米海洛费奇，你似乎不认识我呀？”

“抱歉得很，我是不认识。”

“我是伯尔格。”

“伯尔格？”费多尔说着，带着研询的神气望着他（后来他告诉我，当时伯尔格这个名字令他记起了《战争与和平》里的洛司多夫的女婿，以为就是那个德国人）。

“诗人伯尔格，”那人再加说明，“你真的不认识我吗？”

“诗人伯尔格？”我的丈夫重述了一遍，“我高兴得很，高兴得很！”

可是伯尔格因为自己反复说明，而费多尔仍旧似乎是没有认识，便以为费多尔是故意装作不认识他，便终其生都怀恨在心，不能忘记这次的“侮辱”。他的健忘真正不知得罪了多少人，尤其是在同辈的文人中间为多！这种健忘有时也令我处于非常难堪的地位，因为我不能不替他去向人赔罪。

我还记得下述的一件可笑的例子。每年我总要偕我的丈夫到我的表亲司涅金家里去探望三四次的。我们几乎常是要在那里遇见我的教母亚力山得娜；因为她的丈夫的政治主张和费多尔不同，我结婚以后便没有再到她家里去看她，所以每年只在司涅金家里看见她几次。我的丈夫会着她总是很客气地招呼一下，但从来没有和她接谈过的。这件事令她非常难过，她便说给我的亲戚听，她们又来转告我。第二次我们又要到司涅金家里去，我便要我的丈夫和亚力山得娜多谈一些，并且多客气一点。

“好的，好的，”他答应说，“只要你在那些女人当中指出谁是你的教母，我一定找得出很好的谈话题目的。你一定会很高兴的！”

我们到了那里以后，我便指着场上坐的那个女人告诉费多尔，说她是的。他起初很注意地看着她；后来看看我，后来又看着她；可是一整晚他都没有去和她谈话。回家以后，我便责备他，为什么这样不顾我的体面。

“可是，请告诉我，安尼亚，”他很莫名其妙似地问我，“谁是谁的教母呀？她是你的，抑或你是她的？我当时看着你们两人好久；可是你们两人很少分别，便令我怀疑不解；我又怕作出错误来，所以终于决定不去和她谈话。”

是的，我和我的教母年龄相差本来比较不大（十六岁）；而我穿的衣裳多是暗色，差不多常是黑色，她是爱漂亮的，她的装扮看起来比她的实际年龄要小得多，这种外貌的混淆便弄得我的丈夫惶惑不清了。

可是最奇怪的是一年以后，正当圣诞节的日子，我知道又会要在司涅金家里遇见教母的，便再向费多尔提出以前的要求，并尽力为他说明我们的亲属关系。我的丈夫似乎很注意地听着的（可是他一定是正想着另外的事），并且答应这一次一定要去和她攀谈的。可是他又失信了：去年的怀疑又出现在他的脑际，他不能决定究竟“谁是谁的教母”；而在大庭广众之间问我，他又以为一定是很难为情的，便终于默然了。

虽然是至谂〈稔〉的人的姓名，他亦常是不记得的，这种情形有时真叫他陷于太难为情的境地。我记得有一次我的丈夫到芮斯顿俄国领事馆去为我领取护照（那时我病了，不能亲身去）。陡然我从窗间看见费多尔匆匆地跑回家来，便起身接着他。他进来非常着急，带着生气的样儿问我：

“安尼亚，他们怎样叫你的？你的名字叫什么？”

“朵思退夫斯基。”我回答他，同时很惊异怎样发生这样奇怪的一个问题来。

“我知道是朵思退夫斯基，可是你的乳名叫什么？领事馆里的人问我你的乳名叫什么，可是我忘记了，所以我还得再跑转去。我相信那些书记都会笑我，连妻的名字都会忘记了！请写在你的名片上吧，因为说不定我又忘了的。”

费多尔之奇妒

(一八七九年——八〇年)

在一八七九年及［一八］八〇两年中，费多尔常应各种团体的邀请（例如文学研究会等），去出席宣诵各种名著。遇着这种时会，我总是伴他同去的，一则他身体很弱，需人照料，二则我很愿意去听听他的那种真正的艺术家的宣诵，同时也愿意去看看听众所给他的那种狂热的欢迎的盛况①。

我之得出外参与于此种集会，本来是十分心喜的，可是因为费多尔的那种突职〈如〉其来的无缘无故的嫉妒，每常使我陷入极难堪的境地，因而所预期的愉快终于成了苦恼，莫可如何。我在此举一事为例证。

某次一处文学的晚会，我们到得略迟了一点，所以参加的人都已先到了。当我们进去的时候，他们都极热忱地接待着费多尔，许多男子都吻一下我的手。这种社会的习俗（吻女人的手）显然使我的丈夫感到了一种非常不乐意的印象，他用一种很冷淡的态度回答了人家热忱的接待，便走开去了。我立刻知道了是什么原因，于是，我和熟识的人匆匆说了几句话以后，便跑到我的丈夫身旁坐下，我想这样可以消除他的妒意。可是我是失败了。我问了费多尔几句话，他都不睬，后来，他看了我一眼，很“凶恶”地说道：“到他那儿去吧！”

我很惊异地问他：“到谁那儿去？”

“你不晓得吗？”

“否，我不晓得。究竟我要到谁那儿去呢？”我笑着问他。

“到那个人那儿去，他刚刚很热情地吻了你的手的。”

因为吻手是一种习俗，刚才在文艺家休息室里所有的男子都吻了我的手的，自然我找不出我的丈夫认为有罪的究竟是哪一个。

虽然费多尔和我两人刚才的谈话都是很低声的，可是坐在我们近旁的人是可以听得十分清楚的；我真是不知所措，又恐怕他大闹起来，便说：

“我知道，费多尔，你这时的气性不很好，你不想和我说话，我还是到听讲座那边去找一个地方坐的好。再会吧！”

我便走开了，没有过五分钟，盖捷波洛夫（Gaideb ou rov）跑到我面前来，说费多尔正在找我。我以为他是在书里找不到今天起头的地方，便立刻跑到休息

① 遇着了这种时候，我常是带着他预备宣读的书，一种咳嗽药，一方空手帕（恐怕他的失去了），一条方格布的围巾（预备回家时他围颈的）等东西一同去赴会的。费多尔看我老是这样，便总叫我作“忠实的侍从武官”。

室里去。我的丈夫会着我的时候，现出一种敌视的态度。

“你忍不住了吗？你来想看他一眼吗？”他说。

“是的，自然，”我笑着回答他，“可是也还要看你一眼哩。”

“你要什么东西吗？”我问他。

“否，我什么东西都不要。”他回答我说。

“你不是在找我吗？”

“我决没有想到找你。请不要想我会找你吧！”

“好，倘使你没有找我，那末再会吧，我要走了。”

约过了十分钟，一个管事的到我面前来，他说朵思退夫斯基先生问我坐在什么地方的，所以他以为我的丈夫是在想见我。我说我刚才到休息室里去了的，我的丈夫正在聚精会神地准备他的功课，我不愿去分乱他的心。所以我没有去。后来，在一次休息的时间中，那管事的又到我面前来，说我的丈夫急于要我去。我匆匆地跑进休息室里，跑到我亲爱的丈夫面前去，我看出了他是又在着急又在悔恨。他弯下腰来很细的声音对我说：

“饶恕我吧，安尼奇加，把你的手给我沾沾光：现在是轮到我面前了！”

费多尔气平下来了，我很高兴；只是我很猜不定，我的丈夫所怀疑的，所认为施与一种突然的爱给我的，究竟是谁，看起来，所有在那儿的人年事都已经很高的了。后来他很藐视他地说：“看那装着鬼脸的小法国人呀！”我才觉察到这一次他所怀疑的原来是他的一个老同学，格里戈洛费奇（D. V. Grigor ov ich）(他的母亲是一个法国女人)。

我们回家以后，我便责备费多尔不应有这种毫无来由的嫉妒。他象从前一样，要我饶恕他，承认自己是应该受责备的，立誓说决不应再有这样的事发生，很至诚地在那儿立志改悔前非。可是他又告诉我，他实在不能制胜那陡发的怒火，他并说整整一个钟头中，他都是妒火中烧，满心苦闷。

其实像这样的情景，在每一次的文学晚会中都要重演一过的：费多尔老是不断地叫管事人或我的朋友来看我坐在什么地方以及我在和什么人谈话。他常是从休息室半开着的门当中伸出头来，向我坐的这一方来寻我（通常文学家的亲眷都是坐在靠近讲台的右墙边的）。

费多尔走上讲台，向着鼓掌的听众鞠躬以后，并不立刻就开始宣读，第一步要把右墙边坐的女人很细心地看过一遍。为了使他快点看到我，我便常是把一方白手巾在我面上一撩，或是简直从坐位上立起来。费多尔一定要看见我确是在那儿，他才肯开始他的功课的。我们熟识的人以及一些管事的看出了他的这种行径，便常拿关于我的事问他，并且不免有点调笑我们。这种情形有时弄得我非常生气，我真不耐烦了，有一次我偕他赴一处文学晚会的时候，我说：

“你知道，我爱，倘使这一次你还是开始就寻我，想在听众中寻出我来，那末我老实告诉你，我一定起身来，跑到远远的地方去的。”

“那末我一定要从讲台上跳下来，追着你去，看你干什么，看你到哪儿去，我一定要这样的！”

费多尔说的时候，声调非常严重。我相信，倘使我陡然离去了，他一定会作得出这样一剧令人耻笑的把戏来的。

朵思退夫斯基书店

一八八〇年初，我们的又一件新事业开始了，那便是：“朵思退夫斯基书店(专办理外省批发)。”

虽然每一年我们的经济状况都有进步，我们的债务（一八六〇年以来便压在费多尔身上的)，大部分都已偿清，然而我们的生活究竟还没有保障：生活程度日益增高，物价日益昂贵，我们不能有丝毫积蓄以备不时之需。这使得我们都非常焦急；更加以，费多尔自己觉得工作已逐渐吃力起来。他的病又加重了；他的身体既如不健，则陡然不能继续工作也决不是意外的事。前途既如此难测，我们便想设法积蓄一点准备金，或是从事一点能够增加收入的副业，都是好的。可是职业界对于妇女之限制，便是现在也还是很严格的，当时是更不用说了。

我想了好久好久，想自己去干点事，藉以协力维持我们的生活。经过长时间的考虑并和几个内行人的商酌，我便决定从事一种批发书籍给外省的商业；并且，因为我们自己出版过好几种书，所以我对于书店的买卖也有了相当的经验。这种新事业对于我有两种利益。第一，最重要的，是无须我离开家庭，我可以照常的看护我的丈夫的病，照料孩子们以及处理一切家务；第二种利益是这种事业几乎并不需要什么开办费，不要付店铺的房租，不要购置家俱。因为起初我不必去买很多书放着，只有人家寄现钱和购书单来了，我才购办去。要用的钱有两件，一是去向政府缴纳营业税，一是去雇用一个跑腱〈腿〉的小孩——他的职务便是去购办书籍，包装并送到邮局里去。总共每一年不过要二百五十或三百卢布；拿这样一笔钱来尝试一下，这是值得的。为了营业的发达，我们必须在报纸上登广告；可是开始我并不登报，只是送一张通知书给《著作家日志》的订户；第二年，我想和《家庭之晚景》杂志的发行人商议，补助他一点经费，由他的杂志为我们附送几千张广告出去（在一八八一年初我送了那种广告出去的，可是对于我们的生意没有什么影响)。

自然，要这种卖书的生意发达起来，不会折本，唯一的重要条件是，要用“朵思退夫斯基”的名字作招牌。因此，从财政部领到了营业执照以后，费多尔便不得不变成一个商人了；这样的事，我们新闻界的仇人自然不肯轻轻放过，要大大地嘲弄一番的。但是这种嘲弄对于我的丈夫的尊严毫无所损伤；他经过了详细思索以后，完全赞同了我的意见，并也和我一样的相信我们的事业是必会发达的。

在一八七六和一八七七两年中，《著作家日志》(我们自己出版的) 都能按期出版付邮，各订户对于我们已经非常信任；若是我们来开书店，他们必定也一样信任我们，要我们为他们购办书籍的——我之预料我们的事业可以发达，主要的原因便是这一事实。这种预料是实现了，在两三个月以后，那些订户中竟有三十人都每月寄书单来委托我们购办。例如，我记得，波尔塔瓦的主教每月便来信购买许多贵重的书 (为了他自己的图书室和赠送人用的)。我还记得明斯克有一个工程师也是常写信来买很多书的，并且要的不仅是关于机械工程这一门的书，各种都有。除了经常的这些主顾以外，还有不少的人因为是新开的书店而来接洽生意的。自然也有一些令人讨厌的主顾，例如订新闻纸的便是，因为代订报纸，书店里所得的手续费不过六辨士而已。而更令人讨厌的是有些主顾常是来要一些已经早已绝版的书，接到了订货单自然要很周到地很忠实地去为他搜寻，搜寻不着还得退钱给他。

卖书的生意费我很少的时间：我只是管理账目，登记订货单和开列发货单。我雇用的那小孩，彼得，虽然年龄只十五岁，可是以前曾经在书店里作过工的，所以对于买书送书的手续都作得很好。

看着生意很发达，费多尔非常高兴；每月尾我都作一张收入支出的账单给他看。我们所赚的钱，冬季每月约为八十至九十卢布，夏季则四十至五十卢布。

第一年，把一切费用除外，我们总共赚了八百十一卢布；这种结果，费多尔和我都认为是将来事业发达的佳兆。

我们的生意开始本来还可以更大规模作的。许多学术团体和几处地方议会都要我们寄书去，为他们挂账，以后付款；可是这样我们便得先要垫一笔大款子去为他们购办各种书籍，这是很困难的，所以这些生意虽然有更大的利息，我们也只得拒绝了。

批发书籍到外省这一种生意，是最有利可图的，只要不误主顾的期限，只要能尽力为主顾搜求一切，在过去三十年中，我亲眼看见有好几家和我们当初一样小规模的，现在已经发达成为很大的书店了。我十分相信，设使我继续我的书店事业到现在，我的书店一定不会比“新时代书店（Novoye Vremya）”小的。可是我没有继续作下去，简单的原因是，我要从事于出版我的丈夫的著作的全集，这一工作实在需要我的全部精力和全部时间来干的。

费多尔去世以后，我便宣布准备停止书店的营业。当时有许多人要我让给他们去作；有的甚至于愿意顶去，愿意出一千五百卢布给我作补偿金。

可是这个我不能同意。用“朵思退夫斯基”这名义来经营书店的事业，我认为这是我个人的特权；对于这书店有高尚的地位，这是负有个人的责任的。我是不能断定承受或购买这书店的人会怎样干下去。倘使他竟不能好好干下去，或甚至非常不忠实于他的买书的责任，则我至爱的费多尔的声名岂不会要受人批评，甚至辱骂吗？

所以在一八八一年三月初，“朵思退夫斯基书店”便已不存在了。

我现在追忆起这短命的事业，仍然还有许多快感；主要的是书店和主顾间所建立的那种友好的关系，令我永远难忘。有些主顾老实得很，他们竟以为朵思退夫斯基本人亲自在这儿处理着卖书的事务，所以他们的来信都直接写给他个人。另外有些人写给书店里说，他们很称许《卡拉玛卓夫兄弟》或者其他某部小说，这种意思是否可以由书店转达给朵思退夫斯基。还有一些人写信来要求说，书店寄出发票的时候，应该附带几句关于这位“大文学家”的健康的话，并请代祝其的安健。这一类很恳切很热忱的信使得费多尔受到极深的感动，他要我回信给这些人，申述谢意并祝他们的健康。他在自己同辈的文人，朋友和许多批评家中，遇见的老是一些敌意和仇视，因此，对于这些很纯朴很至诚的赞许，对于这些素不相识却很同情于他的文学事业的人所表示的尊敬与崇拜，他都非常珍视，非常慰藉。

费多尔之死

费多尔天生是一个异常勤劳的人。在我看来，便是他已经大富了，便是他不须汲汲于谋生活之资了，他亦必不会游手好闲，他必会照常一样找些题目去从事他的文学工作。

一八八一年初，久压在我们身上的债务已经全部偿清了，并且《俄罗斯消息》反而还欠我们五千卢布（《卡拉玛卓夫兄弟》的欠项）。这样的情形之下似乎费多尔已经不必再那样辛苦地工作了，可是他不愿意休息，他决定再继续出版《著作家日志》。因为，在最近劳碌奔波的几年中，在他心中积聚了好些关于俄罗斯政治状况的意见，这些只有在他的《日志》中才可以自由发表。而且，一八八〇年《著作家日志》仅仅出版了一期便有很好的销路，这使我们怀着一种很大的希望，预料继续出版必能得到更多的读者的；费多尔也认为这是传布他的内心思想的最好的机会，所以也非常重视这件事。他想把《著作家日志》再继续出版两年，以后便续写《卡拉玛卓夫兄弟》的第二篇。在这一篇里，凡是第一篇里面的人物都要再登台的，只是已经是二十年以后的事，几乎和我们同时代了；这些人物在她二十年中都已饱经沧桑，开始找到他们的末路了。费多尔在谈话中和笔记中所发表的关于这一篇小说的大纲都是异常有趣的，可惜天不假手〈年〉以完成之，这真是最大的憾事。

订阅《著作家日志》的人日有增加，在一月中旬，已经有……订户了[①]。

费多尔有一种很好的习惯，便是，在杂志没有付定以前，所有预定杂志的款项他都不认为便是自己所有的；因此，他便在国家银行立了一个存款折，我便把所有订户寄来的款项存在银行里去。在这样一种情形之下，遇着必要时，我便有力量退还订户的预订金，不致丝毫受窘了。

一月的前半月，费多尔觉得非常安健，时常外出。托尔斯泰伯爵夫人家中准备在下月初演剧，费多尔甚至还承应了去扮演一角。他们要演的是托尔斯泰伯爵(CounT. A. K. Tolatoy) 的三幕剧中的几场，费多尔便选择了《伊凡之死》一剧中的遁世的和尚一角承应自己担任。

近三年中他的痫症完全没有发过，以他的健康高兴的态度看来，我们都预料着这一冬天他是可以安稳过去的。在一月中旬，他便着手预备《著作家日志》一月号的文稿；在这一期中他想作一篇自己对于地方议会的惠法问题（Zemsky Sobor Constitution）的意见和主张。这一篇文字的论旨，检稿官多半会不赞同的，因此费多尔觉得非常焦急。可是新任检稿部的部长亚巴沙（N. S. Abasa）从托尔斯泰伯爵夫人口中听见了费多尔为此事而焦心，便要伯爵夫人转告费多尔，叫他不要着急，因为检阅这篇稿子的多半是他，他自己是很好说话的。一月二十五日，那篇文字已经作好送到印刷局去了。所以这一期的杂志，只须经过检查官批准了那篇文字，校阅最后的“样子”，以及印刷装订这几项手续，便可以于一月末一日付邮寄去了。

一月二十五日是星期日，我们家里来了很多客人。米勒教授（Prot. C. F. Miller）要我的丈夫于一月二十九日到一处文学晚会去作一次“宣讲”，那天是

---

① 原文未写明确数。

普希金逝世的纪念，晚会是应一般穷苦学生的要求而召集的。费多尔因为不知道那篇文字是否能批准，不能批准还得另作一篇，所以最初没有应允；可是后来还是答应了。我们的客人都是翩翩的，这时费多尔是十分安好且高兴的样儿，谁也没有预料几点钟以后就会有什么不测的事发生的。

一月二十六日，费多尔还是照平时一样，在一点钟的时候起身的，我到他书房里去看他，他便告诉我昨天夜里发生的事情。他的笔管落在地板上，又滚到书箱下面去了。当时他要用笔管；因为他不仅写字用这笔管，卷烟也是要用的。于是他便搬开了那书箱，以便寻得笔管。可是书箱很重，他用了很大的力气才搬动，可是这时他肺部的血管陡然有一根破裂了，血便从喉管间流出来。但是因为症象很轻，我的丈夫便没有十分当心他，便是叫醒我他都不愿。我听见了这件事，心中着惊不小，一句话也没有对他说，便叫那跑腿的小孩彼得去请卜列泽医生（Dr·I·Von Bretzei）来，这医生是常替他看病的。不幸得很，医生已经出门了，要得五点钟以后才回来。

费多尔非常安静。他和小孩们[①]谈着玩着，后来又读《新时代》杂志。约三点钟，有一个朋友来看我们，这是一个很和善的人，费多尔非常高兴他，只是有一种不好的地方，便是他爱和人作激烈的争论，老是舌〈聒〉噪不休的。他们开始谈起费多尔将出版的那篇文字。起先那人提出了几点不同的意见；费多尔因为昨晚失血的原故，多少有点昏乱，便随口回答他，于是一场激烈的争论便起了。我几次想使他们停止下来，都无效果；虽然我两次告诉这位客人，说费多尔身体不很好，谈这样久而又是高声谈着，这于他是最有害的，可是他仍旧充耳不闻。后来，五点钟敲过了，客人去了，我们便准备吃饭，这时费多尔猝然坐在塌上，静默了好几分钟，后来，我陡然看见他脸颊上有血，是一条线一般地从下颏部流经胡须下来。我真是大惊欲绝，便大叫起来，仆人和小孩们都闻声进来了。然而费多尔并没有着惊；他反而要我和哭着的小孩们都安心不要慌张。他把小孩们领到写字台边，拿刚递到的“蜻蜓”杂志给他们看，上面有一张讽刺画，描写两个渔夫被自己的网缠住了，正在水中挣扎中。他并读那画后面的诗给他们听，小孩们都很高兴，竟都不再哭了。过了一个钟头，医生来了。医生刚动手检验他的胸部的时候，血又开始流出了。这一次非常厉害，以致费多尔失掉了知觉。当他苏

① 艾妹（Aimee）一八六九年九月十四日生；俄国革命后便离去俄罗斯，寄居在国外；一九二〇年她出版了一本关于她的父亲的书籍。费多尔（Fiodor）一八七一年七月十六日生，一九二二年（?）死了。此处孩儿们系指此二人。他们第一个孩子苏尼亚是一八六八年二月生的，同年五月就夭亡了。他们最后的一个孩子亚留霞（Aliosha）是一八七五年八月生的，一八七八年五月十六日就死了。

转来的时候，对我说的第一句话便是：

“安尼亚，我求你，立刻去请一位牧师来，我想作我的忏悔并领最后的圣餐。”

虽然医生叫我们放心，说并没有特别的危险，可是为了安病人的心，我便照他吩咐的作了。我们住在乌拉吉米尔教堂附近，梅哥尔斯基神父在半点钟以后就应我们的邀请来了，费多尔很安详和善地接待着他，和他在房中密谈了一些时候。牧师去了，我和小孩们便都走进书房里去，费多尔便为我和孩子们祝福，要他们和平地生活着，相爱相助，并要他们爱我，孝顺我。孩子们离开了书房以后，费多尔便为了我给他的快乐，向我致谢，并说倘使他曾有什么使我难堪的地方，要我饶恕他。我只是木然站着，象死人一般，没有丝毫气力作任何回答。医生进来了，把费多尔安放在塌上！绝对禁止他移动或谈话。后来他要我立刻去请另外的两个医生——他的朋友蒲非里（Pteirer）和科希拉可夫教授(Profkoshlakov)（这后一位，我的丈夫时常去请教他的)。科希拉可夫接到了卜列济的信，知道病人的病势非常沉重，便立刻来了。这一次没有检验，科希拉可夫教授只说，失的血并不多（三次只有两玻杯)，血管大概已经闭住，因此费多尔可以逐渐好将起来。这一晚卜列济便留在费多尔身边，病人似乎睡得很宁静的。我也一直到早晨才就枕。

二十七日整天都很平静地过去了。费多尔没有再失血，显然是已经渐就痊可了。他很高兴，要我把小孩们叫进来，他甚至于很细声地和他们说话。到了午后，为杂志的事，他焦急起来了。邵福林印刷局的伙计送来末页稿版，那里面多了七行，要删去才好付印。我便对我的丈夫说我可以代他来办，他同意了。我要那伙计等半个钟头，可是只须两处删节便已弄妥了。同时印刷局又来告诉，说一月号杂志的稿版送到检稿官那儿去，已经批准，费多尔心中便大大地慰藉了。

费多尔病重的消息传遍了全城，从两点钟一直到夜里，门铃老是不断地响着，因此我们只得把铃系将起来，使他不能作声。朋友们和许多不相识的人都不断地跑来打听费多尔的病状，慰问的信简和电报也是不断地递来。

依医生的命令，一切的人都不许到病人房里去；只有我不时跑出来几分钟，为朋友们报告他的状况。费多尔知道了一般人对于他的关心和同情，也非常欢喜，有时很低声问我，甚至为我口述几句话，叫我写出来去回答朋友们的好意。科希拉可夫教授到了，他说病人的状况大有起色，他并担保一星期后必可起床，两星期后可以完全恢复健康。他命令病人尽可能地多睡，所以我们也都很早就睡下。因为昨夜我没有睡，只是在椅子上坐了一晚，今晚我便命人拿了一床睡褥放在塌前的地板上，这样费多尔便可以随时叫醒我来。我因为很疲乏，所以很快就入睡了；可是夜里我也起身来好几次，在灯的微光之下，我见我的亲爱的病人正很宁静地睡着。早晨七点钟我醒来，看见我的丈夫正向着我这一方望着。

“你觉得怎样，我爱？”我俯身就他，这样问着。

“你知道吗，安尼亚？”他细声说着，“这三个钟头我都醒着的，老是在想着；我刚才已经明明白白地看出：我今天要死了。”

“我的亲亲，为什么你要这样想呢？”我万分焦急地说着，“你现在已经比较好些了，你已经没有失血了，多半会如科希拉可夫说的，不久便可以完全恢复健康的。为了基督的爱的原故，你不要疑神疑鬼地来自寻苦恼吧。我可以确信，你还有很长的时间好活的。”

“否，我知道，我今天要死的！把烛点起来，安尼亚，把《新约全书》拿给我。”

这本《新约全书》是费多尔在托波耳斯克的时候，十二月党(Decembrists)[①] 的妻子们送给他的。那时他被判罚四年苦役，正在赴西伯利亚的途中，路过此地，十二月党的妻子们请准了典狱官来见一见政治犯，他们和这些犯人聚谈了一个钟头。她们为犯人们祝福，为他们画十字，给他们每人一本《新约全书》——这是在狱中唯一的允许阅读的一种书。在受苦役的四年中，费多尔不曾有片刻离开了这本圣经；后来终其生都是把这本书放在他的写字台上的。时常，他要想到了什么事，或是怀疑什么事，他便把这本《新约》随手打开，读着左边一面的头几行。这一次，费多尔也想借《新约》来证实他的疑虑。他把圣经打开，要我读着。

打开的地方是马太福音第三章第十四节：

可是约翰拦住他，说：“我当受你的洗，你反倒上我这里来么？”耶稣回答他说：“现在权且容许我这样吧：因为我们理当尽这诸般的礼数的。”

“你懂了吗，安尼亚？‘现在权且容许我这样吧’[②]，这句话的意思就是我要死了。”他说着，把书阖了。

我禁不住流泪了，费多尔便安慰我，说了许多甜蜜的话，并感谢我给了他很愉快的生活。他把孩儿们都委托给我，他说他相信我并且希望我会总是爱他们抚育他们的。后来他又说了几句话——结婚十四年以后丈夫还能对妻子说这样的

---

① 一八二五年十月，俄皇亚力山大第一薨逝，新皇尼古拉继位，此时有一部分党人谋于十二月起事，推翻专制政体，未成；此派党人被称为“十二月党”。

② 这一句中“容许”一字，在俄文的圣经译本中是译作“不要叫我转去吧”的意思。

话，这是很少的——他说：

“记着，安尼亚，我老是在热切地爱着你，便是在我的思想中，我也决不曾有过不忠实于你的念头的。”

他这几句可爱的话使我受到很深的感动；可是我又着惊，恐怕这种情绪的紧张对于他的病体是不利的。我哀求他不要想到死的事，也不要拿他的疑虑来令我们伤心：我要他休息，睡去。我的丈夫听了我的话。他不谈话了；可是他的面色非常宁静，很明白地表示死的观念并没有离开他的脑中，也表示死去这件事亦并不使他担惊害怕。

早晨约十点钟的时候，费多尔很安静地睡着了，他的手还和我握着的。我丝毫不动地坐着，恐怕把他惊醒了。十一点钟，他陡然醒了，把头从枕上抬起来，血又开始从他口中流出来了。我真完全陷于绝望的境地了；可是我还是极力装作一种高兴的态度，我要他放心，我说血流得很少，会象昨天一样，立刻会停止的。听了我的话，费多尔只是很难过地摇着头，仿佛十分相信他的死的预言那天一定会实现的一样。

午后，亲戚、朋友以及不相识的人又开始来访问了，信筒和电报也继续到着。巴霞·伊沙也夫（朵思退夫斯基前妻之子），我头一天写了一封信告诉他费多尔的病状的，这时也来了。他一定要进去看病人，但是医生不允许他。后来他便在门缝里偷看，费多尔看见了他，非常发烦，对我说：

“安尼亚，不要让他来见我，他会令我烦恼死的。”

这时间中，伊沙也夫非常激奋，凡是来打听费多尔病状的人，无论是朋友抑是不相识的人，他都对他们说，他的“父亲”没有立遗嘱，因此应该去请一个律师来，以便朵思退夫斯基本人得以处理他的财产。科希拉可夫教授听见了伊沙也夫要去请律师的话，表示反对。他说费多尔不能受一点骚扰——他说，处理财产这一类的事必须病人来说明，必须他来立出一些遗训，这种种只是令病人感到死已迫在眉睫，因而更悲痛焦灼，这实无异于迫其速死！实在，此时虽是极小的刺激都可以制他的死命的。

真的，遗嘱也没有什么必要：费多尔著作的版权，早在一八七三年他就已经全部送给我了的。除了《俄罗斯消息》欠的五千卢布以外，费多尔实是一无所有，而这小小的一笔款子当然是属于我们的——即是说，属于我们的孩儿们和我自己的。

这一整天我没有一分钟离开我的丈夫：他握着我的手，不断地低声对我说着：“……我的可怜的……我的亲爱的……我怎样能离开你……我的可怜的……

你的生活会多难堪呀!”

我要他放心，并安慰他，说他有痊愈的希望；可是我显然看出来，他自己并没有想着这种希望，他只是想着未能有多的财产遗给家族，非常自恨自恼。真的，《俄罗斯消息》所欠我们的四五千卢布是我们唯一的财产哩。

几次他低声对我说：“叫孩子们进来!”我叫他们进来了。我的丈夫向他们伸出嘴唇，他们便吻他；后来，因为医生的劝告，他们便立刻走出去。费多尔的眼睛满含着愁苦的神气，一直望到他们的后影不见了，还是直瞪着。在他去世的二点钟以前，因为费多尔的要求，孩子们又进来了，他告诉我把那本《新约全书》给我们的儿子费佳。

这一天来访问的人极多，可是我不能出去接待他们，马可夫得了医生的允许进房来，和他谈了一会，费多尔用一种极低的声音向他称谢。约七点钟，许多人都聚集在我们的客厅和饭厅里等候科希拉可夫，他每天是在那时候来的。陡然，并没有什么显著的原因，费多尔竟颤抖了一下，把身体轻轻从榻上抬起了一点，一线鲜血又在他的面上泛出来了。我们便拿了一片冰块给他，但血流并不能止住。这时马可夫和他的夫人进来了，那位好安娜·伊万鲁瓦便跑去找邱里卜林医生(Dr. Tcherepuin)。费多尔躺着，已经失了知觉。孩子们和我都跪在他的旁边哭着，竭力把哭声咽在喉里，不使放声；因为医生说的，最后失掉作用的是听觉，任何动情的声响都会延长将死的人的痛苦的。我把他的手握在手中，觉得他的脉搏渐渐弱下去了。八点三十八分的时候，费多尔便永别我们而逝了①。

最后的时候到临，孩子们和我真陷于完全绝望、不堪设想的境地了！我们只是哭号着，吻着我们的至爱的死者的面颊和两手。这一切我追忆起来都很模糊；可是这时有一件事是我很能明白意识着的，便是：我个人充满着无限愉快的生活，从这一瞬间起便完全终结了，在我的精神方面，我将永远是孤独的生存着。我是这样热切地，虔心地爱着我的丈夫的，我是一向以这个罕有的人所给予我的爱情、友谊和敬重来自豪的，而现在他竟弃我而去了，这于我的损失真是怎样也无可补救的。在这可怕的生离死别的时间中，我真觉得自己不应再苟活下去，我的心似乎要爆裂了，我似乎要疯狂了。

自然，陡然失去自己所至爱的人，这一种切肤的痛苦差不多每一个人在他的一生中都要经验到的。可是，在那不能忘的时间，大多数的人可以在他们自己家里，在他们的亲戚和稔友当中，去想法遣愁消闷，可以毫无拘束地充分地表达出

① 当时有人(我相信是马克维奇)看准了费多尔死去的时间的。——安娜注

他们的情感。这样好的机会我是得不到的：我的亲爱的丈夫死去的时候确有许多人在场——有些人是深深地关切着他的，有些人对于他以及他的家族的孤苦伶仃的悲哀却完全淡然处之。有一件事真是更其增加我的愁苦：原来我们的来客中有一位著作家马克维奇（B. M. Markevich），他是从来不到我们家里来的，这一次是托尔斯泰伯爵夫人要他来探望费多尔病状的。就我所知道马克维奇之为人，我断定他一定会要把我的丈夫临终时候的情形描写出来去发表的；我深深抱憾着，我失悔我的丈夫的逝世为什么给这一般人知道了，为什么不只在少数真心崇拜他的人的围绕中而逝去呢！第二天我就听见说马克维奇已经把这件不幸的事用艺术的手腕描写出来寄给“莫斯科新闻”去了，我真难过！过了几天，我读到了这篇文字，里面有许多地方真令我不解。那里面说我说了一些什么什么，可是我自己都认不出来是我说的；他们是完全不了解我的性情以及在这种不能忘的时候我的心理状态……

可是蒙上帝的慈悲，竟也赐给了我一点安慰：那惨痛的晚上十点钟，我的哥哥伊万（Ivan）到了。他是从乡间有点事情到莫斯科去的，事情办妥后陡然想着到彼得堡来看看我们。是的，他在报纸上是看到了费多尔患病的新闻的；可是他并没有怎样重视他，以为不过是病症发得重一点罢了。车迟到了，我的哥哥便落了一家旅馆，决定晚上来看我们。当他驱车到了我们家门前的时候，他看见我们这一层楼房的窗户间都是灯烛辉煌的，有两三个样儿令人疑心的人在门前的左近站着。其中有一个跟着我的哥哥走到楼梯旁边，轻轻地对他说：

“先生，请赏我们一点光，请看看定货单是不是交给我们的。”

“你是什么意思，什么定货单？”我的哥哥问他，惊讶万分地。

“我们是从某某丧事承办处来的，我们想这边买棺木的定货单送到我们那儿去办。”

“可是谁死了呀？”我的哥哥问。

“一个作文章的人，我记不得他的名字，管门的告诉我们的。”

我的哥哥跑上楼来，进到敞厅里，看见有许多人在那儿，把外衣放下，便走进费多尔房里，那儿看见了他的尸身……

一月三十日，宫廷近侍亚巴沙来参与午后的弥撤〈撒〉祭，带了一封财政总长给我的信，里面说“为了酬答死者对于俄罗斯文学界之努力与供献，”皇帝陛下特赠与我和我的孩子们二千卢布的年金，特此通知。……

我必须说，我的丈夫的尸体停在家中的这两天半，我回忆起来，便弥觉恐怖。最令人苦恼的事是家中老是充满各色的人。人真是如潮涌一般，有的从前门来的，有的从后门来的，都是要把所有的房间走过一遍，再到停柩的书房里站一下，才退出。有时空气非常重浊，缺乏氧气，以致神前和棺罩上的灯都熄灭了。客人不仅是日间来往，在夜间也是一样的拥塞着；有些人愿意挨在费多尔的棺边过夜；又有些人愿意为死者朗诵赞美诗，便在棺旁高声朗诵起来，至于数小时之久……

代表团也不断地来着……我只得出去接待他们，每一个代表团的领袖见了面，便把预备好了的演说向我说起来，开始便谈着我的丈夫对于俄罗斯文学界的重要，接着指出他所宣传的最高的思想，结论便是“他之死，真使俄罗斯文学界受了莫大的损失呵!”我静默地听了这些演说以后，便向演说者致谢意，和他们握手，接着就走回我的房里去。不几分钟，另一个代表团又来了，也要见我，我便又去听着他们的演说，内容也是我的丈夫的重要以及“俄罗斯所受的损失”。象这一类的悼慰词，我足足听了三天，后来真叫我愈听愈难过了。

“上帝，”我自己对自己说，“他们真叫我烦恼呀!‘俄罗斯失掉了谁’这于我有什么关系呢？你们为什么不想想我失掉了谁呀？我失掉了全世界上最好的一个人，这个人是我的欢乐，我的荣耀，我的生活快活之神，我的太阳，我的一切。怜悯‘我’吧，矜恤‘我’吧，这时候不要对我谈什么俄罗斯的损失。”

有一天，这些代表团中有一个人特别表示对我的怜恤，并不仅说到俄罗斯的损失，这个人的话深深地感动着我，我特别抓着他的手吻了一下。……

一月三十一日，星期六，费多尔的灵柩搬到亚力山得洛涅夫斯基寺院里去了。……葬仪是很盛大壮〈庄〉严的：成长行的花圈，都是竹杆举着的，无数学生唱队歌，还有数万的群众跟随在灵柩后面。……所有学校，社会团体都送有花圈，上面缀各团体的缩写名字。各学校的集会都一致哀悼着朵思退夫斯基之死，都至诚地表示着他们对于他的崇敬。

灵柩是上午十一点钟出发的，一直到午后两点钟才到达亚力山得洛涅夫斯基寺院。我和我的儿女步随着，整个时间都是愁思云集着。“费多尔是很爱我们的孩儿们的，没有了费多尔，没有了他们的父亲，我怎样把孩儿们抚养成人呢？为了纪念我的丈夫，我的肩上现在负了多大的一重责任呵：我能够很美满地尽完我的职责吗？”当我跟随着费多尔的灵柩前进的时候，我发了一个誓愿——为了我们的孩儿们而生活下去；我又立誓，愿献我的余生以发扬光大我的丈夫的遗念和他的高尚的思想。……现在，我的生命也快要完结了，我把手放在心上说，所有我的那惨痛的时间中立下的誓愿，我已经是尽了我的力之所能来完成到相当的程度了。

朵思退夫斯基与屠格涅夫

（一八六七年）

关于他们间的争端之信件

朵思退夫斯基于一八六七年八月十六日至二十八日写给马可夫的那封有名的信（即本篇后面所转载的），最初是在一八八三年彼得堡出版的俄文“朵思退夫斯基传及其手札”中公布出来的，但在那里面有很多删节的地方，屠格涅夫和孔加洛夫的名字也都删去了。后来在一九〇二年九月号的《俄罗斯文汇》杂志（Russky Archiv）中才全文发表出来。这封信的历史是这样的：有一个不愿宣布姓名的人拿了朵思退夫斯基这封信的一份抄稿送给《俄罗斯文汇》杂志的主笔，要求也送给捷尔哥夫图书馆（Tchertkov Library）中去藏起来，到一八九〇年才能发表。

屠格涅夫于一八六七年末已经从他的朋友安兰哥夫（Annenkov）一方面听见了有这样一封信，便写了如下的一封信给《俄罗斯文汇》杂志的主笔巴捷涅夫（Mr. Barteniev）：

“我接到了一个消息，说有一封由朵思退夫斯基签名的信送到了你那儿，并已经安到捷尔哥夫图书馆里去了，并说在那封信里面写出了许多关于憎恶俄罗斯和俄国人民的荒谬意见，而这些谬见，朵思退夫斯基君负责地指明说都是我平时蕴积在心中的，是我内心的信念；朵氏并申明这些谬见是去年夏季在巴端蒙他光临敝寓的时候——在这仅有的一次光临中，我对他所发表的。现在且暂不说这种妄谈是何等不可信，第一步我不得不申明的便是：在我这一方面看来，要我对朵思退夫斯基君发表的内心的信念，我是以为很不适当的，唯一的原因是，我认为他是一个为痫症和其他的原因所限制，以致心身都不健全的人。我可以附带说明，这一种意见并不是我所独有，许多人实都具有同感的。我已经说过，我在那儿遇见朵思退夫斯基君只有一次。他在我处坐谈不过一个钟头，他很严厉地辱骂着德国人，并辱骂了我自己和我新作的小说，大概心中积愤洩尽之后，便告辞去了。我几乎没有时间，却也没有想到去回答他：我重说一遍，我是以一个病态的人待他的。大概，在他的昏乱的想象中，他想出了那些他所盼望的在我这儿听见的种种谬见，于是他便写了下来……作为弹劾我的证据以传诸后世。无论是朵思退夫斯基君，亦无论是我自己，大概都很难还引得起一八九〇年代的国人的注意，这是毫无疑义的；而且，倘使那时我们还没有完全被国人忘却，则我们的是非曲直也不会仅仅由片面的诬告来判定，而须用我们全部的生活和事业来作'盖棺论定'的材料。然而我以为现在来抗议这种对于我的主张的曲解，还是我应尽的责任。"

一八七一年四月二十四日，屠格涅夫给波隆斯基（Polonsky）的信中，述及朵思退夫斯基当日晤谈的情形如下："他来并不是来还钱给我，只是为了《烟》那部小说来斥骂我的。据他说，那部小说应当给灶下婢拿去烧掉，我只是静静地聆着他的一切的骂词；可是后来我从别方面听见了一些什么呢？据说，我对他发表了各种该死的意见，于是他便匆匆地把这些意见写信告诉了巴捷涅夫（巴氏确告我如此），假使朵思退夫斯基不是疯狂了，那末那写的显然是一种诬谤；我却是毫无疑义地认为他是疯狂了，或者所有那些意见都是他自己内心的想象。可是，上帝，这一切都是何等不足重轻的事呀！"

在朵思退夫斯基给马可夫的信中，朵氏对于屠格涅夫的不高兴，表示得是明明白白的；同时在这里我们还可以指出一件事实来，便是，在《魔鬼》中的那位著作家加尔马新鲁夫（Karmasinov）[①] 也是朵氏用来恶意地暗射着屠格涅夫的。

屠格涅夫对于这种讽刺取怎样的态度呢？经过一个很可信赖的见证人说明以后，屠格涅夫把《魔鬼》中描写那位著作家加尔马新鲁夫的几页翻阅了一遍，便很温和地笑着说道："这完全是 Aristophanic[②] 的态度。"可是后来屠格涅夫又把这小说仔细地读过了一遍，便于一八七二年十二月三日写信给他的朋友米留金夫人（Mine. M. A. Milyutin）道："朵思退夫斯基把他自己当作了一个比专作打油诗的人还更坏的东西；他在描写加尔马新鲁夫那个人物的时候，竟把我写成了

---

① 加尔马新鲁夫（Karnasinov）这名字是从法文 Carmin，Cramoisie（意为洋红颜巴）字变来的，用意在于暗示屠格涅夫之偏好激进的思想及赞美西方化等等。朵思退夫斯基为其小说中人物命名每都含有深意的。Viacheslav Lvanov 对于这一问题曾作过特别的研究，据说魔鬼中的 Stavrogin 的名字是希腊文 Stauros 变来的，用意在于暗示 Stavrogin 为人之骄狂。

② Aristophanos 为雅典诗人，其所作喜剧俱系讽刺文字。

一个暗地同情于涅嘉也夫党（Nechayev）[①] 的人。最奇怪的事是：他的这种讽刺只是拿了我的一篇小说作为根据，而这篇小说还是在他所主办过的那种杂志上发表的，并且还蒙他赐过几封信来称许来致谢哩。这些信我都还保存着的。现在要把这些信发表出来，那会是多有趣的事呀！可是他是知道我是不会干这样的事的。我所抱憾的只是他竟拿他的有用之才去牺牲在那样无意识的工作上面去：显然的，倘使他竟苟安于作一个讽刺诗人，这是他轻视自己的才能了。”

实在真正令屠格涅夫生气的，还是因为朵思退夫斯基在描写维科凡斯基（Verkhovensky）这位人物时，中伤了他的故友格兰鲁夫斯基（Gianovsky）。然而，当《魔鬼》被许多批评家严刻地抨击的时候，屠格涅夫大体上还是颇护这篇小说，并且加以异常的褒扬。

朵思退夫斯基给屠格涅夫的那些“称许并致谢”的信，有一信已经在俄文杂志中发表出来了[②]，现译载如下：

朵思退夫斯基致屠格涅夫的信

彼得堡，十二月二十三日，一八六三年

最和善的最可钦佩的伊万·塞桂也维奇，安兰哥夫告诉我的哥哥，说你不预备把你的小说《幽灵》（Ghosts）拿出来发表了，因为那里面有很多幻想。这真令我百惑莫解，第一件要紧的，我必须老实告诉你，便是我们，我的哥哥和我自己，都是借助于你这篇小说。我们的杂志恢复伊始，正图精进，在第一期里有你的这篇小说，自然裨益极大。我预先明白地把这种情形关照你，以免我提出后述各种理由的时候，你怀疑我只是为我个人的利益而说的。我还得说出一种其情，请你鉴谅，便是：我所最需要的是你的小说，至若要你的大名登在杂志的封面上，犹其余事。

现在我要把你的小说所给我的印象略说几句。为什么你想着，伊万·塞桂也维奇（倘使你真的这样想着的话），你的幽灵会不合时代潮流并且会得不到读者的了解呢？实在恰恰相反，一般庸懦之材从西方模仿写实主义，六年以来，已经早把写实主义送还西天去了。人们这时所最欢迎的，无疑地是

① 涅嘉也夫系一最激烈的革命党人。

② 系在一九二四年的 Pechati Revoluzin 第六号登载的。此信最初发表是在一九二一年巴黎出版的 Revuedes Etudes Slaves 上面。

一种诗意的作品（一种含有最丰富的诗意的作品）。许多人会以一种迷惘的样儿来接受这种作品，可是这必是一种喜悦的迷惘——对于一切了解它（这种作品）的人都会有这样一种效果的，无论是新人物或旧人物。至若对于那些什么也不了解的人——哼，他们还值得丝毫注意吗？你不要信服他们对于文学的见解。极严格的功利主义——他们所要求的止此而已。写一些最有诗意的作品给他们，他们会抛在一旁而去读那种描写打街骂巷的东西的。他们认为诗意的真实（Poetic truth）是毫无意义的。他们只要从实际的事物上面抄下来的东西。我们的散文真是令人可怕得很，真是 Quakerism（战栗主义）[①]！除了令人战栗而外，什么也没有了！有一部分还醒着的，还健全的民众正希望艺术界中有一种勇敢的冒险出现。你的《幽灵》是一种有着十分勇气的冒险；倘使你，我们当中的第一人，敢于从事这样一种冒险，那末这必能给我们全体一个极光荣的英豪的榜样。《幽灵》的形式是一定能够感动一切读者的。他的写实的一方面也必能获到各种的赞叹（自然要除开那般糊涂虫以及那般于他的 Quekerism 而外不愿再去了解任何事物的人呀）。然而我还知道有一位功利主义者（一个虚无党人），虽然他不满意于你的小说，却还说他怎样也抛不开这些小说，并说这些东西真能给人一种深刻的印象（真的我们在着不少冒牌的虚无党人哩）。可是主要的事情还在于判别那小说的写实一方面。依我的意见，在《幽灵》中写实的成分实在太多了。这里面的写实便是那位受过教育的有思想的现代人物的怀乡病——一种充分现实了的怀乡病。那种怀乡病，在《幽灵》中真是充满了。那是‘乐器上的中弦’，奏起来是很好听的。《幽灵》便象一种音乐一样。说到这里，我要问，你对于音乐的意见是怎样？看作一种消遣呢，还是一种真正的必需品。依我的意见，音乐和语言文字是一样的，只是音乐所表示出来的乃是意识界还没有理解到的东西（不仅是心而是全意识界），所以音乐是绝对有益于人生的。我们的功利主义者是不会了解这些的；可是他们当中那般爱音乐的人却也并没有将音乐抛弃不顾，反而照旧样地和他流连着。

你的《幽灵》的文体是很卓越的。倘使对这篇小说有什么问题的话，自然只有是关于他的文体的问题。因此，主要点还是在于这一个问题：幻想在

---

① Quakor 原意为战栗。一六五〇年代，有一 George Fox，不以路德的新教为满足，遂另号召更进一步的教义，主张不必按习俗化式，而以内心的光明直接近于神；此种宣传，闻者俱战栗不已，故被称为 Quakerish 实含有讥笑之意。他们自称为朋友会（Society of Friends），发达称广。此地仅取字面之义，藉以讥笑写实派之文学。

艺术中有存在的权力吗？哼，谁回答这个问题呢？倘使说《幽灵》竟有可批评的地方，那批评一定是：这篇小说还缺少“充分的幻想成分”。幻想的成分在那里面应该还要多一些才对。这样他的“胆气”必然还要大些。在你的小说中出现的人物被解释作一种吸血鬼；我以为这种解释是不需要的。安兰哥夫不赞同我的意见，他认为这是暗示着血之失去或生命力等等之失去的。可是我也不赞同他的意见。这部小说已经足以使他彻底地认识了那种怀乡病以及表达此种怀乡病于吾人眼前的那种美丽的文体——而且这种文体全然是写实界的产物。全篇的音调也是好的，一种柔和的哀音，没有杂丝毫恶意在内。至若你描写并暗示那基本的，尚未解决的观念（在全自然界存在着的那同一观念）也都极好。这一观念，虽然我们不能说他竟会解决人生问题，并且现在他还使人类的心充满了苦楚和更大的恐惧，然而人类的心终不能竟弃此观念而去。否，这一观念是十分合乎时代潮流的，这种富有幻想的作品也是“非常确切的真实”……

(此信的末页似乎是失去了)。

朵思退夫斯基致马可夫的信

日内瓦，八月十六日（新历二十八日）

（一八六七年）

“我静默着，没有着手答复你的亲爱的手书，已经是好久好久了。我的亲爱的而且不能忘的朋友，亚玻隆·尼可拉也维奇（Apollon Nicoloyevich），我叫你作‘不能忘的朋友’，我心里觉得这是对的：我和你真是最亲密的老朋友，虽然因为生活的关系，不能相与共处，有时且天各一方，然而这终不能遮断我们的友情，实际仅使我们更亲密地关切着。

“你说你因我不在而稍觉孤寂，实在我为别离正不知如何怅惘呵！我们的思想与感觉颇相似且接近，这是我所确信，前此且每日反复怀念而藉以自慰的。现在呢，于此而外，我乃不能不想到另一件事，我想到：不仅失掉了你，而且自己又远适异邦，在这儿不仅没有俄国面孔，没有俄国书报，没有俄国思想，没有兴趣，亦并没有欢迎他乡人的面孔。真的，我不能懂：一个俄国人怎样能在异邦寄居的？只要是有感情和知觉的人，对此难道能视若无睹吗？难道不稍感觉到苦痛吗？或者那些异邦人的面孔自己相对是表示欢迎的，可是对于我们则完全不是那么回事。‘真的，确是这样的！’这样，一个你怎样能在异邦生活呢？没有自己的国家，便只有‘吃苦受罪’——我可以这样发誓！到异帮去以半年或一年为期，这是对的。可是，像我自己这样，跑出去，自己不知道何年何日可以归来，也没有人能够告诉我——这是太坏了，太难了。想想真是心痛。我需要俄罗斯；为了我的著作，为了我的工作（且不说其他生活的各方面），我需要她，我之需要她真是迫不及待了！我真像鱼之失水一样；我的力量和机运都逐渐失去了。……

“你知道我是怎样离开祖国，并且为的什么原因么？主要的原因有两个。第一个：不仅是为了恢复我的健康，亦且在于保全我的生命。我的痫症开始每星期都要发一次，并且自己觉得，同时也可以预知，神经和大脑的错乱实在难受，我的心意真的逐渐错乱起来——这是确实的。这种情形我自己是觉察到了的；我的神经错乱有时使我陷于癫狂。第二个原因，或是第二种情形是：我的债主不肯再等候了，在我离开俄罗斯的时候，他们已经在法庭里正式起诉了。

(此地一段系叙述他的债务的数目等情形。)

“……于是我就出国了；可是我当时离去祖国，精神实在沮丧极了。我不信任欧洲，即是说，我相信欧洲的道德的影响是极坏的：我即是孑然一身，毫无外援，而又一贫如洗，却是带着一个青年女人在一路——她挟着满腔天真的高兴，渴望着和我共度我的这种漂流的生活。这时我看出，这种天真的高兴实充分表示她的无经验与对于未知的前途之热狂，这种情形令我非常焦灼苦闷。我恐怕安娜·格里戈里夫娜偕我孤身远适，会感到厌倦疲劳。并且，直到现在，真的我们还只是离群索居，与外人老死不相往来的样儿。我对于自己的健康很无把握；我的素质是极弱的，我预料她会被我的牵累而憔悴下去（注意——出我意料以外，安娜·格里戈里夫娜竟比以前变得更壮了，更多懂事了。许多地方，她简直作了维护我的天使；而同时她的那种二十岁女孩的青年情绪仍旧大部分保存着。这本来是非常自然的事；可是我很难有这种能力去适应她的那种青年情绪。这一切，在动身出国的当时，我都已在脑中模糊地转过几次的；虽然，我再说一遍，安娜·格里戈里夫娜出我意料以外，变得更壮更好了，然而我心里是仍旧觉得不安的)。最后一层，我们的钱太少，令我非常焦虑；我们动身的时候只是从加可夫方面预支了三千卢布。我当初计算，在动身出国的时候便着手工作起来，这是确实的。可是结果怎样呢？什么也没有，或者说，今天以前，我几乎一点什么也没有作出，只是从这时起，终于为情势所迫，才坐下认真作起事来。而且，因为过去几个月的无成绩可言，真的，今后有何等成就，我现在还是很怀疑。我脑中确是想了许多，准备了许多计划；可是写下来的，所谓‘白纸黑字’的东西，则少之又少。当然地，只有‘白纸黑字’才算得真正的成绩，因为人家所以愿意给钱的便是这东西啦。

“我们竭力快快地离开了那令人厌烦的柏林以后（我在柏林只住了一天，那般讨厌的德国人几致令我焦灼到发大怒，我只到一间俄国蒸汽浴室里去沐浴了一次)，便到芮斯顿，在那儿租屋住了一时。

“这儿的印象真是一个极奇怪的。立刻一个问题在我的脑际发生了：为什么我住在芮斯顿，为什么把一切的东西抛在一个地方而自己却跑到另一地方去，这有什么价值？可是我的回答是很明白的（我的健康，避债等等)。我十分清楚地认实了，现在无论我住在什么地方，对于我都是一样：在芮斯顿或国外其他的地方，无论什么地方，我都会觉得像孤魂野鬼般地为众所遗弃的。我本想立刻就坐下来动手工作；可是我觉得我完全没有宁静和平的气氛，我的精神状态实在不能工作。那么，我作什么呢？我便游手好闲地来混日子。我读点书，写点字，把精神消磨在怀乡病中，消磨在炎热的空气中，日子便这样很单调地挨过去。

“我不预备在此地来描画我的思想。许多印象积聚起来了，我读着俄国报纸，苏〈纾〉解了一些精神上的苦厄。后来我觉得我搜集了很多的材料，足够写一篇长文字来论述俄罗斯与欧洲的关系，又一篇论述俄罗斯的上流社会。可是谈这些事有什么用处呢？德国人把我的神经弄得纷乱极了，同样，我们俄罗斯的生活，我们的上流社会的生活以及他们对于欧洲与所谓‘文明’的迷信，都叫我生气。巴黎事件[①]更令我方寸扰乱万分。漂亮的巴黎人都在那儿高叫着：“Vive la Pologne!”（玻乐格涅万岁!）哼！多卑劣呵，更坏些说，多蠢笨，多陈腐呵！我变得很深信我的旧观念：欧洲不知道我们，或是知道得极少，这样实际于我们更有利益，还有伯列莎夫斯基（Beresovsky）的审判记载！这凶残事件的全部是多么死板；而最坏的，最坏的还是他们竟仍拿去到处宣传，仍旧作着那同样的错误，老是作那同样的错误。

“俄罗斯的样儿，从此地看过去，也是极其好看的。俄国人民对于一切的所谓改良政策（你只须把那些经过了法庭手续的改良政策拿来看看），都感到意外的满足——这一事实是何等异常呀！然而我们同时还听说，在阿伦堡县的警长还在那儿大鞭挞其商人哩！谁都会预料得到：俄国人民终于不免会逐渐达到一种力求自立自觉的地位——这是那施惠于人民的恩主及其改良政策所促成，人民应当感谢的。整个的主要点便在于此。我可以誓言，现在的时代经过了改良政策的施行，与前代完全划成了两橛，实在比彼得大帝时代更为重要。试问关于路政的情形是怎样的呢?[②] 那向南发展的路政计划应该竭力快快地放弃掉，竭力快快地；整个的主要点便在于此。到了那时候，并且全国都建立了“公平的法律”，那么，真是何等伟大的一种革新呀（这一切都是我在此地拟想着，梦寐难忘的；我的心亦为此而跳跃着)！此地我几乎什么人都没有遇见过，可是意外地遇着个把人当然也是不免会有的事。在德国，我遇着了一个久居国外的俄国人；他只是每年回到俄罗斯住几个礼拜，把各种进项收齐了以后，便又回到德国去；他在德国有妻子儿女同住——那些女人和小孩也德国化了。当时我顺便问他：

“‘什么事使得你离去祖国呢?’

---

① 巴黎事件系指伯列莎夫斯基企图狙击俄皇亚力山大第二而言。

② 此地系暗指俄皇政府企图向黑海及君士坦丁方面发展的野心而言。

“他（似乎被激怒了，很是傲然地）爽直地回答我：

‘这里是文明的，那儿是野蛮的……’

“……那个人还是属于青年进步党的哩，我却想他自己必定是不和党发生关系的。他们在国外住着，终日只是怨谤着，狺骂着。

“后来，在芮斯顿的孤寂使得安娜·格里戈里夫娜和我自己两人都厌倦得不堪……我们便决定到瑞士或意大利的什么地方去过冬去。可是没有钱，我所得到的钱都已经花掉了。我又写信给加可夫，把一切困难情形都告诉他，要他再‘预支’五百卢布给我。你想结果怎样：他竟寄来了！他是多么异常的一个人呀！他是一个有良心的人！我们便动手到瑞士。可是这里我要着手告诉你我的卑劣和耻辱的行为了！

“最亲爱的亚玻隆·尼可拉也维奇，我觉得我能够把你当作我的审判者。你是一个有良心的人，我之为人你是早就信得过的；所以对于你的审判，我常是非常珍视的。向你作忏悔并不令我感到苦痛。可是我只是写给你一个人的呀，望勿把我的行为交给别人去审判。

“从巴端附近经过的时候，我想在那儿游览一下。一个恶的试探降临在我的心头了：拿十块钱去冒险一下，或者我至少可以赢到二千佛郎，这个数目便足够维持四个月，维持我们自己和在彼得堡的家人都足够了。依我以前的经验，最坏的事是我有时竟能赢一些。而更坏的是我的那种恶劣的，过分感情用事的性格，对于任何事情，在任何地方，我却要走到最极点去；终我一生都老是走过那极点以外去了。

“那魔鬼立刻来捉弄我了：在三天之内，异常顺手，我竟赢得了四千佛郎。现在，我告诉你这恶魔是怎样摆布我的：一方面，很顺手的赢钱，一百佛郎的本钱，在三天之中竟赢得了四千；另一方面，我的债务，因债务而起的诉讼，不能遄归俄罗斯的焦虑以及对于归国的切望；而最后，第三个，实际是主要的原因便是那赌博本身的诱惑。你知道那是多么迷人欲醉呵！否，我可以向你发誓，虽然我最终的需要是钱，而迷住我的并不简单是钱这一旧事。安娜·格里戈里夫娜哀求我立刻离去，要我以四千佛郎为已足。要把一切困难解决，这是多么容易多么实际的一个机会呵！可是排列在我眼前的榜样又是些什么呢？不必说我自己赢得的，我每天看见别人更是两万或三万佛郎在那儿赢着哩（赌徒是看不见输钱的人的）。他们比我更圣洁些吗？我比他们需用钱更急迫哩，我于是多拿一些钱去冒险，却是输了。我开始输到了我最后的一文钱；在心烦意乱之中，我终还是输了。我便着手当去我们的衣物，安娜·格里戈里夫娜把她“所有的”东西都送到长生库中去了（多么好的一个天使呵！她真是用尽心力来安慰我，在那该诅咒的巴端城里，在铁匠铺楼上的两间小房中，她觉得多么孤单凄凉呵！）后来，末日来临，一切都输光了（呵，德国人多卑鄙龌龊呀，重利盘剥，流氓，拐骗，各种各色，真是应有尽有！我们的房东，看见我们没有钱搬家，便故意抬高房租！）。最后，为了救出我们自己，离去巴端已经成为必要了。我又写信给加可夫，向他再借五百卢布（没有告诉他我的困难情形；可是信既然是从巴端发出的，他当可以猜到这回事）。哈，他竟寄钱来了！他竟寄来了！现在我向《俄罗斯消息》总共预支四千卢布了。

"可是还要在巴端了结一切手续啦：在巴端，在那地狱里，我们竟困顿了七个星期哩。在最初，我刚到那里的第二天，便在赌场里遇见了孔加洛夫！孔加洛夫最初碰见了我多难为情呵！这位议员老爷也正在输着。因为两方面都无法隐瞒，加以我是老老实实地赌着的，所以他后来也不再回避我了。他很狂热地赌着（他只用银币押下很小的注子），他在巴端留住的两星期中，整天都是投身在赌场里，我相信他也输了不少。可是上帝大概是保佑他的，那位亲爱的伙计。当我输到两手空空的时候（他先还看见我手中有一叠金币的），他应我的要求，借了我六十佛郎。他一定是大大地咎责着我：为什么我都输光了呢，为什么不象他那样，只输掉一半呢？

"孔加洛夫老是和我谈着屠格涅夫的事；以致我本来不预备去看屠格涅夫的，也终于决心去探望他一次。一天正十二点的时候，我到他那儿去；他正在吃午饭。我坦白地告诉你：在以前，我便已经是非常不喜欢他之为人的。最糟糕的是早在一八五七年①在维斯巴端的时候，我借了他五十'太勒'，至今还没有还给他的。我也不喜欢他的那种倨傲而虚伪的欢迎人的派头，只是翘起脸颊待人接吻。那种将军的派头也令人生厌！而终之，他的小说《烟》是激怒我的东西。他自己告诉我，他的那部小说的主要观点和基本立足点是包含在下述这一短语中的：'设使俄罗斯一旦灭亡了，这是没有什么损失的，或是在人类中是不含有丝毫影响的。'他对我申言，这是他对于俄罗斯的基本信念。我看出他因为《烟》之失败，似乎非常愤慨。并且我还得说明，当时我并不知道他的失败的一切详细情形。你写信告诉我司特拉可夫在某杂志上骂他的文章；可是我还不知道各地方对他的攻击，也不知道在某处俱乐部中（我相信是在莫斯科）竟有人着手联名来

---

① 这里的年代错了，一八五七年应作一八六七年，登以此信后面所说关于屠格涅夫的话："他之匍匐于德国人之前，我本来早在四年以前就看出了的，"便可知。

反对那部小说。这是他自己告诉我的。一个人竟会这样赤裸裸地，这样笨拙地，把所有自己自私自利的地方都表露给人家看，如屠格涅夫所作的这样赤裸裸地，这样笨拙地，这我真正想象不到，我老实告诉你。我还告诉你，这些人还以自己为无神论者来骄人哩！他对我申言他是一个绝对的无神论者。可是，我的天！有神论给了'基督'与我们，即是，给了我们一个至高的人的概念——这一概念非虔敬便不能理解的，人们便也不禁都相信这是人类永久的理想。至若他们——屠格涅夫们，赫贞们（Herzens），奥金们（Outing），切尼谢夫斯基们(Chernyshevskys)——给了我们什么呢？至高的神圣的美是他们所唾弃的，他们所有的只是极卑劣的自我主义，极无耻的凶狠愤怒，极轻浮的骄矜自大——这种种简直令人看不出他们所希望的是什么并且谁会信从他们。屠格涅夫诅咒俄罗斯极其刻毒。可是我们看出的是：所有这些自由党和进步党的小东西，都仍旧是伯林斯基派（Belinsky's Schoo1）中的上等角色，他们主要的都是以诅咒嘲骂俄罗斯为快意为满足的，所不同的只是切尼谢夫斯基派的诅咒俄罗斯是彰明较著的，他们且坦然地愿意俄罗斯陷于灭亡（主要的是灭亡掉），可是这些叛徒们还在那儿说，他们是'爱俄罗斯'的，任何事物，只要他们看出是俄罗斯所固有的，便加以仇恨反对，并立刻拿去作成他们嘲弄的目的物；不仅此也，即使我们终于拿一种实际的事实呈献〈现〉在他们面前，这事实是不特他们不能否认或嘲弄，而且甚至他们亦不能不加以赞同的，那么他们会怎样呢？我看来他们一定会恼羞成怒，狂噬一切，不会有其他的。我又看出，屠格涅夫（和其他长久离开俄罗斯的人一样的）确然不懂一点实际（虽然他们是读报纸的）。他们显然是完全失掉了对于俄罗斯的理解力，以致许多极平常的事实，虽然我们俄罗斯的虚无党人都不再否认的事实，他们都不能了解；他们却只是拿去作一种嘲弄的材料。那时他还说我们应当匍匐于德意志之前，他说现在只有一条为大家所必经之路——那便是文明，并说一切企图高唱俄罗斯主义或独立的人，都是至愚，都是鹿豕一般的。他说他正在写一篇长文字，仅对一切崇奉俄罗斯的或斯拉夫的政教文化的人。我忠告他：为了自己的便利起见，他应该写信到巴黎去买一只望远镜。'用作什么呢？'他问我。'俄罗斯离这里是太远了，'我回答他说，'把你的望远镜指向着俄罗斯去考察我们一下，因为否则你太难看见我们了。'他大发其怒了。我看见他这样生气，我便很光明磊落地对他说：'我真正没有盼望所有这些对于你的批评以及《烟》的失败会使你激怒到这样的地步。我的天，这真不值得这样，都不理会他吧。''可是我并没有激怒，你为什么要这样说呢？'他说着脸红了。

"我便把谈锋转过来，开始谈一些家务和个人的琐事，后来我拿起我的帽子，可是不自觉间竟把三个月来在德国的积愤都向他吐露出来了，‘你知道’，我接着说下去，‘人们在这儿会遇着一些怎样的流氓和痞棍么？真的，这儿的民众比我们的国民更坏，更不诚实；他们也比我们更蠢笨些——这一些当然是毫无疑义的啦。哼，刚才你谈着文明；好的，文明对于他们有什么好处呢？他们有什么地方比我们高明，足以自傲呢？’他面色灰败了（恰是这样，我没有丝毫故甚其词，没有丝毫），便对我说：‘你像这样说法，简直侮辱我个人了，你知道我是以此地为安身立命之所的，我认为自己是一个德国人，不是俄国人，我且以此自傲哩。’‘虽然我读了你的《烟》，’我回答说，‘并且和你谈了足足一个钟头，然而我确实没有料到你会说出这样的话来的，所以，我有侮辱你的地方，请你原谅。’

“后来我们分别的时候，彼此还很客气地说了再会的话，我自己却决意再不与屠格涅夫相见了。第二天，恰在早晨十点钟。他驱车到我家里，留下了一张名片在房东那里，可是头一天我已经告诉过他，十二点钟以前我是不会客的，因为我们要在十一点钟才起身。我看出他之所以十点钟来访我，是暗示着他不愿意会见我，他猜定这个暗示我一定会明白的。在这整整七星期中，我只在车站上遇见过他一次。我们彼此瞪了一眼，两人都没有鞠躬招呼。我这样恶意地叙述着屠格涅夫以及我们彼此间冲突的情形，在你看来或者会感到几分不愉快。可是，我可以发誓，我不能忍受这个；他的那种信念实在太侮辱我了！对于我个人，这是没有丝毫关系的；便是他的那种‘将军的派头，于我亦毫无所损，可是我不能容忍一个俄罗斯的卖国贼（其实他并不是竟完全无用的人）这样咀咒骂俄罗斯。他之匍匐于德国人之前，他之仇恨俄国人，我本来早已看出，早在四年以前就看出了的。可是现在他的激怒，他的满口愤语怨声，完全是由于《烟》的失败而起的，完全是因为‘俄罗斯竟胆敢否认他是一个天才’这一事实而来的。……这是纯然的自私自利，这是太卑劣了！

“现在，我的朋友，请听我的方略。我之输掉那些钱，当然是非常不正当的行为。可是，比较说来，我还是没有输很多我自己的钱。诚然是可惜的，那笔钱实足供我们两个月之用，若是省俭一点，四个月亦够维持的。我已经告诉过你了；我不禁被那‘我正要赢的’一观念诱惑了。假使最初我就把那十块钱输掉，我一定会立刻不再赌下去，照着预定的计划到瑞士来了。可是四千佛郎之赢得便叫我死无葬身之地了。‘多赢一点’之诱惑（尤其是在赢得很顺手的时候），是无法可以抗拒的；同时又想到可以脱身于一切债务的诉讼，并可以使自己和家人（埃米尼·费多洛夫娜巴霞及其他）的生活得到相当时期的安定，便也不愿放手。然而这一切并不能使我的过失减去丝毫，因为我并不是只有自己一人啦！我还偕着一个有慈善心肠又极其美好的青年妇人同在着，她是绝对地信任我，我便是她的保护人，因此我实在没有权力来使她受损害，我实不应该拿一点钱去冒险，即令是极小的数目也不应该。我的将来，我看非常成问题。我不能遄返俄罗斯，原因已如上述。现在最紧要的问题是：那些依靠我的帮助而生活的人今后怎样办呢？这一切的思虑令我恼恨欲死。……

"我只有你；你是我最宝贵的朋友，我的命运之神。将来不要拒绝帮助我吧。因为这些大小事件我都要请你关照的。

"你大概是明白看出了我的一切希望的一个根本关念；这是很显然的。我所盼望得到的那些结果都要依靠在一个条件之上，那条件便是：我的小说是好的。因此，我现在是用着我的全副精神和力量去对付我的作品的。唉，我亲爱的老伙计，三年以前，我妄想能够付清那全部的债，因而很蠢笨地接受了那全盘债务，这对于我真是太困难的事，太困难了！我在哪儿求得到那必要的健康和精力呢？倘使依过去的经验来看，我是能成功的，那么是在一种什么条件下得来的呢？唯一的条件是我的每一本书应当能引起读者的一种极浓厚的兴趣；否则一切均属无望。可是这是可能的吗？这能够像数学一样有一个确定的计算的吗？……"

（此信末尾系告货一笔款项，同时还有一些详述朵思退夫斯基境遇困难的话。）

朵思退夫斯基与邵司乐夫姑娘

关于朵思退夫斯基与邵司乐夫姑娘恋爱的事件，最初发表的是在艾妹（朵氏之女）所著的论述他的父亲的那部书中（一九二〇年出版，原文是德文，英文已有译本），不过在那里面还只是轻描淡写的一点，从朵氏给他的哥哥米切尔的信中，同样从邵司乐夫姑娘的日记和信札中，我们可以知道许多情形，都是关于他们两人一八六三年在国外游历中的有趣琐事；那时恰距朵氏的前妻，马里·德米特里夫娜·伊沙也夫，逝世不久以前。

下面转载的这封朵氏致邵司乐夫姑娘的信，是新近在莫斯科高尔哲夫(Golziev)处发现，用俄文发表的：

“你的信，我的宝贵的朋友，由巴苏鲁夫（书店）转给我的，收到得太迟了，恰在我去〈出〉国的时候才递到；那时真是匆忙万分，无法给你回信。我是在良好的星期五（我相信是四月十四）离开彼得堡的，我到芮斯顿的旅程历时极久，屡经顿挫，所以直到现在才得拨冗和你一谈。

“吓，我亲爱的，关于我的事，你当然是毫无所知，无论如何，在你发那封信的时候，你是毫无所知的，对吗？今年二月间，我结婚了。原来是，依据我和司捷乐夫斯基（出版人）订的契约，在去年十一月一日以前，我应当交出一部新小说，篇幅要在普通版本的十个‘孚’以上；否则我便要认罚一大笔款项。在这个时间我正在为《俄罗斯消息》写一部小说，已经写好二十四‘孚’，可是还要十二‘孚’才得完结，而当时又要为司捷乐夫斯基写十‘孚’。这时已经是十月四日了，我却还没有动笔。米留可夫便劝我雇用一个速记生，我只须把小说口述出来，给他去抄译，这样工作的速率可以加快四倍。速记班的教授阿尔金便把他的一个优等生荐给我，那是一个青年姑娘，我便雇用了。十月四日我们便动手工作起来。我的速记生，安娜·格里戈里夫娜·司涅金，是一个青年而又颇美好的二十岁的女子，家教极好，在学校中是以优等卒业的，性格异常和善且聪明活泼。工作进行迅速非常。十一月[①]二十八日，我的小说《赌徒》便已完工，只费了二十四天，一直到工作完结。我看出我的速记生，老是很诚挚地爱慕着我，虽然她口里没有说过一句，都可以看出来；我欢喜她的情感也一天一天增加起来。自从我的哥哥去世以后[②]，我对于生活就感到了万分苦闷，难于支持，因此我便向她求婚，她同意以后，现在我们便结婚了。年龄的相差（她年二十，我已四十四）真是令人咋舌，可是我逐渐更相信她一定是能够得到愉快的。她有着一颗良心，她也能够爱我。

“现在把关于我的境遇大概说一说。你是有几分知道的，我的哥哥逝世以后，他的杂志[③]的麻烦令我恼恨欲绝，以致身体失掉了健康；后来因为销路大减而我也弄得精疲力竭，便把杂志停闭了。其次，那三千卢布（我卖书给司捷乐夫斯基所得的），我拿来用在杂志上面以及我的哥哥的家庭并还债，于是分文不存，结果我又负了新债，加上我的哥哥在杂志一方面未付的欠款，总共债额在一万五千卢布以上。这是一八六五年我出国时候的经济状况，那时我带在身边的只有四十拿破仑[④]，在国外，我念念于债务，觉得这一万五千之数，只有靠我自己才得偿清。此外，我的哥哥实在是我的一切，他之逝世便令我感到了生活的苦恼烦闷。我还是想找一个能够与我情投意和的人，可是没有找到。后来我便埋头工作中，动手写一部小说，加可夫给的稿费比别人要多些，所以我便把小说给他了。可是这部小说的三十七“孚”，再加上给司捷乐夫斯基的十“孚”，这样多的东西写起来实在太吃力，而我终于写好了，于是我的痫症便弄得频发不已。可是，虽然病加剧，我的心却安了，且免掉了因债务而受累赘之苦。这部小说（在杂志里发表并印单行本）共得到了一万四千卢布之多，我于生活需用之外，并偿还了一万二千卢布的债务。现在我的债务总共只有三千卢布，可是这三千债务是最坏不过的了。你还得愈多，那般债主便愈是变迫不及待的样儿。你要注意，设使我不把那些债务承受下来，这些债主便会分文莫得，他们自己也知道这种情形的；所以他们当初都是很小心地请我额外施恩把那些债务承受下来，并答应决不令我为难的。可是我竟能偿还了一万二千的债务，于是那般尚未得到债款的债主便大起贪念，不断地麻烦起我来了。现在要到过年的时候，我才有进款，并且若是我现在写的这部书不能完工，进款还是无指望的。可是他们老是闹着，不让我有一刻儿

① 原文为十一月，当系十月，疑是朵氏之笔误。

② 朵氏之兄米切耳死于一八六四年六月十日。

③ 《时代》杂志于一八六五年停刊。

④ “拿破仑币”，系一种值二十佛郎之金币，与“路易币”等。

安静，我又怎能写好那部书呢？这便是我（偕着我的妻）出国的缘由了。复次，我盼望国外的生活使我的痫症能够好将起来；因为近来彼得堡的生活简直令我不能作工，我再不能在夜里工作了，因为每一次都会发痫症。我要恢复健康并完结我的工作，便非易地不可。我向加可夫去预支钱，他很愿意地支给我了。他们待我非常客气要好，在最初，我便已对加可夫申明，我是一个崇奉斯拉夫的政教文化的人，对于他的某一些意见我是不同意的，可是这种申明反使我们的关系更加亲密起来，减少了许多隔阂。他实实在在是一个最高尚的人，以前我并不深知他。他的无限的自私自利心自然是他的最大的弱点，可是谁没有无限的自私自利心呢？

“留在彼得堡的最后几日中，我遇着了卜里尔金夫人（Mme. Brylkin)，便去看了她一次，我们谈了许多关于你的事，她很欢喜你，她告诉我，说我竟和别一妇人快活去了，她觉得非常难过。我预备写信给她，我欢喜她。

“你的信给我一个很难过的印象，你说你非常难过。过去一年中，我没有知道你的生活情形，也不知道你有什么心事；可是就我所知道你的一切判断起来，你要快活是很难的。呵！我亲爱的，我并不叫你去求那无价值的快乐。我很尊敬(我老是这样尊敬的）你的那种精密的天性，我确实知道你的心早不禁要要求生活的；可是你自己以为人们不是圣贤，便是盗贼，我是就事实加以判断的，你自己去求得结论吧。

“Aurevoir（再会)，我的永世的朋友！我恐怕这封信在莫斯科找不到你。无论如何，请注意，在五月八日（旧历）以前我是在芮斯顿的（无论怎样都是在的；以后就要走了)，所以，倘使你愿意给我回信，便请接到这封信后就写来(沙克逊，芮斯顿城，朵思退夫斯基收——留局待取)。以后的通迅处我当再通知你。再会，我的朋友，冯〈紧〉握着并吻你的手。

你的朵思退夫斯基。
一八六七年四月二十三日，
(新历五月五日）
于芮斯顿。

下面的一篇文字是格洛斯曼（Leonid grossman）所作，最近在彼得堡的一种文学月刊上发表的。此文关于邵司乐夫姑娘的性格颇有许多新的有价值的论述，特转译如下，以资参考：

“我们要讲述朵思退夫斯基的一般狂恋史，得追溯到一八六十年代之初，那位青年姑娘，亚玻林娜里亚·潘克拉基夫娜·邵司乐夫（Apollinaria Dan'raIiavna Souslov），在朵思退夫斯基后期的创造工作中，实在遗下了一种最深的迹印。

“从艾妹著的论述她的父亲书中，我们只能得到少许关于“宝林”（Pauline——系艾妹称邵司乐夫之名）的事实。她从外省到彼得堡来，在一处大学里读书。虽然在六十年代初，朵思退夫斯基很少参与学生的文学晚会，并且当时他在学生及一般社会中也还没有如七十年代末期那样知名，然而我们还是断定，邵司乐夫姑娘之认识朵氏必在当时的某一晚会中。在现存的朵氏文卷里，我们没有寻出邵司乐夫给朵氏的第一封情书；可是我们可以信任艾妹的话，她说朵氏确实接到过这样封信，并且颇为那至诚的，天真的和浪漫的腔调所感动——一个青年女子为大文学家的天才所眩动，便向他表达出她的赞美与欣慕来，我们可以想见这是怎样的一种音调。

“在一八六三年，朵氏与邵司乐夫间的爱情已经达到了最高度，无论如何，这是毫无疑义的。那年夏天，朵氏便偕邵司乐夫到国外去旅行，在他给他的哥哥的信中，他很坦白地说出他和他的爱人在旅行中的快乐。然而，在这第一次的欧陆旅行中，他的那种已成习惯的疑忌性，郁闷的素质，尤其是在转盘博中的输钱，仍掩过了他们的愉快，这也是实情。

“我们的足迹所至都可以算壮游；朵思退夫斯基写给他的哥哥说，‘然而我还是觉得非常不满意，虽在邵女在亦无可如何。便是快乐，我都是以苦痛的心情来享受的；因为我已经和所有前此曾经相亲爱并多次共患难的人分离了。虽然我抛弃了一切，甚至于抛弃了能有益于我的事物，以求快乐——然而我的自我主义以及由此而发的思想，现在却把我的快乐都败坏了（倘使真是有快乐的话）。’

“朵氏的同伴，为了他赌博的输钱，大大的受窘。她把她的戒指当了，她与他共同忍受着那种陡来的贫乏，共同焦急着，她又害怕旅馆送账单来，因为无钱可付。他们间的关系的历史，很明白地反映在朵氏作的《赌徒》一书中（当然还掺入了别种恋爱的事件在里面）。邵司乐夫的日记可以令我们寻出他们间个人关系的历史，同时也使我们能够看出，朵氏拿他在经验中所得的原料去作成一种艺术的作品，所用的是怎样的方法。

“朵氏和邵司乐夫的关系并不是一直很坦然的；似乎经过了大破裂，又和好，又发生极大的误会，几经波折，最后方成功一种经常的相互迷恋。他们间的通信似乎也常经过长时期的间断，然而直到朵氏续弦以后，他们间的通信仍旧没有断绝。一八六七年五月五日，即是在他与安娜·格里戈里夫娜·司涅金结婚两个月以后，朵氏尚有一信致邵司乐夫，详述个人生活变迁的情形（即本书前所载一信）。

“从安娜·格里戈里夫娜的日记中，我们可以看出，她对于她的丈夫和邵司乐夫间的频频通信，是极其痛心的。下面摘录的一段便是朵思退夫斯基夫人描写她的丈夫阅读邵司乐夫的来信的情形，这是一八六七年五月二十七日他们在国外寄居时的事（俄旧历为五月十五日）。

“他读信的时候，我老是看着他的面上的表情。他把第一页读了又读至于许久，仿佛他不能了解信中的含义似的。后来，他终于读完了，面上现出绯红，他的手似乎在发抖。我假装不知道这封信是谁寄来的，只问他莎尼奇加（朵思退夫斯基的亲眷之一）写的一些什么。他说这封信不是莎尼奇加写来的，说着向我作一惨然的微笑。我决没有在他面上出过这样的一种惨笑的，这种微笑很像是含着耻辱或者哀怜的成分在里面——真的，我不知道；可是这是一种可怜的绝望的微笑。后来他变得十分心神迷乱的样儿，他竟至不能了解我所说的话。”

“我们颇以为邵司乐夫便是朵氏的狂热的情感之目的物，她是一个走极端的女人，无论在心理方面和感觉方面都是倾向于无限的极点，因此她对于生活有着极热烈的要求。她的‘人非圣贤，即为盗贼’的主张，一方面固可以看出她的那种感情用事的天性，同时也可以看出她的刚毅、果决和霸道的质素来。她的心有时为很高尚的怜悯和爱之情所动（例如，她听见了朵氏之兄患病而流泪），但有时又非常恣情任性，完全为盲目的行动所役使，她的气分中显然带有傲世轻人之概。她的这种种怪异的癖性，经过了洛沙鲁夫（V. VRosanov）的证明以后，便是铁案如山了。洛沙鲁夫和邵司乐夫结婚恰在朵氏逝世的那一年（一八八一年）。当然，我们应当注意，洛沙鲁夫所论述的“宝林”已经不是很青年的了（他们结婚的时候，她已有四十五岁）；而且洛沙鲁夫之论断或者不免有若干不怀好意的偏见。然而，洛氏的意见终究是很有价值的，并且他的意见与我们从旁的方面所得的材料大体还是一致的。

“我和她结婚的时候，洛沙鲁夫说，‘我还是一个大学没有毕业的学生，在我取得学位的前一年，可是过了六年结婚生活以后，她竟去和一个青年犹太人发生恋爱而离开了我。’后来，洛沙鲁夫在他给牧师会的呈文中，关于她的事是这样写的：‘亚玻林娜里亚，乳名邵司乐夫，于一八八六年离去其夫洛沙鲁夫，而继续与一犹太青年名戈耳多夫斯基（Goldovsky）者相往还，她离去前夫之理由为前夫不遵守信约；至若该犹太青年乃书店中照料分派洛沙鲁夫之书籍的伙计。’可是，从我们所得到的记据看来，似乎她爱上了那戈耳多夫斯基以后，对方并未接受她的爱情，于是她对他乃加以极端的虐待，并不绝地和她的丈夫争闹，强迫丈夫与那青年犹太人完全断绝关系。戈耳多夫斯基是一个犹太大世家的出身，是一个极美好的青年，亚玻林娜里亚自己请他来和洛沙鲁夫过夏的。从上面所述，已可见亚玻林娜里亚的狂放不羁的行动之一斑。

“洛沙鲁夫继续说道，他在耶里治（Eletz）任教席以后，便要求他的妻回到他那儿去，希望在一处新的地方，一种新的环境与新的人群中间，他们一定可以和好如初的。可是她不肯回来。‘成万成千的丈夫，’她回答说：‘都处着你这同样的地位（即是为妻子所抛弃），然而他们并没有婉转哀鸣——人不是狗呀！’

“洛沙鲁夫曾写信给亚玻林娜里亚的父亲，要求他影响他的女儿，强迫她回到她的丈夫那儿去。她的父亲回信说：‘那人类的仇敌（即指他的女儿）现正住在我家里，我自己再不能在这儿住下去了。’

“洛沙鲁夫的一个朋友为我述下面一段情形：在九十年代（即一八九〇到一九〇〇年）洛沙鲁夫的生活变得非常困苦颠连，因为亚玻林娜里亚坦然地拒绝和他离婚。一九〇二年，亚氏正寄居在塞巴司托玻耳（Sebastopol），洛沙鲁夫便请了他的一个朋友到那儿去和她声辩，迫促她和他离婚。那时亚玻林娜里亚年已在六十以上了；她一个人孤单地住在她自己的一间屋里，门口却写着“洛沙鲁夫夫人之住宅。’那间屋子布置得非常整齐清洁；她本人给我的印象是一个活动的有精力的妇人。在她和她丈夫的来使谈话中，她仍旧坚执不从，没有论证能够变得了她的决定的。她谈到洛沙鲁夫，带着极端悲若的神情，她也不愿来使的反复申辩，老是不肯有丝毫的让步。”

渥耳西斯基（A. S. Volzhsky）是洛沙鲁夫的至友，也是研究朵氏作品的信徒，他曾写信给洛沙鲁夫问及关于他的前妻（邵司乐夫）的事，洛沙鲁夫便答复了下面这一封有价值的信：

“我第一次遇见亚玻林娜里亚是在我的学生谢格乐夫姑娘（Mlle. A. M. Scheglov）家里（那时我年十七岁，谢二十二岁或二十三岁，亚三十七岁）。亚玻林娜里亚全身都穿的黑色；她的面上还遗有“过去美貌的残迹”；她是一个俄国的保皇党，正等候法国守旧派的胜利，因为她有许多朋友在那儿，在俄国却一个也没有。她在俄国只喜欢贵族的东西，她用着她的那种“老于是［世］道”的眼光，便懂得我是已经被她“猎”到了——她说话却只是冷淡的，若无其事然的。……大概说来，亚玻林娜里亚真正是迥异常人。我知道，人们（并且有一个她的朋友名阿希玻夫娜（AnuaOsipovnaG.）的，比她年轻十五岁），多有被她绝对迷住的。我前此决没有看见过这样的一个俄国妇人。就“她的神情”看来，她是一个纯粹的俄国人；也可以说她是“大同派”的一个 raskolnik（异教徒），更说得像些，便是“克里派”（Khlysts'sect）的一位“圣母”（Mother of god）了。

“她和朵思退夫斯基曾经私爱着，并和他住在一处，我有一次问她：‘为什么你和他分离了呢？’

“‘因为他不愿意和他的（前）妻离婚，那女人正害着痨病，要死了。’她说。

“‘可是她要死吗？’

“‘是的，她在六个月以后就死了。可是到了那时候，我已经不爱他了。’她说。

“‘为什么你不爱他了呢？’

“‘我之爱他是无条件的，他也应该照我一样作才对，他不能照办，我便离开他了。”

“这便是她的‘神情’；这一段话完全是照当时的语句写下的。

“洛沙鲁夫确言亚玻林娜里亚有着一种几乎旷世无匹的魔力，一种咄咄逼人的、迷人欲醉的女性的‘神情’。她虽然很冷酷，不易为外物所动，然而便是在恋爱中，她仍旧是一个‘满身创伤’的战士，充分表现其非常的，乖戾的一种复杂的特性。在三十年以后的回忆中，洛沙鲁夫仍旧带着非常激动的神情深致赞叹于这位奇异的妇人之魔力——这位 The catharine de Medici[①]，这位‘克星派’的圣母。

“洛沙鲁夫也曾拿亚玻林娜里亚和朵氏小说中的女英雄相比较，他说：‘拉司科耳涅科夫的妹妹，东尼亚（在《罪与罚》中）和亚格娜亚（在《白痴》中）很像她，可是说到格劳仙卡（在《卡拉玛卓夫兄弟》中）——一点也不像，一点也不。格劳仙卡是一个不纯洁的俄国妇人；可是在亚玻林娜里亚身上则没有丝毫不纯洁或粗鄙的气分。’

“洛沙鲁夫以为在朵思退夫斯基的《被屈服与被侮辱的人们》（*Humiliated*

---

① the Catharine de Medici 系法王 Henry 第二之后，赋性极乖戾而具有迷人的魔力。

and Insulted）中有一段话用来描写亚玻林娜里亚，实在非常正确。那一段描写的某伯爵夫人，由亲王瓦耳科夫斯基（Prince Valkovsky）对伊万·彼得洛费奇（Ivan Petrovitch）说的。那亲王说：‘她是一个头等美丽的妇人。那模样儿，那举止言行，那身段和步态，呵，是多么好呀！她的眼光是一道神剑，像飞鹰的眼儿一样锋利，可更要严峻些。她是非常庄严，令人难于亲近。她象冰一样的冷是众所共知的，她那高不可攀自骄自傲的神情，把所有的人都惊骇得远远地避去了。……她对于每一个人都是毫无感情的，像中古的代丈尼庵的主持一样。……并且，哼！决没有一个妇人像她那一样恣情纵欲的！……我的这位妇人垂泪任性，便是 Marquis de Sade 也应当从她去学学哩。……是的，她是恶魔转世，可是是一个恶魔却具有举世莫敌的魔力啦。……’依洛沙鲁夫的意见，这一段话拿来描写邵司乐夫是再确切也没有的；虽然，在实际上并不是说的她，因为朵氏写这部书的时候还没有遇见邵司乐夫。

“洛沙鲁夫的信颇能帮助我们了解朵氏与邵司乐夫间恋爱关系的特质。朵氏所写的许多‘骄傲的女子’和‘凶狠的妇人’颇有不少是以邵司乐夫的特性为蓝本的。在所有朵氏在成熟时期作的小说中，都出现了一种新的神态和新的性格的妇人，这显然是从他那位一八六三年的游侣——那位具有举世无匹的魔力的姑娘，身上理解来的。”

托尔斯泰与司特拉可夫对于朵思退夫斯基之批评

司特拉可夫小传

尼可拉·尼可拉也维奇·司特拉可夫（Nicolay Nicolaye Serakev）（一八二八—一八九六）初就学于彼得堡大学的数学研究院，于一八四八年取得了学位。后来他又转入自然科学院继续研究，于一八五一年卒业，遂任生物学和数学的教员。因为他对于动物学颇曾致力研究，一八五七年便被尊为动物学的名家。

一八六一年，在朵思退夫斯基弟兄办的《时间》杂志上，他成了一个主要的投稿人。他写了许多文字，都是直接反对那“西方派”的，颇受读者的欢迎。后来他作了一篇文字，题名为《天命问题》，论述的是俄罗斯与波兰的关系，颇含有反对政府的精神，于是《时间》杂志便被检稿官封闭了。

司特拉可夫与托尔斯泰相识是在一八七一年。他写了好几篇很高明的文字批评《战争与和平》以后，便写信给托尔斯泰，要求他投稿给《黎明》（Earya）杂志。托尔斯泰给了他一个很紧急的请帖，要他到亚斯那亚·波连那去和他同住。一八七一年六月，司特拉可夫到那儿去了，以后每年夏季他都和托尔斯泰同住一两月。他们间的友谊一天一天更挚好起来，他们两人间都是完全开诚相见的，这从《托尔斯泰与司特拉可夫通信全集——一八七〇至一八九四年》一书中可以看出。此书原版为俄文，于一九一四年由彼得堡托尔斯泰纪念馆出版的。全书计五百余面，其中约有二百多封是司特拉可夫写的。

关于给司特拉可夫写信一事，托尔斯泰致塞桂扬柯（P. A. Sergueyenko）信中（一九〇六年二月六日）说：“除了亚力山特拉·安得里也夫娜·托尔斯泰而外，有两个朋友我也写了许多信给他们，这种情形，我拟想，那些很有兴趣于我个人的朋友，听见了也会很高兴的。那两个人便是司特拉可夫和乌陆索夫亲王（Prince Urusov）。

托尔斯泰非常重视司特拉可夫之为人，他说：“司特拉可夫是我所知道的最好的人之一。”

托尔斯泰与司特拉可夫两人间的友谊继续了二十年之久，直到司氏死后为止。而在司特拉可夫一方面，他之崇敬托尔斯泰的天才，崇敬他的伟大的精神力与智慧力，则实有三十年之久。一八九六年，洛沙鲁夫写了一篇文字论述司特拉可夫之死，曾说："司特拉可夫依恋于托尔斯泰是非常深沉且神秘的。他爱他，以为他是人类精神中最高的最深的那种意志之结晶，以为他是人类这一大身体中的一组特别的脑筋，至若我们其余的人在这身体中都远不及他重要而有意义……他爱他到了极深遂〈邃〉的地方，在那底里没有人能够看得到的，而在他的眼睛中，从那底里还可以发现无数量的宝藏。托尔斯泰从来没有失掉比这更好的朋友，这是毫无疑义的。"

在另一段中，洛沙鲁夫写道："托尔斯泰——这人，这著作家，这思想家——对于他（司特拉可夫）是至伟大，至高无上的；他不能寻出话来表达他的崇敬和对于他的爱。……有一次司特拉可夫批评某著作家（现已去世），骂得非常厉害，他说'他（那著作家）似乎失掉了嗅觉的一样，以致纯洁与污浊也分辨不出：他完全缺乏辨别美恶的感觉。他本来在说着极高尚的事物，陡然一转就说成一些不堪的龌龊事来，忽天忽地，乱扯一阵，完全不知道那全然是另一回事。……现在，你们可以看看托尔斯泰——他的那种辨别善恶的能力真是惊人。你拿他的任何一种作为来看，可以看见纯洁和污浊在他的眼睛中丝毫不混淆的，并且他自己懂了，他还使你也觉得那其间是有着很显然的界限的。'"洛沙鲁夫接着说："司特拉可夫用着这样的一种特异的声调说着这个，你们当会觉得他对于托尔斯泰的热爱之中心点便在于此；他对于托尔斯泰经过了长期的观察与研究以后，便看出托尔斯泰是这样一个人：他把头靠到这人的胸膛上去，不会炙痛，不会玷污，也不会丧去他的灵魂的；因此他便信托他了。"

司特拉可夫给托尔斯泰的信件令人感到极大的兴趣，不仅是因为他们谈着当时的文人和时事，谈着人生和信仰诸问题，亦且是因为他们那种十分坦白且忠诚的态度，以及那种动人的浓密的友情，都跃然纸上。

司特拉可夫是最卓越的俄国文学批评家之一，是一个真正的学者，是一个廉洁公正，扶危济难，而为一切人所深深景仰的人。

他的著作最有名的如下：

《俄罗斯虚无主义的历史纪要》

《论普希金及其他诗人》（文集）

《在我们的文学界中与西方思想之论战》（共三卷）

《批评论文集》（两卷）

《关于朵思退夫斯基回忆录》

《世界论》

端涅雷夫斯基的生平及其著作。

此外还有各种科学的著作，以及由他国文学翻译成俄文的东西，都是关于哲学的，科学的和文学的。

前述《通信全集》中有一部份司特拉可夫致托尔斯泰的信，在一九二三年的Sov－Zemenug Mir 杂志中按期发表过的。

托尔斯泰与司特拉可夫间的通信摘要

托氏致司氏信

那些人在莫斯科的生活，我不能了解。他们自己也不了解。可是大多数人的生活——农人的、香客的，以及其他任何人（他们自己了解自己的生活的）的——我都了解并且极端爱好他们。我继续作着那同样的工作，并且，在我看来，那似乎不是无益的事。从前有一天我觉得很无精神，曾把（朵思退夫斯基著的）《死室》(The Dead House) 读过一篇〈遍〉。现在多半都忘记了，便又读了一遍。我真不知道在全部新的文学作品中，连普希金也算在内，还有比这更好的一部书。倘使你看见了朵思退夫斯基，便告诉他说我爱他。

九月二十六日，一八八〇年

司氏致托氏信

我看见了朵思退夫斯基，并转达了你的爱和赞许之情。他非常欢喜，我只得把你给我的信中写了那几句好话的一张留给他。他看了你在信里所写的对于普希金不敬的话（……在全部新的文学作品中，连普希金也算在内，还有比这更好的一部书），略有点不安。“怎样，也在内吗?”他问。我说你以前是崇拜的，现在却特别改变了，成了一个“自由思想家”。

十一月二日，一八八〇年

司氏致托氏书

自从听见了朵思退夫斯基逝世这一消息以来，我便老是感到一种极深度的空虚，我的亲爱的尼可拉夫也维奇[1]。在我看来，仿佛是彼得堡沉去了一半，或是文学界死去了一半似的。虽然近年以来，我们彼此的意见不很相合，可是现在我却觉到了他过去对于我的重要。有他在着，我便得以希望自己变得更聪明且良善；我们间虽有一些误会，然而我们彼此敬仰之深，回忆起来，仍令我怀念不已，咳！多难过呵！我不愿作一点事，我将要躺下的那座坟墓仿佛已经临近在我身边，等候着我的下世。一切都是空幻的，一切都是空幻的呵！

在我们最近的某一次会面中，我告诉他，我对于他的活动力真是惊喜交集。真的，他一个人（以他对于读者的影响看来），实在抵得住好几种月刊。在全文学界中几乎都是仇视他的，他却昂然立在那中间，很勇敢地说出一些为习俗所公认为煽惑和疯狂的话。他的成就之伟大，虽然我是全然无意于文学事业的，也竟弄得目瞪口呆！

可是，另一方面看来，毁损了他的也正是这种活动力。他每一次出来，听众都是极狂热地欢迎着，对于这种狂热，他觉得非常乐意，最近几乎没有一个星期不看见朵思退夫斯基出现在听众之前的。他污辱屠格涅夫的，终于污辱了自己。可是他需要这种很利达的结果；因为与其说他是一个艺术家，实在远不如说他是一个政治的宣传家和煽动家。

他的傧仪真是壮规得很。我很注意地看着并且探索着——那儿几乎没有东西是照常规的有秩序的。各学校送来了许多花圈，竟像是由一道总司令吩咐下来的一样；然而这都是群众的善意作出来的呵。

他的可怜的妻非常伤心，我觉得很难过，不知道对她说什么好。“只要我有过热切的信念，那就好了！……”她说着。

现在他们强迫我担任一件困难工作，便是二月十四日斯拉夫慈善会开会，要我去报告朵思退夫斯基的事业等等，我只得应允下来。幸而我脑中还想到了一些意思，我当竭力简单明瞭地说出来，这是对于生者也是对于死者应尽的责任。我请你允许我参考你那封批评《死室》的信。我已开始重读那部书，觉得此书简法忠实，我前次竟未能赏鉴到，真令我失惊。

二月三日，一八八一年

托氏致司氏信

……我对于朵思退夫斯基的感想，我多愿意全部都倾吐出来呵！你，在描写

---

① 朵氏死于一八八一年一月二十八日。司特拉可夫后著有对于朵思退夫斯基之回忆，于一八八三年出版，英译见“朵氏全集”第一卷。

你的感想的时候，已经把我的也说出了一部分。我从来没有看见过他这人，也没有和他发生过直接关系，而当他死了以后，我却陡然认识了他是于我最接近的，最亲爱的且是最需要的一个人。我的脑中从来没有想到把他拿来和我自己较量一下——从来没有！所有他作的一切（那美好的纯正的作品）在我看来竟是这样：他作得愈多，于我便愈有益，在我脑中的，艺术对于他是怀了妒意，智慧也是如此；而我的心的工作呢——则只有愉快。我是早已把他认作是我的朋友，我以为我们总要相遇的，只是还没有这样的机会罢了，将来一定会有的。起初我只觉得忽忽如有所失，可是后来我便已很明显地觉到他乃是我十分爱好的，他于我是十分贵重的，于是我哭了，我现在还在哭哩。最近，在我逝世以前，我读了他的《被屈服与侮辱的人们》，受了很深的感动。

一八八一年

司氏致托氏书

宝贵的尼可拉也维奇，虽然我有着一个很丰富的题目，可是只想给你一封简短的信。我非常困乏，要尽情地写来，一定会要我很长的时间。你现在必定已经收到了那部《朵思退夫斯基传》[①] ——你对于此书的意见如何，千祈惠我以指针。同时借这个机会，我愿意对你作一次忏悔。在我写这部书的整个时间之内，我的内心老是在一种争斗的状态中。我与心中随时勃起的憎恶之感争斗，我竭力想把心中的这种不好的感想压服下去。请帮我找一条出路吧！我不能把朵思退夫斯基认作一个良善的人或是一个幸福的人（大体说来，两者是一样的）。他是一个阴险嫉妒而又放荡的人，终其生他都是沉湎在一种极其激动的状态之中，设使没有他的那种阴险与智慧来救济他，他必早已陷入了一种令人可怜亦复可笑的境地了！他自己，像卢梭（Rousseau）一样，以为自己是一个最良善最幸福的人。在作那部传记的时候，这一切乖戾成性的地方都令我很明显地回忆起来了。在瑞士，有一次我和他同在一处，他叱责一个侍仆，那侍仆竟起而反抗，说着：“可是当然我也是一个人呀！”我记起当时我真吃惊不小：一个宣传“人道主义”的人竟被人说出这样的话，这句话也可以表示自由的瑞士人对于“人权”的观念。

这种事情以后还多着哩，因为他不能制住他的那种阴险狠毒的癖性。许多次我都不理会他的那种狂怒，那真像一个老泼妇一般，常是突如其来毫无因由的。

---

① 此处所指系米勒与司特拉可夫合编的《朵思退夫斯基传，手扎与笔记》，于一八八三年在彼得堡出版的。此传记中包含有司特拉可夫著的《关于朵思退夫斯基的回忆录》。

可是有几次我也曾说过一些非常中伤他的话。可是他要中伤别人，自然有他的高人一等的本领。而最坏的是他竟乐于为此，对于他的一切卑劣的行动，到头他从来没有懊悔过的。维司科瓦托夫（Viskov atov）告诉我，朵思退夫斯基如何如何夸耀地说，他有一次在浴堂里，女管事为他叫来了一个小女孩的事。注意，这一切都只是为了发泄他的兽欲，他对于妇人的美丽和魔力都是毫无趣味，毫无感觉的，这可以在他的小说里看得出来。最像他的人物是《地下之消息》（Notes form the Vmderground）里的英雄，《罪与罚》里的瑞得里该乐夫(Svihrigailov)，以及《魔鬼》里的司陶洛金（Seavrogin)。司陶洛金的行为中有一段（强奸等等)，加可夫曾经拒绝发表，而朵思退夫斯基却拿来向许多人宣读[①]。

于此种特性而外，他又时常写出一些甜蜜的痴情，一些崇高温柔的好梦，这一切亦是他的中心所好，亦是他的文学的冥想与前途。实在说吧，所有他的小说都真正是一些“夫子自道也”的东西；这些足以证明：在人的身上，高尚的性格与各种卑劣龌龊的性格是可以同时并存的。

我自己竟无法驱去这些思想，竟无法寻出一个和解之点来，我是多么痛心呵！可是我怒了他吗？我嫉妒他吗？我愿意他如此乖戾吗？丝毫也不。这种种回忆，本来可以忘去的，而竟压迫得我不吐不快，我想起这件情景，我只有放声大哭。

我记起你的话来了，你曾说：那些过于知道我们的人们自然是不爱我们的。可是，在长期亲密的友谊中，一个人只要知道对方的某一种特性，后来他便可以原谅他的一切——这句话也是对的。一点真实的和善的行动，一星至诚的，纯洁的热情，甚至于只要一分钟的真实的懊悔，便可以赎去一切的罪孽。倘使我从朵思退夫斯基的为人中能够记起如上述的一点东西来，我必会饶恕他一切而且为他高兴的。可是，只要自己抬高身价，只是轻率的，口头的人道主义——上帝，这多令人憎恶呵！

他是一个真正的不幸的恶人，而他自己妄以为是幸福的，一个英雄，只是自己很关心地爱着自己……

这便是我对于那部传记附加的一个小注解；关于朵思退夫斯基的这一方面我

---

① 此处所指系“司陶洛金的忏悔”一节，有 S. S. Kateliansky 与 V. W-oolf 的英译本，于一九二二年由 Hogarech-Press 出版。

也可以写出这些来。你知道，我时常回忆起来的比上面所思的还要显豁的多，而这都是实在的情形；可是让这些实在的情形淹没去吧，让我们像在别的地方作的许多事情一样，只是把生活的光明的一方面显露出来吧！

十一月二十八日，一八八三年

托氏致司氏信

……我已经读过了你作的那部书。你的信使我非常难过，非常失望。可是我是深知你的，我几乎完全信任你的话，这真是抱憾的事。在我看来，你——并且许多人——过分地看重朵思退夫斯基，几乎是众口一辞地把他当作一个预言家，一位圣人，以为他是在一种极热烈的善恶的斗争中死去的——这种种态度都是错谬的、虚伪的，你真是作了他的牺牲品。他是很动人的，很令人起兴趣的，可是你要把他放在一处石基上，作为长期斗争着的模范人物，以重〈垂〉教于后世——这是不能够的。我也读过卜里善西的书①；可是他所有的学识都被一星星的缺点在人们眼中消失去了。有许多很美丽的马，值一千卢布的赛跑的马，可是陡然你从他身上寻出了一点阴点，于是这匹马的一切美丽与雄伟能战的精神都完全变得无价值了。我年事愈长，便愈珍视那毫无弱点的人。你说你已经与屠格涅夫和解，我也变得很欢喜他的为人了。这是很有趣的事，恰如因为他是毫无弱点，因此便会把你负到那地方去；而你此地有一匹赛跑的马，可是它是什么地方都不能把你负去的。它没有把你负到泥沟里去，真算是万幸的呵！卜里善西和朵思退夫斯基两人都是有弱点的，因此卜氏的一切学识都被毁减去，而朵氏的智慧与善心也被人完全唾弃了。屠格涅夫比朵思退夫斯基会更永存的，却并不是因为他的艺术高明，乃是因为他没有弱点哩。

司氏致托氏信

那么，望告诉我，宝贵的尼可拉也维奇，你对于屠格涅夫的意见。那么可以察知你的著作中所含蓄着的深意的东西，我多么盼望读到呵。因为我们其他的这些人所写的东西，不是为自己的一种玩意儿，便是为别人而扮的一剧把戏。我作的《[关于朵思退夫斯基的] 回想录》，着重在文学的一方面。我想为文学史增加

---

① 卜里善西（Edmond. depres-sense）是法国新教的神学家，生于一八二四年，死于一八九一年；生平著书极多，此地所指系其中之一。

光荣的一页，可是，我总不能完全克制我的那种冷淡的心情。关于朵思退夫［斯基］之为人，我总想只写出他好的一方面；可是那些并非他所有的功绩德行，我便不能妄推到他身上去。我所写的关于他的文学事业大概不能合你十分的意旨，那么我可以直爽说出来么？你对于朵思退夫斯基的解译，虽然使我更明白了许多事情，却还是过于宽贷〈待〉他了。若是没有东西可以浸入一个人的灵魂中的深层去，这个人的内心如何能起一种根本的变化呢？我说“没有东西”，完全是这几个字的本意。因为他的灵魂排列在前便是这样的……。

十二月十二日，一八八三年

朵思退夫斯基夫人之答复

我给司特拉可夫的答复①

便是到了现在，在我的生命的末日已经临近的日子，我还得要冲上前去，抗议那种卑劣的诽谤，以维护我那不能忘的丈夫过去的光荣。造出那种诽谤来的乃是我的丈夫，我自己以及我们全家族多年认为是我们的忠诚的朋友——司特拉可夫。我们指的是［一八八三年十一月二十六日］司特拉可夫给托尔斯泰伯爵的那封信，在一九一三年十月号的 TnesorzemenuvyMir 上发表的。

一九一三年十一月，我从休夏的地方回到彼得堡，会见了许多朋友和故旧，几乎每个人都问我读到了司特拉可夫给托尔斯泰伯爵的信没有，这令我颇有几分惊异。我问他们这封信在什么地方发表的，他们回答说在一种报纸上，可是他们不记得是那一种了。对于他们这种遗忘，我并没有十分重视，也没有特别关心到这个消息；因为，我想，司特拉可夫常是说我的丈夫是一个很卓越的文学家，并常称许他的作品，贡献他各种著作的思想和题材，那么他所写的关于我的丈夫的自然只有说好的，不会有其他什么了。一直到后来我才认识，没有一个我的“善忘”的朋友和故旧愿意给我一种难堪的打击，像我们的那位虚伪的朋友在那封信里所作的一样。这时是一九一四年夏季，我正着手检阅报纸杂志上所剪下来的各种材料（是一个助手帮我为莫斯科“朵思退夫斯基纪念馆”搜集的），才读到了那封不幸的信。

(在此地朵思退夫斯基夫人将前章所载的司氏与托氏来往的各信完全引证出来。)

司特拉可夫的那封信真令我激怒到了我的灵魂的最深处。这个人，他多年在我们家里往来，我的丈夫对于他始终是以诚挚之情相待，而现在竟变成了一个造谣生事的人，竟任他自己造出这样卑劣的诽谤来攻击他的朋友。过去，我对于他竟那样信任，我的丈夫和我竟被那无价值的人如此不堪的欺骗了——想起来，我真自觉羞惭。

---

① 此篇系从朵思退夫斯基夫人的《回想录》中录出。

司特拉可夫在那封信里说："在我写这部书（他的《关于朵思退夫斯基的回想录》）的整个时间之内，我的内心老是在一种争斗的状态中，我和心中随时勃起的憎恶之感争斗。"这一段简直令我惊异万分。倘使司特拉可夫觉得憎恶他所作的那件工作，倘使他不能尊敬那个他所承应作传的人，那么，为什么不拒绝担任这工作呢？任何自尊的人处在他那种地位都会这样作的呵！难道是他不愿勉强我去另外寻找作传的人，使我——出版人——陷入进退两难的地位吗？可是米勒已经承应作传记的，我心目中也还有其他的人（亚非奇夫、司陆切夫斯基），这几个人后来也还是写了的。

司特拉可夫在那信里说朵思退夫斯基阴冷狠毒，他举出的证据是我的丈夫"叱责"那个侍仆这件琐事。我的丈夫因为病的原故，有时确是很易发怒的；假设侍仆送菜饭给他太迟慢了，他高声唤取他，这是可能的事（所谓"叱责"侍仆，总不过为了送菜饭的事）；当然这说不上是阴冷狠毒，只不过是性急罢了。所谓侍仆的答语："我也是一个人。"这多不近情理呀。难道瑞士的普通人民竟如此蛮横无理，一个仆人，遭了责骂以后，不仅不用谦卑的话来回答，反敢用加倍莽撞的话来对抗，竟这样十分有把握，不惧遭责骂吗？这岂是事实？

我不懂得司特拉可夫怎样任自己说出朵思退夫斯基是"阴险狠毒"并"只是自己很关心地爱着自己"这种话来的！为了司特拉可夫自己写的那篇不合用的文字（《天命问题》），致《时间》杂志遭到封闭，朵思退夫斯基兄弟因而陷入那种可怕的不堪的境遇中，这种事实，司特拉可夫本身就是一个见证人啦！设使没有司特拉可夫的那篇暧昧的文字，《时间》杂志必可继续存在，即令米切耳（朵氏之兄）死后亦必有利可获；这样我的丈夫便不会要独立来担负那杂志所欠的债，也不会要花他终身的精力为还债而劳苦着了。要说司特拉可夫不仅是我丈夫在世时的魔星，便是他死后如现在所证明的这个魔星还在他的名誉上作祟——这些都可算是实话。朵思退夫斯基如何长期维持他那已故的长兄米切耳的家庭，他那残废的兄弟尼可拉以及他的前妻之子伊沙也夫等人的生活，这也是司特拉可夫亲眼看见的。一个人若是居心阴险狠毒，只爱自己，那便决不会把那样烦重的经济负担放在自己肩上去，决不会自己去维持他的一些亲眷的生活的。司特拉可夫对于朵思退夫斯基的身世既然详知弥〈靡〉遗，而竟说他是"阴险狠毒"并"只是自己很关心地爱着自己"——这真是一件显然不忠实的行为。

在我一方面，我和我的丈夫相处十四年，我可以切实证明费多尔·朵思退夫斯基是一个无限的仁慈的人——我认为这种证明是我的义务。他的仁慈性之表现，不仅是对于他熟识的人如此，举凡他所听见的各种各色不幸的孱弱的、孤苦的人，他都无不以仁慈待之。无须别人的要求——他自己便会跑去施以帮助的。他有几个有势力的朋友！（玻伯多鲁塞夫、菲力玻夫、维希涅格拉慈基），便利用这些人的势力去帮助那班不幸的苦人们。有多少贫苦的老头儿和老妇人，他设法送到养老院里去了的；有多少小孩儿他送到育婴堂里去了的；又有多少壮年男女他为他们介绍了工作的——呵，说不尽！他不知为别人审阅并校改多少稿本；不知静听了多少坦白的忏悔；无论大事小事，也不知给了人多少忠告！只要能够予人以帮助，他是决不肯吝惜自己的时间和精力的。他也拿钱帮助人；若是没有现款，便代人签字作保，有时且代人偿还欠项。费多尔的仁慈有时弄到损害到我们家庭的利益，有时因他这种无限的仁慈，竟令我焦灼不安；然而我看出他那种乐于为善的样儿，也不禁狂喜起来。

司特拉可夫说朵思退夫斯基“嫉妒”。可是他嫉妒过了谁呢？一切有兴趣于研究俄罗斯文学的人都知道朵思退夫斯基是很热烈地崇拜着普希金的天才的，莫斯科普希金纪念碑〈馆〉开幕的时候，以最优美的演说词介绍这位伟大的诗人于听众的也真是朵思退夫斯基呀。

倘使说朵思退夫斯基嫉妒托尔斯泰伯爵的才能，则只要我们记得我的丈夫在《著作家日志》里面是如何论述托尔斯泰的，便不会相信那种诨言了。且以一八七七年的《著作家日志》为证。在一月号里，对于《幼年与青年》（childhood and youth）中的英雄，朵思退夫斯基论述说，“这是对于儿童的灵魂的一种异常切实的心里〈理〉研究，他的成就实在惊人得很。”在二月号里，我的丈夫称托尔斯泰作“一个异常崇高的艺术家”。在七八月号的日志里，对于“安娜·卡里林”（Annakarenin），朵思退夫斯基说，“这是一种有着特别重要意义的劳绩，他可以代替我们答复欧洲，我们可以拿他来指给欧洲看。”又说，“这位诗人描写那女英雄的不可救治的病状那一段，情景真是伟大，真是不可思议的成功。”在那篇文字的结论里，我的丈夫说：“如安娜·卡里林的著者这样的人物，乃是读者的教师，我们的教师，我们不过是他的学生罢了。”

对于那名小说家孔加洛夫，朵思退夫斯基不仅只珍视他的“学识丰富”，并且极崇拜他的才具优长；他极诚挚地爱着他，称他为自己最宠幸的文学家。

我的丈夫早年对于屠格涅夫的态度是很热情的。一八四五年十一月十六日，朵思退夫斯基在给他的长兄的信中论述屠格涅夫说：“可是，我亲爱的哥哥. 他是多么美好的一个人呵！我也几乎和他发生恋爱了。他是一个诗人，一个天禀极厚的人，一个贵族，美貌，富豪，明理，受过高等教育，而年龄仅二十五岁——我真不知道上天还有什么负于他的地方。而终之，他的性格绝对的爽直，豪迈，且是受过陶冶的。”

后来朵思退夫斯基与屠洛涅夫之失和是因为两人的信念处在了相反的地位，可是屠格涅夫在他的信里面……[1]一八八〇年莫斯科举行的普希金纪念会中，朵思退夫斯基讲到了普希金的塔坚娜（Taeyana），便说：“这样一个美丽的妇人模型在我们文学界中是很难寻出第二个来的——或者屠格涅夫的《贵族之巢》（Nest of noblemen）中丽沙（Lisa）那一个人物还堪可比拟。”

朵思退夫斯基对于诗人尼可拉索夫的态度，我实在无须乎说起。从青年时代以来，他便极爱重尼可拉索夫，他称他为伟大的诗人，赞美他创造了那伟大的《弗拉斯》（Vlas）。尼可拉索夫死后，朵思退夫斯基在悼念他的一篇文字里说：“在诗人中（即是说，在那些新派的诗人当中），尼可拉索夫的地位必须直接在普希金和勒孟托夫（Lermontov）后面。”——这一篇文字，据俄罗斯文学界的诸名家说，可以认作是对于这位已故的诗人之最好的颂词。

以上所述便是我的丈夫对于许多才智优长的文人以及诸名家的作品的态度，而司特拉可夫竟说朵思退夫斯基嫉妒，这真是天下最不公平的事呵！

可是还有更不公平的事，是司特拉可夫说朵思退夫斯基“放荡”，说他“以作恶自傲。”司特拉可夫举出的证据是《魔鬼》稿本里有一段，“加可夫曾经拒绝发表，而朵思退夫斯基却拿来向许多人宣读。”

朵思退夫斯基想把司陶洛金之为人描写得更艺术些，便写了若干不可恕的罪状加在这位英雄身上。这一章小说，加可夫确实是拒绝发表，并要求著者更换一章。对于这种拒绝，朵思退夫斯基非常闷气；他想证实一下，看加可夫的意见是否对的，便拿那一章在玻伯顿鲁泽夫、马可夫、司特拉可夫以及其他几个朋友面前宣读了一次，可是他的目的并不是如司特拉可夫所解释的什么自傲，而是要求他们对于这篇东西的意见，仿佛是要他们审判一下的意思。然而，当他们都觉得那一章确是“过于写实了”的时候，我的丈夫便着手更换一些情节，以达到他想特别描写司陶洛金的目的。更换的情节有好几段，有一段便是讲的浴室里的事（是一件确实的事，有人告诉我丈夫的）。在那一段里写着有一个“女管事”的一些怪样；那般朋友（司特拉可夫在内）便以为这一段发表出去，会令读者对于朵思退夫斯基发生一种不好的感想。而且拿这样一种不名誉的行动加到一个“女管事”的身上，会被认作是一种“侮辱女权”的罪案，犹如朵思退夫斯基描写了那学生拉司科耳涅可夫干了暗杀事件以后，许多人便以为他是把暗杀的罪状加到所

---

① 此处原文缺漏不详。

有的大学生身上去了一样。

司特拉可夫恶意地，毫不犹疑地把司陶洛金的这件卑劣的行为加到朵思退夫斯基自己身上，却忘记这种罪过的举动是要花很大的费用，只有富豪的人才干得起的，而我的丈夫终其身都是在金钱的压迫之下，焉能干得起这样的事！司特拉可夫引证维司科瓦托夫教授的话为证，尤令我惊异万分，因为这位教授是从来没有到过我们家里来的。朵思退夫斯基非常鄙视这位教授之为人的，只要看看他给马可夫信中所说在芮斯顿遇见了一个俄国人的那回事便可以看出来。

在我一方面，我可以确证，除了有时极端写实地描写一些小说中的英雄所作的恶事以外，我的丈夫终其身都是保存着他的“清白”的。一个伟大的艺术家有了天赋的才能，显然无须乎亲身去经历那些小说中的英雄所干的罪恶；否则我们必须承认朵思退夫斯基自己是干过了暗杀事件的，只要看看他描写那位司科耳涅可夫暗杀那两妇人的情景是多么逼真呀！

我回忆起费多尔立身处世的那种态度，便只有满腔深切的谢意：他非常留心地防护我，不许我看那些不道德的小说；有时我因为青年无知，把从旁人口中听见的一些近于秽亵的事情转述给他听，他常是大怒起来。他的谈话非常慎重的，绝不许自己轻于发出一些愤世嫉俗之谈，大概所有记得他的人们都可以证实我的话是正确的。

读过了司特拉可夫的这封诽谤的信以后，我便决定提出抗议。可是［以］怎样的方式来干呢？驳斥这封信的时间已经过去了：这封信在一九一三年十月才发表，而我读到他又差不多在一年以后。在报纸上提出一种驳斥的信来，结果会怎样呢？结果会和一般的时事混在一处，在人们眼中流过，被忘却；究竟会有多少人注意这件事呵？我便着手问计于一般朋友和故旧，尤其是那般深知我丈夫之为人的朋友们。他们有几种意见。有些人说，这种卑劣的诽谤只是贬损了那造谣者自己的地位。他们说，朵思退夫斯基在俄罗斯以及在世界的文学界中的重要地位，已为世所公认，这种诽谤决不能丝毫有损于他的过去的光荣。他们也指出来，那封信发表以后，在报纸上并未引起争论——这便是因为多数文学家都显然看得出这是一种诽谤，并且都深知那诽谤者之为人的原故。另外有些人则恰相反，说我必须提出抗议。他们说，我是尽我一生的精力去发扬我的丈夫的事业与光荣的人，而对于这种诽谤竟然不作声，人们看见了这种情形，便会以为那封信里所说的总有许多是实情。我们默不作声会更坐实这些谣言了。还有许多人对于司特拉可夫的信异常愤慨，他们认为我一个人的回答是不够的，他们说朵思退夫斯基的朋友以及崇拜他的人们都应该起来对于这种诽谤提出抗议。有些人自愿尽力写成一篇抗议书，由众人签名发表。还有些人愿意用个人的名义写信发表自己的愤慨。同时许多朋友都向我建议，要我把对于那诽谤的抗议附在我的《回想录》里面，多在杂志上发表几次，以表示朵思退夫斯基是一个异常仁慈且负责的人。接受了朋友们的意见，我便把这抗议的各件附在《回想录》里。①

这封不幸的信弥增我暮年的悲感，我时常和许多人谈起，并问他们司特拉可夫写这封信的动机究竟何在。多数人都认为这是一种"职业的嫉妒"(Jausiedemialev)，是文学界中所惯见的；他们以为大概是因为费多尔的坦白为怀或是赋性卡〈卞〉急，以致触怒了司特拉可夫（司氏自己曾说过），后者为报复起见，便是在他的死后也不愿意放手。可是司特拉可夫不敢拿他的意见在报纸上发表，因为他知道这样必会引起许多朵思退夫斯基的朋友的抗议，而同许多人争论是司特拉可夫的天性所不愿作的。有一个人是司特拉可夫的知己，他说这封信的目的在于使托尔斯泰"轻视"朵思退夫斯基。我请问其详，他便把司特拉可夫的根本动机为我述之如下：

"司特拉可夫究竟是谁呢?"他说："他是一种'高等的食客'（thenobleh－hanger－an）模型的人。这种人前代极多，现在已经没有了。记着，他是常和托尔斯泰、费特（Fet)、端涅雪夫斯基（Danilevskg）这班人相处，每至数月，在冬季，他和朋友们还有定期的议会，老是带着谣言遍地奔走着，这便是他的生活。他是一个哲学的文人，所以人们对于他无多兴趣，可是因为他常能带来一些关于托尔斯泰的新消息，所以到处都还是把他当着一个不可少的客人。他自己认为他是托尔斯泰的至友，他对于这种友谊非常珍视，自己〈视〉也极高，或者他竟认为自己是托尔斯泰的一个帮手也是可能的。后来托尔斯泰听见了朵思退夫斯基逝世的消息以后，竟称死者是他的'帮手'，对于未曾与朵思退夫斯基见面，表示深度的悔恨——这种情景是多么令司特拉可夫起妒念呵！同时，托尔斯泰或者也时常称赞朵思退夫斯基的天才并且惦念着他，这一定使得司特拉可夫惶惑难安。所以，他决定造出一阵谣言来诽谤朵思退夫斯基，使得托尔斯泰不再去加以称赞，使得朵思退夫斯基在托尔斯泰脑中的光荣的记忆也完全消失无遗。还有一种可能的动机是：朵思退夫斯基是在生前曾触怒了司特拉可夫，为了报复起见，司特拉可夫便想加一种恶名在朵思退夫斯基身上，使他传诸后世。因为他知道，托尔斯泰是全国景仰的人物，托氏的以及别人致托氏的各种信札必会要发表的，这样，虽然年代已久远了，他的奸计终于会得售的。"

---

① 此处所指明之抗议书及各种附件，在俄文原版的《回想录》中未载的。

对于这位朋友的特别意见我没有什么可说的。在结束我的生活中这一段痛心的纪事［时］，我只有引出司特拉可夫信中的两句话来作结论："在人的身上，高尚的性格与各种卑劣龌龊的性格是可以同时并存的。"

（此书由上海北新书局于1928年6月初版）

动荡中的新俄农村

——新俄乡村印象

[美] 欣都士　著

（一九二九年十一月）

引　　言

我到俄罗斯，不是去谒见托洛斯基、齐切林、斯达林、季诺维夫，或是任何著名的革命领袖的。关于他们的话已经写得太多了，而他们并不是俄罗斯。他们只是在舞台上石灰灯光下的人物。明天他们或许便会消灭，在俄罗斯的和世界的历史上遗留着一个多少还深刻，多少还有彩色的印像而消灭去。他们必定会消灭的，仅仅死亡便可迫他们走上末路。领袖像海洋上的轮船一样——他们此来彼往地航行着；可是人民却像海洋本身一样——他们是永远留住着的。

我到俄罗斯，不是去研究理论或问题的。那样当然只是步着他人的——许多他人的后尘而已。而且，自从巴黎和会以来，全世界的理论与问题实在太多了，在俄罗斯和其他的国家中，这两者的喧嚷若能有一时的休止，我推想大家必然是非常乐意的。

我到俄罗斯，不是去搜求什么凶残的事迹的。那样当然是很容易的事，再没有比这还容易的事了。一种革命的含义便是流血、暴乱、凶残；它的牺牲者，在俄罗斯有很多很多，自然有着许多伤心的故事要诉说——再没有比这些故事更伤心的了。实在，我绝对不必跨入苏维埃共和国的国境，便可以集成如韦氏大字典那样一厚册的恐怖的故事，那些故事必能使人心惊胆颤，即令是一个波兰人，亦必不能无动于中。在欧洲的各大都会里，特别是在德意志与斯干底纳维亚诸国的咖啡馆中，俱乐部里，图书馆内，乃至茶楼酒肆上，我遇见了许多可敬的男女士绅、前俄罗斯贵族、智识份子、商人阶级，并且还有些非俄罗斯人，他们谈起这些故事，莫不口若悬河，绝无倦容。可是，我想，在我动身游历的时候，俄罗斯恐怖故事的题材早已说尽了，因此凶残事迹这一主题，在我看来，实在太滥调了，既不能引起读者的兴趣，亦无甚价值可言。……

我到俄罗斯，不是去窥探第三国际推翻世界现存政府的计谋与策略的。这固然是一个很重要的题目；或许对于一个美国的新闻记者，这实在是不能忽视的一个重要问题，特别是在报纸上与政治团体中正纷纷议论共产党努力煽动世界革命的今日。可是，这是一种猎犬的职业，而我不是猎犬，没有这种干才亦没有这种志愿。

我到俄罗斯，不是去揭破领袖们和官员们的后台的阴谋，不是去暴露那般贪图权威、互相倾轧、排斥异己以谋保全自己的地位的人们的奸计的。这写出来当然会是一种很生动的故事，并且已有些人尝试将这种故事暴露在全世界人们的眼前，可是结果却发现自己被困扰在争论、攻击、威胁等现象中，事实莫明，真理隐蔽，读者不仅不能解惑，或许甚至反加厌烦了。

我到俄罗斯，仅仅怀了一个目的——去听听民众的说话。我用民众（People）这一个字不是照英文的原意用的，是用的俄文的字意，它的含义便是“愚鲁的群众”（似乎相当于我们所说的“老百姓”——译者），即是指那班“木希克”，那班农民。我们分析到最后，认定他才是俄罗斯。诚然，不是那发公文，致哀第美敦书，签订条约，招待大使，接见外国新闻记者，老是占有新闻纸上的头等地位的俄罗斯，而是那劳役的，生产的，并且奋斗到死的俄罗斯。

并且这个俄罗斯的消息是很少传到外面的。这个俄罗斯包含有一万万以上的人口，是全世界白色人种中的一个最大的单位，几乎与美国全人口一样多，可是外界是绝少知道他的，无论是普通人，抑或是政治家与政论家，都是一样。究竟原因何在，我不知道。当然不是因为他没有故事可以诉说，他有着如从那纷乱的地带所传出的一样生动且有意义的故事。加之，这个俄罗斯是毫无忌惮的来申诉衷曲的。这个俄罗斯所说的，都是在他的全部历史中未曾说过的事。自然，这个俄罗斯没有住在交通大道的近傍，亦远隔在大都会的喧嚣繁华之外。他没有如莫斯科所有的 Savoy 旅馆，那寝室与浴室相连的，有着极奢华的膳厅，有着服装整洁且会讲法语、德语、英语的侍者的旅馆，来供奉新闻记者。这个俄罗斯，就表面看来，是粗鄙的，污秽的，难看相的，并且在未曾了解并习于他的生活的人看来，是落落寡合，令人生畏的。

然而，他是具有权力的俄罗斯。确实的，他没有意识着他的势力。我的意思并不是说他未曾使用过他的势力。进攻，他是不能的。袭击，他是不能的。可是用他自己的那种无组织的，消极的方法，他能够抗御一切，并且还有可计的效果哩。新经济政策之承认私有财产的法律地位，农村中雇佣劳动的禁令之撤消，农村的政治权力之扩大，定期的减低日用必需品的价格，政府虽受巨大的损失亦不顾及，最近对私有财产更给了大的让步，新经济政策的范围因之更宽大了——凡此种种，主要的都是为了取得这个俄罗斯的欢心，即适应农民的需要。

革命的机运与农民的机运有着错综而密切的关连，这是毫无疑义的。关于这一点，外国人甚至或许还不了然，可是俄罗斯现在的统治者是认识得很清楚的。托洛斯基与他的反对者冲突的原因大部分亦就在于他们对于农民态度的异趣。托洛斯基是一个倔强不挠的革命者，他一定要农民惟无产阶级的马首是瞻，完全依无产阶级的利益与革命的目的而行事。可是力与愿违，他没有方法遂其初志。诚然，目前农民还是容易受宰制的。他没有组织起来，他还缺乏政治观念，他还怯于与政府当局交战，可是将来他永远会如此么？并且，倘使他竟从现在握有政权的革命党的统治之下分裂出去，他会落到谁的——谁的手中去呢？没有人知道，没有人能够断言。可是果真如此，多数党的领袖们是没有希望了的。革命必须得到农民的支助才能成功——“面向农村去”（“Facing the village”）这个新口号便完全是对于那个信念的一种表白。所以才发生关于农民的这种热烈的争论，才有关于农民问题，他的需要，他的同情，他的力量，他的将来……等等的研究与辩论，才有这种不顾死活的企求满足农民的努力。

在欧战以前我便已知道农民的俄罗斯，有一时期我曾经是其中的一份子，在多年内战以后，我想再去看看他。我想知道农民对于革命、多数党、苏维埃以及就在他的眼前出现的那新社会组织的全部——对于这一切他是怎样想法的。我想知道革命对于农民究竟有些什么影响——革命将他的旧的生活方式打倒了吗？将他对于政府、社会、人类、生活、道德、宗教等的旧观念排除了吗？革命用了一种新勇气，一种新希望，一种新志愿使得农民受了大感悟吗？革命使得他更加愉快，更可骄矜，更有知识吗？或者革命反在他的身上加上了一道新的桎梏，一层新的黑暗，一场新的灾难呢？我想看看，革命在农民的脑纲上究竟留下了怎样的印象。

我会讲俄国农民的方言，我是直接到他们中间去的。我可以随我的高兴，愿意到哪里就到哪里。我的美国护照，经过了莫斯科当局的正式签字，任何机关，任何地方，对于我都是开放的。没有人曾经阻拦我过，没有人麻烦我过。沿瓦尔加河而下，通过鞑靼共和国、乌克兰、白俄罗斯、中俄罗斯、哥萨克居留地，我从这一村到那一村，有车就乘车，没有车的地方就骑马或步行。我就和农民一道住在他们的家中，和他们一道到田中去作工，他们的教堂中，他们的跳舞会中，他们的祭日的仪式中，他们的婚礼中，他们的殡仪中，他们的群众大会中——这一切的场合我都去参加的。

随后，我到我幼年生长的故乡里去，是一个约有一百五十家人烟的小村，座落在俄罗斯中部的泥地中，天色晴好路途干燥的时候，从火车站半天可以走到；天色不好的时候——唉，走起来倒要些时光哩。我探望了我的旧居，会见了老朋友和旧日的游伴；那就是，那些在战争、革命和瘟疫的攻击中幸免于死的，他们中还有许多遭了不幸——咳，可怜有许多呵！遇见了每一个熟识的与不熟识的，老年男人、老年女人、青年人、男孩和女孩、共产党人、非共产党人，我都和他们接谈。我还去探望过牧师、司事和区教堂中唱圣诗的人。我也到过苏维埃的办公处、苏维埃的法庭、苏维埃的学校、苏维埃的运动场、苏维埃的儿童公育院。一切我所听见的，观察到的，见且有时感觉到的，我都写下来了，就是本书后面所记载的，并且我可以向读者担保，在我的故乡这一村中农民的故事，实在就是全俄罗斯农民的故事。只是为了这个原故，我才将这些稿件来印行。

然而，我要警告读者，这并不是什么很动人的冒险的故事，这也不是一种文艺作品。毋宁说，这不过是一种在辛苦的和痛快的工作中的简朴的人民之生活的纪录罢了。

第一章　车　中

这是一个黑暗的雨夜。Drozhky（小马车）沿着 M 城内暗澹的冷落的鹅卵石的街上辘辘作响地趱行着，一阵阵的冷风吹着雨点打在我的面上。Izvoshtchik（马车夫）的口中不断地咯咯作声，并挥着他的长鞭，像一般的俄国马车夫催促他们的马儿快跑时所作的一样。许多次，他转身过来说一些道歉的话，为的是车蓬破了，坐位又没有垫褥。一位美国的绅士却不得已要坐这样一部破旧不堪的车，他觉得非常难过。可是他又有什么办法呢？现在他所能希望的最高限度不过是自己吃的面包和老马吃的干草。……这可恶的革命呵！……马车夫所受的灾难比任何人所受的更甚些。革命将他的一切的好朋友，地主、军官、普通官吏、华美的少妇、赌徒、游客，一切的人，都驱逐跑了。……现在俄罗斯所剩下的不过是一些猪，他们是不需要顶蓬、垫褥，亦不需要地毡的。……否，一个猪圈是他们需要的，那些肮脏的牧畜，……他们给的车价总是极少，几乎等于给乞丐的几个讨饭钱，仿佛马车夫是没有权利吃白面包，买茶买糖，是的，并且也没有权利买一双新靴子似的。……

马车夫的这个怨声此时对于我已经是一个旧闻的故事了。对于这，我已经是毫无所感了。自从我到岸的那一天以来，我在俄罗斯的许多城市里已经听过许多次这一类的怨声，而且不仅是从马车夫的口中听到的哩。每一个外国人都有这样的经验，因为罗亭（Rudin——屠格涅夫小说中的人物，原书即名《罗亭》）还没有死哩，他大概永远不会死去。现在像屠格涅夫小说中所写的那可怜的英雄所处的时代一样，俄国人总爱申诉他自己的冤苦，并且在世界上谁能像俄国人那样动人地太息流泪呢？他所受的灾难通常是非常苦痛的，在他受灾难的时候听他哭诉，常使人非常激动，像读《浮士德》或《罪与罚》，或是听一曲恰可夫斯基的悲歌时所感受的一样。

当我初抵彼得格勒的时候，脚夫和女侍和旅馆中的裁缝都开始向我诉说他们困苦的境遇，每到一处便增加一些新鲜的灾难的情况，这时我竟怀疑他们（这是很自然的），以为他们挟了一种为自己个人利益的动机，怀着一种想要打破我对于革命的同情心的愿望，以图激动我抓出一大叠美国钞票来放到他们的手里。有许多怨望不绝于口的人，他的动机毫无疑义是这样的。有许多，但是并非全体。因为我在彼得格勒遇着了一个驼背的老妇人，她拖着一双大毡靴，头上缠了一条大的黑头巾，我是从她手里买晨报遇见她的。她一下也不停止地吟着那悲苦的哀音："我们俄国人是没有希望了，什么也没有了，并且也没有什么可安慰的事物。"然而她还是要追上我，一定要我接着我应得的找数，不少一文，最后的一个油腻的戈比也要我接着。并且，还有丹尼亚，她是一间最龌龊的茶室中的一个美丽的蓝眼珠的女侍。她老是这样说，她只是想找一个 inostranetz（外国人）谈谈。对外国人她才能吐尽心中的郁闷。可是说到任何赠与或赏赐——她不是那种人——呵，不是的，Bozhe moy（我的上帝），不是的。……她不是仆人，不是一个真的仆人——虽则她穿的是毡靴而没有穿那最时髦的皮鞋。……从前她还有她自己的仆人……并且还有一个法国保姆哩。……

接着，还有那奇异的青年，他至今还令我挂怀难忘哩。我在一家饭店里等候送账单来，当时他走进来要求我允许他坐在我的桌旁。他身材颇高，阔肩，姿态优美，面部呈灰色，卷发极为美观，一双灰色的大眼，完全是一种大家的风范，一个智识份子，一位前朝的贵族，一位侍臣，一位著作家，或是一位艺术家。他背靠着椅子坐下，吸着一枝纸烟，非常悠闲似的，一团团的烟雾笼罩着他的头部，他便从烟雾中眯着眼偷视我。他的此种窥探与久久注视的神气令我非常惊异，我恐怕他是监视我的行动的密探哩。随后他俯身向前，畏怯地且非常抱歉似地问我是否一个外国人，并且，倘使是的，那末是英国人呢抑是美国人？“快乐的人呵”，他很柔和地这样微语着，当我回答他以后。我非常想和他作一次谈话，可是有点不敢，因为恐怕触起了他的隐痛。立刻他又转向我，用一种极动人的沉着的音调喃喃地对我说：“快乐的人呵，是的，人们中最快乐的呀！你懂得吗？”稍停，他满含着极悲痛的妒意瞟了我一眼，接着说：“我要对你说的就是这些——人们中最快乐的人。”这时，他陡然起身，戴上帽子，将烟灭熄了，对我说了再会，便很敏捷地走出去了。我以后便永没有再遇见他。

因此，这马车夫的悲鸣，虽然十分特异而动人，这时对于我不过是一种重弹的旧调而已。在我心里，我希望的是，他顶好少说一点，多用点心来赶车，因为车老是在那儿震颤着，颠簸着哩。每一次车转湾的时候，我总恐怕车会完结，并且每一次车与什么障碍物冲击的时候，我便像一只球一样被抛到空中，接着便受着摧筋折骨般的一击，生生地跌到没有垫褥的座位上。我用双手紧握住那顶蓬上的破环，这些破环叽咋作响，像什么怪兽的骨骼一样。可是，唉——当一个满腹悲怨的俄国人正在诉苦的时候，谁又能止得他住呢？

这是一个暗澹的夜晚。任何地方没有一点光，外面没有一个人行动，甚至犬的吠声也没有。我们所经过的那无穷尽的成行列的小屋都被和平与黑暗笼罩住了，仅仅狂风呼号着，浓荫的树木闪烁着。冷雨打着我的皮肤，寒气沁入了心脾，车轮带上的泥浆满溅在我的面上和衣上。

然而我的心境还是非常愉快。我不关心于天气的好坏，亦没有把马车的不安适的状况放在心头。我的心里孕育着欣喜的快感的思潮，我的心里充满了热情与希望，像一个猎人经过了长途沉闷的追逐而终于望见了他所切望的那野兽一样，我已经走进了这次伟大而愉快的冒险旅行的门限了。明天，我便可以到我旧日游息的村庄，我的诞生之所。此时我正是驱向火车站，准备完成我的铁路旅行的最后一段。

染了满身泥水的我，终于达到车站了。往时，这车站曾经是一座高楼耸矗的伟大筑建物，附设着一所极堂皇的酒店，在长条的柜台上面矗着热气蓬勃的Samovar（里面烧炭的一种铜的暖茶壶），还堆着面包与饼饵，肉和鱼，更列着各种各色的酒。现在哩，已经是一所破屋了，所剩的不过是前面的一部，而且是用粗木柱和各样的材料支架着的，形势非常不牢固。“这是波兰人打毁了的，”马车夫抱怨着说，“那该死的波兰人呵！……”

我提起我的衣箱和打字机，便冲进里面去。此时不像从前，已经没有头二三等了。此时全部都是头等，也许可以说都是三等哩！在待车室里，无论如何看不出贫富的分别来。地板上满抛着纸屑、泥块，以及从天花板上面落下来的石灰尘埃。空气阴湿，寒冷，恶臭；这当然是不足奇的啦。无数的男人、女人和小孩子，农民和江湖漂泊的旅客，都拥挤地躺在地板上，沉沉地酣睡着。他们都是穿着衣裳的，没有被褥，所有的不过是自己的包裹或木块作枕头而已。这是一副何等悲惨而又令人惊心的景象呵，像那巨大的野兽酣睡着一般，又好像什么大恶魔阴谋陷害人类，遂假装人像睡在龌龊的地上，正在等候号令进攻一般。

然而，在全俄罗斯的车站里面，这是一种极普通的现象。这些酣睡着的群众，与那供给旅客泡茶吃的开水的大茶罐，或是与那墙壁上、门框上以及竹篱上贴的煽动的苏维埃标语，都是一样普通的事物，毫不足为奇的。就是在前一晚，我偕着纽约的那位青年费西（Congreasman Hamilton Fish）在波里梭甫(Borisov)城的几处待车室跑了一趟。在他看来，这些在光的地板上合衣而睡的农民群众，不仅仅是可怜，同时这也是一种很有意义的现象。真的，这是很堪注意的呵。在俄罗斯，农民或是一班浪人在哪里找得到地方度那寒夜呢？他没有钱到旅馆中去购宿处。在美国或是德国，倘使他敢于在车站里睡着了，警察会立刻将他摇醒或许还要推到街上去哩。他会认为这对于公共卫生与公共治安是一种妨害，是一种潜伏着的恐吓。有一晚在柏林，当时我正走过 Friedrichstrasse 车站，看见了许多斯拉夫人的家族，逃难的人，挟着他们的用具和包裹，挈着他们的睡着的小孩和哭着的婴儿，在冷雨凄风的袭击中，狼狈地挨延在行人道上——这种情景我怎能够忘记呵？他们本来准备在车站上过夜的，可是被驱逐出来了。这种事情在俄罗斯是不会发生的，因为俄罗斯还是非常原始的，并不能将公共卫生与公共治安看得比慈善事业更为重要。

虽然我的车还得半点钟才开行，我还是决意进去找一个安身之处。一个胡须满腮的人，披着羊皮外褂，穿着一双满沾着泥污的皮靴，黑帽顶上戴着镰刀斧头交叉的苏维埃徽章，将我的车票打了眼，很懒怠地向着外边的铁道线上点了一下头，这便是他指示我所坐的车的方向。任何铁道线上或月台上都没有灯光，亦没有指示车行的方向的记号。前面所有我能看见的只是无限长的几列黑幢幢的车辆，在黑暗中矗出，好像几座山一般。我的车在何处，并且怎样去找我的车，我都不知道。

此时有一个老年女人走出来了，穿的木皮拖鞋，肩上还背着两只沉重的包裹。她在黑暗中探视，叹着气，喃喃自语着，而她所问的便恰是我正在寻觅的那班车。她一时又自怨自艾起来了，她诅咒天气，诅咒苏维埃，特别诅咒她的丈夫，司节潘。这样听他的话，她想来自己真是一个大傻子！他的丈夫说，倘使她用那匹小黑马拖到镇上去，她自己一定会弄得满身污泥，或者会将鸡蛋完全碰碎，或者会将带到市场去卖的果子沿路泼掉的！真上他的当，那烂污的流氓！她回家去一定要和他算账去！天在上头，一定要算账去！

幸而有两个人出现了，也是穿的木皮拖鞋并背着包裹的。(谁曾看见过，一个乘火车出门的俄国农民，看去会不像一匹行将跋涉沙漠而背负重荷的骆驼的么?) 他们说他们知道我们的车在哪里，他们也是乘这一班车的；因此那位老妇人和我都跟着他们走去。我们穿过了几条轨道，走近了一长列货车，陡然止住了。那两个人现出失望的神气。这里并没有看见什么客车。他们叹了一口气，四周探望了一遭，又叹着气。

“自从波兰人来过此地以后，”他们中有一个抱怨似的说着，“什么东西都弄得一踏〈塌〉糊涂了。”

寒风呼呼地吹着，冷雨打在面上，寒气沁入心脾。我们慢慢地回到出发处，再沿着铁轨向着相反的方向走去，还有其他的旅客也和我们走在一道了；在这全时间中，那妇人老是在那儿喃喃地诅咒她的司节潘，而另外一个暴躁而爱说话的便滔滔不绝地咒骂着波兰人。那班野兽——他们将一切都毁坏了……焚毁了房屋、仓库、草堆……毁坏了桥梁和车辆。……而且红党也并不好得很多。……为什么他们（指红党）不停止了演讲去着手办点什么事情呢？……唉，倘使停战以后，德国人不走那是多好呵。……那真是一种贤明的民族。……租税不会这样高……盐不会这样贵……麦不会这样不值钱……并且车也不会弄得这样一踏〈塌〉糊涂老是寻不着的。……这是农民的命运。……农民像路傍的一株苹果树一样。……任何过路的人都可以摇下他的果实或是用石子去丢它。……什么人都是和农民为难作对的，察尔（俄皇）这样，地主、牧师、红党……甚至于上帝都是这样……否则，上帝为什么不让德国人留在俄国呢？……

他的话语是很粗暴的；在一个美国人看来，这些话语似乎太缺乏人性，而且是和卖国奸贼说的一般。没有民族的精神，没有民族的自尊心，对于自己的种族毫无虔诚的信念。然而我们对于农民又能有怎样的希望呢？关于俄罗斯的事，他又知道什么呢？谁又曾经教会他在他们民族的胜利中去享受光荣呢？他甚至于不知道什么是他们的胜利，并且也不很关心这些事。只要他能够在他自己的乡村里，随自己的心愿去作事，不受丝毫掣肘，并且能够贱买贵卖，那么，不管谁来统治他，俄国人也好，德国人也好，亚比新尼亚人也好，在他看来都是无关重要的。

最后我们撞到了一长列车，真是无限的长呀，问讯的结果，知道最末尾的一辆车便是要开往我的目的地去的。我非常高兴，可是，咳，太快了！一大堆人在门口集聚着，是从市集回来的农民、农人、女人、男孩、女孩，再加上他们的那些刻不离身的包裹和草篮，顶在头上，背在肩头和背上。他们都在那儿等候轮次验票；那查票员立在车门口，挈着一只油烟的提灯，很认真地在那儿验票，一个一个地放进去，不许躐越。我从来没有看见过这样迟笨的手续。看来生气也是毫无结果的，对于公共的卫生与安宁可说完全忽视了。我想，旅客们既然像这样在冷雨寒风中挣扎，为什么验票和剪票的手续不可以在车里面去做呢？我不知道，可是我一会儿就懂得了。

“我们会太重了，”一个老年人说着，并摆着他那长须上的雨点，“那倒霉的车头会拖不动哩。实在呀，他走起来不会比爬虫更快些。”

“好顽呀，dedushka（老爹爹），”在他身边的一个青年说着，“你一会儿会淋得透湿，你不必再坐火车了。你可以游泳回去。”

接着，有事情发生了。有人在背后开始向前面拥挤。一群人像一个人样，都转向前面挤去，查票员手中的提灯被撞击，查票员被推到栏杆边靠倒了，群众寂然无声，却都很高兴地开始向车门挤去。可是查票员一会儿就又立起来了，像赶一群小鸡似的狂挥着他的两臂，口中且狂喊着，“Nelzia，gragb hane，nelzia!”（“不行呀，公民们，不行呀!”）随即挺着胸，扛着肩，顶着头，将我们向后面推回。有一个青年从黑暗中的什么地方跳出来帮助他，一个很魁伟的青年，阔背大头，真有 Harcules（希腊神话中的英雄）一般的大气力。他穿着木皮拖鞋。两人立刻将我们推出了车前的月台，又立在冷雨寒风中了。

接着便是训话了——在俄罗斯，当群众想到自己高于法律的时候，便常常有人来训话。我想是维特（Elihu Root），他有一次曾说过，俄罗斯的主要的烦恼事就是演说的人太多了，竟有一万六千万之多呀。这或许是她的主要的烦恼事，其实这是她主要的魔力哩。俄国人爱说话，可是他知道如何说法，甚至农民也知道，或许可以说农民更特别知道得清楚些。农民的天资决不笨拙。他所习用的不过八百字，在这样狭隘的范围内，他应用起来比任何人都能得到更可观的效果。他的演说具有简洁质朴的优点，是一种极好的范型。他常是很具体而充满了热情，像他唱的歌词和流行的故事一样。

这一次起来训话的并不是查票员，却是那穿着木皮拖鞋的怪少年。

“公民们，”他用宏大而有力的声音喊着，“你们想想查票员为什么在你们上车以前这样严格地验你们的票呢？你们以为让他自己和你们在外面风雨中受寒冷，对于他是很快乐的吗？你们以为在我们的新俄罗斯国家中，政府不重视你们的安宁与幸福吗？你们要知道，公民们，苏维埃不是沙皇，亦不是pomieshtchiks（地主）呀。可是苏维埃又有什么办法呢？我们农民当中有这样多的贼，他们都尽力想法子不买票，致使政府的铁路收入减少，倘使苏维埃开始不严格地验票，并在我们的票上作下记号，却让我们自由上车，那末我们当中有这样多的贼，我们这些贼便会藏在座位下面或是挤在行李中间，实行我们搭偷车的计谋。我们这班愚蠢的农民这样卑劣而又欺骗苏维埃的行为，结果我们大家都不免要吃亏呵！”

静默并且谛听着，没有人出声回答。谁能够，谁又会呢？在这个演说词中有的是逻辑和正义，而且有一种同志劝告的精神，这是无可抗御的。他并不是责骂，他并不是哀求，他只是一种解释。不管他是谁，他确是一个聪明的领袖，群众都仰面谛听着。他很可以再继续讲一个钟头，群众必能冒着寒风冷雨来静听的，因为俄国人既然很爱说话，同样他也很爱听的——听一个高明的演说家演说。莫斯科的无产阶级群众拥塞在大会堂中听那漂亮的大主教魏坚司基(Vvedensky)说教，这便是一个很好的例证。他们，这些无产阶级的群众，是恨教会的。他们咀咒着宗教，可是他们还是要群聚着去听那能说善道的魏坚司基说教。然而，对于那不会说话的演讲人，那是太恶作剧了。Dovolno，dovolno(够了，不要说了）的喊声毫不留情地喊出，简直比像雨点般掷下的香蕉皮还要可怕些。一个不高明的演说是俄国人最不能饶恕的，不问你是多数党抑是资产阶级，都是一样。

最后我连挤带爬地上了车。唉，多嘈杂呵！从前在俄国我也搭过三等车和四等车，搭过多次。在干线上，三四等车都是非常适意的，座位整洁，空气流通，并且也不像德国火车上的玻窗那样满布着尘土煤屑。我这时上的是一辆很普通的卧车，窗户很大，虽然也划成了几间，可是都是没有门的，铺位也是上下两层的。咳，是多么拥挤，多么无秩序呵！全车都没有亮光，只有一间里面有一枝洋蜡，这一定是某旅客自备的。农民们都伴着他们那刻不离身的包裹，像青鱼一般地躺在床板上和地板上。还有些人坐在或立在走廊边，吸着那粗纸卷成的Makhrka（世界上最劣的一种烟草)。然而还有人竟蹲在窗台上或是车顶上的行李架上——这里是不能睡人的，否则支柱压断，在下面的乘客便要大吃其亏。我的车票上注明有一床位的，我用腿，用脚趾，用手臂在群众中挤向前去，最后我寻到我的号码了，可是我发现了一个老妇人，穿着一双泥污的木皮拖鞋，很适意地躺在那床位上，她的怀中还抱着一个女孩，两人都沉沉地酣睡着了。

这样也没有什么。无论如何我也不能在这样的地方睡下。烟味，Kolbasa

(家中作的腊肠)的大蒜味，许多身体蒸发出来的气味，我都忍受不住。我能够觉到热浪般的空气在我脸上扫荡。我渐渐有点头昏脑闷了，我想我会晕厥的，虽然我一生没有过这么回事。我又没〈设〉法挤到一扇窗边，并想将窗门开开，可是开不了。我用一把小刀将窗键扭松，手指也刺出血了。接着我将窗门放下，将头伸出去。深深地吸着新鲜而带有水分的空气，细雨洒在火热的脸颊上，我真觉得意外高兴。

立刻我觉得有人在我的肩头轻轻地敲着。这是一个农人，一部大胡须，黑而发光，戴着一顶很高的羊皮帽，从我的头上那层行李架的狭缝中俯视着我。

“公民，”他很柔和地说，“请把窗门关上。”

至少对于我，“公民”这个字实在有一种极大的魔力；如今，在俄罗斯，这个字的应用是非常普遍的。在这个字里面包含有些 Romance 和深刻的历史意义。这个字是革命中一个新时期的标记。在往时，两个不认识的人彼此正当的称呼是 Gospodin（先生）。自然现在没有人用这个字了，除了那反动的马车夫，那热望着旧的时代，旧日的“绅士”以及旧日的小账的马车夫以外。革命胜利以后，俄罗斯便攫取了 Tovarishtsh（同志）这个字眼——从照例的客套一跃而为热情的昵称了。每个人都是同志，除了资本家以外，他是 Cain（杀兄弟的人）与 Judas（叛教的人）的合体。当时，革命很快地转了一个方向。新经济政策施行，私有财产和私人营业都得到了法律的承认，于是比较客气的 Grazhdanin（公民）这一称呼来代替了 Tovarishtsh，从此同志只是党内彼此间的称呼了。在“公民”这个字里面含有一点中产阶级的高贵的气味，忠实的共产党人都非常痛恨这个字，当然是有理由的：因为对于他们，这个字实在是一种可悲的妥协，一种痛苦的让步的标记。

我没有理会那农民的请求。他说了又说，说到第四次了，再不理会是没有用的了。俄国农民所希望实现的一种愿望，若是被迫而放弃，在他是极其苦痛而且几乎是不可能的。

“可是这里空气是太坏了。”我抗议说。

“空气坏不要紧，公民，”他用一种很和缓的态度反驳我说。“只要暖和，空气坏是不会害人的；”似乎略为思索了一下，他又带着哲学的气味接着说，“你知道，客人，有两种敌人，人们是必须常常防备着的——盗贼和风寒，而最好的防备方法是将门窗关牢。”

他的话差不多还没有说完，我又听见了另一个声音喊起来了，声音尖脆且含有怒意。

“嘿，听呵，公民，你闹的什么鬼，要放这样的风寒进来啦？把窗关上。我睡不着。”

这是一个女人的声音，她是睡在走廊对过的高层床位上的。在黑暗中我看不见她的面部，可是我能听见她是很生气地在那儿自己烦躁着。

“这里气味非常难闻呀，Baba（称呼老妇人之词）。”我反对说。

“显然是一个资产阶级的东西，”附近有人在那儿讥诮说，“无产阶级的空气不合他的脾胃。”

这是一个很重的抨击。一个资产阶级的份子，一只软脚虫，一个不中用的东西，我是的吗？立刻我将窗门关上了，用的力很大，乒然一声，玻璃都震动了。无论如何，迟早我是不免要降服的，否则便会引起全车的群众对我下攻击。谈谈较大的和较好的战争吧……有人当能记得，在争论“生活”问题的时候，有人提议俄国人应当实行强迫每天开窗十三分钟，却遭了反对。这种提议是会掀起历史上最大的暴动的！因为对于俄国人，特别是对于农民，任何权利还有比呼吸龌龊空气的权利更神圣的吗？他必然会拼死争此权利，虽至毛发不留都不会停止的。

我将提箱移靠在车壁旁边，便屈身坐在上面，头靠在又冷又湿的玻璃窗上。车开始开动了，很慢的，震动得非常厉害。旅客们都安排好了来度这旅程的时光。在一边角落里聚着一群青年，男女都有，是参与了 Comro noltsi（少年共产党）的大会回来的。他们唱着，笑着，呼喊着，彼此抛着帽子和纸头，很像一群大学生在足球的比赛中得胜归来的情景。一个婴孩哭着，他的母亲将他乱打一顿。在走廊的前面，有几个人坐在他们的包裹上，利用一只草包作桌面，桌边还燃着一枝洋烛，正在那儿打牌。再过去，有一群老年农人在那儿静静地谈天，吸着旱烟和纸烟，吃着黑面包和家制的香肠。在那对面的角落里，有人在那儿很柔和地拉着手风琴，有几个人低声和着，这都是隐蔽在黑暗中的。似乎没有人关心到车中的拥挤、黑暗、空气恶臭、座位缺乏以及车行动时那可怕的震动与颠簸。没有人抱怨这不适意的状态——这可见农民是如何不关心肉体方面的痛苦了！真的，世界上有人能够像他这样乐意地忍受艰苦与磨难么？对于他这种忍受困乏的能力，我们简直不知道是应该称赞，抑是应该怜恤。诚然，这表现出一件事来，表现出那惊人的肉体的生力；是的，并且还表现出另一件事哩，便是那尤其惊人的肉体的适应性呵！

我听见了一阵很熟习的声音在那儿叫唤。这是那有黑胡须的农民。他叫的是：“你愿意爬上去和我睡在一道儿么？我愿意把我的包裹竖起来，挪出地位来让你睡。不愿意么，请问？”

我应允了。一会儿我就到了悬在最上面的那床铺上，很舒适地夹在那有气味的包裹中坐下了，我的头直抵到了车顶。

“新到此地的一位生客么?”我的伙伴问我。他的头发很黑很长，额部隆起，颧骨突出。他的眼睛又小又圆，包含着和善而宁静的神气。

“是的，新到此地的。”是我的回答。

“外国人么?”

“外国人。”

“德国人么?”

“不是的。”

“波兰人么?”

“不是的。”

“啊!”

停了一会。我不必急急于自告奋勇把他所要知道的告诉他。我知道他会发出一大堆新问题来的，因为农民所最高兴的再没有过于探询一个生人的身世了。他会立刻对那面生的人（或是女人）问及他的姓名和年龄，是否已经结婚，倘使没有，那又是什么缘故，并且准备何时结婚，同谁结婚，在什么地方？然而，说句公道话，倘使要问他这些问题，他也会像发问题一样很爽快地答复你的。

停了稍久，他说：“在这里这些地方，我们没有看见别种的外国人。”

“你听见过人家说别种的外国人么？”我问。

他耸了一下肩膊。

“天晓得。或许我听见过，可是我不记得了。自然，还有土耳其人。”

“并且吉卜西人（Gipsies)。”我接着他说。

“他们不是外国人，兄弟，”他很郑重地反对我的话，“他们只是走江湖的游民，像雀儿一样的。”

又静了一会。

“那么你是哪一国的人呢?”他最后问我。

“我是从美国来的，老叔叔。”

“美国人!”他很吃惊地叫着，“啊！欢迎，非常欢迎。”

自然他听见过人家谈及美国的。在这些时候，几乎个个人都有亲戚朋友在那里，谁没有呢？——他这样说。在多年前，在大战前，他村里面有几个孩子到那里去了。或许我在那里曾经看见过他们——格里哥、瓦西尔、鲁克安、马特维，好孩子？都很好，只有瓦西尔坏些，他作过了一件可怕的错事。是的，他作了错事。在出国以前他和一个女孩子发生了关系，并且允许娶她，并且她也相信他。谁会不相信呢？他老是非常和善且向上的。可是自从他走了以后，她没有接过他一字的音信，并且她又遇到了极困难的事，她生了一个小孩，她写信给他，要他回来或是接她去，他还是没有回她的信。……或许他死了，或是在什么地方被杀了……谁知道呢？并且他们当中还有一个孩子，哈弗里罗，送了一大堆结婚的礼物给他的妹妹，她是去年秋天结婚的，他送的一双漆皮靴子，里面垫的极上等的蓝毡，还有一绞丝，极上等的丝呵。周围各村的女人们都跑来看，并且摸一摸，不住地称赞羡慕，想想看，她把这些礼物怎样办呢？她总没有穿他，因为恐怕弄肮脏了，她仍旧拿他锁在箱子里面哩。这个美国必定是一个很富足的国家，是吗？——他接着说。一个平常的农民能够送这样贵重的礼物回家，当然是一个想象不到的富足国家呵。这些孩子没有一个回来自然也是这个原故呵，并且有些到那里已经好久好久了，十多年了……有运气的孩子们呵。……

"并且这令我记起一件事情来了，"他接着说，"这件事我想你一定能够让我懂〈弄〉清楚的。当我们在我们这不幸的俄国遇到了大饥荒的时候，我有一个侄儿寄了一个包裹给我，他是在美国 Detroit 城的，包裹里面装的白面粉、猪肉、糖，还有几个罐头。我把罐头开了一个，看见里面有些黄颜色的东西。我把舌头放进去舐了一点尝尝，那像煮了的牛奶一样，只是比牛奶更浓些，更味厚些。我想这或许是乳皮，我又把舌头舐进去，可是便是乳皮也没有这样厚的味。于是我把我的老伴叫来，把开了的罐头给她看。'这是什么？'她问。'我也想知道这是什么哩，'我说，'尝尝看'。她尝了，把舌头咂了又咂。'牛奶吗？'她试着说。'这不是比牛奶更浓更味厚些吗？'我说。'唉，是的，'她说，'比乳皮也浓些厚些呵。'我们奇怪不了，这究竟会是什么东西呢，总不能决定。可是我们很喜欢他，把他放在面包上面吃。后来有一晚我的兄弟来了，我们让他尝了一点，你想他说什么？这有什么不懂，这是牛奶呀，他说，倘使他和我们的牛奶不同，这是因为美国有特别的牛，所以挤出这特别的牛奶来呀。"我觉得这是我逃脱不了的责任，应该把美国炼乳的秘密告诉他；当我说完了之后，他很抱歉似地问我，是否我愿意将制炼乳的秘诀告诉他？

他提议要我和他共晚餐；那便是说，倘使我愿意，便请我吃一点农民家制的粗劣的食品。他有腊肠、黑面包和几条黄瓜，这是他用一只小鸡在集上换来的。我告诉他我已经吃过晚餐了。可是无论如何一点都不吃吗？他这样驳我说。当然，我不会拒绝吧？请吃东西是不会有人拒绝的，无论吃了饭没有，任何人都是能再吃些东西的，谁不能够呢？他自己是能够的。于是他把一只小包解开摊放在我的面前——腊肠、苹果、面包、一条黄瓜。接着他把头伏在那坐的行李架上，用着老鼠般的小心与畏怯的神气四下探望着，看看周围是否有人看得见或听得见我们的行动与话语。

“喝一点 Samogon（家酿的麦酒）怎样？”他小声对我讲，“这是几个月前我自己做的，极好的酒料，兄弟，比往日的任何酒精都好些。”

他探手到一只包裹里面，拉出了一只玻瓶，是用麻布裹着的。他把橡木塞子揭开，把瓶子送到我手里。我尝了一点。这酒把我的舌头和嘴唇都烧痛了，我很快就把酒瓶送还了他。真的不要再多喝一点吗？他问我。我甚至还没有沾湿嘴唇，而他以为美国人是很壮健善饮的人民哩！不看吗，一个俄国人一口喝一茶杯家酿麦酒简直不算一回事哩。他觉得非常奇怪！好的，祝我的健康并祝全美国人的健康吧！——他这样说了一篇，我们握了一下手。接着他退到角落里去，将头仰向后边，将瓶放在口里，那火烧一般的酒料便咕噜咕噜咽进了他的喉头，好像喝着那甜的杨海汁一样。

“许多农民都自己酿造麦酒吗？”我问。

“许多？啊，兄哥，不酿酒的人很少有呵！”

“这里周围各村都是这样吗？”

“全俄国都是这样，他们这样说，那些比我更见了大世面的人都这样说哩。而且人民为什么不这样呢？他们喝了酒可以增加自己的气力，鼓动自己的兴致，而且这也很便宜，比政府专卖的 Vodka（烧酒）要便宜多了。”

“你们都有蒸酒器么？”

“蒸酒器？那鬼东西！有蒸酒器真危险呵。那该咒的警察无时无刻不在四处侦察，这班东西当中有些特别有着嗅蒸酒器的鼻子，所以，无论你藏在哪里，在草堆下面或地窖里面，他们总会寻得出来，以后呢，呵，呵，呵，那是多严厉呵！罚金要十块或二十块金卢布，还有几个月的监禁呵。你知道苏维埃是不愿意我们喝家酿麦酒的呀。可是——还有许多他们不愿意我们作的事，然而我们还是作了。”

“你们农民在什么地方学会酿酒的呢？”

“只有天晓得。我所能知道的只是我们都会作他。”

这里是一个奇怪的现象。在往时农民从政府的专卖处买回烧酒，酒瓶都是印封了的。他们自己决没有造酒的，至多不过是那干面包和水发酵而成的 Rvas 罢了。可是他们现在变成了世界上最谙练的酒精制造者了，苏维埃虽然布了极周密的法网，似乎终究不能拯救农民于麦酒的沉湎之中。无疑义的，这是他们取消禁令的一个原因了。

这时间，我的那慷慨为怀的同伴又从袋里将酒瓶拿出来，并且坚持着要我至少再喝一口。他无论怎样是不允许拒绝的。他坚持着说，家酿麦酒是农民的骄傲与光荣，我怎样能拒绝不喝一点呢？至少喝一点，足以使我将来回到美国的时候，告诉我的朋友麦酒是怎样一种有返老还童之功的饮料，并且俄国人是怎样慷慨地拿来供奉外来的客人——这也不行吗？他问我。

空气又开始令我头脑沉闷，我便跳下来到车前的平台上去吸点清鲜空气。平台上黑暗而且湿淋淋的。雨从两旁和车顶上打下。狂风如儿戏般地在门边呼出号进。我立在那里，把门半开着便避去雨的打击，正在想着迟早会有人吼着要我关门的，恰在此时我看见管车的向我走来了，我猜定他会要我进来或是出去并且将门关上的。然而，我知道俄国人见了美国的烟百事都会软下来的，我便即刻塞了一包骆驼牌的纸烟到管车的手里。他真是惊喜过度了以致不知道说什么才好。上等的美国纸烟——世界上最好的一种——啊，怎样好的运气呵！他会记着我——永远记着。后天我还会在车上么，或许中途到什么站下去呢？他一定送给我一件真正的 Gost netz（礼物）——一袋新鲜的干南瓜子和向日葵瓜子！美国的纸烟，一整包！这真是好运气。天呵！他说了这一大堆话，于是我便得以自由立在那里，门还是开着。

这时有两个少年走过来并且自己介绍着——年约十七八岁的孩子，头发剃得很干净，脸颊腓红，两眼发闪光。他们自己介绍，我不会介意么？他们已经听见我是从美国来的，他们非常愿意知道关于这个世界上强大的资本主义国家的许多事情。我愿意告诉他们，革命运动在那里是怎样进展着的呢？不很好么？真的吗？为什么不好呢？啊，自然他们知道。同志某某在少年共产党的大会上已经为他们解释过了——他们此时正是开过大会回来的。这一切都是由于那叛党的奸贼康伯斯（Gompers），他把美国的无产阶级卖给资产阶级了。可是，nechevo（不要紧）！他现在死了。另外有些人会来代替他，那些真正的革命党人。像伊里其（列宁）一样的，他们必会很勇敢的很忠实的使美国资产阶级明白事实是怎样哩！关于美国无产阶级缺乏革命精神这件事，他们并不觉得悲观。那一定会有的，那不能不有的。

并且，还问我是否愿意告诉他们，到美国去是否容易呢？当然没有人会知道他们是共产党人，有人会知道吗？美国政府怎样能查得出来呢？他们真高兴到那里去，他们真愿意在矿山里面去作工。他们并不重视农村中的工作，农民是毫无希望的资产阶级，可是矿工——他们是无产阶级的无产阶级呵！唉，跑进美国矿山里去，唤醒矿工，唤起他们的阶级意识，使他们准备参加那伟大的最后的争斗——这会是多么令人吃惊的事业呵！那最后的争斗没有矿工的支持是不能胜利的，是的，还有铁路工人也是一样的呵！这是列宁自己说的，这是很真实的话。

可是，那时——喔，他们不要仅仅谈政治。关于美国还有许多其他的事情他们是渴想知道的，我是否愿意进去会见他们代表团中其他的少年并且和他们全体谈谈呢？——他们这样问。我立刻应允了，车上有一个美国人，这个消息立刻传遍了，于是我便被那热望的，好奇的，多问的群众围困在核心了。

这里是一种很奇异的矛盾现象。依据全部逻辑的定律，美国在俄国，特别是在多数党的集团中，当然是最被憎恶的国家了。用多数党的社会的码尺计量的时候，美国不是世界上最大的资本主义的并且最反动的国家吗？不是有组织的工人阶级的最有力而且最凶悍的仇敌吗？美国的福特们（Fords）和康伯斯们不是美国革命运动中的最有威力的制动机吗？美国的许士们（Hughes）不是苏维埃政府的不共戴天的仇敌吗？苏维埃政府所遇见的到俄国接洽产业租借权的人当中，不是以美国资本家为最顽梗，最冷酷吗？

然而美国之受崇敬，在捷克斯拉夫、波兰以及波罗的海诸国，都不如在俄国那样地热烈和那样地普遍。美国人都被认为是一种超越的人类，精明、守时、聪敏、勇敢、有恒心，他所经营的一切事业都有光荣的成功，而且是巨大的奇迹的工作者，是一个天下无敌的近代的 Don Quixote[①]。“像一个 Yankee（外国人对美国人之通称）一样的乖巧聪敏”是在多数党的文字中常见的一句习语。无论我到那里，城镇或乡村，只要大家知道了我是美国人，便立刻会有那友谊的好奇的群众将我包围起来，发生各色各样的问题，都是关于美国的生活和工作的。苏维埃的当局曾经多次对我说过，俄罗斯的拯救完全在于尽其全力学习美国的方法来创立事业，美国的实在是最好的方法。农民对于美国经营事业的力量有着很多言过其实的观念，这常常令我不得不发笑，有一次有一个 Tula 省来的老年农人问我，听说一个美国人发明了一种呼风唤雨的机器，这是否确实的——便是一例。设使苏维埃政府财政充裕并且美国政府也能批准，那时每年必定有千百俄国农村的青年会送到美国的大学里和工厂中学习进步的知识，便于努力从事本国的建设大业。“便是你们的钱也和我们的或和欧洲其他任何国家的也大不相同，”有一个某省的日报主笔对我说，“你们的钞票这样耀目，真正好看得很，并且便于携带，大小形式都是一样，又是上等纸印的，不怕破损折坏，又不怕退色；像我们的，

① Don Quixote，即“唐·吉诃德”。——编者注

或是德国的，甚至法国的纸币都是有这许多毛病的。”并不需要美国自己的努力，亦不管她的政治态度是如何严厉，美国在俄罗斯总是一个最被崇敬，最为民众所周知的国家，在俄国的各阶级中都有着善意的了解，这在将来或许可以达到两国间的，亦可以是全世界各国间的，社会的与经济的合作的境地吧。

我正回答着各方面向我发出的问题，男人的，女人的，主要的是少年共产党人的，这时有一个红胡须的农民陡然插进来说了几句话，将群众的一团高兴与狂喜都击得粉碎了。他是大头阔面，高鼻隆额，是一个托尔斯泰式的农民，我们在俄国农村中随时可以遇见的。

“最好你告诉我们，公民，”他说，“你们在美国的农民是否像我们这样褴褛，并且穿着像我的这样破烂的 Khalats（外褂）。看得出吗？这便是我们最大的不幸，兄弟，穷苦的农民没有能力买什么东西。”他的声音里含着愤怒，感慨和诚挚，他的眼睛中闪耀着被抑压着的怒火。

“这是一个 Koulack（土豪），”立在我右边的一个少年细声地说着，“他住在我们村里，他恨苏维埃政府，因为去年他们要他把他的三匹马借给几个穷人用了几天，使得他田里的草没有马搬运回家。”

这农民竟听清了这几声细语，于是大吼起来：“为什么我应当把我的马借给别人呢？”

“因为，”那少年回答他，“你应当帮助你的穷苦的邻人，像帮助自己的弟兄一样。一切的农民和无产阶级都应当像弟兄们一般生活着。”

这农民听不进这些话。“谁曾经借给我什么呢，当我没有马的时候？”他高声吵嚷起来，“我流尽了血汗，一个钱一个钱积蓄起来，买了一匹母马，生了几匹小马，这都是我自己的呀。让别的农民那样作吧，那是没有什么的。他们再不要用这样的诡计来欺骗我。我的天，他们一定不要这样！倘使他们要我把我的马给别人，让他们也给我一些东西吧，一双靴，或是一件外套，或是别的什么都好。他们一定不要再叫我借东西给人吧。倘使他们还要尝试，好的，我一定把我的马一个一个都杀死他；我一定不能让他们再像那样欺骗我。”

那些少年共产党只有发笑。他们的神气似乎不愿和这狂怒着的农民继续辩驳下去。“和他谈是没有用的，”他们中有一个这样说，“他是愚鲁中的最愚鲁的了，一个野兽一般。”于是他们仍旧继续着那中断了的关于美国的谈话，至若那红胡须的农民却另集了少数的旅客在他的周围，并开始提出他对于现存制度的新的攻击去了。接着一个牧师走近了我们，一个中年人，留着胡须，灰色的长发散披在背后。他的脸骨很阔，颧骨呈红色，一双满含着失望神情的大眼睛。

“原谅我，公民，”他插进来说，“你能否告诉我，美国政府是否也像俄国苏维埃政府一样停止了对于教会的津贴呢？”

“美国政府是从来不曾津贴过教会的。”少年共产党中有一个解释说，带着胜利的神气。

“可是他们并不将牧师驱逐到屋外，像他们在此地所作的一样啦，他们是这样吗？”那牧师反驳说。

“他们把你们驱逐出谁的屋子啦，batlushka（小爸爸——旧时对牧师之称谓）？”少年共产党人很尖刻地问他，“那屋子不是政府的财产吗？这件事你为什么不提到呢？”

“政府！”牧师重述对方的话，带着切齿讥笑的神气，“当我的屋子建筑的时候，你们的列宁作梦也没有想到苏维埃或苏维埃政府哩。”他仿佛看出有少年共产党在旁边，他和我更多谈什么都是没有办法的，所以便含着冷笑走开了，非常不高兴似的。

“这是那野兽般的愚鲁的一个源泉哩。”有人在那儿喃喃地说着。

“苏维埃政府对待他的弟兄真是太宽厚了。他们不仅应当被驱逐出屋外，而且应当关在监牢里，在那里他们便可以在他们自己的愚鲁之中混过他们的一世。”

我望了这最后说话的人一眼。他看去不过十九岁——一个矮小而壮健的少年，有着一双沉着而胆大的眼睛，腓红的脸颊，大鼻头，褐黄色的软发，并且具有农民的那种恬静的神情与沉思的外貌。倘使我在一个乡村的节会上看见他领头唱歌或是在二人舞中娴雅而活泼地转舞着，我一定以为他是一个活泼的小孩子，谦逊，热心，没有什么卓越的特质或成就，而只是尊敬着年长的人，决不会有如他适才所动的那种凶暴的情感。在往时，在牧师的面前他一定会发抖，俯首表示谦卑，吻他的手，说话一定是很柔和的，崇敬的，顺从意旨的，因为当时牧师不是像沙皇一样有威权，并且像上帝一样有万能吗，不是还有权借助于刑罚去对付那不恭顺的叛逆者吗？而现在，这同一毫无成见的少年农人对于“小爸爸”却毫没有崇敬与顺从的意念，看他不过是一个卑微的东西，只有遭白眼并且被蹂躏的。

我觉得替牧师有点难过，因为不管他过去的罪恶与过失怎样，而此时他在这里却是一个驼背的非常肮脏的老人，穿着一件龌龊的放光的牧师的外衫，皮靴的脚跟都破了，两肩下垂，一种可怜无告的神情，而敌人却凝视着他的愁苦，不顾一切地与他以难堪的抨击，他身体所感受的苦痛还不及精神上感受的重大，他的荣誉和自尊心都被击得粉碎了。可是少年共产党们对于我的同情之论只是发笑——一种革命，其中有一个这样说，不是滑稽的儿戏，并且真正的革命党人不能将礼貌或感情施给他的仇敌的。

当众人离开了我以后，那牧师又走近我的身边来，这次还伴来了一个身高而美丽的妇人，有着一头的灰色头发，红面颊，大而含有悲哀的一双眼睛。他介绍给我，说是他的妻子。

“三十年了，”他开始说，“自从我们结婚以来，我们不知道什么愁苦。好上帝，我们的天父使我们避去了一切的灾难。而现在，我们的生活完全被捣乱了。我们所有的一切都强取去了，我们的钱财，我们的土地，我们的果园，而现在苏维埃又把我们从屋子里驱逐出来。这些年轻的暴徒所谈的话你听见了没有？——这些凶悍的少年共产党——他们是怎样的咒骂我呵！”

“令我最伤心的，”他的妻申说着，音调非常有力而动人，这是俄国妇人所有的一种特质，“是那果园。Milenky（亲爱的），想想我们为了他所用的那劳力，那爱护之心，那眷顾之情呵！这果园简直像我们两人的一个亲爱的孩子一般。小爸爸和我刚刚结婚，我们便亲手将他布置起来，后来一年一年，我们将他扩大，改进，并且看着他生长，成熟，满怀着愉快与骄傲，当我们的第一个果子成熟了的时候，我们高兴到甚至不敢吃掉他。我们拿来供在坐房的桌上，很小心地看待着，有时捧出来给我们的朋友看，朋友们的称誉之词真令我们骄傲，甚至心里发颤哩……而现在却被强占去了，苏维埃已经将这果园租给了一个懒汉，他像一匹牛一样，并不知道什么果园的培养。咳 Milenky，他是怎样胡闹呵——他让他过量的生长，以致枝干低垂，以致折断！他是一个凶手，一个最卑劣愚笨的凶手，在我们的眼前残杀着我们那可爱的孩子。这是最令我伤心的事——我们每天都要看着，看着他被残杀，我们那可爱的果园。Bozhe moy（我的上帝）只要我们能够逃开这个地方，过海去，到山里去，或是到沙漠中去，任何地方都好，在那里我们可以忘却我们的过去，再开始我们的生活，并且不再眼见这般可恶的鬼人，耳听这些无理的混话！Bozhe moy。……”

她的头垂下了，她的深陷的胸部因悲哽而起伏颤动着。

“咯，咯，好了，”牧师很柔和地抚摸着她，“你已经哭够了，丹涅奇加。请停了，小妈妈。我们最好问问这位美国人，他是否能够帮助我们到他的国家里去。那里人民是相信上帝的，不是吗？他们到教堂里去的。不是吗？我们只要在那里找到一个教区，任他是世界上最小的教区，我们都不在意，我们只要有一所自己的草屋和一片地，可以作花园果园之用的，那就好了。”

有几个少年共产党从我身边走过几次，向我微笑着，眯着眼，作出藐视的面孔对着牧师。

“只要你能够帮助我们，公民，”那妇人恳求着，“我们决不会忘却你的，我们不会的啦，小爸爸？”

“啊，真正的，我们一定不会的。”他非常动感情地反复说了几遍。

“请写信给我们。”当我离开他们的时候，她这样要求我，苦笑着。

那些少年共产党请我到他们那一间里去住，可是我非常倦怠，再不能谈话了，因此我还是爬上那“行李架”，那和善的黑须农人在那里已经为我预备好了一个地位。此时他已经酣睡着了，他斜靠在他的包裹上，两脚叠坐着，面部上仰着，他的胡须像短剑般地插在空中，口半开着。他没有听见我的响动，我静悄悄地将我的提箱放好，便也靠在上面坐好了。车内下面的全部都在我的视线以内。有好几间先时燃着洋烛的，此时已经黑暗了。那挑战的红须农人在地板上坐着睡了。打牌的一群已经散去。手风琴停奏了，和着的歌声也早已休止。牧师和他的妻爬进了他们的床位，在黑暗中消失了。周围我所能听见的只有如雷的鼾声，男人的，女人的，小孩的，这些人都是密密地拥挤在地板上，床位上和行李架上的。他们已经都沉入酣睡中了——我们可以想见，像农人那样辛苦，劳役，食不择味，眠不择席的生活，他的睡眠会是如何的沉酣呵！只有那些少年共产党都还清醒着，那管车的坐在角落里，正在那烟尘罩满的提灯的昏光下查算着他的账目。

此时一切都沉寂了；然而在这外表的物质的恬静之下，我可以听见革命的不断的呼号。那农民的话，牧师，共产党人，咒骂着，喧嚷着，彼此握拳相向，亦不顾各人的情感与悲哀——这一切都在我的耳边轰鸣着。在俄罗斯的一切地方，这革命是怎样的一种火热般的活现的事实呵，甚至在这样农村的最深层的地带亦是一样！这革命像一种不可见的万能的力一般，他扫荡了一切，他在他所接触的一切人类的心灵中激起了新的疑问，新的情感，他在狂怒之下，毫不容情地将人类从他们积年的老的安身处驱逐到那新的，迷惘的思想的怒潮中，要他们去寻觅新的藏身之地！革命惹起了多大的纷乱，多大的仇恨，多大的悲哀，多大的喜悦呵？我问我自己，这一切究竟有什么意义呢？这有权威的革命怒潮要将俄罗斯驱迫到什么地方去呢？这么大的手舞足蹈的人群会变成怎样的呢？这一切悲苦、愤怒和痛快会得到怎样的结果呢？他们会使俄罗斯涤去旧污换上新的光荣之冠，抑或使她更腐化，更衰弱呢？

第二章 途 中

当我一觉醒来的时候，天已经大亮了。我的同伴已经起身，正忙着俄国人并且特别是农民所最乐意的那件事——饮食。世界上有谁能像一个俄国农民吃得下那样多，吃得那样眉飞色舞呢？对于他，饮食并不是一种游戏娱乐的事。饮食是一种仪式，一种礼文，应该郑重其事，不可稍事大意的。黑面包和洋葱；黑面包和酸菜；黑面包和腊肠；黑面包和猪肉；黑面包和苹果；黑面包和马铃薯；老是黑面包，一块又一块，一磅又一磅，真是不可计算的大量呵！……近代饮食法的警告，饮食过量便要损害人的健康，我很奇怪这句话究竟有没有几分真实可信的。倘使那是可信的，那么俄国农民不仅不会壮健，反而应该是世界上头等的病夫了。

火车慢慢地向前蹒行着，震动得很厉害，像一个脚步不稳的体弱的人在地上试着步探索而前的样子。这车真是慢得骇人，完全不像干线上的特别快车——这算得我在俄国或是任何地方所乘过的最慢的车了。我们离我们的目的地还有四十英里，这便是说，在夜间我们的车不过走了八十英里。十点钟走八十英里！可是我那同伴的农民还以为我的这种批评为错误可笑哩。他很柔和地责备我说，我要是曾经到过了俄国，那一定会晓得的，三年以前，此地火车每个月不过开行一次，车的速度不仅一匹马赶得上，便是一个老太婆也赶得上呵。咯，车务的进步算是够快的了，从前这种不重要的支线上所能作得到的，无论是班次、速度等等，现在都已经恢复了。只要农民生产品的价格能够像这样快地涨起来。……那末俄罗斯还会有希望，并且农民亦不会这样老是抱怨着了。

真是抱怨呵！我刚刚到过莫斯科和列宁格勒，在那里我遇见了许多男人和女人，许多都是旧日的缙绅、富豪、有权势的以及受过高等教育的人，他们都是在一种经常的恐怖中过着生活。他们说话的时候老是声细如蝇，并且任何时候，他们看见我作笔记，他们便急切地求我不要将他们的姓名住址录下，并且在任何情形之下，决不要在演说或文字中提到他们的话。他们忠告我，他们的朋友有些因为说话不谨慎，因而受着监禁或流放的处罚。可是这里，在这车上，农民却大声疾呼地抱怨着，咀咒着，像自由的国家里的一个公民一样，发狂似地频频咒詈着新制度。我不知道车上是否有秘密侦探。我恐怕一定有，我又恐怕有些农民会因他们的胆大妄言而受处分。可是他们对于这种事一点也不怕，想也不去想。无论有侦探或是没有，他们总是要说他们的。

这是一种出人意外的情景。革命使得城市的人，旧日受过高等教育的重要人物，都陷入强迫的静默、逃匿，另求光明之路；而农民呢，革命却要他在世界的舞台上显露出来，随心所欲地那样尽情喊出他的愿望。这是因为革命党人认为城市的人是最危险的吗？或是因为他们不敢沾惹农民呢？或是因为他们以为农民的怨声是无害于国家大计呢？无论是什么原因，这事实确是显然的，令人吃惊地存在着。革命促使农民获得了一种新的自觉，促使他说出很清楚的话语，实在说得比俄国的任何人都清楚些。

终于我们达到了我们的目的地。那车站仍是旧样，不是在镇上而是在几里以外。将铁路敷设在镇外很远的地方，这似乎是俄皇政府的政策，这种政策的理由当然只有它自己知道。我们所能断定的是，这种政策决没有建立在节省旅客的时间，谋旅客的便利并提高乡镇中物质生产的进步上面的。

我把车上认识的那些朋友的姓名和住址都记下来了，并应允他们回美国以后常常写信给他们，接着我便跳到平台上了。一个幼年交好的老朋友在那儿接我，我便同他一道到市集上去寻车到我们的故乡去，因为那乡村离铁路还有很远的路。问了好久，我们寻到了一个从我们乡村里来的一个农民，我们的一个旧邻居。他刚刚领着他的一个十二岁的孩子到镇上来，这孩子穿着一件有气味的旧羊毛外褂，正在货车的背后坐着。自然他愿意送我回家，他说。可是他的事情还没有办完。他有两只小鸡和一包乳饼要卖去，还要买钉子和车油。可是他一定很快去办，即刻就可以弄好的。啊，带了一位美国人回家，他会是多么光荣呵！他带着他那拍着翅的两只小鸡跑去了，买主们正集在一处短墙边候着他。

当他把车赶到我候他的这地方来的时候，太阳仍高悬在天空。这是一部无弹簧的小车，他把稻草推到背后，给我作成了一个很舒服的座位，他自己便屈膝蹲在前面。他约有四十岁的年纪，头发软而细，呈褐黄色，胡须短而稀疏，色微黑，只是丛生在颐下，因此他的两颊简直像小孩的一样光滑。他的孩子拥坐在草上，他的头缩在外套的大领里面，用那发亮的眼光和不耐烦的神气注视着我，完全是生了病的样子。我们便动身了。

大路是干燥的，显着很深的辙迹。小车颠簸而前，发出轧轧的噪声，时时将我和小孩从这边簸到那边，有时又彼此相碰，有时还碰到前面赶车的人身上去。那匹小黑马垂着头，仿佛沉入在深思中似的，懒懒地驰着，不时鼓着鼻息喷气。每一次她这样作，查哈尔（赶车人的名字）便转向她，完全是农民的神气对她说："祝你健康，小妹妹。"接着立刻便拉紧缰绳，仿佛是叫她注意，不要因回答他的这友谊的祝词而放松她的步程。此时他探手到车下面拿出了一只绣着红花的小布袋，农人们离家外出的时候常是午餐的食品带在边身的。他将布袋解开，拿出一大块黑面包来，上面布满了灰尘和糠粃。他将面包拍了好几下，从上面裂下了一块送给我，我没有要，他又给小孩，抛到他的手中。可是这小孩仿佛也是拒绝的样儿，将面包掷到稻草中去了。

“你这丑鬼，”查哈尔气愤愤地骂着，又转身对我说，“他生下地以后就病着，鬼知道他害的什么病。Feldsher（医生）给了些药他吃，老是不见得好。我猜想他很快就要死了……穿着羊皮外褂，他还老是怕冷。在家里他老是躺在火炕上，很少吃东西。糖是他喜欢的，糖和面包。他一天可以吃一吨（原文如此）糖。我的天，他真吃得下。可是，碰了鬼，这种时光，糖的价钱这样骇人的贵，一个农人怎样买得起呀？有够吃的盐就算很幸运的呵。”

他拿一片洋蒜擦在面包的硬面，将面包和着一把肥葱头吃着——这是我们这一部份的农民最合意的吃法。我带了一袋糖果，准备分送给乡间小孩们的，此时我便抓了一把给小孩。他很粗暴地攫去放到胸前去了（这里是农人的孩子藏他们的恩物的地方），他那长的指甲把我的手也抓了。

“说‘谢谢，叔叔。’”查哈尔严厉地命令他。

孩子没有理会这命令，望也不望他的父亲。

“你这该死的小鬼。”查哈尔又骂他，拿他那作鞭用的杨柳条很凶暴地去戮他。孩子哇地一声哭了，像一只小兽一般，转身向着我，刺猬一样缩作一团。

“这样顽强，像一只新生的小牛一样。”查哈尔咒着，又用柳条去戳一下。

我很难相信我真是回到故居来了。自从离别以来，十九年的光阴飞逝了。十九年啦！怎样能说有这样长久呢？关于这旧地的一切，我记忆中都历历如绘：那泥污的街道；那两列木柱造起的茅屋，窗眼狭小，屋脊低垂；那倾圮的竹篱；那矗耸着巨大汲杆的公用井……一切一切。而且，还有男人和女人，邻居和其他的人，老朋友，那成群结队的过往客人——这僻静的乡野之所以颇现有生气，完全是靠了这般客人定期的临幸。这儿有挈着妻小乘篷车漫游的吉卜西人；有携着一个男女小孩徒步着或带家属乘着小车的乞丐；还有从城镇来的疯人，非常难看相的东西，自言自语地，做着疯狂的手势，无端地嘻笑怒吼，停留着久久不去，要等到他的满胸满袋都塞的是黑面包和蕃薯了，他才徜徉到别村去，如此轮转着，在他的范围以内走完了，于是再周而复始，像那些吉卜西人，乞丐和小贩一样。为我们带来民歌、故事和神秘的外方的新闻者，便都是这般过往的漫游者。而我们的农人决没有不给他们以面包或蕃薯的，决没有拒绝他们留宿的——反之，还将屋里最好的地方，那宽大的暖坑顶面，让给他们过夜哩。

还有我们本地的几个有名望的人物，他们之到来常是挟着一种奇异的光彩与热情，足以冲破那笼罩着全村的黑暗而单调的岑寂。塞尔吉便是一个，他是一个独眼龙，隆额，黑发，声音柔和得像女孩的一般。他能够兀坐终夜，谈着他那吓人的鬼魔故事，使一群农人像魂灵被咒语摄住一般，都不肯中途散去。他也是一村的学者，公认的代写书信的人，而且，真的，天下还有他不知道的事情么？他甚至能够预言，俄罗斯什么时候再会和邪教的土耳其人打仗，这一仗会打得多么长久，土耳其死的人会怎样多过俄罗斯死的。天上的星星告诉了他一切事物，他这样认真地说。在深夜里，他常是坐在外面，凝视着星星闪耀的天空，沉思着，像推算什么似的。

还有拿司他希亚，那愚蠢的老妇人，她独自住在一间很卑湿的茅屋里，屋脊上都满生着绿苔，窗户的内外都用木板盖塞了。她决不容许任何人到她家里去，便是左近的亲邻都是被拒绝的，因此我们孩子们便有好顽意儿了：我们偷偷地爬到她的屋背后，从墙上裂开的大缝中偷望进去，我们看见她坐在地板上，清理那无穷尽的一堆一堆的破布，那些都是她费力搜集来的；至若搜集那些破布，似乎有些神秘的用途，可是这也只有她自己知道。她没有土地，便是一个菜园也没有，然而她绝不愁没有饭吃的事。她之得以维持生活，一部份是由于帮助邻居作事，一部份是由于偷窃，还有一部份是靠了沿门卖艺——唱歌、跳舞，并且试演角斗，可是没有一次不是作成懒狗吃食般地扑在地上，看的人都狂笑起来，她的目的便可达到了。有一次，像一只疯狗般地要沉溺我到水底的便是她，因为她藏了一罐杨梅汁在一棵树底下，自己去捡柴去了，我和其他两个孩子把那罐子偷了。

还有尼克孚，那著名的大盗。他不在我们村里住，可是他常常到我们这里来。他偷马和麦，放火打劫，他的名字对于每个人都是恐怖的记号。有一次他在远处某村里将一个警察扼死了，将尸首抛到森林中的一处深雪坑里，将警察的马骑到一处大市集中卖去了，警察决不敢拘捕他，他们都万分地畏惧他。我们的农人中间谈起他来，都叫他作“基督的叛徒”，有一次谣传狼想将他的长子从坟中掘出，根据这一谣传，农人们造出了多少关于他的奇异的故事呵！

还有黑鲁平拿，那女巫，那孩子们避之若豹狼的老妇人。她的面皮皱皱，颧骨高耸，更是满脸雀斑，几枚参差不齐的牙齿突出在唇外，一片肥厚的下唇垂挂着。人多以为她有魔鬼附身，据报告，常时她变成一只小猫，跑到四周邻舍里偷吃人家的牛奶和乳饼。

还有那乞丐法西耳。我是多么知道他呵！高大而电杆般直立的身材，双眼都瞎了，两眼中都布满了可怕的红丝纹。他在村中算最富有的人，只是因为双目盲了，不能作工，所以，依据农村的习俗，他便在外行乞。他有两个老婆（一个是正式结婚的，还有一个是小姨，因为姊妹住在一处，便也成了他的另一老婆了），他有好些个小孩。他出发行乞的时候，任便由一个老婆或孩子牵引着，在四周各村里挨户走去，每到一家便唱出一种古代宗教的民歌，还伴奏着一只旧式的有弦索的乐器。人家给他的多半是几块面包，几只熟鸡蛋，成捆的麻，成块的布之类，这一切他都拿来放在肩头上背的两只袋里面。袋里面装满了以后，他便立刻驱车到镇里去，将行乞所得的一切都卖出，并且常时要金银现洋。他拿着这些钱怎样办呢？自然，他是储蓄起来的，可是储蓄在什么地方呢？在草盖的屋脊里吗？在森林中横卧着的断木下面吗？在仓后地面的一个洞里吗？没有人知道。常时当他不在家的时候，我们一群孩子们都偷偷地跑到他的仓屋四周搜寻，搜了又搜，掘了又掘，可是我们从来没有发现他的宝藏的一点踪迹。

在我们自己的和邻近的村里，还有好些个其他有名望的人物；当我坐在这稻草垫的车里，很剧烈地左右簸动的时候，我又看见他们了，我听见他们谈着，笑着，唱着——一种古代的可爱的世界里存在着的风味，当时是切近地感受着的，而今觉得非常隔阂而生疏了，令人意兴索然并且难于遽信！

我向查哈尔问了好些问题。这故乡究竟怎样了？在我离去的十九年中，世界有了根本的变动，俄罗斯比其他国家变动得更厉害。我们的村里怎样，那班老朋友和邻居都怎样了？什么人和一些什么东西还幸存着，在战争和灾难的可怕的抨击之下，人事的惨死沦亡又怎样？

查哈尔一面大嚼着那禁味的面包，一面回答我的问题。已经不同往时，每年秋冬季吉卜西人不再来了。苏维埃对他们非常严厉，命令他们停止游荡的生活，不许再依靠他人的劳动而生活。他们中有些已经分得了土地便就地兴立家业了；其他的大多数都怀着满肚皮的怨气，逃到苏维埃势力所不及的漠远的国家中去了。乞丐已经没有从前那样多——农民更穷了，无力像从前那样随便资助他们；至若疯人，啊，再没有人看见了。年高的人都已下世，并且似乎左近再没有年高的人了，便是在镇上也没有，这真是一件奇事……或许是因为人们死得太快了所致！

天晓得，在过去几年中，我们的故乡里有多少人追随他们的父祖去了呵！两年前，正当肠热传染症盛行的期间，几乎没有一家不死人，几乎没有一天没有丧事，常时有两三起哩。走任何人家门口过，少有不听见里面的悲声的。这是一种最可怖的传染病，他们从来没有经历过的，比任何老年人所能记忆的那天花症的袭击还要厉害百什〈十〉倍。他们怎样和这传染症搏战呢？唉，他们怎样能够呢？谁能够呢？一个人还可以尝试去和一阵大风暴搏战，他能够抗御传染症吗？传染症降临以后，便尽其毁灭之能事，扫荡而前，像冰雪溶解后春季的洪流一般。在美国，他们可以制止传染症，美国人民都确实能够保卫自己，抗御肠热症、天花以及喉痧等传染症的袭击。那是多奇异的事呵！俄罗斯倘使能像美国那样，那多么好呵——查哈尔说。

是的，查哈尔继续回答我，学者塞吉尔已经死了，在大战以前为了想念他那产后身亡的妻子郁郁而死的。那磨坊主安鲁卜里也死了，那老妇人拿司他希亚和乞丐法西耳也都死了，只是法西耳的两个老婆还在，两人还是像从前一样壮健。……那大盗尼克孚呢？呵，警察终于将他捉到了，铁锁郎铛地遣送到极远极远的什么地方去了，从此再没有人听见过关于他的消息。查哈尔又问我，记得亚美科么？那村里的才子，那红脸秃头，以聪明的谎言逗得人狂笑因而著名的亚美科？还有他的女儿赫维多拉，记得么？当我往美国去的时候，她还是一个婴孩，可是后来长成了一个很美丽的姑娘；唉，也是一个薄命的姑娘——他说。她和一个邻村的男子发生了恋爱，那男人要她有五百金卢布的妆奁费才肯娶她；当亚美科知道了这事的时候，他狂怒起来，用鞭笞责赫维多拉，要扼死她。可是姑娘的母亲是袒护姑娘的，这母女两个不断地在亚美科面前喋喋着，要他给钱。她们说他的钱是藏在屋顶上的什么地方的，虽然他发咒说他没有。啊，有一夜他握起一柄斧头，要动手杀死母女两人，可是终于没有，从此他便变了常态。他不吃饭，不作声，也不理会人，不对人问“早安”，也不回答别人的问讯；一晚田间工作完后他没有回来，他的家人和邻居到森林中和池沿边搜寻了一通夜，第二天发现了他恰在桥底下——已经死了。

火烧么？没有，查哈尔回答我，在我们村里一直都没有，虽然邻近的各村里都有过；并且伊克陆和伊格里科两村都完全烧毁了，没有听见说吗？他问。我们村里居然逃掉了焚毁之灾，这也是一件奇事，因为当红党到来，波兰人败退的时候，大家都以为他们（波兰人）一定会放火将全村焚毁的，在别处他们老是这样的。那真是一种万恶的人，他们不是么，那些波兰人？——他说。天晓得他们多么万恶，完全不像德国人那样；德国人决不伤害任何人，决不偷盗任何东西，需要什么都是付钱的，他们驻在我们这儿的两年中始终是这样的。可是那波兰人——鬼知道那是一些什么东西！在外表看来，他们常是似乎和一般人一样的和善。可是当他们的军队占领了我们的村庄以后，他们便不知道怎样办好。他们的官长只是阔步街衢间，手中挥着短鞭，常是为了极细微的事故或竟致不为什么，他们忽然发起虎威来，抓着人劈面就打，用皮鞭抽着背脊，打得人皮破肉出，血流满身。而且他们完全是一班强盗——我们大家只有将马牛羊豕及其他的牲口都驱到远远的池沿边去藏好，否则波兰兵会都给你抢去。红党在左近的时候本来也不很好。可是那波兰人——唉——那班该横死的东西！并且倘使再会有战事发生——哼——便是妇人们也会拿起枪去打波兰人的。妇人们提起了波兰人都是异口同声这样说的。……啊，还记得那老马拉尼亚么？——他问我。那是一个勇敢的妇人，再没有比她还勇敢的了。她是我们村里的女英雄，并且是一个真正的女英雄哩！她对付过一个波兰人，使他们知道并不是全俄罗斯的人都可以当狗一样看待的。事情是这样。有一天，一个波兰兵闯进她家里去，拿出手枪比着，要一大块面包和一罐牛油。好，马拉尼亚走下地窖去，仿佛是去取面包和牛油，可是她回头来的时候，却抱出了一大土罐的酸牛奶来，她对准那该死强盗就将土罐摔去，那兵的手枪也打落了，像小狗一般地空手仓皇逃去，再也不敢来了。……

我们像这样东谈西讲地扯下去，后来发现我们已经走到了一片广田的地带了。四周的景色看来非常眼熟。在这曲折大路的两旁，极目望去，围绕着的都是狭长形的耕地，各各向远处斜展开去，最远处竟与天色合一了。耕地间仅仅以小沟或小阜作各片地的界限，任何地方都没有藩篱。（世界上还有哪一国家的耕地像俄国的这样不用藩篱作界限的吗?）农人们都在怒火般的阳光下工作着，像旧时一样的用那直柄的镰刀刈草，用钩镰割麦，一面工作，一面唱着那清晰的凄切的调子，这对于我的耳官是非常习闻的，因而令我回忆起许多往事，激起我满怀的恋旧之情。任何时候，只要他们听得见，我们对于正在耕作的农人总是挥着手，高喊着：“上帝帮助你们。”他们一定也伸头张望，也挥手并高声回答：“谢谢你们。”这一回声四散出去，使得其他的农人都停了工作，很诧异地注视着我们。成群的牛、羊、豕散在四处，都在绿色的牧场和清除了的旧田中漫移着，寻取他们的食粮，男女牧童在后面追逐着，挥着长鞭，不许他们窜进邻近的麦田里去。远在边地，村教堂的尖顶在日光中闪耀着，还有矗立着的风磨，这两样点缀在无边际的平原中，使得景色格外不单调了。

可是这种重睹故乡田园与故乡景色的欢愉，立刻引起了一种失望的感觉，因为在当前的景色中，我感觉到了一种极大的可怕的空虚。原来森林没有了，都被斫伐了——那柏树、松树、橡树。眼前所见的只是一些残枝断木在地面斜踞着。……这都是革命以来弄掉的，查哈尔告诉我。一切的树木都给农民斫去了，他们干得非常迅速，因为他们恐怕地主或许会回来不许他们斫的。

那各叉路旁的十字架也没有了，完全没有了，那些高耸着为风雨所侵蚀的木十字架，耶稣的像是牢牢地钉在那顶上的。本来俄国的官道上每一转湾的地方都有这一十字架作标记，这在俄国的乡村中，也和那闪耀着的教堂尖塔一样，都是特别表示宗教的神圣庄严的。在往时，农民走过十字架的时候，无论怎样他都要脱帽鞠躬，在胸前划十字，作一番祷告。这些十字架怎样没有了？我问。农民都给斫倒了，查哈尔很平静地回答说。木材渐渐不够用了，所以大家来把十字架斫倒，拖回家去当柴烧了。……罪恶吗？自然这是一种罪恶，他接着说。可是当今的罪恶是什么呢？许多人无论怎样都不再相信什么罪恶了。他看见我非常诧异他的话，便加上几句说："我们的人民已经变了，老乡，唉，他们变得多厉害呵！他们当中竟有些不再相信上帝了。"

一个农民说出这样的话，这真令人诧异。这些话是什么意思呢？神圣的俄国牧师——那样万分虔诚的牧师现在说些什么呢？倘使全世界的人都知道，革命将农民对于罪恶的观念，是的，对于上帝的信仰都残害了，世界上的人们对于这革命又会作何感想呢？这真是值得深思默虑的。

查哈尔将车驱到路边的一片狭田里，停在一个人的面前。这人正在用钩镰割麦，两旁还立着两个赤足的女孩子。他走向前来，他是一个有胡须的老农，穿着一件白布衫，前后都给汗湿透粘在胸前和背上了。他的涨红的面上皱成了无数的皱纹，汗和尘埃都沿着这些皱纹淌下，他的一对可爱的蓝色眼睛现出探索什么的神气。查哈尔拿给他一只用布片塞牢的玻璃瓶。这是火油，他给他从镇上带回的。他要知道我是谁，查哈尔告诉了他。他摇着头，似乎惊奇得不知所以。从老远的美国来，只是为的看看故乡的景色吗？这是多么不可思议的事呵！他接着又说，竟真的不怕海吗？许多人都是在那里面溺死了，不是吗？刚刚不久以前，他的儿子从红军里回来，说有一只大船在黑海上遇险，许多人都给淹死了。不呵，他决不会到海上去，一百匹马也拖他不去的。海枯竭了就好，那该咀咒的海呵！……那末是否从黑海来的呢？他问我。不是吗？是从大西洋来的吧？大西洋在什么地方呢？世界上海之多，真是和俄国的捐税一样，都是数不清的，不是吗？——一个穷农民怎样能将世界上的海都游到呢？这个大西洋和黑海一样大吗？更大些？是吗？这大西洋是属谁的呢，属红党呢还是德国人呢？不属谁吗？真的？唉，那末，将来总有一天要属德国人的。他们会握有一切，那德国一定会的。倘使俄国不是离得太远了，此时俄国的一切都会早已属于他们了。啊，这些德国人是多么聪明呵！

他是知道的。他在德国几乎作了三年的战时俘虏，在那里看见了很多的人，喏，他们懂得一切的事物。没有人有德国人那样聪明的，没有人比他们更有技能，没有人比他们更有智慧，也没有人打得过他们。在极坏的地上，他们能够种出像牛头一样大的生菜，像冬瓜一样大的黄瓜，他们一头牛挤出的牛奶多过我们三头牛的。鬼聪明，这些德国人真是有点鬼聪明。……可怜的穷俄国人决不能有这样聪明的。

我们的车又向前驰去。几次我回头瞻望，他和他的两个女孩，像雕刻的石像一样地还呆立在路旁，羡慕似地凝望着我们的后尘。我猜想他一定是在那儿惊异不解：仅仅为了探视旧日住居的地方，却不惜冒险漂洋过海，我这个人是多么一个糊涂的东西呵！

此时，乌云开始散布在天空了——成团的，乌黑的，凝聚得非常之快，不时将日光蔽住，黑的云影因此也如海浪一般地先后投射到地面上。风吹开始转紧了，显然是要下雨了。查哈尔怒声喃喃着。一时他更激怒了，咒骂声便如连珠弹似地从他的喉间发出。这样该诅咒的天气，每天都在那儿下雨！麦浸死了，草浸烂了，蕃薯也浸腐了，可是雨还是不停！农人的命运这样坏——该死的农人，该死的天气！为什么不发一次大水，把农民当作老鼠一样的都给淹死掉呢？那样真的还更慈悲些呵！千辛万苦的农人呵！

他拉紧缰绳，用柳条抽着马背，怒吼着要她快点向前跑。这一命令她显然是不愿接受，她还是缓缓地驰着，带起的沙泥溅满我们身上。空中隐隐闻着远处的雷响，那轰声像火车渐次走近了一般，一阵更响似一阵。风吹得更紧，逐渐变成了暴风，寒气十分侵人。暗黑的天空中有电光闪射了，开始还只蒙蒙细雨，立刻转成了一阵暴雨，倾盆而下；霹雳的雷声连珠炮似的阵阵轰来，震撼得大地似乎都要倾陷一般。我们的车是没有顶篷的——农人的车是很少有篷的——因此我们只好听暴风雨蹂躏了。查哈尔再抽着马背，咒骂得更凶了。可是那马儿，一面喘气，一面喷嚏，再加以暴雨急打着，所以不能快跑。我把帽子拉到耳边盖着，把那想象中的可以御雨的美国大衣紧紧地扣起来，尽可能地缩到草里面去。可是那雨毫无顾忌地急打着，浸透了我的衣衫，肉体上都有雨水在那儿流下了。

然而对于这种不洽意的事我还是不关心——不很关心。俄国乡村中遇到了大风暴，也并不是绝对讨厌的事，实在还有几分好耍哩。大路立刻变成了小河，两旁的水更不断地向里面注入；泥土冲软了，立刻成功了深层的淤泥，车轮很容易陷在里面不能移动。牧场上的牛群还是照旧吃着他们的草，虽然牧童们和他们的警卫犬都躲到附近的麦堆中去了。那猪群仿佛因大雨倾注而更奋兴了，他们都更起劲地在那儿哄着呃着，做着他们那永世不息的拱土的工作。只有羊群都昂着头像作祷告似的紧聚拢来，远望过去，仿佛是一片大黑帆篷上缀上了一块灰色补丁似的。在田中耕作的农人也和在他们周围的牲畜一样，似乎并不十分在意样的。诚然，他们动身回家了，可是除了小孩们以外，他们都很少奔跑的。那班小孩们将裤脚笼到膝头以上，在水泥中跳跃着，比平时更加倍欢愉。其他的男人女人们似乎并不需要急于找到避雨处样的。他们没有一个人有伞或雨衣，他们都只是随手就便地抗御雨的打击。有一个赤足的男人将一捆麦子像伞一样散开顶在光头上。又有一个妇人，肩上背着一把镰刀，头上顶着一个大袋子，很从容地推着一部有篷的小车，里面睏着一个婴孩，还有一只大黑狗紧靠车边伏着，遇着闪电，便带着凄凉的音狂吠着。又有一个赤足的老妇人，头上顶着裙子，狂风吹起她穿的布衫，泥污的两腿都露在外面。还有一群女孩子，很快活地笑着谈着，高声对我们祝安问好，表示非常欢迎的意思。只有查哈尔满肚皮的不高兴。他诅咒天气，诅咒苏维埃，并诅咒多数党，而最令人惊异的是，每一次电闪雷鸣的时候，他并不脱帽鞠躬作祷告，在胸前画十字——这是从前虔诚的正教徒每次遇到暴风雨的时候必然要作的。在他的生活中似乎已经没有供奉宗教的大神龛了。

终于我们达到了那铁匠店。我们将马系到一个旧草篷内，顿时觉得满身轻松，便走进去等候雨过云消再说。

第三章　故　居

当我们刚要达到村外的时候，尘土开始高扬起来了。田间都荒寂非常，不见人影，仅仅路旁一处果园中，有一个妇人在那儿用锄掘着蕃薯。当她举起臂膊时，她的白色衣袖在空中飘扬着，像一只大鸟鼓翅高飞一般。目睹故乡景色，真是悲喜交集——那常使奔马失足的可怖的泥沼；那满生着桑子的草丛；那出产多量鲈鱼和梭鱼的鬼湖；那波兰大地主的庄屋已经为黑暗的暮影所笼罩，仅能依稀辨别；那共耕的田地还是照旧日一般，在四周环绕着，没有篱笆垠界。当我还是小孩的时候，我和阿黑两人在那里不知度过了多少的长夜。阿黑是一个灰色发，蓝眼睛，非常闲暇，讲起吓人的鬼神故事来，他是从来不倦怠的。再远望去的一处山边是K村，叶琦便住在那里。我很系念，不知他变得怎样了。他曾经为我们的故乡赢得不少的光荣，他是农村青年中进了大学的惟一人物。农人们都预言将来他一定会是一个有名的人物，会任俄皇朝廷里的高官。我问查哈尔关于他的事，可是——关于叶琦的事，他的过去和现在，我将在后面另一章专讲他。

许多农民的车从我们身边驰过，他们的车和马都满溅着泥浆。他们的草车后面都满塞着镰刀、草耙和木叉，有些像手臂一般横伸在车外。他们显然是从几里外的那个泥沼那里回来的，我们的农人在那里割草已经不知几何年代了。一匹大黑狗随在他们后面，和通常的农家狗一样，他不能自禁地向着生人狂吐着他那种憎恶的心怀。他向我们的车和马猛扑过来，狂吠着；这种吠声似乎经过了什么精神上的反应，竟激动了查哈尔的那无言的病儿，使得他有了出人意外的生气。他靠在车栏边，口中嘘嘘作声戏弄着那狗，用他的那枝小杖去戳他。最后他将那枝杖猛戳进了那凶犬的口中，让他含着逃去了。

我们从坟场傍边驰过，还是照旧时一样，阴暗，沉寂，异常可怖，仿佛真有什么鬼物阴伺在里面将攫人而食似的。村子就在前面，此时所能望见的只是一团幢幢的黑影，偶有几处射出稀微的闪光。我凝视着那光，色黄而弥觉诱人，计算起来有五处。这五点星光像哨兵当值般地散布着。至若多数的房屋则都在黑暗中。我很诧异何以这样的。农人们都已经安息了么，这是不会的。我问查哈尔。他抬头眼望着那闪烁的星星，立刻摇头。呵，不是的，睡觉的辰光还没有到，早得很，他说——他看看星星就知道辰光早迟的。而且，没有看见烟么，他说，那些在空中浮动着的小火星？女人们刚刚烧夜饭哩。许多家里没有灯光，是因为没有点灯的燃料——火油贵得该死，别种燃料也无处可买；左近已经没有森林了。可是现在农民在黑暗中，夜间，过日子，也不觉得那样万分难过了。他们现在像马一样——能够在黑暗中看见事物哩。

终于，我们达到故居的门前了。那是一间木架的茅屋，门前有一方很大的泥塘，屋脊是木板盖的，这要算本村中惟一特出可以骄人的了。当我进门的时候，满屋漆黑，我的表弟，这间屋现住的主人，说了许多道歉的话，赶紧将挂在屋顶横梁上的一盏小灯燃着了。那灯的返光镜满生了锈，蛛网纵横，灯罩上堆满了灰尘蝇矢，此时更显出新的指印；他并没有洗什么，可是看了这种情形，无须多费思索，便可知这盏灯早已不是一件应用品，而只是一种装饰品或只是一种加重负累的赔钱货罢了。查哈尔已经说过"火油贵得真该死，"难道我还要去追问表弟什么吗？

这房子还是最近修葺了的，表弟告诉我。然而除了那已经开始剥落的新刷的白粉以外，屋内的一切都还是像我们移往美国时那一样的简陋。还是一间长方的屋子，装着大的砖灶，地板龌龊不堪，照旧一样，厨房、膳堂、客厅、寝室、育儿室和鸡埘鸭棚，都包罗在这间小室以内！还是那旧式的家具——大木方桌、笨重的长凳、简单的衣橱，都是没有漆色的。正对大灶的对面角落里，在一张古式的矮木凳上放着那古式的木水桶，木勺挂在麻线绳上。没有椅子，没有镜子，没有洗面架，也没有碗柜。也没有一张画片打破这粉墙的沉闷与单调，飞蝇还是照旧嗡然满室，异常活动。地板湿滑而又龌龊；空气闷热而又充满烟臭。幽暗的灯光摇曳不定，更显出室内分外的萧条凄凉。……

我觉得难过，难过到要下泪了。自从我离去这故乡，十九年的时光如驰马般飞逝了。这十九年中正是世界多事之秋，是一个区划时代的时期，可是此地之守旧与简陋则一如当日，没有丝毫变动。时间遗弃了他们，让他们沉溺在简陋龌龊之中，这种景象拨动了我的心弦，令我抖颤不已，可是我没有说什么。我那青年的表弟看见了一个近亲和儿时的游伴，从极远极远的地方到来真是大喜欲狂，我当然不愿意说些什么令他扫兴。他似乎全然不觉得他周围的那种简陋龌龊。或许他是装作不觉得的样子，像我一样，内心是异常苦痛的。然而我们都没有提到这个问题。

他是一个矮胖的青年，面色发红，微有雀斑，一双少年般的蓝色眼睛，显得非常安闲，温和而又颇沉着深思。他年龄没有过三十，然而生活的忧愁与不安定已经在他的形态上留下了衰老的征象。他的前额扁平，原来配合得非常匀净的一对秀眉，已经给深深的几线皱纹隔断了。眼下陷，纵横交错的两道皱纹从口角两边展开来，像地图上面的铁路网一般。他谈话的声音很低，沉重而带有回音；当他欢笑的时候，特别令人看出，那声音里面实含有悲哀的颤动。他现在已经结婚，而且有了两个孩子，一个四岁，形相非常肮脏难看，另一个还在襁褓中。他的妻是一个颇有趣味的妇人，一双深陷的灰色大眼睛，面部瘦削，似乎忧伤过度所致，皱纹盖满了她的皮肤。像她的丈夫一样，她穿着一双大靴和一件轻雨衣，那雨衣大概因年代已久，已经肮脏破烂不堪了。当我到家的时候，她在牛棚中吸牛奶；她进屋以后，便立刻铺床安置孩子们就睡，这样她晚间就不受孩子们的牵累了。她预备好了 Samovar，我们三人便坐在桌旁，一边吃茶，一边谈话。一只小黑猫蹲在我对面的窗栏上，眼闭着，尾巴蜷在背上，不断呜呜地叫着，似乎志得意满的神气。

他谈话极多，恬静而有时又热切地。他告诉我大战以来他们生活的经验，有时间杂着满意的一笑，有时又很痛心似地摇头叹气一阵。自然他们经历了不少的忧愁苦辛。在俄罗斯，祸乱的大战以后又紧接着大革命，谁能避免这灾难呢？有许多他们的朋友所身受的痛苦，比他们所受的分外加重，因为他们至少没有亲眼看着父母或近亲遭惨杀的事啦。他在大战中受了重伤；他现在走路有点跛颠便是这个原故。可是——这不算什么。更坏的是波兰人到村里来的时候，他说。咯，那简直是恶魔呀！有一次我几乎给他们打死了，只是因为一群人骑着马高唱着他们的国歌的时候，发现了我也立在路上。……啊，农人们是多么恨他们呵——！

他们日夜都死咒着他们。呵，我一定可以从那些农人那里听见许多关于波兰人的事；他们会把一切都告诉我的。

后来波兰人去了，土匪又来了，他们藏在地窖牛棚里面，也不知道过了多少时日，也不知道哪一天会被发现被杀死。然而，谢谢上帝，最苦的日子已经过去了；苏维埃枪毙了许多土匪，红卫军遍处搜索那藏匿着的逃贼。此地现在是太平了，他耕作着几“节沙金”（俄亩）田地，作点买卖——自然是小买卖，乡村里没有旁的生意——已经很够了。租税太高，压迫太严厉，而最坏的是农民失掉了他的购买力。可是——这没有什么大关系。面包和盐他有很多，现在他能够吃几顿太平饭了。至若前途的希望，他并不想发财。从前一个犹太人腰缠万贯，可是还要被监禁在污秽的 Pale 狱里面，被禁止握有土地，被禁止入小学大学求学，而且随时随地被虐待遭轻视，你想钱财有什么好处呢？——他说。现在呢，无论如何，犹太人知道并且觉得他是一个人了。他能够高抬起头，迎望着世界，不再恐惧，不再受蔑视了。现在受刑事处分的人，必定是因为他从前是一个统治阶级里的人，必定是因为他企图推翻现政府而恢复他从前的那种营私肥己的权力；倘使有了这些罪名，无论是犹太人或非犹太人，都要受同样的处分——仅仅“他是一个犹太人”决不能成为受处分的一个罪名了。这真是一件大事，是的，这算是在俄罗斯的犹太人所遇见的最大的事，犹太人在大战与革命中确是流了不少的血，这样也够酬劳他了。犹太人已经是一个自由的人——像在俄罗斯的任何人一样自由。呵，是的，他现在有了希望，特别是他的孩子们希望更大。他们不会再住像他住的这样龌龊的茅屋了。他们会进学校求学，进大学去。他们会成为受教育的人。他们将不会因为是犹太人而像他一样的落后了。

他的妻不时高声羼入几声“否、否”，有时还夹杂三两声冷笑。她不满意于全俄罗斯的一切骚动状态，不满意革命，不满意苏维埃，不满意那永远是纸上空谈的新权利和灿烂的前途。她要和平、休息和安静。倘使她能够逃到美国或其他地方去过太平安定的日子，她会多么欢喜呵！

可是对于她的愿望，他只是微笑着。现在他一定不愿离去俄罗斯。物质的享乐有什么鬼意思呢！现在，他，一个犹太人，确实是一个人了，和任何人都是平等的。她认识了这件事的意义么？上帝！这是多么光荣的一种奇迹，几乎令人难于相信呵！往时，在俄罗斯，在戈萨克、流氓、黑百人团横行的俄罗斯，犹太人遇见了那最下等的野兽一般的官吏，没有不吓得发抖的；于今呢，Pale 狱没有了，犹太人能够住在莫斯科、列宁格勒、奇也甫、卡站等地方，能够握有土地，是的，从政府方面免价领得土地，能够送他的男女小孩进中学和大学免费求学——这一切：当我们还是孩童的时代，谁会梦想得到呢？这一切，今天我们谁能忘记呢？上帝，这一切是多么惊人呵！将人的灵魂从酷刑的恐怖与专制之下解放出来！

他背靠着墙，面儿仰着，似乎内心非常欢悦的一种笑意挂在微开着的两唇间，他那巨大的后影在对面墙上缓缓地左右移动着，像什么神秘的精怪照临在命运的世界之上似的。我凝视着他那火热的面部和眼光中的悲哀的神情，谛听着他那深沉的震颤的声音，我非常惊异，他从什么地方得来的这样一些潮涌般的新观念和洪水般的澎湃的热情？这似乎是什么魔术杖给他在脑筋里打开了一条新知识的泉源。

他说的是犹太人获得解放的奇迹。可是，在我看来，他本身便是革命中的最大的奇迹；他是一个村野的，未受过教育的，劳力的犹太农民，可是谈起话来，似乎是一个感悟到了自己的品位与人格之恢复，因而狂喜的文人哲士，所以他轻视那仅仅着眼于物质的享乐与诱惑的思想。我是一直到在俄罗斯听见了他这样的话以后，才不再念念于革命的恐怖与痛苦，才认实了革命的感化力与纯化力，真是令我不禁狂喜。……

可是他的妻仍旧固执地立在反对的地位。

“那么倘使再有一次战争发生呢?”她故意装作和平的声音问着，从那声音里可以听出她内心还是非常愤慨的。

他大笑起来，把手一挥，表示这问题是不值得回答的。

“波兰人要到此地，不过四五天的途程，”她很动人似地接着说，“而且你知道，他们到此地来会干些什么事。我们便会是他们的第一种牺牲品——犹太人老是身受这待遇的。”

“咯，”他很认真地回答说，“波兰人吐气的力量都没有了。要以为他们再来和我们打仗，那简直是发疯的想法。”

“可是你还记得那屠户亚卜拉罕前次来此地时说的话么?”她带着几分忧闷的神气抗争着。

“什么?”

“他说波兰不会一国来打我们的，别的国家会帮助她的，便是美国也会给她帮助的。”

“那是一种鬼话。”他回答时略有几分怒意，可是他是抑制着的。

她耸着肩头，作出一种失望的怪面相，这样竟感动了他，他移近到她身边，很温和地抚着她的背，热情地低低对她说：

“不要紧，妈妈。不会再有战争的。你老是担着这些心事是毫无益处的。”

“你或许是对的，不过，”她郑重地说，“波兰有友国，俄罗斯是没有的。你不记得，波兰兵在此地的时候，看去是多么肥胖红润？为什么呢？因为美国和其他国家都送制服和多量的罐头食品给他们。美国是帮他们的，而美国又是又富又强的国家啦。”

他用力摇着头，高声大笑起来，对于她的这种观念力加非笑。他以为像美国这种国家，有着祖传的自由思想与对于被难者的同情心，决不会帮助波兰来打俄罗斯的。可是现在在他的声音里有一点发抖，似乎表示他的话并不完全是肯定的，他的话愈多，他的笑声愈高，这种发抖也听得愈分明。他已经不能自信了吗？他令我想到“一个自命为心泰神安的人，当他在黑暗中从墓地旁边走过的时候，他的心神陡然发抖起来”的故事。

她怀疑似地耸着两肩，用她那一对失望的大眼睛凝视着他。她说：“上帝赦免我们不要再受波兰人侵略的蹂躏吧。”她的声音因恐怖而有几分发抖，似乎记起了那可怕的经验；她突然将两臂放到桌上，垂头将面部埋在里面去了。……

可是他还是保持着心神安定的样子，并且装作分外自信的神气。

这时门开了，一个人探进头来。

“他来了吗？”他问。

“是的，”表弟非常高兴地回答说，“进来吧，法西耳。他真是到此地来了，我们的美国客人。”

那人进来了，一个身材短小而肩膊宽大的农人，他是我们村里数一数二的剃胡须的人，不过那没有办法的上须还是挂在上唇的周围哩。他赤着两脚，白裤筒卷到膝间，脚上都是满沾着黑污泥。他拥抱着我，流水般地说了许多亲热的话，农人们情不自禁的时候老是这样的。

“呵，最亲爱的人，告诉我，你在那里看见过他们么，我的两个儿子，在你们那又大又富的美国里？他们带了一个信给他们的老父没有，或许他们已经忘记他了？呵，我爱的朋友，他们已经十年没有写信回来了。十年呀！只要想想看！只要他们还活着就好呀！”他用他那颤动的手紧握着我的两臂，他的头左右摇着，仿佛看见了要死的人心中万分悲伤的神情一样。我问他，他的两个孩子在美国住在什么地方。他耸着肩膊。

“只有上帝知道，小哥儿，”他回答，“我老是把他们的地址写在一张绿纸条上面的，可是我寻了又寻，寻了又寻，竟寻不着了。或许我把他烧掉了，我真是老笨货。……只要他们还活着就好……我心里最难过的是，恐怕他们已经死了。

……前些时 K 村的亚弗里摩夫接到了一封信，说他的儿子在美国的一处矿山爆裂里给炸死了，并且你记得就住在村尾神庙间壁的那小贩波里斯么？唉，小哥儿，他也接着了一封信，说他的儿子岳尔科也在美国矿山的爆裂里遇了险，他的右臂和左眼都给炸坏了。或许我的孩子们也会碰见这样危险的事哩。唉，我只要知道就好了！你能够告诉我么，你能够么，我的亲爱的老乡？”

他的那种焦急令人非常动心，我尝试去安慰他，我担保他的孩子们是安全的，我说倘使发生了什么事，他一定会接到报告的。

“啊，小哥儿，”他几乎哭了，“你这样说真是好极了！听见你说这样的话，我真高兴得很，凭天老爷说，我真高兴！一定的，倘使他们遇着什么险事，你当然已经知道了，不是的吗？——是的，你是他们的同乡，同村的，老邻居，而且是非常好的邻居。……那老东西，格里戈尔，也留下了一个妻子在这里。起初，她哭了又哭，那可怜的小东西，后来她听说有一个会画符念咒颇有神通的江湖道士，她特地跑去，给了他一袋麦子，请他求神仙软化一下格里戈尔的坏心肠，要他记起她来。可是这样也没有什么效验，一点也没有。现在那可怜的东西，她说他一定是死了或是在美国讨了别个女人，这是她说的，那可怜的东西——。他还丢下了一个女孩，已经长成十七岁了，一个很好看的女子，她不是么，汉娜？”——他转身向我的表弟妇说。“许多男孩子都已经来看人了，都是很好的孩子，吓，今年秋天她或许就要作新娘了，而这一切，她的父亲是完全不知道的。……这是多么伤心的事，这是多么罪过的事呵！只要他寄一双靴，一方丝巾给她作嫁妆，那都是她的万福呀！他自己的女儿，他自己的血肉呀！那禽兽，那畜牲！……”

我应允回美国以后，一定尽力去打听他，他因此更加感动，重行拥抱我并流水般地说出一些悲感的话来。

“你多好呵，小哥儿，你多好呵！我决不会忘记你，倘使你为我办这件事，我发誓我不会忘记，我的女儿和我的孙女儿都不会的。寻着他，小哥儿，寻着他并告诉他一切。告诉他，他们为他，是怎样的伤心消瘦了，他的妻，他的女儿和我，叫他立刻回来。告诉他，我们日夜都在祷祝他的归来。告诉他，谢谢上帝，我们已经有了十六“节沙金”的土地，倘使有人耕作，还可以多得一些，并且我们还有两匹马，两头牛，一头新生的小牛，六口猪，十只羊，还有几只鹅和母鸡，并且倘使不是那该死的波兰人来抢了我们几次，我们的东西还会更多些。可是，应该归荣耀于上帝，我们日食已经足够了。是的，我还可以告诉你一句真实话，我还弄到了一点金子，藏在一个地方，红党从来没有找到的。告诉他，这都会是他的，只要他回来。我老了，你看，小哥儿，并且也衰弱了。我在世的日子也不多了，我不愿死后没有继承人来承受这遗产，因为若是没有继承人，你知道，苏维埃会把这产业分散，分给一些不认识的人——而这一切都是我几十年的血汗劳动积聚起来的呀！……"

他向我们告辞去了，可是立刻他又转来了，微笑着，抱歉似地说忘记了放下给我带来的礼物。他从衣袋里把两手抽出来。一只手里是熟梨子，他拿来送到我手里，另一只手里是三只鸡蛋，他交给汉娜，并请她用牛油煎好给我下早饭。然后很轻便地微微鞠躬以后便走出去了，现出一种悲伤的，无助的，很温和的神气。

"可怜的老法西尔，"他走了以后，表弟很感伤地说，"日夜他都在那儿怀念着那在美国的两个孩子。他悬想他们是死了，所以没有信来。常时他到我这里来，把两只臂膊撑在桌上，两手盖着面痛哭一阵，仿佛一个小孩挨了重打而大哭似的。真是一个好心肠的人！多么可怜呵！……你知道，关于美国的事，有许多我都是不懂得的。从本村里到你们美国去的孩子有十五个，除了两个外，没有一个写信回家来的。他们好像沉到大海里去了一样，他们不仅有父母在此地，并且还有妻子儿女哩。这是什么原因呢？请告诉我。难道美国就使得他们那样发财，那样快活，那样自私自利，以至于对他们自己的骨肉的感情也丝毫没有了？"

真的，这是什么原因呢？美国有什么东西将青年农人对于故乡的热情毁灭了呢？当他初抵美国海岸的时候，还是火一般的赤热；他写信回家去，寄钱回家去，对他的亲人说只要稍有积蓄便立刻回家来。后来不知什么给了他一大的打击，便根本动摇了，并且终于击碎了他的骨肉之情与故乡之爱，使得这情爱像从枝上摘下的花朵一般，立刻凋谢而化成烂泥了。堕落了毁损了他的高尚的情爱，是否美国便是罪人呢？有些人会是这样说的，可是我并不这样去解释。人也可以说，一道极不牢固的土堤给洪水冲倒了，这是洪水的过错。事实却是这样的：只有极缺乏道德的恶人才能受得住美国现代生活的冲激与诱惑，至若一个俄国农民的道德，天哪，他的素质是极其脆弱的，在原始的纯一的农村社会中还可以保持他的均衡的存在与发展，可是在美国现代繁剧的生活中，那是太脆弱了，是立不住的。然而，不问是谁之咎，这样造成的悲剧终是令人伤心刺骨的，你看有多少法西耳在这儿痛哭着，焦盼着在美国现代生活中失掉了的儿郎们；他们都一去无消息，几乎是死了一般。

我们一直坐谈到夜阑。表弟、他的妻和我，谈的尽是各人的往事，后来我们才休息。我睡在靠墙的一条凳上，上面铺的草和粗麻布制的被。表弟向我道晚安后就把灯吹灭了。

我虽然很疲倦，然而因初到时受了种种刺激，加之那些突出的荆棘般的稻草刺着我的身子，使我不能入睡。我醒着躺在凳上，从面前的窗户中望出去，屋旁的花园和菜圃正浴在严肃的灰白月光之中。经过窗洞，时常有一股冷空气扑在我的面上。我的心意并没有集中在什么一定的问题，只是无目的地任其所之地浮游着。虫声唧唧，犬吠汪汪，从远处不时传来断续的歌声，这是草场上牧马的男女牧童唱出的——他们彻夜在寂静的草场上踱着，唱出这寂寞悲咽的音调，在夜空中漂浮着，听去异常凄凉，像失群的孤雁的哀鸣一般；而且若断若续不易捉摸，有时正在凝神倾听，可是这音调早已在寂静的夜空中消失了。一种神秘的，奇异的，迷人的精灵笼罩了大地。……

后来我听见了细碎的脚步声，在分外的寂静中听去非常清晰。我有点着惊，便抬头张望，在屋子的对面角落里有一个鬼形样的白东西，赤着脚慢慢地向我这一方移动。我正准备叱问是谁，可是听见有人在问："你还没有睡着么？"我辩清这是表弟的声音，便吐了一口气，回答说没有，并请他到我这边来，满心以为他会带来什么不祥的消息。他在我身旁坐下。透过树影漏进来的点点月光落在他的面上，将他的面色变成了死尸般的苍白。他此时没有戴帽，他的头发蓬乱着，直竖着，像一只感觉很敏的野兽感到了危险时陡然竖起的鬣毛一般。

"请你原谅我，表兄，"他开始道歉似地说，"这样迟还来打扰你。可是我想，倘使你还醒着，我还是要来和你谈谈。我无论如何睡不熟。你知道，几个月来有一种最坏的思想窜进我心里来了，我正等候着像你这样周游世界的人来给我解答明白。我们被遗弃在这里，你知道，和世界隔绝起来，虽然这苏维埃不时送些报纸给我们看，可是我们村子以外的事我们还是知道得很少，俄罗斯以外的别国的事情那更不用说了。"

他停着，仿佛在那儿提起勇气来发表那常常使他担心吊胆的问题，像一个病人去看医生的时候，常是不愿尽情将自已的痛苦说出，恐怕医生证明他的病症比他自己所想象的更严重一样。我鼓励他说，最后他叹了一口气，很悲伤地摇着头，并将头更挨近我。他的两眼本来很大，此时再笼上朦胧的月光，看去更是黑魆魆地像妖怪一般。接着他低声对我说了，低到我仅能听见而已。

"告诉我，再会发生战争么？"

这个问题真弄得我瞠目莫知所对。我听了他非笑他的妻的那观念以后，我决没有盼望他会提出这样一个问题来的。此时我知道了，那时我始终怀疑的完全不错，他的乐观原来只是假装的。我回答说不会发生战争，我说世界受的创伤太重了，一时不会再发生战争——我想任何人处在这种情形之下都会这样回答的，不管他内心相信的是什么。

“唉，表兄，”他非常着惊而又高兴地说，“只有你说得对呵，只有你说得对呵！自然，苏维埃天天给我们说不会发生战争的，他们会用各种方法去阻止战争发生的。他们天天给我们保证说，倘使俄罗斯再从事战争，那一定是因为资本主义的国家先向她进攻。可是，自然，在他们看来，一切一切都是要归罪于资产阶级的，谁知道他们是否对呢？不错，他们再三给我们保证，我们总比较放心点，然而我们终于不免时常发生疑虑，我们经常地在忧惧之中讨生活，恐怕再发生战争。”

我再三给他保证说，他的这种观察是毫无根据的，我又引出了许多表面上似乎可以相信的证据，为他解除惊恐。

“唉，只要〈有〉你说得对呵，”他反复地热情地说着，“只要〈有〉你说得对呵！我会怎样快活呵，怎样幸福呵！只要我们有太平日子过呵！那时我可以安居乐业，像一个自由人一样过生活。现在我有几“节沙金”的土地，苏维埃再分配大地主的土地时，我还可以分得一点，那时我可以送我的孩子进中学，进大学，让他们成器，我的可怜的汉娜和我在晚年也有个依靠，也有点光荣。我们现在所悬心的惟一是我们的孩子，我们的两个可爱的孩子。一个有家小的人，除了孩子以外，还有什么值得悬心呢？唉，只要让我们过点太平日子呵，只要让我们过点太平日子呵！我们大家，我的汉娜和我，和所有的农人，会是怎样感谢呵！……你还不懂得我们大家是怎样深深地痛恨战争呵！”

他停住了，转眼望着那闪烁的树枝，我便又对他说了一遍保证的话。后来他又回头向我，仿佛受了一种突如其来的什么感悟似的。

“我所不懂的是，为什么别的国家应当那样痛恨我们。或许是苏维埃伤害了他们什么。是的吗？你知道，我们是不知道外边干的些什么的，我们和世界隔离了。可是，无论如何，我看不出我们的苏维埃能够伤害什么人。他们是这样脆弱，这样困穷，至若其他的国家是那样富足，那样强大。而且，即令别的国家不喜欢苏维埃或是多数党，为什么他们把满腹狂怒来向我们老百姓发泄呢？我们不愿意打仗，没有一个愿意，你可以去问农人们。过去的战争已经足够结果他们的生命，为什么此时我们还应该受惩罚呢？为什么我那已经心碎了的汉娜应该受惩罚呢，为什么我，或是我的两个孩子，或是这些农人和他们的汉娜和他们的孩子们应该受惩罚呢？当敌人来到此地的时候，例如像波兰人那样凶残的敌人，那末，受苦难的便只有我们，我们的汉娜们，我们的孩子们。我们为什么要受这种惩罚呢？试问，我们有什么事得罪了别的国家，得罪了你们既富且强的美国，以致你们要帮助波兰人（呵，那些说不得的野蛮种!）用枪扫射我们？你们以为波兰人单独敢于起来和我们作对吗？他们确是不敢，因为他们知道农人们是怎样痛恨他们，会怎样拼命地抗御他们，并且杀得他们片甲不留。听着，表兄，听着，倘使波兰人再会向我们宣战，那一定是因为别的国家帮助了他们；并且倘使他们真的帮助波兰人，特别是美国真的这样作了，那么，表兄，我们真会死无噍类，我们坟墓上竖碑的人都会没有了。唉，美国是那样富足，那样强大，她真能够毁灭全世界，而我们是这样穷困，这样脆弱。……"

此时他立起身来，向我道歉，说耽误了我的瞌睡。他说，把心事对我尽情谈了以后，他觉得舒服了一点；并且要我明天早晨把我当时说过的话再对汉娜说一遍，说美国人帮助波兰或其他国家起兵进攻俄罗斯，这种想法是可笑的。要我反复给她解释，这对于她一定比任何医生的药方都更好些。接着他退到那大衣橱后面的床上去睡了，他的妻和两个孩子睡得非常酣畅。我还是醒着躺在那儿，沉思着。

第四章　旧　乡

在我还是小孩的时代，我们的村子有一边是给一片密茂的森林屏蔽着的。森林中有一道山水湍激的小溪，有几处溪水很深，有几处却可以看出水底的黄沙；村里妇人们的一切家事浣洗都是在这溪边作的。相传森林中有恶鬼寄住，可是因为他有树木，有溪水，有丰富的为人所搜求的产物，而又靠近村居，因此这森林便成为村人最合用的游猎之地。

我们的农人传述了许多关于那恶鬼的故事，关于他那神出鬼没的变装，有时变成一个大学生，穿着一套灰色制服，纽扣还闪闪发光，有时变成一个长头发的牧师，穿着一件黑色的长袍，有时变成一匹马或一只羊，立在路中，仿佛求人领他去的样子，有时变成某一个村人的好朋友，有时又变成一个飘着蜷发而两眼红似火一般的美妇人。日落以后我们孩子们没有一个敢走近森林边的，我们不愿去冒险自己送到那恶鬼的口里。……有时候不得已要和父亲或其他年长的人在黑暗中驱车通过森林，那时我便紧闭着两眼，紧紧地靠在大人的身边，不断地祷告着。冬季，豺狼和野犬便把这森林当他们的游息之地，常时在黑夜中我们听见他们那凶暴的凄怆的怒号。

夏季，森林是儿童们最合用的游戏场。我们老是在那里消磨我们的时光，用新折的树枝造天幕，烧火焙蕃薯，举行我们的郊外宴。我们在那里钓鱼游水，爬树捣毁鸟巢。给我们发现了的鸟巢，没有一处不被捣毁的。我们常是偷出雀蛋送给那些长雀斑的女孩子，因为听说她们将蛋黄擦在面上，可以希望雀斑脱落。雏雀当然要取出来顽的，一直要放在手里将那些小命送了终，才拿来抛给狗吃，或是抛到溪水中去。

只有啄木鸟是我们所怕的，他的巢我们是不敢走近的。他们是驰名的善战的鸟，用他们那巨大的长喙，他们可以挖去我们的眼睛，戮破我们的脑盖。加以，啄木鸟都被认为一种神鸟，捣毁他的巢是要招祸的。我们所能作到的只是，远远地立在一处安全的地带，守候着那雄鸟归来，他常时口含着一只田鸡飞回巢来，放下以后，很高兴地和雌鸟递唤两声，便又振翅觅食去了。

乌鸦是我们特别轻视的，他们是我们不肯饶恕的仇敌。他们偷我们的雏鸡小鸭，他们把米麦都弄得散在满地。他们的巢都造在高树的绝顶上，当他们孵卵的季节，我们便爬到树顶上去，将他们的小鸦取出，报仇似地向地下猛力掷去。和我们一道游息的女孩子常时也参加这种劫掠的工作，并且她们也和男孩子一样能感受到这种冒险的震颤与快心。

在故居第一夜的睡梦中，我便梦见了这森林，我看见我自己和其他的男女小孩们在四处跑着玩着，还打着鸟巢。梦后我就醒了。窗外轻雾中已经透入了稀微的曙光。夜间降了重露，因此觉得寒气侵人。表弟和他的家人都还在酣睡中。

我却起身来，穿好衣裳到门外去，无意中便向森林方面走去。虽然前一晚查哈尔曾告诉我森林已经被斫伐尽了，可是我总有几分希望他今天还是照旧日一样繁茂的存在着，恰像一个人的好朋友死去了以后，他常时爱幻想，希望他到那好朋友家中去的时候，那亡友还健在一样。可是一株树也没有了，只是一片云天展布在眼前。

我在那儿徘徊着，我所看见的只是遍地腐烂的残椿，偶有几处突出灌木般的新干，但干上的嫩芽新枝都已经给牛羊吃去了。那参天蔽日的枫树、榉树和松柏都已经没有了。那鹳鸟和乌鸦，山鸟和啄木［鸟］，自然，连着那豺狼和恶鬼，都已经没有了。山溪将近枯竭了，溪身更狭，溪中又隆起许多小岛般的砂石堆，将一条长溪隔成了若干小渚，各各周围丛生着野草并停滞着绿色水沫。鱼网已经没有了。

堤岸已经没有了。小艇已经没有了。便是那“鬼洞”——据说水神便住在这洞底里——当时是非常透明的，立在桥头便可以看见大的梭鱼和鲈鱼在里面起伏游泳，而现在，静静地，黑魆魆地停在那儿，四周蔓生着野草，还污积着绿色烂泥，像一个人被一群无赖汉在那儿扼着喉头似的。……

森林没有了，村子便现得非常难看相，像一个人，否，像一个女人的头剃成了和尚一般。街道还是旧日一样寂静，窄狭，弯曲，还是没有用石子铺砌，此时经过前一天的日夜大雨后，已经变成了一条黑泥河，在泥最深处垫上成堆的树枝，可是车子经过还是要浸到轮轴以上，可见这泥河的深度了。

路旁没有人行路，避荫树也极少；没有一片草地，没有一处花圃；肥料堆还是照旧日一样，座在每家门前露天井的旁边。房屋都是相类的户户相连：木柱支起的小茅屋，屋顶也是草盖的；窗户既小，又都满布尘埃，没有一家油漆过的。有几处新造的茅屋，从那金黄色稻草盖的屋顶可以看得出来。有几处茅屋年代已久远，满屋都生着青苔，墙壁向外凸出或向里倾斜，屋顶上露出内部的梁架，像人身上的肋骨凸出到肉外一样。有几处窗户的玻璃没有了，只是用些稻草或麻皮塞在那破洞里面便算补好了。

我每走不到一码远，便有一只狗跳出，跟在后面狂吠。有时有几只联合起来向我猛扑，我便立刻挥着我那美国的杨木杖，将他们赶到数步以外。我尝试和他们和解，可是完全不像美国的狗，他们是不懂得一点友谊奉承的。给他说好话，做亲热的手势，做好意的呼唤声，做友谊的笑面孔，做各种诱骗的样子，然而不仅不能和他们和解，反尔更激怒他们。真的，世界上还有比俄国农村中的狗的脾气更坏的么？其实也不奇怪。世界上还有比俄国农村中的狗更受虐待，更挨饿，尤其是在冰天雪地的冬令，常时被驱逐到门外去挨饿受冻的？农村中的少年对狗更是恶作剧，用石击，用棒打，比对待什么都凶残！有一次我到莫斯科近郊去访问某农人，在途中看见有一群孩子正在诱骗一只狗到草棚中去，当那狗进去寻找食物的时候——农村的狗当时是饿的——一个孩子拿了一盆热水对着狗迎头倾去。那可怜的东西背部大概受了伤，骆起背跳着逃去了，发出极惨痛的嗥声，一群孩子狂笑起来，因为他们这样特别聪明的恶作剧胜利了。……

此时全村刚开始从睡乡中苏醒过来。宿雾已经慢慢收起，晓日出来了。遍处喔喔的鸡声；猪群哄哄地在门外巡行；羊也咩咩地不断唱出他那悲音的调子——大概因为在栏中关了一些没有得食，此时急切要求出外牧草去。有时我还听见牛栏门呀呀作声，接着又听见女人叱牛咒牛的声音，大概她正在吸牛乳或着手吸去。

有些地方又有人蓬着头发在门外天井里擦车油或是作旁的什么事。然而，一切都可算是寂静的，寂静得令人难受——没有呜呜的工厂"回声"，没有隆隆的火车行驶声，没有工业社会的任何景象或声息。……从大黑烟囱中直上的黑烟，在静的晨空中矗立着，像蟠绕而成的黑柱一般。……

在夜中照料牧马的男女孩子们，此时紧裹在那臃肿的羊皮褂中骑着马回来了，不是像晚间出去时那样成群结队的，只是一个或三两个，而且非常匆遽地，仿佛要急于回家去干日间的生活一般。当我在深泥中涉行的时候，他们老是回头怀疑似的凝视着我。我的形像在他们和其他的农人看来，一定是非常奇异的——一个穿城里衣裳的人，起身这样早，在泥街中踯躅着，不断地向各方面挥着木杖和猛扑着的凶狗鏖战。有时当他们走过我身边时，我也和他们谈几句，他们老是高声地高兴地带笑回答我，或许是表示他们早已听见过有这个美国人访问这村的消息哩。

我们的农人几乎每一人都有一菜园，有一种菜在我们这一方的农人常是当稀有的珍品，那便是黄瓜。一大块黑面包加上一条或半条黄瓜便是一顿很好的饮食，在他们看来。在冬季，在地窖里不论藏了什么旁的东西没有，可是一大桶腌的大黄瓜是一定有的。可是当我幼年的时代，我们村里的农人很少种得好黄瓜的。有的是种了子不发芽，有的是发了芽又烂了或给虫吃了。我的母亲种黄瓜是百无一失的，因此许多农人都跑到我们的菜园里来，问母亲怎样去照看黄瓜的苗床，她老是很高兴的教给他们一切她自己的经验，然而他们实行起来还是很少成功的。还有些人，到了秋季的时候，便只有拿出一匹小牛或母牛，或是一大袋麦，去换取他们冬季需用的黄瓜。此时，十九年的光阴飞过了，当我走过许多菜园的时候，我看出还是没有丝毫进步。黄瓜的苗床长得很繁茂的还是非常少见。在多数菜园中甚至完全不见有黄瓜的影子，有些有的又多半萎缩了枯死了，这充分证明了此间农人的农业技术实在是惊人的落后。俄国农人可以说是完全附属在土地上面的一种人，除了在土地上面耕作外，不知有其他工作，亦不知有其他生活，这样的情景世世相传，已不知道有若干年代了。然而“自然”还是用这样凶残的手段来蹂躏他劳动的果实；俄国农人仍旧是“自然”的那种可怕的任性之下屈服着的一种奴隶呵！

他种的生菜更是何等可怜呵！他将菜秧都密密地种在一处，我推想他一定是以为多种点可以多收获点。可是，因为菜秧壅塞在一处，彼此都吸收不到充分的营养，结果比一般的生菜更柔小而多虫，外叶都早已给毛虫啮尽了，他也还没有方法来驱除这些毛虫。果园的情景亦并不比菜园更好——种的树既过多，布置又不均匀，也没有加修剪的工夫，枝叶横生满树，因此结的苹果和梨都非常小，而且满面斑点，大多数都给虫啮伤了。……

此时我已经走到村尾了。从前此地有一扇木制大门，还有一座小神庙，神像便在里面供着，外面悬着布幔，小屋顶上还矗着一个木十字架。农人走这神庙前经过，便都脱帽鞠躬并口中念念有词地做着祷告。星期日和休假日，成群的农人和乞丐都要到此地做祷告和默念。此时木门已经没有了，神庙还在，不过只是一点残迹罢了。周围的木栅已经不见，木栅当中的一片草地凌乱不堪，显然是给猪拱了的，像人身体上受了重伤一般，青草地面上裂着许多大的黑洞。屋顶歪在一边，似乎被暴风雨打成那样的，梁架都腐朽了，上面悬满了泥结着的绿苔。窗门一扇也没有了，窗栏有一部份已崩坏，但并未完全倒下，只是像折断了的臂膊一样，松松地挂在窗边。这种亵渎的毁损是否是天气作的孽呢？即使是的，也只是一部份。动手摧毁的必定是一般怀恨于上帝的人，接着不爱管闲事的人便也都不理会修葺这小庙的事，因此他的光辉便永远成为过去的了。我再走近一步看看内部，那种荒废的情形看得更明显了。四壁阴湿且污秽，地上更丛生着野草。神像还挂在那儿，可是面前已经再没有白布幔了。在风吹雨淋之中，当初辉煌的颜色已经消褪，英武的形像已经磨损，在傲然上视的一对锐利的神眼中表现出一种沉忧的神气，仿佛觉察到了自己之被冷遇，自己的恶运已经临头似的，这都足以暗示地证明农人的宗教信仰心之日益薄弱了。

转身时，我照着那绕着村外的一条路回来，这条路恰当界在村里菜园与村外田地的那道园篱的背后。此时展布在我眼前的便是我们农人的田庄，土色暗褐，一望无垠，土质含着泥沙，极其肥沃。田间还是照旧没有围篱，并且照旧分成狭长的条片，并且比我儿时所见的更狭了，据说是因为人口增加，需要加多，因而重行分配，以致每人所有的逐渐减少了。有些条片，实际去加以计量，不过三步阔，即是说犁头不过转得九转。这一点地的出产，供给夫妇两人都不够，然而在村里常有一大家人口靠这点点土地维持生活哩。……麦还没有割，乌云般的鸦群吱喳地在四处翱翔着，很高兴地在那未熟的麦田里啄取他们的日食。有些田已经犁好，准备秋季播种用的，还有些刚施肥料，还待农妇去播散那一堆堆的黑肥料。在稍远处地面略隆起，一座风磨矗立着，正浴在朝阳之中；更远处，则可以看见邻村正卷在微蓝的轻雾里，天色仿佛直低垂到黑色的屋脊上似的。……

在表面看来，在我离去的这十九年中，我们的村里没有丝毫变动。那照样泥河般的街，那照样小窗户的矮茅屋，那照样污秽的气味，那照样凶恶的狗，那照样萧条的菜园，那照样狭小的耕地和落后的耕作法；总说一句，在丰饶富厚的自然之前，仍旧现出那照样穷困，荒凉与一筹莫展的情景。

突然，我听见了一个女孩狂叫的声音。我停步谛听。那声音一阵一阵更高起来，一种带着恐怖与悲哀的狂叫声。我急急追着这声音寻去，穿过一片蕃薯地，再走过一座谷仓和一处果园，便走进了一处菜园，在那里的湿草地上，一个妇人跪在地上，正用着两臂发狂似地乱打着那蹲在她脚下的一个女孩。

“婶婶，最亲爱的，”那女孩一面喊着，一面还在那儿高声喘气，“我再不敢了，决不敢，决不敢，倘使我再到此地来，斫断我的腿好了！呵，我的天！”

可是那女人怒气并不稍减，还是继续乱打着。陡然有两个男人从果园里冲来，将那妇人扯开了。一个人年事很大，胡须像画框一般盖在脸上，只露出那柔球的鼻管，发亮的小眼睛，和高耸的颧骨。另一个是青年。

“这闹的一些什么事，马特里娜？”那年长的惊讶似地问着，当他制住她狂打着的双手的时候。

“我一定要打死她！”那妇人怒吼着，紧咬着她那黝黑的脱落不全的一口牙齿。她还是想冲到那女孩子那边去，那两个男人把她扯回了。她年事不过四十。她那皱缩的脸因愤怒而颤动；一双灰色的大眼睛射出刺人的凶光。

“这贱尸，”她高声骂着，“这不要脸的小鬼，这丑恶的小贼！我要打给她看看！让她再不敢跑进我的菜园里来。偷萝卜呢，她跑到这里来，偷萝卜呢——丑鬼——恶魔，打死她，打死她的父亲和母亲！”

那女孩立刻跳起身来。她的右眼下面抓了很重的几条爪痕，鼻头流出了很多的血。她的上衫扯破到了肩头，裙儿几乎从腰间扯落了。她很快地把裙系好；把那已经蓬乱了的褐色柔发向后梳去，用布衫的袖揩了一下眼和鼻头，一顶红色小帽落在湿草地里，她也来不及去拾起，拔脚就跑，一路哭着穿过果园去了。我要她停着，预备给她几块糖果。可是我的声音更增加了她的恐怖，她更加紧脚步，跳过了一段围篱，跑进邻居的稻场里便不见了。

那妇人很凶地钉了我们一眼，随后转身回去了，一路还是愤愤不已，仍旧高声咒着那女孩。

这是一种令人非常不愉快的情景。倘使是一个男人发了兽性，对一个男孩大施打骂，本来已经就很难看；可是，一个妇人，一个母亲，像马特里娜这样的妇人，对于那从她的菜园中偷了一个萝卜的女孩，竟用起那样残忍的责罚，简直像变成了一个恶鬼一样，这样的一种可怖的恶劣的行为似乎是太异常了。然而，我知道，在我们村里或其他的俄国农村里的妇人，在这样类似的激怒之下，一定会干出这同样异常的事来的。

否，他们，这些农村的妇人，并不是没有仁慈之心。你让一个饿肚皮的人向他们去讨饭，他们决不会拒绝不给的。你让一个邻人去请他们来代他照看病人，便是在午夜，他们也一定会起身跑去帮忙的。可是他们不停息地在田地上，在庄屋中，在牛栏仓廪内劳动着，憔悴且倦怠，因此非常容易激起怒火；他们的和易的情感已经凝冻了，因而他们竟变成了野兽一样，没有怜悯的心情，只想令他们愤怒的对象受着不堪的苦痛，他们才甘心。

妇人们的兽性这样容易激发，这看来是一件非自然的事象。可是，人们，男人和女人，被沉陷在这样污秽的无趣味的劳役之中（像俄国农村妇人所经受的），他们的心境决不曾受过什么乐观景象的激荡，亦不曾有过什么外界的刺激去温暖他们，去柔化他们——这样的人，我们能够盼望他不生气吗？

当我再看见村中那双列的茅屋，那泥河般的街道，那萧条的园圃，那家家户户门前堆的肥料，那尘封的不常开的，仅露微光的小窗户时；当我想到那些屋的内部，那和鸡豕共起居的小房，那龌龊的地板，那毫无修饰的墙壁，那跳蚤横行的板硬的 Polati（睡坑）时——当我看着村里的那种情景并想到农人的那受苦受难受折磨的生活时，我便不再诧异菜园里那妇人何以那样凶残无人道了；我便不再诧异俄国农人何以那样粗鄙，自私和暴虐了。在这样极端的贫乏，极端的污秽与极端悲惨的生活中，我们希望能够养成什么好的性格来呢？因此，我懂得了（因为我以前不曾懂得）革命是绝对不可避免的，人类之要求根本摧毁那破坏人类的幸福且损及人类的个性的那种社会制度，是不能遏住的。而且所懂得了革命之对于资产阶级、地主、反革命的人以及一切其他相类似的人，何以要用那样残暴、痛恨而且恐怖的手段，原来这般人便是恶魔的化身，他们把持着旧的文明，利用他的腐化作用去毁灭一般人的高尚意志，仁慈心情和正当的情感，这一层革命的智识分子比无产阶级看得更加明白——这也是我前此没有懂得的。

可是突然这村里热闹起来，我的默想便立刻停止了。空中訾訾地，已显出熙攘的景象，不像黎明时那样沉寂了。两个小牧童，裹着臃肿的大衣，戴着高顶的冬帽，肩上都背着布饭袋，手中执着长鞭，正赶着牛群向牧场里去。紧接在后面是一个男孩偕着两个女孩（大概是他的姊妹），正赶着一群羊，后面又是一个小孩，正在向屋唤着，要主妇将猪放出来。农人们都正动身到田间去——有的乘着无弹簧的马车在泥中颠簸着，有些只是步行；多数是赤足，自然还有那片刻不能离身的饭袋，里面累累然都是成块的黑面包；有的带着钩镰，有的带着锄头，有的带着长柄镰或铁铲。他们单个地或三五成群地走着，青年人都走在一处，戏谑着，嬉笑着，相互厮打着，还有些便高声唱着山歌。他们走得很快，因为这天天气很好，爽凉，有太阳——这样的天气是可以使农人高兴，希望且有趣味的——所以他匆忙着到田中去。

第五章 村磨坊内

我很着急，此次访问故居，选择的时间可算最不巧了。虽然农人们热心于接待外来的客人，特别是从远方来的，可是他们实在没有时间来招待我。除了耕作以外，他们干什么的时间也没有。甚至他们当中去赶市集的，去赶那乡村方面所认为最大的年市的，也都很少很少，虽然平常是没有一个人愿意失掉这可以做大买卖的好机会的。近来天气和他们故意为难，没有一天不落雨，但又不是长脚雨，而只是左一阵右一阵地乱下着，也没有一点先兆，使人无从提防。本来早晨还是很晴朗的天气，骄阳四照着，农人们刚着手去耕作，陡然阴云四合，大雨倾盆而下，一天的耕作计划又给抛到九霄云外了。牧场上水深没胫，草还没有割取。燕麦已经偃倒，很快就会霉烂了。苎麻也同样倒卧在田中，早已熟透了。农人们抱怨说，从前他们决没有过像这样连天密雨的作孽的天气。三种收成都误了时，到此时还没有动手。每一小时的迟延，对于农人都是一重损失，他们实在蒙不起任何损失——每一片草叶，每一茎麦穗都是他们的命根。唉！在这样一个天荒的年头，他们把这点点收成看得怎样重呵！

可是自从我来了以后，天气竟晴稳了。每天早晨太阳出来，直到日落，终日晴好，阳光投射到地面，如火热一般。农人们都匆匆地跑到田间去，从日出到天晚，他们辛勤地劳动着，刈草、割麦、采麻、休息和进飧的时间都费得极少。在日中，除了幼儿们和在去牧场的途中逃掉了的几只迷了路的猪略有声息而外，全村都异常岑寂。我也常到田间去走走，可是看见他们那样热情地专心一意地在那儿做生活，我便不愿久留在那儿以免打扰他们。晚间，邻居和朋友也有来望我的，可是都只是匆匆地谈几句极简单的话。有一次，那些 Ameircan——有丈夫在 America（美国）的妇人们都这样被称呼——相约在我表弟家聚会一次。她们以为我不仅给她们带来了她们的丈夫的消息，一定还会带来了钱和赠品哩；后来听说我甚至连看也没有看见她们的丈夫，她们非常难过，久留不去，只是如狂潮般地诅咒着她们的丈夫来宽解自己，并且照农人们的老样儿有些还诅咒着自己的命运。

因此我耐心等候星期到来，因为这一天农人们会在家中休息并且可以自由谈话。他们中间有些答应我，在那方场上或其他相当的地方特别为我召集一次群众会，并且担保说他们会将一切的事都尽情告诉我。他们什么都不会隐瞒，他们一定会说真心话的。他们决不会像那般怀有私心的革命党人将事情的真实文饰起来的。此地又令我深深感到他们那种极端放胆直言的精神真可佩服，他们竟丝毫不怕会因此而招致对于言论自由权的干涉。密探的问题并不能困恼他们。他们屡次谈到这个问题，当我讽示他们应该小心的时候，他们大笑起来并抗争说，他们不怕密探，“甚至连恶鬼都不怕哩”。在城镇里，便是无产阶级和共产党人都逃不了格白乌（G. P. U. ——政治探访局）的严密侦察哩。城镇与乡村间的这种相异之处真令人吃惊。

在这时期中，我发现了村磨坊还存在。这磨坊有一间谷仓样的茅屋，是作为那些来磨麦的农人休息坐用的，同时也是全村的一个公共集会所。铁匠店关门了，旅馆和杂货店也关门了。他们之倒闭是由于重税和生意清淡，农民购买力缩小是生意清淡的主要原因。可是磨坊的生意倒兴隆起来了。不知道有什么古怪，在大战中这磨坊竟没有遭受严重的损害，在乡间有着这种幸运的只有这一家磨坊，因此颇能招徕四乡的主顾。常时有成群的农人聚在磨坊里，或是茅厅内或是方场上等候磨麦，这时间谈话的机会真多极了。

磨坊老板自己便是一个非常特别的人物，他是一个矮小的人，一部麦面粉一样白的长胡须，身上老是盖着一身面粉。他是村中最年高的老人之一，而且有一副哲学的头脑。在众人面前，他很少说话，或许是怕的结怨于人，怕的得罪了主顾。可是一两人对面的时候，他什么心事都高兴谈。他对于他同伙的人一点感情也没有，对于女人更是不堪，他叫女人作“无知识的禽兽”，说女人是毫无理智徒然爱硁硁于蠢事物的东西。他无兴趣于政治，他断然说政治是无意思的活动，否，政治对于世界简直是一种祸害。他恨政府，一切的政府，认为政府是万恶之源。他问，为什么外面的人一定要干涉我们乡村的事呢？我们的村子，一切的乡村，为什么一定需要一个全国的政府呢？农人们很能够照料他们自己，他们不能够吗？他们能够生存，能够婚嫁，能够生儿育女，能够耕作田地，也能够死亡葬埋，并不要什么官厅，法庭或警察来保护；并且没有官厅这些东西，农人们便不会要纳什么租税，也不会要当兵或是打仗了。是的，他有一次很郑重的声言，各乡村应当脱离 tsentr（中央政府）而独立，乡村应当自己管理自己；并且倘使农民是有一点脑筋的，他们一定早已将一切的 tsentr 都毁灭了，而且一劳永逸地将那班专于爱用税捐、战争、革命来困恼来毒害农人的恶鬼们斩草除根了。……

我问他，他是否一个 anarchist（无政府主义者）。他是一个没有读书的人，他从来没有听见过这个字。实在他以为我说的是 Antichrist（反对基督教的人），所以他接着告诉我，有一次一个僧侣去看他，拿了一个小神像向他兜售，说将这像挂在身边可以辟邪气和凶煞。可是他没有买，他不需要这个。他不怕什么邪气凶煞，他并也不怕什么 Anarchist——据那僧侣说，Antichrist 正在世界上放肆着，诱惑无知的人去走上堕落的路哩。……他想，Antichrist 最坏也不过是把人杀死，可是杀人的事，横竖俄国人、波兰人、红党、白党以及土匪都在那儿干哩。

或许他们都是 Antichrist，谁知道呢？……呵，他不需要什么符咒，他说。横竖自己已经老了，他并不怕死。……只是，要是有人发明一种反对政府的符咒那是多好呵！那会是一种真正的幸福，那才一定能消灭战争、革命、多数党、苏维埃、波兰人的侵入，或许甚至能消除肠热和天花等传染症哩。……

自从发现了这位哲学家的磨坊老板和他的磨坊以后，我便决意每天午后到那儿去逗留几个钟头，寻着那些在那儿等着磨麦的男人和女人谈天，有机会的时候，也和老板自己大谈一阵。后来，一个星期五的午后，起了一阵大暴风雨。暴风雨来得很陡，临近田间耕作的农人和路上的行人都急避到磨房和茅厅里来。乱嘈嘈一大群，喧嚷不堪。他们诅咒天气，诅咒苏维埃，诅咒自己，诅咒他们所能想到的一切事物和一切的人。……这样该死的天气！

他们本来会永远这样喧嚷下去的，可是恰在此时来了一个人。他是一个农人，名叫费杜尔，众人都认识他的。当他走进门的时候，全身都湿透了，身上像伏泉一般不断地冒出水来。可是他还没有来得及将他的那件湿淋淋的毛衫脱下，便有好几个人急切地问他，他到苏维埃办公处去的结果怎样。

"五块金卢布，"他高声回答，"他们要十块，可是我告诉他们我拿不出来，我没有那多钱，所以他们只要了五块——那班骗棍！"

事情似乎是，因为他私自造酒被捕，送到这苏维埃去审问，他这时刚从那里回来的。由群众对于他这案件判决的兴趣，引起了一场大舌战，所评论都是这苏维埃的，乡村中的和俄罗斯的人物和事物，虽然不是正式的而且说话漫无头绪，可是在我看来，和我平常所听见的一些辩论一样，是非常可宝贵的，简直像什么法师泄露的天机哩。这是我所希望听见的一种谈话，因为这种谈话可以让我们听出农人的生活习性和这一伟大的时代在农人身上所起的反应，我们可以听出很多很多。

"我要告诉你，"一个面上生过痘疮的农人说，"你应当想想，你还算运气好哩，没有要你多拿钱出来。那次他们把我传去审问的时候，罚了我十块钱，并且蒸酒器也不还把我——他们拿到什么地方去了。"

他的话更激怒了费杜尔。

"什么运气好！"他怒声回答，"五块钱对于我的需要比对他们要急迫得多呀，不是吗？你们看，我的妻病了，一个女儿成了人还没有嫁出去，一匹马老得跑路发抖，随时都可以就地倒毙，剩下的只有我自己的一双手来干我的生活。”

“那班流氓，”另外一个人和声说，他是一个性躁而又不爱说话的人，年龄不过四十岁，名字叫得米安，“见什么鬼！他们不许我们有蒸酒器，不许我们自己造酒呢？这不花费他们的什么，也不会损害他们什么。”

这是一般农民的一种共同的观念。在俄罗斯的各地方我已经不知听见他们说了多少次了。一般农人决看不出禁酒在卫生上和道德上的结果。干涉他喝酒的权利，在他看来，实在是和取消他穿木屐，吃面包的权利一样的不正当，一样的酷虐。现在喝酒的禁令取消了，他又坚持一定要自己造酒，他认为苏维埃禁止他造酒是无理由的。

“唉，”另外一个人叹气说，他是一个小身材却有一部大胡须的人，“只要他们允许我们有蒸酒器，那多么好呵！我们愿意给他们一点交换的东西。虽然像我这样穷，可是只要他们允许我有一个蒸酒器自己造酒，就是要我每年给他们五块钱，我都不在乎。”他说话的声音中颇带有决意的神气和强烈的活力，在他近边的人因而都注意了他的话。他一双赤足，裤脚转〈卷〉到膝头，从他那破烂了的毛衫上面可以看出他身上被泥污的皮肤。仿佛他是在愁苦的重压之下生活着似的，他周身都现出有无限的悲剧的残迹。

一阵赞成的声音嗡然四起。接着，另一个农人，一个新来的人，对大众说不要蒸酒器，任何人都可以造出很烈性的烧酒。他们那儿的农人都是这样作的，“为什么一定要蒸酒器呢？真是蠢货！”显然的，我们这儿的农民还没有知道这一种造酒的新方法，因为大家听见了他的话，都倾身向前，目注视着那新来的人，急切地要他“请道其详”。

“你们要用的总共不过是……”他继续说下去，似乎确凿有据的神气，将这一造酒的方法说出来了，“这就是我自己用的方法，并且，弟兄们，你们要尝尝上星期日我造的酒，哼，那才好哩！那至少是百分之八十的烈性，比往日的什么烧酒都好些。你咽一口下去，那酒立刻像火焰一般散布到全身去。你想那是多么烈性呀。”

这真是一件异常特别的新闻——不用蒸酒器或是其他任何机器却能够造出家酿的烧酒，这恐怕在任何地方都是异常特别的新闻哩；便是在美国 Pollnan 的卧车上面讲起来也会是一样。……

嘈杂的笑谈声又四起了，群众中都现出高兴活泼的神气。可是费杜尔又将一场欢笑的梦打破了。

“否，否，弟兄们，”他抗声说，“不要那样自己哄自己！苏维埃的意思是，哪一种的家酿烧酒都不许我们喝的。你们懂得吗？你们想到我今天听见了一种什么消息？哼，我听见莫斯科下了一道新命令，无论造烧酒或喝烧酒的人，一经拿获，就要严厉惩办。你们当然懂得这命令的意思。在我们的地窖和仓库四周会爬着更多的密探哩。我告诉你们小心点，小心点！”

可是那新来的人对于费杜尔的这种警告只是发笑。

“让他们来，”他带着轻视的意思笑着说，“让他们来。在我的地方，看他们会找到一大堆烧酒哩！他们一定会像到燕子窠里面去找去年的蛋一样，我保他们扑一个大空。我藏酒的地方鬼都会嗅不出来，任何人都应该学些聪明去作聪明事。……”他把烟管里的烟灰拍到手掌里，同时反复说着让他们来，让他们来，那班匪徒！”

从他们的谈话当中，我们可以看出他们对于苏维埃是多么隔膜呵！他们令我想起一般青年学生在课余之暇，莫不竞谈着教师的错误和缺点以及不能对大众公开的事，因为他们可以完全保险，自己当中不会有奸细去向学校当局告发以陷害其余的人的！这些农人不信赖苏维埃政府，看来是很明显的。他们认为，苏维埃终究是一个政府，这个政府规定了许多义务强迫他们遵守，恰像旧日的政府一样。可是——在往时，他们接受政府所规定的义务，恰如接受洪水、风暴、传染症等非人力所能制胜的天灾一样。可是现在他们毫不迟疑地叱骂这样的政府统治了，同样他们还要用许多事情去难倒他（政府），激怒他，甚至提出了政府是否有权存在的问题。

他们继续辩论着家酿烧酒和苏维埃禁酒的问题，随后那身材短小的人提出了一个新的问题。

“我所不懂的是，”他问，“这些苏维埃拿那多钱去干了什么？只要想想，单只罚金一项，他们会搜集有多大一个数目，其次还有租税。呵，上帝，有多少金银滚进他们的金库里去了呵！”

“哼，哼，哼，多少金银呵！”几个人和声说。

“唉，”费杜尔说，“只要把他们今天收入的罚金给我一半，我家里每一个人都可以买一双靴子了。”

“还可以买一桶盐哩。”一个人加上一句说。

“还可以加买十听火油哩。”另一个人又加上一句。

“是的，”那短小身材的人说，“我真想知道他们拿那多钱去干了什么。这样大的一个数目！”

“你不知道么?”得米安问他，几乎发怒了，“你盼望他们拿去会干什么?他们拿去都供应自己用了。你们不看见他们都是穿着新靴子四处玩么?他们全体都是，从苏维埃的主席到最低级的书记都是这样，就是因为有这些钱。”

“我们甚至连 *lapti* 都买不起，”那身材短小的人抱怨似地说，“而他们却穿着新靴子四处跑。唉，那班光棍!”

“啊，依我看来，”那新来的人说，“只有共产党才富有一切。”

“对的，对的，你对的!”那身材短小的人大叫起来，“他们富有一切，一切。说得对，说得对，兄弟!”

“他们为什么不应该这样呢?”另外一个人问，他始终只是含着烟管在那儿听大家争论，没有说过话的。他名叫查哈尔:“他们是我们的统治者，他们不是么?啊，统治者常是富有一切的啦。想想往时的‘查尔’(俄皇)地主和将军，他们不是什么都不缺少么?真的不缺少，因为他们是我们的统治者呀。”

没有人非难这句话。在他们看来，这句话的逻辑似乎是自明的(*Self-evident*)，不待论证的。

“你说的话确是真实的，查哈尔，”得米安热情地同意说，“统治者是要把什么东西都属于自己的，皇党或共产党，不论谁都是一样的。唉，只要上帝把我们创造成统治者，那就好呵!”

“啊，你说的话真是无意思，”那身材短小的人抗议说，“上帝将我们只创造成农民的。一向是这样，今后还会是这样的。农民，只合于劳役和受贫困。……这是我们的命运，弟兄们。是的，弟兄们，劳役，痛苦，忧愁，加在我们身上的每样不知有多少。……该死的农民呵!”

接着有一人立起来了，他身材高大，面棕色，眼皮很肥，略带斜视。他是邻村的一个铁匠。

“现在，弟兄们，”他很严肃地说着，“我不十分同意你们的话。我相信事实;事实是，共产党的生活并不比我们其余的人过得好，并且，我想，我知道。他们所有的人我都看见过，共产党人，非党人，农民，一切的人。关于他们的事，我常时看见并听见。”

那身材短小的人狂笑起来。

“汉子，你谈的一些什么事呵!”他激烈地抗声说，并大声嘲笑起来，这样的嘲笑逼得那铁匠立时说:

“你不要嘲笑，农人!”

“我怎样禁得住呢，当我听见你说出这样无见识的话的时候?”身材短小的人高声叫起来。

“无见识吗，啊?”铁匠亦报以怒声，“现在，听着。我来告诉你们，共产党像我们大家一样困穷哩。”

那身材短小的人又大笑起来，打断了他的话头。他似乎因为想到铁匠每天可以有机会听见诸色人等的事，而且能够提出这样的意见来，所以非常激怒。

“不要说无意思的话，打铁的，”他叱骂着铁匠，“不然人家会要笑你的。我看见过他们的，我们的这些共产党统治者。什么事情都不待你告诉我。”

“你看见过谁？谁呢?”铁匠很生气地质问他，并走近他的对手身边去，似乎要动手打架的样子。

“谁么？所有我们区苏维埃的人我都看见过。他们都有靴，有鞋，有外衣，有草帽，我们却什么都没有。哼，不是这样么?”

可是铁匠并不肯承认自己是失败了。

“是的，”他回答说，“我的儿子有一双靴，一件外衣，一顶草帽，他也和我一样，并不是共产党。可是他的这些行头是什么地方弄来的呢？军队里面，他是从那里弄来的。每一个兵士退伍回家，都可以领受一套。我说的对不对呢？这些在苏维埃里的共产党都是当过了兵的。我是相信事实的，弟兄们，是的，请看看 *T* 村的叶经，或许你们有些人是知道他的。他在这一带可算最热心最卖气力的共产党。他辩护起共产主义的问题真的比吃烤猪肉还要起劲，他也是一个很老实的农人。倘使你们知道他的，你们一定都承认这句话的。昨天，他来取修了的犁，他要求我候他的新麦割取了以后，再还我他从前欠我的麦，他真的这样要求我。他说他剩的麦很少，日食都恐怕不够，一定要候割了新麦才行。你们看，他是这一带的一个共产党首领，是我们区苏维埃里的一个有权力的人哩。”

“那末他一定是有别种缘故，”身材短小的那人坚持着说，“请看看我们自己的小阿斯塔卜吧，自从他到苏维埃里作事以后，你们看他是多么阔气呀。前星期日他回家里来，你们想他戴着什么了?”

“戴了什么?”

“一只手表!”这几个字的声音说得非常严肃，仿佛苏维埃的人员只要有了这样一只手表，便可以被判定不忠实的罪名。

“真的吗?”几个声音在那儿问着。

“自然，我看见他的，我还和他谈过话，他把那只表就在我眼前幌〈晃〉着，以为我还没有看清楚哩。”

“那流氓!”

“那混蛋！”

“那是一样的，”铁匠固执地说，“共产党人像我们大家一样穷困。”

可是那身材短小的人终不服气。

“你不能对我那样说，”他抗议说，“任何人，一有了权力，便有了无数攫取东西的机会。一个官，打铁的，像一只猫一样，他的嗅觉是非常之敏锐的；找起牛奶来她是高明得很的。”

“是的，”铁匠反驳过去，“想想看，若是被查出来了，他们要受怎样的罪呀！这一点你们也想过了一下没有呢？”

“没有查出来的时候他们是快活的呀。”

“你们记得，”铁匠接着说，“*T* 区苏维埃的前主席是怎样办了的？”

“他们把他关起来了，可是那又有什么呢？*Nichevo*（没有关系），他们立刻就会放他的。”

铁匠大笑起来了。

“那是见鬼的话！他们会把他装在棺材里送到葬场里去，这就是他们立刻会办的。倘使他是一个非党份子，大概只判几年监禁就够了的。可是既是一个共产党人，一个党员——你们等着瞧，你们会听见嘶的一声一颗子弹穿过他的脑子哩。”

“咯。”那身材短小的人微哼一声，表示不相信的意思。

“你不相信这话么？”铁匠非常生气似地说，“那么你记得陆克安么，那州苏维埃的前会计员？你听见过他干了什么事，并且他受了什么罪么？听着。他替苏维埃买了一匹马，说去了两百块卢布买的，有些共产党员却找出他只去了一百块钱。后来便开始查办他，结果找出了许多事实，证明他经常接受农民和商人的贿赂，替他们舞弊营私，恰像旧日的官吏所作的一样。你知道他们怎样办他？他的骨头上已经没有肉了——虫蚁早已给他蛀光了。”

接着都沉静下来了，似乎大家都受了深深的感动或极大的恐怖，因而人们的思考力也都一时地麻木了。铁匠似乎非常严肃的，只是冷淡地凝视着那新被威吓的反对派。只有那粗悍的老磨坊主似乎没有一点惊惶失措的样子。他立在一大堆布袋的后面，瞟了我一眼，仿佛是说：“这就是政府干的事——给人们许多作恶的机会去纵容他们，然后再一杀了事。”

“杀人民他们当然是不怕的呀，”一个年龄稍大的农人插进来说，“我有一个外孙，他最近刚从军队里回来的，他告诉我他们怎样为了一件极小的事枪毙一个军官的事。”

“为的什么呢?”

“为的喝醉了酒。”

“啊!”

“那班禽兽!”

又停了一会，似乎都在那儿沉思什么。这班头脑简单的人仍旧习用着他们往时的标准和习惯来评判一切事物人品，将这样一个重要的人物，一个军官，正式地处死刑，而为的又只是醉酒这样极不重要的一件事，在他们看来，这可算胆大且野蛮到极点了!

后来有人提出了一个问题，似乎有点畏缩的样子。

“你以为他们为什么把他们自己的人杀得这样多呢?”

在一般农人看来，共产党对于他们的党员用这样重的惩罚，不仅未能得其平，颠倒是非，而且也轻看了一般的正义和礼仪。铁匠便急忙来给一解释。

“为什么吗？那是很显然的，不是吗？他们不愿让他们自己的人作骗棍，作盗贼，这便是他们枪毙他们的原因。就在前天，国营地的经理到我店里来钉马蹄铁，他对我说，一个不忠实的共产党员比一只疯狗还要坏，对付他只有一个办法，便是枪毙他。这就是他说的。”

“咯,”群众中有人在那儿冷笑并说着,“要一个人忠实，他们是决作不到的。决作不到。”

“真的决作不到,”有人接声说，“像他们要农民不喝烧酒一样，都是作不到的。”

“你的话真对，兄弟,”那身材短小的人尖声说着，“你的话真对。俄国人的天性中就没有忠实这种性格的，一个人的天性你当然没有方法变更，犹如不能变更牛的天性一样。”他说话时带着一种得意的自信的神气，仿佛他并不是在那儿谈他自己，谈他自己的同胞，而是谈的外国人，外国种，是他的仇人，他所特别深恨而应该贬抑的人似的。

“这真是可叹的事,”铁匠满腔忿怒似地说着,“我们俄罗斯之所以日更衰亡，便是这个原因。穷年累月，我们大家都习于欺骗、盗劫。只要想一想往时我们的区长、警察、法官以及一切其他的人！他们所作的完全是彼此盗窃，不放过一点可以盗窃的机会。至若我们农人是否好一点呢？现在请告诉我，我们是否好一点呢？哈，我们无论谁，只要有一座菜园或果园在路旁，我们便得养一只恶狠狠的狗在里面，或是筑一大堆石围在外面，否则呢，我们便不要想在这园里还会留下一点菜果给我们摘取。不是这样么？并且你们还记得军队中的情形是怎样的么,你们往时当过了兵的？我是一个骑兵，我是的，你们知道那班不正经的军官干些什么呢？他们把买马料的公款上了自己的荷包，却在夜间要我们到村里去偷农民的草料。我只得去干，我同伴的每个兵士都得去干，我们偷农民的，只偷农民的，绝对不偷地主的，因为地主豢养了许多恶仆恶狗守卫，而且军官都敬畏地主，也有点害怕他们。所以我们只偷农民的，偷那些像你我一样的穷人的。……”

“军官，唉，”那身材短小的人细声说，“那是你们的强盗哩，真正的强盗。……”

“我们大家也并不见好一点，”铁匠更愤激地说，“国营地的新经理告诉了我许多事，我告诉你们，兄弟们，他说的是对的，即令他是一个共产党，他的话是不错的。在往时我们所学的不过是彼此互相欺骗罢了。……”

没有人起来辩驳这些可怕的话。没有人表示一点愤怒的意思。又寂静下来了，是无疑问的默认的寂静。……

我不知道，俄国人轻视自己，痛责自己，把自己看作下等中之最下等的人，这种趋势，究竟是功是罪，我都不知道。例如，你去问一个美国人，问他以为世界上哪一国家最伟大，那答案是不问可知的；再拿这同一问题去问法国人或英国人，那答案一定会一样的显明。在这些国家的人民看来，世界上没有比得上他自己的国家的。如果拿这问题去问一个俄国人，他会摇着头，耸着肩，并说，“我不知道哪一个是世界上最好的国家，可是我知道最坏的是哪一个，那就是俄国。”而且这种态度并不限于某一部份人，俄国人大体都是一样，或许他是一个屠格涅夫，或许他是一个托尔斯泰，是一个高尔基，或是一个普通的农人，都是一样的。……

谈话又继续起来了。

“你们以为他们现在想干的是些什么呢?”查哈尔问。

“什么?”几个声音一致这样问。

“唉，这件事在我看来是可笑得很，在你们看来或许也是一样。有一天我去赶集，当我正在集场上走着的时候，我听见起了一阵骚动的声音。一个打流的孩子偷了一个犹太小贩的一顶草帽，犹太人把他捉住了，打了一顿，并拖着他的头发，脸上也都给抓出血了。后来一个警察跑来，将犹太人捉住，并说在苏维埃的俄罗斯国中，没有人有鞭打儿童的权利的。这是新法律，他说，任何人，若是被发现有鞭打儿童的行为，便是一定要捉去严办的。现在你们想想这是什么意思?”

那身材短小的人将眉头皱起，好几个农人都大笑起来。显然的，在他们看来，不许鞭打儿童这一观念是太无意思了。

"他们都是像这样的，"得米安细声说着，"他们常时在那儿尝试想出一些像这一类的蠢事。真见鬼，为什么他们不去尝试干几件真正有用的事啦?"

"我也是这样说哩。"那身材短小的人附和着说。

此时他看见了我，非常客气地接待我，并问我美国的情形怎样。

"那儿的人民诚实么?"他笑着问。

群众的视线都转向我这一方来了。那身材短小的人向大家说明了我是什么人，他们便联珠炮似地向我发出了许多问题，特别是关于美国的物价，如盐啦、火油啦、铁啦、靴啦、犁头啦，都是怎样卖的。这样一来，引起了一阵关于俄国物价昂贵的争论，后来那身材短小的人提出了一个新鲜的问题来诉苦。我老是觉得似乎有点什么事在他心里，使他非常不安。此时他将这感到不安的问题提出来了。

"呵，兄弟们，"他悲声说，"你们所烦恼的还都是小事。盐、糖、靴、铁——咯，这些东西即令缺少几样，一个农人总还能够挣扎他的生活。这是很困难艰苦的；我也承认。可是无论如何他终究还能挣扎下去。一个农人的身体像一只狗的一样，什么东西他都耐得住，寒冷、饥饿、炎热、暴风雨、轻视、虐待，都受得住，只要他的心还没有因摧残而碎裂。兄弟们，你们的心的作用就有这样大，倘使心一旦受了伤，那时你们才知道真正的苦难是什么哩！唉，你们会怎样知道这些事呵！告诉我，我的朋友们，一个人假使家里还有未出嫁的女儿，那像刺在他心头的一把尖刀一般的未嫁的女儿，他有什么办法呢?"他说得很慢，带着悲声，这是农人在忧愁的时候所特有的一种表情。

"她们实在是些赔钱货啦，那些未嫁的女儿们，"铁匠同情地表示同意，"特别是在这年头儿，男孩子们都学会了强索奁资，像苏维埃勒收税捐一般。"

"你说他们贪婪吗?"那身材短小的人高声说，"害人的东西，他们都是呵，我们的那些孩子们！他们对于受苦受难的父亲不加一点怜惜，简直像对付他们猎得的狐狸或野兔一般。他们以榨取父亲们的血汗为乐，唉，他们真是这样！苏维埃也不想一点方法阻止他们，这是最令人伤心的事！以苏维埃现在的力量，倘使他们尝试一下，阻止孩子们的胡闹是尽可能的。他们只是不休歇地高喊着资产阶级和资本主义毁灭着全世界。可是，兄弟们，公民们，我问你们，世界上任何地方的资产阶级，尽管他剥取人的皮肤，然而要拿来和那些想娶我们的女儿的孩子们相比一下，你们看，资产阶级及得上孩子们那样残酷吗？咳，该死的一班东西！然而苏维埃也不作声，也不想什么方法。他们要我们不酿烧酒，要我们不打孩子，还要我们干许多无益处的事。可是为什么他们不去告诉一下那些求婚的人，叫他们不要再用那铁腕来扼住我们这些可怜的父亲呢？他们为什么不这样呢？唉，这是什么世界呵，这是什么世界呵！”

他摇着头，表示非常失望的神气，那肮脏的褐色颈上凸出了粗的血管，像地球型上的山脉一般。

“在我们年轻的时代，”一个老年人说，“倘使丈人给女婿一件羊皮袿，那他简直觉得万分满足了。”

“并且我的丈人，”另外一个接着说，“仅仅答应给我一件，可是始终没有给我，那骗棍，甚至我向他威吓，要把她的女儿送回娘家，不带回那赔嫁的羊皮袿便不许她回来，亦终是枉然。”

“可是替我想想看，”那身材短小的人又诉苦了，“我有四个女儿，四个呀，兄弟们。最大的已经二十二岁了，她应当早已嫁了，有一个丈夫去养活她，不致于像一块大石头一样，直到今天还挂在她的可怜的父亲的颈上啦。”

“安东不是要娶她吗？”有人问，“我听见说他要娶她哩。”

“要是真的就好了，可是并没有。你知道他要多少奁资？一匹马，一辆车，还要一百普特麦！想想看，兄弟们！我对他谈过，我的妻也对他谈过，可是一点用处也没有。他像牛一样的倔强。他说倘使我不愿意赔〈陪〉这样的奁资，别的人是会赔〈陪〉的。我到什么地方去弄一百普特麦呢？我今年的收成也不会有这样多，而我还要完粮，还要预备全家一年的口食，还要留下秋季播种用的种子。并且我只有一匹马，倘使给了他，我又怎样办呢？在今天，没有一匹马还成一个农人吗？”

没有人回答他，他的地位确实似乎绝望，可是农人们并不是缺乏对于不幸者的同情心，亦并不是因为固执成性而不愿有所表示，只是他们多以为仅仅口头几句安慰的话是并不能使人解愁的，他们的同情便在他们的沉默中。略停了一会，那身材短小的人又继续说：

“就在前天，我们正在黑暗中坐在桌旁吃夜餐，她突然跑进来了，我的华华拉跑进来了，她跪倒在我的脚旁，像被打得要死了的人一样哭着。‘父亲，亲爱的，’她哭着说，‘替我把安东的奁资办齐吧。请给我办。倘使你不办，他便不娶我了。刚才他这样给我说的，他说他甚至看也不来看我了。他想弃掉我，父亲，我最亲爱的；他说他要这样的；倘使他真的弃掉我，那么，父亲，我怎样办呢？我不想再嫁任何人，并且也不会有人再要我——我现在年龄这样大了，我爱安东，我爱他，父亲，我要他。救救我，最亲爱的，救救我，我永远会爱你的！’这是她说的。告诉我，兄弟们，我能怎样办呢？无论谁又能怎样办呢？”他用手指揩揩眼睛，摇摇头，深深地叹了一口气。

“倘使你就把你的马和车给他了，”有人向他提议说，“苏维埃不会借给你一匹马和车去耕你的田地么?”

可是那身材短小的人只挥着手，没有说什么。

此时门开了，新进来了一个人，一个身材高大的人，背略有点驼，口下垂着一大部胡须。看看他的宽脸，浓眉，和蒙古人一样的瞟眼，我决没有把他当作一个农人，并且也不像一个俄国人。他穿的皮鞋，不是通常农人穿的靴子或木皮拖鞋，戴着一顶旧的褪了色的绒帽，还有一条美国制的外袴。他走进来略略点了一点头，一种自信而又盛气凌人的神气，完全没有一点农民的特色。铁匠将他介绍给我，说是“另一个美国人。”

“你从美国来的!”他用英语很高兴地对我说，“我在美国十二年。是的，先生，十二年。我遍处都到过了，纽约、波士顿、米其根、安索尼亚、康勒克体克——到过那地方罢?我遍处的工都作到了，在矿山里，木厂里，铁路站上，……我赚了不少的钱……你知道……资本家他给我三元一天，只作八小时的工作。菲尔逊（威尔逊），他还是总统么?一个聪明人，菲尔逊，哈?……比罗使费（罗斯福）聪明些。菲尔逊他老是维护工人的，罗使费他老是维护资本家的。不错的，我知道。我加入了工会的。”(译者按，这一段是用误拼的和文法不通的英文写的，活画出一个在美国多年的侨工讲话的神气，可惜译不出来，只能勉强用相似的不通的中文译出来，仅略能看出几分文法上的不通，非常可惜。下段同此。)

我问他为什么回来的。

“我的妻他弄得我回来的。他在美国老是生病，医生他说他回老乡来，否则他死。所以我来。……可是我转去，一定的。……多数党决找不出我的钱，像从美国来的别的老农人一样的。他决找不到他们。……等一等，妻或许他死，我回去。好国家美国。比俄国好。那里赚很多钱。这里没有机会赚钱。多数党他们脑筋里发狂。他们没有多的意识。……可是我回美国去。我喜欢他，美国。你知道，等一等，我回去的时候，我作什么呢?没有要紧，我不在厂里作工，不在站上作苦力。我做别的事情。我脑筋里都想好了。我卖美国的家酿烧酒。好料子，比美国的波打酒还好些。……赚很多钱在家酿烧酒里面。……我知道。我自己酿造，廉价出卖。你知道。”

旁的农人听着，静静地，非常注意，也颇高兴。接着，有人转身过来，开始抱怨说这位“美国人”告诉了他们一大堆不可靠的故事，这样一来，只是激起了他的盛怒，使得他挺身起来为自己辩护，这次他是用俄文讲的。

“那是对的，那是对的，”他说，“问问你们的这位老乡，看我是否是一个说谎的人，现在你们有了一个机会，可以找出谁是说谎的，是你们或我。……我曾经告诉过他们，在美国，每个人都有很好的衣衫和皮鞋；甚至普通的劳动者每天都吃肉，喝重糖的茶和咖啡，老是吃着糕饼点心。不是这样么？……现在，你们这些不相信人的东西！我也告诉过他们，一个美国人用机器作工，一天的工作成绩至少要二十个农人才作得好。不是这样么？现在，好！……”他的面色发红，他的眼光中充满自尊的神气。“他们真是奴隶，真是奴隶，”他很暴躁地接着说，“这些农人日夜死守在这里，像他们的牲畜那一样生活着。现在他们不是吗？这样的一种生活真可鄙！我要尽可能地快点跑出去，大概也不要多久就可以走。看看他们——没有皮靴，没有衣衫，没有糖，没有咖啡，什么没有，什么没有。……你知道苏维埃应该作什么？他们说他们要帮助农民，倘使他们真心这样，他们便应该去买些美国机器回来，教给这些人好好地去作；然后他们一定可以获得一些东西。这才是苏维埃应该作的事。”

他的话停止了，他的眼睛里面充满了胜利的光辉。他从裤袋中拿出了一支烟管，这里面并不是装的一般农民所用的那种 Makhorka 烟叶，却插上了一枝城市人用的工场制的上等纸烟。旁的人都静静地看着他，带着妒意，没有人敢于，也没有人注意，和他去争论。

他又开始和我用英文谈话，老是反复地表白他的热望，热望着到美国去卖俄国烧酒发财。他等候得最不耐烦的是等候他的妻死去。

暴风雨止了，农人开始一个一个离去。天空还是暗黑的，闪电在无极的天空中闪耀着。磨坊老板请我随他到仓屋里去。他静默地在那儿燃着一只尘腻的小灯。

“谈着，谈着，老是谈着，”他终于带着耐不住的神气说了，“一天到黑，反反复复谈着同样的题目，仿佛可以令他们有点好处似的，仿佛可以减轻租税，减低火油和盐的价格似的。……想想看，十只鸡蛋换一磅火油！十只鸡蛋呀！咯，这是政府专卖的商业哩。……”

第六章　农村市集

读者诸君，倘使你竟然到俄罗斯去，自然你会要去参观莫斯科和列宁格勒。每个人都会这样，每个人都应当这样，在世界上任何地方，没有和他们十分相似的城市。纽约、巴黎、伦敦、柏林、维也纳，所有的终究不过是密如渔网的通衢大街，以及一种共同命运之下的无数人们——他们都向着同一目标挣扎，不以主要精神的性质，而只是依紧张的强度，来分他们的好丑高下。他们现在已经作了机器的产品与奴仆，他们的服装、物质的环境以及社会的习尚，都完全在一定的准则之下，即所谓“标准化”了，这一切使得许多挟有冒险进取精神而来的旅客都陷入了失望与悲哀的深渊。他们令人想及一个壮年的人，其事业已如日中天，有了确定的习惯与信念，昂然自得，轻视他人的一切方法与意见。

莫斯科与列宁格勒却仍旧在生长的进程中。他们还没有达到奸诈诡谲的年龄。机器还没有侵害他们。起码他们还可以这样度过五十年，然后他们才会和其他的城市在整齐、严肃与舒适各方面相较。此时他们还不受现代社会铁律的支配；他们仿佛还敢于自作主张。表面看来，虽然是欠整齐，颇有几分难看相，然而他们确实充满了青年的，天真的，进取的，冒险的精神。

当你到了列宁格勒的时候，读者诸君，你当然不会错过机会，一定要去参观一下 Tzarskoye Syelo（皇宫），即是现在著名的 Dyetskoye Syelo（儿童宫），看看废皇的起居宫苑。当年的一切华丽富贵都完全保存着，陈设器具都没有遭损害，并且一照当年的布置，由当年的老卫士负责保护。你会惊奇旧俄罗斯的统治者是如何穷奢极欲；浴盆不在寝宫里，床榻在远离窗门的阴暗的角落里，自来水却很就便，你看了这种不高明的布置会发一笑哩。

你当然要去参观 Ermitagae 博物院，那世界上最大的艺术宫之一；它的搜罗本来已经很饶富，后来征集了巨量的私家珍藏加进去，因之更是洋洋大观了。倘使你愿意呢，读者，可以尝试去和管事人说好话，要他把皇室的珠宝给你赏鉴赏鉴。是的，那些东西都藏在一个大的地窖里，成条成球，都是从世界各处搜罗来的——镶在手杖上、伞柄上、小刀上、烟嘴上、鞋扣上。这真是一种可纪念的景象，也是富有教训的，从这里可以看出当年有权力的罗曼诺夫皇朝是逞着何等样小孩般的空虚的幻想呵；如今呢，过眼烟云，早成陈迹了；唉，一切人的幻想呵！

你当然同样要渡河去参观彼得保罗大炮台（有名的监狱），那古代的苦役之宫，多少俄罗斯的高贵的革命领袖在那儿挨受着长期惨痛而孤寂的生活呵；让守卫士告诉你，那儿是克鲁泡特金的，菲勒的以及其他著名的革命领袖的监房，然后让他引你走过一条后道到一条狭隘而丛生着野草的小路边，那儿正当宽阔而激湍的尼瓦河右旁，让他告诉你，判了死罪的人常是怎样在那儿执行的，常时假说领出来散步行呼吸，便在后面由一个黄面孔的中国人乘他冷不提防地一枪打去，如此便了结了，便是那儿的卫士也非常不满于这种中国人之缺乏“道义”哩。

还有其他的地方你会要去参观的。那历史上著名的冬宫，当年曾经是欧洲大陆上纵欲豪饮的欢乐地，如今只是一个博物院了；那卡站大教堂和圣以色大教堂，矗着光照四表的列柱，因为过大过重，致全部建筑都相继下陷在土中去了；那有名的跳舞学校和几十个美丽的舞女，每年从各地应征的万千女孩中挑选出来的俄罗斯最美丽的女子。从前仅仅是富豪缙绅的子女才为该舞场所欢迎，现在呢，农民和无产阶级的孩子，只要认为有给与身体上或精神上休养的必要，则不仅为该处所欢迎且还享有优先权哩。……

还有那驰名世界的音乐院，Heifetz，Elman，Zimbaliot，Seidel和其他几十个有名的音乐家的光荣的事业，都是在这里成就的，直到今天，还是由伟大的Glazunov主管着——具有婴孩般的眼，柔和的声音，迟缓的动作，并且美貌的Glazunov，他遇见了每个学生都不会忘记鞠躬握手的，他还是继续拒绝到美国去，即令为期很短且可以赚一笔大钱，他还是不去，因为他不愿离开他的两个爱宠——音乐院和他的老母亲——便是三个月也不行！最后要参观的便是Balaganchik，在一处街旁边，从那光荣的Nevsky走去不过五分钟的路；是一座稀有的小剧场，那是建筑在一群青年的艺术家、文学家和戏剧家的虔诚与牺牲之上的，他们日夜愉快地辛勤地劳动着，为舞台的艺术创造出一些新的贡献；他们在他们每周的戏目单里面都列入更多的智巧，更多的珍闻，更多的戏剧的创造，比起那天才的Balief梦想注入到他所有的那些虚有其表的平庸的Chauve-Souris里面去的东西，那要高明得多哩。

当你到了莫斯科的时候，读者诸君，便有克里姆林宫，有两座美术戏院，有大歌剧院，有Soukharevsky市场；而令人印像最深的便是那成千成百的大小教堂，此时多数已经因没有人理会将近倾废了。门脱了钮，窗户破碎不堪，髹漆都剥落了，屋顶下陷，楼梯倾塌，只有那金色的尖顶还傲然在日光中闪耀着，仿佛一个沦落了的人还勉强抬起他的头来，表示藐视这虚伪的世界一般。你看见了这许多祈祷的寺院定然非常惊奇，你会说：“这儿必定是一座上帝城。”你会像袒护斯拉夫的文化的那般人和那易受欺骗的Stephen Grahams一样，完全迷失在那欺人的魔网之中，因为实际说来，所有这些伟大的建筑以及里面藏着的金玉珍宝，神像幔围之类，并不是基督的圣洁和奋勇的牺牲之标记，而是骄奢淫佚、怠惰纵欲一切罪恶的表现哩！他们大部份是俄皇、贵族、地主、商人等建立的，这些都是终身在淫恶当中讨生活的男女，他们觉得大限将到，恐怕遭受天谴，于是倾出平日的私蓄来修庙塑像，饰以金龛玉座，满心妄想这样多量的赠与，一定可以得到神明的欢心，将他们生前的一切罪戾赎去，拯救他们从地狱里升到天堂。

然而，读者诸君，倘使你们愿意看看最自然形态中的俄罗斯，那末请从速离开莫斯科和列宁格勒，赶紧指马到农村的市集上去。在那儿，蒸汽时代和工业时代以前的世界还在街衢里巷间呈现着。那儿的生活仍旧是原始性的，任何人和任何事物都没有戴上假面具。交易的进行都是开诚布公的。在那儿，俄罗斯，农民的俄罗斯，充分的表现了她的鄙陋与惊人的落后……她的荒凉、不敬神、有趣味、喧嚷与胆大妄为。

我回到那故乡的时候，正逢S镇的年市——S镇是我们这一区农人贸易的中心，此时年市正是很闹热的当儿。我的表弟已经去赶过了他的买卖，可是他自愿再和我去一趟，只要我要他去。自然我愿意的，某晨黎明时我们就驱车上S镇去。

这地方我记得很清楚——街道、房屋、居住的人，都记得。往时我是到这地方上学的。当时这儿是一个很快乐且繁华的社会，住的都是颇有家财的地主、贵族、官员。可是现在呢，过去的荣华都消逝了，仿佛偕着它的旧主人一道遁去了似的。一条一条街道都荒废了，崩坏了。一栋一栋房屋似乎都将近要倾塌了。窗户破碎，两侧人行砖道都已崩裂且狼籍不堪，这种景象使我想起，好似一个人太衰老或太怠惰，以致洗面的气力都没有一样。人民或许是穷了，我想，因为战争和革命的原故，可是为什么他们对于自己周围的这种污秽与荒芜的情形这样不关心呢？

可是我的表弟和旧同学，他们和我一道来参观的，对于我的疑问只是发笑。他们说，我已经到俄国好几个月了，何以关于俄国的情形还知道得这样少！我不知道吗，他们问，城市的人是多么怕摆出家道兴隆的样子，甚至房屋也不敢粉刷，好衣裳也不敢穿出来哩！家道设使不坏，租税和学费立刻会加高起来。在俄罗斯，每个人都装出穷相，甚至那豪富的商人也这样。没有看见吗，他们问，那般商人的店铺看去都是空空如也，货架上面满布着蛛网灰尘。然而只要跑进去问你所要的东西，不论是什么，他们是可以毫不迟疑地拿出来给你的。他们的货物，像他们的金银或其他的宝物一样，他们是拿来埋藏在屋内什么地方的，因为这样可以现出赤贫的样儿，藉以避免重税。……呵，俄国人是多么狡呵！他们知道如何去回避那可恨的法律；当然在旧俄皇政府统治之下，他们穷年累月都练习着这种本领，为什么他们不应当知道呢？哼，有钱的人甚至还有着他们自己的银行哩。没有听见过谈这件事吗？是的，也是安全的银行，世界上最安全的一种——在地窖下面的某处地穴里！……

我的表弟离开了我们，我的同学和我在镇上一路闲踱着，后来我们走到市场边了，还是像旧日一样空旷，一样狼籍，充满了旧日的那种嘈杂的景象。人声喧嚷着，四乡各村的农人都成群结队地来了。马车密密地挤着，车辕高升在空中，马都系在遮泥板前面。成群成行的男女往来梭行着，慢慢地，凝想什么似的；许多人赤着足，穿着羊皮褂，戴着羊皮帽，虽然太阳晒得热似火烧，他们也不觉得。一队一队的人在卵石路上慢踱着。牛鸣、猪呃、马嘶、人叫，有的带着微笑，有的只是一片怒声、恨声。每一件东西和每一个人似乎都变成了粗声大气的样子，就大体说来，都可算是对于世界抱有一种乐观的倾向。赤足的顽童遍处跳跃，非常高兴似的边走边叫唤。男孩们和女孩们，挽着臂，一路闲踱着，非常愉快的谈着，发狂似的笑着。乞丐有瞎子有跛脚，那种令人永远忘不了的可怜相，扶着木杖，由小孩牵着，唱着一种古代的小调，还伴奏着一种古代的乐器。叫卖商都立在木台上，不断地将货物在台前过往客人的眼前摇晃着，用一种噪音喊出他们货物的卖价；还有背着各种货色的男女——我惯于叫他们作活动贩卖部——有的肩头背着羊皮袄，有的臂上挂着各色闪光耀目的首饰，不停地来回奔走着，急切地找寻各人的主顾。他们这样群聚着，真是其乐融融，再也不会记起他们烦恼忧愁的时候了。

在市场的外圈一带，是新到的一批农人，都是带了货物来的。他们立在他们的货车旁边，或是在土墙上下踯躅着，有些提着一只雄鸡、一只小鸡、一只高额的鹅；有些背着一袋土制的乳饼、一筒牛油、一桶鸡蛋，那是用糠塞稳了的；有些排着一袋蕃薯和苹果，袋口都松开了，货色露在外面，希望引动顾客的注意；有些牵着一匹小牛、一只羊，或是用麻袋笼着一口猪，猪却像赴杀场般拼死命地号着。城里住的人都围绕着这批农人立着，察看他们的货色，一时将手指放在牛油中略醮一下，一时又放到乳饼或蜂蜜里面去试试，尝味的时候，两唇高声地咂着吮着，还作出怪面相，似乎不满意这种货色似的。他们把小鸡、大鹅，提在手里，先试试重量，再用手去摸摸胁下和胸前，看看肥瘦；他们提起小牛和小羊，用手在背上胸下试着肥瘦。他们问价，卖主说价，买主还价，高声叫着，吵着，咒着，喊农人的名字；买主不愿就走开，又被叫转来或自愿转来，再察验货色，摇头表示迟疑，再作鬼脸，再说出新价格，再叫着咒着，比开始更加闹得声势汹汹。常时买主和卖主这样逞着忿气彼此对骂起来，愈闹愈凶，以致忘记了他们吵闹的起因，甚致彼此握拳相向，大有不打不甘休的样子。可是后来彼此终于讲和了，价钱同意了，交易成功，还握着手相互祝福一番才别去哩！

读者诸君，这便是俄国农村市集里交易的一般现象。每一宗交易，虽然是很小的，在成交以前都得费无计数的口舌。并且费的怎样的一种口舌呵！最大多数都是一些恶语咒骂，无论男女，彼此随口骂出，都是旗鼓相当的。在这种无意思的争闹中所浪费的时间，如果移去作一些建设事业，足可以造成功几千英里马路，填起几百万亩池沼，灌溉无极限的若干片荒地。可是——在一个俄国人看来，时间又算什么呢？这东西有什么值得关心呢？在俄国酒馆里叫一碗菜，总得一点钟到两点钟才得吃的；在任何大城市里要买火车票，那真只有靠上帝的帮助！至若遵守约会的时间，除了齐切林、托罗兹基和康米涅夫而外，谁还会把这件事当作当然的或必要的呢？无论怎样我想不出一个人来，并且我有这个经验敢于说这句话。为了等候英勇的 Tovarishtshi（同志们）、都市的委员们、村苏维埃的书记们——他们约定了某时间会我，可是届时不到——我不是冤枉花费了无数的时间吗？自然我们总应当原谅农民。一个人不知道钟，不知道表，并且对于时间的观念亦不过像对于拉车的马和吸乳的牛的观念一样，那末我们对他又怎样能盼望他守什么时间呢？

然而这还算是一次有声有色的年市。自然革命后零落破碎的残迹在市上还可以随处看到。房屋和棚架和卵石路都需要修葺。遍处都是一堆一堆的砖石泥土木材等废料，似乎是当时避乱所用的建筑物，令人看着不免痛定思痛，有几分伤心，却是横铺竖砌，又有几分可笑。在此时的俄罗斯，工业制造品非常缺少，而政府供给的新货又非常迟缓，因此人民对于一片废铁，一方破布，都宝贵得什么似的。

然而，革命虽然减少了年市物质方面的供给并紊乱了他的经济组织，可是在道德一方面的进步之快，真令我非常惊讶。

真奇怪，我们过去对于苏俄的道德所怀的观念是多么错误呵！我们谈到苏维埃的道德问题，即令不说是败坏不堪，至少也要说是欠严正，过于放纵。确实的，多数党都是绝对的无神论者，没有妥协余地的。他们对于离婚的问题，也并不像盎格鲁撒克逊种人那样看得非常可怖。在苏俄，夫妇如果愿意离异，只须双方到法庭上去诉明原因，双方申明同意便无问题，自然有时也要签订一些养育儿女的条件——一切妨碍夫妇离异的条文习尚都经废止了，这些条文习尚在美国（以及其他的国家）都还认为是维持一个国家的社会幸福所必要的东西哩。然而，说也奇怪，他们竟也培养成了一种严正的道德哩。在往时，俄罗斯是一个绯衣妇（妓女）的逋逃薮。无论大小城镇，没有一处没有政府特许的妓院。可是现在呢，妓院因法律的禁止，已经没有了，那般绯衣妇即令要继续营业，也得非常秘密的。其次，想想共产党员所应遵守的道德纪律看。共产党员禁止打牌、赌博、酗酒、跳舞，乃至禁止对异性的近亲之放肆行为。那青年支加哥律师Crasnoshtshokev的不幸便是一个很好的证明。他是苏维埃政府下面最聪明的一个人；他用他的天才在莫斯科建立了一家规模很大生意亦很好的银行，并且还创办了一处商业航空队。虽然他是一个天才，然而苏维埃政府所需于他的是他的服务；他最近被处六年的徒刑（党内还有人极力主张处死刑哩），并不是因为他不忠于职务，只是因为他流连于被禁止的一些欢乐之中！

可是，还是在我的这个母校所在地的年市里，我才特别注意到革命的道德澄清力的功效。周围已经没有群聚的赌徒，摇会抽彩以及算命看相的也都不见了，这般东西在往年的年市里是非常之多，他们专于用各种方法去骗取那些易受欺的农民的辛苦钱的。并且虽然农民满心想沉溺在烧酒里面，但我们在街上看不见一个酗酒的醉鬼，也没有像往时那样争闹至于流血的事。这是一个褴褛相的，可是非常清静而和平的年市。我们很悠闲地慢踱着，我的同伴和我，看看男人、女人、群众。

我们踱进了一条小路，两旁都是货摊排列着，前面被一群阻塞住了。原来众人的中间，有一个人倚立在一只破木箱旁边，牵着一只雄狗，狗的头靠在他主人的手上，似乎非常愉快且闲散地望着四周围绕着自己的人众。那人衣衫褴褛，须发蓬乱，胸部从生着粗毛，满面风尘，眼光闪耀。他正在对众人讲着一段故事，似乎是他亲身经历的，所以讲得眉飞色舞，声音抑扬有致，不时作些怪面相和手势，藉以传出他内心的一股奔腾的情绪。

“并且那兔儿，公民们，急忙冲进那丛林中去了，我的野莫拿（狗名）便也拚命地赶去。咯，我想，什么都失掉了，兔儿是给他逃脱了，野莫拿被骗了。我嘘声唤他转来，可是他还是在丛林的四周嗅着，吠着一种高兴的狂吠声，那就是说他已经有把握了。果然，那兔儿从丛林中悄悄爬出，随着匆匆向他的洞穴冲去；那时野莫拿，公民们，射箭似地从空中一跳便到了兔穴门口，探头进去，用腿将那兔儿抓住了，便衔着送到我处。他从来没有放跑过一只兔儿的，没有吧，是么，野莫拿？”这时候，狗更将头贴近它的主人，非常愉快地用舌舐着主人的面。

“它能够猎狐么？”群众中有人问。

“狐么？呵，呵，呵！一天早晨，公民们，我还在床上，当时我听见野莫拿吠得很凶，我便起身。公民们，走到门前去，你们以为我看见什么？哈，公民们，一条银灰色的大狐躺在门前。它从田里拖回的，它自己猎到的。它就是这样的一种狗，我的这个野莫拿。”

“你没有说谎么——一点也没有么?”有人很率直地问狗的主人，这样的率直也是农人的特色之一。

“说谎?”那人回答说，并没有丝毫怒意，“为什么我要说谎呢?说谎有什么好处呢，公民们?只有强盗说谎，只有杀人的凶手和那些从她丈夫那儿偷麦去换糖和生姜饼吃的老女人才说谎。我是一个老实的农人，公民们。我是从K村来的，那儿每个人都知道我的。我只是因为不幸而还有一个立刻要出嫁的女儿，我得给她的奁资，可是我穷得很，我甚至一头牛也没有，仅仅有一匹马，一匹瞎眼的老东西，我就是这样穷法。这是我的狗，算是我所有的最值钱的东西，我现在得将它卖出去换取女儿的奁资。我就是这样不幸哩。我真的宁愿卖去我仅有的一件布衫而不愿和我的这忠实的朋友分离呵。可是，遇着了这样不好的时代，公民们，我又有什么办法呢?我们农人这样穷，而女婿又这样无情地不顾死活地榨取丈人的血汗!否，公民们，诸位朋友，我没有说谎。”

我们再向前走去。稍远处又有一群人聚在一个雄纠纠的青年的周围。那青年穿着一件短罩衫，腰间系着一条放亮的漆皮带，从他的那种的姿势看来，可以知道他是具有非常大的自信力的人。

“我们一定得换他。”他雷鸣一般吼着，对着一个粗鲁的有胡须的人说。那人正坐在自己带来卖的一袋麦上面，一只手拿着一大块黑面包，一只手拿着一大条腌黄瓜，慢慢地在那儿吃着。“他是一个强盗，他就是那个东西，你们村里的那个尼可拉。他腐化了他的机关，他的属员，并且腐化了一切和他接近的人。每一次农人要干一件什么事，都不是依照法律来的，他只须送给尼可拉一罐牛油或是一袋蕃薯就得了，那就是一帆风顺的法律。这样的一个人是没有资格任村苏维埃主席的。这样的一个人是一个流氓，一个违害人民利益的奸贼!”

“是的，”那有胡须的农人抗声说，“可是我们村里的人民选他出来的，这表示他们是信任他的呀。”

那青年不禁哄然一笑。

“那么假使你们村里的人选出一个禽兽般的杀人不眨眼的凶手，如罗曼诺夫皇朝的什么大公之类，作你们的主席呢?”

“咯，那是不会的。”那农人回答说，慢慢举起拿着黄瓜的一只手表示他的意思的所在。

“不会的，你这样说吗?”青年抗声反驳他说，“这是鬼话!人民会做的事情多得很哩。他们已经习于贿赂官员。我们一定要让他继续这样干吗?倘使我们竟这样，那么我们怎样能希望有一个廉洁的政府，怎样希望教育人民，使他们的努力不是为他们自身肥肚皮而是为的同胞的利益，为的社会将来的幸福呢？你懂得吗？人民已经习于不对政府的视察员说真话。我们对于这样的事便也闭着眼睛不管么？人民是很高兴欺骗政府，不买车票偷着搭火车的。我们便也让他们这样干下去么？人民也会高兴不纳租税的。这般人民呵，这般人民呵！他们心地既糊涂，心术又不正。我们须得去教给他们怎样去生活，怎样去思想，怎样去工作，怎样去相与邻居，怎样去拥护像苏维埃这样的一个无产阶级的政府。"

这是何等高明的一篇演说词呵！关于俄罗斯，关于农民以及关于多数党，他说得何等透澈呵！他的诚挚或他的才具当然是毫无疑问的。我的同伴告诉我，他是邻村的一个农民；也是一个共产党员，一个学校的教师，他常时到市集上来和人从事这一类的辩论。他不肯放过他的听众；没有一个俄国人肯这样的，只要那般听众是他同文同种的人。然而他的说话当中并没有恨意，也没有虚谦。他非常率直地说，人民还不配被信任，这确是每一个共产党人的信念，当日旧皇朝的人也偶尔这样直认不讳的。他提出了具体的严切的事实来证实他的意旨，他举出的事实真是可怕得很。然而我老实承认，我并不十分注意他所提供的论证，我最受感动的还是他的人格，他的青年的热情，他的饱满而活跃的精神。他之出现于市集，在俄国人的生活中，特别是在俄国农村生活中，实在有很重大的意义。他使得一个纯商业的市集，一变而成为一个人民的学校，一个广大的公开讲演厅，使得人众并不减少当日在单纯的交易买卖中所感到的欢乐愉快。

他还不算这儿的唯一雄辩家哩。还有其他的人，用着别一种的题目，也在那儿雄辩滔滔，虽然取材广泛，但也颇能引动群众的注意。只在数丈以外，便又有一群人聚着，他们所听的完全是另外一回事，这在今天的俄罗斯已经很少听见的了。那是一个青年人在那儿宣传基督的福音，还是那一副神气，给托尔斯泰看见了，自然会得到热烈的欢迎，不过遇到了一般硬心肠的 Fundamentalists（指多数党人)，那就合该他倒霉了。他身材很高大，一部下垂的红胡须似乎从来没有见过剃刀或剪刀的面一样的。他的颧骨外露，满面制欲的神色，使得他那蓝色大眼中的一片红丝丝看得分外明显。

"不要依赖我们，公民们，"他说，"我们新派的正教是唾弃形式的。上帝不需要形式，他不需要圣像和蜡烛，他不需要牧师或教堂。基督并没有建筑寺院，不是吗？他就在荒野外，在田园中，在街市上作祷告。上帝，能够听到万方。他不需要留长发穿法衣的人来传达你们的祷告给他，他自己就能够听见你们的祷告。他常是这样的。他爱听你们的祷告，恰像一个母亲爱听她自己的孩子的声音一般。读圣经，公民们；只有圣经是值得信奉的，这是他颁给我们的，是基督和大预言家们颁给我们的。基督为我们牺牲了他的生命，公民们；为你我，为一切已死的人，为一切还没有降生到我们这罪恶世界上的人，而牺牲了他自己；因此我们应当信从他，信从他的教训，但不是信从我们的那些长头发的正教牧师，他们是靠了剥削我们的劳力而生存，他们恰像你我一样，都是人类世界中的罪人。关于上帝或基督，以及他的预言，都并没有什么神秘不可思议的。只有圣经能拯救我们，公民们，圣经，上帝的意旨，基督的福音能拯救我们，并且记着，他是为我们而死的，他说过，每个人必须营求各人自己的日食并帮助他的伙伴，决不要恨你的敌人，决不要强暴行事，决不要动武，决不要杀戮任何人类。这就是基督所说的，公民们，基督他自己说的，上帝自己的预言家说的。"

他是谁？他从什么地方来的？在俄罗斯，已经没有一家书店里有圣经卖，无论城乡，没有一个青年孩子不是绝对的无神论者——在这样一个地方，有什么东西推动他来宣传福音呢？我提出了这些问题，我的同伴只是耸肩摇头，他很少知道他。他是新到这镇上来的，他是从南方什么地方来的。他到各村漫游，尽可能地参加各地的市集，老是反复地讲着这一段旧话。有些人以为他只是一个普通的疯子；有些人说他是一个犹太人的儿子，在白党侵入他的本乡时，他的父亲被白党杀死了；他之投入基督正教的新派中去，只是想克制那难以遏止的复仇心。不管他是谁，他的声音里所含有的壮健，热烈，有戏剧意味的调子，却是使得笼罩在市集上的喧嚷嘈杂的声浪中，陡然又渗进了一股新的音波，因而更显出和谐而生动。

我们再向前走去。遍处都是人众群聚着，围着那些可以引起人们注意的事物——一处是一个精神沮丧的牧师，披着一件旧的罩衫，穿着一双破靴，正牵着一匹高额而又劣性的马求卖；又一处是一对男女在那儿破口对骂，吵闹不休，为的不过是五戈比的问题。女人向男人买了一只鸡，多付出了五戈比，但男人又不承认；又一处是一个衣衫褴褛满面尘污的赤足少年，被一个小贩捉住了，因为他在小贩那儿偷了苹果；又一处是一个青年在那儿热烈地斥骂那般赌徒、投机家和骗棍，他主张犯了这些事的人都只有罚他们去作苦工；又一处的情景，只有像戈戈耳的那样能够洞澈肺腑的锐利的眼和生动的笔，才能有相当的叙述。

有一个青年到集上来想寻一个新妇，那即是说，想买一个。你想他是怎样的一个人！他年纪很轻，不过二十五岁，面宽眼大，神气非常板滞，面部从来没有表情，仿佛他永远是随〈陷〉在一种很严重的沉思中似的。此时天气很热，然而他还戴着一顶白羊毛作的帽子，穿着一双皮靴，披着一件家制的毛织料的外褂，垂下的四摆非常之宽；并且仿佛这样还不够取暖似的，还有三件羊皮大褂叠着背在他的肩头，长袖儿便只是挂在外面摆着。他一只手握着一枝白杨木手杖，另一只手拿着一只满挂着花带的木环。倘使不是他在自己身上挂了许多妇女用的首饰，一般人看去还以为他是将自己当作货物陈列所的一个特别行商哩。想想看，一个人的胸前挂有十多串有光彩的大明珠，红色、紫色、绿色都有；两耳上垂着一副分量沉重的金环，臂上戴着银手钏，右手手指上更戴满了放光的金戒指，没有一个农民走他身边过而不停足伫望，惊诧，并且大笑起来的。他这样把他的家当摆出来，目的便在于诱动他那未来的新妇和丈母，使他们甘愿和他作成这一笔买卖。

他在集上慢踱着，终于看中了一个十四岁的女孩，这女孩正在帮着她的母亲卖黄瓜，黄瓜都堆在货摊上面的一方旧毡上。她赤着双足，穿着一件短衫；胸膛下陷，眼睛很美，面色端庄，长发辫垂在背后，这种模型的女孩，我们在俄国城乡中随时都可以看见的。他走近她的母亲身边，很率直地问她，是否他可以娶她的女儿作娇妻。女孩的母亲听见了这句问话，觉得非常可笑，便假意装作有几分同意的神气并给了他一个滑稽的回答。可是他便认为她已经同意，只要讲价钱好了。他兴奋得很，便说明他愿意送给她两件羊皮外褂，四只金戒指，和所有的串珠，来换取那女孩。

“现在请听我说，婶婶，”他说，“你不能够希望我把一切的东西都送给你，你能够吗？我还要留些东西给你的女儿，因为她是我的妻啦。”——刚说到这里，那女孩突然向他脸上掷来了一大把黄瓜皮把他的话打断了。四周的观众哄然大笑起来，可是他并没有发怒，只是用手将脸上的残水揩去了，并更走进一步，到了女孩的母亲面前——一个身材高大的，面部为日光炙红了，又很和善的妇人面前，去作进一步的谈判。

“听呀，婶婶，”他固执地说，“你为什么这样笨呢？我再多给你一只金戒指，五只金戒指，还可以加上许多绣带。咯，你的意思怎样？”

那母亲不作声。她将散［在］毡外的黄瓜拾起来聚在一堆。

“你的女儿爱我，我的天，她真的爱我！”他继续热情地说。他又取下帽子，指着自己的头发，“看呀，我还有卷发，黑色的卷发，看见么？摸摸看，八八(对老妇人之昵称)。”他的头几乎挨到了她的脸上。观众又哄然大笑。

“你说怎样呢？”他叫着，“我们来握手成交么？”

“你为什么不把你的靴子也献出来呢，你这笨货？”有人说。“你没有看见她的靴子连鞋底都没有了吗？”

他看了一看那妇人露在靴底外的赤足，又看看自己新油过的靴子，并大声道，“咯，见鬼，靴子也加上吧！我的天，这比任何商人能够给你的要多得多了！倘使你愿意，我这时立刻就脱下给你。要我脱么？”

这样一来，那女孩真忍耐不住了。她跳起来，拿了一条大黄瓜对着他的头掷去，把他的皮帽打落了；候他弯腰去拾取帽子的时候，她又拿了一条照头打去。观众都笑不可仰〈抑〉。

“滚回去，你这发痴的蠢才，”她锐声骂着，“我不愿嫁给你，你懂得么？你这肮脏的禽兽，我要杀死你。”她预备再用黄瓜打他，她的母亲将她的手捉住了，对她说黄瓜还要作更有益的用处的。

倘使不是女孩的母亲去叫来了一个戴红帽的警察，强迫那固执的求婚客离去并解散了群众，真不知道这件事会如何了结。

几点钟以后我又看见了他，他从一部货车背后偷看另一个女孩，那女孩正坐在一堆木料近傍，很高兴地摇幌〈晃〉着她的一双赤着的腿，吃着黑面包和香肠。

这儿算是俄罗斯最真实的原形了，展布在原始的混沌状态之中，毫没有时间的或精力的价值观念，对于这两者的浪费恰等于一个小丑浪费他的丑把戏一般。想想看，从僻远的乡村中来的农人，为了卖一只鸡、一袋蕃薯、一桶鸡蛋，或是买一点洋钉、一罐车油、一条马缰，却要花一整天甚至两天的工夫！这儿可以看出俄罗斯的生活力真是取之不尽用之不竭的，对于这种力量再加以适当的有目的的组织和训练，则俄罗斯的生产品定然可以独霸世界的市场；这儿可以看出俄国人爱谈话，爱赌咒，爱争闹，爱抱怨，爱事事追求哲理，也爱狂笑。这儿也可以看出，俄罗斯正在热切地痛苦地探索他的自觉和自我实现的途径哩。

第七章　群众之声

终于，星期日到了。我很早就起身。天气清朗，日光照耀得非常明亮。前一晚又下过雨，可是下得不大，街上的沟渠本来就没有枯竭过，此时更是一塘淤泥了。当我动身去探望亲朋的时候，牛羊猪马都已经赶到牧场上去了，一切都沉在寂静中，只有那些还没有熟识我的狗在那儿狂吠着。凡是我走过的地方，没有一家的狗不跳出来向我狂咬一阵，像我刚到的那天一样，瞪目露齿，满面一团杀气。

有几个我们本村和邻村的农人，驱着车很悠闲地从我身旁经过，他们的小车中都装满了稻草，前面还放了一两袋东西，无疑义地是麦了；他们带着这些麦是到镇上去换取他们所需用的东西的。麦已经变成我们农人的钱币了——他们干的一切买卖，他们纳租税，他们给女儿的奁资，一切的东西，他们拿麦作计算的单位，比拿钱作单位的要多得多。

当我在路上走着的时候，我不禁非常惊异，何以到礼拜堂去的人竟这样少呢？我又自己问自己，当初我们的那些虔敬的爱作祷告的农人变得怎样了呢？在我幼年村居的时代，每星期日农人都是争先恐后向礼拜堂走去的。大雨阻止不了他，风暴也阻止不了他。每年春季总有一两个或更多的人到吉也甫的（Pechorsky）等或其他有名的大寺院去参神。有一次，我记得，本省的大主教要从村里经过。在他到的几个星期以前，我们的农人为了预备迎奉的事，简直弄得像发狂一般的热烈兴奋——焙新鲜面包，买新鲜盐，市上最白的盐，抹洗陈设面包和盐的桌子，浆洗铺在桌上用的台布，为孩子缝新衣服，预备请那位“圣人”，用他的手将孩子触摸一下，为他们祝福，这样孩子便可以避祸免灾，脱去恶运。在往时，仅仅提到大主教这个字便可以使农人心中充满了敬慎与恐惧。

而现在，还是那同样的农人，可是甚至礼拜堂都不去了哩！我想起了查哈尔说过的，一些农人已经不信仰上帝了。这是真正确实的吗？这些当初非常虔敬且畏惧上帝的人竟已经变成了 Bezbozhnikv（无神论者），变成了反基督派的信徒了吗？当初人的一切罪恶与不幸，他们都要归咎于反基督派的人，说是这些人酿成的；而且他们曾经述说过许多可怕的故事，关于反基督派的诡谲和奸恶哩。

安东出来接待我，他是我的一个老朋友，他的译名就叫作“兔儿”。哈，他居然留了一大片胡须，盖在嘴上简直像一只口套一样。他是光头赤脚，穿着一条布裤，披着一件羊皮褂，已经破了几处，可以看出成块的黄色羊毛；他的柔软而放光的头发并没有减稀，只是在头中的根际有几分变成了灰色；眼睛还是像往时那样神光弈弈〈奕奕〉，眼下却生了许多纤细的皱纹；面部宽阔而丰满，仍留有当年的红润。他从衣袋里抓出了一把南瓜子送给我。南瓜子！这是俄国农民的糖果密〈蜜〉饯呀！我已经积满一袋了。往时我是多么喜欢他呵，我常时挨户到那些和善的邻居家中去搜索那可珍贵的瓜子，索到了的便都藏在胸前的衣袋里面。

他请我进屋里去。或许他是本村里最富的一家，苏维埃的办事人都叫他作 Koulack（意即悭吝的富人，近乎土豪之类）——可是他的生活情形并不比一般农人的有多少不同。鸡在屋内遍处啄着。在寝台下的屋角里睏着一口褐色小猪，直直地伸开四肢，发出极粗躁的酣声。粗制的地板上狼籍不堪，泥污和蕃薯皮遍地都是，还有从门外带进门来的肥料点缀在中间。小玻窗上满积了灰尘蝇矢，因而屋内更加阴暗，在神像上面的屋角里挂满了蛛网。

“告诉我，安东，”我们相互谈了一些各人本身并关涉到往事的话，接着我就问他，“我们的乡人为什么今天不到礼拜堂里去呢?”

他还没有来得及回答我，却是屋的那一角里陡然扑通一声传到了我们的耳鼓。这是他的妻，她刚刚悄悄地抱着一抱柴走进来，向灶旁地上掷去，所以有这响声。

“他们都变成恶人了，所以他们不再到礼拜堂里去了。”她非常生气似的说着。我转身向她问好，可是她似乎过于想着或恼恨着她的丈夫了，以致不暇旁顾，因为她并没有回答我的鞠躬。她是一个膂力狠强的妇人，面部露骨，嘴唇厚而有裂痕。

“唉，八八（对老妇人之昵称)，不要说些无意思的话，”安东斥责她，“大家工作劳苦，觉得疲倦，睡得又很迟，并且——”

她高声叱止了他的话，她表示极端反对，她的沉默的脸孔一变而成为狂怒的样子了。

“像这样说谎，你应当害羞，”她高声粗气地说，并向他冲去，“往时大家作工不是一样劳苦吗？然而星期日他们很少不到礼拜堂去的，除非他们是病了或是上镇去了。”

自然，她是对的，唉，说得多末有理由呵！安东竟敢于用这样浅薄的理由去解释他自己以及一般村人不信仰宗教的事实，我真的也只有惊异的分儿。他不作声，只是掉过头去，作出一种厌恶的面相，仿佛想抛开这令人生厌的问题的辩论似的。

“我说的不是确实的吗?”她用着极高度的粗声怒吼着，眼睛直钉着他，似乎堵〈赌〉着他不敢反对她的话样的。她的一双大手，色红、污秽而又拆裂，指甲长且脏，她拿来交叉在胸前，挺然毫无所畏惧似的。

“咯，我亲爱的，”她转身对我说，“有一天我到镇上去，在市场里听见一个农人说，我们应当把圣像毁掉，拿来丢到门外粪堆里去。想想看，一个农人说出这样的话来了！那禽兽呵！魔鬼会去挖他的心肝的!”

安东只是耸一耸肩头，可是她，似乎被他的这种轻视激怒了，冲到安东面前，举起一只拳头示威样地拟着他，他却很温和地将她的拳头推开了。

陡然我听见了一声孩子的嗤笑。这是安东的小儿子，他因为伤了风，正睡在灶坑上。我先没有注意到他，此时我向他望去，当我们两眼相遇的时候，他露齿作丑笑，仿佛非常高兴听他的父母间的争论似的。

(原书缺页)

“自然是没有的，”那孩子得胜似地高声说出来，“倘使真的有，为什么我直叫他的名字的时候，他不罚我变成哑子呢？”

我望着安东，只是觉得惊异。在往时，倘使一个儿子对父亲说出这样不敬的话，父亲必定会像一只野兽般狂怒起来，并且会毫无怜恤地将儿子拳打足踢，发泄他的恼恨。而现在呢，他只是聊以解嘲似地轻声说着：

“听他说呀，听他说呀！他老是像这样的。”

这是怎样的一种变迁呵，这是怎样的一种变迁呵！这是怎样一种巨大的划时代的变迁呵！

可是他的妻却不肯轻轻放过这件事情哩。

“你以为这是好顽的吧。”她狂叫起来。随着向四周一看，她抓起了一枝很重的木棒，便向孩子那一方冲过去。

“你再敢说一句吧，你这不信神的私生种，”她威胁他说，“我一定把你身上的每一根骨头都折断他！……你这瘟生鬼！……”

那孩子缩到角里去，拉了一件旧羊皮褂蒙在头上，还在那儿断续地嗤嗤发笑。

安东的妻一面怨谤着，诅咒着，预料着她自己的家庭，全村乃至全俄罗斯都一定会遭天谴，会因而毁灭，一面便在那儿安排桌凳，预备早飧。安东非常高兴停止这场争论，于是接着就问了许多关于个人的问题。他问，我结婚了没有？为什么没有呢？什么时候会结婚呢？我没有爱人么？那是怎样会有的事呢——一个人穿着这样阔气的衣裳却没有爱人？我在干什么事呢？我每月能赚多少钱呢？——无穷尽的一大套关于个人的问题。

早饭预备好了，我们便坐下吃起来。没有台布，没有刀叉，也没有饭巾。这是一顿不过分的很合卫生的早飧——连皮的蕃薯，瓦盆里面盛的酸牛奶，我们都用大木勺去喝，还有大块的黑面包。安东面前有一小堆粗盐，每次他撕下一小块面包，便放到里面去渍一渍。最后的一样是煎猪肉，是放在煎炒锅里拿到桌上来的，肉浮在油面上，还在那儿喷热气。我们每人轮流将自己的面包渍在油里面再拿出来吃。

当我们正在吃着谈着的时候，门开了，一个人鞠躬着走进来，脱帽向我们致敬礼。他的身材很高，胡须之黑真是我从来未见过的。他和我握手，问我是否还认识他。他的举止，他的言词，甚至他的胡须的修理法都似乎有些异样，有些身分颇高的神气。他的胡须周围修得很圆，像一只喇叭样从中间展开去，又像农民家常用的土窑罐一般。他的眼睛呈灰色，非常之大而又神采弈弈〈奕奕〉，牙齿洁白，极美观，语音非常圆熟。

“往时我做过了你的先生的，”他说，当我望着他，正在疑信参半的时候。我还没有来得及说出他的名字，那灶坑上的孩子却先叫出来了。原来他就是叶希甫，在家里的混名叫作“蕃薯”！他往时曾经是一个很用功的青年，读了许多

(原书缺页)

民中流传极广的古代打猎的故事，同时拿着一柄细齿的木梳替她的同伴在那儿扪虱子！叶希甫没有理会她们，立刻滔滔不绝地详述这果园的历史——这些树他是怎样弄来的，怎样犁土种植，怎样保护，怎样修理并灌溉。这儿是苹果、梨树、樱桃树；前面便是梅子和浆果，那是在俄国最好的种子。是的，有一株梨树——Americanka——美国种的，结了又大又甜而又多汁的梨子，全白色的，皮上没有一丝儿红迹。我在美国看见过这样的梨子么？他问。

真的，这是一个很可观的果园，我在美国所看见的最好的果园中，有几个还不及它哩。我很奇怪，我到此地的这几天中，在村里来回也踱过了许多次，何以竟没有看见过这处果园。这和其他农民所种的那些萎缩矮小的树比起来，真是相隔天渊，这也可以充分证明，农人只要有着适当的指导，他还是很有近代的科学的才能哩。我问他从什么地方学来的这样多的种植果物的知识，呵，他并不知道。有些观念是他在军队里的时候，随意翻阅的一些书籍上面得来了；还有些简直是他自己想出来的。不一刻，那胜利的光辉从他那明亮的眼睛中消失了，他很发愁似的说：

“你知道，我或许要把这些都斫掉他，全果园都不要了。”

我很吃惊地望着他。这句话似乎过于怯懦了！倘使他说他立刻会割断自己的喉管，我的吃惊的程度当也不过是这样。

“你看，在区苏维埃那儿，他们以为我是一个资本家哩，因为我造了一栋还可以住的房子并且培植了这座很好的果园。我听说他们正计划着要我纳一笔果园的特别税，二十金卢布。想想看，我还没有在这果园上赚到一个钱，并且也不想在最近几年靠它赚什么钱，因为还得几年才长得好，可是竟要纳二十金卢布的税哩！这便是俄罗斯立刻要到来的结果，我的朋友。一个人甚至一口饱饭都弄不到口，然而还是要被认为资本家或土豪，而且要担负不免使自己破产的重税。……你看见过我们农民种植的那些果树——生硬的，虫咬的，非常难看相的。这果园可以作他们的模范，我也非常愿意把我所有的一点智识供献给我的任何乡邻，帮助他们培植一座像我的一样或更好的果园。可是，倘使苏维埃逼我太甚了，哼，我一定把这些树都斫掉。我的天，我一定要这样干的，那末，让他们来向那些树

桩去收税吧！”

他的目光中显出怒火和决心，可是接着他又笑了，自己承认说话太过火了。他又用后悔的神气对我解释，他说我终于是一个客人，他用个人的困难问题来麻烦我，这是他的错误，请我一定原谅他——说这是他的一种蠢笨而暴躁的举动；只有在想起本地苏维埃办事不公平的时候，他才忘了形，发脾气。……后来他还是要我一定到他家里去会一会他的妻和孩子。

他的妻是一个小妇人，风态异常娟好，说的并不是本地的土话而是很雅驯的俄语。这显然可以看出她并不是我们本地人。她生长在瓦尔加河上的一个边远的省份里，不是农人的女儿，她的父亲是一个军官。她是非常开通的，做女儿的时候还进过学校，并且在国内也游历很多地方。她遇着叶希甫的时候，他正在军队里当兵；她的父亲非常恨农人，听说他的女儿要变成农人的妻子，他更是暴跳如雷，几乎要发疯了；然而她终于违背了父亲的意旨，毅然和叶希甫结婚了。她是一个多言好问的妇人，并且很懂世故人情，这是一般农妇所没有的。她提出了许多关于美国的问题。自然她听见过一些关于美国的事，读过一些美国的书，曼里得（Captain Maine Bead）、库泊尔（Cooper）和贾克伦敦（Jack London）的书，和《黑奴吁天录》（*Nucle Tom's Cabin*）。啊，那是多么伤心可怕的一部书呵！那不是真的吧，是吗？美国人对待黑奴并没有真的那样无心肝，是吗？Bozhe Moy（我的上帝），他们对待那可怜的老汤姆是多么惨无人道呵——比俄国地主对待农民还要残酷！……美国人的生活怎样呢？他们吃的什么呢？他们穿的什么呢？他们自己寻些什么开心呢？并且，她问，我是否愿意告诉她，美国的男子是否能令人一见倾心……即是说，是否有柔肠侠骨？……她一生都还没有，实在没有遇见一个美国人，虽然她常是想遇见一两个。……并且美国的女人美吗？她们像俄国的女人一样美吗？真的吗？她们是大呢，小呢，是白面金发的呢？抑还是全黑色一般的？她们穿得华丽呵，不是吗？她又说，她多么想知道美国最近流行的服饰呵！我能够送她一本时装册么？她甚至于听见说，美国居然有代替法国成为妇女时装之指导者的趋势哩！美国一定是多么不可思议的国家呵！……不像我们这龌龊的俄罗斯，此时……咳，此地的人早已忘记了世界上还有什么“时装”这回事了。……

此时她预备好了点心。假使和他们力争说我刚刚吃饱了的，这是一点用处也没有的；和一个俄国人争论吃的问题，十次定有十次输掉的。他无论如何结果总是要赢过你的，即令要他费一整天工夫，他都是在所不惜的。……他们的家世是很好的，所以有盘，有叉，有饭巾，还有许多为一般农民所不知道的食品——糖渍樱桃、桃、浆果、饼饵，自然还有茶，从 Samovar（暖茶壶）里倒出来盛在玻璃杯里面，完全和城市的所谓缙绅之家一般。……

叶希甫的幼子，喘息而汗流满面地，从街上跑进来了。他年约十七岁，举止间有些带女性，说话嗫嚅着。他非常容易红脸，特别在他笑的时候。他穿着一件黑色短罩衫，腰间系一条放亮的皮带，皮靴是新刷油的，靴腰笼到了膝头以上，皱折处满积着油迹。他也非常有兴趣于美国的问题，他请我告诉他，美国人是否也跳 Polka（波希来亚之一种舞）、Quadrille（四组舞）、Prokovyak（俄国舞）、Mazurka（波兰舞）或是其他任何俄国的舞？他们用的是哪一种音乐——像我用的手风琴和小鼓一样吗？美国有的是哪一种的女子呢？她们像农村女子一样美丽吗，她们的头发也编成短辫，并且系着头巾或戴着小帽吗？她们唱得好听么？唉，美国的女子也像俄国城市的女子一样剪掉了头发吗？真的吗？呸！他真不会喜欢这样的女子，村里别的孩子也决不会喜欢的。农村的女子敢剪掉辫子，真是该死！我们男孩子们不会有一个人对她说话的，除非把她当顽意儿去作弄她。……他又问我喜欢音乐么？喜欢跳舞么？又问我是否愿意去参加午后他们的跳舞会。倘使我去参加，那些男女孩们会是多么惊讶……他们非常想我把美国的舞跳给他们看。请问，愿意么？他对我说。……

后来，叶希甫从架上取下了一只手风琴，开始奏着一曲急促的调子。他的妻开口唱歌了，他的儿子也接着唱了，不一刻，三个人都唱起来了，伴着那乐器的柔音，一曲又一曲，简单，动人而充满了意义，音调大部份都是阴郁凄凉的。他们的歌声是没有经过训练的，可是他们的歌声中实在含有很浓厚的热情，很超越的友义〈谊〉，令人听了，一面感到慰藉，同时又频生烦恼。

接着一个身材短小的人走进来，这一幕歌剧便中止了。这人衣衫褴褛，赤着脚，布裤上沾满了汗雨的斑点，裤脚卷到了膝头，脚上糊满了褐色的干泥，好像穿着一双泥靴似的。他是一个头发留得很长的农人，一丛纷乱的胡须弯弯地向两旁分成两只尖角，他的手背上、颈上、耳上都盖满了黑色硬毛。他通知我说，农民们都在间壁稻场上集合了，他们要请我去，群众大会立刻要开始了。本来我不愿离去我这和善的主人和主妇，然而没有办法，只得向他们告辞，偕着那人走了。

听听农民在会议的形式中发表他们自己的意见，这机会终于给我寻到了。当我到农民家里或田中作简短的访问的时候，我已经和他们个别的谈过很多话了。可是我觉得，个人的意见不免是加上了个人善恶不同的色彩。我想，在一个群集中，人们似乎会比较更客观些，对于自己的说话会比较更谨慎些，因为不然便恐怕受人的指摘，说他的话是有偏见，以个人利益为出发点的。而且，我很想看看，农民是否会真的把“一切的事”都说出来，这是他们对我承应过的。……

农人们都已经围坐在场里的木堆上面，当我走进去的时候，他们都对我脱帽并和我握手。他们开始问我，又是关于美国的问题，这一个题目，在俄国无论是城乡，无论是哪一阶级的人，都是感到无穷的兴趣的。可是他们所问的并不是叶希甫的妻和子所关心的事，有些分量更重的问题占据了他们的心。美国有一个像俄国这样的苏维埃政府吗？没有？还没有吗？她什么时候才会有呢？永远不会有吗？真的不会有吗？那么，那只有共产党在那儿预言着，世界革命以后便都建立苏维埃政府，共产党知道的事竟这样少，甚至还不及我们这无知的农人……他们只有一宗高强的本领，那就是矜夸——有人这样说。咳，他们是怎样夸大呵——比一个跛脚新娘的母亲对新娘说谎还要坏些呀！好的，那末，美国有的是哪一种政府呢？有一个总统吗？总统是什么东西呢，他是谁呢，一个无产阶级的人抑是一个资本家呢？美国的捐税怎样，像俄国的一样高吗？物价呢？多少普特麦可以换一普特盐，多少鸡蛋换一磅火油呢？靴的价格怎样呢？……无穷尽的问题。……

“然而我推想，”那叫我来的身材短小的农民说，“你们美国有一个很好的政府，人民在那政府之下一定是安居乐业的。”

“你提的这个问题真可笑！”一个驼背的老人抢白说，他戴着一顶落了顶的草帽，靠在一枝多节的粗木枝上面，口中含着一节用黄纸卷好的粗烟，“倘使在那国里人民不能安居乐业，我们到美国去的那些孩子会留在那儿吗？”

“这是真的，对的，这是不能否认的。”另一个农人说，他有一大部褐色长须垂在胸前。

“无论如何，他们总比我们的日子过得好些，”那短小的人接着说，“他们寄包裹回来，却不是我们寄什么给他们哩。”

“唉，兄弟们，他们并不能都像这样寄东西回来呀，”伤心的法西耳说，他就是我刚到的那一天来向我探听两个儿子的消息的老法西耳，“他们有些已经忘记了他们曾经在我们这可怜的俄国住过的。他们已经忘记了他们的父母、妻子、儿女。他们从来没有寄一点什么给他们的家人，甚至一封信也没有——他们只是忙着自己过快活日子去了。花一分钟的时间来想想我们这儿可怜不幸的日子，他们都是不肯的呀！……”

场上挤满了人。他们是从村里各方面来的，从邻村里来的——还继续潮涌般地来着，几乎都是男人。木料堆上坐的地位都占满了。此时男人都立着，一层加一层地，大多数穿的都很坏，许多都是赤脚，有一些穿着泥污了的皮靴和木皮套鞋。都是一些粗暴而强悍的汉子，仿佛正在一种难耐的重压之下捱着苦生涯似的。这些汉子实在有着不可犯的势力，只是因为当初还没有懂得什么叫作统治或命令，所以罗曼诺夫皇朝得以在他们的血肉之上建立起他们那庞大的帝国。外表看来，都是些很驯服的人，可是倘使一旦他们觉悟了自己在世界上的地位的重要，倘使一旦觉悟了自己所能行使的权力，他们一怒便足以摇撼大地哩！

为了引起他们的讨论，我便偶然这样说了两句：

“看起来，现在俄国的情形并不很坏。……无论如何，你们大家吃的面包和蕃薯看来似乎是很够的啦。”

立在我右边的是一个身材高大的人，看去似乎非常蠢笨而不肯多说话的人。他戴着一顶很高的丝质帽，穿的却是一件破外衣，外衣上几个大洞露出里面很脏的汗衫来。这种不相称的怪样，看了真令人失笑。这顶帽子是他的一个亲戚在德国做俘虏的时候买来送给他的。他挺着胸，非常镇静的样子，两手笼在大衣的破袖子里面，眼睛几乎被突出的浓眉遮盖住了，表现的神气是动人的，伤心的，而且不吉祥的。

“俄罗斯正在沦亡哩，”他凄怆地嗫嚅着说，“正在沦亡，我说，正在沦亡。”

他的颤动的声音，听去似乎从远处传来的一样，再加上他的那种鬼怪样，令人觉得他的话实在隐含有一种非常不吉祥的意义，好像是一个魔鬼在那儿宣布恶咒一般。

“正在沦亡，真的，”另一个人重说一遍，声音更加严肃而凄凉，“亲爱的老乡，大的，最大的不幸已经降临在我们的头上了，我们这些穷苦的农人实在没有方法逃避这灾难。当我们有点东西出卖的时候，卖的东西不值一个钱。可是当我们不得不买一点东西的时候，甚至假设说，仅仅买一把钉子的时候，唉，兄弟，他们便要把我们身上的皮刮尽，把我们心里的血吸干啦！谁听见过的，二十，三十，甚至四十普特麦换一双靴？像我这样仅仅有一节沙金（俄亩）土地的人，一次的收成都不够换一双靴呵！”

接着，另一个人说：

“谈什么靴子呢？不理那见鬼的靴子吧。我们可以穿自己做的木皮套鞋，或是竟赤脚，现在我们有许多人都是这样过的。这还不算坏。我们这样弄惯了的。并且我们也不需要穿城市的时髦衣裳。我们的八八们（老妇人们）自己能够织布，并且能够替我们缝衫裤。不要火油我们也可以过得下去。Nichevo（不要紧）。夏天横竖我们可以早点睡，至若冬天——咯——我们可以照往日的，极老的旧法子，用柴火来代屋内的灯光。至若食品，一个农民吃不到青鱼，当然是很难过的。可是我们还耐得住。Nichevo，我们不要青鱼，也不要糖和饼饵，我们的生活都可以过得下去。我们不是地主，不是资本家。可是盐呢，我说，没有盐我们怎样能过日子呢？没有盐我们的女人怎样能烘面包呢？没有盐我们怎样能吃蕃薯呢？想想看，十普特麦才换得到一普特盐，在大战以前不过一普特换一普特呀！并且车油我们也是必须要的，否则我们的车便会非常容易坏掉。车已经都是非常破败的，因为自从大战以来，我们没有一个人有能力来买一部新车。是的，还有铁钉。没有铁钉和生铁，我们怎样能修整那破损了的器具呢？可是价钱那样高，我们竟买不起——盐买不起，车油也买不起，铁钉和生铁都买不起，什么东西都买不起，什么都买不起。……”

又有一个人说：

“往时的情形确是很坏。可是无论如何，我们总还有力量买盐、车油和火油，也能买一点青鱼，有时在星期日甚至还买得到一块白面包；是的，并且还可以买几枚姜饼。倘使你的马死了，死了就完了；那总算见了鬼！你把它拖到森林里面去，在那儿把皮剥下来，让它那残尸给豺狼野狗去饕餮吧。你回家去，着手想方法去再买一匹新马好了。你空下的时间可以到地主或是什么地方的林主（握有大森林的所有权的人）那儿去帮短工，这样你便可以赚点外水钱。你预备在圣诞节或复活节去买的靴子也不必买了。他〈你〉只穿木皮套鞋好了。你还可以向人家借一点钱。你倘使是一个诚实勤苦的人，你总可以借到钱的。Nichevo，无论如何，你总可以想法积起一笔钱去再买一匹马。可是现在呢，兄弟，哼，倘使你的马死了，那简直等于你自己死了一样。”

“对的，对的。”一群和声哄起来了。

接着又一个人说：

“你说马吧。往时在我们这一方的农人是从来不感到马的困难的。当时马的价钱便宜得很，谁都买得起；常时有这样的事，农人秋天干草的收成不好，便将马租给人家过冬天，若是有一匹小马，他多半把这小马牵到森林中去杀掉，把剥下来的皮去卖钱，因为一匹小马还没有马皮值钱——你可以想见马是何等便宜。牛也很不值钱，因为干草很稀贵，一个农人能够喂一头牛过冬天，那真是不容易的事呵。现在呢？唉，兄弟，试试去买一匹马或一头牛看看，恐怕把你自己出卖给什么资本家作多少年的奴隶才弄得到这一笔钱哩。这便是现在一天不如一天的情形。若是没有马和牛，一个农人怎样能过日子呢？蕃薯和面包都有，不错的，可是有时你还得要一点酸牛奶或是几片乳饼啦。……”

“现在的日子，我们穷苦的农人算是一点希望都没有了。我的天，真的没有了！倒不如挂一块石头在颈项上跳到河里去好了。”

“再也没有方法赚一个外水钱了。”

“真的是的。再没有地主和林主了。”

“他们把他们赶跑了，那些都是给赚外水钱的机会与我们的人咯。”

“呵，呵，呵，他们应允过我们多少东西呵！”

“机器、电气、新住屋、学校，一切的东西！”

“并且土地。”

“土地、土地、土地！呵，呵，呵！”

“‘打倒那班反革命的人，’他们说，‘你们便可以得到一切的东西！’”

“一次瘟症，那是他们给我们的！”

“不仅一次，足有半打呵！”

“现在倘使我们要一方木头，我们须得跑四五十里（Versts，俄里，约当华里两里，后仿此[①]）路，并且捡一根烂柴都得给钱。”

“只要他们至少把波兰地主的田庄分给了我们就好了！见鬼的什么机器和电汽，我们所要的是土地，他们却把这些土地变成了一个 Sovkhos（国营地）。”

“并且还弄了一个新地主来代替管理，一个红色地主。”

“要 Sovkhos 的是哪一些该下地狱的东西呢？”

“哪一些东西么？哼，就是正管理着 Sovkhos 的那些懒饭桶咯。”

“懒惰而且卑污。”

“上帝，多么卑污呵！”

“比旧地主更要卑污。当日倘使你的马跑进了一处草田而你又穷得很，你便可以到地主那儿求情，答应决不再让你的马窜进他的田里去，并求他让马跟你回去，不要罚他，这种请求，地主常是应允的，于是，你便吻一下他的手，骑着你的马回家去好了。现在呢，兄弟，倘使 Sovkhos 的那些流氓看见了你的马有一只脚踩在他们的地上，他们便要罚你五普特麦。”

“唉，还要十普特哩。”

“或者还要罚三天帮工。”

“还有罚五天的。”

“五个鬼凑死他们，那般丑禽兽！”

---

① 后仿此，即后文中的“里”均指“俄里”，与此处相同。——编者注

“并且他们要的租税差不多把我们的什么都榨取去了!”

“立刻，落在我们田上的每一点雨他们都会要抽税的呵。”

“并且我们呼吸的每一口气也都会要抽税呵。”

“唉，还有在我们耳边嗡嗡地飞着的小甲虫也都会要抽税的呵。”

“俄罗斯正在沦亡，正在沦亡。”

“正在沦亡，真的，正在沦亡。”许多声音哄起来。

何等丧气，何等失望的悲哀呵！何等的愤怒，何等的凄苦呵！然而在这一切的情绪之背影里并没有一点屈服的神气，毋宁说，他们充满了反抗的和挑战的精神，仿佛是人民察觉了，依据人类与自然的权力，本应该属于他们的东西，现在却给旁人骗去了，因而他们决不甘忍受这剥夺与欺骗似的。

“仅仅俄罗斯倒不会沦亡，不过俄罗斯有了像你们这样糊涂心肠的人民，那她是应当沦亡的；倘使我是上帝，我一定立刻放一把火将她烧成灰烬，让她寸草不留。凭上帝，我一定要——。”

群众怒吼着要打下说话的人，不许他继续说下去。他们似乎绝对不愿接受反对的意见，但是那说话的人还是向前冲去。他是一个短小精悍的人，年龄不过三十岁，一双放亮的蓝眼睛，两排发光的白牙齿，上唇上留着一撮微黄色的胡须。我很知道他，他的名字叫尼克孚（Nikifor)，他是村苏维埃的主席。他的两眼中满含着怒火。

“凭上帝，你们一定要听我说，”他雷轰一般地怒吼着，“不管你们愿不愿意!”

“听他说，听他说!”“滚开去！滚开!”“我们听够了你们的话，够到不能再容受了!”这些以及相类的声音在空中四播着，一句紧接一句。可是尼克孚只是猛力地摇着头，大声吼着，不管大家如何表示不愿，如何诋毁辱骂，他的话总是要大家听的。

“农人们，农人们！让他说，不然我们的美国朋友还以为我们怕他哩，给他看看，我们不是怕他的！给他看看！给他看看!”

这几句话得到了所愿望的效力。反对的声浪逐渐低下去，尼克孚的深沉的声音从下面卷绕而起了。

“你们常时怨望着，常时不满意这或那。现在你们又向租税下攻击了。你们不愿意苏维埃向你们征取一点什么。我猜想你们还想苏维埃每天早晨送一只烤猪给你们吃早飧哩。这儿是从美国来的一个人，一个在你们村里土生土长的孩子。问问他美国的农人是否也纳租税。”

“他们固然纳租税，”从木堆顶上发出来的怒声说，“他们是得到一些报酬的。我们得到的是什么呢？”

“我们得到了一场瘟病！”

“哼，不仅一场，实在有十二场哩，每个月都有一场新的。”

“他们曾经允许给我们一栋学校的房子，请问在哪儿？”

“是的，那房子在哪儿？”

“我们的孩子们一个整冬天都在街上乱跑，都变野了。”

尼克孚发狂似地挥着他的臂膊，要大家静下来。

“你们问，那房子在哪儿么？”他狂叫似地说，“你们敢问这句话么？你们敢么？苏维埃不曾把K村地主的私宅给了你们么？”

“是的，”有人回答说，“他们给了我们满藏着黄金的仙宫，可是我们须得跑到月亮里面去取才能到手哩。”

尼克孚向我投了有意义的一瞥，并且愤然摇着头。

“听他们，听他们说，”他说，“唉，你们这般无希望的东西呵，你们这般糊涂心肠，无道理的野兽！K村离此地不过十五里路，并且倘使你们大家齐心努力，不要一个礼拜，你们便可以把旧地主的那栋大房子搬到我们村里来，这样你们可有一座在俄国算是最讲究的学校房子了。你们为什么不去搬呢？你们为什么不去呢？”

“为什么我们应当去呢，我要问？”那短小驼背人说。

“是的，为什么我们应当去呢？”一群怒声哄然叫着。

“他们吸取我们的血汗，像现在这样不已经很够了吗？呵，呵，呵，那么滑稽的一回事呵！他们要我们纳税，纳了又纳，纳了又纳，可是结果竟不能代我们搬一栋做学校的房子到村里来。他们要我们去搬，可是我们为了要照料田里的收成，恐怕腐烂了，真是日夜不息地劳动着，哪里有空工夫呢？呵，呵，呵，多么刁狡的话呵！”

群众愤怒的情绪腾耀得很高。许多声音同时高叫起来，讥笑声、怒骂声、咀咒声，纷至沓来。可是尼克孚立刻又争得了群众的注意。

“你们不能希望苏维埃立时把一切的事都干好啦，经过了这多年，这累年不息的战争与破坏之后，他们给你们的那所房子可算是世界上最合用的一所校舍，你们在哪儿去找也只能有这样的学校，所要的只是你们费点麻烦去把它搬到应用的地方来，你们却不干，似乎你们恐怕一动手房子就会倒下来或许你们会跌死一般。再说那浴室又怎样呢？”尼克孚掉头对着我又说：“我不是替苏维埃辩护。我对于他们的错误行动，也和我的邻人一样，有着很大的忍耐心。可是听呀！当红军在这儿的时候，兵士们装置了一间浴室；后来他们预备开走，他们便把浴室中的大锅以及一切其他的用具都送给我们，只要我们愿意建立一间真正的公共浴室。我们召集大会讨论，一次又一次，最后才同意接受这种赠与。在红军没有开走以前，他们在一星期中规定了日期，允许我们去用他们的浴室。女人们很少敢于走近这个地方的。她们一生都没有到一间浴室里去过，她们以为里面会有鬼，她们去了一定又扼死她们的。仅仅有几个男人鼓着勇气跑去，我相信只有四个，有一个伤了风，于是谣言四起了，说浴室是一个顶危险的地方，那儿是很容易伤风的，整个的计划于是都破坏了。这儿的这些农人便是这样愚蠢无知的东西。"

好些个农人大笑起来。

"要那浴室见什么鬼，"有一个人说，"我们要的是土地！没有浴室我们还能过日子，没有土地我们怎能过日子呢？他们允许了把地主的土地分给我们的，为什么他们不办呢?"

"你们以为土地会跳上天去了么?"尼克孚高声回答说，"你们没有看见，在这儿附近的别的地主土地是怎样分给了农民的？忍耐一会儿，不久也要轮到我们这儿来的。"

"忍耐吗，你说?"一个人带着威吓的神气怒吼着。他是尼克孚自己的哥哥。他跳起来，猛力挥着臂膊，仿佛预备要打什么人似的，"你说的忍耐简直是见鬼！——候我们埋到坟坑里去了，你还会在那儿叫着忍耐哩！我们有些人已经没有几年好活了，我们没有再忍耐下去的时间了。"

这几句话在群众中赢得了很多的和声，好些个人都跳起来，猛力挥着他们的手，拼命地用各人的最高音叫喊着。他们曾辱骂并咀咒苏维埃和尼克孚，并且摇着他们紧握着的拳头指向尼克孚。我以为他们会打起来，便对几个最兴奋的人劝说，要他们平静下来，但是毫无效果。喧哗四起，一部份群众的怒气找到出路了。

尼克孚的面上发火似地绯红了。他的帽落到地上去了；汗衫的领口也松了；额上和眼皮下都冒出了一粒一粒的汗。他也挥着臂膊并叫着。他不是多数党人，可是他是一个很忠诚的革命党人，每日都在竭其全力为苏维埃效劳；今天听见了农民这样激烈地辱骂苏维埃，特别是当着我的面，当着一个美国考察者的面。群众喧嚷的声音略息，他还是喊叫着，他的声音忽而高，忽而低，非常飘逸而动听。

"我们这儿曾经遭受过什么样的一些困厄，你们这些愚蠢的脑子老是记不得，也懂不得的！告诉我，那该死的波兰人在这儿的时候，他们干了些什么事？他们替你们灌溉菜园并且耕田犁地么？当他们退却的时候，他们又干了些什么呢？他们在你们的路上播满了金银吗？你们忘记了他们是怎样偷你们的马、你们的牛、你们的猪、你们的谷，甚至你们日食的面包么？你们忘记了他们是怎样毁坏了桥梁、铁路、磨坊，他们是怎样在许多村里放火么？你们忘记了你们是怎样驱着几口救到了的牲畜逃到卑湿的小池那儿去，你们是怎么样日夜祷祝着，要红军来救你们逃出波兰人的野蛮压迫之下。这一切你们都忘记了吗，你们这般无道理的，不可理喻的东西？这还是不久以前的事，仅仅过了几年，不是吗？呵，你们怎样变得这样健忘，真是该诅咒呵！你们以为我们其他的敌人正在干什么呀——那当权的法国人、英国人、意大利人；是的，还有那美国人？并且还有我们自己的那些当死的白党？每个人愤恨我们，每个人都向我们放火，并且每个人都在那儿想法毁灭我们。我们在这资本家称雄的世界中没有一个朋友，真正没有一个朋友，而我们又是这样困穷，这样饥饿，这样褴褛，这样孱弱……虽则如此，我们还是挺身向前，和那般恶魔似的敌人对阵，迎头痛击，将他们驱逐出去，全部都驱逐了，那波兰人和其他的人。这不是苏维埃干的吗，这不是吗？当时你们不曾说过你们非常欢迎红军的归来？你们不曾说过，今后无论怎样你们总是拥护红军，你们决不再仇视他们，因为他们救你们逃出了那凶残的波兰人之血腥的铁腕吗？这一切你们都忘记了吗？只要想想这般野蛮种所干的那些破坏，他们所给予我们的损害！这便是我们之所以还感到一切东西都缺乏的原因，这便是一切东西之所以还是非常昂贵的原因，这便是你我之所以常常没有火油点灯的原因……可是，等着吧——。”

他的哥哥又打断了他的话头，可是他不理会，还是继续说下去。

“你们又抱怨，说你们要跑四五十里路才弄得到木材。这是谁的过错呢？告诉我，这不是你们的过错是谁的错呢？为什么你们把邻近的森林都斫倒了？为什么你们不留一点预备明天用？咳，你们这般愚蠢又无道理的东西呵！你们每一个人都是想立刻把他所能抓到手的全部都抓回去，你们到了森林里好像猪到了蕃薯地里去了一样，只要看见了，便是一小枝也都是要斫去的。这样一来，结果怎样了呢？你们没有看见你们自己干的成绩吗？我们的河快要干死了，立刻我们会甚至连一个浸麻或是洗东西的地方都找不到哩。我们要一捆柴，恐怕得跑得更远更远的地方，在路上要走两三天都说不定哩。哼，设若不是苏维埃成立了，禁止你们乱伐森林，恐怕你们还得长途奔波到西伯利亚或者到月亮里面去找你们的木柴呵。”

群众愤激的情绪此时已经平息了。只起了一阵喃喃的低声，没有一个人出来高声答辩。只有那短小的驼子还是高声说着：

“无论如何俄罗斯是正在沦亡。空口说白话又有什么益处呢？”

尼克孚用手挥去了额头的汗，冷笑起来。

“对于奴隶们你又能有怎样的希望呢？”一会儿他又转向我。“没有自尊心，没有战斗力的人们又能有怎样的希望呢？他们所愿望的只是苏维埃给与他们一切。他们真是无希望的，这般老年的人们，我时常对他们这样说的，可是一点用处也没有。他们一直到死都只有做奴隶，凭上帝说，他们真会是这样！”

农人们都笑他，并预言等到算账的那一天到来，他们一定要提醒他记起今天的话，啊，他们会怎样提醒他呵！

此时一阵手鼓的响声和少年的歌声传到了我们的耳鼓里。原来群立在一旁听着他们的父兄辈争论的一群孩子，此时很愉快似地奔到街上去了。尼克孚挽着我的臂膊，要我跟他一路去。立刻便有一列少年的队伍走我们面前经过，领头的是村音乐队——一面手鼓、一只手风琴——紧接着的便是女孩子。他们都是穿的休息日的衣衫，白色短衣，很洁净的小膝裙；有几个穿着大皮鞋，大多数都是赤脚。她们都是挽着臂膊一排排走着，把街都占满了。男孩子们也都穿着星期日的服装，紧接在女孩子的后面。他们都唱着一曲很悲壮的流传已久的俗歌，内容是说的一个戈萨克人杀死了一个吉卜西人，原因是吉卜西人要偷去戈萨克的爱人。……

在我看来，这真是一种美好而动人的情景，这样多的男孩和女孩，大部份都赤着脚，穿着洗得很干净的旧衣衫，脚步活泼而整齐，显然早已忘怀了，或是本来就没有关心那些终日盘旋在他们的父兄脑中的愁苦悲哀，都是很高兴地在那儿唱着舞着。这种情景令我也忘怀了那龌龊的泥污，那肮脏的茅屋，那终日悲叹着他们的命运不好的一大堆愁苦的人。终究，村里的贫困与失望还是掩不了一般的欢乐和愉快。

尼克孚似乎也变成了另样的一个人，脸上暴露着的青筋已经平伏了，眼中的怒火也消失了。他已经不是一个政治家、宣传家，向着人山人海的一堆群众发出一阵热烈的斥责之词的鼓动家，而是一个神采弈弈〈奕奕〉的孩子，用脚打着拍子，点头和着歌声——这正是俄国人所具有的一种能突变的特别性格，从极端的失望变成极端愉快，从发狂似的愤怒变成喜溢眉宇的欢乐。他用眼对我作示意的一瞬，并挽起我的手臂。接着昂起头，挺出胸，他高声和唱起来，挽着我加入少年的队伍走去。……

第八章 新青年

这些农村青年是多么不倦怠，多么活泼灵巧的跳舞家呵！整下午他们都跳舞着，舞了又舞，完全是他们自己的姿式，城市的人或外国的人是不懂得的。急剧的台步，错综的舞姿，充满了热情活气，亦颇匀正而秀美，令人看去非常愉快。他们跳着，踏着，旋转着，腾跃着，同时又高兴的叫着喊着。虽然在休息中间他们并不鄙视握手，并且公开地彼此拥抱着，没有一点忸怩狼狈的样子，可是在跳舞的时候，他们并不很亲近的拥着，只是挽着臂舞着。大多数的女孩都是赤脚，大多数的男孩都穿着钉有小马蹄铁的皮靴，然而没有一次闹出什么乱子来，没有一次有女孩子被踹的事。或者只有一次，那正是我这 Americanetz（美国人）被孩子们甘言说服，尝试和村里的头等跳舞家舞着一个美国式的二人舞的时候。……

在休息中间，他们便分成了许多小群，唱着，相扑着，彼此戏弄着。常时有一大群围绕着我，问我许多关于外国地方和外国人的问题。不时还有人提到俄国的政治问题。有一次，尼克孚问我对于那次群众大会的意见怎样。我只得直说，那实在是一场很激烈的争论。他大笑起来。他解释说，这还没有从前他遇着的那一次那样激烈。农民讨论搬移学校到村里来的那一次集会，我要是去参加了，便一定知道是怎样激烈的一场争论，他说。那一场舌战从白天继续到深夜，后来他的喉音几乎嘶哑了一个星期，便是低声细语都说不出来。无论如何农民是爱说话的，特别是现在，因为现在有了些可以激动他的事，有了些可以让他发泄他们的积怨旧恨的人。然而，这都是应该的。他叫我不要把这些情形看得太严重了。他们正学着了不少的东西，这些蠢笨的农民，他说。……

后来有人提议，要我在夜间偕他们一道去参加他们的 Nochleg（夜游）。他们一定替我预备一匹马和一件羊皮褂。只是——我肯睡在硬生生的光地上么？他们问。倘使不肯——好的——他们也愿意为我带一束稻草，让我的“资产阶级的”美国骨头有一块干燥的柔软的地方安放。

Nochleg 是什么呢？

在我们住的这一带地方，每当春夏季的夜间，农人们赶着他们的马到牧场上去过一整夜，这已经成了一种习俗，早已不知道是起源于何时代了。暮色四垂，日工完结，晚饭也已用过了的时候，每一家都有一个男孩或女孩，通常是没有结婚的——骑着马到村里大家选定的地方去集合，从那儿再一道到公共牧场上去，距离约有三四里路，在露天中和马群停留一整夜，这便叫作 Nochleg。

在寄居在美国的时期中，我的心常时迷恋着故乡儿时的生活，并且多次我想起了过 Nochleg 的愉快和兴奋，真不禁为之神往。对于青年人，这是多么一种开心的游乐呵！男女孩子们骑着马，唱着山歌，出发到牧场上去，到达以后便分成几群，去寻取木柴，架起一大堆山火。大家围绕着这火蛇般的狂焰坐着，谈着鬼怪的故事，歌唱着，跳舞着，赛跑着，做着游戏，讲着爱情，并且常时还去猎取豺狼哩。

自然我愿意参加 Nochleg 去，我告诉他们，也并不要带一束稻草。他们笑了，并且警告我，此时已经八月了，夜间露湿且寒冷，牧场上都像橡木一样硬哩。可是，好的——我横竖多半没有睡觉的机会的，他们说。他们要和我讨论一些问题，是可以弄得我全夜不睡的。他们有许多事要和我谈。他们当中有一些是参加了那天的群众会的，他们在那儿一句话也没有说，因为说也是无用的——他们说。咯，那些老人！他们是没有希望的，尼克孚是太乐观了。他们实在什么也没有学到，学到的只是发脾气。在“沙皇”的统治之下，他们受剥削，他们被压榨，可是他们决没有说过一句话。而现在，他们却高叫起来，说什么世界的末日到了。他们要立刻取得一切，或许这是因为他们感觉到了他们的年事已高，嗅着了死神到临的气味。……可是青年人是完全两样的。他们有着生活的前途在前面，他们可以等待他们的时间到来。进步很慢，对于他们是没有什么大关系的。自然并不是他们都有了阶级觉悟并受过了高等的教育。他们中间有些人，或许甚至是大多数，都仍旧固执着旧观念，保存着旧习惯，喝烧酒，甚至帮着酿造烧酒，稍遇刺激便破口乱骂，极下流的话都说得出来。可是有一些是曾经在红军里面服务过的，他们读过了一些书，听过了一些讲演，参加过了一些问题的讨论，看见过了这泥污的小村以外的世界上的事。他们有着他们自己的观念……许多观念。……在过 Nochleg 的这一夜可算是我们的世界，不会有老年人到那儿来打扰我们，一切问题我们可以详细地讨论一番。他们叫我千万不要以为青年和他的长辈是一样的愚拙落后，不要把这样的印像带回美国去。他们中间有些人是落后的，可是其他的……好的，我当然会看得出来的。

我准备参加 Nochleg 的消息很快就传遍满村了，没有一个我遇见的农人不对我谈几句这件事的。许多邻居都拥到我住的地方来送行，送我动身到牧场去。一个孩子给我送来了一件大领的羊皮袿，当我拿来围在身上的时候，旁观的人都大笑了。

“完全是一个体面的农人样子。”一个人带笑说着。

“他现在还缺的只是一双木皮套鞋。”另一人这样说。

“还缺一个十字架。”一个老妇人这样加上一句。

“把十字架放到一边去吧，八八。人们现在不再怕鬼了。”一个有胡须的农人和声说。

“我要说不是这样的!”那老妇很生气地退开去了，“他们自己立刻要变成鬼了!”

一个赤着脚的小孩跑进来，喘着气，通知我说他为我牵来了一匹马在门外，并说我的一伙同伴带口信说他们预备在某地方候我。我的这一伙大概是十二个青年，大多数都是在红军中服务过的。他们是村中的智识份子，是青年里面的领袖。他们当中有两个是特别在本村的政治生活中有地位的，一个名叫安多希，是一个少年共产党员。他是一个矮而壮的青年，一把卷发露在小帽的边外，像伞形一般覆着前额。另一个便是小法西耳，比安多希更年轻一两岁。他是一个态度很和蔼的青年，在本村中只有他读书最多，而且是一个有天才的演说家。虽然他是一个革命者，但他并没有加入共产党。他认为，要农民接受共产主义，不是多量的宣传，或强迫，或诱劝所能为力的。他和安多希常时非常激烈地争论着关于农民最后共产主义化的问题，可是他们是非常亲密的朋友。他们和其他一批所谓进步的青年便是本村革命的拥护者，主要的支持革命的人。

当我〈他〉引我和那一伙在那儿会合了的时候，安多希便提议我们立刻动身，他说当我们达到牧场的时候，其余的群众一定会准时追上我们的。

这是一个很娱人的夜晚。光彩焕发的满月低低地挂在天边，灿烂的星空没有一丝儿云影；亦没有剪剪的寒风；湿润的，清凉的空气温和地，爽快地扑着两颊；全部村舍几乎都没有灯光——农人们已经睡了，或许是在黑暗中坐着，因为没有力量买火油。狗不断地吠着，有时单个的，有时成群的，一种短促而锐利的吠声，不是有所惊惧而是一种食饱居安以后愉快的表示。从村的那一边起了一阵歌声，是女孩的声音，是一种低而悲哀的调子；唱歌的人愈走近，歌声便愈高而清晰。我们骑在无鞍的马背上缓缓地驰着；沿路水洼极多，马足不时要陷在里面，发出泼拉的响声。一队孩子匆促地追上了我们，紧紧地跟在后面，俯身向前倾听着，显然是不肯放过我们谈话的每一个学生的神气。

孩子们向我剖白了许多有趣味的事象——非常有趣味而又非常有意义的。他们当中没有一个人（便是最小的也不），再相信有什么鬼神，甚至连 Rusalkas（水神）也不相信了。以我儿时的经验看来，这种话似乎很不可靠。当时我们是多么害怕 Rusalkas 呵，一般人都认为这水神是常时在外面攫取小孩带回她所住的水底去的。在夏季，Rusalka 更多了。水神坐在围篱上，头发散披在肩上，红似火的眼睛灼灼地射出闪光，企图攫取过往的行人——我们的父母们看见过，这样对我们说；我们也似乎隐约地看见过一眼，因此我们也互相告语着。Rusalka 的这些故事都是胡说的，孩子们这样说，并且大笑起来。世界上没有 Rusalkas，没有 Domovoys（屋漏鬼），也没有别的什么妖神鬼怪。这一切的迷信都是牧师造出来的，那般牧师都是"沙皇"的走狗。他们把农民永远范围在无知之中，这样他们便可以不时跑来，洒点什么水在房子里，说是驱除了什么鬼，便可以藉此弄到一斗麦或是一篮鸡蛋。现在便是小孩们也不相信他们的那种恶魔的骇人故事了，只要去问问那最小的孩子，看他们是否还怀有此种信仰，便很容易叫我信任他们的话。神道邪说在本村中已经死去了，已经和地主，和旧政府的将军以及一切旧的恶势力走上了同一没落的道路。……

我问他们，青年人的道德是怎样的呢？自从革命以来，是否有点变动呢？没有变动，他们回答说。女孩们还是像她们的母亲和祖母那一样的拘谨。自然，一个男子可以和一个女孩开开顽笑，用臂去拥着她，握着她的手，吻她——可是只能吻她两额〈颊〉或颈项，决不能吻嘴唇，除非她是他的未婚妻。否则——哼——我们的女孩们是非常壮健的，她们的一拳甚至可以打得你流血，不过，男孩们也是很知道的，所以都是非常尊视女孩们的。男女两孩发生了恋爱，自然是会常在一处的。在 Nochleg 的时候，爱人们相互枕臂而卧，这是一种旧习俗，现在还是很盛行的；可是非礼的举动也还是和往时一样的极少发生，这当然是很容易了解的事，因为一个女子若是忍受了一个男子所加的非礼，这女子会是再倒霉也没有的了。那行了非礼的男子，即使是她的爱人，也多半会舍弃她的；于是再不会有人要她作妻了，除非或许有一两个可以看作她的祖父辈的老人来过问。女孩们知道这种情形，因而持身非常严谨。只有几年以前邻村中有一个女孩生了一个私生子，她恐怕旁人发现了，竟至将那婴儿扼死了，拿来埋在屋背后。……

青年人是否还是像往年那一样早婚呢？我问。是的，还是那样早婚，他们回答说。一个女孩到了二十二岁或更大的年龄还没有出嫁，便和往时一样着急伤心，或许还更厉害些，因为现在的女孩过多了，或者竟是男孩比从前更少了所致。

大战中抢〈枪〉杀了许多男孩，革命和传染症又结果了许多性命，因之女子特别过剩，男子由是而有恃无恐，强索奁资等现象便到处发生了。他们提出的奁资都是非常过分的——一匹马和一部车；两百普特麦；一大笔现金，两百甚至三百金卢布。一个女孩没有奁资，她便陷入极可怜的薄命地位了，她很少能够嫁给她所爱的人的。她竟能够嫁出去，那已经算运气好的了，还有机会选择对手吗？……是的，老处女还是被认为多余的一种人，自然有了阶级觉悟的革命党人是很了解并且同情于他们的这种困难的地位。农民当然还算非常落后的。奁资是一种恶习惯，是资产阶级的那种兽性的遗留，资产阶级之评议一切都是以利润为计算标准，虽恋爱亦并不能例外。废除这种习惯实在还需要今后更大的努力。……

少年共产党员怎样呢？我接着问。他们真的像老年农人所说的那样缺乏道德，那样放肆吗？他们哄然大笑了。哼，少年共产党员！在我们村里只有两个，周围各村里也没有很多；并且他们当中有几个是应当退隐到寺院里去的，因为他们的拘泥古怪，比任何和尚所梦想到的还要厉害些。他们有几个是反对接吻和跳舞的，说这都是资产阶级想出来腐化农民和无产阶级的手段。老年农人，特别是妇人，咀咒他们缺乏道德，只是因为他们反对牧师。……为什么村里的少年共产党人这样少呢？我又问。啊，反对他们的偏见太多了，父母们都不许自己的孩子加入，加入了的不时要受着鞭笞的威胁……此外，一个少年共产党员所应负的责任也太多了，有很多的会要参加，有极严格的纪律要遵守；纪律的执行更是毫不容情的，稍不遵守便要被开除党籍。……

接着我便把谈话引到宗教上面去。我已经听见过老年人对于这个问题的意见了，听听青年人发表对于这个值得争论的问题的意见，现在算是最好的时机了。这些革命的青年似乎都要一吐为快的样子。他们告诉我，女孩们对于教堂还是非常崇敬的，恰像他们的母亲们一样。自然她们不再像她们从前那样很规则地去做礼拜，奉行斋日的时候也不像从前那样认真了。可是也并不是每一个女孩都这样，在一切必要的时候，她们仍旧作祷告并在胸前画十字，并且当她们结婚的时候，她们坚持着要在教堂里行婚礼。她们恐怕，倘使不在牧师面前结婚，恶运一定要临头的；她们会没有小孩，或是她们会生产跛脚儿和怪物的。教堂内行婚礼的问题因此在村中掀起了不小的波浪。没有一个真正的革命家，特别是共产党员，还会要在牧师面前结婚的。在他看来，牧师就是旧日的一切黑暗与残酷势力的化身。就在不久以前，在邻村中有一个少年共产党员便闹了一次可怕的大乱子。他和一个没有受过很多教育的女孩发生了恋爱。在她心里，她是非常崇信教堂的；后来她认实了，在牧师面前结婚的事，她的爱人无论如何是不会同意的，她便赞成了采用在俗的一种婚仪，那便是在苏维埃里面行婚礼。接着麻烦便开始了。村中老年的妇人们便开始摇唇弄舌了，开始预言新妇会遭灾难的，她听见了这些毁谤，非常难过，竟至得了气恼症，有一次竟跑出去投水……幸亏朋友们看见了，救起来时她已经半死了。后来她生了一个小孩，一个非常健壮的孩子，很像他的父亲。老年妇人们的舌簧又鼓起来了，她们告诉这位青年的母亲，说小孩一定要送去施洗礼，否则小孩会得喉炎或出天花，立刻送命的。因此，有一天她便秘密地把小孩带到牧师那儿去施了洗礼。……后来她那少年共产党员的丈夫发现了这件事，他气得发狂了。他要去拘捕那些吉卜西的老女巫。他跑到她们家里去咒骂她们和她们的“小父亲”(神)。这对于他并不是一件关系很小的事。这不仅仅是说，他受了一种可怕的欺骗，他的妻无耻地破坏了他的信仰中的主要信条之一，他的党会开除他的党籍。而且，他从此成为社会中的笑柄了。牧师给与他妻的影响比他自己所给的还要大了。他想到了这些，实在忍受不住，他决意给与牧师一无情的打击。可是——就在第二天，当牧师去喂他的马的时候，他陡然倒地死了！上帝，那班革命家是怎样地大笑特笑呵！倘使是共产党死了，那些虔敬的农人会都说，这是上帝对于不敬神的人的惩罚。可是因为死的是牧师，所以他们竟不知怎样说的好。然而有些老妇人还是开始了一种流言，她们说有人用毒谋害了“小父亲”哩。……咯，女孩们真是落后得可怕呵，打破她们的旧信仰真是非常困难。可是男孩们就两样了；他们能够懂得许多事情。他们当中有许多都不再进教堂了，还有许多许多都取下了他们的十字架，抛到不知什么地方去了。在附近某村中，曾经有一群孩子聚集在田里，架起了一堆野火烧毁了他们的十字架。后来他们的父母痛打了他们一顿，预言魔鬼一定会扼死他们的。可是他们还活着在，这些孩子们，他们并没有遇见一点什么不幸的事哩。……在那村里有些老妇人不再到河里去洗澡了，她们说那条河是该咀咒的地方，因为这些犯天谴的孩子们在那里面游泳过的。

在附近某州的K村，一班革命的青年干了一件事，他们问我听见谈过没有。啊，那真是一件动人的痛快的事呵！K村有一座旧庙，庙里供着一尊不知什么神像。四乡的农民多年来都到那庙里去进香，因为他们迷信那位尊神确是住在那神座的地底下，听得见他们的祷告，能够赐福给他们。这是一座很驰名的尊神，香烛费、供奉费，每月收入数目实在可惊，管庙的和尚因之大发其财。……于是一班革命的青年决定揭穿这种弊端。他们决定开掘那神座下的古墓，证实给农民看，那儿并没有什么尊神。……四乡都震动了。老年人和牧师都预言，一切渎神的人，参加了掘墓的人，甚至旁观的人，都会遭受极严厉的天谴。可是革命的青年们并不因之而稍挫锐气。他们当中有一些曾经在红军中服务过，打过白党，是很不容易吓退的。有数百农人跑来想证实那些预言，可是一点什么怪事都没有发生。地并没有张开大口吞噬什么人，并没有人倒地急死，甚至天气都还是非常晴好的。掘墓的人只翻出了一些枯骨，却并不是人的骨头，不过是什么兽的骨头罢了……在此种情形之下，有些农人便细声聚语着，说神只是从地下遁去了，并说有一天，渎神的共产党人一定要遭受严厉的天谴的。

此时我们已经走到了村外，从此便上大路了。其他的人都已经赶上了我们，这一群人和声唱着一曲古代的恋歌，内容是讲的一个害痨病的男子在临死的时候向他的爱人诀别的故事。仿佛彼此心照了似的，我们都不再谈话，静聆着他们的悲歌。我的同伴中有一些随声和唱着，我只是静悄悄地向前趱行，凝视着前面洒遍了月光的田野，儿时的回忆一幕一幕隐现在我的脑际，无限的恋旧之情在我的心头回荡着，我几乎迷惘了。……

终于，我们到达了牧场，茫漠一片，绿水般的荡漾在眼前，一边围绕着一线曲折的溪流，溪流以外低垂着银灰色的浓雾，直接到天边。我们下马来，将挂在马颈上的小绳取下，把马的前脚系牢了，以免它们冲到犁过了的麦田里去。接着我们便整队走向一边山坡去，那儿地势起伏不平，还点缀着一丛一丛的灌木，男女孩子们便在此地度过他们的愉快的一夜。我们蹲到地下去，此时地面已经给晚露浸湿了。我问孩子们为什么不像我们往时一样架起一堆柴火来。他们回答说，并不需要火。此时已经没有豺狼了，用不着火来示威，而且附近也没有木材可作燃料了；森林都斫去了，确实的，我抬头展望的时候，那挺直高大的松柏和橡木都已经不见了，所有的不过是几丛灌木而已。

革命的青年都围绕着我，我们的谈话又开始了。我急于要听他们谈谈，革命对于村里，特别是对于他们自己的生活，有怎样的影响，使得他们的生活有多大的变迁。陡然，有一个人骑着马走来，我们的注意力都转移到他身上去了。不一会，只见一个青年农人，裹着一件大褂，穿着一双木皮套鞋，从一匹斑白的小马背上跳下来，向前对我们走来高声问好。孩子们都和他是朋友，便把他介绍给我。他的名字叫佩费耳（Pavel)，他是一个头发细长的青年，一双斜视的眼睛，满脸不高兴的神气。他住在二十里外的一个村里，因为有一件他认为是很重要的事情，他特来会我的。他说话的声音抖颤得非常厉害，这是一个人在苦难之中急切求解倒悬的一种表示。他问我是否能够带他到美国去，在革命以前他曾经到过美国的，现在他又想转去。他没有钱，他也不是美国人，甚至连护照也没有。

他挨着我躺在地上，我便问他为什么急切地要转去；他不愿意说话。他说，话谈起来实在太长了，太令人不高兴了，而且谈了于事情也不会有什么补益。可是革命的领袖们都鼓励他说，要他放心大胆地说。显然他们前此和他是会见过争论过的，他们准备再来大战一场。这实在是俄国革命党人最可钦佩的一种战斗的精神：他们在战斗中实在具有无上的勇气。遇着战斗，他们决没有退缩的时候，不论是舌战抑是剑战。世界上再没有比他们更勇于战争的了。

于是佩费耳的满腹牢骚都尽情倾吐了。他在美国侨居了好多年，在一家染料工厂里作工。这是一种非常残酷的，杀人不见血的工作；化学的毒气伤害了内部的心脏，他的健康便开始失去了。他饮食减少，夜间更常时失眠。而且他又过着一种可怕的寂寞生活。他的朋友很少；有的也不过是同厂作工的几个俄国人。他不能和美国人作朋友；他们不愿意和他混在一处，特别是女孩们。倘使他能够说得很好的英语，或许情形又不同一点。他尝试学习英文，很用功地在那儿学习。冬季他到夜校里去学习，可是他实在太疲倦了，夜间不能读书，他于是又不去上课了。他和他的朋友们相约看电影，逛游戏场去，然而那儿还是不能令他们满足。于是他们又赌博，酗酒，常时彼此大打起来。他在美国过的完全是一种不正当的生活，他真是万分不满意。他渴望着刺激，渴望着加入青年人的，特别是女子的，交际场里去，可是他在那儿为一切所摈弃，他成了一个被放逐了的孤人，一个多余的份子。……健康失去了，癖性变化了；于是他嫌恶自己并且嫌恶世界了。

后来革命发生了，多数党取得了政权。开始他还不了解他们，他以为他们不过是一股土匪罢了。……有一次在某处讲演会上他听见一个俄国人是这样讲的。可是当他接到了家里的信，告诉他说新政府很快就会将大地主的土地分给农民，他便决意立刻回来。他回到俄国的时候，他还有五百块美金。当时俄国什么人都不许藏有外国钱，他的五百块钱因此被没收了。这也没有什么了不起，横竖钱是不值什么的！他所要的是比钱更有生命力的东西，他要一个能求得生活并且能够愉快的机会。他满心储着热情和希望，……他到家了。他以为他可以取得土地，安家立业，结婚生子，从此过着和平舒服的日子了。唉，他是多么蠢呵，他是多么可笑的一个傻大瓜呵！他确是取得了土地——他村里地主的田地分给农人了——可是他分得的不过两节沙金（约五英亩），这样一小片土地他怎样够生活呢？倘使有机会到外面去做帮工赚点外水，情形也不会坏到这样。可是这种机会也没有，一点也没有。附近没有工厂也没有城市，任何种的雇佣工作都没有。真是鬼差遣他跑回故乡来的，他这样抱怨说。……为什么不起一阵大风暴，把他回来坐的那一只船打沉，让他葬身在大洋里的鱼腹中去呢？唉，在美国他有好的衣裤、皮鞋、汗衫、硬领、领结……晚上还可以自由自在地去休息顽耍。确实的，他没有朋友，可是不久他学好了英文，便可以交结很多了。他有那样好一间房，都是属于他自己的，有两扇大窗，有电灯；床上铺的很干净的被单。而现在呢——又穿起木皮套鞋了，又穿起褴褛的羊皮褂了，又和鸡鸭犬豕共居处了，又是迄无休息的劳役着了，这一切都是为的什么呢？他不知道，没有人能够为他解释明白。他现在陷入萎靡懈怠中了，实在没有超拔的希望……在俄国是没有希望的……无论如何是没有希望的。啊，他只要能够转回美国去那是多好啊！他真要唾弃俄罗斯……唾弃她一百万次……他愿意到染料工厂里去作工，愿意到矿山里，到兵工厂里，到任何地方去作工，他决不再有一句抱怨的话，即令寂寞到要死，他都能忍受。只要他能够过一点干净的自由的日子，只要前途有一点较好的希望，就好了。……

在我在俄罗斯和其他地方的漫游中，我遇见了有几个人，他们都是非常伤心失望的。佩费耳便是其中的一个。他不满意俄罗斯给与他的可怜的生活，不满意俄罗斯与外国的隔离，不满意俄罗斯忽视个人的欲望，这都是因为美国的生活在他的心里培养成了一种思想和欲望，这种思想和欲望是非常不容易克服的。我没有话安慰他。谁会有呢？除非俄国的革命党人，他们是除了革命的宗旨以外什么都不放在心上的。果然的，小法西耳和安多希以及其他的几个青年都争着立起来讲话了。他们叫佩费耳不要忘记了俄罗斯过去所遇到的可怕的命运，不要忘记了沙皇、牧师、官员等这一切毁灭俄罗斯的人。可是佩费耳不愿意听什么解释。他说，拿俄国和美国比较，这或许是错的。可是他怎样禁得住不这样比较呢？美国的人民的确在那儿生活着，他申辩说。他们的确在那儿作事，作些有益的事，时时刻刻都在那儿谋自己的进益，谋家庭的幸福，谋机器的改良，谋一切事物的进步，没有什么人干涉他，也没有政府干涉他。可是在俄罗斯，人民只知道怎样去破坏，去作傻事，去发怒生气。接着雄辩滔滔地，他把他认为应该指斥的事都讲出来了。他第一件指斥的是租税制度。从前租税对于农民真是一个可怕的梦魔一般！普通的农民都给租税弄得发昏了，他不知道他应该付多少，他亦不知道什么时候应该付给。他所有的一切东西都得纳税。一天，一个收税吏来了，收去了土地税。接着他又来了，要收牲口税。接着他又出现了，再要收的是人头税。弄到后来，竟至农民每次到门外看见了路上有不认识的人，便以为是收税吏来了。所以有时农民恨到了极点，便提起斧头将收税吏劈死，是毫不足怪的事了。诚然，现在政府只采用了一种单一税，可是这是多么要人性命的一种税呵！一个人兴家立业的机会都给这种单一税连根带叶铲尽了。……

“看看你们自己村里的铁匠店吧，”他接着高声说，“那位铁匠所受的那种待遇不是社会的耻辱吗？诚然，他不是一个熟练的机器匠，可是一只铁钉他是可以打的，一只犁头他是可以修的，一把镰刀他是可以磨的，他对于此地四周的农民是有很大的用处的。而现在呢？现在他的店是关门了，生意已经倒台了……风箱、铁砧、铁锤都生锈了，腐烂了；倘使本村的人要修什么东西，他们便得跑到多少多少里路以外去，冤枉花去他们自己的宝贵光阴和他们的马的时间。那么为的什么呢？因为俄罗斯的聪明的收税吏向他强迫征取一笔他力不能胜任的重税，现在他们又尝试向我们村里的铁匠干这同样的把戏了。就在昨天，我们的铁匠已经不肯替我修犁头了，他正着手收场不做了，他不愿将日夜辛苦所得的血汗完全送给政府去。现在这是怎样的一种租税制度呵！这种制度不仅破坏了工人谋生活的机会，并且把社会中最需要的作业都给倒闭了！"

安多希预备起身说话，可是佩费耳把他推开了。

"或者拿C村叶芬（Yefim）的事来说，"他继续说，"并且记着，叶芬是一个受过了教育的农人，是地方苏维埃的主席。他有一座磨坊，他们要他纳四十普特麦的税，实际这座磨坊几乎有一年没有作生意了，因为他没有钱去买木料修理。他请求县苏维埃将这项税额减少到十普特，因为他实际没有靠这座磨坊得到一点收入；同时，全村人民召集了一次群众大会，由大会签具了一封请求书，说磨坊久已不作生意，要求苏维埃将税额减到一个合理的数目。可是苏维埃并不理会这种请求，你们想叶芬怎样办呢？他把风磨拆下来，表示不再作生意了。他还能怎样办呢？任何人处在他那种地位又会怎样办呢？列宁自己又会怎样办呢？

现在你们苏维埃的主席老是对农民说，俄国一般物价之所以这样昂贵，是因为在大战和革命期间破坏得太厉害了。对的，好的。可是此时并没有战争了，而这种破坏事业并没有中止，这也有什么理由可说的么？社会上所需要的磨坊和铁匠店都给关门了，倒闭了，这不是破坏又是什么呢？还不只此哩。看看，苏维埃租借牧场给我们的那种办法，不是和疯狂的人干的把戏一样吗？呵，呵，呵，多么滑稽的一件事，多么滑稽的一件事呵！在美国，倘使有干着这样的蠢事的人，便一定会被送到疯人院里去，可是此地——。

"听着，在往时，一个农民付给地主七八块卢布便可以租得一方牧场，这方牧场上的草他当然是可以割取的，倘使上面有木材他也可以斫去。现在木材是不许动的，而所付的租价至少也和往时付的一样多。在往时，地主常是雇佣着一个守护牧场的人，他把水沟都疏得非常通透，有必要的地方还播下一些新的草子。而现在呢，小沟是淤塞的，一粒新的草子也不曾播种过。只要农民付钱，付钱，付钱，不仅付钱，还要他付出血哩，成升的血，就从他的心底里汲取出来的血哩；至若牧草怎样糟透，谁也不去理会的。他们也有一个管理牧场的人，可是他之不懂得牧场的情形犹如我不懂得天文一样，可是他是一个党员，一个共产党员，我们便只有让他三分，听他摆布。……还有呢，请看看，"他一气连说下去，不顾一切人的阻拦，“请看看他们卖木柴给我们的办法！从前一个人只要出五戈比就可以买得到一捆柴，一捆的大小不论，只要他的牲口能够拉多少就算多少一捆。而现在，要出十八戈比才买得到一捆柴。从前不论冬季夏季，什么时候要便可以什么时候去买。可是现在，在夏天你一根柴都不会买得到。他们夏天是不出卖的，到了冬季也只有某几天是卖柴的日子，并且不卖给个人，只卖给 Artels (劳动公社)。我们必须都加入斫柴的 Artels，可是倘使我的同社的人预备去买柴的时候，我的马陡然病了，我怎样办呢？那么，我是否只好不要柴火过冬，让自己冻死去呢？所以无怪乎农民要变成窃贼，乘着每一个可能的机会都要去偷取木柴呵。”

“可是这一切都是看到了的呀！”安多希雷轰般吼起来，“给我们时间——”

可是佩费耳不肯让他继续下去。

“而在这期间，”他厉声回复说，“我们的血都给榨取尽了。血都给榨尽了，我说。你们懂得么？想想看，送一个小孩的名字去登记要得多少时间！我的哥哥为了他的孩子登记的事足足花了两整天，而此时又正是割草的时候，天气也非常晴好，想想看。呵，这种俄国的官僚习气呵，这种受迟延，受生气，受麻烦人的习惯呵！并且他们给你的每一片纸，每一件公文，都得贴上印花；鬼知道他们想的什么鬼心事。……”

他坐下去了，燃了一枝纸烟狂吸着，仿佛并没有知道他自己在干什么似的。一班革命的青年都说话了，几个人同时说起来，彼此阻拦着，彼此纠正着。他们承认苏维埃的办事人是些蠢货，他们当中有一些甚至是酒鬼，是骗棍。可是党没有努力不顾一切地把这些东西排斥到苏维埃以外去吗？一个苏维埃办事人若是因受贿或送贿而被捕，他的性命便一个钱也不值了。倘使他是一个共产党员，便会不问情由就给枪决了。……现在的办事人——就是所谓官员的——是些什么人呢？是农民和无产阶级；他们受的教育很少，对于他们所担任的职务也没有受过特别的训练，因此，自然他们会干一些蠢事，并且常时还会作一些害人的事啦。可是此外党又能有什么办法呢？至若说税额过高了，是的，不过政府总得有点经费去维持咯。倘使俄罗斯没有遭波兰人、白党和捷克斯拉夫人那样无情的蹂躏和劫掠，大家的日子一定会比现在的过得好一点。而且，总得有些人肯牺牲一点，……俄国的进步若是没有牺牲是得不到的……可是不久人民一定也有收获的，一种很丰足的收获，他们前次从来没有得到过的一种大收获。俄国人必须有一点耐性才好。……

对于他们的辩解佩费耳没有作答复。他实在气愤到了极点，不能说话。他躺在草地上，四肢伸展着，凝望着天空，狂吸着纸烟。只有一次他说话了，说得很简短，他说这班革命青年们所作的解释适足以证明他所指斥的话都是对的，很显然地证实了他所说的，俄罗斯陷入了绝望的不堪的命运，国家和人民都是一点希望也没有了的啦。……他是一个真正的农民，他是惯于用物质的价值和个人的享乐作准尺，去估量世界的一切事物的；口头的辩论和抽象的理想都是不能满足他的。他的美国的生活经验只是更加强了他的这种不能满足的心情。像他这样的一个人，脑筋里面已经充满了美国的那种“向上”的观念，那种提高个人生活标准的观念，回到苏维埃的俄罗斯来，当然不能够有快活日子过，因为这儿是轻视纯粹的物质价值并且不理会个人的欲望的。无怪乎有许多到美国侨居过的俄国人，特别是农民，回到了俄国以后，都觉得似乎并不是回到了自己的家乡而是到了外国，因为这儿生活的方法和生活的观念都很快地令他们大失所望并且非常厌烦了。那些能够的，便赶紧跑转去了；那些不能够的，便只有留在这儿生气，咒骂，苦挨着。在俄国，我遇见了几十个佩费耳哩。……

革命的青年们并不准备停止这一场辩论。安多希和小法西耳两人都想把佩费耳引出来的不痛快的空气打破他。他们多方向我解释，并且再三表示歉意。他们的结论说，无论如何统治农民终究是非常困难的，请世界上最高明最热心办事的人来，遇着了俄国的农民，也会弄得一筹莫展垂头丧气的。俄国的农民是最不诚实，并且也最残暴的。可是有许多方面的事业，苏维埃确是成功了；只是佩费耳故意不去理会罢了。工人每天只作八小时的工作，这不是很可注意的事吗？便是美国工人的工作时间也还是八小时以上，他们不是吗？这是在最近一次会上一个作报告的人告诉他们的。并且工资而外，俄国的工人及其家族还可以免费得到医药的帮助。至若农民，现在握有的土地至少也够糊口啦。

“在往时，本村里谁曾看见过一张报纸的呢？”小法西耳用他那温和而又动听的声音继续说，“可是现在苏维埃经常送一份报给我们看，还有书籍杂志，因此这儿的居民便有机会知道外面的事，那有铁路，有工厂，有机器的地方的新闻都传送到乡村里来了。再想想军队里面的变迁呵！那简直是一件不可思议的事。在往时，一个兵士是一个什么呢？一个奴隶、一只狗，听凭酗酒的军官践踏的。在往时，一个农民去从军，他的母亲和姊妹以及许多亲眷都要围着他伤心痛哭，因为他会得很长的时期不能回来，三四年甚至七年之久。在旧日的军队里面，兵士受着怎样的待遇呢？每一次我听见我的父亲叙述当日他在军队中服役的情形，我的血都沸腾起来了。在沙皇统治之下，倘使一个兵士在火车站里想吸烟，第一步他得四周望一望，看那儿有没有军官，倘使有军官在那儿，他得像儿子求父亲一般，先要请得军官的允许才能吸烟。他没有权戴硬领和穿橡皮鞋。为什么？因为这是军官穿的戴的，一个兵士无论如何都没有权认为自己和军官是平等的，军官有特权干的事，兵士都是禁止去干的。除非有特别的允许，兵士是没有权进戏院的；就是经过了特许，他也只能坐在边厢里面，那儿是没有军官看得见他的。倘使兵士偶然要乘电车，他只能立在外面的平台上。为什么？因为车厢里面或许有军官坐着哩。美国的同志，告诉你，一个兵士得常时认为自己比一切人都卑下。一切的人，你知道吗，盗贼、酒鬼、杀人的凶犯，只要他有钱买头等的票，他便可以坐在车厢里面，便可以随意选坐戏院中的座位。可是一个兵士便老是只能坐在角落里，老是这样，像一个奴隶，一只狗一样。这便是旧日兵士的生活。可是现在呢？一个兵士是一个人，一个自由的人。没有军官敢侮辱兵士；倘使有一个军官打了兵士一下，他便立刻令被褫职，并且送到监狱里去。那种弄得人身麻脚酸的罚“立正”已经废止了，“老爷”、“大人”的称呼也没有了，现在都是“同志”了。普通的兵士和最高的司令官都是一样的“大”，一样的“老”。现在农村的孩子们去当兵，没有人再哭了。因为他去服兵役不过是很短的时期，在他的兵役期间，他的家庭还可以享受某几种特权，他们所担负的税额可以减少，并且他回来的时候又变成了一个受了教育的人。他能够读书写字了，他知道了马克思是什么样的一个人，马克思的主义是怎样的一回事；他懂得了阶级斗争，他相信革命；他恨资产阶级，他反对牧师，他知道工人或农民，不论他们是俄国人，是美国人或是中国人，都是自己的兄弟，决不应该相互战争，彼此杀戮。”

“革命对于农民，譬如说，对于我们自己村里的农民，还有其他的一些什么影响呢？”我问。

“是的，”小法西耳很热情地回答我说，“你在群众大会里听见过我们的农人说的话了。他们狂骂着苏维埃，咀咒着苏维埃，不是吗？并且没有人禁止他们。可是在往时，呵，呵，呵！——没有农民敢于轻轻地讲一句反对政府的话啦。”

“是的，”另一个青年和声说，“并且现在政府给还了农民入大学的优先权，恰像对于工人一样，学费当然是免收的，倘使他是穷苦的，连膳宿费都一概给免收了。”

“并且他自己在军队里面还可以求上进，”小法西耳继续热情地说，“我想你是知道的，我们俄国已经没有将军或元帅这一类的名称了。现在全部都是指挥——队指挥、团指挥、师指挥、全军的总指挥。并且一个农民，同志，只要他有干才，也可以升到最高的指挥地位。这便是革命的影响之一种，不是吗？”

“这是的，这是的。”几个人的声音热情地附和着。……我望着佩费耳，以为他对于小法西耳提供的证据一定有一篇严刻〈苛〉的讥评的，可是他还是静静地睡在那儿，凝视着天空。……

“只有一件事我们是缺乏的，”安多希带着忧愁的神气说，“我们缺乏‘专门技术’(technique)。唉，我们只要有美国那样的‘专门技术’就好了！我们一定要采用 tractor（田中用的新式自动机)、电力、打禾机和汽车。在我们前次的大会里，莫斯科派来作报告的人告诉我们，我们党的领袖们现在正用着全力在那儿研究‘机器化’的问题，因为没有‘机器化’，苏维埃国家是不能和资本主义国家竞争的。他并告诉我们，不久我们是可以实现‘机器化’的，可以作到像美国现有的这样一样好的。他说的话是对的。我们既然能够把波兰人、白党和一切外国的军队都驱逐出去了，我们当然也能够实现我们的‘机器化’的事业啦。”

他们信仰革命的热情掀动了他们对于事业的热望，安多希和小法西耳以及其他的几个青年便着手详细讨论他们所拟定的推进本村革命事业的计划。到了秋季，他们一定要把苏维埃给他们作学校的那一栋在 K 村的房子搬来。即令老年人坚决地反对，他们还是一定要办到的。那是一栋很大的房子，有许多很空的房间，这些房间可以用作图书馆、演剧院、教室、会场，那儿可以开大会，开讲演会，开辩论会。苏维埃和党部应允了从城里派讲演人来，派很有学识很开通的革命领袖来，这些人便可以告诉他们，莫斯科的领袖们正在努力企求实现的一些新计划是怎样怎样。他们一定要在本村中，甚至在妇女里面，掀起一股真正的革命精神，使她们脱离去教堂与牧师的影响，教给她们科学的知识。生活中一切有用的事物都是从科学上得来的，不是吗？这句话列宁说过了多次，并且每一次的大小会议中，演说的人都非常着重地说，我们最大的需要是在群众中普及科学知识。……美国之得以成就今天这样惊人的‘机器化’的事业，不是科学的力量吗？科学的知识普及到了群众中以后，俄国全国事业的‘机器化’便可以实现，……科学，科学真是苏维埃最大的希望，真是俄罗斯唯一的救星！……而且，一个人有了科学知识，他的心地便不会再像那样糊涂了；牧师、和尚、神巫以及一切走江湖的骗子都欺骗不了他了。……是的，科学会使得俄罗斯真正革命化，科学会给农民以舒服的住室，会给农民以耕地的机器，会供给住宅、仓库、街道、马路以电汽的设备。……确实的，在大会中，有一个莫斯科来的演说人向听众保证说，等到俄罗斯的电汽设置完备了以后，女人烘面包和洗衣裳都可以用电汽，农民打谷和斫树以及其他许多田庄上的农作都可以利用电力！唉，莫斯科的领袖们要特别快点建设电站才好呵；俄罗斯是多么迫切需要电站呵……革命的成功毫无疑义地实在就靠了电站的建立，并且电气化的实现，便是老年农民也将不再怨天尤人了。并且，将来——

突然我们听见了雷响般地拍拉一下击掌声，接着又是魔鬼狞笑似地高声一笑。原来是佩费耳，我们都转眼向他，静静地等候他说出对于这种突如其来的狞笑，或者毋宁说是苦笑的一种解释。

“呵，你们这班可笑的孩子，你们这班可笑的孩子，”他轻视地说着，并且又笑了，“你们谈着科学，还谈着 tractor，和汽车和电汽化。……”

“为什么你笑呢?”安多希严厉地问他。

“因为呀，”他带着揶揄的神气回答说，“听着你们自己骗自己，我觉得很好笑。‘机器化’，‘机器化’，……”他重复地说着，又是一阵冷笑。

“为什么不对呢?”女孩中有一个这样问着他。今天晚上这是女孩子的第一次说话，“我自己的父亲，他是咀咒革命的，就在昨天他还说，倘使苏维埃真的运输一些机器到村里来，那倒会是一件有益处的事哩。”

小法西耳和安多希都预备说话，但是佩费耳挥手把他们禁住了。他抬起身来作半坐着的一种姿势，把羊皮褂的领翻下去了，月光正映在他筋播着的面上，他靠近那女孩身边说：

“因为呀，Milaya（我的亲爱的)，我们是一个腐朽恶劣的民族，世界上最腐朽恶劣的一种民族。你们没有到俄国以外，或者甚至没有到本村以外去过的人，或许不能认实〈识〉这一点。可是我是到过了外国，稍稍知道了一点世界的事情的人。美国人并不是天使。她很残酷地杀着人，唉，真是残酷！可是她同时也建设，并且有很可惊人的建设。至若我们俄国人，我们只知道杀人，杀人的办法比世界上任何种人用的都更野蛮些。我们是一个懒惰的，不诚实的，兽性的民族，凭上帝说，我们真是这样的呵！对于我们，对于我们这不幸的国家，只有一种希望，唯一的一种希望，那便是希望在俄国的地面上发一次洪水，将一切的生物都淹死去，因为在俄罗斯地面上走的，爬的，飞的一切东西都是恶毒的，卑劣的，只知传布他们的那种可怕的毒菌到世界上的，所以这一切都应该毁灭去，一切的事物，一切的人。……然后，候这地面上再没有生物遗留了，再去请美国人带着他们的机器，他们的忠诚，他们的勤勉以及他们的天才来，在这地面上重行生殖人口，建立新的村落、城市、工厂、铁路。然后，这儿才会是一个新俄罗斯，一个健全的，快乐的俄罗斯，不过到了那时候，——唉!”他叹了一口气，作了一个手势，便把头放到地上去了，仿佛非常厌烦，不愿意再说下去了似的。……

安多希笑了，但并不是愉快的笑。他并不预备回答佩费耳的那一片悲恸的怨声，也没有旁人预备回答他，横竖回答也会是没有用处的；他们的话是不能医好佩费耳的心底的创伤，也不能解答他的那篇苦语怨言的含义的。……小法西耳老是那样温和的镇静的样儿，几次摇着他那美丽的圆头，瞬〈瞟〉我一眼，扑扑有声地敲着烟灰，并不时说着“是的，是的”，微笑着，仿佛只是觉得佩费耳的这种自贬的怒号非常有趣似的……或许他前次曾经听见过他的这种如泣如诉的说话，并且听见过多次的。这样的说话，在今天的俄罗斯和在俄皇时代的俄罗斯一样，我们是随时可以听得到的，因为老年的俄罗斯人的那种自贬自责的习惯没有失去，还没有失去，或许永远不会失去的呵。只有女孩们似乎有些被激动，有几分难过的样子。她们痴望着佩费耳，仿佛望着一个定了罪的人似的。

“带他回美国去吧。”小法西耳转身对我这样说。

“一个没落了的人呵，”安多希叹气说，“他不会看得见光明的。”

一个一个，男女孩子们都相将入睡了。可是我躺在地上醒着，我没有他们那样的习惯，不能在光的湿地上睡觉。而且我又充满了起伏着的思潮。在佩费耳的严格的申诉中确有很多是事实，便是那班革命的年青也不否认他所举出的那些事实——本地政府机关的不健全，不合理，无计划的破坏等等。可是这并不仅仅本地是这样。这儿不过是比较更厉害的一部份罢了。在我的漫游中，我经过了许多村镇，我所目睹的那种可怕的破坏的情形，比佩费耳所说的还更厉害。苏维埃和共产党的领袖也并不否认或掩饰这些事实。我在好几处和他们晤谈过，他们觉得为难的大概都是有干才的人材非常缺乏，以致新政府没有得力的人任治理的工作。旧政府没有培养这样的人材，新政府还没有时间来预备他们所需要［的］各项专门的人材。莫斯科出版的《真理报》(共产党的机关报)，每天都有很大的篇幅登载着许多信件和文字，那里面都是描写着和指斥着乡村和城市政府的种种破坏的政策。再看一看，政府和党部曾经用了多少方法——从开除党籍到处死刑——和官僚主义以及滥用职权等奋斗。自然一时不能使他们绝迹，因为他们为数颇不少啦。……

然而……

这班农村的革命青年的话就在我的脑海中荡漾着。科学、机器化、tractor、无神论、教育、文化、电汽化！这些在农村中完全是新字眼，在我们做孩子的时代是完全没有听见过的。我不禁联想起来，当日孩子们聚会在一道的时候，究竟谈的一些什么呢？自然，谈女孩子，谈跳舞，谈过节日的事，谈骑马，谈到森林和到市集上去旅行的情形，谈那些走江湖的小贩、吉卜西人和乞丐所讲的故事。外面的世界完全不与他们相干的。很少，极少看过报纸、书籍和杂志的。很少，极少到学校里去念书的，到专门学校里去的完全没有。他们照他们的父亲、祖父和高曾祖父一样的生活着，同样的生活在下流的，穷困的，愚昧的环境之中，没有志气，没有希望，没有能够鼓舞自己的刺激——所有的不过是那不知何时开始的一场“陡然得到了地主的土地”的幻梦。一年又一年，一代又一代，同样的单调，同样的劳苦，同样的愚昧无知。可是现在呢？他们的想象力被掀动了。他们很坦白的坚信着，革命的神秘的力量可以拯救世界永远脱离那穷困、不平等、忧愁的境地——永远不再有任何的罪恶，任何的苦难了。固然，或许有人说，他们还很少知道人类天性的邪恶；他们还没有想到那将来可以令他们陷入失望境地的种种势力；他们还年轻，对于人生对于世情还太那少经验。可是他们的心里确是充满了新的观念、新的思想、新的信仰。他们已经知道了在他们村外的一个世界。他们已经从包围着他们的那黑暗环境中觉醒过来了，他们急切地要求走上光明的道路。科学……机器化……tractor……无神论……教育……文化……电汽化……这些字像雷鸣般在我的耳鼓里震动着。……

第九章　妇女之声

农村中的男人是非常忧伤的，妇女却忧伤得更厉害。我说的是那些年长的妇女。这是因为妇女天然地比男子更暴躁，更不耐变迁，或只是更爱说话么？自然农村妇女生活所接触的世界，比农村男子接触的更狭隘，然而倘其内情实比男子的更复杂，更富于个人的内容。革命爆发以后，她们的世界开始动摇起来，她们或许比男子更害怕，因而她们绝望的哭声更响亮些。无论如何她们确是满心充塞了她们自己的那种失望的痛苦，在一次意外的情景之下，我竟听见了她们在那儿聚会一般倾吐着她们满心的积郁。

或许我不应当说是意外。在俄罗斯是没有什么意外的事的，特别是农村中个人的诉苦，那更不会是意外的事，因为在农村中的人们没有一个不是切盼着能够发泄他们内心的苦楚和积愤的。

往时我们的邻居中有一个叫乌里亚纳（Ulyana）的，我问我的表弟，这个妇人怎样了。他告诉我她的丈夫约在十年前就死了，她早已搬到Z村和她的姊姊同住去了，她的姊夫就住在那儿。Z村离我们村子约有十英里远近，星期一的早晨我从Nochleg回来以后便到Z村去看乌里亚纳。我到那儿的时候，村里非常静寂，只有几只狗在四处睏着，几个孩子在沿门耍着，还有几只从竹栏里逃出来的鹅傲然地在稻场中蹒跚地走着，呷呷地喧呶不已。年长的人显然地都已经到田中耕作去了。走一家门前过，我看见了一个小女孩，科头赤脚，坐在放在地上的一捆稻草上，正唱着歌逗弄着一个哭着的婴儿。我立住问她乌里亚纳住在什么地方。

我的声音吓着了她，她很快地向后退去，非常恐惧的样子，用一双小手臂护着那婴儿，仿佛恐怕我会想抢去她的小弟弟似的。我叫她不要怕，又抓了一把糖果给她，糖果是全世界孩子们的心的钥匙，自然在此地是也会生效力的。果然她笑了，并且立刻变得多话了。她告诉我乌里亚纳住在本村的那边尽头一家新盖了茅草的屋子里，门前的稻场中还有一株弯垂着的苹果树的。她又警告我，那儿有一只很凶的黑狗，我不要怕，只用手杖结实地打一顿好了，因为她到那儿去的时候老是这样作的。

那间屋子我很容易就找到了，一间普通的木架的茅屋，当街开着两扇小窗户。因为天气晴好，我没有希望会找得着有什么人在家里的。然而我还是试推着门。门是开着的，我便走进去。我高声叫乌里亚纳，可是没有回应；于是我便等着，等了好久，屋里的情景也给我看清楚了。神像就挂在桌子上面的屋角里，神像下面的墙上贴满了淡黄色的多数党的标语，内容都是反对宗教的。现在我们在农民家里时常可以看到这一类的标语的。桌面上抛满了面包屑和蕃薯皮，还有一滴一滴的酸牛奶，一群一群的苍蝇便在上面嗡然趱攘着。寝台上面乱抛着旧的被单和龌龊的草褥，黑泥土的地面隆洼不平，像年久失修的大路一般，各种烂片碎屑更是狼藉满地。有一线阳光从屋顶空隙中斜射到灶顶的横梁上，一群油壳虫很安静地在那儿曝日哩。这是一个充满了气味，没有人收拾的住屋，和我们这一带的普通农民的住屋完全不相上下。

我走出来，动身向着通到村外田野的大路上走去。走到了菜园傍边，我看见了一个老妇人跪在地上，用一把镰刀割着半枯了的蕃薯藤，口里还哼着一种催眠歌的调子。虽然我看不见她的面，我却知道她就是乌里亚纳。她已经七十多岁了，看去还是多么精壮呵！她挥着镰刀，非常有气力的样子，要是说她并没有那大的年纪，那是很可令人相信的。她没有听见我走近的声音，我靠在已经倾塌了的围篱边望着她。老乌里亚纳真好，往时她对我是多么仁慈多么爱护呵！我和别的孩子们，甚至和我的兄弟们，斗殴的时候，她是多么勇敢地多么卖气力地维护我呵！有一次，我抢了凶眼马哈尔——吉卜西马贼——的小女孩手上的一束罂粟花，那马贼挥着他的长皮鞭追我，狂吼着，乱咒着，要打死我。我便跑到乌里亚纳那儿去躲着，要她救我——这一次的事我真永远不会忘记呵！不知怎样她竟弄得马哈尔非常心平气和并且表示歉意，走的时候还吻她的手，叫她“小妈妈”哩。我动身到美国去的时候，曾经应允她，倘使我再回来，我一定带一条最上等的丝巾给她。这个约言我没有忘记，我动身回来的时候，已经预备好了的。

我叫她。她回头定眼看着我，把她那发颤的瘦手加在眼上遮住阳光审视着。她赤着脚，穿着那照例的有折的短裙，罩着一件布外衣，衣领像皱了的败叶般松披着。我告诉她我是谁，她立刻跳起来了，把镰刀抛掉，跑拢来拥抱着我，作出了一大络农民式的亲热样子。……怎样的一个客人呵，怎样的一个客人呵！这似乎多么难相信呵！从老远老远的美国跑来！她怎样来款待我呢？我要吃点什么呢——一个苹果、一只梨、一把南瓜子和葵瓜子？——她问着。我小的时候，老是偷偷地跑到隔壁的菜园里偷红萝卜和白萝卜的，我还记得么？好的，倘使我还喜欢这些东西，那么我现在看见了菜园里面还有的，我不会拿了么？请问，我不会了么？——她这样问。啊，Bozhe moy，怎样的一个客人呵！老乌里亚纳真好，老是那样和善，爽直！

我拿出丝巾给她——放光的丝巾，染的美国国旗那样的颜色。她把丝巾展开看，喜得流泪了。多么漂亮的一条头巾，多么美丽的一条头巾呵！并且她正需要这东西，她说，唉，多么急迫的需要呵——她这样老了，渐渐衰弱了，并且死期快到了！现在她的寿衣算办完全了，她戴着这条头巾睡在棺材里，看去会是多么美丽呵。她又拥抱我一次，用她的那生硬的手挥着老泪。……

不一刻，在附近菜园里作工的妇人和女孩们都到乌里亚纳家里来了，争问着这城里样子的客人是谁。在一方面看来，农人确是像小孩子一样，他们具有无限的好奇心，他们遇有机会，必须要立刻求得好奇心的满足，决不肯轻易放过的。“一位美国人，我们的一位同乡，”乌里亚纳很兴奋地高声回答她们，并且［请］她们到屋里就坐。她们进屋来了，都争先恐后地环绕着我，像孩子们在街上紧紧地围着外来的耍把戏的人一般，非常专心而且满怀着愉快的希望似的目不转瞬地望着我——妇人和女孩子，都穿着土制的裙和长袖阔领的毛线衫，赤着脚，一双一双的大脚都给湿泥沾污了。乌里亚纳拿头巾给她们看，并且带着非常高兴的神气告诉她们，说她要等到睡在棺材里面才肯戴这头巾哩。

她们向我发了许多问题，这些满心怀着热望的妇人和女孩子，恰像那些农人知道了我是从美国来的时候所表现的那种热望一样。他们对于我所谈的一些事物都随意加一些有趣味的批评。后来我给了她们一把糖果，这是农民认为奢侈品当中最奢侈的东西，因此大家更是哄然大笑了。接着有一个没了牙齿的老妇人走向我来，她的头和手都不住地发抖，两颊下陷成了一只空袋儿一般；她问我：“请告诉我，我亲爱的，美国的人也容许媳妇把她的老婆婆赶出门去吗？”

她的声音抖颤得很厉害，仿佛要哭了的样子。

我们大家都静默下来了，一团高兴立刻消失了。年长的妇人都摇着头，表示怜悯的意思，但没有作声。有什么话好说呢？俄国的农民看到他自己的骨肉，自己的父母，不能劳动了的时候，常是用这样的方法对付的——这是累代相传的残酷不仁的旧故事，大家有什么话好说呢？

“Babushka（小祖母），”一个女孩子说，“为什么你不到镇上去向苏维埃投诉呢？”

她现出一种呆相，用一双钝滞的眼睛钉着那女孩子，仿佛是说：“苏维埃怎样能帮助我，又有什么人能够帮助我呢？”停了好一会，因为她一时接不过气来。

“我怎样能够空手去呢？我甚至要带一只鸡蛋或是一块猪肉给苏维埃的人都没有。”

这几句话听去是多么古老，多么耳熟，多么悲伤动人呵！这几句话把旧俄罗斯贿赂公行的那种情景又活鲜地显在我的眼前了；当时的处世宝训是“欲取之，先与之”，在这种宝训之下，便是一个农民也都惯于干那贿赂官方以遂私图的把戏，自然这个老妇人会想到，要求得政府帮助自己便须先送一点贿赂给苏维埃的人才成啦。

“你并不必给他什么东西啦。”那女孩说明给她听。

“你还是不要想去送什么东西吧，”另一个女孩插进去说，“不然苏维埃的主席会把你监禁起来的。我的叔叔送他一罐牛油，他却罚他拘禁十天哩。”

“那万恶的流氓！”一个肥胖的妇人带着盛怒骂着。她是孕育在旧道德里面的妇人，所以她认为处罚送贿赂给官员的人，那完全是一种作伪。

“这只是那新主席才是那样严厉，”另一个妇人说，“他是一个可怕的正经东西，他们说——完全不像从前的那个，从前的那个你任便给他什么他都会接受的，干草、麦子、小鸡，甚至一坛家酿的烧酒都好。”

“这就是他们，我们的那些苏维埃，对付我们的办法，”乌里亚纳抱怨说，“和我们还能够讲交情的人，他们老是遣起走，却换一些生番一样的汉子来，这些东西是只知道吼人，骂人，处罚人的。”

此时那老妇人口张得很大，极力想说点什么，可是那些话仿佛在她的喉头粘牢了似的，她只得转身走过去了，咳得很厉害，她的头老是俯仰着，好像是安在弹簧上面的一样。她走过那如墙一般立在我们前面的谷仓后面去了以后，我们的谈话又继续起来了，不过此时谈的不是那些日常琐事，也不像开始那样儿戏了。我们此时转到了那在俄国人的心目中老是占着最高地位的题目上面；即是，革命的问题。

“你到俄国好久了?”亚哈巴问我。她是一个矮小的妇人，硬着颈项，瞎着一只眼，一张皱了的红脸皮，右颊上有一块内陷的疤痕，仿佛从里面咬去了一块肉似的。

“哈，只几个月。”我回答说。

“你现在还爱这个地方吗?”另外一个妇人问我，她名叫亚克山里亚，一个身材高大挺胸拔肚的妇人。她的眼光常是执着的，脸上布满了雀斑，看去仿佛盖上了一层褐色薄膜似的。

“倘使我是你呀，”亚哈巴又说话了，“倘使我是已经搬到别的国家去住了的呀，我决不会想再回到这该死的俄罗斯来的。这里真是一个该死的地方!”她用力地向着身旁的一堆蕃薯上面唾了一口。

“为什么你那样说呢?”我问她，很想看看她怎样回答我。

她作了一个手势，仿佛是说：“这是多么多余的一个问题呵!”

然而乌里亚纳不以她的话为然，所以她急忙解释说：“你知道，我亲爱的，我们大家在这儿都给弄昏了，像一尾鱼一样，一会儿捉起来，一会儿又放下水去，又捉，又放，一直弄到后来，这可怜的鱼竟不知道自己究竟是在水里抑是在陆上了!”

我要她们详细点讲给我听，于是像鸦噪一般四面八方都说起来了。

“现在呀，为了每一件小事，他们都拿监禁来威吓我们。”

我很不解这个人所说的小事是指的一些什么，可是不久我就懂得了。

“倘使你送一点礼物给苏维埃里面的什么人，不管是怎样少的一点，并且或许正是他所喜欢的东西，然而他们是要拘禁你的。”

“倘使你喝家酿的烧酒，他们是要拘禁你的。”

“倘使你打了你的孩子，他们便派一个调查员来查验并审问你一番，还要拿拘捕来威吓你。”

“倘使你夏季进森林里面去弄木柴，进去太深了，他们是要拘捕你的。”

“并且当你到苏维埃办公处去的时候，他们便开始问你一些问题，倘使他们不高兴你那样的说法，不高兴你用的字句，农民用的那种很粗俗的字句，他们是要骂你的并且要拿处罚来威吓你的。”

“我们这些愚蠢的农民怎样会知道说绅士先生们的话呢?我们都是在自己一窝里土生土长的，从来没有过过像地主过的那种好日子的。”

“拿我们的斋日来说吧，我爱的，”亚哈巴很郑重地说，“从前一个斋日就算是一个斋日。我们知道，星期三和星期五我们是规定不吃肉，不吃鸡蛋和牛奶制品的，我们就不吃他，决不吃的。而现在，那该死的共产党竟强迫我们承认吃斋是蠢事，我们当中竟也有些人不再吃斋了，也不怕来世的惩罚。”

“休息日也是一样地弄得不成形，”乌里亚纳带着失望的神气接着说，“旧教堂要我们用旧的仪式做礼拜，新教堂又要我们用新的仪式，牧师当中有些是拥护旧教堂的，有些又是赞助新教堂的，有些又不知道究竟是拥护谁或反对谁，有些又是对于新旧双方都是赞助的。农民也和牧师一样弄得莫名其妙，并且还昏得更厉害些。有些照旧仪式做礼拜，有些用新仪式，有些新旧并用，有些完全不用什么仪式了。因此，我们农民有什么办法呢？我们只有耸耸肩头，叹两口气，做做祷告求饶了。”

“做祷告！”亚哈巴带着讥诮的神气插入说，“做祷告！我们的男人有些好久都没有做祷告，连祷告词他们都完全忘掉了。”

这一段谈话活画出了此时宗教内部纷乱的状态，便是这一带往时非常虔敬的农民也都受了很大的影响。“活的教会”（*Living Church*，即新教）正在这一带极力拉拢信徒；可是他的努力不仅没有使群众得到了解，反尔令他们弄得满腹疑虑与惶惑。或许我在我们本村中所看见的那种不信神的情况，大体说来，是“活的教会”闯入的结果哩。

“而一班小伙子，”亚哈巴继续说，“非笑神像和牧师。他们竟变成这样无神无天了啦！”

“女孩们没有这样。”一个亮眼睛细头发的女孩子极力辩解似的说。

“倘使你们现在还没有，”亚哈巴仿佛决然断定了似的预言说，“你们立刻会这样的，恰像许多男孩子一般。少年共产党也会毁坏你那虔敬的灵魂的。他们把什么都毁坏了，那班小鬼。”

“那些作父亲的怎么样呢？”我问她们，因为我很清楚地记起了往时的事，当时作父亲的常是用拳和棒去强迫子女作种种无道理的服从的。

几个妇人哄然大笑，还带着一点讽刺的神气。

这样的事我竟不知道，还要提出来问吗？——她们笑我说。我不知道，革命已经破坏了旧时家庭的统一，父母对于孩子的威信也都打得粉碎了吗？

“父亲已经不再是父亲了。”

“母亲也不成其为母亲了。”

“孩子们可以随他们的高兴，要干什么就干什么。”

“他们不怕上帝，也不怕大人，对于上帝和长者都没有虔敬的心了。”

“唉，他们简直像是森林里面长成的野兽啦。”

“那么为什么把事实掩盖着呢？”亚哈巴抗争说，“那些作父亲的并不比少年共产党好呀。”

“你的话对的，亚哈巴。我的男人便在斋日吃猪肉，他也不到教堂里去了，他说他不怕什么来世的惩罚哩。”

这儿有的只是惶惑和绝望。不像男人一样，这些妇人所忧伤的多半还是关于精神方面的事物，关于肉体方面的很少。她们看见她们的旧风俗、旧道德、旧信仰，都给打得粉碎，踹到脚下消失了。在往时，什么农民会敢于怀疑上帝的存在，或是侮辱牧师和神像么（即令他心头是非常愤恨这两样东西的）？他的自己的亲族对于他的渎神会万分惊诧，他们或许会把他送交警察，以免魔鬼带恶运来伤害他们哩。而现在，谁愿意，谁便可以反对上帝和神像和牧师，不会有人来申斥这渎神的犯人的。在往时，谁曾听见过农民因送一种“礼物”给官员而被处罚的呢？农民在苏维埃办公室里用着他们自己的粗俗的语句，来表白他们的胸怀，为什么应该受责骂呢？他们自己喝着家酿的烧酒，为什么应该被禁止呢？这对于别人有什么害处呢？他们打他们自己的孩子，为什么应该受着处罚拘禁的威吓呢？这一切对于她们都是不可解的事物，这样新颖，这样奇特，破坏得这样可怕。在她们看来，革命所造成的不仅是一个罪恶的世界，而且实在是一个疯狂的世界，把一切她们认为是对的，神圣的，需要的事物都给破坏无余，而带给她们的并不是快乐和舒适，却是痛苦与悲伤。她们恨这个新世界，并且更加惧怕它。……

“你们为什么不告诉他一些关于租税的事呢？”亚克山尼亚忧郁似的提议说。

此时我预料着会有一个总爆发的，果然我没有失望。总爆发立刻实现了，声高而激烈，这班妇人恸哭着，怒号着，咒骂着，彼此拦阻着，同声高叫着，将她们满肚皮的牢骚都泄出来了。

“我们之所以弄成这样的褴褛相，便都是这些租税在那儿作怪。”

“他们像瘟神一样，把一切的东西都吞蚀了。”

“我们再买不起头巾，都只有像婴儿一般戴着这样的小帽儿。”

“我们什么东西都买不起了。”

“压发针都买不起。”

“念佛珠也买不起哩。”

“我们有些人都只有穿着这一身破衣衫爬进棺材去，到了阴间真会像一个告化子[①]呵！……”

“我们一定会得这样的结果的，我们甚至连一件合身的衣裳作寿衣的都没有啦。”

“农民的催命鬼，那就是他们，这些苛捐重税！”

“并且女孩们连带儿也都买不起了。”

“她们不再结辫子便是为的这个原故，所以她们也没有从前那样好看了。”

“她们不能很早就嫁出去也是为了这个原故。”

“还有完全不能出嫁的哩，她们有许多都是这样。”

有一个女孩老是在那儿想说话，但是都被别人的喧嚷压下去了；此时她说了：“我的哥哥说一切的东西很快都会便宜下来的，他说苏维埃正在划低各种用物的价格；倘使商人故意抬价，便拿来拘禁起来。”

亚哈巴冷笑了一声。

“你的哥哥！”她带着讥诮的神气说，“一个共产党！”

她们又迸发出了一大堆新鲜的投诉和责骂的言词。

当我听着妇人们说话的时候，我不禁惊讶女孩们何以那样恬静。她们没有一点发怒的样子。当她们的母亲们盛怒的时候，她们却彼此交头接耳地密语着，现出微笑，不时偷看着我。她们对于母亲们的诉苦喊冤，似乎完全没有关心，这是因为诉苦喊冤此时在她们听来已经是一段旧故事，而且再三重述更觉得单调寡味了吗？当然不是因为母亲们失去了饰物而她们并没有失去。终究她们是女孩儿，美丽的女孩儿，她们现在戴的那种难看的小婴儿帽，以及没有了绣带结的发辫垂在背后，而只是散披在帽边下头的四周的乱蓬着的头发，使得她们的娇容减色，几乎像一朵烧焦了的玫瑰花一样。或者这是因为青年们天然就比较更健壮，更愉快，会更快地忘却他们的痛苦吗？或是因为革命的冒险与浪漫的热情，曾经掀动了城市青年的，同样也掀动了她们，她们乐于生活在这种新的刺激与兴奋之中，因而便不关心这些个人外貌的小节吗？

老年妇人的投诉已经逐渐减少，此时女孩们变得多话了。一个红脸蓝眼睛的胖女孩子大胆地问我：“美国的一个女孩出嫁得多少奁资呢？”

一个女孩竟敢于出口，这真是一个勇敢而又有趣的问题。我们，即女孩们和我，都笑了。然而奁资这个问题，读者是已经知道的，对于她们任何人都是一个严重的问题，决不是好笑的一件事。

---

① 方言，即叫化子。

“此地一个女孩子必须要多少奁资呢?”我反问她们。

“只要她的未婚夫能够从她的父亲身上榨得出多少便算多少。”乌里亚纳急忙地这样作了一个讽刺的回答。

“你看从前,”亚哈巴说, “倘使你给他一匹公牛,他真是满足得无可形容哩。”

“一匹公牛?一匹一岁大的小牛就尽够了。”

“或是一件羊皮褂。”

“我的姊姊,”一个很漂亮的女孩子说着,“是去年嫁的,我的父亲给了她的丈夫三百普特麦。”

“是的,”亚哈巴说, “所以你的父亲现在这样穷,都〈穷〉得你都嫁不出去了。”

我有点替这女孩子难为情,因为亚哈巴这样爽直地提出了她本身的问题。可是她一点也没有激怒的样子。她高抬起头笑着,仿佛谈到了自己的问题还觉得很愉快似的。

“看看她,”乌里亚纳接着说,“真漂亮,不是吗?这样好看的眼睛,这样可爱的头发,这样红的脸颊,恰像血一样红,并且她还是多么得力的一个做活的人呵!在本村里或是乡间任何地方都不会有比她更好的女孩子。从前的时候,那班求婚的青年围绕着她,会像一群苍蝇围着一只奶盆一样,而现在呢,很难有一个青年走近她身边的;即令会有走来的,若是他看见她的父亲太穷了,穷到不能给他一笔很大的奁资,他便立刻又走开了。”她把身躯更靠近了些,声音也放低了,仿佛要加重她的话的力量似的,她接着说,“她已经二十岁啦。”她的这种声调又动人,又娱人,我不禁笑了。

“还年轻。”我说。

她摇头表示不平的抗议。

“不很年轻了哩,老乡。在她这样大的年龄的时候,我已经是两个孩子的母亲了。”

“美国的女孩子多大的年龄出嫁呢?”另一个孩子问。

我想我会令她们大惊失色的;而且果然。

“有些到了三十岁还没有出嫁的。”我回答说。

一阵狂吼突破了宁静的空气,女孩们都高声喧嚷起来了。三十岁!在农村妇女看来,这真是一个可怕的大年纪。

“她们的父亲把她们养到这样大的年纪吗?”

“她们当中大多数是自己维持生活。”我解释说。

啊！女孩子自己维持生活——这真是新颖而又勇敢的事！

“咯，在你们国里，她们这样办得到，”那满脸雀斑的妇人说，“那儿的人民都是富足的。每个人都想到美国去便是为的这个原因。倘使我有够买船票的钱，我自己一定要到那儿去的。可是倘使一个农村的女孩子没有出嫁，她有什么办法呢？她自己父亲会毫不迟疑地将她赶到门外去的。”

“啊，”乌里亚纳带着伤心的样子点着头，“并且邻居会以为她是一个被驱逐了的浪女，会拿她开顽笑，会相率避开她哩。”

非常的确的！女孩不能出嫁认为是女孩个人的罪恶，这是过去最残酷不仁的坏风俗，革命还没有能够很快地完全扫除。她还是一个被驱逐了的浪女。对于她的父母，犹如对于她自己一样，她是一种负累，一种愁苦的泉源。农村当中命运最不幸的要算那些不能出嫁的妇人了。

“你还没有告诉我们，”一个女孩说，“美国一个女孩出嫁究竟要多少奁资？”

“你知道，”我说，“在美国多数的男孩子并不十分理会奁资的问题哩。”

女孩们彼此望了一眼，后来又望着我，嗤嗤地笑着，仿佛非常高兴似的。

“那儿才是你们应该去的地方，你们全体都去，”亚哈巴说，“在那儿，你们不要付什么给男孩子，他们还会给你们一笔嫁资哩。”

“他们会很快地给你们，那些痴孩子。”

女孩们又嗤嗤地笑起来了，彼此望了一眼，又半含羞似地望着我。原来世界上并不是每一处地方的女孩都得拿钱出来才配得到丈夫的——她们是因为发现了这件事才这样快活吗？

我们继续谈下去，女孩们和我，谈些琐碎的事，谈着美国的男女孩子们，他们的顽皮、他们的风情、他们的娱乐、他们的弱点。这屋的屋顶很低，好似古代的那种阴暗的炮台洞内一般，再加上墙壁似地谷仓拦在前面，因此有时有人说一两句特别俏皮的滑稽话，引起哄堂的大笑，那嗡然的回声竟久久不息。她们满肚皮里都是要说的话，好奇心以及天真烂漫的戏谑之情，这些高兴的，无多知识而有着神秘不可解的内心的女孩们，她们似乎非常不适宜于生活在这样龌龊、困穷、愚昧与悲苦的社会里面，犹如一个新生的婴儿不适宜于生活在黑暗的狱窟中一样。

老年的妇人们满面忧容，非常严肃地听着我们谈话，那板滞的面上没有一丝儿笑意。她们心中自然充满了冤愤，所以决不肯轻轻放过一个可以插入讥评的机会。后来她们把谈话的中心从女孩们身上移到她们自己身上了，于是又开始长篇大论非常坦白地申诉着她们的新愁旧恨了；不过此时不像前此那样暴躁，比较带了一点和平的精神。

“我猜想，”乌里亚纳开始道歉似地说，“你这次回到故乡来旅行，听见你的旧邻居日夜不停地抱怨着，你一定是非常不愉快的。可是我们有什么办法呢？我们都是年纪老了的妇人，无依无靠的，并且革命确是伤害了我们，我告诉你。你自己去看吧——这个苏维埃的革命给了我们什么呢？没有一样东西还是照旧的，休息日不成其为休息日，斋日不成其为斋日，父亲不成其为父亲，儿子也不成其为儿子。……”

“唉，并且婚礼也不成其为婚礼了。”

“真的不成，苏维埃现在居然一口烧酒也不许我们喝了。”

“并且举行婚礼或斋祭的时候，没有烧酒还成个什么样呢？”

真的，在农民看来，这成个什么样呢？这是一个很锋利的问题。婚筵中没有烧酒——真是一件未之前闻的事呵！没有碰杯，没有亲热的拥抱，没有狂饮当中无休止的畅谈，没有放声高歌，便没有超越的友情。这情景，在这些妇人看来，是一种最伤心的悲剧。她们再四思维，想不出别的什么理由，只觉得是苏维埃要把他们生活中所剩有的几许乐趣都给扑灭掉罢了。……

“只有鬼知道他们为什么不许我们喝家酿的烧酒。”亚哈巴抗声说。我不知道他们想着是什么原因，我便要她们告诉我。

“因为，”那共产党员的妹妹急忙回答说，“他们不愿意男人喝醉了去乱打他们的妻子。”

她们都哄笑起来。这样一个可笑的解释！——她们说。

“假使男人们无论如何是要打他们的妻子的呢？”那满脸雀斑的妇人质问那女孩子。

女孩没有回答。妇人们又哄笑了。

“我来告诉你为什么苏维埃不愿我们喝烧酒，”亚哈巴很有把握似地说，“我的老伴猜的是对的。他说苏维埃不愿我们用一点麦去造酒，这样他便可以多收一点税。”

太阳出得很高了，天气也渐渐觉得热起来了。从远处，突破寂静的空气，传来了一阵孩子们在附近丛林下顽耍的嘻笑声和羊群到河边去喝水时一路叫着的咩咩声。此时农人从田里回来了，驱车走过屋边，有的带着一捆草，有的一捆麦，有的一捆麻，像喷水机洒的水似的路上的涌满了。当他们走过屋旁的时候，都挥着手，高声问着好，接着又转身望几眼，显然是不解这些妇人正当做活的时候，何以竟聚在一道来谈话哩。亚哈巴抬眼望着天，并说，“谢谢上帝，太阳出来了，我们可以把我们的工事做好哪。”

她们散去，各人回到菜园中去了。我也向乌里亚纳告别，走向回家的大路去，心中不禁想起了许多事，便一路走一路沉思着。

在我寄居在故乡以及在俄罗斯各农村漫游着的时候，我屡次听见了农民的种种诉苦抱怨，便不禁更深一层地不赞成苏维埃，不赞成他们的政策和方法——曾经屡次是这样。我以为他们太轻率，太狠辣了。然而也就在这些场合中，我才完全认实了他们所从事的工作之伟大，这是前此我所不曾知道的——他们要在俄罗斯这样的一个地基上面建立起一个新的社会，而这俄罗斯，唉，这儿不仅一般人还通用着那笨拙的钩镰和连枷，并且民众还是非常原始的，愚昧的，极端缺乏道德观念的。他们甚至混沌到这步田地，将他们世代相传的丑恶行为都认作是正义与道德的主要原素，仿佛面包对于他们的健康那样相等的重要似的。这儿的人民都是沉溺在中世纪的糟粕之中的；任何人肩着这拯救他们于沉疴的巨大工作，他会不作出一些大错误来吗？或许苏维埃所作的错误超过了应分的程度，这谁又能说呢？

然而，在我悠闲地踱回本村的途中，回想起刚才听见的那些话，那些农妇很动人地向我表白的他们自己的命运，我非常受激动，激动我的还不是那些话的政治的和社会的意义而是它们的人类的，像戏剧一般感动人的意义。她们是那样心胸坦白的，肯说话的，而又是在无休止的劳动中那样憔悴了的，此时陡然被卷在一阵大风暴的浪涛里，把她们抛到一个新的，复杂的，并且是可怕的生活法式里面去。而更坏的还是这个革命使得她们感到了经济的困乏，从前她们知道享受的奢侈品，现在都得抛掉。没有头巾，没有缎带，没有压发针，没有珠子，没有火油，还常时没有盐。没有机会置备一套合身的寿衣。还能有比这更难过的事吗？并且还不只这样哩。她们的男人和孩子，特别是男孩子，都变得反对神像和上帝了。她们对于孩子的管理权已经打得粉碎了。打孩子成了一种犯罪的行为。喝一口烧酒也是犯罪的。送一种礼物给苏维埃办事人，也是犯罪的，即使你知道，如果不给酬劳他是不会替你办的。在苏维埃办事处用他们自己的那种粗俗的旧语调说话也是犯罪的。许多许多事情，一向都是他们很高兴很切望去做的，现在都成为犯罪的行为了。

这一切的目的是什么呢？为什么要有这一切未之前闻的改革呢？为什么要有这一切严格的禁令呢？倘使苏维埃不能给他们什么帮助，为什么不让他们自己去理自己的事，不加以干涉呢？她们不懂得也并不关心这些新出现的话语，什么将来的幸福，更优秀的种族，更高尚的文明，更进步的农村，更近代化的俄罗斯——这许多煽动革命的话语：科学、tractor、汽力自动机、电汽工厂，这许多能够激动革命的农村青年的字眼，在她们听来是毫无意义，而且还不高兴去听哩。她们一向是惯于专一想着自己，想着自己直接的需要和安适的。她们决不曾顾虑到较远的将来的事。她们估量生活的内容，所用的唯一的尺度是直接的满足。她们看不见她们旧生活方式和旧生活标准当中的一切丑恶卑劣的所在，也看不出苏维埃所宣传的新生活的优点与美点。她们看不出她们世界的前途的远大，而只是看见它正在纷崩离析，它的基础将近毁坏，并且她们自己都在将随入地狱的威吓之中。……

因此她们还有什么乐趣呢？还有什么一个较好的明天的希望呢？没有，真正没有。在革命所创造的那个世界里面没有她们容身的地方。虽然并不是她们的过错，可是她们已经被注定了，只能在痛苦失望之中度她们的余生；不然呢，咳！除非有什么力量能够阻止革命的进行，打退革命对于她们的那座旧社会的堡垒的袭击，或许还有别的希望。这是残酷的历史注定了的。

然而，我不能忘记那些女孩子。她们和她们的母亲们那样相反的——桃红的脸色，满面春风地那样高兴谐谑发笑，那样高兴唱歌跳舞，那样爱着生活和世界。她们的母亲们咒骂的时候她们都闹顽儿，母亲们伤心泪落，她们却大笑特笑哩。希望着并且信仰着明天的世界一定会像她们今天的精神这一样的快乐而光明，那么她们便是这种希望与信念的一种标记么？

第十章　红色地主

我们这一村和这一区是怎样的一个大世界呵。否，不是就地理的幅员来讲，自然也不是就物质的和文化的已成事业来立论的。还没有火车和汽车经过这一带阴暗的卑地。还没有工厂的哨声冲破这农村的岑寂。还没有任何种类的机器投射它的影儿横过这乡村的边境来。这儿之所以大是就它的人类经验的范围来讲的。固然，这儿住的是一堆普通的而没有特别阀阅的人民，他们说的也都是一种普通的语言，流传着的更是一些普通的民俗。然而，他们的悲哀，他们的负担，他们的希望，他们之企求慰安与救援，是多么复杂不同呵！

这儿的男人看见的前途只是注定了的死路一条，妇人察觉了她们的旧世界正在崩溃，因而既惧且怒地颤抖着。这儿的女孩们把她们四周的破坏与苦恼丝毫不放在心上，而只是任性地纵身于每天的娱乐消闲之中；她们像全世界的女孩们一般，专心致志于她们的跳舞和唱歌，追求着痴情和欢爱的风流艳事。这儿的男孩们勇敢而胆大，狂信着，执着一种新的情感、一种新的主义，切盼着建立新学校、新村落、新的俄罗斯、新的人种。这儿有恨有爱，有奋斗，有希望，有愁苦，有愉乐，有盛怒，有狂喜——总之，人类情感的全音阶都在这儿迸发了，燃起了。

这儿和农民共居处的还有红色地主、曼卡、叶琦、英雄们和俘虏们，他们的地位都是自己的经历造成的，他们的负累和希望也非他们的先辈所有的，然而他们也恰和农民一样，在出演于这低湿平原之上的人类戏剧中，他们也担任了一部份很出色的脚〈角〉色哩。他们是一些什么人，并且他们又代表着一些什么呢，这些大门以内的方外人，自己弟兄中的不相识者？

让他们的故事给他们自己说明吧。

在我去看他以前，关于他的话我听到很多了。实在的，因为我听了这样多关于他的话，以致我觉得若是我不去看看他，我此次故乡的旅行还不算完全的哩。

农人提到他的名字的时候，没有一个不切齿痛恨他的。他们叫他作红色地主，一个带有侮慢性的形容词，因为他是连着我们村田的那片大的实验国营地的管理人。

从前这片大田庄是属于一个波兰贵族的，累年以来，农民都切盼着他们有夺取这田庄来自己分用的一天。我们都会记得的，俄国的农民有生以来都是否认地主对于土地的所有权的，所有在俄罗斯大地主田庄的附近住着的农民，没有一个不是在那儿焦急地等待着，等待驱逐地主，大家分取土地的时候到来。革命发生的当时，我们的农民便亟亟于企求他们积年的梦想的实现。他们便邀聚了邻村的农民，一道去将地主的森林都斫倒了，全部的，连最后的一枝嫩枝都斫了，并且进行犁田的工作，因为他们相信每个人应该分得多少土地，是应该以他所能耕作的分量作标准的。突然，苏维埃下了一道命令，不许他们擅动地主的田庄，理由是政府决定拿来作一个 Sovkhos（政府经营的模范地）来经营。

我们的农民于是大怒了，特别是那些土地缺乏的农民。一切关于使生活更丰裕更快活的希望，在他们看来，都觉得是打得粉碎了。俄皇的统治和地主的统治告终了，新的公民自由的给予，各种依他们的利益而作成的改良计划的预约，对于他们都不觉得有什么好处。他们累年的一种愿望已经成空了，他们不会得到土地了。这的确太伤心。

再三再四，他们像孩子失了双亲的悲哭似的，带着那种动人的至情对我诉说，他们宁愿那波兰地主还在这儿，因为他是一个和善的人。他帮助穷人，有时给一袋谷或一捆草，有时给一堆柴或是借四五块金卢布的债。在他自己村里，他已经建立了一所学校，并且他正计划为本村的农民设一个免费的公共浴室，因为革命爆发以致没有实现。可是这 Sovkhos 的经理——唉，他是一个专制魔王！他决不肯给一点好处与任何人，他只知道努力榨取农人的罚金。倘使他们的一头牛、一匹马或是一口猪误踏进了政府的田里，那只有上帝来救他们！他一定要这牲口的主人赔偿很重的一笔损失，即是，替他做两三天的工，用锄头或镰刀，有时还要用马和犁头哩。决没有，从前决没有这样酷虐的惩罚来愚弄农民的。

而且这个该死的 Sovkhos 实际上又有点什么用处呢？他们说。它所有的土地并耕不完；有许多土地都荒着长野草，可是农民却局促在他们的祖宗遗下来的那一小片土地上捱生活。而且，Sovkhos 连自己都养不活。每年它要损失很大，政府便靠了征取农民的税去补偿它，许多许多袋的麦都这样给耗用了。所以不仅人民不能从 Sovkhos 取得什么利益，Sovkhos 反尔是人民一个重的负担，几百几千普特可宝贵的麦给白吃掉了。无怪农民要拿麦去酿烧酒哩。实在他们拿麦去酿酒比较拿去供给这个寄生的 Sovkhos 的浪费要合算得多。唉，他们是多么蠢，没有听信这田庄旧管人当日说的话，把这些房屋都给放火烧掉呵！果真他真这样干了，政府便会不得不把土地分给他们，像它在别地方办的一样，因为要政府重新建造新房屋作 Sovkhos 之用是不可能的。该咒的蠢货！——他们这样自己骂着悔恨着。

我觉得我们的农民在 Sovkhos 的经理手里吃了很大的亏，当我动身去看他的时候，我决意把农民所告诉我的这些事实，很直率地坦白地在他面前讲出来，并且毫不含糊地表示我对于他的此种刻薄行为的失望。有些农民甚至要我去叱责他，因为他们相信，从一个外来的人，一个美国的著作家的口里喊出来的叱责，或许可以纠正他的错误，叫他回到合道理的路上来的。

我走进他住的那间屋子的时候，他正坐在桌子旁边用一张粗纸慢慢地卷着纸烟，早飧的空盘子还在面前摆着。他是一个身材很高大的人，胸阔头大，腿部很粗。他的面部光滑而带红色，只有前额看去很憔悴，一条积满了尘土的深纹将额部分成了两半。眉毛浓黑，像触角一般伸张在一双放亮的深褐色眼睛上，下眼皮稍稍斜扯起，因而使他的眼珠的光芒更加锐利动人。他的眼光表现温和，平静而诚恳，使人的满腔愤慨也都烟消云散了。胡须看去有几个月没有修剪了，像他的头发一样灰色而又刚硬，横披着把他那宽阔的两颊和下颊都掩住了。他这个人看去既不严厉亦不和善，只是满面风尘，沉思寡言，仿佛一个身受了大创伤，历尽了千苦百难，切望着退处休息的一个人似的。

他请我坐下，用着那种所谓高等的俄罗斯人所用的客气接待我，甚至也不问我是否饿了就吩咐给我备早飧。我说明我已经吃过了，他却不听，他说在这样冷的早晨，一个人走了三里路，再吃一顿早飧应该是不困难的。接着我告诉他我是谁并且我访问的目的是什么。令我非常吃惊，他不仅不抱怨，反尔表示非常有兴趣于我所负的这种使命，他要我把我所听见的农民的怨声，关于他对他们的虐待，关于革命，关于苏维埃，或其他一切的什么，都很直率地告诉他。他带着一种和平的微笑向我保证说，无论我的话多么严刻，多么不客气，他是一点不会生气的。农民的这种悲苦实在是一个异常严重的问题，决不能因为恐怕伤害了个人的感情就忽视他的。

他这样意外诚恳而又满心愿意听取别人对于他自己的攻击，这倒令我为难起来；本来决定在我的说话里面要加进一些严厉的责备的，这时又不免动摇起来。终究，农民的怨声或许是太片面的了，我想。然而我还是尽可能地把他们的心理状态坦白地诚恳地在他面前展布出来了。他听着严肃地，静静地，直望着我的眼睛，甚至忘却了吸他新燃的那枝粗纸烟，对于我所说的那些并不好听的话也没有起什么反应，没有作手势，脸上也没有表情。他没有阻挠过一次，他没有插问过一次，只有当我在中间停顿的时候，他立刻便催促我继续说下去。再三提醒我，不要费丝毫心思去顾及他的感情或个人的尊严，要我忘记有他在旁边坐着听的事实。因此我滔滔不绝地说下去，一直到无话可说了才停止。接着，他立起身来，伸直了肩头，像兵士一样，又把胸脯挺出，请我随他一道出去。

我们沿着通到外村的一条弯曲的泥路走去，他非常兴奋地抽着纸烟。我继续谈着我对于乡村方面的许多变迁所发生的感想；可是他一点也没有注意我的话。他正在沉思着，似乎有些惶惑不安——他是不安于农民的那些刻毒的话所给与我，一个外国人，一个美国的新闻记者的一种不快意的印象吗？或是痛心于革命在农村中所遇到的种种悲剧的挫折吗？抑或是正考虑着准备给我一种答复，使我的心中不致遗留有什么对于革命成功的疑惧吗？只在我对他提出疑问的时候他才说话，他的回答也很简单且是不经意的样子，仿佛不愿意打断了他的思路似的。

此时我们走到了毗连邻村的一大片犁过了的田边停住了。他放眼在四周望了一遍，指着那田边新现的车的辙迹给我看并说：

“那么现在——这一大片田是属于 Sovkhos 的，为了省减本村的农民到村外田中去来的时间起见，我允许他们在此地我们的田里修起一条新路来，不过只有一条约束，就是叫他们不要赶牛或其他任何牲口走这条路上走，因为牲口会乱窜一阵，路旁的田地都会殃及，新路自然会没去，这样在播种以前我们便得又来修一次。现在你自己看看，他们是怎样履行他们的约言的!”——他指着一大片被牲口踏坏了的耕地给我看。“我之这样优待他们，完全是出自我自己的意思，并没有经过他们的什么要求的，而他们的报答竟是将这一片耕地的上下两头都完全踏坏了，实在上面那一头坏得更厉害些。可是让我们转身去呢，我还有些事物给你看哩。”

我们寻着原迹又走回住屋方面去。

“看看那些在四周傲然蹀躞着的鸡呀，”他说，指着在门前稻场上的一群鸡给我看，“我们的稻场和菜园都给弄得一塌糊涂，看见吗？这些鸡并不是我们的，他们是本村农民的。前面的那些猪在仓背后拱土掘草，看见吗？他们也不是我们的。”他说了一声对不住就抓起了一根粗棍棒跑向仓背后去，很生气地把猪都赶到路上去了。他转身又到我身边来，呼吸迫促，两颊绯红，他的平静的眼光中也激起怒火来了。

“有多少次了，你想想，”他带着盛怒继续说，“我要求这些农民把他们的猪和鸡都关在家里？咯——”他自己停着不说下去了，仿佛恐怕在盛怒之下，急不择言，会说出一些不聪明的有语病的话来似的。

他又请我跟着他走，这一次是向着我自己的村里这一方走的。我们走过一片卑湿的草场，土在我们的脚下嗖嗖作响，高的湿草生硬地擦在我们的腿上。我们走到了一条小溪边又停住了。他两臂叉在腰间，带着惊讶的神气望着溪的两岸，仿佛发现了他前此所未曾注意的什么怪事似的。接着他说话了，很伤心似地点着头，声音里面含着抑住的怒火：

“这儿有一架木桥的。两三天前还在这儿的，现在已经没有了。水当然不会把桥冲起走的；水现在浅得很啦。我知道这桥哪儿去了——总是哪个农民偷去当柴烧去了。现在我们又得去弄木料来再建一架〈座〉桥起来，不然我们的牲口便不能过溪了；这样又得耽误一大批人的田里的工作，至少也得一天。无怪乎政府经营 Sovkhos 每年总是折本呵。可是——Nichevo，nichevo（不要紧，不要紧)!”

小溪很阔，跳不过去，所以我把鞋袜都脱了，他就穿着那双大靴子涉过去的。此时我们走到了一片很广扩〈阔〉的牧场近边，一大群红色和黑色的肥牛散着在那儿牧草。四周的农人都在干活，犁田，割麦，用手播肥料，用车装草。我们高音招呼他们，叫着“上帝帮助你”，他们更高声的回答是“谢谢你”，并转身用眼睛望着我们。后来我们走下了一个小谷，来到一大片金花菜地的近边，满地都挺着生气勃勃的高茎，茎头开着美丽的粉红色的鲜花，花瓣上还带着宿露，珠光点点，在碧海红波中，在晴空暖日之下，荡漾着，闪耀着，意外悦人心目。我们遵着一条小路沿着地边走去，来到了金花菜地的上边，这儿展开去约有半亩阔的草地被蹂躏了，蹂躏得很厉害，仿佛有一大群牛曾经在这儿牧草过似的。

“这个，”他指着那被践踏的草地说，“刚刚是昨天晚上发生的，我的守望人报告说这是你们村里来的马弄的，做这害人的事的，或许便是你的邻人哩。并且我知道这些马决不是偶窜到这里来的；你们村里的公共牧场是太远了。我毫无疑义地猜定是农人们自己把马赶到这儿来，吃了个饱才领回去的。我们从前在这儿捉到过他们的。现在让我们去看看我们的麦田吧。

麦子刚刚割好，一大队妇人和女孩子，都是赤着脚戴着小便帽的，正在那儿捆着，一边做活，一边还和声唱着山歌。我们立了好久，因为我要在这儿拍照，这件事令她们高兴得很，都一阵阵哄然大笑起来。后来她们围着我，急切地，兴奋地，狂喜地，要求我把刚才替她们照的相给她们看。当我告诉她们这还不成好，要到了莫斯科请照相馆冲晒出来才算是照好了的时候，她们显然是多么失望呵！我向她们告辞，便偕我的同伴走向麦田的那一面去，那儿的麦一捆一捆都给弄乱了。

他对我保证说：“这也是昨晚发生的事——至少有两大袋麦被邻近某村的马跑来完全毁坏了。

“现在请告诉我，”他恳切地问着我，声音很低，似乎悲恨交集的样子，“你以为，假使地主还管理着这座田庄的时候，农民会把小溪上的木桥取去，会任凭他们的牛马猪鸡窜到或赶到这些田地里来么？决不会！地主备着一根橡木棍使他们不敢越雷池一步，还畜着警犬卫士防候着他们，还规定有罚金和拘监的处罚威吓着他们。可是现在政府经营这田庄了，他们以为可以偷取劫夺，不会再有处罚的了。再三再四，农民对我这样说，‘经理同志，为什么你对我们这样严格呢？这并不是你的土地，是的吗？苏维埃横竖会给你薪水的；所以为什么你不让我们，你的邻居，从这田庄上得点好处呢？’你知道他们所说的‘好处’是什么意思么？乘着可能的机会攫取一切的东西，木料、器具、谷麦，一切的东西都好。”

“他们便是这样的一种家伙。不重视他人的劳动，不愿意和我们合作，使他们的生活更合理，更少遇一些困难。告诉你一句老实话，从前我们谁也不知道农民是这样厉害的一个败家精的，后来革命爆发，解除了他们的桎梏，让他们恢复了自由身，他们的真面目才给我们认实了。怎样和农民去相处？——这真是放在我们面前的许多困难问题中的重要的一个。……唉，来吧。”他似乎陡然记起什么了，这样叫着，并且牢牢地捉住我的臂膊，引我出了山谷；走得很快，我们静静地走上了一条起伏延绵的山边。当我们达到了山顶的时候，他立住了，转身向着太阳的那一面，用手遮在眉头，随着他像演剧般指给我看，那是一片白色的树桩，裸呈在日光之下，向前展望去，却化入地平线以内去了。

“望望那前面，”他忧愤交集似地说，“当初那是多么可爱的一座森林呵；都是杨树，那名贵的白杨树哩。当然你还记得它的，或许你也曾经和其他的孩子一般，到这儿来拾过地菌和浆果并还吸取过树汁吧。现在所剩的只是这些残桩了；这是农民斫去了的，完全斫了，最后的嫩枝都没有留下。请你看看这儿农村的四周，牛山濯濯地，看去是多么单调无意味呵。一片森林都没有了，现在农民要弄一点木柴，常时得走一两天的路去找；而最坏的是我们的小溪枯竭了，这更常是乡间的大不幸，像我们这一带以农业为主的地方，旱灾更是大劫数呵。”

我们立着的那地面的泥土是干的，所以我们便躺到草地上休息了。一阵微微的凉风拂过了我们的面颊，一群乌鸦在我们上面的天空中盘旋着，哇哇地叫得喧闹异常。

“当我的前任和我到这里来的时候，”他很严肃地说着，似乎在做忏悔的样子，“我们有勇气，有信仰，有热情。我们唯一的目的在促进农村的进步，提高农民的生活。我们把他们当自己的弟兄一样和他们谈着。我们是知道他们过去的一切的，我们知道他们在往时曾经受过何等残酷的虐待，我们宽恕了他们一切的错误行为。我们没有用处罚的办法对待他们，决没有。上帝是禁止用的！他们是我们的农民弟兄，愚昧的，不幸的并且是没有受过教育的。当我们发现了他们的马或牛或猪在我们的田地上的时候，我们给赶开，常是牵着或赶着送到他们的家里去，请他们以后当心照看着，不要再让这些牲口窜到我们的田地里去了。我们到附近的农村中去旅行，召集大会，举行辩论会，对他们解释，我们说，Sovkhos 的目的是在于帮助他们脱离过去一切困穷污浊的生活，又说，Sovkhos 是本区全体农民的一间大学校，并说，我们要在这儿举行各种于农民福利有关系的展览会、讲习班和讨论会。我们对他们就是这样说法的，我们要求他们和我们合作，不要看轻了我们的劳动以及我们劳动的结果，要把我们的看作他们自己的一样。唉，我们是多么忍耐多么宽恕呵！我们是怎样请求着劝导着呵！可是这于事情一点裨益都没有。一天过一天，马牛猪还是照旧窜进我们的田地，偷这偷那的农民还是照旧给我们捉到了。我们非常绝望，我们不知道怎样办才好。我们不能决心采用棍棒的办法，这似乎是太可怕了——用棍棒去对付我们自己的那些苦弟兄！我告诉你，我们真的心碎了，然而我们又不得不维持这个 Sovkhos，苏维埃派我们到此地来便是为的这个 Sovkhos 啦。最后我们看出仅仅靠字句的劝说是不能达到我们的目的的，因此我们不得不采用较严厉的方法；我们不得不借助于强迫与惩罚的力量。然而此地的农民还是在阴伺着，企图窃去我们所有的一切，木屑、铁片乃至一切用具等等。”

他停住了，用牙齿咬着下唇，很认真地在那儿侦察我，仿佛在那儿考虑我是否可以谈知心话的人似的；接着他又说下去：

“是的，我也可以老实对你说，第一点重要的是，我们的农民是贼骨头。现在请你不要惊讶或骇怪。我说这句话是很有来历的，因为我自己就是一个农民，我就是邻近 T 村的一个唱赞美诗人的儿子。这一带地方的农民我都是非常熟悉的，我重说一遍，他们是贼骨头。他们到了一家店铺里，便得好好地监视着，否则他们是很容易偷去一盒火柴、一包糖、一条青鱼、一袋烟，或许甚至一只小铁钉或是一段铁丝的。这一带的农民老是彼此偷着的；极细微的东西，可是他们还是要偷的。就在前一天，青天大白日的时候，我看见一个老头儿偷进他的邻居的稻场旁边，从麦堆上拉下了一捆燕麦就跑回家去，这捆麦便成为他的那匹瘦马的粮草了。像这样一类的事情天天都有得发生。当我做小孩的时候，我家里的人不是教给我去偷东西吗？没有一天晚上我不是乘着一支小艇偷到地主的池塘里去，割取一满篮给小牛吃的草料，再悄悄地跑回家去；我的父亲为这事常时称赞我，鼓励我再去偷，再去偷。自然这对于我们是一件必要的事。没有那偷来的草料，我们便养活不了一匹小牛，恰像别的农民没有从邻居偷来的那些捆麦便养活不了他们的马一样。呵，我知道使得我们的农人这样任性胡干的是贫穷。贫穷伤害了他们，减少了他们尊重别人的所有物的情感。了解我吧；我并不是咒他们是甘心堕落的人。呵，否，完全不是这样。贫穷和卑陋，同志，会迫使任何人去偷盗，去做更坏的事的。可是——这并没有减少我们的困难。我们得和这样的农民相处，这些农民像老狗一般都牢牢地保留着他们的那些旧的，奸谋和破坏的习惯。唉，我是多么想找出一种妙法，不要我说一句高声的话便可以使他们跳出这错误与罪恶的圈围以外呵。……”

此时有一个 Sovkhos 的副管事走来了，随着他的是一个中年的农人，赤着脚，裤脚卷起到了膝头。

“我们对于他的马怎样办呢？”那副管事问着，他的两肩很阔，衣衫很褴褛，可是态度是严峻的。“我们又在麦田里发现了它，这是第三次了。”

那农人现出绝望与屈服的神气，眼里噙着泪珠，看去似乎随时都会大哭出来的样子。他的低垂着的下额颤抖得非常厉害。

“这样的事决不会再发生的，我最亲爱的。”他用一种很卑微的哀求的调子说着。

“前次我们在谷仓旁边捉住了你的马的时候，你也是这样说的。”那副管事非常生气似地说。

“我赌咒，我最贵重的人，这样的事决不会再发生的。咯，让我的脚跌断，让我跌死，倘使——”

那经理做了个手势把他的话打断了。

“为什么你要像这样赌咒呢，老爹？”他怒叱他，“你为什么愿意自己碰着这样一些坏事呢？你不知道像这样赌咒是很粗鄙的吗？我们不愿意你的脚跌断，我们不愿意你跌死，我们不愿意你碰着一点像这样坏运气的事。你懂得吗？我们不像旧地主和旧官员那样，想寻一些借口来榨取你们的罚金。我们只要你不要让你的马窜到我们这儿来，免得它们糟踏了我们的谷麦。倘使我们的马践坏了你的麦田，你会觉得怎样呢，小祖宗？”

那农人愁苦似地摇着头，没有说什么——满面绯红，汗珠冒着，可以看出他一方面是愧悔，同时又在那儿悲叹着自己的孤立无援。

“让他把马牵回去吧。”经理对副管事这样说了，那农人对经理很谦卑地鞠躬了一下，很高兴地说着：

“谢谢，我的老爷！”

“什么？”经理叫了，仿佛有什么冒犯了他似地，“‘我的老爷’？谁是你的老爷？我对于你是怎样的一种老爷啦，告诉我？”那农人直眼望着那质问他的人，表示一种非常卑微的愧悔的神气。

“你知道么，”经理继续说，“俄国再没有老爷了，我们大家都是弟兄和同志？”

那农人呆子一般耸一耸肩膊，似乎疑信参半的样子。

“上帝知道，”他很谦卑地回答说，“现在我们俄罗斯行了一种什么样的新制度。我只是一个无知识的农人，我的说话行事都是这样无知识的。可是倘使我有冒犯了你的地方，请饶恕我吧。”

他走了，我们还是躺在草地上，日光照着我们，微风为我们送来了一阵清鲜的草气和蜜香，不时还有镰刀刈硬草的蚩蚩声以及农人工作时唱山歌的应和声，频频传来，异常悦耳。

“你看这个农民，”我的同伴继续对我谈了，“这样一种谦卑而又无法可想的神情。在一个什么有权力的人面前的时候，他们老是做出这种样子来的，我们的这些农民，我说的是这些老年的。唉，多么无希望的农奴呵！”他又停住了，望着空处凝想着，心不在焉地啮着一根草茎，似乎是在那儿想方法压服自己的愤气的样子，这是适才那老年农人的那种难堪的卑贱神气引起来的。

“ga（是的），”此时他又继续说，“那就是我们的农民，还是那样卑贱，那样不诚实，那样残忍。请告诉我，农民在世界上所有的朋友还有比他的马更好些的吗？他没有了马比没有了自己的手还更要无办法些；没有了手，他还有妻子儿女替他到田里去做活，可是没有了马便什么也不能作了。然而呀，你看他一时生了气，他会就手抓起一根棍棒，照着那可怜的兽兜头打去，一直要把棍棒打断了才放手；可是若是马给打病了或死了，他便又像小孩子所有的玩具都被偷了似的，到四处乱嚷乱哭起来。倘使有一只不认识的犬跑进了他家的稻场上去，他会去尽可能找出一块最大的石头照着那可怜的东西掷去的，对于他自己的狗，他也常是不惜用他的重靴去踢的。对于禽兽很少慈善的心肠；实际是完全没有。并且对于人类，他的慈善心肠也是很少的。你去偷了他一条黄瓜或一只萝卜，他是毫不迟疑地要用石头掷你的。你要是激怒了他，他报起仇来，会在夜间来放火烧你的房子，常是连他自己的以及许多别人的都烧了，这也不算希奇事。

“呵，是的，你听见旁人谈起从前L村发生的那件事吗？L村离此地只有二十里路远：有一天，一个农民从田里转身回家来吃了午饭，当他再出门到田里去的时候，他看见他的麦堆失火了。他扭着手，狂喊着，不知道怎样办。后来，那村里的牧羊人，一个年约十七岁的青年，提了一桶水跑进稻场里来，将水向正烧着的麦堆浇去，这农民便立刻怀疑放火的就是他，那牧羊人，此时提水跑来救火不过是掩饰他的阴谋罢了；他一句话也不问，一点也不想方法抑制一下自己的那种兽性的冲动，便跑回家去抓来了一把大刀，提起来就照着那牧羊人的下部刺去，这孩子当地就给杀死了。……并且你看过我们莫斯科出的像《真理报》这一类的报纸么？每天你都会看到许多关于农民杀人案件的审判消息。就在昨天我就看到报上载有两件案子，被告都是妇人，一件的案情是被告引诱另一农妇到附近的一条河边，用一根铁棒将那农妇打死了；另一件是被告用利斧将留宿在她家里的一个住在邻村的女朋友杀死了。两件案子的被告对于自己的犯罪行为都直认不讳，并说她们干这件事的目的是希望从死者身上可以找到一些银钱。想想这件事，妇人用铁棒和利斧谋杀别的妇人——为的是银钱！这真是禽兽不如了！……现在我们起来吧。在你离去此地以前，还有点东西你得去看看哩。”

我们走回屋里去，此时满屋都浸透了日光，我看着一派颓败荒凉的情景，觉得非常伤心。当年这儿是一座堂皇富丽的大厦，是那波兰大地主的家，屋顶、窗门以及四壁都是用了各种鲜艳夺目的色彩粉饰过的。而现在，粉色都消退了，剥落了，屋脊将近倾颓，庭前荒草蓬生，蛋壳、骨屑一类的垃圾遍处乱撒着。我们走过那人工凿成的小池，地主开凿这小池的时候，我还是孩子哩。在我们的农民看来，这是奇中又奇的事，池塘居然用人工可以凿成；并且关于地主从外国买来放到小池里去养着的鱼类，他们还传布了种种奇妙的传说，什么请客的鱼、治病的鱼和吃了走好运的鱼之类，多么好笑呵！现在那小池已经变成了一个小泥潭了，水面布上了一层黑翳，在日光掩映之下，千百成群的可怕的小虫就在那上面营营然跳踊着，纷飞着。……我没有说话；我的同伴似乎已经察知了我对于这荒凉满目的一座废宫的感慨与失望，但他没有说这是他们的疏忽请我恕罪，也没有说这些情形并不归他们负责。他只是说，他觉得非常难过；比我当时感到的，比我事后所会觉得的，都更加几倍难过。可是大战与革命破坏力扫荡了全国，政府还没有足够的力量来重新建设这一切的废墟，我们又如何能存丝毫奢望呢？

此时我们来到了 Sovkhos 所属的最可爱的地方了，真的算得我漫游俄国许多农村的时候所见到的最可爱的地方之一哩。这儿是一座森林，白杨、榆树、橡树、杉树的混合林，葱郁密茂地展列在一片红土上，占地约有一亩，界在一道深谷中一面倾斜而上的小冈之间。这是这一带左近所存留的惟一的森林，看去似乎非常开心地表示它未曾身受战争或革命的劫数的样子。当年这一座森林是地主私有的郊宴地和驰马场。现在通到这儿来的一条路久已无用，所以已经是深草没胫，像是一处牧场了，两旁矗立着两列高大的冬青树，紧密地接连着好似篱笆一般。我们遵着这条荒路走去，又到了一条窄狭的煤屑路边。这条小路是夹在两列竹篱中间的，竹篱上面蔓生着野藤杂草，还夹有许多灌木，因为蔓生的结果，竹篱顶上的草藤左右已经相互结牢了，掩蔽在小路顶上，从下面看去，好像是绿树丛中天生的一座隧道似的。从这条小路的隧道走下去，我们到了一个山谷里面。接着我们发现了正在我们对面的地方有一座小教堂，红色砖墙，绿色锡屋顶，顶上还矗着一个褪了色的金十字架，教堂背后有几株高大的老树掩蔽着。往时这座教堂是地主和他的家族私有的作祷告的地方，经常有一个牧师从邻村来替他们供张一切的。

可是现在这教堂的景象真是意外凄凉。红砖的围墙，当初墙头还盖有弧瓦的，现在早已没有了；只是地上还有点隐约的迹印，让后来到此凭吊的人知道围墙原来是在此地的罢了。没有一块砖剩着。教堂正门顶框上还闪现着一行金字，是波兰文的铭言，“呵上帝，你是会成功的”，可是大门和窗户都一扇也没有了。屋顶上的滴水筒都被拆去了，屋的内部破坏更加不堪。地板上撒满了屋顶上落下的水泥、石灰、碎片以及风雨卷进来的枯枝败叶，四壁都给尘埃布满变成黑色了；祭坛上的木架都被拆毁；墙上大理石的碑额，是地主为纪念他的那美貌早亡的妻子而建立的，都给人用铅笔写上了许多淫词滥调，字迹丑劣，画得一塌糊涂了；倚墙支起的楼厢已经脱榫，从上面悬下系着楼厢的铁钩也不见了，只剩了天花板上几点挂钩的旧痕；那楼厢现在低悬在半空，完全像已经摧折了的断枝还悬在树干上，随时都有被大风吹落下来的可能似的，已经是岌岌不可终日的势子；那已经成为荒凉冷落的一般标记的蛛网，自然在祭坛上和屋角里都布满了。这真是一幅可怕的悲惨的景象。

“这些是谁干的?”我问。

“你以为是谁呢?”他很严肃地反问我，从他眼睛中的那种阴暗的神气看来，我猜到了他的回答是什么。

“可是——那是不会有的事!”

“等一等，让我们到外边去，还有东西好看哩。”

我们绕着教堂的背后走去。野蜂在金花菜和野草丛中嗡嗡地乱钻着，鸟儿都绕着枝头飞着，又瞥见一只小兔从身边冲到树丛中去了。我的同伴指着教堂后墙边的一堆砖石杂着腐草的乱堆给我看。

“这一堆垃圾，”他说，“还包藏着一段骇人听闻的故事哩。这教堂下面有一个地穴，是地主的父母和妻子埋身的地方，这儿就是进地穴的入口。在革命期间，地主悲伤过度因而身死了，他的尸身也是埋在这地穴里面他的妻旁边的。现在请听。”他把声音放得很低，仿佛一个人在那儿讲着什么鬼怪故事的时候，自己首先就给恐惧制伏了，于是赶紧把声音放低，以免给什么鬼怪听见了似的：“当第一任的 Sovkhos 的经理到这儿来的时候，他发现了地主的尸身两脚朝天倒钉在这两株小树上面，尸身的衣裳都剥得精光，手指都给斫去，珠宝饰物都不见了。我们的经理便悄悄地把尸身埋进去，弄了这些砖石垃圾堆到这儿把地穴的进口掩了。”

他停了好一会，眼睛老是望着那乱石堆，接着说：

“现在且想想看——这儿四周的农民都称颂旧地主，他们不是吗？他们说，他是一个好人，他们不是这样说吗？他在本村为他们的孩子们建立了一所学校。倘使有一个穷农民的家被火烧了，他允许不要他的钱，给木料他去重造新房子。他们都说，他们愿意他——那旧地主到这儿来代替我，他们不是这样说吗？呵，否，你不要摇头否认，你老老实实对我说好了。我是很知道他们的，同志，我是很知道这些农人的，我决不欺骗自己，以为他们对我有一点什么感情。当革命爆发，地主死了，此地还没有人出来维持秩序的时候，你看他们干了些什么事?”

“他们要砖，要铁，要锡，要木料；于是他们到这儿来，要什么拿什么，结果是把这座可爱的小教堂完全摧毁了；他们当中有些甚至于毫不迟疑地把那老东西的尸身从坟里拖出来，剥光衣裳，剁断手指，还给钉在树上，用钉死耶稣的方法来对付死了的地主。而他们也是迷信宗教的人（或是被人认为是这样的，在当年常是风雨无阻地奔赴礼拜堂去，跪倒在圣像面前，作祷告，对主教忏悔他们的罪恶的）。嘿！这种举动甚至叫像我这样的无神论者都吓得发抖哩！”他讽刺地笑了一声。

“人民老是奇怪为什么我们革命党人变得反对正教教堂。请告诉我，正教教堂甚至连农民当中的禽兽都不尝试去杀掉；反转来，把这些禽兽都养着，养得多多的，等到一有机会，他们脱离了藩笼，便一拥而出，干出一些叫魔鬼看见了都会自愧不如的万恶的把戏。请问，一个有理性的人会信从这种宗教么？唉，你听见过这儿在苏维埃没有成立以前所发生的事情么？听呀，听呀！吓，就在这儿，或是离这儿不过十五里路远的地方，农民，谦卑的，头脑简单的农民，家庭里的父亲们，都自己武装起来，有的拿刀，有的扛着利斧或铁锤，打进他们的邻居犹太人的家里去（本来他们彼此住在一道一向是相安无事的），见人就杀，刺喉管，斫脑袋，剜心脏，甚至哭着求饶的小孩子都一样不能幸免。然而，他们应该受责备么？他们应该么？土匪流氓，俄皇时代的将军之类，派了许多宣传者到农村中去，对农民说，杀尽所有的共产党和所有的犹太人，这些俘虏们的家财田产由他们自己分配享受，这是他们的权利，也是他们的义务。无知无识的人，唉，那种无知无识的样子看了真令人伤心；受苦受难的人，没有一点判别善恶的能力；疲乏的和受刺激很深的人，内心没有一点抵抗恶毒阴险的宣传的力量；——这样的一些人，一旦像禽兽脱离了藩笼一般，斫断了他们的桎梏，你想他们什么不会干出来！……后来我们把他们捉住了；就是说，我们的苏维埃把他们捉住了几十个。他们忏悔着，哀哭着，呆望着，那样蠢笨，那样惶惑，那样无办法的神气！我们把他们枪决了。

我们不得不这样。我们还有什么方法可以制止这种暴行呢？这是令人悲恸的，这是令人心碎的。你知道，我是从俄皇政府时代起一直到多数党取得政权，我始终都是参加战争的。我看见人在四面八方死着，我看见他们被炸成碎片抛散在空中。可是决没有，决没有像我看见这些农民被领去枪决的时候所感到的那样深入心脾的惨痛！唉！”他扯起衣袖揩着眼睛，低着头悄悄地慢慢地向回头路上走去，沿途只听见掠过挺直的冬青和丰茂的野草的风声习习，和似乎远在天外的百灵鸟的歌声婉啭……

我们并着走了好一会，彼此都没有望过，两人都是充满了复杂的情绪，一时说不上话来。后来仿佛是为了排遣愁怀似的，他开始口嘘着一首活泼的军歌，调子很好听；对于我自己的这种沉郁的精神实是一种安慰，此时竟使我忘怀了世界上一切的罪恶与愁苦了。

他停着，用粗纸卷了一枝土产的纸烟，便开始抽起来。

"你想得到，"他继续说了，"当我不得不为了他说谎或偷东西而斥责一个农民，为了他拿政府的田地作牧场而处罚一个农民的时候，我心里实在像是受了创伤么？有许多次，美国的同志，我觉得异常难过的时候，倘使我是一个信宗教的人，我一定会跪倒在神像面前，向上帝哭诉我内心的苦痛。我愿意把我四邻的农民当作弟兄一样爱着，我愿意帮助他们，我愿意使得他们愉快并了解。我曾经尝试用和善的同志的态度，我曾经用过请求和劝导的方法。可是，"他很快地转过身来，恻然地指着我们刚才到过的森林那一方，"在我们的这些泥污的土地上面，只有这是剩下来的唯一美丽的一处地方。你知道吗，倘使我们不曾日夜派人守护着，此时恐怕什么也没得剩的了，一枝木，一茎草都会没有了哩？再三再四我们捉到了农民在那儿放马牧草。你看见了他们是怎样对他那座教堂的，那些无知无识的蠢货。唉，想想看！"——他的眼中射出狂喜的火花来了——"我们可以把这座森林改作一座公园，请一些有学问的指导人来服务，在夏季，各村的孩子们都可以到这儿来，游戏，读书，讲故事。呵，当然不是我们儿时所听的那些可怕的腐败的妖魔鬼怪的故事，而是世界上伟大英雄的历史轶闻，如马克思的，卢森堡的，李卜克内西的和我们自己的伊里奇（列宁）的。"

"在这儿，我们的孩子们可以学着去了解自然、花、树、雀鸟、天体、星空、海洋、山岭。在这儿，他们可以学着去爱世界上一切穷苦的人，不论白种、黑种、红种和其他的都在内，并且还爱一切的生物；这样他们便不会像我们儿时的农村孩子那样残忍顽皮，他们便不会去翻鸟巢，去用石头打杀鸟儿了。遇到星期日，我们可以都到这儿来，偕我们的家人一路来，作郊宴，听讲演，跳舞，演戏，开音乐会等等。那时我们大家一定都会非常愉快，都会学着相互了解并了解世界，共同努力企求全世界穷苦人类的和平与幸福。"他又思索了好大一会，又加一句说，"我们还是会达得到那目的的。我们会的。只要给我们一些时间，给我们一些时间。"

我们在路上转了一个弯，便正碰着了一个身材短小的人，赤着脚，脚上给黑污泥沾满了，一副蓬乱的胡须像一只假面具一般几乎全面部都给遮盖了，满身汗淋，一件衫子已经湿透都贴在背上了。他正驱着一匹栗色的瘦马，后面拉的是一大堆肥料。他脱帽又鞠躬。我的同伴转身很注意地望着他走过去了。

“看看这个身材短小的人，”他演剧似地说，“他从来没有洗过一次澡，他不知道太阳是什么，星和月又是什么，雨和闪电是怎样来的。在他的生活中有什么希望可言呢？请告诉我，你离开这儿十八九年了，此次你回来，看见农民还是照旧日的方式生活着，照旧和鸡豕同栖在一间小茅屋里，照旧用那种落后的生产的方法去耕田犁地，培植菜园。在他们的生活中又有什么希望可言呢？因为苏维埃没有将这座田庄分配给他们，他们非常难过。可是假设分给他们了，每个农民得到了三、四、五，或更多的‘节沙金’的土地。那么又怎样呢？假设他们坚持着他们的那种旧日的耕作方法呢？在不几年以内，他们会仍旧回到今天这样的困难地位，一样的贫穷，一样的龌龊，一样的伤心难过。他们不了解，我们的这些农民，他们的救助完全靠在他们的采用新式耕作法上面，他们的学习新的，更健全的生活方式上面；这些都是苏维埃要来教给他们的，苏维埃之所以把这座田庄改作 Sovkhos，便是为的这缘故。Sovkhos 是政府设立的一个模范的实验的田庄，在这田庄上，我们可以给农民看，怎样去种黄瓜和白菜和浆果和其他水果，怎样去建筑近代的住屋和仓屋和地窖，怎样不像他们现在这样浪费牛奶和乳酪去制成很好的乳饼和牛油。并且我们预备介绍最优秀的牲口种，牛、马、鸡、鹅、羊等的种到村里来。有两匹比利时的公马几天就快运到了，我们希望在最近能运进来几头上等的公牛，以便供给邻近大家的需用。那么你已经看出我们的 Sovkhos 正在努力干些什么，正预备努力干些什么，并且此时正在实行干些什么罢？我们正在实行教给农民，第一步怎样从工作中找出自己的利益和快乐；然后再教给他们怎样去过快乐逍遥的日子。从前没有人这样教给他们过的，没有人曾经把他们当兄弟看待过，正教的牧师没有，政府的官员也没有。这便是他们之所以这样愚昧，这样凶残的大原因。例如，没有人曾经告诉过他们，倘使用皱拢了［的］麦去做种子，那播到地里去是一点用也没有的。人家所告诉他们的是要他们相信，倘使他们到牧师那儿去，要牧师洒一点圣水在那种子上面，他们便准会有好收成的。没有人曾经告诉过他们怎样去保持田地里面的水气，这样他们便会有把握抵御旱灾。人家所告诉他们的是要他们相信，倘使他们请牧师迎圣像在田里作过法事，大雨会独降到他们的那将近干枯了的田里去的。可是我们现在正在实行改变这一切。我们正在实行将他们从牧师、教堂和其他的邪教的桎梏之中解放出来。我们正在实行证实给他们看，宗教曾经是怎样毁灭了他们。我们正在实行鼓励他们建立一所新学校来代替教堂，聘请有智识的教员或‘社会的保姆’到村里来代替牧师，研究马克思和伊里奇的著作以及关于科学、机器、电汽的书籍来代替圣经和祷告书等。这都是我们正在实行做的。”

此时午飨的铃声响了，音高而又清晰，所有在田间做工的男人和妇女都动身回家了，那些充满了健康和生命的男女孩子们一路彼此谈着，叫着，唱着，这恰是这位红色地主所歌颂的这一篇“希望之赞美”的一种极高兴而适合的伴奏。

“Nichevo，”他说着，一面放眼看看天，又看看远处的田野，又看到我，“我是信任农民的。他有极伟大的禀赋，有一天我们会和美国一样伟大的；否，更伟大些；因为在我们的国度里，我们将不会有贫富之分，亦不会有强弱之别的。从现在算起，二十年，三十年以后再到我们这儿来，同志。来，还带一些你们的美国朋友和你一道来。我不会还在此地的。我不盼望还活得很久。这个烦闷的忙碌的刺激太大的生活正在侵蚀着我的健康。看看我的头发，是多么灰白呵，再看看我的脸上，是多么憔悴呵；然而就年龄来说我还是很年轻哩，只有二十九岁。可是这没有关系，我不是为我自己生活的，我不愿意为自己生活。我愿意为革命的利益，为这些愚昧的农民的利益而牺牲自己。别的人一定会来接替的，像我一样的农民，只是比我更聪明些就是。他们会把我们的新国家指引给你看的。那时你会记起我来，并且你会说，‘曾经有一个农民——他们恶意地叫他作红色地主——他是贫穷而又没有受什么教育的，可是他了解生活，他了解俄罗斯，并且他是一个真正的预言家哩。’”

第十一章　一个新妇人

我第一次看见她就是在前面有一章讲过了的那次喧嚣的群众大会上。那时她靠着一行矮树连成的篱笆立着，两臂交叉在她那挺阔的胸前，专心一意地听着众人激烈的喧嚷。她的态度和她的服装看去都和旁的女孩们的不同。她穿的一件莲灰色的外衣是机器织的布料作的，她还穿着白袜和平底皮鞋，还有一条蓝边的手帕缠在手腕上。旁的女孩没有一个有手帕的。她的身材短小而肥壮，头很秀美，平滑的面部虽然也给太阳晒红了，可是没有像旁的女孩们所有的那种棕色——她们是因为每天在露天中作工才晒成这样的。这显然可以看出她是在城市中生长的，或是一个地主的女儿，在大田庄上过惯了消闲清静的生活的。我很诧异，她是谁，她到村里来干什么的？看去她似乎已经过了二十岁了。

那天的午后我在本村的跳舞会里面又看见了她，她在那儿似乎是一般“有智识”的孩子们的一个很要好的朋友。此时我又看出了她和旁的女孩们不同的地方。她并不乱跳，她在二人舞或是波西米亚舞中间旋舞着的时候，也并不用脚在地板上暴躁地乱踏一阵；她也不像旁的女孩们那样有时嗤嗤窃笑，有时又哄堂大笑。她的说话并不是我们本省的土音而是一种很纯粹的俄国语，她的声音中满带着俄国贵妇人所有的那种和谐、温静而低声慢语的情调。

我去问尼克孚，我们村苏维埃的主席，他悄悄地告诉了我一些她的历史的片段。他说，她确不是一个贵族的女儿，而是M村的一个农人的女儿，从我们村里走过那片湿田照直去便是那M村了。可是她是在吉也甫城内生长的，一直到革命以后她才离开那城。她的父亲从前是一个军官。革命爆发后，他的职位、他的财产、他的储蓄、他的家庭都失去了，他便挈着家人逃到他的老乡M村去，在那儿他本来还有两节沙金田地，他不在的时候是交给他的兄弟种着的。起初，他的兄弟拒绝他的要求，说他既然长期离去了故乡，并且又在俄皇和资产阶级的军队中长期服军役，他对于这片土地的所有权当然是应该剥夺去的。后来四邻出来和解，土地还是归还了他，他便在这儿住下来了。她，曼卡（Menka），是一个高级中学的毕业生，冬季她便在学校里面教课。……

在有一次的跳舞会当中，我偶然和她派成了一对，这一次伴舞以后我们便熟识了。我们立刻便很起劲地谈了起来。带着俄国人所特有的那种迷人的坦白态度，她告诉我她是怎样到这儿来住下的，她说的事实完全和尼克孚对我说的一样。“现在我们是真正的农民了。”在我们的谈话当中，她这样对我说着。我非常感服她说这一句话时的那种精神。她的声音里面没有一点作伪的情调，没有怨恨，没有虚骄——完全是一种善意的投诚。

后来我又到她家里去了几次。他们住在一间茅屋里面，和同村旁人住的完全没有两样。这是新造起来的，内外都还没有粉刷。要说这间茅屋和旁人的有不同的地方，那只是在窗户和地板这两点上面，它的窗户很大而且常是非常干净的，能够容受多量的光线和日光，地面不是泥土而是木板垫起来的。家具是一点也没有值得夸耀的——几把椅子、两张床、一面大镜子、一张书桌，屋前壁上悬的几张黑框装着的画片，这都是他们从革命的破坏当中救出来的一点东西，带到这新屋里来用的。还有一张方桌是他们自己做的，和平常农家用的那种大方桌一样，平面粗腿的。布置也像普通农家一样，方桌就放在屋角圣像下面。他们的屋子常是非常干净的，这可以证明家内妇女的勤苦，因为一大家人——八个人——挤住在一间屋里，而外面的环境又是那样泞泥龌龊的，要保全屋内的清洁，那真不是一件很轻松的工作哩。

他们的生活方式完全是他们自己特有的一种，和同村其他农人的都完全不同。终究他们是从城市里来的，他们在那儿都是习于安逸舒齐和文明的交际这一类的生活的。一旦陡然被抛到农村里来，过着这种污秽的和劳苦的，孤寂的和单调的农村生活，当然是一种完全颠倒而且异常苦闷的经历。然而他们是哲学家，他们都是的，甚至米嘉（Mitya）都是的，他还只十三岁哩。他自己假装是一个共产党员，成天在那儿以此自夸，高兴得了不起。他背得出所有多数党的歌，并且很爱在生人面前唱出来。他具有很大的儿童的勇气，毫不顾惜地随时攻击着资产阶级和牧师，并且声明自己不相信上帝和来世的事。这一切，在他的父亲看来是非常感兴趣的；可是对于母亲就未免太难过了，因为她原来是波兰人，是一个很诚虔的罗马正教教徒。

她的父亲大约是四十五岁的年纪，肩膊方阔，面色现出久经风尘的样子，一对放光的蓝眼睛，一部贵族式的黄胡须，两边像针尖一般的向上翘起。他并不把痛苦放在心头，虽然受着命运的播弄和打击，他还能够对命运加以嘲笑——这是一种很稀有的人物哩。从安逸的奢华的城市生活到劳苦的困乏的农村生活，这其间的转变，似乎并没有影响到他的身体和精神。他还是照旧日一样，老是高兴的样子，老是爱说话而且对人非常热忱，并且老是喜欢听人家开顽笑而且更加喜欢自己也来一两个。他笑的时候，便把头向后仰去，身子摇动着，令人看了也不禁失笑。

他的妻和他显然相反，她是一个高个儿，瘦弱且满面忧容的妇人，两眼异常张大，从这里面可以看出她是饱经忧患过来的。她是在城市里生长的，农村真弄得她憔悴欲死，那住屋，那家务，那环境，那乡邻——一切一切都是她的催命符。她也曾尽力挣扎过，但是任怎样都不能叫自己相安于新生活，身体方面是这样，心理方面亦是这样；有一次我和他在仓后小池边闲踱着，他对我说，“是的，小妈妈的健康丧失完了。我恐怕她不能再和我们相处很久了。”她始终都在绝望中讨生活，这是显然可以看出的。

可是瓦罗嘉（Volodga），他的大儿子，却和父亲一样，表现得非常洒脱，愉快。他是一个十七岁的美少年，高个儿。他的靴破了——破穿了底，脚趾都露出来了——没有钱去修补，更没有钱去买新的。他的灰色学生罩衫上面补上加补，几乎成了百衲衣的样子。然而他从来没有出一句怨言，仿佛衣鞋之类只是身外物，对于他的生活的愉快是不生影响的，犹如汽车和飞机不能影响他一样。在高级中学的时候，他养成了一种爱好天文和地理两科的情感，他的梦想是自己学成一个探险家，到北极去，到那还没有白种人的足迹到过的海面和陆地去度过自己的一生。他像作诗一般地说过，那儿，在寒冷的北方，密藏着世界上最伟大的冒险和最伟大的奇迹韵事，有一天，他希望能够举起这两杯密藏的美酒痛饮一番。至若生活方面其余的事——兴家立业、计划前途等等——在他看来都不过是一些痴情呆想；像他自己这样的一个“实在论者”对于这些事都只有一笑置之。他谈话的时候，完全像成年人一样有着热情、信念和定见，不为任何话说所动摇。不过——在俄罗斯，男女孩子们都是在很幼小的时代就具了成年人的热情的。

然而，引起我最大的好奇心的还是曼卡。她具有父亲的那种洒脱的气质，同时也渗杂了一点母亲的忧郁性。她比她的父母和她的兄弟瓦罗嘉都更加善感，更有修养些。她酷嗜着书籍和音乐，她也奢望着一种更丰满更充实的生活。她是一个非常多情的女子，常是用一些极亲昵的名词叫着母亲，叫她 Mamotchka（小母亲，母亲之昵称），Milenkaga（最爱的），抚摸她的手，吻她，希望能为她稍稍排遣愁怀。看见了任何残酷的景象，她的内心常是起很大的反应，久久不怿。有多次，一些男女孩子们拿着棍棒石头去打那逃着的猫狗取乐，我看见她跑去叱责他们，说他们对于禽兽太缺乏情感了。有一次，我记得，她和她的母亲在那儿煮着一只小猪，她弄完了以后发现了自己手上有些血点，她摇着头，面上带着又恐怖又厌恶的神气，发誓说以后决不再让自己的手去沾染一点生物的血。……

秋雾荡漾在山谷之间，的确是一幅很美好可爱的图画，然而雾的内容是冰冷的水汽；笼罩着曼卡的喜悦便好似秋雾一般。在外表上看去，她似乎是非常愉快，非常洽意于她的新生活。她不时满面春风笑着，玩着，唱着好听的小调。然而我总怀疑，是否这都不是假装的。终究说起来，生活是非常苛待她的，把她从旧日的愉快、安逸和消闲之中强拉出来，竟投到远在天外的一个困穷的，龌龊的而且破坏不堪的农村中去。在这儿，她得在泥污中奔走，得提大桶的水，抱大捆的柴到屋里去，得赶猪到牧场上去，得打扫牛栏猪窝，得帮着作屋内和田中许多其他的吃力的工作。她竟真的像她外面所表现的，很高兴地完全降服了吗？我从来没有听见她说过一句抱怨的话，然而我觉得她的表现上的高兴完全是装假的，只是一副假面具，那下面还藏有一重深沉的悲哀，她正在很英勇地和这悲哀苦战，要这悲哀永远埋藏在心底或逐渐化归乌有。……我在其他的地方也遇见过像她这样的女孩子，有很多很多，都是比较受了高等教育的女孩子和妇人，在儿童院里，学校里和机关里服务着，表面上是完全相安于她们的新生活了的，而内心的痛苦，在勉强的压抑之下，正是不堪言状，多半都渴想着机会的到来，准备逃出俄罗斯去寻自己的旧世界。

有一天，我到远处一个村里去看了一个游方的和尚——他曾经漫游过许多农村，预言着：明年世界的末日就要到了——归途便过曼卡家里去看她。她只一个人在家，正坐在窗边绣着一方头巾。我告诉她那和尚的事，并告诉她那和尚预言明年全世界都会沉到一个沸水的大洋里去。她笑了并且很有趣地说，在俄罗斯的和尚看起来，这世界今天便已经是沉在一个沸水的大洋里了。她又解释说，这和尚不过是把俄罗斯的一段很古很古的神话又拿来传说一遍罢了，她在作小孩的时候便已经听见过这段神话的。

此时屋内很热，外面颇凉爽；所以我提议我们去散步一会，她立刻同意了。

我们遵着一条小路走下山谷去，那儿有一条河，或许可以说是往时曾经有过一条河的。妇人们的裙都搂到膝头在那儿做工，洗布，浸麻以及淘麦子，一大群孩子在四周跳跃着，喊叫着，都是高兴得很的样子。我们走过那没有栏杆的小桥，转上了蛇一般的一条曲折的小径，从这儿我们便走上了山冈，达到了坟场。

像乡间的一切其他的事物一样，坟场当然也不曾逃过战争与革命的那一双破坏的铁腕。围篱已经没有了，一块一块被拆去作柴烧了；牛羊之类都经常窜到里面去，在坟头寻取嫩草裹腹，猪在那儿努力拱土的成绩更是随处可见，弄得这座坟场好似一件衣裳一般，从前是非常雅洁可爱的，此时已经是又肮脏又破烂了。一般农民的坟场里，一根高竖的木十字架便是坟头的标记，可是此地许多坟头都不见这标记了；那也是被拆去作柴烧了。那些果树，樱桃树、苹果树、梨树、梅子树，在我作小孩的时代都是长得很茂盛，结实累累的，现在有的长不大，有的都枯死了，枯枝杈在树干上，好像死人的枯骨伸着一样。……像这样一类的景象，令人看去常是觉得比看见个人的痛苦悲哀时更加难堪，更加伤心。

我们在四周间踱着，随口评论着我们所看见的那些破坏的现象，并且讨论着革命带来给农村，特别是给青年人的，那种新的人类生死观的问题。她问我是否记得农人拿鸡蛋、麦粥和新焙的面包到坟来祭亡人的旧风俗。呵，是的，她说，老年农人还是这样作，可是，只要祭品一放到坟头上，便会有一群孩子跑来把祭品都抢去，一群蜂似的又跑到远处干交宴的玩意儿去了。在往时——唉！没有一个孩子会敢去摸一摸那些荐亡的祭品，因为恐怕鬼魂在夜间跑来报仇。……并且在往时没有一个孩子敢去攀折坟场内的果子的，而现在，吓——连等候果子成熟都来不及哩。……他们不怕什么，他们对于鬼怪的故事都频频加以非笑……

我们走到了山冈顶上便坐下了。全村的田地都展布在我们的眼底，此时男子和妇女都正在那儿驱着马，使着农具，加紧忙着。这真是一种令人震惊的景象——这些强毅的农人都正在利用晴好的天气（夏季都没有这好的天气），割草，刈麦，犁田，播粪，一面拼命的工作，一面还很任性地唱着各种山歌。看了这种景象，对于这些农人我不由得不激起了一种异常敬重的情感，为的是他们具有的那种无限的忍耐心，无限的豪勇与毅力——他们的这种勇毅，虽然遭受了俄皇专制的迫害，天灾的袭击，贫穷的困恼，无智识与迟钝的限制，然而他们还是保有庞大的力量和坚强的意志，来干着每天必要干的苦工作，唱着他们的未来与希望。俄罗斯的农民是何等挫败不了的一种生物呵！

曼卡打断了我的思路。

“我想问你一点事情。”她说着并笑了，表示渴欲探寻什么的神气。

“好的。”我回答她，亟想知道她问的是什么。

“告诉我，”她说，“你不是有一点——可怜我吗？”

“吓。”我一时猝不及答，只能这样嗫嚅着，同时尝试想出一个聪明的解释来。

“那么，你确是在可怜我啦？”她很聪明地顶上了这一句，停了一会又说，“你真的不要这样，也真正寻不出理由来证实你应当可怜我。倘使你是深知道我的，你决不会这样的。”

她把头避开去，凝神在那儿想什么，嘴唇开着还带了一点有趣的微笑。她心不在焉地随手扯着地上的草，又从肩头抛过去，因而她的肩头和衣衫上都点缀了许多青色屑片，这更增加了她的姿态的雅净与柔和。

“Mamochka（小妈妈）有一天说，”她说的时候并没有抬起头来，还是在那儿继续玩着草，“她以为你在为我非常，非常难过，并说你会把我写成一个非常，非常不快活的人的。……”

“吓。”我开始来解释，可是她阻止了我。

“现在我是十分快活的，”她说时，用她的那一对褐色大眼睛望着我，“有时我快活得更加说不出来。自然我有我忧愁的时候，可是这是每一个人都有的啦。大概说起来，我是十分满足的。”她住了，又开始哼着小调。

“然而，”我大胆地说，“使你自己相安于新的环境，这在你自己必然是一种十分吃力的奋斗吧。”

“这是一种奋斗，”她接着说，“关于这种奋斗的情景我也可以告诉你。那么或许你会比现在更多了解我一点。”她又笑了，仿佛是要我放心，她并不是和我开玩笑。

“当我们初到此地来的时候，”她开始说，“Mamochka 和我都非常伤心。我们以为我们会死掉的。那龌龊，那单调，那农民，他们使得我们多么灰心丧气呵！替我们想像一下吧，一家八口，从一个非常可爱的家庭里一旦被赶到一间茅屋里来，一切都在一间屋里，吃饮，睡觉，穿衣，烧火弄饭，一切都在一间屋里，而且又是何等样的一间屋呵！四壁和天花板都没有粉饰，窗户丑陋不堪，砖灶令人可怕，而用的那些家具，便是我们在吉也甫城的看门人看着也会笑死。这真是一个大的打击，可是无可逃避。Mamochka 还觉得她仿佛是在刑庭受惨刑哩。那小天使！她憔悴得真快！可怜的，可怜的 Mamochka!"

她把头避开去并擦着她的眼睛，后来她又抬起头来，微笑着，仿佛表示这样情不自禁是非常抱歉的似的。

"让我来把我的故事从最初讲起吧，"她说，"这样一切详细的情形你便都会知道。虽然我的父亲是一个农民，生长在这乡间，可是他是一个很开通的人。他在军队里面升任了军官，我因之便是在城里生长的，在虚伪的，荒谬的环境当中长大的。我从来不曾作过一点事，从来也没有一定要我作什么的时候。我们有两个仆人，什么东西都给他们作了，甚至还帮我洗面梳头哩。我们住在一所很可爱的屋子里，有地毡、窗幔、穿衣镜以及非常精致的家具，还有很体面的人常常来往，伴我们到跳舞场去，戏院去，音乐会和跑冰场去。就我们的生活看来，我觉得人生完全是一个无间断的休假日。可是我是无知无识的，可怕的无知无识。

诚然，我在高级中学里是一个很出色的学生，我读了许多书，听了很多讲演，和许多中学生大学生交际，可是我还是无知无识的，意想不到的无知无识。存在我自己每日接触的这空虚浮华环境以外的生活、人事、世界、思想、主义等等，我知道一点什么呢？什么也不知道。我是一个 Ba-ina（贵妇淑女），一个 Beloruchka（闲着无事干的太太）。在我的那种荒谬可笑的旧世界里面，劳动是一种羞辱。我是一个农民的女儿；然而我从来不想我是这样的。我老是想着自己是一个军官的女儿，一个特权阶级的人。我讨厌和那些生活比我下一级的人们交际。在此时的我看来，这似乎是古怪可笑；然而在当时，例如使女、看门的人、扫烟囱的人、马车夫，在我看来并不是人；那就是说，不是真正的人，不过是一种生物罢了；粗鄙的，污浊的，没有想象力也没有审美观念的一种生物罢了；只知道作工，睡觉，吃饭，穿衣，讨老婆，生儿子，碌碌一生就死去的一种生物罢了。"

此时有一个汗流满面的中年农人，肩头扛着一捆草从我们身边过去；我们和声对他说"你好呀"。他很热忱地挥着手回答我们。

"在往时，"她说着，眼睛便随着那农人望去，"我会以为像这样的一个人，赤着脚，蓬着头发，穿着肮脏有臭味的衣裳，是只有招人讨厌的；这样一种龌龊的生物，一定会令我骇得发抖的。"

"而现在呢？"我大胆地问她。

"现在呀，"她回头说，"我不留心他的破衣裳或赤脚。我看出他只是一个不幸的人，一个正在用他的全力挣扎着求生活的不幸的人。我心里对他以及和他相类的人都发出了同情之感。……可是还是说回去吧，说我当日的那种生活。你知道我是生活在一个空虚的荒谬可笑的世界里面的。我的女朋友们和我老实〈是〉谈着一些无意思的琐事。……一个男子的一瞥或一笑……我们的新带子的颜色……我们的鞋子的样式……我们所娴习的最近流行的舞姿……最新的民间的风流韵事……最新的里巷秽闻……我们没有更高尚的事物可资谈助，因为我们的生活便不曾为着什么高尚事物。我们除了自己，除了我们每天的消闲娱乐以外，便丝毫不想到或注意到任何事物或任何人。所以，起初，当我们从吉也甫的那可爱的家庭被迫而逃到这乡村里来避难的时候，我们都心碎了，Mamochka 和我。我不想我还能够渡过第一个冬天。生活是这样的绝望，这样的痛楚。我再没有一点生活的目的了，绝对没有了。我的旧目的和旧志向已经没有达到满足的希望，新的生活目的和志向我也找不出来。我的教育算终结了，已经没有继续的希望。我当然不能进大学了，我的社会活动也算终结了。我没有朋友了——没有我愿意交结的朋友。我不能够接近农民，无论是老年抑是青年，我多不耐和他们交往。每一次我们的邻居来看我们的时候，我都觉得想逃出去。他们似乎不是人类而是禽兽、妖怪，都是粗鄙、恶臭而可怕的。他们进门的时候，连脚上的泥土也从来都不刷去的，他们似乎是这样地荒谬冒昧，甚至我们家庭内极细微的私事，都老是不惮烦劳地追究着。我从来没有去拜访过我的邻居，我不耐他们的那种粗鄙的样子——我看着就要窒气。呵，我是怎样渴恋着旧日的生活，旧日的朋友，旧日的谈天，旧日的舒适以及旧日的那些可喜的戏谑呵……还有——唉——还有皮嘉(Petya)，他是一个军官学校的学生，我和他正打得火一样的热咧〈烈〉。当时我还很年轻，只十七岁，皮嘉在所有的女孩当中都混得很熟的。Mamochka，当我开始落住在这儿的几天，我是怎样想念皮嘉呵！没有一天我不会跑到大路上去，走着走着，当时走了许多里路，目不转睛地痴望着天边，盼望他随时都会从那而〈儿〉跳出来，仍旧骑着他的那匹黑马——你知道，他是属于马队里的——穿着那一身辉煌雄伟的军服。一夜又一夜，我老是醒着躺在床上，想念他，想念吉也甫，想念我们的散步、谈话和未来的计划。我的癖〈脾〉气逐渐变得暴躁了……我恨自己，恨这乡村，恨生活以及一切。我不愿再住下去。住在这样的一个农村里，没有一个可以要好的邻居，周围环绕着的只是泥污和愁惨的景象，我真找不出一点益处，一点快乐。所以我决定逃去，逃回吉也甫去……去找老朋友，去找皮嘉。……自然这是一个荒谬可笑的决定。革命这样闹了几个月以后，我不知道在吉也甫还能找着什么东西或什么人。可是我不去想这些，我觉得我不能不逃走，而吉也甫便是我能想得出的唯一目的地。所以，有一次当我随着父亲到S镇市集上去的时候，我便乘间逃走了。我走着走着，后来走到了一个火车站。我没有车票，没有钱，也没有吃的东西，可是我都不管。我知道我能够向农民讨到黑面包的，至若车票，咯，你是知道的，在俄国搭偷车是非常容易的。我便照那样干了。我藏在车上的行李堆中，车便开了。可是查票员发现了我。他是一个老头儿，面孔很和善。我便哭起来并求他不要叫我下车，让我坐下去。他问我想到什么地方，我告诉了他。接着他便坐下，像父亲一般和我谈起来。他责备我不应当从家里逃走。他告诉我 Mamochka 会在家里怎样伤心。他弄得我哭了。我认实〈识〉了自己作的蠢事，我求他帮助我回家里去。在下一站我便下车来；他为我弄到了一张车票，不到两天我便又回到村里来了。自然每一个人都责骂我。Mamochka、瓦罗嘉、父亲，甚至米嘉也握起拳像雨点一般打着我，说我怎样变成了这样坏的女孩子。

“回家来了我很快活，形容不出的，意外的快活。此时在我看来，似乎我决不会有要离开家庭的心思，决不会再有了。且〈而〉且那些旧的热望和旧的交游的印像，在我心理也多少模糊了，淡忘了一些。我不知道究竟是怎样的一回事。我只觉得我是重生了，我的内心改造过了。

“后来我逐渐和苏维埃里面的有几个孩子认熟了。他们和我谈话，他们送一些书给我看，他们邀我去参加讲演会、群众会、各种娱乐会，他们请我到苏维埃学校里去当教员。一个新世界开始在我面前展开了，新观念逐渐沁入了我的心底。我看出了，在生活中原来还有一些事物是超越我自己，超越我眼前的愿望与快乐的。我读了又读，谈了又谈，辩论了又辩论。在夜间，我便醒着躺在床上，凝想着，惊异而潜搜冥索着。这一切对于我都是新颖的，这些新观念、新朋友、新趣味。我被激动了。这乡村，这些农民，甚至街上的泥土，在我看来，都换上了一套新色彩，都具有了一种新意义。我开始研求这一切的原因是什么，并且是怎样变成的。我开始忘却自己，渐渐有一点自觉了。我不再关心我的旧衣衫了，我不再因缺乏脂粉而烦恼了。频频参加各种娱乐会，皮嘉和他的朋友们的印像也都逐渐淡忘了。是的，在这些新观念和新趣味的刺激之下，我又得到心境的安定了，我又逐渐快活起来了。我渴望着活动，我在家里帮着作家务，我帮助父亲和瓦罗嘉作田地上的工作。我真的开始高兴干着喂猪，挤牛奶，赶我们的牲口到牧场上去这些琐事了。手弄龌龊了，也不再生气，根本这不算一回了不起的事了。呵，一切的事物都在变动中，我的心内与身外的事物都在变动中哩。

“我喜欢苏维埃里的以及惯于来参加各种集会那些少年。他们是粗鲁的，没有受过学校教育的，可是他们是那样忠诚，那样有毅力，那样愉快。他们的生活不是为的他们自己，而是为的社会的福利。真的，他们从来不想到他们个人的安逸——大多数都是这样——不想到自己的样子，自己的服饰，以及自己作了多少工作，要到什么地方去，要去会什么人——一切个人的生活都忘怀了。呵，自然，我不能接受他们的共产主义。我现在不能，或许这是因为在心理上我还是资产阶级的。他们说我是这样的，或许他们是对的。我决不希望变成一个共产党员，并且这些孩子们也还有一两点令我难过的地方：他们恨资产阶级未免过分了一点。他们毫不顾惜地攻击资产阶级，不管他们在情感上受着怎样重的创伤。他们认为资产阶级是一些无益有害的生物。关于这一点，我和他们争论，喉头都给叫哑了。我曾经对他们说，倘使他们是真诚的马克思主义者，那么他们必定承认人是他的物质环境的产物，因之资产阶级的心理以及他过去的错误行为便不应当受责备，犹之无产阶级的心理与行为不应受责备一样。咯，例如，我从前想着工人和使女只是一个没有灵魂的生物：这种思想是我的罪过么？可是他们都非笑我。他们说我是一个感情主义者，在心理上还是一个智识分子，还保留着一些不正确的同情观念。他们相信，像牧师或资本家这样的人是不应受怜悯的。他们不是太不合理了么？真正是这样，有时我看见他们那样极端忽视他们所不喜欢的人的感觉性，竟不免和他们大闹一场哩。

“然而，他们是异常勇迈的。他们是有思想的，他们一天到黑都在那儿谈着建立新学校和新运动场，组织新俱乐部和教育农民这一类的问题。他们当中最大多数都是异常强健，有决心，同时也异常愉快而和善的。他们读书，整理讲演录，一刻不息地在那儿研究着，我混在他们一道竟给变了，竟完全变了，以致我自己有时也不免惊疑我是否还是一向住在吉也甫的那个曼卡哩——那愚蠢的，无用的，善感的，多情的，除了自己的空想和愉快以外不过问一切世事的小女孩子哩。……”

她停住了，整理着给风吹歪了的头巾。她谈的时候没有一点自以为高的神情，她的话里面没有虚伪的饰词，都是简朴的，热忱的，由衷的一片真心话。

“后来，”她接着说，“我开始和我们的邻居接近了。我到他们家里去，我似乎不关心他们的龌龊了。我很少注意在屋内哄着蹒跚的猪子了，我看见一家人都用手在一只大瓦盘子里面取东西吃，也不再骇得跳了。我对于他们的问题，他们的痛苦和需要，渐渐觉得有兴趣了。我看出了他们非常愚昧落后，然而同时也非常简朴、仁慈、热情且忠诚。我心中陡然起了一种迫切的愿望，想为他们尽一点力，想把他们屋内的污秽不洁扫出去，想教给他们读书写字，想对他们解释屋内何以需要新鲜空气和日光。呵，我只想使得他们洁净、开通而且快乐，就满足了。……”

“我特别有兴趣于女孩们的问题。在我看来，女孩的命运在农村中要算最悲惨的了——实在再悲惨也不能了。她们年轻的时候，你看去她们是多么美丽且愉快。这一班漂亮且活泼的小天使——她们是多么爱去参加各种娱乐节会，去和其他的女孩们和男孩们一道唱着，舞着，笑着，耍着！后来她们出嫁了，便像娇艳的花朵一般，萎谢在黑暗中了。她们嫁得很早，真是早得怕人。”她把话停住嗤的一声笑了，仿佛记起了一桩有趣的故事似的。

“倘使你听见过我们的邻居怎样谈论我，”她笑着说，“你一定会开开心［心］笑一阵。你知道我还只二十二岁，他们却以为我老得可怕了。他们刻刻都在那儿替我找配偶，甚至我的可怜的母亲都给他们闹得厌烦了。……吓，有一次，有一个邻居对我说，我应当老早就有自己的家室了。……听听他们谈论我也是怪有趣味的事，自然我是不理会他们的。……然而，拿一个农家的女孩来说吧。她很年轻就出嫁了，除了偶尔到邻近的村上去走走外，可以说她是从来不曾离开过本村一步的。她不知道一点世界上的事情，她什么东西也没有读过。她不知道什么是爱情，她只是用一种粗心的热情去谈着爱，可是她一点也不懂得爱情的意义，它的目的以及它对于个人的一种推进力。她没有读书，没有经验，误以为那种一瞬间的生理的情欲便是爱情，因此，一瞬间很快地飞逝了，所谓爱情便也不见了踪影。结婚以后，她的生活便变成了一种死气沉沉的例行公事，一种无终极的苦役、倦乏和黯淡的循环。她不再去参加青年人的娱乐集会了；她结了婚以后，那儿也不需要她了，这是我们农民的风俗。偶然她去参加一两次星期日或是休假日老年人们的宴会，其实那儿完全是老年人酗酒的所在，她不过是白白坐一会罢了。

“其余的时日，她便夜以继日地劳苦着。在冬夜，她的丈夫会跑出去寻人谈天，唱歌，讲故事，星期日他可以牵着马到镇上去走走。他可以看见一些新地带、新人物，听见一些新声音、新话语。可是她只能困死在她那龌龊的茅屋里，老是在那儿洗着，抹着，纺着，织着，缝着，并且——还要照顾小孩！小孩常是有很多。可怜的东西！多半一个还没有断乳，另一个又生出来了。并且在半夜里她还得起身——小孩把她吵醒的。丈夫是从来不会被吵醒的。他很畅适地在那儿睡着，万一给吵醒了，妻子得又挨一顿好骂，因为她何以让小孩吵得丈夫觉都不能睡。……并且你看见过农村女人养小孩的办法没有？用粗布把小儿捆得牢牢的，呼吸都几乎给窒塞；吃的便是她口里嚼烂了的面包或蕃薯——就是这。

“当我第一次在此地看见农妇用口嚼的面包哺婴儿的时候，我发抖了！我几乎吐呕了。那样子真难看，想想我都要发抖。你知道，孩子是那样娇嫩的，替他洗濯，揩抹，包扎都得万分的小心，否则便不免要生病致死的。……无怪乎俄国农村中的婴儿，那样多的都在不满周岁就死掉了。……呵，这些定时循环的时疫是怎样残酷地扫荡着我们的乡村——当时的死亡，过后的悲哀与苦恼……你还不知道最近那一次热肠的传染症是怎样在这儿猖獗地迫害着可怜的农民呵！……而这一切都是可以避免的啦。只要农民肯学着讲一点清洁，不要再沾那该死的烧酒，像人类正当的办法吃着喝着，那就好了！

“天呵！看看我们的那些到了三十岁的妇人咯——美丽逝去，愉快也消失了——满面皱纹，胸部低平，完全失了本像；孱弱多病，性情变得更是焦急易怒，不时咒着自己的丈夫、自己的孩子以及左邻右舍；气起来了，毫无怜恤地打着孩子，用拳，用脚，用棍棒，常时打得孩子变成终身的残废人。……这是妇人、母亲！上帝，多么可怕呵！……咯，请告诉我，这是一种怎样的生活呵？没有休息，没有快乐，没有消闲，没有感兴，没有爱也没有同情——什么都没有，除了劳苦，争斗！殴打……自然我们的男人常时用拳和鞭殴打他们的妻子啦……那禽兽一般的生物，妻子却也毫不迟疑地给以还击，并且是很厉害的。有时我们的农人骂他们的妻子作丑婆娘，我常是以为这个字眼骂得是很切合的，实在我们的许多农妇都只是一些丑婆娘——少女时代的美丽和温柔都消逝了，都变成了一群粗俗、丑陋、硬心肠、尖舌头的生物。……是的，这就是我们农村妇女的命运。这实在是一个奴隶的命运，这是应当要改变的。我们必定要教导农村的女孩懂得她自己和世界，我必定要去唤醒她，这样她才会看待自己不仅是一个苦工、奴隶，而是一个人，一个妇人，她有着完全属于她自己的一种生活，她应享受她应得的快乐和感兴。呵，要拯救我们这些不幸的农村妇女，我告诉你，这是一个非常艰巨的工作啦。……”

她叹了一口气，默着不说话了。此时她坐在草地上，手中正玩弄着她刚折来的一枝雏菊，她面上泛红，现出几分紧张的情绪，她的放亮的两眼中含有温柔和慈善的光彩。在我看来，她是一幅永远可爱的美丽画图，是一个柔静的，温情的，永恒的安祥〈详〉的标记。

“这样你真的以为你在这农村中找到了你的寄命的工作吗？”我问。

“是的，我找到了，我现在确信是这样。我已经找到了我的寄命的工作，并且我也找到了我自己，我看正十分快活。在冬季，日间我到学校里去教书，晚间我便和女孩妇人们举行集会，有时还有男子参加，讨论一切我们所能想得到的问题。我念小说、诗歌戏剧、新闻纸给他们听，并且要大家批评日间所发生的各种事件。我还集合了一个唱歌班，每个星期演习一次，唱着各种新旧的歌曲。我特别希望把年长的妇人引进到这些消遣的娱乐里面来。她们是寂寞当中最寂寞的人。他们日夜劳苦着，除了这个村子和农民以外，什么她们都从来没有看见——没有一点什么足以慰藉她们枯寂的心情。来年冬季，藉本区其他教师的帮助，我希望在这儿演出一剧戏来，由农民自己担任演员——一剧真正的剧，是我们的文学当中最好的作品之一，奥斯特洛夫斯基（Ostrovsky）的暴风雨（*The Tempest*）。这是一本很动人的戏剧；或许你读过了么？我把内容的大概讲给大家听过了，并且还念了几段台词给他们听过，他们很喜欢这本戏，对于担任演员的事也都非常兴奋。呵，同志，现在我有问题思索了，有前途瞻望了，并且——我是很快活的。”

第十二章　最后的一个哈姆雷德[①]

革命将曼卡的旧生活打得粉碎了，可是革命同时也拯救了她，在她的面前展开了一条走进一个新世界、一片新景象、一种新欢乐的道路。任何时候我想到了她，我总是不自觉地将她和屠格涅夫的里查（Liza）和叶林娜（Yelena）联系起来，这都是能够在对于一种伟大的爱或是一种伟大的主义的情感中牺牲自己的妇人。我们将曼卡看作革命的一种标记，实在比我的表弟，比我们村里的那两个青年领袖，法西耳和安多西，更为切当。从她的生活过程中，我们可以看出革命在精神方面的胜利，革命的力量能够推动个人进入一种不自私的有更高意义的生活。……

可是关于叶琦我又怎样来说呢？往时他曾经是非常精明干练的且有大志气的人，而现在，被革命冲击到了毫无希望的境地，对于人，对于自然，乃至对于生活都没有了情感，完全变成了一个自暴自弃的隐士。

叶琦是一个知识分子（intelligentsia），一个富有学识并且——

我们且想象一下，他是一个革命前的俄罗斯的知识分子。自然他是反对君主专制的，他崇信着思想自由、言论自由、平民教育、社会的政治的平等。他也许怀抱着若干对于种族的歧视心，可是他很聪明地拿来隐藏在自己心的深处。他以一个自由思想家或是一个崇信现实论者（agnostic）自夸，他说自己是相信信教

① 本章内容曾在《北新》半月刊1928年第2卷第23期发表。

应该自由的，对于犹太人、罗马的旧教、新教，都应用同样的热情去加以维护。

他爱生活——爱安逸，爱社会，爱艺术的和富于理性意味且可消闲的事物。他爱用很奢华的供奉来款待朋友，爱和那般文明的，颇有兴趣于世界的、音乐的、艺术的、文学的诸大问题的男女朋侪作长时间的深谈。他爱音乐会、戏院和歌舞会，而尤其为他爱好的是他的家庭。家庭是他虔诚供奉的寺院，他的妻和孩子们便是这寺院中的神明。他对于他的女儿占尼亚和儿子沙夏的日渐长成，怀着多大的希望和愉快呵！他帮着他的妻去督促他们的功课，他们的运动、休息，乃至他们的交游。自然他是胸怀旷达的；他是信仰着社会平等的。然而究竟，他的儿子是他的儿子，他的女儿是他的女儿；他们是高贵于一般孩子们的，高贵于那般父母在社会的阶梯上，教育方面或经济方面，都比他低一级的一些孩子们。他坚决地主张：他的占尼其卡（意即小占尼亚，昵称）和他的沙先卡（小沙夏）应当只和那些生活地位和他们相等的孩子们一道玩耍——他非常坚决这样主张着。

他是一个异常多情的人，爱掀动着且玩弄着自己的情绪。他善喜易怒，时常为一本书、一出戏、一阕歌，或者是看见了人类的苦难而动怜悯愁叹之情。他对朋友极其和善，对穷人极其慷慨，从来没有拒绝帮助人的时候。慈善之心和爱家之情一样，都是他的性格中特备的部份。

他爱群众，他常时这样宣言。但他并不真正亲切地了解他们；他也无从去了解他们。他住在城市里，或是住在大的庄子上，而他们都住在乡村里或陋巷中，这些地方他都是很少走到的。自然，他是时常都能看见他们，在街上路上，那污秽的，褴褛的，臭味满身的农民和无产阶级。可是关于他们的事，他听见的和读到的却更多。他们是无知无识，受着压迫，很谦卑且很和善的。屠格涅夫是这样说的，托尔斯泰、朵思退夫斯基、捷尔涅色夫斯基、戈尔基、奇里戈夫和其他的许多人，都带着怜悯和了解的心情写过这些“民众”的。他非常怜悯他们的苦难，他为他们的解放而祈祷。在他看来，他们的愚鲁实在是俄罗斯的“光荣的国徽”上的白圭之玷。可是——他们是被怜悯的人，待援手的，待护持的人——不是请到家里尊为上宾，也不是可以信托的人呀！终究，他们是卑下的人；村俗的，粗鄙的，无知无识的。……

他老是信仰着革命，谈着它，梦想着它，切望着它的到临，因为他相信革命是可以解放“民众”的，然而他决不相信革命须牺牲他的地位，他的安乐，他在社会中的权势，他的荣华，他的威仪，当然也决不能牺牲他的占尼其卡和他的沙先卡。

真正他没有想到会是这样。孩子们须得有他们可爱的家庭，他们的女仆，管门的，家庭教师；他们的早茶，他们的晚茶；他们须得进专门学校和大学校，穿着漂亮的制服。自然制服上不要那种贵族的官僚的徽饰，这两种都是他憎恨的，可是这样——沙先卡穿着蓝制服，前后配着银纽扣，也够漂亮了。占尼其卡罩着蓝白色的外套，帽上镶着绿色绸带，也足以引起她的侪辈妒羡了。并且当他们在街上行走的时候，人们看出他们是学生，便都要带着敬意和妒意钉视着他们，不敢轻谩他们了。

他过着的是一种理想的和诗意的生活，极力蔑视俄皇制度和君主专制。自然为了免去官厅的疑忌，他的人道主义便不好过份的公开表现。虽则如此，他还是表现得不很安分的样儿，只是没有作一个积极活动的革命党人罢了。他被警告了，后来他才注意检束言行。

于是，革命到来了。像狂风暴雨般地从他身上扫掠而过。他不曾盼望过这样的一种革命的，他没有预备来接待这样的革命。他所梦想的盼望的革命是像传说的“犹太救世主显圣”的那样一回事——一位有权力的天神降临，赏善罚恶，并且，自然他是把自己算在绝对的善的一方面的，他应当被给予一种较优良的地位，应该是领袖，应该被信托。他不曾常是爱着民众并且为他们的解放而祈祷吗？……反而，他被很酷虐地打击在屈服的地位，被掷到了龌龊的泥沟中。他失去了他的职业、他的储蓄、他的地位、他的家庭，乃至他的图书馆和家用器具。他的安全和舒适现在都已付诸流水了。家庭教师、管门的老仆和女侍都已散去。漂亮的学生制服、精治的肴馔、知己的聚会，乃至歌台舞榭，都已成了过眼烟云，不堪回首了。现在他的妻乃不得不携着篮具，亲自到市场里去。她乃不得不自己烧饭，自己浆洗，自己补缀；他的占尼其卡，他希望她永不置身于下贱的失体面的奴婢之役的占尼其卡，那样娇艳温柔可亲可爱的，每天早晨有妈妈立在床前照料她吃着饮着女侍所进的可可茶和煎蛋，完全像一个在妈妈怀抱中的小女孩一样的占尼其卡，现在却不得不系上一条围裙，手执帚箕刀叉，像那卑下中之最卑下的人们一样劳动着。而她自己则被掷在不为人所记忆的地位，像门框一样捱着苦生涯。

他恨革命。在他看来，这是世界上、历史上空前的一种最横暴的事。革命把他和他相类的人毁坏了；这些人是俄罗斯最好的人民，是有才能、有精力、有智慧、有经验、有技艺的人民，是可以救国家于“毁灭沦亡”之中的人民。他狂怒，他咀咒，他恸哭。他高声向世界宣言：俄罗斯是被宰割，快要窒息而死了。他祝贺台尼金（Denikin），他祝贺科耳恰克（Kolchak）。否，他并不是保皇党。可是，只要能把那卑贱的苏维埃打倒，任是谁他都肯欢迎的——法国人、英国人、美国人，任是谁都好（自然那怯懦的波兰人要除外），只要能够恢复秩序、治安，能够恢复他旧日的进款、旧日的家庭、旧日的安乐。……

可是都毫无效果。他的呼声老是没有人注意。过去已经是无从追寻了，他不得不生活在这疯狂的红色世界上。一班粗鄙的、无知的、笨拙的鞋匠、脚夫和看门的杂役竟手握着这为他所爱的将近毁灭的俄罗斯的运命，而富有经验与智慧且仁慈为怀的他，却被弃在一旁，为人所蔑视、鄙弃、追逐。……

现在他要和革命讲和了。他的怠工只是引起了一种新的压迫反弹到自己的头上。现在他已经宣言他的忏悔，他愿意置身为革命服务了，他实在没有别的出路。可是革命的当局还是防范着他，不肯立时就把他容纳在自己的队伍里来，因为他们知道，虽然他也许能忠实于他的职务，可是在他的心里，他是只有怨恨咀咒他们的。……

然而，叶琦是另一种类的智识分子，和那种贵族出身的一般智识份子不完全相同。终究，人们的遗传和家世是很有关系的，他是一个农家的出身，并没有身份高贵的那种遗迹。靠了他的希有的天禀和恒心，他竟跳出在一般的农民之上了。

幼小时便爱书籍，无所不读，理解力也不算坏。他在一处师范学校毕业，研究了会计学、高等数学、新闻学和天文学。他后来任教员，写些文章、小说、戏剧。他和一个小康的寡妇结婚，在瓦尔加河流域置了一处小庄子，过着很优闲的生活，终日只是打猎，读书，作文章，以及和一般朋友作那种无限的空洞的谈话——这种谈话便是俄罗斯知识分子团体之社会生活的灵魂。

革命毫无怜恤地把他卷入它的漩涡里，像对于全体知识分子一样。内战和饥荒在他所住的地带最为肆虐，使得他更其感到了那凶残的恶运是如何的悲苦凄凉。他的妻染了肠热症，死去了。和他同住在庄子上的妹妹也染了同样的病，险些儿也送了性命。他储藏的粮仓也完了，为了免去饿死，他和他的妹妹便动身回他们的家乡去，那儿还有他们的长兄住着。火车既迟缓而又无一定的班期，并且常是买不着票。他们便这样在那枯燥的无限的草原中漂流着，最后，几乎经过半年苦楚的趱行，他们达到了家乡，都病了，褴褛憔悴，愤恨无地！从那时起，他便依着他的长兄住在K村，离我们村里只有十俄里。在幼小时我便很知道叶琦。他极其雄伟有力，又十分机警聪明，他之为大家所重视，不仅因为他是一个猎人，而是因为他是一个极幸运的青年农人，有了人大学的机会。他常时邀我伴他去作渔猎的旅行。有一次，他无意中射死了一只夜莺，他竟像死去了一个知己的朋友一样的悲恸。他把那小鸟的尸身带到坟场里，举行一种基督教的葬礼，在坟前还立起一只雕刻得非常精致的十字架。当我动身去美国的时候，他送给我两本书：戈戈尔的 *Taras Bulba* 和库泊尔的 *The last of Mohicans*。有一时我们还很勤地通信，写了许多像多情的俄罗斯青年们写的信，以后我们就许久不来往了。

此次我重返故乡，便向我的表弟打听他的消息，表弟便把自从我去美国以后他的情形告诉我，就是上面所写的这些。“自然你必须去看看他，”表弟说，“可是他已经不是以前那样的一个人了——呵，不是的了!”他现出一种忧愁的相，加一句说，“他像一个隐士一样生活着，没有人了解他。”

我把自己的事情略为弄了点头绪，便立刻去看他，我在他的长兄的果园里找着了他，他正坐在草屯檐下的一枝半曲着的柏树枝上，用一把小刀在削着一块木头，似乎想作成一只小凳子样。他现在已经有胡须了，短短而丛生着，像一片脏的破布挂在脸颊下一样。他现在非常孱弱，弯着腰，他的头懒懒地垂在胸前，像一只熟苹果快要落下树来一样。他的手和脸颊都一样的枯瘦如柴，他的两肩从一件破了的褐色衫中凸出，很显然地抖战着，和脸颊与颈项一般的呈黄褐色，颈项四周垂着没有梳理的黑色长发，像马的鬣鬃一般。他用一种强笑回答我的问讯，可是似乎没有一点生气的样儿，便是我和他谈到多年以前我们的游猎旅行，他亦复如此，似乎一切都非真实的。

我问他正在作什么。他耸一耸肩头。

“你没有看见吗?”他停了一会回答我，指着他手中的木块和刀，“我只是喜欢造点东西。昨天我作好了一座蜂房。就在那里，看见吗?”他用眼光指示给我那座大桶一样的蜂房，这是在俄国农村中仍旧通用着的一种蜂房。

我以为他有了养蜂的癖好，我自己也有点被蜂煽动了，便很急切地问他蜂的繁殖如何并且有多少群。可是他只是摇头。

“我并不是对蜂有什么兴趣。实在的，老伙计，我对于什么都没有兴趣。我只是一天一天地混着日子。我之造蜂房只是因为我要作点东西，凡是我能想到的东西我几乎都作了，所以我也尝试作了一座蜂房。现在我正在削一只凳子，把这作好了，我还得作些东西，或者是一面鼓或是一只提琴。”

在他青年的时候，他的提琴奏得非常之好，不仅是农民的结婚或节会的仪式都需要他，便是邻村的地主也都请他到他们的跳舞宴会中去演奏。我问他是否还奏提琴，他只是用摇头回答我。他说，音乐对于他没有魔力了，他觉得音乐也不过像土货车在卵石路上轧轧的闹声一样。渔猎都同样不能迷住他，至若读书，他是很少注目到书本上去的，无论是小说或文学批评的文字都是一样，说到写文章那更是一种开玩笑的事：“一种夸张的，虚饰的，像打牌一样无用的玩意儿罢了。……”

听见他说出这样的话，这真是奇怪的事。他的声音和语调，听起来都是非常悲哀，甚至令人害怕，我很难相信在我面前的这个人就是我幼时同游同息，为我所深知的叶琦，就是那充满了好奇心，愉快和热情的叶琦。他似乎完全没有了进取心，对于世界甚至对于自己都没有丝毫兴趣——只是一具活尸，而最可怜的是安于此中，不求自拔。

“你当然没有打算常是依着你的长兄住着啦？”我问他，我不甘心相信他真正会决意在一座破败的农村中懒懒地消磨他的一生。

“那便是我的打算——留住在这里。”

“不永远吧？”

“永远，”经过了一较长的停歇，他加一句说，“终我一生都在这里，我的一生是不会很长的了。你看我的心多弱呀。我的呼息时常要窒塞的。”

在此次故乡游历的时期中，我常时看见他。偶然他也伴我到邻近去旅行。他老是穿着他的那件污秽的褐色雨衣，腰间系一根烂皮带，领口紧紧的扣着，便是阳光很暖时也是如此。他脚上穿一双毡靴，上流裂开了，便用两根粗麻绳把那系在两腿上。他谈话极少，常是对他说的时候他才答几句。他走路老是垂着头，眼光注视在地上，仿佛近视眼的人防着触跌了一样。我再三想诱起他的谈吐，我提起关于革命、国际联盟、文学、天文学、打猎，或是其他昔日为他所癖好的一些事物。可是他很坚决的不肯来吃我的饵食，Yerunda（无意思）是他答复一切问题的唯一的一个字。对于任何问题，任何争点，任何人物，他既不大喜，也不盛怒。他却很高兴听我描叙美国的生活，有几次他甚至于悔恨他当初未尝和我一道去美国。

我常时和曼卡讨论他的问题，她很了解叶琦，她的父母也很知道他。他有时候也去看他们，可是他从没有谈过很多的话。他只是坐在桌旁，沉思着的样儿，很简短地回答人家的问话，随后便猝然起身离去。她想把他从那种昏迷的状态中唤醒过来，可是终于只有失望，她相信那种昏迷实在种〈中〉毒太深了。她说，苏维埃是万分愿意给事他作的。他们迫切地需要有经验有才干如他一样的人来服务。可是他拒绝了一切委任。有一次他被提议任一间新办的高等学校的校长，多少朋友的敦促都无法使他接受这委任。他向他们誓言，无论如何，他是决不离开他的长兄的门限一步的。面包、番薯和一张小床，似乎便是他的生活的主要目的。艺术、音乐、小说，一切前此曾经诱动他，使他颠倒的事物，现在都不能在他的内心中掀起一丝儿情绪的波纹来。

后来，一次意外的事发生了。

曼卡在她家里举行一晚同乐的宴会。她也请了叶琦，他到了。约有二十个青年聚齐了，多半都是邻近村乡苏维埃中的革命领袖。他们唱歌，讲故事，作游戏，演说，都是高谈阔论，极其欢乐。有人要叶琦说些什么。可是他只是强笑来回答。他一个人坐在桌子的尽头，把头撑在左手上，右手的手指心不在焉的在桌上敲着。他似乎并不是这集会中的一员，不过像壁上的画片一样。他坐着，眼光钉在空处，看来很倦怠的样儿。曼卡再三请他加入他们队里去谈笑。可是他要求让他独自一个儿坐着。然而，他的拒绝竟动了公愤，于是大家决定非要打倒他的这种任性不可。众人一时兴起，便哄然要求他作一次演说或是唱些什么。可是他老是不动。他很苦楚很愚拙的样儿强笑着，只是摇头拒绝。

后来，有一个青年，邻近一处区苏维埃的主席，更开始很严厉地攻击叶琦的为人了。他毫无顾恤地痛斥叶琦，他说，当俄罗斯陷于破碎残败的状况之中，正需要如他一样有经验学识的人来为国家服务，而他却取一种远引逸居的态度！他极暴躁地凶狠地叫叶琦作一个蠢汉，一个怯懦小人，一个卖国贼，一个野蛮无知的人。曼卡想使这种对于个人的攻击停止下去，可是那个青年正在愤火中烧，如何抑制得住，他把曼卡推到一旁，重新提起话叫骂起来。他是想羞辱叶琦，使他悛悔，因而得以跳出那冰窖一般的环境呢，抑是他积怨在心，想藉这机会一泄愤火呢？不管他的动机和目的何在，他却是用着最使人难堪的语句在这里痛斥叶琦。

真是奇怪得很，叶琦对于人的责咎常是无动于心的，此次却已现得有点畏缩的样儿。他似乎非常不安。面颊更是绯红了。他很兴奋地左右移动着，唇儿紧闭着，似乎发怒了，偶尔又咬一下手指。显然的，这座冰山被这个猛烈的攻击撼动了。接着他举起他的颤动的手很无力地喊着“咯，让我解释！——”

“没有什么解释——”那狂怒的青年轻谩地说，“你应当羞于正视太阳呀。”

“好的，好的，”叶琦阻止他说，“我懂得你了。很好，很好。”他很兴奋地摇动着身体，把雨衣紧束在身上仿佛怕冷一样，又用手去摸领扣是否扣牢了。

他的两眼大［睁］着，眼光中带着一种奇异的恐怖，或者那是一种苦痛的表示吧？

“听我说，听我说，你们都来听，”他请求说，“我本不打算说话的。或者我永远不说话还更好些。可是一切事情总有一个限度。你们懂得吗？我并没有完全失掉感觉，并且我确是被中伤；——有时。是的，确是这样，并且被中伤是很不愉快的啦。”

他停下来，仿佛是吸气，并且集中自己的思想，或者只是咽下喉头的一口痰。

“责骂我，在你们是很对的，”他说时声音略有点嘶哑，说到后来却没有了，“骂下去吧，倘使这样可以给你们一点愉快。可是我警告你们，兄弟们，不要企图改变我的生活态度。这是一种毫无用处的努力。你们说我是一个蠢汉，一个卖国贼，一个怯懦的小人。很好。你们如何看我，这于我是毫无关系的。你们懂得吗？我不愿意作任何事情。我不愿意到任何地方去，并且，上帝鉴临，我什么都不愿意。”他从座位上半抬起身来，用他的臂膊轻轻地敲着桌面，带着一种勉强抑压着的狂怒和被陷在阱中的猛兽的那种愤懑望着我们。

“你们为什么这样难于容许我一个人住着不来扰我呢？”他在寂静中继续说着，“你们老是在那儿痛骂我，轻笑我，斥责我，并且企图改造我，仿佛我是一个心术不正的匪徒一样。你们能让我安静地过点生活吗？为什么你们一定要来令我受苦呢？”

他咳了一下，又用手去摸领扣是否扣牢了。他的面颊热得似乎燃得着火柴，他的眼眶内像火燃烧着，或者含着的是悔恨，或者是焦急，或者是愤怒；或者只是惶惑不安和心虚气馁。

“你们说，”他很和平的说，差不多是一种气尽力竭的声调，“我应当离开我的长兄。很好，可是我到那儿去呢？”

“我们的苏维埃明天就可以给你一个位置。”那开始向他进攻的共产党员这样叫出来。

叶琦冷然地强笑着。

“是的，我知道，你们会给我一个位置。你们知道我是一个有经验的人，知道我是一个诚实的人，并且知道，倘使我接受了一种任务，我必会很忠实地去尽我的责任，虽则我不是共产党员并且也决不希望作一个。是的，你们会给我一个位置，在这一区或那一区的什么学校中去教课。可是——你们给与我教师的那微薄的金卢布，我怎样够生活呀？”

“别的教师怎样过生活的呢？”有人插进这一句。

“唉！我知道你们要提出这个问题来的，我知道你们要提出来的，”他带着一种抑压住的悲苦回答着，“可是我不像别的教师们。你们不懂得吗？我的身体极其孱弱。体力劳动，即使很轻微的，若是长久了一点，便会令我昏眩不宁。别的教师们可以靠着苏维埃给与他们的一片土地，当着薪水一部份的那片土地，去维持生活。可是我的手连举起一把镰刀的力量也没有。倘使你们给我一所极大的田庄，我也会像那卧在金花菜田中的懒汉一样，只有饿死的。我连种一袋儿番薯都作不到。我不能够作工。你们不懂得吗？你们自己看不出来吗？我只有靠着薪水来维持生活，你们知道那是不够维持我的生活的。我曾经受过了的一次长时期的饥饿，我不想再去受那种苦难了。”

有人想起来说话，但是叶琦很快地把他挥开了。他靠在桌子上，把一只颤抖着的手指举起向着我们，在他背后墙上的影子只是随着他左右移动，像是一个恶鬼对我们示威，要我们平静下来或是自己羞惭的样儿。

“可是假设，”他颇有点精神地接着说，“薪水和生活的问题并不想他。假设我竟去教书。你们可以预料我的地位保持得好久呢？唉，为了共产党对于教师所施行的那种严格的监督，我便不得不抛弃我自己的智识，而去依照党所规定的那种鄙陋的无意义的死公式去教。我说的不对吗？”

“自然，我们当然不盼望你把一些反革命的观念灌输到我们青年的脑中去。”坐在曼卡身旁的一个筋肉很发达的青年回答说。

“很好，很好，”叶琦按捺不住似的接着说，“你们都知道我不是一个反革命的人，虽则我有些怀疑，即如，马克思的唯物史观对于日蚀是否有办法，这一类的疑问。有时我有些怀疑——”他们听见了他这种有含蓄的讽刺，都大笑起来。“我常时叫自己是一个社会主义者。我常是拥护下等人的权利。我常是切望着我们的愚鲁的民众得到解放。可是我相信这是要靠人类的想像和人类的情绪两方面的力量才能作到的。在我看来，生活不仅是世界上物质的力量活动的结果，而同时也是人的幻想和情绪的结果，自然你们对于后者的影响是完全忽视的，因为你们的预言家马克思——他直是你们的上帝——不曾承认这些东西对于生活有影响的，或者至少你们是这样宣传的。你们一定要我用马克思主义的公式去注释托尔斯泰、屠格涅夫、普希金、戈戈耳、涅克拉索夫和我们的其他著作家以及外国的著作家以及地理、历史、数学——一切的东西，都用那去注释。在你们看来，马克思是一切智慧和哑谜的钥匙，而在我看来，他只是一个鲁莽灭裂的哲学家。我并不深信世界革命是像光或热一样，对于人类幸福是那样的必要。在你们看来却完全是那样必要的。世界革命是你们日夜梦想着的。世界革命是你们的新宗教。而我看来，却只是一种愚蠢的空谈；然而，设使我做了教师，我还得念经一般地讲着马克思，马克思，以及世界革命，要我的学生们牢记这些，正如旧日我们不得不朝朝讲着俄皇的盛德，要他们记着一般。我就是干不来这样的事。在俄皇时代我之弃教师之职而不就，便是因为我不能作一个媚人欺心的人。你们懂吗？

“再来谈宗教的问题。在往日我便很少到教堂里去。我不知道是怎样的。我总不能和我们的老牧师交好，我认为他们是那班罪恶滔天的人的爪牙。可是——

我信仰上帝。我不能把我脑中的这种信仰消灭掉，并且我也不愿如此。对于我，这种信仰是最大的愉快与感兴的一种源泉；至少，在我追索愉快与感兴的那一时代，它是那种源泉。任何人，只要他研究过一朵花或是一茎普通术草的物理构造，便难于否认世界上有一种宰制万物的超智慧存在着，倘使他竟否认这种的存在，那我便不懂他所根据的是什么理由！一茎野草的内部构造所有着的那种微妙的和谐的因果关系，在人们发明的任何机器中是找不到的。我只要仰面静观着无数万万闪着眼儿的星星，作〈或〉是注视着河水的波动，或是看到一只百灵鸟的翱翔，便不禁满想高歌一阕归光荣于神秘之智慧的圣诗——这神秘之智慧便是我的上帝。……

“是的，或者我太浪漫了。或者我是太想入非非了。或者我是一个疯人。我究竟是什么，这是毫无关系的；我相信有一宰制万物的智慧存在着，这信念是不能，也无法从我脑中消失去的。笑我好了，倘使你们愿意，叫我是一个蠢东西，叫我是一个痴汉。你们不能再中伤我一点的，你们绝对无法把我的上帝从我的脑中逐去的。唉——若是不着重上帝的存在，我便不能把花的构造充分指示给学生们看。并且假设我竟这样作了，假设我竟向孩子们解释，在所有我们的化学背后，所有我们的物理学背后，所有我们的天文学背后，所有我们的地质学背后，都是上帝的精神和力量，那便会怎样呢？我会得着怎样的结果，我无须告诉你们。咳！在我住的 Tsaritsin 省的某镇上，一位教师有一次把犹太人出埃及记的故事在班里为学生讲了一遍。咯，注意呀，他并没有说他相信这是一件真的事实。他只把这当作古代文学的某一体式之代表作品，选来给学生读读罢了。哈，那学校的一位老年的女学监偶然跑去听见了，便立刻跑到共产党地方党部去报告：说某某人在课堂里宣传宗教。那教师被捕了，并定期审讯。幸而这教师和学生的感情融洽，学生们便出来为他辩护。共产党委员会才宣告无罪，把他释放了。可是想想，受着这种非理的可笑的冤抑，这是多么耻辱，多么令人恼恨呀！想想，那位可怜的教师以后任何时到班上课，面对着那些学生的时候，会作何感想呀！想想，他必须尽其全力，使他的讲义完全避去一切宗教的，上帝的，浪漫的或其他任何不合于女学监所嗜好的那种无神论的事物的种种暗示！想想，一个人竟要有意地灭绝自己的理性，自己的觉悟，而变成一个造谣骗人的韭棍（因为有些人，或者多数人，都是愿意把自己已经觅到的真理抛弃的，倘使他们看见真理需要痛苦和穷乏作代价的时候）！可是我不能干这样的事。我不能够说谎——便是对自己也不能说谎；因为我认为说谎比暗杀更坏——它起初毒害了人的心性而结果终于是杀害了人的全身，简直是一种慢性却更凶残的暗杀。……”

一种反对的声浪在空中嗡然四起了，因为叶琦的话实在得罪了这一群英勇的革命青年。可是曼卡要大家安静维持秩序。

“让叶琦把话说完啦，”她很严厉地在那儿命令似的说，“我们大家好久都想听他自己为自己解释的。现在他已经在说了，我们不要打断他的话头。”

寂静又恢复了，只是偶然间杂着一两声低声的冷笑。

“达，达，（俄文，是的，是的，）”叶琦低低地说着，用一只手机械地摸着他的一片小胡须，“我不再离开我的长兄了。决不！我因为恐怕再遇到饥荒。我不会再遇着的。在我们的生产力很丰饶的村庄里是没有饥荒的危险的。我知道是没有的——可是，”他举起一只颤动的手放在额上轻轻地敲着，接着说，“在这儿还是有着第二次饥荒的恐惧啦。我知道，只要我永远和我的长兄住在一处，我便安稳了！我所想吃的黑面包和番薯便总不会缺乏的；倘若我离开了我的长兄，以如此孱弱衰颓的身躯，我便只有死路一条。呵，我怎样能够让你们也能亲切地感受到那——那饥饿的苦恼和恐怖呵！我不能够。没有人能够。那有点像你们失去了你们的爱人的那一时间的苦恼。……咳，谈到怕饥荒的事本来是太琐碎可笑了，可是这既然是一种事实，我还是要说明的，我现在告诉你们，我之怕离开家庭，遇到饥荒，比一只狗被一个孩子拿着一块石子在后面追逐时所感到的恐怖，实在还要厉害些——我像这样比喻说，或者你们容易懂得点我的意思。

“前些时，一次我到S镇赶集去，当我到了那儿，便仿佛自己回到了饥荒的地带去了一样。自然，S镇并没有饥荒，并且也没有理由应当引起我对于饥荒临头的恐怖，因为我当晚便要回家来的。而且在市场上，面包、牛肉、蔬菜等等更是如山地堆积着。然而，当我沿街走着的时候，我觉得仿佛自己又回到了饥荒的地带，我拟想着自己正在厨房中的一只草褥上困卧着，手足都麻木了，胃火在内面刺剌作痛，只是梦想着食品、筵席和希有的珍馐。……于是我只得快快逃回到家中去。我不能在那儿等候市集。我常常是这样的。当我离家出外的时候，那饥荒的恐怖便在我的脑中作祟起来，予我的精神一绝大的打击。我渐渐要麻木了。我要失去制住自己的能力。我的两腿也要酸软无力跌倒下去了。

“听吧，你们这般空想的共产党人！或许只有被你们侮辱的上帝才能救你们于饥荒的困苦颠连之中呵——饥荒会毁尽你们的理性，灭绝你们的仁爱之心，使你们成为疯狂的野兽呀！有一次，我看见了一只狗，一只饿了的小狗，在我的天井背后寻觅食物。后来我想起这件事，老是好笑。可是当时在我看来，这便不是一件好笑的事。我静静地在篱笆后面偷看着那只狗，手里捏着一根大铁棍，预备把这可怜的小东西打死了拿来自己充饥。我的一位邻居看见了，便拾了一块尖角石子照我打来，正中我的膝头，伤得很重，我只得蹲下护我的痛处。倘使他要朝我的头打来，我便无疑地给他打死了。你们知道他为什么要打我呢？因为这样他便可以把那只狗抢去充饥呀！是我的一个朋友，一个很知己的朋友，一个前此常时伴我游猎并相偕出入于各种集会的同志！想想这件事！一个从前的邻居和同志呀！

“并且你们应当到过火车站上，亲眼见过那儿的情状的——小孩儿、男人、女人，都是奄奄待毙的样儿，没有人走近去施以救济，没有人这样作；尸体在石子路上散抛着，像粪堆一样，弄得空气都腥臭难嗅，使得稍有生气的人更是苦恼不堪。……当车子到站的时候，你们应当围着看过了。每天都有一次火车从我们的镇上经过；只要有一个养得很好的客人下车，一群两颊下陷的男人们和女人们便都围绕起来，带着一种斜视的眼光，像兀鹰一般，拼命地嗅着那体面的人，仿佛要把他们的牙齿深没入那芬芳四播的肉体中去似的，那人为恐怖所击，便只有跑去藏起来。有一次，一群人真的在一处围场中围着了一个人，并把他逼向场的角落里走去。他们也不作声，一句话也都不说，只是愈走愈逼近地围着并嗅着他。他想爬上篱笆逃去，可是篱笆倒了，他跌在地上，有几个人也被撞倒了，压在他的身上。他以为他们想杀他，于是他大声喊叫起来，高呼救命，同时用力推开压着他的人，接着他脱下一只自己穿的钉有马蹄铁的皮靴，拿着向那几个人的头上打去，像一只被围住的野兽想脱逃时一样的横暴。他们没有还手。他们中有几个受了重伤，他们只能躺在泥沟中呻吟。……咯，你们不能忘记这种情景呵。……”

他停下来，用手揩去额上的汗，接着说：“并且，唉！你们都是知道我的妹妹帕拉司卡的。她是和我一块儿住在我的庄子上的。我的妻死去后，我们的食粮差不多也吃完了。我们只剩了一袋燕麦，再没有什么了；每天帕拉司卡煮一点麦粥，我们便靠这活命，每天吃几杯；把麦放在水里浸得很久，这样便可以多过一些时。我们吃的只是这一样。有一晚，帕拉司卡跑来对我说，第二天她要我真正的看见可惊的事——她要弄些真正的面包和腊肠给我吃！有一个人允许了给她的，一个铁路工人，他是每天要从我们镇上经过的。我很高兴，希望那个人不会令她失望。她要我放心，说他不会的，因为他很喜欢她，并愿意来看她，帮助她。我开始怀疑起来了，终于她向我直认不讳，那些食品是要她予以代价的，可是那代价并不是钱……你们懂得吗？唉！或者我是太守旧了，可是我是爱惜名誉的，我是极端自尊的。虽然孱弱万分，我还是捏起一把刀子，指向我的妹妹，我告诉她，倘使她去看那个人，她便永远不要回到我家里来，也不要令我再见她，否则我一定要把这刀刺到她的心窝里去的。她哭了。自然她还年轻，只十六岁，并且别的女孩子们把她们作的事都告诉她，她们是怎样得到食粮的，并且她以为拿名誉去换面包，这是十分正当的事——在没有别的方法取得面包的时候。她答应我决不再去和那个人接近，她真的作到了。可是别的女孩子们——咳！你们应当都在那儿亲眼见到的，小女孩儿们为饥饿所扼，完全到了疯狂的地步，忘记了一切，自尊心，礼节，什么都没有了，为了换取几片黑面包皮，任何代价都是不惜牺牲的。……有一次，我看见一个铁路工人，一个宽脸红胡子的大汉，和一个不到十四岁的女孩在那儿讲价；那女孩赤着脚，穿着一件破衣衫，脸上还现着一种幼年的绯红色彩。……他很公开地很厚脸地和她讲着，像在市场里和一个小贩讲青鱼的价钱一样。……多少面包换多少快乐。……想想这禽兽的行为！……咳！还说下去干什么？感谢上帝，那种恐怖的日子是过去了。……那梦魇已经消逝了……"

他把身体向后靠去，呼吸得作响，他的胸部很快的起落着。他看去似乎很疲敝〈惫〉，却仍旧很有精神。他的面颊绯红，可是面上表现一种宁静安慰的神气，仿佛这次遇到了得以发泄积愤的机会，内心正在那儿经验着一种如释重负的愉快似的。曼卡的母亲送了一杯水给他，他慢慢的喝完了，接着便起身预备离去。

"否，叶琦，"曼卡带着怜悯的神情颤声说着，"倘使你试试忘掉自己的利害并且负起一些责任来，这样必定可以增加你的勇气——"

他不肯让她把话说完。

"否，曼卡，"他打断她的话，带着那种痴子样的冷笑说着，看着令人非常不开心，"我不愿意要什么职业。我不愿意去干什么工作。这便是你想说的所谓责任，是吗？我没有什么工作的目的，真的，没有什么。没有什么事物，也没有什么人，使得我不得不去工作。……我只要和平，幽静并为世人所遗忘。我将终我一生都依着我的长兄寄居，只要依着他，我的面包和番薯和睡的小床便不愁了，并且我还可以常常作点东西来消磨我的光阴——修草屯，造桌子、椅凳、箱子和各种家用的小东西……至若说到其他的东西……咯，我什么都不愿意要。"他走近她身边并把眼睛注视着她。"听吧，听吧！你觉得替我很难过，你不是吗？我知道你是的。不要抵赖。你以为我若不是疯了，那么至少是失了自制力；无论如何是十分不幸的，是吗？我告诉你，你替我难过真正还没有我替你，替在此地的许多人，替所有我们的那些热忱的革命党人，难过得那么厉害呵！……且告诉我，你们大家匆忙着，兴奋着，究竟所为何来？共产主义、社会主义、苏维埃——咯，这都是无意思的话，上帝鉴临，这都是的，这只是使人愚拙，使人灭绝，男人和女人都是一样。这完全是离开正道的东西。想想看——我在以前希望着梦想着的一种将来，一种更进步的文明，一个快乐的世界，而现在，现在我只能看见这种希望和梦想的幻影——否，幻影也消灭了，只是空虚。”

“为什么欺骗我们自己呢，兄弟们？你们没有看见真理吗？俄皇杀了人，多数党又杀人。教育杀人，民主主义杀人，革命杀人，马克思也杀人。我们大家注意的似乎只有杀人这一件事，我们杀得越多，似乎要求流血的欲望更炽，因而我们在暗杀一方面的本领更加高强起来。所以，挣扎着，希望着，梦想着，牺牲着，便是胜利着〈者〉，究竟有点什么好处呢？迟早，我们的全部精神文明会沦亡灭绝的。”

“听吧，”他转向我们大众，他的颤动的嘴唇露着一丝悲苦的微笑，“我常常想着，所有你们在本区以及俄罗斯各农村中的这班热情的人，共产党人或非共产党人，企图超拔农民于愚昧之中，实在都是干的蠢事。在我的意见，倘使由他去，由他去安于贫乏，怠惰，愚昧无知之中，这样对于他——农民自己，并对于世界，都是更聪明且更安稳的事。学校、教育、文明、无神论、马克思主义，这一切都只是会掀起他的自觉、自骄、自重；是的，只是会掀起他的倨傲心和他的争斗的情感。在现在的情状之下，煽动他起来是很容易的。可是他有着一种忘却和姑息宽恕的特长。他实在是太简单太原始的了，太忙碌了，除了想到他的每天的工作，他的饮食，他的睡眠以外，什么东西都想不到。呵，我知道，煤油的价钱贵了，盐和铁的价钱贵了，他是很恼恨的！他悲叹着他被剥削了，被劫夺以至于倾家荡产了。可是这是一件小事情。当天色向晚，他把大块的黑面包和小罐的酸牛奶装到了肚里去，滚到土坑上或是草窝似的床上去以后，便什么都忘却了，一直酣睡到第二天天亮才又醒来。恼恨并不能损害他。无论如何，他实在没有多余的时间去恼恨什么。可是教育、文明、骄傲，咳——这些东西把其他的人民毁坏了，也会把农民毁坏的；是的，农民遭受的更为厉害，因为农民是孱弱，比其他的人民更为孱弱，像你我，像全俄罗斯人民一样的孱弱且卑贱——俄罗斯人真是一个该咀咒的种族呵！”

他用一方红色手帕揩着额上的汗，纽紧了衣上的扣纽，向我们道声再会，便漫步走出去了；有几个青年要求他不要走，留着和他们辩论一些问题，他却连回答也没有。他去了以后，残余的一种幻象似乎完全非真实的，我竟至怀疑：在房中谈了这许久的话的那人是否真真就是他。……

他的话在这些革命的青年农民中完全没有得到同情。在他的悲叹中，他们寻不出丝毫价值或意义来。他的那种组织得很细密的逻辑，他的浪漫的眷恋之情，在他们是完全不了解的。便是对于他的身世凋零的悲剧，他们也不能得到何等理解。他们看不到他的灵魂上的苦楚，只把他认作一个愚蠢的无用的村夫。他去了以后，他们大笑起来。

“一个真正的智识分子，”有一个青年很鄙弃地说着，“一个多余的东西。”

“真是多余的，”另一个青年很严峻地说，“带着满脑子的资产阶级的观念和情感。”

可是那老是多情且和善的曼卡却出来袒护叶琦：“然而，兄弟们，他的心意终究［是］高尚的。”她说时非常郑重的样儿，眼中含着泪光。

“高尚的，”攻击叶琦的那个共产党员带着鼻音，严重地说，“一个很糊涂的字眼，曼卡，一个资产阶级的字眼，一个无意义的字眼。当一个人是毫无用处的时候，即令他是高尚的，又有什么好处呢？曼卡，高尚这东西是不会造桥，修马路和建筑学校的呀！俄罗斯需要的不是梦想家而是现实主义者。你懂得吗？梦想家便是我们过去的祸患和沦亡的根源。他们所能作的只是高谈阔论，呻吟咽泣和怜悯自己。打杀这班糊涂无用的东西呵！俄罗斯所需要的不是那班克伦斯基，那班人只是会胡乱诌一些浪漫的痴话，造成一群恣情纵欲的懒汉；俄罗斯所需要的是能够捏起镰刀，举起铁锤且并必要时倚〈扛〉起长枪的那种人。……”

“说得对，说得对！”许多声音一致地这样回应起来。

叶琦与这班出言粗暴而为俄罗斯的新领导者之代表的青年中间隔着怎样的一条鸿沟呵！他们两方面所住的世界是彼此不能相容的。彼此都是不得不以毁灭对方为要务的。根本说起来，叶琦实在是一个莎翁剧中的哈姆雷德，与屠格涅夫、孔加洛夫、托尔斯泰、朵思退夫斯基、普希金诸人的小说中的英雄，或毋宁说是Victims（被牺牲的），大体都是很相似的。掀起人们的仁爱性能去怜悯并同情于俄罗斯的智识分子，便是上述的那些文学的先觉的功绩；牺牲自己的精力，英勇地且美丽地去孕育，去传述他们自己的以及他们的国民的弱点，尝试说明人生、上帝的乃至宇宙的意义——这种种的努力也都应归荣于那些高尚的怀疑家。诗人、哲学家、自我主义者，他们决不曾锻炼过自己，在必要的时候，使自己可以抑住感情，抛弃怀疑或牺牲恻隐仁慈之心的；他们也决不曾锻炼过自己，在必要的时候，可以用他们自己的手去与恶势力搏战，虽则这种恶势力是他们长期且非常愤激地恼恨着的。在一个革命的社会中，怀疑、安闲、浪漫的幻想，都是绝对不容许存在的；自私自利和感情用事都是完全被禁止排斥的；同时，它是虎哮狮吼般地命令着人们去猛烈的奋斗，辛勤的劳动，并且不断的去为生活而冒险。在这样的一种社会中，他们能够干什么呢？什么也干不了；只有愠怒、呻吟与咽泣与死亡而已。……

叶琦是俄罗斯无数的哈姆雷德中的最后一个，他还正在自己的不幸的命运中间徘徊着。

第十三章 农民之前途

那天迟到晚上我才动身回家。这算是我在故乡中的最后一晚了。第二天早晨我就要动身到莫斯科去。

半圆的新月懒散地隐现在朦胧的雾天中。空气宁静而阴寒，熟烂了的野草和枯干了的牧场散发出一种怪气味。低湿的一带田地里起了一重灰色的浓雾，弥漫在地面上好似云海一般。我是走的一条熟路——在儿时，骑马或坐车，我曾经走过千百遍了——沿路的景色在我的眼中都像极亲昵的故旧一般：矗立着的风磨，环绕着的村庄，湿沼中的灌木浮现在朦胧而流动的雾层以外，好似古代的三桅帆船寄泊在海上一般；麦田中的残梗上已经着了夜露，因地势的起伏而闪耀在稀微的月色中，好似寒空中眨着眼儿的星星一般；那车辙深陷的泥路，那零落不堪的坟场，那仍旧没有栏杆而一经踏上便摇颤欲倒的小桥——这一切在我眼中都完全和当年一样，照旧的粗笨，照旧的倾颓，照旧的异常不开通。四野都是和平的，恬静的，没有一点骚乱的先兆，没有一点冲突的预示。

全俄罗斯都是这样。任凭景象如何破坏，凋零，生活的外表看去总似乎是恬静而安详的。人民尽管是鹑衣百结，尽管比其他地方人的境遇更加不堪，可是他们仍旧忙着他们每天应作的事务，并不曾减少丝毫生活的热情。他们还是高声大气地和店主讲着生意经；踊跃地参加晚会、讲演会；高兴地到戏院、歌剧院、音乐会；小孩们更是到处跳跃着，在街上，在公园中，唱着叫着。在莫斯科，在列宁格勒，是这样。在农村中更特别是这样，那儿的粗鄙而忙碌的生活反因革命的爆发而更加紧张起来了。一直要等到你开始同他们——农村的居民——接谈，你才认识他们内心的惊扰是何等的深广。俄罗斯的男人或女人，革命党人或非革命党人，有一个人的内心不是一所广大的化学实验室吗——倘使不是一片战场的话？你看，狂怒、狂喜、深恨、希望、绝望，种种的力量不是经常在那儿冲突，溶解，排斥吗？

我想着叶琦，我那儿时的朋友，当年是何等活泼而有志气，现在竟在革命的手心里挨着一种缓慢的死刑，他完全觉到了末日将到，然而他不愿举起一只手指去挽回这厄运。成千成万陷入黑暗中去了的叶琦都被自己压碎而死了！他们的死完全超过了拯救者的能力以外。旧时代的俄国智识分子该被咀咒呵，他们既没有忘却或嘲笑旧信仰与旧习惯的本领，又没有高兴地接受新制度的勇气！

自然，在俄罗斯，最难堪的要算老一辈人的命运了。他们对于前途有什么希望呢？他们不能弃绝旧思想和旧行为，在他们看来，这些东西便是组成真正的正义与快乐的主要原素，可是现在都完全被取消被禁止了。实际上他们也并不期待什么。他们也并不想取得什么。他们只是立在那儿碍事害人。他们之受苦只是因为他们的一命尚存——可是他们既欠同情，又欠耐心。有一次我去访问莫斯科某日报的主笔，他曾对我说："老年人现在所能作的最好的事是去死掉；他们死得愈快，于他们，于我们，都会更有好处。"这几句话是太残忍了，可是实在含有严重的意义。

在农村中，前一辈人所感受的痛苦还没有像城市里的来得那样深沉难堪。终究，农民比较城市的人要更原始的一点。他缺乏情感，而情感对于城市的人便似饮食一般，一日不满足便一日感到痛楚的。他的自我发达的程度也不很高。在物质一方面看起来，他的生活方式很少有变动；黑面包和蕃薯仍旧是他的生活当中的支柱。他不关心衣衫的破旧，穿着破靴或赤着脚，在他并不觉得难受或羞辱。整队立在苏维埃办公室里，痴立几小时，听着那不很客气的办事人的斥责，他也并不因此而激怒。他的社会生活并没有受着严重的损害。他的社会地位显然地大大提高了。而最好的是，他每天的辛苦劳动使得他疲倦，健忘，一到夜间就要安息，来不及计及一切了。此外，当他休闲的时候，他可以尽情吐出他心中的不平与希望。他对于不满意的事物可以随意嘲笑，咀咒，威吓。可是城市的人就享不到这些自由了。他的悲哀和他的忿懑，他都得咬脱了牙齿合血吞一般隐忍到心底。他不能忘记他的昨天——昨天的荣华富贵像鬼怪般刻刻出现在他的心头。

然而——个人在革命中一步一步所扮演的悲剧，被人传述的已经不知有几千万遍了，此时再要申诉这些，我恐怕，虽然不至毫无兴趣，可是那种伤心刺骨的感动力是完全失去了的。这时候全世界所注目的，要加以审议的，是其他的事物，那正在广大的苏维埃共和国国土内植根的一些新社会势力和新制度。例如，苏俄定了一种新的司法制度，对于被告的社会地位非常重视。这在西方或许认为是一种不公平的制度，可是它确是对于世界供献了一种新的法律观念，并且关于诉讼程序的一种新的形式也因此正在发展着。此时正需要一些有学问而无成见的法律学家对于这种新制度作出一个科学的估价来。还有一种新的典狱制度，即是把监狱改成学校和居留地，企图恢复犯人对于社会的有用的效能。我在俄罗斯中部所参观的一所最好的实验田庄，便完全是由本省的犯人耕作的。还有政府扑灭种族仇恨心的努力也是很值得注意的。在俄国，阶级的感情或许激发到了极猖獗的地步，而种族的成见确实是消灭尽了。旧俄罗斯是由几百个不同的民族和种族的部落组织而成的，是一个最易滋生种族仇恨的暖床。俄皇政府的政策便是促使这种族各别的部落互相冲突，这样它们便永远是分散的，不至凝成为一种强大的反抗俄皇政府的力量。可是现在的政府正在努力企图扑灭这种种族仇恨心，他们着手的地方便在防止这种流毒浸入到青年的心里去，他们努力使种族不同的一些青年团结在一种相互了解与相互容让的精神之下，这样釜底抽薪的办法便可以使得这种流毒不易滋蔓了。今天俄国种族不同的人民混合结婚的事日益加多，甚至犹太人与非犹太人间的结婚也有，这是毫不足怪的事了。

保护儿童幸福的运动也非常发展，它的表现便是儿童卫生处、儿童游戏场，与儿童公育院的发达。非职业的戏剧与体育事业也非常发达，他们的目的便是供给群众以卫生的娱乐。在远在铁路以外的农村里面，我也看见过他们的足球比赛，这是往年所没有的事；我亲眼看过他们的演剧，那种动作的自然，表情的真切，便是最严格的批评家看见了也会称叹不置哩。

再其次便是对于俄国式的 Hamletism 的战争。所谓 Hamletism，便是一种过分的回想、自疑、自怜的意向，这种意向当年曾经是俄国智识分子所引为光荣的，可是不久便证实它原来是一个万祸之原，它使得他们染上了身体上的怠惰病和瘫痪病，它使得他们都变成了如俄国诸小说名家所写的那种高尚的悲剧的俘虏。断送米留可夫和克伦斯基的最后命运的，这种有毒的俄国式的 Hamletism 或许至少也是一种力量。可是多数党，不论他们有无过错，却是行动的人。他们不迟疑，他们不规避；而更加值得注意的是，他们不计较结果，不害怕失败。他们杀人，同时他们也准备了立刻被杀。他们不知道惧怕的意义，无论是生理上的抑或心理上的。这便是他们之所以非常称赞美国的原因，在他们看来，美国是一个勇敢而能行动的标记。

然而在此地我要讲的，主要的还是农民。革命给了他们什么呢？去问他，他会很动情地很顺畅地回答你说：革命给他的只是贫穷。靴子的价钱这样贵，用具、火油、盐也都是一样贵；租税也高得了不得。那么革命对于他有点什么好处呢？

自然他取得了从前地主和皇室的土地。可是这些土地分配的结果并不曾解决他的经济的恐慌。一万万多亩可耕的土地分配给几千万缺乏土地的农民，当然是不能满足农民对于土地的需要的。而且，对于现代的农人，新机器，新的耕作方法，方便的销场，低廉的贷金，这一切对于现在的农人，和增加耕地都有同等的重要，可是俄国的农民在这一方面就更差远了。然而，在其他的方式之下，他还是得到了政府不少的帮助哩。澈遍全国，没有一处不举行着许多讨论会、讲演会，政府特别预备了许多图画标本，派遣许多有知识的人去教导农民，教给他们耕作并管理田庄的科学方法。他开始学习的是，农场轮种法的意义，适当的选种法和犁田法等等。他看见了 tractor 使用的情形，便很郑重地讨论联合邻居结成一个大的组织来购用 tractor 的实施办法。在战前俄国只有 tractor 五百架，到了一九二五年初便已加到一万二千五百架，此后还在继续增加。

可是，在今天，我们要考察俄国农民生活因革命而起的主要变化，在物质享乐的范围以内是得不到结果的。这种变化，在他对于他周围的世界所起的那些心理上的反应当中是表现得很明显的。农民之“再生”（reborn）在多方面可以看得出来。他自己或许还觉察不出这种再生的过程。他或许还不免误解这种再生的意义。可是再生是事实——他自己的话高声地活显地把这事实宣布出来了。例如，他何时有过像今天这样激烈地争论，反对并要求的呢？革命使得他们变成了俄国最会说话的人，并且他也是最敢说话的人。他谈他的苦楚也和谈天气，谈收获一样，都是毫无顾忌的。真的，他是俄国唯一打破了锢闭言论自由的藩篱而又不受丝毫惩罚的人。自然，倘使他号召反对苏维埃政府的骚动，他是会很快被压迫下去的。倘使他武装起来暴动，他也是会立刻被打得粉碎的。可是他并不宣传骚动；至少我是从来没有听见过的。要说他有意骚动，那是绝对错误的，因为他是太倦怠了，太无组织了。他不需要战争而需要和平，需要依自己的劳动与生产而应得的平等的酬报。

当我到农民的家里，到麦田中去看他们，参加他们的群众会，在车上听他们谈话，无数次，我都有一种幻觉，仿佛我所到的这个地方并不是从前屡次听见人家说到看见人家写到的那个专用压迫政策的国家，而是，恰恰相反，一个远在天边，从来不知道什么检查与政府侦探的意义的一个地方似的。有意义且有趣味的例证在我心里塞满了。有一次，我到了离铁路约一天路程的某村的苏维埃秘书家里。那秘书是一个不过二十岁的青年。他眉飞色舞地告诉我，本地苏维埃成就了怎样的一些进步的事业。他们建筑了一座小戏院、一个俱乐部、一处运动场，开办了许多读书班和写字班。他的父亲，一个黑胡须的老年人，在砖灶上很专心地听着他的儿子的谈话。突然他转身向我，用他所能发出的最高的声音叫着：“美国的同志，不要听那个下流种的话！他是我的儿子，可是他是一个下流种，因为他是一个共产党员，每一个共产党员都是下流种。”

我从来不曾想像到，在俄国会有人敢于像这样侮辱共产党的。

另外有一次，我参观一处的农民法庭。一个老妇人因偷了邻居的小鸡，此时正受审问。在往时俄国法庭上审问被告的时候，通常有一个问题是关于被告信奉的宗教，苏维埃的法庭上是没有这个问题的。可是法官常时要问被告是否共产党员抑是非党的。当这个法庭的法官拿这个问题问那老妇人的时候，她怒气冲天地回答道："见什么鬼，你以为我会想作一个共产党呀？"

法官叱止她，然而并不是因为她侮辱了党，而是因为她用了那句粗鄙的俗话。法庭宣告休息一会的时候，我问他对于一个公开辱骂共产党的人何以竟这样宽和。他笑了，他解释说，为了这样一桩过失去惩罚一个农民，那是一点用处也没有的。他是太愚蠢了，不懂得这些，惩罚是不会有一点好处的；而且，他的话并无伤于苏维埃。

依我的意见，农民之变得能说敢言实在是革命成就的最大功业之一。

自然，这种能说敢言的变化是农民心理方面的其他重大变化之先兆。第一，这表示农民对于政府的观念与态度的变化。诚然，农民仍旧不很信任政府，还是以为法官、警察、检查官这一批处罚金，处监禁，征取租税，强迫施行法律的人就是政府的本身。他之欺骗苏维埃政府仍旧像当年欺骗俄皇政府一样，毫不迟疑，毫不顾虑。可是他不再像当年那样怕政府了，Pravitelstvao（政府）这个字对于他已经不再像当年那样可怕了。

其次，他的能说敢言是表示他对于个人尊严的一种新的觉醒。在往时，俄国农民的谦让差不多是世所共知的，许多外国著作家老是不断地提到这一层，惊叹不已，有时且大加称赞，很少鄙见的。有几个著作家，如著名的 Stephn Graham 和其他的感情主义者的人物，甚至推崇这种谦让是一种宗教的美德。毫无疑义的，谦让是一种美德，可是谦让而至于自卑自贱，像旧日农民所表现的那样不堪的样子，那就不是什么美德了。

想想在俄皇统治之下农民的社会地位吧。他是一个农民。当他遇见了地主或官员的时候，他得脱帽鞠躬。当他有事情要去请见他们或是有所求于他们的时候，他常得跪在地下吻他们的手。凡是认为在他的地位以上的人，尽管在心里他是憎恶这些人的，他还是得称他们作老爷、主翁。官员都有他们特别的称呼，如尊前、大人之类。农民当了兵，他还是照旧样，得想到自己的卑下的社会地位。

可是革命将这一切苛刻的社会地位的区别以及某种人应服从某种人的旧例都完全扫除了。政府正在努力殄灭下等社会、下等阶级这一类的旧观念，现在也没有什么势力来反对他们的此种努力了。旧地主都跑了，没有跑的则一切权力和社会影响都被剥夺了；旧官员也都［被］驱逐出境了，他们的社会法例都废止了，旧时官员的服饰和仪节都取消了。一切旧的称呼都改作了 Tovarish（同志）或 Grazhdanin（公民）。在军队中农民不再是一具简单被动的机器了，他的个人的地位是被尊视的。他是一个兵士，也是一个人，无论就哪一方面说，军官都是不敢侵犯他的。不当值的时候，他可以自己到自己高兴的地方去，并且没有向军官行敬礼的义务。在戏院里，在歌剧院里，他可以有完全的权力像一个委员一样坐在包厢里面。换句话说，在往时，他和外界的一切接触，处处都要特别表现他的卑下地位，而在今天表现的便是他在社会上的平等地位，因之使得他觉悟到了自己的一种新的骄傲，新的重要和新的自尊心。

这种变动对于有些老年人，对于他们的旧习惯，确是过于激烈了，他们仍旧固执地要照着老章法行事，虽然不一定要像旧日的那样严格。

附带地，社会平等的观念对于社会的其他阶级也有着一种有益的影响。请读者记一记曼卡的历史吧，她是一个军官的女儿，当初她认为仆侍、农民、工人都是一些卑贱的生物，普通的劳动是一种羞辱，可是她现在竟以和农民交往为快乐，以帮助父亲耕作并帮助母亲理家为光荣。在城市及乡村中，我无数次地看见大中学生以及男女小孩们都在家庭内或是花园里忙忙碌碌地工作着，常是赤着脚，恰像一个普通的农人一样。在往时，这样的青年，决无例外的，对于从事普遍劳动这样的事，便是你仅仅向他提一提，也都会给嘲笑死哩。

农民不仅仅变得能说敢言，他也变得非常唯理主义的（Rationalistic）了。迷信，假借了许多新的外来的形式，在有些偏僻的地方或许比从前更厉害，可是就大体来说，可算快消灭完了。我问过男女孩子们，问他们是否相信魔鬼、水神、屋漏神之类的东西，他们都大笑起来，笑我说妄话，不仅在我的故乡如此，在其他的许多农村里我都有过这类似的经验。在往时，很少一个农民区里面没有一个为大家所爱敬的 Znakhar（女巫之类）的——而现在，除了偶尔几处例外以外，Znakhar 都完全抛弃了他们的行业，没有抛弃的也得不到人的信仰了。算命的和猎财的（fortune－hunter 专于找富家子嫁的女子或找富家女娶的男子，多半是一些破落户的贵族之类，从前俄国很多）都很少见了。我们村里的那个吉卜西的老妇人，从前靠了算命曾经赚了不少的钱，过着很富裕的日子的，此次竟向我诉苦，说现在只能到各处去讨一点黑面包度度残生咧。农人逐渐不相信她的预言的力量，革命的青年更是不断地和她开玩笑。

农民逐渐不信仰宗教了，原因究竟何在呢？在往时，农民是大家认作基督教里面最虔敬的信徒的。他经常地到教堂里去，在他的宝贵的神像面前点蜡烛，鞠躬并伏在地下作祷告。他常时要到很远的大庙宇或圣地去参神。他对于一切斋日都是很虔敬的奉行，倘使听见有人辱骂罗马正教或牧师，他都会大惊失色的。他从来没有走过教堂不在胸前画十字的事。可是现在呢？只有妇人和老年人还是照旧忠实于他们的旧信仰；那些所谓开通的青年，特别是小孩们，都是很痛快的无神论者。实在，无神论在乡间也和在城市里一样，传布得异常迅速，竟至令人不禁要疑虑到宗教在俄罗斯的前途。共产党是决定要毁灭宗教的，他们相信结果一定会胜利。罗马正教将要灭亡，这是毫无疑问了的。农民中间除了妇人和老年人以外，已经没有像往时那样热情地向教堂里跑的人了。在我在农村漫游的全程中，我只遇见了很少几个朝山进香的，而他们通常都是和尚。神圣的俄罗斯将要被人遗忘了。

许多著作家都认为，俄国农村中宗教信仰的崩溃是共产党的无神论的宣传所致。无疑义地这种宣传是很有影响的，特别在青年当中。可是根本原因还是农民的那种根深蒂固的异教信念。此地不能详细讨论这个问题。我只想在此地特别着重说明这个很明白的道理，就是，真正的宗教信仰不仅不怕无神论的宣传，便是各种各色的异教邪说的诱惑也是不怕的。只是因为俄国农民在心理上一直到现在，都和当日他们崇信拜物教的时候一样，是一个反对基督教而崇拜偶像的异教徒，所以他是很容易接受反对宗教的教训的。

革命真的把农民的面具揭开了，把他内心的一切可怜的鄙陋都展示出来了。研究俄国农民决不是一件容易的工作。不管，或许正因为，他是如何爱说话和开诚布公，他还是一个不容易了解的人。他是那样在贫穷与忧愁的重压之下，并且他似乎，至少在他的说话当中，完全是没有办法，只得听天由命的样子，因之研究俄国农民的学者，不论他是俄国人抑是外国人，常是被怜悯心和同情心战胜了，以致忽视了他的许多恶行败德。自然也有些例外，例如像著名的狄龙博士（Dr. Dillon）和高尔基（Maxim Gorky）便是。

我是，我想，十分珍视俄国农民的美质的。他有着许多令人一见倾心的特性。他说起话来语音流畅，雄辩滔滔。他待人接物常是和善而周到，他有小孩子般的好奇心。他讲起故事来，口讲指画，引人入胜的魔力，真是世所罕有。他的说话里面含有的成语格言，充分表显他的那种伶俐而善于应变的心力。他更有意味深长而动人的幽默。倘使他不曾身受那暴虐恣睢的专制皇朝之累代的荼毒，他会是圣人当中的圣人了。贫穷和征服完全毒害了他的本性，使他习于作有伤人道的事，使他不再敬重法律，敬重真理和纪律，亦不敬重世界和自己了。他变成了一个无法无天的人了，他毫不在意地谎骗并殴打他的狗、他的妻、他的孩子。那位红色地主所谈的并不是无根据的空话。许多这样相类的故事，在漫游农村的旅程中我听见了。这位谦顺的农民，当他发怒的时候，他是多么残暴呵；而他又是多么容易激怒呵！

可是革命正在注入一条新的光线到他的愚昧的心中去，正在设法使他变得心气和平一点，态度顺温一点，更当心一些妻子儿女的欲望，她们的安适与人格，更重视一些邻居的劳动与所有物，并且更深一层觉悟到自己的尊严与对自己的爱护。当我到各地参观村苏维埃的时候，没有一次我没有一种幻想，我幻想我是在参观一处什么学校，这学校的学生都是年长的男子和妇人，教的功课便是文明生活的初步——如何适当地去耕作某季某季的谷麦，如何适当地去讲求人的和兽的卫生；如何有效地去防止去扑灭瘟疫、火灾和旱灾；最重要的还有如何使个人的行为高尚而受人敬重。无论什么时候，倘使有一个农人说了粗鄙的话或是吐了痰在地上，或是因为偷窃或酿烧酒，或是因为鞭打妻子或儿女，而被带到苏维埃里面来的时候，苏维埃的职员便会对他作一长篇讲演，谆谆不倦地讲着，讲的题目多半是"为什么苏维埃共和国的公民应当免除这样的'资产阶级'的行为"。无论什么时候，倘使有一个农民大意地叫了苏维埃办事人一声"主翁"或"大人"之类，或是脱了帽准备去吻办事人的手，或是用别种方式表示臣服的样子等等，他便会受很严厉的叱责，多半是特别提出来要他注意，注意那种在所谓大人老爷之前奴颜婢膝的日子已经过去了，现在农民和任何人都是立在平等的地位，他决不要在任何人面前表示自己是卑微于任何人了。

谁知道，若干年后，当世界不再因"多数党"这个字而震惊的时候，历史将会指明，苏维埃政府对于刷新农民的道德与社会观念的努力，它对于拯拔农民于伊古以来的种种罪恶过失——说谎、偷盗、贿赂、藐视法律与政府、虐待妻子儿女和禽兽，以及迷信等等——之中的努力，便是革命的一种显著的胜利呢？谁知道，倘使这样地众多，这样地有力量，不过现在却这样地无办法的农民，本来就是一种有自觉，有政治观念且有社会思想的人民，如那班革命家所企求的那样，那么俄罗斯的政治状况会是怎样的呢？谁能预言，当农民逐渐察知了自己有着一种不可侮的力量的时候，俄罗斯的政治上与社会上将会有怎样的变迁与改革呢？

倘使企图预言着革命将会使社会变成怎样的一种最后的形式，那末我就算是一个大傻瓜。然而，我却不能想像农民会接受多数党所努力建设的共产社会。农民是一个拳头很紧，以自己为中心的个人主义者，他一向就深深地浸润在私有财产的欲望之中，他之爱惜个人的财产决不下于美国的和法国的农人，因此，关于农村共产化的话，只须简单向他提一提，他都会拼命地摇头反对的。

自然多数党认实了，要农民接受共产主义，决不是威迫利诱或空口白说所能奏效的，然而他们并不曾放弃最后胜利的希望。他们的论证是：个人所有权的欲望并不是一种本能而是一种意向（tendency），这种意向经过了一度教化的行程，在一定时期以内是会被排除到人的意识以外去的。他们坦白地承认，他们并没有幻想，以为在最近或较远的将来可以打破老年农人心中的个人主义。他们现在承认了，老年农民是会抱着个人主义而死的。然而他们坚决地信任他们能够在青年一辈的脑筋中种下一种能够接受共产主义的态度。他们正在运用各种可能的方法，热切地谆谆地教导着全国的青年，要他们相信，只有私有制度完全扑灭并着手建设共产主义的制度，人才能够获得自己个人的和社会的最高的发展。这般柔顺的青年长成以后会信从这些教训么？

多数党论证说，除了合作以外农民会永远陷在贫穷的命运之中，这是很对的。因为俄国农村的人口过多，个人分配所得的土地必然会是很小的，这样小的土地便使得耕作者的投重资购买机器成为不合算的经营，使得耕作者的生产品得不到最大可能的善价。农民自己已经开始认识了，要逃脱这重难关，他必须和旁人去组织起合作社来。可是合作是一件事，共产主义是另一件事。在农民看来，合作本身不是一种目的而是达到一种目的的手段，那一种目的便是个人的收益，某种形式的财产的积累。修路，购买机器和其他的货物，到城市中去出卖他自己的剩余生产，在这些场合中他是会和他的邻人合作的。可是这不会是共产主义咯。共产主义不仅包含着联合的购买、联合的生产、联合的贩卖，并且还包含着联合的分配与联合的使用哩。

我个人相信，倘使俄国的革命不遇着过于严重的阻碍，最后它会结晶而成为一种新形式的政治经济的国家，这种国家会是城市无产阶级的集团主义与农民的个人主义的一种混合体，它的具体表现会是以全国为范围的一种大合作事业之出现，而国家便是这一大合作事业的总经理。可是无论俄罗斯国家和俄罗斯社会的未来形式会是怎样，这一革命终究是一件伟大的史迹：它忍苦耐劳地把农民的旧世界打倒了，把长期紧系在那中世纪的炮垒上当俘虏的农民解放出来了。它开辟了，扫清了这洪荒的，混乱的大地，使得一种新的觉悟，一种新的了解，一种新的农民的人性，得以在这上面滋生，蔓长，发达至于无穷。

当我达到本村的时候，差不多已经是黎明了。我直接走向仓屋去，那儿是我和表弟睡觉的地方。那儿比屋内冷些，可是没有苍蝇来打扰我们。门的响声把他惊醒了，他问是谁进来了。在他旁边的草上，还有两个人挺直睡着，盖的白布被单。我们的谈话把他们也惊醒了。他们是安多希，那少年共产党员，和小法西耳，村里的另一个青年革命领袖。他们说他们要送我的行，所以到这儿来和我们过夜。我们没有谈几句话，安多希便问我对于苏维埃的革命有了怎样的一种印像预备带回美国去。

我能告诉他什么呢？我疲倦了。我还仍旧在叶琦的那篇苦恼的申诉的影响之下，我说出来的话会只有伤他的感情的。终究，他的表示是太诚挚了，太热切了，只要是坦白的批评，尽管他是不同意的，他都愿意静静地领受着；所以我只得回答说我还没有时间作出什么结论来。可是这个回答不能叫他满足。他怀疑我是不愿意坦白直率的说出来，他的这种怀疑也对我说了，他请求我开诚布公地说出来。他又激我说，虽然我生长在本村，终究我是一个外来的人，一个外国人，我没有什么东西可怕，也没有什么人可怕；并且我的印象，无论好的或坏的，都会使得他和全村的革命者感到兴趣的。

陡然那高个儿的恰尼亚宾（Fyodor Chaliapin）的影像现在我的眼前了。他是一个俄国的歌剧家，我是在过大西洋的时候在船上遇见他的，有一天我问对于俄国革命的意见怎样。

“你知道，”他回答我说，“我不是历史家也不是政治家，我是一个艺术家，我只有一个艺术家对于革命的观察。旧俄罗斯好似一个古潭，一群青蛙深深地藏在潭底的淤泥里并且酣畅地睡着了，陡然有一个人偷偷地走进潭边，用一根硬棒把潭里的泥土乱搅了一阵。你可以想到其后是怎样的情景——那一群青蛙蓦地惊醒了，便纷纷在空中乱跳着，从这儿到那儿。你知道我是什么意思？革命便是那根硬棒，它把久年酣睡在死气沉沉的社会生活中的俄罗斯搅醒了，人民便发狂似的四处乱跳着，尝试寻取一个新的安身立命之地。”

我把恰尼亚宾的这段话重说了一遍。安多希摇着头表示不高兴，并且含着怒意问我：“这个恰尼亚宾是一个资产阶级还是一个无产阶级？”

“都不是的，”我说，“他是一个艺术家。”

“他谈话像一个资产阶级。”他说。

可是小法西耳，他总是比较安详，比较肯用思想些的，像平常一样，他有他自己的一种意见。

“吓，这个恰尼亚宾是什么人，这是没有关系的，”他说，“他是一个聪明人，他懂得我们的农民和我们的俄罗斯。他很懂得我们，懂得很清楚。自然他是对的——青蛙，往时我们恰好就是这个东西；青蛙藏在一个古潭的淤泥里面，深藏着并且酣睡着，革命把我们搅到外面来了，并且迫使我们遍处奔走跳跃着。可是这儿我得加上一句，并且我希望，同志，当你向你的美国朋友谈到本村或其他任何农村的农民的时候，你不要忘记说从此以后我们不会再是青蛙了。”

（上海北新书局 1929 年 11 月初版）

署名：李伟森译

戈萨克之今昔

——漫游高加索库班地方某部落之印像

Maurice Hindus

（一九三〇年三月一日）

按：戈萨克（Cossack）系隶属俄罗斯的一民族，性勇悍。在从前沙皇时代，他们是被利用为对内镇压与对外攻取的有力的工具。——杂志编著

我的游踪到达了黑海边库班地方的某部落，在戈萨克所占据的地域中，这儿曾经是当年颇负盛名的所在。这时是星期日的晨间，天气晴明而热燥，微风拂动着枝头的绿叶。教堂的钟声正在震鸣着，这是俄罗斯所特有的一种钟声，铿锵且和谐，波傅到耳鼓里，然后逐渐消失在长空中。

系了头巾的妇人，老少都有，形态壮健，面色焦黄，臂上抱着婴儿，正在赴教堂的途中跋涉着，还有些小孩追随在前后——这一行列颇形零散，全是妇女，很少见一二个男人。

我在街中徘徊着，街道广阔而陈旧，没有边道，没有人行路，满是凌乱的车辙和深洞，仅仅只有小木屋上的白粉壁和稻场上繁茂的果树点缀这荒凉的景色，使它略有生气。这儿是一个大部落，居民约在三万以上；可是看去似乎只是一个小小的农村，这儿的狗甚至都不像那大村落的那样凶猛地扑人，也可见其冷落相了。

一直到我走进了一处市集的地方，我自己才觉得走到了一个新世界。一大群戈萨克聚集在那儿——完全是男子——消磨他们闲暇的时光。啊，他们是怎样的一些人啊！雄伟，壮健，面目可怕，肩背宽阔——直挺着像俄罗斯北部长的那些没有枝杈〈杈〉的松柏树一样。虽然天气很燥热，他们还是穿的毛织的衣褂，无论青年或老髦，他们每人的头上都戴着一顶高顶的羊皮帽，因此他们的身材更现得高大，几乎像昂首天外阔步在荒原上的野兽一般，看去异常可怕。然而使得他

们特别与众不同的还是他们的面部——广阔，焦黑，累赘的下额，有些还有那向上倾斜的颧骨和左右分明的眉毛，这是鞑靼人或其他亚洲人遗传的特征；而最是特别的是那蓬松的毛发（胡、须、眉），简直像肥沃而又灌溉得法的土地上蔓生的野草一般丰茂。那广阔而饱经风霜的面部，表现出勇毅的神色，可以看出他们与战神，甚至与死神，都曾经肉搏过。他们绝对坚定而自信，除了老人而外，他们是没有一丝圆活容让的神气的。这班戈萨克的老人们真是了不起的大人物，坚毅而又柔和，深刻的皱纹都隐伏在丰厚的胡须中去了；他们那闪耀的眼光中满含着智慧的光采，这眼光投射到你身上，便好似在你身上寻取你的特性或你勇猛的精神，以便称赏你一般。他们真正是特异的一种族，完全不像我在世界上其他的任何地方所遇见的那些老人一样。到戈萨克的生长地来访问这样的一团戈萨克群众，这是我第一次值得怀念的经验。

这天早晨，这部落里有一个群众会——即使说不是革命前的，至少也是这一年中的最重要的群众大会。一大阵重要人物来参加这大会的，都已经到了——本地首都克纳司多达尔的《新闻报》主笔、党部工作人、农民和财政委员会的代表以及法院检查官等。他们之来，是为了给戈萨克们说话的机会，不只是允许他们说话，而且还诱导他们，激励他们自由发表他们的意见——对于一切使他们感到困恼悲伤的事物，甚至对于地方的官员，任何地方的任何官员，都可以自由加以批评，斥责。这是一种所谓 Samokritika（自我批评）的会——在共产党的主持之下，这种自我批评的精神，像狂风暴雨一般，弥漫了全国，把那根深蒂固的官僚主义都给彻头彻尾破坏了。“说呀，说呀，”一个身材颇高，态度庄重的红面妇人说，她是《新闻报》的副主笔，也是本地最有天才的演说家，“没有人会干涉你们或阻挠你们的。而且这儿检查官也亲身出席了，他不只是来保障你们的利益，而且还会严格执行你们所提出的对于你们中间一切恶人所给予的处分哩。”

戈萨克接受了这位女演说家的劝告，于是怨谤之声像山崩地裂一般从各方面哄然四起了：“你们曾经对我们说过，我们可以不用钱取得我们的土地，可是你们从我们榨取去的租税比我们从前被强迫征收去的还要多些。”第一个说话的是一个身材高大饱经风霜的人，他有红胡须，还露着一排大的白牙齿。

“是的，这是非常的确的，”另外的一弹又投出来了，这是一个青年，他的声音洪亮，真可以震彻霄汉，“去年你们要我缴两百五十卢布的租，今年却要四百卢布和三十戈比，明年你们还会要我缴八百或一千哩，那时我便会一无所有，只好在地上挖一个洞把自己活埋罢。”他的声音里面充满悲哀失望的情绪。

“说到我，”一个满嘴胡须的人开始说话了，他说话的尾音拖成了老鼠的一般尖锐，使得群众中起了一阵断续的笑声，“为什么你们还叫我作‘资本家’呢，唉？当我有雇佣人的时候，我或许应当承受这名义；可是我现在是用我自己的这一双枯瘦如柴的笨手在这儿种我的地呀。”说时，他还举起他那一双弯着的长手给众人看。“我没有雇佣的人，然而我还是一个资本家？我死了都会还是一个资本家么？”

“并且为什么我们买不着干货[1]呢？告诉我这是什么原因。”一个老人靠在一根粗手杖上面这样怒声地说。

“他们弄到那些货品只是为他们自己的那一类人用的，”另一个铁青面皮的大汉插进来说，“一个人能够关起门和经理打私交涉的，便能够买到值三百卢布的货品；说到其余的我们这些人，只是一些笨拙的耕田老，便值三卢布的货也不会买得到。”

“值三戈比的都买不到呵。”另一个人高声吼着。

“在现在这样的时代，你要想买一两尺印花布，恐怕等到你的头发都掉光了，你都还买不到哩。”另一个声音喊着，接着便是一阵嘈杂的附和声：“对的，对的，说得不错，说得不错。”

接着还有许多别的怨谤，多极了。其中还有对于禁止私人贸易的抗议声，这一抗议只是在群众中引起了一阵嗤笑；这些戈萨克都是懂得，这样的一种抗议完全是小孩们的无意思的说话，等于现在要求复辟或要求已死的东西复活一般可笑。

接着群众当中走出来了一个中年人，他是众人中唯一戴便帽而不戴羊皮帽的，因此每一个人都能够看见他。他走向城里来的客人坐的那边台上去，他在那儿说了一大堆抱憾的话，使得听众的情绪因受激动而紧张到了最高点。他说，刚才许多人所争论的一些问题都只是暂时的不便利。终究说起来，在这部落里的人总还没有饿饭的或穿破衣衫的，而且在最近的时期内，新工厂完成了，那时出产的货品便会便使得每个人都够用的。可是另外还有一些事，那确是真正困恼着戈萨克的。

“想想看，”他用着一种极端动人的声调说，“想想那暗杀的事——你们知道我要说的是哪一回事——三个人被杀了，否，四个，因为有一个还没有出生就被杀死了，这和已经见了世界上的太阳再被扼杀是一样的惨事。这是一件极可怕的暗杀案子。这件案子使得我们大家都异常惊恐，异常震怒，可是他们对于凶手怎

① “干货”就是俄国农村中通常说布匹、糖、茶等货品的总代称。——译者注

样处置呢？给他十年徒刑的处分！想想这件事，杀了四条无辜的命，却只十年徒刑！并且我们知道，在布尔什维克统治之下的十年徒刑是怎样的一回事。过了五年，或许甚至只四年或三年，他会又自由了。我说这简直是鼓励人去干暗杀的勾当。说到现在的盗贼，他们所受的处分又是怎样呢？一个盗贼偷了一个穷人（他有一妻两小孩）的全部财产——二十五卢布，受了怎样的处分呢？三个月的监禁，如斯而已！这真叫我们的心碎了，城里来的同志们，”他转身向那些来宾说，“当权的人不用一点更严厉的方法去制止一切非法的行为。我们即令受着各种样的贫困，都还能想法谋生活，可是我们若是没有和平，我们便无法生活；像政府现在对于盗贼凶手这样宽厚，我们便不会有和平的日子啦。”

他停住了，群众中起了一阵低声的私语，显然都是和他同其感想的。至若来宾，即使没有被激动，至少也留了一个很深刻的印像。接着还有其他的人说话，后来便是城里来宾们的解释和许诺。一点钟又一点钟，老是长篇短论的演说，天气热得几乎要把人烧焦。我准备从群众中挤出去，自己去找一个荫处歇息一下。可是看呵，群众大会中竟有一部分涌向我的四周来了。现在他们愿意和一个美国人谈谈——想从一个活的代表口中听取一些关于远在海外的那异国的事物。他们向我投出了无数的问话。后来有一个老年人问我喜不喜欢戈萨克。“他们确是像野兽一般，他们不是吗？可是你还没有看见我们生气逞性闹起来的那神气呵。那时我们真是野兽中最凶横的一种，真正的老虎啦。”

“是的，他们真是那种家伙，”一个妇人的声音这样说，“老虎，并且老虎所没有的——”她是一个中年的妇人，有一双精明的灰色眼睛，她的下颏几乎像男人的一样广阔；她的声音里充满了活力，她的态度是完全自信的。她是一个真正的戈萨克女人，她坚持着自己的意见，和任何男人或任何男人的群众抗争，都是无所恐惧的：“呵，他们用他们的鞭和剑是怎样地伤害人民呵！”

“我们伤害过谁呢？”一个胡须飘垂的教长怒气冲冲地抗声说。

“谁么？你知道的，叔叔——咯，例如，学生和犹太人。”

“不要说谎话，你这丑婆浪；这儿是没有犹太人的。”

“我不是说这儿呀。”那妇人机警地却严厉地这样回答说。

“那么，在哪儿呢？”他也用同样严厉的声调问她。

“一定要我告诉你么？呵，你这无知无识的人呵！在许多城市里——Pogroms[①]，你记得么？把你们的昨天想想看！”

---

① Pogroms即指俄国人惨杀犹太人的事件。——译者注

“我不曾参加过任何这样的事件。”

“或许你自己不曾参加过，”那妇人毫不留情地接着说，“可是只要想想其他的戈萨克所做的也都是一样。我曾经看见过他们的，那些野兽。现在因为租税重了，干货缺乏，买不到这又买不到那，你们便抱怨。让你们尝尝穷苦的味道还不足以使你们感到苦痛，一点也不。他们也应当抽你们几鞭，只是不时抽几下，让你们也亲身尝尝你们所给与你们俘虏的痛苦，当你们用皮鞭抽到他们身上的时候。”

“咯，八八[1]，不要说了，”那教长作出一种令人生厌的手势阻止她，“否则这位美国人会以为你真是一个大傻瓜的。”

“唉，妈妈，”一个年轻女孩插进来说。她正和别一个女孩挽着臂在那儿笑容满面地听着那妇人说话，听见那妇人这样对付教长，他们觉得非常痛快似的，“你说得对，非常对的，小婶婶。我们的男人确是那样野兽一般的。就在昨天我自己还看见了一个，我们的一个邻居。他有六十五岁，他的妻七十二岁了，他咒骂他的妻和别一个男人挤眉弄眼地说风情，用鞭乱抽她。只想想这样的事！他甚至威吓她，要把她处死哩。”

“那末你们女人都是圣人，”教长又厉声抗争说，“你们决不曾打过你们的丈夫的。”

“自然我们打过的，”几个妇人同声回答说，“当他们应该挨打的时候，我们为什么不应该打他们呢？”

“啊，弟兄，我们戈萨克的女人不像别的女人，她们是非常壮健且勇敢的。”那教长对我解释说。

听听这些戈萨克很自由地谈着他们的现在与过去，真是非常有意义的事。他们的这种抗争，虽然表示他们的不甘屈服，同时也证明了他们今天的失败。他们的谈话便给了我们一个机会，使我们有一个标准去测量他们的人品，使我们得以断言，戈萨克是一种变态的人。有一天，他也许可以从罪恶的渊薮中自拔而出，成为一个簇新的人物。他也许可以重新崛起，带着新恢复的精力，一跃而立到很重要的地位，可是到了那时节，他又不会是一个戈萨克了。想想看，戈萨克也会对于一些事物抱怨起来，特别是不满于租税的过重和所分的土地过少；在往时他是不懂得什么叫做重税轻租的，因为他根本就不纳什么租税；在往时，用不着他的要求，他便可以得到他和他的家族所能耕种的甚至更多的土地。想想看，戈萨

① 对于老妇人之称谓，意即“老奶奶”。——译者注

克也会和众人一样列队站几个钟头去买几码印花布，在往时，戈萨克走进一家店铺的时候，市民都争先避去唯恐不及哩。只要看看戈萨克现在的形像，便可以知道他当年的威风如今已扫地了。想想看，就是在星期日，戈萨克也都不再穿他那金色镶边的大裤，不再披那胸前插满了银头弹药袋的外褂，他的短剑和刺刀也都不再悬挂在他的身旁了。

我想邀一团戈萨克，请他们穿着旧日的服装，我替他们拍一张照相；可是在这全部落的三万人中，只有三个人还有这样的旧制服，短剑刺刀也是没有了。一个教长伤心似地说："在往时，京城里派一位将军到我们部落里来，召集我们开会，倘使无意中说出来一些我们的老人们所不高兴的话语，他们一定会跳起来叱骂他，他便也会告辞回去，有时含着怒意，有时还带着满面笑容哩。可是现在——"他不说下去了，只是作一种手势，表示他心里很难过似的。我完全懂得他的意思。不管是在会场中或会场外，亦不管是在老人或非老人面前，革命的青年是不肯因受叱骂而退让回去的。

所以，当年以为自己是最高的，无敌的，甚至以为自己就是"人类与自然之法律"的戈萨克，现在确是已经被革命打得片甲不存了。革命不依从他的意志，强迫他抛弃他的旧习惯和他的旧信仰，要他习于过一种新世界的生活。咳，真的，我有一次晚上在察里经（现改名为斯达林格勒）城外草原上一处"野火"①前遇见的那唱歌的弋〈戈〉萨克，或许他就是在那儿咏叹他的同志们所遭逢的悲惨的命运哩。据他唱的那小曲说，一个戈萨克已经不再是一个战士，一个在世界上有权力且占重要地位的人，那跨着如爱妻一般的骏马，穿着华丽的制服，衣袋中还装满了买靴买酒的钱，招摇过市的英雄。否，戈萨克现在完全像一个腰间系着围裙的老妇人了。那围裙——劳苦，驯良且单调的生活之标记，这一切是往日的戈萨克所最鄙视的！历史正在安排着戈萨克的新命运哩。

然而他也曾有过轰轰烈烈英勇且浪漫的历史哩！带着他那噪〈躁〉急的性情，他突过丛林高山，跨过长江大海，把俄罗斯的国旗植在新的无垠的版图上！倘使没有戈萨克，没有他那冒险的好战的特性，谁知道俄罗斯、波兰，乃至欧洲会是怎样的样子？西伯利亚——那比美国的版图大一倍的西伯利亚——全土的征服，几乎是戈萨克独立的功绩，不曾有多少旁的帮助。侵入土耳其斯坦和中亚细亚，攀上高加索的高山，把占领了莫斯科的拿破仑驱逐到国境以外，每一次的战

---

① "野火"：许多人在野外聚柴爇火，围坐谈天或唱歌，以消永夜，这种火叫作"野火"。——译者注

争，乃至革命前两百年中俄罗斯每一次的进步与发展，都赖戈萨克的努力，才能获得最后的胜利与成功。

而且他不仅是侦察队、常胜军和刽子手；他还是禁卫军、边防军和殖民的先锋队哩。常时被派遣到新拓殖的边疆上去守卫，去安家立业在那些地方，他是唯一能忠于这样一种职务的；因为在任何地方或在任何环境之中，始终能尽忠于皇室——反对过激思想，刺杀有过激思想的人——能够做到这些的只有他。

他永远是叛乱的镇压者。没有一个城市里没有几十几百像他这样的人，出死力去和皇室的一切仇敌撕拼。库班地方的这些戈萨克便曾经被征调去充过俄皇的禁卫军，所谓 Kulantzi 的便是；他们那英武雄伟的样范似乎便是俄皇制度永不会倾倒的象征。

戈萨克！这变成了多么可怕的一个名词，不仅在俄文里面，在各种文字里面都是一样。这名词暗示着多少的野蛮，表现着多少的暴虐，含蓄着多少的恐怖呵！土耳其人、鞑靼人、日耳曼人、瑞典人、波兰人——他们和俄国人打仗的时候，遇着要和戈萨克肉搏的场合，常时会战栗无人色。甚至现在每一部落里，都还有骑在马上，一挥剑便可以将敌人劈成两半的能手哩。戈萨克决不向人求饶，也从来不饶恕人家，他也从来不发问题的。他的马和剑都常是预备好了的，他自己也常是在备战的状态中。他爱嗅血的气味，看见人家惨死或呻吟在痛楚之中，他是决不会动容的。他的手段坚毅不拔，他的心地活泼愉快——当时是这样的。他能够一面高歌，一面置敌人于死地；他也能在自己的生命最近一瞬间，欢唱而毫无戚容。至若他被遣派去屠杀的是一些什么人，他是满不在乎的——国外的敌人或他自己的兄弟、犹太人、学生、劳苦的工人或是那穷无立锥之地的农民，在他看来都是一样。

然而当初并不是这样的，完全不是这样的。戈萨克最初出现于史乘，他并不是专制的保卫者而是憎恶者。他的这名字（Cossack）本身的含义便是“一个寻求自己的人”，他当时是“宁死不臣服”的。实在，他是俄国最早的革命家。

在十五世纪的后半期，才有所谓戈萨克出现。当时他算是农民中的一种冒险家，一种疲倦于单调乡村生活的人。特别是在地主取得了对于农奴的更大的权力以后，这种冒险家更多。他向南方逃去，因为南方的天气和暖，渔猎很丰饶，菜蔬很肥壮，森林很深厚，而最好的是没有统治者，没有法律。他从事渔猎，从事战争，有时和土耳其人打，有时和鞑靼人打，有时和捷尔克斯人打。他抢劫商人和旅客，特别是在沙漠上，那儿有许多从亚洲到俄国去的队商不时经过的。

到了十六世纪，戈萨克的数目大大增加了。俄罗斯的地主王公此时真是威势赫赫，不可一世；一切谷物、牲畜、农具，也都像政权一般，集中到了他们手里。没有牲畜、农具式〈或〉种子的农民便只有到地主家去长期佣役，常有用典押的形式将自己终身押在地主家的。年复一年，这种自愿的农奴数量日增，可是这些人当然不是全体都愿意或都能够忍受这种屈辱的啦。他们一遇有机会，便开始脱逃；最先还只是逃到临近的地主家中去；后来政府下令禁止地主容纳逃奴，他们便向法律的权力所不及的洪荒中逃去，他们逃到灌木丛生的岛上和大河两岸的盆地中。就主要的说起来，他们是分成两路向南逃去的——一路向顿河下游，他们在那一带的就叫作“顿［河］戈萨克”；另一路叫作“查玻洛西安”(Zaporozhiaus——意即“在急流之前的人”)，他们是向德涅扑耳河下游去的。他们主要的是大俄罗斯人和乌克兰人，可是他们中间也会找得出立陶宛人、波兰人和其他民族的人，这是毫无疑义的。真的，戈萨克起源于哪一种民族，这还是一个众说纷纭的争点哩。向戈萨克区域逃去的，不仅是不安于现状的农民和脱逃的农奴。王公、牧师、商人和盗匪——实在，凡是渴求着自由，希图逃脱政治的，租税的，家长的霸〈羁〉绊，或是渴慕着一种纯然冒险的行径的任何人，都把戈萨克的棚帐当作他们的栖息地。

“西齐”(Sich——照字面来讲就是在森林中伐木的意思）便是查玻洛西安戈萨克的域寨。他们最多数都是座落在德涅扑耳河的岛上，经过相当的时间，他们便变成了可敬的共和国度，军役还是自由的，有着他们自己遗传的一切风俗习惯，简言之，实在就是一个完全的世界。他们没有成文的法律，戈萨克是不需要这些劳什子的。可是他们的风俗习惯便具有法律一般的权力，并且还是最严峻的法律哩。他们自己选举首长，倘使这些首长滥用职权或是治理不善，他们便把他召回，常时加以极残酷极羞辱的处分，在他的胸前绑着沙包，把他抛到水中去淹死，他们大家都聚在周围，指着他高声叫骂，百般污辱。女人是不许到“西齐”里面去的，他们认为女人曾消蚀他们的精力，减少他们的勇气。

戈萨克虽然干着拦路抢劫的生涯，可是他们自己彼此间是非常正直的，不正直的人便常遭唾弃斥责！倘使一个戈萨克不能偿还对于自己人的债务，他便会被锁在一尊大炮下面，一直要等到他的朋友来替他还了债，他才得自由。倘使他因偷自己人的东西而被捕了，他便得被绑在广场中的“羞辱之柱”上面，示众三天，有时期限还要长些，一直要等到他的朋友来替他赎了罪，他才得自由。在“羞辱之柱”的右边放好了一根很粗的木棒，每一个过路的人都得提起那根木棒来，随自己的意思把那被绑的罪人痛击一下——这是大家的义务哩！有时罪犯还有得烧酒吃，可是这只是使得他发狂，于是被木棒打起来，大家便更觉好玩了。

常是有罪人在被绑的第一天就死了的，也可见那棒击是如何的凶残啦！因为犯了罪而被打得断腿折臂，这也不是少见的事。而最凶残的莫过于死刑了！用铁钩将罪人的肋骨穿过，吊在树上，不再理会他，到后来不仅是早已死了，并且还腐烂了，这时才放下抛到野外去——这就是死刑之一种。倘使一个戈萨克杀死了一个自己的同志，他们便把这凶手带到刑场上去，要他眼望着挖坟穴，挖好了就将他放在穴底，再把死者的棺材放在他身上，接着把土盖上，就这样把他和死人一道活埋，这就算替死者伸冤了。

每个戈萨克军役期满了以后，他便在“西齐”的四周闲耍着度过他的时日。作工是他所轻视的，商业更是他所鄙弃不堪的生涯。任何人，凡是不和他过着同样生活的，即是：不像他那样怠惰兼抢劫，战争又放荡的，他便认为是败类。他之为人，对于自己所干的每一件事，都是非常热烈而紧张的——他打仗，他冒险，他饕餮，他跳舞，尤其是他喝酒，都是如此。当他休闲的日子，他老是滥〈烂〉醉如泥的，常时甚至拿他的皮靴和布衫去换他所渴慕的黄汤哩。他之爱和朋侪聚宴豪饮实在更甚于爱斗拳使气，虽则他们朋侪相会通常是不免要交手痛打一顿的。

查玻洛西安戈萨克和波兰有相当的联络，他们担任替波兰抗击那可怕的鞑靼人的进攻，因此戈萨克在波兰的历史中一时颇占重要的地位。后来他们转身为俄罗斯的沙皇效力，便使得波兰受一严重的打击。此时他们多少还保存有他们自己的法律，不失为一个自治的单位；及到鞑靼人的威胁对于俄罗斯已经消失以后，俄罗斯的加特林大帝便把戈萨克区域看作殖民地，移殖了许多农民到这儿来，并宣称“西齐的制度永远废除，查玻洛西安这名称也取消。”于是许多查玻洛西安戈萨克便都移到库班和顿河一带的戈萨克区域中寄居去了。

戈萨克爱慕自由的心情既然如此不易遏止，因此俄国史上最有名的大暴动，有几次都是由戈萨克领导的。我们且看看一六六九年的司坚卡拉真（Stenka Razin）大暴动。因为他亲眼看见他的哥哥被一个俄国亲王绞死了，司坚卡便决意要向全俄罗斯的贵族报仇。此时正当农民由法律规定被束缚在田庄上，即是法定的农奴正式成立好几年以后。司坚卡派了许多密使分途到各大田庄上去，向农奴宣传说，倘使他们愿意集聚在他的旗帜之下，和地主们作决死的奋战，他必定将他们从农奴的束缚之下解放出来，并给他们以土地。农民响应他的如风起云从，为数至夥。司坚卡便向他的敌人进攻，无情地对于敌人施以杀戮。他用剑战，也用舌战。像多数党的那种样式，他组织了许多宣传队。他的密探都假充敌人的官兵，深入到敌人的军队里去，鼓动兵士起来杀戮官长，加入他的部队来一致行动。许多城镇都先后被他攻下了。他占领阿斯特拉汗的时候并不曾和敌军接战，因为城内的群众被他的宣传鼓动起来了，都带着一阵发狂般的热情来拥护他和他的主义。当他进城的时候，疯人院给打破了。当日的无产阶级（仆役、门丁、农奴）都起来占领了他们主人的家宅，并且随意夺取一切可能的事物——衣服、饮食、钱财、家具，有时甚至连那些被打倒了的贵族们的妻女也在被取之列。司坚卡克服了顿河流域及伏尔加盆地一带，便动身向莫斯科进发。

可是他的军队愈发展扩大，愈弄得尾大不掉。加以他的军需不足，可信赖的军官更少，终于吃了败仗。他和他的兄弟都被捕了，锁着重练〈链〉，系在一部大的货车上游街示众。政府当局用尽方法，想使他忏悔他的罪恶，可是一无结果。他受着极残酷的虐待，最后，依照当时的习俗，他受了活着分尸的惨刑。

现在俄罗斯的许多城镇里都立有他的纪念碑，有些依据他的名字和事迹而作成的歌曲，已经变成了俄罗斯民歌的一部分，俄罗斯以外的人们也都非常热切地推崇这些民歌哩。便是此时，我正在柏林的一家咖啡店里写这篇文字，店里的音乐班还正奏着这样的一首民歌曲，这曲歌的大意是说，司坚卡为了要平息伏尔加河中汹涌的白浪，于是将他最爱的波斯公主投进水中去了[①]。

一世纪以后，另一个戈萨克名叫布卡切夫（Yemelyan Pugatchev）（今译普加乔夫——编者注）的，领导农民又干了一次大暴动。诗人普希金曾经依据他的功业做了一篇很美妙的诗篇，至今为人传诵。虽然他目不识丁，可是他还是被认作当日最有军事知识的人物之一哩。他在战场中用来攻击贵族的机关枪，现在还存在一个博物馆里；真的，俄国的军事领袖中使用这种枪的，一般都相信，他还算第一个人哩。他征集了一庞大的军队，并且打了许多次最光荣的胜仗。可是，像司坚卡一样，他终于吃了败仗，因为军队组织的尾大不掉，又缺乏高明的将才和军实；并且，也像司坚卡一样，他受了极惨的酷刑后便被活着分尸了！

戈萨克本是最强悍的犯上作乱的"贼子"，他喊出的口号就是"自由"；时间过得不久，他竟变成了最野蛮的代替俄皇政府压迫"自由"的"忠臣"，这也是世所共知的——究竟这是怎样的一回事呢？他为了保障那与他所企求的自由绝对相反的，俄皇制度，苦战了几乎有二百年。这似乎是一种历史的异象，可是并不是的。只是因为戈萨克没有社会的观念。他决不曾把自由当作一种理想的主义。司坚卡之号召暴动，完全是为复仇的热望所驱使！布卡切夫则只是简单地渴欲攘

① 按最近沪上映过名叫"伏尔加——伏尔加"（一名"侠盗雷森"）的一个影片，那便是演着这位英雄的故事。——译者注

权据位。俄国的戈萨克从来不曾有过一个有主义有理想的领袖，这正是他的悲剧之由来。领袖和群众自己都从来不曾企求一个安定的社会，他们决不会为明天的事而心忧。

戈萨克所要求满足的有三件事——自由地过着他们的那种公社生活，巨量的物理的（生理的）刺激和经济的稳定。这一切，俄皇政府都能给他们以满足。戈萨克之爱自由以及他们的那种地方性的民主习惯，并不会破坏现存政治的理论与实施，所以对于俄皇的统治也没有丝毫威胁的迹象。至于刺激，军役和不断的战争——攻击外国人，镇压俄罗斯的属民，屠杀革命的学生、工人和农民——虽然戈萨克是迫切地需要物质破坏的人，也可以使他得到十分的满足。经济的稳定也同样不是一件困难的事。戈萨克妇女都是很能干的工作人，俄皇又给他们很丰饶的土地，不时还蠲免他们的赋税。

可是，除了这些好处以外，戈萨克决不曾享过什么文明的幸福，亦很少接受什么近代的思想。他们的住屋比普遍农村的大一点，当时内外都是用白粉刷得很干净的；可是除了这一点以外，他们的部落，从外表整个地看起来，还是和普通农村一样的破陋不堪——没有边道，没有水沟，没有汲水器，街道一经雨淋，便会变成几条泥沟。在我游历的那一个部落里，有几个青年告诉我，他们费了几个月的时光和父辈们力争，才赢得他们的同意，开凿了一个人工的井，这样大家才有点卫生的水喝，不至喝那些泥污的浊水。住在一种最理想的天气之下，占有全国最好的土地——最肥沃的黑土，不需施肥料的——然而戈萨克每年的收获还是非常微薄的，倘使美国依瓦河边的农夫遇着了这样收获，也都会大失所望，弃地逃去的。戈萨克决不曾学着用科学的方法来从事耕作，他也从来不曾留心去学他。实在，除了军事战术而外，他是什么也懒得去学习的。他之难于适应新的环境，这是很不足怪的事。

最近几年中，有一个很高明的青年农学家发明了一种在库班平原中种棉的方法，便召取志愿的农人来种植这种新的最有利益的植物，可是竟很少有人应征。他们之怕种棉，是因为，他们说，棉花是曾带疟疾来的。他们曾经听见人说，俄国产棉最丰的土耳其斯坦地方有疟疾流行。后来经过了几千学生的帮助解释，这位坚毅的青年科学家才叫大家明白，棉花是不会传染疟疾来的，并且倘使照料得好，棉花还可以算戈萨克所绝种的最有利息的一种植物哩。

在某部落里，有一个戈萨克被这种新植物激动了。他种了一方棉田，非常当心地加以耕耘照料。可是，真是命该的，在这地带当时竟大旱起来。老年人都非常忧烦，他们请了一个牧师来，迎着圣像到各处游行，洒下圣水，祈祷雨降。可是他们的谷物开始干死了，还是没有雨。他们是从来不曾有过大旱灾的，一定的，这是因为上帝要谴责他们。为的什么呢？他们并没有像俄国许多旁的地方的人们那样反对上帝，他们还是照旧向上帝祈祷，点烛，奉斋。上帝一定是和棉花作对；因为，倘使上帝要在他们这一带种棉花，他一定老早自己在这儿种起来了。于是地方上的老人们举行了一个秘密会议；等到了有一天的夜晚，他们把他们境内的棉田都锄乱了，棉根都完全拔出抛去了！

可是一种新的精神吹进戈萨克的平原来了。几乎没有一个部落没有一种青年的小组，这班青年多少是了解了一点现代思想的。我还记得那一个身材高大的青年，他还只二十三岁，肩阔颈粗，胸膛上凸露着健壮的精〈筋〉肉。他虽然已经结了婚，并且已经是三个孩子的父亲，可是他还是到城内去受了某种试验，倘使取录了，他便可以入大学修业！毕业后他便会有本事来灌输文明到他的戈萨克弟兄间去了。他不是共产党员，他也不想加入共产党，可是他相信革命——虽然觉得革命有些地方未免过火了一点，他誓以生命来从事革命事业。他在十六岁的时候，从台尼金（今译邓尼金——编者注）（白党）部下的某戈萨克营里逃走了；后来被捕，判决死刑；恰在这个时候，布丹尼（今译布琼尼——编者注）带领红军的马队起来，将洛斯托甫地方的一切政治犯都释放了。而且，革命竟觉醒了他，给了他一些奋斗的新目标。

现在他认实了，戈萨克的生活是多么绝望啊！他认为，一个戈萨克恰像一匹有大气力的野兽一般，什么也不知道，什么也不留心，所注意的只是他自己的那种兽性的贪欲——战争、火酒、斗拳。他的一切落后，归结起来，有一个主要原因——缺乏文化，特别是缺乏科学。咯，俄皇政府颁给了他许多特权，用着灿烂的服装与武器去满足他的虚荣心，可是从来不肯拿科学教给他；在现代，人们没有科学，便只能趋于灭亡。只看，在往时，戈萨克很少有听见过福特或艾迪生的名字的，而今天，没有听见过这些或其他许多科学家的名字的青年便很少了。是的，革命把科学带给戈萨克了，并且革命的主要功绩与胜利，确实也在这一点。在往时，全库班地方只有十三个农业顾问，并且他们从来都不住在部落里的。与其说他们是顾问，毋宁说是官僚为更切当。可是现在有顾问五百人了，他们都是在部落里住着工作着的。现在已经有一大堆为他前此所不知道的观念在戈萨克的心中鼓舞着——这些观念便是：水力、旱灾、公共浴室、深耕法、人行道、小戏院。在一定时期以内，科学定然会将他的旧污点完全涤去，会将他造成一个非常文明的公民。

自然，戈萨克果真变成了如这位多情的青年所希望的那样文明的人，他便不会再是一个戈萨克了。确实的，他现在已经就不是当年的戈萨克了。他正动身退下历史的舞台。他很英勇地——唉，很凶暴地——扮演过了他所担任的这一角色，他正动身下台了，至少那老年的戈萨克是这样，满面呈着怒气，两眼藏着愤火，悻悻然，他是宁愿安于那落后生活中的，可是历史迫使他陷于绝望。

遇着了失败，他也不是好惹的，这些戈萨克。像那班强项的人遭遇了挫败一般，他会随着感情奔放，几乎完全不能自制的。然而，不管他有多少失行败德，他的过去终是英勇而值得纪念的。他的大无畏的勇气所作成的那种浪漫的生活，全世界将永远不会忘记的。什么也不能使他吓退，南、北、东、西，在西伯利亚的丛林中，在乌克兰的草泽内，在中亚细亚的荒漠里，在高加索的高山上，他常是很勇敢地与人为敌，与禽战甚至与自然搏战。他的功业，虽然是过去了，将会继续掀动着诗人们和艺术家们的心弦。在俄文中，实在再没有比戈戈耳的“Taras Bulba”，或普希金的“船主的女儿”，或托尔斯泰的“戈萨克”等更优美动听的故事。等到犹太人的虐杀与暴乱的镇抚这些事件被世人忘了以后，戈萨克，一切俄罗斯战士中最伟大的戈萨克的功业，都要靠这些诗歌和故事来唤起人们的记忆，激发人们的怀念之情呵。

（原载《北新》半月刊1930年第4卷第5号）
署名：李伟森译

"吉 屋"

——新俄法庭纪实[①]

原名 Ieningrads Lucky House

(一九三〇年十月一日)

从前列宁格勒有一所"吉屋"。在这吉屋的历史中荡漾着近代俄罗斯的生命之流。旧的事物在新的法律与习尚之下仍丝毫未变，便是那一段古代的神话——金色鱼——也还流传在人间。

一九二二年的时候，列宁格勒——当时列宁还没有死，此地还叫着彼得格勒——城外有一所龌龊的小房子。这房子里住了三十七个人。自从地主跑了以后，这些成年人便依据苏维埃的法令，组织了一个房客合作社。

他们都不很知道高明的管理方法，于是弄得负债了。负的债只有十五卢布，可是在当时的穷人看来，这是一个很大的数目了。靠了一次紧急的多方的营求，他们弄到了二十五卢布，这算是第一次有剩余的钱哩。得意之余，合作社的社员便一致议决去买一张新出的十卢布的有奖国家公债。

得彩的机会不过只几百万分之一。可是在俄罗斯神话当中的奇迹出现了，他们的债券竟中了头奖——奖金有十万卢布。

这小小的屋子里竟得到了十万现金。全城，实在是全俄罗斯，都给震动了。回忆起那惨淡的"饥荒之年"，纸币充斥的危机还是很紧迫，现金还是一种奇异的宝贝哩。三十七人中，每一男子，每一妇人，乃至每一孩子都有人来晋谒，来拍照，都被人在报纸上提及，在四处传播。

在高度的热情中，合作社的同人决意捐助奖金的百分之十作孤儿院的基金。

---

① 本文原作者名 W. Duranty，他是纽约《太晤士报》驻莫斯科的通信员，留俄有七年之久。他特别注意的是新俄的法律问题，他经常将新俄法庭的案件作成通信寄纽约《太晤士报》发表。从农村的人民法庭一直到中央的最高法院，从普遍的民事案件一直到最严重的"反革命"案件，他都有许多颇真切的叙述，可以帮助我们对于新俄的法律得一明确的理解。本文便是其中之一；不久当辑一专集公诸同好。——译者

随后他们便开始计划如何使用其余的款项。

立刻，似乎对于财富的注意开始了。几乎所有俄罗斯城市的居民都只有一两家亲戚在乡间的，可是这合作社的十个成年人却发现了自己有着比自己所知道的更多的亲戚。每一活着的亲戚，一直到十二层远的表亲，都写信来问候起居，或者馈送城市人所欢迎的礼物来，都是抱着来分润这座金山的希望的。钱还没有兑出，可是这吉屋里面却是充满了欢乐的嘈杂之声，原来他们正在讨论着他们的计划哩。

住在四层楼的是一位纺织学校的女教师，不久以前，她的学校因为缺乏纸笔和薪炭停办了，她便因此失了业。此时便有一位姊丈来采问她的起居，他们都笑容满面地谈着。他之来是向她提议关于面粉厂的事的。那是在他村中停顿着的一所小面粉厂，据说可以用一笔很便宜的租金用十年，只须五百卢布的修理费便可开工。

二层楼住的是一对乔治亚（今译格鲁吉亚—编者）的夫妇，他们从前是跳舞专家，现在虽然那位妇人的风韵已经荡焉无存，可是他们还是靠着这老玩意儿生活。此时从底夫里斯地方跑来了一位异常热情的朋友，据说是他们的伯叔一辈的长辈哩。这位叔叔带给了他们两块纳拍利里出的上等羊皮，红润而有耀目的光泽，像布甘地（法国省名）出的一样。在从前过快乐日子的时代，这位叔叔还是一位王子哩——据乔治亚的习俗，凡是财产在五头牛或五十只羊以上的人，都被人称作王子的。

我看中了高加索京城中的一处跳舞场。我们知道，高加索的男人都是勇敢而野性的，女人呢，野性却很美丽。因此他暗示，他的侄儿与侄媳既然都是跳舞专家，则他们的技艺在当地一定会有着非常现实的价值；若是投资一千卢布到那跳舞场中去，他们一定会赚得一大宗利息的。

在他们屋里寄居了一个十八岁的青年，名华西里·彼得洛维奇。华西里知道如何去使用他的钱财。在他作工的那工厂里有一个女孩，名字叫薇拉；只要他们能够赁得到一间房子，这两位青年早已会结婚了。可是房子要钱租呀。而且，除此以外，薇拉的家庭都是旧派的人物，他们要举行正式的婚礼，在教堂中，而且礼成后还要排婚宴哩。他们不能相信苏维埃登记处的签字就能算数的。

薇拉也是在旧派的环境包围中长大的。她从来没有和男孩们干过浪漫的冒险举动，像今天的许多其他的女孩们一样。华西里确实是喜欢这样的，因为他之想结婚，是希望得到好处，成立一个家庭，并且生许多小孩子；薇拉也是这样希望着的。可以老是有这样一个困难问题：没有钱租房子和买家具，而且举行婚礼排婚宴必须费四十卢布，一个戈比也不会能再少。

倘使薇拉的父亲不曾因为在战争中从炮车上跌下断了脊骨，或者倘使她的母亲愿意让她父亲一人在家而自己出去作工，那末或许薇拉的每星期十卢布的进款会早已作为自己的用费了。她或许已经同意于免除婚宴和牧师的赞礼，而只是去举办登记的手续，付结婚执照上的十五戈比的登记印花税，就到华西里的这狭小的房间里来实行同居了。可是她又不能离开她的父母，那男孩便只好失望。现在，自然，这两位青年遇了到一帆风顺的时候，她的父母也算交好运了。

那住在气闷的地窖里的一位不熟练的五金工人，他有妻子和四个小孩。他们已经立刻决定了，每天要吃三顿正餐，至少吃一个月再说。随后他们还要去置办一些衣物，去买走起路来轧轧作声放亮的皮鞋——这是俄国农村中农民发了财的记号和证据——再带着这些东西回到家乡去。

他们家乡的村里还有许多土地都荒芜着，需要几百卢布去把积水排尽，布置新沟道，便可从事耕作——他们回去以后，便可以从村苏维埃领得这样的一块土地。他们的弟兄，姊妹和表亲们老早就希望得到这土地，这位五金工人自己也是这样希望着的；可是他正是因为这土地的无望才被迫跑到彼得格勒的工厂中每天作十四小时的工哩。他们若是把积水排尽，这土地便会是这村中最肥沃的了。从前的“米尔”常是提到要举办这件事，并且有一次甚至尝试从“巴林”筹募一笔公债来办的。可是“巴林”在蒙特加罗（法国赌博的中心地）的生意不好，结果还是一事无成。

现在，他们家里有六个人，可以分得十八节沙丁土地（约四十五英亩），据法律规定，每人可得三节沙丁的。倘使他们的五个未婚的女婿和媳妇也加入到这家庭里来帮助他们耕作，他们还可以多分得十五节沙丁土地。他们已经把自己看作是“苦辣客”（富农），或许甚至他们的屋脊上还能盖上石版〈板〉，星期日祷告以后还邀请村里的牧师到家中吃饭——因而牧师也盼望能得到，会是那样丰盛的款待哩。

在楼上走廊的一角里，不过像一个狗窝那样大小的地方，住的是马尔发·塞吉叶夫娜和她的三个小孩子，有一个已经得了肺痨要死了。医生说，倘使他们能够到克里米的一处休养院去休养一时，那其余的两个小孩是还有希望的。可是尔马发〈马尔发〉是没有加入什么工会的，她从前的女主人签名的那张证明书——证明她在某英国人的高等住宅中很忠心地作了七年管理碗类的职务——在苏维埃当局的眼光中是没有丝毫举荐的效力的；当德国军队退出瓦沙的时候，她的丈夫阵亡了，因而获得了圣乔治十字勋章的奖励，然而这十字勋章此时于她也毫无助益。

可是现在，伊凡洛夏（她的病孩子）会有得温暖的含盐分的空气呼吸了，碧绿的海、蔚蓝的天、苍劲的扁柏、雄姿的仙人掌，这一切自然可以安慰他的病苦，挽回他的厄运。只要他们一到克里米，其他的两个孩子也会健壮起来，这是医生承应过的。

这便是，在这吉屋中每一个人都有着一种最亲切的希望，希望着友情、舒适、健壮或者贪欲的满足。

可是接着，不幸得很，那可恶的“资本主义”的毒蛇爬进一些人的心里了。房客分成了两群，两群间起了一种争论，开始还是很和平的，后来渐渐变得严重了。奖金如何分配才算精确呢？第一部分人，从这时起被称作资产阶级的人，主张奖金的分配应该依每户房客所占的房屋地位的大小作比例，不论各户的人数多寡。这般资产阶级的人们说，他们是依据这基础付出房租的。

第二部分人，从这时起被称作无产阶级的，要求说，正当的方法应当是将奖金按全体人数平均分配；那便是说，就是最小的婴儿实际也是房客之一，因此也应当和其他的任何人一样，有权得到完全的一份。这辩论变成了一种纠纷，由纠纷进而成了一种危险。最后他们便到法庭里去解决。

人民法庭下了道很短的判词，判决这个案子：奖金既然是由有登记证的十会员（其姓名为……所组织的房客合作社赢得的，法庭现决定奖金应由前记的十会员依据各人用租金所租得的房屋面积作比例实行分配；即是，依据各会员投入合作社中的租金大小为比例，不论各会员的家属以及寄居者的多寡）。

被称为资产阶级的那一部分人是多么欢乐呵！在无产阶级的营垒中又是多么悲苦呵！乔治亚的妇夫二人可以分得九千卢布，这笔款子可以在底夫里斯开两家跳舞场。可是依据这以房屋面积来分配的办法，那五金工人和他的妻和一窝小孩子便只能得到一千卢布。这如何能吸尽田中的积水，如何能购置种子、犁头牛马、猪羊和家禽，又如何能装设石版〈板〉的屋脊呢？

马尔发和她那要死的小孩是睡在走廊角落里，两个较幼小的小孩是睡在悬在她头上的摇篮中的，她能分得多少呢？在俄国计算房屋面积的时候，走廊是不计算在内的。马尔发是不付房租的，因此实际上——实际上并且法律上都是一样——她不过是这房客合作社中特别通融收留的一个会员罢了。共产党的法官根据他们的眼光很公正地判决这一案件，可是他的判决词竟将这一群孤儿寡母的生命和希望都断送了。

只有华西里毫不介意。他是乔治亚夫妇家中的三房客，他住的他们房中的一角是这所房屋中最大的，依面积计算，他可以足足分得三千卢布，或许还更多些。薇拉和他已经觅到了一处住屋，有两间光线很充足而又清洁的房间，厨屋和浴室只是和其他的三个人共用。取得一个“名义”要费三百卢布——这自然是犯法的，可是每一个人都是这样做的哩。打算二百多卢布置办家具，教堂里举行婚礼和婚宴再打算一百卢布——这算什么，倘使华西里只分得一千卢布，这是有多的哩。

可是住在顶楼上的那位纺织学校的教师马尼亚·尼可拉叶夫娜却大得意了。那空洞的漏风的大房间和粗糙的难看的装置，因这一判决就立刻都变成金碧辉煌的了。她是房客合作社中最有资格的一会员，她住的面积，依据登记所载，竟在全屋的四分之一以上。所以她应当足足地分得贰万贰千伍佰卢布哩。

她的姊丈听见了法庭的这一判决，便把她拥抱起来，姊丈的胖女儿便在他们的周围疯狂地跳舞着。

“不只一家麦粉厂，还可以开三家哩!”他叫着说。他的心目中还有两家，可是，他想，这一定是需要“资本”的啦！他说出“资本”这个字的时候带着十分的敬意。哈哈！马尼亚要变成一个“资本家”了！

现在，马尼亚还是伏居在她的顶楼中。在房的那一边，那位姊丈鼾声如雷，大概正在梦着他的面粉厂哩。在一堆衣服上面，姊丈的胖孩子在梦中啜泣着。“胃病!”马尼亚满怀愤怒地想着。饕餮的猪，两个都是的。她从来没有看见过一个小孩子是像她这样贪食无厌的！像她父亲一样的两块肥脸颊，一对珠子似的眼睛，没有丝毫像她的那可怜的姊姊的。他们曾经问讯过她的么？直到现在，不曾有一个字一行信。倘使她得的贰万贰千卢布都只是给了些不相干的人们，那么这笔奖金于她又会有什么好处呢？还有那乔治亚的妇人，当判决书送到的时候，她是多么注目呵！……龌龊的东西，还有她那满身油腻的丈夫。……

逐渐地，几乎是下意识地，她得到了一个结论。钱必须在所有的房客中，不论老少，平均分配。那判决必须改变过来……。无产阶级这一方面又得到一位战士了。

开始并没有明白的动机，马尼亚立刻发觉了自己的内心燃烧着一种裘安·达克（十五世纪法国女英雄）的热情。她的热烈的演说给了无产阶级的分子一股新的勇气。从工厂里和俱乐部搜集了许多请愿书，她向办公室和候客室四周进攻，像《旧约》中的寡妇一样地固求着。

终于重审的命令下来了。

上诉院的法庭中给工人塞满了。法官听了全案的始末，对于每一琐细事件都加以审讯。接着判决书宣布了，简直和梭罗门的判决一样聪明，不拘泥于“法律”的文字而着重在“正义”的精神。

主席审判官宣读判决词：“人民法庭的判决是基于一种狭隘的法律观念，重视了决定房客合作社的地位的法律，却忽视了正当地考虑苏维埃法律学的基本原则，即是，保护穷苦弱小者的利益这一原则，因此，前述判决宣布无效，即时撤销。在这种关系到一般利益的案件中，必须表明所有苏维埃的公民，不分性别或年龄，都是平等的——这在上诉院是认为异常重要的。而且为着一种经济上或财政上的差异，致使这一公共团体中的弱者感受损失，这也是不能容许的。所以上诉院决定，奖金须由住在这屋中的三十七人全体平均分配。”

无产阶级的分子胜利了——马尼亚是一位女英雄——除了她的姊丈而外，她是受全体的人爱戴的。

可是，如多数党人所已知道的，“资本主义”这条毒蛇不是轻轻可以镇伏的。经过失败的第一次动摇以后，反对者又死灰复燃了。从底夫里斯来的叔叔有一个朋友在莫斯科的司法委员会（即中央司法部）里面，是一位颇具爱国心而位置也很高的官员。我们的那位叔叔说，让他们把这案子提到莫斯科的最高法院去吧，那儿可以脱离这些民众鼓动的空气包围，彼得格勒的上诉院便是受了这影响才得出那有损名誉的判决来的，到了莫斯科，一切都好些。而且，还有一层，他说，最高法院的决定便会是最后的了。倘使他们在莫斯科赢了，这案子便算完结！那是再不能有变更的。

于是，最后这案子提到苏联最高法院的五位审判官前面来了。此地没有喧嚷的证人，没有热望的听众，没有感情过盛的言词。静静地，悠闲地，审判官们考虑着当前的事实；淡然地决定了他们的判决。

判决词说，两个下级法庭都不曾注意到这一案件的要点，即是，没有认清房客合作社一个整一的团体，或者说是一个“法人”。是以为奖金是属于组成这团体的各个人的，这种认识是极大的错误。奖金付给合作社的时候是认定合作社是整一的团体，因此这笔款项必须专于用在这一合作社的整体上面；即是，用以维持这一住屋，用以举办卫生与文化事业，图谋全体房客的福利。

换句话说，列宁格勒的这一所吉屋可以装置起面花砖的浴室和放光彩的热气管，可以装满耀目的电灯，裱糊漂亮的花壁；可以设置一所读书室，室中供着一座古铜的列宁半身像；龌龊的天井不要了，却可以开辟一个赏心悦目的花园，花园中间还矗立着一座大理石的马克思像。总之，吉屋可以变成一个大众共同享有的天国；可是没有一个人能够单独取去一个戈比，无论是单身汉或是结了婚的，成人或小孩，放到他个人的荷包里或为他自己的目的去使用。

* * * * *

这不就是那为每个俄罗斯人所熟知的“金色鱼”的故事吗？

一个穷渔夫和他的妻住在海边的一间草屋里。一天，他捕到了一尾神鱼，那神鱼和他约定，如果他放了自己，便以满足他的一切愿望来报答他。渔夫回家去，将这好运气的机遇告知了他的妻子。她想要一座石头造的房子，一头牛和一匹马，一些家禽和一只猪。渔夫回到海边高声叫着神鱼，那神鱼的金色的头立刻从海浪中昂出来，渔夫的愿望给满足了。

可是那妇人的贪欲随着食欲增进了。立刻她遣她的丈夫去要求一栋漂亮房子，须装满了玻璃窗户，还要有穿制服的侍役。那神鱼又完成了这一奇迹，给满足了。

妇人仍旧感到不满足。她的升发异常迅速，从富有的资产阶级变成贵族，从贵族变成皇帝，从皇帝变成那远处在罗马的教皇——教皇在中世纪的威名已经达到了黑暗的俄罗斯，他的权力可以使基督教各国最骄傲的皇帝屈从他的意志。这儿可算是最后的奇迹了：那肥胖的农妇高踞在圣彼得的椅上，眉头顶着罗马教皇的三种冠冕，好不威风呀！

可是在教皇之上还有一个上帝。妇人为野心所陶醉，她竟渴想变成上帝。这是最后一次神鱼的金色头在海浪中放闪光了。

“回到你的草屋中去吧！”神鱼叫着，立即不见了。

这一对夫妇的末路还是他们当初走着的一条。

（原载《北新》半月刊1930年第4卷第19号）

署名：李伟森译

苏俄农村的故事①

W. Duranty 作

（一九三一年三月一日）

村女和三少年

旧约《申命记》里面所载的“摩西律”，满含着妒意地保卫着以色列的妇女们的贞操。有许多妇女是在田间作工的，那儿是呼救无应的所在。倘使有人在田间犯了邪行，律上规定是要受严罚的，因为若是“有闺女在那儿呼救的时候，是没有人去救她的”。

“摩西律”死灭了，寓言过去了，可是春耕秋收还是照旧样进行着。还是有青年和少女在田中共同工作着，在日光下扮演着他们在“人生”这戏剧中所担任的角色。并且法官和法庭还是要审理那些与天地同老的罪恶案件。

苏维埃统治着广阔而肥沃的大地，也制定了许多保护俄罗斯妇女的法令。在竭力反对“轻薄行为”——即是青年人的狂妄淫邪的种种举动——的决心之下，法律竟规定此种犯罪应处以死刑。

可是正义的铁手有时也不免有失去了效力的时候，就是在“摩西律”还在盛行的当年，也有过类此的事实哩。

* * * *

夏季某天，安娜·彼得绿娜，一个很规矩的村女，到田间去作工。晚间她回家来的时候，含着眼泪向她的父亲彼得·彼得罗维奇诉说：她被村里的三个孩子欺侮了，那三个孩子就是波里斯、伊凡和帕弗耳。

① 下面的三篇故事从 W. Duranty 的 Curious Lottery 中译出。作者是美国纽约的《太晤士报》驻俄的特约记者，他是特别注意法律方面的翻译的。篇中所记都是实际材料，曾经刊载于《太晤士报》。从这里面，可以看出新俄的法律怎样去处理两性间的问题。——译者

她的父亲是一个没有土地的贫农，盛怒之下，便跑到镇上去向警局告发了。开审的日期决定在两个月以后秋收过了的时候，因为秋收是重大的农事，什么也不能妨碍它的，便是发生了暗杀的案子也只好搁起再说。因为三个被告都是本村知名的富农的儿子，所以并没有被拘押，只是由村苏维埃负责届期令到法庭候讯。

一星期后，波里斯伴着他的父亲驱车到彼得家里来访问。彼得用一副很冷的面孔对待他们。他说，他的心碎了，他的一匹小羊被污辱了。

波里斯只是恸哭着，他的父亲却开口了。他承认波里斯的行为确是禽兽般的不正当的，可是青年究竟是青年；而且夏天正是热血沸腾感情容易冲动的时令；而且遇到了一个好看的姑娘——他摇着他的手——“我们都曾经有过青年时代，并且自己都做过许多糊涂事的，彼得·彼得罗维奇。为了青年时代的一种很自然的过失，你竟忍心把这可怜的孩子送到监牢里去关几年吗?”

彼得声色俱厉。他说，这正是他所要作的。至若说到青年们的胡行乱为的话，他的客人说他自己（指客人）是不错的。因为全世界都知道富人是可以为所欲为的。不过像他自己这样的一个贫农，日子是不很好过的。就是在极不知事物的年龄，他也决不会做过像这样的事。

这位客人又变了口调了。他说，他懂得这个。他，在他自己的意思，和他那劣种的儿子——说时对着那含泪的波里斯横了一眼——都是愿意拿出钱来赔偿的。他请彼得也考虑一下这种办法。或者就这样也可以解决这个难题哩。

这一次会晤说到这里就完结了，分别时双方的表示都是很客气的。

几天以后，伊凡随着他的哥哥塞尔吉来了；他的哥哥是一个红军的营长。这位营长的语调是非常慷慨的，像行军一般的敏捷，他单刀直入地就谈到本题来了。伊凡的行为是很可耻的；这是毫无疑义。若是在军队里面，他一定是要遭枪决处分的。可是，既然同是一村的人，又何必一定要弄得大家太过不去呢？当然是可以好好解决的。自然这并不是钱的问题，不过或者他和彼得可以成为最亲密的朋友。……且等一会，让彼得把这问题再想想吧。

他们就此分手了，我们也可以说，神气都是很好的。

最后帕弗耳的母亲领着她的儿子来了。她是本村中最富足的一个寡妇。她的丈夫是因为拒绝指引白军利用对河的炮台攻击红军，被白军杀死的。为了这一件事实，他所握有的大宗田产才被特许不予没收，否则早已被村苏维埃没收去重行分配了。

这位寡妇投身到彼得身旁大哭起来，这令他十分惊讶。她求他垂怜一位苦母亲的心。他用十分严正的口气回答她说："马尔发，我也是为人的父母呀。你以为我的心不曾为我那可怜的受了羞辱的女儿而出血么？"

寡妇重复请求他。她说，她知道彼得的创巨痛深，可是为什么一定要以怨报怨呢？她的儿子所作过的坏事已经是驷马难追了，可是青年的过失就不能改正吗？当然是可以有好的解决办法的。

分手的时候，双方的仇怨尽释了。寡妇只请彼得考虑一下这个问题。

据说，俄国的农民是很爱报复的，可是他们也是很乖巧的。从最初，彼得就已经看出了解决这问题的捷径。他心中的问题只是，至多他能够开口要多少，至少有多少，他才不至失却面子。他反复思索了很久，并且还和他的知友们商酌了多次。

后来，他邀约三个孩子的亲属到他那矮小的篷屋里来。他开始申言，孩子们是有罪的，而法庭的处分一定也是很不轻的。可是长期的监牢生活完全和人世隔绝起来，天日且不可见，那是多么枯寂难受呵。……而且，便是他们受了这样的处分，于他的女儿还是没有补益。

然而，假设……（他停着，用眼睛瞟着他们，现出一种狡猾的神气）。假设……在某种条件之下……假设，到了案件开审的时候，女孩却撤销一些她原来的说话，而暗示说，是因为害怕她的父亲，她才故意张大其词；而实际她所受的侮辱并不如她所说的那样厉害。……那末，法庭怎么会不相信她呢？孩子们自然也要照这样说。……那末，天天的祸事（他很奸滑地微笑着）就可以消灭于无形了。……

这三位来宾彼此交互看了一眼，都松了一口气的样子。

是的，他们说，那样一定可以消灭祸事于无形。可是……彼得所说的条件是什么呢？

这位农人拈着他的胡须，滚着眼睛把他们一个一个递看着。这儿是问题的难关了。

这本来是很困难的，他申言着，叫一个父亲去饶恕像这样的一种冒犯的行为。三个孩子都是有罪而应受处分的。可是他所重视的是女儿的幸福，而不在于复仇。……

他又迟疑了一会，接着就把他的主张立时尽情说出来了。让他们中间把一个和他的女儿结婚，另一个就赔送房屋田地，第三个就置办农具、种子、牲畜、车马、家具和鸭绒的床垫。

在这种条件之下，或者，这问题可以和平解决。

三个孩子的家属听见了这种条件，都不禁怒跳起来。他们责问他：为了某夏夜的事件，他的女儿就可以丝毫不费地得到一个丈夫，大批妆奁和一宗房屋田产，试问他的女儿是否是一个公主呀？

可是这老家伙现在是占的上风哩。他说，苏维埃共和国的人民法庭是不肯看轻像这样的一种行为的。在现今的时代，贫农的女儿，即令是和富农的儿子打官司，都是能够得到正义的保护的。

三个家属都很痛心地知道这句话是真情。他的条件之所以如此苛刻，便是因为他在社会地位上占了优势，如果这案件认真地处分起来，这种社会地位的差异一定能弄得他们倾家荡产的。又经过了多少的争论，他们终于承认了他的条件。

三个孩子个个都愿意自己作女孩的丈夫。当然的，这女孩壮健而又美丽；而房屋、田产、牧畜、家具却要费不少的钱哩。

彼得弄得不知所措，可是这难题由安娜解决了；她发誓说只有波里斯是她所梦想嫁给的人，让其余的两个拿出他们应该拿出的东西吧。

问题便这样解决了。

帕弗耳的母亲很痛心地从她的田产中划出了十亩土地准备给彼得，并且还承认了造一幢房子；红军的营长允许，送来种子、农具、牲畜和家具。他们这两家都是无可无不可的。

现在谁会有彼得这样快乐呢？他看见自己立刻可以在本村中发旺起来，而且还是一个富农儿子的岳丈，其他两个的恩人哩！他从来不曾盼望过她的女儿能够攀上这样一家好亲的。他高声感谢上帝，感谢他赐下了“革命”和革命对于穷人的保护。

这案子开审了。三个孩子都辩白自己无罪。再问到安娜，她满脸绯红，承认她向父亲诉说这件事情的时候，不免是故意张大其词了。那是很热的一天，他们作工作都很累了。他们都是老朋友，她以为喝一点酒是不要紧的。于是他们把麦酒渗到啤酒里面一道喝起来，后来……她的头低下去了……唉，后来……她不免作了一个很愚蠢的女孩子。……

她很难过她欺骗了她的父亲，可是这实在是她过于害怕所致。她的父亲对待男孩们是很厉害的。并且……她用手帕掩着面哭起来了。

人民法庭对于酒精的罪恶很着重的说了几句，并且要三个青年承认，倘使那女孩怀了孕的话，他们三人都应负责予以维持。

于是这案子就撤销了。

接着星期日这一天，彼得很高兴地跑到他的那富农女婿家里去商量结婚的计划。真叫他吃惊不小，波里斯的父亲竟说他不懂他的来意。他对彼得说，他的儿子已经无罪释放了。彼得和他的女儿都不能对他有所要求了。

“可是你同意了的，”他吃吃地说，“你同意了波里斯和我的女儿结婚的哩。”

“我们签了书面合同的吗？”波里斯的父亲问他，“你所说的话有什么证据可凭呢？一点也没有。你去你的吧，不要吵我们。”

彼得扯着胡须，口中咒骂不绝，无精打采地回家去了。为什么他不敢把这交易签一张书面合同呢？他们会这样欺骗他的，这不是很可能的事吗？

还有点希望，其他的两家比这个悭吝鬼会讲信用些的。他转身很匆忙地跑去访问那两家，一样无结果；他们是联合起来对付他的，谁都不会履行他们的约定的。

绝望之余，他再次跑到人民法庭去提出控告。他把经过事实都说出了，可是法庭对他没有一点好颜色，这真令他气得发昏了。法庭说他是一个不讲人道的父亲，竟利用女儿的羞辱去谋私利。而且，他自己就是一个罪人。他犯了这重罪，是应当受处分的。可是因为他的愚蠢无知和地位贫苦，所以不处以长期监禁，而只是给以严重警告。可是以后他得万分小心点。

这对于彼得是太难堪了；头一天还是趾高气扬，财富在望的；第二天却变成了一个罪人，一个不人道的父亲，所有的只是绝望与苦恼。他像一只丧家之犬一般，到处哭着，求人帮助。他所遇到的多半是揶揄鄙视，有时也有表示同情的，可是决没有一个帮助他的。

最后他到镇上去，找到了一个当地很会写信的人。在很漂亮的白纸上面，他请求这位写信家写了后面的这样一封信给加李宁，那苏联共和国的农民出身的总统——苏联中央委员会的主席：

“呵，主席同志，我在悲痛之中哭求你的援手。因为我知道你有一副热心肠，对于穷人的苦难总是愿意救助的。你自己，我们伟大的主席，从前也像我一样是一个小农，你会懂得我所讲的这一段苦情的。”

他于是把事情的经过原原本本写了出来，末尾又写着：“你懂得了像这样的一些实情，你便可以看出我作的对的，我是像一般的父亲们应该作的那样作的。他们告诉我，说我犯了法，应该受处分。实在污辱了我的女儿的那三个孩子，他们才是犯了法，他们才是应该受处分的呀。可是我为什么一定要那样令人难堪，把他们逼到监狱中去呢？那样对于我的女儿是并没有补益的。我是作得对的。要他们把一个人和她结婚，另一个人赔出房屋田产，第三个人就置办他们所需要的物事，这样不更好些吗？

“竟没有正义的吗，主席同志？我请求你发下一道训令，命令这些不讲信实的东西履行他们的约言，否则按他们的罪加以处分。”

据著者所知，加李宁也给他的这请求书感动了，很愿意帮助这可怜的彼得，可是他也无法可想。

长眠不安的妇人

在乌克兰的一个乡村里，住着一对家道颇丰的夫妇。他们过着很舒适的日子，无忧无虑，只是有一个深邃而隐秘的苦恼紧迫着他们的心胸：他们没有小孩子。

丈夫名叫段成科，在大战前是一个富农，家有八十英亩土地，两所磨坊，六头牛和四匹好马。在革命的时候，他大概是四十岁的年纪，有着像乌克兰人那样壮健坚实的身体，头发黝黑，面容焕发，两眼含着热情，放着光彩。他的妻名叫马利亚·彼特洛夫娜，肤色棕黑，身材高大，像乌克兰人所常说的，是“一个牛马一样的妇人”。她能够在田里作着像男人作的一样的工作。

段成科专心致力于田地的耕作，他是为全村的人所敬服的，虽然这并不能使得他在革命的大风暴中保全他的土地或牲畜。可是有一次白军准备袭击红军，他事前得到了消息就向红军作了一个警告，因此便赢得红军某师的信任。他，段成科，自然没有爱护白军的道理。他们抢去了他的食粮，劫去了两匹马，还有两头牛，他无法隐藏的，也给杀死了。

那位红军的司令自己就是农民出身。他当时驻扎在段成科的田庄上，对于段成科的报告这消息异常称赞。一九二二年，这位司令当选为省苏维埃主席，其时政府下令选拔充任苏维埃模范田庄的经理人材（模范田庄中有一部分土地便是从前地主所有的）。选拔党员充任此种职务，这是通常的政策，可是这一次这位省主席却不顾及这些了。

“段成科，”他说，“是一个农夫，是对于土地有着真实情感的人。说空话的人我们现在是有着太多了。我现在所要求的是找几个能够实际教导农民得到成功的人出来。”

担任一个模范田庄的经理，段成科是非常称心如意的。八十亩土地变成了一千亩，不用马而用电耕机，还加上极大数量的资本与劳动力——土地即令不为他自己所有，这于他有什么关系呢？何况他又没有儿子，他死后并没有儿子来承继。

他的妻也很快活。再不要在田中劳苦了，只是管理着牛奶房和猪圈、家禽和新果实的保藏所，还有就是教给农妇们许多农事的知识。现在，像她的丈夫一样，一点也不怨恨革命了。

可是在他们的心胸中还是有着那相同的苦恼：他们没有小孩子。

于是他们向别处领养了一个男孩子——当时孤儿是很多呀——一个身体很壮健的孩子，年纪约有十三四岁，名叫亚力山大·沙夏，他们是这样叫唤他的，很快就和他们混熟了；六个月以后，在段成科夫妇看来，这孩子似乎一向就是在他们身边的，并且真是他们的儿子一样。

一年过年了，于是来了一阵阴影笼罩着他们的生活。马利亚开始爱上了沙夏，可是不是母亲之爱而是妇人之爱。起初，她极力与这种念头奋斗，并且尝试将这念头隐瞒起来。可是岁月不断地向前流驶，这孩子的男性一天一天成熟起来，她的感情驱使她堕入不能自拔的深渊中了。立刻全村都知道了，只有段成科不肯相信这事实。……这事实是不合自然的，不可能的。

可是在夏天的某一晚，他再不能怀疑这事实了。

以他所处的境地，他自然会惊慌无措。他在绝端惊恐之余不能满足马利亚的愿望。毫无廉耻地，她竟告诉她的丈夫，说她爱上了沙夏，她一定要和他结婚。这是可怕的罪恶，他说。可是在她看来，这是毫无关系的；除了要沙夏以外，什么事都没有关系。二十年的夫妻之情、名誉、自尊心——这些在她看来都是什么也不值的。

“在我心里像有一盆火一样，”她哭着说，“这火烘烘地烧着，老是烧着。我一定要和他结婚。你无法阻止我的。这并不是他的过失——你是知道这个的。可是你不要阻止我了。”

段成科走出门外，走过他所熟悉的田地，齐胸的麦田在月光下幻作一片银光。他随手摘下了一枝麦穗，用指头捏碎了。

“这已经熟了，”他喃喃地自语着，“我们明天一定要割麦了。”他在那儿立了一会，随后就转身走回家去了。

第二天早晨，完全没有告诉他的妻，他把沙夏遣送到本省的那一边开着磨厂的一位朋友那儿住去了。

马利亚完全疯狂了。她要立刻和他离婚，她说，去觅那孩子，和孩子同居去。她成了一个痴癫的妇人了。她和她的丈夫怒吵了几个钟头，要知道沙夏到什么地方去了。她跑遍了全村去问讯，不管别人是怎样想的。有一次她竟跑到沙夏原来住的那孤儿院去闹去了。两星期以后她才回来，面色死灰，完全精疲力竭，没有丝毫生气了。

开始，村里的妇人们还暗地里非笑，窃窃私语着。她丝毫也不理会，于是这些流言也终止了。在她的丈夫看来，她在他的家中完全是像一个与自己毫无关系的客人一样。随后，渐渐地，她又有些回心转意，直到复活节，他相信她的疯狂症已经完全好了，虽然疯狂症的回忆在他们两人间还是一层障碍。

复活节的星期日，段成科因为是模范田庄的经理，特别设宴招待全体工人和一部分村人。他们都大吃大嚼地快乐无边，还痛饮着强性的啤酒和麦酒。后来闹得更喧嚣起来，讲着一些粗野的故事，弄得哄笑满堂。

其时段成科正和村苏维埃主席辩论着种子的问题，陡然在餐桌的另一头起了一阵大扰动。她的妻马利亚跳起来了，脸色像纸白，怒气冲冲，用手指着下面隔着两个位子的一个人叫骂着。

"你这狗贱东西!"她吼着，"滚出去！滚出去！你怎样敢对我说那件事!"

她的声音很低，可是非常严厉，好像满心都包含着痛苦似的，因此大家都不自觉地沉静下来了。挨近段成科坐着的一个妇人赶紧在胸前划着十字。马利亚似乎挣扎着还想说话，她的嘴唇搐动着，她喉头的筋肉起伏着。她向门做着一种手势，那个人便起身闪避出去了。

她立着望了一会，随即转身向屋里的那扇门跑去了。

众人还是谈着饮着，并且还有人歌唱着，可是都有几分扫兴，以致不能尽欢。延至夜半，最后的一个人也走了，口里都喃喃着，醉眼朦胧地说些道谢或同情的话。

段成科走到桌边坐下，脸颊靠在曲伸着的臂上。一杯一杯的麦酒不时向口中倒下，这烈性的酒精到了他的口中已经变得毫无味道了。这算到了极点了，他已经忍受够了。他的那种乌克兰人的强悍性格，一向都强迫他照常工作，照常生活，不为妇人的事而稍有分心，可是到了现在他实在按捺不住了！盛怒之下，他将玻璃杯向桌上一砸，玻璃碎片伤了指头他也不觉得痛。接着他就上楼去了。

他的妻远远地在屋角里缩作一团，身体不时搐动，呜呜地咽泣着，那孩子的一顶小帽紧紧地贴抱在胸前。他看见他的一枝大手枪装在她的围裙里，被单的碎片遍散在房中的地板上。

当他向前走去的时候，她跳起向他奔来，把枪拿出来了："拿着这家伙——你！就打死我！我不能打自己。我想打死自己，但是我不能打。你一定要把我打死，现在！我忍受不住了。"

"你是什么意思呀?"段成科说，"你疯了吗?"

她发狂似地投身到他身边，抓住他的手，把手枪放在他的手中，勉强他把手枪握起："喂——打呀！你一定要打呀！"

他怒气冲冲地把她推开去："呵，老天爷！这件事我实在已经忍够了。……"

枪声拍拍响了两声。

她跌倒在他身旁了，枪口冒出的烟触着了他的鼻官，他大声咳嗽起来。她挣扎着把身体坐起来，已经气喘万分了："呵……我觉得……"

她气塞住了；微笑着，细声说着"谢谢你，唉"。接着倒在墙边死了。

他的怒火万丈，用血污的地毯将尸体裹起，搬到楼下去。此时正当四月天，在稀微的曙光中，屋的四周都是静悄悄的。复活节的夜宴后，大家都正在酣眠着哩。

他把包裹中的尸体放在车上，把马驾好，还捡了一柄宽口的铁铲拿在手中。他躯车沿着凸凹不平的铁路驰去，到了一处新犁过准备种蕃薯的田里停下。他在那儿把她埋葬了，并没有焦急，也没有仓皇。

在他那种简单的农民心理想来，这并不是他杀死了他的妻，而只是解放了一个受着苦难的灵魂罢了。

当他回来安放车马的时候，田庄上还是静悄悄的，他很细心地把车迹都没灭了。他回到楼上，把手枪揩抹干净，锁了起来，最后的一点血迹也都洗干净了。他又把妻的衣服装了一包，藏到碗柜里去。随后他躺在床上，呼呼地睡去了。

一直到正午，他才下楼到那大厅中去。许多田庄上的工人都在那儿候着他们的午餐。当段成科告诉他们他的妻已经离去他了的时候，似乎没有一个人觉得惊怪的。他说，昨晚她愤怒非常，当晚就跑了。他不高兴谈这件事，他们会都懂得的。或许她会再回来也说不定。他们都知道这件事的，他不须再多说什么了。

他在餐桌的首位上坐下，开始和那红脸颊的女孩子开玩笑，谈着她的爱人的事，这是他一向做惯了的。

他真正觉得肩头的一副重担已经卸下了。田庄上的工人们都看得出来他的这种转变，全村的人也有这同样的感觉。他们很少谈到这件事，不过只是说说段成科似乎更开心了，更爱护自己的老性命了。他又用他的全部心力贯注到他所高兴服务的土地上面去了。

充满了诗意的农民生活老是向前奔流着。小牛出生了，小猪都围绕在母怀下，小鸭群在园庭中遍处驰逐着。田犁过了，播种插秧都完工了，在神秘的俄罗斯之春中，大地早已铺上一层有活气的绿色绒毯了。

五月过去，六月临头。春秧已经高及膝头，冬麦已经黄熟待收割了。在田庄近边的蕃薯地上，密叶中开始透露出白花；那被暗杀的妇人便是埋葬在这地下三尺的土中的。她似乎已经被人遗忘了。

可是时日过得渐久，段成科心中反而渐渐感到不安了。这并不是有所悔恨，甚至也不是什么懊恼；可是总觉得有点什么紧压在心头，比悔恨之情更加深沉似的。原来是一种已成陈迹的恐惧又回头来袭击他了。旧日的迷信在他心中作祟：那便是说，不圣洁的死者是决不能安静地长眠在地下的；那可怜的孤魂每晚必须爬起来在四处漂游着，一直到“最后裁判日”才能解脱。

一切的仇恨心都烟消云散了，没有丝毫罪恶的瘢痕还留在他的心头。他已经开始想像他的妻仿佛是好久以前因病而自然地死去的，完全没有过不贞洁这一类的事实。

紧迫着他的并不是对于鬼物的恐惧心，而是对于那孤魂的怜悯之情：那孤魂只能迷惘地在这普通的田庄上漂游着，永远不能归宿在上帝所划定的那片人类最后的安息地之上。

那种直率的怜悯之情日益加深，最后想起她那游魂的苦趣，他竟无法忍受了。有一晚，在天还未亮的短时间中，他起身驾车到那蕃薯田中去，从地下把那尸体掘起来了。他作的时候异常粗率，完全不像前次那样细心。蕃薯田中遗下一个大穴，他并没有填好，还遗有一条血污的手巾和一簇发辫。

车的辙迹从这大穴口一直通到村教堂的墓地去。第二天早晨，在墓地的一角里，大家发现了一堆新坟。他甚至连车马都没有归还到车房中去。在车上自然还有很多迹印是瞒不过众人的，而且还有一股腐烂的臭气味留在车上。

他们来拘捕他的时候，他是和衣睡在床上的，泥污的长靴也没有脱去，同样有一股臭气味留在他的身上。他睡得很酣沉，当他们把他叫醒的时候，他似乎有点昏眩，可是他们并不以为他是喝了酒的。当他们告诉他他犯了什么罪的时候，他点一点头，一句话也不说就跟着他们走——法庭的一个目击者说，当时他像一个正在梦中的人一样——于是他们便把他带到附近镇上的监狱中去了。

这案子耸动了大众的观听。农民们都具着恐惧与轻蔑的神气谈着这案子。像苏俄的一般案件一样，完全依照舆论的指示而确定的判决书宣布了。

段成科拒绝律师的帮助，他很坦白地供出一切实情，丝毫掩饰都没有。我们若是以为法庭不信任他的供词，那是没有理由的。可是法庭还是按照暗杀罪处以最严的刑罚，即是，“严密隔离”的八年监禁，完全没有顾到那许多可以减罪的情节。

他于是到哈可夫高级法庭去上诉，这儿的判决词便完全表示出了苏维埃法律的精神。高级法庭的判决词说，除了一点以外，上诉人本来是可以减刑的，或至少是可以加以某些条件的限制的。

“可是，”判决词的结论说，“上诉人身任苏维埃政府下农场机关的要职，对于落后的农民群众应以身作则，表示出新的自由的革命生活的榜样。可是他竟以虚伪的态度对待农场的同人，完全证明了他还保持着极陈腐荒唐的迷信。法庭认为他的这种荒诞不经的行为更加重他的罪恶的严重性。因此仍维持人民法庭的原判。”

所以，段成科之受八年监禁的刑罚，并不是因为他杀死了妻子，而是因为他尝试拯救她那长眠不安的孤魂。

* * * * *

杀夫的农妇

离莫斯科约六十英里的某小村里，住着一对贫苦的夫妇，夫妇二人而外，还有两个十五十六岁的女孩，和两个五岁六岁的男孩。依据俄罗斯的财产法，他们算是“中农”；因为他们有二十亩零碎的土地（每年其中的三分之一是轮流休息的，这是老习俗），两间房的一所茅屋和一匹壮健的小马。

在大战以前，他们的生活还是比较可过的；即是除了像一九一一年那样的大荒年以外，他们是不会没有饭吃的。可是伊凡自从一九一九年退伍回家以后，却和从前判若两人了。他把勤劳的习惯都失去了，却养成了许多很坏的习惯。从此后他不再把他的妻子放在心上了，只是梦想着一种享乐的生活：喝酒，唱歌和玩女人。

恰好，麦酒是有的，而且都是极烈性的家酿麦酒，四十戈比一夸脱，虽然有禁令，在他们看来也不过是一纸空文；在本地的小餐馆里，老是有人在那烟雾迷漫的小厅中奏着手风琴，聚着一群酒徒豪饮着，漫歌着；并且还有卖笑的女人哩，从田地上辛苦得来的钱便多半是给她们浪费去的。

伊凡的妻纳塔妮对于丈夫的蛮横无理，倒还容忍得下。他跑回家来打她，在她看来这似乎是很自然的事——因为这是习俗使然。男人常是如此，社会并不因此而有什么苛责加到丈夫身上的。可是浪费金钱就很难忍受了。他们的需用金钱是再紧迫没有的。土地异常硗瘠，犁头都用钝用弯了。

而现在，在新政府之下，只要先付五卢布便可以得到一具边口锋利的钢制犁头。还可以从苏维埃挂账买到很好的种子。只要伊凡弄得到那样一具钢犁，耕作起来他便不需要费多少气力的。甚至小孩们还可以坐在田垄上挥着手，吆喝着，驱跑那些啄麦子的野鸟哩。

要让庄稼不受阻害，顺利进行，这是第一件主要的事。播种插秧以后，一直到谷麦登场，稻草上堆；还有储积冬季人吃的蕃署，马吃的雀麦，以及制备丈夫睡的草褥——这一切她都可以独力办得好，不必要伊凡的帮助。

他们这样一年一年苦挨下去，渐渐陷入窘境，后来竟至困难到一季维持不下一季的用度了。这完全是俄国的古谚说的“田庄无好主，驾车无好缰。”倘使伊凡是死了，或是没有退伍归来，纳塔妮反而还维持得下这一个家庭。可是他老是只有用出去的，没有赚进来的。

而最坏的是她绝对没有办法能够信任他，当他驱车载谷草到街上去出卖的时候，没有一回是好结果的。每次都有许多东西要买回，而且都是急需用的东西。不是衣物，不是食品——这些他们都可以自给；而是煤油、火柴、盐，以及铁钉农具之类。每次他满载而去的时候，总是答应不到天黑就会买回所需的一切东西的。可是接着日落了，天黑了，她还是在空候着哩。到了第二天早晨，马车慢慢地回到了门前，缰绳系在马背上，伊凡则醉卧在乱草中，满面绯红，最后的一个戈比都用光了，剩下的老是满口的咒骂、蛮横的殴打和一颗病酒的头脑。

秋季的某天，伊凡用车装了六袋谷，预备到镇上去纳税并购置冬季的用品。他们的长女纳塔霞，此时十六岁了，要求和她的爸爸一道去。她弄到了一种廉价印花布的样本，她想去买一点回来缝一件衣裳；而且这小镇上的市场对于她简直有一个大城市的诱惑力哩。母亲也赞成她一道去，可是伊凡拒绝，开始还笑着，后来竟发怒了。他说，他不愿有人监视他，无论如何他是一个自由人，他可以尽他的所有去作他自已所愿作的事。

他痛鞭着马急驰而去，口中还呶呶不已。纳塔妮向着他的背影呆望了一会，接着转身对着身傍〈旁〉的女儿说：“来吧，哭是没有用的。我们还是来作事吧。你的爸爸是一个男子，他是很懂事的。”

当晚她候了一通夜，接着第二天一整天又一整晚，他还是不见回来。后来到了第三天的上午，车子颠簸着回到泥污的门前了。伊凡平卧在草里，头枕在一袋盐上面，口开着，眼闭着，面色紫青，已经烂醉如泥了。

可是那匹马到那儿去了呢，那匹忠心耐劳的非常壮健的小马呢？眼前的只是一匹瘦弱不堪的东西，胸骨凸露，瘢痕满身，垂着两耳，困惫不胜的神气！

纳塔妮看了一眼，便抓着丈夫的头发骂起来：“Svoloch（鬼东西！）”——这是俄语中最不可恕的一句骂人的话——她乱摇着他的头，一直到他的牙齿相击起来，两眼瞪开了还不放手："鬼东西！我们的马到那儿去了？你答应我买回来的东西呢？"

伊凡呆呆地瞥了她一眼。"马卖了，"他喃喃地说，"不是卖了……是换了……换了这，"——他用手轻轻地作了一个手势——"和十五卢布。这匹老马……还好得很……还能够作工……好马。……男子汉总要作些好玩的事啦。"他舒展了一下筋肉，"那很好，我爱。没有忘记你的盐哩。"

纳塔妮的嘴唇紧收起来，手指中抓的头发放松了。她呆立了一会，接着把那匹可怜的马卸下来。她牵马到马棚里去，喂了他一些雀麦，便转身把袋里的盐提到屋内床上来，把他的头安放在枕头上面睡好。

这时已经是孩子们吃点心和女孩们喝汤的时候。还有田里的麦桩没有拔完，干草也还没有装到车上。这是他们最后的希望了，这些干草。她固执着不要伊凡把干草和谷一道带到街上去，现在想起来她是很对的。他们的邻居，那富农亚勒克西·彼得洛维奇会买去喂他的牲口的。他已经答应多出点价钱的，并且他还可以代她买一些东西，那些她丈夫应该买而未买回的东西。

纳塔妮啜泣着她的外衣没有了希望，第二个女孩也大哭起来，因为她所要的皮鞋也成空了。可是纳塔妮还是在那儿静静地作着她的事。

母女三人忙着搬草到车上去，两个孩子便在周围灰尘中跳着玩着。纳塔霞把他们送到小房的床上睡了——此时天气还不很冷，用不着在暖坑上面睡，他们的父亲此时便是酣睡在那暖坑旁边的——纳塔妮就到外边去牵马去了。干草夜里一定要拖进来的。

此时天已快黑了，月儿刚刚出山。她觉得今晚一定要把干草都装好，否则明天她的丈夫又会加以妨阻的。种子、用具和冬季的应用品是一定不能够缺少的，这是最后的希望了。

她走到门前去，在草车的前面靠近马尾的地方坐下。那可怜的东西重重地低垂着头，她吆喝了一声，它才抬起头来，耸起两肩准备拉车。车身震动了一下，可是并没有移动。

纳塔妮生气了，便捉住它的尾巴乱拉一阵。那马被拉痛了，嘶啼起来，又鼓了一次劲，还是不济事。纳塔妮从坐位上跳下跑到马的前面去。她把缰绳拉着，叫第二个女孩用一根木棍打着马的臀部，叫纳塔霞在车后面推着。

那可怜的东西鼓起一双圆眼睛，拼命地拉了一阵。车轮向前移动了一点，接着就向后倒退陷入泥坑中去了。马立在那儿发抖，实在没有气力拉动这车了。纳塔妮再拉一次缰绳，两个女孩再打着推着，可是马再也不能动了。它已经气尽力竭了。它自已知道，她也知道。

她一句话没有说，脸色也没有变，把驾具卸下，把那头抖着的马牵到马棚中去了。她告诉纳塔霞拿一些雀麦去喂它，并且用稻草把它的全身擦洗一下。“多替它擦一下，”她说，“现在它是太疲倦了，明天就会好起来的。”她也吩咐了小女儿一件很费时间的工作。她叫她，“把车上的干草搬到谷仓中去。”

纳塔妮走进屋去，从火炉边的钩上把一柄菜刀取下。她用大指在刀口上试了一下。……正对着太阳穴上面血管凸涨着的地方，她举刀用全力向着她那酣睡着的丈夫斫去。他简直没有动弹。仅仅在斫第四下的时候，他的脚轻轻地在床板上打了一下，接着就静静地死去了。

纳塔妮在毡子上面把刀揩干净了，仍旧拿到钩上挂起来。她把自己的手在他的胸膛上面按了一下，没有跳动。为了更确实起见，她又把镜子取下放在他的唇上，确是没有呼吸了。她仰起下颏深深地吸了一口气，接着又低头俯视着这受了重伤的面孔，唾了一口。

当两个女孩子进来的时候，她已经把他卷在那血污了的毡中去了。她告诉他们发生了什么事并且还有些什么待作的事，她们都静悄悄地没有作声。

第二个女童把两个要睡的小孩送到外间的大房里，哼着催眠歌诱他们入睡。母亲和姊姊就把里面小房的地下洞里的蕃薯通通搬出来，堆在墙角里。她们把爸爸的尸首抬到小房里来放到地洞中去。在尸身上面盖了一层又厚一层的盐，后来又盖上土；一尺，两尺，盖了又打平，打平了又盖上，一直到地上不再有地洞的痕迹才止。

伊凡之失踪，村里人都很少注意探究的。他的妻说他多半是偕着镇上的某荡妇逃走了。“他过去老是和她们在一道的，天晓得，”她说，“为她们不知浪费了多少钱哩。”并且——其余的话不待说，人家是都知道的——他醉饱归来的时候，老是打她的耳光，因为她又老又丑了。

在农民们看来，这似乎是很自然的事。伊凡和纳塔妮同居几二十年，这事实并不能唤起大家的特别注意。他抛弃了她，可是她得到了田地房屋，所以她也没有什么可以抱怨的。实在，一般的意见都认为，她没有了他，还是她的幸福哩。俄国农村里对于败家子的放荡行为是并不看得了不起的。

所以田庄的生活照旧过下去，和盐密切接触着的伊凡，并不曾扰过那睡在他上面的两个孩子的清梦，也不曾打扰过隔壁房里的妻和女哩。

雀麦喂得饱饱的，主人的恩威兼施，那老耄的马儿居然勉力干好了秋季的耕作。邻居的富农买了她的干草，村苏维埃还给了她一些种子——她以一妇人而抚养四个孩子，遂向苏维埃求助，结果便得到了这个给与。

于是他们开始遇到了昼短夜长的十二月天了，这一时期在俄国的田庄上是没有什么工可作的。女孩们几乎已经忘记了他们的父亲，这悲剧简直没有触动他们的心弦。两个小的有时问起爹爹在那里，她们的母亲便回答说他出门去了。

可是纳塔妮心里却很不安。并不是还有什么仇恨心也不是害怕死者的灵魂作祟——否，否。她知道伊凡是幽禁在地底下盐的障壁——一直到现在，苏联的农村中还相信盐有着那古代的神秘的作用——和三尺厚土的里面哩。

这完全是另一回事。她所不安的是，丈夫死后，还没有作过赎罪的弥撒祭。便是在西方的总祷告词中还保留着这句旧祷词，“从阵亡中，暗杀中和横死中，好上帝，救我们出来吧!”这是说明死后没有赎罪是很可怕的；带罪死去的人是一定会被打入地狱中去的。

在圣诞节这一天举行一次赎罪的祭礼，这个计划慢慢在她的心中形成了。两天以后，她到牧师那儿去，问牧师替她丈夫举行弥撒要多少钱。

解脱一个遭横死的人须举行九次弥撒，需要五卢布；在她这样困难的境遇中，这是一笔大款子哩。她踌躇了一会，就同意了，并且把钱付给了牧师。

弥撒举行了，可是全村的人都奇怪起来。在村人看来，纳塔妮这样穷苦的家境却用去五卢布作这种事，实在是不应该的，而且令人异常诧异。她告诉他们她梦见她的丈夫死了；看见他被困在一处小泥塘的底下漂浮着；自己认为她的梦是真实的。

大家都不很相信。梦是有意义的，可是没有人肯为梦而花费五卢布的。流言四播着，疑云更加布厚了。后来有一天，苏维埃的负责人走来问纳塔妮了。

起初，她否认这事，可是两个女孩恐惧的神情是很显然的。再逼紧问了几句，事实便大白了。两个小孩夜间暂时送到学校的女教师那儿寄住，以便后来送到孤儿院去。伊凡的尸身掘起来了，纳塔妮和两个女儿都被捕了。

这小镇上的人民法庭的观念是简单而实际的。不久以前，有一个妇人毒死了她的丈夫，地方上的舆论都认为妇人解放是过火了，并且在俄罗斯的农村中都还是维持着夫权制度的。

法庭判决纳塔妮处三年“绝对隔离”的徒刑，两女孩释放了，因为她们是非自愿的从犯，由地方当局送她们到附近的工人训练学校中去读书。

纳塔妮的律师代表当事人到莫斯科去上诉了。他的当事人出身穷苦，忍受了长期的激怒，维持了四个孩子的生存——这几点，他觉得，应使当事人有减罪的余地。

“即令最坏,”他告诉纳塔妮,“你也不会坐一年以上的牢监的。我相信，我在莫斯科的环境中，法庭甚至还会把这较轻的处分加以有条件的限制的。”

他却失望了，确实的，上诉法庭看出这妇人的行为确有许多可恕之处。她的丈夫之死是自己促成的，因为他违犯了农民经济的第一要义——勤劳的耕作。可是这案件中还有另一更严重的要点，那便是纳塔妮的迷信。

法庭似乎恐怕减轻了她的处分，会令人误会法庭也接受了“宗教的思想”。所以判决书上说：“上诉人在事实上证明了自己的迷信甚深，并且还令两个女儿隐瞒起这种犯罪行为，这更证明了上诉人没有教养子女的资格。因此上诉驳回，本案仍维持人民法庭的原判。”

（原载《妇女杂志》1931 年第 17 卷第 3 号）

署名：李伟森译

李求实年谱简编

1903年　诞生

8月　出生于武汉江夏金口一个破落的书香门第之家，幼名伟生，原名李国玮（亦作国伟），字北平，笔名伟森、求实、卓如、南平等，化名林伟。父亲李秉之是前清秀才，在武昌大陈楼孔庙半日学校教书。母亲赵氏，操持家务。李求实在家排行第七。

1911年

入武昌高等小学发蒙。

1917年

小学毕业并考入武昌高等商业专科学校。

1919年

北京爆发反帝反封建的五四爱国运动。5月14日，武汉十八所学校的学生代表在中华大学集会，在恽代英的领导下，成立武汉学生会，领导全市学生举行示威游行、罢课。李求实和同学们一起走上街头讲演，宣传抵制日货，严惩卖国贼，散发传单，鼓动商人罢市。六月上旬，参加全市学生大游行。为抗议湖北军阀王占元逮捕学生，参加了在都督府前的静坐。在市民的支持下，王占元迫于舆论与社会的压力，不得不释放被捕学生。经过五四运动的历练，他认识到群众的力量，接受了“劳工神圣”的思想，立志改革社会，加入了恽代英创办的利群书社。

经过五四运动的洗礼，李求实对旧的教育感到厌恶，他致信校长，抨击旧的教育制度是“腐败透顶，贻误青年”，“全部讲义原封退还，幸好我未沾它的一点气味”。他又从家庭出走，在留给家里的信中，提出了改革旧家庭的办法，嘱咐大家要学习新文化，养成吃苦耐劳的习惯，平等对待雇工，晚上要教他们识字等。

9 月，通过对湖南常宁水口山铅矿调查，写了《水口山铅矿调查记》（报告），载于《湖南》第三号。

在武昌时写了《重登留云亭》。

本年是李求实人生的一个新起点：一是接触政治，二是开始用手中的笔记录对社会的感受。

1920 年

当年初，李求实在互助社成员李书渠、吴华梓等人的帮助下，到黄陂县木兰山余家湾正谊小学教书。在农村他目睹了农民的穷苦与地主的剥削，更加坚定了投身革命，实践“互助社”改造社会的志向，并以学校为基地对农民进行宣传。

2 月，他撰写的《湖南学潮之前因后果》刊载于《湖南》第四号，提出湖南“今后之解放，亦在湖南人自身”。

7 月 25 日撰写了《湖南善后问题》，发表在《东方杂志》第十七卷第十四号上。

8 月 25 日撰写了《争自由》，刊载于《东方杂志》第十七卷第十六号上。

9 月 10 日写了《自治乎人治乎》，刊载于《东方杂志》第十七卷第十七号上。

9 月，与吴华梓、刘茂祥等随恽代英到安徽宣城第四师范学校旁听，参加并帮助恽代英组织学生会和学生社团“求我社”、“互助社”“觉社”、“爱智社”、“新群社”等进步小团体，讨论俄国革命和《新青年》的文章。

1921 年

5 月 1 日国际劳动节之际，第四师范学校师生集会，与恽代英等登台讲演，介绍劳动节的来历，宣传“劳工神圣”及工农政权。此举引起乡绅恐惧，密告恽代英等“组织党羽、煽动学生、图谋不轨、大逆不道”，恽代英遭到当局通缉。

6 月，恽代英被迫离开宣城，李求实随恽代英游历黄山后回到黄冈八斗湾浚新小学教授国文。在教学中，他对以前教国文注重背诵的方法进行改革，“觉背诵一事，有近于强迫，非学生所愿，大有损于儿童本性的发展，于是废除背诵，只求学生对于每课文能顺畅诵罢了”。同时注重学生课外“作日记，课外阅读书，开辩论会，演讲会，以助其国文的进步”。

7 月 16 日至 21 日，恽代英组织的共存社在黄冈浚新小学召开成立大会，确定宗旨为：“以积极切实的预备，企求阶级斗争，劳农政治的实现，以达到完满的人类共存之目的。”制定了章程，其特点是：“(一) 组织极严密，俨然一国家；(二) 分社友、社员。不致因社友有不健全而失败了任务；(三) 注重个人修养，又不避免破坏事业 (推翻社会)，不做无准备的破坏。”李求实被选为总务股编印干事。

夏，作了《学生暑假游山证道谈》的讲演，整理后发表在《青年友》第一卷第十期上。

秋，随恽代英到四川泸州师范附读，在川南师范学校附小教书时为学校创作了校歌《奋飞》。

1922 年

年初因参加学潮被迫回到武汉，经过恽代英介绍加入中国共产党。为表示革命的决心，易名李求实。参加中共武汉区委的工作，负责编辑《日日新闻》，在报上发表文章，揭露军阀混战的罪行，反映工人疾苦，介绍工人运动情况。

2 月 5 日的诗作《小儿底怨语》刊载于 2 月 17 日出版的《民国日报》副刊《觉悟》。

3 月，翻译法国作家孟代的小说《爱字底失却》载于 3 月 12 日《晨报副刊》。翻译英国作家吉伯特·坎纳的小说《生》刊载于 3 月 31 日《晨报副刊》。

5 月，翻译契诃夫的小说《范伽》登载于当月 7 日出版的《民国日报》副刊《觉悟》。

10 月，当选为湖北省工团联合会教育副主任委员。

12 月，汉冶萍工会成立，李求实以记者身份在会上发表演说指出，近百年来，劳工们在无数次和资本家的斗争中得到一条教训就是：“其唯一有效的武器，便是联合。”他告诫工人，要警惕内部的工贼，他们为了自己升官发财，不惜欺骗工友，破坏工人运动。这种人比资本家、军阀、官僚对于我们更危险，应该把他们驱逐出工界。他说，工人解放运动不是说把资本家、军阀、官僚推倒了，自己来做资本家、做军阀、做官僚，来掠夺、压迫、防范其他人，而是要谋求全世界每个人都要有有益于人类的工作。

翻译的美国作家巴苏的小说《寂寞的地位》刊载于《妇女杂志》第八卷第十二号。

1923年

1月下旬，为成立京汉铁路总工会到郑州参加总工会党团会议，分析形势，制定对策。鉴于军阀吴佩孚对待工人成立总工会的恶劣态度，在形势极其危急的情况下，李求实曾建议由罗章龙致函李大钊的朋友白坚武，要白向吴进言转圜。党团会议决定总工会成立大会按期举行，若受阻就举行全路政治罢工，以争取工人的自由权利。会后，召集全路代表会议，李求实积极在武汉各工团代表中工作。

2月1日，在郑州全城戒严的环境下，京汉铁路总工会成立，并通过决议："我们为抗争自由起见，谨决于本月四日午刻宣布京汉路全路总同盟罢工，同时为事实上便利起见，总工会决移江岸办公，全路一切进行，于罢工期内，全视总工会命令而定，我们是为争自由作战，争人权作战，决无退后的。"当夜，李求实和各工团代表赶赴武汉，在工人中进行鼓动宣传，布置罢工。

4日，京汉铁路大罢工开始，京汉全线瘫痪。

6日，武汉各工团代表数百人前去慰问罢工工人并与聚集江岸的万余群众举行示威游行，声援京汉大罢工，李求实以记者身份活跃于游行群众之中。

7日，军阀萧耀南对罢工工人进行血腥屠杀，并宣布武汉戒严，通缉李求实等七十余位革命同志。林祥谦牺牲，施洋被捕遇害，罢工失败，史称"二七惨案"。

20日，为纪念京汉大罢工，怀念老朋友，李求实写了《施洋底死》，大声疾呼："同胞们！我们决不能坐以待毙！我们惟有全体联合起来，努力打倒军阀，建设我们新的国家，谋我们大家的幸福！"并预言："杀了施洋，不仅工潮不能平，一切风潮且从此而起。"

受军阀的通缉，李求实被湘鄂区委派遣到安源工作，担任安源团地委委员，并在安源路矿工人俱乐部担任文书股长，工作极为负责，受到刘少奇的肯定："文书股五易其人，各种文件及手续算是糟极，全无一点整理。往来公函布告杂件等底册，均无完全保存。各股的报告及表册统计等，也无一个很整齐的规划。但自李求实任股长后，前弊已清除。”此外，他还出任《安源月刊》主编。在安源，他还在工人夜校教书，编辑了《安源路矿工人俱乐部罢工胜利纪念册》。

在安源，他对京汉铁路大罢工失败的原因进行了反复思考，总结经验教训，认识到，要应对敌人的镇压，一是必须在群众中建立坚强严密的工会组织，“工会是一种极大的群众组织，若无此种极小的基本组织深入群众内部，则必无法指挥群众的行动，群众的行动只是盲目的、极无系统的。且群众运动的热度是不能持久的”。“所以此种小的基本组织，于工会的生命及其前途的发展都有极大的关系，是十分重要的。”二是要建立公开与秘密两套党的组织，京汉大罢工的失败就是党没有分秘密、公开两套组织，只注意合法的公开工作，不注意非法的秘密工作；没有秘密工作，一旦受镇压，工作全部坍台。次年 9 月，他和吴华梓向湘区党的书记李维汉提出这一问题，惜未引起重视。

通过调查与观察，他发现工人中存在着危害事业的自满情绪，表现“就是自己以为自己的能力很足了！”他告诫道：“‘有勇无谋’的人在我们的运动中——并且在一切事业中——都是极危险的！”他提出：“在我们运动中，我们自然一面要防备前途的阻碍，一面要培养自己的能力。”还提出在斗争中要制定精密的计划与作战方略，更努力培养我们的奋斗力量。为此，提出要办补习学校，凡是俱乐部成员都要参加学习；要坚持十人代表会议，举办讲演会、工人图书馆、游艺会等，以培养工人的能力。

8 月，到南京出席社会主义青年团第二次代表大会，当选为中央候补委员。未几，惊闻三哥李国经因不满包办婚姻自杀而赴武汉高等师范清理其遗物，并写了《追悼李君国经特刊》以示悼念。

当月，他以自己亲人为原型，创作了《姊姊的屈服》、《除夕》，塑造了桂姊（求实二姊）和“她”（求实的二嫂）这两个被罪恶社会和封建礼教摧残的女性形象，表达了对广大妇女的同情和对妇女解放运动的关注。两篇小说分别登载于《妇女杂志》第九卷第八、九号和第十二号。

10 月，与刘少奇合写了《俱乐部组织概况》。

11 月，他写的《苏维埃俄罗斯财政现状》载于《新建设》第一卷第一期。

12 月 15 日，在吴淞完稿的《煤油与国际政治关系》载于《新建设》第一卷第二期。

年底，李求实调团中央宣传部，并在《中国青年》做编辑工作。

1924年

1月6日，撰写的《爱尔兰独立战争史》载于《新建设》第一卷第三期。

2月，翻译的美国作家马连斯的剧本《说诳人》登载于《妇女杂志》第十卷第二号。

3月，翻译的《俄国农民与革命》于当月下旬在紫阳湖畔搁笔，后连载于《新建设》第一卷第五、六期。

4月，团中央局常务委员会成立，任农工部主任。他翻译苏林娜的小说《猎人》刊载于《学生杂志》第十卷第四号。李求实翻译的多是“平民作家”的“写实主义”作品，因他欣赏他们“直白描写下级人民的生活”。

6月，撰写的《送太戈尔》登载在《民国日报》副刊《觉悟》。

仲夏，李求实与吴华梓等人被派到苏联东方大学学习，担任中国班党支部委员兼团支部书记，与罗亦农、王若飞、王一飞等领导中国班的工作。在东方大学，他接受了党的建设、政治经济学、国际共产主义运动史、俄国十月革命史、苏维埃建设、俄文等课程的学习。还经常聆听联共（布）领导人及一些老布尔什维克的报告。

10月起任中共第四期旅莫支部委员会编辑委员会委员。至次年1月。

12月，翻译的《青年期的女子》在《妇女杂志》第十卷第十二号上发表。

1925年

1月，始任中国社会主义青年团旅莫地方执行委员会委员、训练部主任。

4月，任中国社会主义青年团旅莫地方执行委员会书记、中国班支部委员。

5月18日，在东方大学聆听了斯大林的演说。斯大林在报告中说：“这些国家（指殖民地国家——编者）的民族资产阶级已经分裂成了两个部分，即革命的部分（小资产阶级）和妥协的部分（大资产阶级）。”“在这些国家中，共产党应当从民族统一的政策进到工人与小资产阶级革命联盟的政策。”“揭穿民族资产阶级的动摇性和不彻底性，并与帝国主义作坚决的斗争——这就是这个联盟的任务。”他特别强调“保持无产阶级在这个联盟中的领导权”。

在东方大学学习的一年里，李求实系统地接受了马克思主义的基本理论教育，坚定了自己的理想信念与奋斗方向，回国后常说：“从莫斯科学来的知识是我现在工作的资本。”

五卅惨案发生后，因国内工作需要，李求实等提前回国，经西伯利亚、海参崴回到上海，在上海团中央工作了两三个月。

9 月，他撰写的《特别关税会议》载于《中国青年》第九十六期；《政局之最近的一幕——特别关税会议召集前后帝国主义之进攻与皖奉军阀之卖国》发表在《中国青年》第九十七期。

9 月 28 日，针对胡适的《学生与爱国运动》，李求实发表了《评胡适之的“新花样”》，批驳了胡适的群众运动不能持久，青年人不要跟着大家呐喊，参加群众运动算不得救国，青年人要闭门读书等观点。他指出，几年来民众运动勃兴的根本原因当然是军阀与帝国主义者的压迫日益加紧，使民众到了无以聊生的地步。而一般群众能觉醒，除一部分先觉的努力外，我们不应忘记几年来为革命事业而投身到民众中去的那些有志青年。他指出，中国国势已经到了极危殆的地步：“国家的情势不容一般青年安心求学，经济的能力亦不能使他们安心求学。”“中国今天所需要的‘有用’的东西，是真能‘到民间去’，宣传民众，组织民众，并能领导民众的革命者，革命者只有在革命活动中才能铸造成功。”

秋，李求实奉调到河南开封，担任中共豫陕区委委员和豫陕团委书记。为加强豫陕团的工作，他一面派张霁帆等到信阳、郑州、荥阳、彰德（今安阳）、卫辉等地巡视工作，帮助各地团组织制定可靠的工作计划；一面请团中央派遣吴景中、黄五一、龚逸情等来河南加强领导，促进了河南青年运动的发展，组织不断壮大。与肖楚女等组织河南书店，发行《中国青年》，进行革命宣传。

10 月，任中共豫陕区执行委员会委员，中国共产主义青年团豫陕区执行委员会书记、宣传委员，并在中州大学任教。他在《中国青年》上发表了《十四年之回顾》，总结了辛亥革命失败的原因在于，只注意新军与会匪，忽视了一般民众。就是对新军与会匪，也没有加以适当的训练与组织。革命是需要民众力量的；革命是要经过宣传、组织与训练，然后才谈得上武装暴动的。他指出，由于辛亥革命不彻底，民国十四年，“只是一卷帝国主义与军阀勾结着祸国残民的影片而已”。“近八十年来，国际的资本帝国主义早已是中国政治舞台的后台老板，一切骚乱的根源。”

1926 年

1 月，经过李求实等的努力，将河南青年社、青年学社、青年救国团和青年干社四个进步青年组织联合起来，成立河南青年协社，发表宣言称：“工农是民族解放战争中的主力军，一般有觉悟的知识青年是先锋队。我们为了要尽先锋队的责任，自身便应忠恳团结起来，教育自己、训练自己，争取一切应有的责任，排去一切无理的压迫与束缚！我们为了要完成中国民族解放的工作，便应到工农群众中去，组织他们，训练教育他们，打破他们的沉梦，唤起他们潜在的威力，伺候他们去迎敌应战。”

为争取青年学生参加革命工作，宣言还提出“拥护青年的利益”，“谋学生物质生活的优良，学术研究之进步，现代知识之增长，学生自治之提倡，乃至一切活动之训练与学习。”他们号召有觉悟的青年团结起来。

未几，直系军阀吴佩孚占领河南，在豫陕党委书记王若飞的安排下，李求实等撤离，经武汉到上海，任中国社会主义青年团宣传部主任，再次主持《中国青年》编务。

5月上旬，他在《中国青年》第一一九期上发表《我们的功罪——斥醒狮派诸领袖》。

5月17日，他写了《惊风骇浪中的英帝国主义》，发表于《中国青年》第一二〇期。

5月25日写了《红色的五月》，发表于《中国青年》第一二一期。

6月6日在《中国青年》一二二期上发表《五卅杂话一束》，包括《五卅案失败的罪魁是共产党吗?》、《共产党是难于合作的吗?》、《苏俄与英日等帝国主义议和了?》、《好一个“崭新的国家主义青年团”!》、《“提倡教育于上，埋头读书于下”——国家主义者之“救国秘诀”!》、《“中国新社会民主党”之狂吠!》、《上海〈申报〉与〈新闻周报〉之五卅纪念观》、《〈时事新报〉之一句良心话》等一组文章。

6月13日在《中国青年》第一二三期上发表《反对“新屠杀”的制造者呵!》。

6月20日在《中国青年》第一二四期上发表《怎样利用今年的暑假》。

7月3日在《中国青年》第一二五期上发表《国家主义派的“实际行动”》。

7月4日写了《近来颇有些妄言家》，发表在《中国青年》第一二六期。

7月10日写了《同学间难于合作吗?》，发表在《中国青年》第一二七期。

7月17日撰写了《怎样才能“到民间去”》，发表在《中国青年》第一二八期。

7月27日为编辑的《革命歌集》作序，《〈少年先锋歌〉说明》、《〈马赛曲〉

说明》及《〈"二七"纪念歌〉说明》，称赞"这册子里面，奏的是简单而激越的曲谱。唱着的是朴质而壮烈的歌声，通篇燃烧着的更是一片叛徒们不平的反抗的火焰"。

8月，调广州担任两广团区委宣传部部长，创办并主编广东区团委机关刊物《少年先锋》。该刊辟有论文、小说、诗歌、散文、杂文、剧本、歌曲、通讯等栏目，以反映青年、学生运动为主，兼及工农兵士运动。

8月20日撰写《寄元瑛——代发刊词》指出："我们定期发行这小册子，便是想唤起这般青年群众注意自己的问题，引导他们杀出一条血路来。"此文载《少年先锋》创刊号上，同期刊载的还有《开学以后》。鲁迅在广州时期曾在他的日记和文章中一再提到《少年先锋》，说"这个刊物里面则分明是共产青年的东西"。

9月3日写了《从此要开始"赤化"了——最近政局之观察》载《少年先锋》第一卷第二期。

9月10日作《少年先锋为谁办的?》，载《少年先锋》第一卷第三期。同期刊载的还有9月14日撰写《"炮艇政策"——英帝国主义最后之挣扎》。

9月23日写了《四年来的一个疑问——"广州学生哪里去了?"》，发表于《少年先锋》第一卷第四期。

10月初为纪念辛亥革命十五周年，写了《小子之辛亥革命观——并及怎样应付当前的新局面》，载《少年先锋》第一卷第五期，同期还有一篇编后记《编完以后》。

10月中旬写了《分崩离析的广州学生》载于《少年先锋》第一卷第六期。

10月下旬，为纪念十月革命九周年，他写了《十月革命的礼物》，阐明了建立一个能战斗的革命党的重要性。与《答读者杨寄文问：我替一部分人耽忧!》，载于《少年先锋》第一卷第七期。

11月上旬，李求实写了《学生群众所要求的学生会与学联会》、《告失恋和迟婚的朋友们!》及《"懒牛多屎尿!"——海丰的农民生活》，发表于《少年先锋》第一卷第八期。

11月21日在《少年先锋》上发表《危机——学生领袖与群众的隔离》及《编完以后》(四则)。

11月26日撰写《他们的慧眼与我们的笨拙——读了〈一般〉杂志的〈青年生活问题讨论〉以后》，载于《少年先锋》第一卷第十期。

11月27日作《捉狐狸精》，也发表在第一卷第十期的《少年先锋》。

11月，鲁迅接到任教中山大学的聘书，两广区委书记指定李求实和毕磊负责欢迎鲁迅事宜，但鲁迅到广州时李求实却被调到湖南任职，两人失之交臂。

12月11日出版的《少年先锋》第一卷第十一期发表了他的三篇作品：《“反文化侵略运动”释疑》、《“苏维埃”是什么?》和《新学说与古书》(通信)。

在广州工作期间，李求实经常到附近的中山大学一些学生支部，尤其是文学院的支部与学生交谈，探讨改造中国的种种问题，倾听他们的要求与心声，给学生们作报告，还到广州农民运动讲习所和黄埔军校讲课。

冬，与陈修良结婚。

1927年

1月，李求实在《少年先锋》第十二期发表了《“革命的根据地”与落后的两广青年》。在编完这期后奉调到湖南工作，出任团省委书记。是月29日，他写了《旧调重弹——革命尚未成功》，发表在《中国青年》第一五二期上。他在文章中要求大家在北伐的胜利进军中认清复杂的形势，不要盲目乐观，保持清醒的头脑。

到长沙后，他与一些干部一起举办训练班，给学员讲课，训练各县干部。他还经常去参加群众集会，游行示威等活动。

2月中旬，写了两篇通信《共产主义实现的时期——告读者彻干》和《革命与生活问题底讨论——答读者黄昌济》刊载于《少年先锋》第二卷第十五期。

4月，去武汉出席中国共产党第五次全国代表大会，随后出席了共青团第四次代表大会。当选为团中央执行委员会委员，任团中央宣传部长兼《中国青年》主编。在蒋介石叛变革命、汪精卫准备“清共”的革命危急时刻，李求实带病坚持工作。对土地问题，他主张不仅要没收大地主而且必须没收中小地主的土地，才能动员广大农民参加革命，建立巩固的工农联盟。

6月9日，他写了《蒋状元叛变记》，发表在《中国青年》第一六三至一六四期。

6月25日，他写了《本年暑期的环境与青年的责任》，发表在《中国青年》第一六六期，文章针对陈独秀的右倾错误，提出四条建议：第一，要积极广泛地发展反帝爱国主义运动；第二，要打倒背叛革命的蒋介石；第三，要发展并整顿工农的组织；第四，要武装自己！他鲜明地提出革命需要武装。北伐军胜利的重要条件是武装，革命之失败也是因为缺乏武装。他还提出，青年应该能够真正养成吃苦耐劳的习惯，能够过“地下的”革命生活，能够胜任一切繁剧的工作。

在蒋介石的白色恐怖下，为安排团中央撤到上海，李求实与杨善南先期抵达上海打前站。在那里，他们疏散干部到各地隐蔽，恢复被破坏的组织，建立宣传网，安排一些同志到苏联学习。为帮助和教育群众，宣传革命，他着手筹办刊物《飞沙》，经过不懈努力，克服重重困难，终于出版，其中的大部分文章出自李求实之手。为揭露蒋介石、汪精卫的反共真面目，他写了《“宁汉合作”之前途与革命民众之责任》，指出南京的倒蒋政潮“不过是一群新军阀的革命领袖明争暗斗的结果”，“至若胜利者的政纲，左不过是反共绝俄屠杀工农，哪里有什么根本的变动?”而南昌起义后“湘赣闽粤各省农民都已群起拥护革命的叶贺军队”，“此数万革命军的胜利，从反革命派手中夺回两广湘闽赣等革命根据地，是指日间的事!”

8月22日，他写了《“夫子自道”之阴谋》，载于《飞沙》第一期，揭露南京勾结日本与奉系的真相。

面对国民党的屠杀，李求实没有被吓倒，面对革命的暂时挫折，他没有丧失信念。“我们只有渴求一座灯塔的出现，我们急需一种武器来与恶魔斗争。”他相信，《飞沙》“这小小的刊物，虽然没有皓月的明光；但是一点荧火，也足以使我们隐约的辨别路径。虽然没有宝剑的锋刃；但是一片钢片也可以使我们的敌人滴血”。

9月，中央调他到广州担任团中央南方局书记，负责两广、闽南、云南的团务工作。由于白色恐怖严重，李求实与闽南、云南等地的同志一直接不上头。当月下旬，他得知南昌起义的部队进入潮汕地区，拟去汕头，未及出发却得到了潮汕失败的消息。面对敌人的屠杀，李求实深感继续沿用大革命时期的工作方法是不行的，提出团组织可以转变工作方式，重点做些文化工作和儿童工作，以保存组织，积蓄力量，以待再起。这一提议却遭到坚持盲动“左”倾的团中央的指责，批评“其结果一定是把团消灭”。

11月，团中央召开扩大会议，取消了李求实的中央执行委员会委员资格，给予留团察看半年的处分。

李求实受错误处分后回到上海，从事苏俄文学翻译工作，推进中国的普罗文学。鲁迅到达上海后，他成为“党内同鲁迅先生接触最早的一位”。

1928 年

2 月，在上海编著了《俄国农民与革命》，1930 年 3 月该书由上海泰东图书局出版。

4 月上旬，翻译的《不幸的预言》在《北新》第二卷第十四期发表；下旬，翻译的《朵思退夫斯基与屠格涅夫（关于他们间的争端之信件）》在《语丝》第四卷第十七、十八期上发表。

5 月 5 日在杭州译完了由美国工人代表苏俄调查团撰写的《十年来之俄罗斯》，并写了《译者赘言》。该书于次年 7 月由上海乐山书店出版。

6 月，翻译的《朵思退夫斯基——朵思退夫斯基夫人之日记及回想录》由上海北新书局初版。

夏，组织上撤销了对他的处分，复出后再任团中央宣传部长，同时在党中央宣传部和中央党报委员会工作，负责筹创《上海报》并任主编。在莫斯科召开的共青团第五次全国代表大会上缺席当选为团中央委员。为工作方便，组织批准他与秦怡君（又名陈凤仙）结婚。秦怡君是湖北黄陂人，许白昊烈士的遗孀。

在上海时，与当时活跃的左翼文化界，如夏衍、柔石、冯铿、马英等人都有接触联系。在左翼作家“创造社”的一些同志对鲁迅有不同的看法，发生公开争议，有人攻击鲁迅时，李求实认为“做的太过分了”。他认为鲁迅是左翼作家的一面旗帜，不应采取攻击的态度。内部发生争议，应是心平气和，注意团结，联合一致，共同前进。

10 月，所译《最后一个哈孟雷德》在《北新》第二卷第二十三期刊出。

1929 年

3 月，以卓如的笔名创作的《新年》在《邮声》月刊上发表，表达了他对社会的现实的不满。

4 月，《上海报》创刊并担任主编，在白色恐怖下为能出版发行，曾易名《天声》、《晨光》。工农群众称赞该报“是社会的明灯，是工人的出路”、“是领导无产阶级的导师”、“是无产阶级的喉舌，中国革命的曙光”。

5 月 1 日，经过对上海底层工人生活的调查，写成了《上海工人的工作时间与工资》一文，发表在《红旗》第十九期上。通过调查，他了解了上海工人们

“作长时间牛马般的苦工，所得的报酬便是这样”的低，为此，他发出了工人们“除了自己起来，为八小时工作制与增加工资奋斗，上海工人有什么出路”的呐喊！

本月，他创作的爱情微型小说《清晨》和诗《梦》发表在《台中半月刊》第九一十期上。

11月，编辑的《俄国革命画史》由上海亚洲艺学社发行；翻译的欣都士著介绍苏俄新生活的长篇报告文学《动荡中的新俄农村》由上海北新书局初版。

1930年

2月，任中央党报委员会委员。翻译的《纽约〈泰晤士报〉驻莫斯科通讯员》载《北新》第四卷第三期。

3月，出席左翼作家联盟成立大会，成为工农兵通讯委员会委员，聆听了鲁迅先生的讲演。他强调左翼作家要深入工厂、农村，去倾听人民的呼声，“学会使用文艺这个武器，非常重要”。“我们必须学会既能用枪又能用笔，我们才配称为有共产主义思想的文武全才的革命者。”翻译的《戈萨克之今昔——漫游高加索地方部落之印象》刊载于《北新》第四卷第五期。22日，在上海写了《〈俄国农民与革命〉跋》。

5—6月间，中共中央在上海秘密召开苏维埃区域代表大会，成立苏维埃代表大会准备委员会（简称“苏准会”），林育南任秘书长，李求实任上海办事处负责人，为次年召开的第一次苏维埃代表大会做了不少准备工作。

6月，撰写了《建立出版界的水平——为低能的穷苦读者请愿》刊载于《北新》第四卷第十二期。

从年初开始李立三的“左”倾盲动主义在党内占统治地位。李求实与恽代英、林育南、吴华梓等一直保持密切联系，并经常在一起讨论形势、研究工作，对李立三的“左”的做法表示不满。在江苏工作的何孟雄因对李立三提意见而被扣上取消派暗探的帽子，受到省委批判。

随着“立三路线”的贯彻与发展，党内反对的人也愈益增加，苏准会成为反“立三路线”的一个重要阵地。李求实不仅是团中央代表，还是文化方面的代表，且是苏准会上海办事处负责人，了解许多情况，深知“立三路线”的危害，常与林育南、何孟雄等研究党的路线、方针政策，商量如何制止“立三路线”以减少对党的损失。

8月15日，李求实主编的《上海报》与党的机关报《红旗》合并为《红旗日报》，李求实主编该报的副刊《实话》。同时还协助全国总工会创办了《工人日报》。

8月下旬，周恩来、瞿秋白先后从苏联回国，纠正“立三路线”错误，继而三中全会进一步批判“立三路线”，但并未指出李立三犯的是路线错误，也没有为何孟雄平反，且继续指责何是取消派的暗探。对此，李求实和苏准会的同志很有意见。

10月，共产国际十月来信却又指责三中全会犯了调和主义错误，王明等人以此为据反对中央，意图取而代之，并造成党内混乱局面。米夫来华后以共产国际代表身份支持王明，对党“进行改造”。李求实等人不愿屈从，因而成为米夫、王明排斥、打击的对象。王明担任江南省委书记后，给李求实、何孟雄、林育南等扣上“右倾”、“极端民主化”、“无原则纠纷”等帽子，是“违反国际路线的”“取消派的暗探”等。

10月初，他翻译的《吉屋——新俄法庭纪实》刊载于《北新》第四卷第十九期。同月，他还写了《〈实话〉五日刊的任务》发表在《红旗日报》副刊《实话》创刊号上。

1930年还写了《本报一年工作之回顾 》和《编辑工作之过去与未来》，收入《〈上海报〉周年纪念册》。

1931年

1月7日，李求实、林育南、冯铿、彭砚耕、胡毓秀、李星月、李林贞、黄秀珍及苏准会办事处工作人员召开会议，在讨论中央九十六号、九十七号通告后通过了一个决议案，指出：“我们认为立三路线的历史根源是八七会议以前的右倾机会主义和八七会议后的‘左’倾盲动主义，而出发点是‘左’倾。”他们反对形式主义的集会、示威，反对不顾力量对比，要党员、革命群众去做无谓的牺牲，认为中央的两个通告没有从当时革命的实际出发。并针对王明：“我们要严厉的指出中央和江南省委负责同志陈绍禹等对最近下级党部反立三路线、调和主义的开始发动，抱着恐惧的态度，甚至有意或无意的造谣污蔑。”当然，决议案也提出了一些过激的要求。

同一天，四中全会在上海召开。米夫不顾党内的反对意见，让非中央委员的王明等人参加会议并有选举权，还有意不通知持不同意见的同志与会，使王明当上了政治局委员，从此开始了王明在党中央的统治。李求实等因对四中全会通过的决议持反对意见，遭到“左”倾路线的排挤、打击、迫害，被扣上右派帽子。

1月中旬，李求实送妻子秦怡君赴杭州生产，次日回上海。

1月18日清晨，李求实到苏准会的机关愚园路庆云里十五号，见到居住于此的林育南夫人李林贞、李平心夫人胡毓秀，她们告诉李求实，林育南到东方旅社开会一夜未归。李求实一听便不顾劝阻赶到东方旅社。敌人早在前一天抓走了十三个同志后又设下埋伏，当李求实推开旅社三十一号房门时，即遭逮捕。

次日上午，李求实等被捕的同志被押解到北浙江路江苏高等法院第二分院刑庭。面对法官的审讯，他从容回答：“姓名?”“李伟森。”“年龄?”“28岁。”“籍贯?”“湖北。”“职业?”“译员。”“地址?”“没有。”他解释说：“我十七日来沪，预备到北新书局拿稿费，因为书局欠我有一百多元稿费，现在我女人快生产了，所以来取，十八日早上，因为时间太早，书局没有开门，就到新东方旅社三十一号找同事同学李长寿君，一看名字不对，隔壁有人来问我，就把我捉住了。北新书局写信给我，叫我来拿稿费的，我十三号收到信。信没带在身上。”李求实的回答没有破绽，但敌人早接到密报，十七、十八两天在此要开共产党的重要会议，审讯只不过是例行程序，判决书早已拟就，法官宣读：“被告等犯共产党之嫌疑及疑与共产党有关系，华界公安局请求上海特区法院将伊等移交，谕知准予移提。”李求实和被捕同志一致抗议，但法官不容分说将他们押解上海市公安局。

1月23日，临近中午，李求实等三十六人作为重犯从公安局转押到龙华警备区司令部看守所。

2月7日晚，李求实、林育南、何孟雄、柔石等二十三位同志被国民党秘密枪杀于龙华，李求实牺牲时年仅二十八岁。

3月，李求实所译《苏俄的农村故事》刊载于《妇女杂志》第十七卷第三号。

编后记

《李求实文集》是李良明教授主持的2011年度国家社科重大招标项目《中国共产党早期领导人遗著的收集、整理与研究》的子课题之一，由我负责整理。当年12月开题后，我们即开始收集、查找相关资料。由于教学及其他琐事所困，工作时断时续，加上现在很多地方图书馆、档案馆都在进行资料电子化工作，这严重影响到我们资料收集工作的推进。为收集资料，2013年底至次年初，李良明教授、蔡丽副教授和我赴国民党党史馆、台湾政治大学等处收集资料，2015年，我的硕士研究生闫雪冰、杨雅勤先后赴广州、北京等地查抄部分档案资料，她俩还借助互联网查找到一些有关李求实的文献，对本书的收集付出了辛勤劳动。经过几年的努力，除少数几篇文章没找到外，李求实的绝大部分著述已基本收集到了。另外，研究生闫雪冰、杨雅勤、张晓宁、孙浩、王琪琳对一稿作了校对。在本书付梓之际，对她（他）们的辛勤劳动致以诚挚的谢意！

本书的收集整理是一件十分繁难的工作，尽管我们做出了很大的努力，但由于水平有限，不当与疏漏之处在所难免，敬请方家指正。

孙泽学

2016年3月